影響 第一次世界大戦は世界に何をもたらしただろうか ―総力戦を深く読み解く

視点⑤　民族自決の思想を，史料から読み解く

史料　平和に関する布告
（1917年11月）

…すべての交戦諸民族とその政府に対して，公正で民主的な講和についての交渉を即時に開始することを提議する。…（ソビエト）政府がこのような講和とみなしているのは，無併合（すなわち，他国の土地を略奪することも他の諸国民を強制的に統合することもない），無賠償の即時の講和である。
…（併合とは）弱小民族が同意または希望を正確に，明白に，自由意志で表明していないのに，強大な国家が弱小民族を統合することである。…その民族がヨーロッパに住んでいるか，遠い海外諸国に住んでいるかにもかかわりない。
（『世界史史料10』岩波書店）

史料　ウィルソンの「十四カ条」
（1918年1月）

われわれが，この戦争の結末として要求することは…世界が健全で安全に生活できる場となることであり…われわれは他の人々に正義が行われない限り，われわれにも正義はなされないということを明確に認識しています。
5. すべての植民地に関する要求は，自由かつ偏見なしに，そして厳格な公正さをもって調整されねばならない。**史料A**主権をめぐるあらゆる問題を決定する際には，対象となる（植民地の）人民の利害が，主権の決定をうけることになる（支配国）政府の公正な要求と平等の重みをもつという原則を厳格に守らねばならない。
6. ロシア領内からすべての軍隊は撤退しなければならない。…**史料B**自らが選んだ政治制度のもとに，ロシアが自由な国家からなる国際社会に入ることを心から歓迎する。
10. **史料C**われわれは，オーストリア＝ハンガリーの人々が民族としての地位を保護され保障されることを望んでいる。
13. 明らかにポーランド人が居住する領土を含む独立したポーランド国家が樹立されねばならない。
14. 大国と小国とを問わず，政治的独立と領土的保全とを相互に保障することを目的とした明確な規約のもとに，国家の……が樹立されねばならない。
（『世界史史料10』岩波書店）

視点⑥　民族自決の現実を，歴史地図から読み解く

資料⑬　19世紀後半の世界（第一次世界大戦前）

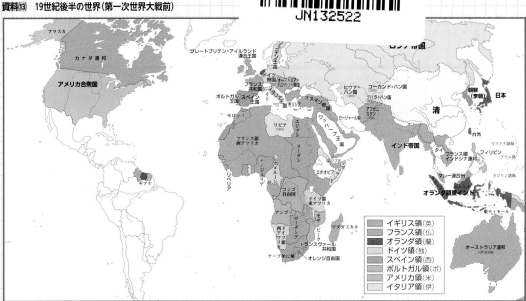

資料⑭　20世紀前半の世界（第一次世界大戦後）

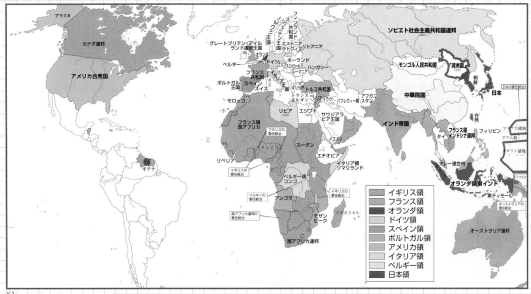

資料⑮ (▶P.266)	国際連盟 (League of Nations)
期　間	1920～46年
本　部	ジュネーヴ（スイス）
加盟国	42か国→59か国（1934年当時）
表決方法	全会一致（総会・理事会）
制裁措置	経済的制裁が中心
問題点	・表決が全会一致だったため，決定が困難 ・米の不参加，ソ連・独の加盟遅延，日・独・伊の脱退で，実行力に限界 ・制裁措置が不十分

探究の視点5

史料「民族自決」とは英語で「self-determination」である。この言葉の意味を調べ，この「平和に関する布告」の中の，どこにこの「民族自決」の考えが述べられているか，抜き出してみよう。

史料「十四カ条」は，実は世界に向けて発表されたものであるが，**史料A**と**史料C**の部分を読み，かつ「民族自決」の探究でまとめた内容とも合わせて，気づいたことをまとめてみよう。

史料と「十四カ条」の**史料B**を読んだ上で，この宣言に基づいてつくられた「国際連盟」をまとめた**資料⑮**を読み取って，気づいた点を書き出してみよう。

資料⑬・⑭について，以下の点に着目して2つの地図を比較し，分析してみよう。
(1)ヨーロッパ（特に東ヨーロッパ）でどのような変化がおこったか？
(2)西アジア（旧オスマン帝国領内）ではどのような変化がおこったか？
(3)南・東南・東アジアではどうであったか？
(4)上記の3点と先の「民族自決」の分析を通じて，その後の世界の歴史にどのような動きがおこるのか？予想してまとめてみよう。

JN132522

探究特集　感染症と人類

グローバル化が進む現代において，歴史もまた地球規模でとらえなおす試みがさかんである。これを「グローバル・ヒストリー」という。扱うテーマは幅広く，海域に焦点を当てた広域圏史や，人やモノの移動の歴史，あるいは人種，ジェンダーなど様々である。ここでは「感染症」をテーマに史資料にアプローチしながら，歴史の通時性と共時性に注目して，丁寧に解き明かしてみよう。

ウォーミングアップ　現代のニュースから探究のきっかけを見つけよう

2020年，人類は新たな感染症の脅威に直面した。新型コロナウイルス(COVID-19)のパンデミックである。この未知のウイルスの流行に対して，世界は様々な対応をした。例えば中国では「ゼロコロナ」政策が採用され，都市封鎖(ロックダウン)と行動制限による厳しい隔離が約3年間にわたって続けられた。一方，イギリスやアメリカなどは，社会的活動を止めることなく，ウイルスと共存する道が模索された。いわゆる「ウィズコロナ」である。日本のように，マスク着用と社会的距離(ソーシャル・ディスタンス)の自粛生活を通して感染を抑えようとした事例もある。世界保健機関(WHO)が「緊急事態宣言」の終了を発表し，日本でも感染症法上の「5類」に移行した現在では，社会の「脱マスク」が進み，国内旅行やインバウンドが増加するなどコロナ前の生活が戻りつつある。

↑1上海の集中隔離施設の内部(2022年4月，中国)

↑2マスク着用緩和後の厚生労働省の職員(2023年3月，日本)

探究の視点，1
ウォーミングアップの内容や写真 1・2 の疑問点を探し，自由に問いを立ててみよう。

通時的な視点　感染症とは，どのようなものがあるのだろうか？

人類と感染症の歴史は農耕・牧畜の開始によって本格的に始まったと考えられる。それはどうしてだろうか？その後，人類は幾度となく感染症の脅威に直面してきた。いつ，どこで，どんな感染症が流行したかを知ることで，歴史の中の感染症を通時的にとらえてみよう。

A 文明形成期
●農業の勃興と集団病

農業の勃興によって，集団感染症はなぜ出現したのだろうか。…その理由の一つは，農耕が支えられる人口密度と，狩猟採集が支えられる人口密度の差である——農耕生活は，平均して，狩猟採集生活の10倍から100倍の人口を支えることができる。狩猟採集民は一カ所に定住せず，ひんぱんに野営地を変え，定住生活をする農耕民のように，病原菌や寄生虫の幼虫をふくむ自分たちの排泄物が近くにある環境に長い期間とどまらない。農耕民は，汚水が居住地内を流れる環境に定住していたので，感染者の排泄物と，つぎなる犠牲者が口にする飲料水を結ぶ距離も近かった。

さらに，糞尿を肥料とする農耕民も存在した。彼らは，バクテリアや寄生虫に感染しやすい環境を自ら作っていたともいえる。灌漑施設や養殖池は，住血吸虫を運ぶカタツムリや，糞便の混じった水の中を歩く人の皮膚に入り込む吸虫などの理想的な繁殖環境となった。定住生活をする農耕民は，貯蔵した食料目当てに集まってくる齧歯類にも囲まれて生活していた。それらの齧歯類はさまざまな感染症を媒介した。また，農民が切り開いた森林内の開墾地は，マラリアを運ぶ蚊の理想的な繁殖環境となった。

(ジャレド=ダイアモンド『銃・病原菌・鉄(上)』)

●農耕開始と感染症の関係

```
農耕の開始 → 食糧増産，定住 → 人口増加
                              (感染症流行の土壌を提供)
     ↑(促進)
野生動物の家畜化
(天然痘・麻疹・インフルエンザ・百日咳など)
→ ヒト社会にある種の感染症が根付いた
```
(●P.143)
(山本太郎『疫病と人類』)

探究の視点，2
農耕・牧畜の開始によって，感染症は人類にとってより身近になったといえる。それはなぜだろうか？2つの資料を参考にしながらまとめてみよう。

B 古代～中世

←3ペストの流行　6世紀，東ローマ帝国でペストが流行した。ユスティニアヌス帝も感染したが，一命をとりとめた。また，7世紀には中国でペストが流行し，隋の煬帝の治世を直撃した。この時代，ユーラシア大陸の東西でペストが猛威をふるい，東ローマ帝国でも隋でも，多くの人命が失われた。

→4東大寺の大仏開眼会(東大寺縁起)
日本では8世紀に天然痘が大流行した。藤原四兄弟も相次いで病死するなど多くの被害を出したので，聖武天皇は大仏を造立して疫病の流行を抑えようとした。
(奈良国立博物館蔵，ColBase)

C 近代

A COURT FOR KING CHOLERA.

↑5「コレラ王の宮廷」　19世紀のイギリスではコレラと結核が流行した。産業革命による都市への人口集中により，とくに貧しい労働者たちは過密で不衛生な生活を余儀なくされ，感染症の温床となった。上下水道が整備されていなかったことも，流行の大きな要因となった。(『パンチ』の挿絵，1852年)

D 現代
●エボラ出血熱の発生地域

セネガル　マリ　ナイジェリア　スーダン　南スーダン　ウガンダ　ガボン　コートジボワール　リベリア　シエラレオネ　コンゴ民主共和国　コンゴ共和国　南アフリカ

(東京都感染症情報センター資料による)
□過去にエボラ出血熱が報告された地域

(i)解説　1976年，現在の南スーダンで初めて確認されたエボラ出血熱は，その致死率の高さもあって人びとを恐怖に陥れている。

探究の視点，3
(1) 5 の絵からは，当時の労働者のどのような生活が読み取れるだろうか？
(2)過去から現代にいたるまで，どのような感染症が流行したのだろうか？ここに挙げられているもの以外に，どんなものがあるか調べてみよう。

共時的な視点 東西南北に広がる感染症には，どのようなものがあるだろうか？

感染症の世界的流行を**パンデミック**という。中世のペストも近代のコレラも，パンデミックによって多くの人命を奪った。なぜ，感染症は1つの地域での流行にとどまらないのだろう？同時代の感染症の流行を広い視野で，共時的にとらえてみよう。

A 中世のペスト (→P.148)

中国から中東や東ヨーロッパにまで版図を広げたモンゴル帝国は，13世紀から14世紀半ばにかけて最盛期を迎えた。シルクロードの大部分がモンゴル帝国の支配下に入り，ユーラシア大陸を横断する貿易が盛んになった。

近年の研究によると，ペスト菌はシルクロードの要衝である天山山脈のキルギス北西部のイシククル湖（現キルギス共和国）周辺に定着していたらしい。…

中国では1331年の元王朝時代に大流行がはじまり，1334年には河北省で人口の9割に相当する推定500万人の死者が出た。イシククル湖を通過する隊商や軍隊を通して，パレスチナ，シリアなどの中東，さらにチュニスなどの北アフリカに広がり，ヨーロッパに感染を広げたようだ。ペルシャ（現イラン）とエジプトでは人口の約3割を失ったとされる。

ペストは1347年にクリミア半島を経由してシチリア島に上陸し，その翌年にはローマ，フィレンツェなど地中海沿岸に拡大した。さらにはパリ，ボルドー，ロンドンなど，西は英国から東はロシア西部まで，ポーランドからドイツ東部を除いてヨーロッパのほぼ全域に拡大した。

(石弘之『感染症の世界史』)

● ペストの広がり

● モンゴル帝国の交通路

B 近代のコレラ

● 19世紀前半のコレラの感染経路

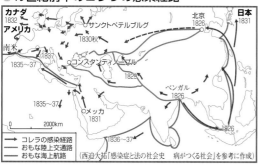

● 日本の明治前期におけるコレラ伝播のようす

本邦ニ於テ虎列剌伝播ノ中心トモ名ヅクベキモノニアリ。一ハ東京横浜ニシテ，一ハ大坂兵庫ナリ。初発ノ時ト處トヲ問ワズ，大ナル流行ハ此二中心ヨリス。是蓋シ交通ノ中心ナルガ故ナラン。而シテ甲ヨリ波及スル地方ハ東海東山二道ノ東部及北陸道ノ一部ニシテ，乙ヨリ伝染スルハ畿内東海東山二道ノ西部及南海道トス。西海道ハ初メ長崎県ニ発スルヲ通常トシ，南海道ニハ別ニ中心トモ云ウベキモノナシ。奥羽ハ何レノ年ニ於テモ最後ニ流行スルヲ常トス。

(医師の大沢謙二による報告，1887年)

探究の視点4

(1) **A** 中世のペスト，**B** 近代のコレラはどのようにして感染を広げていったのだろうか？
(2) 近代から現代にかけて科学技術の進歩により，感染症はより私たちにとって身近になったといえる。例えば，アフリカの風土病であるウエストナイル熱や東南アジアで流行していたデング熱などが，突如として欧米諸国や日本で流行することがある。なぜ，科学技術の進歩は感染症を身近にするのだろうか？近代と現代の科学技術の違いに注目しながら考えてみよう。

歴史から学ぶ視点 感染症への対策

人類は感染症の流行に対して様々な対策をとってきた。研究を重ねて原因を究明し，ワクチンを開発する一方で，政治的には流行をくい止めるための方策をめぐらし，**公衆衛生**を向上させていった。私たちはここから何を学ぶことができるだろう？

A 水際対策（検疫）
● 検疫のはじまり

…疫病がオリエントから来た船から広がることに気づいたヴェネツィア共和国は，船内に感染者がいないことを確認するため，疫病の潜伏期間に等しい40日間の間，疑わしい船をヴェネツィアやラグーサ港外に強制的に停泊させるという法律を作った（1377年）。

(加藤茂孝『人類と感染症の歴史』)

↑6 **ニューヨーク検疫所のようす** (19世紀前半)

探究の視点5

中世から近代にかけて，検疫はどのようなところで行われたのだろうか？また，その目的は何だったのだろうか？現代における検疫はどのようなところで行われており，近代までの検疫と比較したときにその手法や目的に違いはあるだろうか？

B 公衆衛生
● フランスのコレラ流行と公衆衛生

1802	パリ市衛生委員会設立
1822	衛生警察法制定
1832	パリでコレラ流行（49，53，84年も流行）
1850	不衛生住宅の衛生化法（ムラン法）制定
1853	セーヌ県知事にオスマンが就任 →パリ市大改造（～1870）(→P.201)
1878	国際衛生会議開催
1891	パリで消毒サービス開始
1902	公衆衛生法制定

↑7 **下水道の遊覧船観光** オスマンによるパリ市大改造の際に下水道も整備された。汚染され，悪臭がたちこめていた下水道は，19世紀後半にはパリの観光スポットになった。

● ムラン法

第13条 不衛生が外部的，…あるいは，不衛生の諸原因が総体的工事によってしか消滅されない場合，市町村は，…工事境界に含まれる所有地全体を取得することができる。…

(唐正超『近代フランスの土地収用立法とコレラ予防』より)

● 公衆衛生と人権

…セル・デ・モンはこう述べている。「衛生の分野において，個人に危害を加えるものは，全員にとって危険なものなのである。なぜ賃借人や所有者に，家屋を不潔な回廊墓地に変えることが許されるのだろうか。…イギリス人たちは全くためらうことなく，所有権と私的住居の尊重よりも，公共の衛生の利益を優先している」。つまり，所有権よりも衛生を尊重せよというのである。

だが…リアンセはこう述べている。所有権は「社会秩序の最初の土台であり，人間の自由にとって第一の保証である」。したがって「住居の独立，その自由な使用，物の自由な使用は，市民に属しており，最も厳格な尊重を必要としている」。

(西迫大祐『感染症と法の社会史 病がつくる社会』)

探究の視点6

現代では，公衆衛生は生存権を保障する必須のしくみである。一方で，政府による感染症対策の中には都市封鎖や行動規制など権利を制限するものもある。私たちにとって適切な対策とはどのようなものなのだろうか？私たちが感染症の歴史から学び，できることは何だろうか？

探究特集
気候変動の歴史と人新世

↑1 SDGsのゴール13

13 気候変動に具体的な対策を

探究の視点

格差と分断，対立や紛争の絶えない現代世界。だが特定の地域，国家，民族，そして世界の歴史すら超越する**大きな歴史**があるということに気づき，誰もが同じ人類として結びつく「ビッグヒストリー」という歴史観を共有することが，今何よりも重要である。歴史は人類史にとどまらず宇宙や地球の多様な自然史とも連動して展開する。この眼差しによって**現代の課題**と向き合い，探究し，歴史の当事者意識（エージェンシー）を育みたい。

✓ ウォーミングアップ　歴史の時間は多層的に展開する

20世紀を代表するフランスの歴史家ブローデル（●P.292）は，主著『地中海』『物質文明・経済・資本主義』において，歴史を短期（政治的事件），中期（経済構造，人口，国家などの複合状況），長期（地理的条件や気候など自然環境，人々の心性など）の三層の持続（時間）に分けて，これらが複合して展開するとし，とりわけ中長期の持続（≒構造）を重視した。その後の社会学や近代世界システム論（●P.186）に大きな影響を与えている。この視点をより広角に応用して，気候変動を地球の歴史（長期），完新世以降の人類の歴史（中期），近代以降の「**人新世**」の歴史（短期）の３つのスパンで分析しよう。

↑2 ブローデル（1902～85）

探究の視点 1

(1)「人新世」とされる現代における気候変動は，**資本主義の歴史**と重なるといわれる。資本主義とは何か，その特徴を「公共」科目と横断しながら学ぼう（●P.巻頭1右頁）。

(2)政治的迫害，武力紛争，人権侵害などによる「難民」に加えて，気候変動や災害の影響から逃れる避難民の発生が深刻な問題として浮上している。この問題についてUNHCR（国連難民高等弁務官事務所）のウェブサイトなどで具体的に調べてみよう。

短期の視点　現在進行中の地球温暖化は何が問題なのか？ー「人新世」の時代ー

●過去130年間の世界の年平均気温偏差

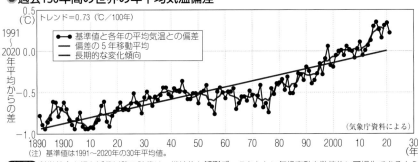

（気象庁資料による）

（注）基準値は1991～2020年の30年平均値。

◀解説▶ 科学革命を経た近代以降の時代は，継続的な**観測データ**をもとに気候変動を数値的に可視化できるようになった。現在の状況を把握するため，直近30年間の平均値を用いる。1970年代までは，地球は再び寒冷化の方向に向かっていると予測されていた。しかし近年，この平均値が劇的に上昇（「大加速」）を続けている。化石燃料（石炭・石油・天然ガス）の大量消費に由来する二酸化炭素（CO_2）＝温室効果ガスの増加が，**歴史上前例のない人為的要因による**温暖化をもたらしているとされる。温暖化現象はCO_2の排出量と同時に世界人口，エネルギー消費，熱帯雨林消失，実質GDPなどと相関関係にあり，**産業革命**（18世紀後半），**第二次世界大戦**（1945年以降），冷戦後の**グローバリゼーション**（1989年以降）など，いくつかの節目が認められる。いずれも資本主義経済の展開と深い関わりがあり，生物多様性の一枝に過ぎない人類が地球環境全体に大きな影響を与える「新たな地質年代」，すなわち「**人新世**」段階に入ったとされる（斎藤幸平『人新世の「資本論」』）。

長期の視点　本来，気候はどのように変動するのか，変動してきたのか？

●地球の歴史と気候変動

先カンブリア時代	138億年前	ビッグバンによる宇宙の誕生	＊生命の起源は謎に包まれているが，地球に落下する隕石や地球外の小惑星から採取した標本（2020年帰還の「はやぶさ2」より）から，生命に不可欠な水やアミノ酸が確認され，生命誕生の謎を解く鍵と期待される。
	46億年前	太陽系に地球が形成	
	38億年前	地球上に最初の原始生命が発生	海中の単細胞微生物
	29億年，25億年，7億年前	スノーボールアース（全球凍結）	赤道周辺まで凍結。深海の海底から出る熱水で，光合成細菌などがわずかに生き残る。
古生代	5億4千万年前	古生物の時代。この間，火山大爆発や氷河期による**3度の大量絶滅期**をもつ。	生物の多様化（カンブリア爆発），生物の陸上進出。＊現在の化石燃料は古生代石炭紀の植物（シダ類）や海中微生物の死骸の化石に由来。
中生代	2億5千万年前	恐竜の時代	6600万年前に巨大隕石がユカタン半島に衝突，**大規模気候変動**にともない絶滅。
新生代	6600万年前	哺乳類と鳥類と被子植物の時代	鳥類は小型恐竜の子孫とされる。
	700万年前	**最初の人類（猿人）登場**	以後，進化の過程で別々のヒト属に分岐，原人，旧人など。
	20万年前	**ホモ＝サピエンス（新人）登場**	5万年前の氷期に人類絶滅の危機。新人とネアンデルタール人の一部だけが生き残る。
	1万年前	最後の氷期が終わる	地質年代は新生代第四紀の**更新世**から**完新世**へ（⇒そして現在，人新世に？）

◀解説▶ 気候変動は，地球の公転軌道の変化や地球の自転軸の歳差運動など**物理的な周期要因**，太陽活動周期がもたらす要因，地中の火山活動がもたらす要因，海流の循環などの要因が組み合わさって生じる。**氷河期と温暖期**は膨大な年月を介して交互に繰り返された。特にスノーボールアース時代は赤道周辺も含めて地球全体が凍結していたが，地中の火山活動によって生じるCO_2が数千万年を経て温室効果をもたらし，地球を温暖化した。古生代石炭紀に続くペルム期の地球の平均気温は，現在より10度以上高かった。中生代後半の1億年から7000万年前の地球も今よりはるかに温暖で，北極・南極に氷床は存在しなかった。

●人類の登場と気候変動下のサバイバル

◀解説▶ 約6000万年前にアフリカで霊長類の祖先があらわれ，それぞれの種に分岐，進化した（最古の人類の登場は今から700万年前）（●P.44）。**500万年前頃**は温暖で両極に氷床は存在しなかったが，**300万年**ほど前から顕著に寒い時代が訪れるようになった。特に約260万年前から約1万年前までを**新生代第四紀**といい，その間に**氷期**と温暖な**間氷期**＊が交互に訪れ，**1万1600年前に現在の気候**（平均気温が5～7度上昇）となった（第四紀**更新世**から**完新世**へ）。氷河時代の厳しい自然環境の中で生きていく中，さまざまな種類のヒト（ホモ）属は絶滅し，**現存する人類は新人だけ**となった。過去300万年間をみると，**巨視的には寒冷化が進行**しているが，近年問題視される**急激な地球温暖化**は極めて異例な現象といえる。＊現代と同等あるいはそれ以上に温暖な時代を**間氷期**といい，新生代第四紀全体の1割の例外的な時代にすぎない。

●過去500万年の気候変動

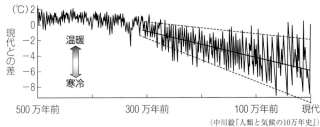

（中川毅『人類と気候の10万年史』）

◀解説▶ 長期的な視点でみると，特に過去300万年ほどは**寒冷化**が進行し，寒暖の時代の振幅が大きくなっている。

探究の視点 2

(1)①地球の歴史における生命誕生以降の時代が占める割合，②生命誕生以降の歴史における人類の時代が占める割合，③人類の歴史におけるホモ＝サピエンス（新人）の時代が占める割合などを，左上の「**地球の歴史と気候変動**」の表を参考にして計算してみよう。

(2)地球の歴史において，劇的な気候変動がその時々の生命を絶滅に追いやる危機が何度もあった。左上の「**地球の歴史と気候変動**」の表を参考にして確認してみよう。

古代の温暖期と寒冷化

「紀元前2世紀から紀元4世紀にかけて地球規模の気候温暖化を受けて，**ローマが大帝国を築き上げ**，地中海的な生活様式がヨーロッパ全土に広がった。やがて**寒冷期の到来**とともに解体していった」（田家康『気候文明史』）。温暖化は世界帝国の形成や大商業圏の形成を促進した。例えば同じく紀元前後の400～500年間に，ユーラシア大陸東部では**漢帝国**が繁栄した。やがて寒冷化が訪れ，ローマと漢は異種族（異民族や遊牧民）の移動・侵入とともに解体に向かった。温暖な地への移住が促されたためである。（岡本隆司『世界史序説』）

先史時代の気候変動は地質学や古生物学的資料の分析により推定するほかないが，人間が記録（文字史料や絵画資料など）を残す歴史時代になると手掛かりが飛躍的に増え，科学的な標本の分析も併せて，世紀単位，経年単位の動態を見つけることが可能となる。

●過去1900年間の気候変動

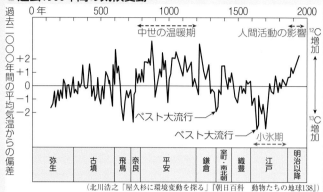

中世の温暖期　人間活動の影響　¹²C増加
ペスト大流行
ペスト大流行　小氷期　¹³C増加

過去一〇〇〇年間の平均気温からの偏差

|弥生|古墳|飛鳥|奈良|平安|鎌倉|室町・南北朝|織豊|江戸|明治以降|

（北川浩之「屋久杉に環境変動を探る」『朝日百科　動物たちの地球138』）

➡3アルプス以北のワイン用ブドウの生産　本来は温暖な地中海沿岸で生産されたワイン用ブドウがローマ帝国の拡大と共に北上し，生産の北限である北緯50度まで到達した（写真はドイツ・ラインガウ地方）。

中世の温暖期

8世紀前後に始まる地球規模の温暖化による経済活動の活発化（農地拡大など）に，ユーラシア大陸の西側では十字軍運動，東側では**モンゴル民族の拡大**が展開した。

➡4開墾する修道士　**シトー会**など修道院による森林や原野の開拓，沼沼や海浜の干拓は，ヨーロッパの農地拡大・農業生産力向上に寄与し，増加する人口を支えた（大開墾時代）。

14～19世紀前半の小氷期

13世紀末以降になると小氷期に入り，「**14世紀の危機**」「**17世紀の危機**」をピークに，約500年間にわたる一連の寒冷化局面を迎え，この傾向は19世紀の前半まで続いた。

14世紀の危機

❶解説 1346～50年の黒死病（ペスト）のパンデミックにより，ヨーロッパ総人口の3分の1が死亡するなど人口が激減した。社会不安から教皇権が揺らぎ始め，封建社会の動揺も始まった。草原が後退して**モンゴル帝国が解体**し，中央アジアでは西チャガタイ＝ハン国から**ティムール朝**が，ロシアではキプチャク＝ハン国から**モスクワ大公国**が，それぞれ後継国家として出現した。江南では大洪水や干ばつなどの甚大な被害が続いた。

➡5「死の舞踏」　ペストの流行で「メメント＝モリ」（死を想え）という警句が流布し，死者を追悼する舞踏があらわれ，その後，「死の舞踏」という寓意画が多く描かれるようになった。

17世紀の危機

❶解説 小氷期において最も寒冷だった17世紀のヨーロッパでは，**三十年戦争**（ドイツ人口が1600万人から1000万人に縮小したとされる），**フロンドの乱**（フランス）や一連の**イギリス革命**など政治秩序が大きく揺らいだ。また，自然災害による凶作で**飢饉**が発生，ペストの流行もあって社会不安が増大し，**魔女狩り**がしばしば起こった。

➡6氷結したロンドンのテムズ川

●シャモニー村の農民文書（1601年）

おそろしい氷河が，…特にアルジャンチエールとボワの氷河が，徐々に絶え間なくせり出してきて，われわれの村のふたつまでをおおいつぶし，そして第三番目の村も破壊されたところです。　（E.ル＝ロワ＝ラデュリ『新しい歴史』より）

❶解説 名峰モン＝ブランの麓シャモニー（フランス）が貧しい小村だった頃，農民がサヴォワ教区に恐怖を訴えた文書。16世紀末から17世紀初め，アルプス一帯ではこうした氷河進出が進み，19世紀半ばまで続く小氷期を裏付ける記録となっている。

➡7現在のシャモニーの氷河　シャモニーは著名な登山・スキーのリゾート地だが，温暖化で氷河の後退が著しい。

NIVEAU DU GLACIER
LEVEL OF THE GLACIER
1990

探究の視点 3

気候変動が世界の歴史を動かしていく動因の一つとなっている様子をつかむことは簡単ではないが，ここで紹介した世界史上のできごとを学んだうえで，「世紀の世界」（➡P.10～43）の「世紀へのアプローチ」を読み，グローバルな横断型理解を深めよう。

（➡P.10～43）

再び短期の視点 「人新世」の地球温暖化は何が問題なのか？－脱炭素社会という課題－

容易ではない脱炭素社会への道

気候変動は数々の問題をもたらす（➡P.巻頭7）。危機の克服のため，1992年の地球サミット以来，**気候変動枠組条約締約国会議（COP）**において，**京都議定書**（COP3：1997年），**パリ協定**（COP21：2015年）などの成果を踏まえた協議が続いている。しかし，排出大国（先進工業国，巨大人口国家）のエゴや途上国側の厳しい反発などがあり，今世紀後半までの脱炭素社会実現の目標達成は容易ではない。

（➡P.巻頭7）

←8COP26（2021年）で議事難航に苦慮する議長（イギリス・グラスゴーにて）

←9COP26を批判するグレタ＝トゥーンベリ（スウェーデンの環境活動家）「本当の活動は議場の外で続いている。私たちは決して諦めない。」

探究の視点 4

(1)現在の急激な地球温暖化が，これまでの気候変動と比べて特異である点は何か，あらためて考えてみよう。

(2)現在の地球温暖化がもたらす災厄を，「**公共・地理総合との架け橋③　地球的課題**」（➡P.巻頭7）と読み合わせることで理解を深めよう。さらに，2030年の達成実現を目標とする，国連の「**持続可能な開発目標（SDGｓ）**」（2015年）の17のゴールと，これらの問題を関連付けて理解しよう。

(3)グローバル化が進んだ現代の，国境を越えた諸課題を解決するために生まれた「**人間の安全保障**」について，「**公共**」科目と横断しながら学び，これからの時代の歴史の当事者意識（市民意識）を磨こう。

（➡P.巻頭7）

目　次

📹 動画あり
📷 デジタル写真あり] 二次元コードから動画・写真にアクセスできます

本書の凡例

見出しの記号
■ ページタイトルの中の中項目
● 中項目に関連する小項目

年表中の記号
☆ このころ(政治, 社会)
○ このころ(文化)

その他の記号
❓探究 大学入試論述問題の改題やオリジナル問題「探究」
探究のヒント 「探究」を解く手がかりとなる資料
(◀P.00)(P.00▶) 関連するページを示す
P.00◀以前／以降▶P.00 以前, 以降の年表への接続

コラムなど
Key Person 世界史上のポイントとなる人物紹介
世界史の交差点 人と人, 物と物, 現代と過去の意外な接点等を紹介
ルーツ 用語の語源など, 役立つ情報を紹介
🏛世界遺産 ユネスコの世界遺産に登録されていることを示す

※ウクライナの地名等の表記について
現在のウクライナの地名・河川名等は, ウクライナ語に基づく呼称で表記しています。

■編集委員

飯島望　江野弘幸　重田宣晴
中野浄　中村淳　深田達彦　(五十音順)

ウォーミングアップ　近現代の枠組み

20世紀を代表するイギリスの歴史家E.ホブズボームは、近現代史を「長い19世紀(フランス革命から第一次世界大戦前夜まで)」、「短い20世紀(第一次世界大戦から冷戦終結まで)」と呼んだ。その後に続く「ポスト冷戦時代(経済のグローバル化とその政治的反動)」とあわせて、「歴史総合」科目の「近代化」「大衆化」「グローバル化」の章立てにほぼ対応する。彼のこの視点を参考に「近代化の時代」「大衆化の時代」「グローバル化の時代」を整理しよう。

↑1 ホブズボーム (1917~2012)

歴史総合の視点 世界史と日本史を横断して一つの大きな「歴史」として総合的に学ぶ「グローバル・ヒストリー」の立場に立ち、歴史を人やモノの移動の中で世界が相互に関連し合いながら推移することとしてとらえる。特に18世紀半ば以降の近現代史を対象に「近代化の時代」「大衆化の時代」「グローバル化の時代」という流れで学ぶ。現代の課題を歴史的に問い、考える見方を学び、「歴史の当事者としての私たち」の意識を育むことに主眼がおかれる。

近代化・大衆化・グローバル化と現代

私たちが生きる近代(現代を含む)という時代は18世紀後半のイギリス産業革命とアメリカやフランスの市民革命により始まる(●P.187「二重革命」)。前者は重商主義を批判して市場の自由を標榜する資本主義の経済、後者は啓蒙主義に由来する民主主義の政治原理を作り出し、ほぼ同時に派生した国民国家とともに紆余曲折を重ねて変容し、今日に至るまで近現代史をまわす"三頭立ての馬車"となっていく。欧米の生んだ資本主義と民主主義と国民国家は、アジアに対して欧米が優位に立つ「大分岐」以降、植民地支配の拡大とともに世界標準となり、やがて従属から植民地解放へと促していくことになる。これらの上に工業化(産業化)、近代市民社会の成立、国民国家の形成、植民地支配や帝国主義の展開、技術革新にともなう世界全体のつながりの強化が展開された。こうした近代化の流れは、やがて20世紀初めの大衆化、20世紀後半以降のグローバル化へとつながっていく。現代は近代化、大衆化、グローバル化が一体となった時代ととらえることができる。

●近現代のイメージ図

歴史総合		近代化		大衆化		グローバル化		
	フランス革命	長い19世紀		第一次世界大戦		短い20世紀	冷戦終結	現在
ホブズボームによる区分		革命の時代 1789~1848	資本の時代 1848~1875	帝国の時代 1875~1914	破局の時代 1914~1945	黄金の時代 1945~1973	危機の時代 1973~1991	(ポスト冷戦時代)

(18世紀半ば / 19世紀末 / 20世紀半ば)

アプローチ　近代とはどのような時代だろうか？ その核心にある原理とは何だろうか？

近代化の時代(長い19世紀)

欧米では二重革命(●P.187)を契機に、民主主義の政治原理、資本主義の経済システムが始まった。ウェストファリア条約(1648年)で確立した「主権国家」と市民革命と連動して生まれた「国民」という概念が結びついて「国民国家」も発生した(●P.巻頭2左頁, 196)。資本主義は国民経済の発達という形で成長し、その推進役の産業資本家層(後に労働者層)の運動を通して当初の代表制民主主義から自由民主主義へと発展していく。アジアにおいては明治維新を経た日本も欧米に倣った近代化を進めた。資本が成長を続けて大資本(独占資本)が国家の政治を動かす存在になると、欧米がアジアやアフリカを従属化し支配する帝国主義段階に至る(●P.234)。列強間の激しい競争は帝国主義列強諸国の対立、大量破壊と大量殺戮の第一次世界大戦へと続いた。

●近代化のイメージ図

近現代の歴史を動かすOSの形成

ユーザー	歴史の当事者である私たち
アプリケーション	近代化・大衆化・グローバル化の諸事象
オペレーティングシステム(OS)	"三頭立ての馬車"(資本主義・民主主義・国民国家) 18世紀後半は歴史の転換点(産業革命・市民革命の時代)
ハードウェア	自然史と人類史

解説 コンピュータにたとえると、近現代史を動かすオペレーティングシステム(OS)は資本主義・民主主義・国民国家である。地球の自然史や人類史の総体をハードウェア、時代ごとの政治・経済・社会の事象はOS上のアプリケーション、歴史の当事者である私たちはユーザーにたとえられる。

1 革命の時代

イギリスの産業革命を機に資本主義経済の発展が始まり、主にフランス革命を起点に1848年革命に至るまで一連の立憲市民革命が同時的に展開された(●P.187)。市民・階級・民族などの様々な個人のアイデンティティを統合する「国民」意識が生まれ、のちの国民国家の形成につながっていく。

A 世界貿易の変化　●18世紀中頃の世界(大西洋とアジア)

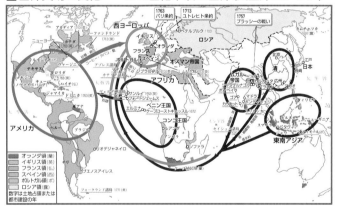

- オランダ領(蘭)
- イギリス領(英)
- フランス領(仏)
- スペイン領(西)
- ポルトガル領(ポ)
- ロシア領(露)

数字は土地の占領または都市建設の年

17~18世紀の世界貿易

解説 17世紀以降、熱帯商品作物(コーヒー・砂糖・綿花など)プランテーションのための労働力として、アフリカ黒人奴隷が「商品」として大量に新大陸へ運ばれるようになった(●P.182)。大西洋を囲むヨーロッパ、新大陸、アフリカ間の貿易を大西洋三角貿易という。一方、インド洋や太平洋を舞台とするアジアとヨーロッパの貿易は、東南アジアの香辛料、インドの綿織物、東アジア(中国・日本)の茶や陶器などの需要が高まった(●P.37シノワズリ)こともあり、ヨーロッパ側の貿易収支は赤字(輸入超過)で、銀はアジア(特に中国)に流入し、その点ではアジア優位ともいえる時代だった。

Q (1)大西洋三角貿易で「白い荷物」「黒い荷物」とよばれていた商品は何だろうか。
(2)銀の流入した中国ではどのような税制の変化がもたらされただろうか。
(3)アジア三角貿易が中国社会へもたらした影響はどのようなものだろうか。

●19世紀前半の世界(イギリスの世界貿易による覇権)

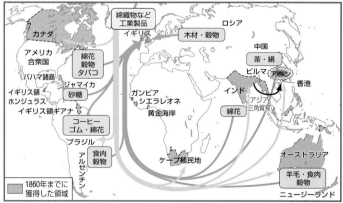

1860年までに獲得した領域

解説 18世紀のイギリスの覇権を支えた大西洋三角貿易は、19世紀になると奴隷制廃止によって衰退し、イギリスの製品輸出と一次産品輸入という関係になった。また、19世紀前半のイギリスはアジア三角貿易を行い、アヘンを清朝に密輸することで銀の流出をくいとめた。

産業革命がもたらした「大分岐」

解説 産業革命を達成したイギリスは、機械による大量生産の綿織物がインドの伝統的な綿手工業を破壊し、やがてインドを完全植民地化(●P.218)した。またインド産アヘンの密輸出を絡ませた中国とのアジア三角貿易、アヘン戦争(●P.224)を経てアジアとの立ち位置を完全に逆転した。この転換する局面を「大分岐」といい、以後、欧米がアジアやアフリカを従属化させていく時代が20世紀半ばまで続いていく。

●「大分岐」のイメージ図

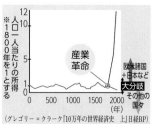

産業革命

欧米諸国+日本など　大分岐　その他の国々

※人口一人当たりの所得 1800年を1とする

(グレゴリー=クラーク『10万年の世界経済史 上』日経BP)

B 女性の人権　●女性の権利宣言(1791年)

前文　母親・娘・姉妹たち、国民の女性代表者たちは、国民議会の構成員となることを要求する。そして、女性の諸権利に対する無知、忘却または軽視が、公の不幸と政府の腐敗の唯一の原因であることを考慮して、人の譲りわたすことのできない神聖な自然的権利を、厳粛な宣言において提示することを決意した。…

第1条　女性は、自由なものとして生まれ、かつ、権利において男性と平等なものとして存在する。社会的差別は、共同の利益にもとづくのでなければ、設けられない。

第11条　思想および意見の自由な伝達は、女性の最も貴重な権利の一つである。それは、この自由が、子どもと父親の嫡出関係を確保するからである。…

(O.ブラン著　辻村みよ子訳「オランプ・ドゥ・グージューフランス革命と女性の権利宣言」信山社)

←2オランプ=ドゥ=グージュ(1748~93)　フランス革命期の女性解放論者、女優、劇作家。1791年憲法に抗議する形で、同年9月に「女性の権利宣言」を発表、これはフランス語の「人」が男性名詞homme(オム)であることから1789年の「人権宣言」の範疇が男性に限られていたことへの批判であった。1793年、国王を処刑したロベスピエールを批判したことにより逮捕、ギロチンで処刑された。

Q (4)同時代のイギリスのフェミニズムの先駆者メアリ=ウルストンクラフト(1759~97、『女性の権利の擁護』)についても調べてみよう。

C 民主主義の歩み　●権利のための闘争

【解説】「アメリカ独立宣言」(1776年)(➡P.189)、フランスの「人権宣言」(1789年)(➡P.190)とも、現代民主主義の根幹にある基本的人権(自由権、平等権)の源として極めて重要であるが、18世紀後半という時代的な制約があったことも忘れてはならない。前者の「すべての人」は英本国人と米植民地人の間の「平等」の主張であり(先住民や黒人奴隷は含まず)、後者は身分制の打破のために「人は、自由かつ権利において平等なものとして出生し」と述べるも、女性femme(ファム)を対象としなかった。家父長主義はナポレオン法典で固定化され、フランスの**女性参政権**は第二次世界大戦後(1945年10月総選挙)まで時を要した。奴隷制や植民地支配、国籍、ジェンダーなどの制約を打破して人権概念の普遍化が「**世界人権宣言**」(1948年)に至るまでには、その後に続く「権利のための闘争」(イェーリング、1872年)が必要だった。今もそれは続いている。

[2] 同時期の日本(18世紀後半～19世紀半ば)

A 江戸時代の幕藩体制と外交　●幕藩体制のしくみ

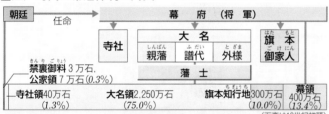

朝廷	任命→	幕　府（将　軍）		
		寺社	大　名 親藩　譜代　外様	旗　本 御家人
			藩　士	

禁裏御料 3 万石、公家領 7 万石(0.3%)

| 寺社領40万石
(1.3%) | 大名領2,250万石
(75.0%) | 旗本知行地300万石
(10.0%) | 幕領
400万石
(13.4%) |

(石高は18世紀初頭)

【解説】江戸時代の政治・社会体制を**幕藩体制**という。徳川家康から慶喜まで265年間(1603~1867年)、天皇が任命した将軍とその家臣である大名が、厳しい身分制のもと、石高を基礎に本百姓から租税を取り立てる封建的支配がなされた。幕府は全国の1/4の土地(直轄領、旗本・御家人の知行地)を支配したが、残りの3/4は大名(親藩・譜代・外様)の知行地で260~270の大名家があった。封建制が基本であるが、ゆるい連邦制のような統治体制ともいえる。外交面では、①**幕府が直轄する長崎**ではオランダと中国(清)との貿易が、②**対馬藩**を介して朝鮮と国交と貿易が、③**薩摩藩を介して琉球王国**を介した中国との貿易が、④**松前藩**を介して蝦夷地のアイヌ民族と収奪的な交易がそれぞれ行われ、四つの外交窓口があった。初期の外交は禁教政策によって統制を強めて後世に「鎖国」とよばれるが、実態は**幕藩体制が生んだ独特の外交システム**だった。幕府による「開国」以降は統制を失い、長州藩の攘夷決行や四国艦隊下関砲撃事件、薩摩藩の生麦事件や薩英戦争などがおこる素地ともなった。これらはやがて尊王攘夷から尊王倒幕へと転じていった。

Q (5)江戸時代の日本と明治維新以降の日本における、政治・社会体制や外交システムの違いは何だろうか?

(6)ペリーが率いる4隻の軍艦は当時の日本人が見たこともなかった蒸気船だった。蒸気船の発明はいつ、どこで行われ、ペリー来航はそれから何年後のことであったか?

(7)ペリー来航当時のアメリカは、大西洋から太平洋にまたがる大陸国家の枠組みを形成しつつあった。1848年前後のアメリカの地図(➡P.208)などで具体的な例を確認しよう。

(8)ペリーが携えたアメリカ大統領の国書の目的は何だろうか?いくつかあるが特に最終的なねらいを読み取ろう。

(9)「『近代世界システム』の変遷」(➡P.186)を参考にして、当時の欧米諸国が競って目指していた覇権の本質を探究しよう。

D 新しい生活様式　●近代と「時間」

19世紀

↑3ロンドンのウォータールー駅の混乱するようす(1883)　イギリスの風刺雑誌「パンチ」のイラストで、駅構内のたくさんの時計が別々の時刻を指していて人々が戸惑っているようす。懐中時計を眺めている人物にも注目。

【解説】近代は国語や度量衡の統一などと並んで「時間」の統一と管理が進んだ時代でもある。中世・近世の教会や町の時計台が時を知らせた時代を経て、産業革命を迎えると、時計の精密化・小型化が一段と進み、人々の生活を一律一様に管理するようになった。鉄道の正確な運行を保証するために**グリニッジ標準時**が定められ、分刻み、秒刻みのパンクチュアル(時間厳守)な価値観が近代の常識、美徳となっていった。腕時計は第一次世界大戦時に軍事作戦の一斉遂行のためにつくられた。時計の狂いは社会秩序の混乱、生死の分け目すらも意味するようになった。

資本主義とは何か?

18世紀半ばの産業革命で、機械による大量生産、輸送網の拡大によって、工業が農業に代わる経済の中心を担うことで生まれた経済体制をいう。生産手段を所有する**資本家(ブルジョワ)**が、**労働者(プロレタリアート)**を雇用し利益(利潤)を追求していく、**自由競争による経済発展をはかる経済原理**を有す。アダム=スミスは『諸国民の富』(1776年)のなかで**自由放任主義(レッセ=フェール)**を主張した。市場における**自由競争**で発生した格差や貧困を、**マルクス**は『**資本論**』(第一部、1867年)で批判し、生産手段の国有化と集権的な生産管理による平等実現を軸とする**社会主義(≒共産主義)**を唱えた。やがて新中間層(≒大衆)が成長すると**修正社会主義**が登場する。一方の資本主義は、世界恐慌前後からの**修正資本主義**(ケインズが主張)、社会主義国家ソ連の崩壊前後からの**新自由主義**(フリードマンが主張)を経て、現代の**グローバル資本主義**に至る。

B ペリー来航から幕末の動乱へ
●アメリカ大統領フィルモアからの国書(親書)

《日本皇帝(将軍)宛　1852年11月13日署名、嘉永6年6月9日幕府受領》

私がペリーを派遣した目的は、アメリカと日本が友好関係を結び、通商関係を結ぶことを日本に提案するためである。

毎年、多くのアメリカの船がカリフォルニアから清へ行く。また、多くのアメリカ人が日本沿岸で捕鯨にたずさわっています。悪天候のときには、多くのアメリカ船が日本沿岸で難破しています。そのような場合、救援の船を派遣して積み荷や乗船員を保護するまで、不運な乗組員と積荷を大切に保護していただきたいのです。

日本には石炭や食糧が豊富にあると聞きます。我がアメリカの船舶が日本に寄港し、石炭・食糧・水を補給することをお許しください。

(「ペルリ提督日本遠征記」)

←4黒船の来航(ペリー来航図巻)(埼玉県立歴史と民俗の博物館蔵)

《狂歌》
太平の眠りを覚ます
上喜撰
たった四はいで
夜も寝られず

Q (10)狂歌にある「上喜撰」とは宇治の高級茶の銘柄であるが、別の意味として何を詠み込んでいるのだろうか?

3 国民国家の形成

A 言語の統一　●バレール「フランス語教育について」(1794年)

　私は今日，このヨーロッパのもっとも美しい言語，すなわち人間と市民の諸権利を最初にはっきりと認めた言語，自由にかんするもっとも崇高な思想と政治にかんするもっとも偉大な考察を世界に伝達する責務を負った言語に，諸君の注意をうながしたい。…

　しかしながらこの言語はいまだ社会の特定の階級にしか属していないように思われていた。…一つの国にいくつもの国があるような有様だった。…公共精神の普及にもっとも反するように思われ，しかも共和政の立法の認識とその施行の障害となっている言語という点からすると，…バ=ブルトンと呼ばれている言語，バスク語，ドイツやイタリアの言語は，狂信と迷信の支配を永続させ，僧侶や貴族や実務家たちの支配を守り，革命が重要な九つの県に浸透するのを妨げてきたし，今なおフランスの敵どもを助けることがありうる…。

　三年来，国民議会は公教育について語り議論をしてきた。久しい以前から小学校の必要が感じられている。地方が諸君に求めているのは生活にぜひとも必要な精神の糧である。しかしながら，おそらくわれわれはあまりにもアカデミックで人民から遠く隔たっているために，彼らのさしせまった欲求にもっともよく合致した学校制度をいまだに彼らに与えていない。…

　言語を民衆化すべきである。野蛮な国民のただなかに洗練された国民をつくるかのような，言葉の貴族政を打破しなければならない。…共和国はあらゆる市民に基礎的な教育をほどこさなければならない。…市民諸君，自由な人民の言語は唯一であり，全人民にとって同一であるべきだ。…それゆえわれわれは，公共の思想の道具であり，革命のもっともたしかな代理人である，同一の言語を市民に与えよう。

(河野健二『資料フランス革命』)

B 度量衡の統一

←5 度量衡(単位)の統一　フランス革命初期，国民議会は新しく容積，重さ，長さの単位をつくり出した。北極から赤道までの子午線の弧の長さの1000万分の1の長さを1メートルとし，真空中での一定量の蒸留水(0℃)の重さを1グラムとするなど，明確な基準ですべての人が共通に使用できるようにした。のちにこれらの単位は国際的な基準となり，日本にも普及した(→P.191)。

解説 イギリスでおこった産業革命と資本主義経済の始まり，フランスでおこった市民革命は「国民国家」創出のきっかけとなった。領域内の人々を均質な「国民」として再編するため，フランスでは言語や度量衡の統一，国家による「上からの」公教育の整備が行われた。同様の動きは産業革命以後に生じた国家間の格差を埋めようとする後発国に顕著であり，19世紀後半のドイツ，イタリア，日本，オスマン帝国などでもみられた。

Q (11)バレールは，当時のフランス国内の状況をどのようにとらえ，何が必要だと考えているだろうか？
(12)言語や度量衡の統一以外に，「国民」を創出するためにどのような施策が行われたのだろうか？またそれらの施策のうち，何が一番効果があったと考えるか？

4 資本の時代

↑6 19世紀を表した世界地図　19世紀は，巨大な経済力をもったイギリスの影響が世界全体に及んだ「パクス=ブリタニカ」の時代であった(→P.199)。イギリスの資本輸出により，世界中で鉄道が建設され，海底には電信ケーブルが張り巡らされた。このようななかで交通革命，情報革命が進展し，「世界の一体化」が進んでいった。

↑7 電気館(1900年，パリ万博)　19世紀後半，産業革命は石油(→P.264)と電力を動力源とするものにシフトした。世紀末の万博のメインパビリオンであった電気館は，来るべき「電気の時代」を象徴するものとなった。

解説 19世紀後半はヨーロッパの再編期にあたる。ドイツ・イタリアの国家統一(→P.204・206)，ロシアの近代化改革(→P.210)などが展開する一方で，欧米諸国は長期の経済不況に見舞われた。イギリス経済が停滞するなか，第2次産業革命をリードすることに成功したドイツ・アメリカは，経済成長を実現し，大規模設備投資が可能な大資本の台頭をよんだ。こうして20世紀には，ドイツ・アメリカ両国は強国としての地位を確立していった。

5 帝国の時代

●ベルギー国王レオポルド2世の演説(1876年)

　文明のまだ浸透していない地球上の唯一の場所を文明に開放し，すべての人々を包み込んでいる暗闇を突き破ることは，この進歩の世紀の価値ある神の意思にかなう改革運動となる，と敢えて私は申し上げたい。人々の感情がその成就に対して好意的であることを身をもって確認できるのは無上の幸福である。

(『世界史史料8』岩波書店)

←8 「フィリピン村」のイグロット族(1904年，セントルイス万博)　教育万博と呼ばれたセントルイス万博では，植民地の「未開人」を展示するという「人間の展示」が行われた。中でも「フィリピン村」は人気を博し，多くの人が見学した。現地と同じ生活を再現させられたイグロット族は，8カ月に及んだ万博開催期間中，ほとんど裸同然で生活していた。

●ローズの帝国意識

　Ⅳ．(前略)私の抱負は社会問題の解決である。イギリス帝国の4000万の人民を血なまぐさい内乱からまもるためには，われわれ植民政治家は，過剰人口を収容するために新領土を開拓し，また彼らが工場や鉱山で生産する商品のために新しい販路を作らなければならない。決定的な問題は，私が常にいうことだが，胃の腑の問題である。彼らが内乱を欲しないならば，彼らは帝国主義者とならなければならない。

(板垣雄三訳『西洋史料集成』平凡社)

解説 19世紀末，資本主義の発達を背景に欧米諸国は帝国主義政策をとるようになった。帝国主義化した諸国は，資本の投下先を求めて積極的な植民地獲得に乗り出したが，国内では多大な出費を伴うとしてしばしば批判にさらされることもあった。また，植民地獲得の動きのなかで世界はまたたく間に分割された。しかし，これはのちの世界大戦の背景となる深刻な対立をもたらした(→P.234)。

Q (13)セントルイス万博でイグロット族を見た人びとは，どのようなことを感じただろうか？また，人間を展示した目的は何だったのだろうか？
(14)「ローズの帝国意識」からは，植民地支配のどのような目的が読み取れるだろうか？

6 18世紀半ば〜20世紀初頭の世界と日本

世界の動き		日本の動き		
18C	イギリスで産業革命始まる (●P.184)			江戸
1776	アメリカ独立宣言 (●P.189)			
1789	フランス革命始まる	1787	寛政の改革 (〜93)	
1814	ウィーン会議開催 (〜15) (●P.195)	1804	レザノフ (ロシア) が長崎に来航	
1840	アヘン戦争 (〜42) (●P.224)	1841	天保の改革 (〜43)	
1848	二月革命 (フランス)，三月革命 (ウィーン，ベルリン) →ナショナリズム高揚 (「諸国民の春」)	1846	ビッドル (アメリカ) が浦賀に来航 →幕府は通商要求を拒絶	
1853	クリミア戦争でロシアが敗北 (●P.211)	1853	ペリー (アメリカ) が浦賀に来航	
〜56	ロシアが近代改革に着手	1854	日米和親条約調印	
1861	イタリア王国成立	1858	日米修好通商条約調印	
	アメリカ南北戦争 (〜65) (●P.209) →戦後，国民統合の動きが強まる	1867	大政奉還→江戸幕府滅亡	
1869	アメリカ大陸横断鉄道が開通 スエズ運河が開通 (●P.217)	1869	版籍奉還→大名が領地・領民の支配権を天皇に返還	
1871	ドイツ帝国成立 →国民国家の建設を進める	1871	廃藩置県実施，「解放令」を公布	
1873	大不況がヨーロッパ諸国を襲う	1872	学制を公布	
1877	インド帝国成立 (●P.219)	1873	徴兵令，地租改正条例を公布	明治
1883	フランスがベトナムを保護国化 (●P.223)	1874	板垣退助らが民撰議院設立の建白書提出→自由民権運動が始まる	
1884	ベルリン＝コンゴ会議 (〜85)→アフリカ分割における列強の「先占権」を確認 (●P.232)	1877	西南戦争→政府軍が士族に勝利。徴兵の力を示す	
1891	シベリア鉄道の建設開始	1880	国会期成同盟の結成	
1898	ファショダ事件 アメリカ＝スペイン戦争 (●P.237) →アメリカがフィリピンなどを領有	1885	伊藤博文が内閣制度を創設	
		1889	大日本帝国憲法発布	
		1890	教育勅語発布→忠君愛国を重視	
1899	南アフリカ戦争 (〜1902)	1894	日清戦争 (〜95)	
1905	第1次モロッコ事件	1897	金本位制に移行	
1911	第2次モロッコ事件	1901	八幡製鉄所が操業を開始	
1912	バルカン戦争 (1次・2次) (〜13) (●P.242)	1902	日英同盟締結	
		1904	日露戦争 (〜05)	
1914	第一次世界大戦 (〜18)	1910	韓国併合。朝鮮総督府を設置 (●P.229)	
		1914	第一次世界大戦に参戦	大正

7 日本の国民国家をめざす動きと産業革命

←10 身分制度の解体 (『開化の本』挿絵)

→11 明治初期の小学校の授業風景

Q (15) 10 11 の絵から読み取れることを挙げてみよう。

(16) 江戸時代の日本における身分制度や教育システムはどのようなものだったか調べてみよう。

(17) 上の(15)(16)をふまえて，身分制度の解体や小学校の設置は，日本が国民国家をめざすうえでどのような役割を果たしたか考えよう。

● 創業年次別にみた工場数 (1902年末現在)

	創業1876年以前	1877〜85	1886〜94	1895〜1902 Ⓐ(Ⓐ/Ⓑ:%)	工場数 Ⓑ	女工数割合(%)
製糸業	82	304	796	1,296(52.3)	2,478	93.9
紡績業	1	22	59	125(60.4)	207	79.4
発火物	6	21	70	115(54.2)	212	69.8
織物業	123	94	454	959(58.8)	1,630	87.1
船舶車両	18	10	15	30(41.1)	73	0.1
煙草業	77	23	79	184(50.7)	363	68.8
窯業	116	59	104	156(35.9)	435	15.9
印刷製本	12	44	70	88(41.1)	214	12.1
醸造業	208	21	59	76(20.9)	364	5.2
機械製造	8	17	51	60(44.1)	136	1.0
製紙業	5	4	22	51(62.2)	82	36.9
計	656	619	1,779	3,140(50.7)	6,194	72.1

(『日本の産業革命』)

↑12 大阪紡績会社 (大阪三軒家工場)　渋沢栄一の指導によって1882年に操業が開始された。蒸気機関による紡績，電灯を設備しての昼夜二交代制によって大規模紡績を実現した。以後日本では紡績ブームがおこった。

（解説）19世紀後半，軽工業を中心に産業革命が進展した。1895年の日清戦争後には多くの工場が創業した（企業勃興）。

K11

世界史の交差点

近代家族の成立と女性

18世紀末以降，近代化にともなってヨーロッパで新しい家族のあり方が出現した。これを「近代家族」という。その特徴は，性別による役割分業と公私の明確な区別にあった。すなわち，夫が「公」の場 (工場，企業など) で働き，妻は「私」の中心である家族の中にいて，家事と育児に専念した。こうして「主婦」が誕生し，女性は「主婦」であることがめざされた。また子どもは家族だけで大切に育てていくものとして重視されるようになり，家族をまとめる象徴となった。子ども部屋を設けるようになったのも，この頃である。実際は主婦として良妻賢母に徹することができた女性は限られていたが，この理想は近代化が進むにつれて，ヨーロッパの外へも拡大していった。

↑9 理想的とされた市民家族像 (19世紀後半)

8 日本の帝国化 ●下関条約 (1895年) (現代語訳)

第一条　清国は朝鮮国が完全に独立した自主国家であることを確認する。…

第二条　清国は左記の土地の主権と，そこにある城・兵器製造所と公共物を永久に日本に譲り渡す。

一　左の境界内にある奉天省南部の地…

二　台湾全島とその附属する島々

三　澎湖列島…

第四条　清国は軍事賠償金として，清国の公定貨幣である庫平銀 2 億両 (日本円で約 3 億円) を日本国に支払うことを約束する。…

(『日本外交文書』)

←13 中国人をはやしたてる日本の子ども (ビゴー画)　日清戦争の勝利 (●P.230) は中国や朝鮮の人々への差別意識を生み出した。

(美術同人社蔵)

←14 朝鮮を奪い合う日本とロシア (ビゴー画)　日清戦争後，日本はロシアと対立を深めた。朝鮮をめぐる両国の対立は，帝国主義国どうしの衝突でもあった。

(美術同人社蔵)

←15 拓殖博覧会 (上野) のポスター (1912年)

↑16 拓殖博覧会 (大阪) で展示された植民地の人々 (1913年)　拓殖博覧会は当時植民地と目された台湾，朝鮮，樺太，関東州，北海道の生産品を内地 (日本) に紹介して植民地の産業開発を促進し，国民に植民思想を喚起する目的で開催された。ここでは台湾，樺太，北海道の人々を連れてきて会場内で生活させる，「人間の展示」もみられた。

(15) とも乃村工藝社蔵)

Q (18) 日清戦争は日本の帝国化にどのような役割を果たしただろうか？「下関条約」や 13 14 の絵を参考に考えよう。

(19) なぜ日本は拓殖博覧会を開催し，そのなかで「人間の展示」を行ったのだろうか？当時の博覧会のもつ意味や日本の近代化を踏まえて考えよう。

歴史総合との架け橋　大衆化

アプローチ　大衆化とは何だろうか？そして何をもたらしたのだろうか？

●大衆化のイメージ図

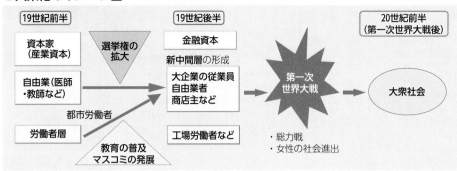

19世紀前半		19世紀後半	20世紀前半（第一次世界大戦後）

資本家（産業資本）

自由業（医師・教師など）

労働者層

選挙権の拡大

都市労働者

教育の普及マスコミの発展

金融資本

新中間層の形成

大企業の従業員
自由業者
商店主など

工場労働者など

第一次世界大戦

・総力戦
・女性の社会進出

大衆社会

解説　「大衆（mass）」、「大衆化（popularization）」とは、近代的な社会・経済が確立するなかで20世紀初頭に社会の中核を占めるようになり、21世紀の現在では政治や社会の主人公になっている存在である。19世紀後半以降、産業社会が発展するなか、従来の「資本家」や「労働者」と違う、新たな社会階層である「中間層（いわゆるサラリーマンや公務員）」が形成され始めた。一定の知識・技能を備えた彼らは、政治や社会・文化に幅広い関心を示した。欧米諸国では、労働運動や社会主義が大衆と連携することを恐れ、「参政権の拡大」という手段で、彼らを取り込もうとした。それは選挙を通じて「大衆」に自らの力を意識させることにもなった（◆P.251）。

1 大衆の登場と大衆社会

←1 1920年代のアメリカ的生活様式　第一次世界大戦後の好景気のなかで大量生産・大量消費社会が到来し、アメリカ的生活様式とも呼ばれる社会をうみだした（◆P.251）。写真は、デパートのショーウィンドウで、冷蔵庫を中心とした生活様式をディスプレイしている。

→2 ラジオを聴く人々
大衆社会の成立に大きな役割を果たしたのが、マスメディアの発達であった。教育の普及により、新聞などの出版物も増加したが、それに加え、ラジオ放送によって、情報を国内のすみずみまで、同じ内容を、同時に伝えられるようになった。

●大衆とは何か

・ことの善し悪しはともかく、今日のヨーロッパ社会生活において最も重要な一つの事実がある。それは、大衆が完全な社会的権力の座に上ったことである。…
・大衆はその本質上、（中略）社会を支配するなどおよびもつかないことである。したがってこの事実は、ヨーロッパが（中略）最大の危機に見舞われていることを意味している。…
・大衆とは善きにつけ悪しきにつけ、特別な理由から自分に価値を見いだすことなく、自分を「すべての人」と同じだと感じ、しかもそのことに苦痛を感じないで、自分が他人と同じであることに喜びを感じるすべての人びとのことである。…

（オルテガ、桑名一博訳「大衆の反逆」白水社）

解説　スペインの哲学者オルテガは、近代社会における「大衆」の両面性を鋭く指摘した。

Q　(1)大量生産・大量消費・大衆文化を特徴とする大衆社会は、どのように成立し、人々の生活をどのように変えていったのだろうか？

世界史の交差点

女性の社会進出と大衆化（◆P.249）

　第一次世界大戦で活躍した女性たちは、戦後には社会進出を果たしていく。この流れを受けて、各国で女性参政権の実現や職業婦人が登場した。日本でも1920年代後半に都市部でモダンガールと呼ばれる女性たちが登場した。

2 大衆化がもたらした影

●ナチ党の台頭

←3 ナチ党大会で全国民に演説するヒトラー　ヒトラーは巧みな演説でドイツ国民を熱狂の渦に巻き込んだ。

→4 国民啓蒙・宣伝相ゲッベルス　ナチ党の選挙キャンペーンの指導者として頭角を現し、ナチス政権樹立の立役者となった（◆P.257・265）。

解説　ヒトラー率いるナチ党は、第一次世界大戦後の混乱と大恐慌によるドイツの人々の不安をあおることで、支持を集めた。いわゆる「プロパガンダ」である。ナチ党は大衆宣伝を重視し、当時最新鋭のラジオや映像を使った大々的な宣伝を行い人々の関心を集めた。このころ、中間層の人々は戦後の経済混乱や大恐慌による生活の不安を抱えていたことから、ベルサイユ体制を攻撃して、ドイツ民族の優秀性を説いたナチ党の宣伝工作に惹かれていった。

Key Person　（任2017～21）　ドナルド＝トランプ

　アメリカ合衆国第45代大統領ドナルド＝トランプは、長引く不況で失業した白人中間層に対し、急増した非白人系移民をその原因とし、移民制限などの過激な主張で支持を伸ばし共和党の大統領候補となった。この主張はアメリカ社会の分断を招き、大統領離任後もその影響は社会に大きな影を落としている（◆P.295）。

Q　(2)なぜ、大衆はヒトラーやトランプに魅力を感じるのだろうか？

←5 活動的な女性の服装を考案したココ＝シャネル　フランスのデザイナー。ミニスカートやパンツなど、従来の女性ファッションにない新機軸で新しい時代の女性像を創出し、女性の社会進出や風俗、行動様式を大きく変えた。

→6 日本のモダンガールたち（昭和初期）

3 19世紀〜20世紀半ばの世界と日本

赤字 女性参政権関連
青字 大衆文化関連

世界の動き		日本の動き	
1832	イギリスの中産市民に選挙権拡大		
1867	イギリスの工業労働者・中小商工業者に選挙権		
1884	農業・鉱業労働者に拡大	1889	25歳以上の男子で，直接国税15円以上の納税者に選挙権（全国民の1.1%）
1893	ニュージーランドで女性参政権		
1895	マルコーニ，無線電信発明	1894	日清戦争（〜95）
1902	オーストラリアで女性参政権	1895	下関条約調印
1908	フォード社，T型フォード発表	1900	選挙権を直接国税10円以上に減額（2.2%）
1912	タイタニック号事件で無線の重要性が広く認識される	1904	日露戦争（〜05）
1913	ノルウェーで女性参政権	1905	ポーツマス条約調印
			日比谷焼打ち事件
1914	第一次世界大戦（〜18）❷P.242	1912	日本活動写真株式会社（日活）創業
1915	デンマークで女性参政権	1913	大正政変
1917	オランダ・メキシコで女性参政権	1914	第一次世界大戦に参戦
1918	イギリスで選挙権が男性20歳以上，女性30歳以上に拡大	1918	児童雑誌『赤い鳥』創刊
	ソ連，オーストリアで女性参政権		米騒動
1919	ドイツで女性参政権	1919	選挙権を直接国税3円以上に減額
1920	アメリカで世界最初のラジオ放送	1922	『週刊朝日』『サンデー毎日』創刊
1921	スウェーデンで女性参政権	1923	関東大震災
1927	最初の長編トーキー映画上映		→ラジオの重要性が認識される
1928	イギリスで男女普通選挙（21歳以上）	1925	25歳以上の男子に普通選挙権
1930	アメリカでテレビ電話実験開始		治安維持法成立
1933	ドイツでナチ党政権成立		最初のラジオ放送開始
1934	アメリカでラジオ世帯普及率65%超	1927	岩波文庫創刊
	トルコで女性参政権	1931	トーキー映画上映
1935	イギリス・ドイツでテレビ放送開始		満洲事変
1939	第二次世界大戦（〜45）❷P.260	1937	日中戦争（〜45）
1941	アメリカでテレビ放送開始	1941	太平洋戦争（〜45）
1944	フランスで女性参政権	1945	女性参政権（旧憲法下）
1945	イタリアで女性参政権		→20歳以上の男女に普通選挙権
		1953	テレビ放送開始

4 日本における都市化の進行と大衆

●義務教育の就学率

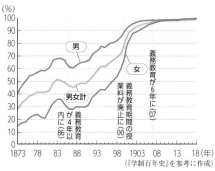

男
女
男女計
義務教育が6年に（07）
義務教育期間の授業料が廃止に（00）
内が4年以内に（86）

（『学制百年史』を参考に作成）

●東京市人口の推移

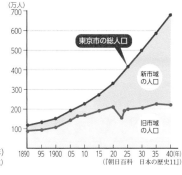

東京市の総人口
新市域の人口
旧市域の人口

（『朝日百科 日本の歴史11』）

Ⓠ (3)義務教育の就学率向上は，日本の社会をどのように変えていったのだろうか？

●新聞の発行部数とラジオの普及率

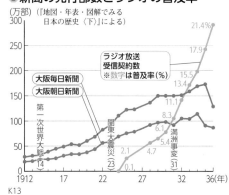

（『地図・年表・図解でみる日本の歴史〈下〉』による）

ラジオ放送受信契約数
※数字は普及率（%）
大阪毎日新聞
大阪朝日新聞
第一次世界大戦（14）
関東大震災（23）
満洲事変（31）

↑7 ラジオを聴く人々　教育の普及とマスコミの発達が，日本における大衆社会の成立を後押しした。

5 荒ぶる大衆

●日比谷焼打ち事件（1905年）

←8 暴徒化する大衆（東京騒擾画報）　政府は日露戦争遂行のために国民の支持を必要とした。戦争に勝利したと政府が発表したにもかかわらず，ポーツマス条約では賠償金がなく，国民の反発を買った。その怒りは大衆の暴動という形で現れた。1905年9月，講和条約の破棄を求める国民大会は，投石や焼打ちを引き起こし，大きな騒擾となった。

（東京都立中央図書館特別文庫室蔵）

●米騒動（1918年）

米騒動発生地域　（1918，大正7年）
● 7月22日〜8月10日
● 8月11日〜8月20日
・ 8月21日〜8月31日
- 9月1日〜10月25日
---- 米騒動の波及経路
× 鎮圧のために軍隊が出動した地域

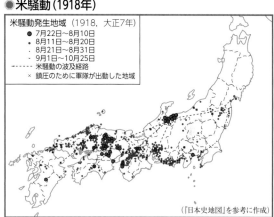

（『日本史地図』を参考に作成）

↑9 名古屋の米騒動（米騒動絵巻）　シベリア出兵を契機に発生した騒動は，新聞報道をきっかけに全国に一気に拡大した。

（徳川美術館所蔵©徳川美術館イメージアーカイブ/DNPartcom）

Ⓠ (4)日比谷焼打ち事件や米騒動では，何が大衆を暴動に駆り立てたのだろうか？

6 ポピュリズムと現代日本

←10「郵政選挙」に勝利した小泉首相と自由民主党の幹部ら　2005年の第44回衆議院議員総選挙では，小泉首相は郵政民営化反対の候補に対立候補を立て，国民の話題を集め圧勝した。

Ⓠ (5)ポピュリズムは日本の社会にどのような影響をあたえたのだろうか？

アプローチ **グローバル化とは何だろうか？それは，どのようにもたらされたのだろうか？**

●グローバル化のイメージ図

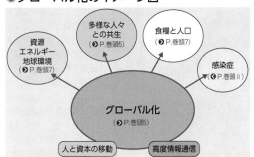

「グローバル化」とは「人と資本の移動」，すなわち人と資本が国を越えて動き，さらに商品・サービスの取引・海外への投資が増加することによっておこる「世界の結びつき」の深化をいう。「**高度情報通信**」技術の進歩によって，21世紀はさらにこの「グローバル化」が加速した。世界はもはや国家も個人もこの「グローバル化」と無縁では済まされない時代に突入したといえる。しかし一方で「グローバル化」は私たちに多くの課題を突きつけた。「**資源・エネルギー・地球環境**」，「**食糧と人口**」，「**感染症**」，「**多様な人々との共生**」といった世界の今日的な課題は，この「グローバル化」によってもたらされたものであるといえる。

●グローバル化の歩み

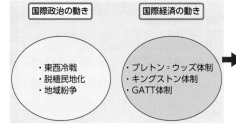

「**グローバル化」の布石**21世紀の「グローバル化」の背景には，第二次世界大戦後の「国際政治」と「国際経済」の動きがある。**東西冷戦**のはじまりは，両陣営の政治的経済的な結びつきを強化することにつながった。なかでも資本主義国間の貿易上のルールを定めた「**ブレトン＝ウッズ体制**」（●P.266）は西側陣営の経済を1つの枠組みでまとめるものともなり，世界の経済成長につながった。一方アジア・アフリカ地域の**脱植民地化**の動きと，そこで多発した**地域紛争**（●P.巻頭6）は，大量の難民や移民を生み出し，結果的に人の移動を促す結果となった。こうした大戦後の世界の歩みは，来るべき「グローバル化」へ布石が着実に打たれる形となる。

加速する「グローバル化」「グローバル化」をさらに加速させたものは，冷戦構造の終結と**ソ連の消滅**（●P.280）にある。資本主義対社会主義というイデオロギー対立の枠組みが取り払われた世界では，文字どおり「グローバル化」へ進むことになった。**EU**（●P.278）や**WTOの発足，地域経済統合**（●P.275）など経済の結びつきが強まるなか，体制や国家の垣根を越えた新しい秩序の構築が不可欠となった。しかし一方でそれは「**主権国家**」「**民主主義**」という近代社会が生み出した原理・原則にも疑問を投げかける形となった。

1 東西対立・脱植民地化・多発する地域紛争

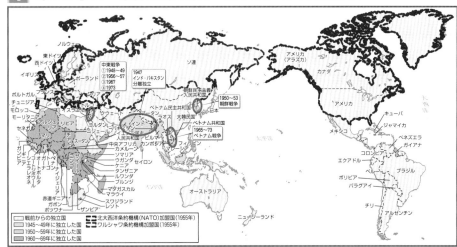

凡例：
- 戦前からの独立国
- 1945〜49年に独立した国
- 1950〜59年に独立した国
- 1960〜69年に独立した国
- 北大西洋条約機構（NATO）加盟国（1955年）
- ワルシャワ条約機構加盟国（1955年）

（解説）冷戦期世界（●P.268）では，世界が北大西洋条約機構とワルシャワ条約機構の2つの軍事同盟に分かれて対立したが，アジア・アフリカ地域では次々と独立を果たしていった（脱植民地化）。そのなかで，中東戦争，インド・パキスタンの分離独立，ベトナム戦争，朝鮮戦争と地域紛争が多発した。これらアジアでおこった戦争と混乱は，多くの難民や移民を生みだす結果となった。

（Q）(1)東西対立・脱植民地化・多発する地域紛争はグローバル化に何をもたらしただろうか？
(2)冷戦終結はグローバル化に何をもたらしただろうか？

2 国境を越えた経済の結びつき

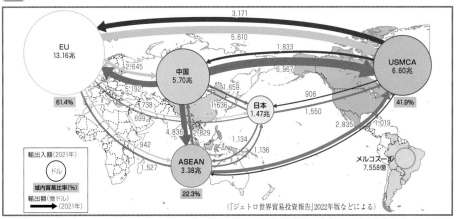

輸出入額（2021年）　ドル
域内貿易比率（%）
輸出額（億ドル）（2021年）

（『ジェトロ世界貿易投資報告』2022年版などによる）

（解説）イデオロギーの垣根が取り払われた世界では，世界的規模で貿易取引が増え，「グローバル化」が進展した。地域的な経済連携も強化され，地域統合を超えた経済取引も爆発的に増えることになった。そのため政治的な対立をもつ国同士であっても，どこかで経済関係はつながっており，その関係を安易に断ち切ることはできない状態ともなっている。

世界史の交差点

遅れる日本の男女平等 ～ジェンダー・ギャップ指数

●おもな国の順位

順位	国名	値
1	アイスランド	0.912
2	ノルウェー	0.879
3	フィンランド	0.863
15	イギリス	0.792
43	アメリカ	0.748
102	マレーシア	0.682
107	中国	0.678
125	日本	0.647

（「Global Gender Gap Report 2023」などによる）

　世界経済フォーラムの報告書によれば，日本における男女平等は，世界146カ国中，125位である。この指数は，各国における男女格差を「経済」「教育」「健康」「政治」の4分野から割り出し比較するものである。0が完全不平等，1が完全平等を示し，「教育」「健康」はほぼ1であるのに対して，「政治」の分野は極めて低く，平等とはいいがたい状況であることがわかる。国会議員や閣僚の男女比などから測る女性の政治参画は，先進国のなかでも最低レベルであり，この分野での男女格差をどのように解消するかが日本の課題である。

3 20世紀半ば以降の世界と日本

	自由主義陣営(西側)	社会主義陣営(東側)		日本
1945	ヤルタ会談・ポツダム会談・国連発足 (●P.266)		1945	ポツダム宣言受諾
1946	チャーチル「鉄のカーテン」演説		1946	天皇の人間宣言
1947	トルーマン＝ドクトリン → コミンフォルム結成			極東国際軍事裁判開始
	マーシャル＝プラン発表			日本国憲法公布
1948	大韓民国成立(8月)	ソ連，ベルリン封鎖(〜49)		
		朝鮮民主主義人民共和国成立(9月)		
1949		経済相互援助会議(コメコン)		
	北大西洋条約機構(NATO)成立	成立	1950	警察予備隊発足
		中華人民共和国成立		朝鮮特需で経済復興
	ドイツ連邦共和国成立(9月)	ドイツ民主共和国成立(10月)	1951	サンフランシスコ平和条
1950	朝鮮戦争(〜53) (●P.291)			約・日米安全保障条約調印
1951	サンフランシスコ平和条約		1954	防衛庁・自衛隊発足
1953	朝鮮休戦協定調印		1955	原水爆禁止世界大会
1954	ジュネーヴ休戦協定調印(インドシナ戦争停戦)			自由民主党結成(55年体制成立)
1955	ジュネーヴ4巨頭会談 (●P.272)			
	西独，NATOに加盟 → ワルシャワ条約機構(WTO)成立		1956	日ソ共同宣言
1956		スターリン批判，ポーランド		→日本，国連加盟実現
		反ソ暴動，ハンガリー事件		
1959	米ソ首脳会談		1960	日米新安保条約調印
1961		「ベルリンの壁」建設		→60年安保闘争
1962	キューバ危機 (●P.277)		1964	オリンピック東京大会
1963		中ソ対立激化	1965	日韓基本条約調印
1965	米，北爆開始 ベトナム戦争(〜73) (●P.287)		1967	非核三原則表明
1966	仏，NATO脱退	中国，文化大革命始まる	1968	小笠原諸島日本復帰
1968		チェコ事件(ソ連，チェコ侵入)	1970	日米新安保自動延長
1969		中ソ武力衝突(珍宝島)	1971	沖縄返還協定調印
1971		中国，国連加盟	1972	日中共同声明発表
1972	ニクソン，中国訪問 米中共同声明 日中共同声明発表			＝日中国交正常化
1973	第1次石油危機 東西ドイツ，国連加盟		1973	変動相場制移行
1975	第1回先進国首脳会議(サミット)			第1次石油危機
1978		日中平和友好条約調印	1976	ロッキード事件表面化
1979	第2次石油危機	ソ連，アフガニスタン侵攻	1978	日中平和友好条約調印
1985		ゴルバチョフ政権成立，「新思考外交」	1979	第2次石油危機
1989		ソ連，アフガニスタンから撤退		
	冷戦の終結… 米ソ首脳マルタ会談 (●P.274) 天安門事件			
1990	東西ドイツ統一		1991	ペルシア湾に海自掃海艇
1991	湾岸戦争	ソ連邦消滅，CIS発足		派遣
1993	ECがEU(ヨーロッパ連合)に発展		1992	PKO協力法成立
1997		香港，中国へ返還		
1999	欧州通貨統合	NATOの「東への拡大」	2001	テロ対策特措法
2001	米国同時多発テロ		2003	有事関連3法成立
2002		ロシア，NATOに準加盟		イラク特措法成立
2004	EUに東欧諸国が加盟		2004	自衛隊イラク派遣

4 日本政治の歩み

A 日本の独立と日米安全保障条約

Q (3)朝鮮戦争は，日本の政治にどのような影響を及ぼしたのだろうか？

● 日米安全保障条約と行政協定

《日米安全保障条約》(1951年9月8日調印　52年4月28日発効)
1.アメリカ合衆国に対し，陸海空軍の配備を日本は認める。米軍は，極東における平和と安全に寄与するため，外国からの侵略や外国の影響で起きた内乱や騒じょうを鎮圧するためにも使用することができる。
2.米軍の国内配備などについては日米行政協定で決定する。

《日米行政協定》(1952年2月28日調印　52年4月28日発効)
1.日本は，在日米軍に基地(施設・区域)を提供する。
2.日本は，在日米軍駐留経費の一部を負担する。

(解説) アメリカ占領下にあった日本の独立が進められた理由の一つは朝鮮戦争にある。東西対立を背景として行われたこの戦争は，アメリカによる日本の占領政策転換を促し，日本を独立させたうえ，アメリカとの軍事的パートナーにする流れをつくりだした。それが具現化したものこそ，日米の軍事同盟＝日米安全保障条約である。この条約により，日本に米軍基地が置かれることになり，これらの基地はアメリカの極東戦略の要として位置づけられることになる。こうした一連の独立の動きのなかで，日本では「自由民主党」対「日本社会党」という保革対立体制，いわゆる「55年体制」が築かれることになる。

B 自衛隊の発足と55年体制

→1 自衛隊発足(1954年)　第5次吉田内閣において，保安庁を改組して防衛庁とし，防衛庁の統括下に陸・海・空3軍の自衛隊が発足した。写真は吉田首相が出席のもと行われた陸上自衛隊の観閲式の様子。

● 55年体制

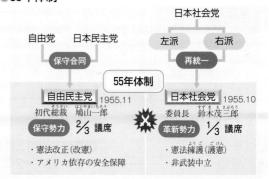

```
                              日本社会党
  自由党  日本民主党      左派      右派
      保守合同              再統一
           55年体制
   自由民主党 1955.11     日本社会党 1955.10
   初代総裁 鳩山一郎      委員長 鈴木茂三郎
   保守勢力 2/3 議席      革新勢力 1/3 議席
  ・憲法改正(改憲)        ・憲法擁護(護憲)
  ・アメリカ依存の安全保障  ・非武装中立
```

5 日本経済の歩み

Q (4)日本が高度経済成長を遂げることができたのは，どのような背景があったからだろうか？

● 高度経済成長の要因

	要因	内　　容
国内的要因	政府	・港湾・道路等，インフラ整備への公共投資
	家計	・農村から都市への労働人口の移動
		・ベビーブームを背景とした高い人口増加率
		・耐久消費財の消費
		・高い貯蓄率
	企業	・民間設備投資の拡大
		・安価で高品質の耐久消費財の大量生産
		・海外技術導入とその改良→生産性向上
海外的要因		・安い原油(1バレル＝2ドル)
		・単一為替レート(1ドル＝360円)

● 実質GDP(国内総生産)成長率の推移

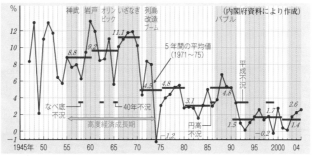

(解説) 日本の高度経済成長は第1次石油危機をきっかけに終焉を迎え，低成長期に入った。日本はその後，バブル経済，平成不況と激動の時代を迎えることになる。特にバブル崩壊後は，いわゆる「失われた20年」といわれるほど低成長が長く続き，「経済大国」といわれた日本の地位は低下することになった。その後デフレが続き，デフレからの脱却が政治課題となった。

6 日本の国際貢献

↑2 ペルシア湾に向けて出航する海上自衛隊掃海艇(1991年)

(解説) 冷戦終結後，国際政治における日本の役割が問われるようになった。憲法9条の規定により，自衛隊の活動に制限があるなか，湾岸戦争後の1991年に初めて自衛隊が海外派遣された。その後自衛隊は派遣実績を積み上げていくが，憲法との整合性をどのようにとっていくのか，平和主義を憲法に掲げる日本はどこをめざすべきか，国民的な議論が必要になってくる。

1 科学技術の発達と生命

「歴史総合」と並んで必履修科目の「公共」「地理総合」の中から、「世界史探究」と横断する内容をまとめて、世界史学習への「架け橋」とした。ここを起点に学びを深めると、現代の諸課題とその成り立ちを探究する世界史との関連性が更に立体的につかめるだろう。

●科学の世紀

1903	ライト兄弟、飛行機の実験に成功
05	**アインシュタイン**(独)が「特殊相対性理論」を発表
11	フォード(米)が自動車の大量生産開始(▶P.251)
20	アメリカで世界初のラジオ放送
1939　第二次世界大戦(〜45)	
40頃	アメリカで**コンピュータ**開発進む
42	アメリカで原子爆弾製造のための**マンハッタン計画**開始
45	**オッペンハイマー**(米)が原子爆弾を製造
53	ワトソン(米)・クリック(英)が**DNAの構造**を解明
55	アメリカで**原子力発電**の電力を使用し始める
57	ソ連、世界初の人工衛星スプートニク1号を打ち上げ
61	ソ連のガガーリンが世界初の有人宇宙飛行を行う
69	**アメリカのアポロ11号**が有人の月面着陸に成功
81	アメリカでパーソナル・コンピュータを販売 アメリカ、**スペースシャトル「コロンビア」**打ち上げ
92	アメリカで癌の遺伝子治療実施
96	イギリスで**クローン羊ドリー**が誕生
2003	**ヒトゲノム**(人間の遺伝情報)の解読が完了
07	ヒト皮膚細胞から**万能細胞**(iPS細胞)作成に成功

↑1 月面着陸　1969年7月、アメリカの宇宙船**アポロ11号**の月面着陸船イーグルにより、アームストロング船長とオルドリン大佐が月面に降り立った。科学技術発展の成果であったが、その背景には、冷戦時代の米ソ宇宙開発競争があった。

オルドリン　イーグル

●生命の倫理

世界史の交差点

尊厳死・安楽死・バイオテクノロジーをめぐって

→2 ライシャワー
(1910〜90)

　1990年、広く日本人に親しまれた E.ライシャワー氏(元駐日アメリカ大使で日本史研究者)が死去した。自らの意志で誇り高き生のために生命維持装置を拒んだ彼の死は、我が国に尊厳死への関心を高めることとなった。1997年には臓器移植法の施行により、我が国でも「脳死」が法的に認められた。その間、1994年にはオランダで先駆的に「安楽死容認法」が制定されている。一方、科学の分野では1996年7月、体細胞からつくられたクローン羊が英国で生まれ、翌年「ドリー」の名で発表された。遺伝子工学の発達は、全く同じ遺伝子組成をもったクローン生物の製造を可能とした。2000年、アメリカのベンチャー企業と日米欧の共同チームがコンピュータを利用してヒトゲノム(遺伝子情報)の概要を解読することに成功した。クローン技術の人間への適用(各国では禁止)や人間の遺伝子情報の人為的操作は、理論上は可能な段階となったが、あたかもコンピュータのスペックを比較するようなレベルで生命の「質」を選択することにもつながりかねず、大きな倫理的問題をはらんでいる。

↑3 クローン羊「ドリー」

2 情報化社会

A情報化社会とは

情報化社会

情報がモノと同じ、あるいはそれ以上に価値をもつ社会、また情報そのものが商品化される社会のこと。時空の制約を越えて**グローバル**に展開する。

メディア・リテラシー

メディアを使いこなす能力のことをいう。デジタルネットワーク社会に適応できる能力として使われる。**フェイク情報**を識別する能力も含まれる。

デジタル・ディバイド(情報格差)

ITの発達によって生じる格差をいう。インターネットなど新しい情報ツールを使いこなせるかどうかで所得格差や支配階級が決まる。低所得層や高齢者層、情報化の遅れた地域、開発途上国の人々などが情報弱者となりやすいとされる。

B情報の活用と課題

●ビッグデータの活用

ビッグデータ

モノからの発信	**人**からの発信
・監視映像 ・カーナビ GPS ・運行情報 ・電力メーター ・ICカード利用 ・環境、気象データ	・eコマース ・スマートフォン ・Facebook、X(旧Twitter)などのSNS ・動画などの各種コンテンツのダウンロード

ICT(情報通信技術)の進展により生成・収集・蓄積等が可能・容易になる多種多量のデータ(**ビッグデータ**)を活用して、異変の察知や近未来の予測等を行い、利用者個々のニーズに則したサービスの提供、業務運営の効率化等が可能になる。

●誤った情報への注意

→4 熊本県警のTwitter(現X)
(2016年4月21日)　熊本地震の際、県警はデマなどへの注意喚起を行った。

【解説】ソーシャルメディアにおける発信や電子マネーの購買履歴、検索エンジンの履歴などネット上の情報は爆発的に増え、ビッグデータと呼ばれている。これら膨大な情報を瞬時に分析する技術が開発され、組み合わせることで新たなデータとして活用することが期待されている。一方、個人情報も含まれるため、プライバシー保護が大きな課題となる。さらに、情報そのものには誤っているもの、流言飛語など玉石混交であることから、情報を吟味することも必要である。

熊本地震の発生以降、ネット上で「強奪事件が多発している」などのデマや根拠の不確かな情報が流布されています。皆さんにお知らせする必要がある場合は、県警ホームページ等で積極的に発信しますので、根拠のない不確かな情報に惑わされないでください。

Key Person
アインシュタイン　(1879〜1955)

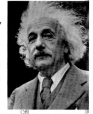

　アインシュタインはドイツ生まれの理論物理学者で、家は代々ユダヤ教を信仰していた。スイス特許局に技師として就職したが、物理学を革新した特殊相対性理論(1905年)は、その在職中に生みだされた。1915年には、ニュートン以来の自然観を覆す一般相対性理論を発表した。ドイツでナチスが政権を掌握するとアメリカに亡命し、ナチスの蛮行に対して原爆製造を促す大統領F.ローズヴェルトへの手紙に署名した。戦後は一貫して平和運動に身を投じ、ラッセルとともに核兵器廃絶のための宣言(ラッセル・アインシュタイン宣言)(▶P.321史料)を出した。彼の死後、宣言を引き継ぐ形で1957年パグウォッシュ会議が開かれた。

3 大衆民主主義下の公共の再生とグローバル共生社会

●近代の病理と公共性の再生

【解説】ハンナ=アーレントは著書『人間の条件』において**全体主義を生みだした大衆社会の病理**を分析し、古代ギリシアのポリスをモデルに人間の自由と公共性を回復させる必要性を説いた。

○人間の活動力(3つの分類)

労働 labor	生命活動を維持するためのもの
仕事 work	永続性と耐久性を備えた人工物をつくりだすもの
活動 action	共通の関心事について言論と行為をもって他者と関わるもの

そもそも彼女は人間の活動力を3つに分類したが、古代ギリシアのポリスで行われていた政治という「活動」は共通の関心事を公的な領域(**公的領域**)で議論し合うという、人々が他者に働きかける創造的な営みであったとした。一方、近代社会では人々が経済的関心に基づいて行動する「**社会的領域**」が勃興し、人々から公的な共通世界への関心や人々の多様性が失われているとした。ここに孤立分断し、画一化した個人からなる大衆社会が生まれ、全体主義が成立する土台になったという。彼女は政治の本質を複数の人々が公共の空間において、議論を交わし、暴力によってではなく言葉と説得によってものごとを決定していくことだと考え、**公共性の再生**を説いた。

●エスノセントリズムから多文化主義へ

【解説】グローバル化が進むと異なる文化に属する人々と接する機会(異文化接触)が増える。しかし、自文化に優越性を認め、その価値観を基準にして他の文化を過小に評価する**エスノセントリズム(自民族中心主義)**によって、外国人とのあつれきが生まれる場合もある。異文化を理解しようとするとき、それぞれの文化に優劣をもうけて、無視したり、差別したり、排除したりすることがあってはならない。日ごろから異文化を尊重し、すべての文化はそれぞれに固有の価値をもっており、優劣のないものであるとする文化相対主義の考え方が大切である。オーストラリアのように、1970年代前半にそれまでの白人中心の同化主義的な白豪主義を転換し、**多文化主義(マルチカルチュラリズム)**を掲げ、多言語放送や多文化教育などを制度化し、多くの移民を受け入れてきた例もある。

1 グローバリゼーションから新たな帝国主義的段階へ

グローバル化の定義
（◀ P.巻頭4）

グローバル化の定義は論じる人にとって色合いの違いがあるが，およそ次のように述べることができるだろう。1989年のベルリンの壁崩壊に象徴される東西冷戦の終結によって社会主義体制は崩壊し，それ以降，勝ち残ったアメリカを中心とする「自由主義」の理念が世界中に広がっていく。それは世界がひとつの資本主義市場として統合され，世界中の人々が否応なく市場での厳しい経済競争にさらされるようになったことを意味する。ここではグローバル社会とは競争社会の謂いである。ほぼ同じ時期，インターネットの普及をはじめとする情報通信技術，いわゆるITの飛躍的な進歩があった。情報は瞬時に地球を駆け巡ることになり，世界は情報の面でもかつてないほど一体性を強めた。これらによって人やモノ，お金や情報，技術などが時間や空間，あるいは国家という枠組みによる制約を超えて相互に行き交うようになった。そのような世界的な現象の全体がグローバル化と呼ばれる。

（大槻精一「小論文 書き方と考え方」講談社選書メチエによる）

●アメリカとグローバルスタンダード

グローバル文化なる言い方で世界に広がってきた文化現象は，コカ・コーラ化，ディズニー現象，マクドナルド化などと称されながら，Tシャツ，ジーンズ，スニーカーに多機能携帯電話にTVゲームとアニメといったポピュラー文化複合としてアメリカを発信源としている。

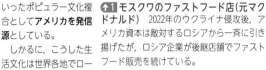

↑1 モスクワのファストフード店（元マクドナルド）　2022年のウクライナ侵攻後，アメリカ資本は敵対するロシアから一斉に引き揚げたが，ロシア企業が後継店舗でファストフード販売を続けている。

しかるに，こうした生活文化は世界各地でローカル文化を触発し，日本初のファストフードの世界への広がりを生じさせた。回転寿司，ラーメン，牛丼にポケモンはグローバルなファストフード文化の一部となった。

「ニューヨークタイムズ」のトマス＝フリードマンのように「マクドナルド理論」なるものを立て，「マクドナルド店のある，任意の2国は戦争をしない」と主張するものも現れた。マクドナルドのハンバーガーを食べることが平和のシンボルであり，人権・民主化のバロメーターである，とさえ言いたいようである。

（青木保「文化の多様性」の危機「朝日新聞」2001.4.19による）

●新帝国主義の段階へ（大国間の対立）

「約30年前に世界中が自由経済体制に変わった時，グローバル市場で利潤機会が広がり世界経済の底上げが期待された。だが成長率は傾向的に下がり，日本はここ15年成長できていない。するとただのパイの奪い合いになり，今の米中を筆頭に国家単位の競争が激しくなる。これは自由貿易体制というより新帝国主義の状況だ」「揺らぐのは資本主義だけでない。経済発展による物質的豊かさを社会全体で享受し，多数が政治参加できる民主主義体制で，科学的な思考を持つといった近代社会の価値観の枠組みが回らなくなっている。科学は普遍的な法則を発見すべきなのに，今はどれだけ技術が応用されるかで価値が決まってしまう」「大多数の人の生活が底上げされれば，格差が多少あってもあまり不満は起きない。その場合は民主主義は機能する。でも経済が成長せず一部はとても金儲けしているのに自分たちの生活は良くならないとなると，とたんに民主主義は問題を膨らませてしまう。米国のトランプ大統領や欧州での極右政権の台頭による分断はその表れだ」「（略）80年代からは市場競争主義の米国で台頭した新古典派＊だけが『経済学』となった。各個人が合理的に行動して自由競争をすれば効率的な市場になるという法則はどこでも通用する科学とされるが，根底にあるのは個人主義や能力主義といった米的社会の価値観に過ぎない。成長の形はひとつではない」

＊新自由主義のこと　（佐伯啓思「逆境の資本主義」日本経済新聞出版）

2 現在も続く産業革命と資本主義の変容

＊三大経済革命ということがある

B.C.8000〜 **食糧生産革命**＊ （農作物の生産）	18世紀半ば〜 **（第1次）産業革命**＊ （工業製品の生産：軽工業中心）	19世紀後半〜 **第2次産業革命** （重化学工業中心）	20世紀末〜 **第3次産業革命** （情報技術革命＊：モノから情報へ）

農業生産から工業生産へ　蒸気力・石炭から電力・石油へ　コンピュータの普及 IT社会化

↑2 エジプトの農業　牛耕のようす。

↑3 イギリスの産業革命

↑4 ドイツの産業革命

↑5 現代の証券取引市場　株式売買もコンピュータによる国際取引となった。

21世紀前半〜　第4次産業革命

AI 進化

AIとは Artificial Intelligence の略称。日本語では人工知能と訳され，ヒトが知能を使って行うことを機械が行う研究や技術分野を呼ぶ。IoT（あらゆるものがインターネットを通じて結びつくサービス）やビッグデータの利用とともに，第4次産業革命を推進する柱の一つである。ディープラーニングにより加速的成長を遂げている。2045年には，AIが人間の知能を超える（シンギュラリティ）という仮説もある。

↓6 世界初のコンピュータ（1946年，アメリカ）　全長30m，重量30t，1万8,000本の真空管を用いたコンピュータENIAC。

↗7 人工知能（AI）の進化　写真の世界最強棋士の李九段との対局（2016年）では，人工知能の「アルファ碁」に軍配があがった。

世界史の交差点

生成AIの衝撃

「人類はこの数カ月でルビコン川を渡ってしまったかもしれない」

2023年4月当初，東京大学の学内ポータルサイトでChatGPTなど生成AIについての見解が示された。原子力やコンピュータの登場に匹敵するイノベーションであり，平和的かつ上手に制御して利用すれば人類の幸福に大きく貢献する一方，課題も山積で社会への悪影響が懸念される。ディープラーニング機能によって日々「進化」するAIが，誤情報や悪意ある偽情報をシステムに蓄積すれば，それがいつの間にか「真実」となり，社会に共有されてしまう。言葉や芸術，教育や学術研究などの分野へのインパクトは計り知れない。機械に命令して人間にしか生み出せないもの，創造とは何か，が問われている。AIによる第4次産業革命でAI資本主義社会がグローバル市場につくりだす新たな格差（「新たな大分岐」）も懸念される。

↑8 生成AIのChatGPT

1 世界のおもな民族紛争・地域紛争

*地図中の❶〜❿は、2 の表に対応。

●紛争の背景

イデオロギーよりも民族・文化の対立が焦点

冷戦時代には米ソの代理戦争としての紛争が多かったが、冷戦後は国内少数民族への迫害や異宗教間の対立、領土紛争などがリアルに露呈することになった。

例：旧ソ連の分裂・旧ユーゴ紛争・パレスチナ紛争など

脱植民地化の際の人為的国境線

旧宗主国が民族分布を無視して引いた勢力範囲のラインが独立後の国境になった。

例：クルド人問題、ルワンダ内戦など

大国間の代理戦争の復活

新たな帝国主義の段階ともいえる現在、アメリカ（西側世界）、ロシア、中国など大国間の対立と思惑が反映された地域紛争となって展開している。

例：シリア内戦（2011〜）、ウクライナ侵攻（2022〜）など

地図上のラベル：

- ❺クリミア危機・ウクライナ侵攻 ⒶⒹⒻ
- ❽チェチェン紛争 ⒶⒷⒹⒺ
- ウズベキスタン民族主義 ⒶⒹ
- ❶ユーゴ問題 ⒶⒷⒸⒹ
- コソヴォ紛争 ⒶⒹ
- ❻アフガニスタン問題 ⒶⒷⒹ
- タジキスタン紛争 ⒶⒹ
- ❸北アイルランド紛争 ⒶⒷⒹ
- カナダ・ケベック州問題 ⒶⒸ
- 北方領土問題 ⒹⒻ
- カシミール紛争 ⒷⒹⒻ
- ベルギー言語問題 Ⓒ
- 中米諸国から米国を目指す移民の動き Ⓔ
- バスク分離問題 ⒶⒸⒺ
- グルジア紛争 ⒶⒹ
- 朝鮮問題 Ⓓ
- ❿新疆ウイグル問題 ⒶⒹ
- アルメニアとアゼルバイジャン ⒶⒹ
- 竹島問題 Ⓕ
- メキシコ先住民問題 Ⓐ
- アルジェリア内戦 Ⓑ
- 西サハラ問題 ⒹⒻ
- ❾チベット問題 ⒶⒹ
- 尖閣諸島問題 Ⓕ
- ベネズエラ内紛・難民問題 Ⓐ
- リビア内戦 Ⓐ
- 中国・台湾問題 ⒷⒸⒺ
- コロンビア内戦 Ⓓ
- キプロス紛争 ⒶⒹⒺ
- ロヒンギャ問題 ⒶⒹⒻ
- 香港問題 Ⓓ
- ❹シリア内戦 ⒶⒷⒹ
- イラク紛争 ⒶⒹ
- ミャンマー山岳民族問題 Ⓐ
- パレスチナ紛争 ⒶⒷⒹ
- 南シナ海領海問題 ⒶⒻ
- エクアドル・ペルー国境紛争 Ⓕ
- ❼クルド人問題 ⒶⒹⒻ
- スリランカ民族紛争 ⒶⒹ
- アチェ独立問題 ⒶⒹ
- 中央アフリカ紛争 ⒶⒹ
- ソマリア紛争 ⒶⒹ
- エチオピア・エリトリア紛争 ⒹⒺⒻ
- スーダン・ダルフール紛争 ⒶⒷ
- 2018年和解
- 東ティモール問題 Ⓓ
- 南スーダン紛争 ⒶⒷⒻ
- ❷ルワンダ内戦 ⒶⒹ
- ブルンジ内戦 Ⓐ
- コンゴ（旧ザイール）紛争 ⒶⒻ
- アンゴラ内戦 ⒶⒹ

Ⓐ民族・部族・種族の対立　Ⓑ宗教・信仰上の対立　Ⓒ言語的な対立
Ⓓ大国・周辺諸国の介入　Ⓔ経済格差　Ⓕ領土・資源

2 おもな地域紛争

*表中の❶〜❿は、1 の地図に対応。

❶ユーゴスラヴィア問題（▶P.274・281）

民族問題 旧ユーゴスラヴィア連邦共和国内の民族対立と国家解体

1991年、独立を宣言したスロヴェニア共和国軍と連邦軍との戦争、クロアティア内戦、92年には、ボスニア内戦と続いた。95年に和平合意が成立するが、その後も99年にコソヴォ紛争、2001年にマケドニア紛争がおこった。03年、新ユーゴスラヴィアとして残っていたセルビアとモンテネグロもゆるやかな連合国家に再編後、06年にそれぞれ分離独立した。

❷ルワンダ内戦（▶P.282）

民族問題 旧宗主国ベルギーに優遇されていた少数部族ツチ族と多数部族フツ族の対立

1962年独立後、ツチ族がフツ族を支配。73年政権をとったフツ族は和解策をとったが対立が続き、90年内戦が勃発。94年4月、フツ族大統領暗殺事件を機に内戦激化。フツ族による大量虐殺が発生。同年7月、ツチ族が政権を樹立すると報復を恐れたフツ族200万人が難民となった。現在、ツチ族主導体制のもと、フツ族の閣僚任命や女性の地位向上などの国民融和・和解の努力が進んでいる。

❸北アイルランド紛争（▶P.199・249）

民族問題 英領北アイルランド（アルスター地方）における旧教系と国教会系住民の対立

1968年以降、少数派カトリックがIRA（アイルランド共和軍）などを通して帰属変更を求めるデモやテロを展開。96年からの和平交渉により、98年に自治を認める和平が合意された。2000年にはIRAが武装解除に応じる意思を表明、30年に及ぶテロの歴史は終わった。とはいえ、EUをめぐるイギリスとアイルランドの意見の違いなどがあり（イギリスはEU離脱）、対立は再燃気味である。

❹シリア内戦（2011〜）

大国の介入 シリア国内の紛争が世界中の矛盾を巻き込んだ国際危機に発展

2011年「アラブの春」の過程で独裁的なアサド政権（露、中、イラン等が支持）に対する反政府運動（欧米系が支持）が高まった。だが、反政府勢力内部のアルカーイダ系台頭もあり、欧米側は軍事介入を躊躇。逆にロシアはアサド政権側に積極的に介入した。化学兵器も使用され、市民の死者は30万人以上にも及び、680万人以上の難民問題は世界を揺るがす不安定要因となっている。

❺ウクライナ問題

大国の介入 欧米への接近を図るウクライナへロシアが軍事侵攻、世界的な危機へ発展

現在のウクライナは旧ソ連領ウクライナが独立した国土を枠組みとする。国内では、ポーランドに隣接した西部のウクライナ系住民と東部の親ロシア派住民との対立があった。2004年の民主化（オレンジ革命）以降、EUやNATOへの参加をめぐってロシアとの対立が深まり、14年にロシアがクリミア半島を一方的に「編入」すると、東部も内戦状況となった。22年2月にロシアの軍事侵攻が強行され、世界は震撼している。

❻アフガニスタン問題（▶P.280）

大国の介入 親ソ社会主義政権崩壊後のゲリラ各派による対立

1979年にソ連が侵攻、親ソ政権樹立を図る。反政府ゲリラに手を焼いたソ連は、89年に撤退。92年、社会主義政権は崩壊するが、内戦激化。94年にターリバーンが内戦に参入して勢力を拡大し、99年には首都カーブルなど国土の90%を支配した。しかし2001年、アメリカの攻撃を受けて崩壊した。親米政権下の和平プロセスは滞り、政権の腐敗やアメリカ治安部隊の撤退により、21年ターリバーン政権が復活した。

❼クルド人問題

大国支配下の民族問題 アラブ人、ペルシア人、トルコ人に次ぐ中東第四の民族の分離独立要求

国家をもたない世界最大の少数民族。かつてのメディア人がルーツ。オスマン帝国解体後の恣意的な国境線により、居住地域は複数の国に分断された。20世紀後半のクルディスタンの分離独立運動は各国政府から弾圧を受け、特に湾岸戦争前後のイラクによる大量虐殺では多くの難民が生まれた。

▶1 ロシアの軍事侵攻を受け、国境を越えてポーランドへ逃れるウクライナの人々

❽チェチェン紛争（▶P.274・280）

大国支配下の民族問題 カフカス地方のチェチェン人がロシアからの独立を求め対立

1991年、ソ連邦消滅直前にチェチェンがロシアから独立を宣言。国家分裂を阻止したいロシアは、94年、96年に侵攻。その後ロシアは、連邦残留を主張する親露派政権を成立させたため、独立派勢力はゲリラ化。ロシアは徹底的に封じ込めを図っている。

❾チベット問題

大国支配下の民族問題 中国政府に高度な自治を求め対立

*チベット仏教指導者

清朝時代に支配下に置いたことを根拠に、中国は1950年にチベットへ侵攻、翌年編入した。59年に*ダライ＝ラマ14世がインドへ亡命すると、65年には自治区とした。編入以降行われていた中国への同化政策の強化が、相次ぐ抗議運動へとつながっている。ダライ＝ラマ14世はチベットの独立ではなく高度な自治を求めているが、中国はチベット仏教の後継者問題への介入を図っている。

❿ウイグル問題

大国支配下の民族問題 中国政府の同化政策に反発、独立を求め対立

新疆ウイグル自治区における中国政府の同化政策（イスラーム教規制など）や労働・資源の搾取に対して、トルコ系ウイグルなどによる独立抗議運動が活発化。2009年のウルムチ暴動へと発展した。中国政府は徹底的な封じ込めを図っており、国際社会から、「文化的ジェノサイド」だという非難の声があがっている。

＃油田の位置

アルメニア
トルコ
シリア
イラク
イラン
クルド人居住地域（クルディスタン）

（『世界再発見⑤西アジア・中央アジア』同朋舎出版）

←2 クルド難民

↑1 クルド人居住地域

3 難民問題

●国外に逃れた難民の出身国

難民の出身国	万人	難民の出身国	万人
シリア	655	ミャンマー	125
ウクライナ	568	コンゴ民主共和国	93
アフガニスタン	566	スーダン	84
ベネズエラ	545	ソマリア	79
南スーダン	230	中央アフリカ共和国	75

(UNHCR資料による)
＊数値は2022年末。パレスチナ難民(600万人)は含まない。

(解説) 難民における子どもの割合は全体の40%を占め，毎年38万人以上の子どもが難民として誕生している。難民は全体の70%が近隣国で受け入れられているが，低中所得国での受け入れが7割以上を占め，大きな負担となっている。

(解説) 難民とは「人種や宗教，国籍，政治的意見などを理由に，迫害を受けるおそれがあるために自分の国を逃れた人」(国連難民条約の定義)をいい，その援助を目的に1951年，国連の機関として**UNHCR(国連難民高等弁務官事務所)**が設立された。冷戦が終結すると，民族・宗教・領土をめぐる局地的な紛争が多発し，1990年代に難民は国内避難民も含めて増加した。現在，紛争の増加・長期化・地域的拡大に加え，自然災害の同時発生などにより，難民問題は長期化・複雑化の傾向にある。特に近年の増加数は著しく，2022年には1億人を超えた。世界の80人に1人が難民という由々しき事態にある。

←3 緒方貞子 冷戦後の混乱期に国連難民高等弁務官(任：1991～2001)を務めた。

＊1948年に約80万人いたパレスチナ難民は4世代を経た現在，登録難民数(UNRWA)だけで600万人に及ぶ。そのうちの200万人が狭隘なガザ地区(種子島とほぼ同じ面積)に閉じ込められている。

●ロヒンギャ問題

(解説) 仏教国ミャンマーは7割を占めるビルマ族のほかに，シャン族，カレン族，モン族などからなる多民族国家である。軍事政権は「ビルマ型社会主義」の名のもと，マイノリティを否定する政策により，バングラデシュからのイスラーム教少数派ロヒンギャ(推定80万人，バングラデシュに40万人)を不法移民(無国籍者)とみなし，難民キャンプに収容して非人道的な取り扱いをしている。キリスト教，イスラーム教，仏教を問わず，宗教が他民族の存在そのものを否定している残念な現実がある。

↑4 ロヒンギャ難民

---

4 パレスチナ問題の現在 (→P.285) ●オスロ合意以降の展開

首相		イスラエル	PLO，パレスチナ自治政府		議長
ラビン	1993	パレスチナ暫定自治協定(オスロ合意)調印→イスラエルとPLO相互承認		和平へ前進	ア
ペレス	95	ラビン首相暗殺			ラ
ネタニヤフ	96	強硬派ネタニヤフ政権発足	96 イスラエルに対するテロ激化		フ
	99	和平推進派バラク政権発足			ァ
バラク	2000	イスラエル外相シャロンの「神殿の丘」訪問で武力衝突激化	→第2次インティファーダ	和平交渉決裂	ト
シャロン	01	強硬派・シャロン政権発足 イスラエルとPLO過激派**ハマース**との対立抗争激化			
	2003	中東和平ロードマップ発表(米，ロ，EU，国連による)		和平提案受容	
	05	ガザ地区から撤退	04 アラファト議長死去→穏健派アッバース就任		
	06	レバノン南部へ侵攻	06 評議会選挙でハマース勝利→ファタハと対立		
オルメルト			07 パレスチナ分裂(ハマース支配下のガザ地区で内戦)→統一政府崩壊	和平とん挫	
	09	イスラエル，ガザ空爆・侵攻			
	2010	直接和平交渉(オバマ米大統領の仲介)再開するも，すぐに中断		和平停滞	ア
ネタニヤフ	2013	直接和平交渉再開	12 国連総会でオブザーバー国家に承認		ッ
			14.6 パレスチナ暫定統一政府発足		バ
	2014.7	直接和平交渉中断，イスラエルとハマースの戦闘激化		和平とん挫	ス
	14.7	ガザ地区に本格侵攻			
ベネット／ラピド／ネタニヤフ	2023.10	ハマースのテロを機にイスラエルがガザとの激しい暴力の応酬に		人道危機的状況	

●パレスチナ問題の争点

	イスラエル	パレスチナ
境界線	ヨルダン川渓谷をはじめ戦略的要地などはイスラエルの管理下に残し，占領地から全面撤退するつもりはない。	イスラエルは，**1967年(第3次中東戦争**時)に占領した**ガザ，ヨルダン川西岸**をすべて返還すべきだ。
イェルサレム	イスラエルの首都として不可分であり，東部分の分割は認められない。	イスラエルが**1967年(第3次中東戦争**時)に占領した**東イェルサレム**は，将来パレスチナ国家の首都にする。
入植地	孤立したものを撤去するのは可能。入植地をいくつかのブロックに集約し，イスラエルが管理する。	イスラエルはすべて撤去すべきだ。

(真田健次「わかりすぎ！国際紛争」なあぶるによる)

●近年の中東紛争の構図

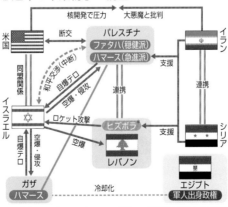

＊ヒズボラ：レバノンのイスラーム教シーア派住民を基盤とする急進派組織。反親米・反イスラエルの傾向が強い。

---

5 人権の国際的保障

18世紀的権利(自由権・平等権)，19世紀的権利(参政権)，20世紀的権利(社会権)を経て，近代の基本的人権概念は各国の憲法に結実し，第二次世界大戦の惨禍を経た後は国際的な広がりをめざすようになった。今もその途上にある。「持続可能な開発目標(SDGs)」は具体的実現のためのアクションプランである。

●世界人権宣言(抄) (1948年採択)

第1条 すべての人間は，生まれながらにして自由であり，かつ，尊厳と権利とにおいて平等である。人間は理性と良心とを授けられており，互いに友愛の精神をもって行動しなければならない。

> 人権保障の国際基準
> 国連の人権委員会が起草。自由権的基本権が宣言の中心。

●国際人権規約(抄) (1966年採択)

市民及び政治的権利に関する国際規約(B規約)

第6条 (生存権及び死刑の制限)① すべての人間は，生命に対する固有の権利を有する。この権利は，法律によつて保護される。何人も，恣意的にその生命を奪われない。

> 人権宣言の条約化
> 法的拘束力を持たない世界人権宣言を条約化し，その実施を義務づけた。

●難民の地位に関する条約(難民条約)(抄) (1951年)

第3条[無差別] 締約国は，難民に対し，人種，宗教又は出身国による差別なしにこの条約を適用する。

第23条[公的扶助] 締約国は，合法的にその領域内に滞在する難民に対し，公的扶助及び公的援助に関し，自国民に与える待遇と同一の待遇を与える。

●女子差別撤廃条約(抄) (1979年)

第2条[締約国の差別撤廃義務] 締約国は，女子に対するあらゆる形態の差別を非難し，女子に対する差別を撤廃する政策をすべての適当な手段により，かつ，遅滞なく追求することに合意し，及びこのため次のことを約束する。

＊国際法は一般の国内法に優越するので，その批准は時に国内法体系を変えることになる。

●「人間の安全保障」決議 (2012年)

3 …人間の安全保障の概念に関する共通理解は以下を含む。

(a)人々が自由と尊厳の内に存在し，貧困と絶望から免れて生きる権利。…

4 開発・平和・安全・人権は国連の柱であり，相互に関連し補強し合うものである一方で，開発を達成することはそれ自体が中心的な目標であり，人間の安全保障の促進は，持続可能な開発…を含む国際的な開発目標の実現に貢献すべきである…。

(外務省資料による)

SUSTAINABLE DEVELOPMENT GOALS

↑5 SDGsのロゴ

(解説) 1993年に**パレスチナ暫定自治協定**が発効したイスラエル占領区は，和平反対派のユダヤ人青年による**ラビン首相暗殺**などもおこり，イスラエル軍撤退がなかなか進んでいない。2001年の**シャロン**政権発足でPLOとの対立は深刻な状態となった。そのような中，長年**PLO議長**だった**アラファト**が04年に死去。07年以降，**ガザ**は軍事封鎖で「天井なき監獄」化，**ヨルダン川西岸地区**では高さ8mの「**分離壁**」建設が一方的になされた。PLO内部はイスラーム組織**ハマース**が台頭，穏健派**ファタハ**と対立，**パレスチナは分裂**した。09年に続き14年7月，イスラエルがガザ地区を再び攻撃，パレスチナ側はファタハとハマースが和解したが，その後トランプ大統領による露骨なイスラエル支援策(アメリカ大使館のイェルサレム移転や，パレスチナ自治政府との断交[18年])に加え，一部アラブ諸国のイスラエルとの国交樹立(アラブ首長国連邦，バーレーンなど[20年])により，パレスチナ側は逆風の試練下にある。23年10月，ハマースのテロを機にイスラエルはガザ地区に中東戦争以来最大の軍事攻撃を強行している。

1 地球環境問題

●相互に関連する地球環境問題

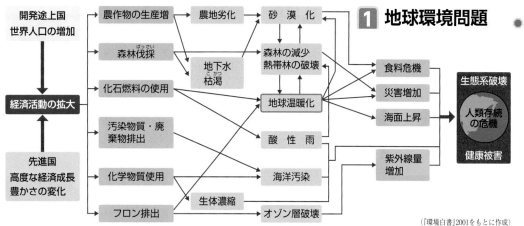

開発途上国 世界人口の増加 → 経済活動の拡大 ← 先進国 高度な経済成長 豊かさの変化

農作物の生産増 → 農地劣化 → 砂漠化
森林伐採 → 地下水枯渇
化石燃料の使用 → 森林の減少 熱帯林の破壊 → 地球温暖化
汚染物質・廃棄物排出 → 酸性雨
化学物質使用 → 海洋汚染
フロン排出 → 生体濃縮 → オゾン層破壊

地球温暖化 → 食料危機 / 災害増加 / 海面上昇 / 紫外線量増加

生態系破壊 / 人類存続の危機 / 健康被害

（『環境白書』2001をもとに作成）

❶解説 地球環境問題は，個々の現象が単独にあるのではなく，それぞれが結びついており，その原因を追究すると人間の生産・消費活動にたどり着く。地球環境問題を解決していくためには，**先進国の大量消費・大量廃棄を見直し，開発途上国の貧困や人口爆発を食い止める**取り組みが不可欠である。

●京都議定書とパリ協定の概要

	京都議定書	パリ協定
対象国・地域	38（先進国のみ）	196（途上国含む）（採択時）
全体の目標	先進国は2008〜12年の間に1990年比で約5％削減	産業革命前からの気温上昇を2℃未満に抑え，1.5℃未満に向けて努力
長期目標	なし	今世紀後半に温室効果ガスの排出量実質ゼロ
各国の削減目標	各国政府間で交渉し決定	すべての国が削減目標を5年ごとに提出・更新することを義務化。目標値は各国で設定
目標達成義務	あり（罰則あり）	なし

❶解説 産業革命後の化石燃料の大量消費により，CO_2（二酸化炭素）などの温室効果ガスが増加し，地球の平均気温は19世紀末から現在までに0.7℃上昇したといわれる。地球環境問題の重要な視点に南北問題がある。**気候変動枠組条約**が採択された地球サミット（1992年）でも，途上国は先進国のCO_2排出規制案に批判的だった。**エネルギーの大部分を使用する先進国**が，工業化を進めている途上国に対し規制を求めることへの反発が強いからだ。1997年の＊COP3で，CO_2排出削減の枠組み（**京都議定書**）（●P.325史料）が採択されたが，排出大国中国の不参加，当時の最大排出国アメリカの離脱，その後の日本・カナダ・ロシアの削減義務の延長拒否などにより京都議定書は形骸化した。新しい対策が求められるなか，2015年のCOP21で採択された**パリ協定**は，先進国だけではなく途上国も参加する点で画期的な枠組みとなった。アメリカのトランプ政権は一方的に離脱した（2017年）が，バイデン政権で復帰した（2021年）。しかし，国内の分断した政治状況もあり，必ずしも支持一色ではない。

＊気候変動枠組条約締約国会議の略称。数字はそれぞれ第3回，第21回を表す。

↑1 地球温暖化による海面上昇で水没の危機にあるツヴァル

2 エネルギー大量消費の時代

●エネルギー消費の歴史

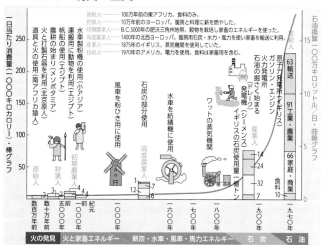

（総合研究開発機構『エネルギーを考える』）

❶解説 人類の歴史は産業革命を境にして，急激な経済的発展をとげた。そのエネルギー源となったのが**石炭**であり，次に**石油**であった。しかし，1970年代の2度にわたる石油危機以後は原子力，天然ガス，新エネルギー（太陽光・風力・バイオマス等）などの**代替エネルギー**も加わって**エネルギー源は多様化し，大量消費**の傾向は強まっている。

●国連貿易開発会議

総会	おもな内容
第1回 ジュネーヴ 1964年	プレビッシュ報告「開発のための新しい貿易政策を求めて」 ●国民所得1％援助目標設定 ●UNCTADの常設化決定 ●一次産品の貿易自由化促進
第3回 サンチアゴ 1972年	●ODAを70年中頃までにGNPの0.7％にまで引き上げ努力（援助も貿易も）
第7回 ジュネーヴ 1987年	●一次産品共通基金の発効条件整う ●債務問題，後発開発途上国に限り，返済期間の延長，金利の軽減を考慮
第8回 カルタヘナ（コロンビア）1992年	●保護主義をやめるよう先進国に呼びかけ ●地球環境問題を扱う国際機関として自らがなる用意のあることを宣言

❶解説 南の国々は，一次産品生産依存（モノカルチャー）経済からの脱却をめざして，1964年に，**国連貿易開発会議（UNCTAD）**（本部：ジュネーヴ）を設立した。1970年代に入ると，**新国際経済秩序（NIEO）**を提唱して，それまでの国際分業体制（近代世界システム）を打ち破ろうと努力をかさねてきた。

3 埋まらない南北格差

●先進国と開発途上国

（『世界国勢図会』2022/23による）

	日本 （先進国）	アメリカ （アジアの途上国）	インド （アジアの途上国）	エチオピア （アフリカの途上国）
人口（2021年）	1億2,461万人	3億3,700万人	14億0,756万人	1億2,028万人
人口増加率（2011〜21年平均）	−0.3%	0.7%	1.1%	2.7%
1人あたりGNI（2020年）	40,770ドル	64,310ドル	1,910ドル	836ドル
輸入額（2021年）	7,690億ドル	2兆9,371億ドル	5,725億ドル	157億ドル
輸出額（2021年）	7,560億ドル	1兆7,546億ドル	3,954億ドル	40億ドル
1人1日あたりの栄養供給量（2019年）	2,691kcal	3,862kcal	2,581kcal	2,439kcal
医師の数（1万人あたり）（2020年）（日本・アメリカは2018年）	24.8人	26.1人	7.4人	1.1人

❶解説 インドをはじめとする**グローバルサウス**の成長の一方で，南南問題の格差は広がっている。

K20

4 人口・食糧・貧困・女性

●人口爆発

❶解説 産業革命をきっかけに増加に転じた世界総人口は、第二次世界大戦終了を契機に急速な増加に拍車がかかった。近年のこの急速な増加傾向を「人口爆発」と呼んでいる。

⬇世界人口が10億人増えるのに要した年数

人類誕生→10億人	約200万年
10億人→20億人	123年
20億人→30億人	33年
30億人→40億人	15年
40億人→50億人	12年
50億人→60億人	12年
60億人→70億人	13年

（国連推計などによる）

●飢える南：世界の栄養不足人口割合（2018〜20年）

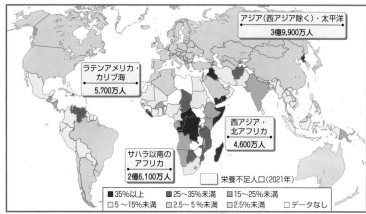

アジア（西アジア除く）・太平洋
3億9,900万人

ラテンアメリカ・カリブ海
5,700万人

西アジア・北アフリカ
4,600万人

サハラ以南のアフリカ
2億6,100万人

栄養不足人口（2021年）

■35%以上　■25〜35%未満　■15〜25%未満　□データなし
□5〜15%未満　□2.5〜5%未満　□2.5%未満

（WFP「The State of Food Security and Nutrition in the World 2022」などによる）

●国際貧困ライン

❶解説 1990年、世界銀行（IMF）が**世界の貧困層**を把握するために設定した基準。一日に使える生活費が2.15ドル未満を極度の貧困層と定義し、6億5,900万人（世界全体の8.5％）に相当する（2019年）。2030年までの**SDGs**のゴール1「あらゆる場所のあらゆる形態の貧困を終わらせる」は一日1.25ドル未満の貧困層の解消を掲げているが、これはSDGs採択当時の国際貧困ラインの数字である。基準に満たない貧困層の84％は南アジア地域とサハラ以南のアフリカ地域に分布している。世界全体の労働所得の半分がわずか1割の手によって占有されている。先進国、途上国を問わず、**国内における格差**、社会の分断の問題も存在する。現代世界の富の偏在、貧富の格差はかくも深刻である。

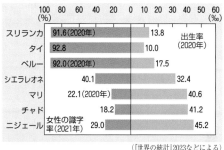

↑2 SDGsのゴール1

●女性の識字率と出生率

	識字率(%)	出生率(‰)
スリランカ	91.6(2020年)	13.8
タイ	92.8	10.0
ペルー	92.0(2020年)	17.5
シエラレオネ	40.1	32.4
マリ	22.1(2020年)	40.6
チャド	18.2	41.2
ニジェール	29.0	45.2

女性の識字率（2021年）　出生率（2020年）

（「世界の統計」2023などによる）

❶解説 開発途上国では乳児死亡率が高いため、より多く産む例が多い。**女性の地位向上や教育**によって、発展途上国の人口増加は防ぐことができる。一方、先進国の出生率低下対策は**男女共生社会**の実現がカギとなる。

5 核をめぐる問題

●軍縮と核兵器をめぐる歩み

1945	米、広島・長崎に原子爆弾を投下
50	ストックホルム・アピール
52	イギリス、初の核実験
55	**ラッセル・アインシュタイン宣言** 第1回原水爆禁止世界大会開催（広島）
57	**第1回パグウォッシュ会議**
60	フランス、初の核実験
62	**キューバ危機**
63	**部分的核実験禁止条約(PTBT)** 調印
64	中国、初の核実験
68	**核拡散防止条約(NPT)** 調印
72	生物兵器使用禁止条約調印 **戦略兵器制限交渉(SALT I)** 調印（米ソ）
78	第1回国連軍縮特別総会(SSD)
79	SALT II 調印（米ソ）**【新冷戦で未批准】**
83	米ソの中距離核兵器配備（❷P.274）
87	**中距離核戦力(INF)全廃条約** 調印（米ソ）
89	マルタで米ソ首脳会談⇒冷戦終結
91	**戦略兵器削減条約(START I)** 調印（米ソ）(94発効)
93	START II 調印（米ロ） 化学兵器禁止条約調印　**【未発効】**
96	**包括的核実験禁止条約(CTBT)** 採択
97	対人地雷全面禁止条約調印(99発効)
98	インド、パキスタン核実験
2005	北朝鮮、核兵器保有宣言
08	クラスター弾に関する条約(10発効)
10	**新START** 調印（米ロ）
13	武器貿易条約調印
15	ロシア、欧州通常戦力条約(CFE)脱退
17	**核兵器禁止条約** 採択(21発効。日本は不参加) 北朝鮮をめぐる核兵器問題が深刻化 ICAN(国際NGO)にノーベル平和賞
18	トランプ米大統領、イラン核合意から離脱宣言
23	広島でG7サミット、ウクライナも参加

●世界の核兵器保有

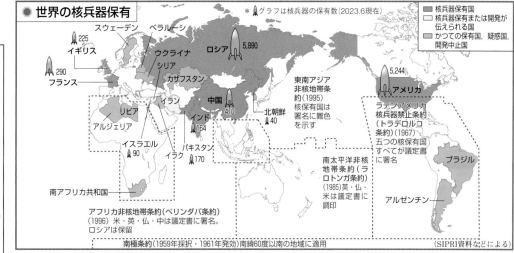

＊ 🚀グラフは核兵器の保有数（2023.6現在）

■核兵器保有国
■核兵器保有または開発が伝えられる国
■かつての保有国、疑惑国、開発中止国

スウェーデン　ベラルーシ
イギリス 225
ロシア 5,890
ウクライナ
シリア
カザフスタン
フランス 290
イラン
リビア
アルジェリア
中国 410
北朝鮮 40
イスラエル 90
インド 164
パキスタン 170
イラク
アメリカ 5,244
南アフリカ共和国
ブラジル
アルゼンチン

東南アジア非核地帯条約(1995)核保有国は署名に難色を示す

ラテンアメリカ核兵器禁止条約（トラテロルコ条約）(1967)五つの核保有国すべてが議定書に署名

南太平洋非核地帯条約（ラロトンガ条約）(1985)英・仏・米は議定書に調印

アフリカ非核地帯条約（ペリンダバ条約）(1996) 米・英・仏・中は議定書に署名。ロシアは保留

南極条約(1959年採択・1961年発効)南緯60度以南の地域に適用

（SIPRI資料などによる）

＊イスラエルと、1998年に相次いで核実験を実施したインドとパキスタンは、NPTに加盟していない。
＊北朝鮮は2003年にNPTを脱退、核保有を宣言した。2006, 09, 13, 16, 17年に核実験。ミサイル発射実験も繰り返す瀬戸際外交が非難を浴びる。

6 日本の高齢社会化

●高齢社会＊の到来（日本社会の課題）

＊65歳以上の割合が人口の14％以上の社会。

日本の介護現場

（「高齢社会白書」令和5年版）

日本　中国　フランス　イギリス　スウェーデン　アメリカ合衆国　インド

❶解説 高齢化率が7％から14％に達するまでの所要年数は、日本はわずか24年(1970年→1994年)だった。**歴史上、例のない高齢社会**となり、労働人口不足や年金・医療費など社会保障関係費の支出増が問題となっている。

↑3 「少子高齢社会」の日本で進む外国人労働者の増加　冷戦後のグローバル市場の発達が、「カネの集まるところに人が流れる」スピードや規模を増幅させた。FTAやEPAの拡大など、**グローバル経済が国境を越えたモノやヒトの流れを短い周期で次々と変えて**きた。日本でも、「少子高齢社会」に伴う労働力不足を**外国人労働者**によって補う動きが急速に進んでいる。

巻頭8 世界史を 自分の "モノ"にする

「歴史総合」に続いて,君たちは「世界史探究」を学ぶ。その「世界史探究」をどのように勉強すればよいのか不安に思う人も多いはず。そこで,ここでは「世界史探究」の授業のねらいとその学習方法について紹介したい。

「世界史探究」の授業がめざすもの　①主体的な学び　②「事実」から「意義」へ

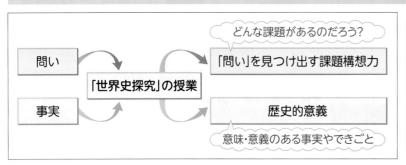

どんな課題があるのだろう?

問い → 「問い」を見つけ出す課題構想力

「世界史探究」の授業

事実 → 歴史的意義

意味・意義のある事実やできごと

「世界史探究」では①主体的な学びが重視されている。それは歴史に「問い」を持って取り組み,歴史を「自分ごと」として考える,当事者意識を持つ姿勢である。その上で先生から「与えられた問い」からスタートして,自ら「問い」を見つけ出す課題構想力を身につけることが目標となっている。また②「事実」から「意義」へとは,単に覚えるだけの暗記科目からの脱却をめざし,歴史的事実に向き合いながら,その事実に「意味や意義」を見出す力が求められている。

● 「問い」からはじまる「世界史探究」

「世界史探究」の教科書は各章ごとに「問い」が設定されている。君たちはその「問い」をめあてに探究活動を行っていく。その授業(=探究活動)で必要な力とは何か,またその学習方法について説明しよう。

①なぜ(原因)を問う

②変化を問う

③影響を問う

問い

④比較を問う

⑤様相(ようす)を問う

⑥意義を問う

Ⓐ自然環境の変化は人々の生活にどのような変化をもたらしただろうか?
Ⓑメソポタミアの都市国家に富や権力が集中したのは,なぜだろうか?
Ⓒ古代オリエント文明は,その後の時代にどのような影響を与えたのだろうか?
Ⓓ東アジアの地域的な特徴は,どのように結びついていったのだろうか?
Ⓔ古代アメリカ文明は,他の古代文明とどのような違いがあっただろうか?
Ⓕヘレニズム時代の歴史的意義は何だろうか?

問いの種類　歴史における「問い」にはいくつかの「種類」がある。ここでは何が問われているのか正確に理解して探究活動を進める必要がある。

上記の「問い」は「世界史探究」の「問い」の例である。それぞれの「問い」がどのタイプの「問い」なのか,考えてみよう。

「世界史探究」でも,正確な用語の理解,歴史の流れの理解は必要不可欠である。その上で初見の史資料(文字資料,地図,図版,グラフ,表など)を読み解きながら,「探究」の世界に踏み込んでいく。すなわち正確な歴史用語,流れの理解の上に「探究」がある。

第1ステップ　講　義

● 先生の話を注意深く理解しながら聞く。同時に,板書をノートに書き写す。
● 分からないときや詳しく知りたいときに教科書,用語集,『世界史のミュージアム』(資料集)の関連する情報に目をとおす。

　授業中の先生の講義がまず世界史学習の基本になるよ。授業を「モノ」にするためには,「聞くこと」「見ること」「書くこと」「理解すること」「考えること」―これらを同時に駆使し学ぶことを意識して,授業に臨んでほしいね。
　その際のポイントは「5W1H1R」。「いつ(When)」「どこで(Where)」「だれが(Who)」「なにを(What)」「なぜ(Why)」「どのように(How)」そして,「結果(Result)」を常に意識しながら学ぶことが大切だよ。そうした「5W1H1R」を意識し,自分で歴史の関連事項を「集めて,結びつけること」。授業中に『世界史のミュージアム』の関連ページを開き,授業では触れない歴史事項も目で追うことができることがベストだ。

● 前近代の学習構成

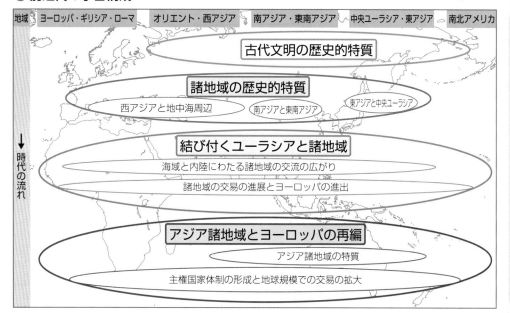

| 地域 | ヨーロッパ・ギリシア・ローマ | オリエント・西アジア | 南アジア・東南アジア | 中央ユーラシア・東アジア | 南北アメリカ |

古代文明の歴史的特質

諸地域の歴史的特質
　西アジアと地中海周辺　　南アジアと東南アジア　　東アジアと中央ユーラシア

結び付くユーラシアと諸地域
　海域と内陸にわたる諸地域の交流の広がり
　諸地域の交易の進展とヨーロッパの進出

アジア諸地域とヨーロッパの再編
　アジア諸地域の特質
　主権国家体制の形成と地球規模での交易の拡大

↓ 時代の流れ

● 「Where」を意識しよう

　「世界史探究」を学ぶ際のハードルとして、「どこで(Where)」がある。つまり、「今どこを学んでいるのか分からない」ということだね。特に「世界史探究」では、ヨコのつながりを意識した教科書構成になり、学ぶ地域が次々と移っていく。おおよそ前近代の学習構成は、左の図のようになる。このように教科書の構成を知ることで、学ぶ地域が変わることに対する不安がなくなるはずだ。今学んでいるところ、次に学ぶ予定のところを意識して、授業に臨みたい。

● 「世界史探究」の授業で求められる力…世界史の史資料を正しく読み解くために

（第2ステップ）　探　究

● 探究活動では、自ら未知の史資料から多くの発見を導き出すことが必要になる。
● 主体的に授業に参加することや発言すること。
● 「読み解く」史資料に、なぜだろうという興味や好奇心をもって取り組むこと。

　「世界史探究」の授業では、先生から多くの史資料が示されるはずだ。その一つひとつを丁寧に読み込むと同時に、**授業で扱わない史資料にも、自分からアプローチしよう。**自分たちで史資料にあたる一つのやり方として、『世界史のミュージアム』の活用がある。この『世界史のミュージアム』の中には、未知の史資料が豊富に詰まっている。

　未知の史資料を目の前にしながら、世界史上のあらゆることがらを読み解いていく。その際に大切なのは、右に示した視点である。史資料を時系列で見るのか、変化や推移で見るのか、また比較をするのか、関係を探るのか、これらの視点を総動員して総合的に読み解いていく。その上で最終的に意味や意義を見出す、評価的視点にまで高める。つまり史資料の読み解きを4つの視点で積み重ねることで、史資料に評価を与えるという思考の深化が必要になる。

思考の深まり

時系列的視点	時期・年代
推移的視点	展開・変化・継続
比較的視点	類似・差異
関係的視点	背景・原因・結果・影響・相互依存
評価的視点	意味・意義

● 「世界史探究」を学んだ先には・・・

（第3ステップ）　歴史をつくる

● 多くの課題が山積する世界で、その解決は急務である。その解決の糸口は歴史にある。
● 歴史は学習の対象としてあるだけではない。自らも歴史をつくっているという当事者としての意識を持ちたい。

　「世界史探究」の学習は定期試験で高得点を取ったり、大学入試で合格点を取ったりすることが最終目標ではない。今、世界は予想のつかない多くの事態・危機に直面している。その解決のためには歴史から学ぶこと、そして歴史に自ら問いを設けて、歴史に対して主体的に関わっていく姿勢が大切であるといわれている。
　また国際化の進む世界にあっては、**自国の利益のみを追求して独善的な態度や考えを持つのではなく、相手の国の文化や歴史に対しての正確な知識と畏敬の念を持つことが大切である。**これが国際的な協力体制の構築につながる。この主体的な歴史への関わりと国際協力こそが、世界の課題解決のための武器になるはずだ。

世界史で 入試に "チャレンジ" する

みなさんが大学入試の受験科目に「世界史探究」を選択するとき，受験に打ち勝つためには，どのように学習を進めるのがよいだろうか。このページでは，「世界史探究」の効果的な受験勉強の方法や心構えの一例を紹介したい。

基本的な学習姿勢

● 大学受験は特殊な勉強ではなく，授業の延長線上にある。
● 受験のノウハウやテクニックも，授業という基本の上にある。

学校の授業と大学受験のための勉強を切り離して考えたことはないかな。受験が近づくにつれ，教科書や資料集，授業の板書を書き写したノートなどから離れてはいないかな。少なくとも，**世界史を時間的にも体系的にも，また網羅的にも学べる場は学校の授業でしかない**ことはいうまでもないんだ。それを最大限利用することを意識してほしい。

大学入学共通テスト ～どのような力が問われるのだろうか?

第 1 段階	
問われる力	正確に読み取る力
対象 (何を読み取る?)	問題のリード文　会話文 文字資料　地図　図版 グラフ　表
着目 (どこに目をつけて 読み取る?)	比較(共通性・違い) 推移(時系列の変化・流れ) 相互のつながり(接触・交流) 因果関係

→

第 2 段階
「読み取ったもの」をどうする?
「正確な世界史の知識」に基づき
↓
関わりを類推する 「読み取ったもの」(仮説)を検証する どのように影響したかを説明する

「大学入学共通テスト」について，みなさんの中には不安を感じている人もいるかもしれない。しかしそこで問われるのは，高校での授業を通じて身につけた「**正確な世界史の知識**」。その上にその知識を「活用」して答えを導く力が問われるよ。**第1段階**では，リード文，会話文，文字資料，地図，図版などを正確に読み取る。**第2段階**では，「正確な世界史の知識」と「読み取ったもの」を結びつけ，**類推，検証，作用(影響)**といった考察を行う。こうすれば必ず正解にたどりつけるはず。マークシート方式なので，答えは選択肢の中に必ず存在する。

『世界史のミュージアム』を使った，大学入学共通テスト対策

● 大学入学共通テストにチャレンジするにあたって

大学入学共通テストの対策をどのように行うか?その答えは，普段の世界史の学習にある。共通テストにおいても要求されている基本的な力は目新しいものではない。「正確な世界史の知識」を確実に定着させるために普段心掛けていること。すなわち「教科書」と『世界史のミュージアム』の相互活用にある。ここではそこに焦点をあてて説明したい。

● 「教科書」と『世界史のミュージアム』の相互活用

「教科書」の文章 → 相互活用 →
問題のリード文
会話文
『世界史のミュージアム』
文字資料　地図
図版　グラフ　表

*下記の文章は「教科書」を参考に書き起こしたもので，実際の「教科書」の文章ではありません。

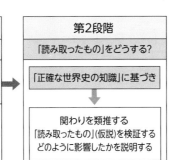

「教科書」の文章(例) エジプトとメソポタミアを結ぶ通路として古くから栄えたシリア・パレスチナ地方では，前12世紀ごろよりセム語系の人々が商業活動に従事した。アラム人はダマスクスを中心に内陸交易で活躍し，アラム語はオリエントの国際商業語として普及し，アラム文字はのちにアラビア文字などに影響を与えた。フェニキア人はシドン・ティルスなどを拠点に地中海貿易に従事し，北アフリカにカルタゴなどの植民都市をつくるなど栄えた。彼らの文字は，やがてギリシアに伝わりアルファベットに改良され，ラテン文字，ロシア文字に発展し，ヨーロッパ各地に広がった。

「教科書」の文章は，分かりやすさを重視して簡潔に書かれている。しかし印象に残らず，「知識」を深められない。そこを補うのが，『世界史のミュージアム』の中にある文字資料，地図，図版，グラフ，表である。勉強中にそれらを意識して読み込んでみよう。これが相互活用。それは共通テストの対策そのものでもある。

『世界史のミュージアム』

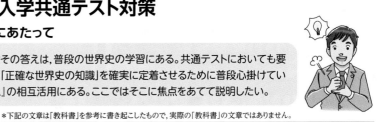

↑P.47 ■ 文字の変遷(部分)

↑P.51 ② フェニキア人とアラム人(部分)

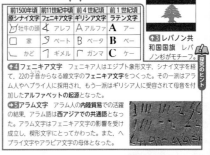

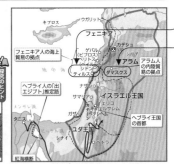

↑P.51 ■ 地中海東岸部と「海の民」(部分)

『世界史のミュージアム』を使った，論述問題の解法

● 論述問題にチャレンジするにあたって

「世界史探究」を受験科目とするとき，だれもがその困難さを感じるのが，「論述問題」である。一部の難関私立大学や，国公立大学の二次試験で導入されている論述問題は，各できごとの因果関係などをきちんと理解できていないと，適切な解答を導き出すことができない。論述問題を出題する大学を受験しない人にとっても，世界史学習の仕上げとして有効な学習である。ここではこの論述問題への学習方法について説明したい。

探究　アケメネス朝ペルシアが帝国内諸民族を統治するための支配体制について，具体的にあげるとともに，先行するアッシリアと比較した特徴について，説明しなさい。〔160字程度〕　類題：首都大学東京

探究 … 大学入試論述問題の改題やオリジナル問題を掲載しています。

探究のヒント … 「探究」を解く手がかりとなる資料を示しています。

本書・教科書・用語集などを読みながら，論述問題にチャレンジしてみましょう。論述対策としてだけでなく，単元を学習する際の「課題」としても活用できます。

出題者が何を求めているのか，その問題の意図をしっかりと読み取ること。これが論述問題を解答していくための基本となるよ。論述問題は出題タイプ別に，①事項 ②経過 ③比較 ④変化 ⑤意義などを説明させるものに分かれるんだ。出題者がこれらの中で何を求めているのかで，解答文の構成が変わってくるよ。ただ単に歴史的なできごとを説明させるものなのか，経過（＝流れ）を説明するものなのか，何かと何かの比較の説明を求めているのか，などしっかりその意図をつかんだうえで文章を書き上げる力が求められるんだ。

ここに解法のヒントとなる資料がある!

2 ダレイオス1世の時代
🏛世界遺産

アフラ＝マズダ
楔形文字
ダレイオス1世
降伏する反逆者たち
踏まれる反逆者

←1 ベヒストゥーン碑文
カンビュセス2世が，王位簒奪者の出現による内紛のさなかに倒れると，傍系のダレイオスが即位を宣言した。帝国各地の反乱を1年の間に鎮圧し，戦勝記念としてベヒストゥーンに碑文を刻ませた。19世紀にイギリスのローリンソン（◀P.47）が解読に成功し，楔形文字研究の道を拓いた。

● 中央集権的統治体制の確立　探究のヒント
①全国を20あまりの州に分け，軍民両権を掌握する知事（サトラップ）を派遣，統治
②王直属の監察官「王の目」「王の耳」を派遣→サトラップを監督
③スサに行政の中心をおき，「王の道」を建設→駅伝制整備
④被征服民には寛容な政策→固有の言語，宗教，伝統，慣習を容認
⑤フェニキア人，アラム人の商業活動を保護
⑥アラム語が公用語，貨幣を統一

→2 ダリック金貨　ダレイオス1世は，すでに行われていたリディアでの貨幣鋳造を受け継ぎ，矢を射ている自らの姿を描いた金属貨幣を発行した。

記述例　→記述例は，別冊「白地図ワーク」の巻末に掲載されています。まずは，自分なりに答えを練ってみよう!

答えを記述するときに，授業の際に意識した「5W1H1R」を押さえた形で文章を練り上げよう。もちろん「5W1H1R」すべてが揃っていなくてもいいよ。出題の意図に沿った形でこれらの項目をもり込んで記述していこう。文章は簡潔に，その論旨がつながるように意識しよう。

全	土	を	20	あ	ま	り	の	州	に	分	け	、	サ	ト	ラ	ッ	プ	を	任
命	し	て	徴	税	や	治	安	維	持	を	担	わ	せ	た	。	ま	た	「	王
の	目	」	「	王	の	耳	」	と	呼	ば	れ	る	監	察	官	を	派	遣	し
て	、	サ	ト	ラ	ッ	プ	を	監	視	さ	せ	た	。	さ	ら	に	「	王	の
道	」	と	呼	ば	れ	る	国	道	を	整	備	し	、	駅	伝	制	を	設	け
た	。	被	支	配	民	族	に	対	し	て	貢	納	と	軍	役	を	課	し	た
が	、	彼	ら	の	法	や	宗	教	に	は	干	渉	せ	ず	寛	容	な	政	策
を	と	り	、	商	業	活	動	を	保	護	し	た	。						

世紀へのアプローチ

周期的な寒冷化や干ばつがおこると、諸民族の活動や興亡を誘発し、それらはやがて「巨大建造物,文字(**>** P.47),暦(**<** P.8)」等の製作をともなう,都市文明形成へと発展した。

世紀へのアプローチ

前8～前4世紀まで,地球の気温は低下傾向にあった。その間,社会や国家の再構築や精神上の変革が認められる。周(**>** P.83)では周辺の異民族との抗争が,インドでもアーリヤ諸国による興亡が繰り返された。オリエント(**>** P.48)においては,分裂を乗り越え,アッシリア(**>** P.54)による初の統一が成し遂げられた。

アクセスポイント
枢軸時代 　→1 ヤスパース

この時代が要するに《枢軸時代》と呼ばれるものである。…この時代には,驚くべき事件が集中的におこった。シナでは孔子と老子が生まれ,シナの哲学のあらゆる方向が発生し,墨子や荘子や列子や,そのほかの無数の人々が思索をした－インドではウパニシャッドが発生し,仏陀が生まれ,懐疑論,唯物論,詭弁術や虚無主義に至るまでのあらゆる哲学的可能性が,シナと同様に展開されたのである。…ギリシアではホメロスや哲学者たち－パルメニデス,ヘラクレイトス,プラトン－さらに悲劇詩人たちやトゥキディデスおよびアルキメデスが現われた。以上の名前によって輪郭が漠然とながら示されるいっさいが,シナ,インドおよび西洋において,どれも相互に知り合うことなく,ほぼ同時的にこの数世紀間に発生したのである。(ヤスパース『歴史の起源と目標』による)

Key Person カール=ヤスパース(1883～1969)

「枢軸時代」という新しい概念を生み出し,世界史の再構成を試みた哲学書『歴史の起源と目標』(1949年刊行)を著した,ドイツ生まれの精神科医・哲学者。彼は2つの大戦という激動の時代に生きながら,精神病理学者,哲学者,そして政治批評家という多様な顔をもっていた。彼の説く「枢軸時代」とは互いに接触することもなく,また影響を受け合うこともなく,異なる文明を舞台に展開された「精神的覚醒」,一大変革がなされた時代(紀元前6世紀～5世紀頃)をさしている。

Link 政治と文化　前2千年紀～前4世紀

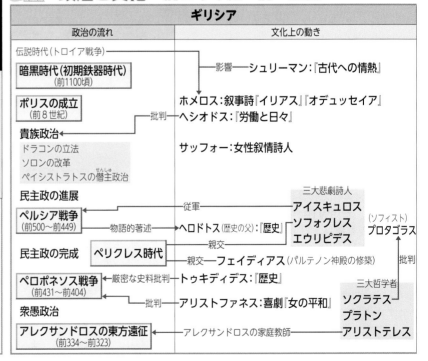

ギリシア

政治の流れ	文化上の動き
伝説時代(トロイア戦争)	
暗黒時代(初期鉄器時代)(前1100頃)	──影響──シュリーマン:『古代への情熱』
ポリスの成立(前8世紀)	ホメロス:叙事詩『イリアス』『オデュッセイア』
貴族政治	──批判──ヘシオドス:『労働と日々』
ドラコンの立法 ソロンの改革 ペイシストラトスの僭主政治	サッフォー:女性叙情詩人
民主政の進展	三大悲劇詩人
ペルシア戦争(前500～前449)	──従軍──アイスキュロス ──物語的著述──ヘロドトス(歴史の父):『歴史』 ソフォクレス エウリピデス (ソフィスト)プロタゴラス
民主政の完成　**ペリクレス時代**	──親交── ──親交──フェイディアス(パルテノン神殿の修築) 批判
ペロポネソス戦争(前431～前404)	──厳密な史料批判──トゥキディデス:『歴史』
衆愚政治	──批判──アリストファネス:喜劇『女の平和』 三大哲学者 ソクラテス プラトン
アレクサンドロスの東方遠征(前334～前323)	──アレクサンドロスの家庭教師──アリストテレス

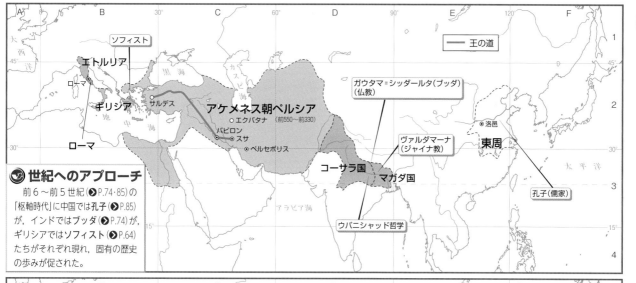

世紀へのアプローチ

前6〜前5世紀(●P.74・85)の「枢軸時代」に中国では孔子(●P.85)が，インドではブッダ(●P.74)が，ギリシアではソフィスト(●P.64)たちがそれぞれ現れ，固有の歴史の歩みが促された。

世紀へのアプローチ

前4〜後2世紀まで，地球は温暖化傾向にあった。これはユーラシア大陸で「世界帝国」が形成される時代と一致する。アレクサンドロス(●P.63)の帝国の建設がインドの統一国家形成を促した。中国では戦国の七雄(●P.84)による興亡が繰り広げられた。この分裂を乗り越え前3世紀は秦(●P.86)による統一がなされることになる。

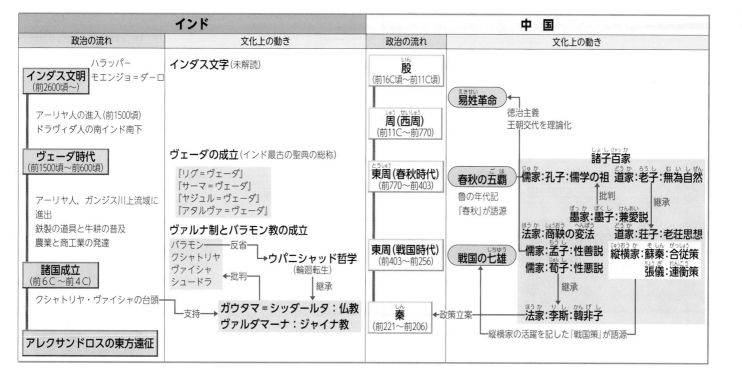

前2世紀の世界

地図上のラベル

- ハンニバルの
アルプス越え
- 前216
カンネー(カンナエ)の戦い
- ハンニバルの進路
(前218〜前202)
- 前202
ザマの戦い
- 前264〜前146
ポエニ戦争
- 共和政ローマ
(前509〜前27)
- ヒスパニア
- マッシリア
- ローマ
- カルタゴ
- マケドニア
- ビザンティウム
- アテネ
- ペルガモン王国
- アルメニア
- セレウコス朝
シリア
(前312頃〜前64)
- アンティオキア
- クテシフォン
- パルティア(安息)
(前248頃〜後224)
- ヘカトンピュロス
- アレクサンドリア
- ペトラ
- ナバタイ王国
(前4世紀末〜後106)
- プトレマイオス朝
エジプト
(前304〜前30)
- クシュ王国
- アラビア半島
アラブ
- ヒムヤル王国
- 前3世紀末
月氏が西進
- 奄蔡(アラン)
- サルマタイ
- ゲルマン
- ダキア
- 康居
- 烏孫
- 汗血馬の産地
- 伊列
- 大宛
(フェルガナ)
- 疏勒(カシュガル)
- 于闐(ホータン)
- 大月氏
バクトリア
- パミール
- 大夏
- カーブル
- シンド
- チョー
(前3世紀頃〜
9〜13世紀)
- パーン
(前3世紀頃)
- 北海
- バルト
- フィン=ウゴル
- スラヴ
- 大西洋
- 黒海
- 地中海
- 紅海
- ペルシア湾
- アラビア海
- インダス川

🔰 世紀へのアプローチ

この時代は西には**共和政ローマ**(●P.66)、東には**漢王朝**(●P.87)が形成された。両国は直接の交流こそなかったものの、中小農民を基盤とした国家体制の整備を同じように行っており、漢は**匈奴**(●P.98・301史料)を、ローマは**カルタゴ**(●P.67)を相手に戦いを繰り広げていた。やがてその動きは、東アジアや地中海での「世界帝国」を形成する流れにつながっていく。また両者の間には**パルティア**(●P.73)が勢力を広げ、馬や絹などの産物を扱う東西交易路を確保して栄えた。

前1世紀の世界

- ●ローマは地中海の"内海"化に成功。
- ●前漢は武帝の時、全盛を迎える。

地図ラベル：
- 大宛(フェルガナ)
- 匈奴
- 大月氏
- 前漢
- 共和政ローマ
- パルティア
- サータヴァーハナ朝
- チョーラ朝
- パーンディヤ朝
- 季節風貿易で繁栄

後1世紀の世界

- ●パクス=ロマーナと後漢の再興。
- ●パルティア、サータヴァーハナ朝は交易で繁栄。

地図ラベル：
- 94
後漢の班超がタリム盆地を制圧
- 48
匈奴が南北に分裂する
- ローマ帝国
- パルティア
- クシャーナ朝
- 後漢
- 北匈奴
- 南匈奴
- 鮮卑
- サータヴァーハナ朝
- チョーラ朝
- パーンディヤ朝
- 57
倭の奴国王が金印を授かる

📡 アクセスポイント

●馬と世界帝国の形成

西アジア・地中海世界	東アジア
戦車	**戦車**
ヒッタイト・ミタンニ カッシート 戦車の発明 →伝播→	殷周 戦車の導入

騎馬

中央ユーラシア
南ロシア〜草原の道〜モンゴル高原
騎馬遊牧民(スキタイ人)の成長

アッシリア 騎馬・戦車の導入	
アケメネス朝ペルシア 強力な騎馬軍団で大帝国建国。騎馬を使用した駅伝制(王の道)	**趙**(戦国の七雄) 「胡服騎射」の採用
ギリシア 戦車の導入、しかし主流は重装歩兵へ	**秦**(中国統一) 騎馬の戦術を駆使、戦国諸国を圧倒
アレクサンドロスの帝国 強力な騎馬軍団でギリシアを圧倒。やがて東方遠征へ	
ローマ帝国 戦車競走 ローマの道 世界帝国	**前漢** 匈奴の攻防・汗血馬 世界帝国

(匈奴)

📖**解説** 馬の利用は、前2千年紀の西アジアで**戦車**を引かせるという形で始まり、東アジアにも広がった。その後前9世紀頃より、直接馬に乗るという**騎馬**のスタイルが中央アジアの遊牧民により確立され、ユーラシア世界に広がった。どちらも戦争の形態を大きく変え、その後の世界帝国建設に大きな意味をもった。

⬇1アッシリアの馬 軍事国家を支えたものは、鉄製の武器と均整のとれた馬を使った騎馬や戦車であった。

⬇2兵馬俑 秦の軍団をそのまま再現した兵馬俑を見ると、ずんぐりとした体つきの馬であることがわかる。

凡例：
← 月氏の西遷
⬜ 冒頓単于時代の匈奴の最大領土（前209～前174）
⬜ 武帝即位当時の漢の領土（前141）
⬜ 前漢の最大領土（前102年まで）
紫字：朝鮮4郡　青字：南海9郡　赤字：河西4郡

前139 張騫を派遣
堅昆（キルギス）
丁零
ノイン＝ウラ
匈奴
ツングース
バイカル湖
亀茲（クチャ）
車師前王国（トゥルファン）
焉耆（カラシャール）
楼蘭（ローラン）
タリム盆地
西域諸国
玉門関
陽関
敦煌
酒泉
張掖
武威
前141 武帝が即位
鮮卑
烏桓
沃沮
前108 朝鮮4郡設置
遼東
玄菟
楽浪
臨屯
真番
続縄文文化
張騫の西域行路（前139～前126）
天山山脈
祁連山脈
河西回廊
太原
洛陽
長安
前漢（前202～後8）
蜀
衛氏朝鮮
韓
日本海
弥生文化
吉野ヶ里遺跡
登呂遺跡
前202 垓下の戦い
沛
武水（長江）
呉
シュンガ朝
ガンジス川
パータリプトラ
マガダ
武陵
長沙
閩越
ビンエツ
東シナ海
カリンガ
ベンガル湾
蒼梧
南海
前111 南海9郡設置
南越
鬱林
交趾
合浦
儋耳
九真
珠崖
モン＝クメール語系の諸民族
ラ朝（後4世紀頃）
ディヤ朝（～後14世紀）
チャム
日南
南シナ海

（高さ34.5cm, 青銅製）

つばめ→

↑3 汗血馬 1969年甘粛省武威県雷台の後漢墓から発見された銅製の馬の像。大宛（フェルガナ）に産した名馬で1日に千里（約400km）を走ると血のような汗を流すので，この名がつけられたという。張騫の遠征により存在が知られるようになり，武帝は李広利に命じて汗血馬数十頭を得た。

旅の世界史　張騫（→P.88）

Key Person　張騫（?～前114）～東西交通の開拓者

張騫は，前漢の武帝の命を受け匈奴挟撃の同盟を結ぶため，匈奴の仇敵大月氏に遣わされた。途中匈奴に捕らえられ，10年あまり拘留されたのち脱出し，大月氏に到着した。しかし大月氏は同盟にのらず，1年あまり滞在ののち帰国の途についた。当初の目的は果たされなかったが，漢に西域諸国の情報をもたらし，東西の交通を開拓した意義は大きい。

（敦煌莫高窟の壁画）　張騫

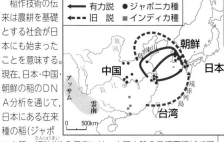

その時日本は？　稲作伝来

● **稲の道と栽培稲**

凡例：
← 有力説　● ジャポニカ種
←- 旧説　■ インディカ種

稲作技術の伝来は農耕を基礎とする社会が日本にも始まったことを意味する。現在,日本・中国・朝鮮の稲のDNA分析を通じて,日本にある在来種の稲（ジャポニカ種＝短粒米）の伝来には，中国大陸の長江下流域で誕生し，朝鮮半島経由で日本に入ったルートと，長江下流から直接九州に入ったルートの2つがあることがわかってきた。この稲作とともに鉄器がもたらされ，日本社会を大きく変えることになる。

中国　朝鮮　日本　台湾　琉球列島　アッサム　雲南　500km

世紀	日本
前5	
4	弥生
3	
2	
1	
後1	
2	
3	
4	古墳
5	
6	
7	飛鳥
8	奈良
9	平安
10	
11	
12	
13	鎌倉
14	室町
15	
16	安土桃山
17	江戸
18	
19	
20	明治大正昭和
21	平成令和

● **張騫関連年表**

年	内容
前?	**張騫，漢中（陝西省城固県）に生まれる**
前141	漢の武帝即位 ・張騫は郎（宮中の警護官）になる ・匈奴挟撃の同盟を結ぶため使者が募集される
前139	**張騫，大月氏への使者となり長安を出発（第1回使節）** ・奴隷出身の匈奴人甘父以下百余人で隴西（甘粛省）に向かう。匈奴に捕縛され，拘留される
前129	張騫，西方に逃亡 ・従者と逃亡し，大宛に到達。道案内と通訳を提供され康居をへて大月氏に到着 ・大月氏の説得に失敗し，大夏へ。1年あまり西アジアに滞在。帰途再び匈奴に捕縛される
前126	**張騫，帰国** ・匈奴内の混乱に乗じて，亡命匈奴人とともに妻子をともない帰国。従者百余人中，帰還したのは甘父のみ
前123	張騫，博望侯に任じられる ・衛青の匈奴討伐軍に従軍し，功績をあげる
前121	張騫，平民に落とされる ・李広利とともに匈奴攻撃に従軍するも合流の期日に遅れ，金を出して死罪を免れる
前115	**張騫，烏孫への使者として長安を出発（第2回使節）** ・漢との同盟関係強化のための使者として，平民から中郎将に任じられ，部下300人と出発する **張騫，帰国**
前114	**張騫，死去**

Link 政治と文化　前2世紀頃

共和政ローマ		前漢	
政治の流れ	文化上の動き	政治の流れ	文化上の動き
ホルテンシウス法制定（前287）平民会決議の優越	アルキメデス：浮力の原理（第2回ポエニ戦争でローマ兵に殺害）	**秦の成立**（前221～前206）←政策立案	李斯：法家，焚書・坑儒（実用書以外の書籍を焼き，儒者を弾圧）
貴族と平民の抗争終結		陳勝・呉広の乱（前209～前208）	
ポエニ戦争（前264～前146）	ポリビオス：『歴史』（第3回ポエニ戦争に従軍，小スキピオの家庭教師）	**前漢の成立**（前202～後8）	
小スキピオ，カルタゴを滅ぼす		呉楚七国の乱（前154）	董仲舒：儒学の官学化を献策，五経博士を設置
グラックス兄弟の改革（前133～前121）		**武帝**（位前141～前87）←仕える	五経：『易経』『書経』『詩経』『礼記』『春秋』
第1回三頭政治（前60～前53）		仕えるも宮刑	司馬遷：『史記』（紀伝体の著述スタイルを完成。後世の正史に継承される）
ポンペイウス クラッスス カエサル	『ガリア戦記』（ゲルマン人の史料）	郡県制の全国実施 郷挙里選 張騫を大月氏に派遣 匈奴討伐 朝鮮・ベトナム征討	＊編年体の歴史叙述としては，孔子：『春秋』，司馬光：『資治通鑑』
政敵→キケロ：『国家論』（ラテン散文の傑作)			
第2回三頭政治（前43）	ラテン文学の黄金期 ウェルギリウス ホラティウス オウィディウス	**外戚の台頭**	
アントニウス→部下を使い殺害 レピドゥス オクタウィアヌス→保護		**新の成立**（後8～23）	
親交→リウィウス：『ローマ建国史』			

E　F　90°　120°　1　2　3　30°
イェニセイ川

2世紀の世界

ブリタニア
ロンディニウム（ロンドン）
コロニア＝アグリッピナ（ケルン）
ゲルマン（ゲルマニア）
スラヴ
ウィンドボナ（ウィーン）
ルテティア（パリ）
ガリア
ルグドゥヌム（リヨン）
メディオラヌム（ミラノ）
マッシリア（マルセイユ）
イタリア
ローマ
ダルマティア
イリリクム
ダキア
トラキア
ビザンティウム
ニコメディア
ペルガモン
アテネ
エフェソス
アンティオキア
エデッサ
シリア
パルミラ
メソポタミア
ダマスクス
パレスチナ
イェルサレム
ペトラ
ナバタイ王国
エジプトゥス
メンフィス
アレクサンドリア
ヌミディア
カルタゴ
シラクサ
キレナイカ
アフリカ
マウレタニア
ヒスパニア
カルタゴ＝ノヴァ（カルタヘナ）
ボスフォラス王国
カフカス
アルメニア
ヘカトンピュロス
パルティア（安息）
クテシフォン
ペルシア
ホルムズ
ゲラ
ヤスリブ（メディナ）
メッカ
アラビア
クシュ王国
モシャ
アデン
カネ
サルマタイ
奄蔡（アラン）
康居
ソグディアナ（サマルカンド）
大宛（フェルガナ）
パミール
疏勒（カシュガル）
西域
大月氏
莎車（ヤルカンド）
于闐
バクトラ
ヘラート
カーブル
カイバル峠
ガンダーラ
プルシャプラ
クシャーナ朝（1世紀～3世紀）
シンド
サカ
バルバリクム
マトゥラ
サールナート
サーンチー
バリガザ
サータヴァーハナ朝
マンダゴラ
プラティーシュターナ
チョーラ朝（前3世紀頃～後4世紀頃）（9～13世紀）
ムジリス
パーンディヤ朝（前3世紀頃～後14世紀）
イリ
烏孫
天山
パルハシ湖
ウソン
アラル海
里海
黒海
地中海
紅海
ペルシア湾
アラビア海
ナイル川
大西洋
金,すず,鉛
ワイン
金
穀物（パビルス）
穀物
2 カルタゴ
ローマ帝国（前27～後395）
130頃 カニシカ王即位
没薬
乳香
金
象牙・べっこう
乳香
香辛料,宝石,木綿
金属,ガラス,ブドウ酒,金貨
夏の季節風
冬の季節風
中国の絹織物
季節風貿易で繁栄

2世紀初め
ローマ帝国の領土最大化（トラヤヌス帝時代）

96〜180
五賢帝の時代

1世紀後半
地中海岸まで甘英到達（ペルシア湾岸までという説もある）

🦉 世紀へのアプローチ

　2世紀になると，後漢（◆P.87）とローマ（◆P.68）はそれぞれ安定と繁栄を迎えた。後漢は西域諸国への影響力を回復したばかりでなく，周辺諸国の服属に成功し，東アジア世界を秩序立てていた。ローマは五賢帝（◆P.68）の時代に最大領土を築き，「ローマの平和」（◆P.68）を実現した。インドでは，ヘレニズム文化の影響を受けたガンダーラ美術（◆P.76）が花開き，またサータヴァーハナ朝（◆P.76）は，ローマとの季節風貿易で栄えた。

3世紀の世界

- ●ローマは軍人皇帝時代を迎え，混乱へ。
- ●後漢滅亡後，三国の分裂時代へ。

ローマ帝国
サ サ ン 朝 ペルシア
クシャーナ朝
サータヴァーハナ朝
鮮卑
魏
蜀
呉
倭
老氐

212
カラカラ帝のアントニヌス勅令で帝国の全自由民にローマ市民権付与

4世紀の世界

- ●ローマはこの世紀の末期，東西に分裂。
- ●中国は五胡の侵入を受け，混乱の時代へ。

ローマ帝国
サ サ ン 朝 ペルシア
グプタ朝
ゲルマン諸族
フン人
柔然
五胡十六国
東晋
高句麗
新羅
倭
百済
加耶（加羅）

東西帝国分裂時の境界（395）

旅の世界史①

『エリュトゥラー海案内記』

　ローマ時代に発見されたインド洋の季節風（この風を発見したヒッパロスから名前がとられ，「ヒッパロスの風」といわれる）を利用した海上ルートは，ローマとインド，そして中国を結ぶ交易路として繁栄した。ここで取引された品物は，インドの香辛料，象牙，宝石，亀甲，中国の絹など奢侈品が主であった。この交易路の開通によって，扶南の外港オケオではローマ金貨が出土し，ローマでは，遠く「セリカ」の国（中国）からの絹「シルク」が珍重された。

↓1 ダウ船（◆P.109）

『エリュトゥラー海案内記』（◆P.77）

　初めて操舵手のヒッパロスが，交易の位置と海の形状を勘案して，外海を横断する航法を発見した。我々のところのエテーシアイの季節に，大洋から局地的に（いくつかの）風が吹くが，インド洋では西南の風がおこり，（その風）は横断方法を最初に発見した人の名にちなんで（ヒッパロス）と呼ばれる。　　（『エリュトゥラー海案内記』）

●大秦王安敦の使者，漢に至る（◆P.88）

　交易路がさえぎられ，大秦（ローマ帝国）は漢まで到達することができなかった。後漢の桓帝の延熹9年（166年）になって，大秦王安敦が，使者を派遣して，漢の国境，日南郡に象牙・犀角・タイマイ（うみがめの一種でべっこう細工の原料）を献上した。これが大秦と漢との初めての通交である。　　（『後漢書』）

マルクス＝アウレリウスの名
↑2 オケオ出土のローマ金貨（ホーチミン市博物館蔵）

北匈奴の侵攻（1世紀） ← カニシカ王の最大領土
北匈奴の移動 ←···· おもな交通路

班超の外征（1世紀）

堅昆（キルギス） 丁零 ツングース バイカル湖

北匈奴 鮮卑 烏桓

高昌城（トゥルファン） 焉耆（カラシャル） 亀茲（クチャ） 諸国 玉門関 敦煌 タリム盆地 楼蘭（ローラン）

崑崙山脈 西羌 羌 氐

高句麗 玄菟 遼東 楽浪 帯方 日本海 五原 南匈奴 晋陽 邸城 臨淄 琅邪 馬韓 辰韓 弁韓

張掖 武威 酒泉 隴西 長安 洛陽 漢中 南陽 歴陽 蜀 黎丘 新市 長沙 会稽

後漢（25〜220）

永昌 益州 広信 南海 交趾 東シナ海

ガンジス川 パータリプトラ ハナ朝（前1世紀〜後3世紀） ベンガル湾 バルル

モン＝クメール語系の諸民族 九真 日南

太平洋

林邑（チャンパー） 扶南 南シナ海 オケオ

166 大秦王安敦の使節到達

世紀 日本
5 4 3 2 1 弥生
1
2
3
4
5 古墳
6
7 奈良
8
9 平安
10
11
12
13 鎌倉
14 室町
15
16 桃山
17 江戸
18
19
20 大正昭和
21 平成

その時 日本は？ 冊封体制

東アジアの国際秩序は，中国を中心とする「冊封体制」と呼ばれるものであった。それは国内の諸侯，臣下，そして朝貢した外国の首長に爵位と印綬を与え，秩序立てるものであった。圧倒的な国力をもつ中国に対して周辺の国々は，「貢物」を贈るという形で朝貢し，その見返りに爵位が与えられるという構造であった。日本もこの時代，「冊封」の秩序の中に組み込まれていたことがわかる。分裂した日本の中にあって，「倭の奴国」には，後漢の後ろ楯を得て，優位な立場をとりたかったという政治的な意図が見え隠れする。

●『後漢書』東夷伝 ◆P.88

建武中元二年(57年)倭の奴国，奉貢朝賀す。使人自ら大夫と称す。倭国の極南界なり。光武(後漢初代の皇帝)，賜ふに印綬を以てす。 （『後漢書』）

（重さ109ｇ）

漢委奴国王

かんのわのなのこくおう

（一辺2.3cm＝後漢の一寸，福岡市博物館蔵）

↑3・→4 金印

旅の世界史② 班超 ◆P.88

Key Person 班超（35〜102）

～シルク＝ロードの開拓者

班超は後漢時代の大将軍。王莽の混乱期に自立した西域諸国を再び服属させた。彼は匈奴の分裂に乗じて西域に侵攻，鄯善を訪れていた匈奴の使者のテントを「虎穴に入らずんば虎子を得ず」とわずかな人数で攻撃し，匈奴の勢力を打ち破った（『後漢書』）。91年に西域都護となり，その前後約30年間西域にとどまり西域経営に尽力した。その間部下の甘英を，大秦（ローマ）への使節として派遣。西域都護在任中に服属した国は50か国に及び後漢の対外政策の要となった。

●後漢を支えた名門班氏一族

班彪	歴史家・外交官。周辺異族支配のエキスパート。
班固	『漢書』の著者。父の遺志を継いで『史記』の後の歴史をほぼ書き上げた。これにより，紀伝体のスタイルが正史（正式な王朝史）に定着。
班昭	女流学者。兄の班固の遺志を継ぎ，『漢書』を完成させた。
班勇	父班超のあとを継いで，西域を経営。

班彪 — 班固 班超 班昭 — 班勇

Link 政治と文化　2世紀頃

ローマ帝国		後漢	
政治の流れ	文化上の動き	政治の流れ	文化上の動き
ローマの平和	セネカ：ストア派の哲学者，『幸福論』	赤眉の乱(18〜27)	
オクタウィアヌス 帝政開始(前27)	エピクテトス：ストア派（解放奴隷）	後漢の成立(25〜220)	
元首政の始まり	ペテロの殉教(64頃)	劉秀(光武帝)	班超：西域都護(91)
「暴君」ネロ	プリニウス：『博物誌』（ウェスウィウス火山の噴火で殉職）ポンペイ市埋没(79)		甘英をローマへ派遣(97)
五賢帝(96〜180)	タキトゥス：『ゲルマニア』（ゲルマン人の社会を理想化）		班固 — 班昭：『漢書』完成
ネルウァ トラヤヌス ハドリアヌス アントニヌス＝ピウス マルクス＝アウレリウス アントニヌス	プルタルコス：『対比列伝』		後漢の科学技術 蔡倫：製紙法 張衡：地震計・天球儀
	『自省録』：ストア派，哲人皇帝	大秦王安敦の使者来朝(166)	
	ガレノス：解剖学，生理学	党錮の禁(166) 黄巾の乱(184)	馬融・鄭玄ともに訓詁学大成
軍人皇帝時代(235〜284)		三国時代の始まり（魏・呉・蜀）	張角：太平道 張陵：五斗米道 →道教へ

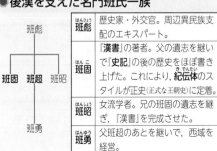

481 メロヴィング朝建国

451 カタラウヌムの戦い

476 西ローマ帝国滅亡

431 エフェソス公会議

ケルト
アングルサクソン
ブリトン
北 海
スラヴ
フィン＝ウゴル
バルト

フランク王国
パリ
オルレアン
ブルターニュ
大西洋

フン
アッティラの居城
ゲピデ
危 機（アラン）
フン 4世紀
ハザール
匈奴 3世紀
バルハシ湖
烏孫
天 山

東ゴート王国
ブルグンド王国
ラヴェンナ
オドアケルの王国
（476〜493）
ローマ
ナルボンナ
スエヴィ王国
タラゴナ
トレド
西ゴート王国
（418〜711）
カルタゴ
ヴァンダル王国
（429〜534）
ベルベル人諸国家

コンスタンティノープル
黒 海
カフカス
カスピ海
ラジア
エフタル
タラス
疏勒（カシュガル）
莎車（ヤルカンド）

ビザンツ帝国
（395〜1453）
エフェソス
アンティオキア
ダマスクス
イェルサレム
メソポタミア
ササン朝ペルシア
（224〜651）
ニーシャープール
クテシフォン
セレウキア
シャープール
イスタクル（ペルセポリス）
エクバタナ
ホラズム
ブハラ
サマルカンド
ソグド
バクトラ
バーミヤン
プルシャプラ
ガンダーラ
于闐（ホータン）

アレクサンドリア
メディナ
メッカ
ヌビア
紅 海
アラブ
アラビア半島
グプタ朝
（320頃〜550頃）
シンド
マトゥラー
パタルカ
サーンチー
アジャンター
エローラ

サハラ砂漠 サハラ語系の諸民族

ヒムヤル
アクスム王国
アラビア海
パッラヴァ朝
パーンディヤ朝
アヌラーダプラ
シンハラ（スリランカ）

🌏 世紀へのアプローチ

　3〜6世紀にかけて，太陽活動の低下にともなう寒冷化により，社会や国家は再編期に入る。北方民族の侵入を受けて混乱した中国では，4世紀末になると統一の気運が高まっていった。しかし**前秦**（◆P.90）の**苻堅**による中国統一の試みは失敗して，5世紀には華北と江南に分裂する**南北朝時代**（◆P.90）が始まった。ヨーロッパ世界ではゲルマン人の侵入を受けて**西ローマ帝国**（◆P.68）が滅亡し，代わって**ビザンツ帝国（東ローマ帝国）**（◆P.144）が地中海の覇権をめざした。一方西ヨーロッパのゲルマン諸国家（◆P.137）の形成も急速に進むようになった。

📡 アクセスポイント

● 1〜5世紀のユーラシア

4〜5世紀 → ゲルマン諸族
西ローマ
フン 4世紀
1〜3世紀 → 匈奴
晋 1〜3世紀
エフタル
グプタ朝 5〜6世紀

→ 侵入
→ 変質

匈奴の西進・ゲルマン人の移動　言語学的類似性から，匈奴とフン人は同族であることが定説になっているため，1〜3世紀にかけての匈奴の西進と，4世紀のフン人の移動は連続性の中で捉えることができる。このフン人に押し出される形で，ゲルマン人の移動が開始され，ヨーロッパ史に新しい局面が現れた。移動後の彼らはヨーロッパ各地にその足跡を残し，現在残されている地名からもそのことをうかがい知ることができる。

● ヨーロッパに残る地名

フランス	ブルゴーニュ（ブルグンド人の土地）
ドイツ	フランクフルト（フランク人の渡河地）
イタリア	ロンバルディア（ランゴバルド人の土地）
スペイン	アンダルシア（ヴァンダル人の土地）

🔗 Link　政治と文化　3〜6世紀頃

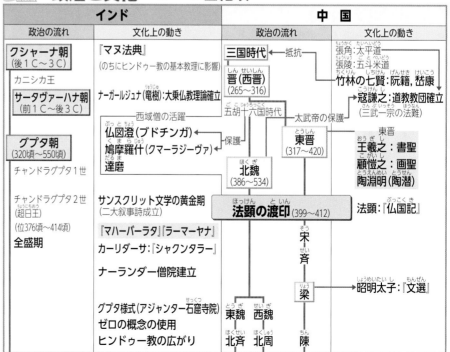

インド		中　国	
政治の流れ	文化上の動き	政治の流れ	文化上の動き
クシャーナ朝（後1C〜3C）	『マヌ法典』（のちにヒンドゥー教の基本教理に影響）	**三国時代** 抵抗	張角：太平道／張陵：五斗米道
カニシカ王	ナーガールジュナ（竜樹）：大乗仏教理論確立	**晋（西晋）**（265〜316）	竹林の七賢：阮籍，嵆康
サータヴァーハナ朝（前1C〜後3C）	西域僧の活躍	五胡十六国時代　太武帝の保護	寇謙之：道教教団確立（三武一宗の法難）
	仏図澄（ブドチンガ）　保護	**東晋**（317〜420）	東晋　王羲之：書聖
グプタ朝（320頃〜550頃）	鳩摩羅什（クマーラジーヴァ）		顧愷之：画聖
チャンドラグプタ1世	達磨	**北魏**（386〜534）	陶淵明（陶潜）
チャンドラグプタ2世（超日王）（位376頃〜414頃）	サンスクリット文学の黄金期（二大叙事詩成立）	**法顕の渡印**（399〜412）	法顕：『仏国記』
全盛期	『マハーバーラタ』『ラーマーヤナ』	宋	
	カーリダーサ：『シャクンタラー』	斉	
	ナーランダー僧院建立	梁	昭明太子：『文選』
	グプタ様式（アジャンター石窟寺院）	東魏　西魏	
	ゼロの概念の使用	北斉　北周	
	ヒンドゥー教の広がり	陳	

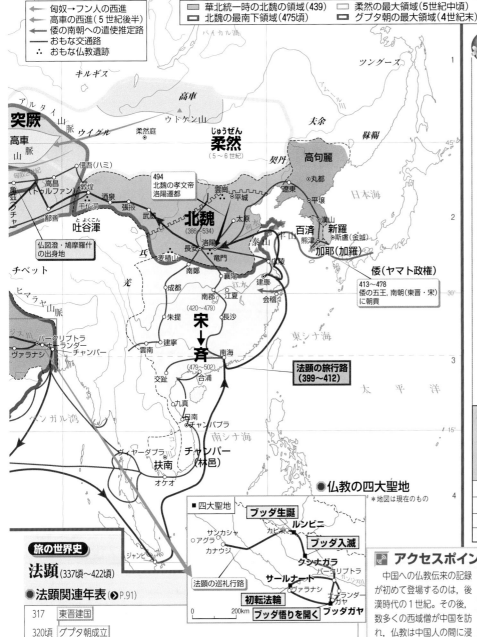

匈奴→フン人の西進
高車の西進（5世紀後半）
倭の南朝への遣使推定路
おもな交通路
∴ おもな仏教遺跡

▨ 華北統一時の北魏の領域（439）	▢ 柔然の最大領域（5世紀中頃）	▨ エフタルの最大領域（6世紀初）
▢ 北魏の最南下領域（475頃）	▨ グプタ朝の最大領域（4世紀末）	

旅の世界史

法顕（337頃〜422頃）

●法顕関連年表（●P.91）

317	東晋建国
320頃	グプタ朝成立
337頃	法顕，平陽府武陽（山西省）に生まれる
376頃	チャンドラグプタ2世，即位
399	法顕，同学の僧侶らと長安を出る
	↓ 往路　張掖→敦煌→鄯善→于闐→ガンダーラ→プルシャプラ→マトゥラー
403	法顕，仏跡巡礼
	仏跡巡礼の行程（**紫文字**は仏教の四大聖地） カナウジ→カピラ→**ルンビニ**→**クシナガラ**→パータリプトラ→**ブッダガヤ**→ヴァラナシ→**サールナート**→チャンパー
410	法顕，帰国の途へ
	↓ 復路　→シンハラ→ジャンビ→青州（山東）→京口→建康（南京）
412	法顕，帰国 ・『仏国記』を完成（416）
420	南朝，宋の建国
422頃	法顕，死去

　法顕は東晋の僧。中国に仏教が広がり，多くの僧侶を輩出した3〜4世紀。中国に伝わる仏典には欠落が多く，直接インドに仏典を求める気運が高まっていた。法顕は60歳を超え，文字通り命懸けで，インドへの求法の旅に出た。何度か命を失う危機を乗り越え，インドに到達した彼はブッダゆかりの四大聖地を精力的にめぐり，写本や写経に専念し，帰国を果たすのはその14年後であった。その後，訪れた国々についての紀行文を『仏国記』としてまとめた。（●P.301史料）

●仏教の四大聖地
＊地図は現在のもの

■ 四大聖地
ブッダ生誕　ルンビニ
ブッダ入滅　クシナガラ
法顕の巡礼行路
初転法輪　サールナート
200km
ブッダ悟りを開く　ブッダガヤ

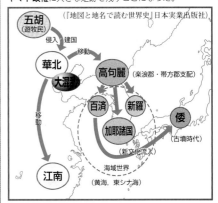

その時 日本は？ **分裂時代と日本**

　東アジアの分裂時代の幕開けを象徴するできごとが，4世紀初めの**五胡**（●P.90）の侵入である。この大混乱は東アジア全域に及び多くの難民を生み出した。さらにまた，中国の不安定な政治状況は朝鮮半島にも及び，**高句麗**が**百済・新羅・加耶諸国**（●P.118）を圧迫し，戦禍を逃れ多くの渡来人が当時の先進技術・知識を携え日本に亡命してきた。彼らの知識は国家建設を急務としていた**ヤマト政権**に大きな足跡を残すことになった。

『地図と地名で読む世界史』日本実業出版社

●渡来人の足跡

4〜5C	秦氏・東漢氏・西文氏の渡来
538年	仏教伝来
6C	蘇我氏，渡来人の一族を保護
663年	白村江の戦い
668年	高句麗滅亡（百済・高句麗からの大量渡来）
秦氏	聖徳太子に仕え，土木・養蚕・機織を伝える
高麗氏	高麗神社の宮司になる
東漢氏	蘇我氏に仕え，製鉄・土木技術を伝える
西文氏	漢字・儒教を伝え，官僚として活躍

📶 **アクセスポイント**

　中国への仏教伝来の記録が初めて登場するのは，後漢時代の1世紀。その後，数多くの西域僧が中国を訪れ，仏教は中国人の間に浸透していった。こうした中，自ら求法のために渡印しようとする気運が高まった。**法顕**もそうした中国僧の1人であった。彼の旅は後世，**玄奘**や**義浄**に引き継がれた。

●渡印僧の足跡

人名	旅のルート		旅の期間	著作物
	往路	復路		
法顕	絹の道	海の道	（399〜412）	『仏国記』
玄奘	絹の道	絹の道	（629〜645）	『大唐西域記』
義浄	海の道	海の道	（671〜695）	『南海寄帰内法伝』

6世紀の世界
●ビザンツ帝国とササン朝の対立抗争が激化。
●隋による中国の再統一。

世紀	日本
5	
4	
3	
2	弥生
1	
1	
2	
3	
4	古墳
5	
6	
7	
8	奈良
9	
10	平安
11	
12	
13	鎌倉
14	室町
15	
16	安土桃山
17	江戸
18	
19	
20	明治・大正
21	昭和・平成・令和

7世紀の世界

凡例:
正統カリフ時代の征服地 / ウマイヤ朝の支配領域 / ← イスラーム軍の進出 / ← 吐蕃の侵攻

スコットランド
北海
アイルランド
ブリテン
アングロ=サクソン七国
（6世紀末〜829）
ロンドン
アーヘン
パリ
フランク王国
（481〜843）
ポワティエ
アヴァール
ピレネー山脈
ランゴバルド王国
（568〜774）
西ゴート王国（418〜711）
トレド
コルドバ
ローマ
タンジール
チュニス
クレタ
マグリブ
トリポリ
フェサン
サハラ砂漠
大西洋

バルト
スラヴ
ヴォルガ=ブルガール
マジャール
第1次ブルガリア帝国
ハザール 倫察（アラン）
ブルガール
クマン
ビザンツ帝国（395〜1453）
コンスタンティノープル
黒海
キプロス
シリア
ダマスクス
642 ニハーヴァンドの戦い
アルメニア
カスピ海
ホラズム
サマルカン
ブハラ
ソグド
西突厥
千泉（タラス）
砕葉城（スーイヤブ）
疏勒（カシュガル）
天山
バーミヤン
カーブル
カシミール
于闐（ホータン）
ホラーサーン
ベラート
661 ウマイヤ朝建国
イェルサレム
アレクサンドリア
バグダード
クーファ
ニハーヴァンド
イズファハーン
バスラ
ファールス
ホルムズ
マクラン
シンド
スードラ朝
ヴァル
カナウジ
ヴァラビ朝
アジャンター
ヴェンギ
622 ヒジュラ
ウマイヤ朝（661〜750）
メディナ（ヤスリブ）
ジェッダ メッカ
610頃 ムハンマドがアッラーの啓示を受ける
マスカット
オマーン
マクリア
アラビア半島
アデン
アラビア海
バッカ
カーンチ
パーンディヤ朝（前3世紀頃〜後14世紀）
シンハラ（スリランカ）

旅の世界史① 玄奘

Key Person げんじょう
玄奘（602〜664）〜求法の旅（▶P.95）

玄奘は唐代初期の僧。一般には三蔵法師として知られる。12歳で出家し、直接インドに仏典を求める旅に出ることを思い立った。629年出発。シルク=ロードを経由してインドに到着、ブッダゆかりの地を訪ねながら、当時最高の仏教研究の学問寺であるナーランダー僧院に到着、教義探求に励んだ。インド各地を旅したのち、多くの仏典などを携え645年に帰国した。帰国後は仏典の漢訳に専念して20年間に『大般若経』600巻をはじめ、多くの仏典を訳した。また彼の旅を記録したものが有名な『大唐西域記』で7世紀の西域、インドのようすを知る貴重な文献となっており、小説『西遊記』の素材となったことでも有名である。

（東京国立博物館蔵）

●玄奘関連年表

602	河南省陳留県に生まれる
614	・出家する（12歳）
629	**長安を出発して、求法巡礼の旅に出る**
	・唐の国禁を破り、人目を避けてインドへ旅立つ
	・高昌国の王の招きを受けて向かう
	・西突厥のヤブク可汗のもてなしを受けて西進
631	**ナーランダー僧院に到着。仏教探求に入る**
	・大徳戒賢法師に師事する
	・東・南・西インドの仏跡巡礼の旅へ（636〜640）
	・大徳戒賢法師より中国帰還を許される
	・カナウジでハルシャ王と会見
645	**長安に到着し、大歓迎を受ける**
	・唐皇帝太宗の保護のもと、仏典の漢訳作業に入る
	・『大唐西域記』完成（646）・大雁塔完成（652）
	・『大般若経』600巻の訳が完成（663）
664	**死去**

◎ 世紀へのアプローチ

太陽活動が活発化し、7〜8世紀以降13世紀半ばまで、「中世温暖期」に入る。7世紀は、イスラーム勢力の拡大により、西のビザンツ帝国と東の唐帝国の3者の国境がたがいに近接しあい抗争を繰り返した。ビザンツとイスラームの抗争は、「聖像崇拝」（▶P.144）をめぐる東西教会の論争（▶P.144）にも大きな影響を及ぼし、唐とイスラームの抗争は、結果としては両地域の結びつきを強化し、イスラーム、唐両世界の発展に大きな影響をもたらした。またインドではヴァルダナ朝（▶P.77）の滅亡後、長い分裂時代に入った。

Link 政治と文化 7世紀

中国とその周辺地域

西域・インド	政治の流れ	文化上の動き	日本
	隋の成立（581〜618）（文帝による建国）	**聖徳太子、小野妹子を隋の煬帝へ遣わす（遣隋使）**（607）	
	煬帝の失政		
	唐の成立（618〜907）（李淵による建国）	初唐の三大書家 **欧陽詢・虞世南・褚遂良**	**遣唐使**（630〜894）
	貞観の治（627〜649）（太宗の治世）	孔穎達『五経正義』（五経の正統のテキスト。太宗の命で編纂）顔師古	
ナーランダー僧院で学ぶ（ハルシャ王と会見）	**玄奘の渡印**（629〜645）	玄奘：『大唐西域記』（太宗の命で編纂の地理書）	
	初唐の全盛期		
	武周革命（690〜705）（則天武后によるクーデタ）		
シュリーヴィジャヤ王国に寄港（パレンバン）	**義浄の渡印**（671〜695）	義浄：『南海寄帰内法伝』	
	開元の治（713〜741）（玄宗の治世）	王維 唐の三夷教 **祆教・マニ教・景教**	
	中唐の全盛期	李白：詩仙 杜甫：詩聖『春望』 大秦景教流行中国碑	
	タラス河畔の戦い（751）	軟禁 アッバース朝に敗れ、製紙法が西伝した。以後唐は西域から後退	894 菅原道真の献策により停止
	安史の乱（755〜763）義勇軍	顔真卿：書家（行書体）	
	衰退		

おもな交通路　　高祖の中国統一時の唐の範囲　　●六都護府所在地（□は都護府名）　赤数字は設置年代
585年分裂以前の突厥の勢力範囲　　高宗時の唐の最大勢力範囲　　……唐代の道境　　青字は唐代の道名

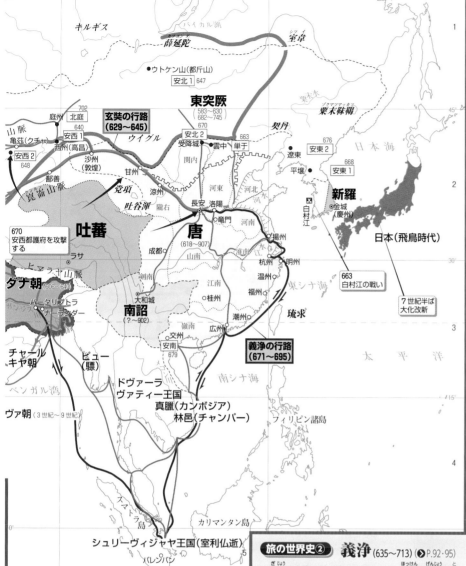

キルギス
バイカル湖
薛延陀
室韋
ウトケン山（都斤山）
安北 1　647
東突厥
583～630
682～745
契丹
粟末靺鞨
702
北庭
庭州
安北 2
670
受降城
雲中　単于
安東 2　676
遼東
安東 1　668
平壌
日本海
山脈
640
安西 1
亀茲（クチャ）
ウイグル
西州（高昌）
安西 2　648
沙州（敦煌）
甘州
涼州
関内
河東
河北
河南
新羅
金城（慶州）
玄奘の行路（629～645）
鄯善
崑崙山脈
党項
吐谷渾
隴右
長安
洛陽
竜門
白村江
日本（飛鳥時代）
670
安西都護府を攻撃する
ラサ
ヒマラヤ山脈
吐蕃
成都
山南
河南
揚州
杭州　明州
663
白村江の戦い
ダナ朝（606～647）
パータリプトラ
ナーランダー
ガンジス川
南詔（？～902）
剣南
江南
淮南
温州
福州
東シナ海
7世紀半ば
大化改新
チャールキヤ朝
ビュー（驃）
桂州
潮州
広州
琉求
ベンガル湾
嶺南
義浄の行路（671～695）
ヴァ朝（3世紀～9世紀）
ドヴァーラヴァティー王国
真臘（カンボジア）
林邑（チャンパー）
安南
879
交州
南シナ海
太平洋
フィリピン諸島
スマトラ島
カリマンタン島
シュリーヴィジャヤ王国（室利仏逝）
パレンバン

旅の世界史②　**義浄**（635～713）（→P.92・95）

　義浄は唐代の僧。幼い時に出家し、法顕や玄奘の渡印求法の旅に憧れ、671年海路インドに向かい、二十余年にわたって各地の仏跡を巡礼した。その間滞在したシュリーヴィジャヤ王国で著した『南海寄帰内法伝』は当時のインドや南海のようすを知る貴重な史料となっている。

　義浄の残したパレンバンのようす　シュリーヴィジャヤ王国（室利仏逝）は7～8世紀にかけてスマトラ島東南部に栄えた国。その都パレンバンのようすを義浄は、「この国では大乗仏教が行われ、首都には1,000人の僧が住む精舎がある」と記して、インドへ求法巡礼をする時にはまずこの国に行き、その後インドに行くことを勧めている。

↑**1** パレンバン　唐代に海上交通の要衝として繁栄した。

📡 アクセスポイント

　私たちが知る仏典は漢字で表記されている。しかし仏教が生まれたのはインド。原典は**サンスクリット語（梵語）**（→P.76）などで表記されている。それではなぜ仏典は漢字なのか？その理由は日本に伝えられる仏典の多くが中国で漢訳されたものであるからである。その点仏教はアラビア語以外の**コーラン**（→P.126）をコーランと認めないイスラーム教とは立場を異にしている。

● 漢訳の変遷

サンスクリット語（梵語）	古訳（鳩摩羅什以前）	旧訳（鳩摩羅什訳）	新訳（玄奘訳）
アヴァローキテーシュヴァラ（観ることの自在な者）	光世音 →	観世音 →	観自在
バガヴァット（ブッダに対する尊称）	衆祐 →	世尊 →	婆伽梵

　仏典漢訳は忠実にサンスクリット語を漢字に音訳することと、その仏典の解釈を漢文で表現するという二つの観点からなされる。中国では鳩摩羅什以前の訳を古訳、鳩摩羅什の訳を旧訳、**玄奘**の訳を新訳と呼んで区別をしている。旧訳は、漢文のもつ流麗さが強調され、新訳は、解釈の厳密さを求めた精緻さが強調されているとされる。

その時日本は？　**法隆寺**～シルク＝ロードの終着点

↓**2** 法隆寺伽藍配置
講堂　金堂　五重塔　歩廊　中門

　聖徳太子の建立と伝えられる法隆寺は、まさに「シルク＝ロードの終着点」と呼べる存在であった。遠くギリシアから中国に至るまでの諸文化の粋が集められ、融合され開花することになる。

釈迦三尊像	金堂壁画
→**3** 竜門石窟の仏像（中国）	→**4** アジャンター壁画（インド）

Ⅲ 世界遺産

↑**5** 法隆寺金堂釈迦三尊像　　↑**6** 法隆寺金堂壁画

唐草文様	柱廊エンタシス
	→**7** パルテノン神殿（ギリシア）

ギリシア
中国（雲崗）
朝鮮（高句麗）
日本

Ⅲ 世界遺産

↑**8** 法隆寺中門・歩廊

世紀　日本
5
4　弥生
3
2
1
1
2
3
4　古墳
5
6
7
8　奈良
9
10　平安
11
12
13　鎌倉
14　室町
15
16　安土桃山
17　江戸
18
19　大正明治
20　昭和
21　平成

8世紀の世界

おもな交通路　←製紙法の西伝経路・西伝年代

732　トゥール・ポワティエ間の戦い

751　タラス河畔の戦い（製紙法伝播のきっかけになる）

アングロ＝サクソン七王国

フランク王国（481～843）

アヴァール

後ウマイヤ朝（756～1031）

800　カール大帝（1世）戴冠

第1次ブルガリア帝国

ビザンツ帝国（395～1453）

イドリース朝（789～926）

アッバース朝（イスラーム帝国）（750～1258）

ガーナ王国

マクリア

ソバ

アクスム王国

プラティーハーラ朝

パッラヴァ朝（3世紀～9世紀）

ラクータ朝

パーンディヤ朝（前3世紀頃～後14世紀）

シンハラ（スリランカ）

8世紀へのアプローチ

　8世紀になるとイスラーム勢力との対抗関係から，西ヨーロッパに強力な国家の形成が要請され，フランク王国（◉P.138）の勢力が確立された。やがてそれはローマ教会（◉P.141）を後楯とする西ローマ帝国の再興（◉P.138）に発展することになる。一方中国では，唐（◉P.93）を中心とする東アジアの秩序が築かれ，シルク＝ロード（◉P.98）を通じて東西交流がさかんになり，国際性豊かな文化が栄え，世界帝国の建設につながった。

アクセスポイント

8世紀の世界

タラス河畔の戦い　当時イスラーム勢力はフランク王国やビザンツ帝国と抗争して，地中海の南半を確保したが，戦線は膠着。代わってアジアへ進出が進められた。一方，唐は世界帝国の拡大を狙い西域地域へ積極的な進出を試みた。この両勢力がぶつかりあったのがタラス河畔の戦いであった。

```
西欧文化圏
イスラーム文化圏        東アジア文化圏

フランク王国            渤海国  新羅
                  ウイグル      日本
ビザンツ帝国    VS          唐
                  吐蕃
                      南詔
イスラーム帝国      真臘    チャンパー
                  シュリーヴィジャヤ王国

タラス河畔の戦い（751）（◉P.94）
（製紙法西伝）（◉P.89）
```

旅の世界史　遣唐使の旅（630～894）（◉P.95）

Key Person　2人の旅人「仲麻呂と鑑真」

↑1 鑑真
（国宝、奈良県唐招提寺蔵）（像高79.7cm）

↑2 阿倍仲麻呂
（阿倍文殊院蔵）

　阿倍仲麻呂（698？～770？）と鑑真（688？～763），どちらも8世紀に日本と中国の架け橋をつくった旅人である。鑑真は中国の揚州生まれ。大明寺で戒律を講じて名声を得，日本の僧栄叡らの求めに応じて来日を志すも，5度の挫折のあと6度目の753年に渡来し，その間失明した。唐招提寺を創建し，律宗を広め医薬や建築など唐の文化を日本に伝えた。阿倍仲麻呂は遣唐使に参加した留学生であったが，科挙に合格をして玄宗の治世に官吏となり活躍し，李白や王維とも親交を結んだ。吉備真備らとともに帰国を許され，鑑真らと出航したが船は難破，再び唐に仕えて，没した。百人一首の和歌は帰国を試みた際，寧波で詠んだもの。

天の原　ふりさけみれば　春日なる
みかさの山に　出でし月かも

『古今和歌集』所収

（意訳）大空をはるかに仰ぎ見ると，月が照り輝いている。あの月は故郷日本の春日にある三笠山に出ていた月と同じなのだなあ。

遣唐使関連年表

回数	出発年	行路	人数・船数	関連事項
第1回	（630）	北路	不明・不明	太宗，貞観の治（627～649）
		（略）		
第8回	（702）	南島路	不明・不明	山上憶良，派遣される
第9回	（717）	南島路？	557・4	玄宗，開元の治（713～741）
第10回	（733）	南島路？	594・4	玄昉・吉備真備・阿倍仲麻呂ら留学　帰路，玄昉・吉備真備帰国
第11回	（746）	派遣中止		帰路，仲麻呂帰国を試みるも失敗　6度目の試みで鑑真来日
第12回	（752）	南島路	450・4	安史の乱（755～763）
		（略）		
第18回	（804）	南路	不明・4	最澄・空海ら留学　黄巣の乱（875～884）
		（略）		
第20回	（894）	派遣停止		菅原道真，停止を献策

凡例:
- ローマ教皇領(754年)
- 安禄山の進路
- 8世紀後半における唐の勢力圏
- 10節度使所在地(□はその節度使名)
- 吐蕃の進出
- 吐蕃の最大領土(8世紀後半)
- シャイレンドラ朝の進出
- シャイレンドラ朝の最大勢力範囲

イェニセイ川

キルギス
カラバルガスン
ウイグル(回紇)
(744〜840)
黒水靺鞨
渤海
(698〜926)
上京竜泉府
東京竜原府
契丹
営州＝平盧
天山山脈
庭州＝北庭
安西
伊州(ハミ)
瓜州
幽州＝范陽
高昌＝西州
亀茲(クチャ)＝竜右
沙州(敦煌)
粛州
甘州
涼州
霊州＝朔方
太原＝河東
登州
新羅
(676〜935)
金城＝慶州
長岡京
平城京
710
平城京遷都
タリム盆地
吐谷渾
鄯州＝隴右
河州
北路
汴州
大宰府
崑崙山脈
吐蕃
長安
洛陽
日本
(奈良時代)
ネパール
ラサ
ヒマラヤ山脈
成都＝剣南
唐
(618〜907)
江陵
南路
南島路
755〜763
安史の乱
パータリプトラ
大和寨
南詔
(?〜902)
杭州
東シナ海
遣唐使の航路
ガンジス川
ビュー(驃)
チャールキヤ朝
福州
泉州
琉求
太平洋
ベンガル湾
交州
ハノイ
驩州
雷州
広州
陸真臘
ドヴァーラ
ヴァティー
王国
チャンパー
(環王)
南シナ海
水真臘
スマトラ島
ジュリーヴィジャヤ王国(室利仏逝)
パレンバン
マレージャワ島
シャイレンドラ朝
ボロブドゥール

その時日本は? 遣唐使

多くの苦難を乗り越え、遥か中国に渡った**遣唐使**たちは、唐の都**長安**で先進的な政治制度や国際的な文化を吸収し、その成果は帰国後遺憾なく発揮された。たとえば、吉備真備は中国文化の紹介を進めながら、不安定な8世紀の日本の政治を動かしていった。

↑3**遣唐使船**(復元イラスト)　遣唐使に使用された船は全長25m、最大幅約10m、140人乗りの船であった。ルートは朝鮮半島の陸づたいに進む北路と、東シナ海を直接渡る危険な南路、南島路があったが、新羅(➡P.118)との関係が悪化してからはおもに南路、南島路が使われるようになり、そのぶん遭難の可能性が高くなったという。

(イラスト：野上隼夫氏)

世紀	日本
5	弥生
4	
3	
2	
1	
5	古墳
6	
7	
8	奈良
9	平安
10	
11	
12	
13	鎌倉
14	室町
15	
16	安土桃山
17	江戸
18	
19	
20	大正 昭和
21	平成

●国家貿易事業としての遣唐使

遣唐使の目的は三つあったといわれている。一つは日・唐の外交的な使命である。初めの意図は朝鮮半島における日本の利益確保にあったが、やがて日・唐の友好関係の構築が基本路線になった。二つめは中国の先進的な制度や文物を学ぶところにあり、唐からは多くの制度が導入され、国家体制の整備が進められた。三つめは国際貿易事業の推進である。大国唐との貿易は日本にとって実益を伴う経済行為であったのである。

日本から運ばれたもの
銀・あしぎぬ(粗製の絹布)・糸(生糸)・綿(真綿)・布(麻)・瑪瑙・ツバキ油・甘葛の汁・金漆・水晶のレンズ

唐　←　遣唐使　→　日本

唐から贈られたもの
漢籍・経典・仏像・工芸品・ガラス器・宝石・香料・薬物・染料・タイマイ(べっこう細工の原料)など

●日本が唐から学んだもの

種類	概要
漢籍	思想・制度・文史・天文・暦算・音楽・技術・仏典などの漢籍を輸入した
仏教	多くの学問僧が中国の寺院に学び、帰国後仏教の伝播に務めた。**最澄(天台宗)、空海(真言密教)**
雅楽	中国から琵琶、琴、笙を学び、日本の雅楽の基礎をつくった
漢方薬	中国の漢方医術を学び、日本に伝えた

唐では外国との貿易は朝貢貿易が原則であり、外国が持参した貢物に対して数倍から数十倍の賜物を贈った。日本から運ばれたものの多くは一次産品が多く、それに対して唐からは技術も文化水準も高い物品が贈られた。こうした公の貿易以外に、遣唐使が私的に行った貿易もあり、遣唐使船は異国の品物を積んで帰ってくる宝船でもあった。

9世紀の世界

- ●ヨーロッパではドイツ・フランス・イタリアの原形ができた。
- ●アッバース朝は諸民族が自立し、衰退に向かった。

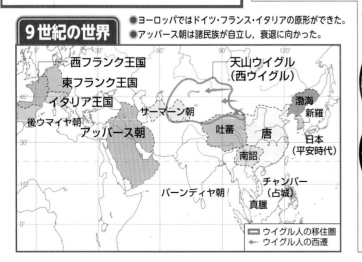

西フランク王国
東フランク王国
イタリア王国
後ウマイヤ朝
サーマーン朝
天山ウイグル(西ウイグル)
渤海
新羅
アッバース朝
吐蕃
唐
南詔
日本(平安時代)
バーンディヤ朝
チャンパー(占城)
真臘

凡例:
- ウイグル人の移住圏
- ウイグル人の西遷

●正倉院に見る文化交流

正倉院には唐経由の西域の品々が残されている。

↓4**螺鈿紫檀阮咸**　中国古代の楽器。オウムの螺鈿が施されている。

↓5**螺鈿紫檀五絃琵琶**　インド起源の珍しい形。熱帯樹とラクダの螺鈿が施されている。

(正倉院蔵)

→6**ササン朝**(➡P.73)で制作されたカットグラスの碗　イランのカスピ海沿岸ギラーン州で類似のものが数多く出土している。

10世紀の世界

911 ノルマンディー公国建国

スコットランド王国
ノルウェー王国
スウェーデン王国
リトアニア
デンマーク王国
イングランド王国
アイルランド
ロンドン
962 オットー1世の戴冠
ポーランド王国
マクデブルク
神聖ローマ帝国
アーヘン
レヒフェルト
キエフ公国（9〜13世紀）
キエフ
ハザール
ヴォルガ=ブルガール
ヴォルガ=ブルガール王国
パリ
フランス王国
ブルゴーニュ公国
ハンガリー王国
マジャール
ペチェネグ
946 ブワイフ朝のバグダード入城
ナバラ王国
カスティリャ王国
レオン王国
ローマ教皇領
ローマ
ナポリ
ヴェネツィア
クロアティア王国
セルビア王国
ブルガリア第二帝国
黒海
コンスタンティノープル
グルジア
アルメニア
ホラズム
タラス
カシュガル
ホータン
カルルク
ベラサグン
サーマーン朝（875〜999）
ブハラ
メルヴ
ニーシャープール
バルフ
カブール
ガズナ
カンダハール
ラホール
カラハン朝
カシミール
987 カペー朝の成立
後ウマイヤ朝（西カリフ国）（756〜1031）
コルドバ
マラケシュ
チュニス
シチリア
パレルモ
地中海
カイルワーン
クレタ
キプロス
ニケーア
アンティオキア
ダマスクス
ハムダーン朝
モスル
ハマダーン
イェルサレム
バグダード
イスファハーン
ブワイフ朝（932〜1062）
シーラーズ
シーラーフ
ホルムズ
プラティーハーラ朝
カナウジ
ファーティマ朝（中カリフ国）（909〜1171）
909 ファーティマ朝の成立
アレクサンドリア
カイロ
アッバース朝（東カリフ国）（750〜1258）
メディナ
メッカ
アラビア
アラビア半島
オマーン
アデン
アラビア海
ラーシュトラクータ朝
チャールキャヤ朝
タンジョール
パーンディヤ朝（前3世紀頃〜後14世紀）
シンハラ（スリランカ）

世紀へのアプローチ

10世紀は，唐（→P.93）王朝が崩壊し，中国が分裂時代に入った。これにより辺境の新興勢力が台頭し始め，キタイ（→P.99）が建国された。ヨーロッパでは神聖ローマ帝国（→P.138）の成立で，皇帝権力が伸長し，ローマ教会（→P.141）との軋轢を生んだ。イスラーム世界ではトルコ人，イラン人の自立が進み，カラハン朝・サーマーン朝・ブワイフ朝（→P.124）などが建国され，地方分裂が促された。この混乱した時代，それぞれの地域で武人の活躍がみられ，時代は中世へと進んでいった。

●東西の「地獄」と「天国」〜第1ミレニアムの終わり

千年紀とは，キリストの生誕から，千年ごとに時代を区切る考え方であるが，人々はこの千年紀に特別な意味をもたせていた。「ヨハネの黙示録」では，1033年，世界終末の断末魔の後，本当の神の国が到来すると説いた。また日本でも仏教の末法思想が流布し，偶然にもそれは1052年とされていた。10世紀に生きた人々は，来たるべき運命の時におびえながら生きたのである。しかし，東と西で人々が「地獄」を意識しながら，一方でそれとは対局にある「天国」や「浄土」に救いを求める意識も働いていたことがわかる。

中段
下段

←1 『ベアトゥス本黙示録注釈書』(10世紀中頃，部分) 黙示録の注釈書に挿入された絵解きの「最後の審判」には，中段に地獄に落とされる恐怖におびえる人々，下段に地獄に落ちて，火の池でもがく人々が描かれている。
（ニューヨーク，ピアモンド＝モーガン博物館蔵）

→2 『地獄草紙』(12世紀) 鬼に鉄の摺臼で摺りつぶされるようす。
（奈良国立博物館蔵）

●史料にみる「天国」と「浄土」

都は神の栄光に輝いていた。その輝きは，最高の宝石のようであり，透き通った碧玉のようであった。…この都ではそれを照らす太陽も月も，必要ない。神の栄光が都を照らしており，人々は，諸国の民の栄光と誉れを携えて都に来る。しかし，汚れた者，忌まわしいことと偽りを行う者はだれ一人，決して都に入れない。小羊の命の書に名前が書いてある者だけが入れる。
（『新約聖書』「ヨハネの黙示録」）

さまざまな宝でつくられた場所それぞれに，七つ宝でつくった五百億の宮殿や楼閣があって，…宮殿のうちや，楼閣のうえには，さまざまな天人がいつも伎楽をかなで，如来を讃え，歌をうたっている。…もし食べたいとおもうときには…食器においしい食べ物がいっぱい入ってくる。…衣服を欲しいと思うと，思いどおりにすぐえられる。
（『往生要集』）

Link 政治と文化　6〜13世紀

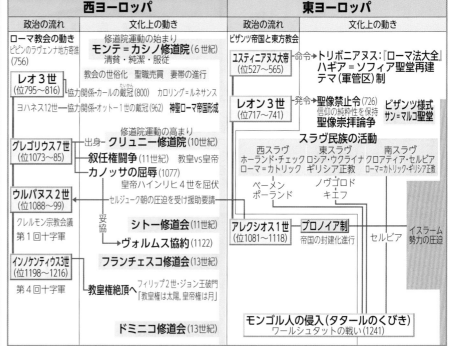

西ヨーロッパ		東ヨーロッパ	
政治の流れ	文化上の動き	政治の流れ	文化上の動き
ローマ教会の動き ピピンのラヴェンナ地方寄進(756)	**修道院運動の始まり** **モンテ＝カシノ修道院**（6世紀） 清貧・純潔・服従	**ビザンツ帝国と東方教会** **ユスティニアヌス大帝**（位527〜565）	→命令→トリボニアヌス：『**ローマ法大全**』 **ハギア＝ソフィア聖堂**再建 **テマ（軍管区）制**
	教会の世俗化　聖職売買　妻帯の進行		
レオ3世 （位795〜816）	協力関係-カールの戴冠(800)　カロリング＝ルネサンス	**レオン3世** （位717〜741）	→発令→**聖像禁止令**(726) 信仰の純粋性を保持 **聖像崇拝論争**　ビザンツ様式 サン＝マルコ聖堂
	ヨハネス12世-協力関係-オットー1世の戴冠(962)　**神聖ローマ帝国形成**		
グレゴリウス7世 （位1073〜85）	修道院運動の高まり 出身- **クリュニー修道院**（10世紀） **叙任権闘争**（11世紀）　教皇vs皇帝 **カノッサの屈辱**(1077) 皇帝ハインリヒ4世を屈伏	**スラヴ民族の活動** 西スラヴ　東スラヴ　南スラヴ ポーランド・チェック　ロシア・ウクライナ　クロアティア・セルビア ローマ＝カトリック　ギリシア正教　ローマ＝カトリック・ギリシア正教	
ウルバヌス2世 （位1088〜99）	セルジューク朝の圧迫を受け援助要請	ベーメン　ノヴゴロド ポーランド　キエフ	
	妥協　**シトー修道会**（11世紀）	**アレクシオス1世** （位1081〜1118）　**プロノイア制** 帝国の封建化進行	イスラーム勢力の圧迫
	クレルモン宗教会議 第1回十字軍		
	→**ヴォルムス協約**(1122)		セルビア
インノケンティウス3世 （位1198〜1216）	**フランチェスコ修道会**（13世紀）		
第4回十字軍	フィリップ2世・ジョン王破門 **教皇権絶頂へ**「教皇権は太陽，皇帝権は月」		
	ドミニコ修道会（13世紀）	**モンゴル人の侵入(タタールのくびき)** ワールシュタットの戦い(1241)	

| | 五代十国の領域 | ← | ノルマン人の移動 |
| • | 遼の五京 | ← | マジャール人の侵攻 |

936 キタイが燕雲十六州を獲得

キタイ(契丹・遼)
(916~1125)

キルギス

ナイマン

ビシュバリク●

クチャ

ベゼクリク
トゥルファン
カラシャール

沙州(敦煌)●

甘粛ウイグル

タリム盆地

タングート
(党項)

チベット

ラサ

ネパール アッサム

パーラ朝

ガンジス川

ウダンタプラ

ピュー(驃)

ベンガル湾

ペグー

バガン

ドヴァーラ
ヴァティー王国

カンボジア
(アンコール朝)

チャンパー
(占城)

三仏斉

モンゴル

室韋

燕雲十六州

慶陵

慶州
上京臨潢府
中京大定府

女真

東京遼陽府

西京大同府
南京析津府

北漢

晋陽
東京開封府(汴京)

潭州

開京
(開城)

高麗
(918~1392)

慶州

日本海

平安京

後蜀

成都

荊南
(951~960)

江陵

金陵

大理
(937~1254)

郡闐

桂州

大理

南漢

交州

雷州

南唐

楚

潭州

揚州

杭州

呉越

福州

泉州

広州

後周

大宰府

日本(平安時代)

960
北宋建国
(趙匡胤)

太 平 洋

南シナ海

東シナ海

フィリピン諸島

丁朝

日南

世紀	日本
5	弥生
4	
3	
2	
1	
4	古墳
5	
6	
7	
8	奈良
9	
10	平安
11	
12	
13	鎌倉
14	室町
15	
16	安土桃山
17	江戸
18	
19	
20	明治 大正
21	昭和 平成

その時 日本は? 武士団の形成

日本における武士団の形成は9~10世紀頃であるとされる。律令制度と社会秩序の崩壊は人々に軍事力を背景にした新しい秩序の形成を要請し,棟梁を中心とした武装集団,いわゆる「武士団」の形成を促した。やがて彼らは地方政治に影響力を及ぼす勢力に成長し,やがて「滝口の武士」「北面の武士」など中央にも進出を果たした。

●武士団の形成

9世紀~ 律令制度の崩壊→地方政治の乱れ
荘官・郡司が所領維持,反乱防止のために武装 → 兵(武士)の出現

↓

9~10世紀 武士団の形成
①主人を中心に武士の家を形成 ②土着した貴族・有力在庁官人を棟梁に武士が連合 → 武士団

↓

10~11世紀 武士団の成長
地方の反乱で武士団が活躍 → 国司や朝廷が武士団を活用

●武士団の構成(兵の家の構造)

棟梁

↑

惣領(一族の長)

家子(一族)
郎等(郎党)
下人・所従

小武士団　　小武士団

大武士団

---

1 10世紀のイスラームと中国

●イスラーム世界の変質

王朝	統治権・軍事権	軍事の中核	俸給制度
アッバース朝	カリフ 宗教儀礼も主催	ホラーサーン軍	アター制 (俸給支給)
ブワイフ朝	大アミール(将軍) 宗教儀礼はカリフ(有名無実)	マムルーク	イクター制 (徴税権付与)
セルジューク朝	スルタン(支配者) 宗教儀礼はカリフ(有名無実)		
オスマン帝国	スルタン(政教の全権掌握) メッカ・メディナの保護権掌握	シパーヒー イェニチェリ	ティマール制 (軍事封土制)

●唐宋変革期

王朝	政治	社会身分	軍事の中核	土地制度／兵制
唐	・律令体制 ・貴族政治	・門閥貴族 ・均田農民	均田農民	・均田制 ・府兵制
唐末五代	・節度使(藩鎮) ・武断主義	・武人 ・新興地主の成長	傭兵	・両税法 ・募兵制
宋	・君主独裁制 ・文治主義	・形勢戸(地主) ・佃戸・自作農		・両税法 ・禁軍・廂軍

●解説 10世紀のユーラシア大陸の状況を概観すると,大きな変革期であったことが指摘できる。中国では**唐代の律令体制**が崩れ,貴族が没落し,武人や新興地主層が社会の中心として台頭することになった。そのようななか,**唐末五代**(●P.100)は,武人たちが**藩鎮**を形成して半独立化し,中国は分裂時代に突入した。一方,イスラーム世界では**アッバース朝**(●P.122)の支配体制が揺らぎ,イラン人やトルコ人が台頭。**マムルーク(トルコ人の軍人奴隷)**(●P.125)は軍事力を背景に勢力を拡大し,やがて**カリフ**の改廃も自由に行うようになった。カリフの権威が失墜した結果,かれらが**アミール(将軍)やスルタン(支配者)**(●P.124)として政治の実権を握るようになった。

世界史の交差点

世界の武人勢力の成長

ほぼ同時期に勢力を拡大した武人(節度使,マムルーク,騎士,そして武士)はその後の歴史の中で重要な役割を果たすことになるが,唯一中国の武人層は北宋の建国とともに,歴史の表舞台から姿を消してゆく。その要因として,北宋の行った徹底した文治政治と科挙にみられる中国の武人軽視の伝統が考えられる。　(中国国家博物館蔵)

●世界の武人勢力の成長

国(地域)	要因・特徴
中国 節度使	・律令体制(均田制)の崩壊が原因 ・8世紀頃より勢力を拡大 ・軍事権のみならず財政権ももつ
イスラーム世界 マムルーク	・イスラーム化したトルコ人が多い ・10世紀頃より勢力を拡大 ・カリフより徴税権が付与される → イクター制
ヨーロッパ 騎士	・ノルマン人などの侵攻に備える ・11~13世紀頃より勢力拡大 ・封建的主従関係を構築

→3 五代十国時代の武人像

11世紀の世界

地図内の主な地名・国名：

ノルマン＝コンクェスト（1066）／デンマーク王国／リトアニア／キエフ公国／ヴォルガ＝ブルガール／ヴォルガ＝ブルガール王国／アイルランド／イングランド王国／ウェールズ／リューベック／ハンブルク／ポーランド王国／ウラディミル／キエフ／クズ（ウズ）／カルルク／大西洋／ロンドン／ケルン／プラハ／プロイセン／バルハシ湖／ノルマンディー／パリ／クレルモン宗教会議（1095）／フランス王国／クレルモン／リヨン／ウィーン／ハンガリー王国／第1回十字軍（1096〜99）／ジェンド／カラハン朝／ウルゲンチ／タラス／ベラサグン／レオン王国／ナバラ王国／カスティリャ王国／バルセロナ／アラゴン王国／サルデーニャ／教皇領／ビザンツ帝国／コンスタンティノープル／グルジア／ホラズム／ブハラ／サマルカンド／カシュガル／ポルトガル／トレド／カノッサの屈辱（1077）／コルドバ／グラナダ／チュニス／シチリア／ナポリ／ノルマン公領／クロアティア王国／セルビア王国／アドリアノープル／黒海／小アジア（アナトリア）／マンジケルト／アゼルバイジャン／モスル／アラムート砦／メルヴ／ニーシャープール／ヘラート／バルフ／ホータン／カシミール／セルジューク朝（1038〜1194）／ムラービト朝（1056〜1147）／セルジューク朝のバグダード入城（1055）／ダマスクス／キプロス／クレタ／イェルサレム／アレクサンドリア／カイロ／バグダード＝カリフ領（アッバース朝）／イスファハーン／ファールス／ゴール／ガズナ／ラホール／ムルタン／ガズナ朝（962〜1186）／デリー／シンド／ファーティマ朝（909〜1171）／イェルサレム王国樹立（1099）／エジプト／メディナ／紅海／カルマト派／オマーン／ソムナート／カナウジ／チャールキヤ朝／デオギル／チョーラ朝／カーンチ／タンジョール／クイロン／アヌラーダプラ／フェズ／マラケシュ／ムラービト朝の進出／ガーナ王国／サハラ砂漠／カネム王国

世紀へのアプローチ

11世紀の東アジア世界は、北宋とキタイ・西夏（▶P.99）など北方民族との衝突がおこった。イスラーム世界では今まで辺境にあったトルコが強大化し、アッバース朝（▶P.122）に次ぐイスラーム世界拡大の第二波が始まった。一方ヨーロッパ世界では、イスラーム教徒に対する反撃が、十字軍の遠征（▶P.146）、レコンキスタ（国土回復運動）（▶P.151）として現れ、領土の再編が進んだ。

アクセスポイント

セルジューク朝の進出と十字軍 族長のセルジュークのもと、シル川下流から興起したセルジューク朝はイスラーム世界を席巻することになる。その後、1055年にはバグダードに入城し、ブワイフ朝を一掃し、小アジアに侵入し、「スンナ派の擁護者」を自称した彼らは東方教会のビザンツ帝国を圧迫し、1071年には聖地イェルサレムを占領した。これが十字軍のきっかけとなるできごとであった。十字軍はキリスト教徒による、イスラーム世界への大遠征となり、その後の世界に大きな影響を及ぼすことになる。

大転換点となったイスラーム時代

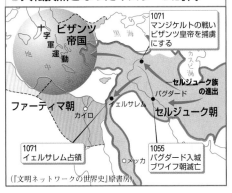

マンジケルトの戦い（1071）ビザンツ皇帝を捕虜にする／ビザンツ帝国／黒海／十字軍運動／セルジューク族の進出／ファーティマ朝／バグダード／イェルサレム／セルジューク朝／カイロ／イェルサレム占領（1071）／バグダード入城 ブワイフ朝滅亡（1055）／メッカ

（『文明ネットワークの世界史』原書房）

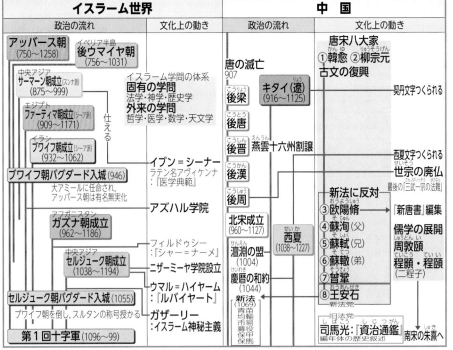

トルコ人の旅 モンゴル高原を興起地とするトルコ人の活動は、「突厥」で本格化した。彼らは内陸アジアの草原地帯を統一した後、積極的に中央アジアに進出し拡大した。8世紀に国家自体は姿を消すものの、すぐれた騎馬軍団を形成しイスラーム世界でマムルーク（軍人奴隷）として軍事を担当した。イスラーム教に改宗した10世紀からはガズナ朝・奴隷王朝・マムルーク朝（▶P.124）など独立王朝を創建する者も現れた。

赤字はトルコ系民族／9C以前に興起／トルコ人のイスラーム化／突厥／ウイグル／鉄勒／ブルガール／帝国ブルガリア／オスマン帝国13〜20C／カラハン朝10〜12C／ガズナ朝10〜12C／セルジューク朝11〜12C／マムルーク朝13〜16C／奴隷王朝13C／ムガル帝国16〜19C／13C以降に興起／10〜12Cに興起

Link 政治と文化 11〜12世紀

イスラーム世界		中 国	
政治の流れ	文化上の動き	政治の流れ	文化上の動き
アッバース朝（750〜1258）／イベリア半島 後ウマイヤ朝（756〜1031）		唐の滅亡 907	唐宋八大家 ①韓愈 ②柳宗元 古文の復興
中央アジア サーマーン朝成立（875〜999）（スンナ派）	イスラーム学問の体系 固有の学問 法学・神学・歴史学 外来の学問 哲学・医学・数学・天文学	後梁／キタイ（遼）（916〜1125）	契丹文字つくられる
エジプト ファーティマ朝成立（909〜1171）（シーア派）		後唐	
イラン ブワイフ朝成立（932〜1062）（シーア派）		後晋 燕雲十六州割譲	西夏文字つくられる
ブワイフ朝バグダード入城（946） 大アミールに任命され、アッバース朝は有名無実化	イブン＝シーナー ラテン名アヴィケンナ 『医学典範』	後漢	世宗の廃仏 最後の『三武一宗の法難』
	アズハル学院	後周 北宋成立（960〜1127）	新法に反対 ③欧陽脩 『新唐書』編集
アフガニスタン ガズナ朝成立（962〜1186）			儒学の展開 ④蘇洵（父） 周敦頤 ⑤蘇軾（兄） 程顥・程頤（二程子）
中央アジア セルジューク朝成立（1038〜1194）	フィルドゥシー 『シャー＝ナーメ』 ニザーミーヤ学院設立	澶淵の盟（1004）／西夏（1038〜1227）	⑥蘇轍（弟） ⑦曾鞏
セルジューク朝バグダード入城（1055） ブワイフ朝を倒し、スルタンの称号授かる	ウマル＝ハイヤーム 『ルバイヤート』 ガザーリー イスラーム神秘主義	慶暦の和約（1044）／新法（1069）青苗均輸市易募役保甲保馬	⑧王安石 旧法党 司馬光『資治通鑑』 編年体の歴史叙述
第1回十字軍（1096〜99）			南宋の朱熹

凡例（地図の記号）：
- ガズナ朝の最大領土（マフムードの治下）
- セルジューク朝の最大領土
- セルジューク族の興起地
- 遼の五京
- 遼の南侵
- ガズナ朝のインド侵入
- チョーラ朝の進出
- セルジューク族の進出
- 宋の四京

【地図中の地名・注記】
キルギス／ナイマン／モンゴル／タタール／室韋／バイカル湖／ビシュバリク／天山ウイグル王国（西ウイグル）／タリム盆地／クチャ／黒水城（カラホト）／西夏（1038〜1227）／沙州（敦煌）／粛州／甘州／興慶／キタイ（契丹・遼）／慶陵／生女真／熟女真／上京臨潢府／慶州／中京大定府／1044 慶暦の和約／西京大同府／1004 澶淵の盟／東京遼陽府／燕雲十六州／南京析津府／三十姓女真／西京（開城）／高麗（918〜1392）／太原／北京大名府／澶州（澶淵）／東京開封府（汴京）／日本海／大宰府／平安京／日本（平安時代）／吐蕃／河州／岷州／京兆府／西京河南府（洛陽）／襄陽／南京応天府／揚州／ラサ／江陵／杭州／黄州／朗州（寧波）／宋（北宋）（960〜1127）／成都／重慶／潭州／隆興／瑞安／景徳鎮／奄美／阿児奈波／大理（937〜1254）／静江／温州／広州／徳安／泉州／流求／1069 王安石の新法／太平洋／グルカ／ベナレス／ガンジス川／アッサム／パガン朝（1044〜1299）／パガン／コナラク／昇竜（ハノイ）／大越国（李朝）（1009〜1225）／カンボジア（アンコール朝）／アンコール／ヴィジャヤ／チャンパー（占城）／南シナ海／フィリピン諸島／アンコール＝ワット／シンハラ（スリランカ）／ラムリ／マラッカ／三仏斉／ブルネイ／カリマンタン島／モルッカ（マルク）諸島／パレンバン／クディリ朝（929〜1222）／クディリ／ベンガル湾

その時日本は？ 国風文化と武士の進出

　菅原道真の建議による遣唐使の中止を一つの契機として，日本の「国風文化」が始まったとされる。この「国風文化」の時代は仮名文学の発達，浄土教の流行など「貴族文化」の象徴として語られるが，一方で「武士の台頭」がみられた時代の転換点でもあった。同時代，平将門・藤原純友の乱から始まる地方の争乱は，「武士の時代」の幕開けを予感させるできごとであった。

	国風文化（貴族文化）	武士の活躍
905	紀貫之『古今和歌集』撰上 『竹取物語』『伊勢物語』 紀貫之『土佐日記』	**地方の反乱と武士の台頭**
939		平将門の乱 藤原純友の乱
	摂関政治全盛	
	清少納言『枕草子』 紫式部『源氏物語』	
1016	藤原道長，摂政に就任	
1017	藤原頼通，摂政に就任	
1019		刀伊の入寇 （女真族，鴨・壱岐・博多湾に襲来）
		源氏の台頭
1051		前九年合戦
1053	平等院鳳凰堂建立	
1083		後三年合戦

摂関期の東アジアの動向

- 刀伊の入寇（1019）
（地図：キタイ（遼）／女真（刀伊）／日本／高麗／宋（北宋）／開京（開城）／大宰府／平安京／松浦／坊津／開封（汴京）／揚州／杭州／明州）

　この時代東アジアも「動乱の時代」に突入する。大陸北方ではキタイ，朝鮮では高麗，中国では宋が建国された。摂関政治が全盛であった日本では，1019年，高麗人が「刀伊」と呼んだ女真族が突然九州を襲った（刀伊の入寇）。当時大宰権帥であった藤原隆家の活躍で彼らは撃退されたが，隆家の中核となった兵士は「武士団」であったことが知られている。

（右端 縦の年表）世紀／日本：5 4 3 2 1 弥生／1 2 3 4 5 6 7 古墳／8 奈良／9 10 11 12 平安／13 鎌倉／14 15 室町／16 戦国 桃山／17 江戸／18 19 大正 昭和／20 21 平成 令和

---

1 中世盛期
〜環境史からみた中世世界

●気候変動と民族大移動

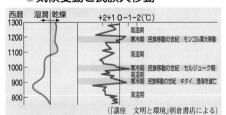

（『講座 文明と環境』朝倉書店による）

【解説】 気候学からみた８〜13世紀は，まさに世界的な規模で「温暖化」の時代であった。世界各地で農作物の増産がおこり，人口増加がもたらされた。その結果，ヨーロッパやアジアで人口の膨張（開墾や侵略）や社会の変化が引きおこされ，11世紀にはさまざまな形での「土地支配の強化」が進んだ。イスラーム世界の「イクター制」，ビザンツ帝国の「プロノイア制」もこのような流れの中，整備された土地制度であった。

●紀元200〜1700年の人口の推移

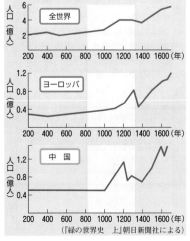

全世界／ヨーロッパ／中国（人口 億人）

（『緑の世界史 上』朝日新聞社による）

● 9〜11世紀の世界〜温暖化と明るい中世

	ヨーロッパ	中国
人口増加のおもな要因	・世界的規模の気候の温暖化 ・三圃制農法と重量有輪犂の普及	・世界的規模の気候の温暖化 ・ベトナムより日照りに強い占城稲の導入 ・稲の二期作や稲麦二毛作が普及
おもな動き	・ノルマン人（ヴァイキング）移動（8c後半〜） ・国土回復運動本格化（11c〜） ・十字軍（11c〜） ・大開墾時代の到来（12c〜） ・東方植民（12c〜）	・江南開発の進行 ・北方民族の侵攻（豊かな中国へ） ・国境を金品で維持（澶淵の盟） ・開封・臨安など人口100万都市の出現
社会の変化	10c 古典荘園 ・労働地代 ↓ 11c〜 純粋荘園 ・貨幣地代 ＊農奴の地位向上へ	7c〜 唐 貴族・門閥貴族 ↓ 10c〜 宋 形勢戸 ・新興地主 ↓科挙 官戸

12世紀の世界

1132
耶律大石がカラキタイ(西遼)を建国

11世紀末よりレコンキスタが本格化

1189〜92
第3回十字軍
聖地奪回には失敗

1187
アイユーブ朝のサラーフ=アッディーンがイェルサレムを奪回

ムワッヒド朝
(1130〜1269)

ホラズム=シャー朝
(1077〜1231)

カラキタイ(西遼)
(1132〜1211)

ゴール朝
(1148頃〜1215)

アイユーブ朝
(1169〜1250)

ルーム=セルジューク朝

セルジューク系小王朝

バグダード=カリフ領
(アッバース朝)

世紀へのアプローチ

「中世温暖期」の最終局面となる12〜13世紀は、地球的規模で経済的・社会的な活性化が認められる。政治的な流動性の一方で、ほとんどの地域で経済発展・都市の成長がみられた。特に南宋の臨安(◎P.103)は人口100万人を超え、繁栄した。ヨーロッパにおいても遠隔地商業(◎P.147)の発展を背景に、ヴェネツィア(◎P.147)をはじめとする中世都市が台頭し、都市同盟を結成。皇帝や王、諸侯にも対抗する大きな勢力に発展していく。

←1 地中海貿易で繁栄するヴェネツィア
(フランス国立図書館蔵)

アクセスポイント

東西の「南北の抗争」 12世紀の世界を鳥瞰した時、東と西でそれぞれ対立、抗争が繰り広げられていたことがわかる。西=ヨーロッパ世界では、十字軍の遠征が本格化し、イベリア半島では「レコンキスタ」が進行中で、イスラーム教徒とキリスト教徒の抗争が継続していた。また東=東アジア世界では金の侵入を受け、北宋が滅亡。江南に拠点を移した南宋が華北に深く領土を広げた金と対峙し、主戦派の岳飛と和平派の秦檜の対立が先鋭化していた。これらは当時存在した東西のいわば「南北の抗争」と捉えることもできるかもしれない。

神聖ローマ帝国
ビザンツ帝国
カラキタイ
西夏 金
北 南
十字軍
ホラズム=シャー朝
ムワッヒド朝
アイユーブ朝
南宋

東西のアウトロー〜西：ロビン=フッド

ロビン=フッドが具体的に現れるのは15〜16世紀の長編バラッド『ロビン=フッドの武勲』である。悪代官や修道院長、法を蔑ろにする判事などを森で待ち伏せしては金品を奪い、代官を射殺する「義賊」として描かれている。ロビンの活躍する時代は12世紀。農民にとって大切な生活の糧を提供してくれる森の支配を強化する王や権力を乱用する代官、大領主であった修道院など、農民を苦しめる権力者に抵抗するロビンはまさに「民衆の夢」であった。

→2 『ロビン=フッドの武勲』の口絵

(ケンブリッジ大学図書館蔵)

1 大翻訳時代〜トレド

解説 学問的(特に自然科学)には、一般に不振であったとされる中世ではあるが、西欧の学術が大きな発展を遂げるのは、12世紀の「大翻訳時代」以後である。この時代に西欧世界はアラビア語の学術書を大量に翻訳し、その内容を貪欲に吸収していった。古代ギリシアの学術の成果をイスラーム経由で「逆輸入」するということは、12世紀以前のヨーロッパの知的財産に、**エウクレイデス**も**アルキメデス**も、**アリストテレス**もなかったことを意味する。イベリア半島はイスラーム教徒との戦いの最前線。なかでもトレドは、このアラビア学術吸収の重要な拠点の一つになり、知的好奇心あふれる多くの聖職者たちが翻訳活動に従事したとされる。

→3 ロジャー=ベーコン(1214頃〜94)「驚愕博士」と呼ばれ、13世紀に近代科学の先駆的な業績をあげた「大翻訳時代」の申し子。彼の学問・思想の出発点となる算術・光学・化学・天文学の研究はイスラーム学術書の翻訳本に基づくところが大きい。同様に**トマス=アクィナス**のスコラ学も、アリストテレスのラテン語訳なくしては大成されなかったし、**ガリレイ**の力学研究も**アルキメデス**の研究がなければ生まれなかったであろう。
(ミラノ市立ベルトレッリ印刷物収集館蔵)

→4 12世紀を代表する翻訳者ゲラルドがトレドで講義する姿

●12世紀の翻訳一覧

ギリシアの著作			
著者	著作	何語から翻訳されたか	場所
ヒッポクラテス	『箴言』	アラビア語	トレド
プラトン	『メノン』	ギリシア語	シチリア
アリストテレス	『形而上学』	ギリシア語	北イタリア
エウクレイデス	『幾何学原本』	アラビア語	トレド等
アルキメデス	『円の求積』	アラビア語	トレド

アラビアの著作			
著者	著作	訳者	場所
	『コーラン』	ロバート(チェスター)	不明
フワーリズミー	『代数学』	ロバート(チェスター)	トレド
イブン=シーナー	『医学典範』	ゲラルド(クレモナ)	トレド
ガザーリー	『哲学者たちの意図』	グンディサルボ ファン(セビリャ)	トレド

＊場所は翻訳が行われた場所。

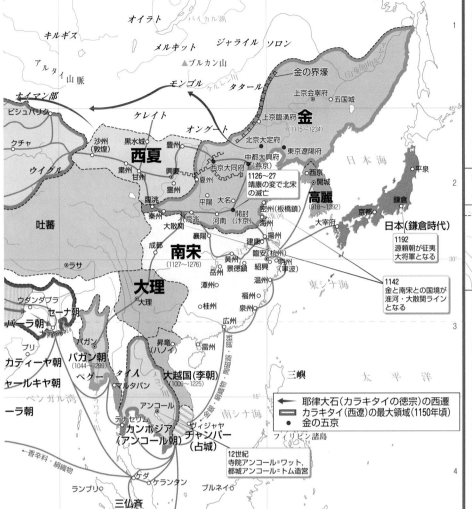

凡例
- フランスにおけるイングランド領(1190)
- ゴール朝の進出
- おもな貿易路／赤字はおもな貿易品
- ホラズム゠シャー朝の興起地
- ホラズム゠シャー朝の進出
- ホラズム゠シャー朝の最大領域(1217年)

主な地名・国名：キルギス、オイレト、メルキット、ジャライル、ソロン、タタール、モンゴル、ケレイト、オングート、金(1115〜1234)、西夏、吐蕃、南宋(1127〜1276)、大理、高麗(918〜1392)、日本(鎌倉時代)、パーラ朝、セーナ朝、パガン朝(1044〜1299)、大越国(李朝)(1009〜1225)、カンボジア(アンコール朝)、チャンパー(占城)

- 1126〜27 靖康の変で北宋の滅亡
- 1192 源頼朝が征夷大将軍となる
- 1142 金と南宋との国境が淮河・大散関ラインとなる
- 12世紀 寺院アンコール゠ワット、都城アンコール゠トム造営

- 耶律大石(カラキタイの徳宗)の西遷
- カラキタイ(西遼)の最大領域(1150年頃)
- 金の五京

その時 日本は？ 日宋貿易 →P.103

東アジアの緊張は東西交易という面においてはマイナス要因であったが、局地的に見れば東アジア経済は活況を呈していた。たとえば平氏政権と宋との貿易は、宋銭を中核に活発化し、平清盛は摂津の大輪田泊(現神戸市)を整備し、宋商人の来航に努めた。そこでは砂金・水銀・真珠・日本刀が宋銭・陶磁器などと交換され、その利益は、平氏政権を支える重要な経済的基盤になった。すなわち『平家物語』に語られる盛者「平氏」の繁栄は日宋貿易によって支えられていたのである。

- 1142年以後の金の領域
- 日宋交通路

輸入品	輸出品
宋銭・陶磁器・香料・薬品・書籍	金・水銀・硫黄・木材・米・刀剣・漆器・扇

●『平家物語』
(平家一門の)屋敷には花が咲いたようである。その門前には、車や馬が群がって市場のような賑やかさである。揚州(江蘇省)の金、荊州(湖北省)の珠、呉郡(江蘇省)の綾、蜀江(四川省)の錦など珍しい財宝が集まって、何一つ欠けているものはない。

世界史の交差点
東西のアウトロー〜東：『水滸伝』

唐末・五代・宋の時代は、都市化のめざましい進展とともに大量の無頼層(アウトロー)が徒党を組んで武装化し、勝手な振舞の一方で農民反乱の強力な助っ人となった。彼らを小説化したのが『水滸伝』である。これは北宋末(12世紀)の梁山泊(山東地方の架空の拠点)を舞台に、108人の豪傑が活躍する長編小説であり、明代に現在の姿にまとめられた。秩序からの落伍者が、義兄弟の契りを結んで悪しき官軍と戦うさまは、後世の民衆運動に絶大な影響を与えた。そのため、明・清・中華人民共和国それぞれの時代に禁書処分を受けてきた。

↑5豪傑の一人、穆弘(伝、葛飾北斎画)　↑6梁山泊の首領、宋江(伝、葛飾北斎画)

Link 政治と文化　12世紀

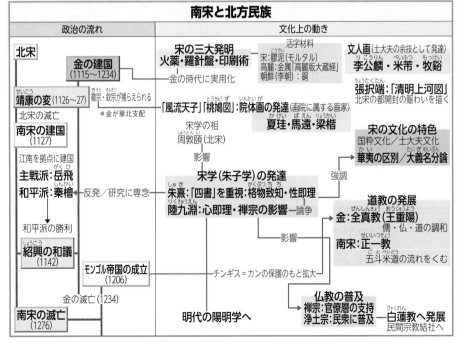

南宋と北方民族

政治の流れ：北宋／金の建国(1115〜1234)／靖康の変(1126〜27)／徽宗・欽宗が捕らえられる／北宋の滅亡／南宋の建国(1127)／江南を拠点に建国／主戦派：岳飛／和平派：秦檜／反発・研究に専念／和平派の勝利／紹興の和議(1142)／モンゴル帝国の成立(1206)／チンギス゠カンの保護のもと拡大／金の滅亡(1234)／南宋の滅亡(1276)

文化上の動き：宋の三大発明 火薬・羅針盤・印刷術／金の時代に実用化／活字材料 宋：膠泥(モルタル) 高麗：金属「高麗版大蔵経」 朝鮮(李朝)：銅／文人画(士大夫の余技として発達) 李公麟・米芾・牧谿／張択端：「清明上河図」北宋の都開封の賑わいを描く／「風流天子」「桃鳩図」：院体画の発達(画院に属する画家) 夏珪・馬遠・梁楷／宋学の祖 周敦頤(北宋)／影響／宋学(朱子学)の発達 朱熹：「四書」を重視・格物致知・性即理／陸九淵：心即理・禅宗の影響／論争／宋の文化の特色 国粋文化／士大夫文化 華夷の区別／大義名分論／強調／道教の発展 金：全真教(王重陽) 儒・仏・道の調和 南宋：正一教 五斗米道の流れをくむ／仏教の普及 禅宗：官僚層の支持 浄土宗：民衆に普及→白蓮教へ発展 民間宗教結社へ／明代の陽明学へ

13世紀の世界

スコットランド王国
ノルウェー王国
スウェーデン王国
アイルランド
イングランド王国
北海
ロンドン
デンマーク王国
ドイツ騎士団領
リトアニア
ノヴゴロド
ポロック
ウラディミル
モスクワ
ブルガール

1215 大憲章（マグナ＝カルタ）
1241 ワールシュタット（リーグニッツ）の戦い
フランスにおけるイギリス領

ケルン
マインツ
グラクフ
ポーランド王国
1240
キエフ
1223
1237
カザフ草原（キプチャク草原）
キプチャク＝ハン国（ジョチ＝ウルス）(1243〜1502)
1238

パリ
神聖ローマ帝国
フランス王国
グラン
ハンガリー王国
ワラキア
1239
1242
サライ（新）
サライ（旧）
1224
1221

ボルドー
ミラノ
ヴェネツィア
教皇領
セルビア王国
第2次ブルガリア帝国
ドン川
カフカス山脈
グルジア
1308
タラス
アルマリク
チャガタイ＝ハ（チャガタイ＝ウルス）(1227〜14世紀後半)

レオン
アラゴン王国
ローマ
ナポリ王国
ビザンツ帝国
コンスタンティノープル
ルーム＝セルジューク朝
タブリーズ
ホラズム
オトラル
ウルゲンチ
ブハラ
メルヴ
サマルカンド
カシュガル
ヤルカンド
ホータン
1221

トレド
カスティリャ王国
バレルモ
シチリア王国
クレタ
キプロス王国
アレッポ
モスル
アラムート
ニーシャープール
バルフ
1221
1221
ガズナ
ヘラート
カーブル
カシミール
ラホール

ポルトガル王国
グラナダ
ナスル朝
チュニス
ハフス朝
ダマスクス
イェルサレム
イスファハーン
バグダード
ホラーサーン
1258
イル＝ハン国（フレグ＝ウルス）(1258〜1353)
1297〜1327
ムルタン
デリー
(1206〜90)

マリーン朝
ジャーン朝
アレクサンドリア
カイロ
1258 アッバース朝滅亡
シャリフ領
バスラ
シーラーフ
ホルムズ
奴隷王朝（デリー＝スルタン朝）
チトール

マムルーク朝(1250〜1517)
メディナ
マスカット
オマーン
グジャラート
デヴァギリ
ヤーダヴァ朝
ワランガル
ソムナート

カネム王国
メッカ
アラビア
アラビア半島
マルコ＝ポーロの航路(1271〜95)
ホイサラ朝
チョーラ朝
パーンディヤ朝
セイロン

旅の世界史 マルコ＝ポーロ (●P.108)

Key Person **マルコ＝ポーロ** (1254〜1324)

マルコ＝ポーロはヴェネツィア生まれの商人で1275年に父や叔父とともに上都を訪れた。陸路で元に到着した彼らはクビライに仕え，17年間中国にとどまることになる。

彼らは色目人（●P.107）として元朝の要職にも任じられた。彼の職務は不明な点が多く，クビライとの関係を疑問視する説もあるが，この17年間の見聞が，のちに獄中で口述された『世界の記述』（『東方見聞録』）の基になる。当時，彼の語る珍奇な話は多くの人たちに荒唐無稽のつくり話と受け取られ，彼がさかんに使った言葉「百万を超える富」などから「イル・ミリオーネ（百万）」とあだなされるほどであった。

世紀へのアプローチ

　13世紀は「パクス＝タタリカ」（モンゴルの平和）が実現し，ユーラシア全体が一つの交易圏で結びつけられた。モンゴルは残虐な侵略行為でも有名であるが，帝国建設の後は，宗教的には比較的寛大であったこともあり，ユーラシア各地で新たな国家建設の動きを生んだ。旧イスラーム国家領ではモンゴル人支配者のイスラーム教への改宗が進み，キプチャク＝ハン国（●P.106）内では，アラブ，ペルシア，トルコなどの東方先進文化のロシアへの浸透が進んだ。

●マルコ＝ポーロ関連年表

年	事項		
1206	チンギス＝カン即位		
1254	マルコ＝ポーロ誕生		
1260	クビライ即位		
1264	クビライ，大都に遷都		
1269	父・叔父，モンゴルより帰国		
1271	マルコ＝ポーロ，東方旅行へ出発	往路の行程	ヴェネツィア→イェルサレム→タブリーズ→イスファハーン→ホルムズ→ニーシャープール→バルフ→カンドゥ→ホータン→沙州（敦煌）→粛州→甘州→寧夏→上都
1271	クビライ，国号を元と定める	往路	
1274	元寇（文永の役）		
1275	マルコ一行，上都に到着　クビライに謁見	中国で17年	
1281	元寇（弘安の役）		
1290	マルコ，クビライの使者として帰国	復路の行程	泉州→ソムナート→ホルムズ→タブリーズ→コンスタンティノープル→ヴェネツィア
1294	クビライ死去	復路	
1295	マルコ，ヴェネツィアへ帰郷		
1298	マルコ，ジェノヴァの捕虜となる『世界の記述』の完成		
1324	マルコ，ヴェネツィアで死去		

Link 政治と文化　13世紀

中世ヨーロッパ		モンゴル帝国	
政治の流れ	**文化上の動き**	**政治の流れ**	**文化上の動き**
インノケンティウス3世	**普遍論争**　アンセルムス：実在論vsアベラール：唯名論	**チンギス＝カン**	
第4回十字軍(1202〜04)　英王ジョン破門　仏王フィリップ2世破門	**中世の大学**　学術語はラテン語　3学部（神学・法学・医学）（哲学を加えて4学部とも）　7自由科（算術・幾何・天文・音楽・文法・修辞・論理）	ホラズム＝シャー朝・西夏の滅亡 オゴデイ 金の滅亡	
英 大憲章（マグナ＝カルタ）(1215)			
ワールシュタット（リーグニッツ）の戦い(1241)			
独 ハンザ同盟			
プラノ＝カルピニの旅(1245〜47)			
英 貴族（バロン）の反乱(1258〜65)	ケルン大聖堂建築開始　トマス＝アクィナス：『神学大全』（実在論・唯名論の調停）　ロジャー＝ベーコン（実験・観察を重視）	グユク ─謁見─ プラノ＝カルピニ（フランチェスコ派修道士。教皇インノケンティウス4世使節） モンケ ◄─会見─ ルブルック（フランチェスコ派修道士。ルイ9世使節） クビライ 大都で布教◄─ 仕える─マルコ＝ポーロ モンテ＝コルヴィノ（フランチェスコ派修道士。中国初カトリック布教） パクパ文字	
マルコ＝ポーロの旅(1271〜95)			
英 模範議会開催(1295)	マルコ＝ポーロ：『世界の記述』	南宋が滅ぶ(1276)　郭守敬：授時暦	元寇 文永の役(1274) 弘安の役(1281)

凡例（地図上部）

モンゴル帝国の領域	← チンギス=カン時代の征路	← バトゥの西征	← 南宋攻略，ベトナム・ビルマ等への進出
---- 元朝及び3ハン国の境界	← オゴデイ時代の征路	← フレグの西征	← 日本・ジャワ遠征路

キルギス
ニセイ川
アンガラ川
バイカル湖
ヌルカン
ブルカン山
カラコルム（和林）
胡里改万戸
女真
元（大元ウルス）（1271～1368）
上都（開平）
開元
大寧
遼陽
居庸関
大同
シラムレン川
開城
高麗
日本海
日本（鎌倉時代）
鎌倉
京都
合浦
大都（北京）
太原
浄州
粛州
甘州
寧夏
西涼
六盤山
蘭州
奉元（長安）
汴梁（開封）
平陽
淮安
揚州
鄂州（武昌）
襄陽
成都
平江（蘇州）
杭州
慶元（寧波）
温州
福州
泉州（ザイトン）
広州
大宰府
1274 文永の役
1281 弘安の役
東シナ海
瑠求
崖山
1279 崖山の戦いで南宋残存勢力全滅
ビシュバリク
カラコージョ
ウイグル
クチャ
ハン国
エミール
アルタイ山脈
沙州（敦煌）
チベット（吐蕃）
ラサ
ネパール
ヴァラナシ
パガン朝（1044～1299）
アラカン
カーカティーヤ朝
オリッサ
ペグー
ベンガル湾
慶中（テン）
大理
昇竜（ハノイ）
陳朝大越国（1225～1400）
スコータイ
スコータイ朝（1257～15世紀）
アユタヤ
アンコール朝（カンボジア）
ヴィジャヤ
チャンパー（占城）
三嶼
フィリピン諸島
太平洋
南シナ海
サムドラ
マラッカ
スマトラ
ブルネイ
ボルネオ
三仏斉
パレンバン
シンガサリ朝（1222～92）
スマトラ島
クディリ
シンガサリ
シンガサリ朝の勢力範囲

赤数字：モンゴル軍の進撃・占領の年代
国名：ヒンドゥー教諸国
ヴェネツィア領

■ モンゴル＝ネットワークとは？

モンゴル＝ネットワークの動脈

陸路－駅伝制（站赤） 主要道路10里ごとに站をおき，旅行者に食料・馬を提供した。

海路－運河の改修 泉州を海の窓口として，大都を結ぶ，運河，河川を整備した。

牌符－パスポートの発行 官用で旅行するものが携帯した証明書。

↑1 牌符（内蒙古博物館蔵）

モンゴル＝ネットワークがもたらしたもの

羅針盤－航海術の発展 羅針盤がヨーロッパへももたらされ，大航海時代の幕開きとなった。

印刷術－活版印刷術に影響 製紙法の伝来と相まって，宗教改革に大きな意味を与えた。

火薬－戦法の変化 鉄砲・大砲に応用され，戦法が大きく変化，騎士の没落をもたらした。

黒死病－ペストの拡大 アジア特有の伝染病が東西交流の発展でヨーロッパへ伝播し，多くの犠牲者を出し，ヨーロッパ社会を大きく変質させた。

📶 アクセスポイント

モンゴル＝ネットワーク 当時，世界はいくつかの文化圏に分かれており，シルク＝ロードをはじめいくつかの交易路は存在したが，その東西交流の度合いは「質・量」的にも限定的であった。しかしここに，東は朝鮮半島から西はロシア平原にいたる広大な地域が，安定した秩序のもと，一つに統合されたことにより，多くのリスクの上に成り立っていた東西交易が安全かつ迅速に行えるようになり，その度合いは「質・量」ともに拡大した。

羅針盤・印刷術・火薬
ヨーロッパ
砂糖・木綿
陶磁器・染付
イスラーム世界
コバルト
元
黒死病

その時日本は？ 元寇（●P.107）

蒙古襲来の発端となったのは，**クビライ**から送られた国書である。その内容からは即侵略というイメージとは異なり，日本に朝貢を求めるモンゴルのようすがうかがえる。しかし，時の執権北条時宗はその要求を拒否し続けた。その背景には，10世紀以来日本が行ってきた「日宋貿易」の維持に外交の主眼があったからともいわれる。

↑2 伝北条時宗（熊本満願寺蔵）　↑3 クビライからの国書（東大寺蔵）

● クビライからの手紙

朕が考えるには，昔から小国の国王も，国境を接すれば音信を交わし友好に努めてきた…高麗は朕の東方の属国である。日本は高麗に近接し，開国以来，時には中国にも使いを遣わしてきた。が，朕の代になってからは，親交を結ぶ一人の使者も送ってこない…兵を用いることは誰が望もうか。王はそのことをよく考え対応されたい。

『新編史料日本史』東京法令出版版

● マルコ＝ポーロ『世界の記述』

チパングは東の方，大陸から1500マイルの大洋にある，…この島では非常に豊かに金を産するので，国民はみな莫大な量の黄金を所有している。…またこの島にある国王の宮殿の，その偉観について述べよう。この国王は，すべて純金で覆われた，非常に大きな宮殿を持っている。われわれが家や教会の屋根を鉛板でふくように，この宮殿の屋根は全部純金でふいている。…

『地球人ライブラリー』「東方見聞録」小学館

↑4 中尊寺金色堂 当時奥州で産出した豊富な金を使い，外面，内面，須弥壇にいたるまで，金箔を施している。奥州藤原氏三代の繁栄を見ることができる。

14世紀の世界

A B C D

ノルウェー王国
スコットランド王国
スウェーデン王国
デンマーク王国
ドイツ騎士団領
北海
カルマル
ヴィリニュス
モスクワ
アイルランド
イングランド王国
リューベック
ハンブルク
1397 カルマル同盟成立
モスクワ大公国
ノヴゴロド
ロンドン
パリ
プラハ
ポーランド王国
キエフ
リトアニア大公国
キプチャク＝ハン国
（ジョチ＝ウルス）
（1243～1502）
神聖ローマ帝国
大西洋
1339～1453 百年戦争
フランス王国
ブルゴーニュ
ミラノ
ブダ
ヴェネツィア
ハンガリー王国
モルダヴィア公国
サライ（新）
ギュイエンヌ公国
アヴィニョン
教皇領
ワラキア公国
サライ（旧）
レオン
カスティリャ王国
アラゴン
ローマ
サルデーニャ
セルビア王国
第2次ブルガリア帝国
アドリアノープル
ビザンツ帝国
コンスタンティノープル
オスマン帝国
ブルサ
黒海
カスピ海
オトラル（トルキスタント）
タラス
アルマリク
ポルトガル王国
リスボン
トレド
ナポリ
ナポリ王国
ティムール朝
サマルカンド
ナスル朝
グラナダ
チュニス
シチリア王国
地中海
タブリーズ
ジャライル朝
ブハラ
ニーシャープール
メルヴ
カーブル
セウタ
ジャーン朝
ハフス朝
アレクサンドリア
ダマスクス
イェルサレム
バグダード
イスファハーン
ヘラート
クルト朝
ガズナ
タンジール
マリーン朝
1309～77 教皇のバビロン捕囚
マムルーク朝
（1250～1517）
カイロ
ムザッファル朝
ラホール
デリー
サハラ砂漠
アスワン
メディナ
ペルシア湾
ホルムズ
トゥグルク朝
（1320～1414）
メッカ
アラビア
インダス川
トンブクトゥ
チャド湖
マリ王国
バフマン朝
ヴィジャヤナガル王国
ヴィジャヤナガル
アラビア海
セイロン
モガディシュ
イブン＝バットゥータの旅
（1325～49）
マリンディ
ヴィクトリア湖

世紀へのアプローチ

　14～19世紀まで，地球は「小氷期」に入る。特に14世紀は黒死病（ペスト）の流行に象徴される危機的局面にあった（「14世紀の危機」）（◆巻頭P.ⅴ）。世界帝国を築いた「モンゴル帝国」（◆P.106）が衰え，その後継にあたる諸国が自立を遂げた時代であった。ヨーロッパでは，モンゴルの支配（タタールのくびき）から自立したモスクワ大公国（◆P.145）が領土を広げ，中央アジアでは同じモンゴル系ティムール（◆P.129）が国家を建設した。中国では，元（◆P.107）に対抗する明（◆P.110）が，「漢民族」のナショナリズムを旗印に江南から自立した。

旅の世界史　イブン＝バットゥータの旅

●イブン＝バットゥータ関連年表

1304	モロッコのタンジールに生まれる
1325	メッカ巡礼の旅に出る
1326	メッカ巡礼を果たす
1333	インドのデリーに着き，法官として仕える
1342	スルタンより元朝の使節を命じられる
1344	ベンガル，スマトラを経て，広州，泉州，杭州より大都（北京）に到着（1346）
1349	故郷タンジールに帰国，聖戦のためスペインへ（グラナダ訪問）
1352	サハラ砂漠横断の旅に出る
1354	故郷タンジールに帰国。翌年『旅行記（三大陸周遊記）』を口述筆記

↑1 イブン＝バットゥータ　メッカ巡礼を始まりとし30年にも及ぶ大旅行を行った。彼の『旅行記（三大陸周遊記）』は当時の世界を知る貴重な史料である。（◆P.126)

Link 政治と文化 14～15世紀

ヨーロッパ		中 国	
政治の流れ	文化上の動き	政治の流れ	文化上の動き
百年戦争（1339～1453）	1303　アナーニ事件 1309　教皇のバビロン捕囚（～77）	元＝科挙軽視	元末四大画家 黄公望・呉鎮・倪瓚・王蒙
	ダンテ：『神曲』 ペトラルカ：『叙情詩集』 ボッカチオ：『デカメロン』	イブン＝バットゥータの旅（1325～49）　旅行記（三大陸周遊記）	仕官の道を諦めた知識人は文化へ
黒死病の大流行		紅巾の乱（1351～66）	元曲 『漢宮秋』（馬致遠）『西廂記』（王実甫） 『琵琶記』（高則誠）
仏 ジャックリーの乱 英 ワット＝タイラーの乱	1378　教会大分裂（大シスマ）（～1417） 1414　コンスタンツ公会議（～18） チョーサー：『カンタベリ物語』	明の成立（1368～1644）	魚鱗図冊・賦役黄冊・六諭・里甲制
メディチ家　フィレンツェ支配	ブルネレスキ：サンタ＝マリア大聖堂の円蓋	靖難の役（1399～1402） 永楽帝（位1402～24）	儒者の批判をかわす目的で大編纂事業をおこす
バラ戦争（1455～85）	ボッティチェリ：「ヴィーナスの誕生」，「春」	鄭和の南海諸国遠征（1405～33）	永楽帝の大編纂事業 『四書大全』：四書の注釈書 『五経大全』：五経の注釈書 『永楽大典』：学説集 『性理大全』：百科辞典
スペイン王国成立（1479）	グーテンベルク：活版印刷開始　影響→宗教改革 影響→トスカネリ：地球球体説 コロンブスがアメリカ大陸到達（1492） トルデシリャス条約（1494）	明の国威発揚／朝貢国の増大 オイラトでエセン＝ハン 土木の変（1449）	南宗画：董其昌 北宗画：仇英

地図凡例

☐	ティムール朝の領土
←	イブン＝バットゥータの旅行路

地図中のラベル

キルギス

アンガラ川

ヌルカン

カラコルム

▲ブルカン山

女真

チャガタイ＝ハン国（チャガタイ＝ウルス）
(1227〜14世紀後半)

北元
(1368〜88)

エミール

ウイグル

上都(開平)

1392
朝鮮(李朝)建国

開城

漢城

高麗
(918〜1392)

蘭州 寧夏

大都

太原

奉元(長安)

平陽

京都 鎌倉

日本海

日本
(鎌倉〜室町時代)

1336〜92
南北朝の動乱

チベット

ラサ

成都

襄陽

南京 杭州

寧波

大宰府

黄海

明
(1368〜1644)

大理

桂林

福州

泉州

広州

東シナ海

大越国(陳朝)

交都(大羅)

ペグー

アユタヤ朝

アユタヤ

占城

チャンパー(占城)

カンボジア
(アンコール朝)

南シナ海

イラワディ川

ベンガル湾

スマトラ

ボルネオ

パレンバン

マジャパヒト王国
(1293〜1527頃)

紙幣－交鈔 (➡P.107)

その時 日本は？ 動乱の日本〜悪党と倭寇

↓2 悪党(大阪・(財)逸翁美術館蔵)

鎌倉幕府の滅亡，建武の新政，南北朝の対立といった14世紀の動乱の時代に，日本では「悪党」と呼ばれる幕府や荘園領主に反発する武装集団の活動が活発化した。また，海上では「倭寇」(➡P.112)と呼ばれる海賊集団の活動が猛威を振るい，日本の沿岸部のみならず，朝鮮半島南部や中国大陸で略奪行為を繰り返した。いわゆる「前期倭寇」である。この時代は東アジア全体の秩序が乱れた「動乱の時代」であった。

(東京大学史料編纂所蔵)

↑3 倭寇

● 前期倭寇・後期倭寇の比較

	前期倭寇(14世紀)	後期倭寇(16世紀)
構成員	日本人中心	中国人中心
活動	海賊行為(密貿易も)	密貿易と海賊行為
範囲	朝鮮半島南部・北九州	中国沿岸部・九州・瀬戸内海
影響	勘合貿易の開始等で鎮静化	明王朝衰退の一因となる(南倭)

日本

世紀

4
3
2
1 弥生
1
2
3
4
5 古墳
6
7
8 奈良
9
10 平安
11
12
13 鎌倉
14
15 室町
16 安土桃山
17 江戸
18
19 大正
20 明治 昭和
21 平成

イブン＝バットゥータの見た世界

（『三大陸周遊記』東洋文庫704による）

カイロ

…カイロの高等学院について言えば，余りにもその数が多すぎて，誰も数えることができないほどである。

コンスタンティノープル

…アスタンブールは…皇帝，彼の国家大臣たちやその他の人々の居住しているところがある。

紙幣－交鈔 (➡P.107)

シナ人は金貨や銀貨を商売に使わない。…彼らの売り買いは，紙片によってのみ行われる。その一つひとつの紙片は手のひらほど(の大きさ)で皇帝の印璽が押されている。…その紙が破かれた場合，…役所に持っていき，それと交換で，新しいものを受け取る。

---

1 黒死病（ペスト）の恐怖

【解説】モンゴル人の遠征によってヨーロッパに伝えられたとされる黒死病（ペスト）(➡P.148)は，ヨーロッパ社会に大きな変化をもたらした。人口の激減に伴う農民の地位向上，それまで絶対的な権威を保持していた教会や教皇の弱体化などである。ここにおいて固定化されていた中世社会の身分制度は解体し，時代は近世へと向かうことになる。アジアからヨーロッパへの黒死病の伝播は，今まで隔絶していた両地域の接触密度が高まることによって促された。こうして，遠いアジアの地，モンゴルからの波動がヨーロッパ社会を発展させることになる。

● ペスト流行時代に生きた2人の詩人〜ペトラルカとボッカチオ

【解説】ペトラルカとボッカチオ(➡P.154)の2人は，ペストの大流行した時代をともに生きたルネサンスの人文学者である。友好関係にもあった2人であるが，ペトラルカは，その詩集『叙情詩集』でペストで失った永遠の恋人ラウラへの思いを，また，ボッカチオは『デカメロン』でペストによる死の恐怖におびえる人々のようすをそれぞれ伝えている。

↑4 ペトラルカ (1304〜74)　(ウフィツィ美術館蔵)

↑5 ボッカチオ (1313〜75)

● デカメロン　第1日

神の降臨から，すでに1348年目におよびましたが，…フィレンツェの都に。致死の疫病が見舞ったのであります。…罹病の初期に，男も女も同じように，股のつけね，腋の下にこわばった腫瘍ができて，その内なるものは普通林檎ぐらいに，他のものは鶏卵ぐらいに大きくなり…これをペスト腫瘍と呼んでいます。…ほとんど全部の者が，先ほど述べた徴候があらわれてから三日以内に，多少の遅速はありますが，大部分の者が，発熱もせず，別に変わったこともなく，死んでいきました。このペストは，それは驚くべき力をもっていました。

(ボッカチオ『デカメロン』上　ちくま文庫による)

15世紀の世界

地図内ラベル：

スコットランド王国／デンマーク王国／カルマル連合／ドイツ騎士団領（12〜15世紀）／ノヴゴロド共和国／モスクワ大公国／カザン＝ハン国

ヴァスコ＝ダ＝ガマの航路（1497〜）／インドのイスラーム諸国

アイルランド／イングランド王国／リューベック／ハンブルク／ロンドン／カレー／神聖ローマ帝国／リトアニア＝ポーランド王国／クリミア＝ハン国／キプチャク＝ハン国（ジョチ＝ウルス）／オトラル／タシケント

1453 百年戦争終結／1429 オルレアン／パリ／フランス王国／ジェノヴァ共和国／オーフェン／ハンガリー王国／モルドヴァ／サライ／ブハラ／サマルカンド／カシュガル

大西洋／カスティリャ王国／ポルトガル王国／アラゴン王国／トレド／リスボン／ミラノ／フィレンツェ／ヴェネツィア／教皇領／ローマ／ボスニア／セルビア／ワラキア／イスタンブル（コンスタンティノープル）1395／黒海／ヘラート／カーブル／ガズナ／カンダハール／カシミール

ナポリ王国／コルシカ／サルデーニャ／シチリア王国／チュニス／ナスル朝／グラナダ／タンジール／オスマン帝国／ブルサ／カスピ海／ティムール朝（1370〜1507）／トゥグルク朝（1320〜1414）／ムルタン 1398／デリー 1398／シンド

1453 ビザンツ帝国滅亡／1492 グラナダ陥落（国土回復運動完成）／1402 アンカラの戦い／キプロス王国／ダマスクス／イェルサレム／バグダード／イスファハーン／マルワ

マムルーク朝（1250〜1517）／カイロ／アラビア／アスワン／メディナ／メッカ／紅海／ペルシア湾／ホルムズ／オマーン／マスカット／グジャラート／バフマン朝／グルバルガ／ヴィジャヤナガル

エチオピア帝国／ソマリス／アデン／アラビア海／ヴィジャヤナガル王国／カリカット／コチン／クイロン／コロンボ／シンハラ（スリランカ）

モガディシュ／ブラワー／マリンディ／モンバサ／1415頃 鄭和艦隊が東アフリカに到達／インド洋

世紀へのアプローチ

「14世紀の危機」を経て、ユーラシア大陸のモンゴル＝ネットワークは崩壊した。新たに東では明（●P.110）が、西ではティムール朝（●P.129）が建設された。明が反モンゴルを唱えて、漢民族による中華帝国の再編をめざしたのに対して、ティムールはモンゴル帝国の再建をめざし、明打倒を志した。ティムールの志は結局はかなうことはなかったが、やがてイスラーム教徒によるオスマン帝国（●P.128）・サファヴィー朝（●P.129）・ムガル帝国（●P.132）の建設などイスラーム世界の再編につながることになる。

アクセスポイント

7世紀 アラブ至上主義

ムハンマド・正統カリフ時代・ウマイヤ朝

・マワーリー（非アラブ人ムスリム）
・ズィンミー（非アラブ人非ムスリム）
→ ジズヤ・ハラージュの義務化

8〜9世紀 ムスリムの平等実現

アッバース朝・後ウマイヤ朝（アラブ系政権）
イラン系・ベルベル系の活躍

11世紀 諸民族の台頭・受容

宗教指導者	政権指導者
アラブ人が中心 カリフ	トルコ人・イラン人が中心 大アミール・スルタン

商業：アラブ系 → インド洋へ
文化：イラン系
軍事：トルコ系 → アナトリア・インドへ拡大

イスラーム世界の拡大
↑
モンゴル人の侵入

旧モンゴル帝国領

ティムール（モンゴル帝国の再建）／明（中華帝国の再編）

イスラーム＝ネットワーク

ティムール → オスマン・サファヴィー・ムガル
イスラーム世界の再編

鄭和の南海諸国遠征
モンゴル帝国解体後の世界秩序の再建
● 明帝国の国威発揚
● アジアへの朝貢システムの拡大
● 国営貿易の推進

イスラーム史の鳥瞰図 7世紀、アラビア半島で誕生したイスラーム教は、瞬く間に北アフリカ・西アジア・中央アジア等を席巻した。その拡大の過程で、多様な民族を軍人や官僚として積極的に登用し、支配体制を確立することになった。やがて彼らは自立を始め、多くの地方政権が誕生することになった。

モンゴル帝国の解体 イスラーム世界に侵入したモンゴル人は、イラク・イラン・中央アジア・アフガニスタンに及ぶ大帝国を建設し、ユーラシア大陸を覆うモンゴル＝ネットワークの一部を構成した。その後、帝国・ネットワーク自体は崩壊したが、イスラーム教徒たちは勢力を温存した。鄭和の南海諸国遠征は、これらイスラーム世界に対して中華帝国の復権をアピールし、朝貢を促すねらいがあった。

■1 鄭和像（南京鄭和公園） 鄭和（1371〜1434頃）は雲南出身のイスラーム教徒である。明によってこの地が征服された時捕虜になり、宮刑に処され宦官となった。「靖難の役」（●P.110）の功績で永楽帝に重用され、前後7回にも及び南海諸国遠征を行った。第1回航海では大型艦船60数隻、2万数千人の大艦隊を組み、カリカットに到達した。

旅の世界史 鄭和（●P.80・110）

●鄭和の南海諸国遠征

回	年代	出発地〜到達地
第1回	1405〜07	劉家港〜カリカット
第2回	1407〜09	劉家港〜カリカット
第3回	1409〜11	劉家港〜カリカット ・シンハラ王を捕虜として連行する
第4回	1413〜15	劉家港〜ホルムズ・マリンディ ・マリンディの使者はキリンを明に贈る
第5回	1417〜19	劉家港〜ホルムズ・アデン・マリンディ ・ライオン・豹・アラビア馬・キリン・シマウマ・ラクダ・ダチョウなどの珍獣がもたらされる
第6回	1421〜22	劉家港〜ホルムズ・アデン・マリンディ
第7回	1430〜33	・カリカットで鄭和死亡の説あり ・メッカにも使節を送る

■2 南海諸国遠征想像図（北京歴史博物館蔵）

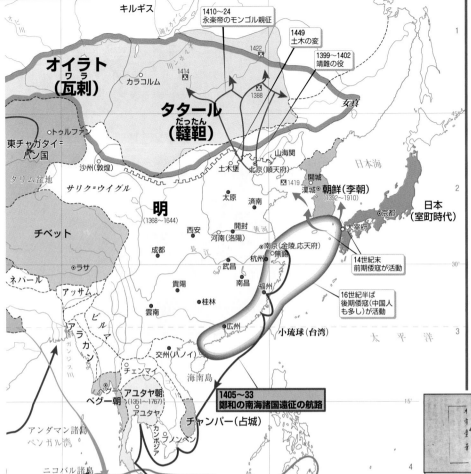

← 永楽帝の北征路　← ティムールの征路　← 倭寇の進出　← 東南アジアへのイスラームの伝播
● 明の布政使司の所在地　□ 明の最大領土（永楽帝1402～24）　□ ティムール朝の最大領土　□ オイラトの最大領域（エセン治世1450頃）

キルギス

オイラト（瓦剌）

タタール（韃靼）

1410～24 永楽帝のモンゴル親征
1449 土木の変
1399～1402 靖難の役

カラコルム

東チャガタイ＝ハン国

トゥルファン

沙州（敦煌）

サリク＝ウイグル

タリム盆地

チベット

ラサ

ネパール

アッサム

ビルマ

アラカン

ガンジス川

アンダマン諸島

ベンガル湾

ニコバル諸島

女真

山海関

土木堡

北京（順天府）

開城
1419
漢城・朝鮮（李朝）（1392～1910）

明（1368～1644）

太原　済南

西安　開封　河南（洛陽）

黄河　長江

成都

武昌　南京（金陵,応天府）　無錫

貴陽　南昌

雲南　桂林

広州

南寧（ハノイ）

海南島

チェンマイ

ペグー朝（1531～1757）
アユタヤ朝（1351～1767）
アユタヤ
プノンペン
カンボジア

1405～33 鄭和の南海諸国遠征の航路

チャンパー（占城）

14世紀末 前期倭寇が活動

16世紀半ば 後期倭寇（中国人も多しか）が活動

小琉球（台湾）

日本海

開城

京都

大宰府

日本（室町時代）

太平洋

マラッカ王国（14世紀末～1511）
マラッカ

マジャパヒト王国

ジャワ島

←3 南海諸国遠征でアフリカから運ばれたキリン
（南京の浄覚寺蔵）

● 二つの船団（明とポルトガル）

20m
＊宝船の大きさについては諸説ある。
150m
ガマのガブリエル号
鄭和の宝船

艦隊名	ヴァスコ＝ダ＝ガマ （第1回航海・1497～99）	鄭和 （第1回航海・1405～07）
旗船（重さ）	サン＝ガブリエル号(120t)	宝船(2,500～8,000t)
艦隊数	4隻	208隻（大型艦船60数隻）
乗組員数	170人	2万数千人

『大航海者の世界Ⅱ ヴァスコ・ダ・ガマ』原書房などによる

その時日本は？ **勘合貿易と冊封**（▶P.112）

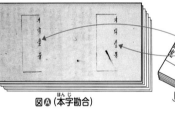

←4 永楽帝（台北故宮博物院蔵）

→5 足利義満（京都府鹿苑寺蔵）

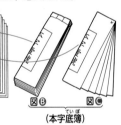

↑6 永楽帝が足利義満に送った勅書（京都府相国寺蔵）
1407年に明の永楽帝が足利義満に送った勅書には,「日本国王源道義」とあり, 義満はこれを受け取った時に跪拝をした。これは冊封を受ける際の臣礼にあたり, 日本が明の冊封体制に入ったことを意味した。日明貿易が始まり, 倭寇（海賊）と区別するため勘合という証票が与えられたことから「勘合貿易」と呼ばれた。明に向かう船は明から与えられた図A を持参し, 明で図B・C と図A がそれぞれ照合され, 正式な貿易船か否かが, 確かめられた。

図A（本字勘合）

図B　図C

（本字底簿）

Link **政治と文化** 14～18世紀

イスラーム諸王朝

政治の流れ	文化上の動き	政治の流れ	文化上の動き
オスマン帝国（1300頃～1922）			
	ムラト1世 都：ブルサ→アドリアノープル（エディルネ）	**ティムール朝**（1370～1507）	都：サマルカンド 「チンギス＝カンは破壊し, ティムールは建設した」
オスマン1世創建			イラン・トルコ文明の融合
バヤジット1世（位1389～1402）		ティムール	
ニコポリスの戦い アンカラの戦い（1402） ＊オスマン滅亡	決戦	**サファヴィー朝**（1501～1736）	シーア派（十二イマーム派）を国教に イラン民族主義の高揚
		イスマーイール1世 アッバース1世	シャー（ペルシア語で王の意味）の称号
メフメト1世再興			イスファハーンに遷都 「イスファハーンは世界の半分」
メフメト2世（位1444～46）		**ムガル帝国**（1526～1858）	
ビザンツ帝国を滅ぼす（1453）	コンスタンティノープルを攻略。 イスタンブルに改称 トプカプ宮殿完成（1465～78造宮）	バーブル	
セリム1世（位1512～20）			イスラーム・ヒンドゥー融合政策
マムルーク朝を滅ぼす	メッカ・メディナの保護権獲得 スンナ派イスラーム教を信仰・擁護	**アクバル**（位1556～1605）	異教徒へのジズヤ廃止（1564） デリーからアグラへ遷都
スレイマン1世（位1520～66）	第1次ウィーン包囲戦（1529） カール5世と戦う 仏王フランソワ1世と通商条約を結ぶ（1536）	**シャー＝ジャハーン**（位1628～58）	イスラームへの回帰 デリーへ再遷都 タージ＝マハル建築
		アウラングゼーブ（位1658～1707）	ジズヤ復活　ヒンドゥー勢力反発へ

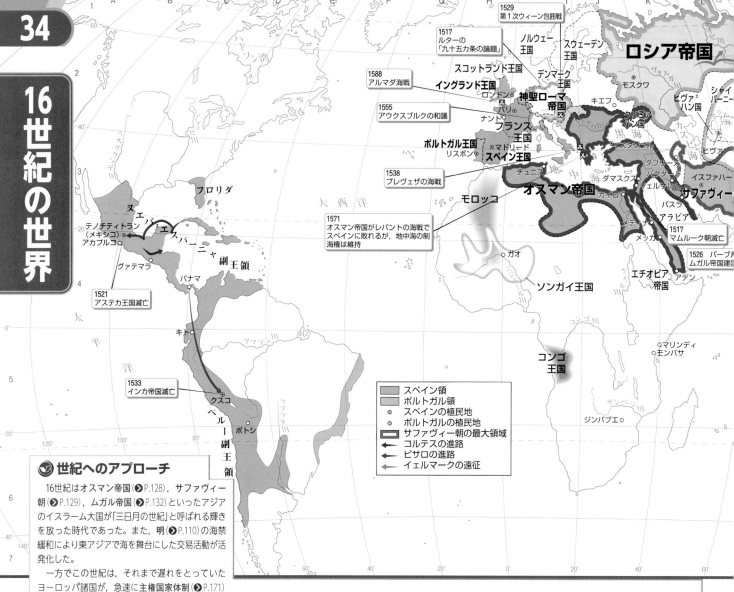

地図内ラベル

- 1529 第1次ウィーン包囲戦
- 1517 ルターの「九十五カ条の論題」
- 1588 アルマダ海戦
- 1555 アウクスブルクの和議
- 1538 プレヴェザの海戦
- 1571 オスマン帝国がレパントの海戦でスペインに敗れるが，地中海の制海権は維持
- 1521 アステカ王国滅亡
- 1533 インカ帝国滅亡
- 1517 マムルーク朝滅亡
- 1526 バーブ ムガル帝国建国

ノルウェー王国、スウェーデン王国、ロシア帝国、スコットランド王国、デンマーク王国、イングランド王国、ロンドン、神聖ローマ帝国、パリ、フランス王国、ナント、ポルトガル王国、マドリード、リスボン、スペイン王国、モロッコ、チュニス、オスマン帝国、カイロ、ソンガイ王国、ガオ、コンゴ王国、エチオピア帝国、モスクワ、キエフ、クリミア・ハン国、黒海、イスタンブル、地中海、ダマスクス、エルサレム、メディナ、メッカ、タブリーズ、バグダード、サファヴィー、イスファハーン、バスラ、アラビア、アデン、マリンディ、モンバサ、ジンバブエ、ザンベジ川、ヴォルガ川、カザン・ハン国、シャイバーニー・ハン国、ビヴァ・ハン国

テノチティトラン（メキシコ）、アカプルコ、ヌエバ・エスパーニャ副王領、フロリダ、グアテマラ、パナマ、キト、クスコ、ペルー副王領、ポトシ、大西洋、太平洋

凡例
- スペイン領
- ポルトガル領
- ○ スペインの植民地
- ● ポルトガルの植民地
- □ サファヴィー朝の最大領域
- ← コルテスの進路
- ← ピサロの進路
- ← イェルマークの遠征

🌀 世紀へのアプローチ

16世紀はオスマン帝国（◆P.128），サファヴィー朝（◆P.129），ムガル帝国（◆P.132）といったアジアのイスラーム大国が「三日月の世紀」と呼ばれる輝きを放った時代であった。また，明（◆P.110）の海禁緩和により東アジアで海を舞台にした交易活動が活発化した。

一方でこの世紀は，それまで遅れをとっていたヨーロッパ諸国が，急速に主権国家体制（◆P.171）を整え，抗争を繰り広げながら大国化する過程の世紀でもあった。これらの動きは，ヨーロッパ諸国による東インド会社（◆P.182）設立につながり，やがて，アジア進出を本格化させる17世紀を準備することになる。

📡 アクセスポイント

オスマンの世紀　この時代，ヨーロッパとアジアの間にあって，それらの地域の歴史に大きな影響を与えた国がオスマン帝国である。13世紀末アナトリアの地から興起したオスマン帝国は，一時滅亡の危機に直面しながら回復し，スレイマン1世（位1520～66）の時代に全盛期を迎えた。「壮麗者」と呼ばれた彼は帝国の四方に軍隊を派遣し，周辺を圧迫した。彼のおこした「第1次ウィーン包囲戦」（◆P.128）やフランスと結んだ同盟関係は，宗教改革期やイタリア戦争期のヨーロッパの政局に大きな影響を及ぼした。また獲得した東地中海の制海権はイタリア諸都市の利益を阻害し，さらにイスラーム世界ではスンナ派の擁護者としてシーア派のサファヴィー朝を圧迫するなどした。このようにオスマン帝国がヨーロッパや西アジアに覇権を唱えたこの時代は，まさに「オスマンの世紀」と呼ぶにふさわしい時代であった。

●スレイマン1世とフランソワ1世

（位1520～66）　（位1515～47）

（トプカプ宮殿博物館蔵）

↑1 スレイマン1世　　↑2 フランソワ1世

←3 スレイマン1世からフランソワ1世に送られた手紙の断片　1535年には両国の間で政治同盟が結ばれ，オスマン帝国とフランスによる対ハプスブルク包囲網が築かれた。

（パリ国立博物館蔵）

●スレイマン1世の対外政策

方向	年	内容
南へ	1538	インド洋に艦隊派遣 ・イエメンを支配下におく
北西へ	1526	**モハーチの戦いでハンガリー王を破る** ・ハンガリーを支配下におく
	1529	**第1次ウィーン包囲戦** ・ハプスブルク家のカール5世を圧迫。宗教改革での混乱に拍車をかける ・カール5世は一時ルター派を認めるも再び禁止し，ルター派は抗議（プロテスタントの語源に）
	1535	**フランスと同盟** ・イタリア戦争でオーストリアと敵対したフランソワ1世と政治同盟を結ぶ
	1538	**プレヴェザの海戦** ・ローマ教皇と神聖ローマ皇帝連合軍を破り，地中海の制海権を獲得
東へ		☆サファヴィー朝を圧迫 ・スンナ派の擁護者を自認。シーア派のサファヴィー朝と敵対

その時日本は？ 長篠の戦い（1575年）

日本の戦国時代の転換点を印象づける戦いが1575年の「長篠の戦い」である。群雄が割拠するこの時代，織田信長はポルトガル人が伝えた新兵器である鉄砲3,000挺を導入し，戦国最強の武田騎馬軍団に勝利した。それはまさに中世から近世への幕開けと呼ばれるできごとであった。

→4 長篠合戦図屏風（愛知県徳川美術館蔵）

↓5 種子島銃（種子島時邦氏蔵 種子島開発総合センター提供）

ヨーロッパ人の来航と南蛮文化

安土・桃山時代は，異国情緒あふれる南蛮文化の風俗が流行した。大名たちには宣教師を通じて早くからヨーロッパ文化の受容が行われてきたが，やがて庶民の間にも，煙草の風習が広まり，南蛮風の衣服を身につけるものも現れた。その動きは江戸時代の初期鎖国が始まる時期まで続き，活版印刷や天文学，医学，地理学などの学術も伝えられた。しかしその多くは大きな発展を遂げずに消えていき，衣服や食物にその名をとどめるのみとなった。

→6 かぶき踊りの観客（愛知県徳川美術館蔵）

かぶき踊りを見にきた南蛮人

キセルで煙草を吸う人

南蛮風のえりをつけた人

●日本語になった外来語

ポルトガル語系
カッパ（合羽）
カステラ（加須底羅）
カルタ（加留多）
シャボン（石鹸）
タバコ（煙草）
パン（麺麭）
テンプラ（天婦羅）
ボタン（釦）

オランダ語系
ガラス（硝子）
カン（缶）
コーヒー（珈琲）
ジャガイモ（馬鈴薯）
ビール（麦酒）

スペイン語系
カナリア（金糸雀）
メリヤス（莫大小）

世紀	日本
5	
4	
3	弥生
2	
1	
1	
2	
3	古墳
4	
5	
6	
7	飛鳥
8	奈良
9	
10	平安
11	
12	
13	鎌倉
14	
15	室町
16	桃山
17	江戸
18	
19	
20	明治 大正 昭和
21	平成 令和

旅の世界史 ザビエルの旅（→P.163）

ヨーロッパで宗教改革（→P.162）の嵐が吹き荒れた16世紀。新たな布教の場を求めてアジアに向かった人物の一人が，フランシスコ＝ザビエルである。彼はイエズス会（→P.163）の設立時のメンバーの一人で，1542年ゴアを拠点に，南インド，マレー半島などで布教活動を行った。日本人アンジローとマラッカで出会い，彼の案内で1549年鹿児島に上陸。日本に初めてキリスト教を伝えた。その後，一旦ゴアに戻ったのち，中国での布教の途上，1552年広東の上川島で病死し，遺体はゴアに葬られた。

●ザビエルの巡航路（1542〜52年）

1542 ゴア到着

1552 上川島で死去

中国

日本
京都
長崎

上川島

インド
ゴア
マドラス
コーチン
コロンボ

マラッカ

モルッカ（マルク）諸島

アンボイナ

—— 往路
—— 復路

（『イエズス会』『知の再発見』双書53 創元社による）

●ザビエルが見た日本

此の国の国民は，私が遭遇した国民の中では，一番傑出している。…悪意がなく，交って頗る感じがよい。彼らの名誉心は，特別に強烈で…神のことを聞く時，特にそれが解るたびに大いに喜ぶ。私が今日まで旅した国に於いてそれがキリスト教徒たると異教徒たるとを問わず，盗みに就いて，こんなに信用すべき国民を見たことがない。

太陽を拝む者が甚だ多い。月を拝む者もいる。しかし彼らは，皆，理性的な話を喜んで聞く。

（『聖フランシスコ・ザビエル書簡抄』より）

Link 政治と文化 16世紀頃

ヨーロッパ諸国			オスマン帝国
政治の流れ	文化上の動き		政治の流れ
大航海時代	宗教改革	ルネサンス	
マゼラン一行世界周航（1519〜22）（コルテス：アステカ王国征服）（ピサロ：インカ帝国征服）	エラスムス：『愚神礼賛』 ルター：『九十五カ条の論題』 贖宥状販売を批判 サン＝ピエトロ大聖堂の新築（レオ10世）（ブラマンテ・ラファエロ・ミケランジェロ参加）	ミケランジェロ：「ダヴィデ像」 ダ＝ヴィンチ：「モナ＝リザ」 マキァヴェリ：『君主論』	セリム1世（位1512〜20）（マムルーク朝を滅ぼし，メッカ・メディナの保護権獲得）
ドイツ農民戦争（1524〜25）（ウィーン包囲を受け，カール5世は，国内の安定を図るため，ルターを認める）（危機の後再び禁止⇒プロテスタント＝抗議）	ヘンリ8世：首長法 宮廷画家 カルヴァン：『キリスト教綱要』 〔イングランド（ピューリタン） フランス（ユグノー） スコットランド（プレスビテリアン） オランダ（ゴイセン）〕	デューラー：「四人の使徒」	スレイマン1世
		第1次ウィーン包囲戦（1529）	
シュマルカルデン戦争（1546〜47）	エドワード6世：一般祈禱書 『アウクスブルクの和議』 エリザベス1世：統一法	ホルバイン：「エラスムス像」	プレヴェザの海戦（1538）
ユグノー戦争（1562〜98） ユグノー戦争期に寛容と国家主権を説く		ボーダン：『国家論』（王権神授説）	
オランダ独立戦争（1568〜1609） 旧両派の調停を試みる		モンテーニュ：『エセー』	
フェリペ2世：『太陽の沈まぬ国』の盛衰		セルバンテス：『ドン＝キホーテ』	
レパントの海戦（1571） この戦いで負傷		科学革命	
アルマダ海戦（1588）	アンリ4世：ナントの王令（宗教戦争を終結）	コペルニクス：『天球回転論』 ガリレイ：「振り子の法則」「物体落下の法則」	

17世紀の世界

地図上のラベル

1652〜74
イギリス=オランダ戦争

1640〜60
ピューリタン革命

1688〜89
名誉革命

1618〜48
三十年戦争

ノルウェー王国　スウェーデン王国

イングランド王国　オランダ　神聖ローマ帝国　プロイセン公国　モスクワ　トボルスク

アイルランド王国　ロンドン　パリ　ポーランド王国　ハンガリー　キルギス

1683
オスマン帝国が第2次ウィーン包囲戦に失敗

フランス王国　ポルトガル王国　スペイン王国　マドリード　黒海　イスタンブル　オスマン帝国　ダマスクス　サファヴィー朝　ヒヴァ=ハン国　ブハラ=ハン国

1670〜71
ステンカ=ラージンの農民反乱地域

西インド貿易路

アルジェリア　カイロ　エジプト　エルサレム　イスファハーン　オマーン

ケベック　ニューファンドランド　メディナ　メッカ　アラビア　アデン

モントリオール　アカディア

プリマス

ニューアムステルダム（ニューヨーク）

ジェームズタウン

ヴァージニア　フロリダ

ルイジアナ

ヌエバ=エスパーニャ

メキシコ　アカプルコ　副王領

大　西　洋

ハウサ諸国　カネム王国　エチオピア帝国

奴隷貿易路

ベニン王国　コンゴ王国

ムガル帝国最大領域（アウラングゼーブ時代）（位1658〜1707）

ペルー副王領　リマ　ポトシ

ブラジル　リオデジャネイロ

ラプラタ川

ブエノスアイレス

ケープ植民地　東インド貿易路

17世紀前半オランダがアジアの香辛料貿易を独占

凡例
- イギリス領
- スペイン領
- フランス領
- オランダ領
- ポルトガル領
- ● フランスの植民地
- ● オランダの植民地
- ● イギリスの植民地
- ジュンガルの最大領域
- ⇌ オランダのおもな貿易航路

世紀へのアプローチ

17世紀は極端な寒冷化がヨーロッパを中心に襲い，不況，不作，戦乱，疫病などが続いた「17世紀の危機」の時代といわれる（◀巻頭P.v）。危機への対応として，ヨーロッパ諸国では絶対王政・主権国家体制（●P.171）が整えられ，世界各地に貿易の拠点が築かれた。中継貿易で台頭した新興国家オランダが世界で最初の「覇権国家」の名乗りをあげるとともに（●P.186），英仏を中心に植民地をめぐる抗争が本格化した。貿易により得られた富は王政を支える経済的基盤となったが，市民層の台頭も促し，次の時代をつくる足掛かりとなった。オスマン帝国（●P.128）・ムガル帝国（●P.132）などのイスラーム国家は徐々に衰え始め，国内は分裂し，さらに他国の圧迫にさらされることになる。

アクセスポイント

銀のネットワーク　16世紀の後半，スペイン支配下のメキシコやペルーで大量の銀が産出されるようになるとそれらが海を越えてヨーロッパやアジアに運ばれ，経済上の大きな変革をもたらした。いわゆる「銀の道」の形成である。ヨーロッパでは，この銀の流入が価格革命（●P.167）を引きおこし，資本主義経済形成の前提条件を整えた。アジアでは中国の絹織物・陶磁器などの支払いに銀が使用され，中国の税制に大きな変革をもたらした。

銀の産出量の推移

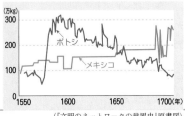

（万kg）
ポトシ
メキシコ
1550　1600　1650　1700（年）

『文明のネットワークの世界史』原書房

銀の道

当時銀の交易を盛んに進めていたのは，スペインであった。スペインは新大陸で生産された銀をメキシコのアカプルコからフィリピンのマニラに運び，中国人商人が運ぶ生糸や陶磁器と交換した。つまり，最終的に中国に行きついた銀は，「墨銀」と呼ばれるメキシコ産の銀であったのである。

ヨーロッパ　価格革命　メキシコ　人参　女真族　絹織物,陶磁器　銀納税制開始　中国　日本　オスマン帝国　織物　ペルー　インド　東南アジア　香辛料,綿織物　香辛料

→ 銀の流れ
◯ 銀が流入した地域
□ 銀で購入された商品
◯ 銀購入で引きおこされたできごと

↓1 日本の丁銀　江戸時代の銀貨の中核でナマコ形の銀塊。メキシコ銀に先駆けて中国に流入した。（日本銀行金融研究所貨幣博物館蔵）

↓2 ムガル帝国の銀貨　ムガル帝国では，ヨーロッパ経由で新大陸の銀が運ばれ，銀貨が発行された。

政治と文化 17〜18世紀

イギリス

政治の流れ	文化上の動き
ステュアート朝（1603〜49, 1660〜1714）	フランシス=ベーコン：「知は力なり」『新オルガヌム』
ジェームズ1世（仕える）	
チャールズ1世	権利の請願（1628）
ピューリタン革命（1640〜60）（避ける）	ホッブズ：『リヴァイアサン』
クロムウェル（秘書←ミルトン：『失楽園』（参加）	バンヤン：『天路歴程』王政復古で投獄
チャールズ2世（許可→）イギリス王立協会（1662）　ジェームズ2世	ニュートン：万有引力の法則
名誉革命（1688〜89）（擁護）	権利の章典（1689）
	ロック：『統治二論』
ハノーヴァー朝（1714〜1901）	（参加→）デフォー：『ロビンソン=クルーソー』 スウィフト：『ガリヴァー旅行記』 産業革命 ジョン=ケイ：飛び杼
オーストリア継承戦争	ハーグリーヴズ：ジェニー紡績機 アークライト：水力紡績機 ワット：蒸気機関
七年戦争	
アメリカ独立戦争（1775〜83）	アダム=スミス：『諸国民の富』 クロンプトン：ミュール紡績機 カートライト：力織機

ロシア帝国

1689
ネルチンスク条約による国境線

イェニセイスク
ナリム
トムスク イルクーツク
オホーツク
外興安嶺
（スタノヴォイ山脈）
ネルチンスク
ヌルハチの興起地
1673～81
三藩の乱の地域

ジュンガル
ハラ＝ハン国
清

チベット
ネパール
デリー
アグラ
ムガル帝国
シャンデルナゴル（1674,仏）
ダウングー朝

ボンベイ（1661,英）
マラーター王国
カルカッタ（1690,英）
シャム（アユタヤ朝）
アユタヤ

ポンディシェリ（1674,仏）
マドラス（1640,英）
スリランカ（セイロン）（1658,蘭）
黎朝
広南朝（阮氏政権）
鄭氏朝
広州
鄭氏政権
カンボジア
王国

コーチン（1663,蘭）
アチェ王国
マラッカ（164□）

コロンボ（1656,蘭）
バンテン王国
パレンバン（1689,蘭）
マカッサル（168□,蘭）

イ ン ド 洋

1619
オランダがバタヴィアを建設
マタラム王国
バタヴィア（1619,蘭）（ジャカルタ）
アンボイナ島（1605,蘭）
アンボイナ事件
1623

北京
漢城
朝鮮（李朝）
西安
南京
寧波
長崎
九州
台湾（1624～61,蘭）（1661～83,鄭氏）（1683,清）
マカオ
マニラ
フィリピン
ミンダナオ

日本（江戸時代）
京都
江戸
大坂

1603
江戸幕府成立

（前田育徳会蔵）
（長崎歴史文化博物館蔵）

●朱印船と朱印状

江戸時代の初期は，幕府による積極的な貿易振興策ともいえる「朱印船貿易」が実施された。西国大名や堺の商人に海外渡航許可証である朱印状が与えられ，鎖国が完成する1635年までに約360隻が渡航したといわれる。

●長崎の出島

江戸幕府による鎖国は「国を鎖す」というよりもむしろ，キリスト教伝播を水際でくい止め，貿易の利益を独占するという点に特徴があったとされる。貿易相手国をキリスト教の布教に消極的なオランダ人に限定し，貿易を出島のみで行う「鎖国」がここに完成する。

家康・秀忠	1609	オランダ，平戸に商館を開設し，貿易開始
	1613	幕府，全国に禁教令を出す イギリス，平戸に商館を開設
	1616	ヨーロッパ船の寄港を長崎・平戸に制限
	1624	スペイン船の来航禁止
家光	1629	この頃より，長崎で絵踏が始まる
	1636	ポルトガル人を出島に移す
	1637	島原の乱
	1639	ポルトガル船の来航禁止
	1641	オランダ商館を出島に移す オランダ風説書の提出

↑5 1820年の復元図（中西立太氏画）

---

1 シノワズリ：中国趣味

●ヴォルテール（▶P.180）の中国観

支那の価値については迷信的であってはならぬ。支那の行政組織は実際，世界最善の組織である。そして親権に基づく世界無二の国憲である。地方官が職を辞するに方って地方人から惜別の意を表さない場合には，政府の制裁を被る無二の政体である。他国においては法律が罪悪を懲罰するにとどまるが，支那の法律は善行を褒賞する世界無二の政治組織である。

「中国思想のフランス西漸」東洋文庫148

●明・清からヨーロッパへの影響

儒学思想	儒学（朱子学）がヨーロッパに伝わり啓蒙思想に大きな影響をもたらす
	・ヴォルテール（仏）…中国の政治思想・制度を評価 ・ライプニッツ（独）…哲学・政治論。朱子学→「単子論」
農本主義	農業を国の基本にする思想がヨーロッパに伝わり，重農主義思想に大きな影響をもたらす ・ケネー（仏）　・テュルゴ（仏）

美術	ロココ美術に中国・日本の美術が影響をもたらす
	・チャイナ（陶磁器）の流行　・シノワズリ（中国趣味）の流行
その他	思想，美術ばかりでなく，中国の制度や習慣が影響をもたらす ・飲茶定着と陶磁器の国産化（ウェッジウッド・マイセン） ・高等文官試験（科挙からの影響）

旅の世界史　ブーヴェ（白進）～ヨーロッパ宣教師の旅（▶P.114）

●ルイ14世（1638～1715）

朝遅くに「太陽王」がおきる。その起床からして，すでに一個のものものしい国家行事だった。…王はそれから大勢のお供をひき連れて，ミサのため城教会へ向かう。彼はこの統治の仕事を真面目に受けとり，あらゆることがらについて自ら決裁を行った。晩は仮面舞踏会…が続いた。

●ブーヴェ（白進）関連年表

1638	ルイ14世生まれる（～1715）
1654	康煕帝生まれる（～1722）
1656	ブーヴェ，フランスのマンに生まれる
1685	フェルビースト（▶P.114）の要請に従い，中国へ
1688	北京に到着 ・康煕帝にユークリッド幾何学を講ずる
1693	康煕帝の使節となり，フランスへ
1697	フランスに到着 ・『康煕帝伝』の公刊
1698	再び中国へ
1698	中国に到着 ・キリスト教布教に従事しながら，康煕帝の下で計画された中国全土の測量に参加 ・「皇輿全覧図」の刊行（1708～18）
1730	北京で没す

●康煕帝（1654～1722）

康煕帝は万機親政を始められました。それゆえ，絶えず万事に通暁しようと欲せられ…日夜，国家の政治に尽瘁されたのであります。…国内で発生した事件で，多少，重大なものならば，すべて皇帝の御前に運び出されますが，この山のような国務の裁決も，康煕帝に対しては，一種の娯楽にすぎないと思われるほど…

「康煕帝」東洋文庫155による

フランス

政治の流れ	文化上の動き
ブルボン朝 （1589～1792,1814～30）	＊アカデミー＝フランセーズ設立（1635）
ルイ13世 宰相リシュリュー	パスカル：『パンセ（瞑想録）』
ルイ14世・仕える 宰相マザラン	ボシュエ：王権神授説 バロックの時代　ヴェルサイユ宮殿 コルネイユ・ラシーヌ・モリエール （悲劇）　（悲劇）　（喜劇）
財務総監コルベール	フランス科学アカデミー（1666） ロココの時代
ルイ15世	ケネー：『経済表』　普 フリードリヒ2世 啓蒙思想 モンテスキュー：『法の精神』 ヴォルテール：『哲学書簡』 ルソー：『社会契約論』
外交革命 ルイ16世	
	ディドロ・ダランベール：百科全書派
フランス革命 （1789～99）	交流 露 エカチェリーナ2世

＊のちに1795年創設のフランス学士院に統合・再編された。

世紀 日本
5 4 3 弥生
2 1 古墳
6 7 奈良
8 平安
9 10 11 12 13 鎌倉
14 15 室町
16 桃山
17 18 江戸
19 明治
20 大正 昭和 平成
21 令和

18世紀の世界

地図の地名:

カナダ｜モントリオール｜アカディア｜ニューファンドランド｜ボストン｜ニューヨーク｜フィラデルフィア｜ルイジアナ｜ヴァージニア

1776 アメリカ独立宣言

フロリダ｜キューバ｜ハイチ｜ジャマイカ｜メキシコ｜アカプルコ｜ヌエバ＝エスパーニャ副王領｜パナマ｜ボゴタ｜ヌエバ＝グラナダ副王領｜ギアナ｜ペルー副王領｜リマ｜ブラジル｜チリ｜リオデジャネイロ｜リオ＝デ＝ラプラタ副王領｜サンチアゴ｜ブエノスアイレス

大 西 洋｜大　平　洋

1772 第1回ポーランド分割

スウェーデン王国｜ノルウェー｜ペテルブルク｜トボルスク｜グレートブリテン王国｜アイルランド｜ロンドン｜オランダ｜ポーランド王国｜プロイセン王国｜モスクワ｜ヴォルガ｜キルギス

1762 エカチェリーナ2世が即位する

1740〜48 オーストリア継承戦争／1756〜63 七年戦争

フランス王国｜パリ｜ハプスブルク帝国｜ヒヴァ＝ハン国｜ポルトガル王国｜スペイン王国｜マドリード｜黒海｜イスタンブル｜テヘラン｜アフシャール朝｜**オスマン帝国**｜フェズ｜アルジェリア｜モロッコ｜ダマスクス｜イェルサレム｜カイロ｜エジプト｜地中海｜メディナ｜メッカ｜アラビア｜アデン｜オマーン

ハウサ諸国｜カネム王国｜エチオピア帝国｜ベニン王国｜ダホメ王国｜ルアンダ｜コンゴ｜モザンビーク｜ケープタウン｜ケープ植民地

凡例:
- イギリス領
- フランス領
- オランダ領
- ポルトガル領
- スペイン領

🌐 世紀へのアプローチ

　18世紀、清(➡P.111)は全盛期を迎え、銀の流通を前提に日本を含む東アジアは世界経済の中心となった。17世紀に始まるシノワズリ(◀P.37)は18世紀に大流行した。

　ヨーロッパでは、プロイセン・ロシアが新たに台頭した。イギリス・フランスは「二重革命」(➡P.187)を経て、近代の幕開けを先導していくこととなる。西アジアではオスマン帝国(➡P.128)がおもにロシアから圧迫を、南アジアではムガル帝国(➡P.132)が、イギリスの脅威にさらされ始めた。アジアとヨーロッパの地位の逆転が始まる「大分岐」の前夜の時代と位置付けられる。

📡 アクセスポイント

ロシアの対外政策と日本の鎖国　ロシアはイヴァン4世以来一貫して、東方進出を図り、その方針はピョートル1世、エカチェリーナ2世(➡P.177)へと引き継がれた。しかし清朝が全盛期を迎えた18世紀前半、東方進出をめざしたロシアの動きは、清露間の条約締結による国境画定で一応の安定期に入った。そのため新たな進出先が模索された。一方、日本では幕藩体制に行き詰まりが見え始め、享保・寛政の改革が進められた。この国際情勢の中、ロシアは新たなる進出先として鎖国中の日本に急接近し、積極的な交易を求め始めた。

⬤ 四つの窓口〜日本の外交

⬤ ロシアの対外政策

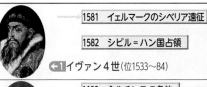

	1581 イェルマークのシベリア遠征
	1582 シビル＝ハン国占領
◀1 イヴァン4世(位1533〜84)	
	1689 ネルチンスク条約
鎖国 清	その後1727、キャフタ条約へ(ピョートル2世)
	1707 カムチャツカ領有
	1725 ベーリング、カムチャツカ探検
↑2 ピョートル1世(位1682〜1725)	
	1792 ラクスマンを根室へ派遣
鎖国 清	この時大黒屋光太夫の引き渡しを行う。通商を求めるも失敗
↑3 エカチェリーナ2世(位1762〜96)	鎖国 日本

　江戸時代の鎖国政策の基本は「海禁」という貿易制限政策である。中国・オランダを対象とする長崎奉行、琉球を対象とする薩摩藩、朝鮮(李朝)を対象とする対馬藩、アイヌ・ロシアを対象とする松前藩など四つの窓口に制限されていたとされる。

🔗Link 政治と文化 16〜18世紀

ヨーロッパ諸国	中国(明・清時代)
政治の流れ	
イエズス会設立(1534)	**明**:北虜南倭
	万暦帝:張居正の財政再建策
	中国来訪(1583)
	中国来訪(1622)
	李自成の乱(1644)
	清の北京入城(1644)
	中国来訪(1659)
ルイ14世	康熙帝(位1661〜1722)
	中国来訪(1685)
	中国来訪(1698)
	中国来訪(1715)
	雍正帝(位1722〜35)
	乾隆帝(位1735〜95)

地図（ロシア帝国・清）

- 1758 乾隆帝がジュンガル部を平定
- 1727 キャフタ条約によるロシアと清の国境
- 1689 ネルチンスク条約によるロシアと清の国境
- 18世紀後半 ロシア人の南下
- 外興安嶺（スタノヴォイ山脈）
- バイカル湖
- イルクーツク
- ネルチンスク
- キャフタ
- バルハ部
- イリ
- ジュンガル部
- カシュガル
- 回部
- 青海部
- チャハル部
- チベット
- ラサ
- ネパール
- ブータン
- ムガル帝国
- ベンガル
- マラーター同盟
- ニザム
- デリー
- アジメール
- シク王国
- ラージプート
- ボンベイ
- ゴア
- マイソール王国
- マドラス
- ポンディシェリ
- コーチン
- コロンボ スリランカ（セイロン）
- 蝦夷地
- 日本
- 北京
- 漢城（江戸時代）
- 朝鮮（李朝）
- 京都
- 西安
- 南京
- 長崎
- 清
- 寧波
- 廈門
- 広州
- マカオ
- 台湾
- 黎朝（鄭氏政権）
- 1757 乾隆帝が貿易港を広州に限定
- コンバウン朝
- シャム
- 広南朝（阮氏政権）
- アユタヤ
- マニラ
- フィリピン
- カンボジア
- ミンダナオ
- ブルネイ
- マラッカ
- バダヴィア
- マカッサル
- パレンバン
- 17世紀後半の文治主義確立
- 1720 康熙帝がチベット平定
- 1757 プラッシーの戦い
- インド洋

凡例：
- 清の最大領土
- 清の直轄地
- 清の藩部
- 国名 清の冊封体制下に入った国

その時日本は？ 江戸時代～洋学の発展

●洋学の発展～その特色とおもな洋学者

特色	・儒学・本草学などにより実証的関心が高まった ・徳川吉宗が漢訳洋書の輸入制限の緩和を行った ・医学, 天文学, 暦学, 力学, 地理学の分野で開化

人物	概要
新井白石（あらいはくせき）	イタリア人宣教師シドッチの審問で得た世界地理・風俗を『西洋紀聞』にまとめる
青木昆陽（あおきこんよう）	徳川吉宗の命でオランダ語を学び甘藷（さつまいも）の栽培を行う
前野良沢（まえのりょうたく）	杉田玄白と『解体新書』を訳述
杉田玄白（すぎたげんぱく）	前野良沢と『解体新書』を訳述。『蘭学事始』
平賀源内（ひらがげんない）	エレキテルなどを発明した科学者
伊能忠敬（いのうただたか）	全国の沿岸を測量。「大日本沿海輿地全図」

↑4『解体新書』 ドイツ医書のオランダ語訳『ターヘル＝アナトミア』を杉田玄白，前野良沢らが翻訳した。日本における本格的洋学発展のきっかけとなるできごとであった。

（神戸市立博物館蔵）

世界史の交差点

典礼問題～東西の文化の衝突 （▶P.111）

↑5 乾隆帝とマカートニーの会見 （▶P.224） 中国式儀礼を拒否し，片膝をつく儀礼をしている。乾隆帝は醜く描かれている。

（東洋文庫蔵）

イエズス会宣教師たちの布教活動は，中国の伝統的な典礼（孔子崇拝や祖先崇拝の儀式の執行や参加など）を容認し，それを利用したものであった。そのため，後に中国へ布教活動に入った宣教師たちとの間に論争がおこった。1704年教皇がイエズス会の布教方法を禁止し彼らを断罪したため，教皇と皇帝の間に衝突が生じた。これにより，1706年康熙帝はイエズス会以外のキリスト教布教を禁止し，1724年雍正帝はキリスト教の布教を全面的に禁止し，1757年乾隆帝は貿易港を広州一港に限定，事実上の鎖国に入った。

中国とヨーロッパの衝突はその後も続いた。イギリスの使節マカートニーは，1793年に制限貿易撤廃を要求し，乾隆帝に謁見したが，貿易は清がイギリスに与えた恩恵であるという立場にある帝にとって対等の貿易関係はなく，その願いは叶わなかった。この後アマーストも同様の要求を行ったが，『三跪九叩頭』の皇帝に対する儀礼が侮蔑だとするアマーストは，皇帝との謁見さえ許されなかった。ヨーロッパと中国の外交はいつもこのような衝突がつきものであった。

中国（明・清時代）

文化上の動き

- 陽明学
  - 王守仁（おうしゅじん）：「知行合一」（ちこうごういつ）
  - 李贄（りし）：陽明学左派
- イエズス会宣教師 ── 会見
  - マテオ＝リッチ（利瑪竇）（りまとう）
    - ：「坤輿万国全図」（こんよばんこくぜんず）
  - アダム＝シャール（湯若望）（とうじゃくぼう）
    - ：『崇禎暦書』（すうていれきしょ）
    - ：欽天監正で活躍
  - 徐光啓（じょこうけい）：『幾何原本』（きかげんぽん）
    - ：『農政全書』（のうせいぜんしょ）
  - 考証学
    - 顧炎武（こえんぶ）：『日知録』（にっちろく）
    - 黄宗羲（こうそうぎ）：『明夷待訪録』（めいいたいほうろく）
- フェルビースト（南懐仁）（なんかいじん）
  - ：欽天監で活躍
- ブーヴェ（白進）（はくしん）
  - ：「皇輿全覧図」（こうよぜんらんず）
  - 協力
- レジス（雷孝思）（らいこうし）
- カスティリオーネ（郎世寧）（ろうせいねい）
  - ：円明園の設計（えんめいえん）

- 典礼問題
  - 康熙帝 イエズス会以外の布教禁止
  - 雍正帝 キリスト教の布教活動禁止
  - 国家的大編纂事業
    - 『康熙字典』（こうきじてん）：漢字字書（かんじじしょ）
    - 『古今図書集成』（ここんとしょしゅうせい）：類書＝百科辞典（るいしょ）
    - 『四庫全書』（しこぜんしょ）：大叢書（だいそうしょ）

旅の世界史 大黒屋光太夫（だいこくやこうだゆう）

●光太夫の漂流・漂泊・帰国ルート

- ペテルブルク
- モスクワ
- カザン 1791
- クリミア半島
- エカテリンブルク
- ウラル山脈
- ロシア
- ヤクーツク 1788
- オホーツク
- イルクーツク 1789
- キャフタ
- バイカル湖
- 北京
- カムチャツカ半島
- アムチトカ島
- 松前
- 箱館（函館）
- 根室 1792
- 江戸
- 白子
- アラスカ
- ベーリング海
- オホーツク海
- 太平洋
- アラル海
- 黒海

凡例：
- …… 神昌丸漂流ルート（想像）
- ── 伊勢漂民漂泊・往復ルート
- ─・─ 伊勢漂民帰国ルート

（『大黒屋光太夫』岩波新書による）

←光太夫

←6 大黒屋光太夫（1751～1828） 江戸時代中期の伊勢（三重）の船頭であった彼は，1782年江戸に向かう途中，海難にあいアムチトカ島に漂着した。その後，ロシアの領内を移動しながら日本帰還を願う。1791年ロシアの女帝エカチェリーナ2世に謁見し，帰国の許可を得るとラクスマンに伴われ，日本に帰還した。10年にも及ぶ漂流の旅であった。帰国後は江戸に屋敷が与えられ，軟禁状態にされた。桂川甫周（かつらがわほしゅう）はその聞き書きを『北槎聞略』（ほくさぶんりゃく）にまとめた。そこには当時日本では貴重であったロシアの事情が記された。

（東洋文庫蔵）

世紀 日本：5 4 3 弥生 1 1 古墳 6 7 奈良 8 9 平安 10 11 12 鎌倉 13 14 室町 15 南北朝 16 安土桃山 17 江戸 18 19 大正 20 昭和・平成 21

19世紀後半の世界

アラスカ

1867
米, アラスカ買収

アラスカへ

ハワイへ

カ ナ ダ 連邦

アメリカ合衆国

サンフランシスコ

シカゴ

ニューヨーク

1869
大陸横断
鉄道開通

ワシントン

1861～65
南北戦争

メキシコ

キューバ

1901
米, キューバを保護国化

ドミニカ

ハイチ

プエルトリコ

ニカラグア

ベネズエラ

1903
米, パナマ運河
地帯を租借

パナマ

コロンビア

ギアナ

エクアドル

ブラジル

ペルー

ボリビア

パラグアイ

チリ

アルゼンチン

ウルグアイ

大 西 洋

太 平 洋

1871
ドイツ統一

グレートブリテン=
アイルランド
連合王国

ロンドン

1861
イタリア統一

ドイツの3 B政策
(バグダード鉄道)

ペテルブルク

スウェーデン王国

モスクワ

シベリア鉄道

ベルリン

ドイツ
帝国

パリ

フランス
共和国

オーストリア=
ハンガリー帝国

イタリア王国

スペイン
王国

ポルトガル
王国

ギリシア

イスタンブル

オスマン帝国

ヒヴァ
ハン国
(1873)

1881～82
ウラービー運動

モロッコ
(1912)

リビア
(1912)

バグダード

カイロ

エジプト

ワッハーブ
王国

ガージャール朝

フランス領
西アフリカ

スーダン

ジブチ

ソマリランド

1898
ファショダ事件

ナイジェリア

カメルーン

ファショダ

エチオピア

リベリア

コンゴ
自由国
(1885)

ドイツ領
東アフリカ

英露協商による
両国の勢力範囲

アンゴラ

ローデシア

モザンビーク

マダガスカル

ドイツ領
南西
アフリカ

西アフリカ

ケープ植民地

ケープタウン

トランスヴァール
共和国

オレンジ自由国

1899～1902
南アフリカ(ブール)戦争で
英が征服

凡例：
← イギリスの進出方向
← フランスの進出方向
← ドイツの進出方向
← アメリカの進出方向
← ロシアの進出方向

世紀へのアプローチ

　18世紀に発生した市民革命の動きはヨーロッパ全土に波及し，程度の差はあるが，各地で市民の権利は向上していった。また，同じく18世紀後半に始まった産業革命（●P.184・185）はイギリスを「世界の工場（●P.184・199）」としたが，他の国の工業化も進み，19世紀末にはアメリカがイギリスを抜いて世界一の工業国となる。産業革命以降，化石燃料（石炭・石油）の大量消費と温室効果ガス（二酸化炭素）の生成が，人為的要因による地球温暖化の契機となった（◀巻頭P.iv）。欧米諸国が発展する一方，オスマン帝国（●P.128）と清（●P.111）は停滞した状態が続き，ヨーロッパ諸国の侵略にさらされる。また，他のアジア・アフリカ・太平洋諸地域も，19世紀末には一部の地域を除き，欧米諸国による植民地化が完了した。

19世紀前半のヨーロッパ（1815年）

凡例：
ドイツ連邦の境界
独立したベルギー領土

ペテルブルク

スウェーデン王国

1830　ベルギーの独立

グレートブリテン=
アイルランド
連合王国

デンマーク王国

ロシア帝国

プロイセン王国

1848　三月革命

ベルリン

1815　ウィーン議定書

ロンドン

オランダ王国

ベルギー

1830　七月革命
1848　二月革命

パリ

オーストリア帝国

ウィーン

ブダペスト

フランス王国

スイス

ブカレスト

ポルトガル王国

マドリード

スペイン王国

サルデーニャ王国

教皇領

ローマ

ソフィア

イスタンブル

両シチリア王国

オスマン帝国

ギリシア

大 西 洋

北 海

地 中 海

黒 海

0　250　500km

19世紀後半のヨーロッパ（1871年頃）

ペテルブルク

1871
ドイツ帝国の成立

スウェーデン王国

デンマーク王国

ロシア帝国

グレートブリテン=
アイルランド
連合王国

ロンドン

オランダ王国

ベルギー

ドイツ帝国

ベルリン

オーストリア=ハンガリー帝国

ウィーン

ブダペスト

1870
第三共和政の成立

フランス共和国

パリ

スイス

ブカレスト

ポルトガル王国

マドリード

バルセロナ

スペイン王国

トリノ

ローマ

イタリア王国

1861
イタリア王国の成立

ソフィア

イスタンブル

オスマン帝国

ギリシア

大 西 洋

北 海

地 中 海

黒 海

0　250　500km

ロシア帝国 (上部地図)

1881 イリ条約の国境線
1858 アイグン(愛琿)条約の国境線
1860 北京条約の国境線

ロシア帝国

バイカル湖

外モンゴル

1900〜01 義和団戦争

沿海州

ウラジヴォストーク

コーカンド=ハン国 (1876)

新疆

内モンゴル

北京

漢城

朝鮮(李朝)

1868 明治維新

ブハラ=ハン国 (68)

青海

清

日本(明治時代)

東京

アフガニスタン (1880)

チベット

南京(天京)

上海

1876 日朝修好条規

デリー

ビルマ(1886)

カルカッタ

ボンベイ

インド帝国

マドラス

1856〜60 第2次アヘン戦争

台湾

香港(英)

1851〜64 太平天国

タイ(ラタナコーシン朝)

マニラ

マリアナ諸島 (1899,独)

フランス領インドシナ連邦

フィリピン (1898,西→米)

グアム島 (1898,西→米)

バンコク

サイゴン(1887)

マレー連合州 (1895)

スマトラ

ボルネオ

カロリン諸島 (1899,独)

イギリスの3C政策

オランダ領東インド

バタヴィア

ジャワ

東ティモール(ポ)

インド洋

オーストラリア連邦 (1901自治領)

凡例:
- イギリス領(英)
- フランス領(仏)
- オランダ領(蘭)
- ドイツ領(独)
- スペイン領(西)
- ポルトガル領(ポ)
- アメリカ領(米)
- イタリア領(伊)

その時日本は? 江戸から明治へ

260年あまり続いた江戸幕府は，15代将軍徳川慶喜による**大政奉還**によって幕を引く。代わって成立した**明治政府**は，教育・軍事・工業の近代化を進めるとともに，1889年に**大日本帝国憲法**を制定し，1890年には初の議会が召集された。こうして日本は近代国家として歩み始めることとなる。

徳川慶喜

明治天皇

↑1「大政奉還」公表の図
(邨田丹陵画，明治神宮外苑聖徳記念絵画館蔵)

←2憲法発布の式典
(和田英作画，明治神宮外苑聖徳記念絵画館蔵)

→3第1回帝国議会のようす

19世紀前半の世界

イギリス領カナダ

アメリカ合衆国

グレートブリテン=アイルランド連合王国

ペテルブルク

ロシア帝国

バイカル湖

フランス

オーストリア

オスマン帝国

清

北京

日本(江戸時代後半)

南京

広州

アルジェリア

朝鮮(李朝)

1854 日米和親条約 日本の開国

大西洋

イギリス領インド

1840〜42 アヘン戦争

ギアナ

1810〜20年代 ラテンアメリカ諸国の独立

1823 モンロー宣言

ケープ植民地

インド洋

オーストラリア

20世紀前半の世界

アラスカ A

カナダ連邦

アメリカ合衆国

ワシントン
ニューヨーク

メキシコ

キューバ
ハイチ ドミニカ
ジャマイカ プエルトリコ
パナマ

ベネズエラ
コロンビア
ギアナ
エクアドル

ペルー

ブラジル

ボリビア
パラグアイ
チリ
アルゼンチン
ウルグアイ

大西洋

太平洋

1917
アメリカが第一次世界大戦に参戦
1918
ウィルソンが「十四カ条」発表

1914～18
第一次世界大戦

1939～45
第二次世界大戦

1929.10.24
ウォール街の株価大暴落
世界恐慌始まる

フィンランド
1917 ロシア革命
1919 コミンテルン結成

グレートブリテン=
アイルランド
連合王国
オランダ ベルリン
ロンドン
ベルギー
パリ ドイツ
フランス チェコスロヴァキア
ポルトガル イタリア
王国 スペイン スイス
王国 ローマ
ギリシア
モロッコ

ノルウェー王国 スウェーデン王国
エストニア
ラトヴィア リトアニア
モスクワ
ポーランド
ハンガリー
ルーマニア
黒海
アンカラ トルコ共和国
(1923)
1919～23
トルコ革命
トランス
ヨルダン シリア イラク
(1932)
パフレヴィー朝
(1925)
1920 国際連盟成立
カイロ
エジプト
(1922)
サウジアラ
ビア王国
(1932)
イエメン

リビア
(1912)

フランス領
西アフリカ

リベリア

ナイジェリア
(1914)

スーダン

エチオピア

イタリア領
ソマリランド

1936～41
イタリアによる併合

フランスの
委任統治

イギリスの
委任統治

ベルギーの
委任統治

ベルギー領
コンゴ
(1908)

アンゴラ

南アフリカ連邦の
委任統治

イギリスの
委任統治

モザン
ビーク

マダガスカル

南アフリカ連邦
(1910自治領)
ケープタウン

世紀へのアプローチ

20世紀の世界は1945年を境に前半と後半に分けられる。前半の約半世紀は, 人類が歴史上でもっとも悲惨な2つの大戦を経験し, 世界の構造は大きく変質した。後半は, 平和を維持するためのより強固なシステムの構築が叫ばれ,「国際連合」(❷P.266)という平和機関の設立として結実した。しかし, その実態は米ソを軸とした二大対立, そしてアジア・アフリカの第三世界(❷P.272)の台頭, さらにヨーロッパ, 日本の経済大国化と多極化といった複雑な様相を呈した。1991年のソ連の崩壊後(❷P.280), そして21世紀の世界は, 中国の大国化, 南北問題や環境問題の深刻化など, 新たな局面を迎えている。

第二次世界大戦期の世界

④1940 オランダ・ベルギー侵攻

③1939 ポーランド侵攻

⑥1941 独ソ戦開始

ドイツ

②1939 チェコスロヴァキア解体

イタリア

①1938 オーストリア併合

⑤1940 フランス侵攻

1939 独ソ不可侵条約
1940 日独伊三国同盟
1941 日ソ中立条約

ソヴィエト連邦

①1931 柳条湖事件

②1937 盧溝橋事件

日本

③1940 北部仏印 進駐

1941 アメリカ, 対日参戦

アメリカ合衆国

ハワイ

④1941 ハワイパールハーバー奇襲

太平洋

インド洋

おもな枢軸国と
その植民地
おもな中立国
ドイツの進攻ルート
日本の進攻ルート

「ヨーロッパ戦線」と「アジア・太平洋戦線」 従来, 分断して理解しがちなこれらの戦争は相互に結びついたものであった。1939年の**独ソ不可侵条約**と40年の**日独伊三国同盟**からは, ソヴィエト連邦を牽制し, 西ヨーロッパ戦線に集中したいドイツの思惑が見える。一方, ドイツの**フランス占領**と呼応する形で40年に実行された日本の**北部仏印進駐**, また41年の**日ソ中立条約**からは, 来るべき独ソ戦に備えたいソヴィエト連邦と, 太平洋戦線に集中したい日本の思惑が見え隠れする。

縦書き右端：20世紀の世界

ソヴィエト社会主義共和国連邦 (1922)

地図ラベル：
- バイカル湖
- 1924 モンゴル人民共和国成立
- ウランバートル
- モンゴル人民共和国 (1924)
- 「満洲国」(1932)
- 北京
- 中華民国
- 朝鮮
- 京城（ソウル）
- 東京
- 日本（大正・昭和時代）
- 日本の委任統治
- 南京
- 上海
- 台湾
- デリー
- インド帝国 カルカッタ（コルカタ）
- ボンベイ
- 1919～22 非暴力・非協力運動
- 1930～34 非暴力・非協力運動
- フランス領インドシナ連邦
- タイ
- フィリピン
- マニラ
- グアム島
- マリアナ諸島
- カロリン諸島
- 1930 インドシナ共産党結成
- マレー連合州
- スマトラ
- ボルネオ
- ビスマルク諸島
- 1920 インドネシア共産党結成
- オランダ領東インド
- 東ティモール
- オーストラリアの委任統治
- オーストラリア連邦
- ニュージーランド
- 1911 辛亥革命
- 1919 中国国民党結成
- 1921 中国共産党結成

凡例：
- イギリス領
- フランス領
- オランダ領
- ドイツ領
- スペイン領
- ポルトガル領
- アメリカ領
- イタリア領
- ベルギー領
- 日本領

その時 日本は? 1941～71 年

●戦中・戦後の日本の歩み

緑字：世界のできごと

	できごと	首相
破局への道〜太平洋戦争	1941 ハワイパールハーバー奇襲 太平洋戦争開始（〜45）	東条英機
	1942 連合国共同宣言（連合国26か国） 食糧管理法公布 ミッドウェー海戦	
	1943 ガダルカナル島撤退。学徒出陣壮行会挙行 大東亜会議開催（東京） カイロ会談。テヘラン会談	
	1944 ノルマンディー上陸作戦 サイパン島日本軍玉砕	
	1945 ポツダム宣言受諾し降伏	
国際社会への復帰	1950 朝鮮戦争勃発（〜53） 警察予備隊設置。レッド＝パージ	吉田茂
	1951 サンフランシスコ平和条約調印 日米安全保障条約調印	
	1952 血のメーデー事件。保安隊設置	
	1954 自衛隊発足	
	1955 社会党統一，自由民主党結成（保守合同）。55年体制の成立	鳩山一郎
	1956 日ソ共同宣言。日本の国連加盟	
	1958 ヨーロッパ経済共同体(EEC)発足	岸信介
高度経済成長期	1960 新安保条約調印。安保闘争 政府，所得倍増計画を決定	
	1962 キューバ危機	池田勇人
	1963 部分的核実験禁止条約成立	
	1964 オリンピック東京大会開催	
	1965 日韓基本条約調印	
	1966 中国でプロレタリア文化大革命開始	佐藤栄作
	1968 小笠原諸島返還実現（東京都に所属）	
	1969 大学紛争激化（東大紛争）	
	1970 新安保条約，自動延長	
	1971 沖縄返還協定調印。ドル＝ショック	

東条から佐藤へと続く，主要な歴代首相の事績をたどることは，日本の現代史の原点を探るうえで欠くことができない。反ファシズムで結束し，日本の軍部を打倒した連合国は，戦後イデオロギーの対立から米ソ二極に分裂。一方廃墟となった日本はアメリカの占領のもと，西側陣営の一角に否応なしに組み込まれた。アメリカの庇護のもとに日米安保，経済復興，そして経済大国化。日本の枠組はこのときにつくられ，現在を規定することになる。

←1 東条英機

←2 吉田茂

←3 岸信介

世紀	日本
5	
4	弥生
3	
2	
1	
1	
2	
3	
4	
5	古墳
6	
7	飛鳥
8	奈良
9	平安
10	
11	
12	
13	鎌倉
14	室町
15	
16	桃山 安土
17	江戸
18	
19	
20	明治 大正 昭和
21	平成 令和

20世紀後半の世界

地図ラベル：
- アメリカ合衆国
- キューバ
- 1959 キューバ革命 1962 キューバ危機
- 1961 第1回非同盟諸国首脳会議
- ドイツ連邦共和国
- ドイツ民主共和国
- 1948～49 ベルリン封鎖
- ソヴィエト連邦
- 1960～89 中ソ対立
- 朝鮮民主主義人民共和国
- 1950～53 朝鮮戦争
- 大韓民国
- 日本
- 1951 サンフランシスコ平和条約 日米安全保障条約
- 中華人民共和国
- ユーゴスラヴィア連邦人民共和国
- インド
- 1979 ソ連，アフガニスタン侵攻
- 中東戦争 ①1948～49 ②1956～57 ③1967 ④1973
- 1946～54 インドシナ戦争 1965～73 ベトナム戦争
- バンドン
- 1955 アジア＝アフリカ会議
- 太平洋
- 大西洋
- インド洋

凡例：
- 北大西洋条約機構加盟国（1982年まで）
- アメリカとその同盟国（1977年）
- ワルシャワ条約機構加盟国（1955年）
- 共産主義諸国
- 第二次世界大戦後の独立国（第三世界）
- 1960年（アフリカの年）の独立国

★人類とともに道具もまた進化した。

1 先史時代の人類の歩み

実年代(年前)	地質年代	考古年代	社会経済	文化・道具	人類の進化
700万	新生代第三紀	前期旧石器時代	狩猟・漁労・採集(獲得経済)・群(ホルド)社会・移動生活	・礫石器の使用 →1 70万年前の礫石器 (前期旧石器時代。タンザニア,オルドヴァイ峡谷出土)	猿人 アウストラロピテクス
260万					
240万				・石核石器の発達 (ハンドアックス=握斧など) ・火の使用 ・言語の使用* →2 ハンドアックス (前期旧石器時代。長さ30.6cm。イギリス出土)	原人 ホモ=ハビリス ジャワ原人(ホモ=エレクトゥス=エレクトゥス,ピテカントロプス=エレクトゥス) 北京原人(ホモ=エレクトゥス=ペキネンシス,シナントロプス=ペキネンシス) ハイデルベルク人
60万	更新世＝氷期4回(寒冷)と間氷期3回(温暖)の交替	中期旧石器時代		・剥片石器の発達 (石刃=ブレードなど) ・死者の埋葬 →3 剥片石器 (中期旧石器時代。ネアンデルタール人製作と推定される)	旧人 ネアンデルタール人
20万					
4万		後期旧石器時代		・打製石器の精巧化 ・骨角器の使用(槍・銛・釣針・針) ・洞穴絵画 (フランスのラスコー,スペインのアルタミラなど) ・女性裸像(ヴィーナス)	新人(現生人類・ホモ=サピエンス) クロマニョン人 グリマルディ人 周口店上洞人 ボスコップ人
1万		中石器時代		・細石器の使用 (鏃・銛・釣針) ・弓矢の使用 ・犬の家畜化 →4 骨角器 (後期旧石器時代。フランス国立考古学博物館蔵)	
9000	完新世＝温暖	新石器時代	農耕・牧畜(生産経済)・氏族社会・定住生活	・農耕・牧畜の開始 ・磨製石器の使用 ・竪穴住居 ・織物の製作 ・土器の使用 ・巨石記念物の建設 (ドルメン・メンヒル・ストーンサークルなど) →5 磨製石斧 (新石器時代。イギリス南東部フォークストン出土)	
5000		金属器時代		・青銅器の使用 ・文字の使用 ・都市国家の成立	

＊言語の使用に関しては近年疑問視されている。

2 人類の進化

	猿人	原人	旧人	新人(現生人類)
生存期	700万年前〜120万年前	240万年前〜10万年前	60万年前〜3万年前	20万年前以降
一例	アウストラロピテクス	北京原人	ネアンデルタール人	クロマニョン人
頭骨				
脳容量	400〜550cc(cm³)	750〜1250cc	1100〜1750cc	1200〜1700cc

❶解説 現代の人類学では,化石人類のDNAや骨の分析の結果,原人や旧人から新人が進化したのではないという説が有力になっている。原人や旧人は,その原因は不明だが,ある時点で地球上から消滅したと考えられる。

©国際花と緑の博覧会記念協会

←6 シャニダール洞窟(イラク)の埋葬(復元) 発掘されたネアンデルタール人骨の周辺から大量の花粉が発見された。遺骸に花を手向けたと考えられ,仲間の死を悲しみ,丁寧に埋葬したことがうかがえる。また右腕,右足,左眼に障害をもつ40歳代の人骨も発見された。先史人としては非常に高齢である。仲間の手厚い介護があったからこそ,その年齢まで生きることができたのだろう。

←7 女性裸像(「ヴィーナス」,オーストリアのヴィレンドルフ出土,3〜2万年前) 顔は描かず,乳房,腹部,臀部が強調されている。新しい生命を産みだす女性に対する畏敬の表現であるとともに,多産を願う呪術的なものと考えられる。(石灰石製。高さ11cm。ウィーン自然史博物館蔵)

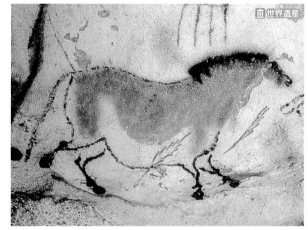

🏛世界遺産

↑8 ラスコーの洞穴絵画(南西フランス,2万〜1万5000年前) 約800点の野牛・馬・ヤギ・鹿や人間などが,岩盤の凹凸を利用して浮彫のように描かれている。鉱石や木炭の粉を絵の具として塗ったり,骨の管に詰めて吹き付けたりしている。狩猟の成功を願う呪術的なものと考えられる。写真は「中国の馬」と呼ばれるもので,全長1.4m。

↑9 岩絵(スペイン東部,約1万年前) 時代が進んで新石器時代が近づくと,呪術的な要素が薄れ,生活実写的な絵が多く描かれるようになった。

★農耕の始まりが，文明の成立へとつながった。

1 古代文明の発生

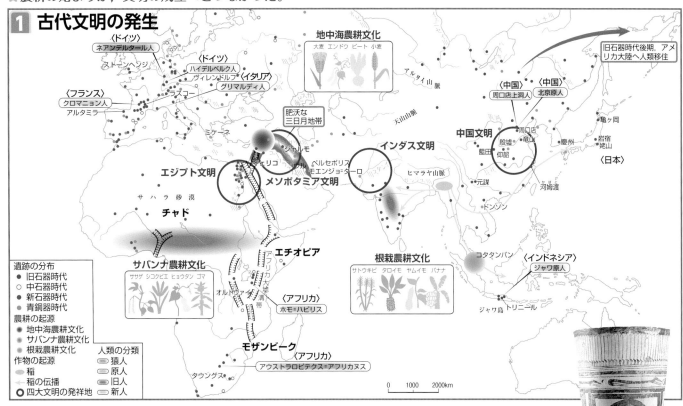

地中海農耕文化
大麦 エンドウ ビート 小麦

〈ドイツ〉ネアンデルタール人
ストーンヘンジ
〈ドイツ〉ハイデルベルク人
ヴィレンドルフ 〈イタリア〉グリマルディ人
〈フランス〉クロマニョン人
ラスコー
アルタミラ
ミケーネ
肥沃な三日月地帯
ジャルモ
エジプト文明
イェリコ ウル ベルセポリス
メソポタミア文明
モエンジョ＝ダーロ
インダス文明
サハラ砂漠
チャド
エチオピア
アフリカ大地溝帯
オルドヴァイ
〈アフリカ〉ホモ＝ハビリス
サバンナ農耕文化
ササゲ シコクビエ ヒョウタン ゴマ
根栽農耕文化
サトウキビ タロイモ ヤムイモ バナナ
モザンビーク
〈アフリカ〉アウストラロピテクス＝アフリカヌス
タウングス

アルタイ山脈
天山山脈
〈中国〉周口店上洞人
〈中国〉北京原人
中国文明
殷墟 竜山
周口店
藍田
仰韶
元謀
河姆渡
ドンソン
ヒマラヤ山脈
コタタンパン
〈インドネシア〉ジャワ原人
ジャワ島 トリニール
亀ヶ岡
岩宿 姥山
慶州
〈日本〉
旧石器時代後期，アメリカ大陸へ人類移住

遺跡の分布
● 旧石器時代
● 中石器時代
● 新石器時代
● 青銅器時代
農耕の起源
● 地中海農耕文化
● サバンナ農耕文化
● 根栽農耕文化
作物の起源
● 稲
← 稲の伝播
○ 四大文明の発祥地
人類の分類
● 猿人
● 原人
● 旧人
● 新人

0　1000　2000km

2 太陽への信仰

Ⅲ 世界遺産

←1 ストーンヘンジ(イギリス) 5000年前から造営された新石器時代の巨石記念物。直径約30m。石は最大のもので50tもあり，それらの多くは，約30kmも北から運ばれたと考えられている。少し離れた東側に1本の石柱(ヒールストーン)があり，夏至の日，ここから昇る太陽が遺跡の中央を照らすようにつくられている。

↑2 ニューグレンジ古墳(アイルランド) 5000年前の新石器時代の遺跡。冬至の時，狭い入り口の開口部から射し込んだ光が奥の祭壇を照らすようにつくられている。

世界史の交差点

彩文土器 (→P.82)

土器は食料の貯蔵や調理などを目的としてつくられ，その製作は農耕・牧畜の始まりと密接なつながりがあると考えられる。西アジア出土の彩文土器(①)には，ヤギらしき動物と規則的な文様が彩色して描かれており，インド(②)や中国から出土した土器と似ている点が多い。そこから，ユーラシア大陸各地の農耕文明が何らかのつながりをもっているとも考えられている。

→3 西アジア出土の土器①

→4 インド出土の土器②

3 国家の成立

探究のヒント

❶ 農耕民　住居
大河　デルタ地帯
農耕民は洪水をさけ，丘(テル)に集落をつくる。

❷ 収穫　神殿，神官
食糧余剰が社会化される
やがて食糧余剰が社会化して，それを管理する神官が生まれ，神殿がつくられる。

❸ 指揮者　スペシャリスト　貯蔵庫
社会化された余剰
次第に増す余剰は，スペシャリストを生み出す(分業の始まり)。

❹ 交易
社会化された余剰
農耕民　遊牧民
他の集団(遊牧民)と交易が行われるようになり，国家の体裁が整ってくる。
(『世界の歴史1』河出書房新社，『世界の歴史1』中央公論社)

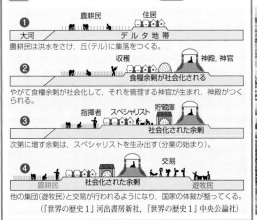

←5 イェリコ遺跡 「肥沃な三日月地帯」に含まれる，ヨルダン川のほとりにある前8000〜前6000年頃の世界最古の農村集落。5haたらずの土地に500人以上が住み，周囲は石の壁で囲まれていた。右上写真は野生の小麦で，これを人工的に増殖させることから農耕は始まった。

1 人種の４大区分

コーカソイド（白色人種）	モンゴロイド（黄色人種）	ネグロイド（黒色人種）	オーストラロイド

コーカサス人種の意（コーカサスは黒海とカスピ海にはさまれた地域）。	蒙古（もうこ）人種，アジア人種。アメリカインディアン（アメリカ先住民）も含まれる。	アフリカ人種。（コンゴイドとカポイドの２人種に分ける分類もある）	類オーストラリア人口集団の意。オーストラリアの先住民アボリジニーなど。

2 分類の定義

人種	皮膚の色や体型など生物学的・身体的特徴による区分をいう。現存している人種は，すべてホモ＝サピエンスの同じ種に属している。
語族	共有する言語による区分。ある一つの言語を起源として，その言語から変化し発達した言語を比喩的に言語の家族，すなわち語族という。
民族	言語・習俗・信仰・心理的特徴・領域などの文化的・社会的特徴による区分。極めて広く使われている言葉だが，その枠組みは必ずしも定まっていない。

3 語族の分布

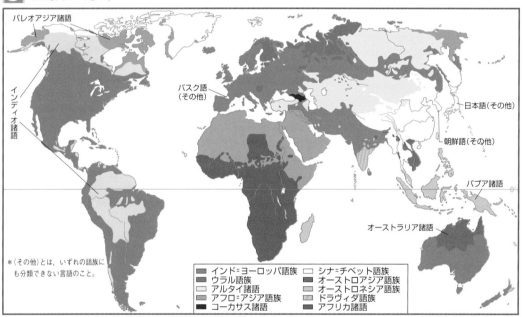

パレオアジア諸語
インディオ諸語
バスク語（その他）
日本語（その他）
朝鮮語（その他）
パプア諸語
オーストラリア諸語

＊（その他）とは，いずれの語族にも分類できない言語のこと。

- ■ インド＝ヨーロッパ語族
- ■ ウラル語族
- ■ アルタイ諸語
- ■ アフロ＝アジア語族
- ■ コーカサス諸語
- □ シナ＝チベット語族
- ■ オーストロアジア語族
- ■ オーストロネシア語族
- ■ ドラヴィダ語族
- ■ アフリカ諸語

英語
⑤ I ⓥ have ⓞ a book.
⑤ This ⓥ is ⓒ a book of the world history.

日本語
⑤ 私は，ⓞ本を ⓥ持っています。
⑤ これは，ⓒ世界史の本 ⓥ です。

朝鮮・韓国語
（私）（は）　（本）（を）　　（持って）　（います）
ⓢ 나는 ⓞ책을 ⓥ가지고있습니다.
　ナヌン　チェグル　　カジゴ　イッスムニダ
（これ）（は）　（世界史）（の）（本）　（です）
ⓢ 이것은 ⓒ세계사의책 ⓥ입니다.
　イゴスン　セゲサ　エチェ ク　　　ムニダ

中国語
ⓢ 我 ⓥ 有 ⓞ 一本书
　ウォ　ヨウ　イーベンシュー
ⓢ 这 ⓥ 是 ⓒ 世界史的书
　ジョー　シー　シージェシーダシュー

解説 東アジアの諸地域は，文字においては「漢字」という接点をもつが，その言語はそれぞれ独立した特徴をもち，一つの語族にはまとめられない。

4 世界のおもな語族・言語

（青字）：現在は使用されていない言語

インド＝ヨーロッパ語族

- **ゲルマン語派**…（ゴート語）・ドイツ語・オランダ語・英語・アイスランド語・ノルウェー語・スウェーデン語・デンマーク語
- **イタリック語派**…（ラテン語）・イタリア語・フランス語・ルーマニア語・スペイン語・カタロニア語・ポルトガル語
- **スラヴ語派**…ロシア語・ウクライナ語・ポーランド語・チェコ語・スロヴァキア語・セルビア語・クロアティア語・ブルガリア語
- **ヘレニック語派**…（古代ギリシア語）・現代ギリシア語
- **ケルト語派**…アイルランド語・ウェールズ語・スコットランド＝ゲール語
- **バルト語派**…リトアニア語・ラトヴィア語
- **インド＝イラン語派**…（サンスクリット語）・ヒンディー語・ウルドゥー語・ペルシア語・（ソグド語）・クルド語
- **その他の語派**…（ヒッタイト語）・現代アルメニア語

ウラル語族
ハンガリー語・フィンランド語・エストニア語

アルタイ諸語
トルコ語・ウイグル語・カザフ語・ウズベク語・モンゴル語・満洲語

アフロ＝アジア語族

- **セム語派**…（アッカド語）・（アッシリア語）・アラム語・（フェニキア語）・ヘブライ語・アラビア語
- **エジプト語派**…（古代エジプト語）・ベルベル語

コーカサス諸語
グルジア語・チェチェン語

シナ＝チベット語族
漢語・チベット語・ビルマ語

タイ＝カダイ語族
タイ語・ラオ語

オーストロアジア語族
ベトナム語・クメール語・モン語

オーストロネシア語族
マレーシア語・インドネシア語・タガログ語・マオリ語・タヒチ語・ハワイ語

ドラヴィダ語族
タミル語・マラヤーラム語・テルグ語

アフリカ諸語
イボ語・スワヒリ語・コイサン諸語・バントゥー諸語

※ その他（分類不能）　日本語・朝鮮語・バスク語

『世界の民族地図』作品社などによる

世界史 の 交差点
ラテン語の昔と今

ラテン語は，もともとは地中海に君臨したローマ帝国（●P.68）を築きあげたラテン人が使用していた言語である。その後，ルネサンス（●P.154）や宗教改革（●P.162）の波がヨーロッパを揺さぶり，世俗の言語（各国・各地方で庶民が使用していた言語）が普遍性をもつまでは，ヨーロッパの支配階級の間では唯一の普遍的公用語だった（中世ヨーロッパのラテン語は古代ローマのそれとはかなり変化しているが）。現在，このラテン語を日常的に使用している国民・民族は存在しないが，日本人が昔の日本語を「古文」として学ぶように，欧米でもラテン語の授業が続けられている国が少なくなく，カトリック教会（●P.141）ではいまだに公用語である。

ルーツ 「アボリジニー」：本来はその地域の原住民をさすが，一般にはオーストラリアの先住民をこう呼ぶ。約６万年前にアジア大陸から移住してきたとされる。

1 文字の変遷

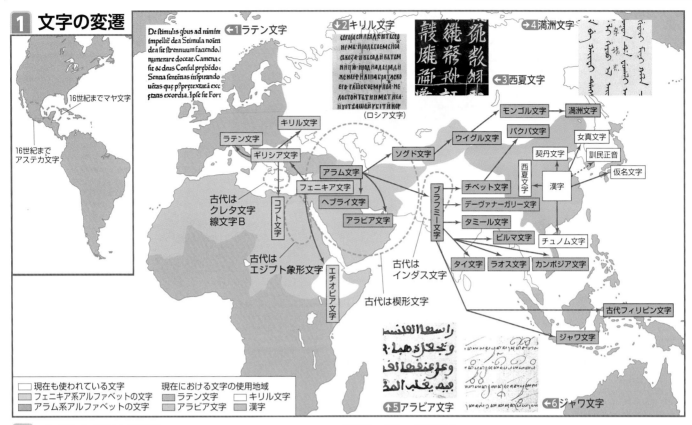

De ſtimulis gbus ad nimín ìmpellíꞇ dea Stimula noíen dea ſit ſtrennuum faciendo.l numerare docear. Camena ꞇ ſit & deus Conſul prębedo c Senna ſenténas ínſpirando uétas que p̃p̃ꞇextata exc ꞇtas exordia. Iꞅſe ſit Forꞇ　←1ラテン文字

↓2キリル文字（ロシア文字）

←3西夏文字

→4満洲文字

16世紀までマヤ文字

16世紀までアステカ文字

キリル文字
ラテン文字
ギリシア文字
コプト文字
フェニキア文字
アラム文字
ヘブライ文字
アラビア文字
ソグド文字
ウイグル文字
モンゴル文字　満洲文字
パクパ文字　女真文字
西夏文字　契丹文字　訓民正音
漢字
ブラフミー文字
チベット文字
デーヴァナーガリー文字　仮名文字
タミール文字
ビルマ文字　チュノム文字
タイ文字　ラオス文字　カンボジア文字

古代はクレタ文字線文字B
古代はエジプト象形文字
エチオピア文字
古代はインダス文字
古代は楔形文字

古代フィリピン文字
ジャワ文字

↑5アラビア文字
←6ジャワ文字

□ 現在も使われている文字　　現在における文字の使用地域
■ フェニキア系アルファベットの文字　■ ラテン文字　□ キリル文字
■ アラム系アルファベットの文字　■ アラビア文字　■ 漢字

2 古代文字の解読

文字	解読者	解読した史料	年代
エジプト文字	シャンポリオン(仏)	ロゼッタ＝ストーン(●7)	1822
楔形文字	グローテフェント(独)	ペルセポリス碑文	1802
	ローリンソン(英)(●P.55)	ベヒストゥーン碑文	1847
クレタ線文字B	ヴェントリス(英)(●P.56)	ミケーネ出土の粘土板	1952
甲骨文字	羅振玉(中)王国維(中)	殷墟出土の亀甲や獣骨	1903〜10
おもな未解読文字	インダス文字，クレタ文字(絵文字，線文字A)，エトルリア文字，メロエ文字，アステカ文字		

（高さ124cm，幅72cm，大英博物館蔵）

神聖文字
民用文字
ギリシア文字

↑8神聖文字(ヒエログリフ)　↑9民用文字

↑10ギリシア文字

←7ロゼッタ＝ストーン
1799年にナポレオン(●P.192)のエジプト遠征隊が発見した。プトレマイオス朝時代(前2世紀)のもので，古代エジプトの神聖文字(ヒエログリフ)と民用文字が，ギリシア文字と併記されている。同じ内容の文が三つの文字で記されていると考えたシャンポリオンは，ギリシア文字の部分を手がかりにヒエログリフの解読に成功した。なお，ロゼッタ＝ストーンは戦利品としてイギリスに渡り，現在は大英博物館にある。
＊現在はガラスケースに入れられている。

3 アルファベットの成り立ち

フェニキア文字	アレフ	ベート	ギメル	ダレト	ヘー	ワウ
	𐤀	𐤂	𐤂	𐤃	𐤄	𐤅

ギリシア文字	アルファ	ベータ	ガンマ	デルタ	イプシロン
	Α	Β	Γ	Δ	Ε

ラテン文字	アー	ベー	ケー	デー	エー	エフ
	A	B	C	D	E	F

解説 前12世紀頃より地中海貿易で活躍した**フェニキア**(●P.51)**人**は，22個の簡略な表音文字をつくりだした。フェニキア語の牡牛(アレフ)と家(ベート)から，A，Bが成立し，現在はアルファベットと呼ばれるようになった。交易で出会った**ギリシア**(●P.56)**人**がこれを採用し，その後**ラテン人**に継承された。

世界史の交差点
ヴェントリスとクレタ文字

（ヘラクレオン，考古美術館蔵）

↑11ヴェントリス(1922〜56)

ミケーネなどから出土した粘土板に記されていた線状文字(線文字B)は，イギリスの若き建築家ヴェントリスによって解読された。これより古いクレタ文明(●P.56)で使用された文字(絵文字，線文字A)に関しても解読の期待が高まったが，ヴェントリスは自動車事故によりわずか34歳の若さで他界し，以来これらの文字は未解読のままとなっている。古代文字の解読は，ヴェントリスのような人並みはずれた直観力と情熱をもった一人の天才によってなされることが多い。

↑12ファイストスの円盤
未解読のクレタ絵文字(線文字A)が刻まれている。

★メソポタミア，エジプトと周辺地域は，民族の対立・交流を経て，古代オリエント世界を形成した。

1 オリエント世界の風土と歴史

Ⅲ世界遺産　←2スフィンクス

ナツメヤシ

↑1ナイル川流域の風景　不規則に洪水を繰り返すメソポタミアと異なり，定期的に大氾濫を繰り返すナイル川流域では，農業ができない時期を見計らって，住民がピラミッドやスフィンクスなどの巨大建造物づくりに徴用された。(❷P.50)

↑3メソポタミアの風景　メソポタミアはティグリス・ユーフラテス「両河の間」を意味し，「肥沃な三日月地帯」（農耕世界）と平坦に連なる開放的地形により，諸民族の興亡が激しかった。(❷P.49)

↑4アナトリア高原の風景（ボアズキョイ遺跡）　大河流域でなくとも，寒暖差が激しく夏の乾燥が著しいアナトリア高原のヒッタイト文明のように，天水を利用した文明が存在した。(❷P.49)

2 オリエント世界の展開

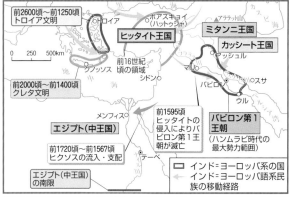

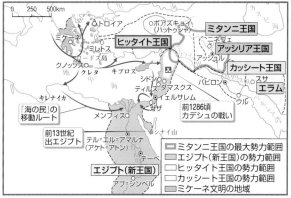

A 古代オリエントの諸地方と最古の文明（前30〜前22世紀）

[解説]古代オリエント世界は，ナイル流域の**エジプト**，ティグリス・ユーフラテス流域の**メソポタミア**，アナトリア高原の**小アジア**，東地中海に接する沿岸部，西南アジアに連なる**イラン高原**の各地方からなる。そのような中，大河の流域で治水・灌漑農業を発展させたメソポタミアとエジプトで，世界最古の文明が発展した。

B 民族大移動期の古代オリエント（前21〜前15世紀）

[解説]紀元前2千年紀の**インド＝ヨーロッパ語族**の大移動の結果，**ヒッタイト，カッシート，ミタンニ**などの民族がオリエント世界に進出，席巻した。結果的に，孤立したオリエントの各地域を結び付けていくきっかけをつくった。エーゲ海域にもオリエントの影響を受けてトロイアやクレタなどの文明が発生した。(❷P.56)

C 分立抗争期の古代オリエント（前14〜前12世紀）

[解説]エジプト新王国第18王朝のトトメス3世は，さかんな外征で領域を最大にした。その後アメンヘテプ4世(❷P.50)は，ミタンニやヒッタイトなどとアマルナ外交を展開。商業国家**アッシリア**は軍事国家に変質して台頭を始める。第19王朝のラメス2世はヒッタイトと争い（カデシュの戦い），**ヘブライ人**を圧迫して「出エジプト」(❷P.51)を誘発した。こうして**古代オリエント世界**は統一へ向かっていく。

● オリエント諸国の興亡

世界史の交差点
古代オリエントと聖書世界

古代オリエント世界は欧米キリスト教徒にとって重要な『旧約聖書』の舞台であり，古くから関心を集めてきた。おもな例をあげてみよう。「**エデンの園**」（『旧約聖書』の「創世記」冒頭でアダムとエヴァ（イヴ）が暮らす楽園（パラダイス）として描かれる。メソポタミアのどこかがモデルとされるが確説はない）。「**ノアの箱舟（洪水神話）**」（ノアの箱舟はアルメニア高原のアララット山に漂着したとされるが，この神話の原型はシュメールの『ギルガメシュ叙事詩』である）。「**バベルの塔**」（新バビロニア時代，ジッグラト（聖塔）に人間の傲慢さをみた捕囚下のユダヤ人による創作とされる。ジッグラトは実際に発掘出土）。

★開放的な地形のメソポタミアでは，諸民族の興亡とともに，まとまった文明世界を形成していった。

1 シュメールとアッカドの文明（初期のメソポタミア文明）

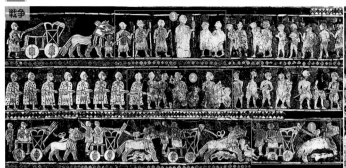

戦争 平和

（高さ22×幅50×奥行12cm・大英博物館蔵）

←1 ウルの軍旗 ウルの王墓から発見された。ラピスラズリや真珠貝などのモザイクで象嵌されたみごとな工芸品。表裏で戦争（左）と平和（右）の場面を描く。戦争場面の下段（①）では，ロバの引く四輪戦車が疾駆する。中段（②）は兵士が捕虜を引き立てているようすが描かれて

いる。上段（③）の大きな人がウルの王で，家来を引き連れ謁見をしている。平和の場面では王の戦勝の宴（④），家畜と穀物の貢納（⑤⑥）が行われている。こうした戦争の末，シュメールの諸都市はアッカド王サルゴン1世により征服され（前24世紀），メソポタミアで最初の領域国家が築かれた。

ジッグラト（聖塔）

（©大成建設）

↓3 ジッグラト（聖塔） ←4 アッカド王の頭像

←2 ウル 古代メソポタミアでは，都市は神殿を中心に形成されたが，その神殿は煉瓦でつくられた基壇の上に建設された。ジッグラトは「高い山」の意で階段ピラミッド状の神殿基壇である。左の写真はウル第三王朝のウル＝ナンム王が築いたものを復元したCG。上の写真はジッグラトの復元。

2 バビロン第1王朝とハンムラビ法典

ハンムラビ王 シャマシュ

170cm

📖 探究のヒント

←5 ハンムラビ法典 「目には目を」の同害復讐法と身分法で知られるハンムラビ法典は，メソポタミア統一を機にメソポタミア各地古来の諸法を体系化した成文法典である。

高さ2.25mの石柱に282条の法律が楔形文字で記されている。石柱頭部では太陽神シャマシュがハンムラビ王に権力の象徴である杖と輪を与えている。
（ルーヴル美術館蔵）

←6 楔形文字による条文

3 インド＝ヨーロッパ語族の移動とヒッタイト王国

0 1000km

インド＝ヨーロッパ語族の原住地

アーリヤ民族
（インド＝イラン民族）
紀元前2000年

黒海

ギリシア人

ヒッタイト

地中海

インド＝
アーリヤ民族
紀元前1500年

紀元前1500〜1300年

イラン民族
紀元前1000年

＊T.バロウ説による

（『週刊朝日百科 世界の歴史6』朝日新聞社）

◀解説 前3000年頃に始まる北半球での気候の寒冷化と乾燥化が，インド＝ヨーロッパ語族の移動をひきおこしたとされる。彼らの原住地については，南ロシアとする説やアナトリアとする説がある。彼らは遊牧生活を送り，馬と戦車の使用に長けていた。

●ヒッタイト王国

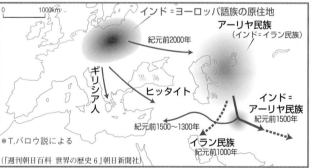

←7 ヒッタイトの戦車 小アジア（アナトリア高原）のボアズキョイを拠点に，インド＝ヨーロッパ語族の一派であるヒッタイトは，二頭立ての馬に引かせた二輪の軽戦車を駆使して，支配領域を拡大した。バビロン第1王朝を滅ぼし，ミタンニ王国を圧倒して，エジプト新王国と対峙する大帝国を築いたが，前1200年頃突然滅んだ。（アナトリア文明博物館蔵）

4 メソポタミアとヒッタイトの文化

地域		概　要
メソポタミア	文学	『ギルガメシュ叙事詩』（世界最古の文学作品といわれる）
	暦法	太陰暦，太陰太陽暦，六十進法，占星術
	建築	日干し煉瓦，ジッグラト（聖塔）（『旧約聖書』のバベルの塔）
	宗教	多神教　守護神マルドゥック（バビロン第1王朝）
	文字	楔形文字（粘土板に→グローテフェント，ローリンソンの解読）
小アジア	ヒッタイト	製鉄技術の独占（●P.296史料）

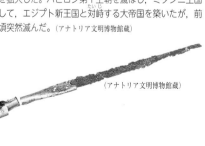

（アナトリア文明博物館蔵）

→8 ヒッタイトの鉄剣 鉄鉱石が入手しやすく，精錬のための木材も豊富であった小アジアで，前2000年頃に製鉄が始まった。その後，この地に移住してきたヒッタイトは前1500年頃，本格的に使用を開始したが，その製法は国家の最高機密とされた。当時，鉄は極めて貴重で，神への奉納品などとして使われた。

西アジア

❓探究　伝統的なエジプト芸術の様式とは一線を画した写実的なアマルナ美術はなぜ生まれたのか，その歴史的な背景をもとに述べなさい。〔60字程度〕　類題：津田塾大学

★強大な王権と来世信仰を特色とするエジプト文明は，ナイルの恵みに支えられていた。

1 「ナイルの賜物」*
*ヘロドトスの言葉

【解説】ナイル川は水源地帯での雪どけ水などのため，毎年極めて正確な周期で増減水を繰り返した。氾濫時，仕事のない農民たちのための「公共事業」として，ピラミッドなどの建設が行われたとする説もある。

●ナイル川の増減水のサイクル

『物語古代エジプト人』文春新書

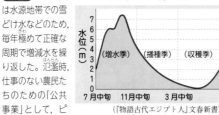

↑1古代エジプトの農耕(種をまく女と牛耕する男)

2 エジプトの来世信仰

血世界遺産

クフ王　カフラー王　メンカウラー王

←3クフ王のピラミッドの内部構造
①入口 ②地下の間 ③大回廊
④女王の間 ⑤王の間 ⑥重力軽減の間
(©吉田公磨)

←2ギザの三大ピラミッド　第4王朝期に建設された。最大のクフ王のピラミッドは平均2.5tの石材を約280万個積み上げてできている。底辺の長さは230m，高さは146mである。この「ギザの三大ピラミッド」の周辺には葬祭殿，流域神殿，参道，スフィンクスなどが建ち並び，ピラミッド複合体を形成していた。

ヒエログリフ

ジャッカルの頭をもつアヌビス神　魂を食う獣　鳥の頭をもつトト神(手に書記のパレットをもつ)　鳥の頭をもつホルス神　冥界の神オシリス

死者

↑4「死者の書」　ミイラはパピルスに描かれた死者の書とともに墓に納められた。これは死者のための冥界への案内書である。写真は死者が生前に行った罪が審問される場面。アヌビス神の案内で死者の心臓が天秤にかけられ，審問で真実を語ればホルス神がオシリス神のもとへ通行させ，偽りを語れば死者の魂が獣に食われるという状況を描いている。(大英博物館蔵)
◉P.296史料

世界史の交差点
ツタンカーメン王墓の発掘

テーベ近郊の王家の谷は，新王国時代のファラオの墓があった場所であるが，同時代から盗掘で荒らされていた。イギリスの考古学者カーターは，1922年，未盗掘のままのツタンカーメンの王墓を発見した。9歳で即位し，18歳で亡くなったツタンカーメンのミイラは黄金のマスクをつけて，三重の黄金の棺の中に納められていた。

↑5ツタンカーメンの黄金マスク(カイロ，エジプト博物館蔵)

3 新王国時代のエジプト

●アマルナ美術
(高さ396cm，石灰岩製，カイロ，エジプト博物館蔵)

→6アメンヘテプ4世(アクエンアテン)像
第18王朝アメンヘテプ4世は，都をテル＝エル＝アマルナに遷して政治の革新を行った。写実主義的なアマルナ美術は，その象徴。彼は「アマルナ外交」といわれる平和外交を進め，同盟国ミタンニの王女ネフェルティティと結婚した。のちのツタンカーメン王は，彼の女婿である。

↑7CGによるネフェルティティの復元(ミイラより)

←8ネフェルティティ像
(高さ50cm，ベルリン国立美術館蔵)

血世界遺産

↑9アブ＝シンベル神殿　第19王朝のラメス2世は，積極的な対外進出政策で知られる。ヒッタイトとカデシュで戦い，「戦勝記念」としてナイル上流にアブ＝シンベル神殿を建設した。＊1964〜68年，アスワン＝ハイ＝ダム建設に伴い，ユネスコ協力下に60m上の丘の上に移転した。

●パピルスの加工法

↓10パピルス　高さ2mほどの葦の一種パピルスは，その三角形の茎を薄く切って2層に重ねて叩きながらはり合わせることで，紙のように加工された。

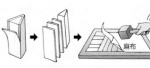

麻布

茎の外皮をむく　→　髄を薄く切る　→　縦横の2層にして強くたたく

4 エジプトの文化

分野	概要
暦法	太陽暦，十進法
建築	ピラミッド，オベリスク，スフィンクス
測地術	ギリシアの幾何学に発展
宗教	多神教(太陽神ラー，アモン＝ラー信仰)
	来世的傾向(ミイラ，「死者の書」の副葬)
文字	神聖文字，神官文字，民用文字，パピルスに記録，ロゼッタ＝ストーン(◀P.47)
美術	アマルナ美術

シリア・パレスチナ(地中海東岸部)

レヴァント

★商業ネットワークの成長が、オリエント世界の統合や文字・宗教の発達を促す要因ともなった。

1 地中海東岸部と「海の民」

『旧約聖書の時代』刀水書房

- 小アジア
- キプロス
- ウガリット
- フェニキア
- フェニキア人の海上貿易の拠点
- ゲバラ（ビブロス）
- ベリトス（ベイルート）
- シドン
- ティルス
- カデシュ
- シリア
- アラム
- ダマスクス
- アラム人の内陸貿易の拠点
- ヘブライ人の「出エジプト」推定路
- 地中海
- ナザレ
- サマリア
- イェリコ
- イェルサレム
- ベツレヘム
- ガザ
- イスラエル王国
- ヘブライ王国の首都
- メンザレ湖
- タニス
- ユダ王国
- ペトラ
- シナイ
- 紅海横断の伝説の背景と推定される場所
- シナイ半島
- モーセの「十戒」の伝承
- 紅海
- シナイ山
- 0 75 150km
- ■ ダヴィデ王・ソロモン王時代のヘブライ王国

解説 レヴァント（地中海東岸部。11世紀以降の呼称）は、海と砂漠にはさまれ、狭くて長い海岸平野がのびている。ここでは強大な領域国家の形成が難しく、周辺の強国の争奪の対象とされた。その中で人々は、陸・海の貿易に活路を見出し、大いなる文化遺産を残した。

↑1 捕虜となった「海の民」 前13〜前12世紀にアナトリアの地中海沿岸の人々が、船団を組んで移住を開始した。この雑多な集団「海の民」の襲来により、地中海東岸地方のヒッタイトとエジプトの勢力は後退し、セム系3民族が独自の活動を展開していった。（写真はルクソールのラメス3世葬祭殿の浮き彫り。）

2 フェニキア人とアラム人 (●P.67)

→2 フェニキア人の船 「海の民」との接触により海洋民族となったフェニキア人は、レバノン杉を船材として、1本マストと四角い帆をもつ船を建造し、地中海交易に活躍した。大体一日で航行できる距離に居留地がおかれ、アラビア、アフリカの香料、金銀、象牙、フェニキア製のガラス製品などが各地にもたらされた。

前1500年頃	前11世紀中頃	前4世紀頃	前1世紀頃
原シナイ文字	フェニキア文字	ギリシア文字	ラテン文字
牡牛の頭	アレフ	アルファ	アー
家	ベート	ベータ	ベー
かど	ギメル	ガンマ	ケー

↑3 レバノン共和国国旗 レバノン杉がモチーフ。

↑4 フェニキア文字 フェニキア人はエジプト象形文字、シナイ文字を経て、22の子音からなる線文字のフェニキア文字をつくった。その一派はアラム人やヘブライ人に採用され、もう一派はギリシア人に受容されて母音を付加したアルファベットの起源となった。

→5 アラム文字 アラム人の内陸貿易での活躍の結果、アラム語は西アジアでの共通語となった。アラム文字はフェニキア文字の影響を受け成立し、楔形文字にとってかわった。また、ヘブライ文字やアラビア文字の母体となった。

西アジア

探究のヒント

3 ヘブライとユダヤ教 (●P.75)

●ヘブライ王国の歴史

以降●P.52・239

- 前3000〜前1800頃 セム系カナーン人がパレスチナに都市国家建設
- 前1500頃 ヘブライ人がパレスチナに定住（始祖アブラハム）
- 前13世紀 預言者モーセの「出エジプト」（十戒）
- 前1200頃 「海の民」（ペリシテ人）と抗争
- 前1020頃 ヘブライ王国時代（サウル・ダヴィデ・ソロモンの3代）
- 前10世紀半 イェルサレム神殿建設 ☆ソロモンの栄華
- 前922頃 北のイスラエル王国、南のユダ王国に分裂
- 前722 イスラエル王国、アッシリアにより滅亡
- 前586 ユダ王国、新バビロニアにより滅亡（「バビロン捕囚」）
- 前538 アケメネス朝キュロス2世、「バビロン捕囚」解放 ☆イェルサレム神殿再建
- 後70 イェルサレム神殿破壊（ローマによる）

●『旧約聖書』

成立	前4〜前2世紀に正典化が進行。全24巻
呼称	『旧約聖書』とはキリスト教側からの呼称 ユダヤ教では唯一の聖書である
言語	ヘブライ語（のちギリシア語・ラテン語へ翻訳）
構成	①律法（モーセ五書）=「創世記」「出エジプト記」「レビ記」「民数記」「申命記」 ②預言=「列王記」「エレミヤ書」など ③諸書=「詩篇」「ヨブ記」など

←6「創世記」に描かれた最初の人類 『旧約聖書』では、神が土くれ（アーダマー）から最初の人類であるアダムとエヴァ（イヴ）を創造したと描かれている。二人はヘビにそそのかされて禁断の果実を食べ、楽園を追放されてしまう。（スペイン、エル=エスコリアル宮殿図書館蔵）

Key Person モーセ

モーセの生涯については、『旧約聖書』の「出エジプト記」に詳しいが、エジプトでファラオ、ラメス2世の圧政に苦しんでいたヘブライ人（自称イスラエル人）を率いてエジプトを脱出し、「約束の地」カナーンまで導いたとされる。その途次、神ヤハウェがシナイ山に降りてきて、モーセに「十戒」を授けたとされる。神との出会いによってうち立てられた関係は、契約という概念で表現されるようになる。近年の研究の結果、聖書の記述は何らかの歴史的事実を踏まえたものが多いことが明らかにされ、モーセについてもその実在性が高まっている。

↑7 ミケランジェロ作「モーセ」 （ローマ、サン=ピエトロ=イン=ビンコリ聖堂蔵）

●モーセの十戒

わたしはヤハウェ、あなたの神、あなたをエジプトの地、奴隷の家から導き出したものである。

1. 他の神々が、あなたのためにわたしの面前にあってはならない。
2. あなたは自分のために像を作ってはならない。
3. あなたは、あなたの神ヤハウェの名を、空しいことのために唱えてはならない。
4. 安息日を覚え、これを聖別しなさい。
5. あなたはあなたの父と母を重んじなさい。
6. あなたは殺してはならない。
7. あなたは姦淫してはならない。
8. あなたは盗んではならない。
9. あなたはあなたの隣人に対し、嘘の証言をしてはならない。
10. あなたはあなたの隣人の家を欲しがってはならない。

（『旧約聖書・出エジプト記』岩波書店）

↓8 シナイ山（標高2,285m）

二つに裂けた紅海

モーセ

↑9 紅海の奇跡（映画「十戒」） 「出エジプト」の途次にエジプト兵の追走を受けたヘブライ人の前で、紅海が二つに裂けて彼らを助ける神の奇跡がおこったという。（1956年、アメリカ作品）

4 シリア・パレスチナの文化

アラム	内陸部の通商活動（アラム語は西アジアの共通語に）アラム文字→東方に広がる
フェニキア	地中海での海上交易、造船・航海術 フェニキア文字→西方に広がる
ヘブライ	一神教（ユダヤ教）、『旧約聖書』→キリスト教・イスラーム教の母胎に ＊排他的選民思想に特色

イェルサレム

🏛世界遺産

←聖墳墓教会

🗺ガイド

イスラエル
シリア
イェルサレム
エジプト
ヨルダン

イスラエルの首都(国際的には未承認)。人口約85万人。ユダヤ教・キリスト教・イスラーム教の聖地。

1 三つの「聖地イェルサレム」

●イェルサレム市街地

— 1967年までの休戦ライン
ユダヤ人入植地
— 建設の進むイスラエルの分離壁

東イェルサレム

西イェルサレム

0 5km

↓イェルサレム旧市街地

イスラーム教徒地区
キリスト教徒地区
ヴィア゠ドロローサ(悲しみの道)

神殿の丘
聖墳墓教会
岩のドーム
嘆きの壁
アルメニア教徒地区
エル゠アクサ゠モスク
ユダヤ教徒地区

0 200m

(『朝日新聞』2004.2.16)

●イェルサレムの歴史(三大宗教の聖地になるまで)

前13世紀 **モーセの「出エジプト」** (◀P.51)

預言者モーセ、イスラエルの民を率いて、「約束の地」を求めて40年間放浪

前1000頃 **イスラエル統一王朝**

ダヴィデ・ソロモンの時に全盛期を迎える
第一神殿の建設

前586 **バビロン捕囚(〜前538)** (▶P.54)

新バビロニアのネブカドネザル2世により、イェルサレムが陥落し住民の多くがバビロンに移住させられた

前63 **ローマ支配下のイェルサレム** (▶P.69)

ヘロデ王がユダヤの王に任命される(前37年)
第二神殿の建設(前20年〜)
イエスが磔刑に処される(後30年頃)
ユダヤ戦争開始(66年) ローマ軍の攻撃でイェルサレム陥落、神殿破壊、「嘆きの壁」だけが残る
聖墳墓教会が建設される(335年)

638 **イスラーム支配下のイェルサレム** (▶P.122)

第2代カリフのウマルによりイェルサレムが陥落
岩のドーム建設(691年)

2 キリスト教の聖地「ヴィア゠ドロローサ」「聖墳墓教会」

せいふんぼきょうかい

◀解説 キリスト教の聖地としてのイェルサレムには、キリストが十字架を背負い歩いた道「ヴィア゠ドロローサ」(悲しみの道)と、彼が磔にあい絶命したゴルゴダの丘―現在の「聖墳墓教会」がある。(▶P.69)

(イラストは©Dorling Kindersley Ltd.―PANA)

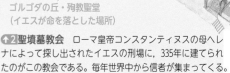

ゴルゴダの丘・殉教聖堂
(イエスが命を落とした場所)

▲1映画「パッション」の1シーン(2004年、米・伊作品)

▲2聖墳墓教会 ローマ皇帝コンスタンティヌスの母ヘレナによって探し出されたイエスの刑場に、335年に建てられたのがこの教会である。毎年世界中から信者が集まってくる。

●ヴィア゠ドロローサ

鞭打ち教会堂
エッケ゠ホモ゠アーチ
円柱街路
ヴィア゠ドロローサ
ヴェロニカの教会堂
聖墳墓教会堂
岩のドーム
贖い主教会堂

(『図説聖地エルサレム』河出書房新社)

イエスのたどった道

❶死刑の宣告を受けた場所
❷十字架を背負わされた場所
❸最初に倒れた場所
❹母マリアに会った場所
❺シモンが代わりに十字架を背負った場所
❻ヴェロニカがハンカチを差し出した場所
❼二度目に倒れた場所
❽娘たちが話しかけた場所
❾三度目に倒れた場所
❿衣が脱がされた場所
⓫磔刑にされた場所
⓬息を引き取った場所
⓭十字架より降ろされ、マリアが亡骸を受け取った場所
⓮墓に葬られた場所

西アジア

ヴィア=ドロローサ

岩のドーム

嘆きの壁

(写真 横山 匡)

③ ユダヤ教の聖地「嘆きの壁」

①解説 ユダヤ教の聖地としてのイェルサレムには，「嘆きの壁」といわれる**ヘロデ王**が再建した神殿の壁の一部がある。ローマからユダヤ王に任命された彼は，前20年に神殿を改築した。改築には80年あまりの歳月を要した。(**◯**P.69)

🏛 世界遺産

←3↑4「嘆きの壁」 幾たびもの受難の歴史を歩んだユダヤ教徒にとって，破壊を免れ，唯一残ったこの壁は，祖国再建のためのシンボルになっている。その祈りは４世紀以来続けられ，壁には願いを記した紙片が差し込まれている。感極まって壁に口をつける人の姿を見ることができる。

④ イスラーム教の聖地「岩のドーム」

①解説 イスラーム教の聖地としてのイェルサレムは，「岩のドーム」であるといわれる。ユダヤ教の聖地「嘆きの壁」に近接するこの寺院こそがメッカ，メディナとならぶイスラームの三大聖地の一つである。

🏛 世界遺産

←5岩のドーム ムハンマドが大天使ガブリエルに導かれ，天馬にまたがって飛来した場所。そこには岩があり，ムハンマドはその岩から光の梯子を登り，天国を訪れ，アッラーの御座（みざ）にひれ伏したという**コーラン**の逸話がある。691年，ウマイヤ朝第5代カリフ，アブドゥル＝マリクの命により，寺院が建てられた。聖なる岩を囲む形で16本の柱が立ち，大ドームを支えている。(**◯**P.127)

◯6「聖なる岩」

🏛 世界遺産

(©Fred Mayer/Magnum Photos Tokyo)

54 オリエントの統一

★強力な軍事力により，アッシリアは古代オリエント世界を最初に統一したが，早期に崩壊した。

① アッシリアからペルシアへ(興亡図)

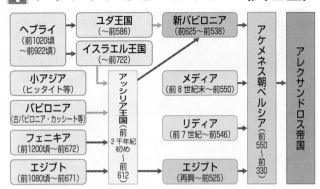

```
ヘブライ          ユダ王国        新バビロニア
(前1020頃        (～前586)      (前625～前538)      アケメ
～前922頃)                                          ネス朝
                 イスラエル王国                      ペルシア
小アジア          (～前722)                          (前
(ヒッタイト等)                  メディア             550       アレクサンドロス帝国
                 アッシリア      (前8世紀末～前550)   ～
バビロニア         王国                               前
(古バビロニア・    (前            リディア             330)
カッシート等)     2千年紀        (前7世紀～前546)
                 初め～
フェニキア         前                               
(前1200頃～前672)  612)         エジプト
                               (再興～前525)
エジプト
(前1080頃～前671)
```

② アッシリアの統一 (◀P.10)

◀解説 北メソポタミアのセム系**アッシリア人**は，前8世紀後半にバビロニア地方などの周辺部を征服し，前722年にはイスラエル王国を滅ぼし，前671年，エジプトを征服してオリエント主要部を初めて統一した。

➡2 復元されたニネヴェ(現モスル*)
アッシリア最後の都で，前7世紀半ばの**アッシュルバニパル王**時代，王宮内の図書館には，2万点ともいわれる神話・文学・語学などに関する粘土板文書が収集された。だが，虐殺や強制移住など，**あまりに苛酷な征服民支配**が反発を生み，新バビロニアとメディアの連合軍によって前612年ニネヴェは陥落，帝国は滅亡した。*2017年，モスルは崩壊したISILの拠点としても注目を浴びた。

↑1 アッシュルバニパル王のライオン狩り 古代のメソポタミアは現在より湿潤で，野生のライオンが生息していた。アッシリアのライオン狩りは王が行う宗教儀礼で，演出されたものであった。(高さ160cm，大英博物館蔵)

③ 4王国分立時代

➡3 バビロン捕囚
占領民の強制移住はアッシリア以来の伝統的統治政策であったが，新バビロニアの**ネブカドネザル2世**により滅ぼされたユダ王国の住民も，約50年間異郷で苦しい生活を強いられた。写真は捕囚のようすを描いたレリーフ。(大英博物館蔵)

←5 バビロンの復元図 新バビロニアがつくった7階建て高さ90mのジッグラトは，『旧約聖書』では**「バベルの塔」**(人間の欲望と傲慢の象徴)の故事で名高い。八つの門の一つ，イシュタルは「豊穣の女神」の名。「空中庭園」をもつ周囲13kmのバビロンは大いに繁栄し，ネブカドネザル2世の治世は「バビロンの栄華」と呼ばれた。

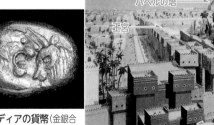

↑4 リディアの貨幣(金銀合金) リディア王国は，オリエント世界とギリシア世界を結ぶ位置にあり，交易活動によって繁栄した。**世界最古の金属貨幣**はリディアで生まれた。

	地域	語族	都	年代，特徴
エジプト	エジプト	エジプト語系	サイス	～前525。第26王朝
リディア	小アジア	インド＝ヨーロッパ系	サルデス	前7世紀～前546 初めて**金属貨幣**が鋳造される
メディア	イラン高原	インド＝ヨーロッパ系	エクバタナ	前8世紀末～前550 イラン高原から小アジア東部を支配する
新バビロニア	メソポタミア，地中海東岸部	セム系	バビロン	前625～前538 別名**カルデア王国**
	ネブカドネザル2世(位前604～前562) ○壮大な建築事業「ジッグラト」「空中庭園」「イシュタル門」 ☆ユダ王国を滅ぼし(前586)，「**バビロン捕囚**」を行う			

探究 アケメネス朝ペルシアが帝国内諸民族を統治するための支配体制について，具体的にあげるとともに，先行するアッシリアと比較した特徴について，説明しなさい。〔160字程度〕 類題：首都大学東京

★イラン高原から全オリエント世界を再統一したアケメネス朝は，優れた統治政策で帝国支配を存続した。

1 アケメネス朝ペルシアの統一

（『アレクサンドロス大王』平凡社）

凡例
- — 王の道
- 成立期のペルシアの領土
- キュロス2世の征服地
- カンビュセス2世の征服地
- ダレイオス1世の征服地

◆解説 ダレイオス1世が建設した軍道で最も名高い「王の道」には，スサ～サルデス間の約2,500kmに111の宿駅が設けられた。スサは行政首都，サルデスは旧リディアの首都であり，その間の古代オリエントの要地をつなぐ道だった。

●アケメネス朝ペルシアの歩み

キュロス2世（位前559～前530）
☆メディアから独立，リディア，新バビロニアを併合

カンビュセス2世（位前530～前522）
前525 エジプトを征服する＝全オリエントの統一

ダレイオス1世（位前522～前486）最盛期
☆エーゲ海沿岸からインダス川にいたる大帝国に発展
☆帝国支配の基盤である中央集権体制を確立
○新都ペルセポリス造営　都はスサ，ペルセポリス，エクバタナなど

前5世紀 ギリシア遠征（ペルシア戦争）が失敗

ダレイオス3世（位前336～前330）
前330 アレクサンドロス大王の東方遠征により滅亡

◆解説 イラン高原南西部からおこったアケメネス朝は，前525年に全オリエントを統一し，東はインダス川から西はエーゲ海北岸まで及ぶ，史上初の「世界帝国」を実現した。アケメネス朝は，その後東地中海の古代ギリシア世界との間でペルシア戦争（◆P.61）をおこしたが，前330年マケドニアのアレクサンドロス大王（◆P.62・63）により滅ぼされた。

2 ダレイオス1世の時代

Ⅲ 世界遺産

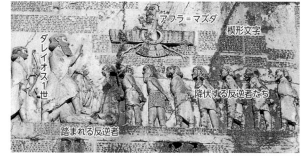

←1 ベヒストゥーン碑文
カンビュセス2世が，王位簒奪者の出現による内紛のさなかに倒れると，傍系のダレイオスが即位を宣言した。帝国各地の反乱を1年の間に鎮圧し，戦勝記念としてベヒストゥーンに碑文を刻ませた。19世紀にイギリスのローリンソン（◆P.47）が解読に成功し，楔形文字研究の道を拓いた。

●中央集権的統治体制の確立　探究のヒント

①全国を20あまりの州に分け，軍民両権を掌握する知事（サトラップ）を派遣，統治
②王直属の監察官「王の目」「王の耳」を派遣→サトラップを監督
③スサに行政の中心をおき，「王の道」を建設→駅伝制整備
④被征服民には寛容な政策→固有の言語，宗教，伝統，慣習を容認
⑤フェニキア人，アラム人の商業活動を保護
⑥アラム語が公用語，貨幣を統一

→2 ダリック金貨 ダレイオス1世は，すでに行われていたリディアでの貨幣鋳造を受け継ぎ，矢を射ている自らの姿を描いた金属貨幣を発行した。

Ⅲ 世界遺産

↑3 ペルセポリス遺跡 ダレイオス1世が建設を始めた祭都。春分の頃に新年祭が行われ，帝国各地から使者が朝貢に訪れた。写真の謁見殿（アパダーナ）は宮殿の一番重要な場所で，帝国内の諸民族の代表や外国の使節がアケメネス朝の王に謁見した。当時は，高さ約20mの円柱72本が天井を支えていたとされる。出入口の階段には，各地から献上の品を運んできた使者のようすがレリーフ（浮き彫り）で描かれている。（造営期前6世紀～前5世紀。大基壇455m×300m。イラン）

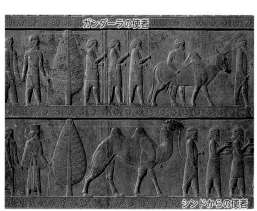
ガンダーラの使者
シンドからの使者

←4 ペルセポリス宮殿のレリーフ
宮殿跡の謁見の間の東には王に進貢する属州の使者が描かれている。

世界史の交差点
ゾロアスター教の広まり

多民族を統合した帝国は各宗教に寛容で，ゾロアスター教（拝火教）（◆P.73）も各地に広がった。のちにゾロアスター教とキリスト教，仏教とが融合して生まれるマニ教の背景にも多元な宗教共存の土壌がある。右は中央アジアのオクソス川（現アム川）周辺から出土したもの。ゾロアスター教の祭司が祭儀で使用する木の束を持っている。

↑5 黄金板レリーフ
（高さ15cm，大英博物館蔵）

★エーゲ海域は古代オリエント文明の影響も受けつつ，ギリシア文明の祖型を形成した。

1 エーゲ海とギリシア人の世界

●主要遺跡とアカイア人の南下

アカイア人の最初の南下（前20世紀頃）
＝イオニア人・アイオリス人として分布
→ドーリア人の南下（前12世紀末頃）

前1600頃～前1200頃　ミケーネ文明

前2000頃～前1400頃　クレタ文明

前1250頃　トロイア陥落

凡例
・旧石器時代～クレタ，ミケーネ文明時代の主要遺跡
□アカイア人の定着地（ドーリア人侵入以後の分布）
■ドーリア人の定着地
■イオニア人の定着地

●エーゲ文明の歩み 以降▶P.61

前2000頃　アカイア人がバルカン半島北部から南下
　☆クレタ島で大宮殿建造（クレタ文明）

前1600頃　ミケーネ文明が勃興
　☆広範な交易ネットワークを形成し，琥珀をバルト海沿岸から，錫をブリテン島から輸入

前1400頃　ミケーネがクレタ文明を滅ぼし，小アジアにも進出

前1250頃　ギリシア連合軍がトロイアを滅ぼす

前1200頃　「海の民」が東地中海一帯に襲来（◀P.51）
　　　　　ドーリア人が南下する
　☆ギリシア本土のミケーネ諸文明が崩壊

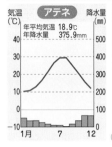

アテネ
年平均気温　18.9℃
年降水量　375.9mm
（気象庁資料による）

↑1 エーゲ海　穏やかな海と点在する多くの島が海上交通を発展させた。

↑3 オリーヴの収穫　古代ギリシアのオリーヴの収穫のようす。前520年頃の黒絵式の壺。（高さ40.5cm，大英博物館蔵）

↑2 オリーヴ　山がちで夏の高温乾燥が激しく，穀物生産に向かないギリシアでは，オリーヴ，ブドウ，イチジクなどの果樹生産が中心であり，特にオリーヴは「古代のバター」と呼ばれる重要な栄養源だった。

2 クレタ文明・ミケーネ文明・トロイア文明

	クレタ文明	ミケーネ文明	トロイア（トロヤ）文明
時期	前2000頃～前1400頃	前1600頃～前1200頃	前2600頃～前1250頃
利器	青銅器	青銅器	青銅器
中心地	クレタ島…クノッソス，ファイストス	ギリシア本土…ミケーネ，ティリンス	小アジア…トロイア
民族	不明	アカイア人（ギリシア系）	不明
遺跡	クノッソス宮殿	ミケーネの城壁，獅子門	トロイアの城壁
政治経済	オリエント的な中央集権体制を整備　ギリシア本土，シリア，エジプトとの海上交易	小国家の分立　貢納王政　商業は未発達で農耕中心，共同体的土地所有	強大な王権，オリエント的専制
美術	花鳥・海洋動物・宮廷生活を描く壁画，陶器（写実的，流動的）	戦士・馬・狩猟などの壁画，黄金製の仮面，金銀杯（戦闘的）	黄金製・銀製の装身具・王冠
文字	絵文字，線文字A（未解読）（◀P.47）	線文字B（1952年，ヴェントリスが解読）（◀P.47）	
滅亡	アカイア人により滅亡	「海の民」（◀P.51）の攻撃など複数の要因により滅亡	ミケーネ文明により滅亡
発掘者	エヴァンズ（英）1900年	シュリーマン（独）1876年	シュリーマン（独）1870年

↗4 クレタ文明の壺　クレタ文明の壺にはタコ・イルカなどの海洋動物が描かれ，明るい海洋文明であったことが伝わってくる。（前1450～前1400頃，アシュモレアン博物館蔵）

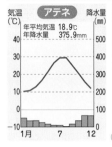

↗7 黄金の仮面　シュリーマンによってミケーネの遺跡から発見され，「アガメムノンの仮面」と名付けられたもの。（高さ31.5cm，アテネ国立考古学博物館蔵）

↗9 シュリーマン　少年時代に読んだホメロスの詩を歴史的事実であると信じた彼は，富裕な商人となり，44歳にして考古学に転じ，トロイア遺跡やミケーネの城塞を発掘した。主著『古代への情熱』。

↘5 ギリシア神話にみられるクレタの伝説

ゼウスとエウロペの子，ミノスがクレタの王となったが，その妃が牡牛と交わり半牛半人の怪物ミノタウロスを産んでしまう。ミノスはアテネから9年ごとに14人の男女を人身御供として差し出させ，迷宮の怪物の餌とした。写真は英雄テセウスによるミノタウロス退治を描いた皿絵。（前5世紀，大英博物館蔵）

→6 クノッソス宮殿

イギリス人エヴァンズにより22,000㎡の土地に1,500以上の部屋をもつ複雑な宮殿が発掘された。城壁のない開放的な空間に水洗便所などの機能が設けられていた。

↓8 ミケーネの獅子門

🏛世界遺産

↓10 トロイアの木馬　トロイア伝説の木馬を想像復元した現代の模型。

🏛世界遺産

★地中海各地に，ギリシア人の
　ポリスが多数築かれていった。

? 探究 諸ポリスに分立しつつも，文化的には一つの民族であるとしたギリシア人の共通認識について，具体的な例をあげて述べなさい。[100字程度]　類題：東京大学

1 暗黒時代からポリスの形成へ

解説 ミケーネ文明崩壊後，前8世紀頃までは文字の知識が失われた史料のない時代(暗黒時代)[初期鉄器時代]に入った。この間のようすは当時の陶器など遺物やホメロス詩に残された痕跡によって知るほかないが，ギリシア各地で王政から貴族政へのゆるやかな移行があったものと推測される。

前8世紀頃　貴族を中心に**アクロポリス**(「城山」の意)の麓に**シノイキスモス**(「集住」)して，**ポリス**(「都市国家」)を形成(1,000以上)

↓
・私有地(クレーロス)を割り当てられた成年男性のみが市民(ポリスの正規構成員)
・アテネでは，前8世紀半ばに王政から貴族政に移行する
・スパルタは集住して先住民を征服。マケドニアはポリスを形成せず

前7世紀頃　植民活動と商工業及び貨幣経済の発達

↓
・**重装歩兵**の武具を自弁する富裕平民が台頭し，貧困化した市民も貴族政に不満を抱く
　→**民主政(デモクラティア)**の進展に向かう

←**1 ギリシアの壺**(紀元前8世紀頃)　この頃の陶器画はのちの具象的な絵柄と違い，幾何学文様に特色がある。ミケーネ文明滅亡後，ポリスが形成されるまでの過渡期のもの。(高さ155cm，アテネ国立考古美術館蔵)

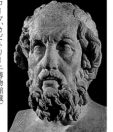
→**2 ホメロス**　トロイア戦争の口承をまとめた盲目の叙事詩人(伝)。(▶P.64)
(ローマ，カピトリーニ博物館蔵)

2 ギリシア人の植民活動

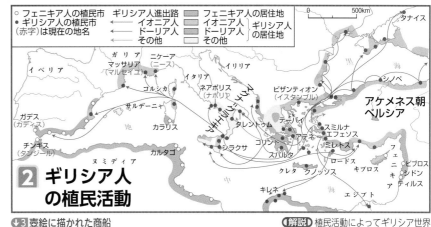
○フェニキア人の植民市　■ギリシア人進出路
●ギリシア人の植民市(赤字)は現在の地名
←イオニア人　←ドーリア人　←その他
フェニキア人の居住地　イオニア人　ドーリア人　その他 ギリシア人の居住地
0　500km

イベリア　ガリア　ニケーア(ニース)　イリリア
マッサリア(マルセイユ)　イタリア
コルシカ　ネアポリス(ナポリ)　ビザンティオン(イスタンブル)　シノペ
ガデス(カディス)　サルデーニャ　ロードス　スミルナ　エフェソス　アケメネス朝ペルシア
チンギス(タンジール)　カラリス　タレントゥム　テーバイ　アテネ　エレトリア
ヌミディア　カルタゴ　シラクサ　コリントス　スパルタ　ミレトス
キレネ　クレタ　クノッソス　キプロス　ビブロス　シドン　ティルス
エジプト

解説 植民活動によってギリシア世界が地中海一帯に拡大すると，地中海を舞台としたギリシア人の海上交易が活発に行われるようになった。ギリシアはオリーヴ油・ブドウ酒・陶器などを輸出し，穀物などを輸入した。交易は経済の活発化をもたらし，富裕化する平民が現れる一方，没落する平民も現れた。こうした変化を背景に民主政治は成立していった。

↓**3** 壺絵に描かれた商船

→**4 重装歩兵**(▶P.61)　青銅製の甲冑，すね当てをまとい，鉄製の長槍と青銅張りの円形の楯で武装した歩兵が，密集隊形(ファランクス)を組み，敵と戦った。商工業の発達で武具が安価になると，平民たちは自弁で武器をそろえ，従来の貴族の騎兵に代わって戦力の中心となり政治的地位を高めた。(前7世紀，ローマ，ヴィラ＝ジュリア美術館蔵)

3 ギリシア人の同胞意識

解説 古代ギリシアではポリスは政治的には分立したが，ともに英雄ヘレンの子孫であるという同胞意識をもっていた。ギリシア人の同胞意識を強めたものには，隣保同盟やデルフォイの神託などがあった。また，ゼウス神崇拝が広まる中，神殿所在地のオリンピアではオリンピアの祭典と競技が行われた。

探究のヒント

🏛世界遺産
↑**5 デルフォイのアポロン神殿**　パルナッソス山の南麓にあり，ここでの神託が前8世紀頃から重視され，為政者は植民活動の成否など重要な政治的決定についての神託を伺った。一帯には記念物や劇場などが建ち並んだという。神託は巫女が韻文で伝え，聖地の管理は中部ギリシアの隣保同盟が行った。

←**6 オリンピアの祭典**　オリンピアの祭典は最高神ゼウスの祭礼として4年に一度のギリシア民族の祭典となった。競技期間中は戦争も中止され，競技にはポリス市民の男性だけが全裸で参加した。女性は完全に排除された。(コペンハーゲン，国立美術館蔵)

→**7 アテネオリンピック女子マラソンで優勝した野口みずき選手**(2004年)　マラソン競技は，マラトンの戦いでのアテネの勝利を伝えるためにアテネの若者がマラトン〜アテネ間約40kmを走りぬいた末に「わが軍勝てり」と述べて絶命した故事にならったものである。今日のマラソン競技の由来となっている。

ATHENS 2004

古代ギリシアの巫女に扮した女性
←**8 アテネ五輪の採火式**(2004年)　近代オリンピックの採火式も，古代ギリシアにならって，巫女に扮した女性により，なされている。

→**9 バルバロイの仮面をつけた喜劇役者像**　ギリシア人は自らを**ヘレネス**，異民族を**バルバロイ**と呼んだ。後者は「聞き苦しい言葉を話す者」の意で，軽蔑の意味が含まれていた。右は前6世紀のもの。(アテネ国立考古博物館蔵)

探究のヒント

ルーツ　「barbarian」：英語の"野蛮人"(barbarian)は，バルバロイに由来する。

Ⅲ 世界遺産

ニケ神殿

エレクティオン

円形劇場の跡

●ガイド

ギリシア
アテネ

ギリシアの首都。人口約66万人。アクロポリスを中心に広がる城壁の内部は，古典期のみならず，現在の都市機能に生きている。

1 古典期のアテネ

リカベトス山

アクロポリス

長城

ピレウス港

アテネ

↑1 アテネとピレウス港 アテネの中心から南西8kmにあるピレウス港は，前493年に**テミストクレス**（▶P.60）が海軍基地としてから，アテネの外港として発展した。アテネの中心である**アクロポリス**と南北の長城で結ばれ，地中海世界との交易での重要な窓口であった。また，アテネの覇権を支える軍事基地としての役割を果たした。

● アテネ市街図

300m

城壁

城壁の外に佐賀県と同規模の領域が広がり，前5世紀半ば，人口の5分の3が居住していた。

人口は前432年の時 21万5,000～30万人（うち市民55%，奴隷33%。ただし市民は家族を含む）

ディピュロン門
聖門
聖道
評議会場
ストア＝ポイキレ
ヘファイストス神殿
アゴラ
ピレウスへの道
牢獄
トロス（評議員が常駐する円形の建物）
アレオパゴスの丘（貴族政時代の評議会場）
民衆裁判所
ペイシストラトスの泉
プニュクスの丘（民会議場）
エレクティオン
アクロポリス
ニケ神殿
パルテノン神殿
ディオニソス劇場
オリンピアのゼウスの神殿

上写真の撮影方向

（『世界の歴史5』中央公論社，『古典期アテネの政治と社会』東大出版会）

Ⅲ 世界遺産

↑2 空から見たアクロポリス

アクロポリス

アゴラ

● アテネ市民の一日

早朝	起床
	朝食（アクラーティスマ）生のワインにパンを浸して食べる
午前9時頃	アゴラの市場で，食材を買う。そのついでに政治談義や哲学論争が行われた（この時間が一番アゴラがにぎわう）。女性が表に出ることはほとんどなく，買い物も男性の仕事
12:00	**昼食**（アーリストン）
日没後	**宴会＝夕食**（デイプノン）
	《前菜》オリーヴ，ニンニク，ラディッシュを添えたウニ《メイン》マグロのハーブ詰め，チーズとアニスの実で味付けした肉《つけあわせ》野菜，ニンニク，果物，タンポポのサラダ《飲み物》ワイン
	宴会には妻が参加することは許されていなかった。しかし，ヘタイラ（話し相手）と呼ばれる教養の高い遊女が招待された。そこでは踊りや音楽や会話が楽しまれた。にぎやかな宴会が終わると，女たちは返され，男たちはさらに哲学の論争を続けた。

←3 アゴラでの政治談義 成年男性全員が参加する直接民主政をとったアテネでは，**アゴラ**（広場）が政治談義の舞台であった。アゴラはアクロポリスの北側にあり，広場を囲む周囲にはブレウテリオン（評議会場），トロス（当番評議員詰所），メトロオン（公文書館）など公共施設が整えられており，人々はこの社交の場で熱心に政治談義を交わした。

パルテノン神殿
リカベトス山
城壁
ディオニソス劇場

2 パルテノン神殿

世界遺産
復元図

↑4 **パルテノン神殿**(➡P.64) 劇場，門，列柱など，ギリシア美術の至宝がぎっしりと詰まったアクロポリスの丘で，その中心が**パルテノン神殿**である。パルテノンとは「処女の部屋」の意。アテネの守護神**アテナ**が祀(まつ)られていた。設計は**フェイディアス**(➡P.64)。建設費用は当時ペルシア防衛のために集められた**デロス同盟**の資金が流用された。この神殿の建設にはアテネで発言力を強めた無産市民の失業対策というねらいもあった。(➡P.61)

●破風(はふ)

↑6 **エルギン＝マーブルズ** 大英博物館が世界に誇るエルギン＝マーブルズは，イギリスの駐トルコ大使エルギンによって19世紀にイギリスに運ばれた古代彫刻の大コレクションの総称をいう。エルギンはトルコ政府から，勅許状(ちょっきょじょう)を入手し，アクロポリスから多くの美術彫刻を運び出した。そのおもなものは，**パルテノン神殿の破風彫刻群像**，フリーズと**メトープの浮彫**，エレクティオン神殿の婦人像一体などギリシア美術の至宝ばかりであった。(高さ315cm，大英博物館蔵)

↓5 **アテネ市民とギリシア劇**(➡P.64) ギリシアにおける劇は，祭への奉納という形がとられた。その演目が一つの祭で27篇にも及ぶこともあり，合唱隊に直接参加した市民たちの人数も毎年1,000人を数えたという。アテネの演劇活動は，名実ともに共同体あげての大規模な営みであった。

世界遺産 ディオニソス劇場

●メトープ（浮彫板）

←7 怪物ケンタウロスと人間の争いを描いたメトープ

●巧みな設計「パルテノン」

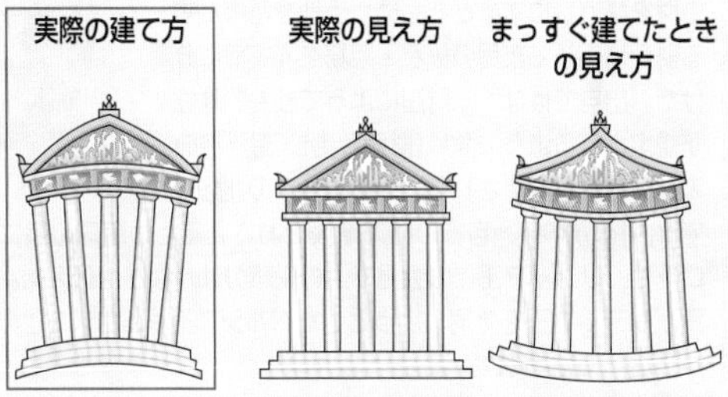
実際の建て方
実際の見え方
まっすぐ建てたときの見え方

解説 パルテノン神殿には，人間の視覚の特徴を考えた巧みな設計が施されている。基壇(きだん)や円柱を完全な水平や直角で建設すると，人間の目にはゆがんで見えてしまう。そのため，基壇は中央を僅(わず)かに膨(ふく)らませて建てられた。また，円柱も中央部分を僅かに太くすることで，重圧感を和らげ，軽快な印象を与えている。

民主政の発展

★市民が重装歩兵として活躍したことが，アテネの民主化を促した。

1 アテネ民主政の歩み

P.56◀以前　以降▶P.63

暗黒時代	前2000頃	ギリシア人の祖先がバルカン半島から南下
	前1200頃	ドーリア人がバルカン半島北部から鉄器をもって南下　暗黒時代へ
貴族政の時代	前8世紀半	**ポリス**が各地に形成　☆地中海・黒海沿岸の**植民市**建設
	前700頃	**スパルタ**でリュクルゴスの改革(伝説)
	前7世紀	**重装歩兵**の密集隊形(ファランクス)確立
		☆商工業の発達による貧富格差から平民と貴族対立
	前621頃	**ドラコンの立法**(貴族の恣意的な法解釈を防止)
	前594	**ソロンの改革**
		☆**債務奴隷の禁止**，借財の帳消し，財産額に応じて権利を4区分(**財産政治**)
	前561頃	**ペイシストラトス**が**僭主政**を確立
	前510	僭主ヒッピアスが追放され，僭主政が終わる
アテネ民主政の進展	前508	**クレイステネスの改革**
		☆10部族(区)制で貴族の権力基盤を崩す，**陶片追放(オストラキスモス)**，弾劾裁判制度
	前500	イオニア植民市の対ペルシア反乱(～前494)

ペルシア戦争(前500～前449)

	前492	**ダレイオス1世**(P.55)が第1回ペルシア戦争を始める
	前490	第2回ペルシア戦争において，ミルティアデス率いるアテネ軍が**マラトンの戦い**で勝利
	前480	クセルクセス1世が第3回ペルシア戦争を始める
		☆テルモピレーの戦いでスパルタ軍全滅
		☆**サラミスの海戦**で，**テミストクレス**(P.58)率いるアテネ海軍が勝利(漕ぎ手の**無産市民**の活躍)
	前479	プラタイアの戦いでギリシア側が完勝
	前478頃	**デロス同盟**結成→アテネ民主政の財政基盤に
民主政の完成	前462	**ペリクレス**らが政変をおこし，**民会・評議員会・民衆法廷**を確立(エフィアルテスの改革)
	前451	市民権法が成立　前449　カリアスの和約(伝)
		☆**ペリクレス時代**(前443～前429:くじ引きによらない将軍職に就任，アテネを指導)
	前447	**パルテノン神殿**建立(～前432)

ペロポネソス戦争(前431～前404)

動揺と衰退	前431	アテネとスパルタのあいだでペロポネソス戦争始まる
	前404	スパルタ軍の支援でアテネに30人僭主政権成立
一時的復活	前403	アテネ民主政が復活する
		☆民主政の立法化が進展する一方，**ソクラテス**を処刑
衰退	前371	レウクトラの戦いで**テーベ(テーバイ)**がスパルタを破る
	前338	**フィリッポス2世**のマケドニアが**カイロネイアの戦い**でアテネ・テーベ連合軍を破る

2 アテネとスパルタ

📖探究のヒント

	アテネ(イオニア人)	スパルタ(ドーリア人)
ポリス形成	貴族中心の**集住**(シノイキスモス)	集住と先住民の征服
社会構成	アテネ市民　在留外人(メトイコイ)　奴隷	スパルタ市民　周辺民(ペリオイコイ)　隷属農民(ヘイロータイ)
外交・軍事	**開放的・海軍主体**	**閉鎖的・陸軍主体**
経済	商工業や交易が振興し，市民も労働を担う	**農業中心**だが，市民は純然たる戦士で労働せず
奴隷制	市民の個人所有(債務奴隷・のち購買奴隷)	市民の共有(ヘイロータイ，征服奴隷に準ず)
学問・文化	ギリシア文化の中核	軍国主義で，ほとんど発達せず

● スパルタの国制

『世界の歴史5』中央公論新社による

```
┌──────────┐       ┌────────────────┐
│  監督役    │       │   長老会        │
│ ・5人     │       │ ・2人の王と28人の長老 │
│ ・国政運営の最高権限をもつ │  │ ・予備審議と民決定への拒否権 │
└──────────┘       └────────────────┘
   ↑選挙    統轄→    議案提出↑ ↓長老を選挙
┌────────────────────────────┐
│ 民会・スパルタ市民の30歳以上の男性全員 │
└────────────────────────────┘
            ↓支配
┌──────────┐
│ 周辺民(ペリオイコイ)│ 従軍・貢納の義務を負うが参政権なし
└──────────┘
┌──────────┐
│ 隷属農民(ヘイロータイ)│ 被征服民，人口は市民の10倍以上
└──────────┘
```

● スパルタ市民(男性)の一生

誕生	監督役が選別し，虚弱児はタイゲトス山の穴に捨てる
7歳	**集団生活**のなかで，読み書き・体育などを開始
12歳	本格的な**戦士の訓練**が始まり，肉体的鍛錬・規律を習得
	☆畑で労働するヘイロータイを襲撃・犠牲にする狩りも行われる
20歳	正規にスパルタ軍に編入され，兵営に常駐
30歳	兵営から離れ，家庭をもてるが，夕食は戦士同士で**共同会食**
60歳	兵役解除で，長老会の被選挙権を得る

(プルタルコス『英雄伝(上)』ちくま学芸文庫)

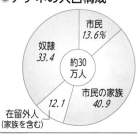

＊スパルタの特異な市民生活は，リュクルゴスによって定められたという。伝承上の人物で実在は疑問視されている。↑2 **スパルタ戦士胸像**(ウフィツィ美術館蔵)

● スパルタの社会構成

```
       △ スパルタ市民と
      ／＼  その家族 9,000人
 支配 ／──＼ 周辺民(半自由民)
  │ ／ペリオイコイ＼ 6万人
  ↓／──────＼
  ／  隷属農民    ＼
 ／(ヘイロータイ)20万人＼
───────────────
```

● アテネの人口構成

```
        市民 13.6%
 奴隷        市民の家族
 33.4   約30万人  40.9
        12.1
        在留外人(家族を含む)
```

📖解説 スパルタでは，人口でスパルタ市民の10倍以上を占める**ヘイロータイ**を支配するために，市民(スパルティアタイ)には集団会食やスパルタ教育などの厳格な制度が設けられた。ヘイロータイは財産・家族を認められたが，狩りの対象にもされた。

世界史の交差点

古代ギリシアの女性たち

アテネ市民の女性に参政権は認められなかった。彼女たちは母親の手で育てられ，学校に行くこともなく，14，15歳頃になると家格や持参金に応じて父親が決めた相手と結婚した(男性の結婚年齢は平均30歳前後)。家でも男性とは別の部屋で暮らし家事や育児に専念し，夫の来客であっても姿をみせることなく，祭礼以外に外出しなかった。市民でないアテネ女性には，教養を積んだ遊女(ヘタイラ)や産婆・乳母などの自立した女性もいた。一方，スパルタ市民の女性は健康な子どもを産むための身体づくりが奨励され，陸上や格闘などのスポーツに励んだという。

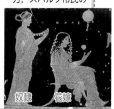

➡3 **婚礼の準備をする女性**(前5世紀の壺絵)

奴隷　花嫁

Key Person 賢人ソロン

(前640頃～前560頃)

アテネの名門貴族出身。**債務奴隷を禁止**し，**借財を帳消し**にするとともに，土地を基準とする財産に応じて市民の権利・義務を4等級に分けた。出自ではなく，財産によって社会的地位が規定されるようになり(**財産政治**)，最下層の人々の地位も保全された。ヘロドトスの『歴史』では，「改革の後，自らの権力増大をおさえるため諸国の旅に出たソロンは，リディア王との会見で人の栄華のはかなさを伝えた。その言葉がリディア王を処刑しようとしたペルシア王キュロス2世の心を動かした」と記述されている。

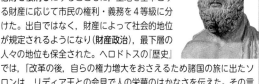

←1 **オストラコン**　クレイステネスが始めた**陶片追放(オストラキスモス)**では，僭主になるおそれのある者は10年間国外追放された。陶片にはテミストクレス(ΘEMIΣΘOKLEΣ)の名が読み取れ，実際，彼は追放された。(アテネ，アゴラ博物館蔵)

世界史の交差点

経済を支えた奴隷と在留外人

奴隷はホメロス時代のギリシアでは戦利品として略奪された女性がほとんどだったが，やがて男性の捕虜も殺されずに奴隷となった。全盛期のアテネではたいていの市民は一人二人の奴隷を所有し，農作業から教育まで従事させた。主人から優遇されて解放奴隷となったり，アイソポス(『イソップ物語』の作者)のように有名人となった奴隷もいたが，一般には「優れた人間(市民)に仕えるよう生まれついた者」として自由を剥奪されていた(▶P.298史料)。また，アテネの市民は商業を品のない仕事と考えており，やりたがらない仕事を請け負ったのが市民権をもたない在留外人(メトイコイ)たちだった。

↑4 **陶器をつくる粘土を掘る奴隷**(前6世紀初めの飾り板)

探究 ペルシア戦争のサラミスの海戦を経てペリクレス時代に至るアテネの国政や外交の変化について，説明しなさい。〔150字程度〕 類題：首都大学東京

★ペルシア戦争を経て，アテネの民主政は完成した。

1 ペルシア戦争（前500～前449）（◀P.55）

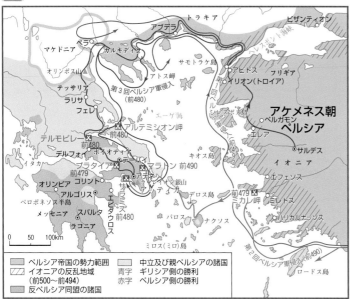

凡例：
- ■ ペルシア帝国の勢力範囲
- ▨ イオニアの反乱地域（前500～前494）
- ■ 反ペルシア同盟の諸国
- □ 中立及び親ペルシアの諸国
- 青字 ギリシア側の勝利
- 赤字 ペルシア側の勝利

探究のヒント

↓1 ギリシアの三段櫂船 ペルシア戦争の主力は，それまでの重装歩兵（◀P.57）ばかりではなかった。**サラミスの海戦**では，200隻の**三段櫂船**が出撃したが，乗員4万人を補充するためには，武具を自弁できない**無産市民**の協力も必要であった。戦後は彼らの発言力が高まった。舳先（船首）に青銅をかぶせた衝角で敵艦に衝突していったといわれる。

↓2 重装歩兵の密集隊形

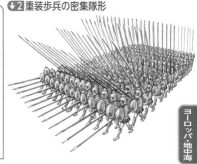

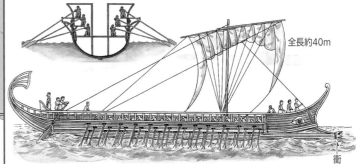

全長約40m　衝角

2 ペリクレス黄金時代

●アテネの国制

```
18歳以上の全男性市民
  ┌ 民会（みんかい）
  │ ・最高決定機関
  │ ・プニュクスの丘で，月4回，日の出とともに始まる
  │   ↑議案提出
  ├ 五百人評議会
  │ ・アゴラで開催
  │ ・予備審議
  │   抽選（50名×10部族）
  ├ 民衆裁判所
  │ ・陪審員が判決を決定
  │   抽選
  └ 財務官などの役人
    ・任期1年で再任なし
      抽選

選挙→ 将軍（ストラテゴス）（1名×10部族）
      ・軍隊の指揮・外交
      執政官（アルコン）
      ・9人
      ・民主政の進展とともに重要性を失う
      弾劾裁判

市 域／海 岸 地 域／内 陸 地 域
① ② ③ ④ ⑤ ⑥ ⑦ ⑧ ⑨ ⑩
10部族（区）制
〔『丘のうえの民主政』東大出版会による〕
```

探究のヒント

❶解説 アテネではペルシア戦争後に左図のような**直接民主政**が形成された。**民会**が最高決定機関で，役人は**抽選**で選出され，支配者と被支配者の区別が撤廃されていた。**将軍**のみは**選挙**で，再選も認められていたので**ペリクレス**が長期間アテネを指導したが，アテネの対外的な代表は評議員の中の当番が務めた。また，役人は常に弾劾裁判の目にさらされていた。

●アテネ民主政の特色

参政権は18歳以上の男性市民に限定
市民権は，両親ともにアテネ人である場合にのみ与えられた

直接民主政
参政権をもつもの全員が参加する民会が，最高議決機関

奴隷制に立脚
奴隷は総人口の3分の1に達し，生産活動に従事した。ポリスの民主政治やその文化は，奴隷労働によって生み出された余暇の上に成立した

〔『丘のうえの民主政』東大出版会〕

↑3 プニュクスの丘の民会議場

3 ペロポネソス戦争とポリス社会の崩壊

凡例：
- ■ アテネとその友好・同盟市
- ■ 前431年以後，スパルタのペロポネソス同盟市
- □ 中立市

世界史の交差点

デロス同盟とペリクレス

→4 ペリクレス（前495頃～前429）
（大英博物館蔵）

アテネはペルシアの襲来に備えてポリス間の同盟を提案し，前478年頃にデロス島に本部をおくデロス同盟を結成した（約150のポリスが参加）。同盟市は戦時には艦隊や兵員を提供するか同盟基金を支払う義務を負ったが，同盟の要職はすべてアテネ人で占められ，前454年には基金の金庫もアテネのアクロポリスに移されて私物化された。その時，アテネの指導者であったのがペリクレスである。彼は無産市民も含めた徹底した民主政を完成させ，パルテノン神殿再建をはじめとする文化の黄金時代を築いたが，それらの財源はほとんどが流用した同盟基金であり，離反しようとするポリスは武力で鎮圧したため，この時代のアテネを「海上帝国」と呼ぶこともある。

●ペリクレスの演説（トゥキディデス『戦史』）

われらの政体は他国の制度を追従するものではない。ひとの理想を追うのではなく，ひとをしてわが範を習わしめるものである。その名は，少数者の独占を排し多数者の公平を守ることを旨として，民主政治と呼ばれる。……われらはおのれの果敢さによって，すべての海，すべての陸に道をうちひらき，地上のすみずみに至るまで悲しみと喜びを永久にとどめる記念の塚を残している。（『世界の名著5』中央公論社）

●ポリス社会の崩壊（前4世紀）

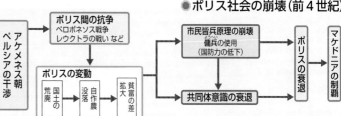

```
アケメネス朝ペルシアの干渉
  ↓
ポリス間の抗争
ペロポネソス戦争
レウクトラの戦い など
  ↓
ポリスの変動
国土の荒廃／没落自作農／拡大／貧富の差
  ↓
市民皆兵原理の崩壊
傭兵の使用
（国防力の低下）
  ↓
共同体意識の衰退
  ↓
ポリスの衰退
  ↓
マケドニアの制覇
```

① アレクサンドロスとブーケファロス
アレクサンドロス大王が騎乗するのは，
名馬ブーケファロス。

② ダレイオス3世と御者　ダレイオス3世
は四頭立ての戦車に乗っているが，表情は
恐怖のためにひきつっている。そばの御者
が鞭をふるって退却を始めている。

Gallery 〜世界史の見える画廊〜

「イッソスの戦い」
紀元前2世紀頃　モザイク壁画
271×512cm　ナポリ国立考古学博物館蔵

作品のプロフィール
　1831年，イタリアのポンペイ遺跡から出土した大壁画。紀元前333年11月，小アジアの**イッソス**でマケドニアの**アレクサンドロス大王**と，アケメネス朝ペルシアの**ダレイオス3世**の軍が初めて直接対決した場面を，臨場感とともに描いた古代モザイク画の傑作である。

● ダレイオス3世の家族への寛容
ーディオドロス（前1世紀のギリシア人歴史家）による

〔アレクサンドロス大王がダレイオス3世を破り，ペルシア軍が敗走する〕
　夜の闇が落ちると，ペルシア人たちはたやすく方々へ散らばって行った。マケドニア人は追撃をやめて略奪に取りかかったが，とりわけ豪華な富に惹かれて王の天幕に群がった。こうして大量の銀，少なからぬ金，おびただしい豪華な衣装が王の宝物庫から奪い去られた。（中略）とりわけその場にいる者たちの涙を誘い，憐憫の情をもよおさせたのは，ダレイオスの母と妻，適齢期の二人の娘，それに年端もゆかぬ息子であった。（中略）
　ある者がダレイオスの妻と母親のもとへ来て，アレクサンドロスがダレイオスの武器を奪い，追撃から戻ってきたことを知らせた。すると女たちの間から大きな叫びと泣き声が起こり，多くの捕虜たちもその報せを聞いて共に呻き，悲痛な声を上げた。女たちの苦悩を知った王は，朋友の一人レオンナトスを遣わして騒ぎを鎮め，ダレイオスは生きており，自分は彼女たちにふさわしい配慮をすると告げて，（母親の）シシュガンブリスらを慰めた。（中略）
　〔翌朝〕彼（アレクサンドロス大王）は慈愛あふれる言葉遣いでこの老女を母と呼び，不幸に打ちひしがれていた女たちに寛大な待遇がなされることを告げ知らせた。（中略）
　彼は彼女に王族の装身具を与え，彼女にふさわしい礼節を尽くしてかつての威厳を回復させた。（中略）また娘たちについては，ダレイオスが決めたのよりもっと立派な嫁ぎ先が得られるよう配慮すること，男の子は自分の息子として育て，王としての名誉を与えることを約束した。
（森谷公俊訳『アレクサンドロス大王の歴史』河出書房新社）

資料を読み解く

(1)戦いに敗れたペルシア軍は，ダレイオス3世の家族を置き去りにしたが，アレクサンドロス大王はダレイオスの家族にどのように接したのだろうか？

● アレクサンドロス大王の異文化受容 ープルタルコス（1〜2世紀のギリシア人著述家）による

〔アレクサンドロス大王がパルティア滞在中〕
　はじめて東方風の衣装をつけたが，これは一方では風習を同じくする同族者となれば大いに人々を順子する役に立つとして土着の慣習に自ら従おうと考えたか，一方では彼の生活様式の変化にマケドニア人を少しずつ慣らして跪拝礼に従わせる準備をしたのかであろう。（中略）ペルシア風，メディア風それぞれの中間をとって混ぜ合わせ，メディア風よりは豪奢でない，ペルシア風よりは華やかなのを作った。はじめは東方人やヘタイロイ（側近の者）を接見する時にだけ室内で着たが，やがてそのままで外出して馬に乗ったり演説したりして多くの人に見せた。（中略）
　こうして彼自身の生活様式を現地のものと一層同化させ，一方現地の人々をマケドニアの風習に近づけて，自分が遠くに行っている間も力によるよりも好意を通じて双方の混合と共同による方が問題の片がつくと考えた。このために三万の少年をえらんでギリシア語を習いまたマケドニアの武器で訓練することを命じ，多くの教官を置いた。
（村川堅太郎編『プルタルコス英雄伝』ちくま学芸文庫）

資料を読み解く

(2)マケドニア（ギリシア）人であるアレクサンドロス大王は，どのような姿勢で占領下の異文化と向き合おうとしていただろうか？

イッソスの戦い後

←1 **アモン神の角を載せた大王**　ペルシア側からの和議申し入れを一蹴した後，フェニキアを占領してペルシア艦隊を封じ，エジプトに入るとファラオの後継者として戴冠し，アモン神殿で「神の子」の神託を受けて神格化した。その間，**アレクサンドリア**を建設した。

（プトレマイオス朝期のコイン）

アケメネス朝の滅亡とその後
　前331年，アレクサンドロス大王は，メソポタミア北東のガウガメラで再びダレイオス軍と対決し（**アルベラの戦い**），決定的な勝利をおさめた。ダレイオス3世は敗走中にバクトリア総督により殺害され，アケメネス朝は滅亡した（前330年）が，この「王殺しへの懲罰」を理由に，アレクサンドロス軍は中央アジアからインダス川左岸までの征服を続行したのである。（**>**P.63）

後世への影響

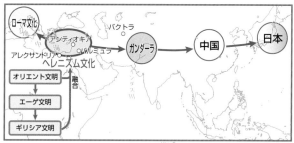

●**解説**　アレクサンドロス大王の遠征を契機にして，地中海から中央アジア・インダス川西岸部にまでギリシア人の制度や文化が移植され，旧来のアジア的な慣習や制度・文化との間に接触と融合が生まれた。**ガンダーラ美術**（**>**P.76）はその代表である。歴史上，もっとも劇的な文化変容である。

? 探究 アレクサンドロスの統治について, 異文化の受容や統合に着目して具体的に説明しなさい。[120字程度]

★アレクサンドロス大王は, ギリシア世界とオリエント世界を統合したヘレニズム世界を形成した。

1 ヘレニズム世界の歩み

A 前4世紀後半の西アジア

- アレクサンドロス大王の建設した都市
- アレクサンドロス大王の遠征路
- 将軍ネアルコスの帰路
- 将軍クラテロスの帰路

前338 カイロネイアの戦い
前334 グラニコス
前331 アルベラの戦い
前333 イッソスの戦い

フィリッポス2世時代のマケドニア
アレクサンドロス大王の征服地(前336～前323)
アレクサンドロス大王に従属した諸国

アレクサンドロス帝国

マウリヤ朝

0 250 500km

解説 マケドニアのアレクサンドロス大王は, ギリシアからインダス川に至る広大な領域を征服した。エジプト征服時, アモンの神託所で望みどおりの神託を受け, アレクサンドロス大王は自分がゼウスの子であるという確信を強めたという。(◀P.11・62)

B 前300年頃の西アジア

カッサンドロス朝(前301～前297)
リシマコス朝(前306～前281)
スキタイ

アンティゴノス朝マケドニア(前276～前168)
セレウコス朝シリア
プトレマイオス朝エジプト
マウリヤ朝

前301 イプソスの戦い

0 250 500km

解説 イプソスの戦いのあと, アレクサンドロス大王の広大な帝国は分裂した。カッサンドロス朝とリシマコス朝は短命だったので, 前3世紀前半には, アンティゴノス朝, セレウコス朝, プトレマイオス朝が鼎立した。

C 前200年頃の西アジア

アンティゴノス朝マケドニア
スキタイ
アカイア同盟
セレウコス朝シリア
パルティア
バクトリア
プトレマイオス朝エジプト
マウリヤ朝

前2世紀～前1世紀 ナバタイ王国
前166～前63 ユダヤ人のハスモン朝

── アショーカ王時代マウリヤ朝の西境

0 250 500km

2 ヘレニズム諸国の興亡

紀元前	バルカン半島	エジプト	小アジア	西アジア	中央アジア
	341 アケメネス朝ペルシア 330				
-300	336 アレクサンドロス帝国 330				312
	301 304 306				
	297 セレウコス朝シリア 281				
	276 リシマコス朝				248頃 255頃
	168 カッサンドロス朝 アンティゴノス朝 プトレマイオス朝エジプト		ペルガモン	パルティア(安息)	バクトリア
-200	146		241 133	145頃	
			121 ポントス 63		大月氏
-100		30	64		
	共和政ローマ				

アレクサンドロス大王の東西融合策

→1 アレクサンドロス大王(位前336～前323)
- オリエント的専制君主政の継承
- ギリシア人兵士とペルシア人女性の集団結婚による混血化
- 全土にアレクサンドリアと名づけた都市を建設(約70)
 →ギリシア人の移住
- ギリシア語の公用語化(コイネー)
- ペルシア人官僚の登用, 同権化

探究のヒント

ヨーロッパ
西アジア

Key Person (位前359～前336)
フィリッポス2世

フィリッポス2世は, マケドニアの強国化の基礎を築いた。前338年にはカイロネイアの戦いでギリシア連合軍を破り, コリントス同盟(ヘラス同盟)を結成してスパルタを除くギリシア世界の覇権を樹立した。続いて対ペルシア戦争の準備を進めたが, 娘の婚礼の席で部下に暗殺されたため, その野望は息子のアレクサンドロスに委ねられた。

→2 フィリッポス2世の肖像が刻まれたメダル
(フランス国立国会図書館蔵)

解説 前3世紀中頃, バクトリア(ギリシア系)とパルティア(イラン系)がシリアから独立した。アラム文字からアラビア文字の源を作成したナバタイ王国や, マカベア戦争ののちにシリアから独立したユダヤ人のハスモン朝などの新王朝も生まれた。

古代アレクサンドリア

解説 約70のアレクサンドリアのうちで, エジプトのものはプトレマイオス朝の首都として繁栄し, 人口100万人を誇る「世界の結び目」といわれた。エウクレイデス, アルキメデス, エラトステネス(▶P.65)などの自然科学者を輩出したムセイオンや古代最大の大図書館が築かれ, 高さ134mの大灯台が夜の地中海を照らした。

(『世界大百科事典』平凡社)

大突堤(約1.2km)
大灯台
ファロス島
離宮
ロキアス岬
王宮
(中にムセイオンが設立される)
ポセイドン神殿
劇場
ユダヤ人地区
月の門
造船所
大図書館
公園
太陽の門
馬場
城壁
ナイル川の運河
セラピス神殿
マレオティス湖
至ナイル川
現在の鉄道

── 現代アレクサンドリア

→3 アレクサンドリアの灯台(想像図)
高さ134m, 樹脂の多い木材を燃やし, 金属の大きな鏡で集光した。光は約56kmのかなたから認められたという。古代の七不思議の一つ。

(『技術の歴史』筑摩書房)

前338～前30 の年表

前	出来事
前338	カイロネイアの戦い(マケドニアのフィリッポス2世ギリシア制圧)
337	ギリシア諸ポリス, フィリッポスを盟主にコリントス同盟結成(スパルタを除く)
336	フィリッポス2世暗殺, アレクサンドロス即位
334	アレクサンドロス大王, 東方遠征開始
333	イッソスの戦い(◀P.62)
331	エジプトにアレクサンドリア建設。アルベラ(ガウガメラ)の戦い
330	ダレイオス3世暗殺, アケメネス朝滅亡
323	アレクサンドロス大王病没。後継者(ディアドコイ)戦争の始まり
301	イプソスの戦い(アレクサンドロス帝国分裂)
255頃	バクトリア(▶P.76)自立
248頃	パルティア, セレウコス朝から独立
215	マケドニア, ローマと争う(～168)
168	ピュドナの戦い(ローマに敗れる)
148	マケドニア, ローマの属州になる
146	ギリシア, ローマの属州になる
31	アクティウムの海戦
30	プトレマイオス朝滅亡(▶P.67)

←4 プトレマイオス王宮跡の遺跡 今は海底に沈んでおり, 1996年に発見された。

★古代ギリシア文化は，人間的で合理的なヨーロッパ文明の基盤の一つとなった。

1 建築

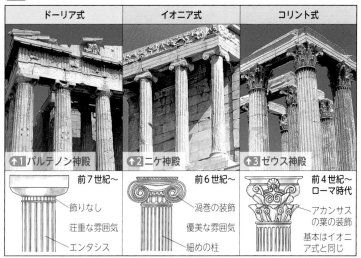

ドーリア式	イオニア式	コリント式
↑1パルテノン神殿	↑2ニケ神殿	↑3ゼウス神殿
前7世紀〜	前6世紀〜	前4世紀〜ローマ時代
飾りなし 荘重な雰囲気 エンタシス	渦巻の装飾 優美な雰囲気 細めの柱	アカンサスの葉の装飾 基本はイオニア式と同じ

2 彫刻

↓4女神アテナに奉献されたコレー(少女像)(アルカイック期，前500年前後) アルカイック・スマイル(古拙の微笑)が表れている。(アテネ，アクロポリス美術館蔵)

*ポセイドンとされていたが，現在ではゼウス像とされる。

←5アルテミシオンのゼウス像(古典前期，前5世紀，ブロンズ製) 理想の均整美で，運動の瞬間をとらえている。(アテネ国立考古美術館蔵)

→6幼児を抱くヘルメス(古典後期，前4世紀) 優美さ，人間心理への眼差しを感じさせる。(オリンピア考古美術館蔵)

3 ギリシア文化

特色	①オリエント文明・ミケーネ文明の影響　②人間的で明るく合理性を重んじたヨーロッパの古典文化 ③ポリスの市民生活と不可分			
哲学	自然哲学 自然現象の合理的解釈により，自然の根源を探究	タレス	前624頃〜前546頃	イオニア自然哲学の祖　万物の根源を「水」とする
		ピタゴラス	前6世紀	数の原理に基づく世界解釈　「ピタゴラスの定理」
		ヘラクレイトス	前544頃〜?	万物の根源を「火」とする　「万物は流転する」
		デモクリトス	前460頃〜前370頃	万物の根源を「原子」と説き初期唯物論を完成
		ヒッポクラテス	前460頃〜前375頃	「西洋医学の祖」と称えられるが生涯は不詳
	ソフィスト 考察対象は人間	プロタゴラス	前480頃〜前410頃	「人間は万物の尺度」　真理の相対性を主張
	アテネ三大哲学者	ソクラテス	前469頃〜前399	ソフィストを批判し，真理の絶対性を主張。「無知の知」
		プラトン	前429頃〜前347	イデア論の中期著作(『国家論』)　哲人政治を主張
		アリストテレス	前384〜前322	イデア論を批判的に継承。諸学を集大成　「形而上学」「政治学」
歴史	歴史学	ヘロドトス	前484頃〜前425頃	ペルシア戦争の物語的記述　『歴史』
		トゥキディデス	前460頃〜前400頃	ペロポネソス戦争の批判的記述　『歴史』
文学	叙事詩	ホメロス(◀P.57)	前8世紀	二大叙事詩『イリアス』『オデュッセイア』 トロイア戦争題材
		ヘシオドス	生没年不詳	自分の経験を語った初めての詩人　『労働と日々』『神統記』
	叙情詩	サッフォー	前612頃〜?	レスボス島生まれ　女性叙情詩人。恋愛詩
		アナクレオン	前570頃〜?	酒や恋愛をうたった叙情詩
		ピンダロス	前518頃〜前438	多くの競技会勝利者の讃歌「オリンピアを賛う」
	悲劇作家	アイスキュロス	前525〜前456	マラトンの戦い，サラミスの海戦に従軍　『アガメムノン』
		ソフォクレス	前496頃〜前406	『オイディプス王』
		エウリピデス	前485頃〜前406頃	新思想の作品を発表『メデイア』
	喜劇作家	アリストファネス	前450頃〜前385頃	ソクラテスを揶揄した『雲』のほか『女の平和』(▶P.297史料)
美術	彫刻	フェイディアス	前5世紀	パルテノン神殿の再建工事を監督「アテナ女神像」「ゼウス神像」
		プラクシテレス	前4世紀	人間美を表現，初の女性裸像を創作「ヘルメス神像」
	建築	水平の梁と垂直の柱が数学的な比計算に基づく美を創造　ドーリア式・イオニア式・コリント式		

4 オリンポス12神(ギリシア神話)

←8オリンポス山　前700年頃の叙事詩人ヘシオドスは，山麓で羊の世話をしていたときに，詩の神ムサイの啓示を受けて詩作を始めたという。彼の『神統記』は神々の系譜を明らかにして，世界を秩序だてて説明しようとした試みであった。

●12神の系譜

オリンポスの12神

赤文字(青文字)ラテン名の英語読み

```
カオス(混沌)
 │
ガイア(大地) ── ウラノス(天)
 │
レイア ── クロノス ── アフロディテ(美と愛の神)(ヴィーナス)

ヘスティア(かまどと家庭の神)(ヴェスタ)
ヘラ(結婚の神)(ジュノー)
ゼウス(主神 天空・雷の神)(ジュピター)
デメテル(農業の神)(セレス)
ポセイドン(海と大地の神)(ネプチューン)
ペルセポネ
メティス
アレス(軍神)(マルス)
ヘファイストス(火・鍛冶の神)(ヴァルカン)
セメレ
ディオニソス(ぶどうと酒の神)
アテナ(知恵と戦争と平和の神)(ミネルヴァ)
マイア
レト
ヘルメス(競技・商業の神)(マーキュリー)
アルテミス(月・狩猟の神)(ダイアナ)
アポロン(太陽・芸術の神)(アポロ)
```

↓サッフォーの詩断片

われつねに
優雅をこのみ，
生れ来て
輝きと美きものとは，
わが生の日を
愛づるこころなりき。

（『増補ギリシア抒情詩選』岩波文庫）

↑7伝サッフォー像　サッフォーは前612年頃，レスボス島の貴族の家に生まれ，未婚の少女たちに詩作や音楽などを教え，自らも情熱的で優美な恋愛詩を書いた。乙女の賛美を書いた詩が多いので同性愛者と見る説もある。(ポンペイの壁画，ナポリ国立考古博物館蔵)

Key Person ソクラテス (前469頃〜前399)

ソクラテスは「無知の知」という言葉を出発点に，真理は絶対的なものであることを主張し，そこから「善く生きること」(知徳合一)の探求へ青年たちを向かわせようとした。対話を通じて人々の無知を自覚させるソクラテスの方法は，やがて「青年を惑わす者」との告発を招いた。友人や弟子たちの脱獄の勧めに対して，ソクラテスは自らの死をもって不正を正すべく，信念を曲げずにあえて毒杯をあおぎ，死に向かった。そのようすはプラトンの『ソクラテスの弁明』に詳しい。

→9ボッティチェリ「ヴィーナスの誕生」(1480年代初，ウフィツィ美術館蔵)

ルーツ　「エディプス・コンプレックス」：エディプス・コンプレックス，エレクトラ・コンプレックスといったフロイトの精神分析用語は，ギリシア悲劇作品の「オイディプス」「エレクトラ」の物語に由来。

? **探究** ヘレニズム文化が生まれたきっかけと特色について，簡潔に述べなさい。[40字程度] 類題：名城大学

★古代ギリシアとオリエントの文化が融合したヘレニズム文化は，ローマ，インド，東アジアにまで影響を与えた。

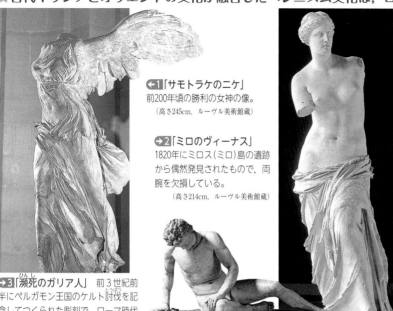

←**1**「サモトラケのニケ」
前200年頃の勝利の女神の像。
(高さ245cm，ルーヴル美術館蔵)

→**2**「ミロのヴィーナス」
1820年にミロス(ミロ)島の遺跡から偶然発見されたもので，両腕を欠損している。
(高さ214cm，ルーヴル美術館蔵)

→**3**「瀕死のガリア人」 前3世紀前半にペルガモン王国のケルト討伐を記念してつくられた彫刻で，ローマ時代の模刻のみが今日に伝えられている。
(高さ180cm，カピトリーノ博物館蔵)

←**4**「ラオコーン」 トロイア戦争伝説の人物が2匹の大蛇に殺害される最期を描いた彫刻。
(高さ184cm，ヴァチカン美術館蔵)

ヨーロッパ・地中海　西アジア

1 ヘレニズム文化

特色	①世界市民主義(コスモポリタニズム)・個人主義の傾向　②自然科学の発達　③ギリシア文化とオリエント文化の融合		
自然科学	アレクサンドリアの**ムセイオン**(王立研究所，学芸の女神ムーサイに由来。ミュージアムの語源)中心に発達		
	エウクレイデス	前300頃	英語名ユークリッド。前300年頃活躍。平面幾何学を大成 『幾何学原本』
	アリスタルコス	前310頃～前230頃	地球の自転と公転
	エラトステネス	前275頃～前194	地球の円周を測定
	アルキメデス	前287頃～前212	浮力の原理，比重，てこの原理，円周率の計算
	ヘロフィロス	生没年不詳	解剖学者，神経と脳髄の発見
哲学	**ゼノン**	前335～前263	禁欲主義哲学ストア派(●P.68)の祖。肉体的欲望を徹底して押さえ込むことによって生じる理性的境地(アパティア)の実現をめざす
	エピクロス	前342頃～前271頃	快楽主義哲学エピクロス派の祖。肉体的欲望にわずらわされない心の平安(アタラクシア)こそ，もっとも永続的な最高の快楽と主張
美術	調和と普遍性を追求したギリシア古典期彫刻とは対照的に，ヘレニズム彫刻は，**動きや激情や官能を大胆に表現する傾向**「ラオコーン」「ミロのヴィーナス」「瀕死のガリア人」「サモトラケのニケ」		

↑**5**ペルガモンの大祭壇(復元) 前2世紀初め頃，小アジアのペルガモン王国のアクロポリスに建設されたゼウス神殿の祭壇。神々と巨人の戦いが激しい表現で浮き彫りにされている。
(ベルリン，ペルガモン美術館蔵)

Key Person (前287頃～前212)
アルキメデス

シチリア島のシラクサ王から王冠が純金製か調べるように命じられ，入浴中に「浮力の原理」を発見したことで有名だが，同時に古代数学でも最高峰に立っていた。また，応用力学でも成果を上げ，投石器(ローマ軍をおおいに苦しめた)，螺旋式揚水器，複滑車などは彼の発明とされる。ポエニ戦争中，図形の問題に没頭していて敵に気がつかず殺害されたという。彼の最後の言葉は，「私の円を踏むな！」。

2 ヘレニズム文化の伝播

ローマ文化	ヘレニズム文化	オリエントの諸文化	ガンダーラ美術	東アジア
●ヘレニズム以前からも，以後も，**オリンポス12神の信仰やストア派哲学**など精神面において多大な影響を受ける(●P.72)	●19世紀ドイツの歴史家ドロイゼンが提唱した概念で，**アレクサンドロス大王以後300年の歴史と文化**をさす	●プトレマイオス朝，セレウコス朝では**ギリシア人が支配層**を形成し，都市文明を広めた　●宗教では**オリエントの伝統宗教**と**オリンポスの12神の混交**が進む一方で，ユダヤ人のマカベア戦争のように民族宗教を貫いた例もあった	●**クシャーナ朝**期の1世紀末頃，ヘレニズム美術の影響を受けて仏像製作が始まる(●P.76)　●宗教・哲学面における伝播はない	●美術における影響が及ぶ

↓ ヘレニズム　　　↓ ガンダーラ美術　　　　　　　　　東アジア

探究のヒント

←**6**アフロディテ(前100頃)(●P.64とパン)

7ガンダーラ様式の仏頭

→**8**雲岡石窟(P.91)

→**9**法隆寺百済観音像(P.118)

↑**10**アルキメデスの死(ローマ時代のモザイク画，フランクフルト博物館蔵)

ルーツ 「ニケ」：ギリシア語で「勝利の女神」のこと。英語読みだと「ナイキ(nike)」となる。

❓探究　ローマが行った分割統治について，その内容と効果について，簡潔に述べなさい。[60字程度]　　類題：高崎経済大学

★都市国家ローマは，イタリア半島を統一して領域国家へ成長した。

1 ローマのイタリア半島統一

●古代のイタリア半島

凡例
- ☐ケルト人(ガリア人)　☐イタリア人
- ☐エトルリア人　　　　☐ギリシア人
- ☐フェニキア人
- ☐前500年におけるローマ人の住地
- ☐同盟市戦争で反乱をおこした地域
- 緑字　グラックス兄弟以前につくられた植民市(征服によるものも含む)
- 赤字　スラ〜アウグストゥスの時代につくられたローマの植民市(征服後に再建されたものも含む)
- ─おもな街道

0　50　100km

→1 ロムルスとレムス　伝説では，トロイアの武将アエネイスの子孫の娘が軍神マルスとの間にもうけた双子が，政争からティベル川に流された。双子の**ロムルスとレムス**は牝狼に育てられているところを羊飼いに発見され，のちに自分の名に因んだローマを建設したという。(高さ75cm，ローマ，コンセルヴァトーリ博物館蔵)

→2 エトルリアの戦士像　エトルリア人は，細長い形状の美しい青銅彫刻を製作した。こうした芸術作品は，貴族の墓の副葬品として発掘され，現在に伝えられている。(Leonard von Matt蔵)

2 共和政ローマの歩み〜ローマは一日にしてならず

対外膨張				国内の動き	
建国	都市国家	王政		前753	ローマ成立(伝承)
				509	**エトルリア人の王を追放 共和政成立**
前396	ウェイイ(エトルリア人の都市)占領	イタリア半島の統一期	共和政前期(貴族共和政)	494	聖山事件→**護民官**設置
390	ケルト人，ローマ掠奪			5世紀頃	**平民会**設置
338	ラティウム諸都市支配			450頃	**十二表法**を制定
290	中部イタリア(サムニウム諸都市)支配		貴族と平民の抗争	445	カヌレイウス法制定(貴族平民間の結婚承認)
	南部イタリアのギリシア植民市征服も進展			367	**リキニウス・セクスティウス法制定**(執政官2名のうち1名を平民から選出。公有地占有の制限)
272	**イタリア半島統一**			287	**ホルテンシウス法制定**(平民会決議が国法となる) 身分闘争終了
	ポエニ戦争(264〜146)	地中海世界の統一期		133	**グラックス兄弟の改革**(〜121) (→P.298史料)
264	第1回ポエニ戦争(〜241) **シチリア島**が最初の属州に		共和政後期(民主共和政)	91	**同盟市戦争**(〜88)
218	第2回ポエニ戦争(〜201)			88	平民派**マリウス**と閥族派**スラ**の抗争
216	**カンネー(カンナエ)の戦い**			73	**スパルタクスの反乱**(〜71)
202	大スキピオの**ザマの戦い**の勝利		内乱の一世紀		**第1回三頭政治，カエサルの独裁**
149	第3回ポエニ戦争(〜146)			60	**ポンペイウス，クラッスス，カエサルによる第1回三頭政治**始まる(〜53)
168	ピュドナの戦い			46	**カエサルの独裁**(〜44)
148	マケドニア征服			44	カエサル暗殺
135	**シチリア島奴隷反乱**(〜132)				**第2回三頭政治**
111	ユグルタ戦争(〜105)			43	**アントニウス，オクタウィアヌス**，レピドゥスによる
63	セレウコス朝シリア征服			27	オクタウィアヌスが**アウグストゥス**の尊称を受け，元首政開始
58	**カエサルのガリア遠征**(〜51)				
55	**カエサルのブリタニア遠征**(〜54)				
31	**アクティウムの海戦** アントニウス・クレオパトラの連合軍がオクタウィアヌスに敗北				
30	**プトレマイオス朝滅亡**	元首政	元首政		
地中海統一(「われらの海」)					

●ローマ共和政のしくみ
(『世界の歴史5』中央公論新社などをもとに作成)

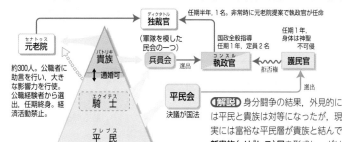

元老院
約300人。公職者に助言を行い，大きな影響力を行使。公職経験者から選出，任期終身。経済活動禁止。

貴族 パトリキ
↕通婚可
騎士 エクイテス
平民 プレブス

独裁官 ディクタトル　任期半年，1名。非常時に元老院提案で執政官が任命

兵員会(軍隊を模した民会の一つ)

執政官 コンスル　国政全般指導　任期1年，定員2名　選出

護民官　任期1年，身体は神聖不可侵　拒否権

平民会　決議が国法　選出

●解説　身分闘争の結果，外見的には平民と貴族は対等になったが，現実には富裕な平民層が貴族と結んで**新貴族(ノビレス)**層を形成し，ギリシアのポリスのような民主政(→P.60)は実現しなかった。

●分割統治(イタリア半島)と属州支配

分割統治(都市の権利・義務に差をつけ，団結と反乱を防ぐ)

ローマ	イタリア半島	植民市	防衛上の要地に建設，次第に半島の外へ拡大。ローマ市民権保有，ローマの世界進出の拠点
		自治市	ローマ市民権の私法の権利を保有，投票などの公法の権利はなし
		同盟市	軍隊提供の義務。同盟市間の条約が禁止され，ローマ市民権なし(同盟市戦争後に市民権獲得実現)
	半島外	属州	高官や総督に割り当てられた職務領域という位置付け→前27年から皇帝と元老院が管轄

→3 ローマの重装歩兵　自ら購入した武具(細長い木製の楯，短剣，投げ槍)で武装している。

(ルーヴル美術館蔵)

探究のヒント

→4 ローマの軍艦　ローマの軍艦には，回転式のかぎ付ハネ橋が装着されていた。敵艦に接近するとこのハネ橋を振りおろし，これを渡って重装歩兵隊が敵艦に突入した。こうした工夫がローマ勝利の一因であった。

ハネ橋

？探究 属州より安価な穀物を大量にイタリアに供給することになった結果，共和政ローマの市民や軍事にあらわれた社会的変化について，述べなさい。〔60字程度〕 類題：聖心女子大学

3 ポエニ戦争と地中海の統一

●ポエニ戦争～帝政前期のローマ

← ハンニバルの進路(前219～前202)
← 大スキピオの進路(前204～前202)
← カエサルの進路
…… 第3回ポエニ戦争前夜のカルタゴ領

■ 第1回ポエニ戦争以前のカルタゴの勢力圏
■ 第2回ポエニ戦争開戦までにカルタゴ(バルカー族)が新たに獲得した勢力圏(於スペイン)
■ 第1回ポエニ戦争以前のローマの勢力圏
■ 第2回ポエニ戦争開戦までにローマが新たに獲得した勢力圏
■ 前44年(カエサル死亡の年)までのローマの領土

0 250 500km

ブリタニア
ゲルマニア
ガリア
前216 カンネー(カンナエ)の戦い
前31 アクティウムの海戦
大西洋
アラウシオ
ヒスパニア
マッシリア アレティウム
サグントゥム コルシカ ローマ
カルタゴ＝ノウァ サルティニア島 カプア ベルガモン
ジブラルタル海峡(ヘラクレスの柱) シチリア メッシナ アンティオキア
ウティカ シラクサ シリア
カルタゴ ロードス キプロス
ハドルメトゥム 地中海
クレタ イェルサレム
前202 ザマの戦い
レプティス＝マグナ アレクサンドリア
プトレマイオス朝エジプト

←5 ローマのライバル，ハンニバルの金貨(前3世紀のもの。パリ国立図書館蔵)

●解説 ポエニ戦争後，ローマは一気にイタリア半島外へ支配領域(**属州**)を拡大した。

●カルタゴの歴史

前814	フェニキア(◀P.51)の都市国家ティルスがチュニジアに**植民市カルタゴ**を建設(伝説)
前6世紀初	アッシリア(◀P.54)によるフェニキア本土占領を機に**独立**→エトルリアと同盟して**ギリシア人**と抗争→西地中海の制海権を獲得
前508	エトルリアに代わった新興ローマと条約，イタリア不干渉を約束
前317	シチリアの支配権をめぐりシラクサと抗争(～前306)，**シチリア西半部獲得**→ローマとの対立深化
前264	**第1回ポエニ戦争**(～前241)→シチリア，サルデーニャ，コルシカを喪失
前237	将軍ハミルカルが**ヒスパニア**開発に着手→カルタゴ＝ノウァ建設
前221	ハミルカルの長子**ハンニバル**，25歳で将軍に就任
前219	ハンニバルがヒスパニアのサグントゥム(ローマ同盟市)を攻撃占領
前218	**第2回ポエニ戦争**(～前201)
前216	**カンネー(カンナエ)の戦い**でハンニバルがローマ軍を撃滅
前202	ザマの戦いでローマの大スキピオに敗北→**西地中海制海権喪失**，多額の賠償金
前183	ハンニバルが亡命先のビティニアで自殺(64歳)
前149	**第3回ポエニ戦争**(～前146)→**カルタゴ滅亡**

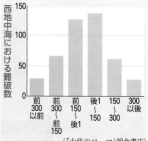

↑6 カルタゴ軍港跡とみられる円形の潟湖(外海と分離してできた塩湖)

---

4 共和政期ローマ社会の変化

探究のヒント

前2世紀後半，ポエニ戦争ののちに**ラティフンディア**(奴隷制大土地所有)が広まる～**商品作物**(ブドウ，オリーヴなど)を生産

↓

・担い手＝①属州統治で富を得た高官，元老院議員が大土地取得 ②商工業・属州の徴税請負で富を得た騎士(エクイテス，国家第2の階級)も大土地取得

・同時に，属州からも安価な穀物が大量に流入

↓

中小土地農民没落，**無産市民**となって都市に流入

↓

・**重装歩兵制**が解体し，傭兵制へ

↓

共和政ローマの解体の危機

→7 ブドウ農園の労働 ワインの原料ともなるブドウは，利潤率が高く，ラティフンディアでさかんに栽培された。労働力として奴隷が使われ，ギリシアのデロス島は奴隷売買の拠点ともなった。

(ローマ，サンタ＝コンスタンツァ教会蔵)

●交易の活発化

グラフ：西地中海における難破数

150
100
50
0
前300以前 / 前300～前150 / 前150～後1 / 後1～150 / 150～300 / 300以後

(『古代のローマ』朝倉書店)

●解説 アドリア海以西の地中海の難破船は，現代人が当時の交易の活発さを推測する重要な史料である。グラフはラティフンディアの成立期に，交易もまた活発化したことを物語っている。

---

5 三頭政治の時代

→8 カエサル(前100～前44) カエサルは平民派の政治家で，第1回三頭政治を行い，**ガリア遠征**で名声を高めた。元老院と結んだポンペイウスを倒してインペラトル，次いで終身独裁官となったが，共和派に暗殺された。なお，カエサルの名言は，「賽は投げられた」(元老院と対決するためルビコン川を渡河したとき)，「来た，見た，勝った」(前47年の小アジアにおける勝利についての手紙)，「ブルートゥス，お前もか」(殺される瞬間の言葉)などが有名であるが，これらは伝承である。

(ヴァチカン，ピオ＝クレメンティーノ博物館蔵)

→9 クレオパトラ(位前51～前30) プトレマイオス朝の女王クレオパトラは，数か国語を話す聡明なギリシア人女性で，王位とエジプトの独立を守るためにカエサルやアントニウスを魅了した。アントニウスの自殺のあと，毒蛇に自らを嚙ませて自殺したといわれている。

→10 オクタウィアヌス(位前27～後14) 前31年の**アクティウムの海戦**でアントニウスを破ったオクタウィアヌスは，前27年に元老院から**アウグストゥス**(尊厳なる者)(→P.69)の尊称を与えられた。元老院から執政官や護民官の職権・命令権を与えられたことになり，共和政の形式を尊重しながらも，事実上の帝政を開始した。この政治体制を**元首政**(プリンキパトゥス)という。

(ピオ＝クレメンティーノ博物館蔵)

世界史の交差点

スパルタクスの反乱

剣闘技はローマで人気のあった見世物で，奴隷の死をかけた真剣勝負を「楽しむ」というもの。有力者は市民に剣闘士の見世物を提供して保護者としての自分を認めさせた。風刺詩人ユウェナリスは，ローマ人は「パンとサーカス」を好むと軽蔑的に書いた。前73年にカプアの剣闘士養成所を脱出したスパルタクスら70人は，農耕奴隷や貧農をも巻き込んで10万人前後の反乱をおこした。しかし，ローマのクラッススらによって前71年に鎮圧され，スパルタクスは戦死した。(絵は後世に描かれた作品)

スパルタクス

ルーツ 「ポエニ」：ラテン語で「フェニキア」のことを指す。 「インペラトル」：軍政上の最高指導者のこと。「エンペラー」の語源。

探究 パクス＝ロマーナといわれたローマの平和と経済的繁栄が，約200年間にわたり続いた理由を，当時の流通や交通，交易面に注目して説明しなさい。[120字程度] 類題：中央大学

★ローマの帝政は，元首政から専制君主政へと変質していった。

1 ローマ帝国の支配

凡例：
- 後14年までのローマの獲得地（アウグストゥス帝の死亡年）
- 後180年までのローマの獲得地（アウレリウス帝の死亡年）
- 帝国最大領土（トラヤヌス帝治世）
- 赤字：おもな属州名

- …… ディオクレティアヌス帝の四帝分治制の境界（● 各分国の首都）
- ── 395年，東西帝国分裂時の境界 長城
- ←── オクタウィアヌスの進路

高さ約4.5m，幅約2.5m

→1 ブリタニアのハドリアヌス帝の長城 122年着工，126年完成。ブリタニアとスコットランドの境界に延べ118kmに及び，約1.5kmごとに守備兵のための塔が設けられた。

🏛 世界遺産

2 ローマ帝国の歩み

<table>
<tr><td rowspan="6">ローマの平和（パクス＝ロマーナ）</td><td rowspan="11">元首政（プリンキパトゥス）前期帝政</td><td>前27</td><td>オクタウィアヌスが**アウグストゥス**の称号を与えられる（帝政の開始）</td></tr>
<tr><td>後9</td><td>トイトブルクの戦い</td></tr>
<tr><td>54</td><td>ネロ帝即位（〜68）</td></tr>
<tr><td>64</td><td>ローマ大火，キリスト教の弾圧始まる</td></tr>
<tr><td colspan="2" align="center">**五賢帝時代（96〜180）**</td></tr>
<tr><td>96</td><td>ネルウァ帝即位</td></tr>
<tr><td rowspan="5"></td><td>98</td><td>**トラヤヌス帝**即位　ローマ帝国の領土，最大</td></tr>
<tr><td>117</td><td>ハドリアヌス帝即位</td></tr>
<tr><td>138</td><td>アントニヌス＝ピウス帝即位</td></tr>
<tr><td>161</td><td>**マルクス＝アウレリウス＝アントニヌス帝**即位</td></tr>
<tr><td>198</td><td>**カラカラ帝**（▶P.71）即位</td></tr>
<tr><td rowspan="16">帝国の動揺と再建</td><td>212</td><td>カラカラ帝の**アントニヌス勅令**（属州自由民にローマ市民権与える）</td></tr>
<tr><td colspan="2" align="center">**軍人皇帝時代（235〜284）**</td></tr>
<tr><td colspan="2">軍隊によって皇帝が次々に擁立され，政治が混乱（50年間に26人の皇帝）</td></tr>
<tr><td colspan="2" align="center">**ディオクレティアヌス帝（位284〜305）**</td></tr>
<tr><td rowspan="2">293</td><td>四帝分治（テトラルキア）の開始</td></tr>
<tr><td>東方的専制君主政行う</td></tr>
<tr><td>303</td><td>キリスト教の大弾圧開始（〜304）</td></tr>
<tr><td colspan="2" align="center">**コンスタンティヌス帝（位306〜337）**</td></tr>
<tr><td colspan="2">帝国を再統一→東方的専制君主政の完成</td></tr>
<tr><td>313</td><td>**ミラノ勅令**（▶P.300史料）</td></tr>
<tr><td>325</td><td>**ニケーア公会議**</td></tr>
<tr><td>330</td><td>**コンスタンティノープル遷都**（▶P.130）</td></tr>
<tr><td>332</td><td>コロヌス土地緊縛令（コロヌスの移動を禁止）</td></tr>
<tr><td>375</td><td>**ゲルマン人の大移動**開始（▶P.137）</td></tr>
<tr><td colspan="2" align="center">**テオドシウス帝（位379〜395）**</td></tr>
<tr><td>392</td><td>**キリスト教を国教**とする</td></tr>
<tr><td>395</td><td>帝の死を機に，**ローマ帝国，東西に分裂**</td></tr>
<tr><td>476</td><td>**西ローマ帝国滅亡**（▶P.137）</td></tr>
</table>

左側縦書き：元首政（プリンキパトゥス）前期帝政／専制君主政（ドミナトゥス）後期帝政／解体期

●おもな皇帝たちの肖像

←2 トラヤヌス帝（位98〜117）　ローマ帝国の拡大に伴い，各地にローマ風の都市が建設され，ローマ文化やローマを中心とする交易ネットワークが広まり，地中海世界の一体化が進んだ。帝国は，スペイン出身のトラヤヌス帝の時に，ダキアやメソポタミアに領土をのばし，**最大版図**を形成した。
（オスティア博物館蔵）

→3 マルクス＝アウレリウス＝アントニヌス帝（位161〜180）
五賢帝最後の皇帝で，在位時代は北方諸民族の侵入と疫病の流行に苦しんだ。皇帝としての生活のほとんどを戦地で過ごしたが，**ストア派**の哲学に立った**『自省録』**を書き残した。
（ローマ，コンセルヴァトーリ博物館蔵）

→4 ディオクレティアヌス帝（位284〜305）
広大な帝国領を統治するため，ディオクレティアヌス帝は帝国の四帝分治を決断した。この像は，ローマ末期皇帝たちに求められた相互協力の精神を表している。帝国四分は，帝国の中心が東方ギリシア世界に移ったことの結果でもあった。

（ヴェネツィア，サンマルコ寺院蔵）

←5 コンスタンティヌス帝（位副帝306〜正帝310〜337）（▶P.70）　父の後を継ぎ，帝国西部の覇者となった。その決戦直前に神秘体験をしてキリスト教に改宗したといわれる。313年**キリスト教を公認**し，330年には**コンスタンティノープル**に遷都した。
（コンセルヴァトーリ博物館蔵）

3 帝政期ローマ社会の変化

📖 探究のヒント

経済的繁栄＝「ローマの平和」
- **ラティフンディア**（奴隷制大土地所有）の農産物の交易＝穀物，オリーヴ，ワインなどの輸出
- 帝国の属州経済の発展＝スペインのオリーヴ・鉱産物，ガリアの陶器など
- **アジアとの季節風貿易**・隊商貿易の活発化

↓

経済的な動揺＝貨幣経済の衰退
- 軍隊・官僚維持のために，**都市に重税**を課す
- 内乱と異民族侵入の中で，内陸交通路衰退
- 奴隷生産の非効率性と，征服地の減少による**奴隷供給の衰退**

↓

帝政末期の変化＝帝国解体の進行
- **コロナトゥス**（隷属的小作人による土地経営）が広まる〜**コロヌス**（小作人）の土地緊縛と大農園の独立化は，**中世の封建社会の端緒**となる
- 帝国四帝分治，コンスタンティノープル遷都により帝国の東西の分離傾向が強まる

キリスト教の成立と発展

★ユダヤ教を改革するイエスの教えは、ローマ帝国の成立と発展を背景に、世界宗教へと成長していった。

1 イエスの生涯

(1498年頃製作, 420×910cm, ミラノ, サンタ＝マリア＝デッレ＝グラツィエ修道院食堂の壁画)

Ⅲ 世界遺産

ペテロ ヨハネ イエス

ユダ 銀貨を握っている

↑1 レオナルド＝ダ＝ヴィンチ「最後の晩餐」 イエスは弟子たちと清貧な共同生活を営みながら、ユダヤ教の刷新をめざしていたが、ユダヤ教の形式的戒律主義を厳しく批判する彼の教えは、ユダヤ支配層の怒りを買った。新約聖書によると、イエスは処刑される前日、十二弟子と食事をした。その最中に突然、自分が処刑されることと弟子の中に裏切り者がいることを告げる。ユダや何も知らない弟子たちは激しく動揺する。その瞬間を描いたのがレオナルド＝ダ＝ヴィンチ（◆P.155）の有名な「最後の晩餐」である。

↑2 クラナッハ「キリストの磔刑」 イエスはゴルゴダの丘で十字架刑に処せられた。
(1500年頃, 59×45cm, ウィーン美術史美術館蔵)

ヨーロッパ・地中海

2 キリスト教の成立と発展 （◆P.75）

前5世紀	
ユダヤ教時代	
・唯一絶対神ヤハウェ	
・排他的選民思想	
・モーセ以降の律法の遵守	
・苦難の中でメシアを待望	
後1世紀	
イエスの布教	
・すべてをゆるす神の**絶対愛**（アガペー）	
・**隣人愛の実践、神の前の平等**	
・ユダヤ教の形式的な律法主義批判	
1世紀	
原始キリスト教の成立と伝道	
・イエスの十字架上の死を全人類の罪のあがない（**贖罪**）とみなす	
・イエスを神の子とし、その**復活**を信じ、メシア（**キリスト**）とする	
・**パウロの異邦人伝道**	
・ローマ帝国内の奴隷、下層民に普及	
1～4世紀	
ローマ帝国の迫害	
・64年ネロ帝の迫害（ペテロの殉教）	
・**カタコンベ**での信仰	
・帝国内各地に教団成立	
・上流階級にも信者広がる	
・303年、ディオクレティアヌス帝の大迫害	
4～5世紀	
国教化と教義の確立	
・313年**ミラノ勅令**、コンスタンティヌス帝により公認	
・325年**ニケーア公会議、三位一体説**（アタナシウス派→正統、アリウス派→異端）	
・392年テオドシウス帝、**国教化**	
・431年**エフェソス公会議**（ネストリウス派を異端とする）	
・451年**カルケドン公会議**（単性論を異端とする）	

（左端縦書き）ユダヤ教 / キリスト教形成期 / キリスト教発展期

●キリスト教の拡大

→イエス時代のパレスチナ

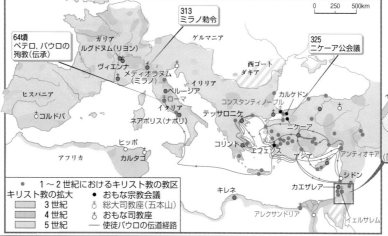

313 ミラノ勅令

64頃 ペテロ、パウロの殉教（伝承）

325 ニケーア公会議

0 250 500km

ガリア ルグドヌム（リヨン） ゲルマニア
ヴィエンナ メディオラヌム（ミラノ） イリリア 西ゴート ダキア
ヒスパニア ベネジア
コルドバ イタリア ローマ カルタゴ コンスタンティノープル カルケドン
ネアポリス（ナポリ） テッサロニケ
ヒッポ ニケーア アジア アンティオキア
アフリカ カルタゴ コリント エフェソス シドン
キレネ カエザレア イェルサレム
アレクサンドリア

1～2世紀におけるキリスト教の教区
キリスト教の拡大　● おもな宗教会議
　3世紀　　♰ 総大司教座（五本山）
　4世紀　　♱ おもな司教座
　5世紀　　— 使徒パウロの伝道経路

0 25 50km
シリア ダマスクス
イツリア
テラコニティス
ガリラヤ 28年頃 イエスの布教活動が始まる
ナザレ デカポリス
カエザリア サマリア ナバテア
ペレア
イェリコ クムラン
ベツレヘム ユダヤ
マサダ 30年頃 イエス処刑される
イドマヤ

（『イエスとその時代』岩波新書による）

解説 イエスの活動地域はローマ属州のパレスチナだった。ユダヤ教から改宗したパウロが異邦人伝道でキリストの福音を世界に広めた。

●イエス誕生とアウグストゥス （◆P.67,◆P.342）

そのころ、全世界の人口調査をせよとの勅令が、皇帝アウグスト（ゥス）から出た。（略）人々はみな登録をするために、それぞれ自分の町へ帰って行った。ヨセフも（略）ガリラヤの町ナザレを出て、ユダヤのベツレヘムというダビデの町へ上って行った。それは、すでに身重になっていたいいなづけの妻マリヤと共に、登録をするためであった。ところが、彼らがベツレヘムに滞在している間に、マリヤは月が満ちて、初子を産み、布にくるんで、飼葉おけの中に寝かせた。客間には彼らのいる余地がなかったからである。

（『新約聖書』ルカによる福音書）

解説 イエスが成立直後の「世界帝国」ローマの属州パレスチナに生まれたことは、その後の「世界宗教」への発展の背景として重要である。

●旧約聖書と新約聖書
※「旧約」「新約」とはキリスト教による呼称

	旧約聖書（ヘブライ語）	新約聖書（ギリシア語のコイネー）
契約	ヤハウェの与えた**律法の遵守**とそれによる**ユダヤ人救済の約束**	イエス＝キリストによりもたらされる**全人類の救い**の実現
内容	律法（「創世記」、「出エジプト記」などのモーセ5書）、預言、諸書など39書	「四福音書」（イエスの言行録―マタイ・マルコ・ルカ・ヨハネ）、「使徒行伝」（使徒伝道の記録）、パウロの「手紙」、「黙示録」など27書

Key Person パウロ（？～60以後）

小アジアのタルソス生まれの教養あるユダヤ人パウロは、熱心なパリサイ派でキリスト教の迫害者であったが、復活したイエスの声に接して回心した。イエスの十字架上の死が人間が負っている罪を贖ったものであること（贖罪）、人は律法の行いではなくイエス＝キリストを信じることで救われる、という解釈を行い、非ユダヤ人（異邦人）へ伝道を行った。その結果、キリスト教はローマ世界各地に広まった。

（サン＝ヴィターレ教会蔵）

→3 ローマのプリシラのカタコンベ
迫害下に信者が礼拝を行ったのは、地下墓所（カタコンベ）だった。信者の共同体、すなわち教会の原型である。

ローマ

↓1 フォロ＝ロマーノ　古代ローマの公共広場（フォルム）が語源。ローマ時代の行政上の中心地。

🏛 世界遺産

コンスタンティヌスのバシリカ（会堂）

アントニヌス＝ピウスとファウスティーナの神殿

聖なる道（ヴィア＝サクラ）

◉ ガイド

イタリア

●ローマ

イタリアの首都。人口約287万人。ティベル川の下流部の両岸に位置している市街地には、多くのローマ時代の遺跡が残されている。

1 ローマの繁栄

↑2 凱旋将軍と↑3 コンスタンティヌス帝（←P.68）の凱旋門　凱旋門は、ローマ時代、将軍の戦勝を祝う凱旋式の記念として建立された記念建造物をいう。皇帝を意味する「エンペラー」という言葉は、軍隊の最高指揮官から由来しており、将軍と皇帝は不可分な関係にあった。

🏛 世界遺産

🏛 世界遺産

↑4 パンテオン　パンテオンとは、「汎神殿」「万神殿」のことであり、「すべての神を祀る神殿」を意味する。円形プランに半球状のドームがのっており、神殿全体が「世界の中心」の象徴であるとされる。

● ローマ市街

ヴァチカン市国

ポポロ門

システィナ礼拝堂　アウグストゥス帝廟
サンタンジェロ城　大統領官邸（クィリナーレ宮）
サン＝ピエトロ広場　トレヴィの泉　テルミニ駅
サン＝ピエトロ大聖堂　パンテオン／ミネルバ丘

□ ローマ時代の遺構
□ 緑地・公園
━ ローマ帝国時代の城壁
━ 16世紀の城壁
━ 現存する城壁
▲ 古代ローマの七つの丘

トラヤヌス帝の広場　サンタ・マリア・マジョーレ
フォロ＝ロマーノ　エスクィリーノの丘
カンピドリオ丘　パラティーノ丘
コロッセウム
コンスタンティヌス帝凱旋門　サン・ジョヴァンニ・イン・ラテラーノ
大競技場　チェリオ丘
アヴェンティーノ丘　水道橋
カラカラ浴場

1km

● すべての道はローマに通ず

（解説）強力な軍隊の力で地中海世界を征服したローマは、帝国の支配のために道の整備を行った。アッピア街道（→P.72）をはじめローマ帝国に張りめぐらされた道路は、ローマ人の優れた土木技術の所産であり、広大な帝国の商業的・社会的な連結をうながし、地中海世界のあらゆる物産や富がローマに集められるシステムがつくられた。

↑5 アッピア街道

● 道路の構造

平たい切石
20 砂利と砂
25 モルタルで接合したくるみ大の小石
25 モルタルで接合したこぶし大の小石
30 cm モルタルで接合した切石

主要交易路
━━ 陸路　━━ 海路
☐ ローマ帝国領域
800km

錫、鉄、鉛　羊毛、皮革
金、銀、鉄　陶器、ガラス　ブドウ酒、羊毛　リンネル、大理石
ブリタニア
琥珀、皮革、馬
ロンディニウム
ゲルマニア
金、木材、馬、塩
羊毛、リンネル、羊皮紙　ブドウ酒、オリーヴ油　大理石、陶器、木材、金　銀、鉄、馬
金、銀、鉄、鋼、錫、鉛　水銀、小麦、果物、ブドウ酒　オリーヴ油、リンネル、陶器　大理石、馬
ガリア
鉄、皮革
タキア
小麦　馬、魚
魚
ヒスパニア
タッシリア
金属　木材
トラキア
ビザンティウム（コンスタンティノープル）
アルメニア
ガデス
ローマ　ネアポリス
ギリシア
金属
アシア
羊毛、染料　織物、陶器　ガラス、木材　皮革製品
ヌミディア
木材、羊毛　象牙、駝鳥
カルタゴ
シチリア
小麦　果物
アンティオキア
パルミラ
クテシフォン
アフリカ
金属製品　ブドウ酒　オリーヴ油　陶器、羊毛
小麦、オリーヴ油　陶器、大理石　染料、羊毛
ブドウ酒、陶器、オリーヴ油　蜂蜜、大理石
アレクサンドリア
ダマスクス
メソポタミア　アスファルト
エジプト
小麦、パピルス　ガラス、織物　薬品、石材

● ローマ時代の交通と産業

● 4世紀のローマ市街（復元模型）

コロッセウム
コンスタンティヌス帝の凱旋門
コンスタンティヌスのバシリカ
大競馬場
ティベル川
水道橋
カラカラ浴場

Ⅲ 世界遺産

2 ローマの市民生活

（©星孝則『週刊ユネスコ 世界遺産 8号』講談社）

↑**7ローマ市民の食事風景** ローマ市民の正餐は夜とられた。テーブルの周りに長椅子がおかれ，そこに寝そべりながら食事をとった。長椅子の周りには奴隷が仕え，客たちが床に落とした食べ残しを処理した。満腹になると，鳥の羽で喉をくすぐり，嘔吐を繰り返した。「ローマ人は食べるために吐き，吐くために食べる」などといわれた。

● **宴席〜主餐（ケーナ）の3コース**

前菜（プロムルシス）
蜜割ブドウ酒・卵・オリーヴの実・腸詰め・ちしゃなど

メイン（ケーナ＝プリーマ）
魚介類・獣肉（ぼら・くじゃく・紅鶴・スカルス（淡水魚の一種）・ロンブス（ひらめの一種）・かき・ウニなど

デザート（ケーナ＝セクンダ）
りんご・ざくろ・はたんきょう・ナツメヤシの実・小麦粉のケーキ

ローマの宴席は通常3コース，中には7コースに及ぶこともあった。そこで使われた食材は珍しいという理由のみで高価な値段がつけられ，奢侈の対象となった。
（『ローマはなぜ滅んだか』講談社現代新書）

↓**8戦車競走の場面** 「パンとサーカス」という言葉が示すように，ローマにおいてはさかんに見世物が行われた。見世物とは，大競馬場や円形闘技場での戦車競走や，**剣闘技**（◀P.67）などの格闘技であった。そのおもな狙いは皇帝の民衆に対する人気取りであり，その開催日数は年々増加し，2世紀後半の**マルクス＝アウレリウス帝**（◀P.68）の時代には，1年のうち135日行われたと伝えられている。写真は映画「ベン＝ハー」(1959年，アメリカ作品)のクライマックスの戦車競走のシーン。

↑**6上空から見たカラカラ浴場**

体育室
図書室
熱浴室
冷浴室・ホール
貯水槽
競技場
図書室
入口
冷浴室・プール
マッサージ室
庭園
体育室
脱衣室

↓**10コロッセウム（円形闘技場）の構造** 左が現在の写真で右が復元イラスト。

Ⅲ 世界遺産

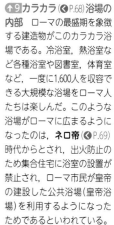

→**9カラカラ**（◀P.68）**浴場の内部** ローマの最盛期を象徴する建造物がこのカラカラ浴場である。冷浴室，熱浴室など各種浴室や図書室，体育室など，一度に1,600人を収容できる大規模な浴場をローマ人たちは楽しんだ。このような浴場がローマに広まるようになったのは，**ネロ帝**（◀P.69）時代からとされ，出火防止のため集合住宅に浴室の設置が禁止され，ローマ市民が皇帝の建設した公共浴場（皇帝浴場）を利用するようになったためであるといわれている。

→**11闘う剣奴たち** ローマ市民の一番の娯楽は，剣奴を使った格闘技を観戦することであった。剣奴はローマの侵略戦争の際の捕虜や奴隷からなり，仲間同士，ライオンや熊などの猛獣と死ぬまで闘うことを強いられた。この剣闘士の試合はローマ帝国末期まで続いた。

★建築や法律などの実用的な文化において，後世に絶大な影響を与えた。

?探究 ローマ法の質的変容について，ローマ国家の成長をふまえつつ述べなさい。 [60字程度]

1 都市と建築

最上段がふた付の水路

貯水プール（ここから配水）

↑1 ガール水道橋 前1世紀に建造され，高さ50m・長さ270mの規模で，上段に上水道，中・下段に人馬道という三層構造である。現在も使用可能で，南フランスのガール県にある。このような水道橋を各地に残るローマ都市の遺跡で見ることができる。

↑2 各地に建設された典型的ローマ風都市の一つレプティス＝マグナ(リビア) 最初の軍人皇帝ともいわれるセプティミウス＝セヴェルス帝(193年)の出身地である。

世界史の交差点
ポンペイ遺跡

79年，ウェスウィウス火山の突然の大爆発により火山灰に埋没したポンペイは，1748年に発見されるまでの間，ローマ人の生活の一コマを封じ込めていた。保養都市であり，ぜいたくな家屋，整った街路，公共施設などローマ人の都市生活を余すことなく伝えている。地中の空洞に石膏を流し込む技術が開発されると，灰に埋もれた人間の姿が苦悶の表情まで復元できた。

ウェスウィウス火山

↑世界遺産

↑3 ポンペイ遺跡遠景

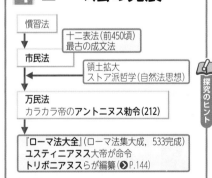

↑4「パン屋の夫婦の肖像」と呼ばれるポンペイ市民の若夫婦のフレスコ画(ナポリ国立考古学博物館蔵)

→5 埋もれた人間の復元像(ナポリ国立考古学博物館蔵)

2 ローマの文化

赤字：ギリシア人

特色	①神話・哲学・美術などはギリシアの模倣であり，独創的な文化を創らなかった ②法・建築といった実用的な文化の面で優れた業績を残し，地中海世界に広めた

分野	人物	生没年	内容
文学	キケロ	前106～前43	散文家，雄弁家。その文章は，ラテン文章の模範
	ウェルギリウス	前70～前19	ローマ最大の詩人。ローマ建国叙事詩『アエネイス』 *ラテン文学黄金時代といわれたアウグストゥス時代に活躍
	ホラティウス	前65～前8	詩人『叙情詩集』
	オウィディウス	前43～後17頃	詩人『転身譜』『恋の技法』
哲学	ルクレティウス	前94頃～前55頃	エピクロス派哲学者
	セネカ	前4頃～後65	ストア派哲学者，ネロの師。ネロの命で自殺
	エピクテトス	55頃～135頃	ギリシア人奴隷出身のストア派哲学者
	マルクス＝アウレリウス＝アントニヌス	121～180	哲人皇帝。ストア派哲学にもとづく『自省録』を著す
歴史・地理	ポリビオス	前200頃～前120頃	ポエニ戦争期のローマ史叙述。『ローマ史』
	カエサル	前100～前44	ガリア遠征の経過を叙述。『ガリア戦記』(●P.300史料)
	ストラボン	前64～後21頃	地中海地域の史実伝承を叙述。『地理誌』
	リウィウス	前59～後17頃	ローマ建国からアウグストゥス時代までのローマ史叙述。『ローマ建国史』
	タキトゥス	55頃～120頃	西ゲルマン諸族見聞記などの歴史叙述。『ゲルマニア』(●P.137)『年代記』『歴史』
	プルタルコス	46頃～120頃	ギリシア・ローマの英雄的人物の比較評論伝記。『対比列伝(英雄伝)』
自然科学	プリニウス	23頃～79	ウェスウィウス火山噴火観察中に殉職。膨大な百科全書『博物誌』
	プトレマイオス	生没年不詳	天文学者。天動説(●P.159)を合理的に構築
宗教			ジュピターなどの**オリンポス12神**(◀P.64)の信仰と皇帝の神格化。キリスト教の拡大。属州では東方系の密儀宗教(太陽神を崇拝して牛を屠るミトラ教など)
法律			ローマ法～市民法から万民法へ性格が変化。ストア派哲学の自然法思想の影響。6世紀の『ローマ法大全』で大成
建築			コロッセウム(円形闘技場)・水道橋・パンテオン(すべての神々の神殿)・カラカラ浴場・凱旋門・アッピア街道(◀P.70)など　アーチが特色

3 ローマの生活～家族

(彫刻はルーヴル美術館蔵)

労働を覚えて初等塾へ行く子

授乳する母と守護する父

↑6 ローマの家族 ローマでは，共和政中期頃までに核家族が一般的になった。ローマ法では家父長が絶対的な権力をもち，家族は従属していた。「ローマの平和」の時代に，家族の性のありかたについて，「家名重視の家族」から「夫婦愛による家族」へ倫理意識の大転換があった。

4 ローマ法の発展

```
慣習法
  ↓
市民法 ─── 十二表法(前450頃)
  │        最古の成文法
  │
  │     ─── 領土拡大
  │        ストア派哲学(自然法思想)
  ↓
万民法
カラカラ帝のアントニヌス勅令(212)
  ↓
『ローマ法大全』(ローマ法集大成，533完成)
ユスティニアヌス大帝が命令
トリボニアヌスらが編纂(●P.144)
```

探究のヒント

●解説 ローマ法は「**支配の天才**」ローマ人の最大の遺産であり，法を普遍的な原理と考えるようになった点で大きな意義をもつ。中世の教会法，近代ヨーロッパの各法を経て，今日の近代法にまで強い影響を及ぼしている。

世界史の交差点
『ガリア戦記』(●P.67)(●P.137)

前58年から前51年のカエサルのガリア征服の記録が『ガリア戦記』である。その魅力は，文章の簡潔さと，敵方の論理についても見つめる冷静な筆致にある。例えばカエサルはガリア(現フランス)の民族がローマに反抗する理由について，「人はすべて自由を熱望し，奴隷の状態を嫌うのが自然であるから」と記述している。

↓7『ガリア戦記』

(フィレンツェ，リカルディ宮殿蔵)

? 探究 | ゾロアスター教とはどのような宗教か，また，後世にいかなる影響を与えたか，述べなさい。〔100字程度〕 類題：首都大学東京

イラン文明 73

★パルティア・ササン朝のもとで，イラン文明の形成が進んだ。

1 古代イランの変遷

	シリア	メソポタミア	イラン	中央アジア
前3	セレウコス朝シリア		前248頃 パルティア（中国名：安息）アルサケス建国	前255頃 バクトリア王国（ギリシア系）
前2		ミトラダテス1世 ミトラダテス2世 領域最大		トハラ侵入
前1	前64 ローマ共和政→帝政	前53 カルラエの戦いでローマのクラッススを破る クテシフォンに都をおく		大月氏
1		97 後漢の甘英到着		45頃 クシャーナ朝
2	トラヤヌス帝 領土最大	ローマとの抗争により疲弊		カニシカ王 最盛期
3		224 サNN朝により滅亡 ササン朝ペルシア（都：クテシフォン） アルダシール1世 シャープール1世（位241頃〜272頃）		征服
4	395 東西分裂	260 エデッサの戦いでローマのウァレリアヌス帝を捕らえる ・マニ教成立→弾圧 ・ゾロアスター教国教化 『アヴェスター』編集		クシャーナ朝分裂
5	ビザンツ（東ローマ）帝国			エフタル侵入
6	ユスティニアヌス大帝	ホスロー1世（位531〜579）ビザンツと抗争 突厥と結んでエフタルを滅ぼす		突厥
7		642 ニハーヴァンドの戦い イスラーム教徒に大敗 651 滅亡		唐
		イスラーム勢力		

【解説】パルティア・ササン朝の文化は，ヘレニズムの影響を受けつつ，アケメネス朝以来の古代ペルシア文化を復興・再確立したという特色をもつ。またササン朝美術は，装飾性に富んだ金属器・ガラス器・織物などに優れ，動物の狩猟，左右対称の円の文様などに特徴がある。その影響は，西はビザンツ帝国，東は南北朝・隋・唐，飛鳥・奈良時代の日本にまで及んでいる。

2 パルティアとササン朝ペルシア

●パルティア

前53 カルラエの戦い クラッスス敗死させる

- ☐ ローマとパルティアの係争地
- ▨ ローマとパルティアの共有地
- ☐ ミトラダテス2世時代の領域

●ササン朝ペルシア（5〜7世紀の世界）

642 ニハーヴァンドの戦い

- ☐ エフタルの最大領域
- — 交易路
- ☐ ビザンツ帝国の最大領域

国名	パルティア（安息）（◀P.12）	ササン朝ペルシア（◀P.21）
民族	イラン系遊牧民	イラン系農耕民
成立	前248年頃 セレウコス朝から自立 前238年頃 アルサケスが建国	224年 パルティアを倒して建国 始祖 アルダシール1世
政治	アケメネス朝のサトラップ制を継承 しかし，実際は地方分権的	アケメネス朝のサトラップ制を模範に全国を州に分ける中央集権体制
経済	シルク＝ロード（絹の道）をおさえて繁栄	
文化	・ヘレニズム文化を継承 しかし，紀元後からイラン文化強まる ・ゾロアスター教保護	・ヘレニズム文化にイラン的要素を融合したササン朝美術（▶3） ・ゾロアスター教国教化 ・マニ教成立 → 弾圧
滅亡	ローマとの抗争で疲弊 224年，ササン朝により滅亡	イスラーム勢力の侵入 →ニハーヴァンドの戦いに敗れ，滅亡（651）

↓1 シャープール1世の戦勝記念レリーフ

シャープール1世はササン朝の国家体制を確立し地中海へと進出した。これを恐れたローマ皇帝は自ら討伐軍を率いたが3度とも敗れた。レリーフは，捕虜となり命乞いをするローマの軍人皇帝ウァレリアヌス。（イラン南部ナクシェ＝ルスタム）

ウァレリアヌス シャープール1世

3 イラン文化の影響

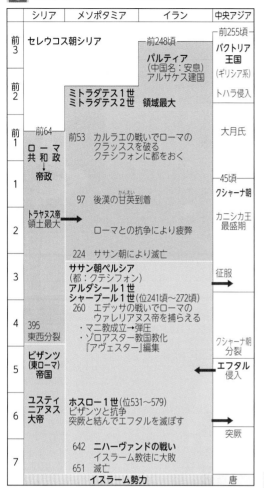

↓2 帝王ライオン狩文皿（イラン，バスタン博物館蔵）

☐5 獅子狩文錦（法隆寺）

←3 イランの竜首瓶（高さ37cm，イラン国立博物館蔵）

→4 正倉院の漆胡瓶（高さ41.3cm）

↑6 イラン人 ↑7 酔胡従面（正倉院蔵）

●ゾロアスター教（◀P.55）　探究のヒント

↓8 ゾロアスター教 アフラ＝マズダを最高神とし，神による「最後の審判」を説くその教義は，ユダヤ教（◀P.51）に影響を与えた。また，6世紀には中国に伝わって祆教と呼ばれ，その一方で，ササン朝に弾圧されたマニ（摩尼）教も中国など各地に広まった（▶P.95）。写真はゾロアスター教の儀式で，祭司は神の化身である火を息でけがさないようマスクで口を覆っている。現在はインドのムンバイ（ボンベイ）などに約10万人の信者がいる。

西アジア

★定着した身分制度への批判を背景として仏教は広まった。

1 インダス文明 ●インドの風土

← アーリヤ人の進入経路
■ おもなインダス文明の遺跡
■ おもな仏教遺跡

*海抜の低いところを緑で表している(地勢図)。

Ⅲ世界遺産

←1モエンジョ＝ダーロ インダス川下流西岸の遺跡。1922年に発見された。「死人の丘」の意。計画都市で，焼き煉瓦による住宅や下水道，公共施設などが整備されているが，豪壮な王宮や神殿は存在していない。

←2聖獣とインダス文字を刻んだ印章 インダス文明では凍石(鉱物の一種)でつくられた，一辺2〜5cm，厚さ1cm弱の正方形の印章が多数出土している。商品を入れた袋の封印に使用されたと考えられる。インダス文字は未解読である。(デリー国立博物館蔵)

→3踊り子像 モエンジョ＝ダーロ出土。その容貌などから，インダス文明の担い手がアーリヤ人とは別の民族であったことがわかる。(青銅製，高さ13cm，デリー国立博物館蔵)

2 アーリヤ人の進入

↑4カイバル峠 ヒンドゥークシュ山脈の南，標高約1,000mの地点にあり，西アジア(現アフガニスタン)とインド(現パキスタン)を結ぶ交通の要路。アーリヤ人もこの峠を越えてパンジャーブ地方に進入した。

●ヴァルナ制 探究のヒント

アーリヤ人 ── 先住民

ヴェーダの時代
- バラモン(司祭)
- クシャトリヤ(政治・軍事)
- ヴァイシャ(農牧業・商業)
- シュードラ(奉仕・職人)

中世以降
- バラモン(司祭)
- クシャトリヤ(政治・軍事)
- ヴァイシャ(商業)
- シュードラ(農牧業・職人)
- 不可触民(雑用)

カースト・ヒンドゥー ── アウトカースト

◀解説▶ 現在のインドは，民主主義をかかげて身分差別を否定しているが，現実の社会にはカーストと呼ばれる強固で細かい身分制度が存在している。カーストの起源は，現在から3000年ほど前にアーリヤ人がつくったヴァルナにさかのぼる。ヴァルナは「色」を意味し，進入したアーリヤ人が肌の色の違いにより先住民を差別したことに由来する。最初につくられた4つのヴァルナがもとになり，その後職業の細分化などに伴ってその数が増加して，現在では約3,000のカーストが存在するといわれる。

3 新宗教の成立(ジャイナ教と仏教)

- アーリヤ人の信仰 — 自然現象の神格化，ヴェーダの成立
- ↓
- バラモン教 — ヴァルナの形成，祭式重視
- ↓
- ウパニシャッド哲学 — 内面重視，輪廻転生，梵我一如
- ↓
- 新宗教の設立 ジャイナ教，仏教(▶P.75)

●ジャイナ教

成立	前5世紀頃
開祖	ヴァルダマーナ(尊称マハーヴィーラ)
教義	徹底した不殺生と厳しい修行を重視。ヴァルナ(カースト)を否定し，ヴァイシャ，とくに商人から信仰される
現在	西インドを中心に300万人以上の信者

↑5ジャイナ教徒 息で虫を殺さぬようマスクをしている。

Key Person (前563頃〜前483頃)
釈迦〜仏教の開祖

ヴァルナ(カースト)を否定し，人間の平等を説いた釈迦は，自らは厳しい苦行を積んだが，人々にそれを要求することはなく，八正道の実践(正しい人生観や衣食住など)によってだれでも悟りを開けると説いた。シャカムニ(釈迦牟尼)とは「シャカ族の聖者」の意，ブッダ(仏陀)(◀P.11)とは「真理を悟った者」の意である。

本名ガウタマ＝シッダールタ。現在のネパールの地でシャカ族の王子として生まれた。
- 16歳　結婚。子にめぐまれる
- 29歳　人生に悩んで出家。断食などの苦行を行う
- 35歳　ブッダガヤの菩提樹の下で悟りを開くサールナートで初説法各地をめぐって布教
- 80歳　クシナガラの沙羅双樹の下で永眠

→6苦行 ガウタマは生命を失う覚悟であらゆる苦行を6年間行い，身体はやせ衰えた。しかし，この時点では悟りを得ることはできなかった。(2世紀の作品，ラホール博物館蔵)

↓7手塚治虫『ブッダ』 人間として苦悩し行動した釈迦の一生を，わかりやすく，かつ感動的に描く。

ルーツ 「カースト」：ポルトガル語casta(血統)が起源。16世紀にインドを訪れたポルトガル人がこの語句をあてはめたのが始まり。インドではカースト集団をジャーティという。

1 世界の宗教

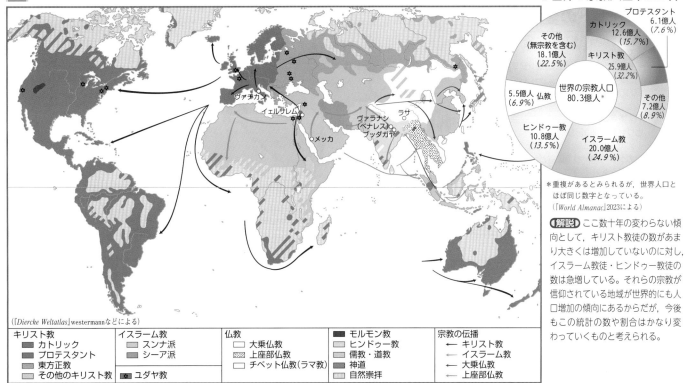

（『Diercke Weltatlas』westermann などによる）

● 世界の宗教人口（2022年）

世界の宗教人口 80.3億人*

- プロテスタント 6.1億人（7.6%）
- カトリック 12.6億人（15.7%）
- キリスト教 25.9億人（32.2%）
- その他 7.2億人（8.9%）
- イスラーム教 20.0億人（24.9%）
- ヒンドゥー教 10.8億人（13.5%）
- 仏教 5.5億人（6.9%）
- その他（無宗教を含む）18.1億人（22.5%）

*重複があるとみられるが，世界人口とほぼ同じ数字となっている。
（『World Almanac』2023による）

【解説】 ここ数十年の変わらない傾向として，キリスト教徒の数があまり大きくは増加していないのに対し，イスラーム教徒・ヒンドゥー教徒の数は急増している。それらの宗教が信仰されている地域が世界的にも人口増加の傾向にあるからだが，今後もこの統計の数や割合はかなり変わっていくものと考えられる。

キリスト教
- カトリック
- プロテスタント
- 東方正教
- その他のキリスト教

イスラーム教
- スンナ派
- シーア派
- ユダヤ教

仏教
- 大乗仏教
- 上座部仏教
- チベット仏教（ラマ教）

- モルモン教
- ヒンドゥー教
- 儒教・道教
- 神道
- 自然崇拝

宗教の伝播
- ← キリスト教
- ← イスラーム教
- ← 大乗仏教
- ← 上座部仏教

2 世界のおもな宗教

宗教	ユダヤ教（◀P.51）	キリスト教（◀P.69）	イスラーム教（▶P.120・121）	仏 教（◀P.74）	ヒンドゥー教（▶P.77）
成立	前6世紀頃	1世紀	7世紀	前5世紀頃	紀元前後
開祖	モーセ（伝説的預言者）	イエス	ムハンマド（最大最後の預言者）	ガウタマ＝シッダールタ（釈迦）	特定の開祖はいない
神	唯一神ヤハウェ	父なる神＝子なるイエス＝聖霊	唯一神アッラー		ヴィシュヌ・シヴァなど（多神教）
聖典	『旧約聖書』	『旧約聖書』『新約聖書』	『コーラン（クルアーン）』	多数の仏典	特定の聖典はない
聖地	イェルサレムなど	イェルサレムなど	メッカ，メディナなど	ブッダガヤなど	ヴァラナシ（ベナレス）など
教義の特徴など	・選民思想 ・救世主（メシア）思想（イエスは預言者であり，救世主ではない。救世主は現れていない） ・偶像崇拝の禁止 ・豚，エビ，カニなどの食用禁止	・イエスは救世主（キリスト） ・ユダヤ教の選民思想や戒律主義を批判し，神の絶対愛や隣人愛，人間の平等を説く ・おもな宗派にカトリック，プロテスタント，正教	・神への絶対服従 ・六信五行の実践 ・偶像崇拝の厳禁 ・ムスリムの平等 ・酒や豚の飲食禁止 ・おもな宗派にスンナ派，シーア派	・ヴァルナ制の否定（人間の平等） ・八正道の実践による解脱 ・上座部仏教，大乗仏教，チベット仏教（ラマ教）に大別される	・ヴァルナ制を肯定 ・沐浴（ガンジス川などで行う水浴び）は重要な宗教儀式 ・牛を神聖視（牛殺しは大罪）

3 日本人と宗教～宗教へのおおらかさ

❶

❷

明治神宮での初詣 **❸**

【解説】 日本人は歴史的にさまざまな宗教を受容してきた。キリスト教の教会で結婚した夫婦（❶）が我が子の誕生を神社で祝い（❷），また，仏教寺院で親の葬儀を行う，というのは日常的な光景である。一般に日本人は特定の宗教や教義にとらわれない人が多いが，初詣でのにぎわい（❸）を見てもわかるように，日本人が信仰心をもっていないわけではもちろんない。

世界史の交差点

現代の中国・韓国の宗教

近隣の中国や韓国の宗教は，ひと言では表現しにくい。歴史的には儒教（▶P.89）や大乗仏教（▶P.76）の伝統をもつが，中国では共産党の一党支配のもとでこれらの伝統が軽視されている影響もあり，現代においてはいずれも国民的宗教とは言い難い。また韓国では，家族や年長者を尊重する儒教的道徳が根強いが，それらは道徳であって信仰とはやや異なる。しかし彼らも，日本人同様に信仰心をもっていないわけではなく，中国では陰陽五行説（▶P.85）や道教（▶P.91）に由来するお参りやまじないがさかんで（❶），韓国ではキリスト系の宗教団体に所属して熱心に活動する人々（❷）が少なくない。

❶

❷

古代インドの統一国家

 探究 大乗と呼ばれる新しい仏教はどのようなものか，説明しなさい。
[80字程度]
類題：中央大学

★ 古代インドの諸王朝で信奉された仏教は，やがてアジア諸地域へと広まった。

1 古代インドの変遷 以降●P.125

		日本
インダス文明	前2600頃 **ハラッパー，モエンジョ＝ダーロ**などにインダス文明が成立 ○青銅器文明，彩文土器，インダス文字の印章	縄文時代
ヴェーダ時代	前1500頃 **アーリヤ人**がパンジャーブ地方に進入 『**リグ＝ヴェーダ**』の成立 前1000頃 アーリヤ人がガンジス川上流域に移動 ○鉄器を導入，稲作農耕の定住社会へ，**バラモン教**と**ヴァルナ制**の形成	
諸国成立	前7〜前5世紀 農業と商工業の発達，新宗教の台頭 ☆**マガダ国**や**コーサラ国**など，十六大国成立 ○**ウパニシャッド哲学**が発祥（バラモン形式主義批判），**ジャイナ教・仏教**が成立 前364頃 マガダ国に**ナンダ朝**が成立（〜前317頃）	
マウリヤ朝	前317 **チャンドラグプタ王**が建国（都：**パータリプトラ**） **アショーカ王（阿育王）**（位前268頃〜前232頃） ☆**ダルマ（法）**による支配 ☆各地に石柱碑・磨崖碑を設置（●P.299史料） ○第3回仏典結集，スリランカに**上座部仏教**伝播 前180頃 マウリヤ朝が崩壊	弥生時代
クシャーナ朝	前1世紀頃 イラン系サカ族が侵入 後1世紀中頃 イラン系クシャーン人が建国（都：**プルシャプラ**） **カニシカ王**（位130頃〜170頃） ○第4回仏典結集 ○**ナーガールジュナ（竜樹）**により大乗仏教の教理が確立，**ガンダーラ美術**（●P.62・65）の隆盛 240頃 ササン朝の攻撃で衰退	
グプタ朝	320頃 チャンドラグプタ1世が建国（都：パータリプトラ） **チャンドラグプタ2世（超日王）**（位376頃〜414頃） ○サンスクリット文学（**カーリダーサ**『**シャクンタラー**』），二大叙事詩『**マハーバーラタ**』『**ラーマーヤナ**』が完成，東晋の**法顕**（●P.91）が来朝 ○グプタ美術，ゼロの概念の成立，『**マヌ法典**』の完成，**ヒンドゥー教**の確立 5世紀中頃 **ナーランダー僧院**が創設される	古墳時代
ヴァルダナ朝	606 **ハルシャ王（戒日王）**が建国（都：カナウジ） ○唐僧の**玄奘**（●P.18，●P.92）が来朝。仏教の衰退とヒンドゥー教の発展	

※サータヴァーハナ朝（アーンドラ朝）：☆ドラヴィダ人が建国（都：プラティーシュターナ），季節風交易による繁栄，『マヌ法典』原型形成

A マウリヤ朝（前4〜前2世紀）

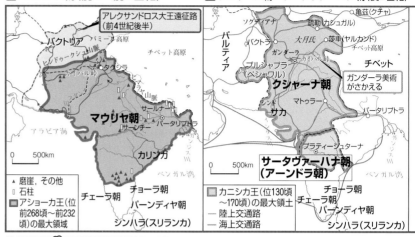

0 500km

□ 磨崖，その他
□ 石柱
■ アショーカ王（位前268頃〜前232頃）の最大領域

B クシャーナ朝・サータヴァーハナ朝（後2世紀）

サータヴァーハナ朝（アーンドラ朝）

ガンダーラ美術がさかえる

0 500km

■ カニシカ王（位130頃〜170頃）の最大領土
— 陸上交通路
— 海上交通路

Key Person アショーカ王（位前268頃〜前232頃）

マウリヤ朝の第3代の王で，この王朝の最盛期を築くとともに，仏教を厚く信仰・保護したことで知られる。しかし，もとは大変残忍な性格をしていたといわれ，王になるために兄弟を皆殺しにし，カリンガ地方征服の際にも大虐殺を行った。このカリンガの惨劇こそが，王にそれまでの戦争を反省させ，ダルマ（法）による統治を決心させたといわれる。

←1 **アショーカ王石柱碑柱頭**（サールナート博物館蔵）（高さ213.5cm）

←2 **現在のインドの国旗**
中央の輪は，永遠の真理・正義を表現したもので，その図柄はサールナート出土の石柱碑柱頭の法輪（仏法の象徴）を写したもの。

法輪

←3 **サーンチーの仏塔（ストゥーパ）** インド中部のサーンチーは，三つの主要な仏塔（舎利[ブッダの遺骨]を収める塔）からなる仏教遺跡。右は第一塔で，直径36.6m，高さ16.5mで最大。造営はアショーカ時代に遡る。

🏛 世界遺産

ガンダーラ様式

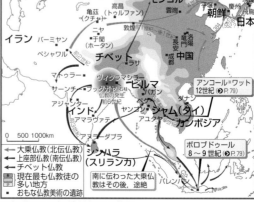

←4 **ガンダーラ菩薩** クシャーナ朝時代の後1世紀に西北インドのガンダーラ地方で初の仏像がつくられた。彫りの深い顔，カールした頭髪，衣のひだなどに**ヘレニズム文化**（●P.65）の影響がみられる。（ギメ東洋美術館蔵）

解説 本家インドでの仏教は，ヒンドゥー教の発展（とくにバクティ運動 ●P.77）やカースト社会の形成などにより衰退し，その後のイスラーム勢力の拡大も打撃となってまったくの少数宗教となった。一方，アジアの諸地域に広まった仏教は，大きく三つに分けられ，日本へ伝わった大乗仏教は，タイ・ビルマなどの上座部仏教やチベット仏教とは異なる。

2 仏教の展開 探究のヒント

原始仏教 — ブッダ入滅後100年間
- ・教団の統一が維持される
- アショーカ王時代に教団分裂？

部派仏教 — 教義・戒律をめぐり分裂
| 上座部系11部派 | 大衆部系9部派 |

上座部仏教 — 部派仏教の中の一つ
- ・出家者個人の解脱をめざす
- ・スリランカ，ビルマなどに伝播（南伝仏教）
- 小乗仏教と批判

大乗仏教 — 前1世紀頃からおこった革新運動
- ・**菩薩信仰**，慈悲による**衆生救済**を目的とする
- ・**ナーガールジュナ（竜樹）**により理論確立
- ・中国・朝鮮・日本へ伝播（北伝仏教）

● インドからアジアに広がる仏教

0 500 1000km

→ 大乗仏教（北伝仏教）
→ 上座部仏教（南伝仏教）
→ チベット仏教
▓ 現在最も仏教徒の多い地方
■ おもな仏教美術の遺跡

南に伝わった大乗仏教はその後，途絶

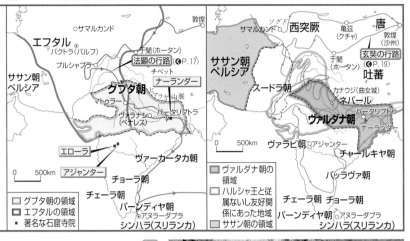

C グプタ朝(後5世紀初頭)

敦煌
サマルカンド
エフタル
バクトラ(バルフ)
プルシャプラ
法顕の行路(◀P.17)
于闐(ホータン)
チベット
ナーランダー
サント朝ペルシア
ヒマラヤ山脈
マトゥラー
グプタ朝
ヴァラナシ(ベレス)
パータリプトラ
エローラ
アジャンター
ヴァーカータカ朝
チョーラ朝
チェーラ朝
パーンディヤ朝
アヌラーダプラ
シンハラ(スリランカ)

□ グプタ朝の領域
□ エフタルの領域
■ 著名な石窟寺院

0 ─ 500km

D ヴァルダナ朝(後7世紀前半)

ソグド
サマルカンド
西突厥
亀茲(クチャ)
唐
敦煌(沙州)
玄奘の行路(◀P.19)
サント朝ペルシア
スードラ朝
于闐(ホータン)
吐蕃
カウジ(曲女城)
ネパール
ヴァルダナ朝
パータリプトラ
ナーランダー
ヴァラビ朝
アジャンター
チャールキヤ朝
パッラヴァ朝
チェーラ朝 チョーラ朝
パーンディヤ朝
アヌラーダプラ
シンハラ(スリランカ)

□ ヴァルダナ朝の領域
□ ハルシャ王と従属ないし友好関係にあった地域
□ サント朝の領域

0 ─ 500km

南アジア

4 南インドの諸王朝

サータヴァーハナ朝(前1〜後3世紀)
・ドラヴィダ系
・**ローマとの交易**が盛ん(◀P.14)
・王たちはバラモン教を信仰したが仏教も発展

チャールキヤ朝(6〜12世紀)
・ハルシャ王(ヴァルダナ朝)のデカン高原進出を阻止
・玄奘『大唐西域記』(◀P.18)に記述あり

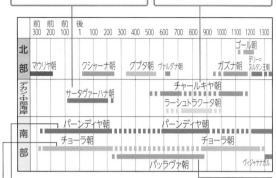

		前300	前200	前100	後1	100	200	300	400	500	600	700	800	900	1000	1100	1200	1300
北部		マウリヤ朝			クシャーナ朝				グプタ朝		ヴァルダナ朝				ガズナ朝		ゴール朝 / デリー=スルタン王朝	
デカン・中部海岸				サータヴァーハナ朝								チャールキヤ朝						
											ラーシュトラクータ朝							
南部				パーンディヤ朝								パーンディヤ朝						
			チョーラ朝									チョーラ朝						ヴィジャヤナガル
							パッラヴァ朝											

パーンディヤ朝(前3〜後14世紀)
・インド最南端を支配
・**アショーカ王碑文**に名あり
・『**エリュトゥラー海案内記**』(◀P.14)に繁栄の記述あり
・チョーラ朝と抗争し,これを滅ぼす

チョーラ朝(前3世紀頃〜後4世紀頃,9〜13世紀)
・10世紀末〜11世紀初めが最盛期,セイロン島(**スリランカ**)北部も支配
・スマトラ島の**三仏斉**(▶P.80)に遠征(11世紀前半)
・パーンディヤ朝と争い,衰退

パッラヴァ朝(3〜9世紀)
・デカン高原のチャールキヤ朝・ラーシュトラクータ朝と抗争
・ヒンドゥー寺院が多く建設される
・チョーラ朝の台頭により滅亡

→12 南インド出土のローマ金貨 ローマや東南アジアとの季節風貿易で南アジアの諸王朝は繁栄した。南インドからローマへは香辛料・綿布などが輸出され,ローマ金貨はそのまま南インドで流通していた。(チェンナイ博物館蔵)

グプタ様式

(マトゥラー博物館蔵)

↑5 マトゥラー仏 ひだ模様の美しい衣をまとい仏教の理想である静寂を表したグプタ様式の仏像。マトゥラー仏は伝統的に赤砂岩でつくられた。

🏛 世界遺産

↑6 アジャンター石窟 前2世紀から後7世紀にかけて掘られた仏教石窟寺院(特に5世紀後半に集中的に開掘)。グプタ美術の代表で,仏教説話が描かれている。7世紀以降に衰退した。

↑7 アジャンター石窟の蓮華手菩薩像(5〜6世紀頃)

↑8 法隆寺金堂壁画観音菩薩像 グプタ美術の日本への影響がみられる。

3 ヒンドゥー教の形成 (◀P.75)

バクティ運動とは? シヴァ神やヴィシュヌ神への熱烈な信仰をもとにした宗教運動で,仏教やジャイナ教に対する攻撃も行われた。

↑9 ナーランダー僧院跡 グプタ朝時代の5世紀に首都パータリプトラの近郊に建設された大乗仏教の研究機関。7世紀には数千人の僧徒がいたといわれ,**玄奘**(◀P.18)や**義浄**(◀P.19)もここで学んだ。12世紀,イスラーム勢力により破壊された。

↑10 踊るシヴァ神像 ヒンドゥー教の3大神の一つである。シヴァは破壊の神とされる。踊りによって宇宙は永遠に創造・維持・破壊を繰り返すと考えられている。(高さ153.0cm,アムステルダム国立美術館蔵)

↑11 ヴァラナシ(ベナレス)のガンジス川での沐浴 ヴァラナシはヒンドゥー教の聖地。ここでの沐浴は神聖な儀式である。

★さまざまな文明の影響を受けてきた東南アジアには，多様な民族・宗教が混在している。

1 東南アジアの風土

--- 現在の国境
赤字 現在の国名

（解説）東南アジアは，インドシナ半島を中心とした**大陸部**（現在のミャンマー・タイ・ベトナムなど）と，マレー半島からスマトラ・ジャワなどの島々へと連なる**諸島部**（現在のマレーシア・インドネシアなど）によって構成される。

大陸部

北部の山地に発する水量豊富な複数の河川が平野部にデルタを形成し，世界でも有数の穀倉地帯を生み出している。川で隔てられる集落ごとに古くからさまざまな言語・民族が分布していたが，インド系・中国系の移民がこれに加わって，きわめて多様な世界が形成されている。

↑**1**ミャンマーの水田地帯

諸島部

一年を通じて気温が高く雨量も多い熱帯性気候に属する地域が大半で，香辛料や各種熱帯植物（コーヒー，サトウキビ，藍，ゴムなど）の栽培に適している。その豊かさゆえに外部との接触も古くから盛んで，多様な言語・民族の分布をみる点は大陸部と同様である。

↑**2**マレーシアの胡椒畑

2 東南アジアの歴史的特徴

●現在の宗教分布

（『*Diercke Weltatlas*』Westermann などによる）

インド文化の受容　5C〜

↑**3**バリ島の影絵芝居ワヤン＝クリ　インドの『**マハーバーラタ**』や『**ラーマーヤナ**』に題材を得て演じられる。バリ島には現在でも**ヒンドゥー教徒**が多い。

仏教の広まり　11C〜

↑**4**托鉢僧　タイなどの**上座部仏教**の国ではおなじみの光景である。上座部仏教では出家・修行することが奨励されており，それを実践している僧は尊崇の対象である。

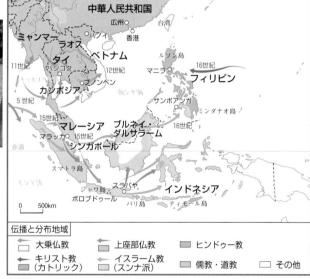

伝播と分布地域

⇦ 大乗仏教	⇨ 上座部仏教	▨ ヒンドゥー教
⇦ キリスト教（カトリック）	⇦ イスラーム教（スンナ派）	▨ 儒教・道教　□ その他

（解説）東南アジアの宗教分布は，大陸部の上座部仏教，諸島部のイスラーム教に大別できる。ベトナムとバリ島に特殊な分布がある。

イスラーム化の波　15C〜

↑**5**ブルネイのイスラーム教徒　貿易商人とともにやってきたスーフィー（神秘主義者）が布教した。女性のチャドルも白色で，儀式や正式な集会の時にのみ着用するなど，**イスラーム教**も柔らかさを帯びている。

ヨーロッパ諸国の進出　16C〜

←**6**フィリピンの教会　スペインの植民地支配が長く続いた同国には，**キリスト教徒**が多い。

植民地時代をへて　21C〜

（解説）19世紀末には**タイを除くすべ**ての国・地域が欧米諸国の植民地になり（●P.222・223），独立後も開発途上の域を脱することができなかった東南アジアだが，ASEAN（東南アジア諸国連合●P.286）10か国の市場規模と経済成長率をみると，今後の世界で最も大きな可能性を秘めていることがわかる。

●ASEANの市場規模

人口（2022年，億人）

ASEAN	6.8（世界の8.5%）
EU	4.4
日本	1.2

国内総生産（2021年，億米ドル）

ASEAN	33,403（世界の3.5%）
EU	171,778
日本	49,409

（国連資料による）

●日本とASEAN10か国の経済成長率

1	ベトナム	7.4
2	カンボジア	7.1
3	フィリピン	6.1
4	ラオス	5.5
5	インドネシア	5.0
6	マレーシア	4.4
7	ブルネイ	3.9
8	ミャンマー	3.2
9	タイ	2.2
10	シンガポール	1.1
11	日本	-0.2

（2019年，国連資料による）

Ⅲ 世界遺産

大ストゥーパ→

円形の3壇

小ストゥーパ

方形の5壇

Gallery ～世界史の見える画廊～

「ボロブドゥール」
造営期8～9世紀

基底部の一辺120m　高さ42m　インドネシア

ボロブドゥールとは？
　シャイレンドラ朝がジャワ島中部に建設した**大乗仏教の寺院**。寺院全体が一つの巨大な仏舎利塔(仏舎利＝釈迦の遺骨を納めた多重構造の塔)に見立てられており，方形の5壇に円形の3壇が積み上げられた構造になっている。最上段の大ストゥーパ(仏塔)を囲むように多数の小ストゥーパが配置され，その中や周囲には等身大の仏像(左下写真)が安置されている。

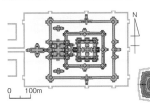
中に仏像が入っている
小ストゥーパをはずされた仏像

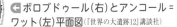

↑**1** **ジャワの交易船**　ボロブドゥールの浮き彫りの一部。船のへりの外側に横木を通して補強してあるのが特徴。

0　100m

←**ボロブドゥール(右)とアンコール＝ワット(左)平面図**『世界の大遺跡12』講談社

時代背景
　南伝仏教の別名が示すように，前3世紀にスリランカに伝わった**上座部仏教**は，その後東南アジア諸地域に広まった。一方，7世紀頃よりインドとの海上交易がさかんになったスマトラやジャワには，そのルートに沿って**大乗仏教**が伝わった。

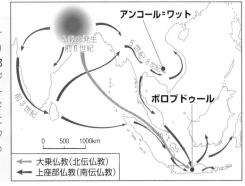

仏教の発生
前6世紀

アンコール＝ワット

ボロブドゥール

0　500　1000km

→ 大乗仏教(北伝仏教)
→ 上座部仏教(南伝仏教)

Gallery ～世界史の見える画廊～

「アンコール＝ワット」
造営期12世紀前半

第1回廊180×200m　中央祠堂の高さ65m　カンボジア

アンコール＝ワットとは？
　アンコール朝のスールヤヴァルマン2世が建設したヒンドゥー教の寺院。15世紀以来密林の奥に埋もれてその存在を忘れられていたが，フランスのインドシナ進出(◆P.203・223)が進む中，1860年に再発見された。

→**2** **中央祠堂**　建造当時は，内部にスールヤヴァルマン2世とヴィシュヌ神を合体した神像がまつられていたが，現在は仏立像4体が安置されている。神が降臨する場所とされ，豊作を祈る儀式や王位継承が行われていた。

↓**3** **アンコール＝ワット正面外観**

↑**4** **カンボジア国旗**

Ⅲ 世界遺産

中央祠堂

第3回廊

第2回廊

第1回廊

↓**5** **回廊壁面のレリーフ**

（**解説**）現在のカンボジアの国旗には正面から見たアンコール＝ワット(写真**3**)が描かれており，同寺院は「仏教国カンボジア」の象徴ともいえる。しかし，この寺院が仏教寺院となったのは，カンボジアへのタイ人の侵入が始まった14世紀以降のことであり，もともとはヒンドゥー教の寺院として建設された。全長4kmにも及ぶ回廊の壁面には，古代インドの叙事詩『マハーバーラタ』の戦争の場面(写真**5**)や，ヒンドゥー教の神話が浮き彫りにされており，インド・ヒンドゥー文化の影響を見ることができる。

東南アジア諸地域の歴史 II

★東南アジアでは，古くから他地域との接触を特色として，多くの国家が盛衰してきた。

1 各地域の歴史 以降●P.222

赤字は宗教関係

→1 ドンソン文化の銅鼓 前3世紀以降，ベトナム北部を中心にした青銅器文化が発達した。遺物が最初に発見された村の名をとってドンソン文化と呼ぶ。中国文化の影響のもとに発達したと考えられている。写真は祭儀の際に打ち鳴らされた銅鼓で，表面には精巧な紋様が施されている。
（ゴクルー出土，ベトナム国立博物館蔵，直径79.0cm，高さ63.0cm）

大陸部

ビルマ	タイ	カンボジア	ベトナム南部	ベトナム北部
				前3～前1世紀　ドンソン文化栄える
				前214　秦の始皇帝が南海郡など3郡設置
1世紀頃　イラワディ川流域に**ピュー**(驃)おこる				前111　前漢の武帝が日南郡など9郡設置
		1世紀末　**扶南**建国・クメール人の国？・海上交易で栄える→オケオ遺跡	2世紀　**チャンパー**(林邑)建国・チャム人の国・インド文化受容	後40　徴姉妹の反乱
				679　唐が現ハノイに安南都護府設置
8世紀　ピュー繁栄	6世紀　**ドヴァーラヴァティー王国**建国・モン人の国・上座部仏教受容	6世紀　**真臘**(カンボジア)建国・クメール人の国・ヒンドゥー教受容	8世紀　環王	939　呉朝が自立
1044　**パガン朝**成立・ビルマ人の国・ビルマ文字・上座部仏教国教化		9世紀　**アンコール朝**成立	9世紀　占城	1009　**李朝**成立（都：ハノイ）
	1257　**スコータイ朝**成立・タイ人の国・タイ文字・上座部仏教国教化	12世紀　**アンコール＝ワット****アンコール＝トム**建設	アンコール朝の遠征を受ける	1225　**陳朝**成立（都：ハノイ）・チュノム(字喃)発明
1287　元軍の侵攻により衰退				1257　モンゴル軍を撃破
				元朝(モンゴル)の侵攻
分裂時代　ペグー朝(1287～1531)　アヴァ朝(1364～1555)	1351　**アユタヤ朝**成立・上座部仏教		1284　元軍を撃退（●P.106）	1288　元軍を撃退
				1400　陳朝滅亡
	15世紀　アンコール朝へ侵攻	1431　アンコールを放棄し，プノンペンへ移る**アンコール＝ワット**は仏教寺院に		1407　明の支配下におかれる(～27)
1531　**タウングー(トゥングー)朝**成立（都：ペグー）・ビルマ人の国☆アユタヤ朝へ侵攻			1471　黎朝の遠征を受けチャンパー衰退	1428　**黎朝**成立（都：ハノイ）
	→タウングー朝と抗争		1527　黎朝で政変その後も内戦つづく	1471　チャンパーへ遠征
**←2 シュウェダゴン＝パゴダ**	17世紀前半　山田長政が日本町の頭領となり活躍		1592　黎朝がハノイを奪回し復活	1527　黎朝で政変その後も内戦つづく
	17世紀　広南朝に侵攻される	17世紀　広南朝に侵攻される	17～18世紀　対立阮氏⇔鄭氏南部(広南朝)　北部(黎朝)を支配	1592　黎朝がハノイを奪回し復活
1752　アラウンパヤーが**コンバウン朝**建国☆アユタヤ朝へ侵攻☆都：ヤンゴンにシュウェダゴン＝パゴダ(仏塔)を建設	1767　コンバウン朝の侵攻により滅亡　1782　ラーマ1世により**ラタナコーシン朝**(チャクリ朝)建国		1771　西山の乱(～1802)　1773　西山党が広南朝を滅ぼす　1789　西山党が黎朝を滅ぼす　1802　**阮福暎**により**阮朝**成立	

諸島部

マレー半島・スマトラ島	ジャワ島
7世紀　**シュリーヴィジャヤ王国**(室利仏逝)建国・マラッカ海峡を支配・唐の**義浄**の来訪（大乗仏教信仰と記録）	732　**マタラム朝**成立・ヒンドゥー教　750頃　**シャイレンドラ朝**成立（連合）・ボロブドゥール造営（大乗仏教）
10世紀　**三仏斉**成立　11世紀　南インドのチョーラ朝が侵攻	929　クディリ朝成立・ワヤン＝クリ　1222　**シンガサリ朝**成立・ヒンドゥー教
元朝(モンゴル)の侵攻	
1288　元軍を撃退	1292～93　元軍を撃退
14世紀末　**マラッカ王国**	1293　**マジャパヒト王国**・ヒンドゥー教
鄭和の南海諸国遠征(1405～33)（◀P.32・33）明への朝貢進む	
1445頃　**マラッカ王国**が**イスラーム教**に改宗	15世紀　イスラーム勢力の進出
1511　**ポルトガル**により**マラッカ王国**滅亡	1527頃　**バンテン王国**成立・イスラーム教
1530年代　ポルトガルがモルッカ(マルク)諸島を制圧	1580年代末頃　**マタラム王国**成立・イスラーム教
1580　ポルトガルがスペインに併合される(～1640)	1619　**オランダ**により**バタヴィア市**建設
17世紀　**オランダ**の支配が進む（スマトラ北部には**アチェ王国**が存続）	1623　**アンボイナ事件**おこる→オランダが香料貿易を独占
1786　**イギリス**がペナンを領有	1755　オランダによりマタラム王国滅亡　18世紀後半　オランダがバンテン王国を支配

2 港市国家

定義 港市(港町)を中心に建設された国家

特徴
○中継貿易や内陸からの物産の輸出によって繁栄
○外来の文化・宗教を受容

例 扶南，チャンパー，シュリーヴィジャヤ，マラッカ王国など

●港市国家の形態

```
                    港市国家
     香辛料，コメ
     などを生産
          河川交通
内陸部         海
  内陸都市    港市 ──輸出── 外国
          中継  絹・茶
          貿易  陶磁器
              など
          輸入
           │
          外国
```

↑3 オケオの遺跡 メコン川下流域に栄えた**扶南**の外港であるオケオの遺跡からは，ローマ貨幣や漢式鏡などが出土している。扶南が，ローマ・インド・中国を結ぶ海上ネットワークの中継国であったことがわかる。

↓4 香辛料の収穫(インドネシア) 東南アジアの気候・風土は，香辛料・香木・ゴムなどの豊かな物産を産出・提供してきた。古くから中国・インド，そしてイスラーム世界との関係が深かったが，大航海時代(●P.165)以降はヨーロッパ諸国の進出・支配を受けるようになった。

ルーツ 「シャイレンドラ」：サンスクリット語で「山から来た王家」という意味。

3 東南アジア諸国の変遷

□ イスラーム系の国
← 侵攻

世紀	ビルマ	タイ（シャム）	カンボジア	ベトナム南部	ベトナム北部	中国	マレー半島	スマトラ	ジャワ
4	3C ピュー（驃）		扶南 2C	チャンパー（林邑） 前111より 2C	中国諸王朝の支配	魏晋南北朝	マレー人港市国家		
5									
6		6C ドヴァーラヴァティー王国（モン人）	真臘（カンボジア）						
7			水真臘 陸真臘	チャンパー（環王）		隋 唐	7C シュリーヴィジャヤ王国		
8	832						8C シャイレンドラ朝		マタラム朝
9	ビルマ人の南下		802				850頃連合 10C		クディリ朝 929
10					939 呉朝 丁朝	五代十国	三仏斉		
11	1044 パガン朝	タイ人の南下 11C	真臘＝カンボジア（アンコール朝）		1009 李朝大越国	宋			
12				チャンパー（占城）					
13	1287 1299	1257 スコータイ朝			1225 陳朝大越国	南宋 金 モンゴル 元		シンガサリ朝	
14	1364 アヴァ朝	1351		1400	1400	明		1293 マジャパヒト王国	
15		アユタヤ朝		1470 1527	1428 黎朝		マラッカ王国 1511滅亡		
16	1555 タウングー朝	1531	カンボジア	1532 莫朝 1558 広南朝	黎朝大越国		イスラーム港市国家群	アチェ王国	バンテン王国 マタラム王国
17	1752	1767							
18	コンバウン朝	1782 ラタナコーシン（チャクリ）朝	1863	西山朝 1789 阮朝越南国 1802 1883	清				
19	1886 1885		仏保護国 1887	仏保護国 仏領		中華民国	英領		蘭領
20	英領 1942日本占領						1942		日本占領
	1948 ビルマ連邦共和国 1989 ミャンマー連邦		1949 独立 内戦 1976	1945 1953 民主共和国 ベトナム社会主義共和国		中華人民共和国	1945 マレーシア シンガポール	1945 インドネシア共和国 1949 インドネシア連邦共和国	

ベゲー朝（モン人） 1351

（『東南アジアを知る事典』平凡社による）
1993 カンボジア王国

A 8世紀頃

■ シャイレンドラ朝の最大勢力範囲
← シャイレンドラ朝の進出

南詔 唐 広州
ピュー（驃）
ドヴァーラヴァティー王国
チャンパー（林邑・環王）
アンコール＝トム
真臘
オケオ 水真臘
シュリーヴィジャヤ王国（室利仏逝）
ボロブドゥール 8世紀頃建立
シャイレンドラ朝
パレンバン
ボルネオ

--- 義浄の行路（671〜695）
— 主要交通路

解説 マラッカ海峡は，インド洋と南シナ海を結ぶ「船の通り道」であり，**シュリーヴィジャヤ王国**はここを経由する海上交易ルートを広く支配することによって大いに繁栄した。

B 13世紀頃

元 泉州 広州
パガン朝 交都 大都
アラカン スコータイ 陳朝（大越国）
ペグー スコータイ
アユタヤ アンコール＝ワット 12世紀前半建立
アンコール朝（真臘）
チャンパー（占城）
スマトラ
三仏斉 シンガプラ ボルネオ
パレンバン
シンガサリ朝

← 元軍の侵攻路
— マルコ＝ポーロの航路
□ 13世紀のシンガサリの勢力範囲

解説 13世紀の「モンゴルの征服」は東南アジアにも及び，ビルマのパガン朝が滅ぼされたが，ジャワへの侵入は食い止められた。

C 15世紀

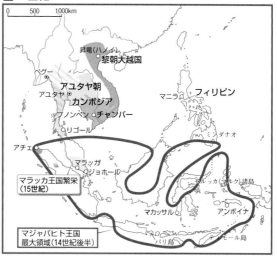

昇竜（ハノイ）
黎朝大越国
ペグー アユタヤ朝
アユタヤ カンボジア マニラ フィリピン
プノンペン チャンパー
リゴール ミンダナオ
アチェ マラッカ ジョホール
マラッカ王国繁栄（15世紀）
マカッサル アンボイナ
マジャパヒト王国最大領域（14世紀後半）
バリ島 ティモール島

解説 諸島部ではヒンドゥー系の**マジャパヒト王国**が繁栄していたが，15世紀以降イスラーム勢力の進出を受けて衰退した。これに代わって，イスラームに改宗してムスリム商人との結びつきを強め香辛料貿易の中継地として栄えたのが**マラッカ王国**だった。このマラッカを拠点として，イスラーム教は諸島部の広範囲へと広まった。

D 16〜18世紀

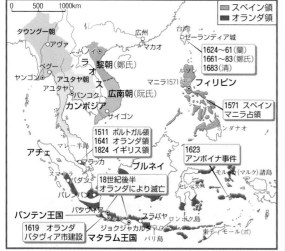

□ スペイン領
■ オランダ領

タウングー朝
アヴァ
ペグー 広州 台湾 ゼーランディア城
ハノイ マカオ
黎朝（鄭氏）
1624〜61（蘭）
1661〜83（鄭氏）
1683（清）
アユタヤ朝
アユタヤ ヤンゴン マニラ1571 フィリピン
バンコク 広南朝（阮氏）
カンボジア
サイゴン 1571 スペインマニラ占領
ミンダナオ
1511 ポルトガル領
1641 オランダ領
1824 イギリス領
アチェ マレー半島
マラッカ ブルネイ 1623 アンボイナ事件
パダン モルッカ（マルク）諸島
18世紀後半オランダにより滅亡
バレンバン バタヴィア セレベス
バンテン王国
1619 オランダバタヴィア市建設
ジョクジャカルタ スラバヤ ロンボク島
マタラム王国 バリ島 東ティモール（ポ）

解説 1511年にポルトガルによってマラッカ王国が滅ぼされたのをはじめとして，香辛料の獲得をめざす**ヨーロッパ諸国の進出**が本格化し，それらの国々の争いも激化した。諸島部では，アンボイナ事件（→P.182）でイギリスを退けた**オランダ**の支配が強まり，その植民地化が進められていくことになった。

● ヨーロッパ諸国の進出

1511	ポルトガルがマラッカを占領
1571	スペインがマニラを占領
1580	スペインがポルトガルを併合 ⇒スペインがオランダの船に対し，リスボン（ポルトガルの首都，香辛料の集散地だった）への入港を禁止する ⇒オランダは香辛料の獲得へ直接乗り出す
1619	オランダがバタヴィア市を建設
1623	アンボイナ事件 ⇒オランダがモルッカ（マルク）諸島からイギリスを退ける
1755	オランダがマタラム王国を滅ぼす
18C後半	オランダがバンテン王国を支配（滅亡は1813）

世界史の交差点

アカプルコ貿易の舞台となったマニラ

アカプルコ貿易（→P.167）とは大航海時代以降スペインが行った貿易で，メキシコのアカプルコから新大陸の銀を船に積んでフィリピンのマニラに輸送し，中国からマニラにもち込まれていた絹や陶磁器などと交換したものである。これにより，大量のメキシコ銀が中国（明）に流入し，中国の物産がヨーロッパに出回ることになったが，この貿易の舞台となったマニラには，戦国時代の日本人商人も訪れていた。

5 アカプルコ港のにぎわい（17世紀）

AQVAPOLOVE.

東南アジア

黄河文明

（写真は河南省仰韶村。山口直樹撮影）

★中国文明は2つの大河の恵みで育まれた。

1 黄河文明と長江文明 ●東アジアの地形

スタノヴォイ山脈

モンゴル高原
大興安嶺
黄土高原
秦嶺山脈
四川盆地
華北平原
年降水量1,000mmの境界線

解説 淮河・秦嶺山脈が畑作地帯と稲作地帯の境になっており、黄河流域では畑作（粟や黍）が、長江流域では稲作が行われている。©Product／Clear Light Image Products Agency／ARTBANK／Fine Photo Agency

→1 **黄土地帯** 氷河によってできた内陸部の岩粉が風に運ばれて堆積し、黄河がそれを中下流域に押し流して黄土地帯が形成された。写真は、黄河文明発見の地となった仰韶村。なお仰韶文化の発見者は、北京原人の発見者でもあるスウェーデンの地質学者アンダーソン（1874〜1960）である。

● 中国文明の分布

ゴビ砂漠　0　250　500km

仰韶文化〜仰韶遺跡
北京原人発見
遼寧
北京
半坡遺跡
黄土高原
竜山文化〜竜山鎮城子崖遺跡
周口店
河北
晋陽（太原）
太行山脈
竜山
山東
済南
陝西
仰韶村
蘭州
藍田
黄河文明の領域
河南
鄭州
西安（長安）
秦嶺山脈
青蓮崗
三星堆遺跡
江蘇
四川
上海
長江文明の領域
湖北
屈家嶺
南京
良渚遺跡
浙江
杭州
長沙
河姆渡遺跡

▲ 旧石器時代の遺跡
● 新石器時代の遺跡
○ 現在の都市名
省名，地形は現在のもの

● 現代中国の省と歴史的名称

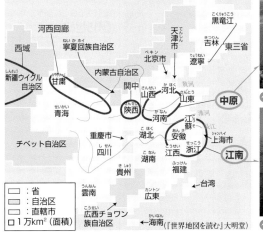

河西回廊
西域
寧夏回族自治区
天津市
黒竜江
吉林
東三省
遼寧
北京市
新疆ウイグル自治区
甘粛
内蒙古自治区
関中
山西
河北
山東
青海
陝西
中原
河南
江蘇
重慶市
湖北
安徽
上海市
四川
湖南
江西
浙江
江南
貴州
福建
チベット自治区
雲南
台湾
広西チワン族自治区
広東
海南

□：省
□：自治区
□：直轄市
□ 1万km²（面積）

←『世界地図を読む』大明堂

↑2 中原の風景（河南省）

↑3 江南の風景（江蘇省）

2 黄河文明

※各文明の年代については諸説ある。

文明	前　期	後　期
	仰韶（ヤンシャオ）文化	竜山（ロンシャン）文化
年代	前5000〜前3000年頃	前2500〜前2000年頃
遺跡	河南省仰韶遺跡，陝西省半坡遺跡	山東省竜山鎮城子崖遺跡
特徴	①畑作（粟や黍）基盤 ②豚・犬・鶏を飼育 ③彩陶を使用 ④竪穴住居に住む ⑤小環壕村落を形成	①畑作（粟や黍）基盤 ②牛・馬・豚を飼育 ③黒陶・灰陶を使用 ④貧富の差生まれる ⑤大集落生まれる

→4 **彩文土器（彩陶）**（←P.45）
仰韶文化。素焼きの土器の表面に赤・黒などで彩色する。（甘粛省出土）

←5 **灰陶**
竜山文化。日常で使用され厚手で粗く、三足土器が多い。（山東省濰坊出土）

→6 **黒色磨研土器（黒陶）**
竜山文化。表面を磨いて薄手に仕上げる。焼いた後に燻して黒くする。

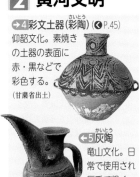

気温（℃）　**北京**　降水量（mm）
年平均気温 13.3℃
年降水量 530.8mm
1月　7　12

↑7 **粟**
（気象庁資料による）

黄河は「暴れ竜」といわれるほど洪水が多い。流域は粟を中心とした畑作地帯である。

3 長江文明

文明	前　期	後　期
	河姆渡文化	良渚文化
年代	前5000〜前3000年頃	前3300頃〜前2200頃
遺跡	浙江省河姆渡遺跡	浙江省良渚遺跡
特徴	①稲作基盤（農耕文化） ②牛・馬・豚を飼育 ③粗製黒陶を使用 ④高床式住居に住む ⑤最古の漆器	①稲作基盤（農耕文化） ②黒陶を使用 ③最古の麻・絹織物 ④大量の玉器を副葬 ⑤権力者が出現

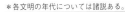

気温（℃）　**上海**　降水量（mm）
年平均気温 17.2℃
年降水量 1211.9mm
1月　7　12

↑8 **稲**
（気象庁資料による）

長江は、押し流す泥砂の量も少なく、洪水もない。流域は豊かな稲作地帯である。

世界史の交差点

多様な中国文明

かつて黄河文明は、中国文明の唯一の源流と考えられていたが、近年長江流域の発掘調査から、黄河文明に匹敵する古い文明が長江流域にも存在していたことが明らかになった。長江下流の浙江省河姆渡遺跡には最古の稲作の痕跡があり、日本への稲作伝播を考えるうえで大きな意味をもっている。また上流の四川省三星堆遺跡からは巨大な目をした特異な青銅製人物像が発見され、殷・周の青銅器文化とは異なる独自の特徴をもっている。

→9 **祭殿に飾られた人頭の青銅器**

四川省広漢出土三星堆遺跡出土（三星堆博物館蔵）

探究　殷の国家体制について，その構造に触れながら説明しなさい。[100字程度]　類題：学習院大学

★中国文明の基礎となる漢字は占いを記録する絵文字から始まった。

1 殷・周時代の中国 (◀P.10) ＊地形は現在のもの

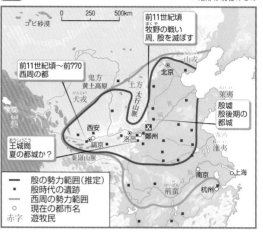

- 前11世紀頃
牧野の戦いで
周，殷を滅ぼす
- 前11世紀頃～前770
西周の都
- 鬼方
- 土方
- 王城崗
夏の都城か？
- 殷墟
殷後期の
都城

凡例
- ― 殷の勢力範囲（推定）
- - 殷時代の遺跡
- ― 西周の勢力範囲
- ○ 現在の都市名
- 赤字 遊牧民

↑2 衛士の殉死体

男女の殉葬者
酒器
楽器
王の棺
衛士
↑3 首のない遺体
車を運んだ戦車
殉殺された人々
揃えられた水牛の首

2 殷・周時代の国家構造 探究のヒント

殷 邑制国家

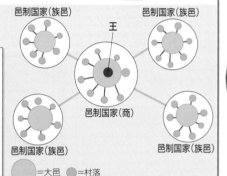

- 大邑（都市）が村落を従え，小国家＝邑制国家を形成する
- 殷は邑制国家の連合体である
- 邑制国家の内ひときわ大きい商の首長が王となり，その他が族邑となる
- 王の主宰する祭祀が邑制国家の結合を支える（＝祭政一致の神権政治）

邑制国家（族邑）　王　邑制国家（族邑）
邑制国家（商）
邑制国家（族邑）　邑制国家（族邑）

⬤＝大邑　●＝村落

『岩波講座世界歴史4』岩波書店より作成

周 封建制

支配階級

- 周も「邑制国家」の連合体である
- 周王は，一族・功臣を族邑に封じ諸侯とする（封建制）
- 家臣は封土が与えられ，卿・大夫・士と序列化される
- 血縁集団間の本家分家の秩序が邑制国家結合を支える（＝礼政一致の宗法制）

大邑　周王
封土　軍役・貢納
諸侯（公侯伯子男）　諸侯（公侯伯子男）
邑　邑
卿・大夫・士（世襲の家臣団）
邑　邑　邑　邑

↑1 殷墟の発掘　河南省安陽県小屯村から殷後期の王都跡である「殷墟」が発見され，伝説の王朝殷の実在が証明された。発掘された王墓には，従者や衛士の殉死者のほかに，切断された大量の頭骨が並べられていた。首のない遺体は，別の場所にまとめてあり，その数は1,000人を超えている。王の死に際し大量の人身御供（神への生け贄として人を供すること）が行われていたことが推定されている。

◀4 甲骨文字　殷では祭政一致の神権政治が行われ，亀甲，獣骨にくぼみを掘って火で炙り，生じる亀裂で吉凶を判断した。「卜」（占う）という字は亀裂の形状に由来する。写真は殷（殷の重臣）に「とが」（禍）があるかを占ったもの。

戊午卜古貞殷無囚二告
（戊午，卜して古う殷囚（とが）なきか）

3 易姓革命の思想

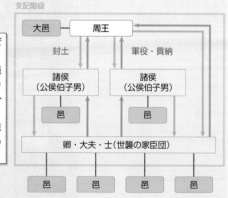

禅譲	天帝 → 統治の天命 → 君主 → 信望 → 人民	生前に臣下の中の有徳者を後継者に指名し，位を譲ること。堯 → 舜 → 禹
放伐	天帝 → 追放 → 君主 → 反抗 → 人民	暴君が討伐されて革命がおこること。殷王朝の滅亡が放伐の始まりといわれる。夏の桀王 → 殷の湯王　殷の紂王 → 周の武王

解説 中国における王朝交替のこと。天命が革まることを革命という。有徳者が天命を受けて統治をすべきであり，徳が衰えれば天命は別の姓の者にくだると考えられた。革命には位を譲り王朝がかわる「禅譲」と，討伐されて王朝がかわる「放伐」の二つがあった。（▶P.85）

世界史 の 交差点
中華料理の器に残された紋様～今も生きている中国古代文明

殷周時代は高度な青銅器文化が花開いた。殷代では青銅器の製作は国家的事業であり，祭祀に使用する多くの種類の酒器，食器，調理器，楽器がつくられた。これらの青銅器には数多くの文様が施され，呪術的な意味あいがあった。中でも饕餮紋は有名で，獣面文と呼ばれる正面には中央に大きな鼻，左右に大きな眼が配置され，眼の上には角が描かれた。またこれらの間は，「雷文」と呼ばれる細い渦巻き紋で埋められた。現在でも中華料理の食器に描かれるデザインはここからとられている。なお周代になると，徐々に器の形態も文様も簡略化され，呪術的な意味あいが薄れてくる。

◀5 饕餮紋　↓6 雷文

東アジア

84 春秋・戦国時代

★激動の時代は今の中国の文化と伝統を創り上げた。

?探究 春秋・戦国時代の発展について，その時代の農業や経済に着目して説明しなさい。〔110字程度〕　類題：学習院大学

1 春秋時代（前770〜前403）◀P.11

華夷（中華）思想

	北狄	
西戎	中華	東夷
	南蛮	

＊中国人は周辺民族に対して文化的優越意識をもち，周辺民族を上記のように呼んだ。

■ 五覇
（五覇は，呉・越を宋・秦に代える説あり）
● 同姓諸侯
● 異姓諸侯

□ 春秋時代の領域
◎ 王城
◉ 国城
紫字：異民族

2 戦国時代（前403〜前221）

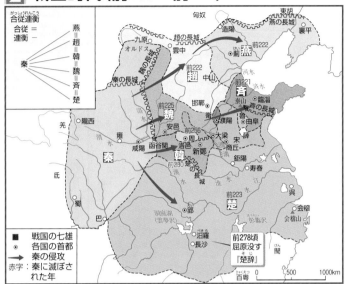

合従連衡
合従 ＝
連衡 －

燕
趙
韓
魏
斉
楚

秦

■ 戦国の七雄
◎ 各国の首都
→ 秦の侵攻
赤字：秦に滅ぼされた年

前278頃 屈原没す
『楚辞』

3 中国文明成立期の歩み 以降▶P.87

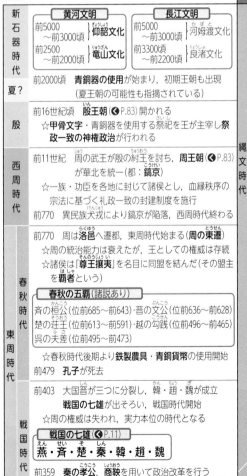

新石器時代		黄河文明		長江文明	
		前5000〜前3000頃	仰韶文化	前5000〜前3000頃	河姆渡文化
		前2500〜前2000頃	竜山文化	前3300頃〜前2200頃	良渚文化

夏？　前2000頃 青銅器の使用が始まり，初期王朝も出現
（夏王朝の可能性も指摘されている）

殷　前16世紀頃 殷王朝（▶P.83）開かれる
☆甲骨文字・青銅器を使用する祭祀を王が主宰し祭政一致の神権政治が行われる

西周時代　前11世紀 周の武王が殷の紂王を討ち，周王朝（▶P.83）が華北を統一（都：鎬京）
☆一族・功臣を各地に封じて諸侯とし，血縁秩序の宗法に基づく礼政一致の封建制度を施行

前770 異民族犬戎により鎬京が陥落，西周時代終わる

東周時代・春秋時代　前770 周は洛邑へ遷都，東周時代始まる（周の東遷）
☆周の統治能力は衰えたが，王としての権威は存続
☆諸侯は「尊王攘夷」を名目に同盟を結んだ（その盟主を覇者という）

春秋の五覇（諸説あり）
斉の桓公（位前685〜前643）・晋の文公（位前636〜前628）
楚の荘王（位前613〜前591）・越の勾践（位前496〜前465）
呉の夫差（位前495〜前473）

☆春秋時代後期より鉄製農具・青銅貨幣の使用開始
前479 孔子が死去

東周時代・戦国時代　前403 大国晋が三つに分裂し，韓・趙・魏が成立
戦国の七雄が出そろい，戦国時代開始
☆周の権威は失われ，実力本位の時代となる

戦国の七雄（▶P.11）
燕・斉・楚・秦・韓・趙・魏

前359 秦の孝公，商鞅を用いて政治改革を行う ▶P.297史料
前256 秦が周を滅ぼす
前247 秦王政が即位

秦　前221 秦王政が中国を統一，始皇帝（▶P.86）と称す

（右側欄：日本　縄文時代　弥生時代）

4 春秋・戦国時代の社会変化

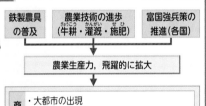

鉄製農具の普及　農業技術の進歩（牛耕・灌漑・施肥）　富国強兵策の推進（各国）

→ 農業生産力，飛躍的に拡大

商工業
・大都市の出現
・青銅貨幣が流通
・大商人層の出現，諸侯国間の国境排除要求

社会構造
・農村の氏族共同体解体→土地私有制
・自作農による小規模経営普及
・大土地所有者の出現，地主層形成

政治構造
・都市国家体制（邑制国家）解体
　→中央集権国家への移行期
・諸侯は公然と「王」を称し，勢力拡大へ
・身分にとらわれない人材登用（実力本位の傾向）
・中国統一への気運

（左側欄：探究のヒント）

世界史の交差点

古代中国に由来する故事成語

酒池肉林 夏の桀王や殷の紂王が，池に酒を満たし，肉をさげて林に見立て，豪華な宴会を開いた。

太公望 周代の斉国の祖。渭水で，釣り糸を垂れて世を避けていたが，周の文王に請われて軍師になり，武王を助けて，殷を滅ぼした。太公（文王の父）が望んだ人物の意味。

牛耳を執る 春秋時代，諸侯が盟約を交わす時に，盟主が牛の耳をとって裂き，その血をすすって誓いあったところから，同盟の盟主になることをいう。

臥薪嘗胆 春秋時代，呉王の夫差は父の仇を報じようとして，薪の上に臥し（寝て），越王の勾践は苦い肝を嘗めて会稽の恥を忘れないようにした。

5 春秋・戦国時代の戦争

↑1 西周時代の車馬坑

↑2 歩兵戦闘図（象嵌文銅壺文様）

↑3 映画『HERO』の1シーン（秦の歩兵部隊）

❶解説 春秋時代は，戦車戦が中心であり，大国の兵力も数万程度であった。戦国時代になると，生産力の拡大に伴い人口増加と大国化が進み，各国は巨大な歩兵中心の軍隊を編成し，おびただしい人命喪失時代の幕が開いた。泥沼化しやすい黄土地帯や山間部での北方民族との戦いに戦車は不向きであったが，歩兵の導入は戦場を選ばない状況を生み出した。北方の騎馬民族から導入した騎兵も出現して，戦闘はより悲惨なものになった。

●鉄製農具の普及と農業技術の進歩

↑4牛耕 鉄製の刃をつけた犂による牛耕は戦国時代に普及し，農業生産の飛躍的増大をもたらした。犂の構造は現代も変わっていない。写真は嘉峪関晋墓出土の画像磚牛耕図。（複製. 北京歴史博物館蔵）

●巨大都市の発展

（『中国の歴史1』講談社による）

解説 戦国時代，商工業の発展を背景に大都市が生まれた。斉の都臨淄は人口30万人以上，居住区・商工業区（製鉄，製塩，絹工業など）と宮殿区からなっていた。『戦国策』によれば車が溢れ，肩が触れ合うほどに人が往来し，闘鶏や犬競争，博打などで活気に満ちていたという。稷門という城門には思想家の居住区があって優遇された。孟子や荀子もその一人である。

●青銅貨幣

長さ14cm

↓5刀銭 斉・燕・趙で流通。（個人蔵）

解説 殷・周期の貝貨に代わって春秋時代中期から青銅貨幣が出現した。刀銭は刀を，布銭は農具を，蟻鼻銭は子安貝を象っている。裏面には鋳造都市名と重量が刻された。全国展開する商人間では交換レートも決められていた。

↑6円銭（環銭） 周・秦・魏・趙の黄河流域で流通。

↑7布銭 韓・魏・趙で流通。

↑8蟻鼻銭 楚で流通。（個人蔵）長さ2cm

世界史の交差点
貝貨〜中国貨幣の起源

↑9貝貨 殷・周で流通。

財 貨 販 買 貧 贈

殷の墓から多くの貝貨が出土している。ここで発見される貝貨は，香港以南原産の子安貝がほとんどである。そのため殷の支配領域からは離れており，南方の首長からの貢物であったと推測される。貝貨は初め祭祀的な意味から神聖視され，その後貨幣的な機能を有することになったとされる。よって貨幣，交易，経済にかかわる文字には「貝」の字が使われ，「財」「貨」「貧」「贈」などの文字がつくられた。

7 諸子百家

Key Person 孔子（前551頃〜前479）（◀P.11）

孔子（「子」とは先生の意），本名は孔丘，字（元服後に名のる別名）は仲尼。山東の魯の国に生まれた。52歳で魯の定公に認められ，司法大臣・宰相代行として数々の改革に着手したが有力家臣の恨みをかって失脚した。その後諸国を遊説しつつ遍歴した。彼は69歳で故国に帰り，学園を創設して以後74歳で没するまで弟子たちの教育にあたった。

学派	学者	生没年	学説の内容	著作など
儒家	孔子	前551頃〜前479	各自に備わる主観的な思いやりの心（「仁」）と周代から伝わる詳細な行動規範の体系（「礼」）の統合による社会秩序の構築を説いた	『春秋』『論語』
	孟子	前372頃〜前289頃	性善説を主張し，徳治主義に基づく王道政治を説いた。天子が悪政を行った場合，天の命は別の天子に移るので王朝交代は当然とした（「易姓革命」＝姓を易え，命を革めるという考え）（◀P.83）	『孟子』
	荀子	前298頃〜前235頃	性悪説を主張し，礼の教示によって人間を導く必要を説いた。門下に韓非子・李斯がおり，法家思想に発展	『荀子』
法家	商鞅	?〜前338	法家思想の先駆者。秦の孝公に仕え，法治主義を貫く改革政治を断行	
	韓非子	?〜前233	法家思想の大成者。中央集権体制の構築を論じた。李斯に謀られ自殺	『韓非子』
	李斯	?〜前208	法家思想の実行者。秦の始皇帝に仕え，中央集権政策を実施	
道家	老子	不明	老荘思想ともいう。儒家の説く「仁」や「礼」を人為的なものとして批判し，宇宙の原理＝「道」に基づく「無為自然」・「小国寡民」を主張。老子は，実在の人物かどうか不明。のち民間思想と結びつき道教となった	『老子』
	荘子	前4世紀頃		『荘子』
墨家	墨子	前480頃〜前390頃	儒家の「仁」を血縁のみを愛する差別愛と批判し，無差別平等な人間愛＝「兼愛」を主張。相互扶助で「交利」，侵略戦争否定＝「非攻」も説いた	『墨子』
縦横家	蘇秦	?〜前317	秦に対抗して6国の連合を説く「合従策」を主張。策が破れ暗殺された	
	張儀	?〜前310	6国がそれぞれ秦と結ぶという「連衡策」を主張	
陰陽家	鄒衍	前305〜前240	中国固有の自然哲学である陰陽五行説を整理	
兵家	孫子	不明	兵法・戦略を説いた。孫武（春秋時代，呉の人）と孫臏（戦国時代，斉の人）の両説があったが『孫子』の作者は，発掘成果により孫武と判明した	『孫子』
	呉子	前440頃〜前381頃	魯・魏・楚に仕え，内政改革を進めた政治家で戦略家。兵法書を著す	『呉子』
名家	公孫竜	前4〜前3世紀	概念と実体の関係を探求する論理哲学を展開。「白馬は馬にあらず」の詭弁は有名	『公孫竜子』
農家	許行	前4〜前3世紀頃	農業の重要性を説き，農業に基づく平等社会の実現を主張	

ルーツ「諸子」：諸（多く）の子（先生）の意味。

●四書五経（儒学の基本文献）

	五 経	四 書
成立	漢代に規定された根本聖典	南宋の朱子によって規定された入門聖典
内容	①『書経』（帝王の命令集）②『易経』（占いの書）③『詩経』（中国最古の詩集）④『礼記』（礼の経典）⑤『春秋』（魯の年代記）	①『論語』（孔子の言行録）②『大学』（礼記の一篇）③『中庸』（礼記の一篇）④『孟子』（孟子の言行録）
関連	五経を重視したのが訓詁学	四書を重視したのが宋学

❓探究 始皇帝が行った思想統制を述べなさい。
［60字程度］
類題：京都府立大学

★秦・漢帝国の形成は，のちの中国王朝の基礎となり，清まで続く皇帝支配はここに始まった。

1 秦の統一（◀P.11）

凡例：
◎帝都 ○郡名
━━ 万里の長城
╌╌╌ 明代の万里の長城

匈奴　東胡
月氏

羌 キョウ
氐 テイ氏

- □前247年（政即位時）における秦の征服領土
- □前225年までに併合（魏の滅亡）
- □前223年に併合（楚の滅亡）
- □前222年に併合（趙・燕の滅亡）
- □前221年中国統一（斉の滅亡）
- □前214年の外征による服属
- □秦の最大領域（前214年頃）

0　250　500km

2 皇帝権力の確立と動揺

Ⅲ 世界遺産

↑7 始皇帝陵 西安郊外の驪山に造営された，広大な方形の陵墓。

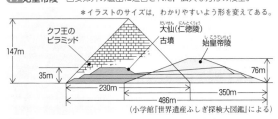

＊イラストのサイズは，わかりやすいよう形を変えてある。

クフ王のピラミッド（◀P.50）　大仙（仁徳陵）古墳　始皇帝陵
147m
35m
76m
230m　486m　350m
（小学館『世界遺産ふしぎ探検大図鑑』による）

解説 造営に延べ70万人を動員したとされる始皇帝陵は，クフ王のピラミッド（◀P.50），大仙古墳（仁徳陵）をしのぐ面積をもつ。地下深く掘り抜いた墓室には宮殿や楼観，百官の座る席を設け，宝物で満たした。また盗掘を防ぐために，仕掛け矢が備えられたという。

↓8 兵馬俑坑 始皇帝陵付近の地下から発見された現実の軍隊を再現した兵馬俑。これら実物大の兵士像はすべて東に立ち向かっている。

Ⅲ 世界遺産

● 始皇帝の中央集権体制

政治	・郡県制を全国に施行（36郡，のち48郡） ・官僚制の整備（各郡に守・丞・尉・監を派遣） ・暦の統一
軍事	・道路網の整備　・防塞や城砦などの破壊 ・民間の兵器没収 ・旧貴族・大商人などの都への強制移住
経済	・貨幣の統一（半両銭の使用） ・度（長さ）・量（升＝容積）・衡（重さ）の統一 ・車幅（馬車の車輪の幅）の統一
文化・思想	・文字の統一（篆書の使用） ・法家思想の採用（李斯の登用） ・焚書・坑儒（思想統制と儒者の弾圧）

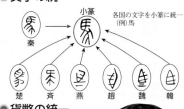

→1 始皇帝（◀P.299史料）（位 前221〜前210）中国最初の皇帝。戦国時代を終わらせ，中国全土を統一。彼の諸政策は以後二千年に及ぶ中国の皇帝専制体制を確立させた。

● 文字の統一

秦 → 小篆　各国の文字を小篆に統一（例）馬

楚　斉　燕　趙　魏　韓

● 貨幣の統一

→2 半両銭 円銭に四角い孔を空けた半両銭に統一され，この形は歴代王朝に継承された。
（直径約3.5cm，約8g，個人蔵）

● 度量衡の統一

↑3 量（ます）（長さ26.5cm，幅12.5cm，容量1,000cc）

→4 銅権（分銅）（重さ2,063.5g）

● 思想の統制

探究のヒント

焚書　坑儒

←5 焚書・坑儒 医薬，卜筮（占い），農業技術書以外の書物を焼き（焚書），儒者を生き埋めにした（坑儒）とされる事件は，法による支配を徹底させる目的で行われた。

Ⅲ 世界遺産

↑6 秦代の長城 始皇帝は燕や趙のつくった北辺の長城を連結，西方へと延長し，北方遊牧民族に対する防衛線を建設した。長城は版築という技法でつくられ，毎年数十万の人力が投入された。こうした大工事は人民を苦しめ，不満を増大させた。

土を突き固める
版築のやり方
（小学館『世界遺産ふしぎ探検大図鑑』）

世界史 の 交差点

陳勝・呉広の乱と劉邦

↓9 陳勝・呉広の乱（北京，中国歴史博物館蔵）

前209年，貧農の陳勝と呉広のおこした反乱は瞬く間に全土に広がり，秦の滅亡のきっかけをつくった。陳勝の言葉「王侯将相いずくんぞ種あらんや」は，秦代に下剋上の風潮がまだ残っていたことを表している。この混乱のさなか挙兵するのが農民出身の劉邦（◀P.87）である。彼は楚の名門出身である項羽と天下を争い，漢王朝を建設することになるが，そのようすは『史記』に生き生きと描かれている。

〈P.84◀以前
以降▶P.90〉

探 究：秦の郡県制と漢の郡国制を比較し，漢が郡国制を採用した理由を説明しなさい。〔100字程度〕　類題：首都大学東京

1 秦・漢帝国の歩み

探究のヒント

	国内政策	対外政策	日本
始皇帝（位前221〜前210）			
秦	前221　秦王政が中国を統一，始皇帝と称す（▶P.299史料）	前215　蒙恬将軍がオルドス地方の匈奴を撃破	
	☆郡県制で中央集権制を確立 ☆貨幣，文字，度量衡の統一 ☆焚書・坑儒による思想統制		
	前209　陳勝・呉広の乱（〜前208）（▶P.86） 項羽・劉邦も挙兵 前206　秦，滅亡	☆冒頓単于が匈奴を統一	

高祖（劉邦）（位前202〜前195）	
前漢	前202　垓下の戦いで，漢を建国（都：長安）　前200　冒頓単于の匈奴に敗れ（白登山の戦い）和睦
	☆郡国制で漸進的に中央集権へ

←1 高祖　前漢初代皇帝。名は劉邦。江蘇省沛県の農民出身。項羽との死闘を制し前漢を創建。統一に協力した諸将や功績のあった功臣を地方に封じ，長安を中心とした直轄地には郡県をしく郡国制を実施した。対匈奴和親策と減税などの農民保護策を実施し，国力の安定に努めた。

前154　景帝が呉楚七国の乱を鎮圧

武帝（位前141〜前87）	
前漢	
☆郡県制を全国に施行	前139　張騫を大月氏に派遣（〜前126）
○董仲舒の献策により儒教を官学とする（▶P.89）	☆衛青・霍去病の匈奴討伐
☆郷挙里選による官吏登用	前121頃　匈奴を破り，河西回廊に敦煌郡など4郡を設置
前118　五銖銭の鋳造	前111　南越国を征服し南海郡，日南郡など9郡を設置
☆財政再建策として均輸・平準，塩・鉄・酒の専売を行う	前108　衛氏朝鮮を征服し，楽浪郡など4郡を設置

←2 武帝　前漢7代目，全盛期の皇帝。郡県制が全国施行され財政が安定すると，積極的な外征に転じた。北は匈奴，南は南越，東は衛氏朝鮮を討伐し，西域にも勢力をのばすなど，支配領域を拡大した。しかし度重なる外征は財政難を招き，塩・鉄・酒の専売や均輸・平準などの諸政策を実施したが，解決には至らなかった。

前7　*限田法を発布，豪族抑制を目的

新	後8　外戚の王莽，国号を新とする 18　赤眉の乱（〜27）

光武帝（劉秀）（位25〜57）	
後漢	25　後漢を建国（都：洛陽）
	☆豪族連合政権
	27　赤眉の乱を鎮圧　57　倭の奴国王に金印を与える

〈ボストン博物館蔵〉

←3 光武帝　後漢の初代皇帝。名は劉秀。前漢文帝の子孫を自称。新末の混乱（赤眉の乱）から豪族を糾合して自立し，漢の再興に成功した。後漢政権はその中枢を豪族で構成したため，連合政権の色彩が強いとされ，こうした豪族は後漢時代を通じて社会的地位を向上，中央政界では官僚・政治家・軍人として，郷村社会では大土地経営者として権力を振るった。

後漢	91　班超（▶P.15）が西域都護となり，西域への進出活発化
	97　班超が部下の甘英（▶P.15）を大秦（ローマ帝国）へ派遣
	166　党錮の禁（〜169）　166　大秦王安敦（マルクス＝アウレリウス＝アントニヌス帝）の使者が日南郡に到着
	184　黄巾の乱（指導：太平道の張角）

*反対派が多く実施できず。

2 秦・漢時代の統治機構の変遷

探究のヒント

周　**封建制**
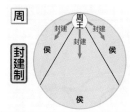

秦　**郡県制**

前漢初期　**郡国制**

武帝期　**郡県制**

● 前漢初期の地方政治状況

（『中国歴史地図』平凡社による）

| 封建制 |
| 郡県制 |
| 呉楚七国 |

● 前漢後期の地方政治状況

（『中国歴史地図』平凡社による）

| 封建制 |
| 郡県制 |

解説　前漢初期の政治課題は，地方に封建した諸侯王の勢力をそぎ，いかに中央集権化を進めていくかにあった。劉邦はその晩年，異姓の諸侯王の削減に全力を注ぎ，文帝・景帝の時代もこの政治姿勢は貫かれた。劉姓の諸侯王たちは反発を強め，前154年呉楚七国の乱を引きおこすが，鎮圧された。ここに一部皇帝の諸子たちが封建される例を除き，実質的に郡県制が全国実施されることになった。

● 前漢の行政機構

中央　皇帝

三公　太尉　丞相　御史大夫

地方

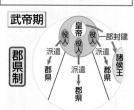

——三公——	
丞相…皇帝を補佐し，政治の全般に責任を負う最高官
御史大夫…丞相を補佐する副丞相の地位。おもに政策を立案上奏する
太尉…軍事全般の最高責任者

地方
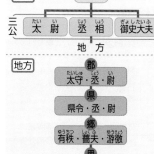
郡　太守・丞・尉
県　県令・丞・尉
郷　有秩・嗇夫・游徼
里

太守（県令）…長官	郡・県いずれも中央から派遣された。
丞…副長官	
尉…軍事担当	

有秩	県から郷に派遣された。
嗇夫…賦税の徴収	
游徼…治安維持	

解説　前漢時代の行政機構は，時代によって官名や職掌に違いはあっても基本的に秦のそれを踏襲している。三公と呼ばれる，丞相・御史大夫・太尉はそれぞれ「行政」・「監察」・「軍事」を担ったとされるが，職掌は必ずしも明確でないところもある。官吏の登用については，武帝の時代までは官僚の子弟が優先的に採用されていたが，郷挙里選が行われるようになると，郡の太守から有能な人材が推挙され中央官界に進出，豪族の子弟たちが多く登用されるようになった。

↓4 馬車や騎馬を従え出行する高級官僚たち（漢代）
〈中国歴史博物館蔵〉
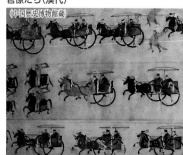

★漢代の外交は，その後の東アジアの世界秩序を形づくった。

1 漢代の外交と社会

●前漢の対外政策　●後漢の対外政策

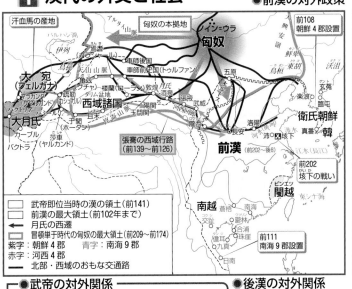

前漢の最大領土の凡例
- □ 武帝即位当時の漢の領土（前141）
- □ 前漢の最大領土（前102年まで）
- ← 月氏の西遷
- □ 冒頓単于時代の匈奴の最大領土（前209〜前174）
- 紫字：朝鮮4郡　青字：南海9郡
- 赤字：河西4郡
- ── 北部・西域のおもな交通路

後漢の対外政策凡例
- ■ 属国
- ▨ 都護・都尉
- □ 黄巾の乱拡大地域
- ← 北匈奴の侵攻（1世紀）
- ⋯ 北匈奴の移動

●武帝の対外関係

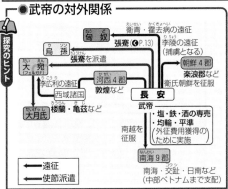

- ← 遠征
- ← 使節派遣

●後漢の対外関係

北匈奴 ⟷ 対立
甘英を派遣
ローマ帝国
西域都護の班超は50余国を服属（◀P.15）
南匈奴
高句麗
三韓
倭
漢委奴国王印を授けられる
洛陽
征討・帰属・奴国入朝

- ← 遠征
- ← 使節派遣
- ← 帰属

大秦王安敦の使節到着（◀P.14）

世界史の交差点
宦官
　宦官とは，皇帝の秘書として仕えた去勢された男性のこと。エジプト，メソポタミア，ペルシアなどの東方諸国から中国に至るまで各地に見られた。捕虜などに対して行われる宮刑だったが，やがて自ら去勢する者も多くなった。

- 仕事　皇帝の日常生活の世話，女官の監督，帝室の財産管理，皇帝と宰相との取り次ぎ，官僚・政治家の監視，外交官，軍人
- 供給　戦争捕虜，宮刑（刑罰による去勢），自宮者（志願による去勢）
- 歴史　周代に存在，春秋・戦国時代には権勢を振るう者が出現。以後後漢・唐・明の3代が最盛，1924年全廃
- 著名人　秦の趙高，漢の司馬遷，後漢の蔡倫，唐の高力士，明の鄭和，魏忠賢など
- 人数　周で数百人，唐で3,000〜4,000人，明で10万人

↑清末の宦官

2 漢代の社会と政治

社会の変化		政治の流れ
・小規模経営を行う自作農民中心 ・人頭税と地租を負担	前漢前期（〜武帝時代）	・外戚呂氏一族の専横 ・諸侯王抑制策と諸侯王の反発 ・**呉楚七国の乱**の鎮圧と**郡県制**の実施
・大土地所有者（＝**豪族**）がしだいに台頭 ・没落農民の小作人化・奴隷化 ・**郷挙里選**を通じ豪族の官界進出	前漢後期（武帝以後）	・外戚の登用 衛青＝武帝の衛夫人の弟 霍去病＝衛青の姉の子 李広利＝武帝の李夫人の兄 ・外戚による王朝の簒奪＝前漢滅亡 **王莽**＝元帝の外戚
・豪族は私兵を蓄え強大化 ・後漢建国への協力と支援 ・漢衰退後は各地で自立	後漢時代	・短命で幼帝が続き，外戚が台頭 ・宦官も力をつけ，政治に介入 ・**党錮の禁**（官僚対宦官）

解説 漢代の社会と政治を理解するうえで重要なものに，前漢中期より台頭してきた**豪族**の存在がある。彼らは農村において近隣の農民を小作人として吸収し大土地経営を行いながら，時には高利貸し，時には商人として現れ，さらに郷挙里選によって官界へのルートが確立する**武帝**期以後はその力をさらに増すことになる。これら地方からの動きと軌を一にしながら，中央政界では**外戚**と**宦官**の横暴のため混乱が生じ，「秦は暴虐な政治で国を失い，前漢は外戚で断絶し，後漢は宦官で国を傾けた」といわれるほどであった。こうした地方・中央の政治の動きのなか，**三国時代**以後，すなわち分裂時代の中国が準備されるのである。

世界史の交差点
外戚
　外戚とは皇后や妃の親族をいい，宦官と並んで王朝の政治を専断した勢力であった。皇帝は「唯一，無二」の存在であるがゆえに，頼れる兄弟や同族のものがいない。そのため皇帝にとって頼れる存在とは，皇后や妃の一族と宦官であった。ここにかれらが権力を握る隙が生まれる。前漢末，元帝の時代に権力を振るった王氏一族は外戚の典型である。王鳳は次の成帝の即位と同時に権力を独占。その異母弟たちもことごとく列侯に叙されるほどであった。この王鳳の甥こそが，前漢王朝を簒奪する王莽にほかならない。また宦官は後漢末，政治を壟断し官僚との政争をくり広げ混乱に陥れる。いわゆる「党錮の禁」である。

王氏系図

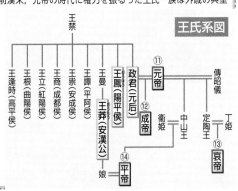

❓探究 製紙法は，いつ，どのような経緯で中国からイスラーム世界に
伝わったのか述べなさい。[80字程度]　　類題：聖心女子大学

★漢代の文化は東アジアへ，そして世界に広がった。

1 漢代の文化

特色	①春秋・戦国からの文化を集大成し，中国古典文化の完成をみる ②専制政治の理論的支柱としての儒教が創始される	
儒学	官学化	武帝時代，董仲舒が五経博士設置を献策。以後儒学は国家を支える政治教学として儒教と呼ばれた（◀P.87）
	訓詁学	儒教のテキストの字句解釈を研究。後漢代，馬融・鄭玄により完成。精密だが教義の固定化もまねく
歴史	『史記』 （司馬遷）	前漢に完成。神話時代から武帝代までを紀伝体で叙述。紀伝体は帝王の年代記（本紀）と伝記（列伝）などからなる
	『漢書』 （班固）	後漢に完成。前漢の歴史を紀伝体で記述。班固（班超の兄）が謀反事件に連座して獄死後，妹の班昭が完成
宗教	太平道	後漢末，張角の始めた宗教。呪術で病気を治すとし，黄巾の乱（▶P.90）をおこす。道教の源流となった
	五斗米道	後漢末，張陵の始めた宗教。祈禱で病を治し，米五斗（約五升）を差し出させた。道教の源流となった
	仏教	大乗仏教が前2年（前漢末）か後67年（後漢初）に西域より伝来
その他	製紙法	後漢の宦官蔡倫が技術改良。木簡，竹簡に代わる
	『説文解字』	後漢許慎の中国最古の字書。小篆9,353字収録

（河北省博物館蔵）

←1前漢時代の王墓から出土した金縷玉衣　武帝の異母兄弟の中山王劉勝の墓から，ヒスイを札状に加工した玉札，2,500枚を金糸でつなぎ合わせた金縷玉衣が出土した。玉は遺体を腐敗から守るという不思議な力があるとされ，漢代の豪華な宮廷工芸の技術の高さを垣間見ることができる。

Key Person
司馬遷（前145頃～前86頃）
～中国の歴史の父

中国の伝説時代から武帝時代までの歴史を記した不朽の名作『史記』は司馬遷により完成された。司馬一族は古くから史官（記録官）の職にあり，父の代に至って漢の武帝の太史令の地位になった。父の遺志を継ぎ『史記』の著述に専念するも，前99年匈奴に捕らわれた李陵を弁護して武帝の怒りをかい，宮刑（刑罰による去勢）に処せられた。彼はその深い屈辱に耐えながら完成にこぎつけた。『史記』の著述スタイルは紀伝体と呼ばれ，皇帝の事績である本紀と重要人物の伝記である列伝などから構成されている。このスタイルが歴史の『正史』（正式な王朝史）の著述方法になり，引き継がれた。

↓2馬王堆漢墓出土の帛画　漢代前期の人々の死生観を知る上でも重要な帛画。黄泉・人間界・天界という3つの世界が描かれ，中央には墓主である軑侯夫人が描かれている。

天界
軑侯夫人
人間界
黄泉
（湖南省博物館蔵）

東アジア

2 製紙技術の発明と伝来

📖探究のヒント

①解説》後漢時代，すでに植物繊維を砕いて漉く技術があったが，蔡倫はその技術に改良を加えて実用的な「蔡倫紙」を発明した。彼の発明した紙は広く中国に普及したのち，751年のタラス河畔の戦い（▶P.94）でイスラーム世界に伝わり，のちにヨーロッパにも伝播した。この製紙技術はグーテンベルクの活版印刷術（▶P.157）とともに，ルターの宗教改革（▶P.162）を支え，それまで聖職者が独占していた聖書が，広く一般の人々に普及する機会をつくりあげた。それはまさに「情報革命」といえるできごとであった。

←3製紙法（蔡倫祠の絵）

←4蔡倫
（蔡倫紙文化博物館蔵）

①釜の中でゆでる
②臼の中でくだく
③水槽の中ですくいあげる
④乾燥させる

→5居延で発見された漢代木簡　製紙法の改良以前までは，長方形の竹や木を紐で束ねた竹簡・木簡が使用された。本を数える時に使用する「冊」はその形状に由来。「巻」は竹簡・木簡を丸めたところからそう呼ばれるようになった。製紙法の改良により普及した紙は徐々に竹簡・木簡を駆逐していった。

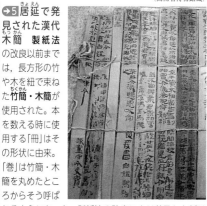

（湖南省博物館蔵）

↓6古紙　トゥルファン出土，5～7世紀の『論語』の一部。

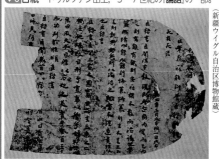

（新疆ウイグル自治区博物館蔵）

●紙・製紙技術の伝播

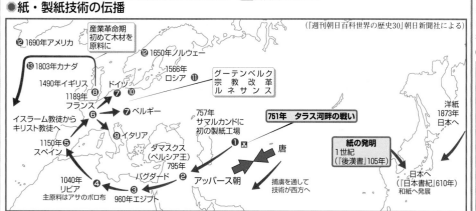

（『週刊朝日百科世界の歴史30』朝日新聞社による）

⑫1690年アメリカ
産業革命期初めて木材を原料に
⑫1650年ノルウェー
⑬1803年カナダ
1490年イギリス
1566年ロシア ⑪
1189年フランス
グーテンベルク
宗教改革
ルネサンス
イスラーム教徒からキリスト教徒へ
1150年⑤スペイン
1040年リビア
主原料はアサのボロ布
757年サマルカンドに初の製紙工場
751年　タラス河畔の戦い
紙の発明
1世紀（『後漢書』105年）
ドイツ ⑧⑦⑩
⑥ベルギー⑦
⑨イタリア
ダマスクス（ペルシア王）795年
バグダード
795年
アッバース朝
960年エジプト ④ ③
唐
捕虜を通して技術が西方へ
洋紙1873年日本へ
日本へ（『日本書紀』610年）和紙へ発展

?探究 六朝文化とはどのような文化か，特徴も含めて説明しなさい。[50字程度]

★長期間の分裂の時代は貴族階級が権力をにぎり，政治・経済・文化を独占した。

1 魏晋南北朝時代の変遷

A 三国時代（3世紀前半）

234 五丈原の戦い
208 赤壁の戦い

B 五胡十六国・東晋時代（4世紀）(→P.17)

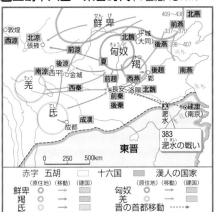

383 淝水の戦い

東晋

赤字 五胡　□十六国　■漢人の国家
（原住地）（移動）（建国）　　　（原住地）（移動）（建国）
鮮卑 ○ → □　　匈奴 ○ → □
羯 ○ → □　　羌 ○ → □
氐 ○ → □　　晋の首都移動 ·····>
⊙ 国都　図 おもな戦場
0　250　500km

C 南北朝時代（540年代，北魏分裂後の形勢）

敦煌石窟
雲崗石窟
竜門石窟

■ おもな遺跡
0　250　500km

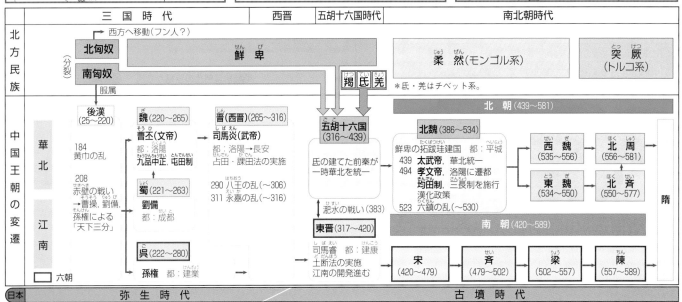

	三 国 時 代	西晋	五胡十六国時代	南 北 朝 時 代

北方民族

西方へ移動（フン人？）
北匈奴 —（分裂）— 南匈奴（服属）
鮮卑
羯 氐 羌
柔然（モンゴル系）
突厥（トルコ系）
＊氐・羌はチベット系。

中国王朝の変遷

華北

後漢（25〜220）
184 黄巾の乱
208 赤壁の戦い →曹操，劉備，孫権による「天下三分」

魏（220〜265）
曹丕（文帝）
都：洛陽
九品中正，屯田制

晋（西晋）（265〜316）
司馬炎（武帝）
都：洛陽→長安
占田・課田法の実施
290 八王の乱（〜306）
311 永嘉の乱（〜316）

蜀（221〜263）
劉備
都：成都

五胡十六国（316〜439）
氐の建てた前秦が一時華北を統一

淝水の戦い（383）

北 朝（439〜581）

北魏（386〜534）
鮮卑の拓跋珪建国　都：平城
439 太武帝，華北統一
494 孝文帝，洛陽に遷都
均田制，三長制を施行
漢化政策
523 六鎮の乱（〜530）

西魏（535〜556）
東魏（534〜550）
北周（556〜581）
北斉（550〜577）

隋

江南

呉（222〜280）
孫権　都：建業

東晋（317〜420）
司馬睿　都：建康
土断法の実施
江南の開発進む

南 朝（420〜589）

宋（420〜479）
斉（479〜502）
梁（502〜557）
陳（557〜589）

□ 六朝

日本　弥 生 時 代　古 墳 時 代

---

2 三国時代

↑1 劉備（161〜223）　↑2 曹操（155〜220）　↑3 孫権（182〜252）

❶解説 後漢の皇帝を擁し，天下統一を目指した曹操だったが，劉備・孫権の軍隊に「赤壁の戦い」で敗れ，その願いは叶わなかった。そして後漢滅亡後，中国が三分割される三国時代が始まった。

→4 現在の赤壁

世界史の交差点
三国志の世界

西晋の時代に陳寿が記した『三国志』（→P.91）は，後漢末の混乱から西晋の統一までを扱った正史（歴史書）である。この『三国志』に講談や民間伝承によるエピソードが加わって，元代には『三国志演義』（→P.114）の原型ができたといわれている。『三国志演義』は劉備・関羽・諸葛孔明などを主人公に据え，魏の曹操などとの戦いを描いた小説である。登場人物の中でも，劉備とその子劉禅を支え続けた諸葛孔明は，忠義の人として現在でも敬愛されており，劉備の義弟とされる関羽は，のちに神格化され「関帝」として祀られている。また『三国志演義』は日本でも広く愛され，戦前に吉川英治が書いた小説を初めとして，マンガ・アニメ・TVゲームなどに繰り返し取り上げられている。

↑5 諸葛孔明（諸葛亮）

→6 マンガ『蒼天航路』に登場する曹操
（「王欣太（原案李學仁）/講談社」）

↓7 京劇で演じられる関羽

3 華北から江南へ

↑8 現在の田植えのようす（江西省）

❶解説 中国文明の時代から黄河流域で小麦・粟・キビの生産が行われていた。江南（長江流域）では高温多雨の気候を利用した稲作が行われていたが，開発は遅れていた。しかし晋の南遷をきっかけに多くの漢民族が江南に移住すると，開発は進んだ。一方，森林の伐採により乾燥化が進んだ華北地方は，しだいに農業生産力が低下していった。そして宋（→P.101）の時代には「蘇湖（江浙）熟すれば天下足る」（→P.103）といわれるように，江南が国家の穀倉となっていった。

ルーツ 「蛍の光，窓の雪」：晋の車胤と孫康は，貧しく灯油を買うこともできなかった。そこで，蛍の光と雪明かりで勉強に励み，やがて任官し，出世した。

4 中国の三大石窟寺院

←9 敦煌石窟(千仏洞＝莫高窟)(3世紀末～4世紀初) シルク＝ロードの出発点である敦煌には北魏～元の時代まで多くの石窟が開かれ、多数の仏教壁画や塑像が残された。

血世界遺産

→10 弥勒菩薩像(北魏時代)

↑11 雲崗石窟 廃仏を行った北魏の太武帝に代わって即位した文成帝は、仏教を復興させ都の平城のそばに雲崗石窟寺院を造営した。写真の大仏からガンダーラ様式・グプタ様式の影響を見ることができる。(高さ13.7m)

←12 竜門石窟 北魏の孝文帝は洛陽遷都後、その南に巨大な石窟寺院の建設を始めた。その作業は唐の中期まで続き、中国風の様式の仏教美術がつくられた。写真の仏像は則天武后(●P.93)の時代に造造されたもの。

5 魏晋南北朝時代の文化

| 特色 | ①質実剛健な北朝文化と優美で貴族的な南朝文化(六朝＊文化) ＊呉・東晋・宋・斉・梁・陳 ②北朝の政治制度(均田制など) 南朝の経済躍進(江南開発) ⇒新統一国家(隋・唐)を準備 ③分裂による社会不安⇒仏教・道教・清談の流行 |

六朝文化	詩文	陶淵明(陶潜)	365頃～427	東晋・宋	田園詩人「帰去来辞」「飲酒」
		謝霊運	385～433	東晋・宋	山水詩
		昭明太子	501～531	梁	梁の太子『文選』四六駢儷体の名文
	絵画	顧愷之	344頃～405頃	東晋	画聖「女史箴図」「洛神賦図」
	書道	王羲之	307頃～365頃	東晋	書聖「蘭亭序」「喪乱帖」
		王献之	344～388	東晋	王羲之の子
歴史		陳寿	233～297	西晋	『三国志』(●P.90)
		范曄	398～445	南朝宋	『後漢書』
宗教・思想	儒教	社会の混乱から儒教はふるわず			
	仏教	仏図澄	不明～348		洛陽で布教
		鳩摩羅什	344～413		仏典を漢訳
		達磨	6世紀頃		禅宗を伝える
		法顕(●P.17・76)	337?～422?	東晋	求法のためインドへ渡る『仏国記』
		慧遠	334～416	東晋	浄土宗の開祖となる
	道教	寇謙之	363～448	北魏	道教を大成し新天師道開く
その他		王叔和(編)	不詳	西晋	『傷寒論』(中国最古の医学書)
		酈道元	469～527	北魏	『水経注』(地理書)
		賈思勰	不詳	北魏	『斉民要術』(中国最古の農業書)

北朝 国家鎮護仏教 三大石窟寺院
南朝 貴族仏教

←13 陶淵明(陶潜)(365頃～427) 東晋～宋の詩人。一度は官僚となったが、やがて県令を最後に辞職し故郷に帰って隠遁生活に入った。その間「帰去来辞」をはじめとする多くの詩をつくったが、その作品からは清談・老荘思想の影響を見ることができる。

→14 王羲之「蘭亭序」 東晋の書家、王羲之は楷書・行書・草書を芸術の域まで高めたため「書聖」と称された。緩急自在な筆遣いによって生み出される、流麗な書体が王羲之の特徴とされる。

←15 竹林の七賢 貴族に流行した老荘思想(●P.85)に基づく超俗哲学論議を清談という。魏末・西晋初期の7人(阮籍・嵆康ら)が清談家として理想視され伝説化した。(写真は、狩野元信筆と伝えられる16世紀の絵。縦153cm×横360cm 東京国立博物館蔵)

→16 道教の総本山泰山 後漢末の五斗米道(●P.89)を源流とする道教は、北魏の時に寇謙之が新天師道という道教教団を組織したことによって確立した。不老長寿をめざす現世利益的な傾向が強いが、老荘思想や仏教の要素を取り入れて理論化もなされている。写真の泰山は中国五大名山の一つ。死後の魂が集う所とされた。

↑17「女史箴図」 宮廷女性に対する教訓「女史箴」に図をつけたもの。化粧をしている婦人の髪を侍女が梳っている絵に、外見を飾るばかりでなく、心を磨くことの必要性を説く文章が添えられている。(25cm×349.5cm伝顧愷之画、大英博物館蔵)

東アジア

隋の時代

★南北朝の統一を達成した隋は，大運河を建設し南北の通運を発展させた。

1 隋・唐帝国の歩み

P.90◀以前
以降▶P.101

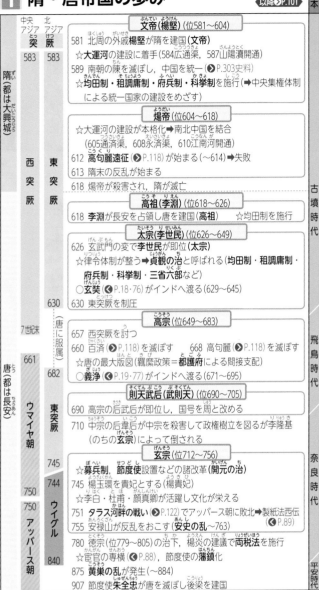

中央アジア 突厥	北アジア 突厥		
		文帝(楊堅) (位581〜604)	
583	583	581 北周の外戚**楊堅**が隋を建国(**文帝**)	
		☆**大運河**の建設に着手(584広通渠，587山陽瀆開通)	
	西突厥 東突厥	589 南朝の陳を滅ぼし，中国を統一▶P.303史料	
		☆**均田制・租調庸制・府兵制・科挙制**を施行(➡中央集権体制による統一国家の建設をめざす)	
		煬帝(位604〜618)	
		☆大運河の建設が本格化➡南北中国を結合(605通済渠，608永済渠，610江南河開通)	
		612 高句麗遠征(▶P.118)が始まる(〜614)➡失敗	
		613 隋末の反乱が始まる	
		618 煬帝が殺害され，隋が滅亡	
		高祖(李淵) (位618〜626)	
		618 李淵が長安を占領し唐を建国(**高祖**) ☆均田制を施行	
		太宗(李世民) (位626〜649)	
630	630	626 玄武門の変で李世民が即位(**太宗**)	
		☆律令体制が整う➡**貞観の治**と呼ばれる(均田制・租調庸制・府兵制・科挙制・三省六部など)	
		○**玄奘**(◀P.18・76)がインドへ渡る(629〜645)	
		630 東突厥を制圧	
7世紀末	(唐に服属)	**高宗**(位649〜683)	
661		657 西突厥を討つ	
	682	660 百済(▶P.118)を滅ぼす 668 高句麗(▶P.118)を滅ぼす	
	東突厥	☆唐の最大版図(羈縻政策=**都護府**による間接支配)	
		○**義浄**(◀P.19・77)がインドへ渡る(671〜695)	
		則天武后(武則天) (位690〜705)	
		690 高宗の后武后が即位し，国号を周と改める	
		710 中宗の后韋后が中宗を殺害して政権樹立を図るが李隆基(のちの**玄宗**)によって倒される	
745	744	**玄宗**(位712〜756)	
750	ウイグル	☆**募兵制**，**節度使**設置などの諸改革(**開元の治**)	
		745 楊玉環を貴妃とする(**楊貴妃**)	
		☆李白・杜甫・顔真卿が活躍し文化が栄える	
750	840	751 **タラス河畔の戦い**(▶P.122)でアッバース朝に敗北➡製紙法西伝(◀P.89)	
		755 安禄山が反乱をおこす(**安史の乱**〜763)	
		780 徳宗(位779〜805)の治下，楊炎の建議で**両税法**を施行	
		☆**宦官の専横**(◀P.88)，節度使の**藩鎮**化	
		875 黄巣の乱が発生(〜884)	
		907 節度使**朱全忠**が唐を滅ぼし後梁を建国	

左欄：ウマイヤ朝／アッバース朝
隋：都は大興城／唐：都は長安

日本：古墳時代／飛鳥時代／奈良時代／平安時代

2 隋の統一

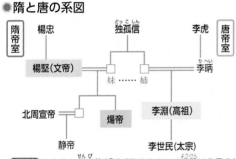

612〜614
煬帝の高句麗遠征失敗

□ 文帝時代の領土
▨ 煬帝の征服地
← 煬帝の高句麗遠征
赤字 隋代の州名
～～ 隋代の運河 ①広通渠584 ②永済渠608 ③通済渠605 ④山陽瀆587 ⑤江南河610
⟾ 分裂前の突厥の勢力範囲

↑1 文帝(楊堅) (位581〜604) 北周の外戚であった楊堅は静帝より禅譲を受け，隋王朝を開いた。彼は589年に南朝の陳を滅ぼし，西晋滅亡以来分裂していた中国の再統一を果たした。

●隋と唐の系図

隋帝室						唐帝室
	楊忠	独孤信		李虎		
楊堅(文帝)			妹……姉		李昞	
北周宣帝		煬帝		李淵(高祖)		
静帝				李世民(太宗)		

❶解説 もともと鮮卑族(◀P.90)の血をひく楊堅は北周の外戚として権力を振るい，やがて禅譲を受けて帝位についた。同じく鮮卑族の血をひく李淵は楊堅と姻戚関係にあり，煬帝の死後に唐王朝を設立した。

(ボストン美術館蔵「歴代帝王図巻」より)

Key Person 煬帝 (位604〜618)

文帝の次男で，名は楊広。隋王朝二代目の皇帝となったが，文帝の死にかかわったとの説もある。即位後は大運河や副都洛陽などの大土木事業を行った。また三度にわたり高句麗遠征を実行した。煬帝が行ったこれらの事業には数百万人の民衆が動員され，その多くの人々が命を失った。第3回の高句麗遠征が行われている最中に各地で反乱が発生，その混乱の中で煬帝は殺害された。「煬」とは「民を虐げる」という意味である。「煬帝」は隋を倒した唐王朝でつけた諡号であり，彼の暴虐性がことさら強調されている。

➡2 煬帝運河巡幸図 大運河の完成後，煬帝は豪華な竜船を建造して人夫に引かせ華北の首都から江南の杭州まで巡幸した。図には，船を引く人夫のようすが描かれている。大運河は，華北と江南を結びつける役割を果たした。(中国国家図書館分館蔵)

世界史の交差点

➡3 伝聖徳太子 (宮内庁蔵)

聖徳太子と煬帝

7世紀初め，日本の聖徳太子は煬帝に遣隋使を派遣した。このとき，聖徳太子が出した国書には「**日出ずる処の天子，書を日没する処の天子に致す**」とあり，これを見た煬帝は激怒した。それにもかかわらず煬帝は使者を日本に送り，両国に外交関係が樹立されたのは，当時煬帝が，朝鮮半島北部から中国東北地方を支配する高句麗に対して遠征を計画していたためである。高句麗の向こう側の日本と外交関係を結ぶことで，安心して遠征を行える環境をつくる必要があったようだ。このような外交関係を熟知したうえで行われた聖徳太子の外交は，かなりしたたかなものであったといえよう。

↓『隋書』倭国伝

大業三年，其の王，多利思比孤，使を遣はして朝貢す。……其の国書に曰く「日出づる処の天子，書を日没する処の天子に致す。恙無きや，云々」と。帝，之を覧て悦ばず，鴻臚卿に謂ひて曰く「蛮夷の書，無礼なる者有り，復た以て聞する勿れ」と。

★隋の国家体制を受け継いだ唐は，三省六部や均田制など，さまざまな制度を完成させた。

❓探究 皇帝の発する詔勅は三省の間でどのように処理され，また，三省と六部とはどのような関係にあったのか述べなさい。[60字程度]　類題：東京大学

1 唐の統一（7世紀）

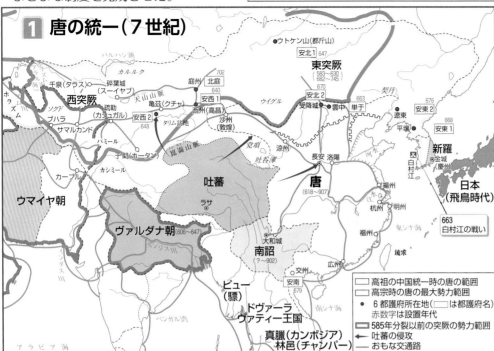

- □ 高祖の中国統一時の唐の範囲
- □ 高宗時の唐の最大勢力範囲
- ● 6 都護府所在地（□ は都護府名）　赤数字は設置年代
- □ 585年分裂以前の突厥の勢力範囲
- ← 吐蕃の侵攻
- ― おもな交通路

Key Person 太宗（位626～649）

高祖の次子，名は李世民。隋末の動乱時，父の高祖とともに挙兵して唐を建国した。その後各地の敵対勢力を平定し，唐の全国統一に功績があった。玄武門の変で皇帝の座についた太宗は，高句麗遠征には失敗したが東突厥を服属させ，また律令体制の諸制度を整備し，世界帝国唐の基礎を築きあげた。太宗の治世は，後世理想化され（貞観の治），太宗と臣下との政治問答集『貞観政要』は，帝王学の教科書となった。

（北京歴史博物館蔵）

2 唐の冊封体制

●唐初期の対外関係（7世紀）

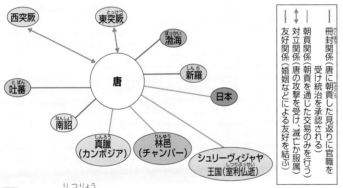

3 唐の律令体制

📖探究のヒント

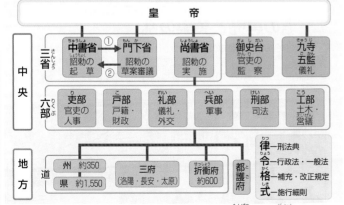

律―刑法典
令―行政法・一般法
格―補充・改正規定
式―施行細則

🔶解説 唐の中央官制の中心となった三省のうち，門下省は門閥貴族の牙城となった役所だった。中書省で作成した詔勅の草案を審議し（①），不都合があれば中書省に差し戻すことができた（②）。このことは，この時代はまだ皇帝の権力が絶対的なものでなく，貴族階級が一定の権力を握っていたことを物語っている。

4 均田制と税制

●均田制

	還受地（国に返還する土地）		子孫世襲地	備考
北魏	丁男（15～69歳）露田80畝 倍田＝休耕田 麻田10畝	女 露田 40畝	丁男 桑田 20畝	奴婢には良民と同額・耕牛（4頭まで）には30畝支給
隋	丁男（18～59歳）露田80畝	女 露田 40畝 ＊煬帝以降廃止	丁男 永業田 20畝	奴婢・耕牛への支給停止
唐	丁男（21～59歳）口分田80畝	女 口分田 30畝 ＊寡婦に限定	丁男 永業田 20畝	寡婦以外の女性への支給停止 官僚に対する官人永業田あり
日本	男（6歳～終身）口分田 2反	女 口分田 1反120歩		

Key Person 則天武后（位690～705）

本名は武照。14歳の時，太宗の後宮に入ったが，その後は高宗の寵愛を受けた。権力欲の強い彼女は，王皇后を廃位に追い込むと皇后の座につき，病身の高宗に代わって政治を動かした。高宗が死ぬと子の中宗・睿宗を帝位につけたが，ついに690年自ら皇帝となり，国号を周に改めた。ここに中国唯一の女帝（帝号は則天大聖皇帝）が誕生した。武后は反対勢力を容赦なく弾圧する強権政治を行ったが，一方で仏教を保護し，科挙合格者から有能な人材を登用したため，中小官僚・新興地主層は武后の政治を支持した。このような新興階級の政治参加への道を開いた意義は大きい。

（中国歴史博物館蔵）

ルーツ 「則天文字」：則天武后は20以上の新しい文字を制定し，これを則天文字と呼ぶ。水戸黄門の名で名高い徳川光圀の「圀」の字は，現代に残る希少な則天文字である。

探究 両税法について説明しなさい。[50字程度] 類題：京都府立大学

★唐初につくられた軍制・税制は崩壊し，新しい制度によって国家の立て直しが図られた。

1 唐の衰退（8世紀）

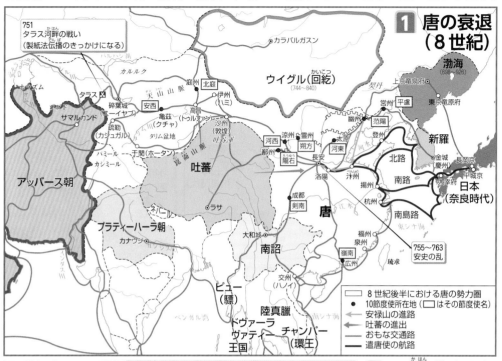

凡例
- □ 8世紀後半における唐の勢力圏
- ● 10節度使所在地（□はその節度使名）
- ← 安禄山の進路
- ← 吐蕃の進出
- — おもな交通路
- — 遣唐使の航路

751 タラス河畔の戦い（製紙法伝播のきっかけになる）

755〜763 安史の乱

2 律令体制の衰退

	7C	8C	9C	10C
律令体制	均田制	荘園制（大土地所有制の進行）		
	租調庸制	両税法（780）（律令体制の崩壊）		
	府兵制	募兵制（均田農民の没落）		
		安史の乱（755〜763）	黄巣の乱（875〜884）	唐の滅亡（907）
	異民族政策	羈縻政策（周辺異民族の自立）		
		節度使設置	節度使の権力強化（藩鎮）	

解説 唐の均田制は荘園の拡大とともに実施が困難になり，租調庸制は両税法に，府兵制は募兵制へと変化を余儀なくされた。また募兵制の指揮官である節度使の権力が強大化すると，自立して唐王朝の支配に服さなくなり，唐の衰退を招いた。

唐軍　アッバース朝軍

←1 タラス河畔の戦い（想像図）中央アジアに進出した唐はアッバース朝と対立し，751年にタラス河畔の戦い（◀P.20）が行われた。この戦いで唐軍は大敗し，中央アジアにおける影響力が大幅に減退し，逆にイスラーム勢力の支配力が高まった。また，この戦いで捕虜になった唐の兵士がイスラーム世界に製紙法を伝えたとされ，文化面でも大きな影響を与えた。

3 唐の税制の変化

探究のヒント

税制	租調庸制 ➡	両税法
対象	丁男（成年男性）に本籍地で課税	家単位で現住地で課税
基準	生産物（穀物・布）と労役を均等に課税	財産の額に応じて年2回（夏・秋）に課税
内容	租…粟（穀物）2石（60ℓ） 調…絹布2丈（6m），綿布3両（112g） 庸…年20日，中央での労働 ＊布の代納も可	地税（土地に対する税）➡穀物で納める 戸税（家に対する税）➡銭納が原則

4 安史の乱と楊貴妃

解説 それまで「開元の治」と称される善政を行っていた玄宗は，楊貴妃（本名は玉環）に出会ってからは政治を忘れ遊興三昧の生活に入った。その間，楊国忠ら楊一族と節度使の安禄山が政権を争い，ついに安史の乱を招いた。玄宗一行は長安を脱出したが，乱の原因は楊貴妃にあると考えていた兵士たちの要求に屈し，泣く泣く殺害を命じた。

←3 安禄山（705〜757）玄宗　安禄山　楊貴妃

→2 楊貴妃（719〜756）

5 塩の専売と黄巣の乱

→4 海水からの製塩　安史の乱の中で復活した塩の専売制度（◀P.87）は，国家財政を支える一方，多くの密売業者をはびこらせる結果を招いた。厳しい取締りに対抗するため密売業者たちは武装しており，黄巣のように反乱をおこす者もあった。（版画. 宋代の『経史証類本草』より）

本草四　海鹽

★国際色あふれる唐の文化が中心となった東アジア文化圏が形成された。

1 唐代の文化

特色	①北朝の質実剛健な文化と，南朝の優美華麗な文化，外来文化が融合 ②唐を中心とする「東アジア文化圏」が成立			
文学	唐詩	李白	701～762	詩仙　自由奔放な作風	玄宗時代(盛唐)で活躍
		杜甫	712～770	詩聖　思索的で社会的な作風	
		王維	701頃～761	自然詩を完成　山水画にもすぐれる	
		白居易	772～846	平易な作風　『長恨歌』『白氏文集』　中唐で活躍	
	散文	韓愈	768～824	唐宋八大家に数えられる。四六駢儷体を批判	
		柳宗元	773～819	戦国時代・漢代の古文に帰る必要を説く	
絵画		閻立本	？～673	高宗時代　「歴代帝王図巻」	
		李思訓	651頃～718	玄宗時代　細密な着色山水画にすぐれる	
		呉道玄	8世紀頃	玄宗時代　人物・仏像・鬼神・山水画に秀でる	
書道		欧陽詢	557～641	太宗に仕える。初唐の三大家	
		虞世南	558～638	太宗に仕える。初唐の三大家	
		褚遂良	596～658	太宗に仕える。初唐の三大家	
		顔真卿	709～785頃	玄宗時代の書家。剛直な楷書(安史の乱で武将として活躍)	
学問	儒学	孔穎達	574～648	太宗の命により『五経正義』223巻を編纂する (科挙の国定教科書として五経の解釈の統一を行う)	
	歴史	劉知幾	661～721	中国最古の歴史理論書『史通』を著す	
		杜佑	735～812	唐後期の財政家で宰相。中国制度史書『通典』を著す	

Key Person　李白と杜甫

　玄宗時代は唐文化の黄金時代であり，この時代を代表する詩人が李白と杜甫である。「詩仙」と称される李白は各地を漫遊しつつ酒を愛する生活を送った。一時玄宗に仕えたが続かず，安史の乱(◆P.94)では玄宗の皇子永王の軍に参加したが賊軍として流罪となった。詩風は道家的で，自由奔放，ロマン性に満ちた作品が多い。

　「詩聖」と称される杜甫は科挙に挑戦したが失敗し，ようやく長安で職についたものの安史の乱が勃発し，反乱軍によって軟禁された。有名な「春望」はこの時の作品である。やがて官を捨てて家族とともに各地を漂泊し，政治に参画する夢を果たせぬまま没した。李白とは親交があり，彼のことを詠んだ詩を残している。詩風は形式美を重んじるとともに戦争の惨禍や農民の悲惨な生活を告発する社会性も強く，思索的で憂愁に満ちた作品が多い。

↑1李白(701～762)

黄鶴楼にて孟浩然の広陵に之くを送る

故人　西のかた黄鶴楼を辞し
煙花　三月　揚州に下る
孤帆の遠影　碧空に尽き
唯だ見る　長江の天際に流るるを

↑2杜甫(712～770)

春望

国破れて山河在り
城春にして草木深し
時に感じては花にも涙を濺ぎ
別れを恨んでは鳥にも心を驚かす
烽火　三月に連なり
家書　万金に抵る
白頭　掻けば更に短く
渾べて簪に勝えざらんと欲す

←3顔真卿の書　盛唐の書家としても知られる彼は，諸官を歴任した官僚であるとともに，安史の乱では反乱軍の侵攻を食い止めたすぐれた軍人でもあった。楷書・行書・草書を能くしたが，拓本(石碑の銘文などを紙に摺り写すこと)に残る力強い楷書が現存している。(写真は63歳の時の署名の拓本，東京国立博物館蔵)

→唐三彩　緑・赤・白の釉薬をかけて低温で焼いた唐代の陶器。貴族墓の副葬品として使われることが多く，おもに長安・洛陽などから出土している。ラクダに乗った胡人(外国人)のような異国情緒にあふれたものや，女性の姿を題材にしたものも多い。

2 唐代の宗教

→6イスラーム教のモスク(清真寺)　広州や泉州にはムスリム商人が来航し，市舶司(貿易を管理する官庁)がおかれた。7世紀にはこのルートでイスラーム教(清真教，回教)も伝来した。写真は西安の清真寺。

仏教		特色：①宮廷・貴族の保護で隆盛。②中国仏教(天台宗・真言宗・浄土宗・禅宗)展開。③国家鎮護仏教の完成(則天武后の仏教政策) 渡印僧＝玄奘(◆P.18)(『大唐西域記』)・義浄(◆P.19)(『南海寄帰内法伝』) 渡日僧＝鑑真(◆P.20)　挑戦6回目にして日本へ。唐招提寺を開く	
道教		老子(李耳)と李姓が一致するため唐の帝室が保護し，隆盛 道教の立場から武宗の仏教・三夷教弾圧おこる(845年，会昌の廃仏)
三夷教	祆教	ゾロアスター教(◆P.73)　6世紀頃伝来　会昌の廃仏で衰退
	摩尼教	マニ教　則天時代に伝来　大雲光明寺建立　会昌の廃仏で衰退
	景教	ネストリウス派キリスト教(◆P.69)　太宗伝来，大秦寺建立　会昌の廃仏で衰退
清真教(回教)		イスラーム教(→P.121)　高宗時代，ムスリム商人により海路で江南地方の港市に伝来

世界史の交差点　唐に渡った留学生たち

　2004年西安で，唐で死亡した日本人留学生の墓碑が発見され注目を集めた。その留学生は唐では「井真成」と呼ばれ，阿倍仲麻呂(◆P.20)と同じ第9回の遣唐使船で入唐している。この墓碑には，「井真成」が才能のある人物だったが734年に死去したこと，皇帝がこれを哀れんで，従五品上の「尚衣奉御」の位を贈ったことなどが書かれている。このように多くの留学生や留学僧は異国の地でその生涯を終えた。墓碑は次のような文章で締めくくられている。「遺骨は異国に埋葬するが，魂は故郷に帰る事を切に願う。」

→7井真成の墓誌
(39.5×39.5cm)

姓井字真成國号日本

←4三彩女人
(高さ45cm，出光美術館蔵)

←5三彩騎駝人物
(高さラクダ79cm，人物42cm，出光美術館蔵)

「宮女図壁画（永泰公主墓壁画）」作者不詳　唐代706年

中国・陝西省・陝西歴史博物館蔵

作品のプロフィール

　唐第5代皇帝の中宗の娘であった永泰公主は夫の武延基が則天武后（◀P.93）に逆らい，その罪に連座して自殺に追い込まれたといわれている。その墓には，多彩な壁画が描かれているが，中でも公主の侍女を描いたと思われる壁画は，唐の時代を代表するものといえる。この壁画は8世紀初頭の唐の貴族女性の風俗をよく表しており，美術品としてだけではなく，図像史料としても一級品である。

🔊 作品を読み解く

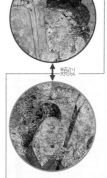

日本への影響

　7世紀末に築造された日本の高松塚古墳の壁画には，永泰公主墓の壁画との類似点を発見することができる。全体の構図，雰囲気はもちろん，女性のもつ団扇（❶）と如意（❷），ふくよかな面立ちなどが，非常に似ているといえる。これは唐から日本に文化や風俗が伝来したことをよく表している。

類似

↑1馬を走らせる女性

↑2乾陵　永泰公主は則天武后の死後，父親の中宗によって乾陵（高宗・則天武后の墓）に陪葬（皇帝の墓のそばに葬られること）された。

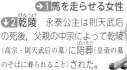

類似

開放的な時代性

　履いている靴（❸）の大きさから纏足（◀P.105）が行われていないこと，胸元の開いたおおらかな服装であることがわかる。唐の時代は仏教や道教が広まり，西域の文化が流入するなど，儒教的な束縛の緩い開放的な雰囲気にあふれる時代だった。それが女性の服装にも反映している。

↑3高松塚古墳壁画（奈良・明日香村，国宝）　🏛世界遺産

↑4高句麗の高句麗古墳群（5世紀）と↑5唐の新城公主墓（633年）　高松塚古墳の女性がはいているスカートは，高句麗や唐の壁画でも見ることができる。

→1 大秦景教流行中国碑

中華人民共和国 ●西安

陝西省の省都。人口約815万人。古名を長安といい，中国歴代の古代王朝が幾たびも都をおき，繁栄を誇った。

凡例
卍 仏寺
▲ 道観
十 景教
≋ 祆祠

←3 小雁塔

←2 大雁塔

【解説】国際都市長安には胡商（外国人商人）が多く集まった。活動の場所は東西の市であり，胡人（イラン人）の経営する飲食店や交易商人などの宿泊施設が整えられ，外国の食物やブドウ酒など西域の珍しい物品が売られていたという。こうした店の中には胡姫（イラン系の娘）を雇い，客の相手をさせる店があったという。

▶4 賓客図（章懐太子墓の壁画）　当時描かれた壁画から，国際都市長安のようすをうかがうことができる。この絵には遠くビザンツ帝国からの使者も描かれている。

ビザンツの使者　新羅の使者　靺鞨の使者

1 西安の歴史

*所在地の○付数字は下の地図に対応している。

●西安に都をおいた歴代王朝とその所在地

王朝名	存亡年代	所在地	在都期間(年)
西周	前11世紀～前770	豊，鎬 ❶	約330
秦	前4世紀中頃～前206	咸陽 ❷	約140
前漢	前202～後8	長安	210
新	8～23	長安	15
後漢(献帝)	190～196	長安	6
西晋(愍帝)	313～316	長安	3
前趙	318～329	長安 ❸	11
前秦	351～394	長安	34
後秦	384～417	長安	43
西魏	535～556	長安	21
北周	556～581	長安	25
隋	581～618	大興 ❹	37
唐	618～907	長安	289

（『長安旅遊』学研による）

❷ 秦の咸陽城
現咸陽市
明光宮 ❸
桂宮 北宮
漢の長安城
建章宮 未央宮 長楽宮
三橋鎮 大明宮
秦の阿房宮 太極宮
興慶宮
現紡績城
皇城
秦の鎬京 興慶宮
周の豊京 小雁塔
西安市
❶ 周の鎬京
❶ 周の豊京　唐の長安城 ❹
明清の城壁
大雁塔
◎古い池・川 3km

●長安の都市計画

唐の都長安は広大な領土と多様な民族を支配するための政治都市であった。碁盤の目状に区切られた区画と北面の奥，中央におかれた宮城（儀式や居住する宮殿），その前面に広がるメインストリートである朱雀大路をおくというプランは中国の礼制に基づいている。のちに宮城の機能は大明宮や興慶宮に移されることになるが，宮城と大明宮，興慶宮は三大内と呼ばれ長安の主要な建造物とされた。

●長安のプラン（平面図）

太極殿 古代の宮殿の中心建造物。皇帝の即位，朝賀といった公的儀式の中心となる殿舎で，政治の中心である皇城（官庁）を制御する施設。

朱雀街 皇城の朱雀門から南に延びる幹線道路。150mの幅があり，これを境として東西に各種官庁・市・寺院が配置されていた。

市内 碁盤の目状に110の坊（区画の名称。土の防壁で盗賊を防いだ）からなり，夜間は坊門が閉ざされ，外出は禁止された。

城壁 長安の城壁は東西が9,721m，南北が8,651.7m。高さは5.3mあり，その城内に約100万の人々が住んでいたとされる。

8世紀の都市の比較

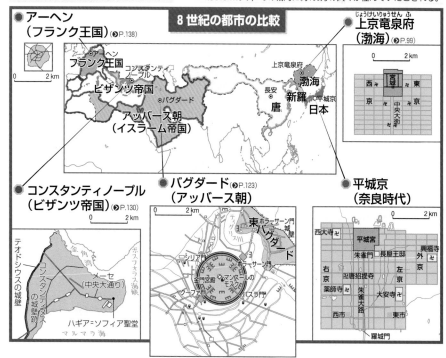

●アーヘン（フランク王国）（→P.138）

●コンスタンティノープル（ビザンツ帝国）（→P.130）

●バグダード（アッバース朝）（→P.123）

●上京竜泉府（渤海）（→P.99）

●平城京（奈良時代）

東アジア

1 三つの道（草原の道・オアシスの道・海の道）

2 遊牧地帯

移動式家屋ゲル（中国名パオ）

↑1草原地帯の遊牧民 水や草を求めて定期的に移動するため、ゲル（パオ）と呼ばれる移動式のテントが住居として使われる。

←2ゲル内部のイラスト

←3スキタイの黄金工芸品 前7世紀に西アジアへ侵入したスキタイについては、強力な軍事力と遊牧民独特の生活がヘロドトスの『歴史』に記述されている。またスキタイ人は動物意匠を特徴とする優れた黄金製の美術工芸品を生み出した。写真は戦う3人のスキタイ人を描いたもので、彼らの兜はギリシア風である。
（高さ12.3cm、前4世紀、ソローハ古墳出土）

世界史の 交差点

草原の食生活

　遊牧生活を行っている草原の民は、食生活の中心となる乳製品と干し肉を自らの手で製造する。夏から秋にかけて羊や牛などの家畜は豊富な乳を出すようになり、遊牧民はこれをバター・チーズなどの乳製品に加工する。初冬になると、羊や牛を数頭屠殺し、肉をひも状に切って自然乾燥させる。乳製品は、茶や米・キビのかゆに混ぜて食し、干し肉はうどんと煮て食べることが多い。このように遊牧民の食生活は保存食品を中心とするものだが、祝いや重要な客を招いたときは、羊を一頭解体して塩ゆでにして供するのが最高のごちそうとされている。（『モンゴル万華鏡』角川選書による）

↑4乳製品づくり

3 オアシス都市

↑5市場（スーク） オアシス都市はオアシスの道（シルク＝ロード）の中継地点に点在していたため、商業活動がさかんに行われた。特にイラン系のソグド人はヨーロッパから中国にかけた広い範囲で隊商を組んで活躍し、商売上手な民族として知られていた。

→6ソグド人

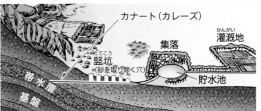

←7カナート（カレーズ）のしくみ 砂漠の中の泉（オアシス）や、人工水路（カナート）で運ばれる地下水を利用してオアシス都市は建設された。水分の蒸発を防ぐためカナートは地下に設けられており、坑道の長さは平均で5～10km、大規模なものでは70kmに及ぶものもある。

4 内陸アジアの歩み

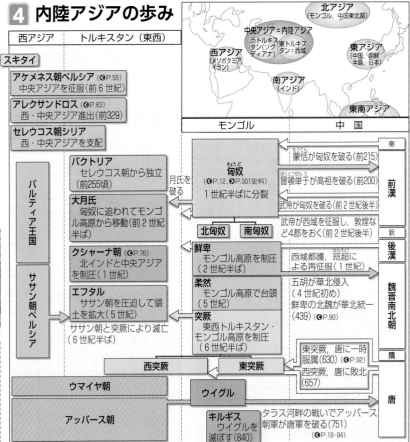

西アジア	トルキスタン（東西）		モンゴル	中国

スキタイ

アケメネス朝ペルシア（←P.55）中央アジアを征服（前6世紀）

アレクサンドロス（←P.63）西・中央アジア進出（前329）

セレウコス朝シリア 西・中央アジアを支配

パルティア王国

バクトリア セレウコス朝から独立（前255頃）

大月氏 匈奴に追われてモンゴル高原から移動（前2世紀半ば）

月氏を破る

匈奴（←P.12、←P.301史料）1世紀半ばに分裂

蒙恬が匈奴を破る（前215）　秦

冒頓単于が高祖を破る（前200）

武帝が匈奴を破る（前2世紀後半）　前漢

武帝が西域を征服し、敦煌など4郡をおく（前2世紀後半）　新

北匈奴　南匈奴

クシャーナ朝（←P.76）北インドと中央アジアを制圧（1世紀）

鮮卑 モンゴル高原を制圧（2世紀半ば）

西域都護、班超による再征服（1世紀）　後漢

サ サン朝ペルシア

エフタル ササン朝を圧迫して領土を拡大（5世紀）

柔然 モンゴル高原で台頭（5世紀）

五胡が華北侵入（4世紀初め）

鮮卑の北魏が華北統一（439）（←P.90）　魏晋南北朝

突厥 東西トルキスタン・モンゴル高原を制圧（6世紀半ば）

ササン朝と突厥により滅亡（6世紀半ば）

西突厥　東突厥

東突厥、唐に一時服属（630）（←P.92）　隋

西突厥、唐に敗北（657）　唐

ウマイヤ朝　ウイグル

アッバース朝　キルギス ウイグルを滅ぼす（840）

タラス河畔の戦いでアッバース朝軍が唐軍を破る（751）（←P.18・94）

1 中央ユーラシア世界諸国家の支配領域(12世紀)

凡例:
― 11世紀末のキタイの支配領域
■ 燕雲十六州

2 中央ユーラシア世界の歩み

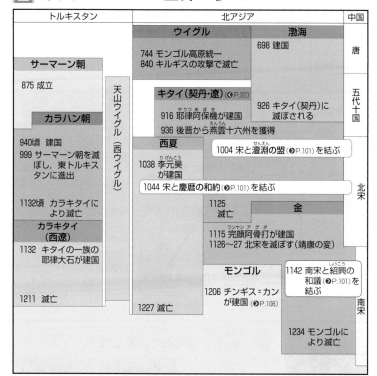

トルキスタン	北アジア	中国
	ウイグル / 渤海	唐
	744 モンゴル高原統一 / 840 キルギスの攻撃で滅亡 / 698 建国	
サーマーン朝		五代十国
875 成立	キタイ(契丹・遼)(◀P.22) / 926 キタイ(契丹)に滅ぼされる	
カラハン朝	916 耶律阿保機が建国 / 936 後晋から燕雲十六州を獲得	
940頃 建国	西夏 / 1004 宋と澶淵の盟(▶P.101)を結ぶ	北宋
999 サーマーン朝を滅ぼし、東トルキスタンに進出	1038 李元昊が建国 / 1044 宋と慶暦の和約(▶P.101)を結ぶ	
1132頃 カラキタイにより滅亡	1125 滅亡 / 金	
カラキタイ(西遼)	1115 完顔阿骨打が建国 / 1126〜27 北宋を滅ぼす(靖康の変)	
1132 キタイの一族の耶律大石が建国	モンゴル / 1142 南宋と紹興の和議(▶P.101)を結ぶ	南宋
1211 滅亡	1206 チンギス=カンが建国(▶P.106) / 1227 滅亡 / 1234 モンゴルにより滅亡	

3 中国周辺諸民族の文字

←1 ウイグル文字 アラム文字の系統を継ぐソグド文字に由来。契丹文字,モンゴル文字に影響。

←2 突厥文字 アラム文字を原型につくられた遊牧民族最初の文字。漢字の影響も受けている。

←3 西夏文字 漢字の部首にあたるものの複雑な組み合わせ。多くは表意文字。一部解読。

←4 契丹文字 耶律阿保機の命で漢字をもとに作成されたと考えられているが,未解読。

←5 女真文字 契丹文字と漢字をもとにつくられ,表音文字と表意文字の組み合わせ。一部解読。

←6 パクパ文字(P.108) 元のクビライの命で,チベット仏教僧パクパがチベット文字をもとに作成。

←7 チュノム(字喃) ベトナム陳朝の時代に漢字をもとにして作成。

←8 訓民正音(ハングル)(▶P.119) 朝鮮の世宗によりつくられた朝鮮独自の表音文字。

←9 仮名文字 漢字をもとにつくった万葉仮名を,簡略にしたもの。平仮名・片仮名の2種。

↓10 西夏文字 **↓11 パクパ文字**

◀解説 北京を守る居庸関の雲台の壁には,造営の由来がパクパ文字,西夏文字,ウイグル文字など6種類の文字で刻まれている。

4 燕雲十六州

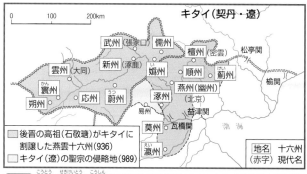

キタイ(契丹・遼)

□ 後晋の高祖(石敬瑭)がキタイに割譲した燕雲十六州(936)
□ キタイ(遼)の聖宗の侵略地(989)

地名 十六州
(赤字)現代名

◀解説 後唐の石敬瑭の後晋建国を援助する見返りとして,キタイは燕雲十六州を獲得した。万里の長城の内側の農耕地帯を征服したことは,キタイの発展の原因となった。

5 キタイ・西夏・金

	キタイ(契丹・遼)(916〜1125)	金(1115〜1234)	西夏(1038〜1227)
民族	契丹族(モンゴル系)	女真族(ツングース系)	タングート族(チベット系)
建国者	耶律阿保機	完顔阿骨打	李元昊
支配地域	モンゴル・満洲 / 燕雲十六州	モンゴル・満洲 / 華北	甘粛・東トルキスタン
統治方法	二重統治体制	二重統治体制	中国にならった官制・服装・年号を制定
宋との条約	澶淵の盟(1004) ・宋の皇帝を兄,キタイの皇帝を弟とする ・宋はキタイに毎年銀10万両,絹20万匹を送る	紹興の和議(1142) ・淮河・大散関の線を国境とする ・金の皇帝を君主・南宋の皇帝を臣下とする ・南宋は金に毎年銀25万両,絹25万匹を送る	慶暦の和約(1044) ・宋の皇帝を君主,西夏の皇帝を臣下とする ・宋は西夏に毎年銀5万両,絹13万匹,茶2万斤を送る
文字	契丹文字	女真文字	西夏文字

●キタイと金の二重統治

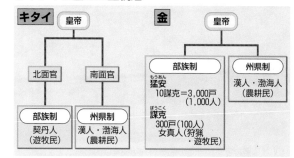

キタイ
皇帝
├ 北面官 ─ 部族制(契丹人〈遊牧民〉)
└ 南面官 ─ 州県制(漢人・渤海人〈農耕民〉)

金
皇帝
├ 部族制 ─ 猛安 10謀克=3,000戸(1,000人) / 謀克 300戸(100人)女真人(狩猟・遊牧民)
└ 州県制 ─ 漢人・渤海人(農耕民)

◀解説 後晋から燕雲十六州を獲得したキタイと華北を支配した金は,遊牧民の居住する地域と,漢人などが住む農耕地とを別の支配政策によって統治した。それまでの北方民族と異なり,漢民族に同化されなかったのはこのためといわれる。

中央ユーラシア / 中央ユーラシア

🔍探究 宋代の科挙の特徴と，官僚制を出身階層や文化面などに着目して説明しなさい。〔130字程度〕 類題：学習院大学

★唐の貴族社会の崩壊後は，軍人による政権が各地で抗争を繰り返した。

1 五代十国(10世紀)

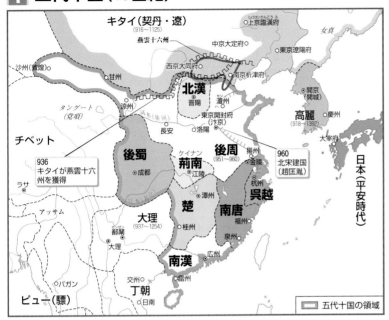

●五代十国の興亡

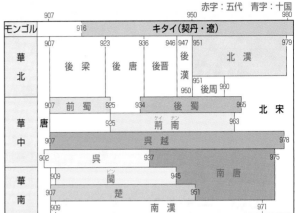

赤字：五代 青字：十国

『世界史辞典』角川書店による

◀解説 華北地方では，後梁から始まる**節度使**の軍事政権が5王朝続き，一方，おもに江南地方を中心に10の地方政権が成立した。このような分裂状態が70年あまり続いた。

2 唐から宋への変化 📖探究のヒント

●唐と宋の比較

	唐	宋
政治	貴族的律令体制。貴族政治	君主独裁制と官僚制。文人政治(文治主義)
社会身分	門閥貴族—均田農民。良賤制	士大夫層—佃戸・自作農，主戸・客戸制
土地・税制	均田制。租調庸制	荘園制。両税法
兵制	兵農一致の府兵制	兵農分離の傭兵制
外交姿勢	積極的。軍事力背景に東アジア世界形成	閉鎖的。平和主義。和平条約で国境維持
文化	国際的・貴族的・現実的	国粋的・庶民的・内省的
官吏登用	科挙と蔭位の制	科挙(殿試)

●唐から宋への社会変化

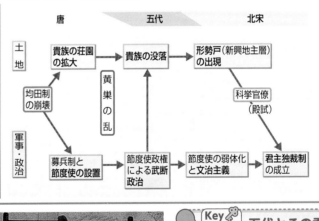

◀解説 それまで社会の支配階層を形成していた貴族階級は，唐末から五代の戦乱の中で没落した。また，五代の時代に権勢をふるった節度使も，宋が**文治主義**の政治方針をとったため，弱体化していった。代わって新しい支配階層を形成したのが新興地主層の**形勢戸**である。形勢戸は大土地所有を行うとともに，**科挙**に合格し官僚となる者を多く出して官戸とも呼ばれた。彼らが宋から始まる君主独裁制を支える階層となった。

(28.7 × 335.3cm，北京故宮博物院蔵)

↑1「韓熙載夜宴図」 十国の南唐はわずか38年しか続かず，君主は政治的には凡庸であったが，文化・芸術の面では優れた才能を発揮した。そのため南唐は唐文化の後継王朝とされる。この絵画は韓熙載(902〜970)という南唐の学者・政治家が，晩年政治に飽き，100人もの妾妓をかかえて，毎日宴会に耽ったようすを描いている。右端の人物が主人公の韓熙載で，客とともに琵琶の演奏を聞いている。

🔑Key Person 五代とその君主たち

↑2朱全忠(後梁)
(852〜912)

↑3李存勗(後唐)
(885〜926)

↑4耶律阿保機(キタイ)
(872〜926)

黄巣の乱で功績をあげた朱全忠が唐を滅ぼして，907年に後梁を建国したが，ライバルで突厥系の節度使李克用はこれを認めず，また契丹族でモンゴル高原にキタイを建国した耶律阿保機も加わって三勢力は三つ巴の争いを繰り広げた。結局，李克用の子の李存勗が後梁を滅ぼして後唐を建国するが，やがて同じ突厥系の後晋に取って代わられた。その後晋はキタイに燕雲十六州を割譲するなど，この時期は漢民族以外の異民族が中心となって争った。

★武断政治に代わった文治主義による政治が行われて，君主独裁体制が打ち立てられた。

1 五代・宋の歩み

P.92◀以前
以降▶P.106

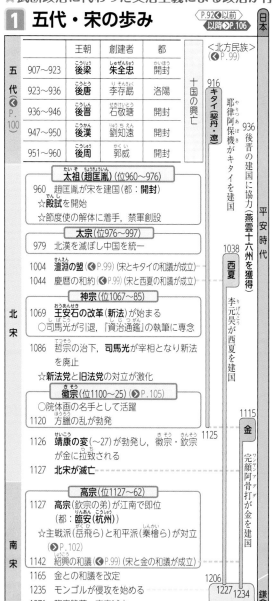

		王朝	創建者	都
五代 P.100	907〜923	後梁	朱全忠	開封
	923〜936	後唐	李存勗	洛陽
	936〜946	後晋	石敬瑭	開封
	947〜950	後漢	劉知遠	開封
	951〜960	後周	郭威	開封

日本　平安時代

＜北方民族＞◀P.99

916 キタイ（契丹・遼）の興亡　耶律阿保機がキタイを建国

936 後晋の建国に協力（燕雲十六州を獲得）

太祖（趙匡胤）（位960〜976）
960 趙匡胤が宋を建国（都：開封）
☆殿試を開始
☆節度使の解体に着手，禁軍創設

太宗（位976〜997）
979 北漢を滅ぼし中国を統一

1004 澶淵の盟（◀P.99）（宋とキタイの和議が成立）
1044 慶暦の和約（◀P.99）（宋と西夏の和議が成立）

神宗（位1067〜85）
1069 王安石の改革（新法）が始まる
○司馬光が引退，『資治通鑑』の執筆に専念

1086 哲宗の治下，司馬光が宰相となり新法を廃止
☆新法党と旧法党の対立が激化

徽宗（位1100〜25）（▶P.105）
○院体画の名手として活躍
1120 方臘の乱が勃発

1126 靖康の変（〜27）が勃発し，徽宗・欽宗が金に拉致される
1127 北宋が滅亡

高宗（位1127〜62）
1127 高宗（欽宗の弟）が江南で即位（都：臨安（杭州））
☆主戦派（岳飛ら）と和平派（秦檜ら）が対立（▶P.102）
1142 紹興の和議（◀P.99）（宋と金の和議が成立）

1165 金との和議を改定
1235 モンゴルが侵攻を始める
1276 臨安陥落，南宋滅亡
1279 崖山の戦い（南宋残存勢力全滅）

1038 西夏　李元昊が西夏を建国

1115 金　完顔阿骨打が金を建国

1125

1206　1227 1234 モンゴル（元）（▶P.106）

鎌倉時代

北宋　南宋

2 宋の支配体制

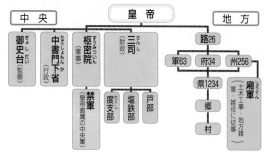

```
                        皇帝
  中央                              地方
御史台（監察）                       路26
中書門下省（行政）              軍63  府34  州256
枢密院（軍事）
三司（財政）                    県1234    廂軍（土木工事、地方雑軍・雑役に従事）
禁軍（皇帝直属の中央軍）         郷
度支部  塩鉄部  戸部             村
```

❶解説　趙匡胤は節度使を解体するとともに，皇帝の直属の軍である禁軍を強化して君主独裁制をつくり上げた。また殿試を加えて科挙を完成させて，皇帝に忠誠を誓う文人官僚による文治主義の政治を行った。

↑1 太祖（趙匡胤）（927〜976）名君といわれた後周の世宗が急死すると，節度使だった趙匡胤は仲間の推戴を受けて皇帝として即位した。彼とその弟の太宗は宋の支配体制を確立した。

3 宋の領域（11世紀）

ナイマン　タタール

天山ウイグル王国

キタイ（契丹・遼）
ビシュバリク
上京臨潢府
中京大定府
東京遼陽府

1044 慶暦の和約
1004 澶淵の盟

黒水城（カラホト）
西夏（1038〜1227）
沙州（敦煌）　粛州　甘州　涼州　西涼
興慶
西京大同府
燕雲十六州
南京析津府
河水（黄河）
北京大名府
澶州（澶淵）

吐蕃
ラサ

成都　重慶　江陵　京兆府　西京河南府（洛陽）　襄陽　南京応天府　揚州
黄州　杭州　明州（寧波）
江水（長江）
隆興　景徳鎮
瑞安　福州　泉州
静江　徳慶　広州　雷州

大理（937〜1254）

宋（北宋）（960〜1127）

パガン朝　アッサム
パガン
ペグー
昇竜（ハノイ）
アンコール朝　李朝大越国

開京（開城）
高麗
大宰府
日本（平安時代）
アマミ 奄美
アコナハ 阿児奈波
流求

→ 遼の南侵
● 遼の五京
● 宋の四京

東アジア

4 科挙の発展　探究のヒント

●宋代の科挙

```
殿試（合格者の序列をつける試験）　皇帝が試験官となって行う試験
↑合格
省試（本試験）　首都で行われる試験
↑合格
州試（解試）（予備試験）　州ごとに実施される試験
↑合格
童試　＊明・清では解試を受験する資格を得るための童試が加わった。
```

❶解説　隋の時代に始まった科挙は，宋になって殿試が加えられて完成した。3年ごとに実施される州試（解試）は数十万人が受験するが，殿試で合格するのは300人前後という狭き門だった。科挙合格者を出した官戸には，免税特権など数々の栄典が与えられた。

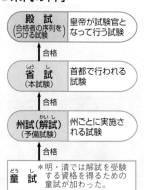

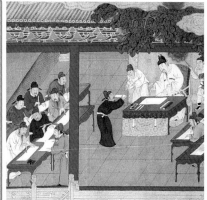

↑2 殿試を描いた絵（パリ国立図書館蔵）

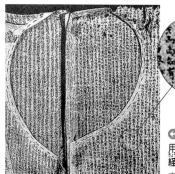

←3 カンニング用下着　四書五経の注釈が書きこまれている。科挙に合格するためには膨大な儒学の経書を暗記しなくてはならず，このような下着を着込んだり，替え玉受験などの不正行為もたびたび行われた。写真は清代のもの。

探究　王安石の新法の内容について説明しなさい。
［80字程度］　　　　　類題：成城大学

★周辺民族が建てた王朝は，独自の制度や文化をもち，宋を圧倒する勢力をもった。

1 王安石の改革（新法）　探究のヒント

●改革の背景

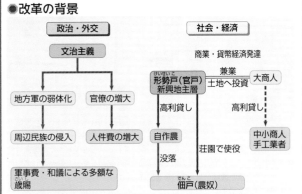

政治・外交
文治主義
├ 地方軍の弱体化 → 周辺民族の侵入
└ 官僚の増大 → 人件費の増大
→ 軍事費・和議による多額な歳賜

社会・経済
商業・貨幣経済発達
兼業
形勢戸（官戸）新興地主層 / 大商人
└ 土地へ投資
高利貸し ← → 高利貸し
自作農 ← 荘園で使役 → 中小商人手工業者
没落
佃戸（農奴）

【解説】北宋では，文治主義によって弱体化した軍隊を補うために増加させた兵士や，膨大な数の官吏に対する費用，さらにキタイ・西夏への多額の歳賜によって，国家財政は悪化した。また，形勢戸や大商人に圧迫された自作農や中小商人は没落し，社会不安をもたらしていた。王安石の改革は，社会の安定と富国強兵を目的に実施された。

●改革の内容

	政策	しくみ	目 的
富国政策	青苗	春，農民に資金や種子を融資し，秋に低利（年利20％）で返済させる	高利貸しから農民を救済
	均輸	各地の産物を政府が流通させる	大商人の中間搾取を抑える。物価の安定を図る
	市易	中小商人に低利（年利20％）で資金を融資	高利貸しから中小商人を救済
	募役	各戸の労役義務を免除し免役銭を徴収。それを財源に労務者を雇用	中小農民の負担軽減
強兵政策	保甲	10家を1保，5保を1大保，10大保を1都保に編成。農閑期に軍事訓練を実施	軍事強化。傭兵費の削減
	保馬	各保ごとに政府の馬を飼育し，平時は農耕馬として使用し，戦時には軍馬とする	軍馬の確保。飼育費削減

世界史の交差点

中華料理の誕生

華北地方の森林は中国文明の発達とともに消え去り，宋の時代からは燃料として火力の強いコークス（石炭を加工したもの）の使用が始まった。これにより，中華料理の特徴である炒（一気に炒めあげる）・炸（高温の油で揚げる）などの調理方法が加わった。

↑3 現在の中華料理

●王安石と司馬光

↑1 王安石（1021〜86）新法による改革を実施

↑2 司馬光（1019〜86）旧法党の首領

【解説】王安石は22歳の時に第4位で科挙に合格した秀才だった。神宗によって宰相に抜擢され，「**新法**」と称される一連の改革を実行するが，新法を批判する旧法党の反対によって辞任に追い込まれた。神宗が存命の間は新法は継続したが，神宗が亡くなると旧法党の指導者**司馬光**が宰相となり，新法をことごとく廃止した。王安石はこの知らせを聞くなか，1086年に死亡する。司馬光も20歳で科挙に合格した俊才であったが，新法に反対して左遷されていた。その間に編纂したのが編年体の歴史書『**資治通鑑**』である。司馬光は宰相に就任して8か月あまりで死亡する。王安石が亡くなってからわずか5か月後のことだった。指導者が続けざまに亡くなったために，統制がとれなくなった**新法党**と旧法党は泥沼の争いを続け，北宋の政治は混乱していった。

2 金の華北征服と南宋の成立（12世紀）

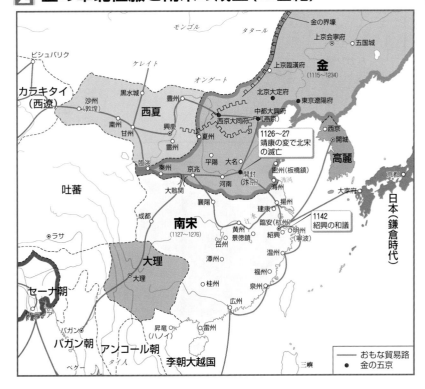

モンゴル　タタール
金の界壕
ビシュバリク　ケレイト　上京会寧府　五国城
オングート　上京臨潢府　**金**（1115〜1234）
カラキタイ（西遼）　黒水城　北京大定府
沙州（敦煌）　**西夏**　中都大興府（燕京）　東京遼陽府
粛州　甘州　興慶　西京大同府　西京
涼州　霊州　夏州　1126〜27 靖康の変で北宋の滅亡
臨洮　秦州　平陽　大名　**高麗**　京都
吐蕃　京兆　河南　開封（汴京）
ラサ　成都　襄陽　徳州（板橋鎮）　濰州
1142 紹興の和議　日本（鎌倉時代）
南宋（1127〜1276）　建康　揚州　臨安（杭州）　明州（寧波）
黄州　岳州　紹興　温州
セーナ朝　**大理**　景徳鎮　福州
大理　潭州　桂州　泉州
パガン朝　桂州　広州
アンコール朝　昇竜（ハノイ）　雷州
李朝大越国　三嶼

—— おもな貿易路
● 金の五京

Key Person 岳飛（1103〜41）と秦檜（1090〜1155）

秦檜は，靖康の変で金軍に拉致され，3年間の捕虜生活を余儀なくされた。その後帰国を果たすと，南宋の高宗に仕え，戦争の混乱を収拾して内政の安定を図るため，金との和平を実現した。これに対し，金への徹底抗戦を唱えたのが軍人の岳飛である。秦檜は，岳飛に謀反の罪をきせて獄死に追い込んだ。後世，岳飛は救国の英雄とされ，現在でも多くの人々の崇拝を集めている。一方，秦檜は売国奴として蔑まれている。下の写真は浙江省にある秦檜像。秦檜夫婦は後ろ手に縛られ，参拝者にしばしば唾をかけられるという。しかし，彼の和平策により南宋150年間の繁栄が築かれたことは否定できない。

↑4 岳飛像

↓5 秦檜夫婦像

秦檜の妻　秦檜

探究「蘇湖熟すれば天下足る」ということばの背景にある農業的・社会的状況の変化を説明しなさい。〔70字程度〕 類題：北海道大学

★江南の農業生産量の向上を基礎として商業も発達し，貨幣経済を進展させた。

1 農業の発展

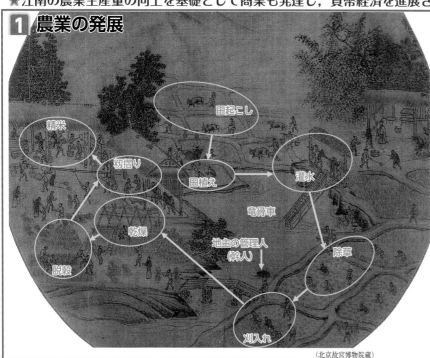

（北京故宮博物院蔵）

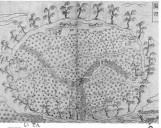

←1「耕穫図」（南宋の画家，楊威画）　一年間の稲作の手順が描かれている絵画からは，生産力を飛躍的に伸ばした当時の江南のようすをうかがうことができる。この時代に日照りに強い**占城稲**が導入されるとともに，二毛作や二期作も行われ，耕地が広がった。そこでは地主による大土地経営が行われ，多くの小作人（佃戸）（◀P.102）が働いた。

↑2囲田　長江下流域の湿地でクリーク（水路）を整備して囲田などの水田を造成した。囲田とは湿地の周辺に強固な堤防を築き，中を囲い込んで水田としたものである。（静嘉堂文庫蔵，王楨『農書』の挿絵より）

●宋代農業の発達…「蘇湖（江浙）熟すれば天下足る」

耕地面積の拡大	技術・品種改良
●宋の南渡による江南の開発進展→囲田・圩田・湖田の造成 ●水路・運河の整備	●占城稲の導入（早稲・日照りに強い品種）…江南で，1年二期作・二毛作を実現 ●華北で，麦・粟・豆の2年三毛作を実現

2 貨幣経済の定着
●中国の紙幣の発達

起源	初めは為替として発行	なぜ中国？	高度な製紙法と印刷技術
メリット	銅銭の供給不足を補える	デメリット	偽造・乱発によるインフレーション

9C初 → 10C → 1154 → 1260 → 1375
唐 飛銭 → 北宋 交子 → 金 交鈔 → 元 交鈔 → 明 宝鈔

1161 南宋 会子

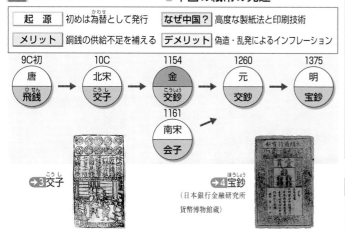

→3交子

→4宝鈔
（日本銀行金融研究所貨幣博物館蔵）

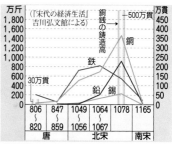

●貨幣から見る当時の中国

経済的に繁栄した宋代を象徴するものが貨幣である。貨幣には硬貨と紙幣がある。硬貨は**青銅貨幣**が春秋・戦国時代以来広く流通し，その後歴代王朝の貨幣の中核となる。唐の中頃以後，**飛銭**と呼ばれる為替手形が用いられるようになったが，紙幣の本格使用は南宋になってからである。宋代の経済の発展に伴い，銅銭の供給が需要に追いつかなくなったことが，その背景にあるといわれている。

●都市の変化（唐→宋）

唐	宋
●東西の「市」のみ商業活動を許可 ●夜間の営業は禁止	●都市のどこでも営業が可能 ●夜間営業がさかん ●鎮，草市など商業都市が出現

●鉱物の生産高と銅銭の鋳造高

［解説］高熱を出すコークスを燃料に使用したことで，宋代の鉄・銅の鋳造量は拡大したが，銅銭は日本などの周辺諸国に流出したこともあり，必要な量が確保できなかった。

↓5宋代の貨幣

3 唐～宋代の人口分布の変化

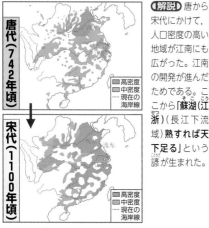

唐代（742年頃）
■高密度 ■中密度 現在の海岸線

宋代（1100年頃）
■高密度 ■中密度 現在の海岸線

（『中国の歴史』ミネルヴァ書房）

［解説］唐から宋代にかけて，人口密度の高い地域が江南にも広がった。江南の開発が進んだためである。ここから「**蘇湖（江浙）**（長江下流域）熟すれば天下足る」という諺が生まれた。

世界史の交差点
南宋の首都「臨安」（◀P.26）

北宋の首都開封が黄河と大運河の合流地点にあるのに対し，大運河の南端に位置するのが南宋の首都臨安である。臨安はもとは**杭州**という名で呼ばれ，大運河南端であるとともに海上貿易の拠点として栄えてはいたが，南宋の首都となり名も臨安と改められた頃から巨大都市に変貌を遂げた。

また，臨安がある宋代の長江下流域は，米の一大生産地であり，南宋の首都として大幅に増加した人口をまかなうだけの食糧にも恵まれていた。1142年に紹興の和議が成立し，南宋と金の間に平和が訪れると，臨安は南宋の政治と経済の中心地として，さらなる繁栄を遂げた。この繁栄は次の元時代にも受け継がれ，中国を訪れた**マルコ＝ポーロ**はこの都市を「**キンザイ**」の名で呼び，「世界第一の豪華・富裕な都市」として『**世界の記述**』で紹介している。

↓6現在の杭州

銭塘江（逆流現象で有名な河）

六和塔（高さ60m，八角形）

「清明上河図」 張択端 北宋末の画
せいめいじょうがず

絹本墨画淡彩　24.8×528cm　北京故宮博物院蔵

作品のプロフィール

　作者の張択端の伝記はほとんど伝わっていないが，北宋の宣和年間(1119〜25)に画院(中国の宮廷画院)に奉職したとされ，その作風は定規を用いて舟車・市橋・城郭などを精緻に描き，写実的描写に優れていたとされる。跋文の分析からは，この画巻は徽宗に献上するために描かれ，その後臣下に下賜されたらしい。そのため，ここに描かれている都市は作者の頭の中で膨らんだ架空のものであっても，実際の都開封をモデルにしていることは紛れもない事実である。金の侵入と王朝滅亡が間近にせまった時期の繁栄を極めた都のようすが目に飛び込んでくる。

←1 第1場面　画巻は右から北宋の都開封の郊外の農村を，人々が驢馬にまたがり旅をするようすから始まる。

←2 第2場面　大きな流れとなった汴河の喧騒が，虹橋(中央左の湾曲した橋)を中心に描かれた水運のようすからリアルに伝わってくる。

←3 第3場面　都の入口の門楼を入り，市中へ。当時人口100万人を有した開封のようすが精緻に描かれている。

作品を読み解く☞

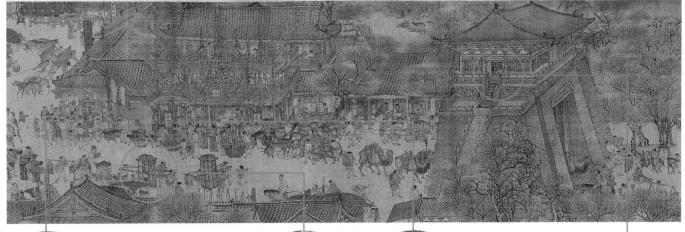

講釈師
『三国志演義』等の原型となる講談が語られ，人だかりができている。

轎(こし)に乗る婦人
お供の者を連れているので，身分の高い人物と思われる。

「正店」酒楼(料亭)
「正店」とは本店の意味，一級の高級店。

門楼
太鼓がおかれているので鼓楼の可能性がある。

時代背景とその作品

　北宋の都開封の賑わいを生き生きと描いた清明上河図からは当時の人々の都市生活をうかがうことができる。特に門楼を抜けて城内の繁華街に入ると，老若男女さまざまな人々の息づかいが聞こえる。画面の左の建物には酒楼(料亭)があり，その建物の前では，露店や講釈師に群がっている人々もいる。往来する人の数は700人あまり。農夫，水夫，車夫，芸人，床屋，道士，僧侶，官吏，身分の高い女性，子どもなど多くの人々が往来している。この繁栄を支えたのは，隋・唐時代に建設整備された運河と江南の豊かな富であった。

●宋代の都市の特色

規制緩和	唐代までの規制が緩和され，商業地区の新たな設置や夜間営業が可能になった。
組合の強化	同業組合の力が強くなり，行(商人組合)・作(手工業者組合)が商品を独占した。
庶民文化	瓦市(繁華街)に，勾欄(劇場)や酒楼(料亭)が立ち並び，庶民文化が栄えた。

★士大夫が文化の担い手となるとともに，庶民文化も発展した。

1 宋代の文化

特色		①士大夫文化とともに，庶民文化も発達 ②純中国的文化	
儒学（朱子学）		士大夫の批判精神と禅宗の影響→思弁的な儒学を創始	
	北宋	周敦頤『太極図説』・程顥（兄）・程頤（弟）～宋学の創始者たち	
	南宋	朱熹（朱子）『四書集注』～宋学を大成（朱子学）。理気二元論，大義名分論，性即理，格物致知を唱える	
		陸九淵（陸象山）～理気一元論，心即理を唱え，明代の陽明学に発展	
宗教	仏教	禅宗（士大夫中心）・浄土宗（庶民中心）が流行 →臨済宗は栄西により，曹洞宗は道元により日本へ伝来	
	道教	全真教～金の王重陽により創始。道・儒・仏の三教融合	
歴史		司馬光『資治通鑑』（儒学的観点から戦国～五代末までを編年体で記述） 欧陽脩『新唐書』『新五代史』 朱熹『資治通鑑綱目』	
文学	散文	漢代の古文復興。蘇軾『赤壁の賦』など 唐宋八大家＝王安石・欧陽脩・蘇洵（父）・蘇軾（蘇東坡）（兄）・蘇轍（弟）・曾鞏（※韓愈・柳宗元は唐代の人物）	
	韻文	詞〔宋詞〕（楽曲の歌詞）	
	雑劇	庶民に流行した演劇	
絵画	院体画（北宗画）	徽宗（北宋）（◀P.101）・馬遠・夏珪・梁楷（南宋）など	
	文人画（南宗画）	米芾（北宋）・牧谿（南宋～元）など	
工芸		陶磁器～青磁・白磁	
技術（●P.157）		印刷術～木版印刷がさかん。膠泥活字発明（実用化はされず）	
		火薬～南宋で12世紀後半，金軍に実戦使用｝イスラーム世界経由で西方伝播	
		羅針盤～北宋11世紀末より航海に利用｝	

世界史の交差点

中国の奇習～纏足

纏足とは，3・4歳の幼女の足指を曲げ，布で緊縛して変形させる中国独特の風習である。親指以外の4指を足裏に折り曲げ，さらにそれをたたむように折り曲げて縮める。約10cmの尖った小足は美人の条件とされていた。この間，少女達は激痛，化膿，発熱に2年ほど苦しむ。十国の南唐起源説・北宋起源説などさまざまだが，北宋以降，労働の必要のない上流階級の女性に流行した。現代の感覚からいえば，男尊女卑の奇習であるが，その歴史は1000年に及び，20世紀まで存続した。太平天国（●P.225）やその後の革命運動では批判の対象となった。

（『纏足物語』東方書店）

→5 纏足をした上流階級の女性（1900年頃）

●科学技術

【解説】ルネサンスの三大発明（●P.157）と称されるものの，ルーツはすべて中国にある。磁石の指極性を利用した羅針盤や，火薬を使用した火箭（ロケット弾），火薬を容器に詰めて点火して投げる爆裂弾は宋代には使用されている。しかし，このような技術は，それ以上の発展を遂げることはなく，明の時代になるとヨーロッパの技術に追い越されてしまった。

（NASA人的資源教育事務局HPより作成）

→6 火箭

●絵画と工芸

（28.5×26.1cm，個人蔵）

←1 院体画（徽宗「桃鳩図」） 北宋の8代皇帝「風流天子」徽宗は写実と緻密な描写を重視する院体画のもっとも優れた画家として知られている。細かな筆遣いで，丁寧に絵の具を重ね，鳩の胸の立体感を表した「桃鳩図」は徽宗の真筆で，日本の国宝に指定されている。

→2 文人画（梁楷「李白吟行図」）
士大夫は儒学を学び，詩文や書画に親しむなどの教養が求められた。そこで発達したのが文人画である。宮廷の画院で製作された院体画と異なり，絵の精神性が重視された。（部分，東京国立博物館蔵）

（高さ10.5cm，台北故宮博物院蔵）

←3 青磁「粉青蓮花温碗」 中国では白磁・青磁といった単色の陶磁器が多く生産されていたが，特に青磁が好まれた。「粉青蓮花温碗」は，やわらかな乳青色の美しさが極限まで達した傑作であり，砧青磁と称されて，日本でも好まれた。

●儒学の系譜

鄭玄・馬融（後漢）	訓詁学（◀P.89）
・五経を重視 ・経典の注釈が中心	
周敦頤	宋学
・宇宙の道徳性の実現を，学問の最大の目的とする	
朱熹	朱子学
・四書を重視 ・大義名分論 ・理気二元論・性即理説	

別派→ 陸九淵
・心即理説
王守仁（陽明）（明）（●P.114）
・知行合一 陽明学

←4 朱熹（朱子）（1130～1200）
南宋の時代，19歳で科挙に合格。地方官を歴任しながら，周敦頤らの宋学を発展させ，性即理説・大義名分論を唱えた。朱熹が開いた学問は朱子学と呼ばれる。儒学の正統に位置づけられ，朝鮮・日本にも絶大な影響を与えた。

→7 羅針盤 磁石の指極性は，戦国時代には知られていたが，方位指南針として実用化されたのは宋代である。対外貿易船で使用された。写真は北宋時代のもの。（中国歴史博物館蔵）

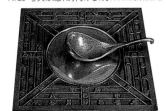

Key Person （1036～1101）

蘇軾～グルメな文豪

蘇軾は名文「赤壁の賦」を著した文章家で，書道家としても優れた才能を発揮した。また，旧法党の一員として王安石の改革に反対した政治家でもある。美食家としても知られ，「豚肉の醤油煮」の調理法を「慢著火，少著水，火候足時他味美（とろ火でゆっくりと，水を少なくして煮れば，味は自ずから美味となる）」と詩に残した。この料理は，彼の号である東坡をとって東坡肉（トンポウロウ）と呼ばれている。

★モンゴルは，ユーラシア大陸の大半を支配する大帝国を短期間でつくり上げた。

1 モンゴル帝国の歩み

〈P.101◀以前 ／ 以降▶P.110〉

	チンギス＝カン(ハン)(太祖)(位1206〜27)
1206	テムジンがクリルタイ(部族長会議)でカン位につき，チンギス＝カンと称す＝**大モンゴル国**の形成
1220	**ホラズム＝シャー朝**を征服(一度再興するが1231に滅亡)
1227	**西夏**(◀P.99)を征服し，陣中でチンギス病没

	オゴデイ(太宗)(位1229〜41)
1234	**金**を征服
1235	**カラコルム**を首都とする
1236	**交鈔**の発行を決定　バトゥの西征(〜42)
1241	**ワールシュタット(リーグニッツ)の戦い**でドイツ騎士団・ポーランド連合軍を破る
1246	教皇使節プラノ＝カルピニがカラコルムに到着(▶P.108,P.305史料)

	モンケ(憲宗)(位1251〜59)
1254	仏王使節**ルブルック**(▶P.108)がカラコルムでモンケと会見　クビライが**大理**を征服
1258	**フレグ**が**アッバース朝**を滅ぼす(▶P.122・123)
1259	**高麗**(▶P.119)が服属

	クビライ(世祖)(位1260〜94)
1264	**中都**(現在の北京)に遷都
1266	ハイドゥの乱がおこる(〜1301)
1269	**パクパ文字**(◀P.99)を国字とする
1271	国号を**元**(大元)と改称
	☆中都を**大都**(▶P.116)と改称する
1274	1回目の**日本遠征**(文永の役)が失敗
1275	**マルコ＝ポーロ**(◀P.28)が大都に到着
1276	**南宋**滅亡
1281	2回目の**日本遠征**(弘安の役)が失敗
1284	チャンパー遠征に失敗(◀P.80)
1287	ビルマのパガン朝に侵攻
1288	数次にわたるベトナムの大越国(陳朝)への遠征に失敗(◀P.80)
1294	伊の修道士**モンテ＝コルヴィノ**が来訪(大都で初めてカトリックを布教)(▶P.108)
1313	元朝治下で初めての**科挙**が行われる(当初は廃止)
1320年代後半	宮廷の内紛が激化
1346	**イブン＝バットゥータ**が大都を来訪(◀P.30)
1351	**紅巾の乱**がおこる(〜66)
1368	**朱元璋**が明を建国(▶P.110)　モンゴル高原に撤退(北元)(〜88)
1370	サマルカンドに**ティムール朝**が建国(▶P.129)

(左側縦書き)
遊牧民の帝国建設 ／ 遊牧世界・農耕世界・海の道の結合へ ／ 衰退期

日本：鎌倉時代

Key Person

チンギス＝カン (位1206〜27)

チンギス＝カンは本名をテムジンという。幼少時に部族長の父が殺され，苦難の日々を送ったといわれる。1206年にモンゴル高原を統一してカン(汗＝遊牧民族の王の称号)の位につき，金に侵入してその領域を劫略した。その後は中央アジアを制圧しつつあったホラズム＝シャー朝を滅ぼし，東西貿易路の要地を手中に収めた。これらの対外遠征の中でモンゴル民族の団結が強化され，モンゴル帝国の基盤は固まっていった。西夏攻略の最中に病死し，その墓の位置は秘密とされ，いまだ発見されていないが，2004年に墓の近くにあるとされる霊廟が発掘され話題となった。

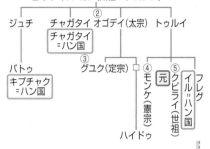

↑**1**モンゴルのアウラガ遺跡で発見された霊廟跡

① チンギス＝カン(太祖・テムジン)
┣ ジュチ
┃ ┗ ③ バトゥ → キプチャク＝ハン国
┣ ② チャガタイ → チャガタイ＝ハン国
┣ オゴデイ(太宗)
┃ ┗ グユク(定宗)
┗ トゥルイ
　┣ モンケ(憲宗)
　┣ ④ フレグ → イル＝ハン国
　┗ ⑤ クビライ(世祖) → 元
ハイドゥ

---

2 モンゴル帝国の発展

征服地：
- チンギス＝カン時代
- オゴデイ時代
- モンケ時代
- クビライ時代

（地図上の地名）キエフ公国(1240)，ワールシュタット(1241)，モンゴル(1206)，カラコルム，金(1234)，ナイマン(1218)，西夏(1227)，大都，高麗(1259)服属，サマルカンド，バグダード，ホラズム＝シャー朝(1220)，吐番(1252)服属，南宋(1276)臨安，マムルーク朝，アッバース朝(1258)，パガン朝(1287)，大理(1254)，大越国，三仏斉

❶解説 モンゴル帝国は初め，東西交易路の確保と巨大な騎馬軍団を養うため，大草原地帯の確保をめざして西方に進出した。しかし，しだいに農耕地帯にも進出し，中国も支配下においた。

←**2オゴデイ**(1186〜1241)　金を滅ぼし，バトゥをロシア・東欧遠征に派遣するなど，モンゴル帝国の発展に努めた。またモンゴル高原に都の**カラコルム**を建設し，そこから帝国全土に**駅伝制(ジャムチ)**を設置した。

●3 ハン国

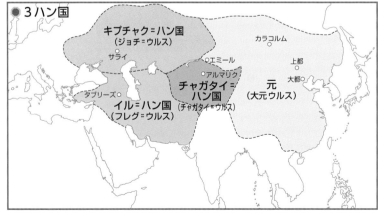

（地図）キプチャク＝ハン国(ジョチ＝ウルス)，サライ，カラコルム，エミール，上都，大都，元(大元ウルス)，アルマリク，タブリーズ，チャガタイ＝ハン国(チャガタイ＝ウルス)，イル＝ハン国(フレグ＝ウルス)

❶解説 もともと多数の遊牧民族国家(ウルス)の連合体であったモンゴル帝国は，その領域の拡大とともに，元と3ハン国に分かれた。しかし，この元の皇帝はモンゴル帝国の皇帝(カアン)を兼ねた存在で，これら4か国はカアンを中心にゆるやかな連合を形成した。

世界史 の 交差点

モンゴル軍の強さの秘密

　モンゴル帝国が，わずかな間に史上空前の大帝国に成長した理由の一つとして，モンゴル軍の強さがあった。
①遊牧民族であるモンゴル族の主力である騎兵は，抜群の機動力をもった。
②射程距離・威力に優れた弓を使用。　③厳しい規則によって軍を統制し，集団戦法に徹した。　④優れた外国の軍事技術や兵器(投石機や火器)を積極的に導入。　⑤戦争にあたっては敵国の情報を十分に分析して攻撃計画を練り，敵の弱点を知り尽くして攻撃。

↓**3**モンゴル騎馬軍団

(『集史』パリ写本の挿絵)

3 元の支配

探究 元の中国統治の実態はどのようなものであったか，説明しなさい。[90字程度] 類題：首都大学東京

←4 **クビライ**(1215〜94) モンゴル帝国第5代皇帝でモンケの弟にあたる。モンケの死後，皇位継承をめぐる争いがおこったが勝利をおさめ皇帝の座についた。首都をカラコルムから大都に移し，国号も**元**(大元)と改称。モンゴル・中国東北部・中国を直接支配した。同時にクビライは，モンゴル帝国全体の皇帝(カアン)としての権威も保持し続けた。

●元の運河と海運

海岸線が現在よりも内陸に入っていたので，天津は外港であった

運河
海上運搬路

0 150 300km

積水潭(大都の中に建設された港)

宮城

通恵河

(NHKの番組のために大成建設株式会社が作成したCG)

解説 クビライは，大都と穀倉地帯である江南地方を海運で結びつけた。金と南宋の対立で衰退した中国の南北の交通は，より発展した形で復活することになった。当時，海運のコストは陸運のコストの10分の1で済んだという。大都(北京)とその外港の直沽(現在の天津)という形は，元の時代にできたといえる。

↑5 **CGで復元された大都** 1276年に南宋を滅ぼしたクビライは，ユーラシア大陸に展開されてきた遊牧民・農耕民の陸の経済と，東シナ海・南シナ海の海上交易の経済を総合した新国家を建設しようとした。大都(▶P.116)は4分の1世紀をかけて建設された首都で，内陸にありながら中央に大きな港をもち，運河を通じて直接海に至るようになっていた。

東アジア

●元の中国支配

探究のヒント

モンゴル人 200万人 中央政府の首脳部を独占

実務官僚や軍人を実務能力により登用

色目人 100万人 中央アジア・西アジア出身者，財政を担当	漢人 1,000万人 金の領域(華北)の居住者	南人 6,000万人 南宋の領域(江南)の居住者

解説 モンゴル人は自民族を優遇したが，**実務(政治・技術・財務)に精通した者は民族の枠を越えて役人として登用した**。そのため，大都の宮廷ではモンゴル人だけではなく，中国人・西アジア人・ヨーロッパ人などさまざまな民族の役人が執務にあたっていた。ただし，儒学の教養を問う科挙を重視しなかったため，士大夫(中国の知識人階級)には不評だった。

世界史 の 交差点

蒙古襲来(◀P.29)

モンゴル軍は文永の役(1274)と弘安の役(1281)の二度にわたって日本を侵略した。一騎打ち戦法しか知らなかった日本の鎌倉武士は，敵の集団戦法や「てつはう」にとまどい苦戦を強いられた。「てつはう」は陶器の中に火薬や鉄片を仕込んで炸裂させる兵器で，1993年に長崎県の鷹島沖で発見されている。しかし鎌倉武士の奮戦と暴風雨などによって，モンゴル軍の遠征は二度とも失敗に終わっている。

↑6 **蒙古襲来絵詞(文永の役)**(宮内庁三の丸尚蔵館蔵)

→7 **てつはう**(鷹島町教育委員会蔵)

＊絵巻の継ぎ目の3人のモンゴル兵は江戸時代の加筆という説あり。

4 元の衰退の要因

帝位をめぐる争い	チベット仏教(ラマ教)への過度の出費	交鈔の濫発によるインフレの発生	14世紀に世界規模で続いた冷害・黄河の氾濫

政治と財政の混乱 → 民衆の暮らしの悪化・社会の混乱

紅巾の乱(白蓮教徒の乱)(1351〜66)

元朝はモンゴル高原に撤退(北元)(1368)

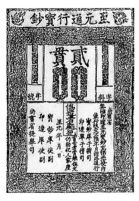

↑8 **交鈔**(◀P.31) 宋・金の制度を受け継ぎ，元でも紙幣としての交鈔が流通した。納税などに使用される銀とともに，交鈔は主要な通貨として広く流通した。写真の中央には「偽造者処死(偽造者は死に処す)」の文字が読める。(縦約30cm，日本銀行金融研究所貨幣博物館蔵)

↑9 **紅巾の乱** 1351年に白蓮教などの宗教結社がおこした農民反乱は，元朝衰退の直接的な原因となった。乱の中から朱元璋が頭角を現して，1368年に明を建国する。(後世の想像図，中国歴史博物館蔵)

★東西交流が活発に行われるとともに，庶民文化が発達した。

1 元代の文化

特色	①東西交流が活発化 ②宋代に続いて庶民文化が発達
言語	モンゴル語が公用語，文字はウイグル文字・パクパ文字を使用
宗教	**チベット仏教(ラマ教)** クビライの時代から宮廷で強い影響力をもつ **イスラーム教**(▶P.121)，キリスト教[ネストリウス派・カトリック]も広まる 道教では**全真教・正一教**が発達
科学	**郭守敬**が**授時暦**を作成 ＊日本の貞享暦に影響を与える
文学	**元曲** 曲(歌)・白(せりふ)・科(しぐさ)で演じられる歌劇
	王実甫『西廂記』…親に反対されながらも侍女の支援を得て結ばれる男女の恋愛物語
	馬致遠『漢宮秋』…漢の元帝と，匈奴に嫁がされた王昭君との悲恋物語
	高則誠『琵琶記』…科挙のために上京して栄達した夫に，その妻が苦労して再会を果たす物語(厳密には，宋代雑劇の別の系譜である南曲の作品)
書画	**趙孟頫** 宋の皇族の出身で，元代の南宗画の先駆的活躍をする
	元末四大家 南宗画で活躍した黄公望・呉鎮・倪瓚・王蒙が山水画の描き方を様式化する
工芸	イスラーム世界(西アジア)のコバルト顔料で白磁に絵を描く，**染付(青白磁)**が完成

●東西交流

	人物	生没年	概要
使節	**プラノ＝カルピニ**(◀P.106)	1182頃～1252	教皇の命により，グユク治下のカラコルムに来訪
	ルブルック(◀P.106)	1220頃～93頃	仏王ルイ9世の要請(十字軍への協力と改宗)を，カラコルムでモンケに伝える
	モンテ＝コルヴィノ(◀P.106)	1247～1328	教皇の命で大都に至り，教会堂を建立して**カトリック**の布教を行う 初代大都大司教
	マリニョーリ	1290頃～1357	モンテ＝コルヴィノの後任として大都に派遣される
旅行者	**マルコ＝ポーロ**(◀P.28)	1254～1324	ヴェネツィア生まれの商人 **クビライに仕え**，帰国後**『世界の記述(東方見聞録)』**(◀P.28)を出版
	イブン＝バットゥータ(◀P.30)	1304～68 /69～77	モロッコ生まれのムスリムの旅行家 西・中央アジアやインドを経て大都に至る 『旅行記(三大陸周遊記)』

●宗教

←1チベット仏教の寺院 僧**パクパ**がクビライの国師となってから，チベット仏教は元王朝の手厚い保護を受けた。パクパはモンゴル独自の文字，パクパ文字(◀P.99)を創始したことでも知られている。写真にある北京の**妙応寺仏塔**はクビライの時代に建設されたもので，中国で初めてのチベット仏教の塔である。

●科学

→2観星台 郭守敬はイスラーム暦の影響を受け，観星台で夏至・冬至の太陽の影の長さを測るなど，精密な天体観測を行い，1年を365.2425日とする**授時暦**を作成した。この観測結果は西ヨーロッパのグレゴリウス暦(▶P.342)と一致し，東アジアで作成されたもっとも優れた暦とされている。

光が差しこむ
目盛り

世界史の交差点

東西交流と染付(青白磁)の誕生

青花双鸞菊文大盤
(松岡美術館蔵)

西アジアでは古くから陶器の表面にコバルト顔料で絵を描く技法が存在していたが，陶器自体の質は高いものではなかった❶。モンゴル帝国の時代にはその技術が中国に伝わり，高度に発達した白磁❷にコバルト顔料で絵が描かれるようになり，いわゆる「染付」(青花)が生産されるようになった❸。「染付」は世界各地に輸出され，貴重品として重んじられた❹。

❶

❷
(東京国立博物館蔵)

❸
❹
染付

↑3イル＝ハン国の酒宴で飾られた染付

●文学

←4元曲の俳優たち 庶民文化が発達した元では，4幕構成で幕ごとに異なる音階の旋律にのって，俳優が白(せりふ)と科(しぐさ)で表現する元曲が発達した。左の陶俑は，口笛を吹く俳優と踊る俳優を表現している。儒教理念にとらわれない自由な作品が多数つくられ，その文章も口語体で書かれた。

Key Person プレスター＝ジョンの伝説

モンゴル帝国の拡大が続いていた頃，ヨーロッパには不思議な話が広がっていた。イスラーム世界のはるか東方に敬虔なキリスト教国家があり，その国の王プレスター＝ジョン(司祭ヨハネ)はペルシア軍を破り，イェルサレムに向かおうとしている，というものであった。これはカラキタイがセルジューク朝を破って中央アジアに進出したことと，モンゴル高原西部にネストリウス派キリスト教徒が多かったことから伝わった話のようだが，当時十字軍遠征でイスラーム世界と敵対関係にあったヨーロッパは，この話に期待をかけた。しかし，実際にやってきたのはバトゥ率いるモンゴル軍で，侵攻したロシア・東欧においてモンゴル帝国の恐ろしさを知ることになった。

↑5ホラズム＝シャー朝の軍と戦うモンゴル兵

1 2世紀のユーラシア（ローマと後漢）

解説 この時代は地中海世界のローマ帝国、東アジアの後漢という2つの世界帝国が成立していた。両国は陸路ではパルティアとクシャーナ朝、海路ではサータヴァーハナ朝を介して貿易ルートをつなげていた。

2 8世紀のユーラシア（アッバース朝と唐）

解説 中央アジアで、アッバース朝と唐の領土が接触した。また、ムスリム商人がダウ船（◀P.14）によって、インド洋から中国の港湾都市を訪れ、長安にまで到達した。これにより、両国は海陸両方のネットワークでつながれた。10世紀になると中国の貿易船であるジャンク船がインド洋周辺辺に進出した。バグダードからシリア方面に向かう貿易ルートは、北アフリカを通過してイベリア半島に達していた。

3 13世紀のユーラシア（モンゴル帝国）

解説 ユーラシアの大部分がモンゴル帝国の支配下に入った。元の首都大都からは道路網が整備され、駅伝制が設置されたことにより、3ハン国との陸上ネットワークがつながった。一方、海上でもインド洋を渡ってきたムスリム商人は、江南の港湾都市の泉州・杭州に至り、天津から運河を遡って大都の中に開かれた港まで到達した。このように、モンゴル帝国を中心に、ユーラシア全域の海陸ネットワークが広がっていった。

4 17世紀のユーラシア

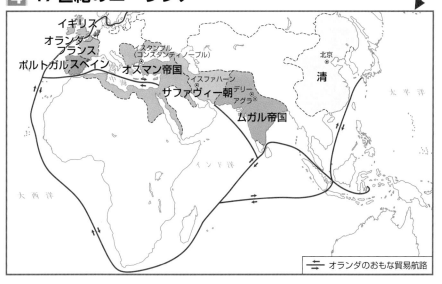

①ジャンク船（東・南シナ海の貿易船）

解説 モンゴルによる支配の時代は100年足らずで終わり、ユーラシアは明・清、ムガル帝国、オスマン帝国、サファヴィー朝などの王朝が分立した。明の永楽帝は鄭和の大艦隊を東南アジアからインド洋、アフリカ東部に派遣したが、一時的なものに終わった。その後、ポルトガルを先駆としてオランダ、イギリス、フランスなどのヨーロッパ勢力がアジアに進出し、活発な貿易活動を行うようになる。これは、アジアが欧米によって支配されるきっかけとなった。

110 明の成立

★皇帝独裁体制を完成させた明だが，長年の「北虜南倭」に苦しんだ。

1 明の歩み 〈P.106◀以前 以降▶P.111〉

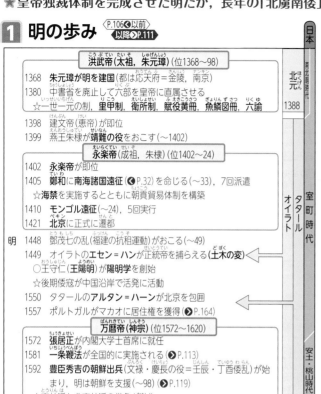

洪武帝(太祖，朱元璋)(位1368～98)

1368	朱元璋が明を建国(都は応天府＝金陵，南京)
1380	中書省を廃止して六部を皇帝に直属させる ☆一世一元の制，里甲制，衛所制，賦役黄冊，魚鱗図冊，六諭
1398	建文帝(恵帝)が即位
1399	燕王朱棣が靖難の役をおこす(～1402)

永楽帝(成祖，朱棣)(位1402～24)

1402	永楽帝が即位
1405	鄭和に南海諸国遠征(◀P.32)を命じる(～33)，7回派遣 ☆海禁を実施するとともに朝貢貿易体制を構築
1410	モンゴル遠征(～24)，5回実行
1421	北京に正式に遷都
1448	鄧茂七の乱(福建の抗租運動)がおこる(～49)
1449	オイラトのエセン＝ハンが正統帝を捕らえる(土木の変) ○王守仁(王陽明)が陽明学を創始 ☆後期倭寇が中国沿岸で活発に活動
1550	タタールのアルタン＝ハーンが北京を包囲
1557	ポルトガルがマカオに居住権を獲得(▶P.164)

万暦帝(神宗)(位1572～1620)

1572	張居正が内閣大学士首席に就任
1581	一条鞭法が全国的に実施される(▶P.113)
1592	豊臣秀吉の朝鮮出兵(文禄・慶長の役＝壬辰・丁酉倭乱)が始まり，明は朝鮮を支援(～98)(▶P.119) ☆東林派と非東林派の党争が激化
1616	ヌルハチがアイシン(後金)を建国
1619	ヌルハチが明軍をサルフの戦いで破る
1644	李自成が北京を占領し，崇禎帝の自殺で明が滅亡

右欄：日本／北元 1388／室町時代／タタール・オイラト／安土桃山時代／江戸時代／清

左欄：明／後金／清

2 明の領域

凡例：
- 明の最大領土(永楽帝1402～24)
- ← 永楽帝の北征路
- ← 鄭和の南海諸国遠征航路(1405～33)

地図内注記：
- 1449 土木の変
- 1399～1402 靖難の役
- 14世紀末 前期倭寇が活動
- 16世紀半ば 後期倭寇(中国人も多しい)が活動

Key Person 朱元璋(1328～98)～二つの肖像画 (台北故宮博物院蔵)

　貧しい農民の家に生まれた朱元璋は，紅巾の乱に参加したおり，その怪異な容貌に興味をもった武将に引き立てられたことが頭角を現すきっかけになったといわれている。朱元璋には二通りの肖像画が伝えられているが，右のものが実体に近いものと考えられている。やがて彼は反乱軍の首領の一人となり，ほかの群雄を倒して1368年に即位し明王朝を開いた。彼は皇帝となってからは君主独裁制を確立したが，その過程で建国の功臣に無実の罪を着せてほぼ皆殺しにしてしまった。

3 明の統治機構

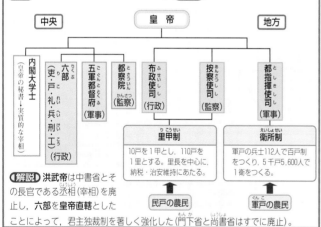

中央：内閣大学士(皇帝の秘書→実質的な宰相)／六部(吏・戸・礼・兵・刑・工)(行政)／五軍都督府(軍事)

皇帝：都察院(監察)

地方：布政使司(行政)／按察使司(監察)／都指揮使司(軍事)

里甲制：10戸を1甲とし，110戸を1里とする。里長を中心に，納税・治安維持にあたる。→民戸の農民

衛所制：軍戸の兵士112人で百戸制をつくり，5千户5,600人で1衛をつくる。→軍戸の農民

解説 洪武帝は中書省とその長官である丞相(宰相)を廃止し，六部を皇帝直轄としたことによって，君主独裁制を著しく強化した(門下省と尚書省はすでに廃止)。

◀1 魚鱗図冊

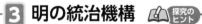

魚の鱗に似ている

洪武帝は民衆の土地所有の実情を把握するために魚鱗図冊を，課税の必要から家族の人数・土地・牛馬の数を記録した賦役黄冊を作成した。

●六諭

父母に孝順であれ。
目上のものを尊敬せよ。
郷村の人々は互いに仲良くせよ。
子弟の教育を重んぜよ。
それぞれの生業におちついて精励せよ。
人倫にもとることをしてはならない。

『世界史資料』東京法令出版

解説 民衆教化のために洪武帝が定めた教訓で，儒教的な価値観を民衆に植え付けることを目的とした。一月に6回，里老人が里の中をめぐり，木鐸を叩きながら唱えた。

4 明の衰退と滅亡

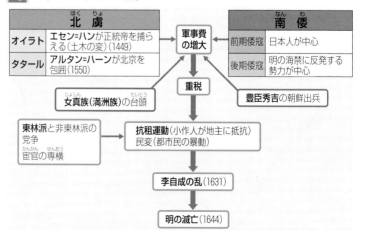

	北虜		南倭
オイラト	エセン＝ハンが正統帝を捕らえる(土木の変)(1449)	前期倭寇	日本人が中心
タタール	アルタン＝ハーンが北京を包囲(1550)	後期倭寇	明の海禁に反発する勢力が中心

→ 軍事費の増大 ← 豊臣秀吉の朝鮮出兵
女真族(満洲族)の台頭
→ 重税
東林派と非東林派の党争 宦官の専横 → 抗租運動(小作人が地主に抵抗) 民変(都市民の暴動)
→ 李自成の乱(1631)
→ 明の滅亡(1644)

★清は，明の支配政策を受け継ぎつつも，
独自の政策を組み合わせた統治を行った。

1 清の歩み

P.110◀以前
以降▶P.224

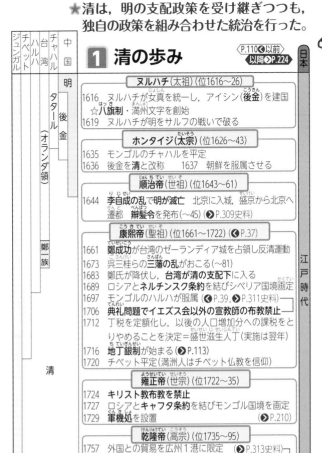

ヌルハチ(太祖)(位1616～26)
- 1616 ヌルハチが女真を統一し，アイシン(後金)を建国
  - ☆八旗制・満洲文字を創始
- 1619 ヌルハチが明をサルフの戦いで破る

ホンタイジ(太宗)(位1626～43)
- 1635 モンゴルのチャハルを平定
- 1636 後金を清と改称　1637 朝鮮を服属させる

順治帝(世祖)(位1643～61)
- 1644 李自成の乱で明が滅亡　北京に入城，盛京から北京へ遷都　辮髪令を発布(～45)(▶P.309史料)

康熙帝(聖祖)(位1661～1722)(◀P.37)
- 1661 鄭成功が台湾のゼーランディア城を占領し反清運動
- 1673 呉三桂らの三藩の乱がおこる(～81)
- 1683 鄭氏が降伏し，台湾が清の支配下に入る
- 1689 ロシアとネルチンスク条約を結びシベリア国境画定
- 1697 モンゴルのハルハが服属(◀P.39,▶P.311史料)
- 1706 典礼問題でイエズス会以外の宣教師の布教禁止
- 1712 丁税を定額化し，以後の人口増加分への課税をとりやめることを決定=盛世滋生人丁(実施は翌年)
- 1716 地丁銀制が始まる(▶P.113)
- 1720 チベット平定(満洲人はチベット仏教を信仰)

雍正帝(世宗)(位1722～35)
- 1724 キリスト教布教を禁止
- 1727 ロシアとキャフタ条約を結びモンゴル国境を画定
- 1729 軍機処を設置 (▶P.210)

乾隆帝(高宗)(位1735～95)
- 1757 外国との貿易を広州1港に限定(▶P.313史料)
- 1758 ジュンガルを平定
- 1759 回部(東トルキスタン)を平定 =新疆と命名
- 1793 英使節マカートニーが自由交易を請うが拒絶する

左側縦列：ジュンガル／チベット／台湾／チャハル／タタール(オランダ領)(鄭族)／中国　明／後金／清
右側縦列：日本　江戸時代

↑1 康熙帝 幼少で即位した康熙帝は，中国文化のみならず西欧文化も積極的に学び，幅広い知識を得た。イエズス会の宣教師によって「理想的な君主」とヨーロッパに紹介されている。(◀P.37)

↑2 雍正帝 君主独裁政治を体現した皇帝で，地方の役人からの膨大な報告にも細かい指示を与えた。その執務は朝4時から夜12時まで続き，在位中はほぼ休暇をとることもなかった。

↑3 乾隆帝 康熙帝・雍正帝の治世を受け継ぎ，清の最盛期をつくり上げた。しかし度重なる外征による財政の破綻と，寵臣の登用は，清王朝の衰退を招く原因となった。

探究
清朝が多数者の漢民族に対し，採用した文化的政策を説明しなさい。
[80字程度]　類題：東京学芸大学

2 清の領域

- 1758 乾隆帝がジュンガルを平定
- 1727 キャフタ条約によるロシアと清の国境
- 1689 ネルチンスク条約によるロシアと清の国境
- 1720 康熙帝がチベット平定
- 1757 乾隆帝が貿易港を広州に限定

地図中の地名：オムスク／ロシア帝国／イルクーツク／スタノヴォイ山脈／キャフタ／ネルチンスク／アイグン／ウリャンハイ／バルハシ湖／ハルハ1697／トルゴート1757／ジュンガル1758／ウルムチ／ハミ／トゥルファン／チャハル1635／盛京／山海関／イリ／カシュガル／ヤルカンド／ホータン／回部1759／新疆／青海(ワラ)1724／北京／大原／天津／平壌／漢城／朝鮮／釜山／シク王国／チベット1720／オルドス／西安／開封／日本(江戸時代)／ムガル帝国／ネパール／デリー／ラサ／成都／重慶／漢口／南京／鎮江／寧波／長崎／江戸／マラーター同盟／ベンガル／カルカッタ／シャンデルナゴル／コンバウン朝(ビルマ)／黎朝(ベトナム)／ハノイ／雲南(宣明)／福州／台湾1689／琉球／広州／マカオ／厦門／マイソール王国／アユタヤ朝(シャム)／フエ(ユエ)／プノンペン／清(1636～1912)

凡例：
- □ 清の最大領土
- □ 清の直轄地
- □ 清の藩部(赤字：藩部の名)
- 国名 清の冊封体制下に入った国
- 赤数字：清の征服年代

3 清の統治機構

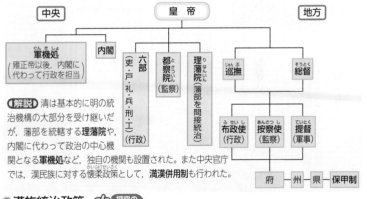

中央 ― 皇帝 ― 地方

中央：
- 軍機処(雍正帝以後，内閣に代わって行政を担当)
- 内閣
- 六部(吏・戸・礼・兵・刑・工)(行政)
- 都察院(監察)
- 理藩院(藩部を間接統治)

地方：
- 巡撫
- 総督
- 布政使(行政)
- 按察使(監察)
- 提督(軍事)
- 府 ― 州 ― 県 ― 保甲制

[解説] 清は基本的に明の統治機構の大部分を受け継いだが，藩部を統轄する**理藩院**や，内閣に代わって政治の中心機関となる**軍機処**など，独自の機関も設置された。また中央官庁では，漢民族に対する懐柔政策として，**満漢併用制**も行われた。

●漢族統治政策

探究のヒント

懐柔政策
- ○**満漢併用制(満漢偶数官制)**
  中央官庁の要職に満洲人と漢人を同人数採用
- ○**科挙の重視**
  科挙を頻繁に行い，儒学の振興に力を入れた
- ○**編纂事業の実施**(▶P.114)
  大規模な編纂事業を繰り返し行い，学者・知識人を優遇

威圧政策
- ○**辮髪の強制**
  満洲族の風習である辮髪を漢人にも強制した
- ○**文字の獄・禁書**
  反満・反清的な文章を摘発し，著者を処罰したり，書物の発行を禁止した

八旗の旗：正黄旗／正白旗／正紅旗／正藍旗／鑲黄旗／鑲白旗／鑲紅旗／鑲藍旗

↑4→5 八旗兵(上)と八旗(右) 清の軍事制度で，旗の色の違いによって区別された。満洲族の八旗以外にも，モンゴル(蒙古)八旗・漢軍八旗も編成され，清の正規軍として活躍した。また地方の治安維持を担当する**緑営**が設置された。

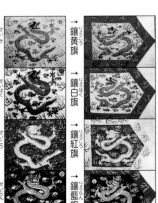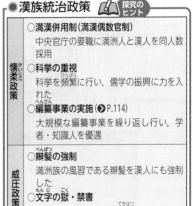
↑6 辮髪 満洲族は，後頭部だけを残して残りを剃り上げ，髪をあむ辮髪といわれる髪型をしていた。中国を支配した後はこの髪型を漢民族にも強制した。初めのうち漢民族はこれに強く抵抗したが，やがて当たり前の風俗として受け入れられるようになった。

東アジア

★明・清とも伝統的な朝貢体制をしいたが、清は広大な藩部を間接的に統治した。

1 明の対外政策（16世紀半ば）

←1 永楽帝（位1402〜24）
（台北故宮博物院蔵）

解説 元が自由な対外交易を行ったのに対して、洪武帝以後明は伝統的な冊封（◀P.33）・朝貢体制をしいた。永楽帝は鄭和の南海諸国遠征を敢行したが（◀P.32）朝貢以外の貿易が禁止されたため密貿易が増加し、それが倭寇に発展した。また貿易量も制限されたため、これに不満をもつオイラトやタタールは、しばしば長城を越えて中国に侵入した。

↑2 万里の長城（◀P.86）　現在見ることのできる長城は、モンゴル高原のオイラト・タタールの襲来を恐れた明が建設したものである。黄海から西域まで延々と続くこの大城壁は、世界遺産に登録されている。総延長は、重複しているところを加えると8,850kmとなる。

血 世界遺産

明軍　倭寇

（中国国家博物館蔵）

←3 倭寇（◀P.31、▶P.307史料）　倭寇は、14世紀に高麗一帯を襲った海賊である前期倭寇と、16世紀に東シナ海一帯の武装した密貿易に従事した後期倭寇に大別される。北虜南倭として明を苦しめたのは後者で、しかも明の海禁に違反する中国人が多数を占めた。
（東京大学史料編纂所蔵）

2 清の対外政策

凡例：直轄地　藩部　国名 朝貢国

解説 清は直接統治する直轄地以外に、理藩院を通じて間接統治を行う藩部と、冊封・朝貢関係をもつ朝貢国（属国）が存在した。清の領土は、現在の中国の領域がほぼ含まれている。清の時代になって新しく中国の領土になったのは、チャハル（内モンゴル）・ハルハ（外モンゴル）・台湾・チベット・新疆だが、このうち、独立してモンゴル人民共和国（現モンゴル国）となったハルハを除き、ほかの地域は中華人民共和国と台湾の領域となっている。

←5 国姓爺合戦
（写真提供松竹株式会社）

↑4 鄭成功（1624〜62）　海賊の鄭芝竜と平戸の田川氏の娘との間に生まれた鄭成功は、明滅亡後に清に対する抵抗運動を行った。その拠点としたのがそれまでオランダ人が支配していた台湾だった。鄭成功は台湾占領後に死去し、その子孫が抗戦を続けたが、1683年に清に降伏。ここで初めて台湾は中国の領土となった。江戸時代の浄瑠璃作者、近松門左衛門は鄭成功を題材とした『国姓爺合戦』を製作したが、日中混血の英雄を描いたこの作品は、浄瑠璃のみならず歌舞伎の演目としても上演されている。

血 世界遺産

→6 ラサのポタラ宮殿　チベットは1720年に清に服属しその藩部となった。ただし、満洲族はチベット仏教（ラマ教）を信仰していたため、チベットの元首であり活仏であるダライ=ラマは、手厚い保護を受けた。ポタラ宮殿はチベットの首都であるラサに建設され、政治・宗教の中心となっていた。1959年にチベット反乱が発生すると、ダライ=ラマ14世はインドに亡命したため、ポタラ宮殿はその主を失った。

↑7 ダライ=ラマ14世

探究 16世紀以降18世紀にかけての中国の税制の変化について
説明しなさい。[110字程度]　　類題：東京学芸大学

★商工業の発達によって，国内にとどまらず多くの産品を世界に輸出した。

1 明・清の経済発展

染め上がった布

布を絞る人々

↓2 開封の山西・陝西・甘粛省出身者の会館

←1 蘇州の繁栄　長江下流域の蘇州は絹織物工業で有名であり，米の集散地としても繁栄した。このような商業都市では同郷・同業者の商人たちが**会館・公所**と呼ばれる施設を建設し，宿泊・会合の場として使用した。(清の宮廷画家，徐揚による「盛世滋生図」，1759年画，全長は約120cm，遼寧省博物館蔵)

● 明・清時代の産業の発達

主要稲作地帯
湖広(湖南・湖北)
熟すれば天下足る

1757
乾隆帝が海禁政策で外
国貿易を広州に限定

山西商人
徽州(新安)商人

| 畑作地帯 | 稲作の多い地帯 |
鉄　塩　絹織物
茶　陶磁器　綿織物

● 銀の流通

↓4 スペインの
8レアル銀貨

↑3 清代の馬蹄銀
(上海歴史博物館蔵)

↑5 永楽通宝 *室町時代の日本でも流通。(日本銀行金融研究所貨幣博物館蔵)

(日本銀行金融研究所貨幣博物館蔵)

解説 明・清の時代では今までどおり銅銭の使用も行われたが，日本銀や**メキシコ銀(墨銀)**が大量に流入すると，税も銀によって納められるようになった。中国では銀を貨幣ではなく馬のひづめの形に整え(馬蹄銀)，計量して取引を行った。(←P.36)

● 税制の変化

一条鞭法(明代後期〜清初)(←P.110)		地丁銀制(清代中期以降)(←P.111)
16世紀初めに江南で実施。万暦帝の時代に全国に広がる	実施時期	18世紀初頭から一部の地方で実施。雍正帝の時代に全国に広がる
煩雑な徴税方法を簡素化し，税負担の不均衡を解消する	目的	盛世滋生人丁*で，人頭税の額が固定化したことを前提に，丁税を地税に繰り込み，税を一本化して徴収する *盛世滋生人丁…康熙帝時代の1712年以降に増えた人丁について人頭税を免除。
土地税と人丁(成年男子)の徭役を一括銀納させる	内容	人頭税を廃止し，その分を土地税に繰り込んで徴収する

探究のヒント

2 中国人口の推移

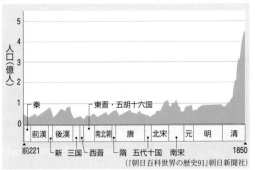

人口(億人)

秦　東晋・五胡十六国

| 前漢 | 後漢 | 南北朝 | 唐 | 北宋 | 元 | 明 | 清 |

前221　新　三国　西晋　隋　五代十国　南宋　1850

(『朝日百科世界の歴史91』朝日新聞社)

解説 18世紀に入ると人口が急増した。これは**地丁銀制**の採用の結果，税逃れの戸籍かくしが消滅したことと，トウモロコシ・サツマイモ栽培の拡大によって食糧事情が好転したためだった。

3 16世紀の銀の流通

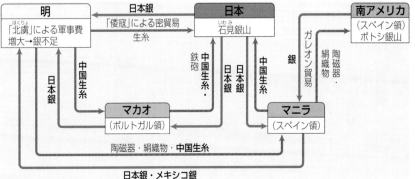

| 明 |　日本銀　| 日本 |　　　| 南アメリカ |
「北虜」による軍事費
増大→銀不足
「倭寇」による密貿易
生糸
石見銀山
(スペイン領)
ポトシ銀山

ガレオン貿易

マカオ
(ポルトガル領)

マニラ
(スペイン領)

陶磁器・絹織物・中国生糸

日本銀・メキシコ銀

解説 「北虜」との戦いでの多額の軍事費により，明は慢性的に銀が不足していた。そのため，メキシコ銀や日本銀の需要が高まり，「倭寇」やスペイン商人，ポルトガル商人によって大量の銀が中国にもたらされた。

ルーツ 「チャイナ」：英語やフランス語では陶磁器のことを，「チャイナ」と現在でも呼んでいる。また漆器は「ジャパン」と呼ばれている。

？探究 王守仁（陽明）の説いた考え方について説明しなさい。
［40字程度］　　　　　　　　　　類題：高崎経済大学

★皇帝の命による大編纂事業が行われるとともに，ヨーロッパとの文化交流もさかんだった。

●ヨーロッパ宣教師の活躍（明・清）

	人名（中国名）	出身地	活動内容
明	マテオ＝リッチ（利瑪竇）	イタリア	『坤輿万国全図』『幾何原本』（共訳）
清	アダム＝シャール（湯若望）	ドイツ	『崇禎暦書』（共著），清の順治帝のもと欽天監長官（初の西洋人官吏）に就任
清	フェルビースト（南懐仁）	ベルギー	康熙帝に仕えアダム＝シャールの職務を継承
清	ブーヴェ（白進）◀P.37	フランス	『皇輿全覧図』（共編）『康熙帝伝』
清	レジス（雷孝思）	フランス	『皇輿全覧図』（共編）
清	カスティリオーネ（郎世寧）▶P.115	イタリア	雍正帝と乾隆帝の宮廷画家として西洋画法紹介・円明園設計

1 ヨーロッパから中国への影響

（解説） イエズス会（▶P.163）の宣教師は中国の言葉や風習を学ぶとともに，積極的に西欧の学問を紹介して中国の学者や政治家たちと交流し，キリスト教の布教を進めていった。その結果彼らは宣教師としてだけでなく，学者としても尊敬を受けた。

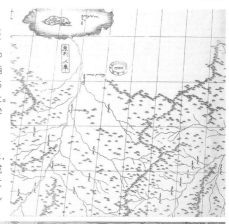

→3『皇輿全覧図』　康熙帝の命でブーヴェ，レジスらの宣教師が10年の歳月をかけて作成した中国初の実測地図で，中国全土を詳細に記載している。写真はアムール川支流のネルチャ川とネルチンスク付近。（財）東洋文庫蔵

←1 マテオ＝リッチ（左，1552～1610）と徐光啓（1562～1633）　イタリア出身のイエズス会宣教師マテオ＝リッチは，1583年に中国に来訪し，1601年にようやくキリスト教布教を許可された。リッチは西洋科学を紹介しながら布教し，徐光啓らを入信させた。

→2『幾何原本』　エウクレイデス（◀P.65）の『幾何学』をマテオ＝リッチと徐光啓が漢訳。

↑4 円明園の西洋風宮殿　皇太子時代の雍正帝が造営し，乾隆帝が改修した清朝の離宮。カスティリオーネがヴェルサイユ宮殿を模した西洋風の宮殿を設計した。のち，1860年の第2次アヘン戦争時に英仏軍に焼き払われ廃墟となった。（▶P.116）

2 明・清の文化

特色	①皇帝権力による大編纂事業が推進された。②経済の発達を背景に口語小説などの庶民文化や実学がさかんになった。③儒教思想は陽明学や考証学などに斬新な思想が登場した。④イエズス会宣教師によって西洋文化（自然科学的知識中心）が伝えられた。

探究のヒント

明

編纂事業	『永楽大典』	永楽帝の命で編纂された類書（百科事典）
	『四書大全』	永楽帝の命で編纂。四書の注釈書で科挙の規準となる
	『五経大全』	永楽帝の命で編纂。五経の注釈書で科挙の規準となる
	『性理大全』	永楽帝の命で編纂。宋・元の性理学説を集成

陽明学	☆朱子学を批判。人間本来の心の動きを重視（心即理），致良知，知行合一	
	王守仁（陽明）	陸九淵の学説を継承し，陽明学を確立
	李贄（卓吾）	陽明学左派。儒教の礼教主義を批判

実学	『本草綱目』 李時珍	薬物に関する総合書
	『農政全書』 徐光啓	西洋の水利技術も含む農書の集大成
	『天工開物』 宋応星	図解入りの産業技術書の集大成
	『崇禎暦書』 徐光啓など	アダム＝シャールの協力で作成された暦書

文学	小説	『西遊記』 呉承恩	玄奘のインド旅行をもとにした空想小説
		『水滸伝』 施耐庵・羅貫中	北宋末に梁山泊に集まった108人の豪傑の物語
		『三国志演義』◀P.90 羅貫中	三国時代の史実をもとにした歴史小説
		『金瓶梅』 作者不明	水滸伝の挿話から創作された風俗小説

四大奇書

	戯曲	『牡丹亭還魂記』 湯顕祖	南宋の書生と娘の恋愛物語

美術	絵画	北宗画（北画）	院体画の流れをくむ。仇英が活躍
		南宗画（南画）	文人画の流れをくみ，董其昌によって確立
	工芸	染付・赤絵などの陶磁器が景徳鎮などで生産される	

清

編纂事業	『康熙字典』	康熙帝の命で編纂。部首・画数順に並べた字書
	『古今図書集成』	雍正帝時代に完成した中国最大の類書
	『四庫全書』	乾隆帝の命で編纂。天下の書籍を集成した叢書
	『五体清文鑑』	乾隆帝の命で編纂。36巻。満洲語・チベット語・モンゴル語・トルコ語・中国語の対照辞典

儒学	考証学	☆儒教経典の実証的研究を行う	
		黄宗羲	経世実用を重視。明末清初の学者。『明夷待訪録』
		顧炎武	実証主義と経世実用を重視。考証学の祖。明末清初の学者。『日知録』
		王夫之	華夷思想を唱える。明末清初の学者
		銭大昕	考証学全領域で活躍。歴代正史の校訂にも大きな業績
		戴震	『四庫全書』の編纂に参加
	公羊学	☆経世致用（現実の社会問題の解決）を唱える	
		康有為 ▶P.226	清末に戊戌の変法を行う。『孔子改制考』
		魏源	清末に最新の世界地誌『海国図志』を著述

文学	小説	『紅楼夢』 曹雪芹	満洲貴族社会への批判をこめた長編恋愛小説
		『儒林外史』 呉敬梓	知識人社会（儒林）の裏面を描いた風刺文学
		『聊斎志異』 蒲松齢	伝奇スタイルの短編集
	戯曲	『長生殿伝奇』 洪昇	「長恨歌」などを題材に玄宗と楊貴妃を描く
		『桃花扇伝奇』 孔尚任	明滅亡期の文人の恋愛を描く

美術	絵画	八大山人・石濤が南宗画の形式主義を批判し，新しい境地を開く　カスティリオーネが西洋絵画の技法を伝える	

↑5『康熙字典』　康熙帝の命令で編纂された漢字の字典で，4万7,035字の漢字について解説されている。（財）東洋文庫蔵

↑6『四庫全書』　乾隆帝の命令で古今の書物を集め，経（古典）・史（歴史）・子（思想）・集（文学）の4種類に分類，整理した。

「乾隆帝大閲鎧甲騎士像」
カスティリオーネ　清の乾隆期画

絹本著色　322.5×232cm　北京故宮博物院蔵

カスティリオーネ（中国名：郎世寧）
（◀P.114）のプロフィール

1688年生〜1766年没。イタリア生まれのイエズス会の宣教師。カトリックの布教が目的で1715年に北京に渡る。画家・建築家として優れた才能を発揮して，清の宮廷に仕えた。西洋の油絵画法や明暗法・遠近法などの写実的な画法を伝えたほか，円明園（◀P.114，▶P.116）の設計も行った。

時代背景とその作品

清朝では3年に一度，八旗兵を総動員した閲兵式・軍事演習が行われた。この行事には招いた藩部・属国の代表に清朝の勢力の偉大さを見せつける目的もあった。この図は即位4年目の1739年，完全武装で閲兵式に向かう29歳の乾隆帝（◀P.111）の姿を描いたものである。カスティリオーネの写実的な表現は，威風堂々と馬を進ませる乾隆帝の自信に満ちあふれた表情をよくとらえている。

●乾隆帝からジョージ3世への書簡

わが中国の物産は極めて豊かであり，もともと外国の物産によって物資の需給を保っているのではない。特に中国に産する茶・陶磁器・生糸は，西洋各国や貴国の必需物資であるので恩恵を与え，マカオに洋行を開いて，必要な物資の供給をさせているのである。いま貴国の使節が，定められた規定額以上のものを要請しているのは，わが国が遠国の人々にも配慮し，世界の各国に恩恵を施していこうとする道に背くものである。（中略）広東で貿易をするのは貴国だけではないのであるから，わずらわしいことを言ったり，実行しにくいことを願っても，それに従うわけにはいかない。

（吉田寅訳『東華続録』巻118・『世界史資料』東京法令出版）

◀解説▶ 清朝は1757年に外国貿易を広州一港に制限し，公行（コホン）と呼ばれる特許商人が貿易を独占した。イギリスは乾隆帝の80歳を祝賀するという名目でマカートニーを清に派遣したが，貿易の自由化や外交使節の交換を求めることが本当の目的だった。マカートニーは1793年に乾隆帝に謁見することはできたが，貿易拡大の交渉は一切行われなかった。このとき，乾隆帝からイギリス国王ジョージ3世に与えた書簡が上の史料である。イギリスの要求は全面拒否され，貿易はイギリスに対する恩恵として行われていることが記されている。

資料を読み解く

(1)上の史料について，イギリスが清に対し，貿易の自由化を求めた理由を考えてみよう。
(2)乾隆帝はイギリスとの貿易をどのようなものと捉えているだろうか？

📻 作品を読み解く

鎧 黄色の地に，竜など瑞祥を示す多くの文様が施されている。黄色は皇帝を象徴する色で，庶民が黄色の衣服を着ることは，厳しく制限されていた。

西洋画法の影響 絵の具の濃淡を使って，馬の立体感を表している。ここに西洋画法の影響を見ることができる。

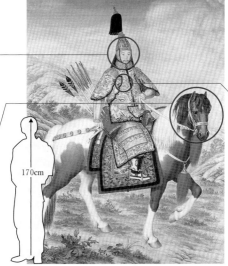

170cm

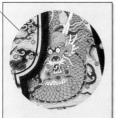

竜のデザイン 中国の空想上の動物である竜は，皇帝のシンボルとして扱われた。

↑1 雍正帝肖像画 皇帝が重要な儀式に着用した朝服には，黄色の布地の上に竜のデザインが施されている。（北京故宮博物院蔵）

⚲ガイド

北京●
中華人民共和国

中国の首都。人口約2,171万
人。3000年の悠久の都と称さ
れ，紫禁城（現在の故宮博物
院）を中心に多くの歴史的遺
産が残されている。

1 悠久の都「北京」

●北京を都にした王朝

王朝名	概略
燕	戦国の七雄の燕が薊城を築き，以後中国北方の要害の地となる
キタイ	後晋の建国を援助した代償として燕雲十六州を得る（936）。南京幽都府を築く（938）
金	中都大興府（中都）を築き首都とする（1153）
モンゴル帝国	チンギス＝カンが中都を占領し，華北の統治機構をおく（1215）
元	クビライは中都近くに大都（◀P.107）を建設し首都とする（1264）
明	永楽帝が金陵（南京）より都を移し，北京順天府とする（1421）。壮大な城郭・宮殿が造営され，現在の紫禁城が形づくられる
清	順治帝が瀋陽から北京に都を移す（1644）
中華民国	蔣介石が南京に首都を移し，北京が北平と改称される（1928）
中華人民共和国	毛沢東が北京を首都に定める（1949）

◀解説 周代燕の都として薊城の名で史上に現れ，以来現在に
至るまで多くの王朝がこの地に都を造営してきた。**農耕民と遊
牧民**の攻防の歴史を繰り返した中国では，この地は農耕民の
「守りの要」であり，同時に遊牧民統治の「出先機関」でもあった。

●首都の位置

◀解説 中国歴代
王朝が都をおいた
おもな場所は六つ。
幾度も都市名の変
更を繰り返しなが
ら，基本的には河
川のそばの要害の
地に都が造営され
た。

血世界遺産

石舫

昆明湖

↑1頤和園 北京の北西約10kmにある清代の離宮。1860
年の**第2次アヘン戦争**（▶P.225）で英仏軍により破壊され，
88年**西太后**が再建して万寿山清漪園から頤和園へと改称し
た。中心の昆明湖を囲むように宮殿や神殿などが立ち並び，
湖には大理石の石舫（石の舟）が浮かんでいる。

血世界遺産

**↑2・3太和殿と
雲竜階石** 太和殿
は皇帝の公式行事
（皇帝の即位や元旦など
の祝日の式典など）を行
う中心施設。宮殿に
向かう中央の道は両
脇に階段を配置した
スロープ（雲竜階石）
となっている。皇帝
は輿に担がれこの竜
の刻まれた道を進ん
だ。

←4円明園 円明
園は**乾隆帝**の命を受けた**カスティリオーネ**（◀P.115）が設
計した西洋庭園で有名。**バロック様式**の西洋建築は噴水，
透視画法を利用したトリック施設，迷路などで構成され
ていた。1860年の第2次アヘン戦争，1900年の**義和団戦争**
（▶P.226）で侵略・破壊された。現在もこの状態で保存され，
外国侵略のすさまじさを後世に残す役割を果たしている。

2 皇帝たちの北京

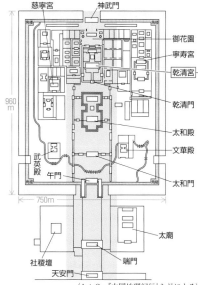

慈寧宮　神武門　御花園　寧寿宮　乾清宮　乾清門　太和殿　文華殿　太和門　武英殿　午門　太廟　社稷壇　端門　天安門

960m　750m

（AsiaGeo『中国地理紀行』などによる）

❶紫禁城の中心プラン　紫禁城の中心プランは南北を貫く直線にある。皇城の玄関に当たる天安門から，正門の午門，正殿に当たる太和殿と続く。ここまでが皇帝の公的な場である。以後続く乾清宮などは皇帝の私的な場である内廷にあたり，乾清宮では皇帝の日常の執務が執り行われた。

➡7「三跪九叩頭」の礼（映画「ラスト・エンペラー」の一場面）

3 生まれ変わる北京

天安門　天安門広場

↑8整備された天安門広場

↓9近代化の進む北京の街

🏛世界遺産

↑6乾清宮にある玉座　皇帝の日常の執務が執り行われた乾清宮の玉座の上には「正大光明」と記された扁額がかけられている。満洲族には後継者を指名する習慣がなかったため，皇位継承をめぐる抗争の末即位した雍正帝は，皇子たちに武道学芸を競わせ，皇太子にふさわしい人物の名を書き残し，箱に密封してこの扁額の裏においた。皇帝の死後，この封書は開封され新しい皇帝が決定されたのである。この「太子密建の法」が確立して以来，清朝では愚かな皇帝の即位を避けられるようになったという。

●中国の世界観

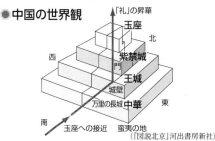

「礼」の昇華　玉座　北　紫禁城　王城　城壁　中華　東　万里の長城　南　玉座への接近　蛮夷の地　西

（『図説北京』河出書房新社）

↑礼の原理　中華思想の世界観では，皇帝は文字どおり「世界の中心」であった。蛮夷，中華，王城，紫禁城そして玉座と序列化された世界で，礼は玉座（皇帝）に至って最高度に高まった。そのため，皇帝に対しては最高の礼である「三跪九叩頭」が求められ，のちにイギリスとの外交問題に発展することになった。（◀P.39）

●二つの故宮

❶解説　現在，北京と台湾にはそれぞれ同じ名前の「故宮博物院」が存在する。この二つの「故宮」は，中国の近現代史の負の遺産であるといえる。日中戦争（▶P.262）の難を逃れ南京，重慶と疎開された紫禁城の秘宝1万3,000箱のうち，4,000箱あまりは国共内戦のさなか台湾に運ばれ，台湾の「故宮」コレクションの中核となった。

🏛世界遺産

↓10北京の故宮博物院

↓11台湾の故宮博物院

↓12王珣筆「伯遠帖」

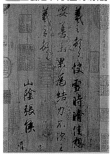

↓13王羲之筆「快雪時晴帖」

●北京の都市プラン

万里の長城　明の十三陵へ　地壇公園　安定門　徳勝門　北京北駅　醇親王府（現，宋慶齢居住）　雍和宮　西直門　鐘楼　鼓楼　東直門　白塔寺　北堂　北海公園　景山公園　朝陽門　阜成門　白塔寺　至頤和園・円明園　北堂　東堂　日壇公園　月壇公園　紫禁城（故宮博物院）　東堂　復興門　天安門　東単市場　北京市百貨大楼　北京飯店　西長安街　天安門広場　東長安街　宣武門　南堂　前門　北京駅　紫禁城（故宮博物院）　天安門　天橋　祈年殿　天安門広場　革命博物館　歴史博物館　民英雄紀念碑　毛沢東紀念堂　天壇公園　正陽門（前門）　永定門　至盧溝橋

（『図説北京』河出書房新社）

🏛世界遺産

❶5礼制の北京　北京の都市プランには厳密な「礼制」の原則が貫かれている。紫禁城を中心に南に天壇，北に地壇，東に日壇，西に月壇が配され，皇帝は「郊祀」（都の郊外で天または地をまつる祭祀）を行った。写真の天壇（祈年殿）はその中心施設である。

1 朝鮮半島の歩み

日本との関連事項

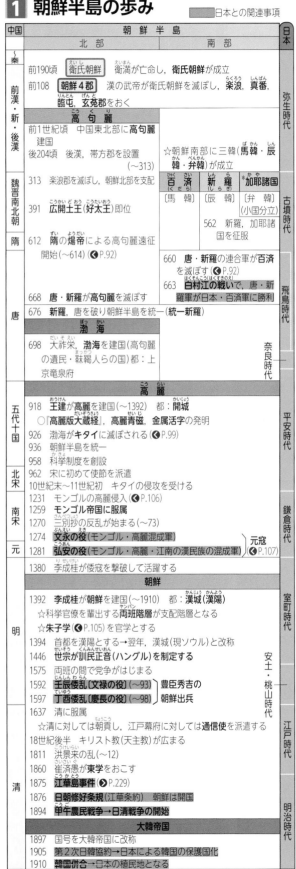

中国	朝鮮半島		日本
	北部	南部	
〜秦			
前漢・新・後漢	前190頃 衛氏朝鮮 衛満が亡命し，**衛氏朝鮮**が成立		弥生時代
	前108 朝鮮4郡 漢の武帝が衛氏朝鮮を滅ぼし，**楽浪**，**真番**，**臨屯**，**玄菟郡**をおく		
	高句麗		
	前1世紀頃 中国東北部に**高句麗**建国	☆朝鮮南部に三韓(**馬韓・辰韓・弁韓**)が成立	
	後204頃 後漢，帯方郡を設置 (〜313)		
魏晋南北朝	313 楽浪郡を滅ぼし，朝鮮北部を支配	**百済** **新羅** *加耶諸国 〔馬韓〕 〔辰韓〕 〔弁韓〕 (小国分立)**	古墳時代
	391 **広開土王(好太王)**即位	562 新羅，加耶諸国を征服	
隋	612 隋の煬帝による高句麗遠征開始(〜614) (P.92)	660 唐・新羅の連合軍が**百済**を滅ぼす (P.92)	飛鳥時代
唐	668 **唐・新羅**が**高句麗**を滅ぼす	663 **白村江の戦い**で，唐・新羅軍が日本・百済軍に勝利	
	676 **新羅**，唐を破り朝鮮半島を統一(**統一新羅**)		
	渤海		奈良時代
	698 大祚栄，**渤海**を建国(高句麗の遺民・靺鞨人らの国)都：上京竜泉府		
五代十国	**高麗**		平安時代
	918 **王建**が**高麗**を建国(〜1392) 都：**開城**		
	○『**高麗版大蔵経**』，高麗青磁，金属活字の発明		
	926 渤海が**キタイ**に滅ぼされる (P.99)		
	936 朝鮮半島を統一		
	958 科挙制度を創設		
北宋	962 宋に初めて使節を派遣		
	10世紀末〜11世紀初 キタイの侵攻を受ける		
	1231 モンゴルの高麗侵入 (P.106)		
南宋	1259 モンゴル帝国に服属		鎌倉時代
	1270 三別抄の反乱が始まる(〜73)		
	1274 **文永の役**(モンゴル・高麗混成軍)		元寇
元	1281 **弘安の役**(モンゴル・高麗・江南の漢民族の混成軍) (P.107)		
	1380 李成桂が倭寇を撃破して活躍する		
	朝鮮		室町時代
	1392 **李成桂**が**朝鮮**を建国(〜1910) 都：**漢城(漢陽)**		
	☆科挙官僚を輩出する**両班階層**が支配階層となる		
明	☆**朱子学**(P.105)を官学とする		
	1394 首都を漢陽とする→翌年，漢城(現ソウル)と改称		
	1446 **世宗が訓民正音(ハングル)**を制定する		安土・桃山時代
	1575 両班の間で党争がはじまる		
	1592 **壬辰倭乱(文禄の役)**(〜93) 豊臣秀吉の		
	1597 **丁酉倭乱(慶長の役)**(〜98) 朝鮮出兵		
	1637 清に服属		江戸時代
	☆清に対しては朝貢し，江戸幕府に対しては**通信使**を派遣する		
	18世紀後半 キリスト教(天主教)が広まる		
	1811 **洪景来の乱**(〜12)		
清	1860 崔済愚が**東学**をおこす		
	1875 **江華島事件**(P.229)		
	1876 **日朝修好条規(江華条約)** 朝鮮は開国		明治時代
	1894 **甲午農民戦争**→日清戦争の開始		
	大韓帝国		
	1897 国号を大韓帝国に改称		
	1905 第2次日韓協約→日本による韓国の保護国化		
	1910 **韓国併合**→日本の植民地となる		

*加耶は加羅と記述されることもある。

2 前1世紀〜後2世紀の朝鮮半島

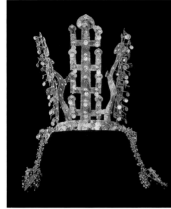

←1金冠 朝鮮半島南部からは三韓時代のものとみられる金冠がいくつも出土している。これは各地方の王の即位式や葬儀の時に用いられたものと考えられている。(写真は新羅の金冠)

3 6世紀の朝鮮半島

↓2広開土王(好太王)碑 広開土王(好太王)が百済・倭の連合軍を破り，高句麗の勢力が拡大したことをたたえた碑。1883年に偶然発見された。(高さ6.2m)

→4新羅の金銅弥勒菩薩半跏思惟像 6世紀前半に仏教が伝来した後，日本の仏教美術は朝鮮半島の強い影響を受けた。法隆寺の百済観音や広隆寺の弥勒菩薩像はその優美な姿から飛鳥文化の代表的な彫刻とされているが，新羅の仏像と姿勢・表情など数々の共通点をみることができる。

3 広開土王碑の碑文

由来朝貢而倭以未 百殘新羅舊是屬民

🏛 世界遺産

(高さ83.2cm)

↑5広隆寺の弥勒菩薩半跏像
(国宝，高さ123.3cm)

4 新羅・高麗・朝鮮の比較

王朝名	新羅	高麗	朝鮮
首都	慶州	開城	漢城(漢陽)
建国者		王建	李成桂
制度	骨品制	両班制 科挙 田柴科制	両班制 科挙 科田法
国教	仏教	仏教	朱子学
文化	仏国寺(慶州)	『高麗版大蔵経』 高麗青磁 金属活字	訓民正音(ハングル) 金属(銅・鉄・鉛)活字印刷

5 8世紀後半の朝鮮半島（新羅）

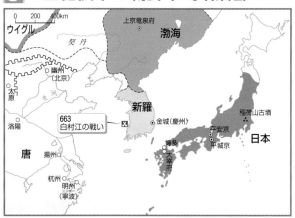

⌂世界遺産

釈迦塔
多宝塔

←6仏国寺　751年，新羅の首都慶州に建立された。しかし，儒教を国教とする朝鮮王朝の時に仏教は弾圧され，仏国寺の伽藍の多くは破壊された。さらに豊臣秀吉の侵攻によって残された建物もすべて焼失した。写真の釈迦塔・多宝塔はわずかに残った創建当時のもの。

6 13世紀後半の朝鮮半島（高麗）

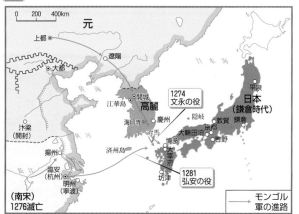

→7 ←8『高麗版大蔵経』　13世紀前半，侵略してくるモンゴル軍の撃退を祈願して大蔵経版木の製作が行われた。16年かけて約8万枚の版木が完成し，現在は海印寺に納められている。

⌂世界遺産

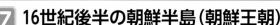

←9高麗青磁『青磁象嵌雲鶴文梅瓶』　宋から伝わった青磁の技術は高麗で独自の発展をとげた。深みのある緑色の陶磁器に，象嵌の技法を加えた高麗青磁は，陶磁器の本場である宋でも珍重された。

（高さ39cm，ソウルの国立中央博物館蔵）

東アジア

7 16世紀後半の朝鮮半島（朝鮮王朝）

豊臣秀吉の朝鮮出兵
―― 壬辰倭乱（1592〜93）
―― 丁酉倭乱（1597〜98）

●日本と朝鮮王朝の関係

（佐賀県立名護屋城博物館蔵）

←12豊臣秀吉

○解説　天下統一後，豊臣秀吉は朝鮮・明の征服をはかり，朝鮮出兵を開始した。当初，優勢だった日本軍は，民衆の抵抗，明の救援，李舜臣に率いられ，大砲を装備した亀甲船を駆使する朝鮮水軍の活躍などで次第に劣勢になり，秀吉の死去により撤退した。朝鮮出兵で断絶した日朝関係は，江戸幕府の成立によって回復した。将軍の代替わりなどの慶賀を目的とする朝鮮通信使の派遣も行われ，計12回に及んだ。また通信使には優れた儒学者が加わることが多く，日本の文人は彼らに教えを請うた。

←13・14李舜臣像と亀甲船（復元）　日本との海戦で戦死した李舜臣は，現在も護国の英雄として尊敬されている。また，韓国各地に建てられた彼の銅像は，すべて日本を向いているといわれる。

←10世宗の像　朝鮮王朝第4代の世宗は名君とされ，「世宗大王」と呼ばれている。彼は民衆にも使用できる文字が必要と考え，訓民正音（ハングル）（◀P.99）を制定した。現在朝鮮半島では漢字はほとんど使用されず，ハングルで文章を書くことが一般的になっている。

←11世宗が刊行させた訓民正音（ハングル）の解説書

←15朝鮮通信使　朝鮮通信使をまねた仮装行列を描いたもの。（神戸市立博物館蔵）

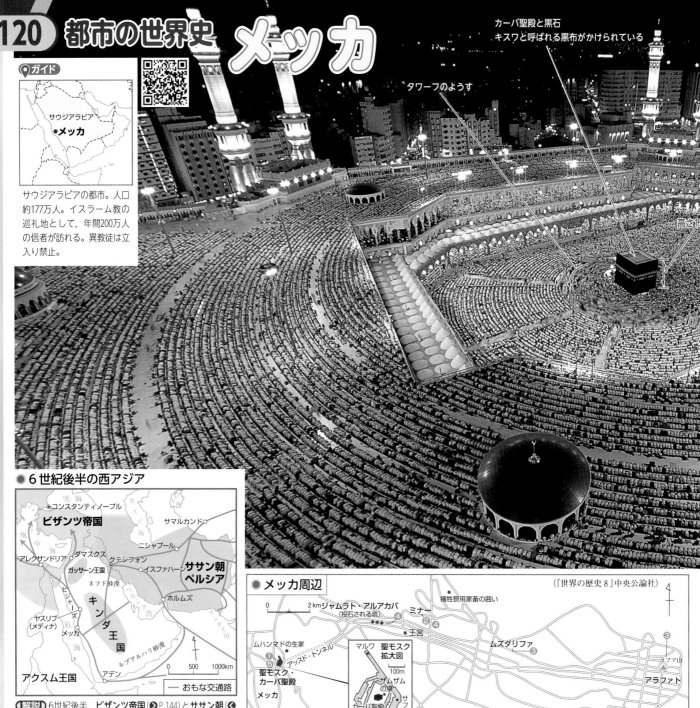

カーバ聖殿と黒石
キスワと呼ばれる黒布がかけられている

タワーフのようす

高さ15m

◎ガイド

サウジアラビア

●メッカ

サウジアラビアの都市。人口約177万人。イスラーム教の巡礼地として，年間200万人の信者が訪れる。異教徒は立入り禁止。

●6世紀後半の西アジア

黒海・コンスタンティノープル・カスピ海・サマルカンド
ビザンツ帝国
地中海・アレクサンドリア・ダマスクス・ニシャプール・クテシフォン・イスファハーン **ササン朝ペルシア**
ガッサーン王国・ネフド砂漠・ホルムズ
ヤスリブ（メディナ）・紅海・メッカ **キンダ王国**・ルブアルハリ砂漠・インダス川
アクスム王国・アデン

500　1000km
── おもな交通路

◀解説▶ 6世紀後半，ビザンツ帝国（**⊙**P.144）とササン朝（**◀**P.73）の抗争が激化すると，紅海やヒジャーズ地方を経由する交通路が活発化し，中継都市メッカが繁栄した。

●メッカ周辺

（『世界の歴史 8』中央公論社）

2km　ジャムラト・アルアカバ（投石される塔）　犠牲祭用家畜の囲い
ミナー　王宮
ムハンマドの生家　ムズダリファ
聖モスク・カーバ聖殿　アッズ・トンネル
メッカ　マルワ 聖モスク拡大図 100m　ザムザムの泉　サファー　カーバ聖殿と黒石　ラフマ山　アラファト

*地図中の●付数字は下の表に対応する

Key Person ムハンマド (570頃～632)

ムハンマドは，メッカの**クライシュ族**ハーシム家の商人であったが，610年頃，神アッラーの啓示を受け，イスラーム教を創始した。この時妻ハディージャやのちの正統カリフとなる人たちが改宗したが，他のクライシュ族の迫害を受け，622年には信徒とともにヤスリブ（メディナと改名）へ移住し，教団国家（ウンマ）の建設をめざした。（絵はトプカプ宮殿博物館蔵）

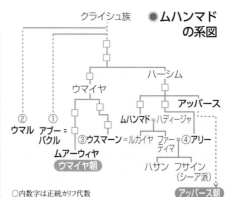

啓示を受けるムハンマド
大天使ガブリエル

●ムハンマドの系図

クライシュ族

ハーシム
ウマイヤ
②　①　アッバース
ウマル　アブー＝バクル　ムハンマド＝ハディージャ
③ウスマーン＝ルカイヤ　ファーティマ　④アリー
ムアーウィヤ
ウマイヤ朝
ハサン　フサイン（シーア派）
アッバース朝

○内数字は正統カリフ代数

●メッカ大巡礼（ハッジ）の順序 *12月はイスラーム暦で巡礼月

順序	月日	儀式名	内　容
①	*12月7日	タワーフ	カーバ聖殿の周りを時計の針と反対に7回まわる
		サーイ	サファーとマルワの二つの丘を駆け足で7回往復する
②	12月8日	ミナー泊	
③	12月9日	ウクーフ	ラフマ山で昼から日没まで祈りを唱え，ムズダリファ泊
④	12月10日	石投げの儀式	ミナーでジャムラトといわれる塔に石を投げる
		犠牲祭	羊を犠牲に捧げる
⑤		巡礼の儀式後，10日～3週間メッカに留まる	

（『マホメット』『知の再発見』双書05　創元社より作成）

↑2 カーバ聖殿の一角にある黒石 大巡礼のクライマックス,タワーフの最後に行うことはカーバ聖殿のこの黒石に接吻することである。現在は摩耗を防止するために金属の覆いがかけられている。

●モスク(礼拝所)の内部

- ミナレット 礼拝の時を告げる
- 礼拝室 セリム＝モスクの内部は,ドーム及び周壁の窓の採光によって極めて明るい。
- スルタン(支配者)の特別席
- ドーム
- ミフラーブ(壁のくぼみ) キブラ(メッカの方向)を指し示す
- 清めのための水場
- ムアッズィン(礼拝を呼びかける係)の壇

(イラストは©Dorling Kindersley Ltd.)

(トプカプ宮殿博物館蔵)

→3『コーラン』 イスラーム教の聖典だが,内容は宗教教義にとどまらず,作法,婚姻,相続,売買,刑罰などムスリムの生活全般に及んでいる。

●礼拝の仕方

基本動作

① ② ③ ④ ⑤ ⑥ ⑦ ⑧ ⑨ ⑩ ⑪ ⑫

●イスラーム教と他宗教の関係

コーランに記された預言者
アーダム (アダム)
↓
ヌーフ (ノア)
↓
イブラヒーム (アブラハム)
↓
ムーサー (モーセ)(◀P.51)
↓
イーサー (イエス)(◀P.69)
↓
ムハンマド

●預言者と宗教

宗教共同体	ユダヤ教	キリスト教	イスラーム教ウンマ
預言者	モーセ	イエス	ムハンマド
言語	ヘブライ語アラム語	ギリシア語	アラビア語
啓典	『旧約聖書』	『新約聖書』	『コーラン』

◀解説▶ コーランによれば,神アッラーより言葉を託された預言者は25人いる。アダム以下左の図中の6人は特に重要であり,なかでもムハンマドは「最後かつもっとも優れた預言者」であるとされる。また,イスラーム教ではモーセもイエスも預言者としてその存在を認めているが,神の啓示を正しく伝えていないため,二つの聖書には誤りがあるとされている。

●イスラーム教の教義

教義	内容	説明	成立期
六信(信仰)	①アッラー	唯一神・万物の創造者	10世紀後半
	②天使	神と人間の中間的存在	
	③啓典	神の啓示の記録『コーラン(クルアーン)』・『旧約聖書』の「モーセ五書・詩篇」・『新約聖書』の「福音書」	
	④預言者	ムハンマドが最後かつもっとも優れた預言者	
	⑤来世	審判ののち天国と地獄にわかれる	
	⑥予定	神がすべてを予定	
五行(行為)	①信仰告白	「アッラーのほかに神はなく,ムハンマドはアッラーの使徒である」と礼拝のたびごとに唱える	8世紀初め
	②礼拝	1日5回と自発的な礼拝。金曜日正午には集団礼拝	
	③喜捨	ザカートという。事実上の財産税で,使途は困窮者の救済	
	④断食	ラマダーン月(＝イスラーム暦9月)は,日の出から日没まで飲食禁止	
	⑤巡礼	メッカ巡礼	
＊禁忌	①飲酒	人間の体に有害で,精神や道徳心を低下させるとして禁止されている	10世紀
	②豚肉	豚は不浄視されている。また異教徒が殺した動物を食べることは禁止されている	
	③利子	財産はすべてアッラーの所有物。人間の生計のため以外に蓄財したり,消費してはいけない。当然利子もコーランの中で禁止されている	
	④左手	左手は不浄の手であり,ものの受け渡しに使ってはならない	

＊イスラーム法(シャリーア)で禁止されている行為。

イスラーム世界Ⅰ

★「アラブ帝国」のウマイヤ朝に代わって「イスラーム帝国」のアッバース朝が成立した。

凡例
- ▨ ムハンマド時代の征服地
- ▨ 正統カリフ時代の征服地
- ← 正統カリフ時代の進出方向
- ▨ ウマイヤ朝時代の征服地
- ← ウマイヤ朝時代の進出方向
- ▨ アッバース朝時代に一時領有した島

1 イスラーム帝国の発展

地図中の注記：
- 732 トゥール・ポワティエ間の戦い
- フランク王国
- 751 タラス河畔の戦い
- 唐
- 711 西ゴート王国滅亡
- ビザンツ帝国
- ウマイヤ朝
- 642 ニハーヴァンドの戦い
- 630 ムハンマド，メッカ占領
- 622 ヒジュラ(聖遷)

2 イスラーム世界の展開

イスラーム以前	6世紀後半 ビザンツ帝国とササン朝の抗争が激化し，紅海経由の交易が活発化した結果，メッカが興隆する ○アラビアには伝統的な多神教のほか，ユダヤ教・キリスト教などの一神教も広まっていた
イスラーム誕生	570頃 **ムハンマド**生まれる 610頃 ムハンマドに神の啓示が下る 622 ムハンマドがメッカでの迫害を逃れ，ヤスリブ(**メディナ**と改名)に移住＝**ヒジュラ(聖遷)**…信仰共同体(**ウンマ**)の発足(**イスラーム暦元年**) 630 ムハンマドがメッカを奪回し，**カーバ聖殿(神殿)**(▶P.121)の偶像を破壊
正統カリフ時代	632 ムハンマドが病没，**アブー＝バクル**が**カリフ**の地位につく ─正統カリフ─ ①アブー＝バクル(～634) ②ウマル(～644) ③ウスマーン(～656) ④アリー(～661) 教団国家の発展 ・アラビア半島平定 ・シリア，エジプトへ進出 642 **ニハーヴァンドの戦い**でササン朝破る(651 滅亡) 650頃 『**コーラン**』が編纂される
ウマイヤ朝	661 アリー暗殺後，ムアーウィヤがカリフになり，**ウマイヤ朝**創始 ☆都：**ダマスクス**，**スンナ派(スンニー)**と**シーア派**の分裂，カリフ位世襲 711 イベリア半島に進出し，西ゴート王国を滅ぼす 732 **トゥール・ポワティエ間の戦い**(▶P.138)でフランク軍に敗退する
アッバース朝(◀P.23)	750 アブー＝アルアッバースがウマイヤ朝を打倒し，**アッバース朝**を建国 ☆ムスリムの平等を実現，都：**バグダード**(マンスールが造営)(▶P.123) 751 **タラス河畔の戦い**で高仙芝率いる唐軍を破る(**製紙法西伝**) 756 イベリア半島に**後ウマイヤ朝**が成立(～1031) 765 シーア派が後継者問題の対立により分裂 786 **ハールーン＝アッラシード**が即位，アッバース朝全盛期(～809) ☆9世紀以降，アッバース朝はマムルーク奴隷兵士を重用
イスラーム諸王朝分立〔アラブ系／ベルベル系／イラン系／トルコ系〕	875 中央アジアにイラン系スンナ派の**サーマーン朝**がおこる 909 北アフリカにシーア派の**ファーティマ朝**が成立，カリフを称す 929 後ウマイヤ朝のアブド＝アッラフマーン3世がカリフを称し，3カリフの分立時代となる 946 **ブワイフ朝**がバグダードに入城する 1055 **セルジューク朝**の**トゥグリル＝ベク**がバグダードに入城 ☆アッバース朝カリフより**スルタン**の称号を授与 1077 小アジアでルーム＝セルジューク朝が自立する 1096 **第1回十字軍**が出発する(～99) 1169 **サラーフ＝アッディーン**(サラディン)がスンナ派の**アイユーブ朝**を建国 ☆ファーティマ朝を倒し(1171)，エジプトを支配(都：カイロ) 1187 サラーフ＝アッディーンがイェルサレムを奪回 →第3回十字軍(1189～92)…聖地回復ならず 1250 アイユーブ朝のマムルークが自立し，**マムルーク朝**成立 1258 モンゴル帝国の**フレグ**がアッバース朝を滅ぼす(◀P.106，▶P.123)

3 ウマイヤ朝とアッバース朝 📖探究のヒント

特徴	**ウマイヤ朝(661～750)**		**アッバース朝(750～1258)**	
	アラブ帝国(アラブ人の異民族支配)		**イスラーム帝国**(ムスリムの平等)	
	対象	内容	対象	内容
税制	アラブ人ムスリム	ジズヤ・ハラージュとも免除	アラブ人ムスリム	ジズヤ免除，ハラージュのみ納入
	マワーリー(改宗者，非アラブ人ムスリム)	ジズヤ(人頭税)・ハラージュ(土地税)とも納入	マワーリー(改宗者，非アラブ人ムスリム)	
	ズィンミー(異教徒)		ズィンミー(異教徒)	ジズヤ・ハラージュとも納入
統治体制	・カリフの世襲化 ・アラビア語の公用語化，アラブ貨幣への切り替え		・カリフは「神の代理」 ・宰相の創設，官僚機構の整備	

世界史の 交差点

シーア派

　第4代カリフのアリーが暗殺され，シリア総督のムアーウィヤがカリフとなったことに対して，「アリーの子孫にのみイスラーム共同体を指導する資格がある」と主張して結成された。ウマイヤ朝スンナ派政権と鋭く対立し，アッバース朝とも敵対した。その後，十二イマーム派(イマームとはイスラーム共同体の指導者のことで，アリーと直系の子孫計12名をそう定義する一派)などに分裂・分派したが，現在でもイスラーム教徒の約1割を占め，イランでは国教となっているほか，イラクでも国民の過半数を数える。

↑1 **アーシューラーの苦行** アリーの子フサインが殉教した日に行われる。フサインの痛みを知るために体を傷つける信者たち(パキスタン)。

ルーツ 「スンナ(Sunna)」：「社会のならわし」という意味だが，具体的には伝承(ハディース)によって伝えられたムハンマドの言行を指す。

金門宮殿

壁と壁の間は政府の役人・衛兵の居住区

城壁は崩れやすい
旧干しレンガ製

一般市民は円城の外に居住

運河

西アジア

◀ガイド

イラン
イラク
バグダード
サウジアラビア

イラクの首都。人口約664万人。ユーフラテス川とティグリス川を結ぶ運河網のほぼ中央に位置し，アッバース朝の都として繁栄を極めた。

1 世界と結びつくバグダード (◀P.122)

●円城都市

城壁
大橋
東バグダード
ハルビヤ
監獄
練兵場
ムハリム
シリア門
ホラーサーン門
下橋
金門宮殿
シナ橋
クーファ橋
バスラ門
アリー廟
サラ...
ギリシア橋
広場
ムサイブの
古橋
シャルキーヤ
ウッターハのシャルキーヤの
モスク
ギリシア婦人橋
アッス丘
カルフ
0 2km

解説 最盛期には人口200万人を数えたバグダードは，直径1,848mの円城都市であった。幅20mの濠には四つの橋がかけられ，城は三重の城壁で守られていた。円城の内部には，王や役人の住居，宮殿，官公庁がつくられ，市街は円の外側に広がっていた。

イスラーム繁栄の背景

商業を重視した教義 キリスト教義にみられるような商業を軽視する教義はなく，むしろ大切にした。ムハンマド(◀P.120)自身が商人であったためである。『コーラン』(◀P.121)のなかに「桝と秤は公正に扱え」とあり，不正行為は神の名の裁きを意味した。

一大商業圏の形成 正統カリフ時代(◀P.122)から始まる大遠征の結果，アラビア語とイスラーム教を共通項にする一大文化圏がつくられた。東は中央アジアから西はイベリア半島までのこの文化圏では，イスラーム法が適用され，商人たちの活動を支えた。

共通貨幣の流通 征服地からの税によって支えられたイスラーム社会では，貨幣が重要な役割を果たした。旧ビザンツ帝国から引き継いだディナール金貨と旧ササン朝から引き継いだディルハム銀貨がイスラーム社会の「血液」になった。

●バグダードと四つの門

(『文明ネットワークの世界史』原書房などによる)

至 長安
ホラーサーン(銀の主産地)(絹の道)
シリア門
ホラーサーン門
ダマスクス
バグダード
クーファ門
バスラ門
至 コルドバ
(イベリア半島)
バスラ
至 広州
(海の道)
メッカ(聖地)

解説 四つの門は，世界の交易路と結びついてバグダードを中心とした一大ネットワークを形成していた。それぞれの門は，「海の道」「絹の道」(◀P.98)「サハラ交易ルート」「メッカルート」とつながり，その要所には**市場(スーク，バザール)**が設けられ，イスラームの繁栄を物語った。

●現存するホラーサーン門

↑**2** バーブ・アルワスターニ(12世紀) 文化遺産の破壊が進んだイラクで現存する唯一の城壁門で，円城都市建設当時のホラーサーン門にあたる。

←**1** 市場(スーク，バザール)のようす (イスタンブル)

(パリ国立図書館蔵)

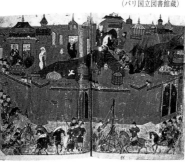

→**3 フレグに包囲されるバグダード(1258)** フレグ(1218〜65)はチンギス＝カンの孫，モンケ，クビライの弟にあたる。兄モンケの即位により，西アジア遠征を行う。イラン方面の総督として各地を征服。1258年にはアッバース朝の都バグダードを包囲。翌年同王朝を討滅した。略奪・虐殺ののち，市内を焼きつくした。(◀P.106・122)

★イスラーム世界はいくつもの王朝に分裂しながら，拡大・発展を続けた。

1 イスラーム世界の展開

A 10世紀

0 1000 2000km

後ウマイヤ朝
（西カリフ国）
◎コルドバ

カラハン朝

サーマーン朝

バグダード
バグダード入城
ブワイフ朝

カイロ

ファーティマ朝
（中カリフ国）

アッバース朝
（東カリフ国）

赤字：シーア派

- 世紀の特徴
① シーア派が台頭する
② 3人のカリフが並立する

■アラブ系　■イラン系　■トルコ系　■ベルベル系

B 11世紀

0 1000 2000km

第1回十字軍の行路

カラハン朝

ムラービト朝
マラケシュ

イェルサレム
カイロ

アラムート

セルジューク朝 ガズナ朝

ファーティマ朝

- 世紀の特徴
① スンナ派が勢力を取り戻す
② トルコ人が西進する

赤字：シーア派

■アラブ系　■トルコ系　■ベルベル系

C 12世紀

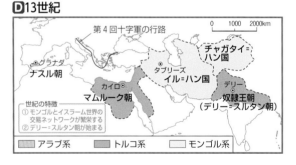

0 1000 2000km

第3回十字軍の行路

ルーム＝セルジューク朝

カラキタイ
（西遼）

ムワッヒド朝
◎マラケシュ

アラムート
ホラズム＝シャー朝

ゴール朝

バグダード
カリフ領

カイロ
アイユーブ朝

- 世紀の特徴
十字軍との戦闘

■アラブ系　■イラン系　■トルコ系　■ベルベル系

D 13世紀

0 1000 2000km

第4回十字軍の行路

チャガタイ＝
ハン国

グラナダ
ナスル朝

タブリーズ
イル＝ハン国

カイロ
マムルーク朝

デリー
奴隷王朝
（デリー＝スルタン朝）

- 世紀の特徴
① モンゴルとイスラーム世界の交易ネットワークが繁栄する
② デリー＝スルタン朝が始まる

■アラブ系　■トルコ系　■モンゴル系

2 イスラーム王朝の変遷

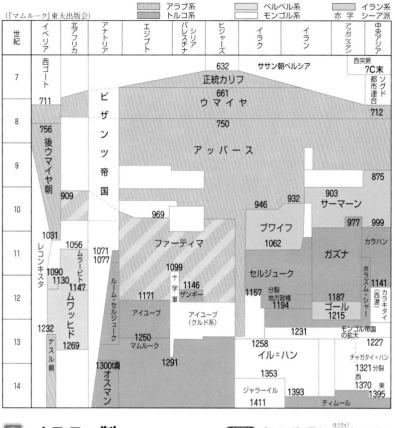

（『マムルーク』東大出版会）

				凡例	アラブ系		ベルベル系		イラン系

■アラブ系　■トルコ系　■ベルベル系　■モンゴル系　赤字：シーア派

世紀	イベリア	北アフリカ	アナトリア	エジプト	シリア パレスチナ	ヒジャーズ	イラク	イラン	アフガニスタン	中央アジア
7	西ゴート		ビザンツ帝国		632 ササン朝ペルシア	正統カリフ 661 ウマイヤ				西突厥 7C末 ソグド都市連合
8	711 756 後ウマイヤ朝						750 アッバース			712
9										875
10	909			969 ファーティマ			946 ブワイフ 1062	932 サーマーン 903	977	999 カラハン
11	1031 レコンキスタ	1056 ムラービト朝 1090 1130	1071 1077 ルーム＝セルジューク	1099 十字軍 1146 ザンギー			セルジューク 1157 分裂 地方政権 1194		977 ガズナ 1187	1141 ホラズム＝シャー（西遼） カラキタイ
12	レコンキスタ	1147 ムワッヒド	1171 アイユーブ						ゴール 1215	
13	1232 ナスル朝 1269	1300頃 オスマン	1250 マムルーク 1291	アイユーブ（クルド系）			1231 1258 イル＝ハン		モンゴル帝国の拡大 1227 チャガタイ＝ハン 1321分裂 西	
14							1353 ジャラーイル 1411	1393 ティムール	1370 東 1395	

3 イクター制

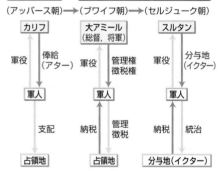

アター制	イクター制

（アッバース朝）→（ブワイフ朝）→（セルジューク朝）

カリフ	大アミール（総督，将軍）	スルタン

軍役 俸給（アター）　軍役 管理権 徴税権　軍役 分与地（イクター）

軍人	軍人	軍人

支配　納税 管理 徴税　納税 統治

占領地	占領地	分与地（イクター）

解説 ブワイフ朝は軍人に俸給（アター）の代わりに占領地の徴税権を与えた。さらにセルジューク朝の宰相ニザーム＝アルムルクは，軍人に分与地（イクター）を与え，これを制度化したため，地方分権が一気に進んだ。

Key Person（1018～92）
ニザーム＝アルムルク

セルジューク朝第3代スルタンのマリク＝シャーに仕えたイラン人宰相。ニザーミーヤ学院と呼ばれる学院（マドラサ）の建設を指導したことでも知られる。

▲1 ニザーム＝アルムルクとされる絵

4 トルコとイスラーム

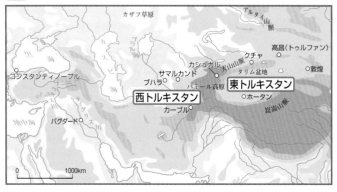

カザフ草原

アルタイ山脈

高昌（トゥルファン）

クチャ

カシュガル
天山山脈

西トルキスタン　東トルキスタン

コンスタンティノープル

サマルカンド
ブハラ
パミール高原

タリム盆地

敦煌

ホータン

カーブル
崑崙山脈

地中海

バグダード

ティグリス

0 1000km

解説 ユーラシア大陸に広く分布するトルコ系民族の居住地は**トルキスタン**（「トルコ人の居住する地域」という意）と呼ばれる。このトルキスタンの**イスラーム化**が一気に進んだのは**カラ＝ハン朝**の時代であり，やがて建国されたセルジューク朝の君主は，アッバース朝のカリフから**スルタン**（支配者）（◀P.23）の称号を授かるまでに至った。シーア派の王朝に圧倒され気味だったスンナ派は，このようにしてトルコ系王朝のもとで勢力のまきかえしに成功したのだった。

●スンナ派のまきかえし

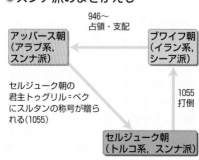

946～
占領・支配

| アッバース朝（アラブ系，スンナ派） | ← | ブワイフ朝（イラン系，シーア派） |

セルジューク朝の君主トゥグリル＝ベクにスルタンの称号が贈られる（1055）

1055
打倒

セルジューク朝（トルコ系，スンナ派）

解説 このあともトルコ系スンナ派王朝による「支配」は，オスマン帝国（▶P.128）へと引き継がれていく。

5 バグダードからカイロへ

●エジプトのイスラーム王朝の変遷

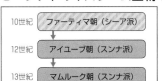

10世紀	ファーティマ朝（シーア派）
12世紀	アイユーブ朝（スンナ派）
13世紀	マムルーク朝（スンナ派）

【解説】カイロはこれらの王朝の首都として繁栄し，アッバース朝が衰退すると，バグダードに代わってイスラーム世界の中心都市となった。

↑2 **アズハル＝モスク** ファーティマ朝時代にカイロに建設された。イスラーム最古の学院（マドラサ）で，もとはシーア派の教育機関だったが，やがてスンナ派のそれとなった。モスクとともに**ワクフ**（財産の寄進）を財源として維持された。

🏛 世界遺産

世界史 の 交差点

サラーフ＝アッディーンとマムルーク（◀P.23）

ファーティマ朝に仕えていたクルド人の武将サラーフ＝アッディーン（サラディン）は自立してアイユーブ朝を建国し，ファーティマ朝を倒してエジプトにスンナ派の支配を取り戻した。その後，シリアから北イラクにかけてのイスラーム勢力を結集して十字軍を破り（▶P.146），イスラーム世界の「英雄」となったが，その成功はマムルークを中心にすえた強力な軍隊によるところが大きい。マムルークとは，イスラーム世界で多用された奴隷兵士のことだが，アイユーブ朝では専門の軍事訓練や学問教育を受けた精鋭集団を指し，やがて彼らが中心となってマムルーク朝が建国されるのであった。マムルーク朝も十字軍やモンゴル軍を撃退するなど，軍事的に極めて強力な王朝だった。

↓3 サラーフ＝アッディーン（1138～93）

↑4 **バイバルス**（1228頃～77） マムルーク朝第5代スルタン。十字軍やシリア進出をもくろむモンゴル軍を撃退した。

世界史 の 交差点

カーリミー商人の活躍

カーリミー商人とは，アイユーブ朝やマムルーク朝時代に活躍した国際的香辛料商人のことで（カーリミーの語源は不詳），インド商人とイタリア商人を仲介する役割を担った。彼らが拠点としたカイロの市場（スーク）には各種の香辛料が並べられ，そのにぎわいは現在にも引き継がれている。

↑5 カイロの市場

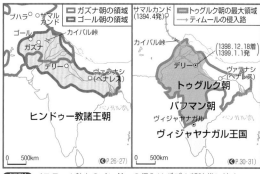

西アジア

6 西方イスラーム世界

コルドバ 後ウマイヤ朝の首都として発展し，10世紀には人口50万人に達した。70の図書館を擁し，イブン＝ルシュド（▶P.126）などの学者を輩出した。写真6・7はコルドバの象徴である**メスキータ**（大モスク）。

グラナダ ナスル朝の首都として栄えたが，1492年にレコンキスタ（▶P.151）によって陥落した。**アルハンブラ宮殿**（写真8・9）（▶P.127）はこの地に残された，いわば忘れ形見である。

🏛 世界遺産

↑8・9 **アルハンブラ宮殿内のパルタールの庭園と貴婦人の塔** アルハンブラとは「赤い城」の意。建設時に灯された燈火に照らされて赤く浮かび上がったことがその由来。

↓6 コルドバ

🏛 世界遺産 メスキータ

🏛 世界遺産

↑7 **メスキータの内部** 赤と白の馬蹄形アーチをもつ列柱が850本にも及ぶ壮大な規模（南北180m，東西130m）を誇り，一度に2万人が礼拝できたという。現在はキリスト教会（写真中央奥に注目）になっている。

7 東方イスラーム世界

A 11～12世紀

凡例：
- □ ガズナ朝の領域
- □ ゴール朝の領域

ブハラ　○サマルカンド
ゴール　カイバル峠
ガズナ
デリー○
○ヴァラナシ（ベナレス）
ヒンドゥー教諸王朝
0　500km （◀P.26・27）

B 14世紀

凡例：
- □ トゥグルク朝の最大領域
- → ティムールの侵入路

サマルカンド（1394.4発）
カイバル峠
（1398.12.18着　1399.1.1発）
デリー○　○ヴァラナシ（ベナレス）
トゥグルク朝
バフマン朝
ヴィジャヤナガル
ヴィジャヤナガル王国
0　500km （◀P.30・31）

【解説】イスラーム勢力の**インド**への侵入はガズナ朝時代に始まった。マフムード（位998～1030）は十数回も侵攻したとされる。

●インドのイスラーム化

P.76◀以前
以降▶P.132

| 11世紀 | ガズナ朝 | ┐ アフガニスタンから侵入 |
| 12世紀 | ゴール朝 | ┘ |

1206 ゴール朝の将軍**アイバク**が**奴隷王朝**を建国
以後，デリーを都とするイスラーム王朝（デリー＝スルタン朝）続く

デリー＝スルタン朝
奴隷王朝（1206～90）
ハルジー朝（1290～1320）
トゥグルク朝（1320～1414）
サイイド朝（1414～51）
ロディー朝（1451～1526）
＊ロディー朝のみアフガン系，あとはすべてトルコ系

＊東南アジアのイスラーム化は
◀P.81

🏛 世界遺産

→10 **クトゥブ＝ミナール** アイバクが建設したとされる。高さ72.5m，デリー近郊。

❓探究 イスラーム帝国下の学問の名称をあげながら，固有の学問と外来の学問の違いについて述べなさい。〔80字程度〕 類題：首都大学東京

★諸文明を融合して発展をとげたイスラーム文化は，多くの分野で高度な水準をほこった。

1 イスラーム文化

特色		①イスラーム教とアラビア語を核として，ギリシア・ローマ文化やオリエント文明・インド文明などを継承・発展させた融合文化 ②マドラサ(学院)を研究の場とし，都市の商人などによって保護・育成された都市文明
固有の学問	神学	『コーラン(クルアーン)』(⊙P.303史料)が第3代カリフのウスマーンの命で編纂される ガザーリー～哲学研究を離れ，スーフィズム(イスラーム神秘主義)へ
	法学	シャリーア(イスラーム法)をウラマーが司る
	歴史学	タバリー～年代記形式の世界史 『預言者たちと諸王の歴史』を編纂 イブン＝ハルドゥーン～チュニジア出身 『世界史序説』で歴史理論を構築 ラシード＝アッディーン～イル＝ハン国の宰相 『集史』を編纂
外来の学問	哲学	イブン＝ルシュド～ムワッヒド朝で活躍 アリストテレスの注釈研究 『医学大全』
	医学	イブン＝シーナー～サーマーン朝で活躍 アリストテレス研究 『医学典範』
	数学	ギリシアの影響下に幾何学，インドの影響下に代数学やアラビア数字が発達 フワーリズミー～アッバース朝で活躍 代数学を発展させる
	化学	錬金術から蒸留・ろ過などの実験が発達 多くの化学用語が生まれる
	天文学	占星術から太陰暦の暦法が発達し，元代の授時暦に影響を与える ウマル＝ハイヤーム～セルジューク朝で活躍 太陽暦のジャラリー暦を作成
	地理学	イブン＝バットゥータ～モロッコ出身 『旅行記(三大陸周遊記)』 イドリーシー～ヘレニズム文化から地球球体説を継承 「世界図」を作成
	文学	『千夜一夜物語』(アラビアン＝ナイト)(⊙P.127)～長い年月をかけ，各地の説話を集大成 フィルドゥーシー～イランの詩人 『シャー＝ナーメ』(王の書) ウマル＝ハイヤーム～イラン人でセルジューク朝時代に活躍 『四行詩集』(『ルバイヤート』) サーディー～イル＝ハン国の詩人 『ばら園』
建築・美術		ミナレット(光塔)・ドーム(円屋根)を特色とするモスク(礼拝堂) 偶像崇拝禁止なのでアラベスク(幾何学文様)が発達～アルハンブラ宮殿 写本に細密画(ミニアチュール)の挿絵が施される～『集史』など

👤Key Person イスラーム世界の「4大イブン」

⟵1 イブン＝シーナー(980～1037)
サーマーン朝下のブハラ近郊に生まれ，東方イスラーム世界で，諸学に通じた活躍をした。アリストテレス哲学の研究のほか，『医学典範』を記してヨーロッパの医学にも絶大な影響を与えた。ラテン名は**アヴィケンナ**。(絵はパリ大学医学部図書館蔵の油彩)

➡2 イブン＝ルシュド(1126～98) コルドバに生まれ，ムワッヒド朝の宮廷医師や法官をつとめた。アリストテレス哲学の注釈に大きな業績を残し，ガザーリーの神学の立場からの哲学批判に対して反論し，合理的な哲学を擁護した。ラテン名は**アヴェロエス**。(絵は14世紀の画家の作品)

⟵3 イブン＝ハルドゥーン(1332～1406)
チュニジアに生まれ，マグリブやイベリア半島で政治家として生活を送り，通史『考察の書』を書いた。その序論は『世界史序説』と呼ばれ，労働の価値を指摘するなど，近代社会科学に通じる諸説をうち立てた。(写真はチュニスにある銅像)

➡4 イブン＝バットゥータ(1304～68/69/77) モロッコ出身で，1325年のメッカ巡礼以来，約30年のあいだにイベリア半島から元朝の大都にいたるヨーロッパ・アジア・アフリカ大陸の各地を旅行した。その旅行記『旅行記(三大陸周遊記)』は14世紀の貴重な史料である。(⟵P.30)

●イスラーム文化の構造

```
               ┌ 法学
               ┌ 神学
          アラビア語 ─ コーラン解釈学
コーラン ─┤        ┌ 伝承学
固有の学問  伝承(ハディース)─ 文法学
          ┤        ┌ 書記学
          詩 ─────┤ 詩学・韻律学
                   └ 歴史学
```
バグダードの「知恵の館」(バイト＝アルヒクマ)を中心にギリシア語文献の翻訳が進む (9C～)

```
ギリシア語 ─┐      ┌ 哲学
           ├ アラビア語 ─ 論理学
中世ペルシア語┤      ┌ 医学
外来の学問  ├──────┤ 地理学
           │      その他光学・生物学など
サンスクリット語┘    ┌ 数学
                   ┌ 幾何学
                   ┌ 天文学
                   ┌ 文学
                   └ 錬金術・化学
```
──→ は翻訳
『世界の歴史8』中央公論社

探究のヒント

●神学

6 スーフィズムのメヴレヴィー教団 ウラマーの形式主義を批判して神との神秘的合一をめざすスーフィズム(イスラーム神秘主義)の教団は，12世紀以降組織化され，イスラームの布教に大きな役割を果たした。メヴレヴィー教団は13世紀に開かれ，写真のような旋舞を神と一体化するための修行として実践した。教団はトルコ共和国(⊙P.252)のもとで20世紀前半に解散させられたが，その旋舞は文化的価値を認められ，現在は観光事業の一つとして復活している。

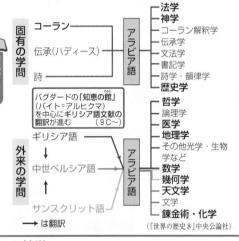
5 コーランを読む人々 イスラーム世界では，日常生活のきまりや商取引における約束事，さまざまな争いの解決も，すべて『コーラン』に求められる。高度なイスラーム世界の学問も，『コーラン』を繰り返し読むことに始まり，最後はそこに戻っていく。

●アラビア語に由来する英語

アルコール	alcohol←al-kuḥl(粉末)		リュート	lute←al-ūd(木)
アルカリ	alkali←al-qali(植物の灰)		太鼓	tambour←tanbūr(竪琴)
代数学	algebra←al-jabr(再統合)		砂糖	sugar←sukkar(砂糖)
錬金術	alchemy←al-kīmiyà(変成)		小切手	check←sakk(証書)

●アラビア数字の誕生

諸文明の数字	文明	1	2	3	4	5	6	7	8	9	0	10	100
	ローマ	I	II	III	IV	V	VI	VII	VIII	IX		X	C
	インド位取り式(ナーガリー)	१	२	३	४	५	६	७	८	९	०	१०	१००
	西方アラビア(ゴバール書体)	١	٢	٣	٤	٥	٦	٧	٨	٩	٠	١٠	١٠٠

【解説】後世への最大の貢献は，インドで発見されたゼロの概念を発達させ，アラビア数字を発明したことである。ローマ数字の表記や計算のわずらわしさと比較すると，その便利さがよくわかる。例えば，238はローマ数字ではCCXXXVIIIになる。

●化学

7 錬金術 人工的に金をつくること(錬金術)が可能だと信じられていたイスラーム世界では，さまざまな薬品や無機物を調合する実験が繰り返され，薬学や化学が発展した。絵は13世紀頃のようすを描いたもので，薬品を混ぜて煮沸しているところ。

●建築

🏛 世界遺産

←9ライオンのパティオ　アルハンブラ宮殿(◀P.125)がある南スペインのアンダルシア地方は，真夏になると気温40度を超える日も珍しくない。そこで人々は，パティオと呼ばれる「中庭」をもうけ，噴水をつくって涼をとった。宮殿内のパティオには124本の美しい列柱が並び，獅子像が噴水を支えている。

↓10アルハンブラ宮殿「二姉妹の間」
天井には壮麗な**アラベスク**(幾何学文様)の装飾が施され，窓からの光の変化によってさまざまな雰囲気をかもしだす。細部へのこだわりとその美しさの極致。

↑8岩のドーム　イェルサレムにある「聖なる岩」(ムハンマドの魂がそこから昇天したと伝えられる岩)を守るために691年に建設されたもので，高さ35m，直径20mのドームを八角形の回廊が囲んでいる。イェルサレムは，メッカ，メディナに次ぐイスラーム第三の聖地である(◀P.53)。

世界史の交差点

『千夜一夜物語』(『アラビアン＝ナイト』)

アラブ文学を代表する説話集で，インド・イラン・アラビア・ギリシアなどを起源とする説話を集めたものである。16世紀初めまでにカイロで現在の形にまとめられたが，フランスの東洋学者アントワーヌ＝ガラン(1646～1715)が翻訳する際に

↑11ハールーン＝アッラシード

↑12アントワーヌ＝ガラン

原典とした「ガラン写本」(15世紀なかば)が有名である。説話は，架空の冒険商人を登場させたものから，アッバース朝の最盛期を築いたハールーン＝アッラシードを主人公としたものまで，実に多彩である。

●医学

←13外科医療器具

↑14イブン＝アルハイサムの眼球構造図

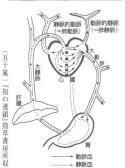

(五十嵐一『知の連鎖』勁草書房所収)

↑15イブン＝シーナーの心臓論についての説明図解

❶解説イスラームの医学では，鉗子・メスなどの外科医療器具が発達した。イブン＝シーナー(◀P.126)の『医学典範』には，身体内に一種の血液循環を認めている。現代医学の知見からすれば，心中隔壁などの誤りもあるが，動脈から静脈に流れる循環を分析しており，水準の高さがうかがえる。『医学典範』はラテン語に訳され，16世紀まで西欧の医学校で教科書とされた。

●天文学

←16天体観測器具
16世紀のイスタンブルの天文台を描いた**細密画(ミニアチュール)**。星の位置や高度を観測するアストロラーベをはじめ，地球儀・コンパス・砂時計などが描かれている。イスラーム暦は太陰暦だが，ウマル＝ハイヤームが作成したジャラリー暦は太陽暦で，16世紀につくられた西欧のグレゴリウス暦(▶P.342)よりも精度の高いものであった。(イスタンブル大学図書館蔵)

オスマン帝国

★イスラーム最大の国家となったオスマン帝国は，ヨーロッパの歴史にも影響を与えた。

1 オスマン帝国の歩み P.122◀以前 以降▶P.216

1300頃	**オスマン1世** がオスマン帝国を建国
1326	ビザンツ帝国からブルサを奪取し首都とする
1366	**ムラト1世** がアドリアノープルを奪取しエディルネと改称，首都とする
	☆**イェニチェリ**（「新軍」の意）を創設
1389	ムラト1世がコソヴォの戦いでセルビア軍を撃破

バヤジット1世〈稲妻〉（位1389～1402）

1396	ニコポリスの戦いでハンガリー王ジギスムントを撃破し，スルタンの称号を名乗る
1402	**アンカラの戦い**でティムールの捕虜となり帝国が崩壊
1413	**メフメト1世** が即位し帝国を再建

メフメト2世〈征服王〉（位1444～46，51～81）▶P.131

1453	ビザンツ帝国を滅ぼす
	コンスタンティノープルをイスタンブルと改称して首都とする（▶P.130）
1475	クリミア半島に進出，**クリミア＝ハン国**を保護下におき黒海沿岸を支配　○トプカプ宮殿が完成

セリム1世〈冷酷者〉（位1512～20）

1514	チャルディラーンの戦いでサファヴィー朝を破る
1517	**マムルーク朝を滅ぼし，メッカ・メディナの保護権**獲得

スレイマン1世〈立法者〉（位1520～66）

1526	モハーチの戦いで勝利しハンガリーを領有
1529	**第1次ウィーン包囲戦**で神聖ローマ皇帝カール5世を圧迫
1538	**プレヴェザの海戦**に勝利し，東地中海を制圧
1569	**セリム2世** がフランスに**カピチュレーション**を付与
1571	**レパントの海戦**でスペイン海軍に敗れる
1683	**第2次ウィーン包囲戦**に失敗（▶P.309史料）
1699	**カルロヴィッツ条約**でオーストリアにハンガリーを割譲

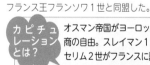

➡1スレイマン1世（位1520～66）　オスマン帝国の最盛期を築いた第10代スルタン（トルコでは「立法者」，ヨーロッパでは「壮麗者」）。モハーチの戦いに勝利してハンガリーを領有したのち，第1次ウィーン包囲戦やプレヴェザの海戦でヨーロッパ諸国を圧倒した。神聖ローマ皇帝カール5世との対抗し，フランス王フランソワ1世と同盟した。

カピチュレーションとは？
オスマン帝国がヨーロッパ諸国に認めた居留・通商の自由。スレイマン1世時代の慣習に基づき，セリム2世がフランスに認めたのが最初（▶P.162）。

2 オスマン帝国の発展

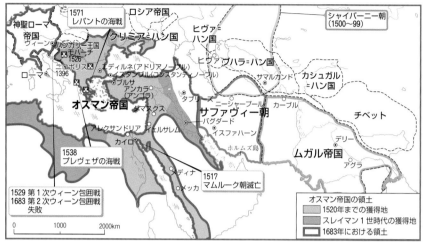

①解説 16世紀に入るとオスマン帝国の発展は本格化し，マムルーク朝（▶P.125）を滅ぼしてスンナ派イスラーム世界の主導権を握った。そして，スレイマン1世のもとでヨーロッパへの進出と東地中海の制圧を果たした。

オスマン帝国の領土
- 1520年までの獲得地
- スレイマン1世時代の獲得地
- 1683年における領土

➡2プレヴェザの海戦　スレイマン1世は，1538年にはスペイン・ヴェネツィア・ローマ教皇の連合艦隊をイオニア海のプレヴェザで撃破し，東地中海の制海権を確立した。

➡3第1次ウィーン包囲戦　ハンガリーの王権をめぐって神聖ローマ皇帝カール5世と対立したスレイマン1世は，1529年9月末大軍をもってウィーンを包囲した。迫りくる冬の寒さに10月14日オスマン軍は撤退したが，一連の戦いの中でハンガリーの大部分はオスマン帝国の直轄領となった。（『ヒュネル＝ナーメ』より，トプカプ宮殿博物館蔵）

3 オスマン帝国の統治

```
            スルタン
              │
        封土（ティマール）
  （中央）───────┐
   軍 事  シパーヒー    徴税
イェニチェリ（トルコ人騎兵）   （地方）  ム
   行 政  官僚・裁判官   統治  ス
   官 僚 （カーディー）       リ
デヴシルメ                   ム
（徴用）│
    自治 納税
   ミッレト
   キリスト教徒
   ユダヤ教徒
   （非ムスリム）
```

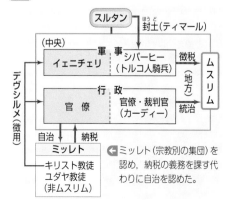

←ミッレト（宗教別の集団）を認め，納税の義務を課す代わりに自治を認めた。

←4デヴシルメの現場　デヴシルメとは，オスマン帝国における軍人や官僚を徴用するための組織のことで，帝国内のキリスト教徒を改宗させ，専門の訓練や教育を施して採用した。絵は赤い帽子と衣装を着せられた少年たちが**イスタンブル**に旅立つ場面。（『スレイマン＝ナーメ』より，トプカプ宮殿博物館蔵）

←5デヴシルメで徴用されたイェニチェリ　イェニチェリとは「新しい兵士」という意味。皇帝直属の常備歩兵軍団を組織した。

★イラン・イスラーム文化は，サファヴィー朝のもとで最高の輝きを見せた。

1 ティムール朝とサファヴィー朝の歩み

P.106◀以前 以降▶P.217

ティムール朝	14世紀 **チャガタイ＝ハン国**（◀P.106） 東西に分裂━━▶西チャガタイ＝ハン国━━自立
	ティムール（位1370〜1405）
	1370 **ティムール朝**建国（都：サマルカンド） 1402 **アンカラ（アンゴラ）の戦い**でオスマン帝国を撃破 1405 明への遠征の途上，オトラルで病死
	1409 シャー＝ルフ即位（〜47） 　○ヘラートへ遷都，学芸の保護 1420頃 ウルグ＝ベクが天文台（サマルカンド）建設 15世紀後半 東西に分裂 1507 ウズベク（シャイバーニー朝）によりティムール朝滅亡
サファヴィー朝	**イスマーイール1世**（位1501〜24）
	1501 **サファヴィー朝**建国（都：タブリーズ） 　☆**スーフィー教団**（◀P.126）を基盤とする 　☆シャーの称号を用いる 　☆シーア派（特に**十二イマーム派**）を国教とする 1514 チャルディラーンの戦いでオスマン帝国に敗れる 1515 ポルトガルにホルムズ島を占領される
	アッバース1世（位1587〜1629）
	☆オスマン帝国からアゼルバイジャン・イラクの一部を奪う 1598 **イスファハーン**に遷都 1622 ホルムズ島からポルトガルを追放 1722 アフガン人がイスファハーンを占領する 1736 ナーディル＝シャーがアフガン人を追放，サファヴィー朝を滅ぼしアフシャール朝を建国
	1796 **ガージャール朝**が成立

Key Person （位1370〜1405）**ティムール**

西チャガタイ＝ハン国（◀P.106）の混乱に乗じて，自力で従士団を組織し，実権を握った。彼の理想の君主は常にチンギス＝カンであった。チンギス＝カンの子孫（本物か疑わしい）を立て，自らはアミール（将軍）と称してモンゴル帝国の再興をめざしたが，元を打倒した明への遠征途上，オトラルで病死した。写真の像は，発掘された頭蓋骨から復元されたもの。

🏛世界遺産
↑1 サマルカンドのグリ＝アミール廟 **サマルカンド**には，ティムールの一族が競うように壮麗な建築物を建てた。青タイルのこの廟にティムールの遺体は埋葬され，石棺にはアラビア語でチンギスの末裔であると記され，出自が美化されている。

2 ティムール朝の最大領域（15世紀初め）

1405 ティムール病死（明遠征途上）

1402 アンカラの戦いでティムールがオスマン帝国に大勝する

☐ ティムール朝の最大領域
← ティムールの征路

0　1000　2000km

3 サファヴィー朝の最大領域（16世紀末）

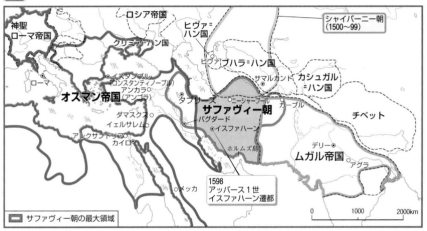

シャイバーニー朝（1500〜99）

1598 アッバース1世イスファハーン遷都

☐ サファヴィー朝の最大領域

0　1000　2000km

（ルーヴル美術館蔵）

↑2 アッバース1世（左の人物，位1587〜1629） 彼はオスマン帝国からアゼルバイジャンやイラクの一部を奪うとともに，ヨーロッパとの交易も促進し，サファヴィー朝の最盛期を築いた。戦功で有名なこの王が生前に描かせた唯一の絵がこれで，小姓との同性愛の場面であった。

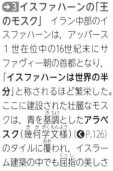

🏛世界遺産

→3 イスファハーンの「王のモスク」 イラン中部のイスファハーンは，アッバース1世在位中の16世紀末にサファヴィー朝の首都となり，**「イスファハーンは世界の半分」**と称されるほど繁栄した。ここに建設された壮麗なモスクは，青を基調とした**アラベスク（幾何学文様）**（◀P.126）のタイルに覆われ，イスラーム建築の中でも屈指の美しさを誇る。

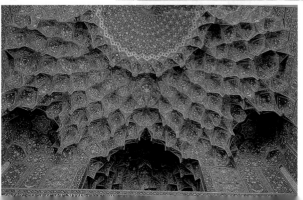

→4「王のモスク」正面玄関の天井 モスク内部の文様はアラビア文字を図案化したものも多く，『コーラン』の一節が示されているものもある。

西アジア

イスタンブル
（旧コンスタンティノープル）

Ⅲ 世界遺産

アジア

新市街

トプカプ宮殿

ボスフォラス海峡

ハギア＝ソフィア（セント＝ソフィア）聖堂

ブルー＝モスク（スルタン＝アフメト＝モスク）

旧市街

◉ガイド

トルコ最大の商業・文化都市。人口約1,466万人。古代ギリシア・ローマ時代より栄え，アジアとヨーロッパの接点として長い歴史を育んだ。

↑**1** 空から見たイスタンブル

1 イスタンブルの変遷と役割

●イスタンブル関連年表

前7世紀頃	ギリシア人，**ビザンティオン**（◀P.57）建設
後330	コンスタンティヌス帝，**ビザンティウム**をローマの首都とし，**コンスタンティノープル**（◀P.68）と改名
360	ハギア＝ソフィア聖堂完成
395	ローマ帝国が東西に分裂し，**コンスタンティノープル**がビザンツ（東ローマ）帝国の首都となる
412	テオドシウス2世帝，大城壁に着工
532	ユスティニアヌス大帝，ハギア＝ソフィア聖堂の再建に着手
1204	第4回十字軍，**コンスタンティノープル**を占領
1261	ビザンツ帝国，**コンスタンティノープル**を奪回
1453	オスマン＝トルコ帝国メフメト2世，**コンスタンティノープル征服→ビザンツ帝国滅亡**（▶P.144）
1478	トプカプ宮殿完成
1520	スレイマン1世即位
1557	スレイマン＝モスク完成

●文明の十字路

ロシア・東欧諸国

イタリア諸都市　イスタンブル（旧コンスタンティノープル）　アジア諸国

地中海世界

◉解説 イスタンブルは東西の接点というだけではなく，地中海とロシア・東欧世界をも結ぶ，十字路であった。

2 ビザンツ帝国における「神と皇帝」

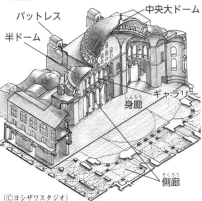

中央大ドーム

バットレス

半ドーム

身廊

ギャラリー

側廊

（©ヨシザワスタジオ）

Ⅲ 世界遺産

←↑**2・3** **ハギア＝ソフィア聖堂の構造**（左）と**イコン**（上）　皇帝**ユスティニアヌス大帝**（▶P.144）によって再建されたソフィア寺院は正十字形と円蓋（ドーム）を特徴とするビザンツ様式の建物。内部には多くの**イコン**（聖像画）のモザイク画が施されている。

（モザイク画）

→**4** 皇帝謁見（想像図）と　↑**5** 神の前で跪く皇帝（レオン6世）　ビザンツ帝国では，皇帝は「神の代理人」という位置づけにあり，教会にも干渉できる強力な権限が与えられていた。そのため皇帝に謁見する際には厳密な典礼が定められており，食堂に招かれた賓客たちは跪いたまま玉座に続く階段を登った。また「代理人」である以上皇帝も神の前では一人の人間に過ぎず，神の英知を授かるために跪いた。

3 攻略されるコンスタンティノープル

オスマン軍の配置
ジェノヴァ商人居留区
オスマン艦隊の山越え路
ブラケルナ宮殿（12世紀以降の配置）
ヴァレンス水道橋
聖使徒教会
ガラタ塔
金角湾
防護鉄鎖
コーラ修道院
ウルバンの大砲の配置
ネオリオン港
カリシオス門
Σ門（中央大通り）
テオドシウスの城壁（413年）
聖ロマノス門
聖エイレネ教会
コンスタンティヌスの城壁跡（330年）
牛広場
マルマラ海
大宮殿
ハギア＝ソフィア聖堂
アルカディオス広場
テオドシウス広場
大競馬場（ヒッポドローム）
聖エイレネ教会
ストゥディオス修道院
エレウテリオス港
コンスタンティヌス広場
金門

● ボスフォラス海峡周辺

キリオス（『図説イスタンブル歴史散歩』河出書房新社）
黒海
ルメリ＝フェネリ
アナドル＝フェネリ
ベオグラードの森
ルメリ＝カヴァウ
アナドル＝カヴァウ
ヨーロッパ岸
アジア岸
テオドシウスの城壁
ルメリ砦
第2ボスフォラス大橋
アナドル砦
イスタンブル新市街
ドルマ＝バフチェ宮殿
ウスクダル
ガラタ
ボスフォラス大橋
イスタンブル旧市街
マルマラ海
━ 幹線道路

← 6 **コンスタンティノープル包囲される** 1453年，**メフメト2世**率いるトルコ軍10万が，籠城するビザンツ軍7,000と対峙した。城内には推定5～7万の市民がいたという。

↓7 大城壁

● 大城壁の構造

（『図説イスタンブル歴史散歩』河出書房新社）

0 20m

最外部の胸壁
外壁の塔
内壁の塔
コンスタンティノープル市内
地下水路
濠
外壁
内壁（大城壁）

↑8 **ウルバンの巨砲と攻城戦** コンスタンティノープル攻略の鍵は，幅40mに及ぶ三重の城壁をいかに破るかにあった。そのためメフメトはハンガリー人のウルバンに命じて長さ8mにも及ぶ巨砲をつくらせ，城壁突破の秘密兵器とした。アドリアノープルでつくられたこの大砲は60頭の牛と30台の車を使い，400人がかりでも一日4kmしか運べず，ほぼ2か月かけて運ばれ配備された。

Key Person （1432～81）
メフメト2世

コンスタンティノープルの征服者メフメト2世（← P.128）はその功績により征服者（ファーティフ）と呼ばれている。父ムラト2世の死により即位した青年皇帝は，長年のスルタンの夢であったコンスタンティノープルの攻略に着手する。まず祖父の代に築かれた砦などの改修や新たな砦の建設により都市の封鎖に成功し，難攻不落の都市を約40日間包囲して攻撃を続けた。その間ウルバンの大砲による大城壁への砲撃や，金角湾西方に侵入するためにオスマン艦隊の一部を山越えさせるなどの奇策を行い，1453年，千年の繁栄を誇ったコンスタンティノープルを陥落させた。

（トプカプ宮殿博物館蔵）

4 つくり変えられたコンスタンティノープル

● 現在のイスタンブル

スレイマン＝モスク
エジプト＝バザール
トプカプ宮殿
グランド＝バザール
旧市街
ハギア＝ソフィア
（『週刊朝日百科 世界100都市⑧』朝日新聞社）
ブルー＝モスク（スルタン＝アフメト＝モスク）
0 1km

↑9 **モスクになったソフィア寺院** オスマン帝国の支配下に入ったコンスタンティノープルは次々とイスラーム都市につくり変えられていった。（● P.144）

🏛 世界遺産

↑10 **ハギア＝ソフィア聖堂の内部** モスクに転用されたソフィア寺院の内部は十字架が取り外され，壁のモザイク画はしっくいの下に塗り込まれた。またメッカの方向にはミフラーブという壁龕がつけられた。外部には4本のミナレット（光塔）が立てられたが，その改修は必要最小限にとどめられ，キリスト教からイスラーム教への改宗が行われた割には変化が少ない。ビザンツが育んだ高い文化はオスマン時代にも継承された。

🏛 世界遺産

↑11 **スレイマン＝モスク** このモスクは「オスマン人」の自信を表した建物であるといわれている。つくらせたのは**スレイマン1世**（← P.128）。「壮麗者」の異名をもつ彼は，ソフィア寺院に対抗するためにこの建物を建造したという。

➡12 **挨拶の門** オスマンが誇るトプカプ宮殿の中門にあたり，ここから宮廷が始まる。

ヨーロッパ 西アジア

❓探究 アウラングゼーブ帝がヒンドゥー教徒など非イスラーム教徒に対してとった政策について述べなさい。[60字程度]類題：新潟大学

★ムガル帝国は，ヒンドゥー教が多いインドに成り立ったイスラーム国家だった。

1 ムガル帝国の歩み

バーブル（初代，位1526〜30）	
1526	パーニーパットの戦いでロディー朝を打倒 →ムガル帝国建国（都：デリー）
1540	フマーユーンがスール朝に敗れ一時亡命（〜55）

アクバル（3代，位1556〜1605）	
☆アグラへ遷都　○中央集権確立	
1564	異教徒へのジズヤ（人頭税）を廃止

シャー＝ジャハーン（5代，位1628〜58）	
☆デリーへ再遷都	
○アグラにタージ＝マハルを建設（●P.133）	

アウラングゼーブ（6代，位1658〜1707）	
☆領域最大	
1679	異教徒へのジズヤを復活 → ラージプート諸族， マラーター王国，シク教徒の反乱招く

＊英仏両国の進出と対立

イギリス		フランス	
1600	**東インド会社**設立	1604	東インド会社設立
1639	マドラス（チェンナイ） に商館建設		→失敗
		1664	東インド会社再建
1661	ボンベイ（ムンバイ）獲得	1674	シャンデルナゴル獲得
1690	カルカッタ（コルカタ）建設		ポンディシェリ獲得
	➡第2次英仏百年戦争（●P.182）⬅		
1744〜63	カーナティック戦争（●P.218）		

●ムガル帝国の支配機構

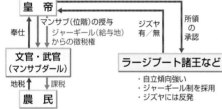

＊土地の私物化を防止するため，ジャーギールは数年ごとに変えられた。

2 ムガル帝国の発展（16〜17世紀）

凡例：
- バーブル時代のムガル帝国
- アクバル時代のムガル帝国
- アウラングゼーブの最大領域
- ヒンドゥー教諸王国
- 緑字 反ムガル勢力

1526 パーニーパットの戦い
1526 バーブル ムガル帝国建国
1757 プラッシーの戦い
16世紀半ば アクバルのアグラ遷都
1510 ポルトガル ゴア占領
1498 ヴァスコ＝ダ＝ガマ カリカット到達

（◀解説） ムガル帝国が発展する一方で，南インドにはヒンドゥー教国の**ヴィジャヤナガル王国**が存在し，海上交易で栄えた（17世紀以降，イスラーム勢力との抗争で衰退）。また，ムガル帝国の領内にも**ラージプート族**をはじめとする自立傾向の強いヒンドゥー系の諸侯やその同盟が存在し，**シヴァージー**が建国した**マラーター王国**もムガル皇帝に反抗した。このように分権的傾向が強かったインドの沿岸部には，ヨーロッパ各国の拠点や占領地が順次設けられていった。

↓1 シヴァージー

世界史の交差点

シク教（●P.133）

16世紀に**ナーナク**によって始められた一神教的な宗教で，イスラーム教の影響が強く，偶像を否定，カーストに反対した。現在の信者は1,000万人以上，ターバンは彼らの習慣であり，手にもつ剣はムガル期の弾圧に対する抵抗の象徴である。総本山はパンジャーブ地方のアムリットサールにある黄金寺院。

↑4 ナーナク

➡5 現在のシク教徒

↓6 黄金寺院

Key Person 👤 アクバルとアウラングゼーブ

　ムガル帝国の実質的な建国者ともいえる第3代皇帝アクバルは，全国を州・県・郡に分けて官僚を派遣するなど中央集権を図ったほか，土地の測量，貨幣の統一，アグラへの遷都を行ったことで知られる。しかし，彼が「名君」とされる最大の理由は，異教徒へのジズヤ（人頭税）を廃止してヒンドゥー教徒と和解したことにある。一方，その融和政策を捨てさったのが第6代皇帝アウラングゼーブである。厳格なスンナ派イスラーム教徒であった彼は，異教徒へのジズヤを復活させ，シーア派やヒンドゥー教徒の弾圧を行って，ラージプート族などの反乱をまねいた。彼の治世に帝国の領域は最大になったが，その衰退もここに始まった。

↑2 アウラングゼーブ
（ヴィクトリア＆アルバート博物館蔵）

◀3 シャー＝ジャハーンに王冠を授与するアクバル　ムガル絵画の代表。
（チェスター＝ビーティ図書館蔵）

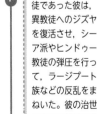

探究のヒント

アグラ

インド

「タージ＝マハル」
シャー＝ジャハーン　1653年完成
庭園東西300×南北560m　インド

ドーム
頂点には蓮の花弁をかたどった飾りがついている。ドームの外側と内側の天井との間には空間があり、二重構造となっている点が特徴的。

ミナレット
タージ＝マハルはミナレット（光塔）を伴ったイスラーム世界で最初の墓廟。ミナレットは本来モスクに付属する建築物であり、礼拝時にムスリムに参集を呼びかけるための塔として実用的な役割をもっていたが、ここでは装飾性が強い。

草花の連続文様の装飾
イスラーム建築の特徴の一つ。世界各地から集められたサファイヤやアメジストなどの貴石が要所に埋め込まれており、ムガル帝国の繁栄ぶりを示している。

🏛 世界遺産

壁面の文様
『コーラン』の章句（アラビア文字）を文様化して壁面の装飾としている。イスラーム建築の特徴の一つで、イスファハーンの「王のモスク」(◀P.129)なども同様。

↑1ムムターズ＝マハル　**↑2シャー＝ジャハーン**（位1628～58）

タージ＝マハルとは？
ムガル帝国の第5代皇帝シャー＝ジャハーンが最愛の皇妃ムムターズ＝マハルの死を悼んでアグラに建設した墓廟である。すべてが白大理石でできており、22年の歳月と2万人の職工を投じて完成した。左右対称を徹底した構成の均整や細部にわたる装飾の華麗さにおいて、インド＝イスラーム建築の最高傑作とたたえられる。

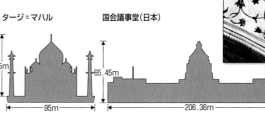

タージ＝マハル　　　　　国会議事堂（日本）

65m　　95m　　65.45m　　206.36m

●インド＝イスラーム文化

特色	ヒンドゥー文化とイスラーム文化の融合
言語	**ウルドゥー語**…ムガル帝国の公用語である**ペルシア語**とインドの地方語が混ざって成立（現パキスタンの国語）
宗教	**シク教**…ヒンドゥー教とイスラーム教を批判的に融合(◀P.132)
建築	**タージ＝マハル**…インド＝イスラーム建築
美術	**ムガル絵画**…イランの細密画の影響 **ラージプート絵画**…ムガル絵画から発展

ヤムナー川

↑3上空から見たタージ＝マハル　シャー＝ジャハーンはヤムナー川を隔てた対岸の地に黒大理石の自分の廟を建てる計画だった。しかし、息子のアウラングゼーブ帝に幽閉され、夢を果たせず他界、その遺骸は愛妃の棺の隣に安置された。

↓4ラージプート絵画「クリシュナとラーダー」　色彩豊かな民衆的芸術で、ヒンドゥー教神話を画題とし、中でもバクティ信仰の中心となる下の二神を描いたものが多い。

（フィラデルフィア美術館蔵）

ラーダー

クリシュナ

★ムスリム商人の活動などに伴い，アフリカ各地にもイスラームが広まった。

1 アフリカ諸地域の歩み

●アフリカの地勢

●アフリカ諸王国の変遷

							前920頃	ナイル川上流域に**クシュ王国**成立
							前747頃	クシュ王がエジプト第25王朝を開く
							前670頃	クシュ王国がメロエに遷都(メロエ王国)
							前120頃	エチオピアに**アクスム王国**成立
							332	アクスム王がキリスト教を受容
							350頃	アクスム王国がクシュ王国を滅ぼす
							7世紀頃	ニジェール川上流にガーナ王国成立
							10世紀頃	東部海岸都市(**モガディシュ，マリンディ，ザンジバル**など)が栄える
							～11世紀	**ガーナ王国**がサハラ縦断交易(金↔岩塩)で栄える
							1076/77	ムラービト朝がガーナ王国を攻撃→サハラ以南のイスラーム化
							12世紀	ニジェール川下流にベニン王国成立
							1240	ニジェール川上流にマリ王国成立
							1312	マリ王国にマンサ＝ムーサ即位(最盛期)
							1352	**イブン＝バットゥータ**が**マリ王国**来訪(▶P.305史料)
							1415頃	**鄭和の遠征隊**が東アフリカ海岸へ到達(◀P.33)
							15世紀	ポルトガルが西海岸に進出
								モノモタパ王国繁栄
							1473	**ソンガイ王国**がマリ王国を滅ぼす
							1485	ポルトガルがベニン王国と交易開始
							1505	ポルトガルが東部海岸都市を攻略
							16世紀～	**奴隷貿易**(▶P.182)始まる
							1590	ソンガイ王国がモロッコに攻撃される→翌年滅亡
							1652	オランダがケープ植民地を建設
							1795	イギリスがケープ植民地を占領
							19世紀～	ヨーロッパ諸国の進出が本格化

要点整理

ナイル川上流域	最古の黒人王国(クシュ王国)成立 アクスム王国は**キリスト教**を受容 その後もエチオピア帝国が維持される
ニジェール川流域	サハラ縦断交易により繁栄 黒人の**イスラーム教国**(マリ王国，ソンガイ王国)が成立
東部海岸都市	**ムスリム商人によるインド洋交易**の拠点として繁栄
ザンベジ川流域	**大ジンバブエ建設** ムスリム商人とも交易

↓1クシュ王国のピラミッド クシュ王国は前8～前7世紀にエジプトを支配したのち，メロエに遷都し，ここに多数のピラミッドを建設した。

2 ナイル川上流域～エジプト以南のキリスト教

A 後2世紀頃

各国の最大領域
■ クシュ王国(前920頃～後350頃)
■ エチオピア帝国(?～20世紀)
赤字 おもな産出品

クシュ王国(メロエ王国)
・エジプトを一時支配(第25王朝)
・メロエ遷都後もエジプト文化の影響
→ピラミッドの建設，メロエ文字

アクスム王国
・クシュ王国を滅ぼし交易で繁栄
・コプト派キリスト教を受容
→イスラーム勢力の進出受け衰退

エチオピア帝国
・19世紀以後も独立を維持

B 8世紀頃

解説 ビザンツ帝国領だったエジプトは7世紀以降イスラームの支配下に入り，ナイル川や紅海沿岸部沿いにイスラーム化が進行したが，現在のエチオピアの地にはキリスト教を受容したアクスム王国が維持され，13世紀にはエチオピア帝国の隆盛をみた。

世界遺産

●アフリカの宗教分布

イスラーム教
コプト正教会
カトリック
自然崇拝
プロテスタント

(『Diercke Weltatlas』による)

解説 アフリカには1,000以上の民族が存在し，それぞれが独自の土着信仰や精霊崇拝を維持，発展させてきた。それらの信仰者は，1900年時点で黒人アフリカの75%を占めていたが，1975年までに20%まで低下し，代わってキリスト教(51%)とイスラーム教(30%)が割合を増やしている。ただし，アフリカにおけるそれらの宗教は，本来の信仰とは異なる独自の形態をもつ場合が多い。

世界史の交差点

各地に残るピラミッド

　ピラミッドといえば，ギザの三大ピラミッド(◀P.50)をはじめとする古代エジプトが有名だが，アメリカ大陸にも多数存在する(▶P.166)。その建設目的はいまだに断定できないが，クシュ王国のピラミッドは古代エジプトの模倣が強いと考えられる。

コプト派キリスト教とは？

　コプトとはエジプトにおけるキリスト教徒をさす言葉で，その多くは非カルケドン派のコプト正教会である。非カルケドン派とは451年のカルケドン公会議の決議(キリストに神性と人性の両面があることを確認して単性論を排除した)を拒絶して成立した諸教会の総称で，シリア正教会やエチオピア正教会もこれに含まれる。現在はイスラーム・スンナ派の国というイメージが強いエジプトだが，コプト正教会の信者が1割ほどいるとされる。

③ ニジェール川流域～サハラ以南のイスラーム化

A 11世紀（ガーナ王国）

— おもな交易路
赤字 おもな産出品

セウタ　チュニス
フェズ　トリポリ
アトラス山脈
マラケシュ　ナツメヤシ
タッシリ高原
塩　塩
ガーナ　サ　ハ　ラ　砂　漠
王国　塩
トンブクトゥ　ニ　ガオ
ジェンネ　ジェ　チャド湖
金　ェ　象牙　ル　カノ
金　川　ベニン
金
黄金海岸　奴隷海岸
0　1000km　ギニア湾

B 14世紀（マリ王国）

— おもな交易路
赤字 おもな産出品

セウタ　チュニス
フェズ　トリポリ
アトラス山脈
マラケシュ　ナツメヤシ
タッシリ高原
塩　塩
マリ王国　サ　ハ　ラ　砂　漠
塩
トンブクトゥ　ニ　ガオ
ジェンネ　ジェ　チャド湖
金　ェ　象牙　ル　カノ
金　川　ベニン
金
黄金海岸　奴隷海岸
0　1000km　ギニア湾

C 16世紀（ソンガイ王国）

— おもな交易路
赤字 おもな産出品

セウタ　チュニス
フェズ　トリポリ
アトラス山脈
マラケシュ　ナツメヤシ
タッシリ高原
塩
ソンガイ王国
サ　ハ　ラ　砂　漠
塩
トンブクトゥ　ニ　ガオ
ジェンネ　ジェ　チャド湖
金　ェ　象牙　ル　カノ
金　川　ベニン
金
黄金海岸　奴隷海岸
0　1000km　ギニア湾

【解説】 ニジェール川流域では，**サハラ越えの金と岩塩の交易**によってガーナ王国が繁栄していたが，11世紀後半にムラービト朝の攻撃を受けて衰退した。これを機に**サハラ以南のイスラーム化**が進み，13～16世紀には**マリ王国・ソンガイ王国**（いずれも黒人のイスラーム教国）が**トンブクトゥ**を中心としてニジェール川の交易により繁栄した。

ガーナ王国
・黒人王国
・サハラの岩塩をもって訪れたムスリム商人と金を交換して繁栄
・ムラービト朝の攻撃を受け衰退
　以後，サハラ以南のイスラーム化が進む

マリ王国（黄金の国）
・黒人のイスラーム教国
・ニジェール川の交易で繁栄
・マンサ＝ムーサ王が最盛期（14世紀）
・イブン＝バットゥータの来訪（14世紀）

ソンガイ王国
・マリ王国を滅ぼす（強力な水軍）
・トンブクトゥにイスラーム神学校建設

↑2 マンサ＝ムーサ王（位1312～37）　マリ王国最盛期の王。メッカ巡礼の途上カイロで金を大量に使い，金相場の大暴落を引きおこしたという。写真は1385年にイベリア半島のカタロニアで作製された世界図の一部で，金をもって商人を待つムーサが描かれている。（パリ国立図書館蔵）

🏛 世界遺産

↑3 ジェンネのイスラーム＝モスク　ジェンネはマリ王国，ソンガイ王国のもとで栄えたトンブクトゥとニジェール川の交易路によって結ばれていた。写真は14世紀に建てられた日干しレンガのモスクで，その前では現在も市が開かれ，にぎわいを見せている。

世界史の交差点
ベニン王国と奴隷貿易

　マリ王国，ソンガイ王国が栄えたニジェール川流域の下流域一帯（現ナイジェリア）にはベニン王国が存在した。同王国はアフリカ西岸に進出したポルトガル人と交易を開始し，奴隷や象牙などと銃・弾薬などを交換した。悪名高い奴隷貿易はこうして始まった。

アフリカ

④ 東部海岸都市とザンベジ川流域～ムスリム商人の活動とその南限

象牙
エチオピア高原
北東季節風(11～3月)
南西季節風(4～10月)
モガディシュ
マリンディ
コンゴ盆地
モンバサ
ザンジバル
キルワ
コモロ諸島
ムブンドゥ
金　銅
鉄
モノモタパ
ジンバブエ
ソファラ
マダガスカル島
カラハリ砂漠
喜望峰　ケープタウン
0　1000km
— おもな交易路
赤字 おもな産出品

🏛 世界遺産

←5 ↑6 大ジンバブエ遺跡　ザンベジ川流域のモノモタパ王国では，13～15世紀を中心に神殿・アクロポリス・住居からなる石造りの都市が建設された。ムスリム商人とも交易し，金・象牙などを輸出し，綿布やビーズなどを輸入していた。

↑4 ザンジバル　東部海岸の諸都市は10～16世紀にインド洋交易の拠点として栄え，ムスリム商人やインド人によって中国の陶磁器が運ばれ，銅や奴隷が輸出された。ザンジバルはアラビア語のザンジュ（黒人奴隷）が語源。

●スワヒリ語の成立

バントゥー語（文法・発音）	東部海岸地帯の言語

＋

アラビア語（語い）	ムスリム商人の来航

＝

スワヒリ語* の成立	*スワヒリ（サワーヒリー）はアラビア語で「海岸地帯に住む人々」の意

世界史の交差点
ムスリム商人の"高速船"ダウ船

　インド洋交易で用いられたダウ船（下写真）は装備された大きな三角帆にその特徴がある。インド洋西海域をほぼ半年ごとに風向きを逆にして吹く季節風（モンスーン）は，この船を巧みに操作したムスリム商人をわずかな日数でインドに至らせ，アフリカ東岸に帰還させたという。ヴァスコ＝ダ＝ガマのインド到達（➡P.164）も，この海域の往来に慣れたムスリムの案内人がいなければ実現は困難だったろう。

★多様な地域と民族が，ヨーロッパの
歴史と文化をつくり上げた。

1 ヨーロッパの地形

2 ヨーロッパの言語分布と民族

■ ラテン	インド=	■ ウラル語族
■ ゲルマン	ヨーロッパ	（マジャール人，フィン人）
□ スラヴ	語族	■ その他のインド=ヨーロッパ語族
		（ケルト，バルト，ギリシア，アルバニア，バスク）

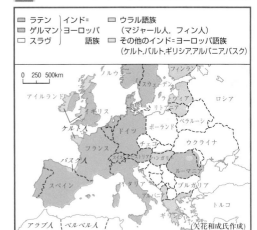

ハリウッド女優にみる民族の特徴

→1**ラテン系女優** ペネロペ＝クルス。黒髪・黒い目　**ラテン系**

↓2**ゲルマン系女優** スカーレット＝ヨハンソン。金髪・青い目　**ゲルマン系**

→3**スラヴ系女優** ミラ＝ジョボヴィッチ。暗褐色の髪・灰色がかった目　**スラヴ系**

●先住民ケルト人

→4**ユーゴ出土の青銅製兜**
（前3世紀。金箔で装飾）

（解説）ゲルマン人の移動前からヨーロッパに先住していたケルト人は，前8世紀から前1世紀にかけてハルシュタット（鉄器文明），ラ＝テーヌ（ギリシアの影響）などの独自文化を形成した。その後，ローマやゲルマンの圧迫を受けて移動し，現在はアイルランドやブルターニュなどに分布している。

●アイルランドとケルト文化

（解説）アイルランドはケルト文化遺産の宝庫である。装飾性あふれる特異なケルト美術，英文学にアイルランドの伝統をもち込んだ

→5**U2「ヨシュア＝トゥリー」**

イェーツやジョイスのような作家たち，ハープやバグパイプなどの民族楽器を用いたアイルランド音楽など，さまざまな分野で開花し，世界の文化に大きな影響を与えてきた。例えばロックは，カントリー音楽を経由してアイルランド音楽と黒人音楽の影響を受けた。ビートルズ（アイルランド系英国人）やU2（アイルランド人）などのアーチストはその象徴的存在である。

ルーツ「ヨーロッパ」：ギリシア神話の女性「エウロペ」が，牛に姿を変えたゼウスに乗ってやって来たことに由来。

3 ヨーロッパの風土

●ヨーロッパの森と海

↑6**ドイツのシュヴァルツヴァルトの森**

↑7**エーゲ海の島**

（解説）ヨーロッパ世界には，「ヨーロッパの屋根」といわれるアルプス山脈を挟んだ南北に，極めて対照的な二つの風土が広がる。南側は温暖な海洋気候の地中海世界であり，北側は冷温帯の大森林地帯である。深い森を切り拓いてヨーロッパの発展を築いていった北の人々にとって，南の地中海世界は古代文明への憧憬もあいまって強い魅力を蔵していた。ドイツの文豪ゲーテ（1749〜1832）の『イタリア紀行』などに，そうした心性がよく表れている。

●ヨーロッパの聖樹信仰

（解説）古代のケルト人は，ヨーロッパ中を覆う森に暮らし，樹木に宿る精霊を信仰していた。それはのちのゲルマン人たちにも影響を及ぼした。森は「身近さと畏怖」の両義的な存在であり，その感情は『ヘンゼルとグレーテル』『赤頭巾』『眠れる森の美女』などの民話からもうかがえる。キリスト教がヨーロッパに普及すると，聖樹信仰は教会によって否定され，開墾が進んだが，今でもクリスマスツリーのモミの木（常緑樹で春の象徴）の飾りつけなどに名残が認められる。なお，クリスマスツリーそのものは16世紀のドイツで始まったとされる比較的新しい習慣である。

↑8**クリスマスツリー**

探究 すでにローマ帝国と接していたゲルマン人が，突如4世紀後半になって領内に侵入，大移動をおこしたのはなぜか，そのきっかけとなった諸要因について説明しなさい。〔60字程度〕 類題：成城大学

ヨーロッパ

★ゲルマン人は，西ローマ帝国に代わる諸王国を各地に形成した。

1 大移動期のヨーロッパ

←1 ゲルマン人の大移動 ゲルマン人は，紀元前後には先住のケルト人を圧迫しながらローマ帝国と接するようになった。その後，彼らは次第に南下し，3世紀以降には平和的に帝国領内に入り，下級官吏や傭兵・コロヌスなどになっていった。

→2 西ゴートのローマ侵攻 410年にアラリック王に率いられた西ゴート軍は，ローマに侵攻し，西ローマ帝国に大きな打撃を与えた。アラリックはアフリカ占領のためイタリア半島を南下したが没し，西ゴートはイベリア半島に移動した。（絵はポリアーギ(1857～1950)の作)

→3 東ゴート王国の盛衰 テオドリック王は，人質としてビザンツ帝国の宮廷で育ち，ローマ文化の教養を備えていた。ビザンツ皇帝の命でオドアケルを倒し，493年にラヴェンナを首都にして東ゴート王国を樹立した。ローマの政治・文化とゲルマン人の調停につとめたが，アリウス派の信仰がローマ人との軋轢を生み，彼の死後に王国はビザンツ帝国に滅ぼされた。（サンタポリナーレ＝ヌオーヴォ聖堂のモザイク）

● タキトゥス『ゲルマニア』（後98年）

彼らは王を家柄に基づき，将を武勇に基づいて立てる。王たちには無制限な，あるいは欲しいままな権力はなく，また将たちの地位は，権勢よりも人々の模範たることによって決まる。…小事は（選挙された）首長たちが，大事は人民全体が協議する。しかし，その決定権が人民に属するようなことも，あらかじめ首長たちのもとで熟議されるようにして。…予期しない緊急のことがおこらないかぎりは，一定の時期すなわち新月あるいは満月の時に集会をもつ。…ひとたび戦場に出た時は，勇気の点で遅れをとるのは首長の恥であり，首長の勇気に匹敵しないことは随身の恥である。
『西洋史料集成』平凡社による）

＊大移動前の原始ゲルマン社会のようすを知る上で，カエサル『ガリア戦記』と並ぶ重要な史料である。

Key Person アッティラ王（位433～453）

アッティラ王はフン人の王。フン人は中央アジアの騎馬民族で，匈奴の一派ともいわれる。民族大移動は，375年彼らが東ゴート人を征服し，西ゴート人に迫ったことで始まった。アッティラ王に率いられたフン人はローマとゲルマンの連合軍にカタラウヌムで敗れ撤退，北イタリアからローマをうかがったが，教皇レオ1世の説得で中止した。その勢力は彼の死後まもなく崩壊した。（ルーヴル美術館蔵）

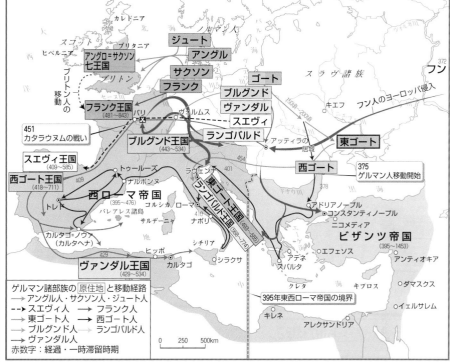

ゲルマン諸部族の 原住地 と移動経路
→ アングル人・サクソン人・ジュート人
--→ スエヴィ人　→ フランク人
→ 東ゴート人　→ 西ゴート人
→ ブルグンド人　→ ランゴバルド人
→ ヴァンダル人
赤数字：経過・一時滞留時期

395年東西ローマ帝国の境界

2 大移動の展開とゲルマン諸国家の興亡 以降→P.138

探究のヒント

大移動以前 / 大移動の混乱 / 秩序の形成へ / ビザンツの興隆 / フランクと七王国の台頭

時代	大移動前のゲルマン人社会（←P.67）
前1世紀	カエサル『ガリア戦記』・タキトゥス『ゲルマニア』(後98) 牧畜・狩猟を主として農業は副次的，約50の部族集団（キヴィタス），貴族・平民・奴隷の身分階層，民会が最高機関
後9	トイトブルクの戦いでローマ軍を破る
1世紀	ライン川・ドナウ川でローマ帝国と対峙

大移動の開始と西ローマ帝国の混乱

375	フン人の圧迫を受けた西ゴート人が376年にドナウ川を渡河し，ゲルマン人の大移動が始まる
395	ローマ帝国が東西に分裂
410	西ゴートのアラリックがローマに侵攻
451	フンのアッティラ王がカタラウヌムの戦いで，西ローマとゲルマン諸部族連合軍に敗れる
476	西ローマがゲルマン人傭兵隊長オドアケルに滅ぼされる❶

東ゴート王国の一時的安定とフランク王国の台頭

493	テオドリックがオドアケルを滅ぼし，東ゴート王国樹立❷都：ラヴェンナ
496	フランク王国のクローヴィスがカトリックに改宗❸(→P.138)

ビザンツ帝国の地中海再統一（→P.144）

534	ビザンツ帝国のユスティニアヌス大帝がヴァンダル王国を征服❹
555	ユスティニアヌス大帝が東ゴート王国を征服❺
568	ランゴバルド（ロンバルド）王国がイタリア半島に建国❻
590	グレゴリウス1世が教皇になり，伝道を開始
6世紀末	イングランドに七王国が形成❼(→P.139)
711	西ゴート王国がウマイヤ朝に滅ぼされる❽(←P.124)
732	フランク王国のカール＝マルテルがウマイヤ朝に勝利（トゥール・ポワティエ間の戦い）❾(→P.138)

探究 トゥール・ポワティエ間の戦いの歴史的な意義について，キリスト教文明であるヨーロッパの視点に立って説明しなさい。〔70字程度〕

★フランク王国は西ヨーロッパの原型をつくり上げた。

1 フランク王国の発展

●メロヴィング朝時代

■1 クローヴィスの洗礼 クローヴィスは自らアタナシウス派に改宗し，ガリア全体を征服してメロヴィング朝の基礎をつくった。
（象牙板浮き彫り，アミアン，ピカルディ博物館蔵）

■2 トゥール・ポワティエ間の戦い（◀P.122）732年にフランク王国の宮宰**カール＝マルテル**は，ピレネー山脈を越えて北上するウマイヤ朝軍の侵攻を，トゥール・ポワティエ間の戦いでくいとめた。

探究のヒント

● カール大帝の時代（800年頃）

凡例：
- カール大帝即位当時のフランク王国の領土
- カール大帝の獲得地 → カール大帝の外征
- 同帝の勢力範囲
- 800年頃のビザンツ帝国の領土
- ビザンツ帝国の勢力範囲
- → イスラーム勢力の進出
- 総主教所在地

0　250　500km

● ヴェルダン条約

843 ヴェルダン条約
東フランク王国／ロートリンゲン（ロタールの王国）／西フランク王国
……緑字は現在の国境，国名を示す

● メルセン条約

870 メルセン条約
東フランク王国／西フランク王国／イタリア王国／教皇領
……緑字は現在の国境，国名を示す

2 フランク王国の歩み

P.137 ◀以前／以降▶P.148

メロヴィング朝	375	ゲルマン人の**大移動**が始まる
	476	オドアケルが西ローマ帝国を滅ぼす
	クローヴィス（位481～511）	
	481	**メロヴィング朝**フランク王国が実質的に建国される
	496	**アタナシウス派に改宗**，西ゴートを破って南ガリアに領土拡大
	493	テオドリックがオドアケルを滅ぼし**東ゴート王国**を建国
	555	ビザンツ帝国が東ゴート王国を滅ぼす
	568	**ランゴバルド（ロンバルド）族**が北イタリアに王国を建国
	732	フランクの宮宰（王家の家政の長）**カール＝マルテル**がトゥール・ポワティエ間の戦いでウマイヤ朝軍に勝利する
カロリング朝	**ピピン（3世）（位751～768）**	
	751	カロリング家ピピンが**カロリング朝**フランク王国を開く
	756	ピピンがランゴバルドを破り，**ラヴェンナ**と中部イタリアを教皇に寄進＝**ピピンの寄進**（ローマ教皇領の起源）
	カール大帝（位768～814）	
		☆**ザクセン遠征**，ランゴバルド征服，アヴァール人撃退
		☆イスラームと対決
		☆**伯（グラーフ）**を各地におき，**巡察使**に監督させる
		○**アルクイン**を招く＝**カロリング＝ルネサンス**
	778	ピレネー山脈を越えて後ウマイヤ朝と戦う
	800	**教皇レオ3世から西ローマ皇帝の冠を授与される**
仏・伊・独への分裂	843	ヴェルダン条約で王子3兄弟がフランク王国を分割する

西フランク	ロタール王国（中部フランク）ロタール1世	東フランク
シャルル2世		ルートヴィヒ2世
	870 メルセン条約（再分割）	

西フランク	イタリア	東フランク
987 **カロリング朝**が断絶	☆北部は諸勢力の割拠状態となり，東フランク王権も介入を繰り返す	911 **カロリング朝**が断絶
987 パリ伯の**ユーグ＝カペー**が**カペー朝**を開く		**オットー1世（位936～973）**
☆王権は弱体	☆南部はビザンツ勢力→イスラーム勢力→ノルマン人が支配	955 レヒフェルトの戦いで**マジャール人**を破る
		962 教皇から**西ローマ皇帝の冠を授与される＝神聖ローマ帝国成立**

Key Person （位768～814）カール大帝

彼はアヴァール人を撃退し，ピレネー山脈を越えて後ウマイヤ朝と戦い（778年），西ヨーロッパのほとんどを支配した。800年には教皇レオ3世から西ローマ皇帝の冠を受けた。彼自身は書物を読めなかったが，イングランドからアルクインを招いて古典文化が部分的に復興するカロリング＝ルネサンスをもたらした。EU，共通通貨ユーロなど，統合をめざす現代のヨーロッパ（▶P.278）において，カール大帝は「ヨーロッパ共同体」の歴史的象徴でもある。

↑3 アルクインが制作した写本を見るカール大帝（19世紀シュネッツの作品，ルーヴル美術館蔵）

↑4 鉄の王冠 カールがランゴバルド王を破って獲得した。（モンツァ司教座大聖堂宝物館蔵）

3 ヨーロッパ世界の成立

・地中海世界の解体　・キリスト教会の展開
・ゲルマン，スラヴ諸族の移住　・アジア系諸族の侵入
・イスラーム勢力の圧迫

↓

ヨーロッパ世界の形成

西ローマ帝国の権威の存続／カトリック教会の発展／ゲルマン国家の台頭／農業中心社会	西ヨーロッパ世界／東ヨーロッパ世界	東ローマ帝国の存続／ギリシア正教会の発展／スラヴ民族の台頭／ビザンツにおける商業経済
	イスラーム世界	

解説 7～8世紀のイスラーム侵入によって，西地中海はイスラームの湖と化した。この結果，西欧世界は商業と文化の交流路からしめだされ内陸部に重心を移し，東欧世界との関係も断ち切って独自の世界を形成する。歴史家ピレンヌは，これを「**ムハンマドなくしてシャルルマーニュなし**」と表現した。一方東方では，古代の伝統を残すビザンツ（東ローマ）帝国が存続し，やがてスラヴ民族に影響を与えていった。

●神聖ローマ帝国の成立

↑5 主従関係を結んだイタリア王に剣を授けるオットー1世（位936～973）レヒフェルトの戦い（955）でマジャール人撃退の名声を響かせ，962年に教皇ヨハネス12世から西ローマ皇帝の冠を授与され，**初代神聖ローマ皇帝**となった。

ヨーロッパ

★ ノルマン人等の侵攻は，西ヨーロッパに封建社会が形成される契機となった。

1 ノルマン人，マジャール人，イスラームの侵攻

国境は900年頃を示す
- 原住地 進路 移動先
  - → → ノール人
  - → → デーン人 ／ ノルマン人
  - → → スウェード人
- → マジャール人の侵攻
- → イスラーム勢力の侵攻
- → メルセン条約による境界(870)

0 250 500km

2 ノルマン人の活動

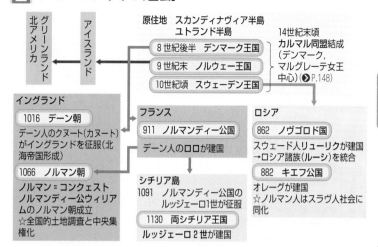

原住地 スカンディナヴィア半島
ユトランド半島

北アメリカ／グリーンランド／アイスランド

- 8世紀後半 デンマーク王国
- 9世紀末 ノルウェー王国
- 10世紀頃 スウェーデン王国

14世紀末頃 カルマル同盟結成（デンマーク，マルグレーテ女王中心）(●P.148)

イングランド
- 1016 デーン朝
- デーン人のクヌート(カヌート)がイングランドを征服(北海帝国形成)
- 1066 ノルマン朝
- ノルマン＝コンクェスト ノルマンディー公ウィリアムのノルマン朝成立 ☆全国的土地調査と中央集権化

フランス
- 911 ノルマンディー公国
- デーン人のロロが建国

シチリア島
- 1091 ノルマンディー公国のルッジェーロ1世が征服
- 1130 両シチリア王国
- ルッジェーロ2世が建国

ロシア
- 862 ノヴゴロド国
- スウェード人リューリクが建国→ロシア諸族(ルーシ)を統合
- 882 キエフ公国
- オレーグが建国
- ☆ノルマン人はスラヴ人社会に同化

◀解説▶ 9～11世紀のヨーロッパでは，北はノルマン人，東はマジャール人，南はイスラーム勢力の侵入に脅かされ，自給自足的な封建社会が形成される背景となった。北欧ではデンマーク，ノルウェー，スウェーデンは14世紀末にカルマル同盟を結んで連合王国が成立し，16世紀にスウェーデンが分離するまで続いた。

探究のヒント

●ヴァイキングの世界

(オスロ。ヴァイキング船博物館蔵)

↑1 ヴァイキング船 インド＝ヨーロッパ系ノルマン人を**ヴァイキング**とも呼ぶ。彼らは優れた航海技術をもち，略奪を行う一方商業活動も活発に展開した。1.3m程度の水深があれば航行でき，海では帆で，河川ではオールで走った。船の長さは23mで漕ぎ手が40人，総乗員は80人程度であった。

●ノルマンディー公国と両シチリア王国

→2 ノルマン人ロロ ロロは9世紀末から10世紀の初頭，ヴァイキングの首領としてフランス北部に大きな勢力を築いていた。フランス王シャルルは，ロロと協定を結びセーヌ川を中心とする土地を封土として与えた。これがフランスにおける**ノルマンディー公国**の始まりとなった。(ルーアン，サントゥーアン教会庭園)

◀3 ルッジェーロ2世 ノルマンディー公国出身のルッジェーロ1世は1091年にシチリア島を征服し，その子ルッジェーロ2世は1130年に南イタリアを征服して**両シチリア王国**(ノルマン＝シチリア王国)を建国した。
(●P.146)

世界史の交差点
パンノニアとマジャール人

ハンガリー一帯はローマ属州時代からパンノニアと呼ばれていた。ローマ帝国解体後は匈奴と同系といわれるフン人が勢力をもち(●P.137)，6世紀にはモンゴル系遊牧民のアヴァール人がカール大帝と覇を競った(●P.138)。9世紀にはウラル山脈南西部原住のウラル語系のマジャール人が定着し，フン，アヴァール，周辺のスラヴなどと混血して，現在のハンガリー民族となっている。ハンガリー語は日本語同様，人名表記は姓＋名の順に表記するなどアジア系言語であり，ハンガリーとは「フン人の土地」の意味である。一方で19世紀末には首都ブダペストがウィーン(●P.235)と並ぶヨーロッパ文化の中心地となるなど，独自の民族アイデンティティを形成した。

3 イングランドの成立 (●P.150)

449	**アングロ＝サクソン七王国**(ヘプターキー)の始まり
829	**エグバート**，七王国統一 **イングランド王国**成立
850頃	デーン人の定住開始
871	**アルフレッド大王**が即位 ☆デーン人撃退，文化振興

デーン朝
| 1016 | **クヌート**，イングランド征服 |

アングロ＝サクソン朝
| 1042 | アングロ＝サクソン朝復活(～66) |

ノルマン朝
| 1066 | **ヘースティングズの戦い ノルマンディー公ウィリアム**，イングランド征服 **ノルマン朝**始まる(～1154) |

↑4 アルフレッド デーン人の侵攻をくいとめ，法典の編纂など内政の充実につとめたので，「大王」と呼ばれた。
(像はウィンチェスターのもの)

↓5 ヘースティングズの戦い 1066年の**ノルマンディー公ウィリアム**によるイングランド征服の際の戦い。この勝利によって**ノルマン朝**が樹立された。ノルマン軍の勢威は圧倒的で，鎖帷子で武装した騎兵たちが，盾ももたずに長槍で突進していった。(絵はタピスリー(刺繍画)の部分で，バイユー教会蔵。全体は幅0.5m，長さ70m)

アングロ＝サクソン軍／ノルマン軍

↑6 ドゥームズデイ・ブック ノルマン朝は封建国家としては例外的に中央集権的で，土地調査を行った。その徹底ぶりから，「最後の審判の帳簿」と呼ばれた。

ルーツ 「ヴァイキング」…「入江(ヴァイク)の民」に由来する言葉。

？探究 中世ヨーロッパの荘園の特徴について，法的・経済的な視点から説明しなさい。[80字程度]

★封建社会の特色は，荘園制と地方分権的性格にある。

1 封建社会の形成と展開

8世紀以前	**恩貸地制度(ローマ帝国末期)** 土地保有者が土地を有力者に捧げ，恩貸地としてそれを委ねられ，保護を約束された	
	コロナトゥス(ローマ帝国後期) 隷属的な小作人を使役する大土地所有制	
	従士制(古ゲルマン社会) 貴族や自由民の子弟が有力者に忠誠を誓い従者になる	
	ノルマン人，マジャール人，イスラーム勢力の侵攻(第2次民族大移動)→貨幣経済の衰退，現物経済へ	
9〜11世紀(封建社会)	**封建制度** 主従関係を結び主君に軍役などの忠誠を誓い，主君から家臣が封土を受領	
	荘園制(▶P.302史料) 領主が農奴を保護し，賦役や貢納などを課す 古典荘園→純粋荘園(領主直営地の廃止)	

2 封建制(封建的主従関係)の構造

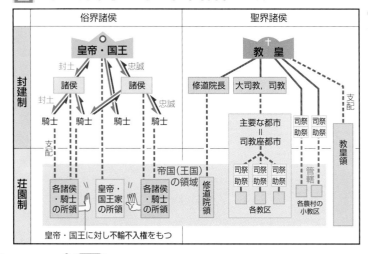

皇帝・国王に対し不輸不入権をもつ

解説 支配層間の主従関係は，双務的関係であり，家臣が複数の主君と関係を結ぶこともあった。主君同士が戦争を始めれば，有利な契約のほうの軍役についた。荘園制の領主である王侯貴族は，自分の所領の**不輸不入権**(=インムニテート=上級権力の立入禁止の慣習法)をもっていたので，帝権・王権はイングランド以外では大体弱体で**分権的**であった。

3 中世の荘園

●農奴の負担と三圃制農法

農奴の負担
①**賦役**(領主直営地での労働)→純粋荘園では廃止
②**領主への貢納**…貢租・人頭税
③**領主裁判権**に服する
④教会への**十分の一税**(『旧約聖書』が論拠)
⑤死亡税(保有地の相続税として)・領外結婚税(労働力移動の補償として)
⑥領主が独占する水車，パン焼窯，ブドウ搾り器の使用料

探究のヒント

10〜11世紀に普及

	1年目	2年目	3年目
A区画	パン用の小麦など	飼料用などの大麦など	休閑
B区画	飼料用などの大麦など	休閑	パン用の小麦など
C区画	休閑	パン用の小麦など	飼料用などの大麦など

三圃制農法

B区画 A区画 C区画

解説 休閑地は家畜の放牧に利用した。畜舎のなかった農奴たちにとって，この休閑地で家畜を増やせるチャンスが生まれた。

●農民の生活

(『ベリー公の豪華時禱書』，フランドルの絵暦)

冬(2月) 冬の生活

春(3月) 畑の手入れ

夏(6〜8月) 森の開墾と干し草づくり

秋(11〜12月) 豚殺し

●中世荘園の想像図(古典荘園7・8世紀〜10世紀頃)

春作地 3〜8月 (大麦・燕麦，豆類)
休閑地
秋作地 10〜8月 (小麦・ライ麦)
領主のやかた
教会
パン焼窯
領主直営水車小屋

解説 荘園耕地は三つの耕区に分けられ，**三圃制**が行われる。農地は細長い地条という単位に区切られており，領主直営地の地条が農民保有地の地条の中に散在していた。耕地は保有者ごとに仕切らずに村全体で耕作した(開放耕地制)。

4 諸侯と騎士

↓1 諸侯の主城(アンジュー伯の城，フランス) 王侯貴族は外敵から自衛するために城郭を建造した。暗く寒い上に衛生状態も劣悪で，快適な居住空間ではなかったといわれる。

↑2 臣従礼 主従の関係を結ぶ儀礼は，家臣が両手を合わせて主君の手に包み込まれる動作ののち，口に接吻しあうものであった。人々の祈る動作が両手を合わせるようになったのも中世からである。

←3 騎馬試合 騎士は主君から封土を受け，城砦に住んだ。幼時から訓練を始め18歳の頃叙任式を行い，騎士身分を獲得した。騎士道にのっとり，平和な時には騎馬試合や狩猟をする一方で，近隣の領主との土地をめぐる争いから私闘(フェーデ)を繰り返した。

？探究 商業の復活とともに発達した中世都市において，13世紀に現れた修道会を2つあげ，共通する特色を述べなさい。[60字程度] 類題：名古屋大学

★ローマ教皇権は，世俗の君主を上回る権力を有するに至った。

1 ローマ＝カトリック教会の発展

教皇権の確立	**レオ1世**(位440〜461)・ローマ教会の首位権を主張 451 カルケドン公会議 452 アッティラ(◀P.137)を説得，ローマを救う **グレゴリウス1世**(位590〜604) ・ゲルマンへの布教に尽力 ・アングロ＝サクソン人への布教に成功 ・中世の教皇支配の基礎を確立
ローマ教会と王権の提携	496 クローヴィス，アタナシウス派へ改宗 756 ピピンの寄進(教皇領の創設) 800 カールの戴冠 962 神聖ローマ帝国成立(◀P.138)
叙任権闘争	**グレゴリウス7世**(位1073〜85) ・クリュニー修道院の改革運動の影響 ・聖職売買・聖職者の妻帯を禁止 ・世俗君主による聖職者任命を禁止 1076 神聖ローマ皇帝ハインリヒ4世を破門 1077 カノッサの屈辱 1122 ヴォルムス協約 叙任権闘争終結 (教皇は聖職者を任命・皇帝が俗権賦与)
教皇権の絶頂	**ウルバヌス2世**(位1088〜99)(▶P.146) 1095 クレルモン宗教会議で十字軍を提唱 **インノケンティウス3世**(位1198〜1216) 1202 第4回十字軍を提唱(〜04) ・アルビジョワ十字軍を提唱 ・仏王フィリップ2世を破門 (離婚問題) ・英王ジョンを破門(カンタベリ大司教任命問題)(▶P.150) ・「教皇権は太陽，皇帝権は月」
教会権威の衰退	**ボニファティウス8世**(位1294〜1303)(▶P.148) 1303 アナーニ事件 　教皇，仏王フィリップ4世に捕らえられる 1309 教皇のバビロン捕囚(〜77) 1378 教会大分裂(大シスマ)(〜1417) 1414 コンスタンツ公会議(〜18) 　フスに異端宣告，処刑(1415)

↑1 グレゴリウス7世 (サレルノ大聖堂美術館蔵)

↑2 インノケンティウス3世 (フィレンツェ，アカデミア美術館蔵)

●中世ヨーロッパの宗教分布

1098 シトー修道会
910 クリュニー修道院
1122 ヴォルムス協約
1209 フランチェスコ修道会
1095 クレルモン宗教会議
1077 カノッサの屈辱
教皇領
1054 東西教会分裂

十字軍初期の宗教分布
- ローマ＝カトリック
- ネストリウス派
- 単性派
- ギリシア正教会
- イスラーム教
- 主要な教会または修道院

◀解説▶ 教皇や司教は，教皇領や司教座都市を支配する聖界諸侯であった。宗派・宗教の混在地域も多かった。

●叙任権闘争

◀解説▶ グレゴリウス7世はクリュニー修道院の改革精神を学び，生涯にわたって教会改革に情熱を傾けた(▶P.302史料)。教皇就任後は司祭の結婚，聖職の売買，俗人による司教叙任を厳禁する法を発布し，神聖ローマ皇帝ハインリヒ4世と衝突した。教皇から破門されたハインリヒ4世は，諸侯の反抗に直面し，雪のカノッサ城で3日間裸足のまま祈りと断食を続け，破門を解かれた(カノッサの屈辱)。しかし，その後教皇は，皇帝の反撃により南イタリアのサレルノに追われ，客死した。

クリュニー修道院長

ドスカナ女伯
ハインリヒ4世

➡3・4 カノッサ城(上)とカノッサの屈辱(下) (絵はヴァチカン図書館蔵)

●ローマ教皇権の伸張

- 教皇庁
- 大司教座
- 司教座
- 修道院

1077 カノッサの屈辱
1303 アナーニ事件

- 754 56年以前の教皇領
- 756年ピピンの寄進地
- 757〜817年の獲得地
- 962年の獲得地
- 10〜11世紀失地後の教皇領
- 13世紀初めの教皇領

2 修道院運動

↑5 教会改革の中心となったクリュニー修道院

◀解説▶ イタリアのベネディクトゥスは「祈り，働け」をモットーに，モンテ＝カシノ修道院を創設した。彼の会則を掲げる修道院をベネディクト修道会といい，そこからクリュニー修道院や，シトー会なども生まれた。

●モンテ＝カシノ修道院の11月の日課(6世紀)

1時	2	3	4	5	6	7	8	9	10	11	12	13	14	15	16	17	18	19	20
起床	朝課	読書		讃課	読書			労働(3回の祈りが入る)						昼食	読書	晩課	軽食夕食(17:15)	就寝	

『世界史資料⑭』東京法令出版

●修道院運動の展開

6世紀	**モンテ＝カシノ修道院**(529) ・聖ベネディクトゥスの戒律「清貧・純潔・服従」 ・開墾運動・技術開発 ・学問の中心　・キリスト教拡大
	教会の腐敗・世俗化(封建領主化，聖職売買・聖職者妻帯の横行)
10〜11世紀	[修道院の改革運動] **クリュニー修道院設立**(910) ・教皇に直属，改革の中心 ・聖ベネディクトゥスの戒律を厳守 ・聖職売買・聖職者妻帯を攻撃
12〜13世紀	[修道会の発生] **シトー修道会設立**(1098) 　修道院改革の中心。積極的な開墾活動(12世紀) **托鉢修道会** **フランチェスコ修道会**(1209，イタリア) ・民衆教化，海外布教 ・オクスフォードでの研究 **ドミニコ修道会**(1215，南フランス) ・異端討伐　・パリ大学でのスコラ哲学

↑6 フランチェスコ (1181頃〜1226) イタリアのアッシジ出身。清貧の生活を送り，各地を放浪して都市民に大きな影響を与え，フランチェスコ修道会を創設した。(絵はジョット(▶P.154)「小鳥への説教」1305年頃の作品。アッシジ，聖フランチェスコ大聖堂蔵)

ルーツ 現在のヴァチカン市国のルーツは，中世のローマ教皇領に始まる。

探究のヒント

1 中世ヨーロッパ・家畜との共生〜『ベリー公の豪華時禱書』(▶P.153)

🔍 イノベーションへのアプローチ

人類史上画期的な技術革新の一つである農耕と並んで，時代を変えた技術が牧畜の開始である。食料生産において，家畜は乳や肉，卵を与えてくれるだけではなく，**農耕や運搬**においても重要な役割を果たした。また，家畜化された動物のなかには，戦車や騎馬など**生物兵器**としての役割を担い，人類に貢献したものもあった。

ヨーロッパでは，人々の生活を支える家畜が重要な役割を果たしていた。この時禱書には，こうした家畜を利用しながら生活している人々のようすが描かれている。①3月 牛を使い畑を耕し，②7月 羊の毛を刈り，③11月 豚を森に放し育て，冬の食料に，④12月 犬を使い狩りをした。このように，中世の人々は家畜とともに生きてきたのである。

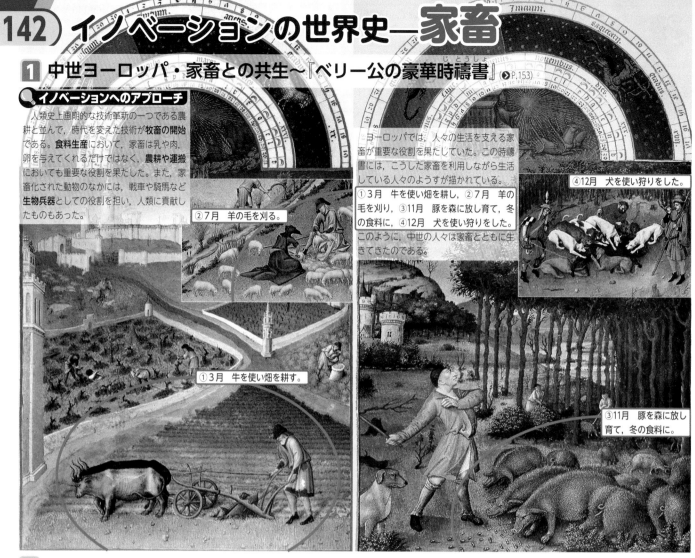

②7月 羊の毛を刈る。

④12月 犬を使い狩りをした。

①3月 牛を使い畑を耕す。

③11月 豚を森に放し育て，冬の食料に。

2 世界史を変えた家畜たち〜羊・牛・豚・馬

家畜	羊	牛	豚	馬
時代	約1万2000年前	約1万年前	約1万年前	前3000頃
場所	西アジア	西アジア	西アジア	東ヨーロッパ
要因	今まで**狩猟の対象**であった羊は確保がしやすく，群居する習性から飼育が容易であった。そのため，定住生活の前から飼育が開始されたとされる。	定住生活に入った人類が，はじめは食肉を目的に牛の飼育を開始。やがて耕作に従事させる役畜や乳を取る用畜として利用するようになった。	遊牧が困難で，草のみでは飼育できないところから，遊牧民に受け入れられなかった。しかし，定住生活を開始した人類は，集落の残飯で育ち，肉の育ちがよい豚をさかんに飼育した。	はじめは食肉用として飼育されたようだが，そのスピードとスタミナが**軍事，物流，通信，運搬**といった役畜として，他の家畜の追随をゆるさない利点となった。
	乳・肉はもとより，**ウール(毛)**が人類に大きな恩恵を与えた。メソポタミアの地域で毛並の整った羊が飼われており，**バビロニア**の国名は「ウールの国」を意味した。	**犂**の発明とセットで利用され，古代文明期に，**エジプト，メソポタミア，インド，中国**で農業生産力を画期的に増大させた。	上記の要因から，遊牧民の宗教(**ユダヤ教**や**イスラーム教**)では忌避された。農耕文化が南西アジアからヨーロッパに伝播する過程で，養豚の技術も伝わった。	**戦車の動力源**として，あるいは直接**騎馬**として使用され，それらの戦力を背景に強大な国家が建設された。
家畜化の影響	●**百年戦争**(▶P.150) 中世ヨーロッパでは毛織物産地であった**フランドル地方**が百年戦争の争奪の場に。 ●**ルネサンス**(▶P.154) ルネサンス期，毛織物の産地として有名な**フィレンツェ**がその中心として繁栄。 ●**囲い込み**(▶P.172) 15世紀末イギリスで牧羊地の確保に農地が囲い込まれ，土地を失った農民が各地に出現。彼らが工場労働者になり，**産業革命**(▶P.184)を準備。	●**戦国時代**(◀P.84) 中国の**春秋時代**末期に，牛に鉄製の犂を引かせる**牛耕**が行われるようになり，生産力が飛躍的に進歩。この変化に伴い，各国が争い，**諸子百家**と呼ばれる思想家が活躍する戦国時代が到来。 ●**純粋荘園**(◀P.140) 中世ヨーロッパでは，**重量有輪犂**の普及に伴い，**領主直営地**は農民に分割されて保有地となり，地代の金納化が進み，農奴の地位が向上。	●**三圃制農法**(◀P.140) 地力の乏しいヨーロッパでは，豚などの家畜と，春耕地，秋耕地，休耕地と区分し地力の回復をはかる三圃制農法が発展。 ●**香辛料**(▶P.165) 冬に食料不足になるヨーロッパでは，塩漬けの豚肉の臭みを消してくれる香辛料は貴重であった。その獲得をめざして**大航海時代**(▶P.164)が開幕。	●**ヒッタイト**(◀P.49) **古代オリエント**社会に覇権を唱えたヒッタイトは，鉄製武器と戦車が戦力の源。 ●**汗血馬**(◀P.13) 強力な騎馬軍団を有して前漢を圧迫した**匈奴**に対抗するために，**武帝**が求めたものが**大宛(フェルガナ)**産の汗血馬。 ●**モンゴル帝国**(◀P.106) 13世紀にユーラシア大陸全土を覆う大帝国を建設したモンゴルは，機動力にすぐれた騎馬軍団が原動力。

紀元前 | 紀元後

狩猟採集経済　農耕牧畜経済

3万年前 犬の家畜化開始	1万2000年前 山羊・羊の家畜化開始（◀2）	1万年前 牛・豚の家畜化開始（◀2）	前6000頃 鶏の家畜化開始（◀2）	前3000頃 馬の家畜化開始（◀2）

3 家畜化の条件とその分類

集団の要因	順位制で群の秩序を保つ動物 ➡ 管理がしやすい
繁殖の要因	配偶関係が不定の動物 ➡ 繁殖がしやすい
性格の要因	大胆で人に慣れ易い動物 ➡ 飼育がしやすい
餌の要因	草食性または雑食性の動物 ➡ 餌の入手がしやすい
成長の要因	成長が早い動物 ➡ 餌の吸収効率がよい

家畜の分類		用 途
農用動物	用畜	乳・肉・卵・毛など人間の生活に有用な物資を生産
	役畜	農耕や交通，運輸などの労働力を提供
伴侶動物		愛玩用に飼育される動物
実験動物		医学や生物学の実験に用いられている動物

もし馬が存在しなかったら，人類はもっとゆっくりした時間を過ごしたことだろう。貧相な輸送手段しかなければ，大国家の形成も遅れたであろう。また，ウマ科の動物の家畜化に成功したのは，ユーラシアの文明だけであり，ユーラシアの文明が世界を席巻したのは，その意味で必然だった。
（ジャレド＝ダイアモンド『銃・病原菌・鉄』による）

4 家畜由来の感染症，海を渡る（➡P.167）

人間の病気	もっとも近い病原体をもつ家畜
麻疹（はしか）	牛（牛疫）
結核	牛
天然痘	牛（牛痘）または天然痘ウイルスをもつ他の家畜
インフルエンザ	豚・アヒル
百日咳	豚・犬
熱帯性マラリア	家禽（鶏・アヒル？）

解説 家畜と接触する機会の多かった旧大陸では，人間は常に「家畜由来の感染症」の危険に晒されていた。麻疹，天然痘，インフルエンザ……しかし多くの接触のなか，旧大陸の人間たちはこれらの感染症に対する免疫を身に付けていった。

　一方，旧大陸のような家畜化する動物をもたなかった新大陸の人間たちは，これらの感染症に対する免疫を身に付ける機会を逸していた。この状況が悲劇をもたらすことになった。**コロンブス**（➡P.164）の新大陸到達以降，新旧大陸間の人間の接触が頻繁になると，新大陸では麻疹，天然痘，インフルエンザのパンデミック（広地域流行）がおこり，多くの犠牲者を出すことになった。

新大陸の天然痘

| 新大陸 | 旧大陸 |

旧大陸の天然痘

　最初の遭遇は1518年だった。天然痘がエスパニョーラ島に到着し，インディオ住民に激しく襲いかかった。バルトロメ＝デ＝ラス＝カサスの信じたところによれば，生存者はわずか千人に過ぎなかった。エスパニョーラ島から天然痘はメキシコに向かい，1520年上陸した。沿岸部にいたコルテスのトラスカラン同盟と，コルテスを追い払った側のインディオの双方に打撃を与えた。…それにしても，コルテスが退却を余儀なくされてからほぼ4か月後に，首都のテノチティトランでこの病気が発生したという事実は，まさにスペイン人を襲撃した者たちへの神罰とみなさないわけにはいかなかった。
（ウィリアム・H・マクニール『疫病と世界史』中公文庫による）

15世紀末のコロンブスの新大陸探検以降，スペイン人は新旧大陸間を行き来し，アメリカ大陸になかった家畜由来の感染症である天然痘・インフルエンザをもたらした。

マヤ滅亡（16世紀）
旧大陸から運ばれた天然痘によって人口が激減。スペイン人が征服。

アステカ王国滅亡（1521）
スペイン人と接触したアステカ王国では，兵士の多くが一斉に天然痘に感染，発病。コルテス軍はわずかな兵でアステカ王国を征服。

インカ帝国滅亡（1533）
ピサロは，天然痘や麻疹の流行で人口が激減したインカ帝国を300人の兵士で征服。

西欧の医書の著者たちが，ようやく天然痘とはしかは別の病気であると認識するに至った16世紀には，すでにこの二つの病気が典型的な小児病となっていたのは確実であった。ヨーロッパ全土で人々になじみ深く，大勢の子どもたちがこのいずれかの病気のため，あるいは何か別の感染症を併発などして死んでいったから，人口上大きな影響力をもっていた。
（ウィリアム・H・マクニール『疫病と世界史』中公文庫による）

↓2 克服された天然痘 18世紀の終わり，イギリス人のジェンナー（1749～1823）（➡P.181）は，「牛の乳房に触り，牛痘に感染したものはずっと天然痘に罹らない」という村の伝説に関心をもち，牛痘に罹った女の膿を健康な子どもの皮膚にすり込んだ。種痘のはじまりである。その約180年後の1980年，WHO（世界保健機関）は天然痘撲滅を宣言した。

↓1 天然痘にかかるインディオ

★ビザンツ帝国は西ローマ帝国滅亡後も存続し，東欧のスラヴ世界に影響を与えた。

1 ビザンツ帝国の一千年 〈P.68◀以前 以降▶P.128〉

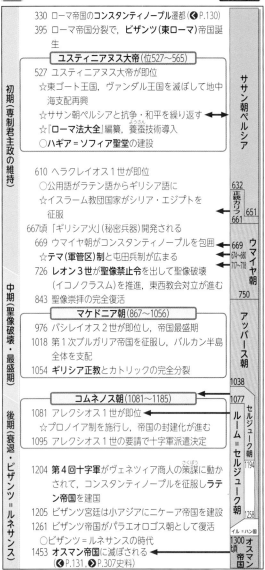

時代区分	年表	周辺王朝
初期（専制君主政の維持）	330 ローマ帝国の**コンスタンティノープル遷都** 〈◀P.130〉 395 ローマ帝国分裂で，ビザンツ（東ローマ）帝国誕生 **ユスティニアヌス大帝（位527～565）** 527 ユスティニアヌス大帝が即位 ☆東ゴート王国，ヴァンダル王国を滅ぼして地中海支配再興 ☆ササン朝ペルシアと抗争・和平を繰り返す ☆**『ローマ法大全』**編纂，養蚕技術導入 ○**ハギア＝ソフィア聖堂**の建設 610 ヘラクレイオス1世が即位 ○公用語がラテン語からギリシア語に ☆イスラーム教団国家がシリア・エジプトを征服 667頃「ギリシア火」（秘密兵器）開発される 669 ウマイヤ朝がコンスタンティノープルを包囲 ☆**テマ（軍管区）制**と屯田兵制が広まる 726 **レオン3世**が聖像禁止令を出して聖像破壊（イコノクラスム）を推進，東西教会対立が進む 843 聖像崇拝の完全復活	ササン朝ペルシア 632 正統カリフ 651 661 ウマイヤ朝 669 674～680 717～718 750
中期（聖像破壊・最盛期）	**マケドニア朝（867～1056）** 976 バシレイオス2世が即位し，帝国最盛期 1018 第1次ブルガリア帝国を征服し，バルカン半島全体を支配 1054 **ギリシア正教**とカトリックの完全分裂	アッバース朝 1038
後期（衰退・ビザンツ＝ルネサンス）	**コムネノス朝（1081～1185）** 1081 **アレクシオス1世**が即位 ☆プロノイア制を施行し，帝国の封建化が進む 1095 アレクシオス1世の要請で十字軍派遣決定 1204 **第4回十字軍**がヴェネツィア商人の策謀に動かされて，コンスタンティノープルを征服し**ラテン帝国**を建国 1205 ビザンツ宮廷は小アジアにニケーア帝国を建設 1261 ビザンツ帝国がパラエオロゴスとして復活 ○ビザンツ＝ルネサンスの時代 1453 **オスマン帝国**に滅ぼされる 〈◀P.131,▶P.307史料〉	1077 セルジューク朝 1194 ルーム＝セルジューク朝 1258 イル＝ハン国 1300頃 オスマン帝国

◆ビザンツ帝国の支配領域の変遷

565年／フランク王国／西ゴート王国／ラヴェンナ／ローマ／ナポリ／カルタゴ／コンスタンティノープル／アンティオキア／クテシフォン／アレクサンドリア／ササン朝ペルシア／□ユスティニアヌス大帝の征服地／0 500 1000km

780年／フランク王国／アヴァール／マジャール人／ハザール／後ウマイヤ朝／第1次ブルガリア帝国／ローマ／コンスタンティノープル／アンティオキア／アレクサンドリア／アッバース朝

1025年／フランス王国／神聖ローマ帝国／ハンガリー王国／ローマ／コンスタンティノープル／アンティオキア／カイロ／ファーティマ朝

1350年／フランス王国／神聖ローマ帝国／ハンガリー王国／アラゴン王国／フィレンツェ／ローマ／セルビア／ブルサ／第2次ブルガリア帝国／コンスタンティノープル／オスマン帝国／アンティオキア／カイロ／マムルーク朝

（『世界の歴史11』中央公論社）

→1 ギリシア火 ビザンツ海軍が用いた火器。水で消火できない特殊な物質のため，敵船に絶大な効果を発揮し，イスラームのコンスタンティノープル攻撃の危機を救い，制海権を守った。

→2 ディナール金貨（アッバース朝時代）地中海における経済活動の中心として貨幣経済が繁栄したビザンツ帝国。ノミスマ金貨はイスラームのディナール金貨にも影響を与え，国際通貨として流通した。

世界史の 交差点

ビザンツの不運な皇帝たち

ビザンツ帝国の皇帝は世襲ではなく，元老院・軍隊・市民によって推戴されるのが習わしであった。皇帝位は，不安定なものでしかなく，クーデタも権力交替の一方式として広く認められていたため，凄惨な帝位争奪戦が展開された。歴代89名の皇帝のうちその半数に当たる43名がクーデタで失脚し，うち30名が非業の最期を遂げている。

→3 生きたまま棺に入れられる皇帝ゼノン（5世紀）

◆ビザンツ帝国の繁栄 （絵はモザイク壁画，ラヴェンナ，サン＝ヴィターレ聖堂蔵）

ユスティニアヌス大帝　皇妃テオドラ

←4・5 ユスティニアヌス大帝（位527～565）と皇妃テオドラ

❶解説 ユスティニアヌス大帝は，ゲルマン人の諸国家を征服して地中海支配を再興させ，『ローマ法大全』の編纂（◀P.72）を推進した。しかし彼が戦費のために重税を課すと，532年にニカの乱がおこった。逃亡を決意した皇帝に，皇妃テオドラが「帝衣は最高の死装束である」と説得し，皇帝は反乱を鎮圧することを決意して帝位を守ったと伝えられている。

2 西ヨーロッパとビザンツ帝国

	西ヨーロッパ諸国	ビザンツ帝国
政治体制	世俗権力（皇帝・王など）と教会権力の二元構造で，世俗権力は弱体な封建社会	皇帝が中央集権的な支配を進め，官僚制・テマ（軍管区）制などを施行
経済の特質	自給自足的な荘園制で，11～12世紀以後に「商業の復活」がみられる	自由農民が存在し，国家が指導する商工業・貨幣経済が発達
文化	共通語 ラテン語 ゲルマン文化とカトリックが融合	公用語 ギリシア語 ギリシア＝ローマ文化を継承
宗教	ローマ＝カトリック（聖像崇拝などをめぐりギリシア正教側と対立が始まる） ローマ教皇を頂点とする聖職階層制が広まる	ギリシア正教（統一組織はなくロシア正教・セルビア正教などを東方正教会と総称） 「皇帝教皇主義」（コンスタンティノープル総主教が指導するが，皇帝の干渉がある）

探究のヒント

ルーツ「ビザンツ」：後世の人による呼称であり，当の「ビザンツ人」は自らを「ローマ人（ロマイオイ）」と呼んでいた。

●文字の比較表

グラゴル文字	Ⱅ Ⰱ Ⰲ Ⰳ Ⰴ Ⰵ Ⰶ Ⰸ Ⰺ Ⰽ Ⰾ Ⰿ Ⱀ
キリル文字	А Б В Г Д ЄⰄ Е Ⰸ И К Л М Н О
ローマ字	A B V G D E Z I K L M N O

3 スラヴ世界とギリシア正教圏の拡大

■ノヴゴロド国（1100年頃）
□キエフ公国（1000年頃）
1000km

→6 キュリロス（左）とメトディオス（右）兄弟 彼らは863年にモラヴィア国の要請を受け，ビザンツ帝国からギリシア正教の布教のために旅立った。キュリロスはグラゴル文字をつくり，これを使用して典礼・聖書をスラヴ諸語に翻訳した。のちに彼の弟子がキリル文字を発明し，東欧に普及させた。「スラヴの使徒」と呼ばれる。（絵はモザイク画でサン＝クレメンテ教会蔵）

→7 ウラディミル1世の洗礼 キエフ公国のウラディミル1世は，ギリシア正教に改宗してビザンツ皇妹と結婚した。（絵は15世紀の『ウラディミル年代記』の挿絵）

↑8 「ウラディミルの聖母」（12世紀のイコン，ロシア，トレチャコフ美術館蔵）

ヨーロッパ

4 東ヨーロッパ諸民族の歩み（●P.177）

ポーランド		ハンガリー		チェコ・スロヴァキア		ブルガリア		東スラヴ（ロシア・ウクライナ・ベラルーシなど）	
ピアスト朝（960頃～1370）		9 C	マジャール人，パンノニア定住	**モラヴィア王国**（9 C初～906）		681	トルコ系ブルガール人，バルカン半島東南部に定着	**862 ノヴゴロド国**	
966	カトリック化進むポズナニに司教座			キュリロス・メトディオスの布教（ギリシア正教）			スラヴ人と同化		ルーシ族の首長リューリク建国
1241	**ワールシュタット**（リーグニッツ）**の戦い**	955	レヒフェルトの戦い	**ベーメン王国**（10C初～）		9 C 後半	**第1次ブルガリア帝国の全盛期**	**882 キエフ公国**	
13C	ドイツ騎士団の**東方植民**	10C	ハンガリー王国建設	10C	カトリックを採用		ボリス1世時代，領土拡大，ギリシア正教に改宗	ウラディミル1世（位980頃～1015）	
	ドイツ騎士団領成立（プロイセンの起源）	11C	カトリックを採用	11C	神聖ローマ帝国に編入			ビザンツ化	
	カジミェシュ大王（1333～70）		ハンガリー王朝断絶選挙王政	**ルクセンブルク朝**（1310～1437）（ドイツ人の王朝）		1018	ビザンツ皇帝バシレイオス2世により滅亡	ギリシア正教国教化	
14C	グダンスク，ハンザ同盟に加盟	**アンジュー朝**（1308～86）		カレル1世（位1346～78）		1187	**第2次ブルガリア帝国**再興	キプチャク＝ハン国（1243～1502）	
	クラクフ大学設立		ナポリ王国アンジュー家の支配	（神聖ローマ皇帝カール4世1347～78）		13C 前半	イワン・アッセン2世時代，全盛→十字軍・モンゴル軍の侵入，地方貴族の分立，隣国セルビアの伸張	タタールのくびき	
ヤゲウォ（ヤゲロー）朝（1386～1572）		**ルクセンブルク朝**（1387～1437）		1348	プラハ大学創立			14C	諸国家の復活
1386	リトアニア大公ヤゲウォとポーランド女王の同君連合			1356	**金印勅書発布**（●P.151）			**1328 モスクワ大公国成立**	
1410	**タンネンベルクの戦い**（ドイツ騎士団を破る）	1396	ニコポリスの戦い	ジギスムント（位1419～37）				イヴァン3世（位1462～1505）	
		1458	マーチャーシュ1世即位（～90）	（神聖ローマ皇帝1411～37・ハンガリー王1378～1437）		14C 末	**オスマン帝国**に敗れ，従属	ビザンツ皇帝の姪ソフィアと結婚皇帝の称号ツァーリを採用	
16C	農奴制完成		中世ハンガリー最盛期創出	1396	ニコポリスの戦い			1478	ノヴゴロド国征服
	西欧ヘライ麦輸出		・ベーメン王兼任	1414	**コンスタンツ公会議**（～18）			1480	キプチャク＝ハン国から独立
	ヤゲウォ朝最盛期		・オーストリア侵入	1415	**フス処刑**（●P.148）			イヴァン4世（雷帝，位1533～84）	
1543	コペルニクス『天球回転論』（●P.157）			1419	フス戦争（～36）				全国会議実施
1572	選挙王政（～1795）								恐怖政治
									農奴制強化
									シベリア開発
								1582	イェルマークによるシビル＝ハン国征服

●14世紀初めの東ヨーロッパ（オスマン帝国進出前）

― 神聖ローマ帝国の境界

●ロシアの発展

1243 バトゥ，キプチャク＝ハン国建設

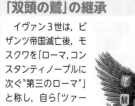

■1300年のモスクワ大公国
■1462年までの拡大（イヴァン3世即位時）
□1533年までの拡大（イヴァン4世即位時）
□1470年のリトアニア＝ポーランド王国（ヤゲウォ朝）

世界史の交差点

「双頭の鷲」の継承

　イヴァン3世は，ビザンツ帝国滅亡後，モスクワを「ローマ，コンスタンティノープルに次ぐ"第三のローマ"」と称し，自ら「ツァーリ（皇帝）」の称号（●P.177）とビザンツ皇帝の紋章「双頭の鷲」を用いるようになった。

146 十字軍

★ローマ教皇が主導した十字軍は，封建社会の変質をもたらすことになった。

1 十字軍の原因と結果

```
封建社会        ●農業生産力の向上  ●人口増加 → 土地不足  ●民衆の巡礼熱の高まり
の安定

1071  セルジューク朝，聖地占領，小アジア進出
☆ ビザンツ皇帝アレクシオス1世が教皇ウルバヌス2世に救援要請する

西欧の
膨張運動    →    十字軍遠征    ←    レコンキスタ(イベリア半島)
                                 東方植民(エルベ川以東ドイツ)

教皇権の衰退   諸侯・騎士の没落   ヴェネツィア・ジェノヴァ
                               の遠隔地貿易発展
                               →貨幣経済の普及

王権伸張      荘園解体

中世封建社会の崩壊        西ヨーロッパ世界の拡張
```

◀解説▶ 十字軍時代は，レコンキスタ，東方植民などさまざまな形で西ヨーロッパ世界の膨張運動が認められる。また，南仏の「異端」撲滅のための「アルビジョワ十字軍」や数千人の少年成年男女からなる「少年十字軍」などの動きもあった。

2 十字軍の歩み

回(期間)	契機・目的	結果
第1回 (1096〜99年)	セルジューク朝の聖地イェルサレム占領，小アジア進出→クレルモン宗教会議でウルバヌス2世が提唱	フランス，南イタリアの騎士，諸侯が参加。聖地を占領し，イェルサレム王国などを建国
第2回 (1147〜49年)	セルジューク朝の勢力回復	皇帝コンラート3世，仏王ルイ7世が行う。成果なし
第3回 (1189〜92年)	サラーフ=アッディーンの聖地奪還(◀P.125)	皇帝フリードリヒ1世(水死)，仏王フィリップ2世，英王リチャード1世が行う。聖地奪還は失敗
第4回 (1202〜04年)	インノケンティウス3世の提唱	ヴェネツィア商人にあやつられ，コンスタンティノープル攻撃に脱線。ラテン帝国建国
少年十字軍 (1212年)		独，仏で宗教的情熱から少年少女が聖地をめざし，途中で悲惨な結末に
第5回 (1228〜29年)	エジプトによる聖地の占領	皇帝フリードリヒ2世が，外交交渉により一時的に聖地を回復
第6回 (1248〜54年)	グレゴリウス9世の提唱による聖地の占領	仏王ルイ9世(聖王)による。イスラームの根拠地カイロを攻撃したが捕虜に
第7回 (1270年)	再戦してチュニス攻略	仏王ルイ9世による。アフリカのチュニスを攻撃したが，王が病死して失敗
1291年	十字軍最後の砦アッコン陥落(マムルーク朝による)	

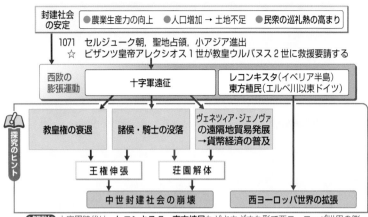

↑1 クレルモン宗教会議(1095年) セルジューク朝の小アジアへの進出に危機感をいだいたビザンツ皇帝の要請を受け，教皇ウルバヌス2世は十字軍を宣言した。(パリ国立図書館蔵)(◀P.141)

●ウルバヌス2世の演説(クレルモン宗教会議)

東方で，わたしたちと同じようにキリストを信ずる人々が苦しんでいる。…それは異教徒が聖地を占領し，キリスト教徒を迫害しているからである。…神はその解放をみずからの業として遂行なさる。…キリスト教徒どうしの不正な戦いをやめて，神のための正義の戦いにつけ。このよびかけに応じた者には，現世と来世を問わずすばらしい報酬が約束されている。(『十字軍』岩波新書)

3 十字軍の遠征

十字軍初期の宗教分布
□ローマ=カトリック ■ギリシア正教会 ■イスラーム教

● 十字軍国家

(地図内ラベル) スコットランド王国 デンマーク王国 リトアニア アイルランド ポメラニア公国 イングランド王国 リューベック キエフ公国 ウェールズ ロンドン ケルン マインツ ポーランド王国 シャルトル レーゲンスブルク ウィーン フランス クリュニー 神聖ローマ帝国 ハンガリー王国 リヨン ミラノ ヴェネツィア サンチャゴ=デ=コンポステラ フランス王国 クレルモン ナバラ王国 レオン王国 アルル ジェノヴァ セルビア アドリアノープル ポルトガル(伯) アラゴン マルセイユ ローマ ビザンツ帝国 ニケーア バルセロナ 教皇領 ナポリ サレルノ カスティリャ王国 両シチリア王国 アテネ エフェソス アンティオキア トレド コルドバ グラナダ チュニス クレタ キプロス ロードス トリポリ ダマスクス アッコン イェルサレム カイロ

アルメニア王国 エデッサ伯国 アンティオキア アンティオキア公国 キプロス王国 トリポリ伯国 ベイルート シドン ティルス アッコン イェルサレム王国 イェルサレム 50 100km ● キリスト教徒が1291年まで保有した都市 セルジューク朝 アルメニア エデッサ

ムラービト朝
▨ 神聖ローマ帝国の境域
■ フランス国家(カペー家)の所領

十字軍の進路
— 第1回(1096〜99)
— 第3回(1189〜92)
— 第4回(1202〜04)
— 第6回(1248〜54)
— 第7回(1270)

0 500 1000km

ファーティマ朝

↑2 第3回十字軍による捕虜の処刑 第3回十字軍は，アッコンを攻略すると，第1回十字軍がイェルサレムで虐殺したように，捕虜の大量処刑をリチャード1世の前で行った。(パリ国立図書館蔵)

リチャード1世

↓3 第4回十字軍の略奪品 第4回十字軍はヴェネツィアの策謀に動かされ，ビザンツ帝国を攻撃した。サン=マルコ大聖堂前の馬の彫刻もコンスタンティノープルの競馬場から奪ってきたものである。

世界史の交差点

シチリア島と「最初の近代人」

古来，シチリア島はギリシア，ローマ，ビザンツ，イスラーム，ノルマンが次々と進出し(◀P.67・139)，多文化が混淆共存する独自の地域だった。シチリア王女を母とする神聖ローマ皇帝フリードリヒ2世はここで育ち，拠点としてドイツを支配し，イタリア統一をめざしてロンバルディア同盟やローマ教皇と激しく対立した(二度の破門を受けている)。その一方で学芸を好み，官僚制や貨幣制度の整備に努めるなど，イタリアルネサンス期の君主像とも重なる「王座の上の最初の近代人」(歴史家ブルクハルトの言葉)と評価される。国内では政争に明け暮れたが，十字軍には消極的で，再三の教皇の要請に応じた第5回十字軍では，アイユーブ朝との交渉による和解を果たして平和的にイェルサレムを回復した。あらゆる意味で先駆的で型破りな皇帝の行動の背景には，シチリア独自の文化的・政治的風土があった。

↑4 フリードリヒ2世
(位1215〜50)

★十字軍を境に，貨幣経済や商業の発達が促されて，商業都市が多数出現した。

1 商業の発達

⊙ 人口5万以上の都市
・ おもなハンザ同盟加入都市
名 ハンザ同盟4大在外商館
・ シャンパーニュの市
― おもな交易路

ハンザ同盟盟主

北ヨーロッパ商業圏
リューベック
ノヴゴロド
毛皮・木材
穀物・海産物・木材など
ノルマン＝ロシア世界
キエフ
ベルゲン
ハンブルク
北ドイツ
ブレーメン
ロンドン
ブリュージュ
アントウェルペン
南ドイツ
ガン
ケルン
フランドル地方
ネルトリンゲン ニュルンベルク
毛織物
パリ
トロア
アウクスブルク
シャンパーニュ地方
銀・銅・毛織物
大市
イベリア半島
リヨン ミラノ ヴェネツィア
ジェノヴァ フィレンツェ
ピサ
北イタリア
ローマ
毛織物
シルク＝ロード・中国へ
アジアからの香辛料・絹織物
ビザンツ世界
シルク＝ロード・中国へ
コルドバ
トレド
グラナダ
地中海商業圏
パレルモ
コンスタンティノープル
イスラーム世界の交易ネットワーク
ノルマン＝シチリア世界
アレクサンドリア
カイロ
バグダードへ
ダマスクス

0 500 1000km

❶解説 北ヨーロッパ商業圏と地中海商業圏が出会うのは，内陸のシャンパーニュや南ドイツの諸都市だった。地中海商業圏だけでなく，北ヨーロッパ商業圏もキエフのノルマン人経由でイスラーム世界に接続していた。

●商業の復活

背景
①生産力の増大により**余剰生産物の定期市**が各地にうまれる
②十字軍以後，遠隔地商業が発展する

11～12世紀に中世都市が発達し，イスラーム世界・ノルマン人の世界と接続した交易ネットワークが形成（「**商業の復活**」，「**商業ルネサンス**」などとも呼ばれる）

2 中世都市の形成

	①自治都市	②帝国都市（自由都市）
形成	**特許状**を獲得して法・城壁をもち独立性を高める	司教座都市の教会支配から自立したり，**名目上皇帝に直属**して諸侯に対抗
例	北・中イタリアの**自治都市（コムーネ）**	ドイツの**ハンザ同盟**の諸都市

●都市の階層

都市貴族
商人
親方
下層民

商人ギルド
同職ギルド

ツンフト闘争

市政を担う市民層

職人，徒弟，賃金労働者，被差別民

❶解説 都市には市民と下層民の区別があり，市政に参加できるのは市民のみであった。商人・親方たちの利益を守るためにギルド（同業組合）があり，製造販売を統制して市場を独占した。11・12世紀に成立した**商人ギルド**に対し，13世紀以降は職種別の**同職ギルド（ツンフト）**が成立し，**ツンフト闘争**を経て市政を担当した。

←❼ダンテ（●P.154）の『神曲』に登場する**煉獄山** 山を上りつめると地上楽園があり，そこから天国が始まる。（フィレンツェ，サンタ＝マリア＝デルフィオーレ大聖堂蔵）

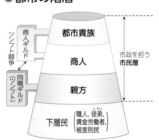

↑❻「親方作品」を製作する大工と石工 手工業者の同職ギルドは親方層により構成されていた。親方となるためには徒弟，職人を経て厳しい修行を積み，最後に「親方作品」を製作する試験を受けた。（英国国立図書館蔵）

↑❶ネルトリンゲン ドイツの自由都市は，皇帝に直属する形で領主から自立したので「**帝国都市**」と呼ばれた。南ドイツの帝国都市ネルトリンゲンは直径800m，長さ4kmの城壁に囲まれ，中央には高さ90mの塔をもつ聖ゲオルク教会がたち，典型的な中世都市の面影を今に伝えている。

聖ゲオルク教会

🏛世界遺産

↑❷ブレーメン市庁舎と**←❸マルクト広場の音楽隊像** この町は**ハンザ同盟**の主要都市であり，グリム童話『ブレーメンの音楽隊』の舞台でもあった。市庁舎前にはローラン像もある。

←❹現在のシャンパーニュ地方 古来，ガリアの交通の要衝として発展し，ワイン生産が有名である。中世には年に一度，1週間規模で大々的に開催される**大市（歳市）**の地であった。

↓❺「アドリア海の女王」ヴェネツィア ヴェネツィアは十字軍を契機に東方貿易に進出するとともに，北イタリアやアドリア海一帯に領土を拡大し，領域国家としての**海洋都市国家**に発展した。潟・浅瀬・川床の上に117の島が378の橋でつながれ，迷宮のような都市が形成された。木の杭が垂直に地面に打ち込まれ，その上に建造物が立っていった。人々は船で街中を往来する。

🏛世界遺産

運河
教会

ルーツ 「～ブルク（ブール）」：独語で城砦，仏語で市の立つ小さな町を意味し，ハンブルク，ストラスブールなどの都市が中世に起源をもつことを物語る。

封建社会の変質と教皇権の衰退 探究

> ペストの流行による人口減少は，封建社会の基盤にあった荘園にどのような影響を及ぼしたか，述べなさい。［60字程度］　類題：聖心女子大学

★危機の時代，中世の象徴である封建社会と教皇権の衰退が進んだ。

1 西ヨーロッパ社会の変質

11〜12世紀「革新の時代」	→	14世紀「危機の時代」	→	15〜16世紀「近代国家の起源」
・三圃制農法の普及（◀P.140） ・十字軍（◀P.146） ・商業の復活（◀P.147）		・気候の寒冷化 ・黒死病の流行 ・百年戦争		・絶対王政の形成へ （・中央集権国家 ・主権国家体制）
貨幣経済が農村にも浸透し，労働地代（賦役）から**生産物地代・貨幣地代**に移行 →領主直営地が縮小する純粋荘園に移行 →領主は貨幣とひきかえに農奴解放に同意		農村人口激減のため，領主は農民の待遇を改善して**農奴解放**を一層進める →①窮乏した領主は，農民への負担を再び重くする（封建反動） ②貴族領主層の没落により王権の伸張が著しくなる ③教皇権が衰退→教会批判		①西欧では封建社会は衰退に向かう ②エルベ川以東では西欧への穀物輸出のため，大農場で賦役が強化される（**農場領主制**）

2 教皇権の衰退 世界遺産

↑2 フィリップ4世（端麗王，位1285〜1314）　彼の時代は集権的な国家組織の基礎が築かれた。

↑1 アヴィニョン教皇庁

◀解説▶フランスの**フィリップ4世**は，課税問題をめぐって国家に対する教会の優越と教皇権の絶対性を説く教皇ボニファティウス8世（位1294〜1303）と対立した。王権の強化に努め，中央集権的な国家の確立をめざした彼は，**アナーニ事件**（1303）において教皇を憤死させ，1309年には教皇庁を南フランスのアヴィニョンに移し，フランス王の支配下においた。この事態は前6世紀のユダヤ人の苦難になぞらえて，「**教皇のバビロン捕囚**」と呼ばれた。

3 危機時代のヨーロッパ

●黒死病（ペスト）の流行（◀P.31）

ペストの拡大
| 1346年 |
| 1347年 |
| 1348年 |
| 1349年 |
| 1350年 |
| 1351年 |
| 1353年 |

農民反乱
都市反乱
通商路

1381 ワット＝タイラーの乱
1419〜36 フス戦争
1358 ジャックリーの乱
1309〜77 教皇のバビロン捕囚
1303 アナーニ事件

📖探究のヒント

◀解説▶13世紀末以降，農業生産は減少し，飢饉もしばしば発生した。1346〜50年には黒死病（ペスト）が全ヨーロッパを襲い，人口の3分の1が死亡したといわれる。加えて領主の没落と**大規模な農民反乱**が発生した。その結果，農奴解放が進んで，荘園領主の権力が低下した。

↗4 フスの火刑（1415年）　カトリックに批判的であったフスは，**コンスタンツ公会議**で異端とされ，火刑に処された。悪魔の帽子を被せての刑罰はチェック人を憤激させ，フス戦争を招いた。

↑3 ジャックリーの乱　危機の時代，農民は時に領主の圧政に対して立ち上がった。絵は，反乱の末に虐殺される農民たち。
→5 バーゼルの「死の舞踏」　14・15世紀の人々は死と隣り合わせに生きる不安をさまざまに表現した。

死神　教皇

4 11〜15世紀の西ヨーロッパの概観（南欧・北欧を含む）　◀P.138・139 以前　以降▶P.150

	イングランド（▶P.150）	フランス（▶P.150）	神聖ローマ帝国・スイス▶P.162	北イタリア・教皇領	両シチリア王国	南欧・北欧（▶P.171）
11〜12世紀革新の時代	1189 第3回十字軍出発＝英王・仏王・独皇帝が参加（〜92） 1206 仏王フィリップ2世が英王ジョンを破り，仏の英領の大半を奪う		1215 シュタウフェン朝のフリードリヒ2世即位するが，イタリアをめぐる政争に終始	☆都市共和国が栄える	1130 ノルマン系の**両シチリア王国**建国 1194 王国はシュタウフェン朝が継承	11世紀末〜　**レコンキスタ**の本格化 1215 ラテラノ公会議でユダヤ人の黄色いマークの着用が決定
13世紀教皇権全盛と封建社会の動揺	13世紀前半　教皇インノケンティウス3世が英王ジョン・仏王フィリップ2世を破門 1215 **マグナ＝カルタ**がジョンに承認される 1265 **シモン＝ド＝モンフォール**によるイングランド議会の起源 1295 **エドワード1世の模範議会**	1229 ルイ9世によるアルビジョワ十字軍の完了＝南仏へ王権拡大 1302 **フィリップ4世**が全国三部会を招集 1303 アナーニ事件 1309 教皇庁を**アヴィニョン**に移転（〜77）	1256 実質的な皇帝がいない**大空位時代**（〜73） 1291 ハプスブルク家の圧政に対して**スイス独立戦争**が始まる	13世紀　教皇インノケンティウス3世全盛期 1303 **教皇ボニファティウス8世**が北伊アナーニで仏王フィリップ4世に捕らえられ憤死＝アナーニ事件 1309 教皇庁がアヴィニョンに移転＝教皇のバビロン捕囚（〜77）	1198 **フリードリヒ2世**が即位し，のち神聖ローマ皇帝と兼任 ☆官僚制の整備，諸宗教・諸文化の共存により王国の全盛期 1266 仏のアンジュー家の支配が始まる	1397 北欧3国の**カルマル同盟**がマルグレーテの主導で成立（◀P.139）
14世紀危機の時代＝封建社会の衰退と王権の伸張	1339 **百年戦争**始まる（〜1453） ☆前半は英軍の圧倒的優勢　☆フランス国内でも親英的なブルゴーニュ公が実権掌握　☆農民反乱（ジャックリーの乱，ワット＝タイラーの乱）発生，黒死病流行 ☆後半で仏軍が挽回し，英軍が撤退		1356 ベーメン王出身の皇帝カール4世が**金印勅書**制定 ☆七選帝侯制度が発足し，諸侯の領邦・都市の自立化傾向が強まる	1378 **教会大分裂（大シスマ）**（〜1417） ☆**ウィクリフ**，**フス**などの教皇批判が強まる	1282 「シチリアの晩鐘」でアラゴン系のシチリア王国とアンジュー系のナポリ王国に分裂	1479 **カスティリャ女王イサベル**の夫フェルナンド5世がアラゴン王に就任，両国が合体＝**スペイン**成立 1492 ナスル朝の首都**グラナダ**が陥落し，レコンキスタ完了
15世紀絶対王政の形成へ	1455 **バラ戦争**（〜85） 1485 **ヘンリ7世**が**テューダー朝**を開く		15世紀以降　皇帝を**ハプスブルク家**が世襲するようになる（1438〜）	1414 **コンスタンツ公会議**（〜18）で大シスマを解消，フスを火刑（1415）		1492 **コロンブス**が大西洋を横断してアメリカ大陸に到達

ルーツ 「ジャックリー」：フランス語で農民の蔑称（ジャック）に由来する。

「シャルトル大聖堂のステンドグラス」12～13世紀

高さ南塔106m・北塔115m　フランス，シャルトル

作品のプロフィール

　フランス北西部ボース平原の町シャルトルの大聖堂。当初ロマネスク様式の建築だったが，1194年に一部焼失，1220年にゴシック様式で再建されて今日に至っている。天空へ向かう垂直性の強いプロポーションと広い壁面を飾る**ステンドグラス**（着色ガラス）は，ゴシック建築の代名詞ともなっている。

　色とりどりの光線を堂内にもたらす173枚のステンドグラスの総面積は2,000㎡。左写真の上は西側バラ窓（直径13m）で，「最後の審判」がモチーフ。その下3枚は左から「キリストの受難」「キリストの生涯」「エッサイの家系樹」が絵解きされ，読み書きができない中世の民衆に聖書の教えを伝える役割をもっていた。

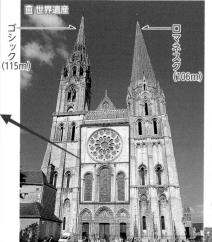

🏛世界遺産

ゴシック（115m）　ロマネスク（106m）

←1 正面扉口から見たシャルトル大聖堂　ふぞろいな二つの尖塔は右が焼失を免れたロマネスク，左が再建されたゴシック様式のもの。高さの違いに注目。

↓2 空から見たシャルトル大聖堂

↓3 フライング＝バットレス

上写真の撮影方向

見る視点　ロマネスクとゴシック（▶P.153）

ロマネスク
半円筒穹窿を直角に交差させたヴォールト。天井の重みは柱が支えている。

ゴシック
尖頭アーチ，肋骨ヴォールトとフライング＝バットレスにより，高さと壁面の大きな窓を可能にする。

〈解説〉石やレンガを積み上げる建築は天井構造がアーチ形となる。これをヴォールトという。ヴォールトに働く水平力が壁面を崩壊させないように，外部に取り付けられたフライング＝バットレス（飛梁）が力を地上へと分散させて支えている。シャルトル大聖堂に始まるこの発明が，ゴシック建築の高さを可能とし，重量を支える役割から解かれた壁面は，窓のための場所を提供した。

見る視点　ステンドグラス

①②③④⑤

ステンドグラスづくりの工程（13世紀）
①下絵書き　②ガラス板づくり　③下絵にあわせてガラス切り。釉薬を塗り焼成して着色　④鉄枠にガラスを並べて間を鉛で固定　⑤升目ごとに窓枠に設置，補強

→4「美しき絵ガラスの聖母」
最古のステンドグラスで12世紀のもの。南側周歩廊にある。「シャルトルブルー」といわれる衣の青と聖母マリアの表情が，見る者に深い印象を与える。

ゴシック建築の技術力　12世紀のロマネスク様式の聖堂にもステンドグラスは存在したが，窓のスペースを大きくとることができなかった。ガラスの彩色技術も未熟であった。13世紀前後になって，建築技術や彩色焼ガラスの技術が発展し，多彩な色の大画面ステンドグラスが可能となった。

（Ⓒ安藤のりゆき「週刊ユネスコ世界遺産82号」講談社）

イングランド，フランス

？探究 イングランド王ジョンが，大憲章（マグナ＝カルタ）の承認に至るまでの経緯を，順を追って説明しなさい。〔80字程度〕 類題：北海道大学

★百年戦争を通じて封建貴族の没落と国王の中央集権化が進んだ。

1 イングランドとフランスの中央集権化

〈P.138・139・148◀以前 以降▶P.172・174〉

イングランド	フランス
1154 アンジュー伯のヘンリ2世がプランタジネット朝をひらく	987 ユーグ＝カペーがカペー朝をひらく
	フィリップ2世（尊厳王，位1180〜1223）
1189 第3回十字軍が出発（英王リチャード1世）	仏王フィリップ2世が参加）
ジョン（欠地王，位1199〜1216）	
1206 ジョンがフィリップ2世に敗北，ギュイエンヌ地方を除く大陸所領を失う	
1209 カンタベリ大司教の選任問題で教皇インノケンティウス3世に破門され，屈服	1209 アルビジョワ十字軍を開始し，南フランスに王権を伸張（〜29）
1215 大憲章（マグナ＝カルタ）を認める（▶P.304史料）	ルイ9世（聖王，位1226〜70）
1265 ヘンリ3世，シモン＝ド＝モンフォールの議会を承認	1229 アルビジョワ十字軍終了
	1270 第7回十字軍を行うが国王客死
1295 エドワード1世が模範議会を招集	フィリップ4世（端麗王，位1285〜1314）
☆貴族，聖職者のほかに各州2名の騎士，各市2名の市民で構成	1302 全国三部会を招集
	1303 アナーニ事件で教皇憤死（◀P.148）
1327 エドワード3世が即位（〜77）	1309 教皇のバビロン捕囚（〜77）
	1328 ヴァロワ朝が成立する
百年戦争（1339〜1453）	百年戦争（1339〜1453）
1339 エドワード3世がフランス侵攻（カペー朝の王位継承権主張）➡百年戦争開始（焦点はフランドル地方，ギュイエンヌ地方の支配権。クレシーの戦いやポワティエの戦いで英軍優勢）	
1346（〜50） 黒死病が大流行し，多数の死者が発生	
1360 カレーの和約で一時休戦 ➡親英的なブルゴーニュ公がフランドル地方を領有	
1381 ワット＝タイラーの乱	1358 ジャックリーの乱
1399 ランカスター朝始まる（赤バラが紋章）	
1429 オルレアンの戦いで仏軍勝利（ジャンヌ＝ダルクらの活躍），シャルル7世が戴冠式挙行	
1435 アラスの和約でシャルル7世とブルゴーニュ公が和解	
1453 カレーを除く全フランスから英軍が撤退し，終戦	
バラ戦争（1455〜85）	☆ジャック＝クールらの上層市民との提携で絶対王政へ
1461 ヨーク朝が成立（白バラが紋章）	1477 ブルゴーニュ公領は，ハプスブルク家とヴァロワ家にそれぞれ併合へ
1485 リチャード3世敗死	
1485 ヘンリ7世がテューダー朝をひらく（▶P.172）	

左端縦書き：プランタジネット朝／ランカスター朝／ヨーク朝／テューダー朝
／カペー朝／ヴァロワ朝

2 イングランドとフランスの王家

赤字：イギリス王
青字：フランス王

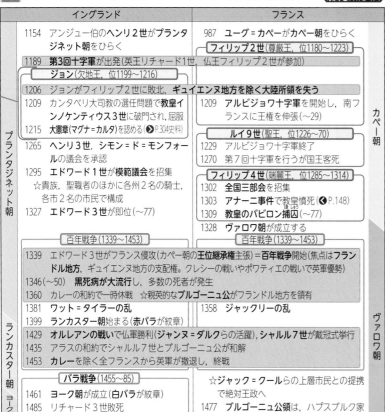

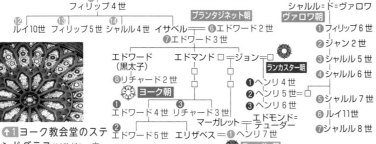

↑1 ヨーク教会堂のステンドグラス（16世紀） 白，赤，白赤のバラを交互に配列。

Key Person ジャンヌ＝ダルク（1412〜31）

神の声を聞いたとしてヴァロワ朝のシャルル7世に接近し，1429年に英のオルレアン攻囲を解除したドンレミ村の農民の娘ジャンヌの活躍は半ば伝説化した。だが，百年戦争は単純な英仏の対立ではなく，英と結び仏王権を狙ったブルゴーニュ公とヴァロワ朝の対立という構図をもっていた。シャルル7世が自分の正統性を人々に印象づけるには，ジャンヌと神の恩寵という話は「利用できる」話だった。結局シャルル7世は即位に成功し，ジャンヌはブルゴーニュ公に捕らえられ英側に引き渡され，宗教裁判で火刑となった。わずか19歳の生涯だった。
（15世紀の細密画，パリ国立図書館蔵）

↑2 シャルル7世（位1422〜61） 13歳で皇太子になったが，イギリスやブルゴーニュ公の反対にあって王位継承者の地位が危ぶまれていた。

3 プランタジネット朝の成立と英仏

凡例：
■ 11世紀末におけるフランス王家（カペー家）の所領
■ 1154年（プランタジネット朝成立）におけるイングランド領
□ 1328年（エドワード3世即位時）におけるイングランド領
□ 1363年におけるブルゴーニュ公領
1180年における神聖ローマ帝国・フランスの国境
毛織物工業の先進地帯
ブドウ酒の名産地
13世紀前半 アルビジョワ十字軍でフランス王権が勢力拡大

（解説）プランタジネット朝は当初，フランス国内にも広大な領土をもっていたが，ジョンの時代には領土の大半を失い，南西部のギュイエンヌ地方などしか残らなかった。

4 百年戦争とバラ戦争時の英仏

凡例：
■ 1328年（エドワード3世即位時）におけるイングランド領
← 1346エドワード3世の進路
□ 1360年のイングランド領
□ 1415〜29年のイングランド領
□ 1477年のブルゴーニュ公領
1415 アザンクールの戦い
1435 アラスの和約
ジャンヌ＝ダルクの進路（1429〜1430）
1346 クレシーの戦い
1429 オルレアンの戦い
1356 ポワティエの戦い
エドワード黒太子の進路（1356）

（解説）百年戦争前半ではプランタジネット朝とブルゴーニュ公が領土をめざましく広げたが，戦争後半ではヴァロワ朝が勢力を回復した。

➡3 クレシーの戦い
百年戦争前期の戦い。フランス軍は，ハンドルをまわして弦を引きしぼり引金で射つ弩を使用していたが，操作が面倒で，イギリス軍の集団戦法と長弓の速射性の前に敗れた。
（パリ，アルセナール図書館蔵）

弦を引くフランス軍
イギリス長弓隊

★ドイツ・イタリアの分裂・混迷の一方で，レコンキスタを背景にスペインの国威が高まった。

1 14世紀中頃のヨーロッパ

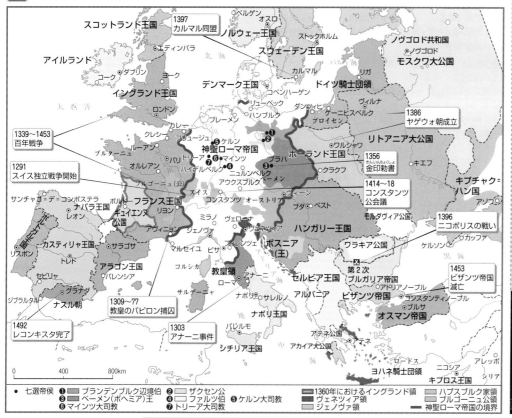

- 七選帝侯 ❶ブランデンブルク辺境伯 ❷ザクセン公 ❸ベーメン（ボヘミア）王 ❹ファルツ伯 ❺ケルン大司教 ❻マインツ大司教 ❼トリーア大司教
- ■1360年におけるイングランド領 ■ハプスブルク家領 ■ヴェネツィア家領 ■ブルゴーニュ公領 ■ジェノヴァ領 ━神聖ローマ帝国の境界

世界史の交差点
『ロミオとジュリエット』に描かれたイタリアの分裂

シェークスピア（●P.156）の名作『ロミオとジュリエット』は，教皇党と皇帝党の対立に彩られた13世紀後半のイタリアのヴェローナが舞台である。敵対するモンタギュー家とキャピュレット家であったが，両家のロミオとジュリエットが恋に落ち，親同士の抗争ゆえに二人とも命を失っていく。シェークスピアは直前にバラ戦争を描いた『リチャード3世』を書いており，血みどろの政治対立にささやかな幸福を引き裂かれる人間の悲劇性に注目していた。

皇帝党（ギベリン）	教皇党（ゲルフ）
神聖ローマ帝国のイタリア政策を支持	イタリア政策（干渉）に反対
封建領主，新興市民，小都市などを基盤	小貴族，大商人，有力都市などを基盤

（1968年，英・伊合作，監督フランコ＝ゼフィレッリ）

↑1 映画『ロミオとジュリエット』

2 ドイツの分裂

↑2 金印勅書 （ウィーン国立図書館蔵）

←チェコの王宮
↑3 カレル橋 カール4世のチェコ語の名前を冠している。（当時の帝国の中心プラハ）

探究のヒント
解説 大空位時代を経て神聖ローマ皇帝権は弱体化したが，ベーメン出身のカール4世は七選帝侯制度を定めた金印勅書（●P.304史料）を制定した。これにより領邦君主の領内主権が認められ，帝国の統一は妨げられた。

●スイスの独立

5世紀	ブルグント人，アラマン人などゲルマン民族定住
9世紀	ヴェルダン条約（中部・東フランクの境界が引かれる）
10世紀	神聖ローマ帝国による支配
1218	ハプスブルク家の支配が始まる
1291	ウリ，シュウィーツ，ウンターヴァルデンの3原初州の同盟による独立戦争
1499	ハプスブルク家より事実上の独立
	○ヴィルヘルム＝テルの伝説成立
1523	ツヴィングリ，チューリヒで宗教改革開始
1541	カルヴァン，ジュネーヴで宗教改革開始
1648	ウェストファリア条約（スイスの独立承認）（●P.175）
1815	ウィーン会議（永世中立国として承認）（●P.196）

↑4 ヴィルヘルム＝テル伝説 15世紀には「自由の闘士」ヴィルヘルム＝テル伝説が演劇などに取り上げられ，子供の頭上のリンゴを射落とす名射手ぶりやハプスブルク家支配への抵抗が歴史的事実と信じられるようになった。

3 スペインのレコンキスタ（◀P.125）

1200年頃

1300年頃

■イスラーム勢力圏
緑数字＝再征服成功年次
＊「レコンキスタ」は「再征服」の意。

解説 キリスト教徒によるイベリア半島「征服」は，イスラーム王朝下の宗教共存体制を否定して，ムスリムばかりかユダヤ教徒の迫害を始めるものであった。その後カスティリャとアラゴンは1479年に合体し，スペインが成立した。1492年，スペインはグラナダ征服でレコンキスタを完了した。

↑5 スペイン王国の誕生 カスティリャの王女イサベル（位1474～1504）とアラゴンの王子フェルナンド（位1479～1516）が結婚後それぞれ即位し，両国を統合・共同統治した。

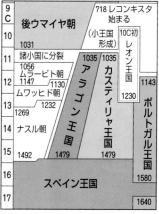
フェルナンド5世
フアナ（娘） イサベル

●イベリア半島の変遷

9C		
	後ウマイヤ朝	718 レコンキスタ始まる
10		（小王国形成）10C初 レオン王国
	1031	
11	諸小国に分裂	1035 / 1035
	1056	
	ムラービト朝 1147 / 1130	
12	ムワッヒド朝	
13	1232	1143
	1269 / 1232	
14	ナスル朝	
15	1492	1479 / 1479
16	スペイン王国	1580
17		1640

（アラゴン王国／カスティリャ王国／ポルトガル王国 1143）

中世ヨーロッパの文化 ❓探究

中世の大学について，社会経済的・文化的背景とともに発生の経緯，カリキュラム上の特徴を説明しなさい。[110字程度]

★ヨーロッパ文明の基盤の一つ，キリスト教が中世文化を支配した。

1 中世の文化

特色	①キリスト教の神学が中核（「哲学は神学の婢である」）　②学問研究の場は，教会・修道院の付属の学校（スコラ）から，次第に大学へ　③ラテン語が神学・学術用語であり，その意味で国際性をもっていた　④異端審問などの抑圧があり，学問の自由はなし		
神学	アウグスティヌス (354～430)	キリスト教会初期の著作家（教父）。大著『神の国』を書いて，ローマ帝国滅亡の原因をキリスト教に帰す論に反駁	
	アルクイン (735頃～804)	イングランド出身でフランク王国のカール大帝に招かれる。**カロリング＝ルネサンス**の原動力となる	
	アンセルムス (1033～1109)	カンタベリ大司教。アウグスティヌス哲学を継承し**スコラ学**の父と呼ばれる。理性の上に信仰をおき**実在論**を確立	
	アベラール (1079～1142)	ラテン語ではアベラルドゥス。フランスの神学者。人間の認識のありかたを批判的に検討し**唯名論**の道を開く（実在論との間で**普遍論争**始まる）	
	ロジャー＝ベーコン (1214頃～94)	イングランドの神学者。アリストテレスの影響を受けて**実験・観察**を重視。「実験科学」の語をつくる	
	トマス＝アクィナス (1225頃～74)	ドミニコ修道会士。実在論の立場からアリストテレス哲学（←P.64）とキリスト教神学の調和につとめ『**神学大全**』を著述	
	ドゥンス＝スコトゥス (1266頃～1308)	フランチェスコ修道会士。トマス＝アクィナスを批判して**唯名論**をとる。人間の直観による認識を重視	
	ウィリアム＝オブ＝オッカム (1290頃～1349頃)	フランチェスコ修道会士。**唯名論**を確立して普遍は記号にすぎないことを説く。俗権の教皇権に対する優位も主張	
文学	騎士道物語	北方では戦場の騎士を描いた武勲詩が流行　『**ローランの歌**』（11～12世紀のフランスで成立，カール大帝のイベリア半島遠征が題材）　南方では宮廷におけるロマンティック・ラヴ（恋愛）を，**吟遊詩人**（ドイツでは**ミンネジンガー**，フランスでは**トゥルバドゥール**）が歌う	
	英雄叙事詩	『**ベオウルフ**』（8世紀のイギリスで成立）　『**エッダ**』（9～13世紀の北欧で成立した神話・英雄伝）　『**ニーベルンゲンの歌**』（13世紀にドイツで成立，ニーダーラントの王子ジークフリートらが活躍する英雄叙事詩）　『**アーサー王物語**』（ケルト人の伝説的英雄アーサー王の物語に円卓の騎士の話などが加わった長大な物語群）	

2 大学の誕生　●おもな大学の分布

- 12世紀までの設立
- 13世紀の設立
- 14世紀の設立
- 15世紀以後の設立

0　250　500km

＊□の大学は下表参照

●おもな大学

ボローニャ大学	イタリア。典型的な学生組合の大学（11世紀成立）。**法学研究**で有名。**最古の大学**
サレルノ大学	イタリア。11世紀に設立された医学校が基礎。**医学研究**で有名。アラビア医学の影響
パリ大学	典型的な教師組合の大学（12世紀成立）。**神学研究**で有名
オクスフォード大学	パリ大学を範として成立（12世紀成立）。**神学研究**で有名
ケンブリッジ大学	オクスフォード大学の教師・学生が移住して成立（13世紀）
ナポリ大学 ウィーン大学 プラハ（カレル）大学 クラクフ大学	南イタリア　神聖ローマ帝国　プラハ　ポーランド ｝ 君主が設立した大学

3 中世の神学者たち

←2 **アウグスティヌス**　若い頃，肉欲と理想のはざまで苦しみ**マニ教徒**（←P.55）となったが，30代前半の時，回心した。初期キリスト教の代表的**教父**。

←3 **アベラールとエロイーズ**　アベラールは唯名論の旗手として活躍していたが，女性の弟子エロイーズと恋に落ち，二人の間には一子も生まれた。しかし引き裂かれた二人は別々の修道院で暮らして死後に合葬された。彼らの往復書簡集は後世に感動を与えた。

←4 **トマス＝アクィナス**　彼は，アリストテレス哲学とキリスト教神学の融合をめざし，大著『神学大全』を完成させた。唯名論と実在論の調和を図った。

4 トゥルバドゥールと恋愛文学の発生

←5 **トゥルバドゥール**　12世紀以降，南フランスで女性に対するロマンティックな愛を歌う吟遊詩人（トゥルバドゥール）が現れた。彼らは宮廷に仕え，リュート（弦楽器の一つ）などの音楽にあわせて「宮廷風恋愛（ラムール＝クルトワ）」と呼ばれる愛のかたちを歌った。主題は類型的で「真の恋愛は遍歴の騎士と身分違いの貴女の間にのみ成立する」「騎士は恋の奴隷として報われぬ愛を耐え忍ぶ」というものが多い。中世の教会法や封建制度の束縛から離れた「真実の愛の存在」を「報われない愛＝宮廷風恋愛」というかたちでとらえようとしたものであり，「愛は12世紀の発明である」ともいわれるゆえんである。（絵は1300年頃の細密画）

世界史の交差点

12世紀ルネサンス

12世紀になると西欧世界とイスラーム世界の接点であったシチリア島やイベリア半島を舞台に（←P.126・146），アラビア語経由で古代ギリシアの著作がラテン語にさかんに翻訳されるようになった。これは同じ頃，各地に成立した大学で一般に広められ，ルネサンスの源流ともなった。ゆえにこの時代の文化潮流を12世紀ルネサンスという。ラテン語重訳によりアリストテレスやアルキメデスなどの著作は復活していった。（『12世紀ルネサンス』岩波書店ほか）

（ベルリン美術館蔵）

↑1 **ボローニャ大学の授業風景**　教師の座る講座（カテドラ）は権威の象徴で，学生は粗末な木製のベンチに座っていた。しかしボローニャでは学生が，「教師は学生の許可なく休講にしないこと」「教師は始鈴と終鈴を守ること」「講義をとばさず全体を網羅せよ」などの要求を，学生からの謝礼で生活する教師につきつけていた。

●中世の大学の構造

11世紀末～12世紀，中世都市の発展にともない大学が成立

成立	学生による自治団体のギルド（universitas）から発展	教師による自治団体のギルド（collegium）から発展
例	ヨーロッパ最古のボローニャ大学（イタリア）	パリ大学（フランス）

カリキュラムの特色＊②は今の大学の一般教養に相当。

①3学部：神学・法学・医学（**人文学（哲学）**を加えて4学部とも）
②**自由7科（リベラル・アーツ）**：文法・修辞・論理・算術・天文・幾何・音楽（自然科学や芸術などは学部として独立していなかった）

探究のヒント

ルーツ　「ユニバーシティ（大学）」（University）：学生の組合（ウニベルシタス：universitas）が語源。

5 中世の絵画

6月 ←上半円部はカレンダー→ 9月

↑6 ランブール兄弟らによる『ベリー公の豪華な時禱書』(15世紀) 6月の乾草刈りと羊毛刈り，9月のブドウの収穫を表現している。当時の荘園の四季を鮮やかに伝えている。

(パリ中世美術館蔵)

↑7 「貴婦人と一角獣」(15世紀) 19世紀に作家メリメが古城で発見し，女流作家のジョルジュ＝サンドが世に紹介した。寓意に満ちた優美なタペストリー作品。

世界史の交差点

中世民衆の文化

中世の民衆文化は，キリスト教と土俗文化の混合したものであった。民衆の信仰は，聖地巡礼と並んで聖遺物崇拝(聖人の遺骸の一部を崇拝)にも熱心に向けられた。また，ヨーロッパに伝わる祭りにはキリスト教化以前の風習に由来するものも少なくない。例えば万聖節の前夜祭(ハローウィン)では，古代ケルト人にまつわる民俗的行事を反映している。

中央祭壇は17世紀バロック様式

↑11 聖遺物を納めた棚 頭蓋骨の一部，指の骨，布の切れ端，ミイラの一部等々，聖人の物なら何でも崇拝の対象となった。

←12 サンチャゴ聖堂の中央祭壇 巡礼路の終点にあるスペインのサンチャゴ＝デ＝コンポステラ大聖堂の祭壇。聖ヤコブを初め多くの聖人が祀られ，諸聖人の聖遺物も多数集められている。(大聖堂は13世紀のロマネスク様式)

ビザンツ様式

🏛 世界遺産

↑8 サン＝マルコ聖堂(イタリア・ヴェネツィア) 9世紀にアレクサンドリアからもたらされた使徒マルコの遺骸を納めている。ギリシア十字形平面プランをもつ。

ロマネスク様式

↓9 ピサ大聖堂(イタリア) 都市の中心部から離れた郊外に建つ。ラテン十字形平面プランをもつ。本堂に隣接する鐘塔は「ピサの斜塔」として有名。

🏛 世界遺産

6 教会と建築

●中世の建築

様式	特徴	代表例
バシリカ様式 (4～8世紀, 南欧)	長方形の平面 内部は中央の身廊と左右の側廊に分かれ，身廊の奥に祭室(アプシス)が張り出している	サンタ＝マリア＝マジョーレ聖堂 (伊・ローマ) サン＝パウロ聖堂(伊・ローマ)
ビザンツ様式 (4～8世紀, 東欧)	正十字の平面 大円蓋(ドーム) モザイク壁画	サン＝マルコ聖堂(伊・ヴェネツィア) ハギア＝ソフィア聖堂(◀P.131) (トルコ・イスタンブル)
ロマネスク様式 (11～12世紀)	半円筒穹窿と交差穹窿・周歩廊・放射状祭室 石造天井と厚い壁 重厚な水平に広がる印象をもつ	ピサ大聖堂(伊) クリュニー修道院(仏) マインツ聖堂(独)
ゴシック様式 (13～15世紀)	尖頭アーチ・肋骨穹窿・飛梁により高さと光(大きなステンドグラス)を強調	シャルトル大聖堂(仏)(◀P.149) ケルン大聖堂(独), カンタベリ大聖堂(英) ノートルダム大聖堂(仏・パリ)

↓10 ケルン大聖堂(ドイツ) 北ヨーロッパ最大のゴシック聖堂。13世紀半ばに着工されたが，最終的に完成したのは1880年だった。

ゴシック様式

🏛 世界遺産

ヨーロッパ

ルネサンス

★ルネサンスは中世文化を継承・発展させ，人間らしい生き方を
ヨーロッパ各地に広めた。

1 ルネサンスの展開

Ⅲ 世界遺産

11～13世紀 / 14・15世紀

- 十字軍の遠征（◀P.146）→ 東方貿易の活発化
- 商業・都市の繁栄 → 有力者の芸術保護（パトロン）
- 12世紀ルネサンス（◀P.152）→ ペスト大流行
- 「個人のめざめ」→ イタリア＝ルネサンス
- ビザンツ＝ルネサンス（◀P.144）→ イスラーム文化とビザンツ文化の接触
- 人間らしく生きるヒューマニズム
- オスマン帝国のビザンツ攻撃（◀P.131）→ 古典学者の亡命
- 古代ローマの遺跡 → 古典文化への関心

中心地の移動
フィレンツェ → ローマ → 西欧諸国のルネサンス

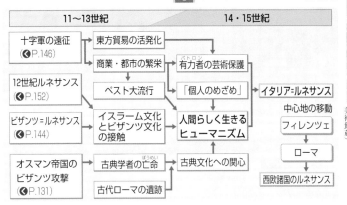

←1 ロレンツォ＝デ＝メディチ（1449～92） フィレンツェの銀行家として財をなしたメディチ家の当主で，市政を支配した。イタリア＝ルネサンスの保護者。教皇レオ10世（▶P.161）の父。
（フィレンツェ、ウフィツィ美術館蔵）

↑2 フィレンツェのサンタ＝マリア大聖堂 13世紀末に着工，15世紀半ばに直径42mのドームをのせて完成した。最終的な設計はブルネレスキが行った。フィレンツェは15世紀のイタリア＝ルネサンスの中心地であった。

2 諸国のルネサンス

■ 文学　■ 思想　■ 美術・建築　■ 自然科学

	特　色	1300	1350	1400	1450	1500	1550	1600
イタリア	・ローマ教皇と都市の富豪によって保護されて発展 ・富豪によって保護された知識人の文化運動で大衆とは無縁 ・既存の政治や社会体制への直接的な批判にならず	65━ダンテ━21『神曲』（トスカナ語で著す）（◀P.147） 66頃━ジョット（◀P.141）━37『聖フランチェスコの生涯』 04━ペトラルカ（◀P.31）━74『叙情詩集』 13━ボッカチオ（◀P.31）━75『デカメロン』 ←3 ダンテ		77━ブルネレスキ━46 サンタ＝マリア大聖堂ドーム設計 86━ドナテルロ━66 「ダヴィデ像」 97━トスカネリ━82 地球球体説	44━ブラマンテ━14 サン＝ピエトロ大聖堂 44頃━ボッティチェリ━10『春』『ヴィーナスの誕生』 52━レオナルド＝ダ＝ヴィンチ━19『モナ＝リザ』『最後の晩餐』 75━ミケランジェロ━64「ダヴィデ像」「最後の審判」 83━ラファエロ━20 聖母子像 69━マキャヴェリ━27『君主論』48 73━コペルニクス━43 （ポーランド人）地動説 64━ガリレオ＝ガリレイ━42 地動説を擁護 00地動説主張 ジョルダーノ＝ブルーノ		
ネーデルラント	・毛織物業と貿易が発達し，自由な市民活動を背景に開花		66頃━ファン＝アイク兄弟（兄）━26 ガン（ヘント）の80頃━（弟）━41 祭壇画 油絵画法改良		69頃━エラスムス━36『愚神礼賛』 28頃━ブリューゲル━69『農民の踊り』『婚礼の宴会』		
ドイツ	・宗教的，学問的色彩が濃い ・現実の宗教・社会に批判的 ・宗教改革と密接に関連	ペスト大流行	00頃━グーテンベルク━68 活版印刷術改良	55━ロイヒリン━22『ヘブライ語入門』 71━デューラー━28『四人の使徒』 97━ホルバイン━43 肖像画，「エラスムス像」	71━ケプラー━30 惑星運行の3法則	
フランス	・フランソワ1世による保護 ・宮廷が文化の中心			94頃━ラブレー━53頃『ガルガンチュアとパンタグリュエルの物語』 33━モンテーニュ━92『エセー（随想録）』		
スペイン	・絶対王政のもと，国力の充実を背景に展開			41頃━エル＝グレコ━14『聖母昇天』 47━セルバンテス━16『ドン＝キホーテ』 99━ベラスケス━60 宮廷画家，「女官たち」		
イギリス	・宮廷の保護と中産階級の支持のもとに展開	40頃━チョーサー━00『カンタベリ物語』		78━トマス＝モア━35『ユートピア』 64━シェークスピア━16『ヴェニスの商人』『ハムレット』		

3 三美神に見るルネサンス

↑4 古代の三美神（イタリアのポンペイ出土，1世紀）（ナポリ考古美術館蔵）
→5 中世の三美神（写本のさし絵，14世紀）

→6 ボッティチェリ「春」 ボッティチェリはロレンツォ時代のフィレンツェの花形画家。この作品ではヴィーナスの楽園で，大地の女神が西風に捕らえられ愛を受けて花の神フローラに変身する。踊る愛・貞節・美の三美神のうち貞節をキューピットが狙う。マーキュリーは知恵の実に手を伸ばす。足元には500あまりの花。
（1478年頃製作，203×314cm，ウフィツィ美術館蔵）

マーキュリー　三美神　ヴィーナス　フローラ　大地の女神　西風

ルーツ 「ルネサンス」：フランス語でRenaissance。古典文化の復興運動を指すが，もとは「再生」を意味する。

4 ルネサンス時代のイタリア

文筆家	ダンテ
	ジョット
	ペトラルカ
	ボッカチオ
建築家	ブルネレスキ
画家	ボッティチェリ
諸芸	マキァヴェリ
	ミケランジェロ
	ラファエロ
	レオナルド=ダ=ヴィンチ

文筆家　画家　建築家　諸芸
都市名 ルネサンス文化の中心地

↑**7** システィナ礼拝堂壁画「最後の審判」(礼拝堂正面, 部分, 1535〜41年ミケランジェロ画, 15×13m) ◯P.161　皆が神の前に慈悲を請うており, 真下で雲に腰かけている聖バルトロマイは, 自分の受難を示すために剝がれた自分の皮膚をもっている。その皮膚の顔は, ミケランジェロ自身のものといわれている。下の方には地獄に引きずり落とされる人々の姿を描いた。彼が66歳の時に完成させた。(写真©NTV)

←**8** ミケランジェロ「ダヴィデ像」
投石で巨人ゴリアテに立ち向かったダヴィデの伝説を表現した29歳の時の作品。古代ギリシア・ヘレニズムの彫刻の流れをくむものである。(1501〜04年, 504cm, フィレンツェ, アカデミア美術館蔵)

→**9** ラファエロ「大公のマドンナ」
まぶたを下ろした優雅で優しい表情の聖母を数多く描いた。これは最も美しい聖母子像の一つである。(フィレンツェ, ピッティ美術館蔵)

↑**10**「モナ=リザ」　◯**12**「大弓」(ミラノ, アンブロジアーナ図書館蔵)

①解説 レオナルド=ダ=ヴィンチ(◯P.69)は, ルネサンスを代表する**万能人**で, 芸術のみならず人体解剖・天文・土木・数学などに加え, 空を飛ぶ技術・軍事技術なども研究した。左は自画像(ウフィツィ美術館蔵), 左上は代表作「モナ=リザ」(1503〜06年頃画, 77×53cm, ルーヴル美術館蔵)で, 彼女の「永遠の微笑」とたたえられる表情と, 岩と水から大地が形成されているような神秘的な背景が描かれた秀作である。上は「大弓の設計図」で一番重要な引き金の部分が左下に示されている。

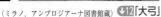

↑**11** 自画像

Key Person (1469〜1527)
マキァヴェリ〜近代政治学の祖

マキァヴェリはフィレンツェでイタリア戦争中(◯P.171)の軍事・外交に携わった政治家・思想家である。著書『君主論』で彼は, どのように国家を統治すべきか, ということについて, 「君主は, 獅子のような力と狐のような狡知が必要」であり, 「ときには武力を用いて, 常に国家の利益となることを行わなければならない」と説いた。すなわち, イタリアを統一する強力な君主の必要性を説き, 政治を道徳から切り離して論じたのである。マキァヴェリは, 近代政治学の祖といわれる。

(パラッツォ=ヴェッキオ蔵)

★西ヨーロッパのルネサンスは人間を冷静に見つめ，科学技術の進歩とともに宗教改革を準備した。

1 各地に広まるルネサンス

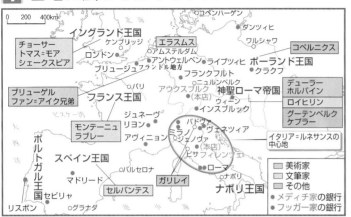

●文学・思想

←1 モンテーニュ 南フランスの豊かな法服貴族の家に生まれ，37歳で公職を辞めて城の塔の書斎にこもり，『エセー（随想録）』の執筆を始めた。ユグノー戦争（→P.174）の時代を生き，狂信を戒めて寛容を説いたモラリスト（人間性と人間の生き方とを探究した人々）であった。

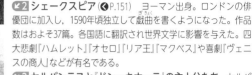

←2 シェークスピア（←P.151） ヨーマン出身。ロンドンの俳優団に加入し，1590年頃独立して戯曲を書くようになった。作品数はおよそ37篇。各国語に翻訳され世界文学に影響を与えた。四大悲劇『ハムレット』『オセロ』『リア王』『マクベス』や喜劇『ヴェニスの商人』などが有名である。

←3 セルバンテスと『ドン＝キホーテ』の主人公たち セルバンテスはレパントの海戦（←P.128）に従軍し，片腕の自由を失う重傷を負った。自分を騎士と思い込んでいるドン＝キホーテと愚鈍な従者が巻きおこすドタバタ冒険物語の中で，人間の美しさや愚かさを巧みに描いたこの小説は，当時のベストセラーとなった。

Key Person チョーサー (1340頃〜1400)

　チョーサーは，イギリス国民文学の祖であるとともにイタリア＝ルネサンスの継承者である。13世紀までのイギリスでは，聖職者はラテン語，王侯貴族はフランス語を使用していたため，英語は庶民の言葉として定着した。百年戦争（←P.150）が始まり英語に対する意識が高まり，ヘンリ4世（位1399〜1413）はノルマン＝コンクェスト以降初めて英語を母語とする王となった。ちょうどその頃チョーサーは外交使節としてイタリアを訪れ，ペトラルカやボッカチオから影響を受けた。彼が英語で著した『カンタベリ物語』はカンタベリ大聖堂へ巡礼する騎士・商人・司祭などが各自「おもしろく教訓的な話」をしていく。教会や聖職者を直接批判せずに，登場人物に語らせるスタイルは，ボッカチオの『デカメロン』からチョーサー，ラブレー，トマス＝モアなどに継承されていく。

↑4 チョーサー　**↑5 『カンタベリ物語』**

セルバンテス

ドン＝キホーテ

●美術

←6 ファン＝アイク（弟）「アルノルフィニ夫妻の肖像」 油彩画法を確立し細密描写を可能にした。結婚立会人を正面の鏡の中に描き，鏡の縁にはキリストの物語を描く。ろうそくはキリスト，脱いだ靴は誠実，犬は忠実，果実は自戒など多くの意味がある。
(1434年画，84×57cm，ロンドン，ナショナル＝ギャラリー蔵)

正面の鏡

→7 デューラー「四人の使徒」 彼はルター派の信念に基づきニュルンベルク市にこの絵を寄贈した。原始キリスト教精神再生の願いを込めたという。
(1523〜26年画，各216×76cm，ミュンヘン，アルテ＝ピナコテーク蔵)

ヨハネ　ペテロ　マルコ　パウロ

2 ルネサンス期の自然科学と技術

天文学	コペルニクス	1473～1543 ポーランド	**地動説**主張（▶P.159）
	ジョルダーノ=ブルーノ	1548～1600 伊	**地動説**や汎神論を唱える
	ガリレイ（▶P.158・159）	1564～1642 伊	振子の等時性，落下の法則，望遠鏡製作，**地動説**主張
	ケプラー	1571～1630 独	「惑星の三法則」発見
技術	グーテンベルク	1400頃～68 独	**活版印刷術の発明**（◀P.89）
	ルネサンス三大発明（火薬（火器）・羅針盤・印刷術）～中国起源，イスラーム世界経由の技術を改良（◀P.89）		
	製紙法～中国からイスラーム世界経由で12世紀以降広まり，従来の羊皮紙にかわる		

→10コペルニクス　『天球回転論』で地動説を唱えたが，この本の発刊は迫害を避けるため，彼の死が迫ったときになされた。（ポーランド，ヤゲウゥ大学蔵）

→11ガリレイ　望遠鏡による観察に基づき地動説を支持したが，教皇庁の圧力で撤回を迫られた。（絵はマルチェリアーナ図書館蔵）

Key Person (1478～1535)
トマス＝モアとエラスムス(1469頃～1536)
エラスムスはネーデルラントで私生児として生まれ，パリ大学で神学を学んだが形式的なスコラ学（◀P.152）に疑問を抱き，ヒューマニズムの実現をめざした。『愚神礼賛』(1511年) では，愚女神が語る形で王侯貴族や高位聖職者を風刺した。
一方トマス＝モアは，ロンドンの名門の法律家の家に生まれ，ヘンリ8世に重用された。国王の使節としてネーデルラントに赴いた際に，理想社会を描いた『ユートピア』(1516年) を執筆し，イギリスの第1次囲い込み（▶P.184）を「羊が人間を食う」と批判した（▶P.172）。その後大法官（上院の議長）に任命されたが，首長法に反対したことで処刑された。二人はヒューマニストとして深い交流があり，上の絵を気に入ったエラスムスが渡英するホルバインをトマス＝モアに紹介したといわれる。

↑12トマス＝モア
↗13ホルバイン「エラスムス像」（1523年頃，42×32cm，ルーヴル美術館蔵）

●ルネサンスの三大発明

→14初期の大砲　火薬は中国で実用化され，宋代でさまざまな火器が考案された。13～14世紀にヨーロッパに伝わる中で，弾丸を発射する形に改良されて大砲と火縄銃が発明された。戦術が変化したことで騎士の没落を早めた。

火器

羅針盤
→15羅針盤　宋代で考案され（◀P.105），12世紀にヨーロッパに普及した。ヨーロッパでは方位を刻んだ円盤の上に磁針をおく乾式羅針盤に改良され，コロンブスもこれを用いた。（▶P.165）

活版印刷
↓16グーテンベルク聖書（大英博物館蔵）
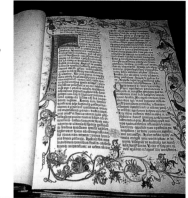

→17グーテンベルクの印刷機　グーテンベルクは，①鋳造活字，②油性インク，③ブドウしぼり機をヒントにしたプレス式印刷機を発明した。1448年には印刷所をつくり，ラテン語の『グーテンベルク聖書』の活字の組み立てに入り完成させた。活版印刷術の発明は，印刷物を安価にし，宗教改革期にはルターの説を早く正確に広めた。

探究のヒント

↑8ブリューゲル「婚礼の宴会」　彼は風景画や幻想画などさまざまな分野に傑作を残し，晩年には農民の生活を主題にした。右端の2人は領主と聖職者である。寓意的な（それとなくある意味をほのめかす）作品が多い。[1568年頃画，114×163cm，ウィーン美術史美術館蔵]

花嫁　聖職者　領主

世界史の交差点
ルネサンスのファッション
ルネサンス期は人々が中世の道徳意識から解放され，肉体美に着目するようになった。上流階級の女性はバストを極力露出させるようになり，男性はズボンの股に袋をつくったという。
↓9「カール5世像」（ウィーン美術史美術館蔵）

ヨーロッパ

1 宇宙に望遠鏡を向けるガリレオ=ガリレイ（◀P.157）

🔍 イノベーションへのアプローチ

　ガラスを研磨しただけの**レンズ**は，人類を未知の世界に導くきっかけをつくり上げた。**望遠鏡**は遠い**宇宙の天体観測**に使用され，今まで教会の支配していた「世界観」を大きく揺さぶることになった。また，**顕微鏡**は人類未踏の世界であった**微生物の観察**を可能にし，のちの**医学**の発展に大きく貢献した。

↑1 宇宙に望遠鏡を向けるガリレイ（1564〜1642）

◀解説 ガリレイが手にした望遠鏡は，2枚のレンズを組み合わせた高倍率の自作物であった。従来の望遠鏡は2〜3倍にしか拡大できず，しかも対象がぼやけた「玩具」でしかなかったが，ガリレイの望遠鏡は9倍で，ゆがみもほとんどなかったとされる。

↑4 ガリレイの望遠鏡

↓2 ガリレイがスケッチした月

◀解説 ガリレイは，初めて月の観測を行った人物である。書物の中にある物理の法則を鵜呑みにする当時の社会の中で，実験を重視し，次々と新しい発見を行っていった。「振り子の法則」，「物体の落下の法則」…これら実験を重視する姿勢は，人類が書物を飛び出し，自然科学の領域に飛び込んだ瞬間ともいえるできごとであった。

1609

↓3 ガリレイ（◀P.157，▶P.181）

2 レーウェンフックと顕微鏡

◀解説 顕微鏡の製作と普及は，望遠鏡の十数年後である。その原因には，顕微鏡の製作技術がより複雑なことがあげられる。レーウェンフックの使用した単眼顕微鏡は高倍率であったが，焦点距離が極端に短く，視野が狭く，長時間の観察には相当の根気が必要だった。このような粗末な道具を支えに，人々は未知の世界に踏み込んでいったのである。

→5 レーウェンフックの単眼顕微鏡

1674

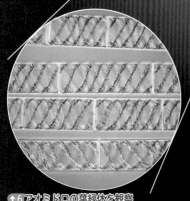

↑6 アオミドロの葉緑体を観察

→7 フェルメール「地理学者」（▶P.179）　レーウェンフック（1632〜1723）は世界で初めて，顕微鏡で微生物を観察した人物である。オランダのデルフトで商業を営みながら，観察を続け，多くの発見をした。フェルメールの「地理学者」はレーウェンフックがモデルとされる。（ステーデル美術館蔵）

望遠鏡 （天文学の発展）		プトレマイオス 「天動説」発表 2世紀（●4）（◀P.72）	コペルニクス 「地動説」発表 1543（●4）（◀P.157）		ガリレイ 天体観測開始 1609（◀1）	ニュートン 万有引力の法則を発表 1687（●P.181）		アインシュタイン 一般相対性理論の発表 1915（◀P.巻頭5左頁）

紀元前　紀元後

顕微鏡 （細菌学の発展）	前1000頃 インドに コレラの記録	前4世紀（●3） 『旧約聖書』に ハンセン病の言及	1348 ヨーロッパで ペスト大流行		1674（◀2） レーウェンフック 微生物を観察	1796（●P.181） ジェンナー 種痘法を開発	1857 パストゥール 近代微生物学の創設	1929 フレミング ペニシリンの発見

3 中世ヨーロッパの"病気"観

（解説） 中世ヨーロッパでは，人間の「からだ」とは，心霊の崇高な動きを妨げる粗野な物体であり，悪霊がもたらす欲望と病気に冒されやすいと考えた。そこで行われる治療は当然「悪霊祓い」となり，聖人たちの奇跡が数多く語られることになる。

　さて，イエスが町におられた時，全身らい病（ハンセン病）の人がいた。イエスを見ると，ひれ伏してお願いをした。「主よ。お心一つで，私をきよくしていただけますか」イエスは手を伸ばして，彼にさわり，「私の心だ。きよくなれ」と言われた。すると，すぐに，そのらい病が消えた。…イエスのうわさは，ますます広がり，多くの人の群れが，話を聞きに，また病気を直してもらいに集まって来た。
（『新約聖書』ルカによる福音書）

↓8悪霊を追い出すイエス
（絵は15世紀の彩色木版画）（ヴォルフェンビュッテル美術館蔵）

→9ハンセン病患者を治すイエス

　症状の激しさから，ハンセン病は古くから文献に記されてきた。『旧約聖書』では対処法として「隔離」が記され，『新約聖書』ではイエスが病を完治させる奇跡が記されている。そのため，中世ヨーロッパにおいて，教会は治療の最前線に立った。しかし，そこで行われる治療とは名ばかりの「隔離」であった。時には現実の社会から排除するために，教会は患者を「模擬埋葬」し，抹殺することすら行われていた。偏見と差別が教会によってつくり出された側面を忘れてはならない。

4 中世ヨーロッパの"宇宙"観

（解説） 中世ヨーロッパの宇宙観は，**アリストテレス**（◀P.64）とプトレマイオスの理論を柱にしながら，そこに教会の教理に合うような改変を加えたものであった。宇宙の外側には全てを包み込む，不動の「最高天」が存在し，これこそが「神の国」であるという理論を確立した。そのため，天体観測が進み実際の天体の動きが明らかになると，新しい構造を付け加えなければ説明がつかなくなり，さらに複雑化した。

→10プトレマイオスの宇宙観　2世紀に天文学者プトレマイオスが考えた宇宙の図である。宇宙の中心に静止する地球があり，その周りにいくつかの天球が重なって存在する。天球の内部に月，太陽，惑星があり，それぞれ独自の動きをするという**地球中心説（天動説）**を唱えた。この考え方は16世紀に**コペルニクス**が登場するまで約1400年もの間信じられていた。

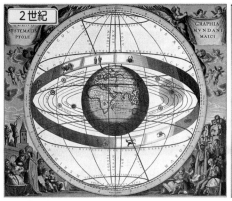

2世紀

1543

✒11コペルニクスの宇宙観　16世紀にコペルニクスは，太陽は動かず地球が太陽の周りを回っており，恒星の動きは地球の自転によるものだと考えた（地動説）。しかしこの考えは，地球を宇宙の中心とする教会の考えとは食い違っていた。この内容を記した**『天球の回転について』**は，彼の死と同時（1543年）に出版されたが，「あくまでも数学的な仮説にすぎない」と記されていたため，教会から咎められることはなかった。1609年ガリレイが天体観測を始める約60年前のことである。

5 「信仰」から「理性」へ～ローマとオランダ～近代思想のめばえ

✒12ガリレイ裁判　1633年，「地球は宇宙の中心ではない」という考えを撤回しないガリレイは，ヴァチカン（●P.160）の法廷に召喚された。時に69歳，数週間に及ぶ激しい尋問の末，終身刑が言い渡された。死刑を免れたのは，判決に先立って人生を通して守ってきた思想をもはや信じないと宣誓したことにある。理性と信仰の狭間にゆれた苦悩が偲ばれる。

✒13レンブラント「テュルプ博士の解剖学講義」（●P.179）　1632年，オランダで解剖のようすを描いたものである。人間が信仰という中世の殻を打ち破り，理性によって新しい時代へ突き進む瞬間を象徴するものであろう。この絵の製作がガリレイ裁判の前年だったことは，経済的に繁栄し，先進性に富んだオランダという地域性を考える上でも興味深い。

1633
ローマ
（195.5×308cm，ルーヴル美術館蔵）

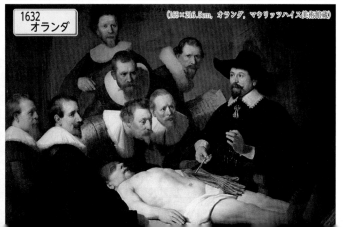

1632
オランダ
（169×216.5cm，オランダ，マウリッツハイス美術館蔵）

📍ガイド

ローマ市の北西にありローマ教皇を元首とする国家。面積は0.44km²、人口約800人と世界最小の国家である。カトリックの総本山として、世界に大きな影響を与えている。

↑1 サン=ピエトロ大聖堂を中心に広がるヴァチカン市国

裁判所・警察・放送局・鉄道・商店やスーパーなどもあり、通貨・郵便切手もつくられている。

●ヴァチカン（ローマ教会）関連年表

殉教	64頃	**ネロ帝**の迫害で**ペテロ**の殉教。キリスト教徒たちは密かに礼拝を続けるが、以後迫害の時代は続く
キリスト教拡大（←P.138）	392	**テオドシウス帝**、キリスト教を国教とする
	496	フランク王**クローヴィス**、アタナシウス派に改宗
	590	教皇**グレゴリウス1世**即位、「教皇」の称号が普及、ゲルマン人への布教が本格化
	756	フランク王**ピピン3世**、ラヴェンナ地方の一部を教皇に寄進（**教皇領の始まり**）
	800	教皇**レオ3世**、フランク王**カール大帝（1世）**に、ローマ皇帝位授与
	867	東西両教会、相互に破門
	962	教皇**ヨハネス12世**、東フランク王**オットー1世**に、ローマ皇帝位授与（**神聖ローマ帝国の成立**）
教会の分裂と発展（←P.141）	1054	ローマ教会とギリシア正教会が完全に分離
	1073	教皇**グレゴリウス7世**即位、神聖ローマ皇帝**ハインリヒ4世**と聖職叙任権を巡り対立。**カノッサの屈辱**(77)
	1095	教皇**ウルバヌス2世**、クレルモン宗教会議で十字軍を提唱
	1209	教皇**インノケンティウス3世**、イギリス王ジョンを破門、教皇権絶頂
	1303	教皇**ボニファティウス8世**、聖職者課税問題でフランス王**フィリップ4世**と争い、幽閉される（**アナーニ事件**）
	1309	フィリップ4世、教皇庁を南フランスの**アヴィニョン**に移す（**教皇のバビロン捕囚**）（～77）
	1378	教会大分裂（**大シスマ**）（～1417）
	1417	**コンスタンツ公会議**で教会が統一
宗教改革と教会刷新	1517	**ルター**、九十五カ条の論題を発表、宗教改革開始
	1534	**イグナティウス=ロヨラ**、**イエズス会**を設立
	1545	**トリエント公会議**（～63）で、カトリック改革開始
	1809	フランス皇帝**ナポレオン1世**、教皇領を併合
	1870	イタリア王国、教皇領を併合、統一がほぼ完成
	1929	**ラテラン（ラテラノ）**条約締結で**ヴァチカン市国**成立

↑2聖ペテロ 266代を数えるローマ教皇は、聖ペテロの後継者という位置づけになっている。ペテロ（？～64頃）は、イエスの十二使徒の筆頭として原始キリスト教の布教に尽力し、ネロ帝の迫害で殉教したとされる。

↑3ペテロの処刑 主イエスと同じ姿で十字架にかけられることを拒み、逆さで処刑されたといわれている。彼の殉死の地こそが現在のヴァチカン市国の中心サン=ピエトロ大聖堂なのである。

●聖職階層制（ヒエラルキー）

```
            ✝
          教皇
公会議┐  教皇庁
教会会議┘  枢機卿
修道院   大司教区
         司教区
          教区
          司祭
          助祭
        一般信徒
```

役割		人数
使徒ペテロの後継者 キリストの代理者	教皇	1人
教皇が司教より選ぶ教皇の顧問。教会の最高任務担当	枢機卿	183人
	司教職階	9人
	司祭職階	146人
	助祭職階	28人
大司教・司教は各司教区を監督	司教	4,390人
	教区司教	2,490人
	名義司教	1,049人
	名誉司教	851人
司祭は教会祭儀を担当。助祭はその補助	教区司祭	264,202人
	修道司祭	140,424人
	修身助祭	25,345人
	修道士	57,813人
	修道女	814,779人

（『図説ローマ教皇』河出書房新社などによる）

サン=ピエトロ大聖堂
システィナ礼拝堂
教皇の居館
教皇が説教をするホール
オベリスク、噴水

（イラストは©Dorling Kindersley Ltd.—PANA）

↑4ヴァチカン市国概観 城壁で囲まれた国土は、40分ほどで歩けてしまう。この国は1929年2月のラテラン条約に基づき、国際法上の主権と領土をもつことを認められて成立した。消費税はもちろん、国民に納税の義務はない。国の経済は、観光収入や世界に所有している不動産の収入で成り立っている。外国人の入国は事前の申請が必要だが、サン=ピエトロ大聖堂とヴァチカン美術館は、旅券なしで自由に入ることができる。

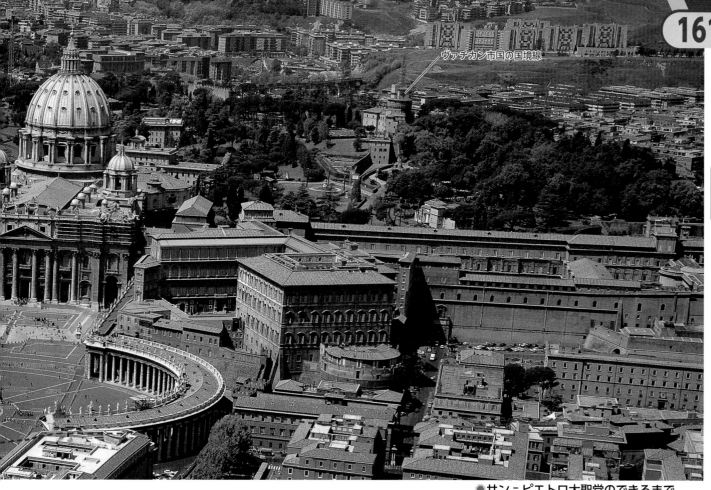

ヴァチカン市国の国境線

●ローマ教皇とヴァチカン〜システィナ礼拝堂とサン＝ピエトロ大聖堂

↑5↓6 システィナ礼拝堂の天井画 ユリウス2世の要請を受けたミケランジェロは，天地創造から人間の堕落，大洪水，ノアの一家による人間再生までの「創世記」の大スペクタクルを，4年半かけて完成させた。(写真は2枚とも©NTV)

『アダムの創造』

世界史の交差点

2人の教皇と芸術家 (◀P.154)

↑7 ユリウス2世(フィレンツェ，ピッティー美術館蔵)

↑8 レオ10世(フィレンツェ，ウフィツィ美術館蔵)

2人の教皇と2人の芸術家は，ともにルネサンスを代表する人物である。教皇ユリウス2世とレオ10世は，ともに「神の家」(サン＝ピエトロ大聖堂)の修復や装飾に尽力した。この2人の欲望に2人の芸術家が振り回されつつ，芸術の可能性に挑戦することになる。ミケランジェロは「システィナ礼拝堂の天井画」，ラファエロは「アテネの学堂」などを制作。また，ブラマンテの死後は2人ともサン＝ピエトロ大聖堂新築の総指揮を任された。
(フィレンツェ，ウフィツィ美術館蔵)

↑9 ミケランジェロ

↑10 ラファエロ

●サン＝ピエトロ大聖堂のできるまで

16世紀〜

140年に及ぶサン＝ピエトロ大聖堂の新築には，多くの芸術家がかかわっているが，本格化するのは1506年ユリウス2世がブラマンテに改修を命じてからである。その後設計のプランは，ラファエロ，ペルッツィに引き継がれ，紆余曲折を経た末，ミケランジェロが設計主任になり，現在のプランに落ち着くことになった。

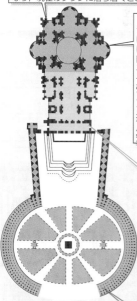

ミケランジェロはブラマンテの設計をさらに充実発展させるために，4隅の塔を廃止し，前面に柱廊玄関を設けるという案を出した。その狙いは，大円蓋を強調するためである。この大円蓋はミケランジェロの死後も建設が進められ，1690年にベルニーニの手により，完成した。

17世紀〜

カルロ＝マデルノは1603年サン＝ピエトロ大聖堂建築主任となり，身廊を延長して長十字プランとした。また大聖堂の前面に幅114.7m，高さ45.4mのファザード(正面の外観)を付け加えた。そのためミケランジェロがこだわった円蓋の美しさは正面からは見えなくなってしまった。

その後，17世紀にベルニーニが大聖堂のファザードの前面に，梯形広場や長径240mの長円形の大歩廊(コロネード)を建設し，ここに巨大な「神の家」が出現した。その規模は1962年に開催された第2回ヴァチカン公会議で，全世界の司教2,816人が身廊に参集できたことからもうかがい知ることができる。

? 探究 「九十五カ条の論題」において，ルターの主張したことを述べなさい。[60字程度]　類出：聖心女子大学

★ルターから始まった宗教改革は各地に影響を与えるとともに，カトリック改革を強めた。

1 宗教改革の動き

カトリック教会	ルター派（ドイツ）	カルヴァン派（スイス・フランス・オランダ）	イギリス国教会（イギリス）
1414〜18 コンスタンツ公会議（フスの火刑を決定）（◀P.148）	1419 ボヘミアでフス戦争（〜36）		14世紀後半 ウィクリフの教会批判
1498 サヴォナローラを火刑にする	16世紀初 エラスムスらの人文主義者が活躍する	**→2 ツヴィングリ** (1484〜1531) (ジュネーヴ大学公共図書館蔵)	
1514 ドイツで贖宥状を販売	1517 **マルティン＝ルター**がヴィッテンベルクで「**九十五カ条の論題**」（▶P.306史料）を発表し，**教皇の贖宥状販売を批判**		**→4 ウィクリフ** (1320頃〜84)
	1519 ライプツィヒ討論でルターは教皇の首位権を否定	1523 **ツヴィングリ**がチューリヒで宗教改革を開始	
1521 教皇，ルターを破門	1520 ルターが「キリスト者の自由」を発表	1536 **カルヴァン**がバーゼルで「**キリスト教綱要**」を発表	1527 ヘンリ8世が離婚問題から教皇と対立
	1521 **ヴォルムスの帝国議会**「ルターを法の保護外におく」 ルターがドイツ語訳聖書を作成		1534 ヘンリ8世が国王至上法（**首長法**）を制定し，**イギリス国教会**設立 修道院領を没収する
	1522 騎士戦争（〜23）	**←3 カルヴァン** (1509〜64)	1549 エドワード6世のもとで一般祈禱書制定される
	1524 **ドイツ農民戦争**（ミュンツァーが指導）（〜25）	1541 **カルヴァン**がジュネーヴで改革を開始	1553 メアリ1世が即位し，カトリック政策へ復帰（▶P.172）
	1526 シュパイアー帝国議会（皇帝がイタリア戦争で苦境に立たされたためルター派を容認）		1559 **エリザベス1世**が統一法を制定，国教会が確立（▶P.172）
↑1 レオ10世（位1513〜21）	1529 シュパイアー帝国議会（皇帝はルター派を再度禁止）		
1534 イグナティウス＝ロヨラ，ザビエルらがパリで**イエズス会**を設立	☆ルター派は抗議者「**プロテスタント**」（新教徒の別名）と呼ばれる	1562 仏で**ユグノー戦争**（〜98）（▶P.174）	1563 信仰箇条制定
1545 **トリエント公会議**（〜63）	1530 ルター派諸侯が**シュマルカルデン同盟**を結成	1568 **オランダ独立戦争**（〜1609）（▶P.171）	1593 国教忌避処罰法制定
	1546 シュマルカルデン戦争（〜47）	1598 仏の**ナントの王令**出される（▶P.174）	
	1555 妥協が成立＝**アウクスブルクの和議**（ルター派のみ容認。諸侯，都市に信仰の自由）		

2 各派の特色

	カトリック	プロテスタント（新教）		
		ルター派	カルヴァン派	イギリス国教会
教義	①**教皇の首位権と聖職階層制**（ヒエラルキー） ②教会が秘蹟を授与 ③善行による救済 ④聖職者の妻帯を禁止	①**信仰義認説**（人は信仰によってのみ義とされる），**教皇の首位権を否定** ②救済においては人間の意志は神の前で無力 ③**聖書主義**	①徹底した聖書主義 ②**予定説**を唱える ③**職業は，神から与えられた使命である**＝職業召命観	①カトリックの儀礼を残し，プロテスタントの教義を受容する
地域	イタリア・フランス・南ドイツ・ヨーロッパ外への伝道	北ドイツ・デンマーク・スウェーデン・ノルウェー	スイス・フランス（**ユグノー**）・オランダ（**ゴイセン**）・イングランド（**ピューリタン**）・スコットランド（**プレスビテリアン**）	イングランド
組織	＜ヒエラルキーと教皇の首位権＞ ローマ教皇 大司教 司教 司祭	＜領邦教会制＞ 領邦君主（諸侯） ↓任命 教会巡察官・宗務局 ↓監督権・懲戒権の行使 それぞれの牧師＊	＜個別教会の独立保持＞ 長老主義 牧師＊・長老（信者代表） 選出↓↑監督・指導 信者	＜王が至上の統治者＞ 王＝「至上の統治者」 カンタベリ大主教 主教 司教 司祭（牧師）＊

＊牧師は妻帯が許されている。

3 16世紀前半の国際関係

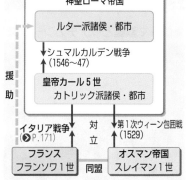

```
           神聖ローマ帝国
      ┌──────────────────┐
      │   ルター派諸侯・都市  │
      └──────────────────┘
              ↓
      シュマルカルデン戦争
         (1546〜47)
              ↑
      皇帝カール5世
  カトリック派諸侯・都市
```

援助
イタリア戦争（▶P.171）　対立　第1次ウィーン包囲戦（1529）
フランス フランソワ1世　同盟　**オスマン帝国** スレイマン1世

（解説） 同盟の結果，オスマン帝国はフランスに**カピチュレーション**（◀P.128）を与えた。

←5 贖宥状の販売　右側の人物が箱に金銭を投入しており，正面の教皇が**贖宥状**を渡している。贖宥とは，罪を犯したものにカトリック教会が命ずる贖罪の行為を免除されるという意味である。**強力な王権がなかったドイツは「ローマの牝牛」**と呼ばれたほど，贖宥状の販売が可能であった。(1524年の絵，バーゼル美術館蔵)

（画像内）教皇　贖宥状　金銭を投入する「箱」

→6 リュートを弾くマルティン＝ルターとその家族　ルター(1483〜1546)は鉱夫の子として生まれた。彼が九十五カ条の論題によって，「人は信仰によってのみ義とされる」（魂の救済は信仰に基づくものである）として，**贖宥状の悪弊を主張**すると，ルネサンスの人文主義教育を受けた者たちの中から多数の宗教改革者が誕生した。ルターは，礼拝式に集まった人々が，合唱隊のコラール（讃美歌）を聞くだけでなく讃美歌を歌う形に変革し，自ら音楽に親しんだ。42歳の時に結婚して6人の子どもを授かり，幸せな家庭を築いた。

ルーツ カルヴァンの予定説における職業とは，もとは「神からの呼びかけ」を意味し，英語ではcall，ドイツ語でBerufと表された。

4 1560年頃のヨーロッパの宗教分布

❓探究 イギリス国教会が成立した原因と，それを成立させた国王が主導した宗教改革について述べなさい。〔100字程度〕類題：新潟大学

凡例：
- ルター派
- イギリス国教会
- カルヴァン派／ツヴィングリ派
- カトリック
- ギリシア正教
- イスラーム教
- ── 新旧両教の大体の境界

地図中の注記：
- 1517 ルターの「九十五カ条の論題」
- 1555 アウクスブルクの和議
- 1534 国王至上法(首長法)
- 1598 ナントの王令
- 1541〜64 カルヴァンの神権政治
- 1529 第1次ウィーン包囲戦
- 1545〜63 トリエント公会議

●現代のキリスト教の宗派割合(2014年)

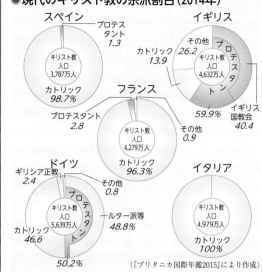

スペイン（キリスト教人口 3,787万人）
- プロテスタント 1.3
- カトリック 98.7%

イギリス（キリスト教人口 4,632万人）
- その他 26.2
- プロテスタント
- カトリック 13.9
- イギリス国教会 40.4
- プロテスタント 59.9%

フランス（キリスト教人口 4,279万人）
- プロテスタント 2.8
- その他 0.9
- カトリック 96.3%

ドイツ（キリスト教人口 5,639万人）
- ギリシア正教 2.4
- その他 0.8
- プロテスタント
- カトリック 46.6
- ルター派等 48.8%
- 50.2%

イタリア（キリスト教人口 4,979万人）
- カトリック 100%

(『ブリタニカ国際年鑑2015』により作成)

5 カルヴァンの宗教改革

←7カルヴァン派の教会 カルヴァンは，教会の信徒から人望あつい人物を長老に選び，牧師を補佐させる**長老主義**を取り入れた。偶像崇拝を排したカルヴァン派は，質素な教会内部の説教壇から話される聖書の言葉に全神経を集中させようとした。イエスの磔刑像やマリア像などを中心としたカトリックの教会内部とは大きく異なる風景である。(絵はジュネーヴ大学公共図書館蔵)

Key Person ヘンリ8世(位1509〜47)

●テューダー朝の略系図

- ❶ヘンリ7世(位1485〜1509)
- ❶〜❺は王位継承順 1〜3は，ヘンリ8世の妃の順序
- カザリン スペイン王女 ── ❷ヘンリ8世(位1509〜47)
- 3 ジェーン=シーモア
- 2 アン=ブーリン
- フェリペ2世 スペイン王 ── ❹メアリ1世(位1553〜58)
- ❸エドワード6世(位1547〜53)
- ❺エリザベス1世(位1558〜1603)

ヘンリ8世は，兄の寡婦カザリンと結婚した。男の子どもに恵まれなかったのでカザリンの女官アン=ブーリンと結婚しようとしたが，カザリンとの離婚をローマ教皇に認められず，アンが懐妊したため，ローマ教会から離反しイギリス国教会を成立させた。ルターの宗教改革に際しては「カトリックの擁護者」を自任しており，彼にとっては宗教そのものよりも王権の強化が重要であったことがわかる。全国の修道院を解散させて，土地や財産を没収し，国家の統一を進めた。生涯に6人の王妃と結婚し，そのうち2人を姦通罪で処刑した。

探究のヒント

6 カトリック改革(対抗宗教改革)

→8イグナティウス=ロヨラ(1491頃〜1556) 元スペイン軍人であったが負傷した床で回心し，パリ大学で学んだあと**イエズス会**を結成して初代総長になった。(絵はアントウェルペン，イエズス会教会蔵)

→9フランシスコ=ザビエル(1506頃〜52)(◀P.35) パリでロヨラと出会い，イエズス会創設に参加し，インドのゴアを拠点に布教活動を行った。1549年には日本にキリスト教を伝えた。

●宗教改革の波紋

↑10魔女狩り 魔女狩りは，カトリックとプロテスタントの双方によって行われた。迷信や当時まだ明らかでなかった天災現象の原因が，魔女に押しつけられたのである。(絵は16世紀ドイツの版画で，魔女を処刑しているところ。)

(絵は神戸市立博物館蔵)

●イエズス会の伝道地域

- 日本 ザビエル来日(1549)
- 中国 マテオ=リッチ(1583)
- フロリダ(1566)
- メキシコ(1572)
- ブラジル(1549)
- ペルー(1567)
- パラグアイ(16世紀後半)
- ゴア
- インド ザビエル来印(1542)
- フィリピン(1582)
- タイ(17世紀後半)

(『キリスト教史』朝倉書店などによる)
- 大司教区及び司教区
- ■ イエズス会の主要宣教地

ルーツ 「イギリス国教会」：Englandのラテン語名Angliaから，英語でAnglican Church(アングリカンチャーチ)と呼ばれる。

大航海時代

★未知の世界への航海は，世界を変えるきっかけでもあった。

●大航海時代の背景

【解説】大西洋地域では，イベリア半島の諸国家が大洋に乗り出し，アジアとアメリカへの航路を確保して，「世界の一体化」が進められた。この大航海時代の到来により，世界は近世への扉を開いた。

プレスター＝ジョン伝説 → 宗教
マルコ＝ポーロ『世界の記述』（◀P.29） → 政治
ルネサンス（◀P.157） → 文化・経済
→ 技術

情熱	君主の経済的欲求	東方への憧れ	科学技術の発展
イスラーム勢力を駆逐	王権強化のための財政基盤の確保	胡椒の直接入手	航海術・羅針盤 地球球体説

スペインの動き	ポルトガルの動き
スペインの海外活動 おもにアメリカ大陸に植民地を建設し，土地，原住民，財宝，銀を収奪	**ポルトガルの海外活動** おもにアジアに拠点を築き，中継貿易によって貿易利潤を獲得

スペインの動き	ポルトガルの動き
（赤字：イギリスの動き）	1415 「航海王子」エンリケの北アフリカ探検
1492 レコンキスタ完了	
1492 ジェノヴァ出身のコロンブスがサンサルバドル島に到達し西回り航路開拓	1442頃 アフリカ西岸で黒人奴隷貿易に着手する
1493 教皇アレクサンデル6世の教皇子午線	1488 ディアスが喜望峰に到達
1494 トルデシリャス条約で教皇分界線が西方に移動	
1497 カボットがイギリス王の命によりカナダ東岸到達	1498 **ガマがカリカットに到達インド航路開拓**
1501～02 **アメリゴ＝ヴェスプッチ南米探検**（アメリカの語源）	1500 **カブラル，ブラジル漂着**（結果的にトルデシリャス条約どおりブラジルを領有）
1502 コロンブスが第4回航海出発	1510 インドの**ゴア**を占領
1513 バルボアがパナマ地峡を横断太平洋へ	☆商館を各地に建設しての香料貿易・カトリック布教
1519 **マゼラン世界周航**（～22）	1511 **ホルムズ島・マラッカを占領**
1521 **コルテスがアステカ王国を滅ぼす**（◀P.169）	1518 スリランカに商館建設
☆新大陸の本格的領土支配へ	
1529 サラゴサ条約でアジアにおける勢力圏を画定	
1533 **ピサロがインカ帝国を滅ぼす**	1543 **種子島に漂着**（後期倭寇の船．日本へ鉄砲伝来）
☆エンコミエンダ制による先住民の虐待酷使が深刻化	1550 平戸に初めて入港
1571 レガスピの遠征隊がフィリピンのマニラを占領	1557 明朝から**マカオ**の居住権獲得
☆メキシコとマニラを結ぶ太平洋航路で明朝と交易	1580 ポルトガルがスペインに併合される
1577 イギリス人ドレークが世界周航に出発（～80）	1622 サファヴィー朝，ホルムズ港を奪回

↓1 映画「1492」（1992年，米・仏・西作品）の一場面
サンタ＝マリア号

●上陸を果たしたコロンブス

エスパニョーラ島はすばらしい島であります。この島は山々や平原や，広野に富み，その土地は耕作や播種に，あるいは各種放牧にあるいは町や村の建設に適して美しくも豊かであります。…島を流れるいくつもの大きな河川は，良水をたたえ，そのほとんどが砂金を運んでまいります。
（「大航海時代叢書Ⅰ」岩波書店）

旅の世界史

開拓者たちの足跡 ●開拓者とパトロン

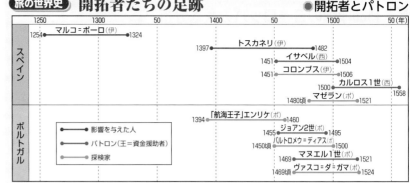

【解説】15～16世紀に探検航海に出るためには，膨大な資金が必要であった。そのため，多くの開拓者は王侯貴族からの資金援助を必要とした。しかし，ほとんどの場合出資金だけでは足りず，自ら借金を背負った。そのため，目的地に到達すると血まなこになって先住民からの搾取に明け暮れたのである。

コロンブス（◀P.143）

金と香辛料を求めてアジアに西回りの航海で行くことを計画した彼は，スペイン女王イサベルの援助を受けて，1492年8月パロス港を出帆した。部下の反乱を恐れながら，約2か月の航海の末，カリブ海の小島に到着した。その島をサンサルバドル（聖なる救世主）と名付けて，上陸した。

「航海王子」エンリケ

ポルトガル王ジョアン1世の子として生まれ，「航海王子」とあだ名されるほど，ポルトガルの海外進出に積極的であった。自ら航海者養成学校を創設し，アフリカの探検を推進，ガマのインド航路発見の基礎をつくった。彼自身は舟酔いが激しかったために，一度しか対岸のアフリカへ渡らなかったといわれている。

マゼラン（マガリャンイス）

ヴェスプッチによってコロンブスの「発見」が間違っていることが証明されると，新たに西回りでモルッカ諸島に到達しようと，1519年スペインのカルロス1世の援助を受けて出発した。マゼラン海峡を越え，太平洋を横断し，フィリピンに到着。彼はここで戦死してしまう。1522年に部下が帰還し，世界周航に成功した。

ヴァスコ＝ダ＝ガマ

ディアスの喜望峰到達の業績を引き継ぎ，1497年インド航路開拓の旅に出た。マリンディでムスリムの水先案内人を雇い，翌年カリカットに到着。しかし，現地での香辛料の取引には成功せず，唯一もち帰ったものは商品見本としての香辛料・宝石であった。その商品見本は，航海の全費用の60倍の利益になったといわれている。

●苦しかった航海

【解説】旅も風任せであった当時の航海は，多くのリスクが伴った。無事帰還できる者の数は極端に少なかった。船員の病死の原因は，ビタミンC不足による壊血病であったが，それ以外にも不衛生な環境から生じる病気もあり，難破をすればたちまち多くの人々が亡くなった。

航海者	出航時	帰国時
コロンブス	3隻 90名（1492.8）	1隻 40名（1493.3）
ヴァスコ＝ダ＝ガマ	4隻 170名（1497.7）	2隻 44名（1499.7）
マゼラン	5隻 265名（1519.9）	1隻 18名（1522.9）

●当時の航海のようす

船員 未知の世界には多くの人々は恐れを抱いていた。そのため，船員の多くは犯罪の恩赦を期待して参加したものが多く，船長は常に反乱を心配した。

船内 当時の船は1,000tクラスの船も建造されるようになったが，船内の個室は船長の部屋のみ。船員は甲板や船倉でごろ寝をする程度であった。

食事 主食に毎日700gのパンと80gの豆。副食に週3回の塩づけ肉・週1日の150gのチーズと200gの塩づけ鱈，1日あたりぶどう酒1L，水は1人あたり1L

悪臭 ごみや食べ物の残りかすが適切に処理されず，船底にたまった水が腐敗して，悪臭に悩まされた。用便は欄干に打ちつけられた底のない箱から海にした。

病気 ビタミンC不足からくる壊血病，疫病，また衣類を洗濯できなかったために（海水で洗うと衣類がだめになる）無数のシラミに悩まされた。

（「朝日百科世界の歴史69」朝日新聞社による）

地図中の注記・凡例：

グリーンランド／ノルウェー／スウェーデン／モスクワ大公国／アイスランド／ラブラドル／J.カボット1497／ニューファンドランド1500／イングランド／アントウェルペン／ボーランド／モスクワ／神聖ローマ帝国／フランス／ヴェネツィア／ジェノヴァ／イスタンブル／キルギス／オイラト／カラコルム／タタール／女真／朝鮮／日本（ジパング）／京都／種子島／S.カボット1498／ヴァージニア／アゾレス諸島1431（ポ）／ポルトガル／スペイン／リスボン／サグレス／パロス／トレド／セビリャ／カディス／セウタ／オスマン帝国／サマルカンド／ヤルカンド／コータン／チベット／北京／明／杭州／泉州／マカオ1557（ポ）／フロリダ／カナリア諸島／アレクサンドリア／ダマスクス／バグダード／サファヴィー朝／デリー／ノヴァイスパニア／キューバ／サンサルバドル／ヴェルデ岬／ギニア／メッカ／インド／ムガル帝国／マニラ1571／フィリピン／メキシコ／エスパニョーラ／ハイチ／コロンブス1492／アデン／ホルムズ1515／ゴア1510／1498／カリカット／スマトラ島／ボルネオ／モルッカ諸島（香料諸島）／アカプルコ／グアテマラ／ヴェラクルス／コロンブス1502／ヴェルデ諸島1460（ポ）／コンゴ／ルアンダ／モンバサ1498／ザンジバル島／スリランカ（セイロン）／マラッカ／セブ島1521／マゼラン1521／ニューギニア島／アンボイナ1511／パナマ／ヴェネズエラ／ヴェスプッチ1499／アメリカ（1507以後の呼び名）／クスコ1533／ブラジル／ドレーク1577／アンゴラ／モザンビーク／マダガスカル／ソファラ／ジャワ／キト／ノヴァカスティリャ／ボトシ／ポトシ／セグロ1500／セントヘレナ／ヴァスコ＝ダ＝ガマ1497／喜望峰／ドレーク／ファンフェルナンデス諸島／パタゴニア／マゼラン海峡／南ジョージア島／カブラル1500

凡例：
- → マルコ＝ポーロ（1271〜95）
- ■ ポルトガルとその交易拠点・植民地（ポ）
- → ディアス（1487〜88）
- → ヴァスコ＝ダ＝ガマ（1497〜99）
- → カブラル（1500）
- ■ スペインとその植民地（ス）
- → コロンブス（第1回1492〜93）
- → （第4回1502〜04）
- → ヴェスプッチ（1499〜1500, 1501〜02）
- ■ イングランドとその植民地（イ）
- → カボット父子（1497, 1498）
- → ドレーク（1577〜80）
- ■ フランスとその植民地（フ）
- 国境は1600年頃の概要を示す
- → マゼラン（1519〜22）
- --- スペイン・ポルトガル両国の植民地分界線
- ■ オスマン帝国領（1600）

●香辛料を求めて

→2 南インドの胡椒畑 肉の保存技術が発達していなかった当時，多くの肉は塩漬けにされた。春まで保存しなければならなかった肉は，臭気と塩気がひどかった。それを軽減して，さらにうま味を与えてくれるものが香辛料であった。そのため古くから**イスラーム教徒経由**でヨーロッパにもたらされていたが，その価格は高く，同量の銀と交換されるほどであったという。香辛料を使用することは王侯・貴族の地位の象徴になったほどである。そのため割高になるイスラーム経由のルートに代わり，直接取引をしたいと考えるのは自然なことであった。胡椒は南インドで，クローヴは**モルッカ諸島**（➡P.182）などで産出した。

●香辛料の魅力

＊16世紀初めリスボンでの価格（50.8kgあたり）
＊＊価格単位はクルザード
（『朝日百科世界の歴史67』朝日新聞社）

香辛料の種類	胡椒	丁子（クローヴ）	桂皮（シナモン）
購入価格＋船賃	6.08	10.58	6.58
販売価格	22	60〜65	25
利益率（%）	261.84	467.11〜514.37	279.94

●大航海を実現させた知識と技術

↑3 トスカネリの球体世界地図 イタリアの天文学者であったトスカネリは，**地球球体説**に基づいて大西洋西進が中国への近道であると説いた。彼の地図は，リスボンと杭州の間に海洋を挟んで描かれており，コロンブスの航海に大きな影響を与えたとされる。（マドリード，アメリカ博物館蔵）

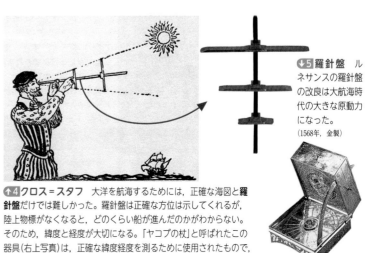

↓5 羅針盤 ルネサンスの羅針盤の改良は大航海時代の大きな原動力になった。（1568年，金製）

↑4 クロス＝スタフ 大洋を航海するためには，正確な海図と**羅針盤**だけでは難しかった。羅針盤は正確な方位は示してくれるが，陸上物標がなくなると，どのくらい船が進んだのかがわからない。そのため，緯度と経度が大切になる。「ヤコブの杖」と呼ばれたこの器具（右上写真）は，正確な緯度経度を測るために使用されたもので，**コロンブス**も**マゼラン**も使用したことで知られる。

166 古アメリカ文明

★古アメリカ文明は，独自の世界観のもと，高度な技術をもった文明が展開した。

（セビリャ，インド博物館蔵）
↑1 ピサロ（スペイン，1470頃～1541）バルボアのパナマ遠征に参加したのち，わずか180名の部下と30頭ほどの馬を率いて，1533年にインカ帝国の征服に成功した。

1 古アメリカ文明の展開

● 古アメリカ文明の特色

共通の特色	①トウモロコシ・ジャガイモなどを栽培，②金・銀・青銅器を使用，③太陽神を信仰，④鉄・車両，馬・牛などの大型家畜は存在しない（リャマ・アルパカなどの小型家畜は存在）

人口	食物の豊かさと疫病の少なさから，1492年時点で南北アメリカの人口は5,000万～1億人に達した。（同時期のヨーロッパは6,000万～8,000万人。）『南北アメリカの500年①』青木書店

（古アメリカ文明の展開 年表：メソアメリカ文明／アンデス文明）

メソアメリカ文明：メキシコ中央高原／メキシコ湾／ユカタン半島
アンデス文明：ペルー北海岸／ペルー中央海岸／ペルー南海岸／ペルー・ボリビア国境

- 紀元前1200～：盛り土のピラミッド・ジャガー信仰・巨石人頭像／ネコ科動物の文様や建築
- オルメカ文明
- チャビン文化
- テオティワカン文明
- マヤ文明
- 「死者の大通り」周辺に600の神殿ピラミッド建設
- トルテカ文化
- パラカス文化／ティアワナコ文化
- モチカ文化／ナスカ文化
- ワリ文化
- チムー文化／黒色土器など高度な工芸文化
- アステカ王国 1521
- インカ帝国 1533

● 古アメリカ文明の特色（比較表）

	アステカ文明	インカ文明	マヤ文明
中心地と時期	メソアメリカ（メキシコ～パナマ）アステカ王国を建設（14世紀～1521）	アンデス高地（コロンビア～チリ）インカ帝国を建設（1200頃～1533）	ユカタン半島中心（前1000頃～16世紀）
都市	都：テノチティトラン（▶P.169）	都：クスコ	ティカル，チチェン＝イツァ
文字	アステカ文字	文字はなくキープ（結縄）で表現	マヤ文字
文化的政治的特色	神権政治が展開し，人身供犠の習慣	神権政治が展開し，南北4,000kmの領土に街道・宿駅・飛脚を整備	ピラミッド・神殿と暦法が発達する，二十進法
衰退	1521 コルテスによって滅亡（▶P.169）	1533 ピサロによって滅亡	16世紀 スペイン人によって滅亡

● 古アメリカ文明の時代

地図：マヤパン，テオティワカン，テノチティトラン，アステカ王国，チチェン＝イツァ，マヤ文明圏，ティカル，パナマ，メキシコ，コロンビア，ベネズエラ，エクアドル，チャビン，マチュ＝ピチュ，ブラジル，クスコ（標高3,360m），ナスカ，インカ帝国，ティアワナコ，ボリビア，ポトシ，チリ，アルゼンチン，太平洋，赤道

アンデス西山系／アンデス東山系 4,000m 2,000m 0m
→ コルテスの進路
← ピサロの進路
---，赤字は現在の国境，国名

2 マヤ文明

→2 マヤ文字　3世紀半ばには，マヤ文明の広い地域でマヤ文字が使われていた。マヤの人々は，すでにゼロの概念をもっており，二十進法を用いて10億を超す数字の計算を行っていた。王たちは文字を使って即位や戦勝記念などの栄光を刻ませた。まだ不明な点も多い。

血 世界遺産
（高さ24m，底辺59m四方）

↑3 エル＝カスティーリョ（城塞）　チチェン＝イツァにある9段のピラミッド状神殿。364段の階段と最上部の神殿を合わせると365段になる。春分と秋分の日には北側の階段の縁にジグザグの影ができ，大蛇の姿をしたケツァルコアトル神が天から降りてくるように見える。暦の役割を果たしたらしい。

3 インカ文明

血 世界遺産

→6 首都クスコの街並　標高3,360mの高地にあるインカの首都クスコは，精妙な石造建築が建ち並び，強固な砦によって防衛されていた。写真中央に見えるのは12角の石。

←4 マチュ＝ピチュ　標高2,400mの峰に15世紀半ばに築かれた計画的な都市で，推定人口は約1,000人。都市の石材は，南側のがけの石切り場や川から採掘され，リャマや人力で運ばれた。

←5 マチュ＝ピチュの裏手のインカ道

血 世界遺産

→7 キープ（結縄）　文字をもたなかったインカでは，縄の色や結び目の数・位置などで人口や穀物量などを記録した。16世紀まで使われた。

（数字の表し方）1 2 3 4

探究 商業革命について説明しなさい。
[60字程度] 類題：日本女子大学

★ 大航海時代の始まりは世界の一体化をもたらし，アジア・アメリカの社会を変化させた。

1 アメリカ大陸とヨーロッパとの交流

アメリカ大陸 → ジャガイモ，サツマイモ，トウモロコシ，トマト，カボチャ，トウガラシ，ピーマン，インゲン豆，カカオ，タバコ → ヨーロッパ（ユーラシア大陸）

ヨーロッパ（ユーラシア大陸）→ 車輪，鉄，キリスト教，馬，牛，羊，コーヒー，サトウキビ，天然痘，麻疹（はしか），インフルエンザ → アメリカ大陸

解説 乾燥に強いトウモロコシや寒冷に強いジャガイモがアメリカ大陸から世界各地に伝播し，世界の食糧事情は大きく改善された。一方，ヨーロッパ人は植民地にしたアメリカ大陸や西インド諸島で，コーヒーやサトウキビなどの商品作物を導入しプランテーションを形成していった。

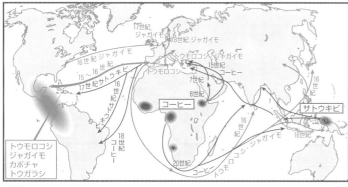

世界史の 交差点
食卓を変えたアメリカ原産の野菜

❶ イタリア料理のトマト イタリアでパスタの原型ができあがったのは12〜13世紀頃。味付けは甘酸味と甘辛味で，塩・酢・糖蜜がソースとして使われていた。トマトがイタリアに届いた時は，毒があると思われ観賞用として扱われたが，ナポリ人たちの熱心な品種改良によって，パスタのソースとして欠かせないものになった。

❷ 韓国料理のキムチ 朝鮮半島でキムチの原型と思われる漬物が登場するのは高麗の頃で，大根を中心に塩づけなどにされていた。その後，塩漬けににんにく，しょうが，山椒などが加えられるようになり，さらに16世紀にトウガラシがもたらされた。19世紀に冬場のキムチづくりに適した白菜の栽培が普及して，現在の典型的なキムチとなった。

Key Person ラス＝カサス (1474/84〜1566)
(パリ国立図書館蔵)

ラス＝カサスは，エスパニョーラ島の植民者となるが，やがてこれを放棄し，ドミニコ修道会士となった。その後，彼の活動はエンコミエンダ制の廃止をスペイン国王に訴えつづけることに費やされた。『インディアスの破壊についての簡潔な報告』(▶P.306史料) などの著作で，彼は先住民を野蛮視することを厳しく批判した。しかし，皮肉なことに彼の死後，アメリカ大陸では先住民よりも黒人奴隷が酷使されるようになっていった。

2 先住民人口の減少
『朝日百科世界の歴史68』朝日新聞社

エスパニョーラ島の人口推移 （万人）インディオ人口／35, 30, 25, 20, 15, 10, 5／1494 1500 10 15 (年度)

メキシコ中央部の人口推移 （万人）2350, 2100, 1850, 1600, 1350, 1100, 850, 600, 350, 100／1519 32 48 68 95 (年度)

アンデスの人口推移 （万人）800, 550, 300, 50／1520 70 90 (年度)

解説 スペイン領植民地では，国王が先住民の保護（キリスト教化を含む）と使役を植民者に委託するエンコミエンダ制が行われた。先住民はプランテーション農業や鉱山開発，都市の建設などで酷使されるとともに，ヨーロッパ人がもたらした天然痘やインフルエンザが流行したため，人口を激減させた。

→1 ポトシ銀山の現在の光景 1545年に巨大な銀鉱が発見されたため，標高4,180mのポトシは16世紀末に人口17万人の南米最大の都市となった。

→2 鉱山で働く先住民

3 大航海時代の結果

① 商業革命 世界貿易の中心が地中海→大西洋沿岸へ

② 価格革命 16世紀，アメリカ大陸から銀が流入し，ヨーロッパで急激な物価上昇 (グラフ参照)(◀P.36)
→好景気による商工業の発展，固定した地代収入に依存する封建領主層の没落

③「世界の一体化」

探究のヒント

● ヨーロッパの穀物価格
＊2ハンドレッドウエイト（約101.6kg）当たり／10年間の移動平均

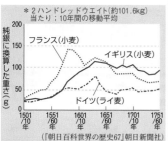

純銀に換算した重さ（g）／200, 150, 100, 50／フランス（小麦）, イギリス（小麦）, ドイツ（ライ麦）／1501/10 1551/60 1601/10 1651/60 1701/10 1751/60
『朝日百科世界の歴史67』朝日新聞社

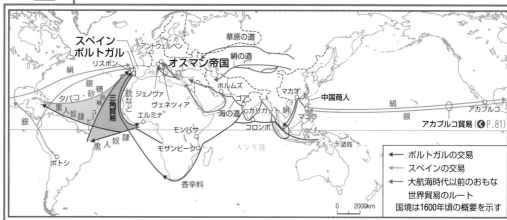

スペイン・ポルトガル／アントウェルペン／草原の道／絹の道／オスマン帝国／リスボン／銀／糖・砂糖／三角貿易／タバコ・砂糖／黒人奴隷／鉄砲など／ジェノヴァ／ヴェネツィア／ホルムズ／海の道／カリカット／ゴア／マカオ／中国商人／絹／絹／マニラ／アカプルコ／アカプルコ貿易(▶P.81)／エルミナ／コロンボ／モンバサ／黒人奴隷／モザンビーク／香辛料／ポトシ／銀／インド洋／キルワ諸島

凡例：← ポルトガルの交易／← スペインの交易／← 大航海時代以前のおもな世界貿易のルート／国境は1600年頃の概要を示す／0 2000km

解説 ヨーロッパがアフリカ・アメリカ諸地域を自分たちにとって都合よく支配する形で，世界の一体化が進んだ。その結果，これらの地域の多くは，モノカルチャー経済(▶P.282)の枠組みの中で経済的に従属させられ，政治的にも近代化が遅れた。また東ヨーロッパでも，西ヨーロッパに穀物を輸出するために，農場領主制（グーツヘルシャフト）が広まり，農奴制が強化された（再版農奴制）。

メキシコシティー

🏛 世界遺産

ガイド

アメリカ合衆国
メキシコ
合衆国
メキシコシティー

メキシコ合衆国の首都。人口約886万人の巨大都市（周辺地域を合わせると約2,084万人）。地下にはアステカの遺跡が眠る。

←1カテドラル・国立宮殿 征服者スペイン人はアステカ文明を破壊し，その上に西洋の建築物を建てた。この徹底的な破壊により，アステカ文明は歴史から完全に抹殺された。

1 花開く西洋文化

🏛 世界遺産

↑2カテドラルの内部 カテドラルはアメリカ大陸最古で最大規模の大聖堂。1525年に建設が始まり，改築を重ね1813年に完成した。約300年の歳月をかけた大聖堂は，まさに西洋建築の集大成でもある。外観はゴシック・ルネサンス・バロックの各様式が融合し，内部の祭壇はメキシコ＝バロック様式。これはスペイン統治時代に熱心にキリスト教の布教が行われたことの表れである。かつてはこの場所に**アステカ**の中央神殿があった。

🏛 世界遺産

↑3国立宮殿と↓4リベラの大壁画 スペイン統治時代の宮殿。現在は共和国大統領官邸として使われている。この宮殿内の壁画には，スペイン人の侵略から**メキシコ革命**までを描いた「メキシコ史」の大パノラマ（リベラ画）が広がっている。下の壁画はトラテロルコ広場を中心に，テスココ湖上のテノチティトランの繁栄のようすを描いたもの。

2 拡大するメキシコシティー

（万人）メキシコシティーの人口推移　『世界の大都市3メキシコ・シティ』東京大学出版会などによる

1,600	
1,400	
1,200	
1,000	
800	
600	
400	
200	

1880 1900 30 50 70 80 90 （年）

↑5空から見たメキシコシティー メキシコシティーは東西40km，南北50kmのメキシコ盆地にある。工業化の進展に伴い，人口が増加し都市域が拡大。交通渋滞・大気汚染・スラム化などの都市問題が深刻化している。

● 市街地の拡大

市街地の拡大
- 1523年
- 1900年
- 1950年
- 1990年

▲2988 グアダルペ山

テンプロ＝マヨール
カテドラル
国立宮殿
メキシコ
国際空港

現在の行政界

▲2750 サンタ＝カタリナ山

12～16世紀のテスココ湖の範囲

1970年の行政界

（『地図で知る世界の都市』平凡社などによる）　0 10km

↑6 **発見されたアステカの大ピラミッド** 1978年、地下鉄建設の工事中で偶然みつかったこの遺跡は、スペイン語で「大神殿」を意味する「テンプロ゠マヨール」の名で呼ばれることになった。この遺跡は460年もの間、歴史の闇の中に埋もれていた。

● **テノチティトラン周辺図**

↑10 **復元されたテノチティトラン** 都市の中心地ソロカ広場の近くから姿を現したアステカの遺跡からは、繁栄の絶頂にあった都の姿をうかがうことができる。都は湖の中州に築かれた水上都市で、湖の岸からは数本の道路が通じ、そのうちの一本には真水を供給する水道橋が併設されていたという。人口20万人。まさに大都市であった。

（メキシコ国立人類学博物館蔵）

↑7 **豊かな古代アステカ文明** テノチティトランにたどり着いたコルテス一行は、都の市場のようすを以下のように書き残している。「金銀宝石類。鳥の羽。布地。刺繍。奴隷。衣服。木綿。…虎。ライオン。カワウソ。鹿。穴熊。山猫などの毛皮。豆類…野菜類。鶏。七面鳥。穴兎。野兎。鴨の肉。…」特に注目したいのは、これらの商品がすべて数と寸法によってきちんと測られて価格がつけられていたことである。また、取引上の争いを裁く裁判所も設けられていた。写真はアステカ時代のトラテロルコの市場（復元模型）。

● **神々への最高の献上品**

←8 **生贄** 豊かさとは裏腹に、アステカ文明には残忍な面もあった。それはコルテスらも激しい嫌悪感を抱いた「人身供犠」である。アステカの人々は、生きた人間の血と心臓が神への最高の捧げものであり、その供犠こそが神への信仰の証であると信じていた。

↑9 **テンプロ゠マヨール遺跡出土の42体の子どもの遺骨** ピラミッドの建設では、一度に2万人もの犠牲者が出たと推定されている。

④ 征服されたアステカ文明

● **アステカ王国関連年表**（◀P.143）

1215頃	**アステカ族（メシカ）、メキシコ盆地に移住**
1325	**アステカ族、都テノチティトランを建設**
	・テスココ湖の島に首都を築く ・チナンパという湖に築いた浮島を利用した集約農業で、豊かさを手に入れる
1502	**第9代皇帝モンテスマ2世即位**
1519	**コルテスがユカタン半島に上陸**
	・11月8日、コルテス、テノチティトランに入城 ・11月14日、モンテスマ2世を監禁
1520（〜21）	**コルテスによるアステカ征服**
	・6月20日、モンテスマ2世死亡(20) ・8月13日、テノチティトラン陥落(21)

Key Person (1485〜1547)（位1502〜20）
コルテスとモンテスマ2世

（大英博物館蔵）

↑11 **モンテスマ2世** ↑12 **ケツァルコ アトルの仮面** ↑13 **コルテス**

コルテスはスペインのコンキスタドール（征服者）の一人。1521年にアステカ王国を征服した。モンテスマ2世はアステカ王国最盛期最後の皇帝。アステカが征服される際に、モンテスマは「トルコ石の仮面」をコルテスに贈ったとされる。この仮面は王国を統治する神を象徴しており、モンテスマはコルテスを神の一人ケツァルコアトルと勘違いしたのではないかといわれている。

★主権国家からなる国際秩序が成立し，絶対的な権力をもつ国王が誕生した。

1 16世紀中頃（1560年）の ヨーロッパ

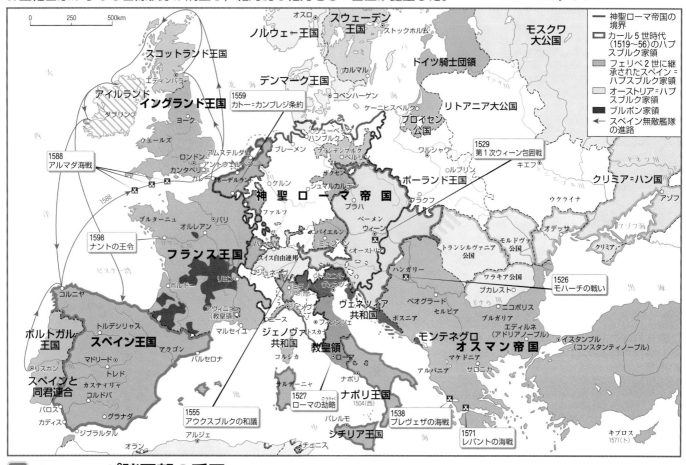

2 ヨーロッパ諸王朝の系図

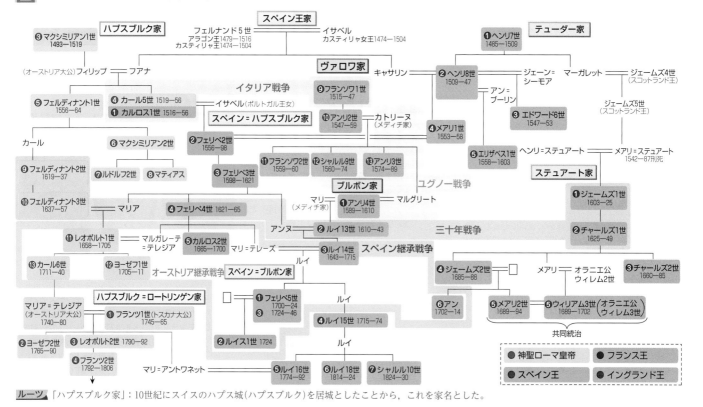

ルーツ 「ハプスブルク家」：10世紀にスイスのハプス城（ハプスブルク）を居城としたことから，これを家名とした。

★「太陽の沈まぬ国」スペインにイギリス
が対抗し，オランダが独立した。

1 主権国家体制

●主権国家

[解説] 明確な領域（領土）をもち，国内的には最高権力を，対外的には独立性をもつ国家のことを**主権国家**と呼ぶ。ローマ教皇や神聖ローマ皇帝の普遍的な権威が衰退し，教会をも支配に取り込んで一元的な支配を進めた結果，権力がまず国王に集中し，16世紀の**絶対王政**が始まった。主権国家は互いに対等な関係を結び，外交使節を駐留させ，勢力均衡を図りながら覇を競った。**主権国家体制**と呼ばれるこの国際関係は，**イタリア戦争**（1494～1559）に始まり，**三十年戦争**（1618～48）でほぼ確立した。

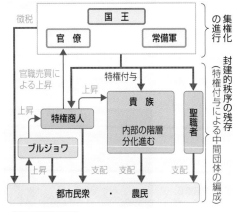

絶対王政の特質

❶強大な王権は旧来の封建的な支配秩序（荘園・ギルド）の上に成立した。

❷王権の支配基盤となったのは，**官僚**と**常備軍**である。

❸王権の財政基盤を確かなものにするため，全国的に徴税機構を整備するなど，国内の統一的な支配をめざすとともに，**重商主義政策**を推進した。

❹強大な王権を正当化する根拠として，西欧では**王権神授説**が生まれ，東欧では**啓蒙専制君主**の発想が生まれた。

❺各国は勢力範囲（領土・植民地）を拡大するために戦争を繰り広げた。

2 イタリア戦争（1494～1559）

[原因] 1494年仏王シャルル8世がイタリアに侵入したことから，フランスと神聖ローマ帝国がイタリアの覇権を争った。（◀P.162）

フランス（ヴァロワ家）	✕	神聖ローマ帝国（ハプスブルク家）
16世紀前半　フランソワ1世		皇帝カール5世

[結果]
・イタリア＝ルネサンスの終焉とローマ教皇の権威のさらなる低下
・1559年カトー＝カンブレジ条約（ハプスブルク家のイタリア半島支配拡大，英がカレーを失う）
・一国の強大化を防ぐ**勢力均衡**の考えが誕生し，同盟関係を形成
・フランス王家とハプスブルク家の対立が，18世紀半ばまでヨーロッパの国際関係の重要な対立軸になる

3 15～17世紀のスペイン・オランダの歩み

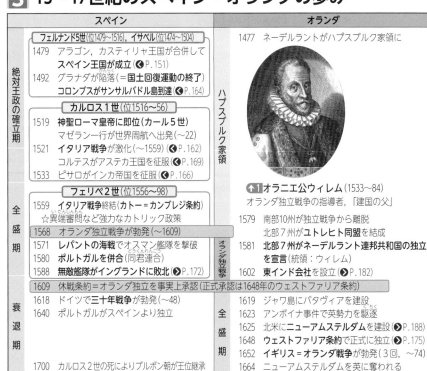

	スペイン		オランダ
絶対王政の確立期	**フェルナンド5世**（位1479～1516），**イサベル**（位1474～1504）		1477　ネーデルラントがハプスブルク家領に
	1479　アラゴン，カスティリャ王国が合併して**スペイン王国**が成立（◀P.151）	ハプスブルク家領	
	1492　グラナダが陥落（＝**国土回復運動**の終了）　**コロンブス**がサンサルバドル島到達（◀P.164）		
	カルロス1世（位1516～56）		
	1519　**神聖ローマ皇帝に即位**（カール5世）　マゼラン一行が世界周航へ出発（～22）		↑1 **オラニエ公ウィレム**（1533～84）　オランダ独立戦争の指導者，「建国の父」
	1521　**イタリア戦争が激化**（～1559）（◀P.162）　コルテスがアステカ王国を征服（◀P.169）		
	1533　ピサロがインカ帝国を征服（◀P.166）		
	フェリペ2世（位1556～98）		
全盛期	1559　イタリア戦争終結（カトー＝カンブレジ条約）　☆異端審問など強力なカトリック政策		1579　南部10州が独立戦争から離脱　北部7州が**ユトレヒト同盟**を結成
	1568　オランダ独立戦争が勃発（～1609）	オランダ独立戦争	1581　**北部7州がネーデルラント連邦共和国の独立を宣言**（統領：ウィレム）
	1571　**レパントの海戦**でオスマン艦隊を撃破		1602　**東インド会社**を設立（▶P.182）
	1580　**ポルトガルを併合**（同君連合）		
	1588　**無敵艦隊**がイングランドに敗北（▶P.172）		
	1609　休戦条約＝オランダ独立を事実上承認（正式承認は1648年のウェストファリア条約）		
衰退期	1618　ドイツで**三十年戦争**が勃発（～48）		1619　ジャワ島にバタヴィアを建設
	1640　ポルトガルがスペインより独立		1623　アンボイナ事件で英勢力を駆逐
		全盛期	1625　北米に**ニューアムステルダム**を建設（▶P.188）
			1648　**ウェストファリア条約**で正式に独立（▶P.175）
			1652　**イギリス＝オランダ戦争**が勃発（3回，～74）
	1700　カルロス2世の死によりブルボン朝が王位継承		1664　ニューアムステルダムを英に奪われる

4 オランダの独立

[州名] 1579年ユトレヒト同盟加盟の北部7州
都市名 ユトレヒト同盟に一時加入の都市
— 1648年ウェストファリア条約で承認された国境

1579 ユトレヒト同盟結成
1585 アントウェルペン陥落

●南北ネーデルラント

	南部10州（現ベルギー）		北部7州（現オランダ）
民族	ラテン系		ゲルマン系
言語	南ワロン語（フランス語系）　北フラマン語（ドイツ語系）		オランダ語（ドイツ語系）
宗教	カトリック		カルヴァン派（ゴイセン）
支配層	土地貴族		商人貴族（レヘント）
産業	毛織物工業・牧畜		造船・中継貿易・農業
独立	1830年（オランダより）		1581独立宣言　1648国際承認

2 水の都アムステルダム　アントウェルペンに代わり，17世紀には国際商業・国際金融の中心地となった。（▶P.186）

Key Person　フェリペ2世　（位1556～98）

カルロス1世（神聖ローマ皇帝カール5世）とポルトガル王女の間に生まれ，熱狂的なカトリック教徒であった彼の素顔は極めつけのまじめ人間で，普段は一日中宮殿で執務に没頭していたらしい。新大陸・アジアに及ぶ広大な領土（「太陽の沈まぬ国」）を支配した輝かしき時代を実現した国王であるが，治世の後半は，オランダ独立戦争に手を焼き無敵艦隊の敗北によって威信を低下させた。（フィレンツェ，パラティーナ＝ギャラリー蔵）

ルーツ 「フィリピン」：スペインの船団が到達したこの地域は，皇太子フェリペ（のちのフェリペ2世）の名前にちなんで命名された。

172 イングランド

★イギリスはスペインとの競争に勝利したことを契機に、海外に発展していった。

1 15～16世紀のイングランドの歩み

〈P.148・150◀以前
以降▶P.173〉

イングランドの絶対王政の特徴
①議会が立法や財政上の権利を失わなかった＊
②強力な常備軍・官僚制が形成されなかった

＊エリザベス1世の時代には国王直属の顧問会議である枢密院を中心とした宮廷政治が行われ、議会開催は治世45年間に10回のみ。

```
              国 王
官 僚 ─────────── 常備軍 (護衛兵のみ)
（ジェントリが地方
行政を担う）     議 会
商工業者 ─ ジェントリ ─ 聖職者・貴族 ─ 特権商人
              地代徴収
              農 民
```

ヘンリ7世(位1485～1509)		
1485	バラ戦争の終結→**テューダー朝**が成立（◀P.150）	
1487	星室庁を設置し王権を強化（～1640）	
	☆**第1次囲い込み（エンクロージャー）**がさかんに	
1497	J.カボットが北米を探検	
ヘンリ8世(位1509～47)		
1509	兄の寡婦スペイン王女カザリンと結婚	
1533	カザリンと離婚し、アン＝ブーリンと結婚（◀P.163）	
1534	**国王至上法（首長法）発布→イギリス国教会の成立**	
	☆教義や儀式でカトリックの伝統を多く残す	
1535	首長法に反対した前大法官トマス＝モアを処刑（◀P.157）	
1536	アン＝ブーリンを処刑　ウェールズ合同法の制定	
1540	修道院の解散が完了	
エドワード6世(位1547～53)		
1549	議会が一般祈禱書を承認	
	☆新教の教義を取り入れ、英語による礼拝を導入	
メアリ1世(位1553～58)		
1554	スペイン王子フェリペ(後のフェリペ2世)（◀P.171）と結婚	
	☆**カトリックへの復帰**(＝新教徒の迫害が始まる)	
1558	大陸における最後の拠点カレーを失う	
エリザベス1世(位1558～1603)		
1559	**統一法を発布→イギリス国教会の確立**	
1560	グレシャム改革の実施　"悪貨は良貨を駆逐する"	
1580	ドレークが世界周航を果たす	
1584	ローリがヴァージニア植民地を建設するが失敗	
1587	スコットランドの前女王メアリ＝ステュアートを処刑	
1588	**スペインの無敵艦隊（アルマダ）を撃破**	
1600	東インド会社を設立（◀P.218）	

（縦書き左欄）
カトリック政策
国教会政策

絶対王政の確立期
絶対王政の全盛期

● 第1次囲い込み（エンクロージャー）

原因　新大陸への輸出に伴う毛織物需要の増大

囲い込み前	囲い込み後
開放耕地制が特徴	ジェントリが生け垣や石垣で囲い込み、牧羊(草)地に転換

結果
・土地を失った農民がマニュファクチュアの労働者になったり浮浪者となったりして、社会不安を生む
・政府は囲い込みへの規制を強めるが効果なし

解説　トマス＝モアは、第1次囲い込みに対し『ユートピア』（◀P.157）の中で「羊が人間を食う」と酷評した。

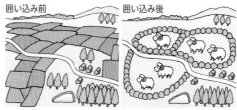

↑1 **メアリ1世**(1516～58)　母カザリンの影響で熱心なカトリック信者となり、即位後、カトリック復活と親スペイン政策を行った。約300名の新教徒を処刑したことから、「血のメアリ（ブラディ・メアリ）」と呼ばれた。(プラド美術館蔵)

2 エリザベス1世の時代

Key Person (1533～1603)
エリザベス1世　→2 エリザベス1世

イギリス国教会を確立し、スペインとの覇権争いに勝利して植民地体制の基礎を築いた。多くの愛人をもっていたが、「国家と結婚した」と言って生涯独身を通した。彼女は、生涯に3度結婚し、人生に翻弄され続けた前スコットランド女王メアリ＝ステュアート（最後は亡命先のイングランドでエリザベスにより19年間監禁され、カトリックの陰謀への加担を疑われて処刑された）と比較して語られることが多い。エリザベスは、議会とも決定的対立を避けるなど、勢力の均衡を図る調整能力に優れていた。

→3 メアリ＝ステュアート(1542～87)

● エリザベスの外交（スペイン覇権への挑戦）

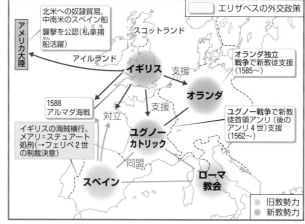

（地図内の注記）
北米への奴隷貿易、中南米のスペイン船襲撃を公認（私拿捕船活躍）
アメリカ大陸
スコットランド
アイルランド
イギリス
オランダ独立戦争で新教徒支援(1585～)
オランダ
1588 アルマダ海戦
対立
支援
支援
イギリスの海賊横行。メアリ＝ステュアート処刑(→フェリペ2世の制裁決意)
ユグノー＝カトリック
ユグノー戦争で新教徒首領アンリ(後のアンリ4世)支援(1562～)
同盟
スペイン
ローマ教会
旧教勢力
新教勢力
エリザベスの外交政策

↑4 **航海者ドレーク**(1543頃～96)　エリザベス1世の命により、南米から銀を運ぶスペイン船を襲う私拿捕船(私掠船)のリーダーとして活躍し、騎士に叙された。1577～80年に世界周航に成功した。

3 アルマダ海戦

→5 **アルマダ海戦**　スペインの無敵艦隊（アルマダ）は1588年7月末にその姿を英仏海峡に現すが、ドレークらを指揮官にしたイングランド艦隊の巧みな砲撃と策略により敗北した。この絵は寓意的な作品で、左端に騎馬で観戦するエリザベス1世の姿が見える。大型船を中心とするスペイン無敵艦隊に対し、イギリス艦隊は小回りのきく小型船を主力にしたことが勝敗を分けた。英国の海上権掌握の基礎となった戦いである。(ロンドン薬剤師協会蔵)

ルーツ　「ヴァージニア植民地」：エリザベス1世の愛人であったウォルター＝ローリが植民地化を試み、「処女王エリザベス」にちなんで名付けられた。（▶P.188）

（絵内の文字）エリザベス1世　イングランド艦隊　スペイン無敵艦隊

❓探 究　名誉革命後のイギリスの議会政治の特徴について，説明しなさい。〔100字程度〕　類題：高崎経済大学

★イギリスでは，市民革命と共和政の時代を経て，最終的に立憲王政を樹立した。

1 17〜18世紀のイングランドの歩み

*ピューリタン革命を42〜49年とすることもある。

王権と議会との対立

ジェームズ1世（位1603〜25）
- 1603　スコットランド王ジェームズ6世が即位
- 1620　ピルグリム＝ファーザーズがプリマスに上陸

チャールズ1世（位1625〜49）
- 1628　議会は「権利の請願」を提出
- 1629　チャールズ1世議会を解散（〜40）
- 1639　国教会の強制に，スコットランドで反乱が勃発
- 1640　戦費調達のため議会招集（短期議会，長期議会）
　　　　ピューリタン革命（〜60）
- 1641　議会は悪政を非難する大抗議文（大諫奏）を採択
- 1642　**内乱勃発**（〜49）

内乱

クロムウェル
- 1644　マーストンムーアの戦いに議会派勝利
- 1645　ネーズビーの戦いに**議会派**が決定的勝利
- 1648　議会から長老派を追放

共和政
- 1649　**チャールズ1世の処刑**＝共和政（コモンウェルス）成立
　　　　水平派を弾圧し独裁権を確立　**アイルランド征服**（→P.199）
- 1651　航海法を発布
- 1652　**イギリス＝オランダ戦争**が勃発（〜54, 65〜67, 72〜74）
- 1653　長期議会を解散し護国卿に就任（〜58）

王政復古

チャールズ2世（位1660〜85）
- 1660　チャールズ2世がブレダ宣言後，亡命先のフランスから帰国し，即位（〜85）
　　　　☆カトリック復活をはかり議会と対立，ピューリタンを弾圧
- 1673　議会が審査法を制定
- 1679　議会が人身保護法を制定
　　　　☆王位継承をめぐり**トーリ党**，**ホイッグ党**が形成

ジェームズ2世（位1685〜88）
- 1688　**名誉革命**がおこる（〜89）
　　　　議会がオランダ統領オラニエ公ウィレム3世を招請

議会政治の発展

ウィリアム3世（位1689〜1702）　メアリ2世（位1689〜94）
- 1689　「権利の宣言」を承認し即位　「権利の章典」発布

アン女王（位1702〜14）
- 1707　**グレートブリテン王国**が成立

ジョージ1世（位1714〜27）
- 1714　ハノーヴァー朝（現ウィンザー朝）が成立
　　　　☆「王は君臨すれども統治せず」の原則が形成
- 1742　ウォルポール首相が議会の信任を失った時に辞職し，しだいに議院内閣制（責任内閣制）が発達
- 1801　グレートブリテン＝アイルランド連合王国が成立

3 イギリス議会政治の発達

| 1215 **大憲章（マグナ＝カルタ）**＝立憲政治の基礎 | **ジョン** |
王権の濫用防止　貴族・都市の特権の成文化
↓
| 1265 **シモン＝ド＝モンフォールの議会**＝議会の起源 | **ヘンリ3世** |
封臣会議に州騎士と都市の代表参加
↓
| 1295 **模範議会**＝議会の制度化 | **エドワード1世** |
貴族，聖職者のほかに，各州2名の騎士，各市2名の市民が議会に参加
↓
| 1341 **二院制の成立** | **エドワード3世** |
貴族と高位聖職者が上院，騎士と市民が下院を形成
- 16世紀　ジェントリが地域代表の下院に進出し国政に参加
- 17世紀　長期議会　547人中333人が地方ジェントリで構成
- 19世紀　自由主義改革の流れの中で選挙法改正進む（→P.198）
↓
| 1911 **下院の優越（議会法）** | **ジョージ5世** |

2 イギリス革命
*イギリス革命はピューリタン革命とも呼ばれる。

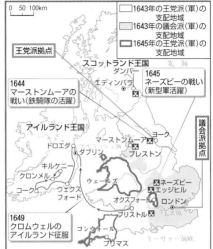

- 王党派拠点
- 1643年の王党派（軍）の支配地域
- 1643年の議会派（軍）の支配地域
- 1645年の王党派（軍）の支配地域
- 0 50 100km
- スコットランド王国　ダンバー
- エディンバラ　北海
- 1644 マーストンムーアの戦い（鉄騎隊の活躍）
- 1645 ネーズビーの戦い（新型軍活躍）
- アイルランド王国
- マーストンムーア　ヨーク
- ドロエダ　ダブリン
- キルケニー
- クロンメル
- コーク　ウェクスフォード
- ウェールズ　ネーズビー　エッジヒル　ロンドン
- オクスフォード
- プレストン
- ブリストル
- 議会派拠点
- コンウォール　プリマス
- 1649 クロムウェルのアイルランド征服
- ドーヴァー海峡

●ステュアート朝の系図

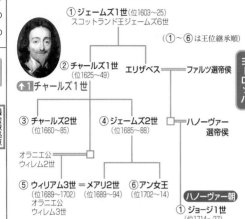

（①〜⑥は王位継承順）　ヨーロッパ

- ① ジェームズ1世（位1603〜25）スコットランド王ジェームズ6世
- ② チャールズ1世（位1625〜49）── エリザベス ＝ ファルツ選帝侯
- ↑1 チャールズ1世
- ③ チャールズ2世（位1660〜85）
- ④ ジェームズ2世（位1685〜88）── ハノーヴァー選帝侯
- オラニエ公ウィレム2世
- ⑤ ウィリアム3世（位1689〜1702）オラニエ公ウィレム3世 ＝ メアリ2世（位1689〜94）
- ⑥ アン女王（位1702〜14）
- ハノーヴァー朝
- ① ジョージ1世（位1714〜27）

●革命の党派

党派名		支持層	主張（黒字：政治，赤字：宗教）
王党派（宮廷派）（拠点ヨーク）		貴族・特権大商人　聖職者・宮廷派ジェントリ*1	絶対王政　国教会
議会派（地方派）（拠点ロンドン）	プレズビテリアン **長老派**	立憲王政ジェントリ　富裕な商工業者	立憲王政　長老による教会統制
	インディペンデント **独立派**（クロムウェル）	ヨーマン*2　新興資本家（商・工）	穏和な共和主義（制限選挙）　教会の独立（長老制否定）
	レヴェラーズ **水平派**	貧農・小作農民　職人・徒弟・小市民	急進共和主義（普通選挙）　上院否定・信仰の自由
	ディッガーズ **真正水平派**	土地喪失農民	キリスト教的相互扶助　土地共有制（私有財産の否定）

*1　ジェントリ：貴族とヨーマンの間に属する階層で，帯剣・紋章などの特権をもち，地方の実権をもつ地主。農業経営者も多いが産業資本家もいた。

*2　ヨーマン：14世紀頃から農奴解放によってイギリスに広く発生した独立自営農民。羊毛・毛織物生産に従事する者もいた。産業革命期にかけて資本家と労働者に分化した。

Key Person　（1599〜1658）クロムウェル

（ヴェルサイユ宮殿所蔵）

富裕なジェントリ出身で，鉄騎隊に続き新型軍を組織して革命の指導権を握り，独立派の中心人物となった。チャールズ1世を処刑し，厳格なピューリタン主義を貫く一方，中産階級の利益を代弁する政策を推進した。類まれな指導者か，それとも独裁者か，クロムウェルへの歴史的評価は分かれる。

→2 19世紀末に議事堂前に建てられた像　右手に剣，左手に聖書をもっている。

↑3 「権利の宣言」を受け取るウィリアムとメアリ　二人は「権利の宣言」に署名し共同王位についた。その後に発布された「権利の章典」（→P.308史料）には，議会が制定する法により王権を制限する議会主権論が説かれており，立憲王政の基礎となった。
（大英博物館蔵）

📖探究のヒント
→4 ジョージ1世　即位した時すでに54歳で，イギリスの政治事情に疎く英語を話さなかったため，政治をウォルポール（→P.186）にまかせた。

世界史の交差点　ユニオン＝ジャックの歴史

- 聖ジョージ旗　イングランド
- 聖アンドリュース旗　スコットランド
- 1707年　グレートブリテン王国
- 聖パトリック旗　アイルランド
- 1801年　グレートブリテン＝アイルランド連合王国

イギリス国旗は，イングランドにスコットランド・アイルランドの合同がなされたことで形づくられていった。合同とは別々に存在していた議会をはじめ，行政法や組織が一つにまとめられることである。

174 フランス

★フランスでは宗教的な内乱を乗り越えて，典型的な絶対王政が発達した。

1 15～18世紀のフランスの歩み P.150◀以前 以降▶P.190

（フィレンツェ，ピッティ美術館蔵）

←1アンリ4世 ブルボン朝の始祖。もとユグノーの首領で，サンバルテルミの虐殺（パリでカトリーヌ＝ド＝メディシスらの策略により新教徒が虐殺された事件）であやうく難を逃れた。自らカトリックに改宗し，**ナントの王令でユグノー戦争を終わらせ，絶対王政の基礎を確立**したが，狂信的なカトリック聖職者に暗殺された。

←2リシュリュー ひたすら国益の拡大を考え，三十年戦争では**新教側に味方して参戦しハプスブルク家と戦った**。（ロンドン，ナショナル＝ギャラリー蔵）

→3マザラン リシュリューに認められ後継の宰相となった。当初フロンドの乱を誘発したが卓越した外交手腕はフランスの地位を向上させた。（ヴェルサイユ宮殿博物館蔵）

↑4サンバルテルミの虐殺（カルナヴァレ博物館蔵）

←5コルベール マザランの推薦により親政時代に**重商主義政策を積極的に推進**した。1日16時間一心不乱に働いたが，しだいに軍事的栄光を求めるルイ14世の寵を失った。（ヴェルサイユ宮殿博物館蔵）▶P.181

フランスの絶対王政の特徴

①ヨーロッパ最大の常備軍と整備された官僚制が発達
②議会（全国三部会）の招集が停止（1615～1789）

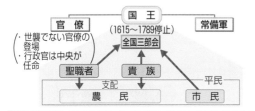

```
        国 王
      （1615～1789停止）
官 僚            常備軍
    全国三部会
聖職者    貴 族      平民
  支配
  農 民        市 民
```

・世襲でない官僚の登場
・行政官は中央が任命

	シャルル7世（位1422～61）
1453	イングランド軍を駆逐し**百年戦争**に勝利 ▶P.150
	フランソワ1世（位1515～47）
1521	**イタリア戦争**が激化（～59）
	○ダ＝ヴィンチ◀P.155 を招聘 ルネサンス文化が興隆
	☆新教徒の弾圧＝カルヴァンの亡命
1562	宗教内乱**ユグノー戦争**が勃発（～98）
1572	**サンバルテルミの虐殺**がおき，戦争が泥沼化
1589	アンリ3世が暗殺される（＝ヴァロワ朝の断絶）
	アンリ4世（位1589～1610）
1589	ユグノーの首領アンリが即位（＝ブルボン朝の成立）
1593	自らカトリックに改宗
1598	**ナントの王令発布**，ユグノーの信仰の自由実現
	☆新旧両派の共存をはかり，荒廃した国家を再建
1604	**東インド会社**を設立
1608	北米植民地カナダのケベックを建設
	ルイ13世（位1610～43）
1614	全国三部会を招集（～15年の開催以後1789まで招集されず）
	宰相リシュリュー時代（任1624～42）
	☆大貴族やユグノーの勢力を抑え絶対主義の確立に努める
1635	**三十年戦争**に新教側で参戦
	ルイ14世（太陽王）（位1643～1715）
	宰相マザラン時代（任1642～61）
1648	ウェストファリア条約でアルザスなどを獲得
	フロンドの乱がおこる（～53）
1659	ピレネー条約でスペインとの間の戦争状態終結
	親政時代（1661～1715） 財務総監**コルベール**の重商主義政策
	○フランス古典主義文学・芸術の最盛期 ▶P.179
1661	**ヴェルサイユ宮殿**の造営を開始 ▶P.178
1664	東インド会社を再建 ▶P.182
	☆王位継承権，自然国境説を主張した侵略戦争を行う
1682	ラサールが**ルイジアナ植民地**を建設
1685	**ナントの王令を廃止**→多数のユグノーが国外亡命
1701	**スペイン継承戦争**（～14）（13 ユトレヒト条約）
	☆覇権政策は挫折し▶P.182，王室財政は悪化
	ルイ15世（位1715～74）
1740	**オーストリア継承戦争**に参戦（～48）▶P.176
1756	**七年戦争**に参戦（～63）▶P.176

（左端縦書き：ヴァロワ朝／絶対王政の準備期　ブルボン朝／確立期・全盛期・衰退期）

2 ルイ14世の時代

Key Person 🔑 **「太陽王」ルイ14世**（位1643～1715）◀P.37

　5歳で即位し，マザランが亡くなると23歳で親政を始め，「朕は国家なり」に象徴される絶対王政を築いた。国王の一日は整然と時間を定めた儀式としてとり行われ，公開された。素顔は真実，公正を愛し，勇気に満ちた人物であったとされるが，「自然国境説」を唱えた侵略戦争や豪奢な生活は，かつての「太陽王」を「借金王」とし，革命の遠因がつくられていった。

↓ルイ14世の日課

午前	7時	起床・健康診断
	8時半	拝謁（100人ほどが寝室に入室）
	9時	朝食・お祈り
	9時半	政務
	12時半	ミサ
午後	1時	王族とともに昼食
	2時半	狩猟や散策
	7時	舞踏会や音楽会など
	10時	夕食
	11時	就寝

『週刊世界遺産13』講談社より

（プラド美術館蔵）

←6ヴェルサイユ宮殿の遠景 フロンドの乱でパリを追われた思い出から，ルイ14世はパリを好まなかった。パリ南西20km，父ルイ13世の狩猟の館があった地に新宮殿を建設させた。庭園に1,000以上の噴水をつくるためにセーヌ川の水をポンプで汲み上げ，運河で引いた。**1682年に一応完成し，宮廷と政府機関が移転**した。▶P.178

（ヴェルサイユ宮殿博物館蔵）

3 ルイ14世の侵略戦争

南ネーデルラント継承戦争（1667～68）	オランダ戦争（1672～78）	ファルツ戦争（1688～97）	スペイン継承戦争（1701～14）
原因 スペイン領南ネーデルラントの継承権主張	原因 南ネーデルラント継承戦争への報復	原因 ファルツ選帝侯領の継承権を主張	原因 スペイン王位のブルボン家継承を主張
フランス ✗ スペイン	単独講和（1674） イギリス	フランス ✗ アウクスブルク同盟	フランス ✗ オーストリア
オランダ	フランス ✗ オランダ	独皇帝・諸侯	スペイン　イギリス
イギリス	スウェーデン　独皇帝・諸侯	オランダ	オランダ
スウェーデン	スペイン	スペイン	プロイセン
		イギリス	
結果 アーヘンの和約（1668）	結果 ナイメーヘン和約（1678）	結果 ライスワイク条約（1697）	結果 ユトレヒト条約（1713）ラシュタット条約（1714）
・フランドルの若干の領土を獲得	・フランシュ・コンテとフランドルの南部諸都市獲得	・ロレーヌを失う・イギリス王としてウィリアム3世を承認	・フェリペ5世の王位継承権承認，スペインとの併合不可

「シュークリーム」：アンリ2世に嫁いだカトリーヌ＝ド＝メディシスが連れて来たイタリア人の菓子職人が考案した。シャーベットやマカロンも同様。

? 探究 ウェストファリア条約が規定した領土関係と宗教関係の内容を説明しなさい。[90字程度] 類題：愛知教育大学

★ドイツは三十年戦争によって分裂を余儀なくされ，周辺諸国は領土を広げた。

1 三十年戦争

宗教戦争 / 国際戦争

新教同盟（イギリス・オランダ・デンマーク・スウェーデン・フランス（旧教国））

第1期
ベーメン＝ファルツ戦争（1618〜23）
・ベーメンの新教貴族反乱

第2期
デンマーク戦争（1625〜29）
・クリスチャン4世の介入

第3期
スウェーデン戦争（1630〜35）
・グスタフ＝アドルフの介入

第4期
フランス＝スウェーデン戦争（1635〜48）
・仏の介入（◀P.174）

旧教連盟／スペイン（ハプスブルク家）／フェルディナント2世／ヴァレンシュタインの活躍／フェルディナント3世

ウェストファリア条約（1648）

↑1 戦術の変化 重装備の騎兵が軍隊の主力であった中世とは異なり，三十年戦争では長槍と小銃で武装した歩兵が主力として活躍した。また，小銃による一斉射撃という新戦術をグスタフ＝アドルフが成功させたことによって，小銃が軍隊の主力兵器としての地位を確立していった。しかし，このことは戦争の規模を拡大させる原因ともなり，その被害も増大することとなった。（サンタ＝マリア＝デラ＝ヴィットリア教会蔵）

Key Person ヴァレンシュタインとグスタフ＝アドルフ

ヴァレンシュタインは，ベーメン出身の傭兵隊長で，自ら軍を編成して皇帝側についた。一方のスウェーデン王グスタフ＝アドルフは国内の軍制改革によって徴兵した常備軍を中心に率いた。1632年のリュッツェンの戦いではスウェーデン軍が大勝したが，グスタフ＝アドルフは戦死し，その後ヴァレンシュタインも皇帝に野心を疑われ暗殺された。

↑2 ヴァレンシュタイン（1583〜1634）

↑3 グスタフ＝アドルフ（位1611〜32）

ヨーロッパ

2 ウェストファリア条約後のヨーロッパ（17世紀中頃）

- ── 1648年における神聖ローマ帝国の領域
- ▨ オーストリアのハプスブルク家領
- ▨ スペインのハプスブルク家領
- ← スウェーデン王グスタフ＝アドルフの進路（1630〜32）
- ← ヴァレンシュタインの進路（1632）
- ▨ ウェストファリア条約（1648）による列国の獲得地

トロンヘイム
スウェーデン王国
フィンランド
ノルウェー王国
オスロ
1658〜60 スウェーデン王国領
ストックホルム
リガ
スコットランド王国
エディンバラ
1648 ウェストファリア条約締結地
デンマーク王国
コペンハーゲン
バルト海
1640〜60 ピューリタン革命
プロイセン公国
ダンツィヒ・ケーニヒスベルク
北海
ネーズビー 1645
オランダ ブランデンブルク（選）
ワルシャワ
イングランド王国
アムステルダム・オスナブリュック・ハノーヴァー・ベルリン
ポーランド王国
ロンドン
ミュンスター
シュレジエン
クラクフ
1648〜53 フロンドの乱
南ネーデルラント
神聖ローマ帝国
フランクフルト
ベーメン・プラハ
ハンガリー王国
ブルターニュ
ヴァイセンベルク
パリ
オーストリア
ナント
アルザス
メッス
ミュンヘン・ウィーン
ハンガリー
フランス王国
スイス
モハーチ
ラ＝ロシェル
リヨン
ミラノ
サヴォイア公国
ヴェネツィア
カルロヴィッツ
ボルドー
ベオグラード
1659 ピレネー条約
アヴィニョン
フィレンツェ
トスカナ大公国
教皇領
1683 第2次ウィーン包囲戦
マルセイユ
ジェノヴァ共和国
オスマン帝国
スペイン王国
0 200km

3 北欧の歴史 （デンマーク，ノルウェー，スウェーデンほか）

●北欧（スカンディナヴィア半島，ユトランド半島）の歩み

6世紀頃	北欧原住の**ノルマン人**（北方ゲルマン人）が小王国形成
8世紀初頭	ウラル語系の**フィン人**がフィンランドに定着
9〜10世紀	ノルマン人の活動（**ヴァイキング**の活躍）（◀P.139）
11世紀	デーン人の**クヌート**がイングランド，デンマーク，ノルウェーを支配（**デーン朝**）
12世紀中頃〜13世紀	スウェーデンがフィンランドを併合（北方十字軍）
1397	北欧3国＊が同君連合の**カルマル同盟**を結成（ハンザ同盟に対抗，**デンマーク女王マルグレーテ**中心）＊北欧3国：デンマーク，ノルウェー，スウェーデンを指す。
1523	**スウェーデンが同盟から独立**
	☆このころ，スウェーデン，デンマークともに**ルター派**が国教に
17〜18世紀前半	スウェーデン全盛期（**バルト帝国**）
	☆**三十年戦争**に介入したデンマークは敗北（クリスチャン4世）
	☆同じく介入したスウェーデンは勝利（**グスタフ＝アドルフ**）
	☆**ウェストファリア条約**（1648）で北ドイツ（西ポンメルン）を獲得
1700	**北方戦争**（〜21）でロシアがスウェーデン（カール12世）に勝利（◀P.177）
	☆バルト海の制海権喪失，バルト帝国の終わり
19世紀	フィンランドがスウェーデンからロシアへ（1809 ナポレオン戦争中）ノルウェーがデンマークからスウェーデンへ（1815 ウィーン議定書）**デンマーク戦争**でシュレスヴィヒ・ホルシュタイン喪失（1864）（◀P.206）
20世紀	**ノルウェーの独立**（1905），**フィンランドの独立**（1917）第一次世界大戦で北欧3国は中立維持**第二次世界大戦**でソ連（フィンランド），ドイツ（デンマーク，ノルウェー）の侵略と支配下に（◀P.260・261）第二次世界大戦後の北欧3国は**立憲君主制と自主的平和外交**を展開

探究のヒント
●ウェストファリア条約（1648年）
戦争中の1644年から和平会議が始まり，ヨーロッパの66か国が参加した。最終的に1648年10月に締結された。（◀P.308史料）

内容
①アウクスブルクの和議の再確認とカルヴァン派の公認
②領土の変更
・フランス…アルザスの大部分とロレーヌのメッスなどを獲得
・スウェーデン…西ポンメルンなどを獲得（バルト帝国）
③スイス（◀P.151），オランダ（◀P.171）の独立を正式に承認
④ドイツ諸侯は完全な主権を認められた

↑4 各国の代表者が署名したウェストファリア条約の議定書

結果
・神聖ローマ帝国の分裂が決定的となり，この条約が事実上の「死亡診断書」といわれた
・ヨーロッパが主権国家から構成される国際社会になった（主権国家体制の確立）
・三十年戦争により人口激減，経済荒廃，後進性が進み，ドイツの停滞の原因となった。

（オーストリア国立古文書館蔵）

オーストリア・プロイセン

★新興のプロイセンが名家のオーストリアと抗争しながら発展した。

1 18世紀中頃のヨーロッパ（1763年頃）

凡例
- ― 1763年における神聖ローマ帝国の領域
- ― オーストリア帝国の境界
- ■ ハプスブルク家領（オーストリア）
- ■ ホーエンツォレルン家領（プロイセン）
- ■ ブルボン家領（フランス）
- ■ 同 上（スペイン）

2 プロイセンの発展

凡例
- ■ 三十年戦争まで
- ■ 1648～1700年まで
- ■ 1701～1786年まで

（『世界の歴史17』中央公論社）

解説 ドイツ騎士団による開拓が進められたエルベ川の東では、地主貴族（ユンカー）の農場領主制（グーツヘルシャフト）が発展し、プロイセンの官僚・将校はユンカーが独占した。（●P.207）

Ⅲ 世界遺産

↑1 サンスーシ宮殿（ポツダム） フリードリヒ2世は、**ロココ様式**の宮殿をつくらせた。フランス文化崇拝者の彼は、サンスーシ（フランス語で「憂いなし」の意）と名づけたこの宮殿で政務に励んだ。

↙2 シェーンブルン宮殿（ウィーン） マリア＝テレジアの時に完成。外観はバロック様式、内装はロココ様式。外観の色はマリア＝テレジア＝イエローと呼ばれる。

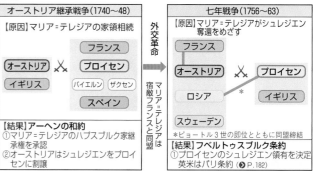

Ⅲ 世界遺産

3 15～18世紀のドイツの歩み

P.148 ◀以前
以降 ●P.206

オーストリア ＜ハプスブルク家＞	プロイセン ＜ホーエンツォレルン家＞	
	1134 ブランデンブルク辺境伯領成立	☆東方植民の活発化（◀P.146）
		1230 ドイツ騎士団領成立
	1415 ホーエンツォレルン家の支配、選帝侯となる	1525 ルター派に改宗
1438 神聖ローマ皇帝位の世襲 ☆婚姻政策により家領を拡大	1618 プロイセン公国を相続する	1525 プロイセン公国成立
カール5世（位1519～56）	1618 ブランデンブルク＝プロイセン同君連合成立	
1529 第1次ウィーン包囲戦（●P.128） ☆一大帝国を築くが退位後二分割		
1618 三十年戦争が勃発（～48）		
1683 第2次ウィーン包囲戦を撃退（ポーランドの支援による）	**フリードリヒ＝ヴィルヘルム（大選帝侯）**（位1640～88）	
1699 オスマン帝国とカルロヴィッツ条約締結（ハンガリー獲得）（●P.128） ☆複合民族国家として中東欧に覇権	1648 ウェストファリア条約で東ポンメルン獲得 ☆16世紀以降、ユンカー（地主貴族）のグーツヘルシャフトが発展	
1701 スペイン継承戦争が勃発（～14）		
カール6世（位1711～40）	1701 プロイセン王国が成立する	
1714 ラシュタット条約でスペイン領ネーデルラント・ミラノなどを獲得（◀P.174）	**フリードリヒ1世**（位1688～1713） ☆フランスからの亡命ユグノー（◀P.174）を受け入れて発展の基礎を築く	
1724 国事勅令（プラグマーティッシェ＝ザンクティオン）で女系の相続権を規定	**フリードリヒ＝ヴィルヘルム1世（兵隊王）**（位1713～40） 1721 ニスタット条約（●P.177）で西ポンメルンを獲得 ☆軍事・官僚国家としての発展（将校・官僚をユンカーが独占する）	
マリア＝テレジア（オーストリア大公1740～80）、**フランツ1世**（皇帝位1745～65）	**フリードリヒ2世（大王）**（位1740～86） ☆啓蒙専制君主として上からの近代化に着手（殖産興業、司法の近代化、検閲廃止など）	
1740 **オーストリア継承戦争が勃発**、プロイセンが**シュレジエン**に侵攻（～48）		
1756 オーストリアが宿敵フランスとの同盟を成立（外交革命）、七年戦争（～63）		
ヨーゼフ2世（位1765～90） ☆啓蒙専制君主（宗教寛容令など）	1772 第1回ポーランド分割（●P.177）で西プロイセン獲得	

4 オーストリアとプロイセンの対立

オーストリア継承戦争（1740～48）
【原因】マリア＝テレジアの家領相続

オーストリア ✕ プロイセン
イギリス｜バイエルン｜ザクセン
｜フランス｜スペイン

【結果】アーヘンの和約
①マリア＝テレジアのハプスブルク家継承権を承認
②オーストリアはシュレジエンをプロイセンに割譲

外交革命 → マリア＝テレジアは宿敵フランスと同盟

七年戦争（1756～63）
【原因】マリア＝テレジアがシュレジエン奪還をめざす

フランス｜オーストリア ✕ プロイセン｜イギリス
ロシア｜スウェーデン *

*ピョートル3世の即位とともに同盟締結

【結果】フベルトゥスブルク条約
①プロイセンのシュレジエン領有を決定 英米はパリ条約（●P.182）

Key Person （位1740～80）　（位1740～86）

マリア＝テレジアとフリードリヒ2世

1740年に即位した2人は終生のライバルであった。マリア＝テレジアの父カール6世は女系の家督相続について規定した国事勅令を諸国・諸侯に認めさせておいたが、彼女が実際に23歳で即位すると、フリードリヒ2世をはじめ諸国の介入からオーストリア継承戦争となった。マリア＝テレジアは国内で改革を進め、家庭では夫を愛し、20年の結婚生活で16人の子どもを出産した。一方のフリードリヒ2世は、文学青年だった18歳の時厳格な父王に反発してイギリスへの逃亡を図ったが失敗し、一度は死刑判決を受けた。即位後はヴォルテール（●P.180）を招き、「君主は国家第一の僕」として啓蒙専制君主を自任したが、すべての国民に対しても国家への奉仕を強制した。

↑3 マリア＝テレジア

（パリ国立図書館蔵）

↑4 フリードリヒ2世

★西欧化をはたしたロシアはヨーロッパの大国になり，領土を拡大した。

1 16～18世紀のロシアの歩み 〈P.145〈以前 以降〉P.210

絶対王政の準備期	**イヴァン3世**(位1462～1505)	
	1480	キプチャク＝ハン国から，**モスクワ大公国を自立**
		☆ローマ帝国の後継者を自任し，はじめて**ツァーリ**(皇帝)の称号を使用(〈P.145)
	イヴァン4世(雷帝)(位1533～84)	
	1547	**ツァーリ**の称号を公式に使用
		☆恐怖政治＝新貴族(士族)の創設
		☆農民の移動制限強化＝**近世農奴制の基礎**
	1581	コサック首領**イェルマーク**のシベリア遠征(～82)
	1613	ミハイル＝ロマノフがツァーリに選出される(＝**ロマノフ朝の成立**)
	1670	**ステンカ＝ラージンの乱**(～71)
絶対王政の確立期	**ピョートル1世(大帝)**(位1682～1725)	
	1689	**ネルチンスク条約**(〈P.111)
	1695	アゾフ遠征(対オスマン帝国)(～96)
	1697	**西欧へ大使節団を派遣**＝ロシアの西欧化を図る
	1700	スウェーデンに宣戦布告＝**北方戦争の開始**(～21)
		☆軍事強化のため近代化(西欧化)を断行(徴兵令，人頭税課税など)＝**農奴制形成**
	1703	ペテルブルクの建設開始(12年に完成，遷都)
	1709	**ポルタヴァの戦い**で圧勝(〈P.175)
	1721	**ニスタット条約**(〈P.176)，バルト海沿岸を獲得
	1727	**キャフタ条約**(〈P.111)
	1728	ベーリングが北太平洋に海峡を発見
絶対王政の全盛期	**エカチェリーナ2世**(位1762～96) 啓蒙専制君主	
	1762	宮廷革命で即位
	1767	「**訓令**」の布告(啓蒙思想に基づいた近代化の試みだが，具体的成果は生まず)
	1772	**ポーランド分割**(1793，95にも分割)
	1773	**プガチョフの農民反乱**(～75)→農奴制を強化
	1783	**クリミア＝ハン国を併合**し，黒海北岸に進出
	1792	**ラクスマンを日本に派遣**(〉P.38)

2 ロシアの拡大

凡例：
- 1462年のモスクワ大公国(イヴァン3世即位時)
- 1689年までの獲得地(ネルチンスク条約締結時)
- 1796年までの獲得地(エカチェリーナ2世時代)
- 1613年までの獲得地(ロマノフ朝成立時)
- 1725年までの獲得地(ピョートル1世時代)
- → イェルマークの遠征
- → ベーリングのカムチャツカ探検

3 ピョートル1世の政治

→1 **現在のペテルブルク** ピョートルの時代に，イヴァン4世以来の宿願であったバルト海進出が果たされる。ネヴァ川河口の湿地に建設された新首都は，「ヨーロッパへの窓」となった。

📖 探究のヒント

🏛 世界遺産

エルミタージュ美術館　ネヴァ川

4 ポーランド分割 (〈P.176)

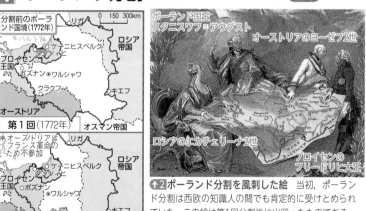

分割前のポーランド国境(1772年)

第1回(1772年)

第2回(1793年)　※オーストリアはフランス革命のため不参加

第3回(1795年)

ポーランド国王スタニスワフ＝アウグスト
オーストリアのヨーゼフ2世
ロシアのエカチェリーナ2世
プロイセンのフリードリヒ大王

↑2 **ポーランド分割を風刺した絵** 当初，ポーランド分割は西欧の知識人の間でも肯定的に受けとめられていた。この絵は第1回分割後に出回ったものである。ポーランドを「王たちの菓子」と最初に例えたのは，分割を啓蒙専制君主による偉業と讃えたヴォルテール(〉P.180)であった。

←3 **コシューシコ(コシチューシコ)**(1746～1817) アメリカ独立戦争にも参加したポーランド軍人。フランス革命政府からの援助を期待して，第2回分割後の1794年に農民を含めた義勇軍を組織して蜂起したが，失敗に終わった。(〉P.187)
(パリ，ポーランド図書館蔵)

Key Person (位1682～1725) **ピョートル1世** (〉P.311史料)

身長2mを超すピョートル1世は，戦争と大改革を推進した。1697年に自らを含め総勢300人余りからなる大使節団を西欧に送った。オランダで学んだ航海技術は，貿易港を求めてバルト海への進出を企てるきっかけになった。また，ロシア人男性の胸を覆うような髭を生やす習慣を，後進性の象徴として廃止しようとしたことで有名である。「髭税」を払い，「髭は馬鹿らしい飾りである」と書かれたメダルを下げれば，髭を生やすことができた。

←4 髭を切られるロシアの男

Key Person (位1762～96) **エカチェリーナ2世**

プロイセンの小公国アンハルト＝ツェルプスト家の娘で，16歳の時にのちのピョートル3世と結婚した。1761年に即位したピョートル3世が周囲の信頼を失うと，近衛連隊によるクーデタ(宮廷革命)をおこし自ら即位した。フランスの啓蒙主義者ディドロ(〉P.180)をロシアに招き，**啓蒙専制君主**を自称して諸改革を行い，不凍港を求めて黒海北岸に進出した。民衆向けに啓蒙小説を書いたので「作家の女帝」とも呼ばれる。

ヴェルサイユ宮殿全敷地

中央棟2階

平和の間　鏡の間　戦争の間

（『週刊朝日百科世界100都市25』朝日新聞社）

Gallery ～世界史の見える画廊～

「ヴェルサイユ宮殿」
1661年着工～1682年完成

敷地面積約800万㎡　フランス，ヴェルサイユ

時代背景

ルイ14世（◀P.37・174）の時代に確立したフランス絶対王政は，1789年のフランス革命の勃発まで続いた。この間の3代の国王の居城であったヴェルサイユ宮殿は，フランスの政治と文化の中心であるとともに，ヨーロッパの歴史の舞台となった。

↓**1**ヴェルサイユ宮殿全景　ヴェルサイユ宮殿は，庭園も含めほぼ左右対称に設計されている。正面の大通りは20km離れたパリの方角に通じ，背後の庭園は幾何学模様を描く花壇やふんだんな噴水で飾られている。宮殿と庭園の敷地の広さは，当時は1,700万㎡（東京ドームの364個分）を超えていた。

「鏡の間」とは？
ヴェルサイユ宮殿のほぼ中央に位置する「鏡の間」は，大宴会場である。外国大使との接見や，大規模な式典が催され，舞踏会の会場としても利用された。両隣の「平和の間」「戦争の間」の3室で1万人を超す人々が集まることもあったという。

建築を読み解く☞

クリスタル製のシャンデリアと大燭台には，夜になると3,000本のろうそくがともされた

13m　全長　75m　10m

17の窓と鏡がそれぞれ対になっている。窓からの光が鏡に反射し，室内は輝きを増す

→**3**ヴェルサイユ条約の締結（オーベン作）　1919年6月28日に「鏡の間」で敗戦国ドイツは講和条約に調印した（◐P.246）。パリ講和会議ではドイツが除外されて審議が進められてきた。議長を務めてきたフランス首相クレマンソー（78歳）が「鏡の間」を調印式の場に選んだのは，ドイツに対して1871年の時の報復の思いがあったからだといわれている。

● 歴史が見てきた「鏡の間」

↑**2**ドイツの野戦病院となった「鏡の間」　1871年に，フランスに勝利したプロイセンは，「鏡の間」でドイツ皇帝戴冠式を行う（◐P.207）とともに，軍をヴェルサイユ宮殿に駐屯させ野戦病院として利用した。ドイツのこうしたやり方は，フランスにとって屈辱であった。

鏡　鏡に映る窓　ロイド=ジョージ（英）　クレマンソー（仏）　ウィルソン（米）　ミュラー（独）

★主権国家の成立を背景に，宮廷を中心とする文化と近代的な思想・科学が発達した。

1 文学・美術・音楽

→1『ガリヴァー旅行記』

特色						①文学：主権国家の成立により国内の言語の統一が進み，各国で特色ある国民文学が成立 ②美術：ルネサンスの調和と安定への反動として，16世紀後半から18世紀初めまで王権を背景に，豪壮・華麗なバロック様式が流行。18世紀後半，フランスを中心に繊細・優美なロココ様式が流行 ③音楽：17・18世紀に宮廷・教会の保護を受けて，豪華・華麗なバロック音楽が流行。18世紀後半，市民階級の成長を受け，パトロンから独立した古典派音楽が誕生
文学	フランス	古典主義	コルネイユ	仏	1606～84	フランス古典主義悲劇を創始『ル=シッド』
			モリエール	仏	1622～73	フランス古典喜劇作家，性格喜劇を大成『人間嫌い』『タルチュフ』
			ラシーヌ	仏	1639～99	フランス古典主義悲劇を大成『アンドロマック』『ベレニス』
	イギリス	ピューリタン文学	ミルトン	英	1608～74	ピューリタン革命を熱烈支持，王政復古後は不遇『失楽園』
			バンヤン	英	1628～88	ピューリタン革命に参加，王政復古後投獄経験『天路歴程』
		風刺文学	デフォー	英	1660～1731	産業革命前後の中産階級の立場を代弁『ロビンソン=クルーソー』
			スウィフト	英	1667～1745	イギリス社会風刺・徹底批判『ガリヴァー旅行記』
美術		バロック	エル=グレコ	西	1541頃～1614	スペイン・バロック芸術の先駆け「受胎告知」
			ベラスケス	西	1599～1660	宮廷画家，大構図の群像が得意「ブレダの降伏」「女官たち」
			ムリリョ	西	1617～82	繊細な技巧で，子どもや宗教的題材を描く「さいころ遊び」
			ルーベンス	フランドル	1577～1640	外交官兼宮廷画家，壮大・優美な作品群を残す
			ファン=ダイク	フランドル	1599～1641	イギリス宮廷画家，彩色豊かで繊細な肖像画を残す
			レンブラント	蘭	1606～69	光と影の描写に優れ，近代油絵技法を完成「夜警」
			フェルメール	蘭	1632～75	室内の女性を独特の画風で描く「手紙を書く女」
		ロココ	ワトー	仏	1684～1721	ロココ美術の創始者の一人「シテール島の巡礼」
			ブーシェ	仏	1703～70	宮廷画家，華麗・繊細な風俗画「ポンパドゥール夫人」
			フラゴナール	仏	1732～1806	軽快な筆致の風俗画家「ぶらんこ」
音楽		バロック	バッハ	独	1685～1750	近代音楽の父「マタイ受難曲」
			ヘンデル	独	1685～1759	バロック音楽を大成「水上の音楽」
		古典派	ハイドン	オーストリア	1732～1809	交響曲の父「天地創造」「四季」
			モーツァルト	オーストリア	1756～91	古典音楽の大成「ジュピター」「魔笛」

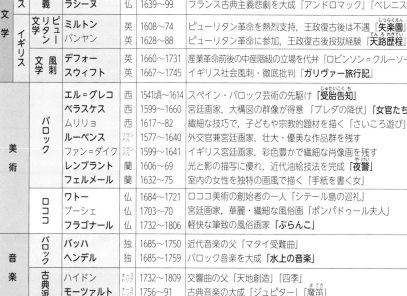

→2 **スウィフト**(1667～1745) 政治家の秘書をしていたが，アイルランドで聖職に就き，活発な政府批判を展開した。『ガリヴァー旅行記』は風刺文学の傑作である。

ヨーロッパ

Key Person (1685～1759) **ヘンデル**

ヘンデルはドイツに生まれ，(ドイツにとどまったバッハとは対照的に)国際的に活躍した。後半生はイギリスに帰化し，王室付作曲家・オペラ作曲家として活躍した。代表作である「水上の音楽」は，ハノーヴァー家出身のジョージ1世(←P.173)のテムズ川の舟遊びのために作曲され，3回に分けて演奏された。

●ロココ様式 1766年，81×65cm，ロンドン，ウォーレスコレクション蔵

→6 フラゴナール「ぶらんこ」 18世紀後半のロココ様式の作品で，貴族の青年がブランコに乗る少女を下から見ている。フラゴナールは絶対王政時代の享楽的生活に身をゆだね，世俗的で明るい主題を繊細に描いた。

●バロック様式

←3 **エル=グレコ「受胎告知」** エル=グレコとは，スペイン語で「ギリシア人」の意。クレタ島出身の画家で，30代の末にスペインの学問と宗教の中心地トレドに移り住み，カトリック教会の保護のもと，独創的な宗教画を生み出した。(1600年頃，109×80cm)

→4 **ベラスケス「女官たち(ラス=メニーナス)」** ベラスケスはスペインのフェリペ4世の宮廷で活躍した。この作品は国王夫妻の像を制作中の画家を，王女・女官たちが訪問したという設定で，国王夫妻の像が鏡に映っている。(1656年，318×276cm，プラド美術館蔵)

←5 **レンブラント「夜警」** レンブラントはオランダで活躍し，明暗を絶妙に配合して人間の内面や美を描いた。この作品は火縄銃組合の依頼で，隊長を先頭にした民兵隊を描いたものである。市民の集団肖像画を描いた画家の代表作。(1642年，363×437cm，アムステルダム国立美術館蔵)

→7 **シノワズリ(中国風)** ロココ美術の中には中国趣味・東方趣味がひそんでいる(←P.37)。啓蒙思想家をはじめ，17・18世紀のヨーロッパに中国の与えた影響は大きかった。(陶磁の間，ナポリ，カポディモンテ美術館)

？探究 アメリカ独立宣言の基盤となったロックの思想を述べなさい。[50字程度] 類題：北海道大学

1 ヨーロッパの思想

哲学	経験論	フランシス=ベーコン	英 1561～1626	**実験と観察**から理論を形成する**帰納法**を重視。近代科学の方法論の基礎付け。『**新オルガヌム**』
		ロック	英 1632～1704	認識の起源を経験におく。『**人間悟性論**』
		ヒューム	英 1711～76	経験論から客観性を否定する**懐疑主義**に至る
	合理論	デカルト	仏 1596～1650	「**われ思う，ゆえにわれあり**」理性から出発する**演繹法**重視。『**方法序(叙)説**』
		パスカル	仏 1623～62	「**人間は考える葦である**」人間の尊厳を内省力におく『**パンセ(瞑想録)**』
		スピノザ	蘭 1632～77	神と宇宙を同一視する**汎神論**を主張。『**倫理学**』
		ライプニッツ	独 1646～1716	神の「**予定調和**」による**単子(モナド)論**を主張。『**単子論**』
	観念論	カント	独 1724～1804	**ドイツ観念論の祖。経験論と合理論の統合**を果たす『**純粋理性批判**』『**永遠平和のために**』(●P.214)
政治思想		王権神授説		絶対王政を正当化する政治思想
		ボーダン	仏 1530～96	ユグノー戦争中王権擁護，宗教的寛容主張。『**国家論**』
		ボシュエ	仏 1627～1704	パリ大司教。ルイ14世の王太子の教育係。神学的政治論主張
		自然法思想		人間が生まれながらにもつ生存の権利を守るために永久不変の法(自然法)が存在するとする思想
		グロティウス	蘭 1583～1645	近代自然法，**国際法の祖**。『**海洋自由論**』『**戦争と平和の法**』
		社会契約説		自然法の立場で国家・社会を論じたもの。社会も国家も人民の契約により成立すると説く
		ホッブズ	英 1588～1679	ピューリタン革命を避けてフランスへ亡命。国王特権擁護。『**リヴァイアサン**』
		ロック	英 1632～1704	自然権の中心を財産権におき，**革命権**を擁護。**名誉革命支持，アメリカ独立戦争へ影響**。『**統治二論**』
		啓蒙思想		人間の理性を信頼し，不合理を批判する経験論的合理主義。民衆を無知な者とみなし，教え導こうとする思想。フランス革命の思想的母体
		モンテスキュー	仏 1689～1755	イギリス政治をモデルに**三権分立**を唱える。『**法の精神**』
		ヴォルテール	仏 1694～1778	教会制度・社会の迷妄を激しく批判。『**哲学書簡**』(●P.176)
		ルソー(●P.37)	仏 1712～78	「**自然に帰れ**」**自然権**の回復と人間主義論展開。『**社会契約論**』『**人間不平等起源論**』
		ディドロ	仏 1713～84	哲学者・科学者・文学者。『**百科全書**』監修(●P.177)
		ダランベール	仏 1717～83	数学者・哲学者。ディドロとともに『**百科全書**』を監修

→1『百科全書』 ディドロがダランベールと一緒に編集した百科事典で，ヴォルテール，モンテスキュー，ルソー，ケネーなどに協力をあおぎ，最終的に264人もの知識人が執筆にかかわった。合理的な精神，科学技術の尊重，教会権力批判などが特徴で，1751年の第1巻刊行以来政府の弾圧やローマ教皇からの断罪などを乗り越え，1772年に初版28巻を完成した。すでにフランス語が国際語であったため，ヨーロッパ全土に行き渡り，啓蒙思想の普及に役立った。

Key Person グロティウス(1583～1645)

グロティウスは，オランダの法学者で，26歳の時に『海洋自由論』を著した。その中で，「海洋はだれにも属属せず，いかなる国もそこでの排他的航海権を主張することはできない」として，自然法の理論に基づいて国際間にも法があることを主張し，航行と通商の自由を説いた。その後，宗教をめぐる政争によってフランスに亡命し，1625年に三十年戦争の惨禍をふまえてパリで『戦争と平和の法』を著した。「国際法の祖」「近代自然法の父」と呼ばれる。(●P.240)

(コンデ美術館蔵)

● 哲学の展開

唯名論の流れ **中世 スコラ学への批判** 実在論の流れ

経験論(イギリス) 認識の源泉は**経験**である 帰納法	**合理論**(大陸) 認識の源泉は**理性**である 演繹法
認識の源泉を感覚や知識に求める立場。知識は外部から経験的に与えられるとする。「**知は力なり**」フランシス=ベーコン ホッブズ ロック ヒューム →2ベーコン	理性(考える力)によって真理を把握しようとする立場。「**われ思う，ゆえにわれあり**」デカルト スピノザ ライプニッツ →3デカルト

(グランベリーコレクション蔵)
(ルーヴル美術館蔵)

ドイツ観念論
経験論と合理論の行き詰まりを克服するため，経験を秩序づける形式が，先験的に理性に備わっていると説き，**経験論と合理論を統合**
→4カント

● 社会契約説の比較

思想家	↑5 **ホッブズ**	↑6 **ロック**	↑7 **ルソー**
人間観	人間は利己的動物	人間は理性的動物	自然な感情をもつ未発達な存在
自然状態	「**万人の万人に対する闘い**」	自由・平等な平和的状態	相互的孤立の状態
社会契約のあり方	・闘争を避けるために契約を結び，自然権を国王に譲渡(国家の形成)・国民は国王に絶対服従	・自然権の一部を代表者に委譲(国家の形成)・政府に対する革命権(抵抗権)あり(●P.189)	・人民は自然権を共同体全体に対して完全に譲渡(国家の形成)・一般意志(共通の利益を求める共通の意志)実現のため相互に契約
特徴・影響	・国王主権を理想化・抵抗権を認めず，王政復古(1660年)後の英政治体制を正当化	・間接民主政を主張・**名誉革命を正当化**・**アメリカ独立宣言**に影響(●P.189)	・直接民主政を志向・**フランス革命**に影響(●P.190)

探究のヒント

ホッブズ『リヴァイアサン』 かれらを外国人の侵入や相互の侵害から防衛し(…)満足して生活できるようにするという権力を樹立するための，ただひとつの道は，かれらのすべての権力と強さとを，ひとりの人間に与えるか，または多数意見によってすべての意志をひとつの意志とすることができるような合議体に与えることである。(…)それはひとつの人格による人々全員の統一である。
(『リヴァイアサン』全4巻，岩波文庫，ただし訳文を一部修正。)

ロック『統治二論』 人々は，彼らが社会を取り結ぶや，自然状態において彼らがもっていた平等自由および執行権を社会の手に委ねる。(…)けれどもそれは各人がそうすることによって自分自身，すなわちその自由と所有とを，よりよく維持しようという意図から出たものに過ぎない。(…)社会の権力(…)は，公共の福祉を越えたところまで及ぶとはとうてい想像できないのである。
(『市民政府論』岩波文庫)

ルソー『社会契約論』 われわれのだれもが自分の身体とあらゆる力を共同にして，一般意志の最高の指揮のもとにおく。(…)この結合行為は成立するとただちに，各契約者の個人に代わって，一つの精神的・集合的団体を成立せしめる。この団体は集会の有する投票権と同数の構成員からなり，この結合行為からその統一性，その共同の《自我》，その生命とその意志を受け取るのである。
(『社会契約論』『世界の名著30』所取，中央公論社)

↓⑧**ジョフラン夫人のサロン** 18世紀になると芸術・学問が交流する場が，宮廷の外に出るようになった。貴族の邸宅のサロンや，市民たちの集うカフェ・コーヒーハウスが脚光を浴び始めたのである。このうちフランスのジョフラン夫人のサロンは，急進的な思想が大胆に討論されたことで知られる。
（絵はヴォルテールの劇『中国の孤児』を名優ルカンが朗読している光景で，当時の高名な思想家や作家がほとんどすべて描かれているが，19世紀のルモニエの想像画である。ルーアン美術館蔵）

啓蒙思想家ルソー
啓蒙思想家ヴォルテールの胸像
経済学者ケネー
百科全書派ディドロ
経済学者テュルゴ
ジョフラン夫人
啓蒙思想家ビュフォン
百科全書派ダランベール
啓蒙思想家モンテスキュー

ヨーロッパ

② 経済思想

重商主義	コルベール（◀P.174）	仏	1619〜83	ルイ14世時代の財務総監。産業の保護育成を主張
	トマス=マン	英	1571〜1641	東インド会社の重役。国全体としての貿易収支を重視する貿易差額論を提唱
重農主義	ケネー	仏	1694〜1774	重農主義の祖。流通より生産を重視。『経済表』(1758)
	テュルゴ	仏	1727〜81	重農主義を古典派経済学の方向に発展させる
古典派経済学	アダム=スミス	英	1723〜90	資本主義の体系的分析，自由主義経済学を確立『諸国民の富』（『国富論』）(1776)

●経済思想の流れ

資本主義の萌芽	重商主義	・世界の富は一定であるとして，経済を国家が規制する ・**重金主義・貿易差額主義・産業保護主義**（イギリスの議会重商主義も含む）がある
	重農主義	・自然法に基づき生産による富の増大を主張。農業を富の源泉とする ・最初に「なすにまかせよ」（レッセ=フェール）を主張（経済への国家干渉を拒否）
資本主義の成立	古典派経済学	・**自由放任主義**を継承 ・重商主義的統制を批判 ・個人の自由な利益追求行動こそが，社会全体の富を増大させる

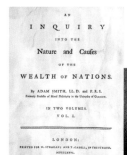

→⑨『諸国民の富』 アダム=スミスは主著『諸国民の富（国富論）』において，「見えざる手」つまり自然調和が働くかぎり，国家権力は一切の個人的経済活動を放任するのが望ましいと述べた。彼はまた労働効率を高めるために分業の概念も説いた。

←⑩アダム=スミス

③ 自然科学

特色				①経験論・演繹法を基礎にした合理的思考から，自然科学が近代的学問として確立（＝**科学革命**） ②茶・砂糖・コーヒー・綿織物などの植民地からの輸入品が市民にも広まり（＝**生活革命**），コーヒーハウス（❷P.183）での活発な議論・交流が，ジャーナリズムを生むと同時に，イギリス王立協会などの**科学者団体**の活動を生んだ
ガリレイ	伊	1564〜1642		望遠鏡を改良。地動説を主張（◀P.158・159）
ケプラー	独	1571〜1630		惑星運行の法則を確立。地動説を数学的に実証
ハーヴェー	英	1578〜1657		実験的論拠に基づいて**血液循環の理論**を発表(1628)
ボイル	英	1626〜91		化学者。気体力学で「**ボイルの法則**」を発見(1662)
ホイヘンス	蘭	1629〜95		振り子時計を発明したほか，土星の環も発見。光の波動説を提唱
ニュートン	英	1642〜1727		**万有引力の法則**発見。王立協会会長。『プリンキピア』(1687)
フランクリン	米	1706〜90		アメリカ独立革命期の著名な政治家（❷P.189）。雷が電気現象であることを立証し，避雷針を発明
リンネ	スウェーデン	1707〜78		（動植物の分類のうち特に）植物分類学を確立。近代博物学の祖
ビュフォン	仏	1707〜88		博物学者。『博物誌』で生物進化論を先駆的に説く
ラプラス	仏	1749〜1827		「フランスのニュートン」と評される。星雲が凝縮して太陽系が形成されたという仮説を提唱
ラヴォワジェ	仏	1743〜94		燃焼の研究から，**質量不変の法則**を発見
ジェンナー	英	1749〜1823		医師。実験によって種痘法を開発し予防接種の道を開いた(1796)

（❷P.143）

Key Person 「科学革命」とニュートン(1642〜1727)

ニュートンは，「科学革命」で大きな役割を果たした。彼は，ペスト流行のために引きこもっていた田舎の屋敷で，木陰でたたずむ自分の近くにリンゴの実が落下したのを見て，月もなぜ同様に落下しないのかと連想し，万有引力の法則を発見したといわれている。神なしに自然界の運動を説明できた彼であったが，神を宇宙の創造主として認めていた。

→⑫ニュートンの望遠鏡

↓⑪少年に種痘を施すジェンナー 1796年，8歳の少年に施した臨床実験の成功が，人類の感染症との戦いの勝利への第一歩だった。

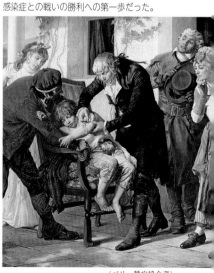

（パリ，種痘協会蔵）

ルーツ 「ホモ＝サピエンス」：リンネは人間を霊長類に入れ，「ホモ＝サピエンス」と名づけた。

特集

？探究 アンボイナ事件が転機となってその後のオランダとイギリスの植民地政策にもたらした影響について，それぞれ説明しなさい。[70字程度]

1 17世紀：大西洋三角貿易とアジア中継貿易

➡ ・アフリカ黒人奴隷移送⇒新大陸の奴隷制プランテーション経営
・オランダによるアジアが舞台の中継貿易の繁栄（◀P.巻頭1左頁）

●16〜17世紀の重商主義の歩み

	重商主義の展開		歴史的事件
オランダの覇権	＊北米にニューネーデルラント植民地を建設	1568	**オランダ独立戦争**が始まる（〜1609）
	＊ポルトガルから**スリランカ・マラッカ・モルッカ（マルク）諸島**を奪い，ジャワ島の**バタヴィア**を拠点に，**香辛料貿易**独占	1581	**ネーデルラント連邦共和国（オランダ）の独立宣言**（◀P.171）
		1602	**東インド会社**設立
	＊台湾に**ゼーランディア城**を建設。江戸幕府と長崎で通商して**日本銀**を入手⇒アジアでの活動の資金	1623	**アンボイナ事件**
	＊アフリカ南端に**ケープ植民地**を建設	1652	**イギリス＝オランダ戦争**始まる（〜74）（◀P.173）
イギリスの植民地進出	＊新大陸進出〜①**ヴァージニア植民地**定住成功，②1620年にメイフラワー号の**ピルグリム＝ファーザーズ**が**プリマス**上陸（**ニューイングランド**），③ジャマイカの砂糖プランテーション	1588	アルマダ海戦でスペインに勝利
		1600	エリザベス1世の治下で**東インド会社**設立（◀P.172，▶P.218）
		1651	クロムウェルの**航海法**（◀P.173）
	＊インド進出〜**カルカッタ（コルカタ）・マドラス（チェンナイ）・ボンベイ（ムンバイ）**を拠点とし，インド産の**茶・綿織物**を輸入	1652	**イギリス＝オランダ戦争**始まる（〜74）
		1664	ニューアムステルダムを奪い**ニューヨーク**と改称（▶P.188）
フランスの進出	＊新大陸進出〜①**カナダ・ルイジアナ**で毛皮貿易とカトリック布教，②西インド諸島**ハイチ**で砂糖プランテーション	1604	アンリ4世の治下，**東インド会社**設立（◀P.174）
	＊インド進出〜**シャンデルナゴル・ポンディシェリ**を拠点	1664	ルイ14世の治下，**東インド会社**再建
		1665	財務総監**コルベール**就任

◀**解説** 近世ヨーロッパ諸国で世界貿易の中心として活動したのが各国の**東インド会社**である。当時，アジア貿易は多額の費用とリスクがかかり，その担い手の中心は王侯・貴族と一部の大商人だった。この膨大な費用を少額の**株式**に分割し，多くの人々から資金を集めたのが**株式会社**である。**オランダ連合東インド会社**はその先駆として，世界を舞台にオランダ中継貿易の中心として活動した。（◀P.171，▶P.186）

◀**2 アンボイナ事件** 1623年モルッカ（マルク）諸島のアンボイナ島で，イギリス商館の日本人傭兵がオランダ商館のようすを探っていたとしてイギリス側を全員捕らえオランダ商館襲撃計画を自供させ，20名（うち9名は日本人）を処刑した。オランダの香辛料独占の契機となり，以後イギリスはインド進出に転身した。

（絵はミラノ市立ベルタレッリ印刷物収集館蔵）

●奴隷の商品化

アフリカ黒人の売買は，15世紀のポルトガルに始まる。17世紀以降，熱帯商品作物プランテーションの労働力として重要な取引材料となり，**大西洋三角貿易**の「商品」として組み込まれた。アフリカ黒人奴隷の多くはブラジルのコーヒーや西インド諸島の砂糖プランテーションに投入され，さらに北アメリカ南部のタバコなどのプランテーションにも投入された。こうして強制連行された奴隷は4世紀の間に推計1,200万〜1,500万人にも及び，人類史上最大の人口移動であると同時に醜行でもあった。

➡**1 奴隷狩り** 黒人社会にももともと存在した奴隷制度に加え，部族抗争に勝つためわずかな武器・物資と引換えにたくさんの黒人が「商品」として，白人商人に売り渡されていった。黒人奴隷は人格を否定され，「動産」として処理された。絵は数珠つなぎにされて，引き立てられる奴隷。

●オランダ連合東インド会社の貿易

```
ユトレヒト同盟の全ての住民
          ↓  ↓  ↓      少額の出資金
配当 ↑    東インド会社
          ・21年間の貿易事業に出資
          ・出資金は回収できない
          ↓
（成功，失敗問わず）毎年，会社全体で収支計算
          ↓
利潤 ──── 利潤は出資額に応じて分配
出資金
```

＊後に配当を受けとる権利が売買されるようになり，これが株式市場の原型となる。

◀**解説** 17世紀，世界初の株式会社でもある**オランダ東インド会社**の貿易活動により，アムステルダムが世界金融の中心として未曽有の繁栄を遂げた。全ヨーロッパの商船の半数をオランダが占めたように，**中継貿易**が活動の中心だった。会社には，ユトレヒト同盟の住民であれば，誰でも投資が可能であった。出資者のほとんどは少額出資金で，21年間の先行投資であった。出資者は毎年，会社全体の利潤から配当を受け，多いときには出資額の25〜75％にものぼった。この結果，新事業のリスクを多くの人々がとれるようになり，ヨーロッパの世界進出が進んだ要因の一つとなった。

2 第2次英仏百年戦争（1689〜1815年）

ヨーロッパ	北米	
ファルツ戦争（1688〜97）（◀P.174）	**ウィリアム王戦争**（1689〜97）	**ライスワイク条約**（1697）
スペイン継承戦争（1701〜14）（◀P.174）	**アン女王戦争**（1702〜13）	**ユトレヒト条約**（1713）・アカディア，ニューファンドランド，ハドソン湾地方（仏→英）・ジブラルタル，ミノルカ島（西→英）
オーストリア継承戦争（1740〜48）（◀P.176）	**ジョージ王戦争**（1744〜48）	**アーヘンの和約**（1748）
七年戦争（1756〜63）（◀P.176）	※**フレンチ＝インディアン戦争**（1754〜63）／㊞**プラッシーの戦い**（1757）カーナティック戦争（1744〜63）	**パリ条約**（1763）・ミシシッピ川以西のルイジアナ（仏→西）・フロリダ（西→英）・カナダ，ミシシッピ川以東のルイジアナ，ドミニカ，セネガル（仏→英）
フランス革命とナポレオン戦争（1789〜1815）（▶P.190）	**アメリカ独立戦争**（1775〜83）（▶P.188）	**パリ条約**（1783）・ミシシッピ川以東のルイジアナ（英→米）・フロリダ（英→西）

3 18世紀：英仏の植民地争い

17世紀後半になると，香辛料価格が供給過剰で下落し，綿織物と茶が新たな世界商品として需要が増えた。18世紀になって奴隷制プランテーションの生産システムはほぼ完成し，奴隷売買がもっとも活発に行われた（◀P.巻頭1左頁）。英仏は長期にわたって植民地抗争を展開し，**パリ条約**の結果，フランスの北米植民地はすべて失われた。その結果，ハイチがフランスにおけるアメリカ植民地の中心となった。インドでは**プラッシーの戦い**で勝利したイギリスがベンガル地方の徴税権（ディーワーニー）を入手し，その利益をそのままインドに投資して藍・生糸・綿花の形で本国に送った。こうしてイギリスは，アジアの一角に本格的な植民地を形成した。

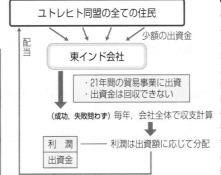

➡**3 コルカタの風景** 18世紀後半にはイギリス領インドの中心地となったコルカタは，インド産綿織物で名高かった都市であるが，イギリス人が発音しやすい「**カルカッタ**」の名で呼ばれるようになった。（絵はロンドン，ギルダール図書館蔵）

➡**4 アメリカ南部の綿花プランテーション** 18世紀後半の産業革命で綿工業の生産性が高まると市場の競争が激しくなり，製品コストを下げるために奴隷の労働は激しさを増した。**綿花**の栽培は手入れも摘み取りも大変なうえ，一日100kg近い収穫のノルマを課せられることもあった。

探究のヒント

「世界商品」とは？　近代世界システム論の鍵となる視点で，近世初期以降に世界の市場で広く取引された商品のこと。古くは香辛料や銀から，のちに茶・コーヒー・カカオ・砂糖・綿織物やゴムなど，そして今日では石油・自動車・TV・PC（ハード・ソフト）など。

茶と綿織物がもたらしたイギリスの覇権

17世紀後半における香辛料価格の低下は，**オランダの後退**を決定的にした。代わりにインド産の**綿織物**やインド・中国産の**茶**を交易していた**イギリスが台頭**し，フランスとの植民地戦争に勝利して，近代世界システムの「中核」の覇権を占めた。しかし，貿易において17〜18世紀のイギリスの対印・対中貿易は，インド・中国側の優位のもとに成り立っていた。18世紀後半にイギリスはインドの一角を植民地にしたことで形勢逆転を図っていく。なお，17〜18世紀のイギリスではコーヒーハウスが繁盛し，新思想が議論される場となった。

1 茶の世界史（紅茶を中心に）

17〜18世紀　絶対王政下のヨーロッパ社会で，紅茶を飲むことが，上流社会のステータスを示す習慣と考えられて流行
☆　各国の東インド会社が，中国（清朝）・インド（ムガル帝国）との交易を活発に展開
☆　ヨーロッパ各国は紅茶に入れる砂糖を入手するために，アフリカの黒人奴隷を運搬し，カリブ海周辺地域で奴隷制プランテーションによる砂糖生産を展開（＝大西洋三角貿易）
☆　紅茶やコーヒーを提供するコーヒーハウス（英）・カフェ（仏）が流行し，市民文化興隆の舞台となる
18世紀末　産業革命で増加する工場労働者の簡便な食事の栄養源としても，紅茶が流行。イギリスは紅茶輸入のため，清朝に対する銀の流出が深刻化し，その解決策としてインド産アヘンの清朝への密輸出を展開
1840　イギリスの清朝攻撃（アヘン戦争）が始まる

【解説】 世界史を大きく動かした商品の一つに，茶がある。人間にとって「飲み物」は栄養上の必要とは別の嗜好品として広まった。特に近世ヨーロッパ社会における紅茶への欲望は，紅茶に入れる砂糖とともに，世界の人々の運命を大きく左右していった。

2 綿織物の世界史

紀元前より　インドで綿織物生産が発達
17〜18世紀　ヨーロッパにおける宮廷文化の発達と市民階級の台頭の中で，安価で装飾に適したインド産綿織物の人気が急上昇
☆　インドと交易するイギリスの世界貿易が発展
1757　プラッシーの戦いの勝利後，イギリスはインド支配を本格化
18世紀末　イギリスはインド産綿織物との競争に勝つべく，**産業革命**で機械による大量生産をめざす
☆　インドの植民地化と，手織りの綿工業の衰退が進行
☆　イギリスは綿織物を世界に輸出し，「**世界の工場**」へ発展
☆　インドは綿花生産地に，アメリカ南部も**奴隷制プランテーション**による綿花生産地に
20世紀前半　インドの民族運動の指導者として**ガンディー**が登場し，手紡による綿布生産を復活させてイギリスに対抗する**国産品愛用（スワデーシ）**の理念を説く

【解説】 インド産綿布の豊かな色彩と機能は，18世紀ヨーロッパに「ファッション革命」をもたらしたといわれ，いかに原料を入手するか，綿製品を安価に大量に生産するかをめぐる競争・戦争は，世界史を大きく動かしてきた。

● 上流社会での紅茶の流行 〔茶〕

➡1 18世紀初めイギリスの飲茶風景 17世紀初めに中国から輸入された茶は，当時高価だった**砂糖**を入れて飲まれるようになり，上中流階級の間で流行してステータスを示すものとなった。（ヴィクトリア＆アルバート博物館蔵）

● コーヒーハウスの誕生と市民文化の成立

➡2 ロンドンのコーヒーハウス クロムウェル時代の1652年に出現したコーヒーハウスは，市民たちが集い，意見を交流させる貴重な場であった。提供される飲み物は，初期のコーヒー中心から紅茶中心へと変化した。名称もティーハウスと呼ばれるようになる。（大英博物館蔵）

● 産業革命と労働者階級での紅茶の流行

➡3 マンチェスター近郊の女工の昼休み（19世紀後半）産業革命の進展で「**砂糖入り紅茶とビスケット**」は疲労回復とカロリー補給のための簡便な食事として労働者に広まっていった。（マンチェスター＝シティ＝アートギャラリー蔵）

〔綿織物〕

イギリスでは

←4 イギリス人のインド産綿織物流行 左は1780年代の綿織物で，文様がインド風の花柄である。右は1790年代の綿織物。（©京都服飾文化研究財団。左／畠山崇撮影，右／小暮徹撮影）

↑5 綿織物生産の機械化が産業革命をもたらす イギリスでは18世紀末に綿織物工業部門で産業革命が進行した。絵は1785年にカートライトが発明した力織機を採用した工場のようす。

インドでは

➡6 手織りの綿工業が崩壊して飢饉にみまわれるインド人 イギリスとの競争に敗れたインドは，綿花の供給地となっていき，政治的にもイギリスに屈服した。19世紀を通じてインドの飢饉は深刻化していった。

中国では ●P.224

←7 アヘンを吸う中国（清）の男たち 機械化による綿製品を中国にも売り込もうとして失敗したイギリスは，インド産アヘンを中国に密輸することで輸入超過を解消しようとした。これが原因でおこった**アヘン戦争**以後も中国へのインド産アヘン流入は増加し，1880年にピークを迎えるのである。

アメリカでは

➡8 綿花王国と黒人奴隷 19世紀前半ジョージアからテキサスにかけての綿花地帯が奴隷制の主要な舞台となった。綿花栽培や綿花摘み取りに，黒人奴隷が労働力として利用された。写真は1860年代と思われるジョージア州でのようす。

➡9 チャルカ（手紡ぎ車）で糸を紡ぐガンディー ●P.253
イギリスは自国の綿製品を売るため，インド人織工に対する妨害行為を行ったといわれる。こうした中，インドはイギリスの植民地となっていく。イギリス機械工業への対抗として，チャルカはインドの民族主義のシンボルとなっていく。

★産業革命は近代資本主義経済の基盤を確立したが、深刻な経済格差が社会問題となった。

1 イギリス産業革命の背景と展開

探究のヒント

イギリスで生じた背景

背景	→
毛織物工業の発達	マニュファクチュア（工場制手工業）
植民地戦争の勝利	資本の蓄積・市場の確保
農業革命・第２次囲い込み・ノーフォーク農法	安価な労働力の出現
豊富な資源	コークス製鉄法の誕生
市民革命	経済活動の自由

展開

木綿工業の発展：飛び杼（ジョン＝ケイ）→多軸紡績機ジェニー紡績機（ハーグリーヴズ）→水力紡績機（アークライト）→ミュール紡績機（クロンプトン）→力織機（カートライト）

動力革命：蒸気機関（ニューコメン）→蒸気機関改良（ワット）

交通革命：蒸気船（フルトン）、蒸気機関車製作（スティーヴンソン）→製鉄・機械工業の発展

鉄・石炭の増産

→工場制機械工業の確立

結 果

世界の工場

イギリスの綿工業発達が世界に与えた影響（19世紀前半）

フランス	世界市場の分割をめざすナポレオンの挫折
インド	イギリスによるインド伝統的綿工業の破壊
アフリカ	大規模な奴隷貿易のため混乱と荒廃
アメリカ	南部で奴隷を使役する綿花栽培が大規模に展開
中国	イギリスのアヘン貿易推進

2 農業革命

	第１次囲い込み	第２次囲い込み（→農業革命）
時代	15〜16世紀	18〜19世紀
目的	牧羊地の確保	農業の合理的大規模経営*
推進方法	ジェントリたちの実力行使	議会立法により合法的に推進
特色	共有地の囲い込みが中心で規模は小さい	大規模で進んだ技術の資本主義農業経営が確立
結果	ジェントリが台頭し、毛織物工業が発達	小作人は都市に流入して、賃金労働者となる

*ノーフォーク農法の普及と連動。

3 木綿工業部門の技術革新

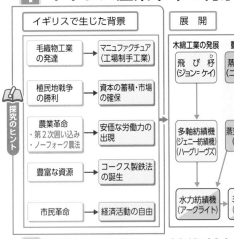

←1手織機 布とは、たて糸とよこ糸を織り合わせたものである。たて糸を上糸と下糸に分けて間を開け、そこに杼（シャトル）をくぐらせることでよこ糸を互い違いに通す。それを筬で締め付けて、以上の作業を繰り返すのである。

→2ジョン＝ケイの「飛び杼」 毛織物業者の息子であったジョン＝ケイは、紐を引くと杼の端がたたかれて反対側に飛び出す装置を発明した。これによって製織能率は倍加し、従来よりも幅の広い布を織れるようになり、紡績部門の需要を高めた。

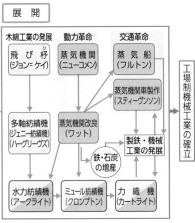

（ロンドン科学博物館蔵）

↑4アークライト（1732〜92）

↑3アークライトの水力紡績機 水力（のちには蒸気機関）を利用した多軸型紡績機で、連続作業が可能となり、工場制度の成立を促し、太くて強い糸が生産されるようになった。

↓5クロンプトンのミュール紡績機 ハーグリーヴズのジェニー紡績機と水力紡績機の長所を結合させた。品質の高い細くて強い糸が紡げ、その原理は現在も使われている。（ロンドン科学博物館蔵）

4 蒸気機関の発明（動力革命）と交通革命

（ロンドン科学博物館蔵）

←6ワットの蒸気機関 ワットは炭坑の排水用にしか使えなかったニューコメンの蒸気機関を、シリンダーと冷却器の分離に着眼して改良を加えた。その後も改良を重ねて、シリンダー内のピストンの往復運動を回転運動に変える実用的な蒸気機関を考案し、あらゆる機械の動力として利用できるようにした。

←8マンチェスター・リヴァプール間の営業鉄道の開通式 本格的な鉄道時代の幕開けは、1830年、マンチェスター・リヴァプール間45kmに及ぶ鉄道開通であった。絵はその開通式を描いたもの。（個人蔵）

→7蒸気機関車（ロコモーション号）スティーヴンソンが改良した蒸気機関車は、1825年初めて実用化された。写真はストックトン・ダーリントン間17kmを35台の客車と貨車を引いて、時速約18kmで走ったときのものである。

●鉄道網の発達

1840年 0 500 1000km

1880年 0 500 1000km

（『世界歴史地図』三省堂）

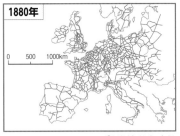

←9フルトンが発明した蒸気船クラーモント号 全長40.5m、排水量150tの規模で、ハドソン川の240kmの距離を62時間で走行した。大量輸送に適したため、イギリスでは運河が開発・利用された。

ルーツ 「ミュール紡績機」：「ミュール」とは「ラバ（馬とロバの雑種）」のことで、クロンプトンが先行する発明に対し謙遜して名付けた。

5 産業革命期のイギリス

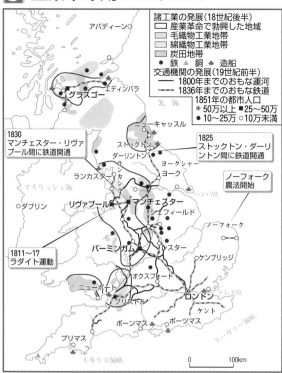

諸工業の発展(18世紀後半)
- □ 産業革命で勃興した地域
- ■ 毛織物工業地帯
- ■ 綿織物工業地帯
- ■ 炭田地帯
- ● 鉄 ▲ 銅 ★ 造船

交通機関の発展(19世紀前半)
- ── 1800年までのおもな運河
- ┅┅ 1836年までのおもな鉄道

1851年の都市人口
- ● 50万以上 ● 25〜50万
- ● 10〜25万 ○ 10万未満

1830 マンチェスター・リヴァプール間に鉄道開通

1825 ストックトン・ダーリントン間に鉄道開通

ノーフォーク農法開始

1811〜17 ラダイト運動

● 都市人口の推移

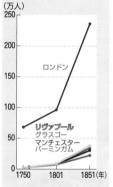

(万人)
250
200
150
100
50

ロンドン

リヴァプール
グラスゴー
マンチェスター
バーミンガム

1750　1801　1851(年)

● 石炭・銑鉄生産量と綿花輸入量の推移

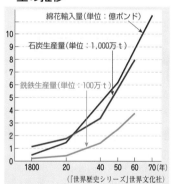

綿花輸入量(単位：億ポンド)
石炭生産量(単位：1,000万t)
銑鉄生産量(単位：100万t)

1800　20　40　50　60　70(年)

『世界歴史シリーズ』世界文化社

6 産業革命とイギリス社会の変化

技術革新		イギリス社会の動き	
1709	ダービーがコークス製鉄法を発明	1694	イングランド銀行が設立
1712	ニューコメンが炭鉱排水用ポンプに蒸気機関を使用	1714	ジョージ1世がハノーヴァー朝を創始
綿収穫・紡績・織布部門の技術革新		1720	南海バブル事件(▶P.186)
1733	ジョン=ケイが飛び杼を発明	1742	ウォルポールの退陣→議院内閣制の端緒
1764	ハーグリーヴズが多軸紡績機(ジェニー紡績機)を発明	☆第2次囲い込み運動さかん	
1769	アークライトが水力紡績機を発明 **ワット**が蒸気機関を改良	**広大な海外市場の獲得**	
		1763	七年戦争後のパリ条約でフランスを圧倒し,英仏植民地抗争に勝利
1779	クロンプトンがミュール紡績機を発明	1776	**アダム=スミス**『諸国民の富』刊行(◀P.181)
1785	カートライトが力織機を発明	1783	アメリカ独立戦争に敗北。パリ条約でアメリカの独立を承認し,新大陸市場喪失
1793	ホイットニー(米)が綿繰り機を発明		
1797	モズレーが旋盤を発明	**フランス革命・ナポレオンとの戦い**(▶P.190〜193)	
交通革命		1793	対仏大同盟を結成し,フランスと開戦
1807	フルトン(米)が蒸気船を発明し,ハドソン川を航行	1800	**オーウェン**が**ニューラナーク工場**設立(▶P.205)
1814	スティーヴンソンが蒸気機関車を発明		アイルランド合同法成立
1819	蒸気船サヴァンナ号,27日間で大西洋を横断	1805	トラファルガーの海戦でナポレオン軍を破り,フランスのイギリス上陸を阻止
1825	ストックトン・ダーリントン間で石炭運搬用の鉄道が開通	1811	**ラダイト運動**がおこる
1830	マンチェスター・リヴァプール間で初の本格的な営業鉄道が開通	1815	ワーテルローの戦いでナポレオンに勝利
1836	翌年にかけて鉄道熱が高まる	1817	リカード『経済学と課税の原理』刊行
1837	モース(モールス)が電信を発明	**自由主義改革と「大英帝国」黄金時代へ**(▶P.198)	
1844	第2次鉄道熱(〜46)	1829	カトリック教徒解放法制定
1850	世界初の海底電線がドーヴァー〜カレー間に敷設	1832	第1回選挙法改正が実現
		1833	**工場法**制定
		1840	アヘン戦争で清朝に侵攻(〜42)
		1846	穀物法(1815〜)廃止
		1849	**航海法廃止**で,**自由貿易**実現

● 綿製品の輸出と世界工業生産額に占めるイギリスの割合

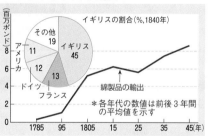

イギリスの割合(%,1840年)
- その他 19
- イギリス 45
- アメリカ 11
- ドイツ 12
- フランス 13

綿製品の輸出

*各年代の数値は前後3年間の平均値を示す

1785　95　1805　15　25　35　45(年)

世界史の交差点

初期資本主義の児童労働

産業革命当時の労働者の生活はひどいものであった。綿工業の工場で働く労働者の13%が,13歳以下の少年少女であったことが当時の統計からわかる。低賃金のうえに,労働時間が13〜14時間に達することは日常的で,時には20時間に及んだ。炭坑の狭い坑道で炭車を引く少年たちは当時のようすを如実に今日に伝えている。重労働による肉体の衰弱に伝染病が追いうちをかけ,驚くほど短命だった。

7 産業革命の「光」と「影」 (▶P.199)

↑10ロンドンの雑踏 産業革命は農村人口を激減させ,都市人口の急増をもたらした。19世紀中に,ロンドンの市街地人口は6倍以上に増加した。写真は1880年頃のロンドン橋のようす。

↑11テムズ川の汚濁 ヴィクトリア女王時代は,「世界の工場」としての繁栄期であったが,その陰で衛生・住宅などの都市問題も深刻化した。絵は工場排水・糞尿で汚濁したテムズ川が,ロンドンを象徴する女王にコレラとペストをささげている当時の風刺画。

↑12 19世紀ロンドンの貧民街 農村から都市への人口集中は,各地に貧しい労働者のスラムをつくり出した。彼らはコテジと呼ばれる2〜3階建の集合住宅に住んでいた。上下水道もなく一日中陽の当たらない住居で生活し,伝染病の流行などは日常的であった。**エンゲルス**(▶P.205)は『イギリスにおける労働者階級の状態』において,彼らの悲惨な状況を告発している。

ルーツ 「コックニー」：労働者階級が話す方言(なまり)をいう。「雄鶏(cock)が産む卵」(=でき損ない)という意味の差別語が一般化し,今は「ロンドンっ子」を指す。

「近代世界システム論」とは？

米国の歴史家ウォーラーステイン(1930～2019)が提唱した世界史モデルのこと。大航海時代以降、諸地域はヨーロッパ中心の世界的分業体制に組み込まれていく。①強力な覇権国家を先頭にした「中核」地域(例えば19世紀のイギリスとヨーロッパ)、②植民地として中核に従属化し経済的に搾取される「周辺」地域(例えば19世紀のインド)、③政治的には自立しつつも経済的には「中核」に依存する「半周辺」地域。こうした三層構造で世界の不平等関係や資本主義のグローバルな展開を捉える。政治的統合をともなわない、経済的な大分業体制による覇権システムであり、「中核」による外部(「周辺」)の搾取は今日の世界における格差や不公平を構造化した。

	16世紀	17世紀	18世紀	19世紀	20世紀
中核	(形成期)**1** (スペインの進出)	オランダの覇権**2** (英・仏)		イギリスの覇権**3** (欧米)	アメリカの覇権**4** (西欧・日本・ソ連)
半周辺		スペイン ポルトガル 南仏		ロシア・日本 欧米諸国 カナダ	東欧 韓国 シンガポール
周辺	ラテンアメリカ 銀供給地 プランテーション	東欧 穀物供給地		アジア (インド・中国) アヘン・綿花生産	第三世界 諸国

1 (形成期) 16世紀

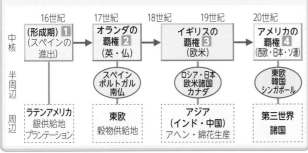

→1 酷使される黒人奴隷 大西洋に進出したスペインがラテンアメリカを従属化して徹底的に搾取。「周辺」は輸出用一次産品によって「中核」に奉仕させられる特色をもつ。写真は、激減した**インディオ**に代わってサトウキビ栽培に酷使されたエスパニョーラ島(西インド諸島の一つ)の黒人奴隷のようす(◀P.167)。また、ヨーロッパからも持ち込まれた大量の銀により価格革命・商業革命が発生した。(パリ国立図書館蔵)

2 オランダの覇権 17～18世紀(◀P.171)

→2 アムステルダムの市庁舎(現王宮) 17世紀、スペインから独立したオランダは、世界初の株式会社である**オランダ東インド会社**の貿易活動により、重商主義経済の覇者となり、**アムステルダム**は世界金融の中心となった。全ヨーロッパの商船の半数をオランダが占めたように**中継貿易**が柱だった。東欧は穀物の供給地として従属化し、農奴制が強化された。

●チューリップバブル(1634～37年)の発生

→3 史上最高値で取引された「センパー＝アウグストゥス」 ヨーロッパ最大の金融市場となったオランダのアムステルダムを舞台に、17世紀前半にブームとなっていたトルコ原産チューリップ球根栽培の先物取引の過熱化(球根一つに邸宅2軒分の値がついたという)とその後の価格暴落をさす。世界で最初に市民社会を確立した国オランダの、17世紀当時の拝金主義的な空気を物語るエピソードである。

3 イギリスの覇権 18～19世紀

大西洋三角貿易(産業革命前夜)

●南海バブル(1720年)の発生(◀P.185)

←4 ウォルポール(任1721～42) 南海バブルとは、重商主義政策が展開されていた18世紀初頭、スペイン領**ラテンアメリカ**への奴隷供給を目的に設立されたイギリス南海会社の株価が投機熱で跳ね上がり、のちに暴落したできごとをいう。破産者が続出し、政界を巻き込むスキャンダルとなった。この事件を収拾するために任じられたのが初代首相とされる**ホイッグ党**の**ウォルポール**である。彼はイギリス議会政治・内閣制度の基礎を固めた。

世界の工場(産業革命以後)

↑5 ロンドンの西インド＝ドック 環大西洋地域を三角貿易で市場に組み込んだのち、フランスとの植民地抗争に勝利してインドを入手したイギリスが、産業革命による工業生産力を背景に**「大英帝国の黄金時代」**を謳歌した。19世紀初めのロンドンでは世界貿易を担う巨大なドックが次々と建設された。

4 アメリカの覇権(グローバリゼーション)とそのゆらぎ 20～21世紀

↓6 クリントン大統領夫妻(当時)

❶解説 第一次世界大戦後、経済的政治的主導権を握ったアメリカは、世界恐慌を克服し、続く大戦・冷戦の勝者となり、資本主義や民主主義のスタンダードとして世界システムを**グローバル化**した。石油や自動車、コンピュータが世界商品として世界を席巻した。冷戦終結直後、アメリカ的価値観の最終的勝利(世界標準化)を唱えるF.フクヤマの『歴史の終わり』(1992年邦訳)が話題を集めた。(◀P.巻頭5右頁、▶P.250・276)

●グローバリズムへの反動(21世紀)

❶解説 冷戦終結により、巨大な**グローバル資本主義**単一市場が出現し、**新自由主義**の経済思想や急速に進む**情報化**も手伝い、熾烈な競争の結果として国内外の**格差と分断**が深刻化する。その反動が排外的な超保守の出現、政治における**ポピュリズム**やフェイク言説の常態化をもたらした。イギリスのEU離脱、「アメリカ・ファースト」のトランプ政権などはその表れである。背景には、中国やグローバルサウスの台頭によるアメリカの影響力の相対的低下がある。「グローバルな人・物の移動や資本主義の成長は、国内外に富の集中と経済格差を不可避的に増大させる」とした**ピケティ**の『21世紀の資本』(2014年 邦訳)が現状を捉えている。

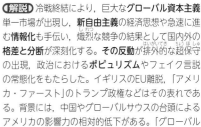

▶7 アメリカ社会の分断(米連邦議会襲撃事件)(2021年1月)

世界史の交差点

グローバル・ヒストリーによる新たな近代へのまなざし

「ウォーラーステインが近代をとらえる歴史観が西欧(欧米)中心である」という指摘はすでにあった。グローバルな世界システムは、アジア史でいう「近世」においては、ヨーロッパ中心ではなくアジア中心であった(18世紀までの生産力や貿易収支はアジアに軍配があがる)、とするフランクの考察は従来の西欧中心の近代世界史像に揺さぶりを与えた(『リオリエント アジア時代のグローバル・エコノミー』)。ポメランツは近世(16～18世紀)のヨーロッパ(イギリス)とアジア(中国)の先進市場の程度差はほぼなかったことと、双方が18世紀後半の資源危機に直面する中でイギリスが燃料と土地(石炭と海外植民地)という外部的要因をもって克服し、産業革命を経てアジアを従属化させていったことを述べている(『大分岐 中国、ヨーロッパ、そして近代世界経済の形成』)。かつてルネサンスを「近代」の起点として取り扱ってきた高校世界史も修正を余儀なくされ、18世紀半ばをグローバル・ヒストリーの大転換点(近代の出発点)と位置づけ、それ以前の西欧の歴史をも「近世」と呼ぶようになっている。(◀P.巻頭1左頁)

「二重革命」とは？

イギリスの歴史家ホブズボーム（◀P.巻頭1）が提唱した概念。18世紀後半から19世紀前半にかけて、イギリス産業革命とアメリカ独立革命を皮切りに、ヨーロッパでは産業革命と市民革命が続く。経済と政治の二つの領域で始まった革命が、社会や文化も含め世界史の大きな画期となった。この動きは、大西洋を挟んで影響し合いながら展開した。

→1 資本主義と格差 産業革命による資本主義の拡大は、少数の資本家と多数の賃金労働者を生み出した。右は、貧しい労働者たちの苦労（下段）が、このような贅沢をさせてくれているのだろうと考えてくつろぐ資本家（上段）を描いた当時の風刺画。

1 欧米市民社会の成立・発展の系譜

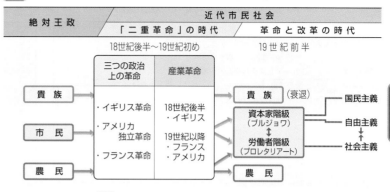

絶対王政	近代市民社会	
	「二重革命」の時代	革命と改革の時代
	18世紀後半〜19世紀初め	19世紀前半

ヨーロッパ

アメリカ

2 産業革命の波及 （◀P.184・185）

ほかのヨーロッパ諸国の産業革命 イギリスに対抗して産業革命を行ったほかのヨーロッパ諸国は、イギリスとは対照的に保護貿易による自国産業の保護育成に努めた。それを理論化したのが、フリードリヒ＝リスト（独）（▶P.214）の歴史学派経済学である。

国 名	開始時期	概 要
ベルギー	1830年代	独立後の経済危機を克服すべく、国家主導で銀行・産業を育成する。（▶P.203）
フランス	1830年代	フランス革命で自作農が増加したことで、かえって産業革命は遅れる。（▶P.202）
アメリカ	1830年代	米英戦争後に端緒ができ、南北戦争後の60年代後半本格化。（▶P.208）
ドイツ	1840年代	1834年関税同盟結成後、西南ドイツ地方やプロイセンで展開。（▶P.206）
ロシア	1890年代	1861年の農奴解放令で労働力が生まれ、フランス資本を導入して展開。（▶P.210）
日本	1890年代	政府の殖産興業政策の延長線上に、日清戦争の賠償金を投入して展開。（▶P.230）

3 三つの政治上の革命

	イギリス革命（◀P.173）		アメリカ独立革命（▶P.188）	フランス革命（▶P.190）
	ピューリタン革命	名誉革命		
年 代	1640〜60	1688〜89	1775〜83	1789〜99
王 朝	ステュアート朝		ハノーヴァー朝（英）	ブルボン朝
国 王	チャールズ1世（処刑）	ジェームズ2世（亡命）	ジョージ3世（その支配から独立）	ルイ16世（処刑）
主導層	議会派（長老派・独立派）	議会派（ホイッグ・トーリ両党）	愛国派（植民地人口の約3分の1）	立憲君主派（フイヤン派）→共和主義派（ジロンド派・ジャコバン派）
支持層	進歩的ジェントリ・ブルジョワ・富裕ヨーマン		プランター・自営農民・中小商工業者	ブルジョワ・小市民・無産市民・貧農
国内的背景	毛織物工業の発達で成長してきた市民階級の発言力が強まっていた議会と、専制政治を強行する国王との対立激化。背景に国教徒とピューリタンの対立もあり		自由な産業の発展をめざす植民地と、重商主義的支配を強化するイギリス本国との対立激化	旧体制（アンシャン＝レジーム）の下に大多数の国民が政治・経済・社会的に抑圧され諸矛盾が深化
諸外国の動向	ドイツで三十年戦争、フランスでフロンドの乱が起こる（「17世紀の危機」）	オランダ統領が新国王として招かれる	ヨーロッパ諸国（仏・蘭・西・露など）が支持・参戦	革命の波及を恐れた諸国が干渉（第1回対仏大同盟の結成）
成 果	『権利の章典』発布→立憲王政・人民の伝統的諸権利を保障（▶P.308史料）		『独立宣言』発布→独立と革命の正当性を内外に主張	『人権宣言』発布→ブルジョワ的権利（私有財産の不可侵）の保障
意義と影響	王権が制限され、議会政治（立憲政治）という形での市民的民主主義発展の道が開かれた。ブルジョワの権利が守られ、18世紀の産業革命を経て資本主義発展の道も開いた		民主政治の基本理念（人民主権・三権分立）を明記した合衆国憲法を制定。革命権思想はフランス革命に影響	絶対王政・封建的身分制を一掃。人権の普遍性を明確化。自由・平等の理念確立と近代国民国家形成への道を開いた

【解説】市民革命によって絶対王政が倒され、王権と結びついていた封建的諸制度の撤廃が進み、近代資本主義社会の発展の条件が整っていった。例えば、法の下の平等、経済活動の自由、所有権の不可侵などである。一方で、それぞれの革命はおこった年代とその国の内外事情を反映していた。

4 革命精神の伝播〜環大西洋革命

「二重革命」の時代、革命精神は互いに大西洋を越えて広まり、一連の革命の大波を生み出した（環大西洋革命）。それは、ナショナリズムの伝播（▶P.196）と密接に結びついている。大西洋を越えて革命精神を直接伝えた人には、トマス＝ペイン、ラ＝ファイエット（▶P.191）、サン＝シモン（▶P.205）、コシューシコ（◀P.177）、シモン＝ボリバル（▶P.195）などがいる。

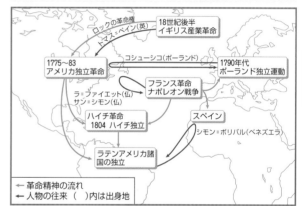

革命精神の流れ
人物の往来　（　）内は出身地

→2 トマス＝ペイン（1737〜1809）　イギリス生まれの文筆家で、1774年に渡米。小冊子『コモン＝センス』を刊行して平易な言葉で植民地独立の必要性、君主政の弊害と共和政の利点を説いた。3か月で12万部が売れ、独立気運を高めた。（▶P.188）

→3 『コモン＝センス』（ミラノ、U.S.I.S.図書館蔵）

●『コモン＝センス』

わたしはうぬぼれや党派心や怨恨に駆られて、分離独立論を支持するようになったのではない。わたしは明確に、きっぱりと、また心の底から次のように信じている。すなわち分離独立することが大陸の真の利益である。それを考えない対策はすべて単なるごまかしであって、永続的な幸福をもたらすことはできない、言い換えればそれはもう一歩でこの大陸に地上の栄光をもたらすというのに、しり込みして子供たちに剣を渡すことである、と。

（トマス＝ペイン、小松春雄訳『コモン＝センス』岩波文庫）

←4 サン＝シモン（1760〜1825）　フランスの名門貴族の出身であったサン＝シモンは、16歳でラ＝ファイエットの義勇軍の士官としてアメリカ独立戦争に参加した。彼の興味はおもに産業社会はいかにあるべきかに向けられ、「空想的社会主義者」の一人に数えられる。（▶P.205）

188 アメリカ独立革命

★13植民地は自由と平等を掲げて独立のために戦い，アメリカ合衆国を建国した。

1 アメリカ独立革命の歩み 以降▶P.208

植民地の動き	イギリスの動き
1584 ウォルター＝ローリのヴァージニア植民（失敗）（◀P.172）	
1604 フランス，カナダ植民開始→ケベック市建設（1608）	
1625 オランダ，ニューアムステルダム建設（◀P.171）	

13植民地の建設／**重商主義政策の推進**

植民地の動き	イギリスの動き
1607 ヴァージニア植民地（ジェームズタウン）建設	1651 航海法→イギリス＝オランダ戦争（52～74）でニューアムステルダムを占領，ニューヨークと改名（1664）
1620 メイフラワー号 "ピルグリム＝ファーザーズ" のプリマス上陸	
1681 ペンシルヴェニア植民地建設（ウィリアム＝ペン）	1699〜1750 羊毛品法・帽子法・糖蜜法・鉄法
1732 ジョージア植民地（13植民地の形成）	

七年戦争→フレンチ＝インディアン戦争（1754～63）（◀P.182）

1763 パリ条約：イギリスはミシシッピ川以東のルイジアナ獲得

●フランスの脅威が取り除かれイギリスの保護を頼む必要が消滅　●戦費負担の名目で重商主義政策を強化

植民地側の反抗／**課税・貿易統制の強化**

植民地側の反抗	課税・貿易統制の強化
1765 印紙法反対運動 ：「代表なくして課税なし」の決議 イギリス商品不買運動の拡大	1764 砂糖法（糖蜜法修正） 1765 印紙法（翌年撤回） 1767 タウンゼンド関税諸法（70 茶税を除き撤廃）
1773 ボストン茶会事件	1773 茶法：東インド会社に茶の販売独占権付与
1774 第1回大陸会議（フィラデルフィア）	1774 ボストン港閉鎖
1775 パトリック＝ヘンリの演説：「我に自由を与えよ，さもなくば死を与えよ」	

独立戦争（1775～83）

1775	レキシントンの戦い（独立戦争の開始） 第2回大陸会議：ワシントンを植民地軍総司令官に任命
1776	トマス＝ペイン，『コモン＝センス（常識）』発刊（◀P.187） 「独立宣言」（7月4日）：起草者トマス＝ジェファソン
1777	ラ＝ファイエット（▶P.191）のフランス義勇軍参戦 サラトガの戦い勝利，アメリカ連合規約制定
1778	フランス参戦→スペイン参戦（79）→オランダ参戦（80）
1780	武装中立同盟成立：ロシア女帝エカチェリーナ2世（◀P.177）の提唱
1781	ヨークタウンの戦い勝利，アメリカ連合規約発効
1783	パリ条約：イギリスがアメリカ独立を承認，ミシシッピ以東をアメリカへ

↑1 ワシントン（1732～99）

合衆国の成立

1787	アメリカ合衆国憲法制定→連邦派と州権（反連邦）派の対立
1789	第1回連邦議会開会，ワシントン初代大統領就任（連邦派主導）
1801	第3代大統領にジェファソン就任（州権派）

2 北米植民地の変遷

A ユトレヒト条約（1713年）

↑3 ↑4

ジェームズタウン
1607年に入植した約100人の男たちは，先住民の攻撃から身を守るために高い柵で囲んだ三角形の町，ジェームズタウンを築いた。最大の敵は病気と飢えであった。先住民の娘ポカホンタスに助けられたエピソードは有名だが，実際には諸説ある。写真は，復元されている町の柵（①）と内側の建物（②）。

B パリ条約（1763年）

●13植民地の政治

```
              総督
        国王や領主が任命
              │
              │          北部  タウン＝ミーティング
              │                成人男性のすべてが集まって
              │                生活に必要な事柄を決定し，
       植民地議会                必要な税の徴収などを担当
       （参議会）（代議院）           する公職者を選出した。
       パリ条約以前は，     南部  カウンティ制度
       「有益なる怠慢」            有力なプランターがカウンティ
       政策により大幅な           （郡）における統治機関，裁判所
       自治権を享受             の役職を独占し，自治を行った。
```

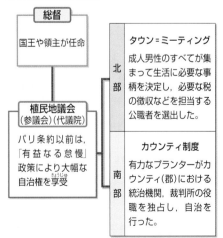
←2 ボストン茶会事件　茶法（東インド会社が13植民地で販売する茶を免税とし，独占につながった法律）に反対したボストンの急進的な一団が，先住民に変装して東インド会社の船を襲い，茶箱を海に投棄した事件。以後イギリスは弾圧に転じたので，権利と自由を守るために第1回大陸会議が開催された。
（ワシントン，米国議会図書館蔵）

（画中の注記）
先住民に変装したボストンの急進的一団
歓呼の声をあげる市民
東インド会社の船
海に投げ込まれた茶箱

●印紙法

No Taxation without Representation
代表なくして，課税なし

〔解説〕イギリス政府は，1765年に財政難を理由に新聞，パンフレットなどあらゆる植民地の文書に収入印紙を貼らせる印紙法を定めた。パトリック＝ヘンリ（29歳）は植民地はイギリスの議会に代表を送っていないから，イギリス政府は植民地に課税する権利をもたないことを主張し，反対運動を鼓舞した。

←5 納税済を示すスタンプ

3 アメリカ独立革命

イギリス領カナダ

1777 サラトガの戦い
1775 レキシントンの戦い
1773 ボストン茶会事件
1774 第1回大陸会議
1776.7.4 独立宣言
1787 合衆国憲法
1781 ヨークタウンの戦い

北西地方
デトロイト
シカゴ
セントルイス
ミシシッピ以西のルイジアナ
1763(西)→1800(仏, ナポレオン1世時)→1803(米)
ミシシッピ以東のルイジアナ
ニューオーリンズ
1513(西)→1763(英)→1783(西)→1819(米)
メキシコ湾
フロリダ

トロント
ニューヨーク
ペンシルヴェニア フィラデルフィア
ニュージャージー
ヴァージニア リッチモンド
デラウェア
メリーランド
ノースカロライナ
サウスカロライナ
ジョージア
チャールストン
先住民指定保留地
大西洋

コネティカット ケベック アカディア
マサチューセッツ
ポーツマス
ボストン
レキシントン プリマス
ロードアイランド

凡例	
──	1763年の国王宣言線
	1776年に独立を宣言した13州
	1783年のパリ条約でイギリスから割譲された地域
←	ワシントンの進路
←	イギリス軍の主要進路

0 200 400km

4 アメリカ独立革命の構図

フランス 1778 参戦	スペイン 1779 参戦	オランダ 1780 参戦

武装中立同盟(1780)
ロシア・プロイセン・スウェーデン・デンマーク・ポルトガル

同盟 → イギリス
独立戦争
13植民地

義勇兵
ラ=ファイエット, コシューシコ, サン=シモン

ロイヤリスト
国王派
高級官吏
大商人
大地主
国教会聖職者
約40万人

中立派
約130万人

パトリオット
愛国派
保守派(のちの連邦派)
有力商人
プランター
富裕弁護士

急進派(のちの州権(反連邦)派)
小商人
自営農民
都市職人
約80万人

◀解説 植民地軍がサラトガの戦いでイギリス本国軍を破ったのを機に,**フランス・スペイン・オランダがイギリスに対し宣戦布告した**。さらにロシアなど5か国が**武装中立同盟**を結んで間接的に植民地側を支持したので,イギリスは完全に孤立した。植民地側も一枚岩ではなく,愛国派(独立戦争を推進)と国王への忠誠派(本国との関係が深く独立に反対),中立派がいた。また,愛国派内部にあった対立は,独立革命後のアメリカ政党(連邦派・州権派)(▶P.209)の源を形成していった。

●アメリカ独立宣言(◀P.180)

われわれは,自明の真理として,①すべての人は平等に造られ,造物主(神)によって,一定の奪いがたい天賦の権利を付与され,そのなかに生命,自由および幸福の追求の含まれることを信ずる。また,これらの権利を確保するために人類のあいだに政府が組織されたこと,そしてその②正当な権力は被治者の同意に由来するものであることを信ずる。③そしていかなる政治の形態といえども,もしこれらの目的を毀損するものとなった場合には,人民はそれを改廃し,かれらの安全と幸福とをもたらすべしとみとめられる主義を基礎とし,また権限の機構をもつ,新たな政府を組織する権利を有することを信ずる。

(『人権宣言集』岩波文庫)

◀解説 ① **自然権(基本的人権)**(ただし,「すべての人」とは白人だけを想定していた) ② **社会契約説** ③ **ロックの革命権**(◀P.180)

ジョン=アダムズ　ジェファソン　フランクリン

↑6「独立宣言」の採択 1776年7月4日,フィラデルフィアで開かれていた第3回大陸会議は,ジェファソンを中心に起草した「独立宣言」を採択,公布した。(イェール大学蔵)

Key Person (1706〜90) **フランクリン**

独立宣言をまとめたのちにパリに赴任したフランクリンは,科学上の名声(◀P.181)や人柄のよさで大歓迎を受けた。彼の活躍によりフランス側は援助を引き受け,さらに1778年には参戦を決定したともいえる。このときフランクリンは72歳であった。「身分ではなく,あの人は何ができるのかと聞くのがアメリカ人だ」と述べたことが有名である。

(アメリカ,ナショナル=ギャラリー=オブ=アート蔵)

アメリカ

5 アメリカ合衆国憲法(▶P.310史料)

連邦主義	**連邦政府**…外交・通商・国防・徴税などの権限 **州政府**…州独自の軍隊など,市民生活に直結する権限
三権分立	**立法権…連邦議会**┬上院は各州2名の代表で構成 └下院は人口比例による選挙区より選出された議員で構成 **行政権**…間接選挙により選出された**大統領**(任期4年) **司法権…連邦最高裁判所**を頂点とする下級裁判所
人民主権	選挙権は当初は白人男性に限定(その上,財産要件あり)

*憲法案に賛成した人々が連邦派を,反対した人々が州権(反連邦)派を形成した(▶P.209)が,最終的に各州の批准により1787年世界初の成文憲法が発効した。

世界史の交差点

1ドル札に見るアメリカ建国の精神

表には,中心に独立戦争の総司令官で初代大統領となったワシントンの肖像がある。裏には,建国時の13州を象徴する絵柄が多用されている。例えば,右の鷲の足がつかむオリーヴ(平和を意味する)の葉の数,矢(戦いを意味する)の数などはいずれも13である。また,中心には IN GOD WE TRUST(我々は神の加護を信じる)とあり,ピラミッドの先端には神の目があることに注目したい。

(表)
神の目

(裏)
オリーヴ　矢

★フランスの人民は旧体制を打破して発言力をもち、共和政を打ち立てた。

1 旧体制（アンシャン゠レジーム）

聖職者　貴族
第三身分

←1 革命前のフランスの社会を旧体制（アンシャン゠レジーム）という。絵は、租税という重い岩におしつぶされている第三身分を描いた当時の風刺画である。第三身分でも富裕な市民層は、官職売買によって貴族となり、法服貴族と呼ばれた。（カルナヴァレ美術館蔵）

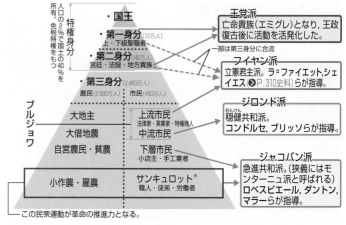

人口の2％で国土の40％を所有。免税特権をもつ 特権身分	
・国王	
・第一身分（12万人）上・下級聖職者	王党派 亡命貴族（エミグレ）となり、王政復古後に活動を活発化した。
・第二身分（40万人）宮廷・法服・地方貴族	一部は第三身分に合流
・第三身分（2,450万人）農民（2,000万人）市民（450万人）	フイヤン派 立憲君主派。ラ゠ファイエット、シェイエス（●P.310史料）らが指導。

ブルジョワ
大地主 ─ 上流市民 法律家・実業家・特権商人 → ジロンド派 穏健共和派。コンドルセ、ブリッソらが指導。
大借地農 ─ 中流市民
自営農民・貧農 ─ 下層市民 小店主・手工業者
小作農・雇農 ─ サンキュロット* 職人・徒弟・労働者 → ジャコバン派 急進共和派。（狭義にはモンターニュ派と呼ばれる）ロベスピエール、ダントン、マラーらが指導。

この民衆運動が革命の推進力となる。

*サンキュロット：革命派の都市民衆は、貴族やブルジョワジーのキュロット（半ズボン）着用に対し、サンキュロット（キュロットなし）と呼ばれた。

2 フランス革命の歩み ◀P.174 以前／以降▶P.192

旧体制		1774	財務総監にテュルゴ（◀P.181）が就任し改革に着手（～76）
		1777	財務総監にネッケルが就任（～81、88～90）
立憲王政の樹立	全国三部会	1789.5	ルイ16世は全国三部会を招集（1615年以来の開催）
	国民議会（憲法制定議会）	6	第三身分が国民議会を設立 球戯場の誓いで憲法制定までの議会維持を宣言
		7	パリ市民・民衆によるバスティーユ牢獄襲撃 農村では農民蜂起（大恐怖）が展開する
		8	封建的特権の廃止（十分の一税・領主裁判権などを無償廃止、貢租を有償廃止） 人権宣言採択
		10	パリの女性たちによるヴェルサイユ行進
		11	教会財産の国有化決議
		12	財政赤字対策としてアシニャ紙幣を発行
		1790.6	貴族の称号を廃止
		1791.4	ミラボー死去
		6	国王一家のヴァレンヌ逃亡事件
		8	オーストリアのレオポルト2世とプロイセン王によるピルニッツ宣言
		9	立憲君主政の1791年憲法制定
共和政の樹立	立法議会 フイヤン派 ジロンド派	1791.10	立法議会が成立、亡命貴族の財産を没収
		1792.3	ジロンド派内閣成立　4　オーストリアに宣戦
		8	8月10日事件で王権停止
		9	ヴァルミーの戦いでフランス軍の初勝利
共和政の展開	国民公会 ジロンド派公会	1792.9	立法議会が解散し、国民公会が成立 王政の廃止と共和政の成立が決定
		1793.1	国王ルイ16世の処刑
		2	第1回対仏大同盟結成　徴兵制を採用
		3	革命裁判所設置、ヴァンデーの反乱（～95）
		5	最高価格令によって経済統制断行
ジャコバン派独裁	公安委員会の独裁 ジャコバン派公会	1793.6	ジロンド派追放、ジャコバン派独裁へ
		7	公安委員会にロベスピエールが入り、恐怖政治が本格化　封建地代の無償廃止
		8	1793年憲法制定、施行は延期
		10	グレゴリウス暦にかわる革命暦採用 マリ゠アントワネットの処刑
		1794.4	ダントン派を逮捕・処刑
		7	テルミドールの反動でロベスピエールの逮捕・処刑
		1795.8	1795年憲法制定
総裁政府	総裁政府	1795.10	王党派の反乱鎮圧　総裁政府が発足
		1796.3	ナポレオンのイタリア遠征
		5	バブーフの陰謀が発覚
		1798.5	ナポレオンのエジプト遠征（●P.192）
		1799.11	ナポレオンのブリュメール18日のクーデタ

→2 球戯場の誓い　第三身分の議員らは、国王によって議場が閉鎖されたためヴェルサイユ宮殿内の室内球戯場に集まり、憲法制定まで国民議会を解散しないことを誓い合った。絵はダヴィド画。（カルナヴァレ美術館蔵）

バイイ　シェイエス　ロベスピエール　ミラボー

←3 バスティーユ牢獄襲撃　1789年7月、国民議会への軍隊による圧力と改革派大臣ネッケルの解任は、パリの民衆を激昂させた。その結果、7月14日にパリ民衆は弾薬の引き渡しを要求して、圧政の象徴とみなされていたバスティーユ牢獄を襲撃した。牢獄を占領した民衆は、司令官や士官の首を槍の先に掲げ、市庁舎へ勝利の行進を行った。（カルナヴァレ美術館蔵）

3 フランス人権宣言　●人権宣言

第1条　人は、自由かつ権利において平等なものとして出生し、かつ生存する。（…）
第2条　あらゆる政治的団結の目的は、人の消滅することのない自然権を保全することである。これらの権利は、自由・所有権・安全および圧政への抵抗である。
第3条　あらゆる主権の原理は、本質的に国民に存する。（…）
第17条　所有権は、一の神聖で不可侵の権利であるから、何人も適法に確認された公の必要性が明白にそれを要求する場合で、かつ事前の正当な補償の条件の下でなければ、これを奪われることがない。
（『人権宣言集』岩波文庫）

↑4 人権宣言の寓意画　作者不詳。モーセが神から十戒を授かった石板にたとえている。左の女性は束縛の鎖を解き、上の目と光は、啓蒙の光や最高存在のまなざしを象徴している。（カルナヴァレ美術館蔵）

◆解説 1789年8月に国民議会が採択し、ラ゠ファイエットらが起草した人権宣言は、「人間」の自然権としての自由・所有・抵抗権のほか、国民主権を実現するための「市民」の権利を宣言した。ただし、宣言中の「人」は、男性のみを対象としていた。

4 フランス革命期のヨーロッパ

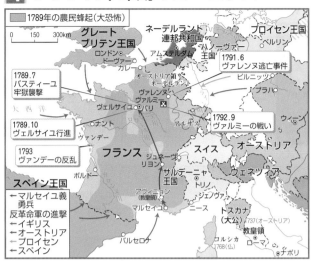

凡例：
- ■1789年の農民蜂起（大恐怖）
- 0 150 300km

グレートブリテン王国
ネーデルラント連邦共和国
プロイセン王国
ロンドン
ドーヴァー
カレー
アムステルダム
ハノーヴァー王国
ベルリン
オーストリア領ネーデルラント
1791.6 ヴァレンヌ逃亡事件
ピルニッツ
プラハ
大西洋
ナント
ヴェルサイユ
パリ
ヴァレンヌ
ヴェルダン
ヴァルミー
アルザス
1792.9 ヴァルミーの戦い
ウィーン
1789.7 バスティーユ牢獄襲撃
1789.10 ヴェルサイユ行進
フランス
ジュネーヴ
リヨン
スイス
オーストリア
1793 ヴァンデーの反乱
ヴァンデー
ボルドー
サルデーニャ王国
トリノ
ヴェネツィア
スペイン王国
アヴィニョン（教皇領）
ジェノヴァ
ニース
トスカナ（大公）
1737（オーストリア）
マルセイユ
コルシカ 1768（仏）
教皇領
バルセロナ
ローマ
ナポリ
チボリ

- ←マルセイユ義勇兵
- 反革命軍の進撃
- ←イギリス
- ←オーストリア
- ←プロイセン
- ←スペイン

←5 ヴェルサイユ行進 十月事件ともいう。食糧不足に怒るパリの女性たちはヴェルサイユ宮殿に乗り込み、国王一家をパリのテュイルリー宮殿に移らせた。同時に国民議会もパリに移り、国王は封建的特権の廃止と人権宣言を承認せざるを得なくなった。（カルナヴァレ美術館蔵）

→6 ルイ16世（位1774〜92） 彼は政治的能力、特に決断力に欠け、「外交革命」（➡P.176）によりオーストリアから嫁いで王妃となったマリ＝アントワネットには浪費癖があり、国民の王室に対する不信感を強める結果となった。二人とも革命がおこったときには現実感覚が薄く、最終的にギロチンにかけられ処刑された。

↓7 マリ＝アントワネット（1755〜93）

●フランス革命期のパリ

＊道路は現在のもの

凱旋門（1836）

パレ＝ロワイヤル 革命の初期、ルイ16世の遠縁オルレアン公の居城で、多くの革命家が集まっていた

タンプル塔 8月10日事件以後、国王一家が幽閉された

コンコルド広場（革命中は革命広場）ギロチンによる死刑が行われた

ルーヴル宮殿

ノートルダム大聖堂

テュイルリー宮殿 十月事件から8月10日までの国王一家の居城

アンヴァリッド（廃兵院） 1789年7月14日、パリの民衆はここから武器を運び、バスティーユ牢獄をめざした

コンシェルジュリー牢獄 マリ＝アントワネットをはじめギロチンにかけられる囚人が幽閉された

バスティーユ牢獄 旧体制下で政治犯・思想犯が収監された牢獄で、圧政の象徴とされた

●革命の中心人物の変遷

＊（ ）はフランス革命勃発時の年齢

↑8 ミラボー（1749〜91） 初期の革命指導者。貴族出身で立憲君主政をめざした。彼の死を機に革命は急進化。（40）

↑9 ラ＝ファイエット（1757〜1834） 名門貴族の出身。アメリカ独立戦争に参加。フイヤン派の指導者。（31）

↑10 コンドルセ（1743〜94） 高名な思想家。ジロンド派の指導者の一人。（45）

↑11 マラー（1743〜93） ジャコバン最左派。恐怖政治初期の最大実力者であったが、自宅で入浴中にジロンド派の女性コルデに刺殺された。（46）

↑12 ダントン（1759〜94） ジャコバン右派。恐怖政治の行き過ぎに反対したため、処刑された。（30）

↑13 ロベスピエール（1758〜94） ジャコバン派中間派。恐怖政治を推進し、テルミドールの反動で処刑された。（31）

5 フランス革命期の3憲法

	1791年憲法	1793年憲法	1795年憲法
制定	国民議会（フイヤン派）による	国民公会（ジャコバン派）の可決後、人民投票で承認される	国民公会（テルミドール派）による
政体	立憲君主政	共和政（急進的）	共和政（穏健的）
選挙	財産制限選挙	男性普通選挙	財産制限選挙
議会	立法議会（一院制）	国民公会（一院制）	五百人会・元老院（二院制）
特徴	・ブルジョワ主導 ・冒頭に人権宣言を掲げる	・冒頭に社会権などを規定した人権宣言を掲げる ・施行は延期される	・行政は5人の総裁からなる総裁政府 ・1791年憲法の原理を継承する

6 フランス＝ナショナリズムの誕生

❶解説 自由と平等を求めた革命は、祖国防衛意識の高まりの中で、「フランス国民」の一体感を生み出した。そのとき重要な役割を果たしたのは、三色旗（トリコロール）や「ラ＝マルセイエーズ」である。1792年のヴァルミーの戦いでは、実戦経験の少ない民衆から成る革命軍が職業軍人であるプロイセン・オーストリア連合軍に勝利した。翌1793年の徴兵制の導入は「国民国家」の幕開けを意味する。

↓14 ヴァルミーの戦い

↓15 三色旗

▷「ラ＝マルセイエーズ」の歌詞

「たて、祖国の子らよ。
栄光の日はやってきた。
われらに対して暴君の血に染まった旗は掲げられた。
暴虐な兵士たちの叫び声が荒野にとどろくのを聞け。
彼らは迫っている。
われらの子や妻を殺すために。
武器をとれ、市民よ。
隊を組め。
進め、進め、われらの畑を汚れた血でみたすまで。」

●革命暦

革命暦（共和暦）	西暦
ヴァンデミエール（葡萄月）	9〜10月
ブリュメール（霧月）	10〜11月
フリメール（霜月）	11〜12月
ニヴォーズ（雪月）	12〜1月
プリュヴィオーズ（雨月）	1〜2月
ヴァントーズ（風月）	2〜3月
ジェルミナール（芽月）	3〜4月
フロレアル（花月）	4〜5月
プレリアル（草月）	5〜6月
メシドール（収穫月）	6〜7月
テルミドール（熱月）	7〜8月
フリュクティドール（実月）	8〜9月

❶解説 1793年国民公会は革命暦（共和暦）を採用した。1792年9月22日、共和国成立の日を紀元第1日とする、キリスト教の精神支配からの独立をめざす暦であった。1806年廃止。

世界史の交差点

ギロチン

ギロチンは、発案者ギヨタン博士の名前からとられた。受刑者を苦しめず、平等で簡単な方法で首をはねる目的で考案され、1792年から実際に使われた。1981年にフランスで死刑制度が廃止されるまで使用された。

↗16 ギロチンの模型（カルナヴァレ美術館蔵）

★ナポレオンはフランス革命の精神とナショナリズムをヨーロッパに広げた。

1 ナポレオン時代の歩み

P.190◀以前
以降▶P.202

台頭	総裁政府	1795	1795年憲法のもと，総裁政府が発足	1793 対仏第1回大同盟 1797
		1796	**ナポレオン**がイタリア派遣軍司令官に就任	
		1797	カンポ＝フォルミオの和約で第1回対仏大同盟を崩壊させる	
	第一共和政	1798	**エジプト遠征**（～99）	
		1799	ブリュメール18日のクーデタで総裁政府崩壊→フランス革命の終了	
権力確立	統領政府	1799	**統領体制（統領政府）**が発足し，ナポレオンが第一統領に就任	1799 第2回対仏大同盟 1802
		1800	**フランス銀行**が設立 スペインから西ルイジアナを取得	
		1801	**宗教協約（コンコルダート）**でローマ教皇と和解	
		1802	**アミアンの和約でイギリスと講和**（長期にわたる革命戦争の一時的終結）	
			革命時の黒人奴隷制廃止の撤回 **ナポレオンが終身統領に就任**	
		1803	西ルイジアナをアメリカ合衆国に売却	
		1804	ハイチの独立宣言　**民法典（ナポレオン法典）**の制定	
全盛	第一帝政	1804	**皇帝に即位**（＝第一帝政の始まり）	1805 対仏第3回大同盟
		1805	**トラファルガーの海戦**で敗北しイギリス上陸断念　**アウステルリッツの戦い（三帝会戦）**でオーストリア・ロシアを破る	
		1806	**兄弟を各地の王とする　ライン同盟**を成立させ，神聖ローマ帝国消滅　イエナの戦い，**大陸封鎖令（ベルリン勅令）**	
		1807	**ティルジット条約**でプロイセン・ロシアと講和　ポーランドに**ワルシャワ大公国**が成立	
		1808	**スペイン反乱（半島戦争）**が始まり苦戦（～14）（▶P.194）	
		1810	ナポレオンがオーストリア皇女**マリ＝ルイーズ**と再婚	
		1812	**ロシア遠征の失敗**で壊滅状態に	
没落		1813	**解放戦争**開始，**ライプツィヒの戦い（諸国民戦争）**で敗北	1813 対仏第4回大同盟 1814
		1814	パリが陥落し，ナポレオンは**エルバ島**に配流	
	ブルボン朝	1814	**ルイ18世**が即位して**王政復古**（＝ブルボン朝）　**ウィーン会議**が始まる	
		1815	ナポレオンがパリに帰還（＝**百日天下**）　**ワーテルローの戦い**で敗北，**セントヘレナ島**流刑	
		1821	ナポレオンがセントヘレナ島で死亡（51歳）	

→2 **ナポレオン＝ボナパルト**（1769～1821）　コルシカ生まれの軍人で，イタリア遠征の活躍によって人気を博した。当時はバブーフの陰謀（◀P.190）などで社会不安が増大し，共和政の先行きが見えない中でブルジョワや農民は「強い指導者」を求めていた。ナポレオン自身も情報を巧みに操作し，あいつぐ軍事的成功が国家の繁栄に結びつくものと国民に信じさせた。

→3 **ピラミッドの戦い**　ナポレオンは**イギリス**とインドの連絡を断つため1798年に**エジプト遠征**（◀P.190）を始めた。「兵士らよ，このピラミッドから4000年の歴史が諸君を見下ろしている」という彼の演説は，「不可能という言葉はフランス語にはない」とともに，ナポレオンの名言として知られる。この遠征時に**ロゼッタ＝ストーン**も発見された。

2 ナポレオンの人物像

●ボナパルト家の系図

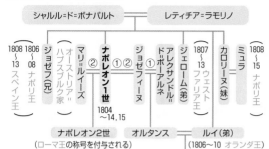

（ダヴィド画，部分，マルメゾン城博物館蔵）

（バランシェンヌ美術館蔵）

①は初婚，②は再婚

イギリスと連携したマムルーク軍　連行されるマムルークの隊長　馬上で指揮するナポレオン

3 対仏大同盟

＊1806～07，1809，1815を数えて7回とする説もある。

回	年度	主要参加国	契機	戦い	解消
1	1793～97	英・普・墺・露・西・蘭	**ルイ16世の処刑**	アルコレの戦い（1796）	カンポ＝フォルミオの和約
2	1799～1802	英・墺・露・オスマン・ポルトガル	**ナポレオンのエジプト遠征**	マレンゴの戦い（1800）	**アミアンの和約**
3	1805	英・墺・露・スウェーデン	**ナポレオンの皇帝即位**	トラファルガーの海戦　アウステルリッツの戦い	プレスブルクの和約
4	1813～14	英・普・露など多数	**ナポレオンのロシア遠征失敗**	ライプツィヒの戦い	ナポレオン退位

（610×910cm，ルーヴル美術館蔵）

母レティチア　ナポレオン　教皇ピウス7世　タレーラン　ジョゼフィーヌ　弟ルイ　兄ジョゼフ

↑1「**ナポレオンの戴冠式**」（部分）　**ダヴィド**画。ナポレオンは皇帝世襲制の国民投票を行い，賛成357万以上，反対2,569という圧倒的結果で信任を得た。1804年12月に戴冠式がパリのノートルダム大聖堂で挙行されたが，招かれた教皇は祝福をするだけで，戴冠はナポレオン自らが行った。絵はナポレオンが皇后**ジョゼフィーヌ**に冠を授けている場面。彼は美術品のもつ政治的な力を認識し，英雄や権力者としてのイメージづくりに絵画を利用した。

4 ナポレオン時代のヨーロッパ

ナポレオンの遠征路
- フランス帝国（～1812）
- フランス帝国とその同盟国（～1812）
- フランスに服属した諸国
- 主要条約締結地
- ライン同盟の範囲
- 連合軍のフランス進入（1813～15）
- エジプト遠征（1798～99）
- スペイン反乱（半島戦争）
- ドイツ・オーストリア攻撃（1805・06）
- ロシア遠征（1812）
- エルバ島脱出（1815）
- セントヘレナ島配流（1815）

(→P.313史料)

Key Person ナポレオンをめぐる3人の女性

→9 ジョゼフィーヌ（1763～1814）
1796年ナポレオン（26歳）は、年上の未亡人で社交界の花形であったジョゼフィーヌと結婚した。彼女には、前夫との間に既に2人の子どもがいた。彼女との間に嫡子を得られず、やむなく離婚したが、ナポレオンは生涯彼女を愛し続けたといわれる。

→10 マリア＝ヴァレフスカ（1786～1817）
1807年にナポレオン（37歳）は前年のプロイセンに続き、ロシアを撃破するためポーランドに軍を進めた。この時ナポレオンはヴァレフスキ伯夫人で20歳のヴァレフスカを見初め、周囲の説得により彼女は彼の「ポーランド妻」となった。このことが、ワルシャワ大公国の成立につながったといわれる。2人の子アレクサンデル＝ヴァレフスキはポーランド蜂起（1830年）に参加し、のちにフランス市民権を得て、ナポレオン3世下で外相を務めた。

→11 マリ＝ルイーズ（1791～1847）
1810年にナポレオン（40歳）は、ジョゼフィーヌとの離婚から4か月後、オーストリア皇帝の娘で18歳のマリ＝ルイーズと結婚した。彼女は息子（ローマ王）を産んだが、ナポレオンが失脚しエルバ島に配流になると息子と帰国し、その後再婚した。

5 大陸封鎖令（1806年） 探究のヒント

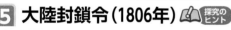

目的	内容	結果
イギリス経済に打撃	・大陸諸国とイギリスとの交通・通商を全面禁止	**イギリス** 南米市場の開発などを推進 フランスを逆封鎖
ブルジョワの支持	・イギリス及びその植民地の商品の取引を禁止	**大陸諸国** ・自国の穀物・木材の輸出遮断 ・イギリスの工業製品の輸入遮断
フランス産業育成	・イギリス及びその植民地からきた船舶の大陸入港を禁止、没収	**フランス** 海外市場喪失、イギリスの逆封鎖で原料不足、海運業衰退

密輸　不満

世界史の 交差点

ナポレオン法典

CODE CIVIL DES FRANÇAIS.

三大基本原理
① 所有権の不可侵
② 契約の自由
③ 家族（家父長権）の尊重

ナポレオンが第一統領時代に編纂を命じ、1804年3月に完成させた。全文2,281条。基本原理①②は**フランス革命**の成果を法的に固定したものであり、③は国家秩序安定のための基礎とされた。フランス以外のナポレオン支配地でも適用されたので当初彼は「解放者」として歓迎された。ヨーロッパ近隣諸国の民法典の模範となった。

↑8 ナポレオン法典

6 1814年以後のナポレオン

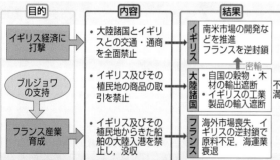

↑4 1812年モスクワ撤退の光景 大陸封鎖令に違反したロシアへの遠征を企てたナポレオンは、寒気の到来の中で撤退する。背後からのロシア軍の追撃と零下20～30度の寒さと飢えの中、フランス軍は潰滅状態に陥った。
（ミラノ，市立ベルタレッリ印刷物収集館蔵）

↑5 エルバ島配流 将軍たちの裏切りによって退位させられたナポレオンは、エルバ島の君主として流された。

↑6 百日天下 ウィーン会議が進まず、民衆におけるルイ18世の不人気を知ったナポレオンは、**エルバ島**を脱出し熱狂の中のパリに入城した。

↑7 セントヘレナ島流刑 ワーテルローの戦いに敗れ、イギリスによって**セントヘレナ島**に囚人として流された。回想録の口述を日課とした。

ルーツ 交響曲第3番「英雄」：もともと「ボナパルト」という題であったが、ナポレオン皇帝就任の報を聞いたベートーヴェンがその権力欲に憤りタイトルを書きかえた。

Gallery ～世界史の見える画廊～

「マドリード，1808年5月3日」

ゴヤ　1814年画　油彩

266×345cm　マドリード，プラド美術館蔵

ゴヤ(1746～1828)(▶P.212)のプロフィール
　1789年(43歳)に初めて宮廷画家となり，1793年(47歳)に大病をして聴覚を失った。ロココ風の肖像画・風俗画を描くとともに，厳しい写実の手法で戦争画などを描いた。1808年5月3日の処刑の場面を彼自身が目撃したかどうかは諸説あるが，スペイン反乱中に同じような光景を目にしたことは確かであろう。代表作は「カルロス4世の肖像」「着衣のマハ」「裸のマハ」「戦争の惨禍(銅版画)」など。

時代背景

　1808年，**ナポレオン＝ボナパルト**は宮廷の内紛に乗じてスペインにフランス軍を送り込み，これに対してマドリード市民が5月2日に蜂起した。蜂起は鎮圧され，逮捕された多くの人々が，翌日銃殺された。その後，ナポレオンは兄ジョゼフをスペイン王位につけたが，スペインの民衆はゲリラ戦を展開し，多くのフランス軍(22.5～30万人)を釘付けにし，ついに英軍とともに勝利をおさめた(**スペイン反乱，1808～14**)。のちにナポレオンは「スペインの潰瘍が私を破壊した」と回顧録に記した。

フランス帝国
パリ

マドリード
スペイン王国

作品を読み解く

銃殺されようとしている人々

ナポレオン軍の兵士

170cm

聖母子を象徴した母と赤子

キリスト教のイメージ

磔刑のキリストを象徴した白シャツの男
右手に釘の痕がみられる。

銃殺された人々

後世の作品への影響

↑1 マネ「マクシミリアン皇帝の処刑」　1865年にマドリードを訪れていた印象派の画家マネ(▶P.212)は，1867年のマクシミリアン皇帝(オーストリア皇弟，ナポレオン3世の画策でメキシコ皇帝となった)の銃殺を題材に同じ構図で描いた。(1867年画，マンハイム，市立美術館蔵)

★革命の精神はラテンアメリカにも波及し独立運動がおこったが，独裁的な政治も続いた。

1 ラテンアメリカの歩み 以降▶P.250

		欧米の動き
	フランス ／ スペイン ／ ポルトガル ／ 周辺国	
被支配	16～17世紀　銀鉱山開発	アメリカ独立革命，フランス革命
	17～18世紀　砂糖プランテーションの開発	ウィーン会議
独立	1791　**ハイチ革命**（～1806）	スペイン立憲革命(1820)
	1804　**ハイチ**，フランスから独立	メッテルニヒの干渉失敗
	1811　**パラグアイ**独立	**背景**
	1816　**アルゼンチン**独立	・英カニングの外交政策
	1818　**チリ**独立	(1822)（▶P.198）
	1819　**大コロンビア共和国**（コロンビア，ベネズエラ）独立	・米モンロー宣言
	1821　**メキシコ**，**ペルー**，**エクアドル**(22)（大コロンビアに編入）独立	(1823)（▶P.312史料）
	1822　**ブラジル**独立（ポルトガルの王子が帝位に就く）	
	1825　**ボリビア**独立　├具体的な成果なし	
	1826　**パナマ会議**開催（シモン＝ボリバルの提唱）	
	1828　**ウルグアイ**独立	
対立と抗争	1830　大コロンビア解体，ベネズエラ，ボリビア，エクアドル分離	
	1844　**ドミニカ**，ハイチから分離独立	
	1846　**アメリカ＝メキシコ戦争**（～48）（▶P.208）→敗れたメキシコはカリフォルニアを割譲	アメリカ南北戦争
	1858　メキシコで**フアレス**大統領(任～72)教会勢力一掃を図る	**ナポレオン3世**の遠征(1861～67)→失敗（▶P.202）
変革とアメリカの影響	1877　メキシコで**ディアス**大統領の独裁(任～80，84～1911)	
	1889　第1回**パン＝アメリカ会議**開催　ブラジルが共和政に移行	
	1898　**アメリカ＝スペイン戦争**の結果，アメリカの保護国として**キューバ**独立	☆アメリカの影響力強まる（棍棒外交）（▶P.237）
	1903　**パナマ**がコロンビアから分離独立→アメリカによって保護国化される	
	1910　**メキシコ革命**（～17）革命の進展（▶P.250）	

●ラテンアメリカの社会構造

支配層
- ペニンスラール ……… スペイン生まれの白人
- クリオーリョ ……… 植民地生まれの白人

被支配層
- メスティーソ ……… 白人とインディオの混血
- ムラート ……… 白人と黒人の混血
- 黒人奴隷
- インディオ

（インディオと黒人の混血はサンボという）

←18世紀末～19世紀前半のラテンアメリカ社会
解説 ラテンアメリカの独立の主役はクリオーリョだった。ゆえに彼らが支配するプランテーション，アシエンダ制といった社会構造は，独立後も変化はなかった。

世界史 の 交差点
独立後のラテンアメリカ

　ラテンアメリカ諸国では，独立戦争に参加して名声を得た軍人のボス（スペイン語でカウディーリョ）が法律や制度を通してよりも傑出したリーダーシップで政治を行う個人独裁が続いた。メキシコでは，アメリカ＝メキシコ戦争(1846～48)の後，インディオ出身で自由党のフアレス大統領が教会勢力を一掃する改革を進めようとしたが，教会勢力側に立った保守党（大土地所有者ら）が反乱をおこし，内乱(1857～67)となった。この混乱に乗じて，フランスのナポレオン3世が干渉してハプスブルク家のマクシミリアンを皇帝の座に就けたが，最終的にフアレスが保守派とフランス軍に勝利し，メキシコの民主化に貢献した。フアレス大統領は，今も「建国の父」と尊敬されている。
▶4 メキシコの20ペソ紙幣

Key Person トゥサン＝ルヴェルチュール(1743～1803)
～「黒いジャコバン」

　18世紀後半，フランスの最大の砂糖生産地は，カリブ海のハイチ（サン＝ドマング）であった。フランス革命期，ハイチでは黒人の反乱が激化し，フランス本国のジャコバン派政府は1794年2月に奴隷解放を正式に宣言した。1801年に奴隷出身のトゥサンが指導するハイチ議会は憲法を制定したが，ナポレオンは討伐軍を派遣し，トゥサンを連行し獄死させ，奴隷制復活を画策した。ここにハイチは再び反乱を開始し，ついに1804年1月1日に独立を宣言した。世界初の黒人共和国の誕生である。
（『地中海からカリブ海へ』平凡社）

●ラテンアメリカの独立

↑1 イダルゴ(1753～1811)　メキシコ・クリオーリョ出身。メキシコ独立運動指導者。

↑2 サン＝マルティン(1778～1850)　アルゼンチン・クリオーリョ出身。チリ，ペルー解放。

赤数字 各国の独立した年代
- 中央アメリカ連邦(1823～39)
- 大コロンビア共和国(1819～30)
- アメリカ領(米)
- イギリス領(英)
- オランダ領(蘭)
- フランス領(仏)
- 旧スペイン領（スペインからの独立）
- 旧ポルトガル領（ポルトガルからの独立）
- → ボリバルの進路
- → サン＝マルティンの進路

↑3 シモン＝ボリバル(1783～1830)

Key Person シモン＝ボリバル(1783～1830)

　1783年ベネズエラの名門クリオーリョの家に生まれ，青年の頃から啓蒙思想の影響を受けた。マドリードで貴族の娘と結婚したが，帰国後まもなく妻に死なれ，以後の生涯を植民地の解放に捧げた。ベネズエラ解放軍の司令官となり，生まれ故郷カラカスの町を占領したが，のちに戦いに敗れてジャマイカに亡命した。その後南米北部一帯を解放して，大コロンビア共和国の大統領となり，南に向かって解放を進めた。しかし，大コロンビアは各地の利害が対立し，1830年に解体した。南米のボリビアの国名は，彼の名にちなむ。

2 ラテンアメリカと現代の文化

美術 フリーダ＝カーロはメキシコを代表する女流画家で，土俗性と現代性の混淆した個性的作品が国際的に広く知られる。**文学** ガルシア＝マルケスなど，ラテンアメリカやアジア，アフリカの作家にノーベル文学賞が与えられることも今や珍しいことではない。

◀5 「根」(1943) フリーダ＝カーロ（メキシコ，1907～54）画

▶6 ガルシア＝マルケス（コロンビア，1928～2014，著書『百年の孤独』）

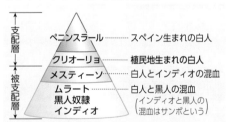

アメリカほか

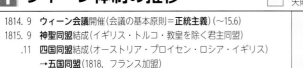

★ウィーン体制は自由主義とナショナリズムを抑圧したが，最終的には崩壊した。

1 ウィーン体制の推移

☐ 成功　☐ 失敗

1814. 9	**ウィーン会議**開催（会議の基本原則＝**正統主義**）（～15.6）
1815. 9	**神聖同盟**結成（イギリス・トルコ・教皇を除く君主同盟）
.11	**四国同盟**結成（オーストリア・プロイセン・ロシア・イギリス）→**五国同盟**（1818，フランス加盟）

	体制側の動き	自由主義・国民主義の動き	
		弾圧される自由主義	
1819	カールスバート決議	1817 ドイツの**ブルシェンシャフト運動**（～19）	革命の第一波
1821	オーストリア軍鎮圧	1820 イタリアの**カルボナリ蜂起**（～21）（ナポリ・ピエモンテ）（●P.204）	
1822	ヴェローナ会議		
1823	フランス軍出兵鎮圧	1820 リェーゴのスペイン立憲革命（～23）	
1825	ニコライ1世鎮圧	1825 ロシアの**デカブリスト（十二月党員）**の反乱（●P.210）	
1822	メッテルニヒ，五国同盟で干渉企図	**遠隔地・周辺部における成果**	
	英，五国同盟離脱しカニング外交展開	1810～20年代 **ラテンアメリカ諸国の独立運動**	
1823	神聖同盟，ギリシア独立に反対決議	(1823 アメリカ，**モンロー宣言**で支援)	
1827	露・英・仏のギリシア支援（●P.216）	1821 **ギリシア独立戦争**（●P.216）開始（～29）	
		1822 トルコからの独立を宣言	
1830	ロンドン会議で承認	1827 ナヴァリノの海戦→アドリアノープル条約で独立達成（29）（●P.210）	
1830	**七月王政**成立	**1830 フランス七月革命と影響**	革命の第二波
	ロンドン会議で承認	1830 **ベルギー**，オランダより独立（●P.203）	
1831	ロシア軍鎮圧	**ポーランド蜂起**（～31）（●P.203）	
	オーストリア軍鎮圧	1831 カルボナリによるイタリア蜂起　**青年イタリア**結成（●P.204）	
		1832 イギリス，第1回選挙法改正	
1848	**第二共和政**成立	**1848 フランス二月革命と影響**	革命の第三波
	メッテルニヒ失脚	1848 **ウィーン三月革命・ベルリン三月革命**	
	オーストリア軍鎮圧	→**ベーメン民族運動**	
1849	オーストリア・ロシア軍鎮圧	→**ハンガリー民族運動**（コシュートによる指導，～49）（●P.207）	
	オーストリア軍勝利	→**サルデーニャ＝オーストリア戦争**	
	プロイセン王，ドイツ皇帝就任拒否	→**フランクフルト国民議会**（～49）（ドイツ統一運動の挫折）（●P.206）	
	フランス軍鎮圧	1849 **ローマ共和国**樹立	

3 ナショナリズムの伝播

← 直接的影響　← 間接的影響

（解説）「解放者」として迎えられたナポレオン（●P.193）も，ヨーロッパ支配を強めると「抑圧者」として見なされ各地で反発を呼んだ。こうして人々は，nation（国民，民族）としてのアイデンティティを自覚するようになり，フランスと同じ国民国家を建設して自らを守ろうとする動きを生み出した。

2 ウィーン会議

（絵はフォルスヴァルの描いた風刺画。パリ国立図書館蔵）

←1 メッテルニヒ（1773～1859）

→2 ウィーン会議の風刺画「会議は踊る」 1814年9月から，フランス革命とナポレオン戦争後のヨーロッパの秩序を再建するためにウィーン会議が開かれた。議長はオーストリア外相（のちの宰相）メッテルニヒ。列強の利害が錯綜する一方，舞踏会や宴会にあけくれたので，「会議は踊る，されど進まず」と皮肉られた。メッテルニヒは1848年の二月革命で失脚するまでヨーロッパの保守反動体制の中心人物であった。

●ウィーン議定書とウィーン体制

ウィーン議定書の特色（1815年6月9日調印）	・**正統主義**～仏の**タレーラン**が主張，フランス革命前の状態を正統とする ・**勢力均衡の原則**～メッテルニヒが主張，イギリスの外交政策とも合致
ウィーン議定書の内容　領土・体制	・**イギリス**→Ⓐ**ケープ植民地**（●P.232）・**スリランカ**をオランダから得る。マルタ島を得る ・**オランダ**→Ⓐのかわりに，Ⓑ**南ネーデルラント（ベルギー）**を壊から得る ・**オーストリア**→Ⓑのかわりに，**ロンバルディア・ヴェネツィア**を得る ・**プロイセン**→**ザクセン**北半分・**ラインラント**を得る ・**ロシア**→ツァーリが**ポーランド王国**の王位を兼ね，**フィンランド**を得る ・**ドイツ**→神聖ローマ帝国は復活せず，国家連合としての**ドイツ連邦**が発足 ・**スイス**→**永世中立国化**が承認される（◀P.151） ・**フランス・スペイン・ナポリ**→**ブルボン朝**が王政復古
ウィーン体制を守る反動自由主義の同盟（1815年）	①**神聖同盟**（露のアレクサンドル1世の提唱，英・教皇・オスマン帝国不参加） ②**四国同盟**（英・普・墺・露が結成，のち仏が加わり**五国同盟**となる）

ナショナリズムとは？ 国民及び民族（いずれもnation）を政治・経済・文化の主体と考え，国民や民族に最高の価値をおく意識や運動を指す。

種類	**国民主義**	人々が国民としての意識を強くしたり（イギリス・フランス），諸国家が統一したり（イタリア・ドイツ）して，「国民国家」を建設する場合。19世紀半ば～後半に特徴的。
	民族主義	他国に支配され，抑圧されている民族が独立を求める場合。
	国家主義	国家利益が個人の利益に優越するとする考えで，他国・他民族を犠牲にしても自国の拡大を図る場合。自国の優越性を主張し侵略戦争を推進したファシズム体制など。
特徴・問題点		・現実の国家は諸集団によって形成されており，「国民国家」はあくまで理想（想像）にすぎない。 ・**ナショナリズムは他地域に伝播・増殖する傾向**があり，偏狭な国家・民族間の対立を生じさせたりすることがある。 ・マイノリティに対する抑圧が生じることがある。

　フランスで誕生した，国民意識をもった平等な市民が国家を構成するという「国民国家」の理念は，フランス以外の国にも広まり，ナショナリズムは各国に伝播していった。

●文学にみるナショナリズム

←3 シュタイン（1757～1831） イエナの戦いの敗北ののち，フランスに占領されたプロイセンの事実上の首相として，「上からの近代化」に取り組み農民解放や都市自治の付与など広範な改革を行った。

→4 グリム兄弟の記念碑 兄ヤーコプ（1785～1863）と弟ヴィルヘルム（1786～1859）のグリム兄弟は，ドイツ民族の自覚を広めるために童話や民話を集め『グリム童話集』を執筆し，『グリム＝ドイツ語大辞典』の編纂を行った。（ドイツ，ハーナウ市庁舎）

4 ウィーン体制下のヨーロッパ（1815年）

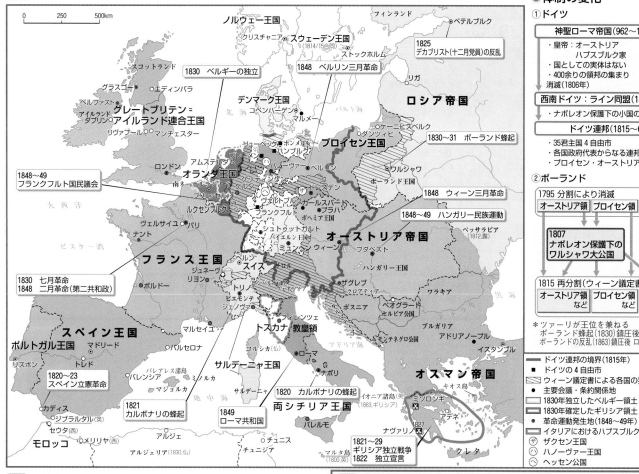

0　250　500km

ノルウェー王国
クリスチャニア
スウェーデン王国（1814/15合同）
ストックホルム
フィンランド
ペテルブルク

1825 デカブリスト（十二月党員）の反乱

1830 ベルギーの独立
1848 ベルリン三月革命

スコットランド
グラスゴー
エディンバラ
ベルファスト
アイルランド
ダブリン
グレートブリテン＝アイルランド連合王国
リヴァプール
マンチェスター
デンマーク王国
コペンハーゲン
マルメー
ケーニヒスベルク
ダンツィヒ
リガ

ロシア帝国

リューベック
ハンブルク
プロイセン王国
ワルシャワ
1830〜31 ポーランド蜂起
ポーランド王国

1848〜49 フランクフルト国民議会
ロンドン
アムステルダム
オランダ王国
南ネーデルラント
ブリュッセル
ルクセンブルク
ハノーヴァー
ブレーメン
ベルリン
ドレスデン
ザクセン
ヴァルトブルク
カールスバート
プラハ
ボヘミア王国
1848 ウィーン三月革命
1848〜49 ハンガリー民族運動

ヴェルサイユ
ナント
パリ
フランクフルト
シュトゥットガルト
バイエルン王国
ミュンヘン
ウィーン
ブダペスト
オーストリア帝国
ベッサラビア（1812,露）

ジュネーヴ
リヨン
ボルドー
フランス王国
ベルン
スイス
チロル
トリノ
ピエモンテ
ハンガリー王国
ザグレブ
クロアティア
ワラキア

1830 七月革命
1848 二月革命（第二共和政）

スペイン王国
ポルトガル王国
マドリード
リスボン
トレド
カディス
ジブラルタル（英）
セウタ（西）
メリリャ（西）
モロッコ

マルセイユ
バルセロナ
バレアレス諸島
バレンシア
ミノルカ
マジョルカ
サルデーニャ
コルシカ（仏）
トスカーナ
教皇領
サルデーニャ王国
フィレンツェ
ローマ
ナポリ
パレルモ
両シチリア王国

1820〜23 スペイン立憲革命

1821 カルボナリの蜂起
1849 ローマ共和国
1820 カルボナリの蜂起

ボスニア
ベオグラード
セルビア公国
モンテネグロ公国
アドリアノープル
イスタンブル
オスマン帝国
ブルガリア

イオニア諸島（1863,ギリシア）
ミソロンギ
ナヴァリノ 1827
アテネ
クレタ
キオス島

1821〜29 ギリシア独立戦争
1822 独立宣言

アルジェ
チュニス
チュニジア
アルジェリア（1830,仏）
マルタ島（1800,英）

●体制の変化

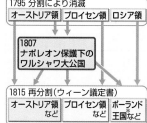

①ドイツ

神聖ローマ帝国（962〜1806）
・皇帝：オーストリア
　ハプスブルク家
・国としての実体はない
・400余りの領邦の集まり
消滅（1806年）

西南ドイツ：ライン同盟（1806〜13）
・ナポレオン保護下の小国の集まり

ドイツ連邦（1815〜66）
・35君主国 4自由市
・各国政府代表からなる連邦議会がある
・プロイセン・オーストリアの一部含む

②ポーランド

1795 分割により消滅
オーストリア領｜プロイセン領｜ロシア領

1807
ナポレオン保護下の
ワルシャワ大公国

1815 再分割（ウィーン議定書）
オーストリア領など｜プロイセン領など｜ポーランド王国＊など

＊ツァーリが王位を兼ねる
ポーランド蜂起（1830）鎮圧後　自治制限
ポーランドの反乱（1863）鎮圧後　ロシアの属州化

━━ ドイツ連邦の境界（1815年）
■ ドイツの4自由市
▨ ウィーン議定書による各国の獲得地
● 主要会議・条約関係地
▨ 1830独立したベルギー領土
□ 1830確定したギリシア領土
● 革命運動発生地（1848〜49年）
▨ イタリアにおけるハプスブルク家の諸国家
Ⓢ ザクセン王国
Ⓗ ハノーヴァー王国
Ⓗ ヘッセン公国

ヨーロッパ

アメリカほか

5 革命の第一波　●ギリシアの独立

↑5 ドラクロワ「キオス島の虐殺」 ギリシア独立戦争中の1822年にオスマン帝国軍がキオス島で虐殺・掠奪を行った。これに憤慨としたフランスのロマン派の画家ドラクロワがこの大作を描いた。(1824年の作品。油彩, 417×354cm, ルーヴル美術館蔵)

↑6 バイロン（1788〜1824）　イギリスのロマン派詩人で, 奔放な生活を送っていた彼は, ギリシア独立戦争に参加したが, 異国で病死した。(●P.212)

6 革命の第二波

出来事	結果
ドイツ蜂起（1830）	一部の領邦で憲法制定
ポーランド蜂起（1830〜31）	ロシア軍により鎮圧
ベルギーの独立（1830）	ロンドン会議（1830）で承認
カルボナリによるイタリア蜂起（1831）	オーストリア軍により鎮圧
イギリスの第1回選挙法改正（1832）	労働者の不満（チャーティスト運動へ）

フランス七月革命

7 革命の第三波　●1848年の意味

①**ウィーン体制の崩壊**→19世紀前半の古い体制をくつがえし, 反動的な国際秩序を打破
②**社会主義の台頭**→労働者階級が歴史の表舞台に登場。資本家は保守化し, 資本家と労働者の対立が表面化
③**ナショナリズムの台頭**→各地で形成されてきたナショナリズムが一挙に噴出。「諸国民（諸民族）の春」（●P.207）

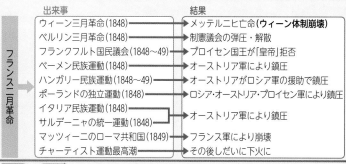

出来事	結果
ウィーン三月革命（1848）	メッテルニヒ亡命（ウィーン体制崩壊）
ベルリン三月革命（1848）	制憲議会の弾圧・解散
フランクフルト国民会議（1848〜49）	プロイセン国王が「皇帝」拒否
ベーメン民族運動（1848）	オーストリア軍により鎮圧
ハンガリー民族運動（1848〜49）	オーストリアがロシア軍の援助で鎮圧
ポーランドの独立運動（1848）	ロシア・オーストリア・プロイセン軍により鎮圧
イタリア民族運動（1848）	オーストリア軍により鎮圧
サルデーニャの統一運動（1848）	
マッツィーニのローマ共和国（1849）	フランス軍により崩壊
チャーティスト運動最高潮	その後しだいに下火に

フランス二月革命

探究のヒント

世界史の 交差点

ウィーン革命における女性

　1848年ウィーンの三月革命は学生たちのデモに始まった。その学生たちを励まして, しだいに発言力を強めていったのが「バリケードの花嫁」とうたわれた労働者の女性たちである。10月には皇帝軍に包囲され, 市民たちは臆病風にふかれて武器を捨てたが, かわって彼女たちが銃をとり, 学生を含んだ「プロレタリアート軍」と「女国民軍」は最後まで抵抗を続けた。
●7 戦闘に参加する女性たち

198 イギリス

★イギリスでは政治と経済の自由主義改革が進むとともに，パクス＝ブリタニカの時代を迎えた。

1 19世紀のイギリスの歩み

P.173◀以前　以降▶P.236

国王	国内状況(赤字：制定，青字：廃止)		対外関係	
ジョージ3世	1807	奴隷貿易禁止	1801	グレートブリテン＝アイルランド連合王国発足
	1811	機械打ちこわし(ラダイト)運動おこる	1815	ウィーン会議でケープ植民地・スリランカなどを獲得
	1813	東インド会社の対インド貿易独占権を廃止		
	1815	穀物法制定	1820年代	カニングによるラテンアメリカ独立承認の外交(▶P.195)
ジョージ4世	1824	団結禁止法廃止→労働組合の結成承認		
	1828	審査法廃止(非国教徒の公職復帰)(◀P.173)		
	1829	カトリック教徒解放法制定(オコネルらの運動による)	1827	ギリシア独立戦争に干渉(▶P.196)
ウィリアム4世	1832	第1回選挙法改正→腐敗選挙区廃止		
	1833	奴隷制廃止　工場法制定(オーウェンら)	1833	第1回エジプト＝トルコ戦争に干渉(▶P.210)
		東インド会社の商業活動停止・対中国貿易独占権廃止(34年実施)(▶P.218)		
ヴィクトリア女王	1837頃	チャーティスト運動始まる(～50年代)	1840	第2回エジプト＝トルコ戦争に干渉(▶P.210)
	1839	反穀物法同盟結成(コブデン・ブライトら)		アヘン戦争(～42)(▶P.224)
	1846	穀物法廃止		
	1849	航海法廃止(→自由貿易の実現)	1853	クリミア戦争(～56)(▶P.210)
	1851	ロンドン万国博覧会開催	1856	第2次アヘン戦争(～60)(▶P.225)
	1858	東インド会社解散(▶P.218)	1857	シパーヒーの反乱(▶P.219)
	1867	第2回選挙法改正(保守党政権による)	1867	カナダ連邦発足，自治植民地誕生
	グラッドストン内閣(第1次，自由党，1868～74)			
	1870	教育法制定で初等教育制度発足		
	1871	労働組合法制定		
	ディズレーリ内閣(第2次，保守党，1874～80)			
			1875	スエズ運河会社株の買収
			1877	インド帝国成立(▶P.219)
			1878	ベルリン会議でキプロス島獲得
	グラッドストン内閣(第2次，自由党，1880～85)			
	1884	フェビアン協会(▶P.205)結成(バーナード＝ショー・ウェッブ夫妻ら) 第3回選挙法改正		

3 イギリスの選挙法改正

*数字は全国民に対する有権者の比率

改革	年	内閣	参政権の拡大
第1回選挙法改正	1832	ホイッグ党 グレー内閣	☆腐敗選挙区の廃止　都市のブルジョワ　4%
第2回選挙法改正	1867	保守党 ダービー内閣	都市の男性労働者のほとんど　9%
投票制度改革	1872	自由党 グラッドストン内閣	口頭による投票から投票用紙の使用へ
第3回選挙法改正	1884	自由党 グラッドストン内閣	農業・鉱山労働者(男性労働者のほとんど)　19%
第4回選挙法改正	1918	自由党 ロイド＝ジョージ内閣	☆男性(21歳以上)・女性(30歳以上)の普通選挙　46%
第5回選挙法改正	1928	保守党 ボールドウィン内閣	☆男女とも21歳以上の普通選挙　62%
第6回選挙法改正	1969	労働党 ウィルソン内閣	☆男女とも18歳以上の普通選挙　71%

↑5 チャーティスト運動の集会(1848年)

2 イギリスの自由主義的な経済改革

→1 カニング(1770～1827)　トーリ党の政治家であった彼は，ラテンアメリカ諸国のスペインからの独立を認めて，ここをイギリス製品の市場にすることをめざす外交を展開した。(肖像はT.ローレンスによる油彩，個人蔵)

→2 コブデン(1804～65)　農民の息子として生まれ，キャラコ商人となった。その後，ホイッグ党の下院議員となって穀物法廃止に向けてブライトとともに尽力し，1846年廃止に成功した。彼は，自由貿易がイギリスに繁栄と国際平和をもたらすという信念をもっていた。

↑3 反穀物法同盟の集会(1844年)

● 奴隷制廃止の背景(◀P.182)

政治的目的　議会の中で「西インド派」の勢力を弱める目的

*経済的目的　・砂糖に対する保護関税の撤廃要求 ・「自由な労働」はコスト安で生産性が高い

人道的理由　ウィルバーフォースなどが制度の非人道性を主張

奴隷貿易(→1807禁止)・奴隷制(→1833廃止)廃止要求

*奴隷が西インド諸島における砂糖生産に従事していた。マンチェスターを中心とする産業資本家は安い穀物と砂糖，すなわち労働者の「安い朝食」を求めた。

↑4 ウィルバーフォース(1759～1833)　イギリスの下院議員であり，プロテスタンティズムの立場から奴隷解放のために運動した。

Key Person　ヴィクトリア女王(位1837～1901)

ヴィクトリア女王の60年以上に及ぶ治世は，イギリスの繁栄期(パクス＝ブリタニカ)と一致しているため，ヴィクトリア時代とも呼ばれる。内政や外交にさかんに関与しようとしたが，61年に夫が死去してからはいつも喪章をつけ公式行事への欠席が続いた。ディズレーリが登場すると彼を寵愛し，国民の前にも再び姿を現し，帝国の象徴となった。4男5女に恵まれ，娘たちをヨーロッパ各地の王(皇)室に嫁がせ，「ヨーロッパの祖母」と呼ばれた。

● チャーティスト運動

人民憲章(People's Charter)に掲げられた要求
・男性普通選挙
・無記名秘密投票
・議会の毎年改選
・議員の財産資格制限廃止
・議員有給制
・均等選挙区制

解説 二月革命の影響を受けて，チャーティスト運動は最後の盛り上がりを見せ，議会に三度目の請願を提出した。しかし，議会によって拒否されると，運動は急速に下火になっていった。

4 イギリスの繁栄（パクス＝ブリタニカ）（◀P.186）

❶解説 「世界の工場」となったイギリスは，市場と原料を求めて世界各地に植民地を拡大した。その繁栄ぶりを経済学者ジェボンズは誇らしげに述べている。

ヨーロッパ

●「世界はイギリスのために」

世界の五大州は，自ら進んで，わがイギリスのために奉仕している。北アメリカとロシアの平原は，わが穀物畑，シカゴとオデッサは，わが穀物倉庫であり，カナダとバルト諸国は，わが森林である。ペルーの銀，カリフォルニアの金はロンドンに注ぐ。

中国人は，われわれのために茶を栽培し，コーヒー，砂糖，香料は東インドの農場より来る。スペインとフランスは，わがブドウ畑であり，地中海はわが果樹園だ。以前には，合衆国の南部にだけだったわが綿畑は，今では地球上の至るところに広がっている。

（スタンレー＝ジェボンズ『経済学原理』）

（『世界史講座Ⅳ』東洋経済新報社）

Key Person (1804〜81) (1809〜98)
ディズレーリとグラッドストン

19世紀後半のイギリスは，ディズレーリの保守党とグラッドストンの自由党の二大政党制の時代であった。ディズレーリはユダヤ人の家庭に生まれ，青春時代は経済的にも困窮した生活を送った。20代半ばから小説家として活躍して功名心から政治家に転じ，19世紀後半の帝国主義時代の到来でようやく活躍の舞台を得たのだった。対するグラッドストンは，若い頃アヘン戦争を「恥知らずな戦争」と呼んで反対する演説を国会で行った自由主義の政治家であった。1850年代からすでに蔵相として活躍して名声を確立し，首相になってからは小英国主義と内政改革を重視した。しかし宿願のアイルランド自治法については保守党の反対などで実現することができなかった。

↑6 ディズレーリ　↑7 グラッドストン

↓8 ロンドン万国博覧会の水晶宮（クリスタルパレス）における開会式 1851年，ロンドン万国博覧会が開催された。全長560mの水晶宮の中には，半分のスペースにイギリス帝国と植民地の技術・物産が飾られた。
（絵はヴィクトリア＆アルバート博物館蔵）

---

5 保守党と自由党

	保守党（旧トーリ党）	自由党（旧ホイッグ党）
支持層	ジェントリ	ジェントリ・ブルジョワ
政治家	**ディズレーリ** ソールズベリ	パーマストン **グラッドストン**
外交	**帝国主義を推進** 自由主義の時代には低迷するが，19世紀後半に支持を集める	**小英国主義** ドイツの台頭と1873年大不況に直面し，不安にとらわれた国民の支持を失う
内政	**伝統的秩序の維持** 大衆社会状況に適応して選挙法改正なども実行 **アイルランド自治付与反対** 20世紀に自由党が凋落すると彼らの自由主義を継承	**内政改革の推進** 自由貿易と「安価な政府」が旗印 **アイルランドに自治付与** 20世紀に労働党の台頭で凋落

↓9 ジェントリの邸宅（マンチェスター郊外のライム邸） フランスが大革命によって貴族階級を否定したのに対して，19世紀のイギリスではブルジョワが**ジェントリ**の生活様式（gentility，上品さの意）を真似たので，ジェントリの生活様式は消滅しなかった。

---

6 アイルランドの歴史

●アイルランドの19世紀

前5世紀頃より	ケルト系ゲール人が到来，社会を形成
5世紀	パトリックの布教で，**カトリック**の教会組織形成
16世紀前半	**ヘンリ8世**がアイルランド支配をめざし，緊張激化
17世紀初頭	**ジェームズ1世**が北部アルスター地方にプロテスタントを入植
1649	**クロムウェルのアイルランド遠征・略奪**
1689	**ウィリアム3世のアイルランド遠征・土地収奪**
1845	**ジャガイモ飢饉**（〜49）により，大量の移民が発生
1846	**穀物法廃止**で安価な穀物が流入，農業に打撃
1848	青年アイルランド党の蜂起
1870	最初の**アイルランド土地法**制定（小作権の保障へ）
1886	**アイルランド自治法案否決**
1914	**アイルランド自治法成立**（第一次世界大戦で延期）
1916	シン＝フェイン党の**イースター蜂起**（▶P.249）
1922	**アイルランド自由国成立**（自治領，北部除く）
1937	英連邦内の独立国となり**エール共和国**に改称
1949	英連邦を離脱，**アイルランド共和国成立**

●現代のイギリスとアイルランド

（◀P.巻頭6左頁）

→10 ジャガイモ飢饉 当時のアイルランドの農民の大半は，イギリス本国にいる不在地主から土地を借りる小作人や小農民で，彼らの主食はジャガイモだった。1845年，そのジャガイモに疫病が発生したため，3年あまりで100万人以上が餓死した。その結果，新たな職を求めてほぼ同数の人々が北アメリカに移住した（▶P.238）。このアメリカへの移住者の中からアイルランドの土地解放と独立をめざす運動が広がることになった。

世界遺産 / ビッグ＝ベン（エリザベス塔） / テムズ川 / 上院議場 / 下院議場

↑1 ウェストミンスター宮殿 1547年に上下両院がこの宮殿内に議場をもち議会活動を開始して以来，イギリスの政治を動かしてきた場所である。旧来の建物は1834年の火災で焼失し，1860年，現在の建物が再建された。また，宮殿の北側にそびえる96mの時計塔はビッグ＝ベンの愛称で親しまれ，重さ14tの鐘が今なお１時間ごとに時を告げている。

1 ロンドンの繁栄　●「世界の工場」から「世界の銀行」へ

「世界の工場」イギリス
↓
各国の工業化進展
1830～40年代 アメリカ・ドイツ
1890年代 ロシア・イタリア・日本
↓
イギリスへの工業製品の流入
↓
イギリス，競争力を失う
↓ 変質
「世界の銀行」イギリス
↓
ポンド資金の世界循環システム確立
・対外投資収入　・保険利子収入
・海運料収入　・貿易手数料収入
↓
貿易外収支の増大

(解説) 1870年代より，イギリスに追いつく形で各国の工業化が進んだため，イギリスの工業は外国からの工業製品の流入を受けて，急速に競争力を失っていった。それに代わりイギリスの経済を支えたのが対外投資や海運，保険，貿易決済業務であった。これらの貿易外収支は，「世界の工場」時代に蓄えた豊富な資金と各地に建設された植民地，本国と植民地を結ぶ交通網の上に確立され，通貨ポンドが世界をめぐる循環システムとして機能した。この「ポンド循環システム」の中心となったのがロンドンのシティであった。

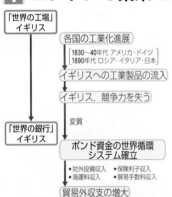

イングランド銀行 / 旧王立取引所

←2 現在のシティ シティの主要な建物はイングランド銀行，旧王立取引所のほか，約240行といわれる世界各国の銀行である。そのほか食料・資源・エネルギーなどの商品取引所や証券取引所などがひしめきあい，世界経済を支えている。

2 議会の国～イギリス

●現代のイギリスの政治機構

国王
↓ 任命
首相（内閣）
・連帯責任　・法案の提出
↑ 信任不信任決議
イギリス議会

下院（庶民院）	上院（貴族院）
小選挙区から各1名	任期・定員不定
任期5年	・世襲貴族
定員650名	・宗教貴族
被選挙権18歳以上	・一代貴族
	・法律貴族

↑ 選挙
国民（18歳以上）

●イギリス議会制度のしくみ

不文憲法	単一の成文憲法はない。議会制定法・判例法及び慣例のうち，国家の構造，国と国民との関係を規律する基本規範がイギリス憲法を構成している。マグナ＝カルタ(1215)・権利の請願(1628)・権利の章典(1689)・議会法(1911)などがある。
国王	法的には連合王国の元首。しかし，政治的には「憲法上の慣例」により，イギリス国民統合の「象徴」になっている。
議会	予算や法律をつくるだけにとどまらない強大な権限を与えられている。
内閣	最高行政機関。行政権は形式的には枢密院にあるが，実質的には内閣がもつ。首相は国王が任命するが実際は下院の多数党党首が首相となり，各大臣は首相の指名に基づいて国王が任命する。

下院	・18歳以上の国民の直接選挙 ・下院の優越が確立している	上院	・公選ではなく，国王が任命 ・世襲貴族，宗教貴族，一代貴族，法律貴族からなる

←ソード＝ライン→

↑3 下院のようす　　↑4 国会開会

○ガイド

フランスの首都。人口約224万人。セーヌ川を中心に広がったパリ盆地に位置し，水上交通の要路として栄え，「華の都」と呼ばれる。

←ノートルダム大聖堂

シテ島

ルーヴル

セーヌ川

↑1 セーヌ川下流から眺めたセーヌ河岸

1 パリ市大改造 (●P.203)

Key Person

近代都市パリを生んだオスマン
(1809〜91)

1853年ナポレオン3世により，ジロンド県知事からセーヌ県知事に抜擢されたオスマンの使命は，パリ市の大改造にあった。彼は増え続ける人口の問題解消と入り組んだ市街地の整備に取り組んだ。もっとも力を入れたものの一つが道路整備。パリの歴史的建造物も容赦なく破壊する彼を同時代の人々は「ヴァンダリスト」(ぶち壊し屋)と呼ぶほどであった。17年間の彼の努力により，近代都市パリが出現したのである。

(パリ，カルナヴァレ博物館蔵)

オスマン

ナポレオン3世 (●P.203)

● オスマンが行ったパリの改造 (1853〜70年)

改造の柱	内　容
①道路網の整備	パリ中心部「大十字路」の建設 市内の大通り網の建設 市内と周辺地域の連結網の建設
②公園・広場の造成と整備	(市内)「モンソー公園」「モンスーリ公園」「ビュット　ショーモン公園」 (市外)「ブーローニュの森」「ヴァンセンヌの森」
③建造物の修復と建設	ノートルダム大聖堂の修復，新ルーヴル宮・新オペラ座の建設，中央市場(レ=アル)の再建
④上・下水道の整備と拡張	上水道　ヴァンヌ渓谷を水源とし，貯水池をつくり，水道管をパリ市内に引く 下水道　すべての道の下に下水道を通し，汚水をセーヌ下流に送る
⑤街灯の増設	1860〜70年の10年間で1万5,000基を増設

↑2 **オスマンによるパリ改造**　ナポレオン3世にパリ改造を任されたオスマンは，徹底的にパリの街をつくりかえた。

● ロンドンとパリの万国博覧会 (19世紀中)

名　称	開催年	入場者数
第1回ロンドン万国博覧会	1851年	604万人
第1回パリ万国博覧会	1855年	516万人
第2回ロンドン万国博覧会	1862年	621万人
第2回パリ万国博覧会	1867年	1,020万人
第3回パリ万国博覧会	1878年	1,610万人
第4回パリ万国博覧会	1889年	3,235万人
第5回パリ万国博覧会	1900年	4,768万人

●解説● 19世紀に始まる万国博覧会は，国同士の国威発揚を競う場でもあった。産業革命期の象徴的な祭典として行われ，特にロンドンとパリの博覧会は盛大で，回を重ねるごとに入場者数が増加していった。

世界史の交差点

エッフェル (1832〜1923)

第4回パリ万国博覧会のシンボルとなった300mの塔は，その設計者ギュスタヴ=エッフェルの名をとって，「エッフェル塔」という名で親しまれている。産業革命期，「鉄の時代」の幕明けを象徴する鉄鋼製造法技術が発展した。より固い鉄骨の大量生産が可能になり，鉄骨を組み合わせた橋染設計技術が進歩を遂げた。エッフェルはその第一人者であり，300mという当時世界一の高さを誇る塔の設計に挑んだのである。彼は塔の設計に先立ち，アメリカ独立100年を祝いフランスから贈った「自由の女神像」の骨組みの設計を行っていた。像の設計も橋脚設計の延長上にあるものであった。作業員300人，着工から2年2か月という早さで塔は完成した。

1888.7　　1888.11　　1889.1　　完成後

↑3 **エッフェル塔完成までのようす**　19世紀後半には写真の技術が進歩して，建設途中の記録が多く残されることになった。作業が始まったのは1887年1月。着々と組み立て作業は進んだが，文化人や芸術家が建設に異を唱え景観論争にも発展した。

202 フランス

★フランスの政治の変動はヨーロッパ各地に影響を与えたが，最終的には共和政が定着した。

1 フランス政体の変遷

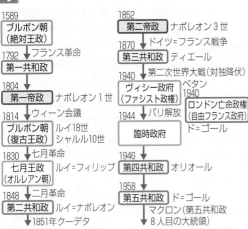

```
1589                          1852
ブルボン朝                    第二帝政  ナポレオン3世
(絶対王政)                    1870 ↓ドイツ=フランス戦争
1792 ↓フランス革命            第三共和政 ティエール
第一共和政                    1940 ↓第二次世界大戦(対独降伏)
1804                          ヴィシー政府   ペタン
第一帝政  ナポレオン1世       (ファシスト政権) 1940
1814 ↓ウィーン会議            1944 ↓パリ解放  ロンドン亡命政権
ブルボン朝  ルイ18世          臨時政府        (自由フランス政府)
(復古王政)  シャルル10世                      ド=ゴール
1830 ↓七月革命               1946
七月王政  ルイ=フィリップ     第四共和政  オリオール
(オルレアン朝)                1958
1848 ↓二月革命               第五共和政  ド=ゴール
第二共和政  ルイ=ナポレオン              マクロン(第五共和政
      ↓1851年クーデタ                   8人目の大統領)
```

2 19世紀のフランスの歩み
P.192◀以前　以降▶P.236

ブルボン復古王政	1814 ウィーン会議(~15)
	ルイ18世(位1814~24)
	1814 ナポレオンの敗北により王政復古
	1817 制限選挙法制定(有権者は国民の約0.3%)
	シャルル10世(位1824~30)
	1825 亡命貴族への多額の年金支給決定
	1829 ポリニャック内閣の極右反動政治(~30)
	1830 アルジェリア出兵・占領
七月王政	**七月革命 1830**
	ルイ=フィリップ(位1830~48)
	1831 制限選挙法改正(有権者は国民の約0.6%)
	1830年代 産業革命の進行→資本家の選挙法改正要求
	1847 ギゾー(▶P.214)内閣が普通選挙を求める改革宴会を弾圧(~48)
第二共和政	**二月革命 1848**
	1848.2 ルイ=フィリップ亡命，ラマルティーヌ中心の臨時政府成立
	ルイ=ブランの入閣により国立作業場設置
	.4 四月(男性)普通選挙実施→社会主義者惨敗
	.6 労働者の六月蜂起鎮圧→ブルジョワ支配確立
	.11 第二共和政憲法制定
	.12 ルイ=ナポレオン，大統領に当選
	1851 ルイ=ナポレオン，クーデタで独裁権力を掌握
	1852 ルイ=ナポレオン，国民投票により帝政宣言
第二帝政	**ナポレオン3世(位1852~70)**
	1853 パリ市改造に着手 / 1853 クリミア戦争(~56)
	1855 パリ万国博覧会(◀P.201) / 1856 第2次アヘン戦争(~60)
	1858 インドシナ出兵(~67)
	1860 英仏通商条約締結 / 1859 イタリア統一戦争
	1867 パリ万国博覧会 / 1861 メキシコ遠征(~67)
	1869 スエズ運河開通 / 1871 ドイツ=フランス戦争で敗北
第三共和政	**ドイツ=フランス戦争 1870~71**
	1871 ティエールを中心とする臨時政府発足→対独講和成立
	パリ=コミューン(史上初の労働者自治政府)弾圧
	ティエール，第三共和政初代大統領に就任
	1875 第三共和国憲法制定

3 七月革命

←1 ドラクロワ「民衆を導く自由の女神」 1830年7月，「栄光の三日間」と呼ばれるバリケード戦の末にラ=ファイエット(◀P.191)を国民衛兵総司令官とする革命派が勝利し，シャルル10世は亡命した。この七月革命を描いたのが，ロマン派の画家ドラクロワであった。女神の左でシルクハットをかぶり銃をかまえているのが，画家自身であるといわれている。
(1831年の作品，260×325cm，ルーヴル美術館蔵)

世界史の交差点

ヴィクトル=ユゴー(1802~85)の見た七月革命

…1830年革命は，中途半端に終わった革命である。進歩が五分，正義が大部分というところだ。…革命を中途で終わらせたのは誰か。ブルジョワジーである。理由は？　ブルジョワジーとは，その利欲を満足させたものだからである。…

1830年から1848年までが，この中間に相当する。ここで戦闘と呼んだものを，進歩と呼ぶことができる。だからブルジョワジーにとっても，政治家にとってと同様この休止という命令をだす必要があったのである。革命を意味すると同時に安定を意味するような混合的人物，言葉をかえていえば，過去と現在をはっきり両立させて，現在を固めるような人物が。そうした人間が「ちょうど見つかった」。その人の名をルイ=フィリップ=ドルレアンといった。221人がルイ=フィリップを王にした。ラ=ファイエットが即位式をつかさどった。彼は，これを「最上の共和国」と呼んだ。パリ市庁がフランスの大聖堂の代わりになった。完全な王位を半王位に置き換えたことが，「1830年の事業」であった。
(『レ・ミゼラブル』新潮文庫による)

↑2 ヴィクトル=ユゴー

↑3 ルイ=フィリップ(位1830~48)

フランスのロマン主義文学の指導者ヴィクトル=ユゴー(▶P.212)は，1845年以降政界でも活躍し，51年から70年まではナポレオン3世の独裁に抗して亡命生活を送った。彼は『レ・ミゼラブル』(1862年)の中でルイ=フィリップについて一章をさいて描写している。ルイ=フィリップは，啓蒙思想に親しみフランス革命を支持する王族として国民に人気があり，ユゴーの分析どおり，七月革命時にはまさに適役であった。しかし，「フランス国民の王」となって立憲王政を始めたものの，実際にはギゾーとともに金融資本家を優遇する金権政治を展開して国民の憎悪を浴びることになった。

4 二月革命

↑4 二月革命のパレ=ロワイヤル(◀P.191)広場での戦闘　1848年2月22日，パリの街路の石畳が引きはがされ，馬車が横倒しにされ，民衆と憲兵隊とのこぜりあいが始まった。翌日にはパリの要所はバリケードで埋まり，激しい戦闘が展開された結果，ルイ=フィリップは亡命した。(カルナヴァレ博物館蔵)

↑5 ルイ=ブラン(1811~82)　民衆の要求によって臨時政府に加わった社会主義者で，国立作業場の建設に尽力したが，財政負担のために廃止され，六月蜂起の原因となった。(▶P.205)

5 七月革命の影響

●ベルギーの独立

1581	オランダ独立戦争で脱落（◀P.171）	スペイン領
1714	スペイン継承戦争後のラシュタット条約（◀P.174）	オーストリア領
1815	ウィーン議定書（◀P.196）	オランダ領
1830	七月革命直後にオランダより独立宣言（1839　オランダによる承認）	ベルギー王国

解説 オランダ語の強制に対する反発が高まっていた南ネーデルラントは、七月革命の直後、「九月の四日間」と呼ばれる激しい市街戦の末、**ベルギー王国**として独立した。独立後のベルギーは、国家の産業保護に基づく産業革命がイギリスに次いで成功した。

●ポーランド蜂起

世界史の交差点

→6 ショパン
（▶P.212）

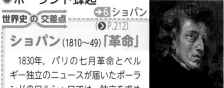

ショパン（1810〜49）「革命」

1830年、パリの七月革命とベルギー独立のニュースが届いたポーランドのワルシャワでは、独立を求めてロシア軍と戦うポーランド蜂起がおこった。一時は革命政府の樹立に成功したが、プロイセン・オーストリア軍の介入もあって鎮圧され、一万数千人が亡命した。ポーランド人ショパンはパリに向かう途中で鎮圧を知り、悲しみの中で「革命」を作曲した。（蜂起の絵はパリ、ポーランド図書館蔵）

↓7 ポーランド蜂起

6 七月革命と二月革命の比較

	七月革命（1830年）	二月革命（1848年）
原因	ブルボン朝のシャルル10世の反動政治（亡命貴族への年金支給など）選挙法の改悪	オルレアン朝の**ルイ=フィリップ**の金融資本家・大ブルジョワ優遇政策
指導者	ラ=ファイエット　ティエール	ラマルティーヌ　ルイ=ブラン（社会主義者）
結果	**オルレアン朝（七月王政）**極端な制限選挙	第二共和政　男性普通選挙が実現
影響	**ベルギーの独立**、ポーランド蜂起、ドイツ蜂起、英の第1回選挙法改正など	ベルリンとウィーンの三月革命、ローマ共和国など「諸国民の春」へ

7 ナポレオン3世の第二帝政

ボナパルト家の紋章　　　ラマルティーヌ

ルイ＝ボナパルト　カヴェニャック　ルイ＝フィリップ

←8 ルイ＝ナポレオン大統領のための露払い ルイ＝フィリップの七月王政以来の政治指導者が次々と交代していくさまを描いた風刺画。ラマルティーヌは二月革命後の臨時政府のリーダーで詩人、カヴェニャックは六月蜂起を鎮圧した将軍。最後のルイ＝ナポレオンはボナパルト家の紋章の鷲を手にしている。彼は、七月王政下で2度反乱をおこして失敗し、二月革命後にボナパルト派の支持を受け議員としてフランスに復帰した。

←9 ナポレオン3世（位1852〜70）　ルイ＝ナポレオンは、1851年大統領の任期終了前にクーデタを実行し、権力を掌握した。彼は産業革命の進展に伴って対立した資本家と労働者、さらに農民、カトリック教会など国民各層の支持を巧妙に利用する統治を行った。**これは伯父ナポレオン1世譲りの権力形態で、ボナパルティズム**と呼ばれる。国内の人気を維持するために、積極的な対外政策を行った。また、パリ大改造（◀P.201）や労働者のための住宅建設などの社会政策を推し進めたので、「馬上のサン＝シモン」とも呼ばれた。

●ボナパルティズム

カトリック教会　　　　　農民
　　　　保護　　　　　土地所有保障
　　　　　ナポレオン3世
　　　　産業保護　　　　社会保障政策
　　　　　　　　対立
資本家階級　　　←→　　労働者階級

8 フランスの植民地進出

■ 1870年までのフランス領
■ 1871〜1914年までのフランス領

フランス　チュニジア(1881)　広州湾(1899)　モロッコ(1912)　ジブチ　タヒチ(1842)　マルケサス(1842)　アルジェリア(1830)　ギアナ　コンゴ　レユニオン　仏領インドシナ連邦(1887)　パウモツ(1881)　　　マダガスカル(1896)　ツブアイ(1881)　ニューカレドニア(1853)　赤道

0　2500　5000km

解説 フランスは、1830年のアルジェリア出兵以来第二帝政崩壊までの40年間に、各地に植民地支配の足場を築いていった。植民地拡張政策は、当初国内でも批判があったが、第三共和政下ではしだいに国民に受け入れられ、喪失したアルザス・ロレーヌの代償となった。

9 フランス第三共和政

📖探究のヒント

←10 パリ＝コミューン（1871年3〜5月）ドイツ＝フランス戦争（▶P.207）に降伏し、講和を進め兵士たちの武装解除を求めた臨時政府に対して、民衆は不満を爆発させ、1871年に蜂起して自治政府**パリ＝コミューン**を樹立した。しかしわずか72日間でドイツ軍の支援を受けたティエールによって鎮圧された。この戦闘でのコミューン派の死者は約3万人といわれ、その後もコミューン参加者に対する政府の過酷な弾圧が続いた。

世界史の交差点

アルザスとロレーヌ

ライン川流域のアルザスは、フランスとドイツの係争の地であった。アルザス語は、言語的にはドイツ語に近い。ドイツ＝フランス戦争の結果ドイツに割譲されたことから、愛国的なフランス人作家ドーデは『月曜物語』の中で「最後の授業」を書いた。フランス語のアメル先生が教室を去る場面で有名な物語である。現在、中心地ストラスブールでEU議会が開催され、「ヨーロッパの統合」を象徴する街となっている。一方のロレーヌは、ドイツ＝フランス戦争前はフランスに支配されていた地域もあり、マカロンやマドレーヌなどのフランス菓子の発祥地として有名である。

●アルザスの変遷

870	メルセン条約	東フランク王国領（神聖ローマ帝国）
1648	ウェストファリア条約	フランス領
1871	ドイツ＝フランス戦争後	ドイツ領
1919	第一次世界大戦後のヴェルサイユ条約	フランス領
1940	第二次世界大戦中（〜44）	ドイツ占領
1945	第二次世界大戦後	フランス領

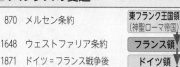

オランダ王国　ドイツ帝国　ベルギー　ルクセンブルク　パリ　フランス共和国　スイス　ボルドー

204 イタリア

★イタリア統一はサルデーニャを中心に，上からの統一によって成し遂げられた。

1 イタリア統一の経過

P.148◀以前

1815	ブルボン朝が復活して両シチリア王国成立，ロンバルディア・ヴェネツィアは**オーストリア**へ（▶P.196）	1814 ウィーン会議
1820	カルボナリの蜂起（ナポリ，ピエモンテ）（～21崩壊）	1815
1831	カルボナリらによるイタリア蜂起が失敗 **マッツィーニ**が青年イタリアを結成	1830 七月革命
1848	サルデーニャ王**カルロ＝アルベルト**が憲章発布 同王がオーストリアに宣戦／敗北	1848 二月革命
1849	**サルデーニャ王ヴィットーリオ＝エマヌエーレ2世**即位 マッツィーニの樹立した**ローマ共和国**が仏の干渉で崩壊	

サルデーニャ主導のリソルジメント（復興の意，統一運動）

1852	サルデーニャ王国首相に自由主義者**カヴール**が就任	1853
1855	サルデーニャがクリミア戦争に参戦し，国際的地位向上	クリミア戦争
1858	サルデーニャがフランスとプロンビエール密約（フランスの協力とニース・サヴォイアの割譲を約束）	
1859	サルデーニャが**イタリア統一戦争**でオーストリアからロンバルディアを獲得 フランスはサルデーニャの強大化をおそれて先に単独講和	1856
1860	中部イタリア諸国が住民投票でサルデーニャへの併合を決定 ニース・サヴォイアは住民投票でフランスに割譲 **ガリバルディが両シチリア王国を征服し，住民投票がサルデーニャへの併合を決定**	
1861	**イタリア王国成立**，国王はサルデーニャ王の**ヴィットーリオ＝エマヌエーレ2世**，首都：トリノ	1866
	南イタリアで農民匪賊の大反乱発生（～65）	プロイセン＝オーストリア戦争

イタリア王国の拡大

1866	プロイセン＝オーストリア戦争の結果，**ヴェネツィア**を併合（▶P.206）	
1870	ドイツ＝フランス戦争の結果，**ローマ教皇領**を併合（▶P.206）	1870 ドイツ＝フランス戦争
1871	ローマ遷都	1871
☆	「未回収のイタリア」（南チロル，トリエステ）併合をめざすナショナリズムが活発化	
1882	オーストリア・ドイツと三国同盟結成	

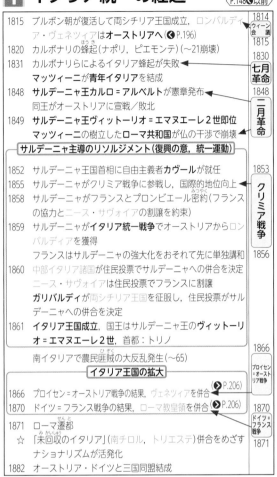

A 1815年

0 200km

B 1859～61年

■ フランスへ割譲（1860年）

エマヌエーレ2世の進路（1860年）
ガリバルディの進路（1860年）

C 1870年

■ ドイツ＝フランス戦争時に併合（1870年）
■ 未回収のイタリア
■ プロイセン＝オーストリア戦争時に併合（1866年）

世界史の交差点

ガリバルディ（1807～82）の南イタリア献上

→サルデーニャ王ヴィットーリオ＝エマヌエーレ2世

ガリバルディ→

↑1 ガリバルディと国王の会見

ガリバルディは両シチリア王国を解放したのち，絵のようにサルデーニャ王と会見し，この地を王に献上したというのが俗説である。しかし実際はローマ侵攻をめざすガリバルディに対し，1860年10月に住民投票が行われて両シチリアのサルデーニャへの併合が決定され，数日後のこの会見で王はフランスを刺激しないためにローマ侵攻を断念して正規軍に合流することを求めたのであった。両者の会見は短くよそよそしいものだった。また作戦を統一事業の一環とみなすガリバルディと，土地分配を期待する農民との間に武装衝突もあった。こうして**ガリバルディは失意のままカプレラ島に戻った**のである。統一後も南部の農民たちは匪賊（山賊）となってゲリラ活動を展開したが，南部の後進性はイタリアの「南部問題」となった。

2 秘密結社の運動

↑2 カルボナリのシンボル 「炭焼き」を意味するカルボナリと名乗った秘密結社は，ウィーン体制下のイタリアで数次にわたる蜂起を実行した。絵の中央は組織のシンボルで，左右のアルファベットは暗号表。

3 リソルジメントの指導者

←3 マッツィーニ（1805～72） ジェノヴァの生まれ。秘密結社**カルボナリ**での活動ののち，近代的政党の先駆けとなる**「青年イタリア」**を結成して1849年にローマ共和国を樹立したが，フランスの干渉によって崩壊した。

→4 ガリバルディ（1807～82） ニースの生まれ。**「青年イタリア」**に参加し，1849年，ローマ共和国の防衛で名をはせた。南米で独立運動参加の際目にした精肉業者の服をヒントに義勇兵（千人隊）に赤いシャツを着用させた。

←5 カヴール（1810～61） トリノの名門貴族でナポレオン統治以来実業家としても成功した家の生まれ。保守派が多数であった議会において巧みな政治手腕を生かし，1852年に首相に就任。内政では，自由貿易への転換や，貴族・教会の諸特権の制限などの近代化を推進。外交ではクリミア戦争に参加して国際的地位を高め，オーストリアから北イタリアを獲得するために，フランスのナポレオン3世と結んだ。1861年のイタリア王国成立の3か月後に急逝した。

4 その後のイタリア

サルデーニャによる併合という形でのイタリア統一

・サルデーニャ王がイタリア王へ
・サルデーニャ憲法がイタリア憲法へ
（二院制限制選挙*）

*1861年の時点で有権者数が人口の約2％

残る問題

・未回収のイタリア（イタリア＝イレデンタ：南チロルとトリエステ）→三国同盟締結（1882）後もオーストリアとの間にしこり
・上からの近代化（工場建設・自由貿易）などによる財政難→重税
・国内の南北格差

世界史の交差点

ヴェルディ（1813～1901）とイタリア統一

イタリア統一期に活躍した作曲家がヴェルディ（▶P.212）である。彼は，パルマ公国領の寒村ロンコーレ村の貧しい境遇に生まれ，1842年に「ナブッコ」によって大成功をおさめた。この作品は，ヘブライ人のバビロン捕囚をテーマに感動的な合唱が多く用いられており，ヴェルディは人々の心を捉えイタリア統一運動の象徴となった。1859年に「仮面舞踏会」がローマで初演されたのち，聴衆は総立ちになって「ヴェルディ万歳（Viva Verdi）」を叫んだ。これは「イタリア国王ヴィットーリオ＝エマヌエーレ Vittorio Emanuele, Re d'Italia」の短縮形でもあった。「ナブッコ」第3幕の合唱は，現在のイタリアにおいて第2国歌のような役割を果たしている。

ルーツ 「カルボナリ」：当時賤しい職業とされた炭焼職人に見立て，隠語として用いられた。パスタの「カルボナーラ」の語源は，黒胡椒が炭に見えるためなど諸説ある。

1 ヨーロッパの社会主義の歩み

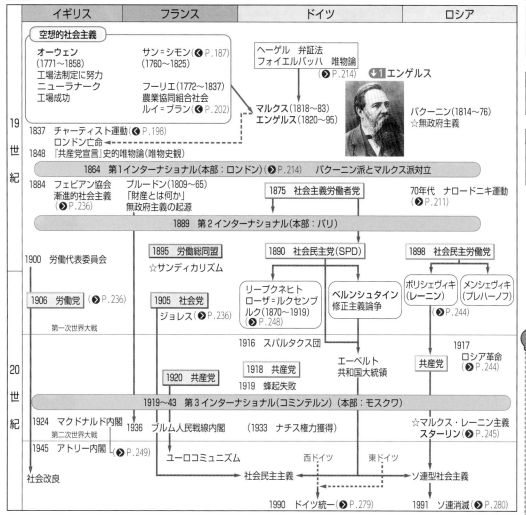

	イギリス	フランス	ドイツ	ロシア
19世紀	**空想的社会主義** オーウェン (1771～1858) 工場法制定に努力 ニューラナーク 工場成功	サン＝シモン (1760～1825)(◀P.187) フーリエ(1772～1837) 農業協同組合社会 ルイ＝ブラン(◀P.202)	ヘーゲル 弁証法 フォイエルバッハ 唯物論 (▶P.214) マルクス(1818～83) エンゲルス(1820～95)	バクーニン(1814～76) ☆無政府主義
	1837 チャーティスト運動(◀P.198) ロンドン亡命			
	1848 『共産党宣言』史的唯物論(唯物史観)			
	1864 第1インターナショナル(本部：ロンドン)(▶P.214) バクーニン派とマルクス派対立			
	1884 フェビアン協会 漸進的社会主義 (▶P.236)	プルードン(1809～65) 「財産とは何か」 無政府主義の起源	1875 社会主義労働者党	70年代 ナロードニキ運動 (▶P.211)
	1889 第2インターナショナル(本部：パリ)			
	1900 労働代表委員会	1895 労働総同盟 ☆サンディカリズム	1890 社会民主党(SPD)	1898 社会民主労働党
	1906 労働党 (▶P.236) 第一次世界大戦	1905 社会党 ジョレス(▶P.236)	リープクネヒト ローザ＝ルクセンブルク(1870～1919) (▶P.248) / ベルンシュタイン 修正主義論争	ボリシェヴィキ(レーニン) / メンシェヴィキ(プレハーノフ) (▶P.244)
20世紀			1916 スパルタクス団	1917 ロシア革命 (▶P.244)
		1918 共産党 1920 共産党 1919 蜂起失敗	エーベルト 共和国大統領	共産党
	1919～43 第3インターナショナル(コミンテルン)(本部：モスクワ)			
	1924 マクドナルド内閣 第二次世界大戦 1945 アトリー内閣(▶P.249)	1936 ブルム人民戦線内閣 ユーロコミュニズム	(1933 ナチス権力獲得)	☆マルクス・レーニン主義 スターリン(▶P.245)
	社会改良		西ドイツ ← 社会民主主義 → 東ドイツ	ソ連型社会主義
			1990 ドイツ統一(▶P.279)	1991 ソ連消滅(▶P.280)

↓1 エンゲルス

2 社会主義の誕生

背景	初期資本主義社会の現状

少数の資本家の繁栄
多数の労働者の悲惨な生活(◀P.185)

初期社会主義(空想的社会主義)
オーウェン，サン＝シモン，フーリエ
新たな理想社会を築く発想

『科学的社会主義』
マルクス，エンゲルス
人類の歴史は階級闘争の歴史
社会主義革命は歴史的必然

共産主義をめざす考え方
私的財産を否定，計画経済
労働者政権による社会・政治

社会民主主義(20世紀～)
労働組合や議会主義を通じて，社会主義への移行や資本主義社会内の改革を進める

オーウェンは徒弟から身をおこし，スコットランドのニューラナーク村の紡績工場の経営者となった。彼は労働条件の改善，労働者の子弟のための世界初の幼稚園，サマータイム導入などさまざまな試みを行った。その後，全財産をつぎこんでアメリカのニューハーモニー村での理想社会の建設に取り組んだが，失敗に終わった。

↓5 ニューラナーク工場

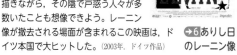

世界史の交差点

マルクスの社会主義思想

ドイツのユダヤ系家庭に生まれたマルクスは，ヘーゲルとフォイエルバッハの思想を批判的に継承し，1848年の二月革命直前にロンドンで同志エンゲルスとともに『共産党宣言』を発表した。この中で，彼らは世界史を階級闘争の歴史とみなし，未来に労働者階級が革命で生産手段を社会化することで共産主義社会(社会主義社会)を築くであろうと展望した。その後，執筆した『資本論』にまとめられた彼の思想はマルクス主義と呼ばれ，社会主義の理論と実践に大きな影響を与えた。

↑2 マルクス
↓3 『共産党宣言』

●共産党宣言

[冒頭]ヨーロッパに幽霊が出る―共産主義という幽霊である。… [結語]共産主義者は，これまでの一切の社会秩序を強力的に覆覆することによってのみ自己の目的が達成されることを公然と宣言する。…プロレタリアは，革命において鉄鎖のほか失うべき何ものをももたない。かれらは世界を獲得しなければならない。万国のプロレタリア団結せよ！ (『共産党宣言』岩波文庫)

→4 プルードン アナーキズム(無政府主義)の名付け親である彼は，労働者の精神的成熟と社会をコントロールする能力の成長を重視し，国家権力の統制を厳しく批判した。「財産とは何か，それは盗みである」とは，彼の有名な言葉である。

世界史の交差点

「グッバイ，レーニン！」

舞台は，1989～90年のドイツ。東ドイツの青年が，社会主義政権の崩壊を愛する母親に知らせまいとする涙ぐましい努力を描く悲喜劇。価値観と社会の急激な変化に対応するたくましさを描きながら，その陰で戸惑う人々が多数いたことも想像できよう。レーニン像が撤去される場面が含まれるこの映画は，ドイツ本国で大ヒットした。(2003年．ドイツ作品)

→6 ありし日のレーニン像

ドイツ・オーストリア

★ドイツ統一はプロイセンを中心にビスマルクの鉄血政策によって成し遂げられた。

1 ドイツ・オーストリアの歩み

P.176◀以前
以降▶P.235

ドイツ		オーストリア
ウェストファリア条約(1648年)後, 大小約300の領邦国家に分裂		ハプスブルク家の統治 諸民族を国内に抱える
1806 西南ドイツにライン同盟 神聖ローマ帝国滅亡	ナポレオン時代	1804 神聖ローマ帝国からオーストリア帝国に改称
1815 ドイツ連邦成立 35君主国, 4自由市 議長国オーストリア	1814〜15ウィーン会議	1814 ウィーン会議主催 1815 ロンバルディア, ヴェネツィア取得(P.196) 四国同盟(のち五国同盟)成立
1817 ブルシェンシャフト運動		
1819 カールスバート決議 →自由主義・国民主義の抑圧	1830七月革命	
1834 ドイツ関税同盟発足 →プロイセン中心の経済的統一		
1848 ベルリン三月革命 フランクフルト国民議会 (小ドイツ主義を選択)	1848二月革命	1848 ウィーン三月革命でメッテルニヒ失脚 ベーメンでスラヴ民族会議開催 ハンガリーでコシュートらによる独立運動→49 失敗
1849 プロイセン王が帝位拒否		
1861 プロイセン王にヴィルヘルム1世即位	1864デンマーク戦争	1859 イタリア統一戦争で大敗 →ロンバルディア割譲(◀P.204)
1862 ビスマルク首相就任		
1864 デンマーク戦争 シュレスヴィヒ・ホルシュタイン問題	1866プロイセン=オーストリア戦争	1864 プロイセンから誘われ宣戦 1866 シュレスヴィヒ・ホルシュタインをめぐり, プロイセンと対立 ヴェネツィア, イタリアに併合
1867 ドイツ連邦解体 北ドイツ連邦成立		1867 アウスグライヒ(妥協)によりオーストリア=ハンガリー帝国成立
1870 スペイン王位継承問題	1870〜71プロイセン=フランス戦争	
1871 ドイツ帝国(第二帝国)の成立 (皇帝ヴィルヘルム1世) アルザス・ロレーヌ併合(◀P.203)		1873 ウィーンで万国博覧会開催

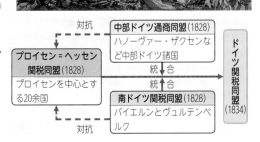

←1 ヴァルトブルク祭 1817年, ルターゆかりの古城ヴァルトブルクで, 宗教改革(◀P.162)300周年を記念して11大学500人の学生からなるブルシェンシャフト(学生組合)は祝祭を開催した。祝祭の晩, 急進的な学生らが旧体制的な書物を炎に投じたことが諸国の政府を驚かせることになった。

→2 ベルリン三月革命 ベルリン三月革命では国王フリードリヒ=ヴィルヘルム4世が譲歩して憲法制定議会が開かれた。しかし国王は議会を解散して欽定憲法を発布した。(絵はカルナヴァレ美術館蔵)

●関税同盟の成立

(解説)関税同盟の成立で, プロイセンの主導下にオーストリアを除く全ドイツ連邦の経済的統一が実現し, のちの小ドイツ主義によるドイツの政治的統一への第一歩となった。

```
                        対抗
          ┌───┐   ┌──────────────┐
          │   ↓   │ 中部ドイツ通商同盟(1828) │
          │       │ ハノーヴァー・ザクセンな │──┐
 プロイセン=ヘッセン │ ど中部ドイツ諸国    │  │ ドイツ
  関税同盟(1828)       └──────────────┘  │ 関税
 プロイセンを中心とす    統合↓合         │ 同盟
  る20余国         統合↑合         │ (1834)
          │       ┌──────────────┐  │
          │   ↑   │ 南ドイツ関税同盟(1828)  │──┘
          └───┘   │ バイエルンとヴュルテン  │
                  │ ベルク           │
                        対抗
```

2 ドイツ統一の経過

1815年

1867年

(解説)ドイツ関税同盟がプロイセン中心に経済的な一体性を形成した。プロイセン=オーストリア戦争に勝利したプロイセンは北ドイツ連邦を組織するが, 戦争でオーストリア側についた南ドイツ諸国は連邦から除かれた。

3 「下からの」統一の挫折

●大ドイツ主義と小ドイツ主義

大ドイツ主義
オーストリアのドイツ人居住地域を含むドイツ統一

小ドイツ主義
オーストリアを除いてプロイセンを中心にしたドイツ統一。フランクフルト国民議会はこの方式に決定

→3 フランクフルト国民議会 三月革命後の1848年5月にドイツ連邦の全域から普通選挙で選ばれた議員が, ドイツ統一のありかたを議論した。大ドイツ主義と小ドイツ主義, 君主政か共和政かといった論点で紛糾したが, 最終的にプロイセン王フリードリヒ=ヴィルヘルム4世をドイツ皇帝として選出した。しかし王はこれを「豚の王冠」と呼んで拒絶した。最後は武力によって解散させられた。

ヨーロッパ

Key Person ビスマルク～鉄血宰相 （任1862～90）

●鉄血演説

「…言論や多数決によっては現下の大問題（ドイツ統一のこと）は解決されないのであります。言論や多数決は1848年及び1849年の欠陥でありました。鉄と血によってこそ問題は解決されるのであります」（『西洋史料集成』平凡社による）

ビスマルクは，ユンカー（◀P.176）出身で，ドイツ連邦議会プロイセン代表，パリ駐在プロイセン公使などを歴任して外交術を磨いた。1862年にプロイセン首相に就任し，直後に軍政改革を強行するため議会で上記の演説を行い，「鉄血宰相」と呼ばれるようになった。戦争を利用して，プロイセン中心の統一をはばむ敵を倒しドイツ国民の一体感をつくり出した。統一後は戦争をせずに巧みな外交を展開して「誠実な仲買人」を自任し，国内においては「アメとムチ政策」を行って社会主義勢力の抑圧と労働者の懐柔に努めた。

アメとムチ政策	
1871	文化闘争（カトリック弾圧）（～80）
1878	皇帝狙撃事件
	社会主義者鎮圧法（～90）
1879	保護関税法（資本家優遇）
1883	疾病保険制度
1884	災害保険法
1889	養老保険法

ヴィルヘルム1世
参謀総長 モルトケ
ビスマルク

↑4 ヴェルサイユ宮殿で行われたドイツ皇帝戴冠式　ドイツ＝フランス戦争中の末期の1871年1月18日，パリを攻撃しているさなか，すでに占領したヴェルサイユ宮殿の「鏡の間」（◀P.178）で，ヴィルヘルム1世（位1861～88）のドイツ皇帝戴冠式が挙行された。フランス国民に大きな屈辱感を与えたこの儀式は，ドイツ諸邦の君主たちによる推挙という形で行われ，**戦争と外交による「上からの」ドイツ統一という性格**をよく物語っている。（絵はドイツ，ファネサリー宮殿，ビスマルク博物館蔵）

4 1871年頃のヨーロッパ

凡例：
- □ 1871年成立のドイツ帝国の領域
- ■ ドイツ＝フランス戦争後フランスから譲渡された地域（1871）
- ▨ 1871年にドイツ帝国に参加した南ドイツ諸邦
- ▨ 未回収のイタリア

1871 ドイツ帝国の首都になる
1878 ベルリン会議

1870 ドイツ＝フランス戦争でナポレオン3世捕虜となる
1871 パリ＝コミューン

1870 イタリア王国に併合される
1871 ローマ遷都

5 ドイツ帝国の構造

＊ドイツ帝国は，22の君主国と3自由市（それぞれを邦という）・直轄領としてのアルザス・ロレーヌから構成される連邦国家であった。各邦の君主も存続を許されたがプロイセンの優位が貫かれていた。

```
          皇帝
        プロイセン王
  召集・解散 ┌ 召集 ┌ 議長 ┌ 任命 ┌ 統帥権
 帝国議会  連邦参議院  帝国宰相   軍
男性普通選挙 各邦の代表か プロイセン  将校にユンカー
による    ら構成   首相兼任  出身者多い

帝国宰相は議会  官僚団（ユン  議会に干渉
に責任を負わず， カー出身者   されずに軍
帝国議会より参   多い）を動か  事を進める
議院が優位にあ   し，行政を
った（見せかけ  進める
の立憲主義）
```

6 オーストリア＝ハンガリー帝国の成立

●オーストリア＝ハンガリー帝国の民族別構成（1910年）

民族名	人口数（万人）	比率（％）
ドイツ	1,200	23.9
マジャール	1,010	20.2
チェック	655	12.6
ポーランド	500	10.0
ルテニア	400	7.9
ルーマニア	320	6.4
クロアート	262.5	5.3
スロヴァク	195	3.8
セルブ	192.5	3.8
スロヴェニア	130	2.6
その他	165	3.2

（『世界歴史23』岩波書店による）

解説 長く諸民族の独立運動に動揺していたオーストリアは1867年にアウスグライヒ（「妥協」）によってマジャール人にハンガリー王国を認めた。これによりハンガリー王国は，オーストリア皇帝を国王とし，外交・軍事・財政を共通とし，内政については別個の政策を行うことになった。しかし，帝国人口で半数以上を占めるマジャール人以外の民族には不満がくすぶり続けた。

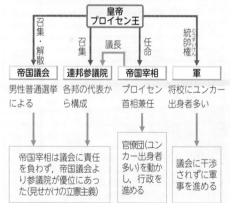

コシュート

←5 1848年のハンガリーの民族運動　1848年のパリの二月革命から生じた「諸国民の春」の中でオーストリア支配下にあったハンガリーでも，民族的自治を求める革命運動が高まりをみせた。翌49年コシュートが独立を宣言してオーストリアとの戦争状態に突入したが，成功しなかった。オーストリア側はクロアティアなどほかの民族運動の部隊にこのハンガリーの革命を攻撃させた。（絵は農民に演説するコシュート像。ハンガリー国立博物館蔵）

アメリカ

★アメリカ合衆国は領土を拡大するとともに利害の対立が生じ，南北戦争を引きおこした。

1 西漸運動

●国旗の変遷

1777年（最初の国旗）

1795年

1960年（現在）

（解説）合衆国の国旗は，☆の数が州の数を表すため，星条旗と呼ばれる。13本の縞は建国当時の13州を表している。現在の州（☆）の数は，50である。

↑1 1818年の一例 "グランド＝スター" 当初は星の並び方が公式に決められていなかったので複数の国旗が存在した。

1867 ロシアからアラスカを買収

1898 ハワイ併合

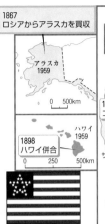

1803 フランスからミシシッピ川以西のルイジアナを買収

1846 イギリスとの協定からオレゴンを領有

英領カナダ

1783 パリ条約でミシシッピ川以東のルイジアナをイギリスから割譲

1869 大陸横断鉄道開通

1849 ゴールドラッシュ

1848 メキシコからカリフォルニアを割譲

メキシコ

南太平洋鉄道(1883)

1845 テキサスを併合

1819 スペインからフロリダを買収

涙の旅路

1776 「独立宣言」に加わった13州

紫数字：州成立年
--- 主要大陸横断鉄道（開通年）
― 主要開拓道路
× おもな金鉱
先住民強制移住

（解説）合衆国は1840年代に大陸国家としての輪郭をほぼ完成させるとともに，北部，南部，西部という３大地域に再編成されていった。

2 19世紀のアメリカ合衆国の歩み

（P.188以前／以降P.237）

	内政・外交と領土の拡大（赤字）	黒人問題と先住民問題（青字）
建国期	③トマス＝ジェファソン（任1801〜09） 1803 フランスからルイジアナを買収	1807 奴隷貿易の禁止 1820 ミズーリ協定成立 ミズーリ州は奴隷州，メイン州は自由州として連邦に加入する。ミズーリ州南境の北緯36度30分以北では，今後，奴隷制は認めない。
経済的自立・西部への拡大・南北の対立	④マディソン（任1809〜17） 1812 アメリカ＝イギリス（米英）戦争（〜14） ☆合衆国の経済的自立・西漸運動が進展 1816 最初の保護関税法制定	
	⑤モンロー（任1817〜25） 1819 スペインからフロリダを買収 1823 モンロー宣言発表（P.312史料）	1822 リベリア植民地の建設開始 1830 先住民強制移住法の制定 1838 チェロキー族の「涙の旅路」（〜39） 1850 「1850年の妥協」が成立
	⑦ジャクソン（任1829〜37） ☆ジャクソニアン＝デモクラシーの時代 ☆産業革命期に入る（本格化は南北戦争後） 1836 テキサスがメキシコから独立	カリフォルニア州は自由州として連邦に加入するが，北部（自由州）は奴隷逃亡取締法を強化する。ニューメキシコについて，奴隷制の是非は州昇格時に住民の意思で決める。
	⑪ポーク（任1845〜49） 1845 領土膨張＝「明白なる運命」 テキサス共和国を州として併合 1846 アメリカ＝メキシコ戦争（〜48）（P.195） イギリスとの協定でオレゴンを領有 1848 カリフォルニアで金鉱発見 （翌年，ゴールドラッシュが本格化） メキシコからカリフォルニア，ニューメキシコを獲得	1852 ストウ『アンクル＝トムの小屋』 1854 カンザス・ネブラスカ法成立 北緯36度30分以北にカンザス，ネブラスカ準州を設けるが，奴隷制の是非は州昇格時に住民の決定に委ねる（住民主権）。ミズーリ協定破棄。 1859 ジョン＝ブラウンの反乱 1863 奴隷解放宣言（予備宣言は62年）
	1854 反奴隷制勢力が共和党を結成	
	⑯リンカン（任1861〜65） 1861 南部諸州が連邦を離脱し，アメリカ連合国（南部連合）を結成（大統領ジェファソン＝デヴィス），南北戦争（〜65） 1862 ホームステッド法（自営農地法）成立 1863 ゲティスバーグの戦いで北軍が勝利	南部の「再建時代」（1865〜77） 1865 憲法修正第13条（奴隷制の廃止）の発効（P.314史料） 反黒人秘密結社KKKの結成 1868 憲法修正第14条（黒人の市民権）の発効 南部にシェアクロッパー制度出現 1870 憲法修正第15条（黒人の選挙権）の発効
資本主義の発展	1867 ロシアからアラスカを買収 1869 最初の大陸横断鉄道が開通 ☆80年代には世界第一の工業国へ発展 ☆南欧・東欧からの移民（新移民）が急増 1886 アメリカ労働総同盟（AFL）が結成 1890 国勢調査局がフロンティアの消滅を宣言	☆南部では「再建時代」以降，黒人諸法によって黒人差別体制（ジム＝クロウ制度）が再確立 1876 スー族によりカスター大隊全滅 1886 アパッチ族ジェロニモが降伏 1887 ドーズ法（土地割当と強制同化）成立

（米国議会図書館蔵）

聖書を抱えた女神

疾走するバッファロー

荒野に追い立てられた先住民

↑2「アメリカの進歩，明白なる運命」 1872年に西部移住者への広告用に描かれた絵。領土膨張は「明白なる運命（Manifest Destiny）」と賛美され，正当化された。新天地を求める人々が開拓を進め，フロンティア（「文明地域」と西方の未開拓地域との境界地帯）は西に移動していった。

Key Person ジャクソン（任1829〜37）

米英戦争中，先住民の掃討で名声を得たジャクソンは，"西部出身者（テネシー州）"で最初の大統領に選ばれた。当時は，白人男性の普通選挙権がほぼ実現し，庶民が政治のうえで大きな発言力をもつようになっていた。彼は庶民の味方として，政治的経済的な民主化を達成した。しかし，一方で先住民は強制移住法により先住民保留地（現オクラホマ）へと駆逐された。116日，1,300kmに及ぶ旅程で4,000人（1万5,000人中）の死者を出したチェロキー族の悲劇の旅路は，「涙の旅路」と呼ばれる。

（ワシントン，ナショナル＝ポートレート＝ギャラリー蔵）

↓3「涙の旅路」想像図（オクラホマ，WOOLAROC博物館蔵）

3 南北戦争当時のアメリカ

（『American Odyssey』GLENCOE）

イギリス領カナダ

1863 ゲティスバーグの戦い

ワシントン、オレゴン、ダコタ、ネヴァダ、ユタ、コロラド、カリフォルニア、ニューメキシコ

北緯36°30′

カンザス、ネブラスカ

ミズーリ

テキサス

先住民保留地

ボストン
ニューヨーク
ニューヨーク
フィラデルフィア
ワシントン
ゲティスバーグ
シカゴ
ケンタッキー
ヴァージニア
リッチモンド
テネシー
ノースカロライナ
チャタヌーガ
サウスカロライナ
アトランタ
ミシシッピ
アラバマ
ジョージア
チャールストン
サムター要塞
ニューオーリンズ
ルイジアナ
アーカンソー
フロリダ

メキシコ湾

アメリカ連合国の首都

0　　600km

黒人人口の推移

万人
400
300
200
100
0
1630 1700 1800 1860 年

（『アメリカ黒人の歴史』岩波書店による）

ミズーリ協定

北部連邦（自由州）
北部連邦（奴隷州）
アメリカ連合国（奴隷州）
準州
→ 北軍の進路

4 南部の綿花プランテーション

←4綿花のプランテーション アメリカの黒人奴隷制度は，18世紀末に市場価値の下がったタバコから綿花に切り替えることで，再生・拡大されていった。綿花栽培に適した暖かい気候とホイットニーの綿繰り機（←P.185）の発明（1793年）が，プランテーションを繁栄させ，南部には「綿花王国」が形成されていった。

合衆国の総輸出額に占める綿花輸出額の割合

綿花輸出額 500万ドル（%）　2,200万（32）　6,400万（51）　1億9,200万（57）
1800年　　1820　　1840　　1860

5 政党の変遷

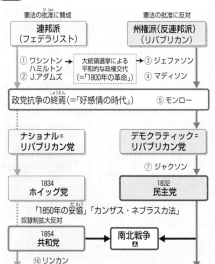

憲法の批准に賛成　　　　　　憲法の批准に反対

連邦派（フェデラリスト）　　　州権派（反連邦派）（リパブリカン）

①ワシントン ハミルトン　　大統領選挙による平和的な政権交代（=「1800年の革命」）　③ジェファソン
②J.アダムズ　　　　　　　　　　　　　　　　　　④マディソン

政党抗争の終焉（=「好感情の時代」）　⑤モンロー

ナショナル=リパブリカン党　　　デモクラティック=リパブリカン党

⑦ジャクソン

1834 ホイッグ党　　　1832 民主党

「1850年の妥協」「カンザス・ネブラスカ法」
奴隷制拡大反対

1854 共和党　→　南北戦争

⑯リンカン

6 南北の比較

*下の帯グラフは北部連邦対南部連合の比を表している。

	北部連邦		南部連合（アメリカ連合国）
	西部	北部	
中心産業	自営農業	商工業	綿花プランテーション
貿易政策	自由貿易	保護貿易	自由貿易
奴隷制度	反対	反対	賛成
政体	連邦主義	連邦主義	州権主義
政党	共和党	共和党	民主党

人口	北部連邦 2.5：1 南部連合
鉄道（マイル数）	2.4：1
工場生産額	10：1
鉄生産	15：1
石炭生産	32：1
綿花生産	1：24

◀解説▶北部と南部は経済的構造の違いにより対立するようになったが，北部連邦は，戦争を支える基本的力において圧倒的優位にあった。（『ビジュアル版近代のアメリカ大陸』講談社による）

135,000 SETS, 270,000 VOLUMES SOLD.

UNCLE TOM'S CABIN

FOR SALE HERE.

The Greatest Book of the Age.

（ポスターは1869年のもの）

→5『アンクル=トムの小屋』（1852年）のポスターと↑6著者のストウ（1811〜96）温和で謙虚で忍耐強く愛情に富んだ黒人奴隷トムに対する南部の非人道性を描き，北部で奴隷制反対の感情を喚起した。

◀探究のヒント2

アメリカの戦死者数

年	戦争	人
1775	独立戦争	12,000
1861〜	南北戦争	625,000
1914〜	第一次世界大戦	112,432
1939〜	第二次世界大戦	321,999

←7ゲティスバーグの戦い 南北戦争最大の激戦で，戦死者は4万3,000人に及んだ。南北戦争は，ライフル銃や初期の機関銃が使われた史上初めての「近代戦争」となり，アメリカ史上空前の犠牲者を出した。

Key Person 「偉大な」大統領リンカン

（任1861〜65）

リンカンは，歴史学者が評価する「偉大な」大統領アンケートで常にトップに名があがる。西部開拓農民の子として丸太小屋に生まれ，奴隷解放を実現し，アメリカ合衆国の分裂を防いだ点が評価されているためである。しかし，彼は奴隷制即時廃止論者ではなかった。奴隷解放宣言も戦争に勝利するための戦略から出されたものである。奴隷解放宣言により国際世論を味方につけ，黒人の労働力に依存している南部に経済的・軍事的打撃を与えることに成功した。激戦地ゲティスバーグの追悼演説「人民の，人民による，人民のための政治」（下）は，「戦争目的が民主主義国家を守るため」の大義であったことを示している。

・・・that government of the people, by the people, for the people, shall not perish from the earth.

世界史の交差点

映画に描かれた先住民と黒人奴隷

ハリウッド映画は，従来，白人の一方的な先住民観や黒人奴隷観が反映されることが多かった。それを大きく変えたのが「グローリー」（1989年，エドワード=ズウィック監督）と「ダンス・ウィズ・ウルブズ」（1990年，ケビン=コスナー監督）である。「グローリー」は南北戦争中に結成された初の黒人連隊を舞台に，指導者である白人大佐と志願した黒人兵たちとの交流を描いた。奴隷出身の黒人兵が強い意志ある存在として描かれ，戦場の悲惨さも伝えている。「ダンス・ウィズ・ウルブズ」は，南北戦争後フロンティアの最前線ダコタの砦に一人赴任した白人兵と，先住民のスー族との交流を描いた。これまで白人を襲う悪役扱いであった先住民が深い精神生活をもつ存在として描かれている。

←8「グローリー」の一場面

↑9「ダンス・ウィズ・ウルブズ」の一場面

アメリカ

ロシア・東方問題

? 探究　ロシアの農奴解放令の内容と意義について述べなさい。〔120字程度〕類題：成城大学

★ロシアは上からの改革を推進するとともに南下政策を取り，「東方問題」を引きおこした。

1 ロシアの社会状況

ピョートル像

←1 **デカブリスト<十二月党員>の反乱**　ナポレオン戦争（←P.193）で西欧社会を目撃した青年将校たち約3,000人はロシアの改革の必要性を痛感し，1825年の暮れの新皇帝ニコライ1世への宣誓式を拒否し，元老院広場で憲法を要求した。彼らは絞首刑・シベリア流刑に処せられ，のちにデカブリスト（デカブリは12月の意）と呼ばれた。

↑2 **レーピン「ヴォルガの船ひき」**　19世紀前半のロシアの農奴たちは，居住・移動の自由がなく，重い義務を負い，人身が売買されていた。この絵は積荷を載せた船をひく船ひきたち。レーピンは1870年にヴォルガ川を実際に訪れてこれを描いた。（State Russian Museum蔵）

2 19世紀のロシアと東方問題の展開 P.177←以前 以降→P.244

── 同盟関係　■戦勝国　■敗戦国

	国内政治		南下政策（東方問題）（❶～❸はロシアの南下政策の挫折）
1801 アレクサンドル1世	1815	**ウィーン会議**の結果，ポーランド王国の王位をツァーリが兼ね，フィンランド・ベッサラビア獲得。アレクサンドル1世の提唱で**神聖同盟**結成，四国同盟にも参加	**ギリシア独立戦争（1821～29）** ギリシア ✕ オスマン帝国　**アドリアノープル条約（1829）** 英・仏・露／エジプト ・ダーダネルス海峡・ボスフォラス海峡におけるロシアの自由航行権を承認 ・ギリシアの独立を承認
	1827	**ギリシア独立戦争**に関連し，オスマン帝国と交戦する（～29）（→P.196）	
1825 ニコライ1世	1825	**デカブリスト<十二月党員>の反乱**	**第1回エジプト=トルコ戦争（1831～33）** エジプト ✕ オスマン帝国　（原因）ムハンマド=アリーがシリア要求 英・仏・墺／露　**ウンキャル=スケレッシ条約（1833）** ・ロシアに両海峡の独占通行権を付与
	1828	**トルコマンチャーイ条約**（ガージャール朝イランから治外法権，カフカスの領土取得）（→P.217）	
	1830	**ポーランド蜂起**（～31）（←P.203）	
	1849	**ハンガリー民族運動**を鎮圧，「ヨーロッパの憲兵」と呼ばれる	**第2回エジプト=トルコ戦争（1839～40）** （原因）ムハンマド=アリーが世襲権要求　**ロンドン条約（1840）❶** エジプト ✕ オスマン帝国 仏／英・露・墺・普 ・あらゆる外国軍艦の両海峡の通行禁止・ウンキャル=スケレッシ条約破棄　 　　　　　南下政策失敗
	1831	**第1回エジプト=トルコ戦争**（～33）	
	1839	**第2回エジプト=トルコ戦争**（～40）	
	1851	モスクワ～ペテルブルク間鉄道開通	
	1853	**クリミア戦争**開始（～56）	**クリミア戦争（1853～56）** （原因）ロシアがオスマン帝国内のギリシア正教徒を保護　**パリ条約（1856）❷** ロシア ✕ オスマン帝国 英・仏・サルデーニャ ・オスマン帝国の領土保全，ルーマニアの事実上の独立 ・黒海沿岸地帯の中立化による一切の軍事施設の撤去　南下政策失敗
1855 アレクサンドル2世	1856	**パリ条約**，ロシアの**南下政策は挫折**	
	1861	**アレクサンドル2世が農奴解放令**を発布	
	1863	**ポーランドの反乱**（～64）	
	1864	司法制度・地方自治改革	
	1866	皇帝暗殺未遂事件ののち，反動政策が強化	**ロシア=トルコ（露土）戦争（1877～78）** （原因）ロシアがボスニア・ヘルツェゴヴィナの正教徒の反乱援助　**サン=ステファノ条約（1878）** ロシア ✕ オスマン帝国 バルカン地域のギリシア正教徒 ・ルーマニア・セルビア・モンテネグロの独立 ・大ブルガリア自治公国建設（事実上ロシアの保護国） ↓破棄 **ベルリン条約（1878）❸** ・ブルガリアがオスマン帝国下で自治国化 ・墺がボスニア・ヘルツェゴヴィナ行政権獲得 ・英がキプロス島を領有 ・ルーマニア・セルビア・モンテネグロの独立承認　南下政策失敗
	1868	ブハラ=ハン国を保護国化	
	1873	**三帝同盟**（→P.234）	
	1873	ヒヴァ=ハン国を保護国化	
	1874	ナロードニキ運動の最盛期	
	1876	コーカンド=ハン国を併合	
	1877	**ロシア=トルコ（露土）戦争**（～78）	
	1878	テロリズム増加	
	1878	**サン=ステファノ条約**の結果，列強が憤激　**ベルリン条約**	
	1881	**アレクサンドル2世暗殺**	
1881 アレクサンドル3世		反動政治を強化	☆セルビアなどのバルカン半島のスラヴ民族の民族運動を支援して勢力拡大へ
	1894	**露仏同盟**（→P.234）	
1894 ニコライ2世	1898	**ロシア社会民主労働党**結成	
	1905	**血の日曜日事件**	

3 上からの改革

↓4 **ロシアの農村共同体（ミール）**　農期が短く自然の厳しいロシアでは，農奴たちが収穫を共同で行い支え合った。ミールでは絵のように各家の家長が集まって集会を開き，領主からの義務を連帯責任として引き受け，自治を行った。（ペテルブルク，ロシア博物館蔵）

←5 **農奴解放令を読み上げるアレクサンドル2世**（位1855～81）　アレクサンドル2世は，クリミア戦争の敗北によりロシアの後進性を自覚し，「上から」の近代化改革を断行した。（ミラノ，市立ベルタレッリ印刷物収集館蔵）

●農奴解放令の内容・結果

農奴制下の農奴	・居住・移動の自由がなく，人身が売買されていた ・1850年のロシアの総人口約6,000万人のうち，約4,800万人が農民でそのうち約2,250万人（総人口の約38%）が農奴
農奴解放令の内容	・農奴に人格的自由と土地所有を認める ・農奴は地代の15～20倍で土地を買い戻す ・ミールが，農地の買い戻し・利用・金銭支払の窓口となる
農奴解放令の結果	・農民の大部分は土地を買い戻すことができず，以前と変わらない小作人の生活を送る ・都市に出て，工場労働者となる農民も出た ・ロシアの資本主義発展の端緒となった

東方進出

イヴァン4世（位1533～84）
1581　イェルマークのシベリア進出開始

ピョートル1世（位1682～1725）
1689　ネルチンスク条約 　　　スタノヴォイ山脈（外興安嶺）を露・清間の国境に 1706　カムチャツカ半島領有

ピョートル2世（位1727～30）
1727　キャフタ条約（モンゴル高原における露・清間の国境画定）（←P.111） 1728　ベーリング海峡発見

エカチェリーナ2世（位1762～96）
1792　ラクスマン，根室に来航 18世紀末　千島列島領有化進む

アレクサンドル1世
1819　シベリアが行政上，東西に2分割（東シベリア進出を重要視するようになる） 1821　アラスカ領有

ニコライ1世
1847　東シベリア総督にムラヴィヨフが任命

→3 ニコライ1世（位1825～55）

アレクサンドル2世
1858　アイグン（愛琿）条約（アムール川（黒竜江）以北を露領，ウスリー川以東の沿海州を露清共同管理） 1860　北京条約（沿海州を領有）ウラジヴォストークを建設 1867　アラスカを米に売却

アレクサンドル3世
1881　イリ条約で新疆の国境画定 1891　シベリア鉄道着工（～1904）

ニコライ2世
1896　東清鉄道敷設権獲得 1898　旅順・大連租借 1904　日露戦争（～05）（→P.230）

探究のヒント

4 ロシアの東方進出

ヨーロッパ

解説 ロシアの対外発展には三つの進路があった。①「南下政策」（黒海からダーダネルス・ボスフォラス海峡の確保）②中央アジアからイラン方面・新疆方面に拡大 ③シベリアから朝鮮・中国東北地方への拡大であった。

↑6 シベリア鉄道 1904年7月，バイカル湖を迂回する路線が完成し，モスクワ・ウラジヴォストーク間を結ぶ全長8,314kmのシベリア鉄道が開通した。露仏関係改善に伴うフランス資本による1891年の着工以来十余年かかった。以後，ロシアは極東進出を強めていく。

5 ロシアの南下政策と東方問題

1856年

1878年

●東方問題の背景

東方問題とは，オスマン帝国とその内部の民族問題をめぐって生じた国際政治上の問題をヨーロッパ側からいう。

[背景] ①オスマン帝国の弱体化 →②帝国支配下の諸民族の独立運動の活発化
③ヨーロッパ列強の介入と利害対立

ドイツ・オーストリアのパン＝ゲルマン主義

イギリス（勢力の拡大とインドへのルート確立をねらう）

フランス（イェルサレムや北アフリカでの勢力圏の拡大をねらう）

ロシアの南下政策とパン＝スラヴ主義（不凍港の軍事基地から地中海をめざすとともに，市場拡大をねらう）

解説 ロシアは，サン＝ステファノ条約で南下政策を推進することにいったんは成功したが，ベルリン会議の開催によりその思惑は失敗した。その後バルカン半島は，パン＝ゲルマン主義とパン＝スラヴ主義が交錯する場となっていく。

↑7 ナイティンゲール（1820〜1910）イギリスの看護師。クリミア戦争に際し多くの看護師を率いて傷病兵の看護にあたり，「ランプをもった貴婦人」「クリミアの天使」と呼ばれた。帰国後は看護学校を開き，多くの病院・施設の開設や改善に尽力した。

世界史の交差点
ナロードニキ運動の現実

1874年には，何千という男女が教師，書記，助産師などに身をかえ，農村に赴き革命の必要性を説いた。しかし，農村では「父なるツァーリ」への信仰も篤く，社会主義という言葉すら理解されなかった。その年の秋までに1,500人が逮捕されたが，そのうちのおよそ5人に一人は女性だった。ナロードニキの一人，ヴェーラ＝ザスーリチが1878年にペテルブルク特別市長を義憤にかられて狙撃し，これ以降ロシアではテロリズムが燃え広がった。

↑9 レーピン「宣伝家の逮捕」

↑8 ベルリン会議 サン＝ステファノ条約はイギリスなどの強硬な反対にあい，「誠実な仲買人」を自称するビスマルク（◯P.207）がベルリン会議を開いて調停にあたった。バルカンの小国からも代表が招かれたものの発言権はなく，19世紀的な大国中心の外交の典型であった。**会議ではロシアの利益が徹底的に抑え込まれた。**（Berlin. Alte Nationalgalerie蔵）

世界史の交差点
ロシア人の名前

ロシア人の名前は名＋父姓＋姓から成り，父姓と姓が男女で変化する。例えば，革命家レーニンの本名は，父親「イリヤ」から生まれたので
ウラジーミル＝イリイッチ＝ウリヤーノフ
となる。これが彼の妹になると，
マリヤ＝イリイチナ＝ウリヤーノヴァ
相手に敬意を込める場合は名＋父姓でとめ，「ウラジーミル＝イリイッチ！」と呼ぶ。これで「ウリヤーノフさん（あるいは先生）」となる。

文学・音楽・美術

★政治・経済の変動に連なり，19世紀の欧米の文化は市民を中心に展開され始めた。

1 19世紀芸術・文化の潮流

	文学	音楽	美術
19世紀初 / フランス革命とナポレオン時代	**古典主義**（〜19世紀初）ギリシア・ローマの形式美・理知・調和を尊重	**古典派音楽**（〜19世紀中頃）	**古典主義**（18世紀末〜19世紀中頃）
前 / （自由主義・ナショナリズムの高揚）ウィーン体制	**ロマン主義**（18世紀末〜19世紀前半）啓蒙・古典主義に対する反動。人間の個性・感性を尊重		**ロマン主義**（19世紀前半）
中	**写実主義** 現実を尊重し，客観的に観察。ありのままに表現	**ロマン主義音楽**／**国民楽派** 自国・自民族に固有の音楽を表現	**写実主義** 現実をありのままに模写・表現／**自然主義** 自然の事物を忠実に表現
後 / 社会主義の台頭・市民社会の成熟	**自然主義** ゾラのグループが自然科学的態度で，人間の醜悪までも表現		**印象派** 感覚的・主観的印象を光・色で表現
末 / 帝国主義時代へ	**象徴主義** 主観を強調。内的世界を象徴によって表現／**耽美主義** 美が唯一最高の理想	**印象派音楽** 感覚的・主観的印象を音楽で表現	**ポスト印象派（後期印象派）** 形態把握にも力点をおき，それぞれが独自の画法を展開

2 文学・音楽・美術

文学	古典主義	ゲーテ	独	1749〜1832	疾風怒濤運動→古典主義を完成。『若きウェルテルの悩み』『ファウスト』
		シラー	独	1759〜1805	疾風怒濤運動→ドイツ古典劇を確立。『群盗』『ヴァレンシュタイン』
	ロマン主義	ヴィクトル=ユゴー	仏	1802〜1885	独裁に反対して亡命。『レ=ミゼラブル』（◀P.202）
		ワーズワース	英	1770〜1850	湖水地方の自然美をうたう。『叙情歌謡集』
		スコット	英	1771〜1832	詩人。『湖上の美人』歴史小説『アイヴァンホー』
		バイロン	英	1788〜1824	ギリシア独立戦争に参加（◀P.197）。『チャイルド=ハロルドの遍歴』
		ノヴァーリス	独	1772〜1801	神秘主義的な叙事詩を残す。『青い花』
		グリム兄弟	独	1785(86)〜1863(59)	民話の収集『グリム童話集』と『ドイツ語辞典』の編纂（◀P.196）。
		ハイネ	独	1797〜1856	マルクスとも交流。『ドイツ冬物語』『歌の本』
		ホーソン	米	1804〜1864	罪の意識や悪の問題を象徴的に取り上げる。『緋文字』
		ホイットマン	米	1819〜1892	アメリカ国民文学樹立。『草の葉』
	写実主義	スタンダール	仏	1783〜1842	現実を冷徹に直視し，淡白な筆致で表現。『赤と黒』
		バルザック	仏	1799〜1850	人間と社会を詳細に観察して描く。『人間喜劇』
		フロベール	仏	1821〜1880	ブルジョワ生活を批判。『ボヴァリー夫人』
		ディケンズ	英	1812〜1870	庶民の生活に哀歓をこめて描く。『二都物語』
		ゴーゴリ	露	1809〜1852	独自のリアリズム（現実主義）を描く。『検察官』『死せる魂』
		トゥルゲーネフ	露	1818〜1883	ロシア社会を冷静に観察。『猟人日記』『父と子』
		ドストエフスキー	露	1821〜1881	人間存在の根本問題を検討。『罪と罰』『カラマーゾフの兄弟』
		トルストイ	露	1828〜1910	ロシア社会の実相を描く。**人道主義**。『戦争と平和』『復活』
		チェーホフ	露	1860〜1904	短編作家。劇作家。『三人姉妹』『桜の園』
	自然主義	**イプセン**	ノルウェー	1828〜1906	近代人の自我の問題を一貫して追求。『人形の家』
		ゾラ（▶P.236）	仏	1840〜1902	環境と遺伝により決定される人間像を描く。『居酒屋』
		モーパッサン	仏	1850〜1893	厭世主義的傾向を示す。『女の一生』
	象徴主義	ボードレール	仏	1821〜1867	現代性の視点から都会の叙情を描く。『悪の華』
	耽美主義	ワイルド	英	1856〜1900	芸術のための芸術を提唱。『サロメ』
音楽	古典派音楽	ベートーヴェン	独	1770〜1827	古典派からロマン派への道を拓く。「運命」など九つの交響曲
	ロマン主義音楽	シューベルト	墺	1797〜1828	多くの歌曲作曲。「未完成交響曲」
		ショパン	ポーランド	1810〜1849	叙情的な多数のピアノ曲を創作。「革命」（◀P.203）
		ヴァーグナー	独	1813〜1883	ロマン派オペラ創始。「ニーベルングの指環」
		ヴェルディ	伊	1813〜1901	イタリア統一期に活躍（◀P.204）。「アイーダ」「ナブッコ」
		プッチーニ	伊	1858〜1924	イタリアのロマン派オペラの代表的作曲家。「蝶々夫人」
	国民楽派	チャイコフスキー	露	1840〜1893	ロシア的な明暗を叙情的に表現。「白鳥の湖」「悲愴」
		スメタナ	チェコ	1824〜1884	チェコ民族運動に参加。「わが祖国」
	印象派音楽	ドビュッシー	仏	1862〜1918	音楽の印象主義を確立。「牧神の午後への前奏曲」
美術	古典主義	ダヴィド	仏	1748〜1825	ナポレオン1世の首席画家。「ナポレオンの戴冠式」（◀P.192）
	ロマン主義	ドラクロワ	仏	1798〜1863	「キオス島の虐殺」（◀P.197）「民衆を導く自由の女神」（◀P.202）
	自然主義	コロー	仏	1796〜1875	風景画を叙情豊かに描く。「モルトフォンテーヌの思い出」
		ミレー	仏	1814〜1875	農民の素朴な姿を描く。「種まく人」「落ち穂拾い」「晩鐘」
	独自の画風	ゴヤ	スペイン	1746〜1828	人物，宗教，戦争など広範な作品を残す。「1808年5月3日」
	写実主義	ドーミエ	仏	1808〜1879	共和主義，民衆の立場から風刺版画を残す。（◀P.194）
		クールベ	仏	1819〜1877	現実の民衆，社会生活を描く。「石割り」「麦をふるう女」
	印象派	マネ	仏	1832〜1883	印象派の指導的存在。「草の上の食事」
		モネ	仏	1840〜1926	光と色彩の微妙な変化を描く。「印象・日の出」「睡蓮」
		ルノワール	仏	1841〜1919	豊満な量感と円熟した色彩。「ムーラン=ド=ラ=ギャレット」
	ポスト印象派	セザンヌ	仏	1839〜1906	独自の構成と色彩が特色。「サント=ヴィクトワール山」
		ゴーガン	仏	1848〜1903	原始的美を求めてタヒチに移住。「タヒチの女たち」
		ゴッホ	蘭	1853〜1890	大胆な色彩による独自の様式。「ひまわり」「自画像」
	象徴主義	ムンク	ノルウェー	1863〜1944	自らの課題を強烈な色とデフォルメで表現。「叫び」
	彫刻	ロダン	仏	1840〜1917	近代彫刻の基礎確立。「考える人」「カレーの市民」「地獄門」

Key Person （1828〜1906）
イプセン〜『人形の家』

　主人公ノラは，弁護士である夫の病気治療のために内緒で借金をした際の証書の偽造サインを夫の部下に発見され，脅される。これを責めた夫とのやりとりの中で，彼女はこれまでの家庭生活や夫の愛について疑い，かわいがられるだけの人形のような妻であったことを悟る。そして，一人の人間として生きることを決意し，夫と4人の子を捨て家を出て行く。イプセンはリアリズムの立場から人間を巧みに描写している。

Key Person （1840〜93）
チャイコフスキー〜「白鳥の湖」

　すでにロシアを代表する作曲家であったチャイコフスキーは，1876年に「白鳥の湖」を作曲した。少年時代からバレエをよく観ていた彼は，オペラよりも芸術的価値が低いとされているバレエの評価を変革しようと考えていた。ところが，翌年のモスクワ・ボリショイ劇場での「白鳥の湖」初演は成功と呼べるものではなく，彼の死後2年目の1895年，新たな振付によって再演されて評価を受け，ようやくその地位を確立したのである。

←1 バレエ「白鳥の湖」

→2 ロダン「考える人」　未完の大作「地獄門」の一部で人間の運命に思いをめぐらせる姿が造形化されている。彼にとって芸術の美とは，内面の精神状態を忠実に表現することであった。（1880年，高さ183cm，ロダン美術館蔵）

ルーツ　「疾風怒濤」：ドイツ語でシュトゥルム=ウント=ドランク。啓蒙思想や古典主義に異議を唱え，理性に対する感情の優越をめざす文学運動。

(1857年，83.5×111cm，オルセー美術館蔵)

←3 ミレー「落ち穂拾い」 収穫後の落ち穂拾いは農場主が貧しい女たちに許した施しである。ミレーは，パリ南方のバルビゾン村で，大地とともに生きる人々の姿を，愛情を込めて描き続けた。

(1855年，131×167cm，ナント美術館蔵)

→4 クールベ「麦をふるう女」
「自分の知っている世界だけを描くのが画家の仕事だ」と主張したクールベは，文学的・宗教的なテーマを捨て，現実の民衆，社会生活を力強く描いた。パリ＝コミューン（←P.203）政府においては，すべての美術館を監督する役に任じられ，暴徒の略奪から市のコレクションを守った。

↓5 マネ「草の上の食事」 これまで裸体画は理想化されて初めて許容しうると考えられ，物議をかもしたが，色彩は印象派初期の外光表現への道を拓くものであった。(1863年，208×264cm，オルセー美術館蔵)

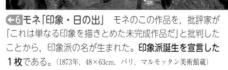

(1876年，131×175cm，オルセー美術館蔵)

←6 モネ「印象・日の出」 モネのこの作品を，批評家が「これは単なる印象を描きとめた未完成作品だ」と批判したことから，印象派の名が生まれた。印象派誕生を宣言した1枚である。(1873年，48×63cm，パリ，マルモッタン美術館蔵)

↑7 ルノワール「ムーラン＝ド＝ラ＝ギャレット」パリの歓楽街モンマルトルの野外ダンス場を舞台に，人々の青春と生きる喜びをうたいあげた意欲的作品である。印象派特有の光への関心が衣服やグラス，木漏れ日に表されている。

世界史の交差点

ジャポニスム

↓8 モネ
「日本娘ラ＝ジャポネーズ」

19世紀後半，パリの版画家が陶器の包装紙として使われていた葛飾北斎の「北斎漫画」を発見したことから，日本美術ブーム，ジャポニスムが急速な広がりをみせた。浮世絵に刺激され，印象派の画家たちは風景・役者・美人といった世俗的な主題を好んで描き，手法も参考にした。(1876年，232×142cm，ボストン美術館蔵)

Key Person ゴッホ (1853〜90) とゴーガン (1848〜1903)

伝道活動後に画家になる決心をしてパリにやってきたゴッホは，印象派の作品や日本の浮世絵に触れ，原色に近い明るい色彩で独自の様式をつくり出した。彼はしだいにユートピアを夢見るようになり，南仏アルルに移り住み，ゴーガンを迎えて，生活をともにした。しかし，ゴーガンとの意見の不一致から「耳切り事件」が発生した。その後，ゴッホは精神病の発作の合間に制作を続けたが，37歳でピストル自殺をした。一方のゴーガンは，フランスの植民地タヒチに渡り，現地の女性を描いた。ゴーガンの色彩における大胆さはフォーヴィズム（野獣派）（→P.293）の様式につながっていった。

↑9 ゴッホ「灰色のフェルト帽子をかぶった自画像」(1887〜88年，44×37.5cm，ゴッホ美術館蔵)

←10 ゴーガン「タヒチの女たち」(1891年，68.5×91cm，オルセー美術館蔵)

214 思想・学問

★近代の思想・学問が国際的に広がり自然科学も発展したことで，これまでの価値観を覆した。

1 近代思想の潮流 (→P.347)

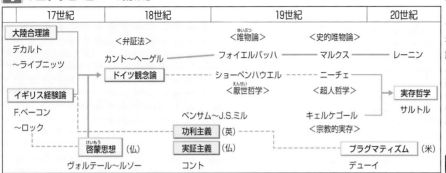

	17世紀	18世紀	19世紀	20世紀
	大陸合理論	＜弁証法＞	＜唯物論＞	＜史的唯物論＞
	デカルト ～ライプニッツ	カント～ヘーゲル → フォイエルバッハ → マルクス → レーニン		
		ドイツ観念論 → ショーペンハウエル → ニーチェ		実存哲学
	イギリス経験論		＜厭世哲学＞ ＜超人哲学＞	サルトル
	F.ベーコン ～ロック	ベンサム～J.S.ミル	キェルケゴール	
		功利主義（英）	＜宗教的実存＞	
	啓蒙思想（仏）	実証主義（仏）	プラグマティズム（米）	
	ヴォルテール～ルソー	コント	デューイ	

→1 ヘーゲル 19世紀最大の思想家でドイツ観念論哲学の大成者。現実世界のすべてとその歴史を，理性的なもの（精神）が発展していく姿であると考え，**弁証法**という論理を用いて世界を包括的にとらえようとした。

←2 ニーチェ "19世紀末"のヨーロッパ文化の退廃という時代的危機を，キリスト教支配によるものとして，これまでの価値基準であった神の死（「神は死んだ」）を宣告し，新たな価値観の樹立を唱え，20世紀実存哲学の一源流をなした。

2 19世紀欧米の思想・学問

哲学	ドイツ観念論	カント	独	1724～1804	合理論と経験論を統合し観念論を創始。『純粋理性批判』(◀P.180)
		フィヒテ	独	1762～1814	実践的自我（精神）の哲学を確立。愛国的講演「ドイツ国民に告ぐ」(◀P.312史料)
		シェリング	独	1775～1854	自然も自我も同一とする「同一哲学」を主張した
		ヘーゲル	独	1770～1831	**弁証法**による精神現象全般にわたる理論体系を構築
	唯物論	フォイエルバッハ	独	1804～1872	人間主義的唯物論。マルクスに影響
		マルクス	独	1818～1883	弁証法的唯物論を形成。**史的唯物論**（唯物史観）を樹立(◀P.205)
	実証主義	コント	仏	1798～1857	実験と観察を重視した。**社会学を創始**
	功利主義	ベンサム	英	1748～1832	「**最大多数の最大幸福**」という命題を追求。功利主義を創始
		J.S.ミル	英	1806～1873	質的快楽主義を唱えた 「満足せる豚よりは，不満足な人間がよい」
		スペンサー	英	1820～1903	進化論に基づいて社会の進化，発展を説明。**社会進化論**
	世紀末思想	ショーペンハウエル	独	1788～1860	理性に対する意志の優位 「世界の本質は盲目的な生への意志である」
		キェルケゴール	デンマーク	1813～1855	真理は主体的にのみとらえられる。実存主義哲学の祖 『死に至る病』
		ニーチェ	独	1844～1900	力への意志に基づく新しい道徳を説く 『ツァラトゥストラ』
経済学	古典派	マルサス	英	1766～1834	産業革命後の社会悪の根源を食料と人口の関係に求めた 『人口論』
		リカード	英	1772～1823	労働価値説をもとに古典派経済学を完成 『経済学および課税の原理』
	歴史学派	リスト(◀P.187)	独	1789～1846	後進国ドイツの経済的統一のため関税同盟や保護貿易主義を主張
歴史学		ランケ	独	1795～1886	厳密な史料批判の方法を確立し近代歴史学を創始した 『世界史』
		ドロイゼン	独	1808～1884	ヘレニズムという歴史概念を提唱。小ドイツ主義を信奉
		ギゾー	仏	1787～1874	二月革命勃発時の首相 『ヨーロッパ文明史』(◀P.202)
		ブルクハルト	スイス	1818～1897	政治史には距離をおき文化史に専念 『イタリア＝ルネサンスの文化』
法学		サヴィニー	独	1779～1861	歴史法学（法は歴史的なもので民族精神に発する）を創始

→3 リカード スペイン系ユダヤ人の家庭に生まれ，**アダム＝スミス**の『**諸国民の富**』(◀P.181)に触発された。「生産物の価値はそれに投下された労働の量によって決まる」という労働価値説の立場は，**マルクス**によって継承・展開された。

←4 ランケ 「それは本来いかにあったか」を標語に史料批判の方法と客観的・実証的叙述の方法を確立し，近代歴史学を創始。優れた歴史学者を育成した教育者としても有名だが，政治史重視で，社会経済史を軽視する傾向があった。

世界史 の 交差点

カント『永遠平和のために』(1795年)

永遠平和のために
カント著
宇都宮芳明訳

青 625-9 岩波文庫

　フランス革命期のヨーロッパは，フランスでは主権が国民へと移行して新しい時代を迎える一方，対仏戦争，ポーランド分割，植民地をめぐる駆け引きなど国家間の争いが絶え間なく続いていた。カントはそのような時代に，世界の恒久的平和はいかにしてもたらされるべきかを模索した。具体的には，常備軍の全廃，諸国家の民主化・平和連合の創設などを提言し，人間一人ひとりに平和への努力を厳粛に義務づける持論を展開した。プロイセンのケーニヒスベルクから生涯出ることのなかった哲学者カント（発表当時70歳）のこれらの提言は，グローバル化が進むことでかえって争いが再燃する現代においても改めて説得力をもつ。

3 国際的運動の展開

国際社会主義運動	第1インターナショナル (1864～76) (◀P.205)	1863年のポーランドの反乱に対する英仏の労働者の支持運動が高まり，ロンドンで創立された世界最初の国際的な労働者大衆組織。 宣言・規約の起草者は**マルクス**。
	第2インターナショナル (1889～1914)	1870～80年代にかけて欧米で社会主義政党が生まれ，しだいに力を増していく中，1889年にパリで欧米19か国の代表のもと国際労働者大会が組織。第一次世界大戦の勃発で実質的に崩壊。
国際協力運動	国際赤十字社 (1864)	スイスの銀行家**アンリ＝デュナン**が1859年のイタリア統一戦争で傷病兵の惨状を見て，1862年に戦時の中立的救護組織の必要性を訴え，設立。
	国際オリンピック大会 (1896)	フランスの教育者であったクーベルタンが，スポーツによる青少年教育とスポーツの国際交流による世界平和の実現をめざし，「近代オリンピック」を提案し，創立。1896年，第1回大会（アテネ）開催。
	万国平和会議 (1899)	ロシア皇帝ニコライ2世の提唱によりオランダのハーグで開催。日本を含む26か国が参加し，「国際紛争平和的処理条約」の締結，国際仲裁裁判所の設置(1901)を決議。

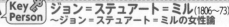

→5 第1インターナショナル会員証

マルクス

→6 クーベルタン
(1863～1937)

Key Person ジョン＝ステュアート＝ミル(1806～73)
～ジョン＝ステュアート＝ミルの女性論

　イギリスの哲学者・経済学者であったジョン＝ステュアート＝ミルの『女性の解放』(1869年，原題は『女性の従属』)は，女性解放の古典である。この中で彼は，女性が参政権をもたないことや議員職などの公的な職種から排除されていることは，結局社会に不利益をもたらすとした。実際これまで女性による知的あるいは創造的業績が少ないではないかという批判に対して，教育を受ける機会が少なかったこと，家庭生活に関するさまざまな雑務に追われてこうした分野に従事する時間がなかったことを指摘している。こうした意見は，当時のイギリスでは急進的すぎるとされた。

ルーツ 「ツァラトゥストラ」：ニーチェが「神は死んだ」と主張をした著書の題名であるが，実はゾロアスター教の開祖の名のドイツ語読み。

4 自然科学・発明・探検活動

自然科学	物理学	ファラデー	英	1791〜1867	**電磁誘導の法則**(1831)，電気分解の法則(1833)を発見
		マイヤー	独	1814〜1878	**エネルギー保存の法則**を発見(1842)
		ヘルムホルツ	独	1821〜1894	**エネルギー保存の法則**を体系化(1847)
		レントゲン	独	1845〜1923	**X線を発見**(1895)。第1回ノーベル物理学賞受賞(1901)
		キュリー夫妻	妻ポーランド	妻1867〜1934	**ラジウムを発見**(1898)。ノーベル物理学賞共同受賞(1903)。妻マリは
			仏	夫1859〜1906	のちに化学賞も受賞(1911)
	化学	ドルトン	英	1766〜1844	化学的原子論を立て，原子量を算出(1803)
		リービヒ	独	1803〜1873	有機化学を研究し，生化学・農業化学にも貢献
		メンデレエフ	露	1834〜1907	元素の周期律を発見(1869)。未発見の元素の性質まで予想
	生物	ダーウィン	英	1809〜1882	測量船ビーグル号による調査研究で**進化論**を発表(1858) 『種の起源』
		メンデル	墺	1822〜1884	エンドウマメの人工交配を通じて**遺伝の法則**を発見(1865)
	医学	パストゥール	仏	1822〜1895	狂犬病の予防接種に成功(1880)。**免疫学，細菌学の基礎**を構築
		コッホ	独	1843〜1910	**結核菌**(1882)を発見。ノーベル医学賞受賞
発明		モース(モールス)	米	1791〜1872	モールス信号(1837)
		ベッセマー	英	1813〜1898	新製鋼法(1856)
		ジーメンス	独	1816〜1892	発電機(1867)。電気機関車(1879)
		ノーベル	スウェーデン	1833〜1896	**ダイナマイト**(1867)
		ダイムラー	独	1834〜1900	**ガソリン自動車**(1886)
		ソルヴェイ	ベルギー	1838〜1922	アンモニア＝ソーダ法(1863)
		ベル	米	1847〜1922	電話(1876)
		エディソン	米	1847〜1931	**蓄音機，白熱電灯，映画**など
		ディーゼル	独	1858〜1913	ディーゼル＝エンジン(1897)
		ライト兄弟	米	兄1867〜1912 弟1871〜1948	**プロペラ飛行機**(1903)
		マルコーニ	伊	1874〜1937	**無線電信機**(1895)。ノーベル物理学賞
探検活動		タスマン	蘭	1603〜1659	**オーストラリア周辺探検**。ニュージーランド到達(1642)
		クック	英	1728〜1779	太平洋を3度探検航海し，詳細な学術調査を行った。ハワイ島で殺害
		リヴィングストン	英	1813〜1873	宣教師。南部アフリカ横断，ナイル川水源の確認(●P.232)
		スタンリー	米	1841〜1904	消息不明のリヴィングストン発見後，コンゴ探検(●P.315史料)
		ピアリ	米	1856〜1920	グリーンランド探検後，3度目の挑戦で北極点に初めて到達(1909)
		ヘディン	スウェーデン	1865〜1952	中央アジア各地を踏査，**楼蘭遺跡**を発見(1901) 『さまよえる湖』
		スコット	英	1868〜1912	2度目の南極探検で南極点に到達(1912)。帰路，吹雪のため遭難死
		アムンゼン	ノルウェー	1872〜1928	**南極点に初到達**(1911)。友人救出のため向かった北極海で消息不明

●7ノーベル賞のメダル
(表側，23金製。直径 6.5cm，重さ220g)

Key Person キュリー夫人(1867〜1934)

パリで学んでいたポーランド人マリ＝スクロドフスカは，夫となるピエール＝キュリーとの出会いを機に，異国で研究を続けていく決意をする。やがて夫妻は，強い放射能をもつ未知の元素を予測・発見し，その一つには彼女の祖国にちなみポロニウムの名がつけられた。彼女は，女性初のノーベル賞受賞者となり，ノーベル物理学賞と化学賞を受賞した。

●8ダーウィンを風刺する画 ダーウィンは『種の起源』(1859年)で，生物のそれぞれの種は，神によって個々に創造されたものではなく，原始生物から進化してきたものであると説明した(**進化論**)(●P.239)。これは各界に衝撃を与え，特にキリスト教関係者からは強い反発をまねいた。(風刺画は1874年に週刊誌『パンチ』に掲載されたもの)

5 第2次産業革命の展開(●P.234)

①19世紀末には，**第2次産業革命**がイギリスだけでなく**欧米各国で出現・進行した。**
②動力源として電力の生産と使用が始まり，原動機として**内燃機関**が発明された。
③**「石油と電力」**を基軸とする技術革新は，鉄鋼・電気・化学工業を飛躍的に発展させた。
④これらの重化学工業の進展は，**巨大企業を生みだし，資本の独占化**が進んでいった。

↑9ライト兄弟自作のフライヤー1号 1903年12月17日，ノースカロライナ州の砂丘で人類初の動力飛行(59秒間，高度3mで距離37m)に成功した。

●11ディーゼル＝エンジン ガソリン＝エンジンに比べ，熱効率が極めて高いことなどから，工場や機関車などに使用されるようになった。(ミュンヘン科学博物館蔵)

↑10最初の油井(アメリカ) 石油は，17世紀末から利用されていたが，1859年に機械掘りによる原油掘削が成功すると，「黒い黄金ラッシュ」を迎えた。

●12ガソリン自動車 ベンツが1885年に製造した3輪車が，ガソリン自動車の第1号とされる。ダイムラーも同年に2輪車を，翌年に4輪車を製造している。(ダイムラー，ベンツ博物館蔵)

Key Person エディソン(1847〜1931)

生涯で1,300もの特許をとった「発明王」は，小学校に3か月行っただけであった。「天才とは1パーセントのひらめき(才能)と99パーセントの汗(努力)からなる」という言葉を残した。一方で，多くの発明がそうであるように，エディソンの発明も他人のアイデアを改良したものが多かった。写真は蓄音機(フォノグラフ)の改良で72時間連続して働いたあとの撮影とされる。

エディソンの発明リスト	
電気投票記録機(1868)	株価表示機(1869)
蓄音機(1876)	白熱電球(1878)　発電機(1880)
キネトスコープ〔無声映画〕(1889)	
キネトホン〔トーキー映画〕(1912)	

ルーツ 「X(エックス)線」：レントゲンが発見したX線の名前は，数学で未知数を表すXが「未知なもの」に転化し，名づけられた。

★オスマン帝国とヨーロッパ諸国の力関係は17世紀以降逆転しはじめ，同帝国の領土は縮小していった。

1 オスマン帝国の動揺 〈P.128◀以前　以降▶P.260〉

☐ オスマン帝国の領土縮小

ヨーロッパ勢力の進出	トルコ（オスマン帝国）	エジプト・スーダン	アラビア半島
オーストリア（ハプスブルク帝国）の反撃（◀P.176）	1683 第2次ウィーン包囲戦に失敗 1699 カルロヴィッツ条約でオーストリアにハンガリーを割譲（◀P.176）		18C中頃 ワッハーブ運動（原初期のイスラーム教への回帰）
ロシアの進出（◀P.177）	18C前半 チューリップ時代（アフメト3世の治世に西欧趣味が流行） 1774 ロシアに敗れてクリミア＝ハン国の宗主権を失う 1783 ロシアがクリミア＝ハン国を正式に併合		1744頃 ワッハーブ王国（第1次サウード朝）の建国
ナポレオンのエジプト遠征（◀P.192）		1798～1801 ナポレオン軍の侵入	
英・仏・露がギリシア独立を支援（◀P.196・197）	1821～29 ギリシア独立戦争（◀P.196・197） 1826 マフムト2世がイェニチェリ軍団を解体 1829 アドリアノープル条約でギリシア独立（翌年承認）	ムハンマド＝アリーが総督に就任→1818 ←（位1805～49）…エジプト自立（ムハンマド＝アリー朝の成立）	1818 ムハンマド＝アリーがワッハーブ王国を打倒
英・仏・露がエジプト＝トルコ戦争に干渉（◀P.210）	1831～33 第1回エジプト＝トルコ戦争 → ムハンマド＝アリーがオスマン帝国からシリア獲得 1839～40 第2回エジプト＝トルコ戦争 → ムハンマド＝アリーがロンドン会議でシリアを返還	☆ムハンマド＝アリーはエジプト・スーダン総督の世襲権のみ獲得	
	1839 ギュルハネ勅令（アブデュルメジト1世によるタンジマート（西欧化改革）の開始）		
ロシアの侵攻 英・仏はトルコを支援（◀P.210）	1853～56 クリミア戦争（◀P.210）	1869 レセップス（仏）によりスエズ運河開通 1875 財政難によりスエズ運河会社の株式を英へ売却（◀P.236）	
	アブデュルハミト2世（位1876～1909） 1876 ミドハト＝パシャがオスマン帝国憲法（ミドハト憲法）発布	1881 スーダンでムハンマド＝アフマドによるマフディー運動始まる	
ロシアの侵攻（◀P.211）	1877～78 ロシア＝トルコ（露土）戦争（◀P.210） 憲法停止・議会閉鎖→スルタン専制	エジプトでウラービーの反乱（ウラービー運動）始まる	
ドイツの仲介（◀P.211）	1878 ベルリン会議でセルビア・モンテネグロ・ルーマニアの独立承認（◀P.210）	1882 イギリスがエジプトを占領し，事実上の保護国とする（→1914 正式に保護国化）	
	1889 「統一と進歩団」結成 1908 青年トルコ革命始まる ☆オスマン帝国憲法の復活・国会開設	1898 マフディー運動がイギリスにより鎮圧される	
イタリアの侵攻 バルカン諸国の団結（▶P.242）	1911～12 イタリア＝トルコ（伊土）戦争でトリポリ・キレナイカ失う 1912～13 バルカン戦争で領土失う（▶P.242） 1914～18 第一次世界大戦（▶P.242） 同盟国側で参戦するが敗北		

3 オスマン帝国の近代化

●タンジマート（西欧化改革）

目的	帝国を再組織化し，外圧に対抗
性格	①上からの西欧化（近代化） ②西欧的「法治国家」の建設
内容	①生命・名誉・財産の保障　②兵役の期間を明確化 ③公正な徴税の実施　④公正な裁判の実施 ⑤ムスリムと非ムスリムの「法の下の平等」（オスマン主義）
成果	①帝国再集権化 ②新知識人層（新オスマン人）出現
弱点	①殖産興業の視点の欠如→ヨーロッパ工業製品の流入による伝統産業の衰退 ②改革に伴う外債の急増

（『トルコ近現代史』みすず書房）

2 オスマン帝国の領土縮小

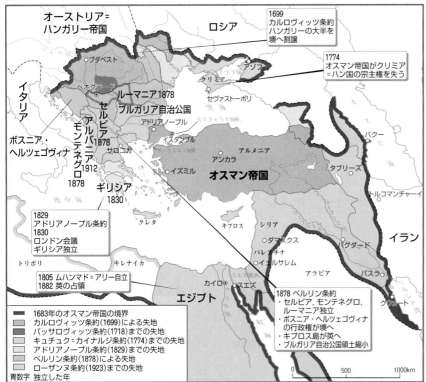

1699 カルロヴィッツ条約
ハンガリーの大半を墺へ割譲

1774 オスマン帝国がクリミア＝ハン国の宗主権を失う

1829 アドリアノープル条約
1830 ロンドン会議
ギリシア独立

1805 ムハンマド＝アリー自立
1882 英の占領

1878 ベルリン条約
・セルビア，モンテネグロ，ルーマニア独立
・ボスニア・ヘルツェゴヴィナの行政権が墺へ
・キプロス島が英へ
・ブルガリア自治公国領土縮小

- 1683年のオスマン帝国の境界
- カルロヴィッツ条約（1699）による失地
- パッサロヴィッツ条約（1718）までの失地
- キュチュク＝カイナルジ条約（1774）までの失地
- アドリアノープル条約（1829）までの失地
- ベルリン条約（1878）による失地
- ローザンヌ条約（1923）までの失地
- 青数字 独立した年

0　500　1000km

●オスマン帝国憲法（ミドハト憲法）

←1 ミドハト＝パシャ　タンジマートの中から登場した「新オスマン人」（近代西欧の理念をもつ自由主義者たち）の代表。アジア初の憲法「オスマン帝国憲法」制定を断行したが，アブデュルハミト2世により大宰相の職を追われ，のちに暗殺された。

→2 アブデュルハミト2世　オスマン帝国憲法を発布したがロシア＝トルコ（露土）戦争を口実に立憲制を停止し，以後30年にわたりスルタン専制を行った。青年トルコ革命後に廃位された。

●青年トルコ革命

←3 エンヴェル＝パシャ　1908年，サロニカで憲法復活を要求する青年トルコ革命を指導し，立憲君主政を実現させて陸相となった。バルカン半島で失った領土を，ロシアから奪って埋め合わせたいと考えた彼は，ドイツと同盟して第一次世界大戦に参戦したが，敗北して亡命した。

ルーツ　「パシャ」：トルコで高官に使用された尊称。語源は「王」を意味するペルシア語「パードシャー」（トルコ語のパーディシャー）に由来すると考えられる。

4 エジプト・スーダンの動き

Key Person (1769〜1849) ムハンマド＝アリー

アルバニア系ともクルド系ともいわれる彼は，オスマン軍の指揮官として，ナポレオンのエジプト遠征軍と戦った。そして，フランス軍撤退後の混乱の中でエジプト総督の地位を獲得した。アラビアのワッハーブ王国(第1次サウード朝)を滅ぼし，ギリシア独立戦争ではオスマン帝国を支援したが，2回のエジプト＝トルコ戦争ではオスマン帝国に反旗を翻した。彼は，エジプトの「上からの近代化」をめざし，多数の留学生をヨーロッパに送るとともに多くのお抱え外国人を採用した。絵はフランス人画家クーデによるもの。(ヴェルサイユ宮殿博物館蔵)

↓5 スエズ運河 ムハンマド＝アリーの子のムハンマド＝サイード(位1854〜63)は，フランス人外交官レセップスにスエズ運河開削の特許を与えた。さらに，スエズ運河株式会社に事実上無償で土地を与え，農民の無償の賦役にも同意した。その結果，1859〜63年，常時2万5,000〜4万人の農民が強制的労役を課され，2万人以上の死者を出した(1869年開通)。 **◆P.232**

（1870年にスエズ運河の開通式を描いたもの）

↑6 レセップス (ロード＝キンロス「二つの海のあいだで」より)

↑4 ムハンマド＝アリー軍に破壊されたワッハーブ王国の首都ディルイーア　18世紀のアラビア半島で，純粋な初期のイスラームに立ち返ろうとする運動(ワッハーブ運動)がおこった。創始者イブン＝アブドゥル＝ワッハーブは，ディルイーアの豪族サウード家と同盟してワッハーブ王国(第1次サウード朝)を建設した。王国の首都ディルイーアは，オスマン帝国の命を受けたムハンマド＝アリー軍の徹底的な破壊によって無残な廃墟となった。

←7 ウラービー (オラービー)　1881年，「エジプト人のためのエジプト」をスローガンに武装蜂起したが，翌82年，イギリス軍によって鎮圧され，スリランカに流刑となった。これによりエジプトは事実上イギリスの保護国となり，1914年には正式に保護国化された。欧米列強との不平等条約に苦しんでいた当時の日本(◆P.230)では，この人物は好意的にとらえられ，明治の作家東海散士はスリランカのウラービーを訪ね，列強を非難する彼の言葉を小説『佳人之奇遇』に引用している。

→8 ハルツーム陥落(1885年)　スーダンではマフディー(「神に導かれた者」「救世主」を意味する)を宣言したムハンマド＝アフマドを指導者とする反英的なマフディー運動が展開された(1881〜98年)。絵はハルツームを攻め落としたマフディー軍がイギリス軍のゴードンに迫っているところ。クリミア戦争(◆P.210)，第2次アヘン戦争，太平天国の討伐などに活躍したゴードン(◆P.225)だったが，ここで戦死した。(イギリス，リーズ博物館蔵)

5 イラン・アフガニスタンの動き

	イラン	アフガニスタン
1796	ガージャール朝が成立(都:テヘラン，アーガー＝ムハンマドにより建国される)	1747 ドゥッラーニー朝が成立
1828	トルコマンチャーイ条約でロシアに領土の一部を割譲し治外法権と市場開放を認める(◆P.210)	1826 バーラクザイ朝が成立する
1848	バーブ教徒の乱が勃発(〜50)	1838
	☆イギリスなどの外国に利権を譲渡することにより王朝の延命をはかる	第1次アフガン戦争(〜42) イギリス軍撃退
	☆アフガーニーのパン＝イスラーム主義が広まる	1878
1891	タバコ＝ボイコット運動が展開される(〜92)	第2次アフガン戦争(〜80)
1905	イラン立憲革命	1880 イギリスの保護国に(◆P.252)
1906	仮憲法と国民議会創設が実現	
1911	英露の干渉で議会が解散し立憲革命が挫折	

● バーブ教の特徴

起源	シーア派の一分派
教祖	サイイド＝アリー＝ムハンマド(1819〜50)
教義	教祖が，イマーム(指導者)と信徒との仲介者であるバーブ(門の意)と宣言。バーブの必要性を主張
社会的意義	コーランの破棄を宣言　女性の地位向上や一夫多妻の制限など市民社会の実現をめざす
経過	ガージャール朝専制に対し反乱→鎮圧される

● タバコ＝ボイコット運動

↑9 タバコ＝ボイコット運動の背景となった水煙草を吸う女性　国王によるタバコ利権のイギリス人供与に対しシーア派ウラマー(法学者)の指導の下，全イラン的運動が展開された。タバコはイランの国民的嗜好品であった。

Key Person (1838〜97) アフガーニー

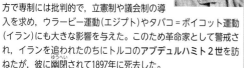

シーア派イラン人でありながら，スンナ派アフガン人，ときにトルコ人とも称し，ヨーロッパの脅威に対抗するためのパン＝イスラーム主義(イスラームの団結)を唱えた。一方で専制には批判的で，立憲制や議会制の導入を求め，ウラービー運動(エジプト)やタバコ＝ボイコット運動(イラン)にも大きな影響を与えた。このため革命家として警戒され，イランを追われたのちにトルコのアブデュルハミト2世を訪ねたが，彼に幽閉されて1897年に死去した。

世界史の交差点

日露戦争とイラン立憲革命

日露戦争(1904〜05)は，日露両国の帝国主義的戦争という側面が強かったが(◆P.230・231)，日本の勝利は，列強の植民地支配に苦しんでいた当時のアジア諸民族に大きな「勇気」を与えた。
[日露戦争勃発後のアジア諸民族の動向]
・中国…孫文が中国同盟会を結成し，三民主義を提唱(1905)(◆P.227)
・インド…インド国民会議カルカッタ大会における反英的4綱領の採択(1906)(◆P.218・219)
・ベトナム…フランスからの独立と立憲君主制の樹立をめざす維新会の結成(1904)(◆P.223)
イランで1905年以降立憲王政をめざす革命が進行したのも，これとまったく無関係ではない。しかし皮肉なことに，日露戦争でその野心を砕かれたロシアは，イギリスと妥協してイランへの支配を強め，英露両国の介入によって議会は閉鎖され，立憲革命は徹底的に弾圧された。

インド大反乱に先立つ時期，イギリス東インド会社は，商業活動を営む会社から統治機関へと変容した。この過程を述べなさい。[200字程度] 類題：千葉大学

★フランスとの争いを制したイギリスによって，インドは完全に植民地化された。

1 インドの植民地化

P.132◀以前 以降▶P.253

英・仏の抗争	**カーナティック戦争(1744〜63, 計3回)**
	1748 フランスのデュプレクスが英軍を破る
	1757 **プラッシーの戦い**でイギリス東インド会社のクライヴがフランス・ベンガル太守軍を破る
	1761 イギリスのインドにおける優位が確定
イギリスによるインド植民地化の進展	1765 イギリスがベンガル・ビハール・オリッサの徴税・司法権(ディーワーニー)を獲得
	反英的な地方勢力との戦い
	マイソール戦争(1767〜99, 計4回)イギリスが南インドの支配を確立
	マラーター戦争(1775〜1818, 計3回)イギリスがデカン高原の支配を確立
	シク戦争(1845〜49, 計2回)イギリスがパンジャーブ地方を併合
	周辺地域への支配拡大
	1814〜16 ネパール併合
	1815 **ウィーン会議**(◀P.196)でイギリスがスリランカ領有
	イギリスにおける**産業革命**の進展(▶P.184)→インドを製品(綿布)の市場へ転落させる
	東インド会社の統治機関化
	1813 東インド会社の対インド貿易独占権の廃止
	1833 東インド会社の商業活動停止
	1857 **シパーヒーの反乱(インド大反乱)**→デリー占領，有名無実だったムガル皇帝の復活→イギリス側の反撃，デリー奪回
	1858 ムガル皇帝が廃位され，**ムガル帝国滅亡**東インド会社解散(イギリスによる直接統治へ)
インド帝国＝イギリスの植民地	1877 **インド帝国**成立**ヴィクトリア女王**(◀P.198)が皇帝に就任
	1885 インド国民会議がボンベイで結成(当初は親英的，のちに民族運動の中心に)
	1886 ビルマをインド帝国に併合
	1905 インド総督カーゾンによりベンガル分割令発布→「カーゾン線」によるヒンドゥー・イスラーム両教徒の分離がはかられる→イギリスに対する反発高まる
	1906 **インド国民会議**カルカッタ大会開催4綱領①**英貨排斥**②**スワデーシ**(国産品愛用)③**スワラージ**(自治獲得)④**民族教育**を採択イギリスの支援で**全インド＝ムスリム連盟**結成

A 1785年のインド

凡例：イギリス領(1766年)／ヒンドゥー教国／イスラーム系王国

1757 プラッシーの戦い
1744〜63 カーナティック戦争

B 1805年のインド

凡例：イギリス領(1805年)／ヒンドゥー教国／イスラーム系王国

1775〜1818 マラーター戦争
1767〜99 マイソール戦争
スリランカ(1815領土確定)

2 イギリスのインド支配

←1 イギリスによる初のインド領土獲得 1765年東インド会社書記**クライヴ**は，ムガル皇帝からベンガル・ビハール・オリッサのディーワーニー(財務大臣の職権)を獲得した。これには税の徴収権や民事財政面の裁判権などの広範な権限が含まれていた。これはイギリス東インド会社が統治機関となる端緒となった。絵は1818年の想像図。ディーワーニーを授与するムガル皇帝。(大英図書館蔵)

●ザミンダーリー制，ライヤットワーリー制

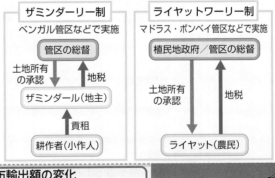

ザミンダーリー制
ベンガル管区などで実施
管区の総督 ← 地税 / 土地所有の承認 → ザミンダール(地主) ← 貢租 / → 耕作者(小作人)

ライヤットワーリー制
マドラス・ボンベイ管区などで実施
植民地政府／管区の総督 ← 地税 / 土地所有の承認 → ライヤット(農民)

◀解説 ベンガル管区などでは**ザミンダール**(地主)に土地所有を承認するかわりに地税を負担させたが，マドラス・ボンベイ管区などでは実際の耕作者である**ライヤット**を土地所有者と認めるかわりに彼らを徴税対象とするようになった。しかし，実際には土地所有権を与えられず貧窮化する農民が多数いて，その一方で，植民地政府による農民に対する直接支配も強まった。

探究のヒント

世界史の交差点

東インド会社〜その役割の変遷

エリザベス1世(◀P.172)のもとで1600年に設立されたイギリスの東インド会社は，アジアの特産物を輸入・販売することを目的として，英国王から貿易の独占権や軍事力の保持ならびに行使などの特権を与えられていた。アンボイナ事件(◀P.182)でオランダに敗れてからはインド貿易(綿布，藍など)や中国貿易(絹，茶など)に集中し，インドではフランスとの激しい争いを制して，植民地拡大とその統治機関としての役割をはたした。本国で産業革命が進展し，自由貿易を望む声が高まると，貿易の独占権や通商権そのものを廃止され(◀P.198)，名実ともにインドの統治機関となったが，シパーヒーの反乱(▶P.219)の鎮圧に本国の政府と軍隊が本格的に乗りだしたことに伴って，その役割を完全に終え，1858年に解散した。

●綿布輸出額の変化

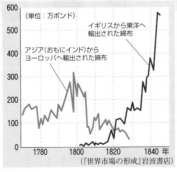

(単位：万ポンド)
イギリスから東洋へ輸出された綿布
アジア(おもにインド)からヨーロッパへ輸出された綿布
『世界市場の形成』岩波書店

◀解説 イギリスはインドを製品(綿布)の市場へ転落させた。

↑2 東インド会社職員官舎 かつてインド帝国の首都であったカルカッタには，"ライターズ＝ビルディング"として建てられたイギリス風の建物が現在でも立ち並んでいる。

3 インド大反乱

C 1857年のインド

- イギリス領（1857年）
- ヒンドゥー教系藩国
- イスラーム系藩王国
- 仏教藩王国

アフガニスタン
1845〜49 シク戦争
1857 シパーヒーの反乱始まる
1906 インド国民会議カルカッタ大会
1885 インド国民会議結成
インド帝国の領域（1886年）
ビルマ（1886併合）

（『世界の歴史14』中央公論社による）

- 大反乱の範囲
- 1905年のベンガル分割線

↑3 シパーヒーの反乱（インド大反乱，セポイの乱） 新式ライフル銃の薬莢の包み紙に牛と豚の脂が使用されているとのうわさが理由で，ヒンドゥー教徒・ムスリム両方の東インド会社傭兵（シパーヒー，セポイ）が銃使用を拒否したことから始まった。反乱軍はデリーを占領してムガル皇帝の復活を宣言し，各地の農民や職工も呼応して「インド大反乱」となったが，英軍によって鎮圧され**ムガル帝国**は名実ともに滅んだ。絵はデリー攻防戦。（ロンドン，インド省図書館蔵）

4 インド帝国

←4 ヴィクトリア＝メモリアル（カルカッタ）　1905年にインド総督カーゾンが，インド皇帝ヴィクトリア（イギリス女王）を記念して着工したもので，1921年に完成した。植民地支配の象徴である。

←5 ラクシュミー＝バーイ　マラーター同盟の諸侯の末裔で，シパーヒーの反乱の指導者として勇敢に戦ったが戦死した。「インドのジャンヌ＝ダルク」と称されている女性。

5 インドの貧困

（1877年に撮影されたもの）

↑6 飢餓の深刻化　**カースト**（◀P.74）が根をおろしたインドでは，その底辺に位置づけられた貧者が一定の割合で存在したが，イギリス支配による貨幣経済の浸透や伝統産業の破壊が進むと貧富の差はさらに増大し，飢餓にあえぐ者が急増した。

6 インド民族運動

①民族運動の前史〜19世紀前半のヒンドゥー教改革思想
　＊ローイらがサティー（夫が死んで火葬されるときに未亡人も一緒に焼かれて死ぬ行為）に反対するなど社会改革運動を展開。

②民族運動の出発〜19世紀末から第一次世界大戦
　＊**インド国民会議派**〜1885年にボンベイで結成。当初は親英的な民族資本家の団体であったが，ベンガル分割令への反対闘争を機に反英民族運動の先頭に立つ。
　＊**全インド＝ムスリム連盟**〜1906年にムスリムの政治的権利の拡大をめざして結成。

③民族運動の展開〜第一次世界大戦後（◆P.253）

↓7 スワデーシ（国産品愛用）　1906年のインド国民会議カルカッタ大会は，ティラクらの指導のもとで，**スワデーシ（国産品愛用）**などを運動方針に掲げた。

焼却寸前のイギリス製衣類

Key Person　ナオロジーとティラク

（1825〜1917）（1856〜1920）

ボンベイのゾロアスター教徒の家に生まれたナオロジーは，1885年のインド国民会議派の創立に参画し，1906年までに3度議長を務めた。また，イギリスをしばしば訪れてインド問題の啓蒙に努め，1892年にはイギリスの下院議員にも選出された。インドの貧困の原因をインドからイギリスへの「富の流出」にあるとし，インド民族主義の正当性を経済学的に証明しようとした。一方，ローカマーンニャ（慕われる人）とも呼ばれた**ティラク**は，「ケーサリー」「マラーター」などの新聞を主宰し，反英思想の広まりに大きな影響力をもった。インド国民会議においては急進派の代表であり，1906年のカルカッタ大会では，彼の従来の主張に基づいて4綱領〜英貨排斥・スワデーシ（国産品愛用）・スワラージ（自治獲得）・民族教育〜が採択された。

↑8 ナオロジー

↑9 ティラク

ルーツ　「シパーヒー」：イギリス東インド会社のインド人傭兵をこう呼ぶが，もともとはペルシア語で「兵士」という意味。セポイはこれに由来した言葉。

日本人が見た19世紀の世界 　特集

凡例（地図）
- イギリス領(英)
- オランダ領(蘭)
- ロシア領(露)
- フランス領(仏)
- ポルトガル領(ポ)
- アメリカ領(米)
- ← インド人移民(印僑)
- ← 中国人移民(華僑)

地図中の注記：
- 1884～85 ベルリン会議
- 1876 オスマン帝国憲法
- 1880 イギリス、アフガニスタンを保護国化
- 1876 ロシア、コーカンド＝ハン国を併合
- 1884 甲申政変がおこる
- 1867 アラスカ買収
- 1889 大日本帝国憲法発布
- 1869 スエズ運河開通
- 1887 仏領インドシナ連邦成立
- 1881～98 マフディー運動
- 1875 イギリス、スエズ運河株を買収
- 1882 イギリス、エジプトを占領
- 1886 ビルマ併合
- 1869 アメリカ大陸横断鉄道開通
- 1877 英領インド帝国成立
- 岩倉使節団のルート

国名・地名の注記（抜粋）：
カナダ、グリーンランド(デンマーク)、イギリス、オランダ、フランス、ドイツ、ポルトガル、スペイン、イタリア、オーストリア＝ハンガリー帝国、オスマン帝国、ロシア、清、北京、朝鮮、横浜、日本、タイ(ラタナコーシン朝)、ガージャール朝、インド帝国、カルカッタ、香港(1842)、マカオ、ゴア(ポ)、サイゴン⑥、マラッカ、シンガポール、スマトラ島⑤、ジャワ(蘭)、アメリカ合衆国、ボストン、ワシントン①、バミューダ、サンフランシスコ、ハワイ、メキシコ、ハイチ、ジャマイカ(英)、トバゴ、トリニダード、ベネズエラ、コロンビア、エクアドル、ブラジル、ペルー、ボリビア、チリ、アルゼンチン、アラスカ、カナダ連邦、大西洋、太平洋、インド洋、エチオピア帝国、リベリア、セネガル(1860,仏)、ギニア(1884,ポ)、シエラレオネ(1787,英)、黄金海岸、カメルーン(1884,仏)、ガボン(1842,仏)、セントヘレナ(1651,英)、アンゴラ(1888,ポ)、モザンビーク(1894,ポ)、モーリシャス(1810,英)、セイシェル諸島(1794,英)、ケープ植民地(1806,英)、アデン(1839,英)、マルタ、キプロス(1878)、チュニジア(1881,仏)、アルジェリア(1830,仏)、ベルリン、オーストラリア、ニューギニア(1884)、クィーンズランド(1859)、ニューサウスウェールズ(1789)、ヴィクトリア(1851)、タスマニア(1825)、ニュージーランド(1840)、ニューカレドニア(1853,仏)、フィジー諸島(1874,英)、タヒチ(1880)、マルケーサス諸島(1842,仏)

←1 1890年代のスエズ運河　地中海と紅海を結ぶ全長約160kmの運河。フランス人技師レセップス(◀P.217)によって1859年に着工し、10年の歳月を経て完成した。この運河の建設にはエジプトの農民が強制的にかりたてられ、多くの犠牲者が出たが、運河の経済的利便性は高く、アフリカの喜望峰を回るルートに比べてアジアへの道を1万kmも短縮した。

● 岩倉使節団ヨーロッパ回覧コース

地図中地名：イギリス、スウェーデン、ストックホルム、ロシア、ペテルブルク、デンマーク、オランダ、ハンブルク、ベルギー、ブリュッセル、ベルリン④、リヴァプール、マンチェスター、バーミンガム、ロンドン②、ボストンズタウンコーク、ブリストル、(西ドイツ)(東ドイツ)、パリ③、フランクフルト、フランス、ミュンヘン、ウィーン、スイス、オーストリア、ジュネーヴ、ヴェネツィア、フィレンツェ、マルセイユ、イタリア、ローマ、ナポリ、横浜へ

『脱亜の明治維新』日本放送出版協会より

旅の世界史　岩倉使節団

岩倉使節団は、不平等条約を改正するため欧米に派遣された。参加者は各省派遣の専門官や書記官及び随員など総勢48名、その他留学生60名の大所帯であった。岩倉具視以下大久保利通、木戸孝允、伊藤博文など当時の明治政府の首脳の半分が参加したことから明治政府の条約改正にかける意気込みが伝わってくる。1年10か月という長期の旅では、条約改正という当初の目的は達成できなかったものの、欧米の文物、社会、政治のほか、植民地化が進むアジアの状況を観察し、のちの日本の進路を決定づけたことの意義は大きい。

↑2 岩倉使節団の首脳
山口尚芳(33歳)　伊藤博文(31歳)　木戸孝允(39歳)　大久保利通(42歳)　岩倉具視(全権大使・47歳)
(津田塾大学蔵)

● 日本人の見た世界① ヨーロッパ～入欧思想の形成　(久米邦武『米欧回覧実記』より)

① ワシントン

合衆国の州のようすは、各々が独立しており、封建制に似ている。州の民はお互いに競っている。……国会は最高政府で、大統領は行政権を統括し……連邦政府のあり方は、君主国とは体面が違っている。

② ロンドン

イギリスの豊かさは、地下資源にある。国じゅうに鉄と石炭が沢山産出し、世界一である。この二つの地下資源で、機械、汽船、鉄道を発明し、蒸気を使いこなして商売を数倍にし、紡績と貿易の利を専有している。

③ パリ

フランス人の心は協和を保つことが難しく、80年間に6回も国制が変わっている。……統治者がいれば世界に威勢を誇るが、ゆるやかな政治になれば、たちまち内乱がおこってしまう。

④ ベルリン

今世界は親しく交わろうとしているが、これは表面上のことである。……大国の政略にあえば、小国は自主の権を保持できない。……私は国力を振るいおこし、対等の権をもって外交のできる国にしたいと考えた。

1871 12.23	岩倉使節団　横浜を出発
1872 3.4	ワシントン　グラント大統領に謁見
	・条約改正の会談に入るも、天皇の委任状を忘れ、交渉は暗礁に。大久保利通・伊藤博文が急きょ帰国
	・交渉は失敗、以後使節団の目的は欧米の視察に重点
1872 12.5	ロンドン　ヴィクトリア女王(◀P.198)に謁見
	・バッキンガム宮殿・ウェストミンスターの議事堂・ロンドン塔を視察。イギリスの産業・政治を学ぶ
1872 12.26	パリ　ティエール大統領(◀P.202)に謁見
	・パリ＝コミューンのために壊された凱旋門を見る。民衆の力の強さに驚く
	・陸軍士官学校・ヴェルサイユ宮殿・地下水道・砲台・兵営などを視察。フランスの軍政を学ぶ
1873 3.11	ベルリン　ヴィルヘルム1世(◀P.207)に謁見
	・ビスマルクの歓迎を受け、小国が列強と対等にわたりあうには、「国力振興」の必要があると説かれる
	・政治・経済・軍事の関連施設以外に、禽獣園・水族館などの文化施設も視察
1873 4.3	ペテルブルク　アレクサンドル2世(◀P.210)に謁見
	・ツァーリの専制政治のようすを見て、ロシアはヨーロッパ列強中「全く別種の皇帝独裁」の政治であると見る
	・エルミタージュ美術館を見て、その豪華さに驚く
	・ロシアの「農奴解放令」に着目
1873 5.13	ローマ　ヴィットーリオ＝エマヌエーレ2世(◀P.204)に謁見

1 列強の進出の形態

形態	定義	例	形態	定義	例
①植民地	【広義】19世紀以後の世界で，列強の政治的・経済的・文化的支配下におかれた地域。下記②〜⑥のすべてを含む概念 【狭義】外交・軍事・内政などすべての政治権力を否定され，列強の完全な支配下におかれた地域（下記の③④もここに含まれる）		④租借地	条約によって，ある国の部分的な領域が期限付きで列強に貸し出されたもの。ただしその期限は百年近いものが多く，事実上の割譲地	ドイツが清朝から租借した膠州湾など
②保護国（保護領）	条約によって，外交と軍事に関する政治権力を列強に奪われた地域（内政に関する政治権力・行政機構は維持できている）	第2次日韓協約後の大韓帝国など	⑤租界	ある都市の中で，外国が行政・裁判・警察権を行使する街区	アヘン戦争後の上海のイギリス人租界など
③割譲地	条約によって，ある国の部分的な領域が他国の領土に編入されたもの	アヘン戦争後の香港など	⑥勢力圏	ある国において，征服されたり，租借されたりしたわけではないが，他国の強い政治的経済的影響下におかれた地域	20世紀初頭の清朝における日本の勢力圏である福建地方など

2 列強の植民地経営〜オランダの強制栽培制度・プランテーション

強制栽培制度（▶P.223）		プランテーション（▶P.223）
ジャワ島で実施（1830〜60年代）	時地域・期	ジャワ島をはじめ，東南アジア各地に広がる（1870年代〜）
東インド総督ファン＝デン＝ボスがジャワ戦争の財政負担を補う目的で実施	目的	強制栽培制度の失敗と政府独占への批判より，オランダをはじめ，英仏の民間資本が経営を開始
オランダ政府が，耕地の5分の1で指定する作物（サトウキビ・藍など）を強制的に栽培させる	方法	原住民のみならず，中国からの苦力が契約労働者として従事。サトウキビ・藍以外にも茶・タバコ・キニーネ・ゴムの栽培が行われ，貧困や格差が広がる
主食の米の生産ができなくなり，農村は疲弊。1848年からの凶作では，多くの餓死者が出た	影響	植民地支配の反省から，統治に必要な現地の知識人の育成→民族運動へ

◀解説▶ 東南アジア地域の植民地化の尖兵となったのは，早くから，東南アジアの島しょ部に勢力を広げたオランダであった。なかでもジャワ島の支配は苛烈を極め，ジャワ社会は奇形化した。一方，オランダの国家財政は潤い，本国の産業革命を促進。民間資本の成長も促した。それは，19世紀後半以降の植民地支配に新しい局面をもたらした。

↑3 **サトウキビの強制栽培** 強制栽培制度はジャワを一大官営農場に変えた。この制度では現地の支配層も組み込まれ，オランダの植民地支配の一翼を担う形となった。

↑4 **プランテーションの労働** プランテーションには，中国のクーリー（苦力）が導入され，通常牛馬が行う運搬の仕事も彼らの手で行われた。

世界史の交差点
福沢諭吉 (1834〜1901) と「脱亜論」

福沢諭吉といえば，その主著『学問のすゝめ』や『文明論之概略』で，明治初年の啓蒙家，教育者としてその名を知らぬものはいない。しかし，後年自らが創刊した「時事新報」紙上で展開した「脱亜論」では，当時の国際関係において主流を占めた「力による支配」を肯定し，日本はアジアを脱して欧化をめざし，西洋文明国とともに中国・朝鮮を「処分」すべきと主張する形になる。個人の自覚を基礎に自由と平等に基づく国民国家建設と，国際法を基礎に独立と平等に基づく国際関係を唱える彼の眼差しが，一度アジアに向かったときに，「アジア蔑視」に偏向する姿を明治知識人の限界と断じるのは簡単だ。しかし，その背景には，朝鮮をめぐる日清の対立があったことも見逃すことはできない。「脱亜論」発表は，朝鮮の甲申政変の翌年。福沢も関わった朝鮮開化派のクーデタは袁世凱率いる清国軍にあっけなく鎮圧され，朝鮮政局は，守旧派によって抑えられることになった。封建的勢力に屈し，改革の芽を摘み取られた朝鮮の姿に，福沢自身，一種の「いらだち」を感じていたことも事実であろう。

↓5 福沢諭吉

↑6 「時事新報」創刊号

● 日本人の見た世界②アジア〜脱亜思想の形成 （久米邦武『米欧回覧実記』より）

ヨーロッパとアジア

ヨーロッパ人は遠洋より起業して，熱帯の弱国は，みなヨーロッパ人が争って支配してしまった。熱帯の豊かな物も本国に輸入されるようになった。……ヨーロッパの各国は文明の富強を争い，……工業を行い日々尽力している。しかし熱帯の地方では，衣類も寒さに備える必要がなく，家屋も風雨を防ぐのに面倒はなく，食糧も安易に手に入る。そのため食べては寝，起きては熟した果物がある。……豊かな土地の民は怠ける。……満ち足りることは倦怠の基礎である。

1873 7.	**スエズ運河通行** ・1869年に開通したばかりのスエズ運河を通過しながらレセップスに「非常に忍耐強く，強い精神力がなければ，この超人的な事業はできない」と称賛
1873 8.1	**アデン着** ・貧民が物を売りつけようと，「蟻や蠅のように群がって」くる
1873 8.18	**ゴール着** ・熱帯の樹木を眺めて，「人間の極楽界」のようだと記す
	シンガポール着
	サイゴン着
	香港着
	上海着
1873 9.13	**横浜着** ・帰国後，巨額の費用をかけても外交交渉に失敗し，目に見える成果がなかった使節団の参加者は次のような狂歌をつくっている

東南アジアの資源
日本に輸入される洋品のもとをたどれば，カルカッタ，シンガポール，オーストラリア，フィリピンで加工されたものが多い。インド南洋はヨーロッパ人にかえり見られなかった。もし日本が貿易や工芸をおこすのであれば，いまだヨーロッパ人が手をつけていないところに，利益（地下資源）が埋まっており，これを日本の富強の実にしていこう。

「条約は結びそこない金は捨て世間に対し（大使）何と岩倉」

⑤スマトラ島
この国は豊かであるが，人々の気力はあまり強くなく，工芸や貿易は古いままで進歩がない。……土地も広く人も少ないために，土地の占有の境界線もはっきりとしていないところが多い。

⑥サイゴン
家の中は多くは土間で，家もはなはだ低い。……アヒルや豚と一緒に住んでいて，足跡が乱雑に残っている。……中国人は不潔な状態を嫌がらないのは，どうしてなのだろうか。

アクセスポイント
● 久米邦武 (1839〜1931) と『米欧回覧実記』

（写真3点とも久米美術館蔵）

←7 ↑8・9 岩倉使節団の旅のようすは書記官として随行した久米邦武の『特命全権大使米欧回覧実記』に詳しい。彼は毎日膨大なメモを取り続け，これをもとに使節団の公式報告書にまとめた。のちに日本の進路を決定する，ヨーロッパ観やアジア観が記されており，「脱亜入欧」思想がどのように形成され，日本がめざした国づくりの手本がどのような過程でつくられたかが示されている。

ヨーロッパ / 西アジア / 南・東南アジア / 東アジア / アメリカほか

222 東南アジア

★列強への従属が進む中，東南アジア諸国は民族運動に目覚めた。

1 東南アジアの植民地化（19世紀後半）

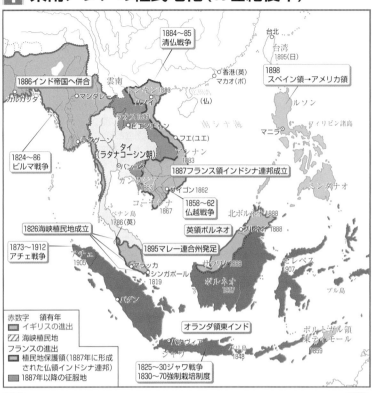

- 1884～85 清仏戦争
- 台北
- 台湾 1895（日）
- 香港（英）
- マカオ（ポ）
- 1898 スペイン領→アメリカ領
- 1886インド帝国へ併合
- カルカッタ
- 雲南
- マンダレー
- ハノイ（仏）
- トンキン 1883
- ルソン
- マニラ
- フィリピン諸島
- ラオス 1893
- ビエンチャン
- ラングーン
- 1824～86 ビルマ戦争
- タイ（ラタナコーシン朝）
- バンコク
- フエ（ユエ）1883
- アンナン
- カンボジア 1863
- 1887フランス領インドシナ連邦成立
- サイゴン 1862
- 1858～62 仏越戦争
- コーチシナ 1867
- ペナン島 1786（英）
- 北ボルネオ 1888
- 英領ボルネオ
- 1826海峡植民地成立
- 1895マレー連合州発足
- ブルネイ 1888
- 1873～1912 アチェ戦争
- アチェ 1905
- マラッカ
- サラワク 1888
- シンガポール 1819
- ボルネオ 1907
- セレベス 1907
- ブル島
- パダン
- オランダ領東インド
- バタヴィア
- ボルトガル領東ティモール 1859
- ジャワ
- バリ島
- 1825～30ジャワ戦争 1830～70強制栽培制度

赤数字　領有年
■ イギリスの進出
▨ 海峡植民地
フランスの進出
■ 植民地保護領（1887年に形成された仏領インドシナ連邦）
■ 1887年以降の征服地

2 列強の東南アジアへの進出① 〈P.80◀以前〉

ビルマ（ミャンマー）	マレー半島・ボルネオ島ほか	タイ（シャム）
イギリスの進出		独立を維持
1752 **コンバウン朝**成立	1786 イギリスがペナンを領有	1782 **ラタナコーシン朝（チャクリ朝・バンコク朝）**成立（都：バンコク）
☆アッサムをめぐりイギリスと衝突	1819 ラッフルズがジョホール王から**シンガポール**を買収	
1824 第1回ビルマ戦争（～26）→イギリスにビルマ西部を割譲	1824 イギリス＝オランダ協定でイギリスのマラッカ領有が確定	**ラーマ4世（モンクット王）（位1851～68）**
1852 第2回ビルマ戦争（～53）→イギリスにビルマ南部を割譲	1826 **イギリス領海峡植民地**が成立（ペナン・マラッカ・シンガポール）	1855 ボーリング条約締結（イギリスとの不平等条約により開国）→先進諸国と次々に外交を結ぶ
	1867 イギリスの海峡植民地が直轄領になる	**ラーマ5世（チュラロンコン王）（位1868～1910）**
1885 **第3回ビルマ戦争**（～86）→コンバウン朝滅亡	1870年代 港市だけの支配から領域的な支配への移行開始	☆チャクリ改革（西欧的近代化政策）
1886 ビルマが**インド帝国**に併合される	1888 イギリスの北ボルネオ領有が確定	☆中央集権的国家統治の確立
1897 正式にインド帝国の一州となる	1895 **イギリス領マレー連合州発足**	☆巧みな外交でタイの独立維持
	☆**錫採掘業**（中国系移民が主として従事）	
	☆**天然ゴムのプランテーション**（インド系移民が主として従事）	

3 東南アジアの民族運動の特徴（19世紀後半～20世紀初）

	改革運動の主体	特徴
総論		インド・中国・イスラームと多様な文化を受け入れ発展してきた東南アジアでは，欧米の植民地支配の形態も多様にならざるを得なかった。そのため，その支配からの脱却を図る民族運動の萌芽と発展も自ずと多様な様相を呈した。
タ イ	王 族	王族を中心に，中央集権化と西欧化（**チャクリ改革**）による近代国家建設に成功した。
フランス領インドシナ連邦	**文紳**（在郷儒者知識人）	中国の改革運動の影響から，西洋文明の摂取をめざす動きが始まり，日本の明治維新をモデルに学ぼうとする日本留学運動「**ドンズー（東遊）運動**」などが展開された。
オランダ領東インド	**貴族**（ジャワ人エリート）**商工業者**	西洋近代教育を受けた現地人エリート層は，その地位の社会的上昇をめざして，**ブディ＝ウトモ**（ジャワ語で「至高の徳」の意）を組織。一方で現地商工業者を中心に，**イスラーム同盟（サレカット＝イスラム）**が組織され，イスラーム教を紐帯とする，大衆運動が展開された。
スペイン領フィリピン	「フィリピン人」・クリオーリョ（現地生まれのスペイン人）	スペイン本国で，フィリピンの改革を求める**プロパガンダ運動**が展開され，現地で**フィリピン同盟**が設立された。それはやがて，フィリピン初の大衆組織**カティプーナン党**結成へつながり，**フィリピン革命**が開始された。
アメリカ領フィリピン	・メスティーソ（華人移民と現地人の混血）	**アメリカ＝スペイン戦争**が始まり，アメリカはスペインとの対抗上，革命勢力と提携，**フィリピン共和国**が設立された。しかしアメリカはアメリカ＝スペイン戦争勝利後，フィリピンを保護国化し，革命勢力を弾圧，**フィリピン＝アメリカ戦争**を開始した。

4 東南アジアの民族運動～チャクリ改革

●タイ

←1 ラーマ5世（チュラロンコン） ラタナコーシン朝の第5代国王で大王と称される。西欧的な行政・司法改革を導入し，奴隷制度を廃止する近代化改革（チャクリ改革）を行った。英仏両国の侵略に対しては領土の一部を割譲し，両国の**緩衝地帯**とする巧みな外交を展開し，独立を維持した。同時期に近代化を成し遂げた日本の明治天皇と対比されることが多い。

↑2 ラーマ5世とヨーロッパ留学中の王子たち ラーマ5世には77人の子どもがいたが，王子たちをヨーロッパに留学させ，西欧的知識と素養を身に付けさせた。帰国後彼らは政府の要職を占め，チャクリ改革の中枢となり王を支えることになった。

→3 映画「王様と私」 ラーマ5世の父ラーマ4世は，近代化政策の一環としてイギリスから家庭教師を招き，王子たちの教育にあたらせた。「王様と私」はこれをもとにしてつくられた映画である。（1956年，アメリカ作品）

ラーマ4世
家庭教師

5 列強の東南アジアへの進出②

ベトナム・ラオス・カンボジア	ジャワ島・スマトラ島ほか	フィリピン
フランスの進出	オランダの進出	西領→米領
1771 西山の乱→**西山朝**(1778～1802)	1799 オランダ連合東インド会社が解散	1834 マニラ開港(世界市場へ組み込まれる)
1802 阮福暎がフランス人宣教師ピニョーの支援で**阮朝越南国**建国(都:フエ(ユエ))	1824 イギリス=オランダ協定でオランダのインドネシア領有が確定	1880年代 **ホセ=リサール**などの民衆啓蒙活動
☆周辺諸地域を統合,鎖国体制をとり,小中華世界を形成	1825 **ジャワ戦争**(～30) オランダが勝利	1896 **カティプーナン党**の蜂起で,フィリピン革命が始まる(～1902)→スペインの弾圧,ホセ=リサール処刑
1858 **ナポレオン3世**が宣教師殺害を口実に**仏越戦争**をおこす(～62)	1830 オランダの東インド総督**ファン=デン=ボス**がジャワで**強制栽培制度**(◀P.221)を開始	
1862 **サイゴン条約**でコーチシナ東部(中心はサイゴン)をフランスに割譲	1873 **アチェ戦争**が勃発(～1912) ☆**プランテーション**(◀P.221)経営が拡大(中国系移民が労働力となる)	1898 **アギナルド**が解放運動を展開し,翌年フィリピン共和国を樹立 **アメリカ=スペイン戦争でアメリカがフィリピン領有**
1863 **カンボジア王国がフランスの保護国となる**		
1867 コーチシナ全域がフランスの支配下となる		
1873 劉永福の黒旗軍が反仏闘争を展開(～85)		
1883・84 **フエ(ユエ)条約でベトナムがフランスの保護国になる**		1899 フィリピン=アメリカ戦争で敗北(抵抗運動は1906年まで継続)
1884 **清仏戦争**が勃発(～85)(▶P.224)		
1885 **天津条約**で清がベトナム宗主権を放棄	1903 **アチェ王国滅亡→オランダ領東インド**が成立(1904)	1901 アギナルドがアメリカに逮捕される
1887 **フランス領インドシナ連邦**が成立(総督府ハノイ)	1908 ジャワで**ブディ=ウトモ**が結成	1902 アメリカの植民地統治が始まる
1893 ラオスがフランスの保護国になる(99に連邦編入)	1912 ジャワで**イスラーム同盟(サレカット=イスラム)**が結成	
1904 **ファン=ボイ=チャウ**が維新会を結成→**ドンズー(東遊)運動**を推進		
1907 **日仏協約締結**(日本がドンズー運動を抑圧)		
1912 ファン=ボイ=チャウがベトナム光復会を結成		

7 アジアの民族運動

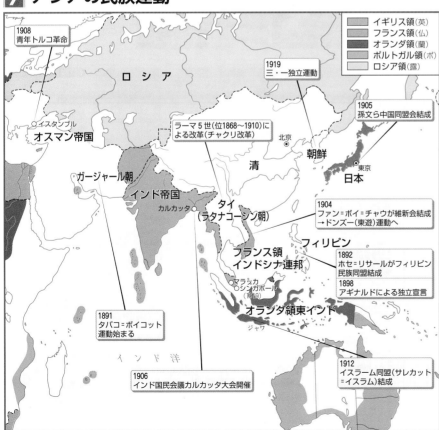

凡例:
- イギリス領(英)
- フランス領(仏)
- オランダ領(蘭)
- ポルトガル領(ポ)
- ロシア領(露)

地図内ラベル:
- 1908 青年トルコ革命
- ロシア
- 1919 三・一独立運動
- イスタンブル / オスマン帝国
- ガージャール朝
- インド帝国 / カルカッタ
- ラーマ5世(位1868～1910)による改革(チャクリ改革)
- 北京 / 清
- 朝鮮
- 日本 / 東京
- 1905 孫文ら中国同盟会結成
- タイ(ラタナコーシン朝)
- 1904 ファン=ボイ=チャウが維新会結成→ドンズー(東遊)運動へ
- フィリピン
- フランス領インドシナ連邦
- 1892 ホセ=リサールがフィリピン民族同盟結成
- 1898 アギナルドによる独立宣言
- マラッカ / シンガポール
- 1891 タバコ=ボイコット運動始まる
- オランダ領東インド
- ジャワ
- インド洋
- 1906 インド国民会議カルカッタ大会開催
- 1912 イスラーム同盟(サレカット=イスラム)結成

6 アジアの民族運動と日本

解説 急速な近代化に成功した日本は,アジア諸国から改革のモデルとして位置づけられることになる。多くの留学生や政治亡命家が集まる日本は,アジアの民族運動の活動の一大拠点になっていたことはまちがいない。アジア主義者の民間人やアジア諸国への野心を抱く政治家など,その動機はそれぞれであったが,多くの日本人が彼ら民族主義者を物心両面から支援した。また彼ら自身も互いにネットワークを築き,結びついていった。その中には中国同盟会の結成にみられるように本国での革命運動を主導する動きもおこったことは見逃せない。

●フィリピン

←4 **ホセ=リサール**(1861～96) フィリピン革命に先立つ改革運動の中心的指導者で,スペインでプロパガンダ運動を展開。帰国後はフィリピン同盟を結成し,穏健的な改革運動を展開しようとした。逮捕,拘留後,フィリピン革命の勃発を受け,革命扇動者の容疑で処刑された。

←5 **アギナルド**(1869～1964) スペインの植民地であったフィリピンで,アメリカの支援を受けて独立運動を展開し,1898年,フィリピンの独立を宣言した。しかしアメリカ=スペイン戦争後,植民地支配を狙ったアメリカ軍と戦ったが敗北し捕えられた。

●アジアの民族主義者を支援した日本人

政治家 - 犬養毅
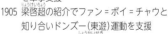
→6 犬養毅
- 1897 亡命中の孫文を援助
- 1899 フィリピン=アメリカ戦争でアギナルドを軍事支援
- 1905 梁啓超の紹介でファン=ボイ=チャウと知り合いドンズー(東遊)運動を支援
- 1913 亡命中の孫文・蔣介石を支援
- 1914 亡命中のラス=ビハリ=ボースを支援

民間人 - 宮崎滔天

→7 宮崎滔天
- 1897 亡命中の孫文を援助
- 1898 香港に逃れた康有為を伴い帰国
- 1899 フィリピン=アメリカ戦争でアギナルドの軍事支援を斡旋
- 1905 東京での孫文と黄興を結び中国同盟会結成を支援

民間人 - 梅屋庄吉
→8 梅屋庄吉
- 1913 亡命中の孫文を支援
- 1915 孫文と宋慶齢を結婚させる

●ベトナム

←9 **ファン=ボイ=チャウ(潘佩珠)**(1867～1940) ベトナム解放のための反仏闘争を展開,維新会・ベトナム光復会を組織した。犬養毅らの支援で日本に留学生を派遣する**ドンズー(東遊)運動**を進めたが,日仏協約が締結されると日本による取締りが厳しくなり運動は挫折した。

★アヘン戦争の敗北を始めとして，列強との戦争に連敗した清は，「中体西用」に基づく改革を開始した。

1 列強の中国進出と清の改革

P.111◀以前　以降▶P.227

	中国国内の動き	西欧列強の動き
乾隆帝	1757　外国との貿易港を**広州**1港に限定	1793　**マカートニー**｜英は制限貿易
1795 嘉慶帝	対外貿易は**公行**(コホン)が独占	1816　**アマースト**｜の緩和要求
1796	**白蓮教徒の乱**(～1804)	→清は拒否
1820	アヘン輸入を禁止	**アヘン戦争**(1840～42)
道光帝	1839　欽差大臣**林則徐**，外国商人よりアヘン2万箱を没収	1842　**南京条約**(対英)
	太平天国(1851～64)	1843　**虎門寨追加条約**(対英)
	・「**滅満興漢**」を主張	1844　**望厦条約**(対米)
1850	・「**天朝田畝制度**」を発表	**黄埔条約**(対仏)
1851	1851　**洪秀全**が広西省金田村で挙兵	**第2次アヘン戦争(アロー戦争)**
咸豊帝	1853　南京を占領し，**天京**と改称	(1856～60)(対英・仏)
	曽国藩が**湘軍**を結成	1856　アロー号事件・仏人宣教師
	1860　**ウォード**(米)が**常勝軍**を編成	殺害事件
	→ウォード死後，**ゴードン**(英)が指揮	1858　**天津条約**(対英・仏・露・米)
1861	1861　**李鴻章**が**淮軍**を結成	→清が条約の批准を拒否
同治帝	1864　洪秀全死亡，太平天国は滅亡	**アイグン(愛琿)条約**(対露)
1860	1860　**洋務運動**(～94)　「**中体西用**」	1860　**北京条約**(対英・仏・露)
1875	☆**同治中興**	1871　イリ事件(～81)
	1895　**変法運動**(▶P.226)	1881　**イリ条約**(対露)
	1898　**戊戌の変法**→戊戌の政変で失敗	1884　**清仏戦争**(～85)(◀P.223)
光緒帝	**義和団戦争(北清事変)**(1900～01)	1885　**天津条約**(対仏)
	・「**扶清滅洋**」を主張	→ベトナムの宗主権を放棄
	・排外・仇教運動を行う	1894　**日清戦争**(～95)
	→清は諸外国に宣戦	1895　**下関条約**(対日)(▶P.230)
	北京議定書(1901)	→列強による中国分割本格化
1908		

2 清と英国の貿易

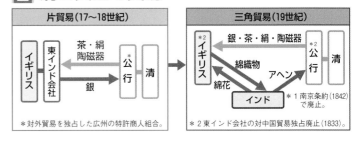

片貿易(17～18世紀)　　　　　三角貿易(19世紀)

＊対外貿易を独占した広州の特許商人組合。

＊2東インド会社の対中国貿易独占廃止(1833)。

＊1 南京条約(1842)で廃止。

■アヘンの流入と銀の流出

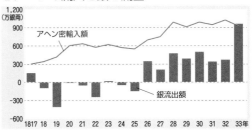

（1843年に出版された本の挿絵）

（『岩波講座世界の歴史21』岩波書店）

◀解説▶ 三角貿易によって清から大量の銀が流出したことで，不足した銀の価格は高騰した。**地丁銀制**は銀で税を納めるため，銀の高騰は事実上の増税となり，民衆を苦しめた。

◀1・2 ケシの花とアヘン窟 ケシの実から採取される乳液状の汁液を固めたものがアヘンで，モルヒネを主成分とする麻薬である。アヘン窟ではアヘン煙をキセルで吸引した。**アヘン**の大量流入は，中国の経済・社会にとって大きな問題となった。

3 アヘン戦争 (▶P.228)

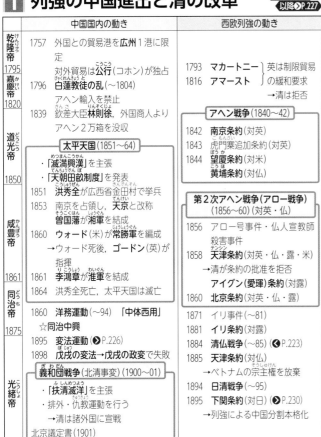

← 英軍の進路
● 南京条約による開港5港
● 主要条約締結地

1843 虎門寨追加条約
1844 黄埔条約(清・仏間)
1844 望厦条約(清・米間)
1842 南京条約
1841 平英団事件

ネメシス号

◀解説▶ 林則徐がアヘンを取り締まったことに反発したイギリスは，最新鋭の蒸気船を含む軍隊を派遣した。軍事力の差は圧倒的で，英軍は中国沿岸部を次々と占領していった。英軍が南京に迫ったため清は交戦をあきらめ，**南京条約**を締結した。

◀3 アヘン戦争 中国のジャンク船を砲撃するネメシス号。

Key Person　林則徐 (1785～1850)

林則徐は27歳で科挙を突破したエリートで，腐敗が横行する官界にあって例外的な清廉官僚だった。役人への賄賂によって野放し状態となっていたアヘン密輸問題を解決するため，道光帝に抜擢され欽差大臣(特命全権大臣)として広州に派遣された。林則徐はアヘンを強制没収し，廃棄処分したが，これが**アヘン戦争**の引き金になった。彼は開戦の責任を取らされ更迭され，イリ地方に追放された。（肖像は香港歴史博物館蔵）

ルーツ　「モルヒネ」：アヘンに含まれるアルカロイド類の一つがモルヒネであり，医療現場において鎮痛・鎮静薬として使用されている。

4 太平天国と第2次アヘン戦争（アロー戦争）

探究 太平天国のスローガンや政策について説明しなさい。[70字程度] 類題：千葉大学

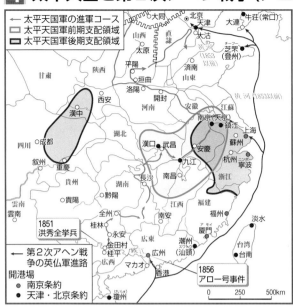

- ← 太平天国軍の進軍コース
- □ 太平天国軍前期支配領域
- ■ 太平天国軍後期支配領域

1851 洪秀全挙兵

← 第2次アヘン戦争の英仏軍進路

開港場
- ● 南京条約
- ● 天津・北京条約

1856 アロー号事件

●第2次アヘン戦争（アロー戦争）（●P.228）

（東洋文庫蔵）

↑4 上陸をはかる英仏連合軍　清との交易の拡大を狙っていたイギリスは、1856年におこったアロー号事件をきっかけに、フランスとともに清との戦争を始めた。そして58年に天津条約、さらに北京を占領して60年に北京条約を結び、莫大な利益を獲得した。

Key Person　洪秀全（1813〜64）

広東省の「客家」出身の洪秀全は、4回科挙を受験したがすべて失敗した。2回目の失敗時、キリスト教の布教書『勧世良言』を入手し、3回目の失敗時に高熱による幻覚の中で天父（上帝（神））と天兄（キリスト）に出会う体験をした。4回目の失敗後、自分がキリストの弟であるとの確信をもち、独自のキリスト教団（上帝会）を組織。1851年に地上の天国「太平天国」の建設を目指し広西省金田村で挙兵し、初め南京を占領するなど成功を収めたが、指導者層の内紛が繰り返されたこともあり太平天国は瓦解し、洪秀全も首都天京（南京）の陥落直前に病死した。

（北京革命博物館蔵）

●太平天国

清 → 太平天国

郷勇：湘勇（湘軍）曽国藩、淮勇（淮軍）李鴻章、楚勇（楚軍）

↓5 曽国藩（1811〜72）

常勝軍：ウォード（米）、ゴードン（英）（◀P.217）

太平天国
- 首都 天京（南京）
- 中心 上帝会（キリスト教系宗教結社）
- スローガン 滅満興漢
- 政策 天朝田畝制度、男女平等、辮髪禁止、悪習禁止（纏足・アヘン吸飲）

解説 アヘン戦争による多額の戦費と賠償金の支払いは、重税となって民衆の生活を圧迫したため、太平天国には困窮した民衆が大挙して参加した。洪秀全は「滅満興漢」という民族主義的なスローガンを掲げ、満洲人の風習である辮髪（◀P.111）を廃止して長髪としたので、太平天国は長髪賊の乱とも呼ばれた。

↑6 清軍と太平天国軍の戦闘　（東洋文庫蔵）

5 清と列強の条約

条約	南京条約（●P.315史料）(1842)	天津条約・北京条約 (1858)(1860)	北京議定書（辛丑和約）(1901)
戦争	アヘン戦争（1840〜42）	第2次アヘン（アロー）戦争（1856〜60）	義和団戦争（1900〜01）
対象国	英	英・仏・露・米	日・英・仏・独・露・米など11か国
開港場	広州・上海・厦門・福州・寧波	南京・漢口など10港（天津条約）天津を開港（北京条約）	
内容	・香港島を割譲 ・公行の廃止と自由貿易 ・1,200万両の賠償金 虎門寨追加条約（1843）・領事裁判権・最恵国待遇・関税自主権の喪失 ※望厦条約（対米）、黄埔条約（対仏）で南京条約と同じ内容を承認。	・外国公使の北京常駐・キリスト教布教の自由・外国人の中国旅行の自由 北京条約で追加 ・開港場に天津を追加・九竜半島南部をイギリスに割譲・ロシアに沿海州を割譲 アイグン（愛琿）条約（1858）・ロシアに黒竜江（アムール川）以北を割譲・沿海州を露清共同管理	・責任者の処罰・4億5,000万両の賠償金・列国軍隊の北京駐兵権

6 洋務運動（●P.226）

解説 第2次アヘン戦争で敗北した清では、太平天国の鎮圧で活躍した漢人官僚が中心になった改革運動が行われた。この改革は「中体西用」というスローガンが示したように、ヨーロッパの優れた軍事・工業技術は取り入れたが、政治・社会改革の伴わないものだった。

←7 金陵機器局　太平天国から奪い返したばかりの金陵（南京）に李鴻章が設立した武器工場。イギリス人が指導にあたり、大砲や鉄砲を製造した。

→8 李鴻章（1823〜1901）　故郷の安徽省で淮軍を組織し太平天国の討伐で活躍。その後、清朝の最高実力者として富国強兵をめざす洋務運動を推進し、鉱山開発・鉄道の敷設、そして近代海軍や、官営軍需工場の設立に尽力した。

東アジア

❓探究 変法運動の内容と結果について，述べなさい。[100字程度]　　類題：中央大学

★ヨーロッパ列強の進出に対処できない清は辛亥革命で滅亡し，代わって中華民国が誕生した。

1 列強の中国進出

```
列強の勢力範囲
□ ロシア
□ ドイツ
□ イギリス
▨ フランス
■ 日本
赤字 租借地
● 租界のある都市
青字 割譲地

強列の鉄道利権(・・・・は予定線)
● 中国自設
━ ロシア
━ ドイツ
━ イギリス
━ フランス
━ ベルギー(フランス・ロシア)
━ アメリカ
━ 日本
━ 四国借款団(アメリカ・フランス・ドイツ・イギリス，部分開通)
0  250  500km
赤数字・青数字 利権獲得年 (数字)開通年
```

●中国分割

国　名	租借地	租借年	租借期限	勢力範囲	鉄道敷設権(獲得年)
ロシア	遼東半島南部(旅順, 大連)	1898	25年	万里の長城以北	東清鉄道(1896)
ドイツ	膠州湾	1898	99年	山東半島	膠済鉄道(1898)
イギリス	威海衛　九竜半島(新界)	1898	25年　99年	長江流域	津浦鉄道(1898)　広九鉄道(1899)
フランス	広州湾	1899	99年	広東省西部　広西省・雲南省	滇越鉄道(1898)
日　本	遼東半島南部	1905	18年	福建省・満洲南部	南満洲鉄道(1905)
アメリカ	国務長官ジョン=ヘイの門戸開放宣言(門戸開放・機会均等(1899)，領土保全(1900))				

```
列強が獲得した利権
租借…年限を区切って土地を借りる(事実上の植民地)
鉄道敷設権…鉄道を建設し，運営と営業を行う
鉱山採掘権…石炭，鉄鉱などの鉱山を採掘する
```

2 義和団戦争

(8か国=日露英仏米独墺伊。革命博物館蔵)

↑1 8か国連合軍　義和団戦争当時，英は南ア戦争中，米はフィリピン反乱の鎮圧中であり，8か国連合軍の半数は日本軍，ついでロシア軍で，両軍で大半を占めた。8か国連合軍に敗れた清は1901年，**北京議定書**に調印(●P.225)した。

3 清末の改革

📖探究のヒント

改革	洋務運動(1860頃～94)(◀P.225)	変法運動(1895～98)	光緒新政(1901～08)
皇帝	同治帝	光緒帝	光緒帝
推進者	曽国藩，李鴻章，左宗棠	康有為，梁啓超，譚嗣同	西太后，袁世凱
内容	「中体西用」政治は伝統的な制度を変えず，工業・軍事は西洋より導入	「変法自強」明治維新をモデルとした立憲君主制をめざす戊戌の変法(1898)を実施	立憲君主制をめざす・科挙の廃止(1905)・憲法大綱の発表(1908)・国会開設の公約(1908)
結果	日清戦争の敗北(1895)で限界が露呈	戊戌の政変(保守派のクーデタ)で失敗(1898)	効果が出る前に辛亥革命が発生(1911)

Key Person 西太后 (1835～1908)

同治帝と光緒帝の時代，40年以上にわたって政治の実権を握っていたのは西太后だった。光緒帝が親政を始めるといったんは引退したが，康有為が中心となった変法運動に反発して戊戌の政変をおこし，光緒帝を監禁して政権の座に復帰した。しかし義和団戦争で敗北すると一転して変法運動にならった改革=光緒新政(1901～08)を開始した。

→2 西太后
←3 康有為 (1858～1927)

●清末期の動向

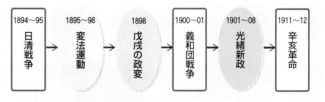

1894～95	1895～98	1898	1900～01	1901～08	1911～12
日清戦争	変法運動	戊戌の政変	義和団戦争	光緒新政	辛亥革命
洋務運動の失敗	立憲君主制をめざす	変法運動の挫折	保守派の敗北	再び立憲君主制をめざす	清朝の滅亡

Key Person 溥儀(宣統帝) (位1908～12)

1908年，光緒帝に代わる新皇帝として西太后が指名したのは，わずか3歳の溥儀だった。光緒帝と西太后があいついで亡くなった後，皇帝に即位した(宣統帝)。辛亥革命によって1912年に退位したが，中華民国政府との協定により紫禁城内での皇帝の称号の使用と居住を保証された。しかし1924年になって紫禁城を追放された。写真中右側に立っているのが溥儀。

→4 溥儀と父・弟
(●P.255)

探 究　辛亥革命の経過を説明しなさい。
[80字程度]　　類題：中央大学

4 辛亥革命

P.224◀以前　以降▶P.254

革命勢力の動き	清朝・袁世凱の動き
1894　孫文がハワイで**興中会**を結成	
日清戦争（〜95）	
以後，中国分割本格化	1898　**変法運動の失敗**
1905　孫文らが東京で革命結社を統合し	1905　**科挙の廃止**
中国同盟会を組織	**→5 袁世凱**（1859〜1916）
三民主義 民族の独立 **四大綱領** 駆除韃虜	清朝末期最大の実力者で
民権の伸張　　恢復中華	あった袁世凱は溥儀を退位さ
民生の安定　　創立民国	せ，中華民国臨時大総統に就
平均地権	任して独裁政治を行った。
☆民族資本家による利権回収運動が盛	1908　**憲法大綱**を発表
んになる	国会開設を公約
1911. 9　**四川暴動** ◀────	1911　鉄道国有化令公布

辛亥革命（第一革命）

1911.10.10　**武昌**の新軍が蜂起，辛亥革命勃発	
1912. 1. 1　**中華民国成立**	1912. 2　**宣統帝（溥儀）退位**。清朝，滅亡
孫文，臨時大総統就任	. 3　**袁世凱，臨時大総統**就任，臨時約法
首都：南京	を公布

1913. 2　国会選挙で**国民党**が圧勝 ◀──	袁世凱が国民党を弾圧
. 7　**第二革命**（反袁世凱の反乱）	
→失敗。孫文，日本へ亡命	
1914　孫文が東京で**中華革命党**結成	1914　袁世凱，国会停止，独裁体制確立
	1915. 5　**袁世凱，日本の二十一カ条**の要求受諾
	. 8　**袁世凱，帝政復活**を計画
1915.12　**第三革命** ───────	1916. 3　帝政復活を取り消し
（帝政反対の反乱）	. 6　袁世凱死去

● 辛亥革命関係地図

※地図内表記
- 1912.2 宣統帝退位（清朝滅亡）　1912.3 袁世凱，臨時大総統就任
- 張作霖
- 袁世凱　北京　直隷　馮国璋
- 1912.1 孫文臨時大総統就任
- 黄興
- 黎元洪　段祺瑞　張勲
- 1913.7 第二革命
- 1911.9 四川暴動
- 1911.10.10 武昌蜂起，辛亥革命開始
- 孫文
- 1915.12 第三革命
- 仏領インドシナ
- 0　250　500km
- □ 革命が発生した省　□ 革命に応じた省　□ 清朝側についた省　● おもな革命反乱地　人名 軍閥

● 辛亥革命の経過

探究のヒント

清の幹線鉄道国有化令 → 四川暴動 → 武昌蜂起・辛亥革命（1911〜12） → 中華民国建国の宣言（1912） → 臨時大総統に孫文が就任 → 清朝滅亡（宣統帝退位）（1912） → 袁世凱が臨時大総統 → 袁世凱，国民党を弾圧 → 第二革命の失敗（1913） → 袁世凱，帝政復活宣言 → 第三革命で帝政を取り消し（1916） → 軍閥争乱の時代

● 革命組織の変遷

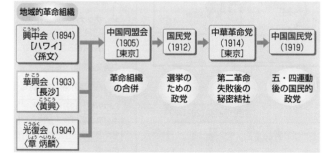

地域的革命組織

興中会（1894）[ハワイ]〈孫文〉／華興会（1903）[長沙]〈黄興〉／光復会（1904）〈章炳麟〉 → 中国同盟会（1905）[東京] 革命組織の合併 → 国民党（1912）選挙のための政党 → 中華革命党（1914）[東京] 第二革命失敗後の秘密結社 → 中国国民党（1919）五・四運動後の国民的政党

● 中華民国政府（北京政府）を支配した軍閥の変遷

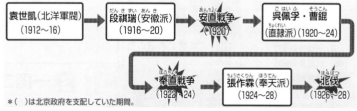

袁世凱（北洋軍閥）（1912〜16） → 段祺瑞（安徽派）（1916〜20） → 安直戦争（1920） → 呉佩孚・曹錕（直隷派）（1920〜24） → 奉直戦争（1922〜24） → 張作霖（奉天派）（1924〜28） → 北伐（1926〜28）

＊（　）は北京政府を支配していた期間。

解説 袁世凱の死後，その権力基盤であった**北洋軍閥**は分裂し，各地に勢力をもつ**軍閥**が争う時代となった。北京を支配する軍閥が中華民国の代表であると諸外国に認識されたが，繰り返される戦争でその支配者は交替していった。

● 三民主義（◀P.217）と四大綱領

三民主義		
民族（の独立）	満洲族の清朝支配から脱し，漢民族を独立させる	
民権（の伸張）	主権在民の共和政国家を樹立する	
民生（の安定）	土地を平等に再配分し，民衆の生活を安定させる	

四大綱領		
駆除韃虜	満洲族の清朝を打倒する	
恢復中華	中華民族の国家を復興する	
創立民国	共和政の国を設立する	
平均地権	土地所有権を平等にする	

Key Person （1866〜1925）孫文と日本人

1894年に興中会を設立し革命運動を行った孫文は，1905年に東京で他の革命組織と合併して**中国同盟会**を組織した。そのとき提唱したのが**三民主義**である。孫文は日本での活動が多かったこともあり，国粋主義者の宮崎滔天や実業家の梅屋庄吉，政治家の犬養毅など日本人の支援者も多かった。

→6 梅屋庄吉夫妻と孫文（1914年）

（小坂文乃氏蔵）

東アジア

香港（ホンコン）

？探究 香港島とその周辺地域が中国から離脱させられた経緯について、三つの段階にわけて説明しなさい。［110字程度］類題：首都大学東京

◯ガイド

中華人民共和国／香港

イギリスのアジア貿易の拠点として栄えたが、1997年、中国に返還された。おもに香港島と対岸の九竜半島からなる。

中環セントラル 香港政府や多くの金融機関がある

九竜半島

香港島

●英領香港形成の3段階

広州／黄埔／石竜／東莞／虎門寨／広九鉄道／深圳

香山／マカオ島／中山／望廈／マカオ（1557,ポ,居住権）

九竜半島／（1898,英,租借）／九竜市（1860,英）／香港島（1842,英）

- 1842年（南京条約）
- 1860年（北京条約）
- 1898年（99年間租借）

0 50km

1 香港の歩み（1）　探究のヒント

- ・10世紀頃より、住民が香木の栽培を始め、香料製品を製造
  （→香港、明の万暦年間［1572〜1620］に文献上に初めて現れる）

1840	**アヘン戦争開始**
	（〜42）（●P.224）
42	**南京条約締結**

- ・**香港島をイギリスに割譲**
- ・テント商会、ジャーディン＝マセソン商会、フレッチャー商会などがヴィクトリア湾に事務所を建設

1856	**第2次アヘン戦争開始**
	（〜60）（●P.225）
58	**天津条約締結**
60	**北京条約締結**

↑**1** 1842年頃の香港の街並み

- ・**九竜半島南端をイギリスに割譲**

1894	**日清戦争開始**（〜95）
95	**下関条約締結**（●P.230）

- ・列強の中国侵略が激しくなり、イギリスは他国との対抗上、勢力範囲確保を狙う
- ・**香港地域拡張に関する条約を締結**（98）
  99年間を期限とした、新界の租借が決定
  （＝植民地香港の完成）

1937	**盧溝橋事件**（●P.262）
	日中戦争開始
1941	**太平洋戦争開始**（●P.263）
	日本軍、香港を占領

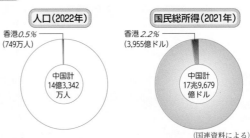
↑**2** 植民地風の建物が海岸に並ぶ香港島（1890年頃）

3 一国二制度

人口（2022年）

香港0.5%（749万人）

中国計 14億3,342万人

国民総所得（2021年）

香港2.2%（3,955億ドル）

中国計 17兆9,679億ドル

（国連資料による）

◀解説▶ 中英共同声明による合意で、香港は中国本国の経済とは一線を画し、資本主義自由経済の原則で運営されている。そのため、社会主義経済と資本主義経済が一つの国で混在する一国二制度という形になっている。しかし一つの国の中で、国民総所得（GNI）で40倍超のちがいが存在することや、国際金融センターとして機能している現状が、中国に編入されたことでどう変わっていくのかなど、多くの課題が残されている。

2 香港の歩み（2）

1945	**日中戦争　太平洋戦争終結**

- ・**香港、再びイギリス領に**

46	**国共内戦再開**（●P.288）

- ・中華人民共和国の成立までに難民が増加
- ・以後イギリスのアジア貿易の中継基地、金融市場として繁栄

82	**サッチャー英首相**（●P.279）、**中国訪問**（鄧小平（●P.289）と会談）

- ・中英交渉開始

84	**ハウ英外相、中国訪問**

- ・ハウ外相「1997年以後もイギリスの香港統治が続くと考えるのは現実的でない」と声明
- ・趙紫陽首相「香港の繁栄と安定を維持するために、50年間は現体制を維持する」と声明
- ・中英両国、香港返還に関する合意文書に調印（12月）

85	**香港返還に関する合意文書正式発効**
97	**香港返還**
99	**マカオ返還（ポルトガル）**

探究 甲午農民戦争の内容と，日清戦争に至る過程を述べなさい。[90字程度]
類題：島根県立大学

★日本は朝鮮半島を植民地支配したが，朝鮮民衆の独立への願いはやむことはなかった。

1 近代朝鮮の歩み P.118◀以前

大院君排外政権	1860	崔済愚が東学を始める
	1863	高宗即位，大院君政権成立
		☆保守排外政策
		江華島にて外国船と交戦
	1873	大院君失脚，閔氏政権成立
親日政権	1875	江華島事件がおこる（�**P.118）
	1876	日朝修好条規(江華条約)を締結，李朝は開国
親清政権	1882	壬午軍乱(閔氏政権 vs 大院君派)
	1884	甲申政変(閔氏政権 vs 独立党)
	1885	天津条約(朝鮮からの日清両軍の撤兵)
	1894	甲午農民戦争(東学の乱)
	1894	日清戦争が勃発(～95)（**P.230)
	1895	下関条約調印
親露政権	1895	日本公使三浦梧楼らによる閔妃暗殺事件がおこる
	1896	親露派のクーデタ(日本は一時後退)
	1897	国号を大韓帝国に改称する
	1904	第1次日韓協約(日本人政治顧問をおく)
	1905	第2次日韓協約(外交権喪失)
日本への抵抗と屈服の時代	1906	日本が統監府を設置(初代統監伊藤博文)
	1907	ハーグ密使事件(万国平和会議に日本の圧迫を訴えようとした)→高宗が退位
		第3次日韓協約(日本は韓国内政権を掌握，韓国軍を解散)
		☆義兵闘争・愛国啓蒙運動が広がる
	1909	安重根，伊藤博文を暗殺
	1910	韓国併合条約を締結(**P.230・317史料)
		朝鮮総督府を設置(武断政治へ)
		土地調査事業実施(土地を追われた多くの農民が日本に流入)

2 開国後の朝鮮

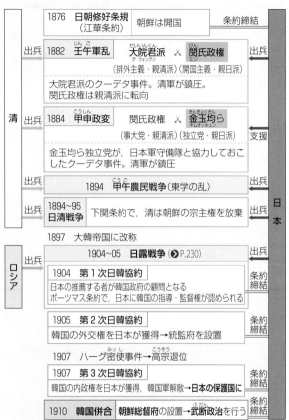

	1876	日朝修好条規(江華条約) 朝鮮は開国 条約締結

清

出兵 → 1882 壬午軍乱 大院君派 × 閔氏政権 ← 出兵
(排外主義・親清派) (開明主義・親日派)
大院君派のクーデタ事件。清軍が鎮圧。閔氏政権は親清派に転向。

出兵 → 1884 甲申政変 閔氏政権 × 金玉均ら ← 支援
(事大党・親清派) (独立党・親日派)
金玉均ら独立党が，日本軍守備隊と協力しておこしたクーデタ事件。清軍が鎮圧

出兵 → 1894 甲午農民戦争(東学の乱) ← 出兵

出兵 → 1894～95 日清戦争 下関条約で，清は朝鮮の宗主権を放棄 ← 出兵

1897 大韓帝国に改称

ロシア

出兵 → 1904～05 日露戦争（**P.230) ← 出兵

1904 第1次日韓協約
日本の推薦する者が韓国政府の顧問となる
ポーツマス条約で，日本に韓国の指導・監督権が認められる 条約締結

1905 第2次日韓協約
韓国の外交権を日本が獲得→統監府を設置 条約締結

1907 ハーグ密使事件→高宗退位

1907 第3次日韓協約
韓国の内政権を日本が獲得，韓国軍解散→日本の保護国に 条約締結

1910 韓国併合 朝鮮総督府の設置→武断政治を行う 条約締結

日本

●開国以後の朝鮮半島

□ 東学の活動地域

清 朝鮮 日本

1882 壬午軍乱
1884 甲申政変
1910 韓国併合

1875 江華島事件

1894 甲午農民戦争(東学の乱)

◀解説 開国後の朝鮮半島をめぐって，日清両国による勢力争いが続いた。日清戦争後になると，清に代わってロシアが朝鮮半島への進出を図った。日露戦争で敗北すると，ロシアは手を引き，朝鮮半島は日本の勢力圏となった。

東アジア

4 韓国併合

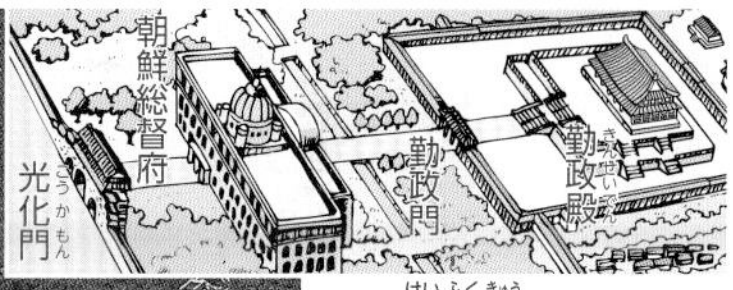

←2 景福宮を分断した朝鮮総督府 韓国併合後，ソウル(京城と改称)の王宮(景福宮)の正面を塞ぐように朝鮮総督府が建設された。独立後，この建物は博物館などに利用されていたが，1995年に取り壊された。

3 甲午農民戦争

全琫準

探究のヒント

◀1 甲午農民戦争の指導者，全琫準 教祖崔済愚は西学(キリスト教)に対抗して，在来信仰に儒仏道を加えた宗教(＝東学)を創始した。1894年，全琫準を指導者に組織的農民反乱をおこしたが，日清軍の介入を招き日清戦争を誘発した。

Key Person 安重根 (1879～1910)

安重根は義兵闘争に参加し，その指導者の一人となっていた。義兵闘争とは，日本による朝鮮半島の植民地化に抵抗する武装闘争である。閔妃殺害事件後の1896年に発生しいったんは収まったが，植民地化が進む過程で再燃し，1907年の第3次日韓協約で解散された韓国軍が参加したことで全国規模に拡大していった。1909年，安重根は初代韓国統監の伊藤博文をハルビン駅で射殺した。逮捕後の取り調べの際自らの主張を堂々と述べる態度に，取り調べ官や看守，弁護士は敬意を抱いたといわれている。死刑判決を受けた安重根は翌1910年に処刑された。

↑3 義兵闘争

5 三・一独立運動

←4 ソウルの女学生のデモ パリ講和会議で唱えられた民族自決の原則に影響を受けた朝鮮の民衆には，日本からの独立を求める気運が高まっていた。1919年3月1日，ソウルで「独立万歳」を叫ぶ大規模なデモが発生し全国に波及した。日本の激しい弾圧で，7,000人以上の死者が出た。

230 日本

★日清・日露戦争に勝利した日本は，その領域を拡大するとともに，工業化を進めていった。

1 日本の領域の変遷

A 幕末期（1850年代） **B 明治時代初期（1870年代）** **C 明治時代中期（1895年）** **D 明治時代後期（1910年）**

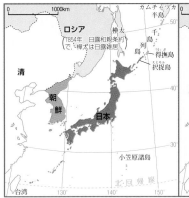
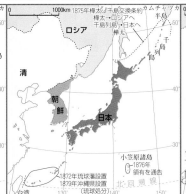

↑日露和親条約（1855年）では，択捉島と得撫島の境が日露の国境となり，樺太は国境を定めず両国の雑居地とした。

↑樺太・千島交換条約（1875年）で，千島列島は日本領，樺太はロシア領と定められた。また，琉球処分（1879年）で琉球藩（琉球王国に代わり1872年設置）は廃止され，沖縄県が設置された。

↑日清戦争後の**下関条約**（1895年）で，台湾と澎湖諸島が日本領となった。

↑日露戦争後の**ポーツマス条約**（1905年）で，樺太南部（北緯50度以南）が日本領となった。また，韓国併合（1910年）によって朝鮮半島が日本領となった。

2 近代日本の歩み

江戸	1853 ペリー艦隊が来航	幕末期
	1854 **日米和親条約**を締結し開国	
	1855 日露和親条約を締結	
	1858 **日米修好通商条約**を締結	
	1868 **江戸幕府が倒れ明治新政府が成立**	近代国家形成期
	1871 日清修好条規を締結	
	岩倉使節団を欧米に派遣（◀P.220）	
	1874 台湾出兵が行われる	
	1875 樺太・千島交換条約	
	1876 日朝修好条規を締結	
	1879 琉球処分（沖縄県設置）	
明治	1889 **大日本帝国憲法を発布**	
	1894 **日清戦争**が勃発（～95年）	
	1895 **下関条約**を締結（◀P.224・228）	
	三国干渉〔遼東半島を返還〕	資本主義の形成と軍事大国化の時代
	1900 義和団戦争に出兵	
	1901 官営八幡製鉄所，操業開始	
	1902 **日英同盟**を締結（▶P.232）	
	1904 **日露戦争**が勃発（～05年）	
	第1次日韓協約	
	1905 ポーツマス条約を締結	
	第2次日韓協約	
	1907 日仏協約	
	第3次日韓協約	
	日露協約	
	1910 **韓国併合条約**を締結（◀P.229）	
	1911 関税自主権の回復	
大正	1914 第一次世界大戦に参戦（▶P.243）	
	1915 **二十一カ条の要求**（▶P.254）	
	1917 石井・ランシング協定	
	1918 シベリア出兵（～22年）	
	1921 ワシントン会議（～22年）〔→四カ国条約（1921）・九カ国条約（1922）・ワシントン海軍軍備制限条約（1922）〕	
	1930 ロンドン海軍軍縮条約を締結	
昭和	1931 満洲事変	
	1932 満洲国建国	

3 明治時代の工業
（岡谷蚕糸博物館蔵）

↑1 **官営富岡製糸場** 明治初期の日本政府は，産業の近代化を推し進めた。特に輸出品として期待された生糸の生産には力を入れ，官営富岡製糸場などを建設した。

4 日清戦争（◀P.229）
（明治神宮外苑聖徳記念絵画館蔵）

陸奥宗光　伊藤博文　李鴻章

↑3 **下関条約の調印**（「下関講和談判」永地秀太筆） 日本側の全権は伊藤博文，清側の全権は李鴻章。約1か月の交渉で調印された。

→2 **官営八幡製鉄所** 下関条約の賠償金などをもとに福岡県に建設された。それまで紡績・製糸などの軽工業が中心だった日本の工業は，八幡製鉄所の操業をきっかけに重工業も発展していく。

5 日露戦争（◀P.229，▶P.241）

●日露戦争をめぐる国際関係

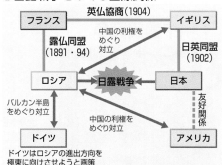

ドイツはロシアの進出方向を極東に向けさせようと画策

◀解説 満洲（中国東北部）を勢力下におき朝鮮への進出をはかるロシアと，日清戦争で勝利を収め朝鮮半島を勢力下においた日本の対立は，ヨーロッパ列強の対立がからみ合って複雑な国際関係を出現させた。

●下関条約とポーツマス条約

	下関条約　1895年調印	ポーツマス条約　1905年調印
契機	日清戦争	日露戦争
内容	①清は朝鮮への宗主権を放棄 ②日本へ台湾・澎湖諸島・遼東半島を割譲 ※三国干渉で日本は遼東半島を返還 ③賠償金2億両を日本に支払う	①朝鮮半島における日本の指導・監督権を認める ②遼東半島南部の租借権を日本に譲渡 ③東清鉄道支線（南満洲鉄道）を日本に譲渡 ④北緯50度以南の南樺太を日本に割譲

「ビゴーの風刺画」に見る日本の帝国主義

時代背景 19世紀になると新聞や雑誌の普及に伴い，時の政治や社会を皮肉めいて描く風刺画（カリカチュア）が数多く描かれるようになった。各国の帝国主義政策は風刺画の格好の題材となり，日本もその例外ではなかった。

ビゴーのプロフィール
　フランス人のビゴー（1860～1927）は，1882年に初来日し，その後17年あまりを日本で過ごし，明治時代の日本の姿をスケッチ・水彩画などに残した。1887年に中江兆民らの協力を得て風刺雑誌『トバエ』を創刊し，日本の風刺画に大きな影響を与えた。1899年，条約改正による外国人居留地の廃止を前に帰国した。

➡**1** 1897年（37歳）当時のビゴー

A 日清戦争前後の国際関係

⬆**2**「朝鮮をねらう3国」（1887年）　日清戦争前の東アジアの情勢を描く。
（川崎市市民ミュージアム蔵）

イギリス「ほら，これがソーデスカ氏だよ。」
ロシア「君は何をお望みかね。」
ソーデスカ氏「あなた方のクラブに入ることを望みます。ドーゾ，オネガイ（シ）マッセ…。」

➡**3**「列強クラブの仲間入り」（1897年）
　日清戦争で勝利した日本（ソーデスカ氏）が，イギリスの紹介で「列強クラブ」に入ろうとしているようすを描いている。

資料を読み解く

(1)ソーデスカ氏はどのような衣服を着ているだろう？　また，彼からはどのような印象を受けるだろう？
(2)ソーデスカ氏を見つめる列強諸国の面々にセリフをつけてみよう。
(3)日本が列強諸国の一員として振る舞おうとすることを，西欧諸国はどのように受け止めたと考えられるだろう？

⬇**4**「危険な黄色人種」（1897年）

ヴィルヘルム２世のセオドア＝ローズヴェルト宛書簡（1905年）

　私が予見するに，将来において「白人」と「黄色人」との間には，まさにその生存を懸けた生死の闘いが起こるであろう。それ故，「白人種」に属する諸国民ができるだけ早くそのことを理解し，来るべき危険に対して共同の防衛処置をとることが望ましいのである。この危険はやがて，白人種の間の共同援助と理解にとって，ハーグ条約や平和・仲裁会議などよりもはるかにましな相互の絆となることであろう。
（『世界史史料6』岩波書店）

❶**解説** 日清戦争後，日本は「アジアの盟主」のような存在となった。これを警戒したドイツ皇帝ヴィルヘルム２世（➡P.235）は，ロシア・フランスとともに三国干渉を実行し，日本の大陸進出を抑えようとした。こうした行動の背景にあったのが「黄禍論」である。黄禍論は当時のドイツにおいて，三国干渉や日露戦争におけるロシアの立場を擁護する考え方として政治的に利用された。

資料を読み解く

(4)左の風刺画では，日本はどのような姿で描かれているだろう？
(5)「黄禍論」とはどのような考え方だろう？　上の史料や左の風刺画から読み取ってみよう。
(6)ビゴーが「黄禍論」を題材とする風刺画を描いた意図を考えてみよう。

B 日露戦争期の国際関係

⬅**5**「日本をロシアにけしかけるイギリス」（1895年）　日英同盟締結（1902年）と日露戦争（1904～05年）を予感させる作品。東アジアの勢力争いが進むなか，イギリスが日本をロシアと戦うようにけしかけている。後方では，この三者のようすをフランス（右）とドイツ（左）がうかがっている。

⬅**6**「ロシアに立ち向かう日本」（日露戦争期）　フランスに帰国したビゴーは日露戦争に関する漫画絵葉書を発行した。当時のフランスでは，日本が韓国を支配し，清を引き連れてロシアに挑もうとしているという認識があり，ビゴーもそれに応じた。こうした認識の背景には「黄禍論」があったと考えられる。実際は，韓国・清とも中立を宣言した。

C ビゴーがみた日本の変化

❶**解説** 1899年，条約改正を前に帰国を目前にしたビゴーは，日本で最後の画集を発行した。そこには，日本の先行きを不安視するような絵が描かれていた。右の絵では，馬車の乗客（外国人）と御者（ソーデスカ氏）がこんな会話をしている。

外国人「キミ，気を付けてくれ。この馬車は暴走しているんじゃないか。」
御者「あっしの馬は小屋で長い間休んでいましたから，はしゃいでいますが確実に前に進んでいまっせ。」

⬅**7**画集『一八九九年五月』に掲載された風刺画

資料を読み解く

(7)外国人（ビゴー）は，当時の日本のどのような点を「暴走」ととらえていたのだろう？
(8)上の風刺画にタイトルをつけてみよう。

（**2**以外はすべて美術同人社蔵）

探究 アフリカ分割におけるイギリスの帝国主義政策について，他の列強との関係に触れながら説明しなさい。〔170字程度〕 類題：東京学芸大学

★列強の欲望が交錯するアフリカ大陸。領土はモザイク模様が広がった。

1 列強のアフリカ分割 探究のヒント

イギリス
オランダ
ベルギー
ポルトガル
ドイツ
スペイン
フランス
オーストリア＝ハンガリー帝国
イタリア
ロシア
ギリシア
オスマン帝国

1881〜82 ウラービー（オラービー）運動
1902 ドイツ，鉄道敷設権を獲得
1905・1911 モロッコ事件

アルヘシラス ジブラルタル（英）
タンジール
フェズ（アルジェリア）
モロッコ（1912,保護国）
アガディール
リオデオロ（1884）
チュニス
アルジェ
アルジェリア（1830）
チュニジア（1881,保護国）
地中海
トリポリ
キレナイカ
トリポリタニア
リビア（1912）
キプロス（英）
カイロ スエズ
スエズ運河（1875,株買収）
ダマスクス
バグダード
ガージャール朝
クウェート
メディナ
メッカ

サハラ砂漠
1884〜98 サモリ＝トゥーレの抵抗
アフリカ横断政策（仏）
アフリカ縦断政策（英）
1881〜98 マフディー運動
エジプト（1882,保護国）（1914,保護国）
1896 アドワの戦い
ハルツーム
エジプト・スーダン（1899）
エリトリア（1885,伊）
紅海
アデン
1898 ファショダ事件

モーリタニア
ダカール
セネガル
ガンビア
フランス領西アフリカ（1894）
ナイジェリア
フランス領コンゴ
ファショダ
アジスアベバ
エチオピア
ジブチ（1839,英）
イギリス領ソマリランド（1884）
伊領ソマリランド（1889）

ポルトガル領ギニア
シエラレオネ（1787）
トーゴ
カメルーン（1884）
コンゴ川
ウガンダ（1890）
イギリス領東アフリカ（ケニア）（1885）

モンロヴィア
リベリア
アシャンティ
1900 アシャンティの抵抗

ベルギー領コンゴ（コンゴ自由国）（1885）
ドイツ領東アフリカ（タンガニーカ）（1885）
ザンジバル（1890,英）

アンゴラ（1888）
ニヤサランド
北ローデシア
モザンビーク
1905〜07 マジ＝マジの蜂起

ドイツ領南西アフリカ（1884）
南ローデシア
ベチュアナランド
モザンビーク（1894）
マダガスカル（1896）
1899〜1902 南アフリカ（ブール）戦争

凡例
- イギリス領
- フランス領
- イタリア領
- ベルギー領
- ポルトガル領
- スペイン領
- ドイツ領
- ← リヴィングストンの探検行路
- ← スタンリーの探検行路
- ← イギリスの進出方向
- ← フランスの進出方向
- ← ドイツの進出方向
- ○ おもな抵抗運動の地域

- ケープ植民地（1828）
- ブール人の2共和国
- 南アフリカ連邦（1910）
- ▲ 金
- ◆ ダイヤモンド

トランスヴァール共和国
ドイツ領南西アフリカ（1884）
ヨハネスブルグ・プレトリア
キンバリー
ウォルビス＝ベイ
ダーバン
トランスヴァール共和国
オレンジ自由国
ケープ植民地（1814）
ケープタウン
バストランド
オレンジ自由国
ケープタウン
ポートエリザベス
喜望峰
0 500 1000km

解説 アフリカ縦断政策を取るイギリスに対し，フランスはアフリカ横断政策を取った。両者はファショダで衝突したが，フランスの譲歩で戦争は回避された。ドイツは「再分割」をねらい，2度にわたるモロッコ事件を引きおこしたが，列強の批判を浴びて断念した。

Key Person ローズ（1853〜1902）

ローズは南アフリカで鉱山会社を設立し，ダイヤモンド工業をほぼ独占して金の採掘も推進した。「地球の表面を1インチといえども取らなければならない」と語り，地球を分割し尽くしたら遊星（惑星）を併合すればいいという思想をもった典型的帝国主義者（P.316史料）であった。ローデシアという植民地名は彼の名にちなんでつけられたものである。1890年にケープ植民地首相（〜96）となり，一定地区を黒人居住区に定めて鉱山労働者の確保をねらったグレン・グレー法を制定し，のちの人種隔離政策の原型をつくった。

→1『パンチ』誌の風刺画 カイロ・ケープタウンの電信敷設を賞賛するローズの姿を描いたもの。

カイロ
ケープタウン
THE RHODES COLOSSUS

2 アフリカ分割の進行

イギリスの動き	フランスの動き
1814 ウィーン会議，ケープ植民地獲得（P.196）	1830 アルジェリア占領
1875 スエズ運河の株を買収（P.236）	1869 レセップス，スエズ運河完成（P.217）
1881 ウラービー（オラービー）運動	1881 チュニジアを保護国化
1882 エジプト軍事占領	
☆アフリカ縦断政策を推進	
1884〜85 ベルリン＝コンゴ会議（P.235） 会議の結果，列強の先占権が確認され，アフリカの分割が急速に進んだ（ベルギー国王レオポルド2世のコンゴ私有化（コンゴ自由国の成立））	
1890 ローズ，南北ローデシア支配（〜94） ローズ，ケープ植民地首相に就任	1894 フランス領西アフリカ形成 ☆アフリカ横断政策を推進
1898 ファショダ事件 英仏のアフリカ政策の衝突→妥協へ	
1904 英仏協商 仏，エジプトの優越権を英に認める 英，モロッコの優越権を仏に認める →三国協商への布石	

→2 ベルリン＝コンゴ会議 コンゴの領有をめぐるベルギーと諸列強の対立をビスマルクが調停し，先に占領した国の優先，占領事実通告の義務などが決められ，アフリカ分割は一気に激化した。

ビスマルク

3 南アフリカをめぐる動き

1652	オランダ人がケープ植民地設立，オランダ系ブール人形成
1814	イギリス領ケープ植民地となる（1815 ウィーン議定書で確認）
1836	英に抵抗するブール人の大移住（グレート・トレック）開始 →オレンジ自由国・トランスヴァール共和国を建設
1884	トランスヴァールで大金鉱が発見される
1899	英がブール人を侵略する南アフリカ戦争（ブール戦争）開始（〜02）
1910	南アフリカ連邦（自治植民地）成立
1913	南アフリカ連邦で原住民土地法が制定される（アパルトヘイト政策へ） ☆ブール人を含めた白人優位の確立と労働力確保のため人種隔離政策（アパルトヘイト）が推進される（P.283）

世界史の交差点

南アフリカ戦争と日英同盟

イギリスはブール人のゲリラ戦により苦戦を強いられた。戦争の長期化によってイギリスは世界戦略の変更を余儀なくされた。どの国とも協力関係を築かず「光栄ある孤立」で広大な植民地を維持したイギリスも，ロシアの極東における南下を抑えるためには新興国家日本との提携が不可欠になったのである。こうして1902年日英同盟（P.230）は結ばれた。

→3 日英同盟協約正文
（外交史料館蔵）

↓4 ブール人ゲリラ

★列強の植民地分割競争は，ヨーロッパ人と先住民との間に軋轢（あつれき）を生じさせた。

1 太平洋地域の分割

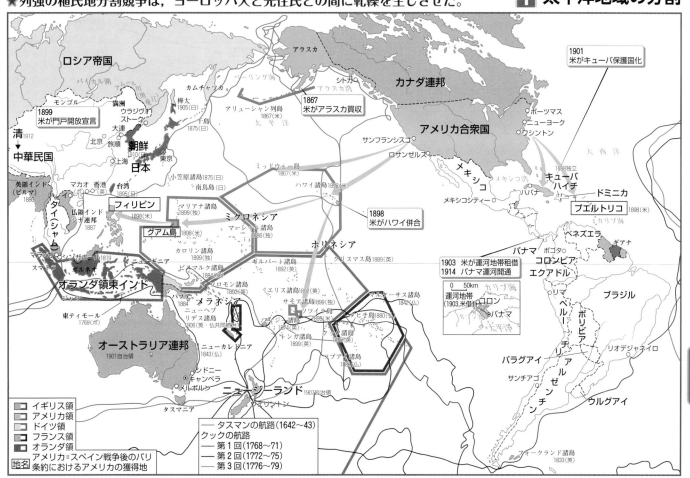

- ロシア帝国
- 1899 米が門戸開放宣言
- 清 1912
- 中華民国
- モンゴル
- 満洲
- ウラジヴォストーク
- カムチャツカ
- バイカル湖
- アムール川（黒竜江）
- アラスカ
- ベーリング海
- シトカ
- アラスカ湾 1867（米）
- アリューシャン列島 1867（米）
- 1867 米がアラスカ買収
- カナダ連邦
- 1901 米がキューバ保護国化
- 樺太 1905（日）
- 千島 1875（日）
- 大連
- 旅順 1910（日）
- 北京
- 朝鮮
- 日本
- 東京
- 上海
- 太平洋
- ミッドウェー島 1867（米）
- アメリカ合衆国
- サンフランシスコ
- ロサンゼルス
- ポーツマス
- ニューヨーク
- ワシントン
- 大西洋
- 英領インド（ビルマ）1886
- マカオ（葡）
- 香港（英）
- 台湾 1895（日）
- 小笠原諸島 1875（日）
- 南鳥島（日）
- ハワイ諸島 1898（米）
- 1898 米がハワイ併合
- メキシコ
- メキシコ湾
- メキシコシティー
- ハバナ
- キューバ 1898独立
- ハイチ
- ドミニカ
- プエルトリコ 1898（米）
- タイ（シャム）
- 仏領インドシナ連邦 1887
- フィリピン 1898（米）
- マリアナ諸島 1899（独）
- ミクロネシア
- グアム島 1898（米）
- マーシャル諸島 1886（独）
- カロリン諸島 1899（独）
- ポリネシア
- ギルバート諸島 1892（英）
- クリスマス島 1889（英）
- 1903 米が運河地帯租借
- 1914 パナマ運河開通
- パナマ
- ボゴタ
- ベネズエラ
- ギアナ
- コロンビア
- エクアドル
- ブラジル
- マラッカ
- シンガポール 1819
- スマトラ
- ボルネオ
- ニューギニア
- ビスマルク諸島 1884（独）
- ソロモン諸島 1893（英）
- エリス諸島 1892（英）
- サモア諸島 1899（独）
- マルケーサス諸島 1842（仏）
- 0 50km
- 運河地帯（1903, 米借） コロン パナマ
- カリブ海
- リマ
- ペルー
- ボリビア
- チリ
- オランダ領東インド
- ジャワ
- 東ティモール 1769（ポ）
- パプア 1884
- メラネシア
- ニューヘブリデス諸島 1906（英・仏共同統治）
- ツツイラ島
- タヒチ島 1880（仏）
- パラグアイ
- サンチアゴ
- アルゼンチン
- リオデジャネイロ
- オーストラリア連邦 1901自治領
- ニューカレドニア 1843（仏）
- シドニー
- キャンベラ
- メルボルン
- トンガ諸島 1899（英）
- ニュージーランド 1907自治領
- ウェリントン
- タスマニア
- ウルグアイ
- フォークランド諸島 1833（英）

凡例:
- イギリス領
- アメリカ領
- ドイツ領
- フランス領
- オランダ領
- 地名 アメリカ＝スペイン戦争後のパリ条約におけるアメリカの獲得地
- —— タスマンの航路（1642～43）
- クックの航路
  - —— 第1回（1768～71）
  - —— 第2回（1772～75）
  - —— 第3回（1776～79）

オセアニアほか

2 オセアニアの歴史

大航海以前のオセアニア
先住民（アボリジニー，マオリ人など）が，狩猟・採集，原始農耕などにより生活

ヨーロッパ人の進出

1642～43	タスマン（蘭）がタスマニア・フィジーなどに到達
1770	クック（英）がオーストラリア東岸を探検
1788	イギリスがオーストラリアへ最初の植民約1,000名を送る
1850年代	オーストラリアで，ゴールドラッシュ，中国系移民増加→流刑植民地からの転換
19世紀後半～	白豪主義が進む

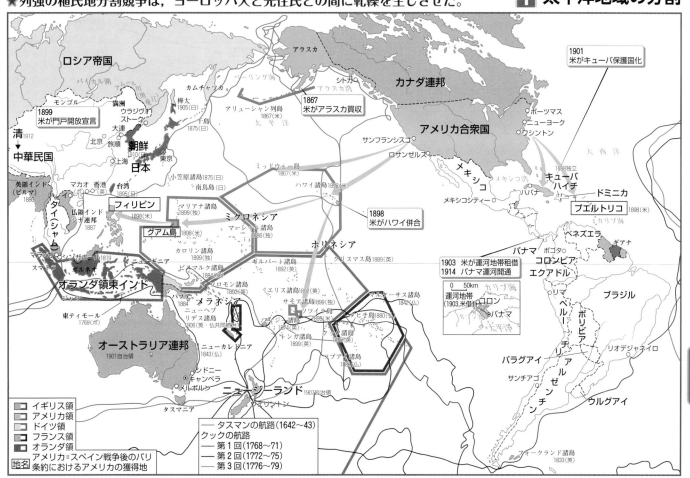

↑1 タスマン（1603～59）

欧米の帝国主義によるオセアニア分割

1880	フランスがタヒチ領有を宣言
1886	イギリスとドイツが太平洋の勢力圏分割を協約
1893	ニュージーランドで世界初の女性参政権実現
1898	アメリカがグアム島領有
1901	オーストラリア連邦成立（イギリス自治領）
1907	ニュージーランド，イギリス自治領となる
1914	アメリカによりパナマ運河開通（▶P.237）

↑2 クック（1728～79）島民との衝突により，ハワイで死亡。

3 アメリカの進出とハワイ併合

1795	カメハメハ1世が西欧式軍事力により支配権確立，ハワイ諸島をほぼ統一
1860年代	サトウキビ栽培拡大の一方で，疫病などにより先住民の人口激減→中国系・日系移民労働者が大量流入
19世紀後半	アメリカ系白人の政治・経済への影響力が強まる
1894	親米派がハワイ共和国樹立（前年のクーデタによりリリウオカラニ女王退位）
1898	アメリカがハワイを併合（アメリカ＝スペイン戦争でフィリピン，グアム島も獲得）

→3 リリウオカラニ（位1891～93）カメハメハ1世が統一したハワイでは，サトウキビ農園を経営するアメリカ系白人の発言力が強かった。先住民の権利向上をめざした女王は，白人グループのクーデタで退位させられ，「反逆罪」で逮捕・幽閉された。ここにカメハメハ王朝は滅亡する。女王は音楽を愛好したことでも知られ，ハワイ民謡として有名な「アロハオエ」の作詞者でもある。

世界史の交差点

アボリジニーとマオリ人

　オーストラリアの先住民アボリジニーは移動生活をする狩猟・採集民族で，家財をほとんどもたなかった。18世紀後半からのイギリスの植民は，虐殺や疾病でアボリジニー人口を激減させ，タスマニアでは1876年に先住民が絶滅した。さらに20世紀初頭のオーストラリアでは「保護」の名のもと，強制移住や子どもたちを肉親から引き離し収容するなどの政策がとられた。他方，ニュージーランドの先住民マオリ人は伝統的な社会組織が発達していたので，白人に土地を奪われながらも政治的地位を実現してきた。

↑4 アボリジニー

概　観

★帝国主義時代の到来は，独占資本によってもたらされた。

1 帝国主義の時代

●独占資本と帝国主義

1873年～1890年代半ばの「大不況」期に資本主義の構造が変化＝帝国主義時代へ

独占資本		カルテル(企業連合)	トラスト(企業合同)	コンツェルン(持ち株会社)
概 要		企業としての独立性を残したまま，販売価格などを協定する。販売部門を統一したものをシンジケートという。	同じ産業の複数の会社が単一の経営権にまとめられる。	中心的な巨大企業が他企業の株式を保有することで経営権を握る。他の業種にも及ぶ。
地 域		ドイツ・ロシアで発達。	アメリカで発達。	ドイツ・アメリカで発達し，日本では財閥と呼ばれた。

帝国主義分析の先駆 ホブソン(英)『帝国主義』，ヒルファーディング(独)『金融資本論』，レーニン(露)『帝国主義論』(→P.317史料)

●帝国主義段階への流れ

```
自由競争(18～19世紀) → 独占の進行(1870年代より) → 帝国主義時代(19世紀後半～)

[産業革命]              [第2次産業革命]              [帝国主義]
[資本主義の確立]         ・技術革新                    ・重工業中心
・軽工業中心             [企業の集中と独占]            ・金融資本による支配
・産業資本家による支配     ・たび重なる不況              ・国家権力との結合
・原料供給地，市場としての  ・カルテル，トラスト，コンツェルン  ・資本の投下先としての植民地
 植民地
```

各国の産業革命の成熟～独占資本の形成

英	1870年代	「世界の工場」から資本輸出国へ
仏	1880年代	「ヨーロッパの高利貸」としての海外投資
独	1890年代	重化学工業の急速な発展
米	1890年代	トラスト発達，豊富な資源
露	1900年代	フランス資本などの導入，封建的遺制の残存
日	1900年代	経済力が弱体のため，軍事力に頼る

```
影響
列強 → 世界大戦の危機
・植民地再分割の動き
・社会主義運動の高まり
[植民地]
・民族独立運動の高まり
```

●世界の工業生産に占める列強の割合

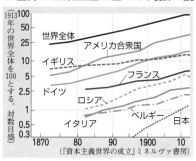

『資本主義世界の成立』ミネルヴァ書房

解説 第2次産業革命の進展により，列強の経済発展が続いた。これまで覇権を握っていたイギリスに対し，ドイツ・アメリカの追い上げが激しくなった。特にイギリスとドイツとの競争は，植民地の「再分割」を要求するに及び，帝国主義戦争の危機が高まっていくこととなる。

●列強の植民地領有 (1911～13年)

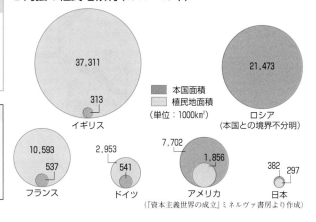

本国面積
植民地面積
(単位：1000km²)

イギリス 37,311 / 313
ロシア 21,473 (本国との境界不分明)
フランス 10,593 / 537
ドイツ 2,953 / 541
アメリカ 7,702 / 1,856
日本 382 / 297

(『資本主義世界の成立』ミネルヴァ書房より作成)

2 帝国主義時代の国際対立

ビスマルク外交の時代(1870～80年代)

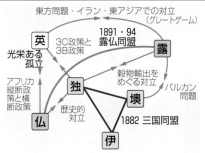

解説 「鉄血政策」によってドイツ帝国建国の偉業を達成したビスマルクは，一転して外交という手段で平和を維持した。当時，ドイツの最大の敵であったフランスを孤立化させるために，なりふりかまわない外交政策を進めていく。三帝同盟，三国同盟，独露再保障条約が次々と結ばれ，フランスによるドイツへの復讐が防止された。

ヴィルヘルム2世親政時代(1890年代)

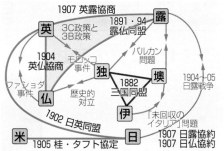

解説 ヴィルヘルム2世はビスマルクを辞任に追い込み，露骨な帝国主義を推進した。ヴィルヘルム2世の独露再保障条約更新の拒否によって露仏同盟が成立し，ヨーロッパでは敵対する二つの陣営がつくられた。しかしこの段階ではイギリスが「光栄ある孤立」を貫いていたため，国際情勢が二極化することはなかった。

同盟と協商の対立時代(1900年代)

1907 英露協商
1891・94 露仏同盟
1904 英仏協商
1882 三国同盟
1902 日英同盟
1905 桂・タフト協定
1907 日露協約
1907 日仏協約
1904～05 日露戦争

解説 イギリスのロシアに対する警戒心は，日露戦争での敗北により，ロシアの南下政策が挫折したことで払拭された。そのため，「大英帝国最大の敵はドイツ」との認識が確認され，英仏協商についで英露協商が成立し，三国同盟に対抗する形が生まれた。国際関係は二極化し，世界大戦の危機が高まり，対立の焦点としてバルカン半島に注目が集まった。

●3B政策と3C政策

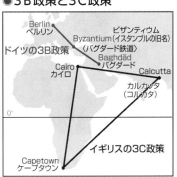

Berlin ベルリン
ドイツの3B政策
Byzantium ビザンティウム(イスタンブルの旧名)
Baghdad バグダード(バグダード鉄道)
Cairo カイロ
Calcutta カルカッタ(コルカタ)
イギリスの3C政策
Capetown ケープタウン

解説 英独の帝国主義政策をそれぞれ3C政策，3B政策という。しかし，これは日本人だけが戦前から使ってきた概念で，当時も今も欧米の人々にはなじみのない概念である。ただ，第一次世界大戦後にアメリカの研究者が，ドイツの政策を「B－B－Bの政策」と呼んだことがあるようだ。日本人独自の概念ではあるが，帝国主義の野望を三つの都市と結びつけて巧みに表現していることは事実である。

Key Person (1871～1911)
幸徳秋水～帝国主義をいち早く断じた日本人

●『廿世紀之怪物』

盛なる哉所謂帝国主義の流行や，勢ひ燎原の火の如く然り。世界萬邦皆な其膝下に僭伏し，之を賛美し崇拝し奉せざるなし。見よ英國の朝野は擧げて之が信徒たり，獨逸の好戦皇帝は熾に之を鼓吹せり，露國は固より之を以て其傳來の政策と稱せらる，而して佛や墺や伊や，亦た願る之を喜ふ，彼米國の如きすら近来甚だ之を學ばんとするに似たり。而して我日本に至っても，日清戦役の大捷以來，上下之に向つて熱狂する，猖馬の範を脱するが如し。『幸徳秋水全集３』明治文献

幸徳秋水は明治期の社会主義者で，1910年におこった「大逆事件」の犠牲者の一人である。彼は1901年に『廿世紀之怪物』を発表し，レーニンの『帝国主義論』よりも15年も早く，各国の帝国主義のもつ偏狭な愛国心と野蛮な軍国主義を批判した。

★若き皇帝の野望が，世界を戦争の時代に導いた。

1 帝国主義時代のドイツ・オーストリア P.206◀以前

ドイツ帝国	オーストリア＝ハンガリー帝国
1866　プロイセン＝オーストリア戦争	
1871　ドイツ＝フランス戦争でドイツ帝国成立	1867　アウスグライヒ（妥協）でオーストリア＝ハンガリー帝国成立
1873　三帝同盟成立（独・墺・露）	
大不況（～1890年代半ば）	
1878　ベルリン会議（露の南下政策挫折）	
社会主義者鎮圧法制定	ボスニア・ヘルツェゴヴィナの行政権を獲得
1882　三国同盟成立（独・墺・伊）	
1884　ベルリン＝コンゴ会議（◀P.232）	
1887　独露再保障条約	
1888　**ヴィルヘルム2世即位**	
1890　宰相ビスマルクが辞任 ヴィルヘルム2世「新航路政策」宣言 独露再保障条約の更新拒否 社会主義者鎮圧法を廃止	
1897　結集政策，イギリスとの建艦競争へ	1897　バデーニ言語令事件 チェック人とドイツ人の対立激化 反ユダヤ主義で人気を集めたルエーガーがウィーン市長に就任
1898　清朝から膠州湾を租借	1898　**エリザベート妃**スイスで無政府主義者により暗殺
1902　バグダード鉄道の敷設権をオスマン帝国から獲得（3B政策）	
1905　**第1次モロッコ事件（タンジール事件）**	
1906　アルヘシラス国際会議	1908　青年トルコ党革命に際し，**ボスニア・ヘルツェゴヴィナを併合**
1911　**第2次モロッコ事件（アガディール事件）**	
1912　社会民主党が帝国議会第一党に躍進 第2インターナショナルのバーゼル大会	1912　バルカン戦争（～13） 1914　**帝位継承者フランツ＝フェルディナント**がサライェヴォで暗殺
1914　第一次世界大戦	

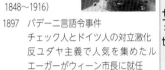
→1 フランツ＝ヨーゼフ1世（位1848～1916）

2 ヴィルヘルム2世の「新航路政策」

Key Person （位1888～1918）**ヴィルヘルム2世**

29歳で即位したヴィルヘルム2世は，親政を望んでビスマルクと対立。彼を辞任させると「帝国の将来は海上にあり」という新航路政策を打ち出し，海軍を中心とした軍備拡張を推進した。これにより1913年にはイギリスと並ぶ大艦隊を有するまでになり，英独関係の緊張を招いた。また，統一後に工業大国となったドイツの優位を確保するため，ユンカーのための保護貿易対策とブルジョワのための軍需を結びつける結集政策を進めた。ベンツ，ダイムラーなど自動車産業，クルップ，ジーメンス，バイエルなど鉄鋼，電機，化学分野で世界的企業が誕生したが，同時にこれらの企業の海外市場も必要となった。そして，1905年（タンジール事件），11年（アガディール事件）の2度にわたるモロッコ事件で世界の「再分割」の意思を示し，国際関係の緊張を一気に高めた。1918年の第一次世界大戦での敗北後，ヴィルヘルム2世はドイツ革命により帝位を追われてオランダに亡命，一貴族として1941年に世を去った。

←2 1900年頃のハンブルク港の光景（当時のリトグラフ）

→3 アルヘシラス国際会議 1904年の英仏協商に反発したヴィルヘルム2世がアフリカの再分割を求めて開かれた会議。ドイツは諸国から非難され，要求を撤回した。（◀P.232）

3 オーストリア＝ハンガリー（二重）帝国

●民族問題

↑4 チェコ系議員による議事妨害 19世紀のナショナリズムの高まりの中で，多数の民族集団を抱える帝国は，自治などを望む民族との関係に悩んだ。国内ではそれらの民族との対立で政治が混乱する一方，外交的にはドイツ帝国との関係を強めた。ヴィルヘルム2世の治世になると，さらに政治・経済両面での依存が深まり，両国を一体とみなした保護貿易主義が強まり，国内の非ドイツ系民族の反発を強めた。

↓20世紀初頭のオーストリア＝ハンガリー帝国

←5 エリザベート妃（1837～98）　フランツ＝ヨーゼフ1世の妃。バイエルン出身。保守的な宮廷を嫌い，ハンガリーを好み，各地に旅行した。ジュネーヴで暴漢に殺害され，死後，伝説のヒロインと化した。

世界史の交差点　世紀末文化

↑7 作曲家マーラー（1860～1911）

↑6 オットー＝ヴァーグナーの建築

19世紀末から第一次世界大戦にかけてのウィーンは，まれに見る文化の爛熟期，いわゆる「世紀末ウィーン」時代を迎えた。これは帝国の政治における混乱と凋落により，人々の関心が文化面に向かったからである。美術ではクリムトやシーレ，音楽では作曲家のマーラーや十二音音楽の創始者シェーンベルク，建築家のオットー＝ヴァーグナー，哲学のウィトゲンシュタイン，精神分析学のフロイト（▶P.292）など，20世紀の文化に大きな影響を与えた多くの人物が活躍した。一方，貧しい画学生ヒトラーが市長エーガーの反ユダヤ主義演説に感激したのもこの時代であった。

↑8 クリムト「接吻」（180×180cm，ウィーン，ヴェルヴェデーレ蔵）

イギリス・フランス

★英仏の対外発展と社会主義運動の高まりは，帝国主義によってもたらされた。

1 帝国主義時代のイギリス・フランス

P.198・202◀以前 / 以降▶P.248

イギリス帝国主義（1870年代〜）
・広大な植民地が背景
・「世界の工場」から「世界の銀行」へ
・アフリカ縦断政策　・スエズ運河の株買収

フランス帝国主義（1880年代〜）
・第三共和政下の金融資本の成長
・国外投資（ロシアへの投資）
・アフリカ横断政策　・インドシナ連邦の形成

イギリス	フランス
1873　**大不況**に突入（〜1890年代半ば）	1873　ティエール失脚，王党派のマクマホンが大統領に就任
第2次ディズレーリ保守党内閣（74〜80）	大不況に突入（〜1890年代半ば）
1875　**スエズ運河会社株を買収**	1875　**第三共和国憲法**制定
1877　**インド帝国**が成立しヴィクトリア女王がインド皇帝に就任	1879　共和派が大統領の座を奪回
第2次グラッドストン自由党内閣（80〜85）	1883　フエ（ユエ）条約でベトナムを保護国化
1881　**アイルランド土地法**を改定	1884　清仏戦争（〜85）
1882　エジプトを単独占領	1887　仏領インドシナ連邦発足
1884　**フェビアン協会**結成（◀P.205）	**ブーランジェ事件**（〜89）
第3回選挙法改正	1889　パリ万国博覧会，エッフェル塔完成
第3次グラッドストン自由党内閣（86）	パリで**第2インターナショナル**発足
1886　アイルランド自治法案否決	1894　**露仏同盟**が批准されて成立
第4次グラッドストン自由党内閣（92〜94）	**ドレフュス事件**（〜99）
1893　アイルランド自治法案否決	1895　**フランス労働総同盟**結成
1898　**ファショダ事件**（◀P.232）で英仏関係	が緊張するが，フランスの妥協で戦争回避
1899　南アフリカ戦争（ブール戦争）	1899　ドレフュス特赦
1902　「**光栄ある孤立**」を放棄し，**日英同盟**を締結	清朝から**広州湾**を租借
1904　**英仏協商**で英のエジプト支配，仏の	モロッコ支配を保障しあう
1906　**イギリス労働党**発足（フェビアン協会・独立労働党・社会民主連盟が合同した労働代表委員会が改称される）	1905　ジョレスが**社会党**を統一
1907　**英露協商**でイランの勢力圏を南北で分けることとイギリスのアフガニスタン支配を保障しあう	1906　第1次モロッコ事件のアルヘシラス会議で**フランスのモロッコ支配**が確認される
1914　**第一次世界大戦に参戦**	1914　**第一次世界大戦に参戦**
アイルランド自治法が成立するが，実施は戦争後まで延期	ジョレスが国粋主義者により暗殺

（左欄外：ヴィクトリア女王／1901／エドワード7世／1910／ジョージ5世）
（中欄外：第三共和政）

2 高まる社会主義運動

解説 イギリスでは，労働者の権利が比較的保証されていたため，ゆっくりと社会改良をめざす漸進的社会主義が主流になった。その指導者の一人バーナード＝ショーは**フェビアン協会**を指導し，のちの**イギリス労働党**に発展する。一方フランスでは，ストライキ闘争による革命路線（サンディカリズム）が主流で，政党運動は低調であった。ジョレスは，**フランス社会党**の結成に尽力した。

↑1 **バーナード＝ショー**（1856〜1950）

↑2 **ジョレス**（1859〜1914）

Key Person　ロスチャイルド家の人々

　ドイツのフランクフルトのユダヤ人銀行家マイヤー＝アムシェルは，19世紀の初め5人の息子にロンドン，パリ，ナポリ，ウィーン，フランクフルトの各都市の会社を任せ，「5本の矢」に象徴される国際的金融資本を築いた。彼らがロスチャイルド一族である。19世紀の各国家の国債を引き受けることで一族は成長し，イギリスのスエズ運河の株買収や南アフリカにおけるダイヤモンド鉱山開発に資本を提供するなど帝国主義時代の歴史を動かしてきた。現在でもロンドンとパリに健在である。
（『ロスチャイルド家』講談社現代新書）

←3 居館の一つワドスドン館

3 第三共和政の暗部

ドレフュス

←4 **ドレフュス事件**　1894年，フランスでユダヤ人のドレフュス大尉がドイツ側のスパイ容疑で逮捕され，南米ギアナに流刑となった。背景には不安定な政治情勢の中で，ユダヤ人差別を利用して支持を獲得しようとする軍部の陰謀があった。作家ゾラは「私は弾劾する」という公開質問状を新聞に発表し，世論もこれを支持し，1906年にドレフュスは無罪となった。絵はドレフュスの位階を剝奪する儀式で，軍章がちぎられサーベルが折られた光景。この事件は国内では第三共和政の危機をつくり出すとともに，ヨーロッパ外にユダヤ人国家建設をめざす**シオニズム運動**の誕生に大きな意味を与えた。当時オーストリアの新聞記者としてこの事件を取材した人物こそ，運動の提唱者**ヘルツル**なのである。

←5 **ゾラの公開質問状**　クレマンソーの新聞「オロール」1898年1月13日号に載せた大統領への公開質問状。表題の「私は弾劾する」は一種の標語にもなった。

● 「私は弾劾する」

自分が弾劾した人々については，いずれも，一面識もないのであります。したがって彼らに対しては怨恨も憎悪も抱いてはおらぬのでありますが，私の見るところでは，彼らは社会的違法行為の象徴であり，実体なのです。私の行動は，単に真理と正義の爆発を促進させようとする，革命的な第一歩にすぎないのであります。
（大佛次郎『ドレフュス事件』朝日新聞社）

↑6 **ゾラ**（1840〜1902）　フランスの自然主義の小説家。『居酒屋』が有名。ドレフュスを擁護して批判を受け，一時イギリスへの亡命を余儀なくされた。

世界史の交差点

スエズ運河の株買収（◀P.232）

　1875年，財政難に陥ったエジプト政府からイギリス政府がスエズ運河の株を買収した。時の英首相ディズレーリ（1804〜81）は，同じユダヤ系であるよしみから，いつものようにロスチャイルド家に招かれてライオネルと夕食をとっていた。この食事中にメモが届けられ，株売り出しの情報を得た二人は即決断。首相は閣議で白紙委任状を取り付け，買収を開始した。後日ヴィクトリア女王に次のように報告した。

↑7 **ディズレーリ**　↑8 **ライオネル**

女王様，まとまりました。貴女は運河を手に入れました。（中略）
400万ポンドの大金，それもほとんど即金での支払いです。これだけの金を用立てできる会社はただ一つ，ロスチャイルド家しかありません。ロスチャイルドは低利で事前に融資して，見事に期待に応えてくれました。（後略）
（『ロスチャイルド家』講談社現代新書）

←9 **スエズ運河**　紅海北西端のスエズから地中海方向を望む。（トリエステ，市立レヴォルテッラ美術館蔵）

★「孤立主義」からの転換を果たしたアメリカは世界へ乗り出した。

1 帝国主義時代のアメリカ

P.208◀以前 以降▶P.250

1860年代以降	黒人の代替労働力として中国系移民が雇用される
☆	ロシア・東欧から多数のユダヤ系移民が流入
1880年代	工業生産が世界1位に躍進
1886	**アメリカ労働総同盟(AFL)**結成
1890年代	人民党が勢力をのばす
1890	**シャーマン反トラスト法**制定
	フロンティア消滅を宣言

マッキンリー共和党大統領(任1897〜1901)

1898	キューバで合衆国**メイン号撃沈事件**
	アメリカ=スペイン戦争が始まる
	ハワイ併合,海軍基地パールハーバー建設
	パリ条約で**アメリカ=スペイン戦争**の講和が成立し,フィリピン・グアム島・プエルトリコを領有,キューバ独立を決定(しかし米の保護国化)
1899	**ジョン=ヘイ**国務長官の**門戸開放宣言**

セオドア=ローズヴェルト共和党大統領(任1901〜09)

☆	国内的には**革新主義**を掲げトラスト規制
1903	カリブ海政策を**棍棒外交**で進め,**パナマ運河地帯**を永久租借
	フォード自動車会社設立
1905	日露戦争の講和を仲介し**ポーツマス条約**成立
1913	民主党ウィルソンが大統領に就任
1914	パナマ運河開通

● マッキンリーとマハン

①マッキンリー ②マハン

❶解説 **マッキンリー**はその大統領就任演説が示すように,当初領土拡大の主張には懐疑的であったが,時代はフロンティアの消滅によって,新たなる領土拡張の矛先を模索し始め,彼も方針を転換せざるを得なかった。その対象はカリブ海と太平洋の両地域。そして,その新たなるアメリカの対外政策の理論的支柱となったのが,マハンの著した『海上権力史論』である。彼の「海洋国家」建設の主張は,アメリカの新たなる**「明白なる運命」**となった。

● ローズヴェルトとジョン=ヘイ

③セオドア=ローズヴェルト ④ジョン=ヘイ

❶解説 **ヘイ**は,マッキンリーと**ローズヴェルト**の二人の大統領に国務長官として仕えた人物である。その政治家としてのスタートは**リンカン**の秘書からであり,当時マッキンリーとともに南北戦争を経験した最後の世代であった。ローズヴェルトは海軍次官から政治に転身した人物で,**アメリカ=スペイン戦争**に従軍して人気を博し,ニューヨーク知事,副大統領となった。1901年,マッキンリーが暗殺されると大統領に就任した。アメリカの帝国主義はこの二人の政治家によって本格化していく。

2 アメリカ帝国主義形成の流れ

1890 フロンティアの消滅→マハン『海上権力史論』	
・西部開拓の完成から海洋国家建設への転換(マハン) 近代的海軍の創設・海外基地の確保・植民地の獲得・制海権の確保・国際貿易推進へ　**太平洋政策**　**カリブ海政策**	
1897	マッキンリー大統領就任
1898 アメリカ=スペイン戦争開始	
・カリブ海地域・太平洋地域を次々と併合(海洋国家へ) ・門戸開放宣言発表(国務長官ジョン=ヘイ)(1899〜1900) **極東政策**　門戸開放　領土保全　機会均等 (背景)・巨大なアメリカの国内市場の存在　・軍事力不足	
1901	大統領暗殺→ローズヴェルト大統領就任(棍棒外交展開)
1903 パナマ運河租借権獲得・パナマ運河建設へ	
・太平洋地域とカリブ海の軍事的・経済的連結を意図	
1904	ローズヴェルトが「モンロー主義」を根拠にカリブ海地域の干渉権主張
1904 日露戦争(〜05)で日本を支援	
1905	日露戦争の講和の調停,ポーツマス条約締結　世界第2位の海軍力保有
1909	タフト大統領就任(ドル外交展開)
1913	ウィルソン大統領就任(宣教師外交展開)
1914	パナマ運河開通

アメリカ帝国主義の基本構図

ロシア帝国／清・中華民国／日本／極東政策／太平洋政策／アメリカ合衆国　○ワシントン／カリブ海政策／連結／パナマ運河／コロンビア

◀解説 カリブ海と太平洋の両地域,そしてそれを結ぶパナマ運河。アメリカ帝国主義の基本構図は文字通り2つの海を結ぶ「海洋国家」の建設にあった。

3 アメリカ帝国主義

→5 独占資本によって支配されたアメリカ議会(風刺画) 不況を経て巨大化,独占化を進めた企業は一国の経済のみならず,政治や外交をも左右する巨大な力を有することになる。たびたび独占を抑える法律が出されたが,その効果は限定的であった。上の風刺画は議会の上席で,ふんぞり返る肥満した独占資本を示し,奥には封鎖された民衆の入口が見える。

↑6 パナマ運河 運河建設は,すでに齢70歳を超えていた**レセップス**によって始められていたが,難工事のため会社は倒産し挫折していた。1903年,ローズヴェルトは運河建設予定地を当時コロンビア領であったパナマ地峡に決定。コロンビアと条約を結んで建設に着手する手はずを整えた。しかし,コロンビア議会が批准を拒否すると,パナマ地峡に軍を派遣し,分離独立を主張するパナマ州の反乱を支援しパナマ共和国をつくらせた上,保護国化した。パナマ政府と条約を結び,やっと運河建設にこぎつけることになる。アメリカ政府のなりふり構わない手法の背景には,運河建設がアメリカにとって軍事的にも経済的にも利得があったためである。

● アメリカの独占資本と政府の対応

特徴	内燃機関・電動機・電灯・電話・ラジオ・自動車などの新産業分野が中心
独占企業	スタンダード=オイル(石油)　デュポン(化学) USスティール(鉄鋼) ジェネラル=エレクトリック(電気)
財閥	モルガン(USスティール)　カーネギー(鉄鋼) ロックフェラー(スタンダード=オイル)
政府による対応	独占資本による市場独占を抑えるため,たびたび反トラスト法制定 ・シャーマン反トラスト法(1890)→効果が上がらず ・クレイトン反トラスト法(1914)

4 アメリカ=スペイン戦争(1898年)

戦艦爆発は事故ではないと海軍次官ローズヴェルトは確信

スペインの機雷によりメイン号は破壊されたというのが,海軍の見解

↑7 メイン号の爆発事件を伝える新聞記事 1898年2月におこったこの事件はアメリカのジャーナリズムにセンセーショナルに取り上げられ,国内の世論が沸騰した。「素晴らしい小戦争」と称される**アメリカ=スペイン戦争**はこの事件をきっかけに始められ,キューバのスペインからの独立を支援するという大義のこの戦争は結果的にキューバの軍事占領,保護国化と進むことになり,次の大統領ローズヴェルトの「カリブ海政策」「棍棒外交」へ引き継がれる。

↑8 「棍棒外交」を展開するローズヴェルト(風刺画)

19世紀の人口移動

人類はその誕生以来，よりよい環境を求め移動を繰り返してきた。15世紀以降の世界の一体化の中で，地域間や大陸をまたぐ人の移動が容易になり，さまざまな理由から多くの人々が移民となった。

特に19世紀初頭から20世紀初頭の100年間には，5,000万人近い移民が，**ヨーロッパからアメリカやオセアニア**に，**またアジアでも中国やインドから東南アジア・南北アメリカ・南アフリカ**へ渡った。このうち最大の受け入れ国がアメリカ合衆国であった。建国も移民から始まった合衆国はその発展の原動力として移民を積極的に受け入れた。こうした移民やその子孫からは，多数の著名人を輩出している。

1 人々の移動（1821〜1910年）

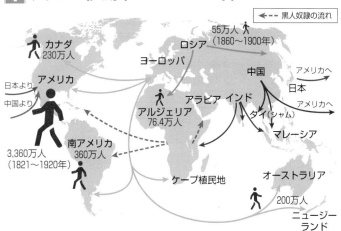

`←--- 黒人奴隷の流れ`

- カナダ 230万人
- 55万人（1860〜1900年）
- ロシア
- ヨーロッパ
- 中国
- アメリカへ
- 日本
- アメリカへ
- 日本より
- 中国より
- アメリカ
- アラビア インド
- アルジェリア 76.4万人
- タイ（シャム）
- マレーシア
- 3,360万人（1821〜1920年）
- 南アメリカ 360万人
- ケープ植民地
- オーストラリア
- 200万人
- ニュージーランド

『朝日＝タイムズ世界歴史地図』朝日新聞社により作成）

3 複合民族国家マレーシア

マレー系　中国系　インド系

●マレーシアの民族構成（2022年）

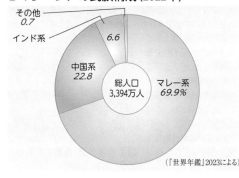

- その他 0.7
- インド系 6.6
- 中国系 22.8
- 総人口 3,394万人
- マレー系 69.9%

『世界年鑑』2023による）

↑5 クアラルンプールの街角

（解説） 先住のマレー人社会に，おもに19世紀後半からのイギリスの植民地政策により**中国人**や**インド人**が流入した。彼らは，**華僑・印僑**と呼ばれ，国内で大きな経済力をもっている。

2 国際情勢とアメリカ移民
●国際情勢

1845〜49	アイルランドのジャガイモ飢饉→移民急増
1848	ドイツ三月革命→政治的亡命者の増加
1860	北京条約→中国人労働者（苦力）の増加
1868	明治維新→日本人がハワイへ集団移民

1870〜1900年代の移民出身地ベスト3
①ドイツ　②イギリス・アイルランド　③スカンディナビア

1881	ロシアでポグロム（迫害）→ユダヤ系ロシア移民の増加
1882	中国人排斥法→日本人移民急増

1900〜1920年代の移民出身地ベスト3
①東欧　②イタリア　③ロシア

1924	移民法→アジア系移民制限と移民数の急減
1965	移民法改正→移民の増大，アジア・ラテンアメリカからの移民急増

↑1 アンドリュー＝カーネギー（1835〜1919）　スコットランド生まれ。両親とともに移住し，実業家として成功。アメリカ鉄鋼業を発展させ，「**鉄鋼王**」と呼ばれた。

●アメリカへの移民の推移

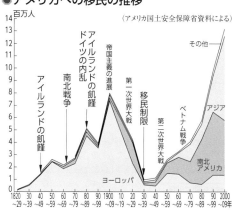

（アメリカ国土安全保障省資料による）

- 百万人
- アイルランドの飢饉
- 南北戦争
- ドイツの内乱
- アイルランドの飢饉
- 帝国主義の進展
- 第一次世界大戦
- 移民制限
- 第二次世界大戦
- ベトナム戦争
- その他
- アジア
- ヨーロッパ
- 南北アメリカ
- 1820〜29 30〜39 40〜49 50〜59 60〜69 70〜79 80〜89 90〜99 '00〜'09 '10〜'19 '20〜'29 '30〜'39 '40〜'49 '50〜'59 '60〜'69 '70〜'79 '80〜'89 '90〜'99 2000〜'09年

↑2 ジョージ＝ガーシュイン（1898〜1937）　ユダヤ系ロシア移民の子。1924年に発表した「**ラプソディ・イン・ブルー**」や数多くのミュージカルで作曲家としての名声を確立した。

→3 ジェリー＝ヤン（1968〜）　中国系の実業家。10歳で台湾から移住，スタンフォード大学大学院在籍中にYahoo!を共同設立。

→4 ケネディ（J.F.K）（1917〜63）　ジャガイモ飢饉（◀P.199）で移住したアイルランド系移民の3世。カトリック系として初めて大統領に選ばれた。

4 華僑とネットワーク
●華僑・華人人口の多い国（2012年）

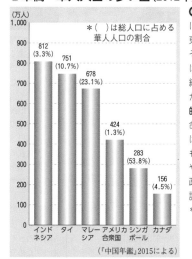

- 万人
- ＊（ ）は総人口に占める華人人口の割合
- 812（3.3%）インドネシア
- 751（10.7%）タイ
- 678（23.1%）マレーシア
- 424（1.3%）アメリカ合衆国
- 283（53.8%）シンガポール
- 156（4.5%）カナダ

『中国年鑑』2015による）

（解説） 15世紀，明の時代より，おもに南部の**福建省**を中心とする地域から，東南アジアに移住する中国人が増加，その移住者は「**華僑**」と呼ばれた。彼らは同郷・同族意識が強く，相互扶助組織をつくり，経済的に成功する者も多かった。また華僑は国境を越えた**国際的なネットワーク**をもち，**孫文**らの革命運動に協力，援助を行った。現在では，現地国籍を取得して同化する人々も増えている。これらの人々を「**華僑**」や「**華人**」と呼んでいる。また改革開放政策後，市場開放が進んでいる本国と諸国を結ぶ役割を期待されてもいる。

＊東南アジア以外でも，中国系住民を総称して華僑・華人と呼ぶことが多い。

ユダヤ人とは？

「ユダヤ人」を正確に定義することは不可能だが，現在，イスラエル政府が制定した「帰還法」によれば，①ユダヤ人の母親から生まれる，②ユダヤ教に改宗した人々であり，基本的には「**ユダヤ教徒**」のことである。

西欧キリスト教社会の歴史では，ユダヤ人は神殺しの罪を負わされ，被差別者として迫害を受け，離散を繰り返してきた。

1 ユダヤ人の歩み P.51◀以前

古代ヘブライ王国

前15世紀	ヘブライ人，パレスチナ（カナーン）に定住（一部エジプトへ）
前13世紀	モーセによる「出エジプト」
前10世紀	ダヴィデ王・ソロモン王によるヘブライ王国の繁栄（都：イェルサレム），神殿の建設
前922頃	イスラエル（北）とユダ（南）に分裂
前722	イスラエル王国，アッシリアにより滅亡

捕囚とユダヤ教成立

前586	ユダ王国，新バビロニアにより滅亡 →バビロン捕囚（～前538）
前538	アケメネス朝により解放，帰国 神殿の再建とユダヤ教団の成立

ローマの支配

前63	ハスモン王朝滅亡，ローマの属領化
後6	属州ユダヤ成立
30頃	イエスの刑死
132～135	第2次ユダヤ戦争（対ローマ）→敗北と追放→離散（ディアスポラ）

離散と迫害

9～15世紀	**イスラーム教支配下のイベリア半島で文化的繁栄**
11世紀	中欧で十字軍などによるユダヤ人迫害
1215	ラテラノ公会議でユダヤ人に対する規制強化
14世紀半ば	中欧で大規模な迫害（**▶2**）
1492	レコンキスタのスペインで，ユダヤ人に国外退去命令
	西欧でキリスト教に改宗した「同化ユダヤ人」が活躍を始める
17世紀	ドイツでユダヤ人解放の動き
1791	フランス革命でユダヤ人にも完全な市民権が与えられる（国民議会） →オランダ・イタリア・プロイセンも市民権を与える
1819	ドイツで反ユダヤ暴動

反ユダヤ教から反ユダヤ民族へ

19世紀	**ヨーロッパ各地でユダヤ人解放の動き**
1881	ロシアでポグロム（迫害）始まる
1894	フランスでドレフュス事件（～99）
1897	ヘルツルの主導で第1回シオニスト大会（バーゼル）
1917	バルフォア宣言
20世紀前半	パレスチナへのユダヤ人の移住

ナチス＝ドイツによる迫害

1935	ナチ党，ユダヤ人の公民権剝奪（ニュルンベルク法）
1938	ドイツ各地で「水晶の夜」事件
1942	ナチ党，ユダヤ人の最終的解決（絶滅）を決定
1948	**イスラエル共和国建国宣言**
20世紀後半	パレスチナ問題の発生

2 ユダヤ人の離散・移動（中世～近世）と迫害

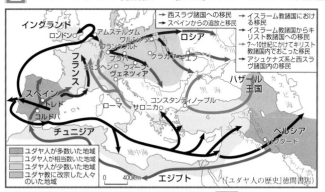

→ 西スラヴ諸国への移民
→ スペインからの追放と移民
⇒ イスラーム教諸国における移民
⇒ イスラーム教諸国からキリスト教諸国への移民
⇒ 7～10世紀にかけてキリスト教諸国内のおこった移民
⇒ アシュケナズ系と西スラヴ諸国内の移民

ユダヤ人が多数いた地域
ユダヤ人が相当数いた地域
ユダヤ人が少数いた地域
ユダヤ教に改宗した人々のいた地域

0 400km

『ユダヤ人の歴史』徳間書店

ヘブライ人（他称）／イスラエル人（自称）
↓ 前6C バビロン捕囚 ユダヤ教成立
ユダヤ人

離散後

セファルディ イスラーム文化と同化したスペイン系ユダヤ人

アシュケナズ キリスト教文化と共存したユダヤ人

◀1 焚刑にされるユダヤ人（『ニュルンベルク年代記』挿絵14世紀）　ペスト（黒死病）の猛威がヨーロッパを襲ったときには，井戸に毒を入れた嫌疑をかけられてユダヤ人虐殺が行われた。

❶解説 イェルサレムから追放されたユダヤ人は，離散の過程で固有の民族的共通性を失い「ユダヤ教徒」という宗教で区別された。**ラテラノ公会議**（1215年）でユダヤ教徒とキリスト教徒の結婚などが禁止され，職業も制限された。そのため，ユダヤ人は許された職業の一つである金融業に従事するようになったが，それがさらに「貪欲なユダヤ人」のイメージを生んだ。シェークスピアの『ヴェニスの商人』に描かれた強欲で冷酷な高利貸シャイロックは当時の人々のユダヤ人観の典型的なものである。

3 シオニズム運動（ユダヤ人国家建設運動）

●ユダヤ人の分布（19世紀末）

80万人
511万人 ロシア（東ヨーロッパ側）
北米 101万人
西ヨーロッパ 107万人
195万人
37万人
28万人 北アフリカ
オーストリア＝ハンガリー バルカン半島
1880年代～1920年代 ポグロム（ユダヤ人迫害）
南アフリカ 6万人
オーストラリア 17万人

『A History of the Jewish People』H.H.Ben-Sassonによる

→2 テオドール＝ヘルツル（1860～1904）　オーストリア＝ハンガリー帝国のブダペスト生まれの新聞記者。反ユダヤ主義の広がりに衝撃を受け，ユダヤ人の永住の国を設立することを夢み，『ユダヤ人国家』（1896年）でユダヤ人を神との契約の地であるシオンの丘に帰還させようとする政治的シオニズムを創始した。

4 現代のユダヤ人

●イスラエルへの移住

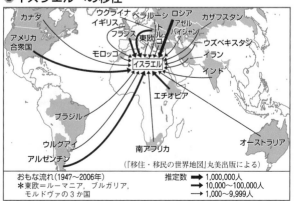

カナダ
ウクライナ ベラルーシ ロシア カザフスタン
イギリス アゼルバイジャン
アメリカ合衆国 フランス 東欧
モロッコ ウズベキスタン
イラン
イスラエル
インド
エチオピア
ブラジル
ウルグアイ 南アフリカ オーストラリア
アルゼンチン

『移住・移民の世界地図』丸善出版による

おもな流れ（1947～2006年）	推定数	
＊東欧＝ルーマニア，ブルガリア，モルドヴァの3か国	➡ 1,000,000人 ➡ 10,000～100,000人 ➡ 1,000～9,999人	

❶解説 1948年のイスラエル建国後（**▶P.284**），多くのユダヤ教徒がイスラエルに移住している。イスラエル政府はこれらの移住者に対し，パレスチナ人を追い出して入植地を建設したことから国際的な問題（**◀P.巻頭6右頁**）になっている。

世界史の交差点

進化論とユダヤ人差別

ダーウィンの『種の起源』（1859年発表）は社会に大きな衝撃を与えた。しかし，その「生物進化論」を社会に適用するにあたり，「自然淘汰（適者生存）」の概念は，人間の中にも「優勢と劣勢」民族があるとする「社会ダーウィニズム」を派生した。この考えは，反ユダヤ主義をユダヤ「教徒」からユダヤ「民族」へと転換させ，ユダヤ人迫害の理由として利用された。ヒトラー（**▶P.258**）もこの影響を受けていたとされる。

→3 ダーウィン（1809～82）

帝 国 主 義 諸 国	アジア諸国（植民地世界）

帝国主義世界分割

米カリブ海政策（棍棒外交）(1903)
英仏協商 (1904)
英露協商 (1907)

社会主義思想の広がり

1905年革命（第1次ロシア革命）(1905)
フランス社会党 (1905)
イギリス労働党 (1906)

民族運動の芽生え

中国同盟会 (1905)
インド国民会議カルカッタ大会 (1906)
青年トルコ革命 (1908)

●国際運動の高まりとその挫折

1864	国際赤十字社発足（本部ジュネーヴ）
	第1インターナショナル結成（本部ロンドン）
1865	国際電信連合設立
1875	万国郵便連合設立（本部ベルン）
1887	国際共通語エスペラント語が考案される
1889	第2インターナショナル結成（本部パリ）
1890	第1回メーデー開催
1896	第1回国際オリンピック大会開催（アテネ）
1899	第1回万国平和会議開催（ハーグ）(26か国参加)
1907	第2回万国平和会議開催（ハーグ）(44か国参加)

解説 19世紀後半より国際的な組織が次々と設立された。帝国主義時代になり国際対立が激化，これらの対立を解決したり調整したりする機関の必要が生じたためである。

↑1 ハーグ万国平和会議

解説 1899年にオランダのハーグで始まった**万国平和会議**は，ロシア皇帝ニコライ2世の提唱によるものであった。国際対立の激化から各国は軍事拡大路線に走り，軍事予算の膨らみは各国の財政を圧迫しはじめていた。なかでもロシアは深刻で，ニコライの狙いも財政窮乏からの脱却にあった。

軍備縮小については，イギリス・ドイツ・アメリカの反対で合意にこそ達しなかったが，**グロティウス**（◀P.180）が描いた**国際法**の一部は実現され，戦争時に守るべきルールとして，開戦の手続き，捕虜・非戦闘員の扱い，毒ガスの使用禁止などが定められた。しかしこの会議後，列強の軍備拡張競争とその対立は，さらに激しさを増し結局第3回平和会議は，**第一次世界大戦**の勃発により開催されることはなかった。こうして国際運動の高まりは，大戦の勃発により一時挫折を余儀なくされるのである。

第 一 次 世 界 大 戦 (1914～18)

アメリカの覇権の始まりと平和への試み

アメリカの孤立主義の放棄
アメリカの参戦 (1917)
ウィルソンの「十四カ条」（「十四カ条の平和原則」）(1918)

社会主義国家建設と独立運動の高まり

ロシア社会主義革命 (1917)
コミンテルン結成 (1919)
ソヴィエト連邦 (1922)

朝鮮：三・一独立運動 (1919)
中国：五・四運動 (1919)
インド：非暴力・非協力運動 (1919)
トルコ革命 (1919)
モンゴル人民共和国 (1924)

ヴェルサイユ体制 (1919～)

ヨーロッパの秩序形成

●国際連盟の成立とその挫折

ワシントン体制 (1921～)

太平洋地域の秩序形成

←2 ハーディング
(1865～1923)

→3 F＝ローズヴェルト
(1882～1945)

年月	できごと	関連ページ
1919.1	**パリ講和会議**開催	◆P.246
.5	北京で講和会議反対の反日デモ（**五・四運動**）	◆P.254
1920.11	国際連盟第1回総会開催 旧独領・トルコ領の委任統治事後追認	
1926.9	独，国際連盟加入	◆P.248
1929.10	ニューヨークの株価大暴落。**世界恐慌**の始まり	◆P.256
1932.2	国際連盟，**リットン調査団**を派遣	
1933.3	日本，国際連盟脱退を通告	◆P.257
.10	独，国際連盟脱退	
1934.9	ソ連，国際連盟加入	◆P.245
1935.11	国際連盟，イタリアのエチオピア侵攻に経済制裁決議	◆P.258
1936.3	国際連盟，独のロカルノ条約破棄に問責決議採択	
1937.9	国際連盟，日本の中国都市爆撃に非難決議採択	◆P.262
.12	イタリア，国際連盟脱退	
1939.9	独，ポーランド侵攻 第二次世界大戦の始まり	◆P.261
.11	ソ連，フィンランド侵攻	
.12	国際連盟，ソ連を除名処分	

世界恐慌 (1929)

イギリス・フランス：ブロック経済
アメリカ：ニューディール (1933)

ファシズムの台頭

イタリア：ムッソリーニ政権 (1922)
ドイツ：ヒトラー政権 (1933)

←4 ヒトラー
(1889～1945)

→5 ムッソリーニ
(1883～1945)

↑6 日本の国際連盟脱退
(1933) 松岡洋右首席全権は国際連盟総会で**「満洲国」**建設の正当性を主張したが，世界には到底受け入れられるものではなかった。その約1か月後，日本は正式に国連脱退を通告，国際的孤立への道を歩むことになる。

第 二 次 世 界 大 戦 (1939～45)

1 軍隊・兵器の変化

古代オリエント
戦車(馬車)部隊
刀・槍・弓矢
古代ギリシア・ローマ
重装歩兵部隊
中世ヨーロッパ
重装歩兵(騎士)部隊
近世ヨーロッパ
傭兵による歩兵部隊
大砲・小銃の普及
アメリカ独立戦争(1775～83)
傭兵による歩兵部隊
ライフル銃の出現
革命戦争～ナポレオン戦争(1792～1815)
徴兵制による国民軍
南北戦争(1861～65)
徴兵制による国民軍
装甲軍艦・機関銃・地雷の出現
第一次世界大戦(1914～18)
徴兵制による国民軍
戦車・航空機・潜水艦・化学兵器(毒ガス)の出現
第二次世界大戦(1939～45)
徴兵制による国民軍
ロケット・レーダー・核兵器の出現

2 第一次世界大戦以前

↑1 日露戦争(P.231)で使用された28cm砲

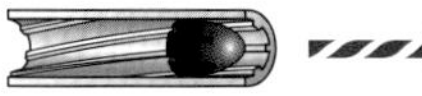

↑2 ライフル銃
(ドイツ「モーゼル銃」, 1898年)

↓3 R.J.ガトリングが発明した機関銃

解説 18世紀半ばに銃身内部に浅い溝(ライフル)を施し，弾丸に回転を与えることによって命中率が格段に向上した**ライフル銃**が発明され，アメリカ独立戦争(P.188)で使用された(それまでは溝のない滑空銃が主流)。19世紀後半には6本の銃身を束ねたガトリング砲が発明されたが，これが実用化された最初の**機関銃**である。地雷もこの頃より使用が始まった。また，20世紀になると戦争の規模が拡大し，巨大な口径の大砲が出現した。

3 第一次世界大戦(P.242)

解説 第一次世界大戦では**戦車・航空機・潜水艦・毒ガス**などの新兵器が使用された。また，大量の機関銃が戦場で使用されたが，戦闘はそれまでと同じく歩兵の突撃が繰り返し行われた。そのため被害は甚大で，大戦を通して兵士の死者は900万人に達した。

↓4 ニューポール28戦闘機(仏)

↑5 マークⅣ型戦車(連合軍)

↓6 U4潜水艦(Uボート)(独)

←7 **防毒マスクをつけてヴィッカース社製機関銃を構える英軍兵士** 第一次世界大戦では呼吸障害性・催涙性・糜爛性(皮膚に炎症をおこす)・致死性など，さまざまな毒ガスが使用された。被害を避けるため兵士は防毒マスクを装備することが必要になったが，そのためにその行動は著しく制限された。

4 第二次世界大戦(P.260・262)

解説 第二次世界大戦では，**航空機**が戦闘の主役となった。制空権をもった国が戦争を支配するようになり，都市に対する戦略爆撃が連合国・枢軸国両陣営で実施された。また，ドイツは**ロケット兵器**V2号を，アメリカは**原子爆弾**を使用するなど，新時代の兵器も出現した。

↓9 零式艦上戦闘機(日)

↓11 V2号ロケット(独)

↓8 B29爆撃機(米)

→10 プルトニウム型原爆(ファットマン)(米)

5 第二次世界大戦後

解説 第二次世界大戦後に始まった米ソ冷戦では，お互いに**大陸間弾道弾**(ICBM)を数万発保有してにらみ合う状況が続いた。また，レーダーに探知されにくい，ステルス爆撃機が開発されるなど，科学技術の進歩は戦争をより精密・高度なものに変化させた。

←12 タイタン級大陸間弾道弾(米)

↑13 B－2Aステルス爆撃機(米)

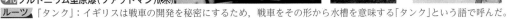

ルーツ 「タンク」：イギリスは戦車の開発を秘密にするため，戦車をその形から水槽を意味する「タンク」という語で呼んだ。

第一次世界大戦

★かつてない規模の「戦争の時代」が始まった。

1 第一次世界大戦

以降 ▶P.246

1882	三国同盟成立（独・墺・伊）
1907	三国協商陣営結成（英・仏・露）
20世紀初頭	バルカン半島をめぐり，パン＝スラヴ主義とパン＝ゲルマン主義の対立激化（→3）
1911	イタリア＝トルコ（伊土）戦争（～12）
1912	バルカン同盟結成（セルビア・ブルガリア・モンテネグロ・ギリシア） 第1次バルカン戦争でバルカン同盟がオスマン帝国を撃破
1913	第2次バルカン戦争でセルビア側が勝利

第一次世界大戦初期（ドイツの攻勢）

1914 .6	サライェヴォ事件
.7	墺がセルビアに宣戦。三国同盟・三国協商（連合国）両陣営が連鎖的に宣戦，第一次世界大戦が始まる
.8	独の中立国ベルギー侵犯を理由に英が独に宣戦 日英同盟を理由に日本が独に宣戦 タンネンベルクの戦い（東部戦線）で独が露に勝利

第一次世界大戦中期（戦線の膠着と長期化）

.9	マルヌの戦い（西部戦線）で独の進撃が阻止される
.10	日本が南洋諸島の独領を征服
.11	日本が青島を攻略して，独領膠州湾を占領
1915 .1	日本が袁世凱政府に二十一カ条の要求
.5	伊が英との秘密外交の結果（ロンドン条約），連合国側で参戦
1916 .2～.12	ヴェルダン要塞の攻防戦（西部戦線）
.5～ .6	ユトランド沖の海戦
.6～.11	ソンムの戦い（西部戦線）
1917 .2	独が無制限潜水艦作戦を宣言

第一次世界大戦末期（米の参戦と革命の勃発）

.3	ロシア二月革命（西暦三月革命）がおこる
.4	米が連合国側に立って参戦する
.11	ロシア十月革命（西暦十一月革命）。レーニンが「平和に関する布告」で無併合・無賠償の講和を呼びかける
1918 .1	米大統領ウィルソンが「十四カ条」を発表
.3	ブレスト＝リトフスク条約でソヴィエト政権が単独講和
.9～.10	ブルガリア，オスマン帝国が降伏
.11	ドイツ革命・オーストリア革命で独・墺が休戦・降伏
1919 .1～.6	パリ講和会議

世界史の交差点

社会主義者と第一次世界大戦 （◀P.205）

反戦平和を唱えた第2インターナショナルの社会主義者たちであったが，実際に世界大戦が始まると態度は一変した。最大，かつ中心勢力であったドイツ社会民主党は帝国議会で率先して戦時公債に賛成，労働者に戦争参加を呼びかけた。このため第2インターは崩壊，これに反対し反戦の姿勢を貫いた左派のローザ＝ルクセンブルクは投獄され，ロシアのレーニンはスイスに亡命，フランスのジャン＝ジョレスは暗殺された。終戦後，戦争への協力で保守派とも連携し政治活動の経験を積んだ社会主義者は，戦後の社会不安を利用して漸進的改良を唱え，社会民主主義政権が多くの国で誕生した。

↓3 演説するローザ＝ルクセンブルク

ラサールの肖像　マルクスの肖像

逮捕されたセルビア人青年

→2 狙撃されたとき，帝位継承者夫妻が乗っていた自動車

◀1 サライェヴォ事件　1914年6月28日，オーストリアが併合したボスニア・ヘルツェゴヴィナの首都サライェヴォを訪問したオーストリア帝位継承者夫妻が，セルビア人青年に暗殺された。これをきっかけに，全ヨーロッパを巻き込む大戦が始まった。

（ウィーン軍事史博物館蔵）

2 第一次世界大戦直前の国際情勢

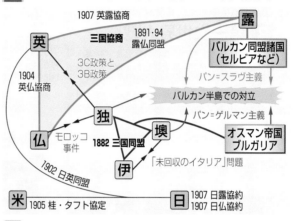

1907 英露協商
三国協商　1891・94 露仏同盟
バルカン同盟諸国（セルビアなど）
パン＝スラヴ主義
バルカン半島での対立
パン＝ゲルマン主義
オスマン帝国　ブルガリア
1904 英仏協商
3C政策と3B政策
独
墺
伊
モロッコ事件
1882 三国同盟
「未回収のイタリア」問題
1902 日英同盟
米　1905 桂・タフト協定
日　1907 日露協約　1907 日仏協約

解説 1882年，フランスのチュニジア占領をきっかけにイタリアがドイツ・オーストリアに接近，同年5月秘密軍事同盟である「三国同盟」が成立した。一方，「三国協商」は当初，植民地での勢力範囲の調停が目的で特に軍事同盟を想定していなかった。しかし，それぞれの同盟や協商が更新される中で，バルカンやアフリカの問題によりしだいにこの二つはイギリスとドイツを中心とする植民地をめぐる国際対立となった。（◀P.234）

3 バルカン戦争の展開

●第一次世界大戦直前のバルカン半島

■1912年（第1次バルカン戦争）以前のオスマン帝国領

ボスニア・ヘルツェゴヴィナをめぐる民族対立

反セルビア　セルビア人
・クロアティア人　・モスレム人
パン＝ゲルマン主義　vs　パン＝スラヴ主義

結果　1878　墺がボスニア・ヘルツェゴヴィナの行政権を獲得
結果　1908　墺がボスニア・ヘルツェゴヴィナを併合

第1次バルカン戦争（1912～13）

オスマン帝国（青年トルコ政権）　vs　バルカン同盟（セルビア・ブルガリア・モンテネグロ・ギリシア）
ドイツ　親ドイツ　ロシア　パン＝スラヴ主義

結果　オスマン帝国の領土喪失と，その配分をめぐるバルカン同盟内の対立

第2次バルカン戦争（1913）

ブルガリア　vs　他のバルカン同盟諸国

結果　敗北したブルガリアはドイツに接近

解説 バルカン半島は，オスマン帝国からの独立を求める少数民族のナショナリズム，これを支援する形で勢力を伸ばそうとするロシアのパン＝スラヴ主義とドイツのパン＝ゲルマン主義というヨーロッパ列強の利害が交錯し，かつてない緊張が高まっていた。特にオーストリアに併合されたボスニア・ヘルツェゴヴィナでは，両者の対立は危機的な様相を呈した。バルカン戦争後，オスマン帝国とブルガリアが三国同盟側についたことで，ヨーロッパ世界は完全に二極分化し，バルカン半島は「ヨーロッパの火薬庫」と呼ばれる状況となった。（◀P.235）

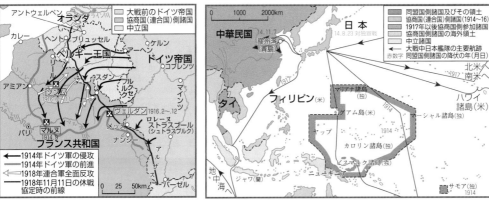

その他のおもな協商国（連合国）
アメリカ合衆国，日本，中華民国，インド帝国，タイ，ブラジル，リベリア，カナダ，オーストラリア，ニュージーランド，南アフリカ連邦 など

国名	三国協商
国名	三国同盟

協商国（連合国）側諸国
同盟国側諸国
中立国
⊠ 大戦中のおもな戦場（付記した数字は戦闘年月）
同盟国軍の占領地域
1917年2月より11月に至るまでのドイツ軍の海上封鎖地域

1917 二月革命・十月革命
1918 ドイツ革命
1918 ブレスト＝リトフスク条約

1914.6 サライェヴォ事件

●日本をめぐる戦線（◐P.230）

世界史の交差点
「西部戦線異状なし」

大戦後に，ドイツの作家レマルクの同名小説を映画化したもの。映画史上初の本格的反戦映画である。ラストシーンでは，主人公の青年が蝶に触れようと塹壕から身を乗り出した瞬間射殺されるが，その日の前線の報告は「西部戦線異状なし」であった。ドイツ公開時には，ナチス党員が妨害した。（1930年，アメリカ作品）

ヨーロッパ
西アジア
南・東南アジア
東アジア
アメリカほか

6 **アメリカの参戦**

↑7ヨーロッパに向かうアメリカ兵 ヨーロッパからの移民が多かったアメリカは，当初中立であった。1915年5月，イギリス船ルシタニア号がドイツ軍に撃沈され，多数のアメリカ人が犠牲となったが，世論は参戦に否定的であった。しかし，ドイツが無制限潜水艦作戦を宣言すると世論は一変，ドイツと国交を断絶。17年初め武装中立を宣言，同年4月，議会で宣戦布告を決議した。（◐P.250）

●西部戦線

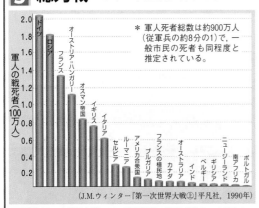

	大戦前のドイツ帝国
	協商国（連合国）側諸国
	中立国

← 1914年ドイツ軍の侵攻
1914年ドイツ軍の前進
⇐ 1918年連合軍全面反攻
1918年11月11日の休戦協定時の前線

●日本をめぐる戦線（◐P.230）

	同盟国側諸国及びその領土
	協商国（連合国）側諸国（1914〜16）
	1917年以後協商国側参戦諸国
	協商国側諸国の海外領土
	中立諸国
→	大戦中日本艦隊の主要航路
赤数字	同盟国側諸国の降伏の年（月日）

5 **総力戦** **●第一次世界大戦の死者**

＊軍人死者総数は約900万人（従軍兵の約8分の1）で，一般市民の死者も同程度と推定されている。

軍人の戦死者（100万人）

ドイツ
ロシア
フランス
オーストリア＝ハンガリー
オスマン帝国
イギリス
イタリア
セルビア
ルーマニア
アメリカ合衆国
ブルガリア
フランスの植民地
カナダ
オーストラリア
インド
イギリスの植民地
ベルギー
ギリシア
ニュージーランド
南アフリカ
ポルトガル

（J.M.ウィンター『第一次世界大戦⊕』平凡社，1990年）

〔解説〕第一次世界大戦では，科学技術の発達が戦争に応用され，さまざまな新兵器が登場し，兵士のみならず民間人も戦争に巻き込まれ，戦争の被害が拡大した。**塹壕戦**や戦車，**飛行機，潜水艦，毒ガス**などの新兵器は未曾有の戦死者を人類にもたらし，連合国は兵員の不足を補うため植民地の人々を動員し，最前線に送り込んだ。（◐P.241）

↑4西部戦線の塹壕 「塹壕」は膠着した前線で敵の砲弾・銃弾から身を守るために掘られたものである。写真は，フランドルで英軍が塹壕を出て，敵陣に進撃する緊迫した場面。

←5イギリス帝国自治領と植民地から動員された兵士たち（◐P.236）

探究のヒント

←6イギリス議会が作成したポスター 女性の戦争協力を求めたもの。大戦中に女性は軍需工場の労働などで戦争遂行に貢献し，それが大戦後の参政権獲得につながった。

ロシア革命

★帝政打倒から社会主義国家の樹立へと向かったロシア革命は，世界にも大きな衝撃・影響を与えた。

1 革命までの歩み

P.210◀以前　以降▶P.245

	年	事項
帝政（ロマノフ朝）	1881	アレクサンドル2世が暗殺される
		アレクサンドル3世（位1881～94）
		☆革命運動に対する弾圧が激化
		☆ユダヤ人に対するポグロム（迫害）が激化し，多くのユダヤ人がアメリカへ移民として渡る
	1887	独露再保障条約締結（90年に解消）
	1891	フランスの資本導入で**シベリア鉄道**着工
		☆ロシアの産業革命が本格化
	1894	**露仏同盟**が正式に成立
		ニコライ2世（位1894～1917）
	1895	日本に対する三国干渉を行う
	1898	**ロシア社会民主労働党**結成（→03 **ボリシェヴィキ**とメンシェヴィキに分裂）旅順・大連を租借
	1900	義和団戦争に乗じて満洲各地を占領
	1901	**エスエル**（社会革命党）結成
	1904	**日露戦争**が始まる（～05）
		1905年革命（第1次ロシア革命）
	1905	**血の日曜日事件**→1905年革命に展開
		戦艦ポチョムキン号の水兵反乱
		ポーツマス条約で日露戦争講和
		十月宣言で国会（ドゥーマ）の開設を約束
		ウィッテが首相に就任
	1906	ストルイピン改革開始→革命派の弾圧・ミールの解体進行　土地所有の導入をめざす（～11）
	1914	**第一次世界大戦**に参戦
		首都ペテルブルクをペトログラードと改称
二重権力状態		**二月革命**
	1917 .3	**二月革命***（西暦三月革命）がおこり，皇帝ニコライ2世が退位
		臨時政府とソヴィエトの二重権力状態
	.4	レーニンが帰国し，「**四月テーゼ**」を発表
	.7	エスエルの**ケレンスキー**が臨時政府首相に就任
	.9	コルニーロフの反乱鎮圧にボリシェヴィキが活躍
ボリシェヴィキ独裁		**十月革命**
	.11	**十月革命***（西暦十一月革命）で臨時政府打倒
		ソヴィエトの大会で「**平和に関する布告**」
		「**土地に関する布告**」が採択される
	1918 .1	憲法制定会議開催（エスエルが第一党）
		ボリシェヴィキ（共産党）は議会を解散し，プロレタリア独裁を樹立
	.3	**ブレスト＝リトフスク条約**で大戦から単独離脱
	.7	ニコライ2世一家が処刑される

*ロシアでは当時まだユリウス暦が使用されていた。

2 1905年革命（第1次ロシア革命）

●革命期の政党

党・党派	概略・主張
ロシア社会民主労働党	1898年結成。マルクス主義を掲げる。1903年，規約の審議と指導者の選出をめぐって①と②（人事問題で多数派と少数派に分かれたことがそれぞれの命名の由来）に分裂。
①ボリシェヴィキ	多数派の意。党を労働者や農民を指導する少数精鋭の革命家集団にすることを主張。指導者レーニン。
②メンシェヴィキ	少数派の意。広く大衆に基盤をおく組織と中産階級とも妥協したゆるやかな革命を主張。指導者マルトフ，プレハーノフ
エスエル（社会革命党）	1901年結成。ミールを重視したナロードニキ運動の伝統を継承し，帝政打倒と土地の社会化（全人民的土地所有と均等利用）をめざす。社会主義者・革命家党ともいう。
立憲民主党（カデット）	1905年結成。立憲君主政をめざし，1907年の国会選挙では第一党になる。都市中産階級が支持。

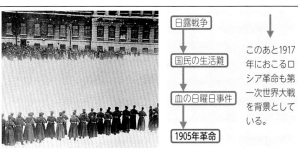

➡**1血の日曜日事件**　日露戦争の状況が悪化した1905年1月，司祭ガポンに率いられたペテルブルクの民衆が，貧困からの救済と平和を訴えて冬宮前で請願行動を行った。これに対し，宮殿の警備隊が発砲したため，多数の死傷者が出る惨事となった。これをきっかけに**1905年革命**が始まった。（写真はこの事件を題材とした映画「1月9日」の一場面）

日露戦争 → 国民の生活難 → 血の日曜日事件 → 1905年革命

このあと1917年におこるロシア革命も第一次世界大戦を背景としている。

3 ロシア革命の流れ

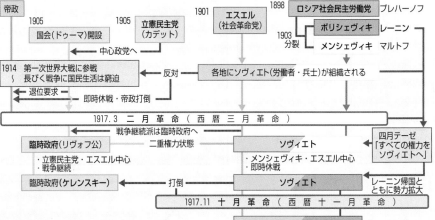

帝政

1905　国会（ドゥーマ）開設　1905　立憲民主党（カデット）
1901　エスエル（社会革命党）　1898　ロシア社会民主労働党　プレハーノフ
1903分裂　ボリシェヴィキ　レーニン／メンシェヴィキ　マルトフ

中心政党へ

1914～　第一次世界大戦に参戦　長びく戦争に国民生活は窮迫　←反対　各地にソヴィエト（労働者・兵士）が組織される

退位要求　←　即時休戦・帝政打倒

1917.3 二月革命（西暦三月革命）

戦争継続派は臨時政府へ　二重権力状態　ソヴィエト　四月テーゼ「すべての権力をソヴィエトへ」

臨時政府（リヴォフ公）・立憲民主党・エスエル中心・戦争継続　　ソヴィエト・メンシェヴィキ・エスエル中心・即時休戦

臨時政府（ケレンスキー）　←打倒　ソヴィエト　レーニン帰国とともに勢力拡大

1917.11 十月革命（西暦十一月革命）

1918.1 憲法制定議会　・エスエルが第一党に→ボリシェヴィキが議会を解散

ボリシェヴィキ（共産党）独裁へ

◀**2・3処刑されたニコライ2世一家**　右上は一家にとりいった怪僧ラスプーチン（暗殺）。

 レーニン(1870～1924)

ナロードニキの兄の刑死をきっかけに革命家を志した。ボリシェヴィキの指導者となり外国で活動したが，1917年に二月革命が勃発すると，交戦国のドイツが手配した「封印列車」で帰国し，「四月テーゼ」を発表して注目された。戦争継続を図る臨時政府（ケレンスキー内閣）を十月革命で打倒したが，18年1月の憲法制定会議ではエスエルに第一党を奪われたため，武力で議会を解散し，ボリシェヴィキ（共産党と改称）によるプロレタリア独裁を開始した。ソ連邦消滅（▶P.280）後の今日では，武力を伴ったその社会主義革命（マルクス＝レーニン主義）を評価する者は少ない。

●**十月革命前後の宣言・布告**

①四月テーゼ（1917年4月）
「労働者代表ソヴィエトが，革命政府の唯一の可能な形態である…」

②平和に関する布告（1917年11月）
「すべての交戦諸国の労働者階級と農民階級の圧倒的多数が渇望している…ロシアの労働者と農民が…頑強に要求してきた平和とは，**無併合無賠償の即時平和**のことである。」

③土地に関する布告（1917年11月）
「地主的土地所有は，なんらの賠償なく即時停止される。…」

『西洋資料集成』平凡社（一部訳文を変更））

アレクサンドラ
ニコライ2世
アナスタシア
アレクセイ

4 革命後の歩み（ソ連邦の成立） P.244◀以前 以降▶P.261

<table>
<tr><td rowspan="6">戦時共産主義</td><td>1918</td><td>.3 英・仏・米・日による対ソ干渉戦争始まる</td></tr>
<tr><td></td><td>.8 日本がシベリア出兵を宣言し，対ソ干渉戦争が本格化</td></tr>
<tr><td></td><td>☆戦時共産主義，チェカ(非常委員会)の反革命の取締り強化</td></tr>
<tr><td>1919</td><td>コミンテルンを創設し，各国共産党を指導</td></tr>
<tr><td>1920</td><td>ポーランド＝ソヴィエト戦争で領土を失う(〜21)</td></tr>
<tr><td rowspan="4">新経済政策</td><td>1921</td><td>新経済政策(ネップ)に転換し，強制徴発中止・小私企業許可</td></tr>
<tr><td>1922</td><td>ドイツが初めてソヴィエト政権を承認しラパロ条約締結
ソヴィエト社会主義共和国連邦(ロシア・ウクライナ・ベラルーシ・ザカフカースの4共和国が連合)が成立</td></tr>
<tr><td>1924</td><td>レーニン病死，後継をめぐってトロツキー(世界革命論)とスターリン(一国社会主義論)の対立激化</td></tr>
<tr><td>1926</td><td>スターリンがトロツキーを政治局から追放</td></tr>
<tr><td rowspan="8">農業集団化・粛清の展開</td><td>1928</td><td>第1次五カ年計画発表により，重工業化と農業集団化(コルホーズ・ソフホーズ建設)推進</td></tr>
<tr><td>1929</td><td>スターリンがブハーリンを政治局から追放</td></tr>
<tr><td>1933</td><td>米と国交樹立(米はF.ローズヴェルト政権)
第2次五カ年計画で軽工業の推進がめざされる</td></tr>
<tr><td>1934</td><td>国際連盟に加入(◀P.240)</td></tr>
<tr><td>1935</td><td>コミンテルン第7回大会で反ファシズムの人民戦線を提唱</td></tr>
<tr><td></td><td>☆この頃から粛清(テロル)が激化</td></tr>
<tr><td>1936</td><td>スターリン憲法制定</td></tr>
<tr><td>1940</td><td>トロツキーが亡命先のメキシコで暗殺される</td></tr>
</table>

5 ロシア革命の影響

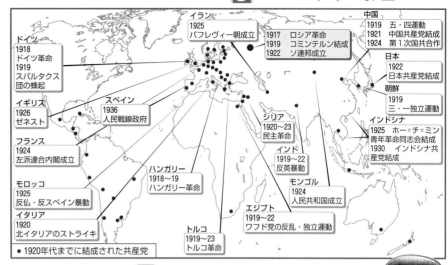

- イラン 1925 パフレヴィー朝成立
- ドイツ 1918 ドイツ革命 1919 スパルタクス団の蜂起
- イギリス 1926 ゼネスト
- スペイン 1936 人民戦線政府
- フランス 1924 左派連合内閣成立
- モロッコ 1925 反仏・反スペイン暴動
- イタリア 1920 北イタリアのストライキ
- ハンガリー 1918〜19 ハンガリー革命
- ロシア 1917 ロシア革命 1919 コミンテルン結成 1922 ソ連邦成立
- シリア 1920〜23 民主革命
- インド 1919〜22 反英暴動
- モンゴル 1924 人民共和国成立
- エジプト 1919〜22 ワフド党の反乱・独立運動
- トルコ 1919〜23 トルコ革命
- 中国 1919 五・四運動 1921 中国共産党結成 1924 第1次国共合作
- 日本 1922 日本共産党結成
- 朝鮮 1919 三・一独立運動
- インドシナ 1925 ホー＝チ＝ミン青年革命同志会結成 1930 インドシナ共産党結成
- ●1920年代までに結成された共産党

ヨーロッパ

●列強のソ連承認

1922	ドイツ(ラパロ条約)
1924	イギリス
	イタリア
	フランス
1925	日本
1933	アメリカ
1934	国連加盟

7 スターリン独裁

Key Person　スターリン(1879〜1953)

　グルジア(現ジョージア)の出身。逮捕，流刑，脱出を繰り返しながら革命活動に身を投じ，1912年以降ボリシェヴィキの要職についた。晩年のレーニンに後継者としての資質を疑われていたが，その死後は忠実な弟子としてふるまうとともに一国社会主義論を主張し，世界革命論を説くトロツキーらを退けて後継者の地位を揺るがぬものとした。急速な工業化と農業集団化を押し進めソ連の国力を増大させたが，一方で個人独裁を強め，党内における「粛清」を含めたその政策による犠牲者・餓死者の総数はゆうに1,000万人を超えるとされる。

6 社会主義の建設 ●経済政策の移りかわり

戦時共産主義(1918〜21)
反革命軍との内戦及び諸外国による干渉戦争を耐えぬくための非常体制
・土地や工場の国有化
・穀物の強制徴発と食料の配給制

新経済政策(ネップ)(1921〜28)
干渉戦争の終結に伴う戦時共産主義廃止後の修正路線
・農民による収穫物の自由な販売(農業経営の一部自由化)
・商工業発展のための外資導入

五カ年計画(第1次1928〜32，第2次1933〜37)
農業国から工業国への転化，資本主義国からの経済的独立
・農業の集団化(社会主義社会を築くための基礎)
・国家主導の工業化の推進

●ソヴィエト経済の成長

↑4**農業集団化の風景**(1928年のコルホーズ創設のようす)　ソ連では1920年代末から集団農場であるコルホーズや，国営農場であるソフホーズが創設・増設された。コルホーズでは共産党の指令のもとで計画的な生産が推進されたが，その失敗により30年代前半には大飢饉が発生し，600万人以上の餓死者が出た。

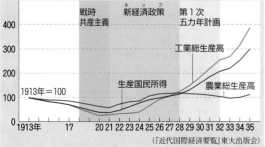

(縦軸) 400 / 300 / 200 / 100 / 0
(横軸) 1913年 17 20 21 22 23 24 25 26 27 28 29 30 31 32 33 34 35
戦時共産主義 / 新経済政策 / 第1次五カ年計画
1913年＝100
工業総生産高 / 生産国民所得 / 農業総生産高
(『近代国際経済要覧』東大出版会)

(解説) 資本主義諸国とほとんど経済関係をもたなかったソ連邦は，1929年以降続いた世界恐慌(●P.256)の影響をおよそ受けることなく，30年代前半には第1次五カ年計画のもとで順調に工業生産が向上した。

←5 ←6 **消されたトロツキー**　スターリンは，トロツキーがレーニンの側近だった過去を隠すため，レーニンの演説(1920年)の写真を修整し，そこに写っていたトロツキー(上写真)を消してしまった(下写真)。追放されたトロツキーは1940年にメキシコで暗殺されたが，これもスターリンの指示だったという説が根強い。

レーニン / トロツキー

←7 **トロツキー**(1879〜1940)

●**スターリンの粛清**

1933年	党員270万	
1938年	粛清された党員100万	党員170万 / 新党員60万

(『原色図解大事典　世界の歴史』小学館)

→8 **強制収容所**(シベリア)　スターリンは1934年に反対派への「粛清」を開始し，それは党中央委員や党幹部にも及んだ。以後53年に没するまで，反革命の名のもとに反対派を次々と強制収容所に送り込み，多くの人を死に追いやった。

★大戦後、集団安全保障と国際協調の時代へ。

赤字…国際協調・国際法に関する事項　青字…ドイツ賠償問題に関する事項　緑字…ファシズム勢力の台頭に関する事項

1 ヴェルサイユ・ワシントン体制と国際協調

◀P.242 以前
以降▶P.257

1917	.11	レーニンが「平和に関する布告」発表
1918	.1	ウィルソンが「十四カ条」を発表
	.11	ドイツが連合国と休戦協定を締結
1919	.1	パリ講和会議（～6月）（◀P.240）
	.6	ヴェルサイユ条約調印
	.9	サン＝ジェルマン条約（対オーストリア）調印
	.11	ヌイイ条約（対ブルガリア）調印
1920	.1	史上初の主権国家の国際組織である国際連盟成立
	.6	トリアノン条約（対ハンガリー）調印
	.8	セーヴル条約（対オスマン帝国）調印（▶P.252）
1921	.4	ロンドン会議でドイツの賠償金額を1,320億金マルクに
	.11	ワシントン会議開催（～22.2）
1922	.4	ラパロ条約でドイツとソヴィエト政権の国交樹立
	.10	イタリアでムッソリーニのローマ進軍がおこる
1923	.1	フランス・ベルギーのルール占領（～25.8）
	.7	トルコのケマル政権がローザンヌ条約を実現（▶P.252）
	.11	ドイツでヒトラーがミュンヘン一揆をおこすが失敗
1924	.8	ドーズ案が成立し、アメリカが支援
1925	.6	ジュネーヴ（赤十字）条約で生物兵器・化学兵器を禁止
	.12	ロカルノ条約でドイツ・フランスの協調が成立

ロカルノ条約
【提唱者】シュトレーゼマン（独外相）、ブリアン（仏外相）、オースティン＝チェンバレン（英外相）
【調印国】英・仏・独・伊・ベルギー・ポーランド・チェコスロヴァキア
【内容】①ドイツの西部国境の維持②ラインラントの非武装化③集団安全保障の確認

1926	.9	ドイツが国際連盟に加盟
1927	.6	ジュネーヴ軍縮会議が開かれるが、失敗（8月）

ジュネーヴ（海軍）軍縮会議
【提唱者】クーリッジ（米大統領）
【参加国】米・英・日で協議（仏・伊は参加拒否）
【内容】補助艦の保有制限を協議したが決裂

1928	.8	不戦条約締結、「戦争の違法化」宣言

不戦条約（ブリアン・ケロッグ条約）
【提唱者】ケロッグ（米国務長官）、ブリアン（仏外相）
【参加国】米・英・仏など15か国（のち63か国）
【内容】戦争を違法と規定した初の国際法

1929	.6	ヤング案発表され、減額実現
	.10	アメリカのウォール街の株価大暴落、世界恐慌始まる
1930	.1	ロンドン軍縮会議開催、海軍軍縮条約成立（4月）

ロンドン海軍軍縮（軍備制限）条約
【提唱者】マクドナルド（英首相）
【参加国】英・米・日（仏は参加拒否、イタリアは途中で脱退）
【内容】補助艦の保有ｔ数比を米：英：日＝10：10：7とする

1931	.6	フーヴァー＝モラトリアム
	.9	柳条湖事件を発端とする満洲事変が始まる
1932	.7	ローザンヌ会議で減額が決定
	.8	イギリスがスターリング＝ブロックを形成
1933	.1	ドイツでヒトラーが首相に就任
	.3	日本が国際連盟を脱退
	.10	ドイツが国際連盟を脱退
1934	.8	ヒトラーが総統（フューラー）に就任
	.12	日本がワシントン海軍軍備制限条約廃棄を通告
1935	.3	ドイツが再軍備宣言をし、ヴェルサイユ条約破棄

ロイド＝ジョージ（英首相）
オルランド（伊首相）
クレマンソー（仏首相）
ウィルソン（米大統領）

◀1 **パリ講和会議における4巨頭**　第一次世界大戦後の講和会議は、ウィルソンの「十四カ条」を原則に、1919年1月からパリで開かれた。しかし、会議は英仏などの既得権益擁護の政策により大きく歪められた。写真は、会議の休憩時間に談笑する4大国（英・伊・仏・米）の首脳たち。

2 ウィルソンと「十四カ条」

①秘密外交の廃止　②公海の自由
③平等な通商関係の確立　④軍備縮小
⑤植民地についての公平な調整（民族自決）
⑥ロシアからの撤兵とロシアの完全独立
⑦ベルギーの主権回復
⑧アルザス・ロレーヌのフランスへの返還
⑨イタリア国境の再調整
⑩オーストリア＝ハンガリー国内の諸民族の国際的地位の保障
⑪バルカン諸国の独立保障
⑫オスマン帝国支配下のトルコ人地域の主権と他の民族の自治の保障
⑬ポーランドの独立　⑭国際連盟の設立

解説 アメリカ大統領ウィルソン（任1913～21）は、レーニンの「平和に関する布告」（◀P.244）に対抗して「十四カ条」を発表した。これは世界平和の維持を従来の方法とは全く異なる「集団安全保障」の理念で実現しようとするものであった。しかし、英・仏の独への強い復讐心や、国内の孤立主義の抵抗で必ずしも成功しなかった。

↑2 ウィルソン（1856～1924）

3 ヴェルサイユ条約

(1)国際連盟規約
(2)ドイツは全植民地と海外のすべての権利を放棄し、領土を割譲
　①アルザス・ロレーヌをフランスへ
　②ポーランド回廊をポーランドへ
　③メーメルを国際連盟管理下におく
　④ザールは15年間国際連盟の管理下におき（炭田の所有・採掘権はフランスに帰属）、その後人民投票で帰属を決める
　⑤ダンツィヒを自由都市として国際連盟管理下におく
　⑥オーストリアとの合併を禁止する　など
(3)軍備制限（陸軍10万、海軍1万5,000）、徴兵制禁止、空軍・潜水艦保有禁止、ラインラント非武装化（左岸を15年間連合国が占領、右岸50kmを非武装化）
(4)賠償金支払い（額はのちのロンドン会議で1,320億金マルクに）
(5)戦争犯罪人としてヴィルヘルム2世の裁判

→3 ヴェルサイユ条約最終ページのアメリカ代表の署名と印章

解説 パリ講和会議は、初めから矛盾を抱えていた。この会議には敗戦国ドイツやソヴィエト政権は招かれず、戦勝国の間でも、実際は米英仏の三頭会談で重要事項が決められた。その結果、対ドイツ講和条約であるヴェルサイユ条約は、ドイツへの懲罰的色彩が強く、敗戦国ドイツは、その内容をほとんど知らされることなく、一方的に調印を迫られた。ヴェルサイユ条約の調印は、サライェヴォ事件から5年後の1919年6月28日にヴェルサイユ宮殿（◀P.178）で行われた。

4 その他の講和条約 （▶P.249）

条約名（対象国）	内容
サン＝ジェルマン条約（オーストリア）	①オーストリア＝ハンガリー帝国の解体、②ポーランド・チェコ・ハンガリー・セルブ＝クロアート＝スロヴェーン王国（ユーゴスラヴィア）の独立、③トリエステ・南チロルをイタリアに割譲する、④ドイツとの合併禁止　など
ヌイイ条約（ブルガリア）	いくつかの領土を隣国に割譲
トリアノン条約（ハンガリー）	①オーストリアからの分離独立、②スロヴァキアをチェコに割譲する、③クロアティアとボスニアなどをセルブ＝クロアート＝スロヴェーン王国（ユーゴスラヴィア）へ割譲、④トランシルヴァニアをルーマニアへ割譲する　など
セーヴル条約（オスマン帝国）	①ダーダネルス海峡の非武装化と国際化、②アルメニア・ヒジャーズの独立、③イラク・パレスチナ・トランスヨルダンを英、シリアを仏の委任統治とする、④トルコの軍備制限・治外法権　など　＊のちのローザンヌ条約で④の部分が撤回される

↑4 解体したオーストリア＝ハンガリー帝国を風刺したイラスト（「小オーストリア人と文無し犬」）　オーストリアの零落したようすを表している。

5 ヴェルサイユ体制とヨーロッパ

↓第一次大戦後の主要条約締結地（パリ付近）

□ 敗戦国とロシアの大戦前の領域
▨ 軍備禁止地域　　■ 国際管理地域
国名 大戦以後の独立国　● 主要条約締結地
—— 1920年のカーゾン線（ポーランド＝ソヴィエト戦争中に英外相カーゾンが提案した国境線で，のちソ連がこの線までの領土奪回を狙った）
—— セーヴル条約（1920.8）によるトルコの東部国境（ローザンヌ条約（23.7）により改廃）
▨▨ セーヴル条約によるギリシアの占領地（1920〜22）
赤数字:東欧諸国の独立を宣言した年

ヨーロッパ／西アジア／南・東南アジア／東アジア／アメリカほか

●大戦後のドイツ

—— 大戦前のドイツの国境
—— 大戦後のドイツの国境
▨ 人民投票の結果ドイツに帰属した地域
■ 連合軍占領地域
■ 国際管理地域
▨ 軍備禁止区域

●ドイツが失った海外領土

1914　日本，膠州湾を占領（22年に中国に返還）

フランスへ／トーゴ／カメルーン／ベルギーへ／イギリスへ／独領東アフリカ／オーストラリアへ／イギリスへ／ニュージーランドへ／独領南西アフリカ／南アフリカ連邦へ

【解説】ドイツの植民地は戦勝国が「委任統治」の形で継承し，植民地の民族自決は実現しなかった。

7 ワシントン体制と日本

【解説】戦後の東アジア情勢に対処しようとアメリカ大統領ハーディングが提唱したのがワシントン会議である。この太平洋地域の国際協調の枠組みをワシントン体制と呼ぶ。しかし，結果的にはアメリカ有利，日本不利の状況が確定し，以後日米対立の原因の一つとなった。(→P.262)

●ワシントン会議（1921〜22）

四カ国条約(1921)／米・英・仏・日	・太平洋地域の現状維持・日英同盟は解消
ワシントン海軍軍備制限条約(1922)／米・英・日・仏・伊	・主力艦保有トン(t)数比を米：英：日：仏：伊＝5：5：3：1.67：1.67とする(有効期間は10年)
九カ国条約(1922)／米・英・日・仏・伊・蘭・ポルトガル・ベルギー・中国	・中国の領土保全・門戸開放・機会均等などを確認・山東半島における日本の膠州湾の権益と英の威海衛の権益を，中国に返還

↓5 ワシントン会議

6 国際連盟と集団安全保障 (→P.266)

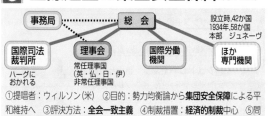

事務局 —— 総会
国際司法裁判所／理事会／国際労働機関／ほか専門機関
常任理事国（英・仏・日・伊）非常任理事国
ハーグにおかれる

設立時,42か国1934年に,58か国本部 ジュネーヴ

①提唱者：ウィルソン（米）　②目的：勢力均衡論から集団安全保障による平和維持へ　③評決方法：全会一致主義　④制裁措置：経済的制裁中心　⑤問題点：意志決定困難。大国の不参加や脱退で実行力に限界。制裁措置不十分

1920年代のヨーロッパ

P.235◀以前
以降▶P.257

? 探究 ドーズ案について，その内容を述べなさい。[80字程度] 類題：高崎経済大学

★欧州は協調外交と相対的安定の時代を迎えた。

1 1920年代のヨーロッパの歩み

イギリス	フランス	ドイツ	イタリア
1916 アイルランドでイースター蜂起 1918 **第4回選挙法改正**		1918 **ドイツ革命**，ドイツ帝国崩壊	
	1919/1 パリ講和会議 英(ロイド＝ジョージ)，仏(クレマンソー)が対独復讐を主張		
1919 アイルランドのシン＝フェイン党が共和国成立を宣言		1919 ドイツ共産党(スパルタクス団)の蜂起失敗，指導者ルクセンブルク，リープクネヒト殺害される 社会民主党**エーベルト**が大統領に就任 **ヴェルサイユ条約**に調印 **ヴァイマル憲法**(▶P.316史料)が制定，ヴァイマル共和国が正式に成立	1919 ヴェルサイユ条約で「未回収のイタリア」を獲得 ダンヌンツィオが一時フィウメ占領
	1920 フランス共産党が成立 1921 東欧諸国の小協商国と相互援助条約を締結してドイツを包囲する安全保障体制を構築(～27)	1920 右翼・軍部のカップ一揆失敗 **ナチ党(国民社会主義ドイツ労働者党)**結成 1921 ロンドン会議で賠償金1,320億金マルクが決定	1920 北イタリアで工場占拠が広まる **ファシズムの台頭** 1921 ムッソリーニがファシスト党を正式に設立，資本家・地主の支援を受け労働組合を攻撃して勢力拡大
1922 北部アルスター地方を除いて**アイルランド自由国**発足(自治領37年にエール共和国として完全独立)	1923 ポワンカレ内閣がベルギーとともに**ルール占領**を開始(～25)	1922 **ラパロ条約**により西欧で初めてソ連と国交樹立 1923 フランス・ベルギーが**ルール占領**を開始(～25) ヒトラーらがミュンヘン一揆をおこすが失敗	1922 ローマ進軍でムッソリーニが政権掌握
1924 **マクドナルド労働党内閣**(第1次)成立 ソ連を承認	1924 エリオ左派連合内閣がソ連を承認	**相対的安定期の構築** 1923 シュトレーゼマン首相がレンテンマルクを発行	1924 フィウメを併合 議会法(ファシスト党が第1党)
1926 イギリス帝国会議(本国と自治領を対等とし，自治領の国際連盟加入を承認)	**協調外交への転換** 1925 **ロカルノ条約**で独仏の協調が成立	1924 **ドーズ案**が成立し，米資本のもと賠償金支払いへ 1925 **ロカルノ条約**で独仏の協調が成立 第2代大統領に**ヒンデンブルク**(元参謀総長)が当選	1927 アルバニアを保護国化
1928 **第5回選挙法改正**(男女平等の普通選挙制の実現)	1928 外相ブリアンの提唱で(パリ)不戦条約が成立	1926 **国際連盟に加入**(▶P.240) 工業生産が戦前の水準にまで回復	1928 ファシスト大評議会，最高機関に 1929 ローマ教皇庁とラテラノ(ラテラン)条約を締結(ヴァチカン市国創設)
	1929 世界恐慌による経済的混乱が広まる		

1920年代 の特徴	①ドイツの賠償金問題・ルール占領の危機を克服しての国際協調の進展 ②第一次世界大戦後の社会の混迷とロシア革命の影響下で，社会主義政党が台頭	③第一次世界大戦での女性の協力により，各国で女性参政権が実現 ④アメリカ合衆国の支援のもとにヨーロッパが復興，アメリカが圧倒的な影響力をもつ

2 ヴァイマル共和国（ドイツ）

●ドイツ革命

←1 キール軍港で蜂起した水兵に演説する社会民主党のノスケ

→2 ヴァイマル憲法制定議会で国民にあいさつする新政府の人々

●ヴァイマル共和国

◀解説▶ 1918年11月，水兵の反乱から始まった「ドイツ革命」だが，革命の激化を恐れた社会民主党右派と軍部が妥協し，翌年1月のドイツ共産党の蜂起を鎮圧，その後混乱を避けてヴァイマルで新政府が樹立された。8月，社会民主党などの連合政権は，当時世界で最も民主的なヴァイマル憲法を公布。これにより，この時期のドイツを「**ヴァイマル共和国**」と呼ぶ。だが，膨大な賠償金の支払いに苦しみ，遅延を理由にフランスとベルギーが**ルール**を占領。ドイツは徹底したサボタージュで対抗したが，経済はマヒ状態に陥り，1兆倍を超えるインフレに襲われた。ドイツ政府は通貨改革で克服し，24年の**ドーズ案**によるアメリカ資本の導入で経済を回復，安定を取り戻した。

←3 ルールを占領するフランス軍

↑4 500億マルク札(1923年)

▼インフレーションの悪化

年.月	卸売物価指数
1913	1
1922.1	37
1923.1	2,785
4	5,212
7	74,787
10	7,094,800,000
11	725,700,000,000
12	1,261,600,000,000

『西洋史料集成』平凡社

→5 札束をおもちゃにして遊ぶ子どもたち

●賠償金問題

ヴェルサイユ条約(1919)
↓
ロンドン会議(1921)
賠償総額1,320億金マルク
ドイツ支払い猶予を要請
↓
ルール占領(1923)
ドイツの消極的抵抗
大インフレの進行
シュトレーゼマン首相の通貨改革
レンテンマルク発行(通貨安定)
↓
ドーズ案(1924)
・アメリカ資本を貸与 → ドイツ経済復興
・年賦払い → ヨーロッパ経済安定
・年払額減額
↓
ドイツ経済の安定期(1924～29)
ロカルノ条約(1925)
国際連盟加入(1926)
↓
ヤング案(1929) 賠償総額358億金マルクに減額
↓
世界大恐慌
↓
フーヴァー＝モラトリアム(1931) 戦債・賠償支払い1か年停止猶予令
↓
ローザンヌ会議(1932) 賠償総額30億金マルクに削減
↓
ナチス政権の支払い打切り宣言(1933)

▼賠償金の分配率

ベルギー 8%
その他 8%
イタリア 10%
イギリス 22%
フランス 52%

▼国際資本循環（ドーズ案）

独 ← 民間資本 ← 米
独 → 賠償金支払い → 英仏
米 → 戦債支払い → 英仏

→6 **シュトレーゼマン** 首相としてレンテンマルクを発行，インフレを克服し，アメリカ合衆国の協力で経済立て直しに成功した。その後外相としてドイツの国際的地位回復をはかった。

3 イギリス

●アイルランド問題

↓現代のイギリスとアイルランド

↑**7**大戦中のアイルランドのイースター蜂起

第一次世界大戦で大きな被害を受けたイギリスでは，植民地各地で独立運動が激化した。アイルランドでは1916年の復活祭に，**シン＝フェイン党**を中心とした武装蜂起がおこったが鎮圧された。しかし，独立の気運は高まり，1922年，プロテスタント系住民の多い北部（アルスター）を除いて自治権を獲得，**アイルランド自由国**（◀P.199）が誕生した。

●労働党内閣の誕生（1924）

マクドナルド

◀**8**労働党内閣の成立

大戦中債務国に転落，輸出も生産も不振に陥りアメリカに世界経済の覇権を奪われたイギリスは常に100～200万人の失業者を抱えた。このような社会情勢の中，1918年には選挙権拡大が行われたこともあり，労働党が勢力を伸ばし，1924年には第1次**マクドナルド**労働党内閣が生まれた。（◀P.205）

4 イタリア

●ムッソリーニの台頭

ムッソリーニ

↑**9**ローマ進軍（1922年）　第一次世界大戦後のイタリアは領土問題や戦後不況で混乱。ムッソリーニは「**戦闘的ファッショ**」（のちのファシスト党）を組織，社会主義の台頭を警戒する資本家などの保守層と結び，人心をつかんだ。1922年混迷する政局の中でローマへのデモを敢行，国王から組閣命令を受け政権を掌握した。（▶P.256）

↓**10**ラテラノ（ラテラン）条約（1929年）　ムッソリーニはローマ教皇庁に対してヴァチカン市国の独立を認めるかわりに自らの政権を承認させる条約を締結し，人気を一層高めた。

ムッソリーニ

ガスパッリ枢機卿（ローマ教皇庁）

5 東ヨーロッパ

国名 新独立国
国名 小協商国
　　 係争地域

（『帝国主義の時代』講談社による）

↑**11**マサリク　独立後のチェコスロヴァキアの初代大統領を1935年までつとめ，議会制民主主義の政治を展開した。

↑**12**クン＝ベラ　1919年に**ハンガリー＝ソヴィエト共和国**を樹立したが，失敗しソ連に亡命。のちスターリンの粛清の犠牲となった。

●解説　第一次世界大戦後に独立した東欧諸国は，もともと複雑に入り組んでいた民族分布や国境線の問題などで政治の安定を欠き，しばしば独裁政治をもたらした。その一方で東欧内部で相互援助条約を結び，大国に対抗，この**小協商**にドイツを警戒するフランスが連携し，小国を支援した。

●東欧の歩み

ポーランド	
1918	ピウスツキのもと独立が実現
1920	ポーランド＝ソヴィエト戦争（～21）で領土を拡大
1926	ピウスツキの独裁が始まる

チェコスロヴァキア	
1918	マサリク大統領・ベネシュ外相のもと独立し，議会制・工業化が進展

ハンガリー	
1919	クン＝ベラの共産主義革命失敗　ホルティ提督の独裁
1920	ホルティが国王なき摂政に就任

セルブ＝クロアート＝スロヴェーン王国	
1919	独立
1929	ユーゴスラヴィアと改称

世界史の交差点

新しい女性～働き遊ぶ自由を獲得していった女性たち

年	女性参政権の実現国
1893	ニュージーランド
1902	オーストラリア
1906	フィンランド
1913	ノルウェー
1915	デンマーク
1917	オランダ・メキシコ
1918	イギリス（30歳以上）・ソ連・オーストリア
1919	ドイツ
1920	アメリカ・インド
1921	スウェーデン
1928	イギリス（男女平等）
1934	トルコ
1944	フランス
1945	日本・イタリア

◀**13**自らデザインした服を身にまとうココ＝シャネル

↓**14**ストッキングの広告

動きやすい短い丈のスカート

第一次世界大戦後は，戦争協力の成果として女性参政権が一気に実現すると同時に，女性も「働き遊ぶ自由」を求める時代となった。その自由は，男性に認められることは女性にも許されるべきであるという方向で現れ，女性のファッションをも変革した。ヨーロッパではパリのデザイナーであるシャネルが，ミニスカートや男性のようなファッションを発表。従来のタブーを破り，足を見せることを始めた女性たちは絹のストッキングを愛用するようになった。一方，アメリカでもショートカットにミニスカートといういでたちで，酒を飲みタバコをふかし複数の男性とつきあう女性たちが現れ，「フラッパー」などと呼ばれた。しかし，女性たちが社会的地位の向上や仕事の革新を成し遂げるのは，第二次世界大戦後を待たなければならなかった。

★黄金の20年代に大量生産・大量消費・大衆文化を特徴とする大衆社会が到来した。

1 戦間期のアメリカ大陸 ◀P.195・237以前 以降▶P.257・276

米大統領		
ウィルソン(民)		

メキシコ革命 ラテンアメリカ

1910	メキシコ革命
1911	ディアス大統領が失脚
1917	メキシコ憲法が制定，カランサが大統領に就任

ウィルソンの国際協調と議会の孤立主義の対立

1917	第一次世界大戦に参戦
	石井・ランシング協定で中国の門戸開放・主権と日本の満洲における特殊権益を確認(九カ国条約で廃棄)(◀P.247)
1918	ウィルソンが「**十四カ条**」を発表
	米と日本が**シベリア出兵**でロシア革命に干渉
1919	ウィルソンがパリ講和会議に出席(◀P.246)
	禁酒法が制定(～33廃止)
	上院がヴェルサイユ条約批准を拒否し，国際連盟にも加盟せず
1920	共産主義者を大規模に逮捕
	上院がヴェルサイユ条約批准を再否決
	サッコ=ヴァンゼッティ事件がおこる
	女性参政権が実現(◀P.249) ラジオ放送の開始

国際協調と国内の保守主義

1921	共和党の**ハーディング**大統領就任
	ワシントン会議開催(～22)，海軍軍備制限条約・四カ国条約・九カ国条約成立
1923	共和党の**クーリッジ**大統領就任
	クー=クラックス=クラン(KKK)の活動が激化
1924	**排日移民法**が成立(◀P.238)
	ドーズ案を発表，ドイツの賠償金支払いを支援
1927	リンドバーグが大西洋無着陸横断飛行に成功
1928	初のテレビ放送開始
	国務長官**ケロッグ**が仏外相ブリアンと提唱した不戦条約が成立
	ディズニー初のアニメ映画でミッキー=マウスが登場
1929	ドイツの賠償金支払いについての**ヤング案**を発表
	共和党の**フーヴァー**大統領就任
	「**暗黒の木曜日**」(10月24日)にウォール街の株価大暴落から世界恐慌がおこる(▶P.256)

(左欄: ハーディング(共) / クーリッジ(共) / フーヴァー(共) / F・ローズヴェルト(民))

ポピュリズムの時代 ラテンアメリカ

1933	アメリカのF.ローズヴェルトが善隣外交を宣言
1934	メキシコで**カルデナス**政権が発足
1937	ブラジルで**ヴァルガス**がクーデタによる「新国家」体制樹立
1938	カルデナスが石油国有化
1939	第二次世界大戦が始まる
1943	アルゼンチンで軍部クーデタ
1946	**アルゼンチンでペロン政権**が成立する

3 戦間期のラテンアメリカ
●ラテンアメリカのモノカルチャー

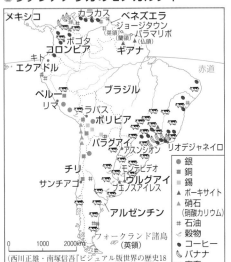

凡例:
- 銀
- 銅
- 錫
- ▲ ボーキサイト
- 硝石(硝酸カリウム)
- ≠ 石油
- 穀物
- ● コーヒー
- ● バナナ
- ● 家畜

〔西川正雄・南塚信吾『ビジュアル版世界の歴史18 帝国主義の時代』講談社，1986年による〕

解説 戦間期のラテンアメリカは，**アメリカ合衆国との資本・貿易関係のもとで，モノカルチャー経済が強化**された。合衆国は，パン=アメリカ会議(◀P.195)を通じて，事実上ラテンアメリカ諸国を外交的指導下に置き，大地主・銀行資本・教会勢力・軍部などの支配層と連携した。また，冷凍船の発明により，**ヨーロッパ向けの食肉生産という新たなモノカルチャーを生み出し，欧州の政治にも大きな影響をもたらした。**

2 世界最大の債権国アメリカ
●戦間期アメリカの国際経済

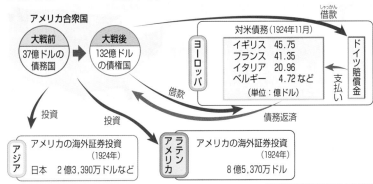

対米債務(1924年11月)	
イギリス	45.75
フランス	41.35
イタリア	20.96
ベルギー	4.72 など

(単位：億ドル)

アメリカの海外証券投資(1924年) アジア 日本 2億3,390万ドルなど

アメリカの海外証券投資(1924年) ラテンアメリカ 8億5,370万ドル

(『近代国際経済要覧』東大出版会)

●アメリカ経済の成長

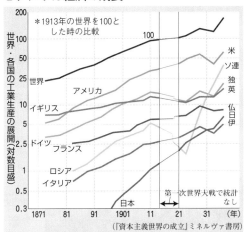

＊1913年の世界を100とした時の比較

(縦軸: 世界・各国の工業生産の展開(対数目盛))

(『資本主義世界の成立』ミネルヴァ書房)

解説 第一次世界大戦後，アメリカはドーズ案によってドイツを支援した。その資金は結果的に賠償金として西欧諸国に渡り，西欧諸国の対米債務返済にあてられた。ここに，国際経済はアメリカを中心に回ることとなり，大戦前には**債務国**であったアメリカは，世界最大の**債権国**として空前の繁栄を享受することとなった。(◀P.248)

解説 19世紀後半に世界第1位の工業生産を実現したアメリカは，第一次世界大戦によってイギリス・ドイツを大きく引き離した。五カ年計画を実施するソ連邦も急速に工業化を進展させていた。

●メキシコ革命

ディアスの長期独裁政権(任1877～80，84～1911)
①クリオーリョによるアシエンダ(大農園)制での農民の使役
②米国資本による石油資源掌握

メキシコ革命(1910～17)
①地主マデロによる反ディアス反乱
②北部のビリャ・南部のサパタらの農民派反乱

1911 マデロ政権(～13)
マデロ大統領就任。土地改革を求める民衆の弾圧を企図⇒軍部により暗殺。

1913 ウェルタ政権(～14)

1914 カランサ政権(～20)
農民派によりウェルタ失脚，カランサ政権発足。しかし，ビリャ・サパタは政権から排除される

メキシコ憲法制定(1917)
①基本的人権
②政教分離
③大土地所有の制限
④土地・地下資源・水を国家の不可譲の財産とする
⑤労働者のストライキ権

↑1 ディアス(1830～1915) 1876年のクーデタで政権を奪い大統領となり，長期独裁体制のもと英米資本への従属を強めた。革命でフランスへ亡命した。

↑2 カランサ(1859～1920) メキシコ革命に加わるが，農民派のサパタ・ビリャを打倒した。メキシコ憲法を制定し，大統領に就任した。

4 大衆消費社会の誕生

●ニューヨークの繁栄と摩天楼

←3 建設される高層ビル群 「黄金の20年代」を通じて繁栄の中心となったニューヨークでは，階数の競い合いでスカイスクレーパー（摩天楼）と呼ばれる高層建築が林立し，人々を魅了した。1930年にクライスラー＝ビル(319m)，1931年4月にはエンパイア＝ステート＝ビル(381m)が完成し，昼間でも薄暗い街が出現した。

←4 1922年のニューヨーク テイラー＝システムを導入して自動車の**大量生産**に成功した**フォード社のフォードT型車（T型フォード）**は，アメリカを世界一の自動車保有率を誇る社会に押し上げた。自動車をはじめとする**大量生産**の商品は，広告によって人々の購買欲を刺激した。こうして**大衆消費社会**が世界に先駆けてアメリカで出現した。

●大衆消費社会の特徴

T型フォードの普及によるモータリゼーション
都市化と郊外の誕生 ・ガソリンスタンド・チェーンストア・デパート・ドライブイン

家庭電化製品の普及による生活様式の変化
家事労働の軽減による女性の社会進出 ・冷蔵庫・洗濯機・掃除機・オーブン・アイロン

広告販売の普及によるコマーシャリズム
広告による消費活動の変化 ・クレジット販売・通信販売・広告産業の活発化

技術革新による新しいメディアの普及
マス・メディアの発達による大衆文化 ・ラジオ放送・映画・レコード・ジャズ

世界史 の 交差点
1920年代のアメリカ大統領

第一次世界大戦を指導したウィルソン大統領を引き継いだのは，3人の共和党大統領であった。ハーディング（任1921〜23）はワシントン会議の提唱者だが，国内的には汚職事件の当事者であり，任期途中に急死した。クーリッジ（任1923〜29）は後任として副大統領から昇格，「黄金の20年代」と呼ばれる大変な好景気に支えられ，ドイツの賠償問題ではドーズ案を発表，また排日移民法などを制定したが，国内的には現状維持の政策をとり続けた。フーヴァー（任1929〜33）は，就任1年目に世界恐慌が発生したが，政府による経済への介入に慎重な姿勢をとり続けたため，有効な対策を打てず，1933年の選挙で民主党のフランクリン＝ローズヴェルト（→P.256）に敗れた。

↑5 ハーディング

↑6 クーリッジ

↑7 フーヴァー

5 都市大衆文化と国民的ヒーロー

●マスメディアの発達

↑8 ラジオ放送の開始 大量消費社会はまた「情報化」の時代でもあった。1920年のラジオ放送開始により人々は瞬時に情報を手にすることができるようになり，新しい文化が急速に拡大した。

↑9 コカ＝コーラのウインドー＝ディスプレイ コーラの出現はアメリカに国民的な飲料を普及させただけではなかった。工場でつくられた同じ味の同じ飲みものを，同じ宣伝につられた同じ国民がたしなむという大衆文化の到来をも意味した。これによりアメリカの「味の民主主義」が定着する。

●国民的ヒーロー

↑10 ルイ＝アームストロングのジャズ 黒人音楽から発展して，即興演奏を大胆に取り入れたジャズが，1920年代のアメリカで急速に流行した。黄金の20年代を「ジャズ・エイジ」とも呼ぶ。

←11 ミッキー＝マウスとディズニー (1901〜66) ディズニーの制作したアニメ映画「蒸気船ウィリー号」(1928年)でミッキー＝マウス（当初の名はモーティマー）が誕生した。ミッキーはその陽気で楽観的なキャラクターが大人気を博すようになった。

6 社会の保守化と排外主義

↑12 禁酒法 1920年1月発効。飲酒ではなく，製造・販売・輸送を禁止する不合理なものであった。このため，酒の密造・密輸はギャングの暗躍の温床となり，暗黒街が急成長，アル＝カポネなど都市の政治を牛耳る者まで現れた。写真は，摘発した密造酒を川に捨てる人々。

→13 クー＝クラックス＝クラン(KKK) 南北戦争後に白人支配の復活を標榜して南部で結成された秘密結社。第一次世界大戦中から1920年代に急成長した。黒人・社会主義者・移民に襲撃を加えた。

戦間期の西アジア・アフリカ

★オスマン帝国は崩壊し，現代へと引き継がれる新たな中東情勢の枠組みができあがった。

1 戦間期のトルコの歩み

オスマン帝国	1908	青年トルコ革命(オスマン帝国憲法復活・国会開設へ)
	1914	第一次世界大戦にドイツ側で参戦
	1918	敗戦
	1919	ギリシア＝トルコ戦争勃発(ギリシア軍が連合軍の支持を受けイズミル(スミルナ)を占領)
二重権力状態(アンカラ政府)	**トルコ革命**	
	1920	ムスタファ＝ケマルがアンカラにトルコ大国民議会を開催＝**アンカラ政府**成立 オスマン帝国が**セーヴル条約**を締結(ボスフォラス海峡・ダーダネルス海峡開放，列強によるオスマン帝国領の分割)
	1922	アンカラ政府がギリシア軍を駆逐 アンカラ政府が**スルタン制**を廃止しオスマン帝国が滅亡(◀P.319史料)
	1923	**ローザンヌ条約**を締結(セーヴル条約破棄，イズミルほかの領土回復，軍備制限や治外法権の撤廃) **トルコ共和国**成立(首都：**アンカラ**) 初代大統領にムスタファ＝ケマル就任(任～38)
トルコ共和国	1924	カリフ制を廃止 トルコ共和国憲法発布 ☆1920～30年代，西欧化・近代化政策(女性解放・文字改革・神秘主義教団の解散など)
	1934	議会がケマルにアタテュルク(父なるトルコ人)の称号を贈る

2 第一次世界大戦中のイギリスの多重外交

フセイン・マクマホン協定(1915) 対アラブ人	バルフォア宣言(1917) 対ユダヤ人
アラブ：フセイン(メッカ太守) イギリス：マクマホン(イギリス高等弁務官) 対オスマン帝国反乱を条件に，アラブ人独立国家支持を約束。	イギリス：バルフォア(外相) 第一次世界大戦の財政援助を条件に，ユダヤ人のパレスチナでの国家の建設を支持。

矛盾　英　矛盾

サイクス・ピコ協定(1916)　対仏・露
イギリス：サイクス(外交官)　フランス：ピコ(外交官)
英仏露でオスマン帝国領分割を定めた秘密協定。パレスチナを国際管理とする。

●セーヴル条約(1920年)(◀P.246・247)の境界

Key Person (1888～1935) アラビアのロレンス

対オスマン帝国戦に勝利するため，イギリスは複数の矛盾する秘密外交を展開し，アラブ人に国家建設を約束して難攻不落のアカバ要塞の攻撃作戦に動員した。イギリス軍の情報将校だったロレンスは，フセイン・マクマホン協定後，フセインの子ファイサルと提携し，アラブ人に扮してオスマン軍と戦ったとされる(「アラビアのロレンス」)。その英雄的活躍は多分に脚色されたものだが，自国の「多重外交」を知って深く失望したといわれることから，民族国家の独立を夢見てともに戦ったアラブ人たちに，一定の共感を抱いていたことは疑いえない。

↓1 映画「アラビアのロレンス」
(1962年，英作品)

ロレンス

3 西アジア・アフリカ諸国の独立

⬜ イギリスの委任統治領(1920)
⬜ フランスの委任統治領(1920)

国		経過	国・地域		経過
エジプト	1914	イギリスの保護国となる	イラク	1921	イラク王国成立
	1919	ワフド党の独立運動(1919年革命)		1932	完全独立(委任統治完了)
	1922	独立＝エジプト王国	トランスヨルダン	1923	トランスヨルダン首長国成立
サウジアラビア	1924	ヒジャーズ(含メッカ・メディナ)占領		1946	トランスヨルダン王国として完全独立(委任統治完了)
	1932	**サウジアラビア王国**建設	パレスチナ	1947	国連総会でパレスチナ分割案可決
ペルシア	1925	レザー＝ハーン(レザー＝シャー)が**パフレヴィー朝**を創始		1948	イスラエル建国 →第1次中東戦争(パレスチナ戦争)(▶P.284)
	1935	国名を**イラン**と改称	シリア	1936	自治承認
アフガニスタン	1880	イギリスの保護国となる		1946	独立＝シリア共和国
	1919	第3次アフガン戦争 →独立＝アフガニスタン王国	レバノン	1941	独立宣言
				1943	独立＝レバノン共和国

●戦間期(ローザンヌ条約以後)の西アジア (◀P.246・247)

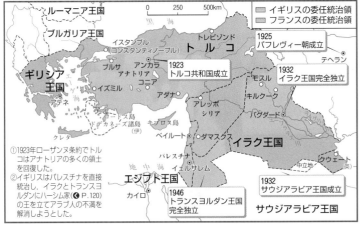

⬜ イギリスの委任統治領
⬜ フランスの委任統治領

①1923年ローザンヌ条約でトルコはアナトリアの多くの領土を回復した。
②イギリスはパレスチナを直接統治し，イラクとトランスヨルダンにハーシム家(◀P.120)の王を立てアラブ人の不満を解消しようとした。

Key Person (1881～1938) ムスタファ＝ケマル

オスマン帝国の軍人であった彼は，第一次世界大戦で唯一イギリス軍を破ったガリポリの戦いを指揮して国民的英雄となった。失地の回復をめざしたエンヴェル＝パシャ(◀P.216)とは対照的に，第一次世界大戦の敗戦という現実の中で，アナトリア半島のみをトルコ人の祖国として守るというナショナリズムを主張した。帝国打倒後のトルコ共和国では，女性解放や神秘主義教団の解散などを行って，イスラーム世界で初めて政教分離の近代国家を建設し，議会からアタテュルク(父なるトルコ人)の称号を贈られた。

↓2 ケマルの文字改革　近代化の一環として，トルコ語表記に不適切なアラビア文字を廃止し，ローマ字を改造した新トルコ文字を採用して識字率の向上を図った。(写真は複製画)

ムスタファ＝ケマル

↑3 イブン＝サウード(アブド＝アルアジース)　ワッハーブ王国(第1次サウード朝(◀P.217)を建てたサウード家の子孫。1902年にリヤドを回復。さらにフセインを破って，メッカ・メディナ両聖地を支配する**サウジアラビア(サウード家のアラビア王国)**を建国し，初代国王(位1932～53)となった。

探究のヒント

? 探究　1930年からの非暴力・非協力運動（第2次サティヤーグラハ）の内容と結果を説明しなさい。〔140字程度〕　類et：フェリス女学院大学

戦間期のアジア②
戦間期の南アジア・東南アジア　253

★独立を求めるインド・東南アジアの動きは，第一次世界大戦後さらに活発化した。

1 戦間期のインドの歩み 〈P.218◀以前 以降▶P.286〉

1914	第一次世界大戦勃発，インドはイギリス側で参戦（戦費負担，100万人以上の兵士動員）
	☆民族資本家や産業労働者が増大
	☆イギリスはインド参戦の代償に自治を約束
1919	ローラット法発布（令状なしの逮捕，裁判なしの投獄）
	アムリットサール事件
	インド統治法発布（①中央政府はイギリスが掌握　②教育や農業など地方行政の一部をインド人に渡す）

非暴力・非協力運動（第1次サティヤーグラハ）

1919	**ガンディー**指導のインド国民会議派を中心とする非暴力・非協力運動が始まる（植民地行政への非協力など）
	☆**ジンナー**指導の**全インド＝ムスリム連盟**の支持も得て，運動は農村にまで広まる
1924	ヒンドゥー教徒とムスリムの宗派対立激化
1929	インド国民会議派のラホール大会で**ネルー**の指導のもと，完全独立（**プールナ＝スワラージ**）が決議される

非暴力・非協力運動（第2次サティヤーグラハ）

1930	ガンディーが「**塩の行進**」を行う
	英印円卓会議開催（〜32）
	ガンディーはイギリスとの交渉のため運動を中断
1932	英印円卓会議決裂により非協力運動が再開される
1934	逮捕者が続出しガンディーは運動を中止
1935	**1935年(新)インド統治法**（①財政・防衛・外交の権限をイギリスが掌握する　②州政府はインド人が掌握，ただし州内閣の上部に英国王任命の州知事が存在　③ビルマをインドから切り離す）
1939	第二次世界大戦で英はインドを連合国側で参戦させる
1940	全インド＝ムスリム連盟がパキスタンの建設を決議
1942	インド国民会議派はイギリスに対し，クイット＝インディア（インドを出て行け）運動を始める
1947	**インドとパキスタンが分離独立**

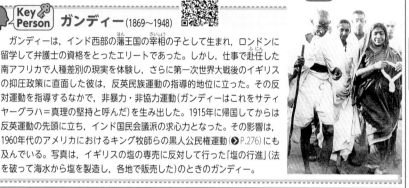

←1**アムリットサール事件**　1919年4月13日パンジャーブ州アムリットサールで，**ローラット法**に反対する市民集会が開かれていたが，ダイヤー将軍率いるイギリス軍がこれに一方的に発砲し，公式発表でも400人近くの犠牲者がでた。当時のイギリス国民は将軍を英雄として遇したが，全インドには衝撃が広がり，ガンディーによる非暴力・非協力運動の口火となった。

🔖探究のヒント

Key Person 👤 ガンディー(1869〜1948)

　ガンディーは，インド西部の藩王国の宰相の子として生まれ，ロンドンに留学して弁護士の資格をとったエリートであった。しかし，仕事で赴任した南アフリカで人種差別の現実を体験し，さらに第一次世界大戦後のイギリスの抑圧政策に直面した彼は，反英民族運動の指導的地位に立った。その反対運動を指導するなかで，非暴力・非協力運動（ガンディーはこれをサティヤーグラハ＝真理の堅持と呼んだ）を生み出した。1915年に帰国してからは反英運動の先頭に立ち，インド国民会議派の求心力となった。その影響は，1960年代のアメリカにおけるキング牧師らの黒人公民権運動（▶P.276）にも及んでいる。写真は，イギリスの塩の専売に反対して行った「塩の行進」（法を破って海水から塩を製造し，各地で販売した）のときのガンディー。

←2**ネルー**（1889〜1964）　ケンブリッジ大学で西欧的合理精神を身につけ，ガンディーに協力して活躍し，国民会議派を指導。**完全独立（プールナ＝スワラージ）**を要求する急進派でたびたび投獄された。

←3**ジンナー**（1876〜1948）　全**インド＝ムスリム連盟**の指導者。ガンディーの大衆運動による独立獲得方法を批判し，ムスリムとヒンドゥーの分離独立を推進した。

南・東南アジア

2 戦間期の南・東南アジア

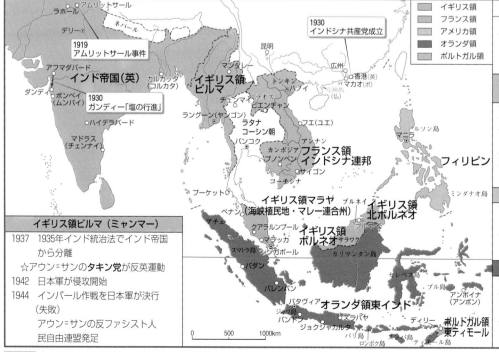

凡例：
- イギリス領
- フランス領
- アメリカ領
- オランダ領
- ポルトガル領

イギリス領ビルマ（ミャンマー）

1937	1935年インド統治法でインド帝国から分離
	☆**アウン＝サン**の**タキン党**が反英運動
1942	日本軍が侵攻開始
1944	インパール作戦を日本軍が決行（失敗）
	アウン＝サンの反ファシスト人民自由連盟発足

タイ（シャム）

1932	立憲革命で立憲君主政に移行
1939	国号をタイと改称する
	☆第二次世界大戦中はピブーン首相が対日協力

フランス領インドシナ連邦（ベトナム・ラオス・カンボジア）

1925	ベトナム青年革命同志会成立
1927	ベトナム国民党成立
1930	インドシナ共産党成立（指導者**ホー＝チ＝ミン**）
1940	日本軍が進駐
1941	ホー＝チ＝ミンがベトナム独立同盟会（ベトミン）を結成する

アメリカ領フィリピン

1934	フランクリン＝ローズヴェルトが10年後の独立を約束
1942	日本軍が侵攻
	☆フクバラハップが抗日運動を展開

オランダ領東インド（インドネシア）

1920	インドネシア共産党成立
1927	スカルノがインドネシア国民同盟を結成（1928**インドネシア国民党**に改称）
1942	日本軍が侵攻→対オランダ独立運動を支援する

★内戦を行っていた国民党と共産党は，日中戦争が始まると協力して日本と戦った。

1 中国革命の進行

P.227◀以前
以降▶P.288

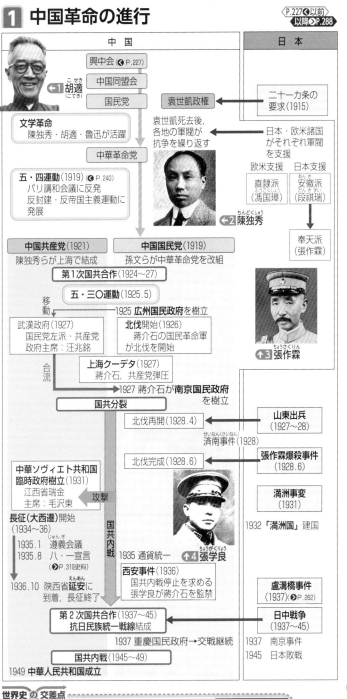

中国

- 興中会 (◀P.227)
- ←1 胡適(こてき) 中国同盟会
- 国民党

文学革命
陳独秀・胡適・魯迅が活躍

中華革命党

五・四運動(1919) (◀P.240)
パリ講和会議に反発
反封建・反帝国主義運動に発展

中国共産党(1921)	中国国民党(1919)
陳独秀らが上海で結成	孫文らが中華革命党を改組

第1次国共合作(1924〜27)

五・三〇運動(1925.5)

移動 ── 1925 広州国民政府を樹立

武漢政府(1927)
国民党左派・共産党
政府主席：汪兆銘

北伐開始(1926)
蒋介石の国民革命軍が北伐を開始

合流

上海クーデタ(1927)
蒋介石，共産党弾圧

→1927 蒋介石が南京国民政府を樹立

国共分裂

北伐再開(1928.4)

済南事件(1928)

北伐完成(1928.6)

中華ソヴィエト共和国
臨時政府樹立(1931)
江西省瑞金
主席：毛沢東

攻撃

長征(大西遷)開始
(1934〜36)

国共内戦

1935.1 遵義会議
1935.8 八・一宣言 (▶P.319史料)

1936.10 陝西省延安(えんあん)に
到着，長征終了

1935 通貨統一

←4 張学良(ちょうがくりょう)

西安事件(1936)
国共内戦停止を求める
張学良が蒋介石を監禁

**第2次国共合作(1937〜45)
抗日民族統一戦線結成**

1937 重慶国民政府→交戦継続

国共内戦(1945〜49)

1949 中華人民共和国成立

日本

袁世凱政権 ← 二十一カ条の要求(1915)

袁世凱死去後，各地の軍閥が抗争を繰り返す

日本・欧米諸国がそれぞれ軍閥を支援

欧米支援 / 日本支援

直隷派(ちょくれいは)(馮国璋)	安徽派(あんきは)(段祺瑞)

奉天派(張作霖)

←2 陳独秀(ちんどくしゅう)

←3 張作霖(ちょうさくりん)

山東出兵(1927〜28)

済南事件(せいなん)(1928)

張作霖爆殺事件(1928.6)

満洲事変(1931)

1932「満洲国」建国

盧溝橋事件(1937)(▶P.262)

日中戦争(1937〜45)

1937 南京事件
1945 日本敗戦

2 文学革命から北伐へ

●文学革命

人物名	業績
陳独秀	雑誌「新青年」を創刊し，欧米の思想を紹介
胡適(こせき)	白話運動を提唱
魯迅(ろじん)	『狂人日記』『阿Q正伝』を発表
李大釗(りたいしょう)	マルクス主義を紹介

→5 魯迅(ろじん)(1881〜1936) 医学を志し日本に留学したが，やがて中国人の精神の変革を強く感じて文学を志し，社会や人間の中にひそむ封建性を痛烈に批判する多くの評論や小説を発表した。

●五・四運動

(解説) 1919年，パリ講和会議が日本の二十一カ条の要求を追認すると，5月4日，北京大学生約3,000人が天安門広場で抗議のデモを行った。中国政府はこれを弾圧したが抗議運動は全国に広がったため，中国は講和条約の調印を拒否せざるを得なかった。五・四運動は，中国における新たな革命運動の始まりとなった。

↑6 天安門広場での国民大会

1920年代の中国

凡例 反革命派 / 国民革命派 / 軍閥
国民革命軍の北伐路
→ 1次(1926〜27)
→ 2次(1928)
▶▶ 北方軍閥の退路
‥‥ 日本軍の進路(山東出兵)
国民革命直前の国民党(国民政府)支配地域
軍閥支配地域

黒竜江

1928.6 張作霖爆殺事件

モンゴル人民共和国(1924成立)

ウランバートル

吉林

熱河 奉天

1928.6 北伐軍の北京入城

察哈爾

1928.5 日本軍の出兵・済南事件

関東州

綏遠 錦州 山海関 大連 旅順

朝鮮(日)

1927.4 上海クーデタ

寧夏 山西 張家口 北京(北平) 天津

馮玉祥(ばぎょくしょう) 太原 済南 青島 山東

閻錫山(えんしゃくざん) 延安 張宗昌

甘粛 洛陽 開封 徐州 江蘇

蘭州 河南 呉佩孚(ごはいふ) 孫伝芳(そんでんほう)

陝西 安徽 南京 上海

西安 湖北 漢口 武昌 杭州 浙江 寧波

チベット 四川 万県 安慶

成都 重慶 湖南 南昌 福建

1925.7 広州国民政府成立
1926.7 北伐開始

貴州 長沙 江西 福州 台北

青海 瑞金 厦門 台湾(日)

雲南(昆明) 唐生智(とうせいち) 広東 澎湖諸島

桂林 恵州 海豊 陸豊

英領ビルマ 仏領インドシナ連邦 広州 マカオ(ポ) 香港(英)

1927.4 蒋介石が南京国民政府を樹立

0 300 600km

世界史の交差点

中華民国の二つの国旗

北伐による国民革命は中国に大変革をもたらしたが，国名が変化したわけではない。軍閥張作霖の北京政府も国民革命軍も「中華民国」を称していたからである。国民革命は南北の政権による「中華民国」の争奪であり，それは国旗の交替によって視覚的に象徴された。北京政府は「五色旗」を国旗とし，5色は漢・満・蒙・回・蔵の五族協和を示した。これに対して国民革命軍は，孫文の考案した「青天白日満地紅旗」を国旗とし，青・白・赤は三民主義を示していた。北伐は帰順した張学良が満洲で五色旗を青天白日旗に替える「易幟(えきし)」によって終了した。(『国のシンボル』頌文社・『1920年代の中国』汲古書院など)

↑8 青天白日満地紅旗

↑9 五色旗

●国民党と共産党

	第1次・第2次国共合作	
ソ連 支援 →	中国共産党〔毛沢東〕 ・コミンテルンの指導のもと，上海で結成(1921) ・マルクス主義に基づく共産国家の設立をめざす	中国国民党〔蒋介石〕 ・中華革命党を改組(1919) ・三民主義に基づく国家形成をめざす	← アメリカ 支援

国共内戦

支持 ↓ 労働者・農民

支持 ↓ 浙江財閥

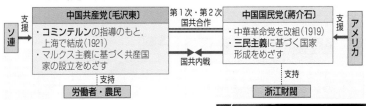

→7 蒋介石(1887〜1975) 孫文の死後，国民革命軍総司令官として，1926年北伐を開始した。しかしその途上，共産党の台頭を危険視し共産党を大弾圧する上海クーデタに踏み切った。

❸ 「満洲国」建国から第2次国共合作へ

● 1930年代の中国

- 1932.3 「満洲国」建国
- 「満洲国」
- ソヴィエト連邦
- モンゴル人民共和国
- チチハル
- チャムス
- ノモンハン（1939.5）
- ハルビン
- 張鼓峰（1938.7）
- 長春（新京）
- 吉林
- 1936.10 すべての紅軍合流 長征終了
- 1931.9.18 柳条湖事件
- 1935.10 毛沢東軍、到達
- 奉天
- 旅順
- 平壌
- 朝鮮
- ソウル（京城）
- 1936.12 西安事件
- 北京
- 天津
- 延安
- 西安
- 1932.1 第1次上海事変
- 南京
- 上海
- 1931〜34 中華ソヴィエト 共和国臨時政府 1934.10 長征開始
- 1935.8.1 八・一宣言
- 大雪山
- 成都
- 重慶
- 武昌
- 漢陽 武漢
- 漢口
- 長沙
- 井崗山
- 1935.1 遵義会議
- 貴陽
- 瑞金
- 広州
- マカオ（ポルトガル） 香港（英）
- 台湾（日）
- ビルマ
- 仏領 インドシナ連邦
- タイ（シャム）
- フィリピン
- 1927 蔣介石が南京国民 政府樹立

凡例：
- 満洲事変での日本軍の侵攻
- 共産党の革命根拠地（解放区）
- 長征（大西遷）1934〜36年
- 国民革命軍による共産党包囲攻撃（第1次〜5次）

● 満洲事変

←10 占領後の北大営で警戒する関東軍 1931年9月18日、日本の関東軍は奉天郊外の柳条湖で満鉄の線路を自らの手で爆破し、これを張学良軍の仕業として軍事侵攻を開始した。共産党との内戦を優先した蔣介石は、日本への不抵抗方針をとったため、関東軍はわずか5か月で満洲全域を占領した。

関東軍総司令官
溥儀

↑12「満洲国」皇帝溥儀 （1906〜67）

↑11「満洲国」の建国 1932年関東軍は、天津日本租界に身を寄せていた清朝の廃帝溥儀（◀P.226）を国家元首の執政に担ぎ出し、「満洲国」を建国した。満洲国の実権は関東軍と、日本の官僚が握っていた。溥儀は34年皇帝（康徳帝）に即位した。写真は、執政就任式当日の溥儀と関東軍総司令官。

● 長征

↓14 延安の共産党の指導者たち
周恩来　朱徳　毛沢東

←13 長征 国民党軍の5回にも及ぶ包囲攻撃を受けた共産党軍は、それまでの根拠地である江西省瑞金を放棄し、新しい根拠地を求める大移動を開始した。国民党軍の攻撃を受けながら、大雪山や大湿原地帯などの難所を越え、2年後、陝西省延安に到達した。この1万2,500kmの踏破行を長征と呼ぶ。長征途中の遵義会議（1935）で、毛沢東は党の指導権を掌握した。

世界史の交差点
「九・一八事変」

我が家は 満洲松花江のほとり、 森あり林あり炭鉱あり。 大豆、高粱あり。 我が家は 満洲松花江のほとり、 我が故郷すきかぎり。 山野見渡すかぎり。

九・一八、九・一八、 かの惨たる時より、 九・一八、九・一八、 かの惨たる時より、 我がものすべて出でたり、 我が愛する父母。 我が故郷、父母と 見捨てたり。

老いたる父母、 そこにいます。 そこにいます。

（『世界の歴史15 ファシズムと 第二次大戦』中央公論社）

↑ 満洲事変ののち、中国で広く歌われた歌。中国では満洲事変を「九・一八事変」と呼ぶ。満洲を失った人々の悲しみを歌っている。

↑15 抗日運動 満洲事変以後激化し、デモやストライキが頻発した。

● 西安事件

↑16 張学良 日本軍に父親を殺され、満洲事変によって故郷を奪われた張学良は、延安の共産党軍への攻撃を命ぜられていたが、抗日意欲を強くもっていた。1936年、督戦に西安を訪れた蔣介石を監禁して周恩来（◀P.272）とともに説得し、内戦の停止と抗日を約束させた。西安事件後、張学良は監禁され、1990年になってその生存が明らかにされた。

←会見する張学良（90歳）

↑17 西安事件を報じる新聞（「東京朝日新聞」1936年12月13日）

世界史の交差点
浙江財閥の宋家三姉妹

慶齢　美齢
靄齢

上海を中心に中国経済を支配した浙江財閥の宋家に3人の姉妹がいた。宋靄齢・宋慶齢・宋美齢である。長女靄齢は同じ財閥の御曹司孔祥熙（のち国民政府の財政部長）と結婚し、次女慶齢と三女美齢は、それぞれ孫文、蔣介石と結婚した。美齢は中国のファーストレディーとして華麗な活躍を始める。ところが孫文の死後の慶齢は、蔣介石と袂を分かち、共産党との関係を深めていった。第二次世界大戦と国共内戦を経て、1949年中華人民共和国が建国されたとき、宋慶齢は国家副主席として天安門で毛沢東の傍らにあった。その姿をニューヨークの靄齢の屋敷の傍らで観ていた美齢は、やがて蔣介石とともに台湾へ逃れていった。（NHK取材班『宋姉妹』角川書店）

東アジア

ルーツ 「チャイナドレス」：満洲族の民族服だった旗袍（チーパオ）は、中華民国時代になると中国女性の代表的なファッションとなった。

世界恐慌とファシズム

探究 1929年にアメリカで恐慌が発生した原因について説明しなさい。[120字程度] 類題：中央大学

★アメリカから発生した世界恐慌は，ブロック経済圏とファシズム国家を生み，世界の対立は激化していった。

探究のヒント

1 世界恐慌の発生

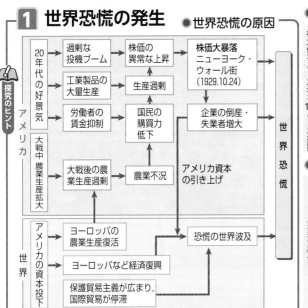

●世界恐慌の原因

アメリカ

- 20年代の好景気 → 過剰な投機ブーム → 株価の異常な上昇 → 株価大暴落 ニューヨーク・ウォール街(1929.10.24)
- 工業製品の大量生産 → 生産過剰
- 労働者の賃金抑制 → 国民の購買力低下 → 企業の倒産・失業者増大
- 大戦中農業生産拡大
- 大戦後の農業生産過剰 → 農業不況 → アメリカ資本の引き上げ → 世界恐慌

世界

- ヨーロッパの農業生産復活
- ヨーロッパなど経済復興 → 恐慌の世界波及
- アメリカの資本投下
- 保護貿易主義が広まり，国際貿易が停滞

国民総生産・純生産の低下

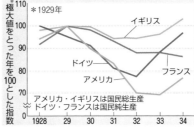

極大値をとった年を100とした指数 ＊1929年
イギリス / ドイツ / アメリカ / フランス
アメリカ・イギリスは国民総生産
ドイツ・フランスは国民純生産
1928 29 30 31 32 33 34

失業率の増大

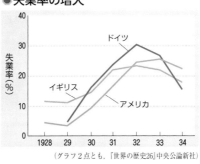

失業率(%)
ドイツ / イギリス / アメリカ
1928 29 30 31 32 33 34

（グラフ2点とも，『世界の歴史26』中央公論新社）

↑1証券取引所前の群衆 1929年10月24日にウォール街の株価が大暴落した（暗黒の木曜日）。5日後にはさらに株価が大暴落した。その結果，多くの企業や銀行は倒産し，恐慌が発生した。

↑2ニューヨーク「フーヴァー村」 各地の空き地には，タール紙や廃材による掘っ建て小屋が乱立するようになり，無策なフーヴァー大統領を皮肉って「フーヴァー村」と命名された。

2 各国の恐慌への対応

持てる国（資源・植民地・工業力）

英	・マクドナルド挙国一致内閣→失業保険削減(1931) 金本位制停止(1931) ・ウェストミンスター憲章→イギリス連邦の枠組み完成 ・オタワ連邦会議→スターリング＝ブロック形成(1932)
仏	・フラン＝ブロック形成(1934)
米	・フランクリン＝ローズヴェルト大統領→ニューディール(1933～35) 善隣外交
ソ	・第1次五カ年計画(1928～32) ＊恐慌の影響なし

持たざる国（土地・資源・植民地・工業力）

独	・ヒトラー内閣成立(1933)→公共事業・軍需産業拡大
伊	・ムッソリーニ政権→エチオピア侵攻(1935～36)
日	・満洲事変(1931～32)→「満洲国」建国(1932)

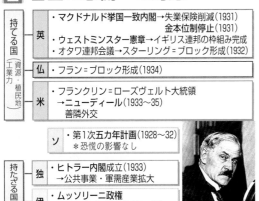

↑3マクドナルド（英首相）（◀P.249）

3 世界経済のブロック化

円ブロック / ドイツ支配下の為替管理地域 / ドル地域（汎米ブロック） / ドイツ＝アメリカの抗争のため帰属が変動又は不明確な地域 / 通貨ブロックに対する帰属度のゆるい地域 / 金ブロック（フラン＝ブロック） / ポンド地域（スターリング＝ブロック）

（『世界歴史地図』朝日新聞社）

◀解説 恐慌対策として「持てる国」は本国・植民地・自治領で経済ブロックを形成，排他的な保護貿易主義へと傾いた。「持たざる国」は植民地を獲得し経済ブロックを作り上げるために，対外侵略を積極的に実施した。

4 ニューディール

経済救済と復興

- 金本位制の停止(1933)
- 農業調整法(AAA)(1933)→農産物の生産調整と，価格の統制
- 全国産業復興法(NIRA)(1933)→政府による産業の統制

社会政策

- テネシー川流域開発公社(TVA)設立(1933)→ダム建設などの公共事業による失業者救済
- ワグナー法(1935)→労働者の団結権・団体交渉権承認

外交政策

- 善隣外交 ＊市場の拡大が目的
- ソ連承認(1933)
- フィリピンの10年後の独立を約束(1934)
- プラット条項廃止（キューバの完全独立承認）(1934)

◀解説 自由放任経済の抑制，国家資本投下による需要の拡大，農民・労働者の救済，善隣外交による国際市場の拡大によって，アメリカ経済の回復を図る政策である。

↓4TVAの計画によって完成したノリス＝ダム TVAの公共事業では42のダムが建設された。失業者雇用とともに，公営企業が電力を提供し，民間が独占していた電力価格を下げることをめざした。

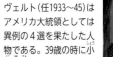

Key Person (1882～1945)
フランクリン＝ローズヴェルト

フランクリン＝ローズヴェルト(任1933～45)はアメリカ大統領としては異例の4選を果たした人物である。39歳の時に小児麻痺にかかり歩行が困難になったが，強靭な精神で克服し，ニューヨーク州知事を経て，恐慌対策に失敗したフーヴァーに代わり大統領に就任した。ニューディールと名づけられた一連の政策で，経済への大胆な介入を行いながら，「炉辺談話」と名づけたラジオ放送で，政治状況を国民に説明することで，信頼を確立していった。

ルーツ 大統領「4選」…戦争という非常時のため，ローズヴェルトは1944年に大統領「4選」を果たした。しかし，のちに大統領の3選が憲法によって禁止された。

5 1930年代のヨーロッパの歩み 〈P.248◀以前〉 〈以降▶P.261〉

アメリカ・フランス・国際情勢	イ ギ リ ス	ド イ ツ	イ タ リ ア	その他のヨーロッパ諸国
		1920 ナチ党結党		
1929 世界恐慌				
1930 ロンドン海軍軍縮〔軍備制限〕条約〔米・英・日〕				
(米) 1931 **フーヴァー＝モラトリアム**(賠償金猶予)	1931 **マクドナルド挙国一致内閣**成立	1932 **ローザンヌ会議**(賠償金減額)		
(日) **満洲事変**(～32)〈◀P.255〉	**金本位制停止**	総選挙で**ナチ党**が第1党に躍進		(ソ連) 1933 アメリカと国交樹立
(日) 1932 「**満洲国**」建国	**ウェストミンスター憲章**で本国・自治領を対等化	1933 **ヒトラー**が首相に就任		
(米) 1933 **F.ローズヴェルト**が大統領に就任		**国会議事堂放火事件**を契機に共産党弾圧		
		全権委任法(政府が立法権も掌握)		(ソ連) 1934 国際連盟に加盟
ニューディール実施	1932 **オタワ連邦会議**で**スターリング＝ブロック**形成	**国際連盟を脱退**	1935 **ストレーザ会議**(英・仏・伊が独の再軍備に抗議)	(ソ連) 1935 **コミンテルン第7回大会**で**人民戦線**戦術を決定
ソ連を承認		1934 ヒトラーが**総統**(**フューラー**)に就任(第三帝国の成立)		
(日) **国際連盟脱退**		1935 ザール地方が住民投票でドイツ帰属決定	**エチオピア侵攻**	(ソ連) ☆**粛清**が激化
(国際)1935 エチオピア侵攻を行ったイタリアに国連が経済制裁を決議	1935 **英独海軍協定**(ドイツの軍艦保有量をイギリスの35%と規定)	**再軍備宣言**	(～36)〈▶P.258〉	(スペイン) 1936 **アサーニャ人民戦線政府**が成立
		英独海軍協定で英が再軍備を容認	1936 エチオピア併合宣言	
(仏) 1936 **ブルム人民戦線内閣**成立		**ニュルンベルク法**でユダヤ人の公民権を剥奪		**フランコの反乱**でスペイン内戦始まる
		1936 **ラインラント進駐**(ロカルノ条約破棄)		(～39)〈▶P.258〉
		1936 **スペイン内戦**への介入(～39), **ベルリン＝ローマ枢軸**成立		
(中) 1937 **盧溝橋事件**から**日中戦争**〈▶P.262〉開始	1938 **ミュンヘン会談**で宥和政策	1937 **日独伊三国防共協定**が成立		
第2次国共合作成立		1938 **オーストリアを併合**	1937 **国際連盟を脱退**	(スペイン) 1939 **フランコ勝利宣言**
		チェコスロヴァキアに**ズデーテン地方**を要求		
		ミュンヘン会談〈▶P.258〉でヒトラーの要求容認		
		1939 **チェコスロヴァキアを解体**	1939 **アルバニアを併合**	
		1939 **独ソ不可侵条約を** 締結(ソ連)		

6 ナチ党の台頭〈◀P.248〉

←5 **ナチ党の集会で敬礼を受けるヒトラー** ヒトラーはナチ党の拡大のために, 効果的な宣伝活動を行った。突撃隊(SA)の街頭パレードや大量動員した党集会を繰り返した。そこで行われた分かりやすく熱狂的なヒトラーの演説は, 大衆を魅了した。

●ドイツ国会における主要政党の議席割合

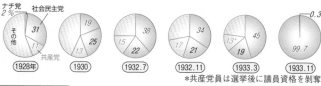

*共産党員は選挙後に議員資格を剥奪

ナチ党台頭の要因

①資本家と労働者の間に挟まれて没落感を強めていた**中産層**(商人・手工業者・ホワイトカラー)の支持を広げた。
②共産党の台頭に危機感を抱いた**資本家・軍部**にも支持を広げた。
③**時代の閉塞感**の中で指導者原理をかかげたことが人々の期待を集めた。
④**大統領緊急命令**が繰り返されて議会政治そのものが空洞化しつつあった。

●ナチ党のスローガン

①ヴェルサイユ体制打破
②ヴァイマル共和国反対
③反社会主義・反自由主義
④ユダヤ人排斥〈▶P.260〉
⑤指導者独裁による民主主義と議会主義否定
⑥軍需産業・公共事業による失業者救済

(『第二次世界大戦』吉川弘文館による)

←6 **放火された国会議事堂** ヒトラー内閣が成立した1933年, ベルリンの国会議事堂が炎上した。放火犯としてオランダ人共産主義者ルッペが逮捕され(実際に彼の犯行説が濃厚), ナチ党はこれを口実に共産党を弾圧し, 同年3月に**全権委任法**を成立させた。

←7 **フォルクスワーゲン** ナチ党は失業者の削減だけでなく, 海外旅行などのレジャーに参加させたり, 国民車(フォルクスワーゲン)の提供を約束するなど, 国民に将来への希望を抱かせる政策を行った。また, 世界初の高速道路ネットワークであるアウトバーンを建設した。

7 ファシズム台頭の構造

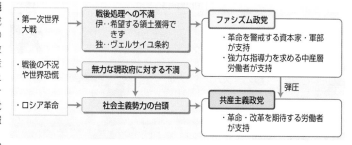

世界史 の 交差点
『わが闘争』(『マイン・カンプ』)〈▶P.318史料〉

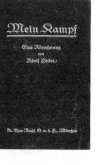

ミュンヘン一揆(1923年)に失敗したヒトラーが, ランズベルク刑務所での収監中に口述筆記した本が『わが闘争』である。その内容は, 独善的で一方的, かつ主張の根拠が極めて薄いプロパガンダ(宣伝)であり, 演説調の文体も読みにくい。しかし, その中に「独裁政治体制の確立」「アーリヤ人種の優秀性」「反ユダヤ主義」「東方への領土拡大」など, ヒトラーが後年実現した政策の原点を読みとることができる。そういう意味で, ヒトラーを知るための基本的な文献といえるだろう。

1930年代のヨーロッパ

★英・仏が採用した不干渉政策と宥和政策は，ファシズム国家の勢力を拡大する結果を招いた。

1 ドイツ・イタリアの拡大とスペイン内戦

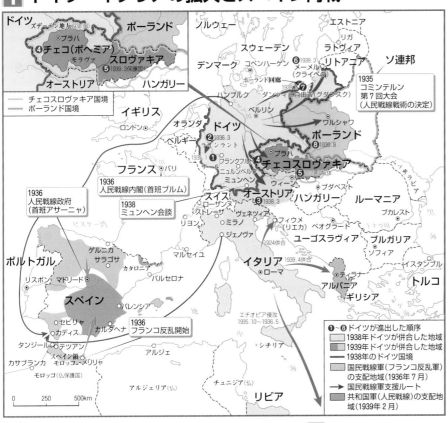

凡例（地図）：
- チェコスロヴァキア国境
- ポーランド国境

1936 人民戦線政府（首班アサーニャ）
1936 人民戦線内閣（首班ブルム）
1938 ミュンヘン会談
1936 フランコ反乱開始
1935 コミンテルン 第7回大会（人民戦線戦術の決定）

❶～❽ドイツが進出した順序
■ 1938年ドイツが併合した地域
■ 1939年ドイツが併合した地域
— 1938年のドイツ国境
□ 国民戦線軍（フランコ反乱軍）の支配地域（1936年7月）
→ 国民戦線軍支援ルート
■ 共和国軍（人民戦線）の支配地域（1939年2月）

エチオピア侵攻 1935.10～1936.5

3 スペイン内戦 （●P.259）

独 ゲルニカ空爆
スペイン ― 援 ソ
支援
ベルリン＝ローマ枢軸（1936）
反乱軍（フランコ将軍）×人民戦線政府（アサーニャ大統領）
参戦
伊 支援　不干渉 英 仏
国際義勇軍 オーウェル（英），ヘミングウェー（米）など

◀解説 1936年に共和派・社会主義勢力による**人民戦線政府**が成立すると，スペイン領モロッコで**フランコ**が反乱をおこし，スペイン内戦が始まった。

▶3 **フランコ**（1892～1975）
▶4 **オーウェル**（1903～50） スペイン内戦ではファシズムと戦うために，世界各地から多くの義勇兵が参戦した。その中の一人オーウェルは，のちにスペイン内戦のようすを『カタロニア讃歌』に描いた。

◀5 **キャパ「崩れ落ちる兵士」** スペイン内戦でフランコ軍に撃たれて死ぬ瞬間の政府軍兵士をとらえた，報道写真家キャパの写真。ただし撮影者や撮影した状況について，異論も出ている。
（©ROBERT CAPA/MAGNUM PHOTOS Tokyo）

▲1 **エチオピア侵攻**（1935～36） 旧式の武器しかもたないエチオピア軍に対して，イタリア軍は圧倒的勝利をおさめエチオピアを征服した。国際連盟はイタリアに対する経済制裁を決議したが，実行はされなかった。（◀P.240）

▲2 **ドイツとイタリアの提携** エチオピア侵攻で孤立したイタリアは，同じく全体主義国家となったドイツとの結びつきを強化していった。そして，1936年ベルリン＝ローマ枢軸が締結された。写真はドイツ，エッセンのクルップ兵器工場を視察するヒトラーとムッソリーニ。（パリ国立図書館蔵）

4 ナチス＝ドイツの拡大と宥和政策

◀6 **ミュンヘン会談** ヒトラーのズデーテン地方割譲要求に対し，英・仏・伊はミュンヘン会談でこれを容認した（**宥和政策**）。しかし，当事国である**チェコスロヴァキア**の意向に対しては何の配慮も払われなかった。

▶7 **ミュンヘン会談の風刺画** ソ連はミュンヘン会談に呼ばれなかったことに不満をもっていたが，英・仏がドイツを反ソ・反共の防波堤としようとしていることにさらに不信感を高めていった。

世界史の交差点

チャップリン「独裁者」

第二次世界大戦中の1940年に，喜劇王チャップリンはヒトラーを風刺した独裁者ヒンケル役とユダヤ人の床屋チャーリーの二役をこなし，反ナチスの映画を製作した。ヒンケルのドイツ語もどきの熱狂的演説はヒトラーを模写したもので痛烈な風刺になっており，地球の風船を使って踊るシーンは観客を「戦慄」させた。また，自由と民主主義の擁護と独裁者の打倒を世界に訴えるチャップリンの大演説でしめくくられている。

（1940年アメリカ作品，日本公開は1960年）

Gallery ～世界史の見える画廊～

「ゲルニカ」
ピカソ　1937年

349×777cm　マドリード，国立ソフィア王妃芸術センター蔵

ピカソのプロフィール

　20世紀最大の芸術家の一人，パブロ゠ピカソは1881年，スペイン南部のマラガに生まれた。20世紀美術のもっとも重要な革命の一つである「キュビズム」の創始者でもあり，また政治に対しても独自のスタンスを貫き通したピカソは，ファシズムから自由を守るために自らの方法で応えた。

　故国スペインを引き裂いた内戦から生まれた「ゲルニカ」は，世界でもっとも有名な絵画の一つとなった。彼はフランコ将軍を生涯憎み，遺言により「市民の諸権利が回復するまで」作品がスペインに返還されることを拒んだ。1975年のフランコの死後，1981年にようやくスペインに返還された。（▶ P.293）

時代背景

　スペイン内戦下の1937年4月26日，フランコ軍を支持するドイツ空軍コンドル部隊とイタリア空軍がスペイン北部のゲルニカの町を爆撃。1,600人以上の死者が出たとされる。ピカソはこれに衝撃を受け，同年開催予定だったパリ万国博覧会でのスペイン館展示作品を依頼されていたことから，急きょ爆撃への抗議をこめて「ゲルニカ」と冠した壁画を描いた。この作品は多くの人々に衝撃を与え，人類史上もっとも政治的な絵画となった。（◀ P.258）

▶ 作品を読み解く

闘牛の牡牛・馬
「野蛮と暗さ」を象徴している

死んだ子どもたちや犠牲者たち

泣き叫ぶ母親

泣き叫ぶ母親

戦争，そしてファシズムの恐怖に対する「反抗」と「怒り」を表現するために，意図的に色彩が黒・白・灰色に抑えられた

170cm

影響

　ヨーロッパにファシズムが拡大する中，さまざまな立場から抗議の声があがった。スペインの画家ダリは，「内乱の予感」を描き，作家ヘミングウェー（米）は義勇兵として人民戦線側に参戦，この体験をもとに『誰がために鐘は鳴る』（1940）を発表。このほかにもチャップリン（米），ロマン゠ロラン（仏），カミュ（仏），トーマス゠マン（独），パブロ゠カザルス（西）など多くの文化人が抗議の声をあげた。

→2 ヘミングウェー

（▶ P.292）

→3・4 ピカソ画「戦争」（上）と「平和」（下）　ピカソは「ゲルニカ」後も，戦争に対する強い抗議を作品を通して行い続けた。絵は1952年南仏のヴァロリスの教会に70歳の記念に描いた壁画。「精神的な価値によって生き，かつ創造する芸術家は，人類や文明のもっとも本質的なものを危険にさらす戦争に無関心でいられないし，また無関心であってはならない。」

↑1 爆撃で破壊されたゲルニカの街

★初めのうち枢軸国が優勢だった第二次世界大戦は，連合国の反撃によって形勢は逆転した。

1 第二次世界大戦開始時の国際関係

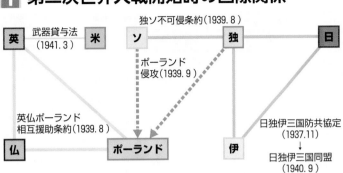

↑1 独ソ不可侵条約(1939) この条約でポーランドの分割やバルト3国のソ連占領が密約された。

3 ドイツ軍の進撃と抵抗運動

→2 電撃戦の代名詞となったドイツの急降下爆撃機 ドイツ軍は航空機や戦車を使用した電撃戦を行い，瞬く間にポーランド，フランスなどを征服していった。

2 ヨーロッパ戦線Ⅰ (1939〜42年)

(1940年)

↑3 パリの凱旋門前を行進するドイツ軍

凡例
- 1940年以後の連合国
- ← ソ連軍の侵攻(1939〜40年)
- 中立諸国

1942.8〜43.2 スターリングラードの戦い

1940.7 ヴィシー政府樹立

凡例
- 1939年末における枢軸国
- 1941年までの枢軸国
- ← 1942年7月までの枢軸軍の進撃
- 枢軸側の最大支配域(1942年)
- 数字：枢軸軍の占領年月
- ▲ ドイツが建設したおもな絶滅収容所・強制収容所

↑4 ソ連を進撃するドイツ軍 英国上陸作戦を断念したドイツは，1941年6月に独ソ不可侵条約を破ってソ連に侵攻しモスクワまで40kmに迫ったが，12月のソ連軍の反撃によって後退し，短期間でソ連を征服しようとするヒトラーの目的は達成できなかった。

● レジスタンス

↑5 ティトーとパルチザン部隊
解説 第二次世界大戦中，独伊の占領地で行われた抵抗運動をレジスタンスと呼ぶ。独支配下のフランスでの運動が名高い。ユーゴスラヴィアでは共産党のティトーがパルチザン部隊を結成し，連合国の支援を受けながら抵抗運動を行い，自力での解放を勝ち取った。

4 ユダヤ人の迫害 (◀P.239，▶P.318史料)

血 世界遺産

↑6 アウシュヴィッツ第2収容所(ビルケナウ)
解説 ナチスは各地に強制収容所を建設し，健康なユダヤ人は強制労働に従事させ，労働に耐えられない者はガス室などで虐殺した。殺されたユダヤ人はヨーロッパ全体のユダヤ人の3分の2に当たる600万人にも及んだ。このユダヤ人大虐殺はホロコーストと呼ばれている。

→7 杉原千畝 1940年，ナチスの迫害を逃れてリトアニアに集まった多くのユダヤ人は，日本通過のビザの発行を求めた。しかしドイツと同盟関係にあった日本の外務省はこれを拒んだため，リトアニアの領事代理だった杉原は自身の一存でビザを発行し，6,000名以上のユダヤ人の命を救った。

→8 アンネ＝フランク 1944年に逮捕されたアンネは強制収容所で15年の短い生涯を終えた。彼女がナチスの迫害を逃れてアムステルダムの隠れ家で2年間つづった『アンネの日記』は現在も読み継がれている。

5 ヨーロッパ戦線の展開

P.257◀以前 / 以降▶P.268

	ヨーロッパ戦線		アジア太平洋戦線
大戦の勃発	1936 .10 ベルリン＝ローマ枢軸の結成	1931 .9 満洲事変（◀P.255）	
	1937 .11 日独伊三国防共協定の成立	1937 .7 日中戦争勃発（▶P.262）	
	1939 .8 独ソ不可侵条約締結	1939 .5 ノモンハン事件（〜.9）	
	.9 ドイツ，ポーランド侵攻		
	→第二次世界大戦開始		
	ソ連もポーランド・バルト3国に侵攻		
	.11 ソ連＝フィンランド戦争（〜40）（◀P.240）		
	.12 国際連盟がソ連を除名		
ドイツの征服	1940 .5 ドイツがベルギー・オランダ・ルクセンブルクに侵攻	1940 .9 日本が北部仏領インドシナに進駐	
	.6 イタリア参戦　フランスがドイツに降伏	.9 日独伊三国同盟成立	
	.7 フランス，ヴィシー政府成立	1941 .4 日ソ中立条約が成立	
	.8 ドイツのロンドン空爆が始まる	.7 日本が南部仏領インドシナに進駐	
	1941 .3 アメリカで武器貸与法が成立	.8 アメリカ，対日石油輸出全面禁止	
	.6 独ソ戦開始		
	.8 米・英が**大西洋憲章**を発表		
連合国陣営の反撃と勝利	1942 .1 連合国共同宣言	.12 日本が真珠湾を奇襲→太平洋戦争開始（▶P.263）	
	.11 連合軍が北アフリカ上陸	1942 .6 ミッドウェー海戦で敗北	
	1943 .1 カサブランカ会談	1943 .2 ガダルカナル島で敗北	
	.2 スターリングラードの戦いでドイツ軍が敗北	.3 日本が朝鮮にも徴兵制をしく	
	.7 連合軍がシチリア島上陸	1944 .7 サイパン島陥落	
	ムッソリーニ失脚，バドリオ政権成立	.10 米軍レイテ島上陸	
	.9 **イタリアが連合国に無条件降伏**	1945 .4 沖縄本島に米軍上陸	
	.11 カイロ会談，テヘラン会談（〜.12）	.7 ポツダム会談	
	1944 .6 連合軍がノルマンディー上陸	.8 .6 広島に原爆投下（▶P.263）	
	.8 連合軍，パリ解放	.8 ソ連の対日参戦	
	1945 .2 ヤルタ会談	.9 長崎に原爆投下	
	.5 .2 ソ連軍，ベルリンを占領	.15 日本の無条件降伏	
	.5 .7 ドイツが無条件降伏		

6 ヨーロッパ戦線Ⅱ（1943〜45年）

- 1945.5.7 独，連合に無条件降伏
- 1944.6.6 連合軍ノルマンディー上陸
- 1944.8.25 連合軍のパリ解放
- 1943.2 スターリングラードの戦いで独軍敗北
- 1945.2 ヤルタ会談
- 1943.9.8 伊，無条件降伏
- 1943.7.10 連合軍シチリア上陸作戦

凡例
- 連合国
- 枢軸国
- 中立国
- 連合軍の進出線（1945.4）
- ← 米英軍の反攻
- ← ソ軍の反攻

7 連合国の反撃

◀9 スターリングラードの戦い　南部ロシアの工業都市スターリングラード（現ヴォルゴグラード）に突入したドイツ軍は，逆にソ連軍の包囲を受け，1943年2月に敗北した。この戦いは第二次世界大戦の戦局を転換する契機になった。

世界史の交差点

映画「プライベート＝ライアン」

　1944年6月6日，北フランスのノルマンディー地方に連合軍が上陸した。この作戦の成功によって第二戦線が形成され，ドイツは東西の敵と同時に戦わなくてはならなくなり，その敗北を決定的なものとした。
　映画「プライベート＝ライアン」はそのノルマンディー上陸作戦を舞台に，兄弟をすべて失ったライアン二等兵（プライベート＝ライアン）を救出する8人のアメリカ兵を描いた作品。映画の冒頭，約20分間にわたって続く激戦のシーンは，生理的な嫌悪感さえも抱かせる凄惨さによって，実際の戦場の一端を我々に見せてくれている。（1998年，アメリカ作品）

8 連合国の戦後処理構想

	会談・宣言	会談国	概要
❶	大西洋上会談（1941.8）	米・英	「大西洋憲章」（▶P.266）で，領土不拡大・国際機構再建・民族自決などを主張。
❷	連合国共同宣言（1942.1）（▶P.266）	連合国	ワシントンで，連合国26か国が戦争目的を反ファシズムと表明。
❸	カサブランカ会談（1943.1）	米・英	**対イタリア作戦**（シチリア島上陸）と，枢軸国に**無条件降伏**をさせることを決定。
❹	カイロ会談（1943.11）	米・英・中	**日本の無条件降伏**と朝鮮の独立，満洲・台湾の中国への返還などを決定。
❺	テヘラン会談（1943.11〜.12）	米・英・ソ	対ドイツ作戦で**第二戦線の形成**（北フランス上陸の作戦）を決定。
❻	ダンバートン＝オークス会議（1944.8〜.10）	米・英・中・ソ	国際連合憲章の原案を作成。
❼	ヤルタ会談（▶P.266）（1945.2）	米・英・ソ	ドイツの分割占領，国連の拒否権，ソ連の対日参戦と南樺太・千島のソ連帰属など合意。
❽	ポツダム会談（1945.7）	米・英・ソ	ポツダム宣言で**日本の早期無条件降伏・軍国主義の一掃**などを勧告。

米・英・中・ソの指導者
米：F.ローズヴェルト（❽はトルーマン） 英：チャーチル（❽は途中からアトリー） 中：蔣介石　　　ソ：スターリン

◀10 ヤルタ会談　1945年2月，米・英・ソはクリミア半島のヤルタで，国連の五大国の拒否権やドイツの分割占領，東欧の処理を決め，ソ連の対日参戦とその見返りとしての南樺太・千島の占領を容認した。これによりソ連の勢力圏は拡大し，戦後の冷戦の起源となった。

チャーチル　F.ローズヴェルト　スターリン

9 主要交戦国の死者数

兵士の死者　民間人の死者

	0　1,000　2,000万人	
アメリカ合衆国	兵士29万	
ソヴィエト連邦	兵士1,450万	民間人約700万
ポーランド	兵士85万，民間人578万	
イギリス	兵士27万，民間人6万	
フランス	兵士21万，民間人17万	
ドイツ	兵士285万，ユダヤ人含む民間人230万	
日本	合わせて310万以上	
中国	合わせて1,000万	
韓国・北朝鮮	合わせて20万	
ベトナム	（餓死者多い）合わせて200万（異説あり）	
インドネシア	合わせて400万	

＊数値は概数。ヨーロッパの数値は『世界史アトラス』（集英社，2001年），アジアの数値は，『戦後政治史新版』（大月書店，1996年）を参照。

◀解説 第二次世界大戦では発達した兵器によって第一次世界大戦を上回る死傷者がでた。兵士だけではなく，民間人にも甚大な被害がでたのがこの大戦の特徴である。都市に対する無差別爆撃，占領地での市民・捕虜の虐殺は連合国・枢軸国ともに行われた。そのうえナチスによるユダヤ人虐殺が市民の被害を激増させた。

ヨーロッパ

★日中戦争が終結しないまま日本は太平洋戦争に突入し，世界を相手に戦って敗北していった。

1 日中戦争

→1 盧溝橋

日本軍の進路（数字は年次）
← 日中戦争
← 対中国援護ルート

モンゴル人民共和国（1924成立）

モンゴル自治連合政府（1939成立，内モンゴルの日本の傀儡政権）

1939.5～.9 ノモンハン事件

「満洲国」

1933.2～.3 日本軍，熱河省に侵攻，満洲国に併合

1938.7～.8 張鼓峰事件

1936.12 西安事件

中華民国

1937.7 盧溝橋事件

1937.8 第2次上海事変

1937.11 重慶遷都

1937.12 日本軍占領・南京事件

1940.3 汪兆銘の南京政府樹立

仏領インドシナ連邦

日本軍の作戦地域
- 1937年7月～1941年11月
- 1941年12月（日米開戦）以後

0　250　500km

1 解説 1937年7月7日，北京郊外の盧溝橋で日中両軍が武力衝突した。現地では停戦協定が結ばれたにもかかわらず，日本政府が華北への派兵を行ったため，日中全面戦争に発展した。

世界史の交差点
日本軍と南京事件

日中戦争が始まって以来勝利を重ねていた日本軍であったが，兵士には略奪・暴行を働く者が多く，中国民衆の反日意識を高める結果を招いた。このような日本軍の行動の中で最たるものが中華民国の首都南京攻略にともなって行われた南京事件である。この時，民間人や捕虜に対する大規模な虐殺が行われた。被害者の人数に関しては数千人から30万人と研究者によって大きく異なり，その数は確定されていない。

↑3 南京に入城する日本軍

←4 重慶爆撃　日中戦争では，日本軍は航続距離の長い優秀な爆撃機を駆使し，中国の都市への爆撃を行った。国民政府の臨時首都重慶に対しては無差別爆撃を繰り返したため，多くの市民が犠牲になった。こうした戦争における都市への無差別爆撃は，ゲルニカ（←P.259）で初めて行われ，重慶を経て東京大空襲へとつながっていった。

2 日中戦争と太平洋戦争

緑字：中国側の動き

		世界の動き
日中戦争	1937 .7 .7 北京（当時北平）郊外で，盧溝橋事件勃発（←P.228）	
	.8 第2次上海事変勃発	
	.9 第2次国共合作（抗日民族統一戦線）が正式に成立	
	☆共産党軍は八路軍・新四軍とし中国軍に編入	
	.11 日独伊三国防共協定締結	
	☆国民政府が重慶に移転	
	.12 日本軍が首都南京を占領＝南京事件	1938 .9 ミュンヘン会談
	1938 .7～.8 張鼓峰事件	1939 .9 独軍によるポーランド侵攻（第二次世界大戦開始）
	1939 .5～.9 ノモンハン事件で日本はソ連軍に大敗	
	1940 .3 汪兆銘が南京に日本の傀儡政権を樹立	1940 .6 フランス降伏
	.9 日本軍が北部仏印に進駐	1941 .6 独ソ開戦
	.9 日独伊三国同盟が成立	.8 大西洋憲章発表
	1941 .4 日ソ中立条約締結	.12 アメリカ参戦
	.7 日本軍が南部仏印進駐	1943 .2 スターリングラードの戦い
	.8 アメリカ，対日石油輸出全面禁止	.9 イタリア降伏
	.12 マレー半島・真珠湾を奇襲，太平洋戦争開始	.11 カイロ会談
太平洋戦争（アジア太平洋戦争）	1942 .6 ミッドウェー海戦で日本海軍大敗	.11～.12 テヘラン会談
	.8 ガダルカナル島に米軍が上陸，反攻開始	1944 .6 連合軍ノルマンディーに上陸
	1943.10 学徒出陣	.8 パリ解放
	1944 .7 米軍がサイパン島を占領	1945 .2 ヤルタ会談
	.10 米軍，レイテ島上陸	.4 ソ連軍ベルリン突入
	1945 .2 ヤルタ会談（←P.261）でソ連の対日参戦決定	.5 ドイツ降伏
	.3 .10 東京大空襲	.7 米が原爆実験
	.4 米軍の沖縄本島上陸（～.6）	.7 ポツダム会談
	.7 ポツダム会談（←P.261）で日本に降伏を勧告	
	.8 .6 広島に原爆投下	
	.8 .8 ソ連，対日宣戦　.8 .9 長崎に原爆投下	
	.8 .14 日本，ポツダム宣言を受諾	
	.8 .15 降伏を国民に公表	

世界史の交差点
「大東亜共栄圏」とその現実

日本は「アジアを欧米諸国から解放し，日本を中心にアジア諸民族が共存共栄を図る」という「大東亜共栄圏」を理想として掲げた。しかし実態は，支配者が欧米諸国から日本に代わっただけで，支配下の民衆に日本の文化を押しつけ，戦争への協力を強制する面が強かった。「内鮮一致」といわれた朝鮮半島では「創氏改名」や「徴用」による動員が行われ，日韓両民族の間に深い溝を残した。

↑5 朝鮮の同化政策　紀元節などの意義を村人に説明する皇国臣民教育振興隊の朝鮮人児童。

↓6 大東亜会議（1943年11月）

自由イン
ビルマ　満洲国　南京国民政府　日本　タイ　フィリピン　ド仮政府

3 太平洋戦争開始時の国際関係

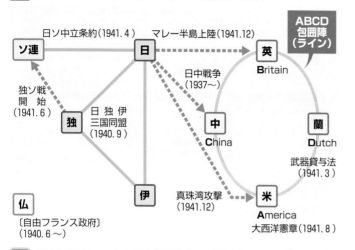

日ソ中立条約(1941.4) マレー半島上陸(1941.12)

ソ連 — 日 — 英 Britain

ABCD 包囲陣(ライン)

独ソ戦開始(1941.6)

日中戦争(1937〜)

日独伊三国同盟(1940.9)

独

中 China

蘭 Dutch

武器貸与法(1941.3)

伊

真珠湾攻撃(1941.12)

米 America

大西洋憲章(1941.8)

仏
〔自由フランス政府〕(1940.6〜)

4 太平洋戦争の勃発〈P.228〉

➡7 **パールハーバー(真珠湾)奇襲** 1941年12月8日(現地時間7日)、6隻の空母を主力とする日本の機動艦隊は、アメリカ海軍の根拠地であるハワイの**真珠湾**を空襲し、大損害を与えた。しかし在米日本大使館による宣戦布告が攻撃の55分後になったため、騙し討ちの印象を植えつけ、米国民を参戦の方向に団結させた。

⬅8 **日本軍の進撃**(ジャワ島) 緒戦の進撃はめざましく、開戦半年でフィリピン、マレー半島、ビルマ、インドネシア、ニューギニアなどの広大な領域を占領した。日本軍は当初、解放軍として歓迎されたが、奇酷な占領政策が次第に民心を離反させた。
（日本軍を歓迎するジャワの住民）

5 アジア・太平洋戦線の展開と日本の敗北

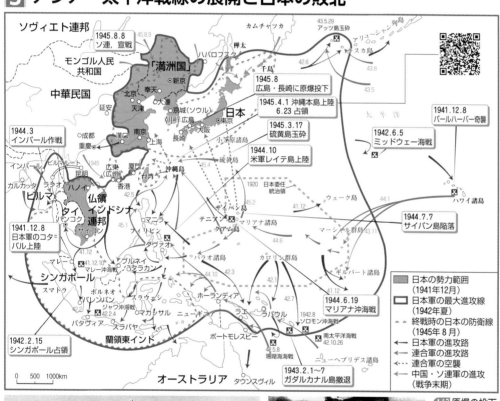

凡例
■ 日本の勢力範囲(1941年12月)
□ 日本軍の最大進攻線(1942年夏)
---- 終戦時の日本の防衛線(1945年8月)
← 日本軍の進攻路
← 連合軍の進攻路
← 連合軍の空襲
← 中国・ソ連軍の進攻(戦争末期)

1945.8.8 ソ連、宣戦
1945.8 広島・長崎に原爆投下
1945.4.1 沖縄本島上陸 6.23 占領
1945.3.17 硫黄島玉砕
1944.10 米軍レイテ島上陸
1944.3 インパール作戦
1941.12.8 パールハーバー奇襲
1942.6.5 ミッドウェー海戦
1944.7.7 サイパン島陥落
1944.6.19 マリアナ沖海戦
1941.12.8 日本軍のコタバル上陸
1942.2.15 シンガポール占領
1943.2.1〜7 ガダルカナル島撤退

➡9 **ガダルカナル島の日本兵の遺体** 1942年の**ガダルカナル島**の戦いでアメリカ軍が反攻を始めて以来、日本軍は陸海ともに敗北を重ねていった。戦局が悪化した日本軍は、爆弾を積んだ航空機を敵艦に体当たりさせる特攻攻撃に頼るようになり、多くの若者が散っていった。

⬇10 **出撃する特攻隊員と見送る女子挺身隊員**
(1944年12月)

➡13 **原爆の投下** 1945年8月6日に**広島**、9日には**長崎**にあいついで**原子爆弾**が投下された。この爆撃により都市は破壊され、多くの死者が出た。今もなお放射能による後遺症に苦しむ人々がいる。

世界遺産 原爆投下直後の広島

産業奨励館(現 原爆ドーム)

⬇11 **反日に決起するベトナム民衆**(仏印地域) ベトナムでは1944〜45年にかけて気候不順による大飢饉と日本軍の食糧収奪により、200万人(一説には40万人)に及ぶ餓死者が出た。

⬆12 **米爆撃機「B29」** サイパン島を占領したアメリカ軍は、長距離爆撃機B29によって日本各地の都市に無差別爆撃を繰り返し行った。**東京大空襲**では一晩で10万人以上の市民が死亡した。

南・東南アジア 東アジア

関連年表：石油の歴史

探究 19世紀後半にアメリカとドイツで進行した第2次産業革命について，第1次産業革命との違いに触れながら説明しなさい。〔100字程度〕　類題：和歌山大学

紀元前	紀元後				第二次世界大戦前
メソポタミア文明やエジプト文明で彫刻の素材やミイラの防腐剤として使用	～19世紀 照明用燃料として使用	1859〈黒い黄金ラッシュ〉アメリカで機械による油田の採掘を開始（▶2・◀P.215）	1885〈エンジン燃料としての役割開始〉ベンツがガソリン自動車を発明（▶2・◀P.215）	1908〈燃料の大量消費開始〉T型フォード生産開始（◀P.251）→自動車産業の発展

第二次世界大戦後					
1939～45〈戦争の燃料として必要不可欠なものに〉第二次世界大戦	〈石油の大量生産開始〉中東の油田開発が始まる（▶3）→石油化学産業の発展→発電は火力中心に	1973〈進む省エネ〉第4次中東戦争（▶P.285）→第1次石油危機（▶3）	1979 イラン=イスラーム革命（▶P.285）→第2次石油危機	2008 原油価格が1バレル147ドルの最高価格をつける ※第1次石油危機以前は5ドル（1バレル=159L）	2016 原油価格が1バレル50ドルを割り込む

1 人々の生活と石油

◆イノベーションへのアプローチ

　石油はメソポタミア文明（◀P.49）やエジプト文明（◀P.50）の時代から知られており，地面からしみ出したアスファルト（石油成分の一部）をミイラの防腐や建物の接着に使用していた。19世紀半ばにアメリカで油井の大規模な採掘に成功し，さらに自動車・飛行機・石油化学製品が発明されると，石油は人間の生活に欠かせない存在となった。

↑1 サウジアラビアの油田

2 世界史を変えた石油

●石油（内燃機関）の利点と問題点

利点	・石炭と比べエネルギー効率が良く，大きなエネルギーを出すことができる ・固体の石炭と違い石油は液体であるため，運搬・貯蔵がしやすい ・石油はいったん掘り当てると自動的に噴出するため，地下深くまで採掘する石炭と比べ採掘のコストが低い ・外燃機関である蒸気機関に対し，内燃機関は小型化することが容易
問題点	・石油の産地は偏っているため，石油獲得が国家間争いの原因となる

●第1次産業革命と第2次産業革命

	第1次産業革命（◀P.184）	第2次産業革命（▶P.234）
時代	18世紀後半～19世紀前半	19世紀後半
中心国	イギリス	ドイツ・アメリカ
動力源	石炭・蒸気力	石油・電力
主産業	軽工業	重化学工業
技術革新	個人の発明家による創意工夫	企業・大学の研究所による開発
産業革命の影響	**●資本主義体制の確立** それまでの地主に代わって，産業資本家が経済・社会・政治を支配。 **●植民地の獲得** 産業革命を進めるヨーロッパ各国は，原料の供給地，商品市場とするため，アジア・アフリカの植民地化を推進。 **●イギリスによる世界制覇** 他国に先んじて産業革命を成功させたイギリスは，その圧倒的な工業力から「世界の工場」（◀P.185）と呼ばれた。	**●独占資本の成立**（◀P.234） 少数の企業が市場を独占的に支配する独占資本が成立。 **●帝国主義の出現**（◀P.234） 欧米各国にとって，資本の投下地として植民地の重要性が高まり，アジア・アフリカの植民地化がいっそう進んだ。 **●アメリカ・ドイツの成長** アメリカは飛躍的に発展し，19世紀末イギリスを抜き世界一の工業国となった。ドイツも統一後に重化学工業が発展。

探究のヒント

3 現在の原油の移動と埋蔵量

◆解説 世界各地で採掘される石炭と違い，原油は産出場所が限定されており，世界の原油埋蔵量の約半数が中東に集中している。

　しかし中東は，パレスチナ問題（▶P.284）をはじめ，紛争・戦争が多く発生する地域である。1970年代に2度にわたって発生した石油危機は，石油の供給の減少と価格の大幅な引き上げをもたらした。現在もシリア内戦やISIL（「イスラーム国」を名乗る過激派組織）の台頭など，石油の供給に大きな影響を与えかねない要素がいくつも存在している。

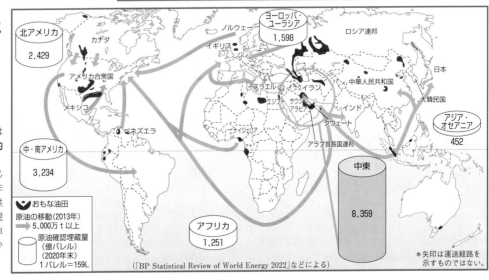

北アメリカ 2,429
ヨーロッパ・ユーラシア 1,598
中・南アメリカ 3,234
アジア・オセアニア 452
アフリカ 1,251
中東 8,359

◤おもな油田
原油の移動（2013年）
➡ 5,000万t以上
原油確認埋蔵量（億バレル）（2020年末）
1バレル=159L

（『BP Statistical Review of World Energy 2022』などによる）

＊矢印は運送経路を示すものではない。

第二次世界大戦（◀P.260~263）

20世紀の戦争は当事国どうしの激しい宣伝活動が行われた。また、国民に対する報道も政府が制限することが多かった。特に第二次世界大戦の枢軸国では、新聞・映画・ラジオを国家が徹底的に管理し、自国に不利な報道を規制した。

●日本の大本営発表

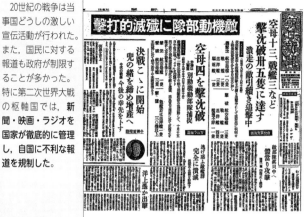

← 1 第二次世界大戦中の日本のラジオ・新聞は、軍部による「大本営発表」をほぼそのまま報道した。「大本営発表」は開戦当初は自国の損害を正確に発表していたが、ミッドウェー海戦の頃から自国の損害を過小に、敵国の損害を過大に発表するようになった。左の新聞記事は1944年10月の台湾沖航空戦のもの。記事では合計で航空母艦10隻・戦艦2隻など16隻を撃沈、19隻を撃破と発表されているが、実際に撃沈した艦船は1隻もなく、6隻を撃破しただけだった。

●ナチ党の宣伝活動

↑ 2 政権を獲得したナチ党は反対勢力を弾圧するとともに、宣伝省を新設して積極的な広報活動を行った。宣伝相に就任したゲッベルスが特に重視したのは映画とラジオで、ニュース映画・ナチ党幹部の演説の中継などをさかんに行った。

ベトナム戦争（▶P.273・287）

ベトナム戦争では第二次世界大戦と異なり政府による検閲もなく、自由な取材活動が行われた。そのため戦場の実態がリアルに報道されることになった。

→ 3 流れ弾に当たった妻とその夫

◀解説▶ 戦場で無惨に死んでいく兵士や、戦争に巻き込まれたベトナムの民衆の生々しい姿が、新聞記事や写真、そしてテレビカメラを通じて世界中に伝えられた。また、アメリカのマスコミが自国の政府に対して批判的な論評を行うこともしばしばだった。これらの報道内容はアメリカだけではなく、世界中の人々にショックを与え、ベトナム反戦運動のきっかけとなった。

↑ 5 従軍ジャーナリスト 兵士と行動をともにしながら危険な取材活動を行った。しかし犠牲者も多く、66人が死亡している。

↑ 4 負傷した仲間とともに救援のヘリコプターを待つアメリカ兵

冷戦終結後

ベトナム戦争における自由な報道が、反戦運動を引きおこし、敗北のきっかけになったとアメリカは考えた。その反省から、湾岸戦争やイラク戦争ではアメリカは戦争報道の規制を強めた。また、世論を都合の良いように誘導しようとするPR活動が、頻繁に行われるようになった。

●ボスニア内戦（◀巻頭6左頁、▶P.274）

↓ 6 ボスニアはセルビアからの独立紛争の中で、アメリカのPR会社と契約し、セルビアを「悪」とする宣伝活動を行った。その結果、ボスニアの残虐行為は言及されることなく、セルビアが一方的に「強制収容所」を建設し「民族浄化（民族の抹殺）」を行っているという世論が、アメリカやヨーロッパで確立され、NATOがセルビア側を空爆する原因となった。

セルビアが建設した強制収容所

●湾岸戦争（▶P.275・285）

空襲するアメリカ軍機に対する対空砲火

↑ 7 → 8 湾岸戦争は開戦の模様が、テレビの生中継で放映された最初の戦争だった。一方でこの戦争では厳しい取材規制が敷かれ、自由な報道を行うことはできなかった。また、クウェートからイラク軍が撤退するときに意図的に重油を流出させたとして、重油まみれの海鳥の映像を繰り返し放映し、アメリカはイラクを非難した。しかし、この映像は湾岸戦争とは全く関係ないことがのちに判明した。

●イラク戦争（▶P.275・294）

↓ 9 アメリカ軍がバグダードを占領した時、フセイン大統領の銅像が、イラク人とアメリカ兵によって引き倒される映像が流され、フセイン政権崩壊をイラク人の多くが喜んでいるような報道がなされた。しかし、引き倒しに参加しているイラク人は少数であり、アメリカによる演出の可能性が強いといわれている。

倒されるフセイン像（2003年4月、バグダード）

探究 国際連合の安全保障理事会について説明しなさい。[80字程度]

★国際連盟の失敗を教訓に国際連合が発足したが，米ソ冷戦下では十分に機能を発揮できなかった。

1 国際連合の成立

●成立の過程

大西洋憲章(1941.8)（◀P.261）
F.ローズヴェルト(米)とチャーチル(英)が，新たな国際平和維持機構を構想

連合国共同宣言(1942.1)
反ファシズム陣営が連合国(United Nations)と公称

モスクワ宣言(モスクワ外相会議)(1943.10)
米・英・中・ソの代表が，新平和維持機構の設立を提唱

ブレトン＝ウッズ会議(1944.7)
国際通貨基金(IMF)，国際復興開発銀行(IBRD)の設立を決定

ダンバートン＝オークス会議(1944.8～.10)
四大国会議で国際連合(United Nations)憲章の草案を作成

ヤルタ会談(1945.2)（◀P.261）
五大国(米・英・ソ・中・仏)の**拒否権**などについて合意

サンフランシスコ会議(1945.4～.6)
連合国50か国が国際連合憲章を採択

国際連合発足(1945.10.24)
原加盟国は51か国

第1回国連総会開催(ロンドン)(1946.1)

●国連の機構

信託統治理事会 1994年以後活動停止

総会 ── 国際原子力機関 / 主要委員会

国際司法裁判所

事務局

歴代の事務総長
- ①1946～ リー(ノルウェー)
- ②1953～ ハマーショルド(スウェーデン)
- ③1961～ ウ・タント(ビルマ)
- ④1972～ ワルトハイム(オーストリア)
- ⑤1982～ デクエヤル(ペルー)
- ⑥1992～ ガリ(エジプト)
- ⑦1997～ アナン(ガーナ)
- ⑧2007～ 潘基文(韓国)
- ⑨2017～ アントニオ・グテーレス(ポルトガル)

安全保障理事会

任務	国連でもっとも重要な機関。国際平和の安全と維持のために主要な責任を負う。
構成	5常任理事国(米英仏中ソ[現ロシア])と10非常任理事国(任期2年)からなる。
特徴	経済・軍事制裁を決定。5常任理事国は拒否権を保有

経済社会理事会

おもな総会付属・常設機関
国連児童基金(ユニセフ)UNICEF
国連難民高等弁務官事務所(UNHCR)（◀P.巻頭6右頁）

おもな専門機関
国際労働機関(ILO)
国連食糧農業機関(FAO)
国際復興開発銀行(IBRD)
国際通貨基金(IMF)
国連教育科学文化機関(UNESCO)
世界保健機関(WHO)

関税と貿易に関する一般協定(GATT)
(1995年から世界貿易機関(WTO))

探究のヒント

●加盟国の推移

加盟国数：51, 60, 99, 127, 154, 161, 189, 193 （1945年～23年）
□ 原加盟国

その他(旧ソ連含む) 26 / ヨーロッパ 39 / 南北アメリカ 35 / アジア 39 / アフリカ 54
2023 193か国

→1第1回国連総会
(1946年1月)　1945年6月，約2か月の討議を経て，**サンフランシスコ会議**で連合国50か国が**国際連合憲章**に調印した。第1回国連総会は51か国の参加によりロンドンで開催された。その後本部はニューヨークに移転。

●国際連盟と国際連合の比較

	国際連盟(League of Nations)（◀P.247）	国際連合(United Nations)
期間	1920～46	1945～
本部	ジュネーヴ(スイス)	ニューヨーク(アメリカ)
加盟国	42か国→59か国(1934年当時)	51か国→193か国(2023年現在)
表決方法	全会一致(総会・理事会)	多数決(安全保障理事会は常任理事国[5大国]の一致が必要)
制裁措置	経済的制裁が中心	経済的制裁，安全保障理事会による軍事的制裁
問題点	・表決が全会一致だったため，決定が困難 ・米の不参加，ソ連・独の加盟遅延，日・独・伊の脱退で，実行力に限界 ・制裁措置が不十分	・冷戦時，米ソの拒否権発動で安全保障理事会の機能が麻痺 ・第二次世界大戦の戦勝国がそのまま安全保障理事会の常任理事国として強い権限を保有

●ブレトン＝ウッズ体制（◀P.273）の成立

国際通貨基金(IMF)	・アメリカ＝ドルを基軸通貨とする固定為替相場制(金ドル本位制)を採用して国際貿易を発展させ，為替の安定を図る ・貿易赤字国に対して融資を行う
国際復興開発銀行(IBRD，世界銀行)	・戦後復興のための融資を行う →現在は発展途上国に対する融資を行っている
関税と貿易に関する一般協定(GATT)	・自由貿易の拡大を目的として，関税の撤廃と削減，非関税障壁の撤廃をめざす →1995年に世界貿易機関(WTO)に発展した

①解説 1944年7月にアメリカのブレトン＝ウッズで行われた会議で，IMFとIBRDの設立が決定。45年12月に両組織は発足した。ここに確立した第二次世界大戦後の経済・金融体制をブレトン＝ウッズ体制と呼ぶ。この体制は，変動為替相場制に変わる1973年まで続いた。また，1947年にはGATTが調印され，自由貿易の推進が図られた。

2 戦後処理

ゲーリング元国家元帥
ヘス元副総統
リベントロップ元外相

↑2ニュルンベルク国際軍事裁判(1945年11月～46年10月)　連合国によるドイツの戦争責任と戦争犯罪を追及する史上初の国際軍事裁判。通例の戦争犯罪に加えて「平和に対する罪」「人道に対する罪」が裁かれ，ゲーリング元国家元帥以下ナチスの戦犯12名に絞首刑の判決が下った。

↓3東京(極東国際軍事)裁判(1946年5月～48年11月)　日本の戦争指導者(A級戦犯)の戦争責任を裁いた裁判。東条英機元首相など7名に絞首刑の判決が下された。また，各国で通例の戦争犯罪に対する裁判も行われた。

東条英機元首相

吉田茂主席全権

↑4サンフランシスコ平和条約(1951年9月)（◀P.290)　講和条約の調印によって，日本と連合国の交戦状態は正式に終了した。しかし条約の内容に対する不満や冷戦の激化もあって，ソ連，中国，インドとは条約を結ばず，交戦国すべてとの「全面講和」ではなかった。同時に**日米安全保障条約**も結ばれ，日本は西側陣営に組み込まれていった。

1 第二次世界大戦後の国際政治

	米	(資本主義陣営) アメリカ・ヨーロッパ (社会主義陣営)	ソ連	アジア・アフリカ(第三世界)	中国	日本
冷戦の激化	トルーマン	1945 アメリカ，原子爆弾保有　　国際連合発足(●P.266)	スターリン		毛沢東	1946 日本国憲法公布
		1946 「鉄のカーテン」演説(チャーチル)(●P.268)		1946 インドシナ戦争(～54)		
		1947 トルーマン=ドクトリン(●P.268) / 1947 コミンフォルム結成				
		マーシャル=プラン(●P.268)				
		1948 西ヨーロッパ連合条約 / 1948 チェコスロヴァキア=クーデタ		1948 大韓民国成立，朝鮮民主主義人民共和国成立		
		1948　ベルリン封鎖(～49)(●P.271)		**第1次中東戦争(パレスチナ戦争，～49)**		
		1949 北大西洋条約機構(NATO)(●P.269) / 1949 経済相互援助会議(コメコン)		1949 中華人民共和国成立(●P.288)　(●P.284)		
		ドイツ連邦共和国(西独)成立 / 　　　ドイツ民主共和国(東独)成立				
		ソ連，原子爆弾保有		1950 中ソ友好同盟相互援助条約		1950 特需景気
				朝鮮戦争(～53)(●P.269・291)		警察予備隊
						1951 **サンフランシスコ平和条約(●P.290)**
						日米安全保障条約(●P.290)
緊張緩和	アイゼンハワー	1953 アイゼンハワー大統領就任 / 1953 スターリン死去		(●P.272)		
		1954 東南アジア条約機構(SEATO)　**1954　ジュネーヴ休戦協定(●P.279・287)**		1954 **ネルー・周恩来会談(平和五原則)**		
		1955　ジュネーヴ4巨頭会談(●P.272)	フルシチョフ	1955 アジア=アフリカ(バンドン)会議(平和十原則)		1955 55年体制発足
		1955 西ドイツ，NATO加盟 / 1955 ワルシャワ条約機構発足(●P.268)		1956 エジプト，**スエズ運河国有化宣言**(●P.272)		1956 日ソ共同宣言(●P.290)
		1956 スターリン批判		→**第2次中東戦争(～57)(●P.284)**		国際連合加盟
		ポズナニ暴動，ハンガリー事件				
		1958 ヨーロッパ経済共同体(EEC)発足		1958 中国で「大躍進」運動開始		
				1959 キューバ革命		
	ケネディ			1960 **アフリカの年(17か国独立)(●P.282)**		1960 日米新安全保障条約
		1961 ベルリンの壁が建設される(●P.272)		1961 第1回非同盟諸国首脳会議(●P.272)		
		1962　キューバ危機(●P.272)			劉少奇	
		1963　部分的核実験禁止条約(PTBT)調印(◀P.巻頭7右頁，●P.272)		1963 アフリカ統一機構(OAU)		1964 東京オリンピック
	ジョンソン	**1965　ベトナム戦争本格化(～73)(●P.273・287)**	ブレジネフ			1965 **日韓基本条約(●P.290)**
		1967 **ヨーロッパ共同体(EC)発足**		1966 中国で**プロレタリア文化大革命開始(～76)**		
		(●P.273・278)		1967 第3次中東戦争(●P.288)		
		1968　核拡散防止条約(NPT)調印(◀P.巻頭7右頁)		東南アジア諸国連合(ASEAN)結成		
		1968 プラハの春→チェコ事件(●P.281)				
	ニクソン	1971 ドル=ショック		1971 中国，国連加盟	毛沢東	
		1972　第1次戦略兵器制限交渉(第1次SALT)(●P.273)		1972 ニクソン米大統領，北京訪問		1972 沖縄返還(●P.290)
		1973 拡大EC発足　**1973　東西ドイツ，国連同時加盟(●P.278)**		1973 第4次中東戦争→第1次石油危機(●P.284)		日中国交正常化(●P.290)
	フォード			ベトナム(パリ)和平協定	華国鋒	
		1975 第1回先進国首脳会議(サミット)開催		1975 ベトナム戦争終結→ベトナム社会主義共和国成立(76)		
冷戦終結	カーター	**1979　第2次戦略兵器制限交渉(第2次SALT)(◀P.巻頭7右頁)**		1979 米中国交正常化　　　(●P.285)		1978 日中平和友好条約
		1979 ソ連，アフガニスタン侵攻(●P.280)		**イラン=イスラーム革命→第2次石油危機**		
		1980 ポーランド，自主管理労組「連帯」		エジプト=イスラエル平和条約		
	レーガン	1985 ゴルバチョフ，ソ連共産党書記長就任		1980 **イラン=イラク戦争(～88)(●P.275・285)**		1985 プラザ合意
		1986 チョルノービリ原発事故	ゴルバチョフ			→バブル景気へ
		1987　中距離核戦力(INF)全廃条約調印(●P.274)				
		1989　マルタ会談→冷戦終結宣言(●P.274)，ベルリンの壁開放(●P.271)		1989 中国，天安門事件(●P.289)	鄧小平	
	ブッシュ(父)	**1990　東西ドイツ統一(●P.279)**		1990 イラク，クウェートに侵攻		
		1991 コメコン，ワルシャワ条約機構解消		1991 **湾岸戦争(●P.275・285)**		1991 バブル経済崩壊
		ユーゴスラヴィア内戦	(ロシア)エリツィン			
		ソ連，消滅(●P.274・280)				
		→独立国家共同体(CIS)結成				
冷戦終結後	クリントン	**1991　戦略兵器削減条約(START I)調印→START II(93調印)(◀P.巻頭7右頁)**				1992 カンボジアPKO参加
		1992 マーストリヒト条約→ヨーロッパ連合(EU)発足(93)(●P.278)		1993 パレスチナ暫定自治協定	江沢民	1993 非自民連立政権成立
		1996　包括的核実験禁止条約(CTBT)(◀P.巻頭7右頁)				1995 阪神・淡路大震災
	ブッシュ(子)/オバマ/トランプ/バイデン	2001 アメリカ同時多発テロ事件(●P.275・294)	プーチン	2001 米などがアフガニスタンを攻撃		
		2008 世界金融危機		2003 米・英がイラクを攻撃→**イラク戦争**(●P.275)		2009 民主党政権成立
		2014 ロシア，クリミア半島を併合		2010 「アラブの春」	胡錦濤	2011 東日本大震災
		2020 イギリス，EU離脱		2014 シリア・イラクでISILが勢力拡大		東京電力福島第一原発事故
				2023 ハマースのテロを機に，イスラエルがガザ侵攻		2012 自民党政権復帰
		2022 ロシア，ウクライナ侵攻(●P.295)	プーチン		習近平	2021 東京オリンピック

1 冷戦初期の国際関係

凡例：
対立 →←
戦争 →☆←
同盟・支援 →

西側（資本主義陣営）
NATO,マーシャル=プラン

| 日本 | アメリカ | 西欧諸国 |

「鉄のカーテン」

東側（社会主義陣営）
ワルシャワ条約機構,コメコン

東欧諸国 ソ連

日米安全保障条約

アメリカ
軍事・ドトクルーマ・トリマン・財政政策支援

西ドイツ 東ドイツ

「冷戦」

ギリシア トルコ

ソ連
コミンフォルム除名
ユーゴスラヴィア
中ソ友好同盟相互援助条約

人民義勇軍を派遣
朝鮮戦争（●P.291）

韓国 北朝鮮
国連軍の派遣 国共内戦
台湾 中国

| 中南米 | 中東・アフリカ | 南・東南アジア |
| 米州機構設立 | 第1次中東戦争 | インドシナ戦争開始 |

↑1「鉄のカーテン」演説を行うチャーチル 1946年3月前英国首相チャーチルは，アメリカ訪問の際ミズーリ州フルトンで「鉄のカーテン」演説を行った。「バルト海のシュテッティンからアドリア海のトリエステまでヨーロッパ大陸を横切る**鉄のカーテン**が降ろされた。…」この言葉は冷戦を象徴するものとして使われる。（●P.320史料）

→2トルーマン 反ソ・反共主義の冷戦政策を掲げたトルーマンは，1947年のトルーマン=ドクトリン以降共産主義「**封じ込め政策**」を強力に展開した。

●ドイツの領土縮小と分割占領

0 200km

第二次世界大戦前のドイツの国境

東プロイセン

オランダ

ベルリン ワルシャワ

ポーランド

オーデル=ナイセ線

ドイツ

チェコスロヴァキア

フランス

ウィーン
オーストリア

占領地域
■ アメリカ
■ イギリス
■ フランス
■ ソ連
■ ポーランド

【解説】 第二次世界大戦で敗北したドイツは，オーデル=ナイセ線の東側をポーランドに，東プロイセンをポーランドとソ連に奪われ，東部地域の領土が大幅に減少した。そのうえ，**ドイツ全域とベルリンを米・英・仏・ソの4か国に分割占領**された。

●第二次世界大戦後のヨーロッパ

凡例：
■ 北大西洋条約機構（NATO）原加盟国（1949年）
□ その後のNATO加盟国（1982年までの加盟）
青数字 NATO加盟年
■ ワルシャワ条約機構加盟国（1955年）
— 第二次世界大戦前のポーランド国境
— 鉄のカーテン（1946年）

1948 西ヨーロッパ連合条約
1949 NATO結成

1948 コミンフォルムがユーゴスラヴィアを除名（●P.281）

1947 トルーマンがギリシアとトルコの共産主義化の阻止を表明

1948〜49 ベルリン封鎖

1948 チェコスロヴァキアで共産党クーデタ

（地図上の国名など）
ノルウェー王国 オスロ / フィンランド共和国 ヘルシンキ / スウェーデン王国 ストックホルム / レニングラード / ロシア / モスクワ / エストニア / ラトヴィア / リトアニア / ソヴィエト連邦 / ミンスク / ベラルーシ / デンマーク王国 コペンハーゲン / アイスランド / アイルランド共和国 ダブリン / グレートブリテン=北アイルランド連合王国 ロンドン ベルファスト / オランダ王国 アムステルダム / ベルギー王国 ブリュッセル / ポツダム ベルリン / ドイツ連邦共和国 ドイツ民主共和国 / ポズナン ワルシャワ / ポーランド人民共和国 / ウクライナ キエフ / チェコスロヴァキア / ルクセンブルク大公国 / パリ / フランス共和国 ニュルンベルク / ウィーン オーストリア共和国 ブダペスト / ハンガリー人民共和国 / ルーマニア人民共和国 ブカレスト / スイス リヒテンシュタイン / ボルドー / ジェノヴァ / トリエステ ベオグラード / ユーゴスラヴィア連邦人民共和国 / クリミア ヤルタ / 黒海 / ブルガリア人民共和国 / イスタンブル / アンカラ / ポルトガル共和国 リスボン / マドリード スペイン / アンドラ / バルセロナ / モナコ公国 コルシカ島 / イタリア共和国 ローマ ナポリ / ヴァチカン市国 / サルデーニャ / アルバニア人民共和国 / ギリシア王国 アテネ / トルコ共和国 / ジブラルタル（英）/ タンジール（1945〜56 国際管理）/ シチリア島 / マルタ島（1964独立（英））/ クレタ島 / キプロス共和国（1960独立（英））

0 250 500km

2 冷戦の激化 ●西側の封じ込め政策と東側の対抗措置

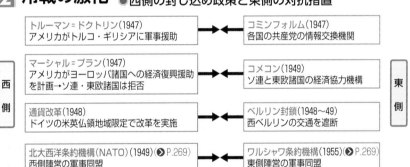

西側	東側
トルーマン=ドクトリン(1947) アメリカがトルコ・ギリシアに軍事援助	**コミンフォルム**(1947) 各国の共産党の情報交換機関
マーシャル=プラン(1947) アメリカがヨーロッパ諸国への経済復興援助を計画→ソ連・東欧諸国は拒否	**コメコン**(1949) ソ連と東欧諸国の経済協力機構
通貨改革(1948) ドイツの米英仏領地域限定で改革を実施	**ベルリン封鎖**(1948〜49) 西ベルリンの交通を遮断
北大西洋条約機構（NATO）(1949)（●P.269) 西側陣営の軍事同盟	**ワルシャワ条約機構**(1955)（●P.269) 東側陣営の軍事同盟

←3チェコスロヴァキア=クーデタ 戦後，共産党と非共産党の連合政権が樹立され，東西両陣営のどちらにも属していなかった。しかし**マーシャル=プラン**の受け入れをめぐって両勢力は対立。1948年2月に非共産政党は政権から排除され，共産党が単独で政権を握り，東側陣営の一員となった。このできごとは西側諸国に衝撃を与え，同年に**NATO**の原型となる**西ヨーロッパ連合条約**が調印されるきっかけとなった。

【解説】 西側管理地区のみで米・英・仏は通貨改革を実施すると，反発したソ連は1948年6月から**西ベルリンへの交通を遮断した（ベルリン封鎖）**。西側は西ベルリンへの物資を空輸することでこれに対抗した。ベルリン封鎖は翌年5月に解除されたが，東西の対立は決定的となり，1949年に東西ドイツが別々の国として成立した。西ドイツは1954年の**パリ協定**で主権を回復し，翌55年にはNATOにも加盟した。

●ベルリン封鎖とドイツの東西分裂（●P.271）

↓4パリ協定（1954年）

France / Germany / United Kingdom / United States

探究 チャーチルの「鉄のカーテン」演説とは何か，説明しなさい。［70字程度］

3 アジアへの冷戦の影響

西側〔資本主義陣営〕　　東側〔社会主義陣営〕

朝鮮戦争（→P.291）
韓国　　北朝鮮

国共内戦（→P.288）
アメリカ　中華民国〔中国国民党〕　中華人民共和国〔中国共産党〕　ソ連

日本

インドシナ戦争（→P.287）
南ベトナム　　北ベトナム
フランス

戦争 →★← 　同盟・支援 ＝＝＝

●アジア諸国の独立

国名 第二次世界大戦中及び戦後独立した国または新興政権の国家
数字 独立または新政権成立の年
共産主義諸国
東南アジア条約機構（SEATO）加盟国（1954.9）
アラブ連盟加盟国
中東条約機構（METO）加盟国（1955.11）バグダード条約,1958　イラク脱退,1959 中央条約機構（CENTO）と改称

東南アジア〜インドネシアの独立

↑5 スカルノ　第二次世界大戦後，アジア諸国の多くは植民地支配を脱し，独立を達成していった。オランダの植民地であったインドネシアは1945年に独立を宣言し，スカルノが初代大統領に就任した。その後4年間にわたる独立戦争を経て，1949年に独立を達成した。

→6 崩壊した橋を渡る北からの避難民　ヨーロッパの「冷戦」とは異なり，アジアでは東西両陣営の代理戦争が各地で発生した。1950年に始まった**朝鮮戦争**は53年に休戦となったが，戦争状態は現在も継続している。

東アジア〜朝鮮戦争

↑7 米軍の注文で照明弾の製造に追われる日本の工場

↑8 警察予備隊　日本の非軍事化を進めていた占領軍は方針を転換し，日本の独立を急ぎ**日米安全保障条約**を結び日本を西側陣営の一員にするとともに，警察予備隊（のちの自衛隊）を発足させた。また朝鮮戦争特需によって日本の経済は回復した。

4 東西両陣営の安全保障体制

ワルシャワ条約機構　1955（1991解消）（←P.268）
ソ連・ポーランド・東ドイツ・チェコスロヴァキア・ハンガリー・ルーマニア・ブルガリア・アルバニア（1968脱退）

アフリカ統一機構 OAU 1963（→P.282）
南アを除くアフリカ独立32か国で発足。2002年にアフリカ連合（AU）に発展

アラブ連盟　1945（→P.284）
原加盟国イラク・シリア・レバノン・トランスヨルダン・サウジアラビア・イエメン・エジプト。PLOを含めて22か国（2023年6月）

中ソ友好同盟相互援助条約 1950（1980解消）（→P.288）

日米安全保障条約 1951（→P.290）

米韓相互防衛条約 1953

米華（台湾）相互防衛条約 1954（1979解消）

米比相互防衛条約 1951

太平洋安全保障条約 ANZUS 1951
アメリカ・オーストラリア・ニュージーランド

北大西洋条約機構 NATO 1949（←P.268）
アメリカ・カナダ・イギリス・イタリア・フランス・ベルギー・オランダ・ルクセンブルク・ノルウェー・デンマーク・アイスランド・ポルトガル（のち，ギリシア・トルコ・西ドイツ・スペインが加盟）。さらに東欧諸国も加盟し，現在31か国（2023年6月）

米州機構 OAS 1948（→P.276）
アメリカと中南米21か国。現在，アメリカ・カナダと中南米35か国（2023年6月）

東南アジア条約機構　SEATO 1954（1977解消）
アメリカ・イギリス・フランス・オーストラリア・ニュージーランド・タイ・フィリピン・パキスタン（1972脱退）

中東条約機構　METO→中央条約機構　CENTO（→P.284）
1955（1958崩壊）　　　　　1959（1979崩壊）
イギリス・イラン・トルコ・パキスタン・イラク（1959脱退）

クワドリーガ(四頭立て二輪戦車)に乗る勝利の女神ヴィクトリア

↓1 現在のブランデンブルク門
この門は, ドイツ帝国の前身であるプロイセン王国の中心地ブランデンブルクへの道の起点となっていることからその名がつけられた。

ガイド

ドイツ連邦共和国(統一ドイツ)の首都。人口約365万人。プロイセン王国(1701年成立)時からの首都。戦後は東西冷戦の象徴的な都市として存在した。

1 門が見てきたドイツの歴史(1)

ウンター゠デン゠リンデン通り
大聖堂　王宮
ブランデンブルク門

↑2 1930年頃のベルリンの中心街　ブランデンブルク門を下方にウンター゠デン゠リンデン通りを望む。奥にはホーエンツォレルン家(◀P.176)の霊廟であるベルリン大聖堂と王宮が見える。

●現在のベルリン市街

フリードリヒ大王像
森鷗外記念館
ペルガモン博物館
旧国立博物館
アレクサンダー広場
フンボルト大学
大聖堂
赤い市庁舎
ドイツ連邦議会議事堂
共和国宮殿
ブランデンブルク門
ロシア大使館
ウンター゠デン゠リンデン通り
(ベルリン)国立歌劇場
ニコライ教会
フランス聖堂
ゲーテ像
ベルリンの壁

↑3 1806年, ベルリンに入城するナポレオン

↑4 1871年, ドイツ゠フランス戦争の勝利を祝う

↑5 1918年, 第一次世界大戦の休戦後のベルリン
敗戦の将兵を迎える。

●ドイツの歩み①

| 843 | 東フランク王国成立 | (◀P.138) |

- ヴェルダン条約

| 962 | 神聖ローマ帝国(第一帝国)成立 | (◀P.138) |

- オットー1世の加冠

| 1806 | 神聖ローマ帝国解体(ライン同盟) | (◀P.192) |

- ナポレオン1世を盟主とする傀儡連邦の形成

| 1815 | ドイツ連邦の成立 | (◀P.206) |

- ウィーン会議により成立した国家連合
- ・ドイツ関税同盟(1834)
- ・三月革命(1848)
- ・プロイセン゠オーストリア戦争(1866)

| 1867 | 北ドイツ連邦の成立 | (◀P.206) |

- プロイセン王を首長とする君主連合体
- ・ドイツ゠フランス戦争(1870〜71)

| 1871 | ドイツ帝国(第二帝国)成立 | (◀P.207) |

- プロイセン王を皇帝とする連邦制国家
- ・文化闘争(1871〜80)
- ・社会主義者鎮圧法(1878〜90)
- ・ビスマルクの社会政策(1883〜)
- ・ヴィルヘルム2世の即位(1888)
- ・ビスマルク辞任(1890)
- ・第一次世界大戦の始まり(1914〜18)
- ・ドイツ革命(1918)

↓6 ベルリンの壁崩壊　1989年11月9日，28年もの間，東西ベルリンを隔てていた壁が開放され，何千人ものベルリン市民がブランデンブルク門に押しかけた。この日を境に戦後の国際政治を規定してきた東西対立が終わり，世界史は新たな局面を迎えることになる。

ブランデンブルク門

← ベルリンの壁 →

西ベルリン側

2 門が見てきたドイツの歴史(2)

●ドイツの歩み②

| 1919 | ヴァイマル共和国(ドイツ共和国)成立 | ◀P.248 |

- ヴァイマル憲法の制定(ドイツ初の民主憲法)
- ・賠償金1,320億金マルクを承認(1921)
- ・フランスのルール占領(1923〜25)
- ・シュトレーゼマン首相に就任(1923)
- ・レンテンマルク発行(1923)
- ・ドーズ案(1924)・ヤング案(1929)受け入れる
- ・ロカルノ条約で国連の加盟が認められる(1925)

| 1933 | ナチ党独裁(第三帝国)成立 | ◀P.257 |

- ナチ党による政権獲得
- ・全権委任法制定・国連脱退(1933)
- ・再軍備宣言(1935)
- ・ラインラント進駐(1936)
- ・日独伊三国防共協定成立(1937)
- ・ミュンヘン会談(1938)
- ・第二次世界大戦の始まり(1939〜45)

| 1945 | ドイツ敗戦 | ◀P.261 |

- ・ドイツ(ベルリン)
  東西に分裂(1945) ◀P.268
  東＝ソ連占領
  西＝米英仏占領
- ・西側諸国による占領
  地域の通貨改革(1948)
- ・ソ連による西ベルリン封鎖(1948)。西側諸国空輸でソ連に対抗

| 1949 | ドイツ連邦共和国(西ドイツ)成立 |

| | ドイツ民主共和国(東ドイツ)成立 |

| 1961 | 東ドイツ　ベルリンの壁を構築 |

- ●東ドイツ住民の西への逃亡防止のために壁を築く

↑7 1933年，ヒトラーの政権掌握を祝い行進するナチス

↑8 1945年，ブランデンブルク門を戦車で通過する赤軍兵士

4国による分割占領

地図内ラベル：
ハンブルク　シュテッテン　ポーランド
西ドイツ・ベルリン
ボン　東ドイツ　プラハ　チェコスロヴァキア
ニュルンベルク
フランス　ミュンヘン　ウィーン
ベルン　オーストリア
スイス　ガトウ

占領地域
■米　■英　■仏　■ソ連
・・・1945年以後のベルリン市界の境界
━東西ベルリンの境界(ベルリンの壁1961〜89)
◆検問所　✈飛行場

テーゲル
東ベルリン
西ベルリン
ブランデンブルク門
テンペルホーフ
シェーネフェルト

【解説】敗戦後のドイツは，東西対立の縮図であった。米英仏が西ドイツ地区を，ソヴィエトが東ドイツ地区を占領した。ベルリンも同様に分割され，西ベルリン地区は，社会主義の海に浮かぶ，資本主義の孤島になった。

↑9 ベルリン空輸　1948年にソヴィエトは西ベルリンに通じる道や送電線を封鎖。孤立した西ベルリン市民に物資を送るため，西側諸国は，49年5月まで空からの輸送を行った。

●東西ドイツの経済規模と東からの亡命者数

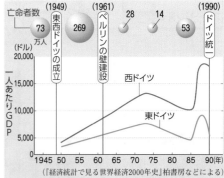

亡命者数
(1949) (1961) 28　14 (1990)
73 269　　　　　　53
万人

(ドル)
20,000
一人あたりGDP
15,000
10,000
5,000
0
1945 50 55 60 65 70 75 80 85 90(年)

西ドイツ
東ドイツ

東西ドイツの成立　ベルリンの壁建設　ドイツ統一

(『経済統計で見る世界経済2000年史』柏書房などによる)

↓10 1961年，完成したベルリンの壁(西ベルリン側から見るブランデンブルク門)　以後東西対立の象徴となる。

冷戦の展開と第三世界の台頭　戦後の概観　特集

1　「雪どけ」～再緊張の構図

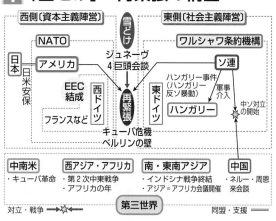

西側〔資本主義陣営〕　　雪どけ　東側〔社会主義陣営〕

NATO　　　　　　　　ワルシャワ条約機構

日本　　アメリカ　ジュネーヴ　　　　　ソ連
日米安保　　　　　4巨頭会談
　　　EEC　　　　　　　ハンガリー事件　軍事
　　　結成　西ドイツ　再緊張　（ハンガリー　介入
　　　　　　　　　東ドイツ　反ソ暴動）
　フランスなど　　　　　　　ハンガリー　中ソ対立
　　　　　　　　　　　　　　　　　　　　　の開始
　　　　　　　キューバ危機
　　　　　　　ベルリンの壁

中南米　　西アジア・アフリカ　南・東南アジア　中国
・キューバ革命　・第2次中東戦争　・インドシナ戦争終結　・ネルー・周恩
　　　　　　・アフリカの年　・アジア＝アフリカ会議開催　来会談

対立・戦争→☆←　　第三世界　　同盟・支援＝＝

2　平和共存路線の出現

↑1 スターリンの死　1953年，スターリンが死去すると，ソ連の外交方針は大きく転換した。敵対していたユーゴスラヴィアと和解し，また，資本主義諸国との平和共存路線を採用し，コミンフォルムを解散した。

ブルガーニン（ソ）　アイゼンハワー（米）　フォール（仏）　イーデン（英）

↑2 ジュネーヴ4巨頭会談　1955年，第二次世界大戦後初の東西首脳会談が実現した。この会談そのものは大きな成果を挙げることはできなかったが，冷戦の緊張緩和「雪どけ」の象徴とされた。

3　再緊張と核軍縮

↑3 ベルリンの壁（◀P.271）　西ベルリンを経由して西側に脱出する人々が増加することに苦しんだ東ドイツ政府は，1961年6月に東西ベルリンの通行路を鉄条網で封鎖し，続いて西ベルリンを取り囲む壁を建設していった。

ソ連の輸送艦を監視するアメリカ軍機

↑4 キューバ危機（▶P.277）　1962年，ソ連の支援を受けて建設中だったキューバのミサイル基地の存在が発覚すると，ケネディはキューバの海上封鎖を実施したため，米ソ間で核戦争がおきる寸前に至った。しかし，ソ連が基地の撤去を宣言したことで危機は回避された。

↑5 部分的核実験禁止条約（PTBT）の調印（◀巻頭7右頁）　キューバ危機の経験から，米ソ両国は核軍縮の交渉を開始した。その結果，1963年に米・英・ソ3国の間で，初の核軍縮条約である部分的核実験禁止条約（PTBT）が調印された。

●緊張と緩和の波

平和共存路線と雪どけ　　　　　　　　東西対立の再緊張　　　　核軍縮の始まり

| 1953 スターリン死去 | 1955 ジュネーヴ4巨頭会談 | 1956 スターリン批判 | 1959 キューバ革命 | 1961 ベルリンの壁の建設 | 1962 キューバ危機 | 1963 部分的核実験禁止条約（PTBT） |

1956 ハンガリー事件 ポズナニ暴動

4　第三世界の自立

周恩来　　ネルー

↑6 周恩来とネルー　1954年周恩来はネルーと会談し，「平和五原則」を基本とする宣言を共同で発表した。国家体制の異なる両国によるこの宣言は，平和共存や第三世界の結集に大きく寄与した。

| 平和五原則 | ①領土・主権の尊重 ②相互不侵略 ③内政不干渉 ④平等互恵 ⑤平和的共存 |

スカルノ

↑7 アジア＝アフリカ会議で開会演説をするスカルノ　1955年，日本を含むアジア・アフリカ29か国の代表によりインドネシアのバンドンで開催された。この会議で反植民地主義・平和主義を基調とする「平和十原則」が採択された。

| 平和十原則 | ①基本的人権の尊重 ②国家主権と領土保全の尊重 ③人種・国家の平等 ④内政不干渉 ⑤国連憲章による個別・集団的自衛権の尊重 | ⑥大国主導による集団防衛協定の排除 ⑦武力侵略の否定 ⑧国際紛争の平和的解決 ⑨相互の利益・協力の促進 ⑩正義と国際義務の尊重 |

（UPI・サン）

スカルノ（インドネシア）　ティトー（ユーゴスラヴィア）　エンクルマ（ガーナ）　ナセル（エジプト）

↑8 第1回非同盟諸国首脳会議　東western陣営のどちらにも属さない非同盟主義（▶P.281）を掲げた第1回非同盟諸国首脳会議が，ティトーやナセルの呼びかけによって，1961年ユーゴスラヴィアのベオグラードで25か国が参加して開催された。

1 多極化の進展

戦争 →☆←
同盟・支援 ＝＝

西側〔資本主義陣営〕
財政・貿易赤字悪化
アメリカ
デタント
（緊張緩和）

東側〔社会主義陣営〕
ソ連

日米貿易
摩擦
世界的
不況
日本

第1次
SALT

西欧諸国
ECの成立
→拡大EC

東欧諸国
チェコ事件

中ソ国境
紛争

第1次石油危機
サミットの開催

米中和解

中国
プロレタリア
文化大革命

中南米
・チリ，アジェンデ
政権の崩壊

中東・アフリカ
・第4次中東戦争
→OAPECの石油戦略
・イラン＝イスラーム革命

南・東南アジア
・ASEAN結成
・ベトナム戦争終結

第三世界

↑1 **ダマンスキー島で口論する中ソの警備兵**(1969年) ソ連によるスターリン批判やアメリカとの平和共存路線の主張は，同じ社会主義国である中国の非難を招き，その対立は**ダマンスキー島(珍宝島)**での大規模な軍事衝突にまで発展した。

↑2 **イギリスのEC加盟** 1967年，EEC，ECSC，EURATOMが統合する形でヨーロッパ共同体(EC)が発足した。ECには1973年以降6か国が加盟し，ヨーロッパ共同市場は拡大し，米ソにも対抗しうる経済規模を獲得した。

2 新しい国際関係の構築

↑3 **ジャングル内の民家を焼く米兵** ベトナム戦争による軍事費の増加で，アメリカの財政は悪化した。

↑4 **ドル＝ショック** ニクソン大統領は金の流出をくい止めるため，1971年に金ドル交換の停止を発表した。

↑5 **トイレットペーパーパニック(第1次石油危機)** 安価な石油に依存してきた先進工業国は，1973年の第1次石油危機で大きな打撃を受けた。

↑6 **第1回先進国首脳会議(サミット)** ⊙P.279 第1次石油危機によって悪化した経済を立て直すため，先進国の首脳は1975年から定期的な会合を開始した。

● **ブレトン＝ウッズ体制**⊙P.266 **の崩壊**

金ドル本位制 ＝ 固定為替相場制

金 ＝ 米ドル →
フラン〔仏〕
ポンド〔英〕
マルク〔西独〕
円〔日〕

〔金1オンス*＝35米ドル〕
米ドルの価値を
金との交換で保証

1米ドル＝360円

米ドルを基軸通貨として，世界の通貨と固定された相場で交換
＊約31.1グラム

米の財政赤字の拡大
・対外経済援助
・社会保障費の拡大
・ベトナム戦争の
軍事費拡大

米の貿易赤字の拡大
・西欧，日本の経済成長

金の流出
米ドルの信用低下

(1971)
ドル＝ショック

(1971)
金と米ドルの交換停止
(1973)
変動相場制へ移行

ブレトン＝ウッズ体制の崩壊

先進国首脳会議(サミット)の開催(1975)
世界経済の立て直しを協議

←

第1次石油危機(1973)
西側先進国の経済が悪化

世界史の交差点

開発独裁

　1960年代以降，アジアやラテンアメリカの発展途上国に出現した体制である。独裁体制を敷いて反政府活動や民主的な要求は抑圧しつつ，外貨の導入と輸出主導の経済体制を築き上げ，国家経済の発展をめざしていった。開発独裁によって急速な経済発展を遂げた国も現れたが，国民の暮らしが向上するにつれて独裁政治に対する不満から民主化運動が発生し，崩壊する政権もあった。

● **おもな開発独裁政権**

朴正熙〔韓国〕(任1963〜79)
スハルト〔インドネシア〕(任1968〜98)
リー＝クアンユー〔シンガポール〕
(任1959〜90)
ピノチェト〔チリ〕(任1974〜90)

→7 リー＝クアンユー

● **日米貿易摩擦**
→8 **東芝のラジオをたたき壊す人々**
(1987年) 日本は先進国の中で，石油危機の影響からいち早く抜け出すことができた。それは生産のオートメーション化と，自動車・電化製品の輸出拡大によるものだった。結果，アメリカの対日貿易赤字は増加し，日本に対する反発が強まっていった。

● **新自由主義**

↑9 **就任後初の会見をするレーガン** ⊙P.277 アメリカのレーガン大統領は財政赤字を立て直すため，社会福祉予算を大幅に削減する一方，減税や規制緩和により民間経済を活性化させる政策を行った。同様の政策をイギリスのサッチャー首相や日本の中曽根首相も行い，こちらでは公営企業の民営化や規制緩和が実施された。

1 冷戦の終結

西側　　　　　　　**東側**

アメリカ（▶P.277）

レーガンの軍拡政策
→財政赤字の拡大
貿易赤字の拡大
↓
軍縮に方向転換
↓
「唯一の超大国」化

新冷戦（第2次冷戦）

INF全廃条約

マルタ会談
冷戦終結を宣言

ソ連（▶P.280）

アフガニスタン侵攻
↓
・社会主義経済の限界
→財政悪化
ゴルバチョフの改革
↓
・ペレストロイカと新思考外交
・東欧諸国の民主化と脱社会主義を容認
東欧諸国の民主化
→ベルリンの壁開放
・共産党保守派のクーデタ失敗
・独立国家共同体（CIS）を結成
→**ソ連の消滅**

● ソ連のいきづまり～解体へ（▶P.280）

ブレジネフ時代の経済の停滞

・技術革新の遅れ
・産業構造の転換に失敗
・農業不振による穀物輸入の増大
・生活物資不足に対する国民の不満

共産党による一党独裁

・政治の硬直化と，共産党指導部の腐敗進行
・言論の自由がないことに対する国民の不満

アフガニスタン侵攻

・軍事費増大による財政の悪化，侵攻の長期化による威信の低下

＊トルクメニスタンは2005年にCISを脱退し準加盟国，ジョージア（グルジア）は2009年に脱退。ウクライナは2014年に脱退宣言し，2018年に脱退に関する大統領令に署名。

□ 旧ソ連邦諸国
□ ロシア以外のCIS原加盟国

バルト3国はCIS未加盟

1994～（▶P.巻頭6右頁）チェチェン紛争

↑1 中距離核戦力（INF）全廃条約の調印（▶P.巻頭7右頁）　1985年から米ソ間で包括的軍縮交渉が始まり，その成果の一つが1987年に調印された中距離核戦力（INF）全廃条約だった。核軍縮史上初めて，保有する核兵器を廃棄することを定めた画期的なものだった。

→2 東欧の民主化（▶P.281）　1988年の新ベオグラード宣言で，ゴルバチョフが東欧の改革に対する内政干渉を否定したことで，東欧の民主化は急速に進んだ。多くの国では平和的に社会主義体制が終了したが，ルーマニアでは**チャウシェスクの独裁**に対する反政府側と政府側が衝突する事態となった。

↑3 マルタ会談（▶P.276・280）　東欧の民主化が進行する中で1989年12月，米ソ首脳は地中海のマルタ島で会談した。記者会見では**冷戦の終結**が明確に宣言され，新時代の到来が強調された。

● ユーゴスラヴィアの解体

1945	ユーゴスラヴィア連邦人民共和国の成立
1980	ティトー死去
1991	スロヴェニア・クロアティア・マケドニアが独立を宣言 →ユーゴ内戦の開始
1992	ボスニア゠ヘルツェゴヴィナ紛争（～95） →ボスニア゠ヘルツェゴヴィナ独立
1997	コソヴォ紛争 →NATO軍，セルビア空爆（99）
2006	モンテネグロ独立
2008	コソヴォ独立

2 ソ連消滅と地域紛争

↑4 保守派のクーデタ（1991年8月）
◀解説 改革に反対する**共産党保守派のクーデタ**（▶P.280）が失敗すると，ゴルバチョフは**ソ連共産党の解散**を宣言した。また，ロシアなど11の共和国の連邦からの離脱と，**独立国家共同体（CIS）**が結成されたことによってソ連は消滅した。

←5 辞任演説をするゴルバチョフ

世界史の交差点
ユーゴスラヴィア内戦（◀P.巻頭6左頁，▶P.281）

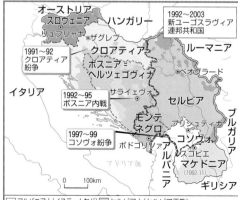

1992～2003 新ユーゴスラヴィア連邦共和国

1991～92 クロアティア紛争

1992～95 ボスニア内戦

1997～99 コソヴォ紛争

□ アルバニア人（イスラームなど）
□ クロアティア人（カトリック）
□ マケドニア人（マケドニア正教）
□ モスレム人（イスラーム）
□ セルビア人（セルビア正教）
□ モンテネグロ人（セルビア正教）
□ スロヴェニア人（カトリック）
□ 混在地
■ その他の民族

←ボスニア゠ヘルツェゴヴィナの人口構成（2002年）

クロアティア人 22%
セルビア人 40%
モスレム人 38%

ユーゴスラヴィアは6つの共和国からなる連邦制国家だった。ティトーの死去後に民族間の対立が始まり，冷戦が終了する中で内戦に突入した。内戦では異民族に対する虐殺が繰り返し行われ，その行為は「民族浄化」とも呼ばれた。

③ 冷戦終結後の世界

戦争 →☆←
同盟・支援 ＝＝＝

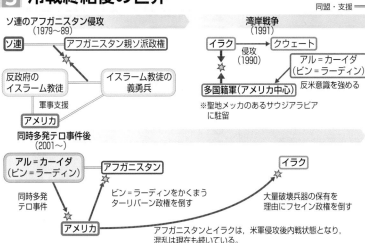

ソ連のアフガニスタン侵攻
(1979〜89)

ソ連 ── アフガニスタン親ソ派政権
　　　　　☆
反政府の　　　　イスラーム教徒の
イスラーム教徒　義勇兵
　　│軍事支援
アメリカ

湾岸戦争
(1991)

イラク ──── クウェート
　　侵攻
　☆ (1990)　　アル＝カーイダ
　　　　　　　(ビン＝ラーディン)
多国籍軍(アメリカ中心)　反米意識を強める
※聖地メッカのあるサウジアラビア
　に駐留

同時多発テロ事件後
(2001〜)

アル＝カーイダ ── アフガニスタン　　　イラク
(ビン＝ラーディン)
│同時多発　　ビン＝ラーディンを　　大量破壊兵器の保有を
　テロ事件　　かくまう　　　　　　理由にフセイン政権を倒す
☆　　　　　　ターリバーン政権を倒す
アメリカ　　アフガニスタンとイラクは、米軍侵攻後内戦状態となり、
　　　　　　混乱は現在も続いている。

破壊されたイラク軍戦車

↑⑥湾岸戦争　**イラン＝イラク戦争**で多額の負債を抱えたイラクは，油田獲得のため，1990年に**クウェートへ侵攻**した。それに対し国連安全保障理事会は，経済制裁や武力行使を容認する決議を行ったが，冷戦期に米ソが乱発した拒否権は行使されなかった。ロシア，フランスなどの反対にあって国連軍は結成されなかったが，アメリカを中心とする**多国籍軍**の軍事侵攻によってイラクは敗北した。

↑⑦同時多発テロ事件(2001年9月11日)（●P.294）
　冷戦後，唯一の超大国として外交・軍事面で圧倒的な力を保有していたアメリカは，同時多発テロ事件後に実行した**アフガニスタン攻撃**や**イラク戦争**で一応の勝利を挙げることができたが，治安を安定させることに失敗し，中東・イスラーム世界に反米感情が高まる結果を招いてしまった。

↑⑧アメリカのアフガニスタン攻撃（●P.276・294）　同時多発テロ事件の容疑者とされたのが，イスラーム急進派組織**アル＝カーイ**ダの指導者**ビン＝ラーディン**だった。彼は**アフガニスタンのターリバーン政権**にかくまわれていたため，アメリカ軍らが対テロ戦争をおこし(2001年)，ターリバーン政権を打倒した。新政権も発足したがその後も混乱は続き，2021年，アメリカ治安部隊の撤退により，ターリバーン政権が復活した。

フセイン元大統領拘束を報じるアメリカの新聞

↑⑨イラク戦争（●P.294）　アメリカの**ブッシュ**大統領は，イラクの**フセイン**政権が**大量破壊兵器**を保有しているとして，2003年にイギリス軍とともにイラクに侵攻，フセイン政権を打倒した。しかし大量破壊兵器は存在せず，その上アラブ人とクルド人，イスラーム教のスンナ派とシーア派の間で激しい内戦が発生した。この混乱は現在も続き，**イスラーム国(ISIL)**の台頭を招いた。

④ 地域経済統合とグローバリゼーションの進展

●世界のおもな地域統合(2023年6月現在)

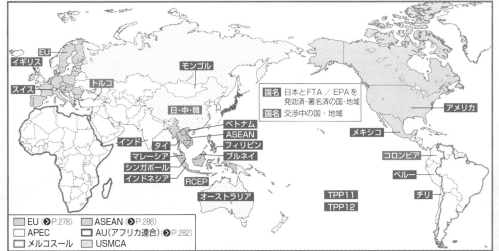

EU
イギリス
スイス
トルコ
モンゴル
日・中・韓
国名 日本とFTA／EPAを
発効済・署名済の国・地域
国名 交渉中の国・地域
ベトナム
ASEAN
インド
タイ
フィリピン
マレーシア
ブルネイ
シンガポール
インドネシア
RCEP
オーストラリア
アメリカ
メキシコ
コロンビア
ベリーズ
チリ
TPP11
TPP12

□ EU(●P.278)　　□ ASEAN(●P.286)
□ APEC　　　　　□ AU(アフリカ連合)(●P.282)
□ メルコスール　　□ USMCA

●経済統合の諸形態

類型	内容	例
経済同盟	各国の経済政策を調整	EU
共同市場	人・資本などの移動を自由化	EU
関税同盟	域外に対する共通関税の設定	EU, メルコスール
自由貿易協定(FTA)	関税の撤廃・削減による貿易の自由化	USMCA
経済連携協定(EPA)	FTAに加え，人と投資なども自由化	AFTA, TPP
地域協力	経済統合の前段階，経済協力の枠組みを作る	APEC

★アメリカはベトナム戦争や公民権運動で苦しむ一方，中南米の反米政権に対しては繰り返し介入した。

1 戦後の南北アメリカの歩み （P.257◀以前）

（民）：民主党　（共）：共和党

大統領		アメリカ合衆国		ラテンアメリカ諸国
冷戦の激化	1945 トルーマン（民）	1947	トルーマン＝ドクトリン，マーシャル＝プラン（◉P.268）を発表	☆ポピュリスト政権（労働者重視，経済自立，民族主義）の展開
		1950	赤狩り（マッカーシズム）（～54）	1947 リオ協定（米州相互援助条約）締結
			朝鮮戦争が勃発，米軍主体の国連軍が参戦（～53）（◉P.291）	1948 米州機構（OAS）設立（◀P.269）
		1952	世界最初の水爆実験に成功	1952 キューバで親米バティスタ独裁政権が成立する
「雪どけ」	1953 アイゼンハワー（共）	1953	ダレス国務長官がソ連に対する「巻き返し政策」を発表	1954 グアテマラの民族主義政権が米支援のクーデタで倒される
		1955	ジュネーヴ4巨頭会談（◀P.272）	1955 アルゼンチンの反米的なペロン政権がクーデタで倒される
			○公民権運動の始まり，キング牧師の登場	
		1959	アラスカ，ハワイが州に昇格	1959 キューバ革命でカストロが政権を掌握
			フルシチョフ訪米，キャンプ＝デーヴィッド会談の開催	
		1961	キューバと断交（翌年，OASからキューバを除名）	
緊張緩和（デタント）	1961 ケネディ（民）	1961	☆ニューフロンティア政策を提唱	1961 キューバが社会主義宣言
		1962	キューバ危機（米ソ間の核戦争の危機）が発生	
		1963	英，ソと部分的核実験禁止条約に調印	
			ワシントン大行進（公民権運動の頂点）	
			ケネディがダラスで暗殺される	
	1963 ジョンソン（民）	1963	☆「偉大な社会」計画を提唱	1964 ブラジルとボリビアで軍部が政権を掌握
		1964	公民権法が成立	
		1965	北爆開始＝ベトナム戦争介入拡大（～73）（◉P.287）	1965 ドミニカの革新政権が米の軍事介入で倒される
			国別割当制を廃する新移民法が制定	
			○ベトナム反戦運動の高まり，公民権運動をめぐる対立	1968 ペルーで，軍部がクーデタにより政権を掌握
		1968	キング牧師暗殺	
	1969 ニクソン（共）	1971	金・ドル交換停止（ドル防衛策）（＝ドル＝ショック）	1970 チリでアジェンデ社会主義政権が発足
		1972	ニクソンの中国訪問，SALT I の調印	
		1973	ベトナム和平協定調印，米軍が南ベトナムから撤退	1973 米が支援するピノチェトのクーデタで，アジェンデ政権崩壊
		1974	ウォーターゲート事件でニクソン辞任	
	1974 フォード（共）			1976 アルゼンチンで軍政が始まる
新冷戦（第2次冷戦）	1977 カーター（民）	1979	エジプト＝イスラエル平和条約の調印（◉P.285）	1979 ニカラグア革命で左翼政権成立
			スリーマイル島で原発事故が発生	☆エルサルバドル，グアテマラで内戦が拡大する（中米紛争）
			イラン＝イスラーム革命後にアメリカ大使館占拠事件が発生	
	1981 レーガン（共）		☆「強いアメリカ」＝対ソ強硬策，「小さな政府」	☆米による反革命勢力への支援
		1985	債務国に転落，「双子の赤字（貿易赤字，財政赤字）」の拡大	1982 フォークランド戦争が勃発
		1987	中距離核戦力（INF）全廃条約調印（◀P.274）	1983 米軍がグレナダ侵攻
冷戦後	1989 ブッシュ（父）（共）	1989	マルタ会談で冷戦の終結を宣言（◀P.274，◉P.280）	1989 米軍がパナマ侵攻
		1991	米中心の多国籍軍がイラク軍を攻撃（湾岸戦争）（◉P.275）	1990 ペルーで日系のフジモリ大統領が就任（～2000）
			米ソが第1次戦略兵器削減条約（START I）に調印	
	1993 クリントン（民）	1993	パレスチナ暫定自治協定の調印を仲介（◉P.285）	
		1994	北米自由貿易協定（NAFTA）（アメリカ・カナダ・メキシコ）が発効	1999 アメリカがパナマ運河を返還
	2001 ブッシュ（子）（共）	2001	アメリカ同時多発テロ事件→アフガニスタン攻撃（◉P.275）	
		2003	イラク戦争	
	2009 オバマ（民）	2015	キューバと国交回復	
	2017 トランプ（共）	2020	米国・メキシコ・カナダ協定（USMCA）が発効	
	2021 バイデン（民）			

2 戦後のアメリカ合衆国

←1アイゼンハワー（共和党）　第二次世界大戦時に連合軍の司令官だったアイゼンハワーは，1953年から大統領を務めた。素朴な人柄から「アイク」の愛称で親しまれた彼は，ソ連のフルシチョフとの会談を通じて緊張緩和（デタント）の可能性を探った人物でもあった。

→2ケネディ（J.F.K）（民主党）　43歳の若さで大統領になったケネディは，専制・貧困・疾病・戦争とともに戦うことを世界に呼びかけ，さっそうと登場した。キューバ危機（◉P.277）を乗り切り，議会に公民権法を提案したケネディは現在でももっとも人気のある大統領である。しかし，1963年11月，テキサス州ダラスで遊説中に暗殺された。

←3辞任を表明するニクソン（共和党）（1974年8月）　ウォーターゲート事件をきっかけに，ジャーナリズムと世論の力が，大統領を任期途中で辞任に追い込んだ。アメリカ憲政史上の汚点であったが，民主主義の根強さが示されたともいえる。

→4カーター（民主党）　1976年の大統領選挙で勝利したカーターは，南アフリカのアパルトヘイト（◉P.283）への批判，イスラエル・エジプトの歴史的な和解の仲介など，一連の人権外交を展開した。しかしイラン＝イスラーム革命（◉P.285）後におこったアメリカ大使館占拠事件の早期解決に失敗し，次の大統領選挙に敗北した。

3 公民権運動とベトナム反戦運動

↓5軍隊に護られて登校する黒人生徒　1957年9月，アーカンソー州リトルロック市のセントラル高校は，黒人の入学をめぐり騒乱状態となった。入学に反対する州知事は，州兵を動員して学校を包囲させていたが，アイゼンハワー大統領は，秩序回復のために連邦軍を派遣して黒人生徒の安全を確保した。

↑6ワシントン大行進とキング牧師　奴隷解放宣言100周年にあたる1963年，公民権法の成立を願う20数万の人々が，人種の壁を越えて首都ワシントンに集まった。非暴力的な方法で人種統合をめざすキング牧師の演説「私には夢がある」には，歓呼の拍手が送られた。1964年ノーベル平和賞受賞。しかし1968年メンフィスで暗殺された。（◉P.320史料）

↓7ベトナム反戦運動　1965年より，アメリカはベトナム戦争に本格的に介入した。しかし悲惨な戦場のようすや戦火で傷つくベトナムの民衆が報道されると，しだいに「戦争反対」の声が高まっていった。反戦運動は，集会・デモ・コンサートなどで広まっていったが，逆に愛国的な立場から反戦運動に反発する人々も多かった。写真は国防総省を警備する憲兵の銃口に反戦派の若者が花を差し込むようす。

↑8 1980年の共和党大会で演説するレーガン(共和党) ハリウッド俳優出身という異色の経歴をもつレーガンは、ソ連を「悪の帝国」と呼び、カリブ海の小国グレナダに親ソ政権が成立すると軍事侵攻を行うなど、「強いアメリカ」の構築に努めた。しかし財政、貿易の赤字が膨らんだこともあって、大統領再任後はソ連のゴルバチョフとともに、冷戦の終結・核兵器の削減などを行った。

→9 クリントン(民主党)
1992年の大統領選挙で当選したクリントンは、情報技術(IT)革命の進展によって第二次世界大戦後では2番目に長い好景気を実現した。また、イスラエルとPLO(パレスチナ解放機構)の和解を仲介するなどの外交も行った。

●おもな国の防衛費

その他 4,806
アメリカ 7,772
ロシア 458
韓国 467
サウジアラビア 467
日本 493
ドイツ 561
フランス 593
インド 651
イギリス 716
中国 2,073
世界計 19,057(億ドル) 2021年
(『世界国勢図会』2022/23による)

①解説 さまざまな反対があるなかで、ブッシュ大統領(子)は2003年にイラク戦争を強行した。この背景には、ほかの国を圧倒する巨大なアメリカの軍事力が存在する。その予算規模は、中国・イギリス・フランスなど10余りの国の軍事予算を合計した以上の額である。
←10 ブッシュ(子)(共和党)

●ラテンアメリカの革命と紛争

→14 チリ大統領アジェンデ(任1970～73) 世界で初めて民主的な選挙により社会主義政権を樹立したが、銅鉱山の国有化に対するアメリカの強い反発から社会・経済は混乱した。1973年、ピノチェトの軍事クーデタで射殺された。その後大統領となったピノチェトは反体制派を厳しく弾圧し、その人権侵害は世界の非難を浴びた。
→15 ピノチェト(任1974～90)

? 探究 キューバ危機とそこに至るまでのキューバの情勢の変化について説明しなさい。[140字程度] 類題:高知工科大学

4 戦後のラテンアメリカ 277

1952 親米バティスタ政権成立
1959 キューバ革命でカストロ政権成立
1961 社会主義を宣言
1962 キューバ危機の発生

1979 ニカラグア革命→内戦の発生
1990 チャモロ政権成立→内戦終結

1989 米軍侵攻でノリエガ政権打倒
1999 アメリカからパナマ運河返還

1968 左翼軍事政権成立
1990 フジモリ政権成立
2001 トレド政権成立

1973 軍事クーデタでアジェンデ政権打倒→ピノチェトの軍事政権成立
1990 国民投票でピノチェト政権打倒

1979 親ソ政権成立
1983 米軍侵攻→親ソ政権打倒

1951 ヴァルガス政権成立
1964 軍事政権成立
1985 文民政権成立

1955 軍事クーデタでペロン政権打倒
1982 軍事政権下でフォークランド戦争発生(敗北)

●キューバ革命とキューバ危機

→11 カストロ(任1959～2008) アメリカ資本と手を結んで独裁を続けていたキューバのバティスタ政権に対し、カストロ指導下の革命軍は1959年に勝利をおさめ、革命政権を樹立した。弁護士だったカストロは、1953年に武装蜂起を行うが失敗、56年に再び立ち上がりゲリラ戦で戦った。革命政権樹立後は首相となった。

探究のヒント
←12 ゲバラ(1928～67) メキシコに亡命中だったカストロと出会ったことがきっかけで、キューバ革命に参加した。革命成功後はボリビアでゲリラ活動を行っていたが、殺害された。

←13 キューバ危機(◀P.272) ソ連は社会主義宣言後のキューバにミサイル基地を建設し始めたが、これはアメリカに対するソ連の核攻撃が可能になることを意味した。これを知ったケネディ大統領はキューバ海域の封鎖を宣言し、基地の撤去を求めたがソ連はこれを拒否したため、全面核戦争の危機が生じた。結局、ソ連がミサイル基地の撤去を表明したことでこの危機は回避された。

世界史の交差点
「モーターサイクル・ダイアリーズ」

ぜんそくもちの医学生エルネストは、親友アルベルトとともに南米大陸縦断のバイク旅行に出る。2人は日々の食事や寝場所を探すのに苦労しながら旅を続けていく。そこには搾取されるインディオや、自己の信念を貫いて逃亡を続ける社会主義者の夫婦との出会い、そしてハンセン病患者の隔離施設での労働体験があった。彼らはその活動の中で南米の差別と抑圧を身をもって体験していった。ゲバラの『モーターサイクル南米旅行日記』が原作のこの映画は、ユーモアを交えながら、エルネスト(若き日のゲバラ)が社会の矛盾に目覚めていくようすを描いている。

←16 ニカラグアのサンディニスタ民族解放戦線(FSLN) ソモサ独裁政権に対してニカラグア革命が発生し、1979年にFSLN政権が誕生した。しかし、革命に反発した反政府勢力をアメリカが支援したため、内戦は泥沼化した。1989年に内戦は終結し、翌90年には民主的な選挙でチャモロ大統領が選出された。

←17 グレナダ侵攻(1983年10月)
→18 アルベルト=フジモリ(任1990～2000) 初の日系人大統領。経済危機に陥ったペルーで、圧倒的な支持を集めて大統領に就任した。数々の改革を行ったが、その独裁的な手法のためしだいに批判が高まり、2000年に辞任した。

ルーツ 「チェ=ゲバラ」:本名「ラファエル=ゲバラ=デ=ラ=セルナエルネスト」。チェはアルゼンチンの言葉で「ねえ、君」という呼びかけの意味からつけられたあだ名。

アメリカほか

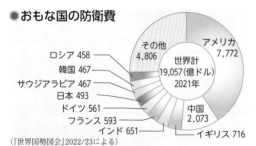

戦後の西ヨーロッパ

★冷戦を背景としながら，ヨーロッパ諸国は統合への道を選択した。

1 ヨーロッパ統合への道

1948　ヨーロッパ経済協力機構（OEEC）
フランス，西ドイツ，ベネルクス3国（ベルギー，オランダ，ルクセンブルク），イタリア（のちにインナー・シックスと呼ばれる原加盟国）など16か国

1950　シューマン＝プラン　フランス・ドイツの石炭鉄鋼資源の共同管理

1952　ヨーロッパ石炭鉄鋼共同体（ECSC）

1958　ヨーロッパ経済共同体（EEC）
　　　ヨーロッパ原子力共同体（EURATOM）

上記6か国

1973年以降統合進む

1960　ヨーロッパ自由貿易連合（EFTA）
EECに参加しなかったイギリスの提唱で発足。ほかにスウェーデン，ノルウェー，デンマーク，オーストリア，スイス，ポルトガルが加盟
のちにフィンランド，アイスランド，リヒテンシュタインが加盟。

1967　ヨーロッパ共同体（EC）（●P.322史料）
（原）上記6か国（インナー・シックス）
（新）1973　イギリス，アイルランド，デンマーク
　　　1981　ギリシア
　　　1986　スペイン，ポルトガル
　　　1992　ヨーロッパ連合条約（マーストリヒト条約）
・域内関税の撤廃
・域外共通関税
・共通の農業政策

1993　ヨーロッパ連合（EU）（◀P.275）
（原）EC12か国
（新）1995　オーストリア，フィンランド，スウェーデン
　　　2004　10か国（●右の地図）加盟
　　　2007　2か国（●右の地図）加盟
　　　2013　1か国（●右の地図）加盟
（脱）2020　1か国（●右の地図）離脱

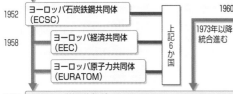

コール（独）
ミッテラン（仏）
メージャー（英）

● EUの現状（2023年現在）

凡例：
■ 1993・95年加盟（15か国）
■ 2004年加盟（10か国）
□ 2007年加盟（2か国）
□ 2013年加盟（1か国）
▨ 2020年離脱国（1か国）

0　500　1000km

スウェーデン　フィンランド　ノルウェー　エストニア　ラトヴィア　リトアニア　デンマーク　アイルランド　イギリス　オランダ　ベルギー　ブリュッセル　ルクセンブルク　ドイツ　ポーランド　ベラルーシ　ロシア連邦　チェコ　スロヴァキア　ハンガリー　ウクライナ　フランス　スイス　オーストリア　ルーマニア　モルドヴァ　スロヴェニア　ポルトガル　スペイン　イタリア　ブルガリア　ギリシア　トルコ　マルタ　キプロス

1.クロアティア　2.ボスニア・ヘルツェゴヴィナ　3.セルビア　4.モンテネグロ　5.アルバニア　6.北マケドニア

● EUの経済力

（国連資料による）

	人口（億人）（2022年）	国民総所得（億ドル）（2021年）
EU14か国	3.4	153,845
EU27か国	4.4	172,647
アメリカ	3.4	236,171
日本	1.2	51,293

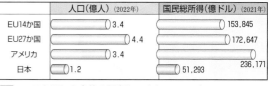

◀2 **マーストリヒト条約の調印**（1992年）　オランダのマーストリヒトで開かれたEC首脳会議で，それまでの経済協力関係を基盤に，外交や安全保障も含めた政治同盟としてのEUを創設することが決まり，ヨーロッパ統合の流れは決定的となった。

◀3 **単一通貨ユーロ**　2002年1月1日，EU加盟の12か国（イギリス〔当時〕・デンマーク・スウェーデンは未参加）の間で単一通貨ユーロの流通が始まり，「経済の一体化」をめざす動きは一つの節目を越えた。

◀1 **アデナウアー（西独首相）とシューマン（仏外相）**　戦後復興に指導力を発揮したアデナウアーは，冷戦状況が進む中，かつての交戦国であった西ヨーロッパ諸国との関係を強化しようとした。シューマンが石炭・鉄鋼を超国家的に共同管理する提案を行うとただちに賛成し，これがヨーロッパ統合の出発点となった。

2 戦後の西ヨーロッパの歩み

＊イギリス・ドイツは首相，フランスは大統領

イギリス	フランス	ドイツ（西ドイツ）	ヨーロッパ総合・その他の西欧諸国
アトリー 労働党（任1945～51）	46　議会優位の第四共和政発足	45　4か国分割占領	45　オーストリアを4か国が分割占領
☆重要産業国有化　福祉国家実現	インドシナ戦争（～54）	ニュルンベルク国際軍事裁判（～46）	48　西ヨーロッパ連合条約（ブリュッセル
49　エールが連邦を離脱（＝アイルランド共和国成立）	54　アルジェリア戦争（～62）	48　ベルリン封鎖始まる（～49）	条約）締結
チャーチル 保守党（任51～55）	58　ド＝ゴールが首相に就任，大統領権限	49　西側占領地区に西ドイツ（ドイツ連邦	49　NATO（北大西洋条約機構）設立
52　原爆実験に成功	を強化した第五共和政が発足	共和国）が成立	52　ECSC発足
イーデン 保守党（任55～57）	**ド＝ゴール**（任59～69）	**アデナウアー** キリスト教民主同盟	55　オーストリアが独立回復，永世中立化
56　スエズ戦争へ介入（失敗）	☆対米自立路線	（任49～63）	58　EEC，EURATOM発足
ウィルソン 労働党（任64～70）	60　原爆実験に成功	☆「経済の奇跡」	60　EFTA発足
67　ポンド切り下げ（経済の凋落）	62　アルジェリアの独立を承認（●P.282）	55　パリ条約の発効により主権回復　再軍	63　キプロス紛争始まる
68　71年までのスエズ以東からの撤退を表明	63　部分的核実験禁止条約に不参加を表明	備　NATO加盟　ソ連と国交を樹立	
69　北アイルランド紛争表面化	64　中華人民共和国を承認	61　東独が「ベルリンの壁」を建設	67　ギリシアで軍事クーデタ
―――――――1970―――――――	66　NATOの軍事機構から脱退		EC発足（ECSC，EEC，EURATOMを
73　ECに正式に加盟	68　五月危機（革命）がおこる	**ブラント** 社会民主党（任69～74）	統合）
サッチャー 保守党（任79～90）		☆東方外交を展開	73　アイルランド・デンマーク・イギリス
☆新保守主義（国営企業民営化など）	**ジスカールデスタン**（任74～81）	70　ソ連＝西ドイツ武力不行使条約	がEC加盟（＝拡大EC）
82　フォークランド戦争	☆対米協調路線	ポーランドと関係正常化条約	74　ポルトガルが民主化
84　香港返還協定（97に正式返還）	75　先進国首脳会議を開催	72　東西ドイツ基本条約の調印（翌年，国	75　ギリシアが共和政に復帰
ブレア 労働党（任97～2007）		連同時加盟）	スペインでフランコ死去（＝ブルボン
98　北アイルランド和平合意	**ミッテラン** 社会党（任81～95）	**シュミット** 社会民主党（任74～82）	朝復活）
99　スコットランド，ウェールズに自治議会が設立	☆仏独連帯　ヨーロッパ統合	**コール** キリスト教民主同盟（任82～98）	81　ギリシアがEC加盟
05　ロンドンで同時多発テロ	**シラク** ド＝ゴール派（任95～2007）	89　「ベルリンの壁」の開放	86　スペイン・ポルトガルがEC加盟
ブラウン 労働党（任2007～10）	95　核実験を強行（～96）	90　東西ドイツの統一	93　EU発足
キャメロン 保・自連立（任2010～16）	NATOに部分復帰	**シュレーダー** 社会民主党（任98～2005）	99　単一通貨ユーロの導入
14　スコットランド住民投票→独立否決	00　大統領任期7年から5年に		02　単一通貨ユーロの流通開始
16　国民投票によりEU離脱を決定	**サルコジ** 国民運動連合（任2007～12）	**メルケル** キリスト教民主同盟（任2005～21）	10～ ギリシアの経済危機が深刻化
メイ 保守党（任2016～19）	**オランド** 社会党（任2012～17）	**ショルツ** 社会民主党（任2021～）	15　ギリシアがデフォルト（債務不履行）に陥る
ジョンソン 保守党（任2019～22）	**マクロン** 共和国前進（任2017～）		
20　EU離脱			

③ 戦後のイギリス

●英仏両国の植民地喪失

1946	（英）**インドの独立**を承認
1947	（英）パレスチナの委任統治を放棄
1954	（仏）ジュネーヴ休戦協定で**インドシナ**から撤退
1956	（英，仏）**スエズ戦争**に介入するものの，国際世論の批判を受けて撤退
1960	（英，仏）「**アフリカの年**」→以後もアフリカ諸国独立があいつぐ
1961	（英）**南アフリカ共和国**が連邦を脱退
1962	（仏）エヴィアン協定で**アルジェリア**の独立を承認
1997	（英）香港を中国に返還

↑④**スエズ戦争** 1956年，エジプトの**ナセル大統領**がスエズ運河会社の国有化を宣言（●P.284）すると，英仏両国はイスラエルとともにエジプトに侵攻した。しかし，国際世論の激しい批判を前に撤退を余儀なくされ，かつては世界の至るところに植民地や利権を有していた「**大英帝国**」の終焉（しゅうえん）を印象づける結果となった。

→⑤**サッチャー**（保守党，任1979〜90） ヨーロッパで初の女性首相となったが，レーガン米大統領と協調して強硬な反共反ソの姿勢を取り，「鉄の女」と呼ばれた。内政では，福祉政策に依存して勤労意欲を失い，国際競争力を低下させたイギリス経済（「**イギリス病**」）の克服に取り組んだ。

←⑥**ブレア**（労働党，任1997〜2007） サッチャー，メージャーと18年間続いた保守党政権に代わり，「**ニュー労働党**」を率いて首相となったブレアは，地方分権強化に着手した。その結果，**スコットラン**ドでは300年ぶり，**ウェールズ**では600年ぶりに，独自の立法・行政機能をもつ地方議会が復活した。また，北アイルランド紛争に解決の道筋をつけた。

④ 戦後のフランス

←⑦**アルジェリア戦争**（1954〜62年） フランスは**インドシナ戦争**（●P.287）に敗れてベトナムから撤退したのに続いて**アルジェリアの独立**（●P.282）を承認し，植民地の大半を失った。写真は独立を叫ぶアルジェリアの人々。

←⑨**第1回先進国首脳会議（サミット）**（1975年） 第1次石油危機からの立て直しのため，フランスの**ジスカールデスタン大統領**の提唱により開かれた。**サミット**はその後も継続され，現在ではカナダ・EU・ロシアも加え，**主要国首脳会議**と呼ばれる。＊2014年から参加停止。

モロ（伊） シュミット（西独） フォード（米） ジスカールデスタン（仏） ウィルソン（英） 三木武夫（日）

→⑩**ヴェネツィアサミット**（1987年）

中曽根康弘（日） サッチャー（英） レーガン（米） ゴール（3度） ミッテラン（仏）

Key Person（1890〜1970）**ド＝ゴール**

ド＝ゴール（任1959〜69）は，第二次世界大戦中に亡命（ぼうめい）先のロンドンからラジオを通じてフランス国民に抗戦を呼びかけ，レジスタンス運動の指導者として英雄視された。その後いったん政界を引退したが，アルジェリア戦争の混迷が深まる中で復帰し，1959年に大統領に就任した。彼は，同戦争を終わらせたほか，イギリスのEEC加盟拒否や中国の承認など独自の外交を展開したが，国内では管理社会を強化して国民的反発を招き（→⑧「五月危機（革命）」（1968年）），69年に辞任した。

→⑪**フランスの核実験**（1996年，仏領ポリネシア，ムルロワ環礁） シラク大統領（任1995〜2007）は国内外の反対世論を押し切って核実験を再開し，フランスが今も「大国」であることを示そうとした。

⑤ 戦後のドイツ

ユダヤ人犠牲者慰霊碑

慰霊碑の前でひざまずくブラント首相（ワルシャワ）

↑⑫·⑬**ブラントの「東方外交」**（とうほう） 1969年に西ドイツの首相となったブラント（社会民主党，任1969〜74）は，東欧諸国との関係改善をめざして「**東方外交**」を展開し，ポーランドとの国境（オーデル＝ナイセ線）の承認（1970）や東独の承認（1972）などを通じて，「**緊張緩和（デタント）**」にも貢献した。

←⑭**ヴァイツゼッカー**（1920〜2015） 西ドイツ大統領として1985年の第二次世界大戦終結40周年記念式典において，ナチスの犠牲となったすべての人々に対し追悼の意を表明し，「**心に刻む**」という言葉を伴った有名な演説を行った。戦争被害国の国民からも「**ドイツの良識**」とたたえられた。

「過去に目を閉ざす者は，結局のところ現在についても盲目（もうもく）となる。非人間的な行為を心に刻もうとしない者はまた新しい感染への抵抗力をもたないことになるだろう。」

（『ヴァイツゼッカー回想録』岩波書店）

→⑮**ドイツ統一** 1990年10月3日，東西ベルリンの象徴であった**ブランデンブルク門**（かんもん）付近に約100万の市民が集まる中，東西ドイツの再統一が実現した。経済的に落ち込む東ドイツを西ドイツが吸収する形での統一だったが，旧東独地域の経済再建は思うように進まず，高い失業率や深刻な不況を背景に外国人労働者への襲撃事件が多発するなど，大きな国内問題となっている。

❓探究 「ペレストロイカ」について説明しなさい。
〔100字程度〕　類題：明治大学

★冷戦下で行き詰まったソ連・東欧諸国は，体制の放棄・転換を迫られた。

1 戦後のソ連

Key Person フルシチョフ（1894～1971）

↑1 ソ連共産党第20回大会で演説するフルシチョフ

1956年のソ連共産党第20回大会において，スターリンによる粛清と過大な個人崇拝を初めて批判した（●右写真）。この「スターリン批判」の影響で，ソ連の支配下にあった東欧諸国には大きな動揺が生じ，中国共産党との関係は悪化した（●P.288）。

対外的にも米国との平和共存路線（◀P.272）を取るなど，世界史の新しいページを開いたが，1964年に保守派によって突然解任され，以後死ぬまで軟禁状態におかれた。

↑2 ブレジネフ（1906～82）　1964年にフルシチョフを退陣させ，党第一書記を務めた。スターリン批判を禁じ，全員一致による保守的安定路線をとったが，共産主義社会共同利益のために，一国の主権が制限されるという制限主権論（ブレジネフ＝ドクトリン）を主張して東欧諸国に軍事介入した。

世界史の交差点

ペレストロイカとソ連の消滅

↑5 ゴルバチョフ（1931～2022）

↑6 エリツィン（1931～2007）

1985年に50代前半の若さでソ連の指導者（党書記長）となったゴルバチョフは，ペレストロイカ（「建て直し」）（●P.324史料）と呼ばれる改革に着手した。中でも言論の活性化を柱としたグラスノスチ（「情報公開」）に力を注ぎ，最高会議の自由な選挙を実現して，90年には自らもソ連の初代大統領に選ばれた。しかし，党の指導的役割（一党独裁体制）を放棄したことにより市場はかえって混乱し，国民生活の不安や連邦内共和国の不満が増す中，保守派のクーデタにあって指導力を失った。一方，ロシア共和国の大統領だったエリツィンはクーデタに抵抗してこれを失敗させ，ロシアでは強い指導力を得たが，この間にソ連の消滅は決定的となった。ペレストロイカはソ連の旧体制にメスを入れたが，その行き詰まりはゴルバチョフの政治生命だけでなく，ソ連邦そのものの命脈も絶つことになった。

↑3 ソ連軍のアフガニスタン侵攻　ソ連は隣接するアフガニスタンのイスラーム化を防ぎ，親ソ政権を樹立するために軍事介入に踏み切った。これにより西側諸国との関係が悪化するとともに，戦況も長期化・泥沼化してソ連の国威を低下させた。写真はソ連軍によって破壊されたカーブルの町。

↑4 事故直後のチョルノービリ原発　1986年4月26日，ウクライナ北部のチョルノービリ原子力発電所で史上最悪の爆発事故が発生し，大気中に拡散した放射性物質による被害は，ヨーロッパ各地の住民・家畜・農作物に及んだ。ゴルバチョフ政権はこの危機に直面して改革を急ぐことになった。

↓7 チェチェン紛争　1991年，イスラーム教徒が多いチェチェン共和国は独立を宣言したが，ほかの共和国に独立運動が広まることを懸念したエリツィンは，1994年に軍事介入に踏み切った。首都グロズヌイは廃墟と化し，独立派は弾圧されたが，同様の姿勢を取るプーチン政権下でも反ロシアのテロが続発している。（◀P.巻頭6左頁，●P.294）

2 戦後のソ連・東ヨーロッパの歩み

ソ連（ソ連消滅後はロシア）

22	1947	コミンフォルム（共産党情報局）を結成（～56）
スターリン	1948	ベルリン封鎖を行う（～49）
		コミンフォルムがユーゴスラヴィアを除名
	1949	経済相互援助会議（コメコン）を創設（～91）
		原爆保有を公表
	1950	中ソ友好同盟相互援助条約を結ぶ（～80）
53	1953	スターリン死去　集団指導体制へ移行　水爆実験成功
集団指導体制（フルシチョフら）	1955	ワルシャワ条約機構を結成（～91）
		ジュネーヴ4巨頭会談にブルガーニン首相参加
	1956	フルシチョフによるスターリン批判（●P.321史料）
		☆資本主義国との平和共存路線への転換（＝「雪どけ」）
		ハンガリー事件（ハンガリーの自由化を弾圧）
	1957	世界初の人工衛星スプートニク1号の打ち上げ成功
	1959	フルシチョフ訪米（アイゼンハワー米大統領と会談）
	1961	世界初の有人宇宙船の打ち上げ成功
	1962	米ソ間にキューバ危機
	1963	米英と部分的核実験禁止条約調印　中ソ論争本格化
	1964	フルシチョフ解任（農政の失敗と党改革への反発）
64	1965	ベトナム戦争における北ベトナム援助協定の調印
ブレジネフ	1968	ワルシャワ条約機構軍，チェコに軍事介入（チェコ事件）
	1969	中国との国境で軍事衝突（中ソ国境紛争）
	1970	ソ連＝西ドイツ武力不行使条約を締結
	1972	米ソが戦略兵器制限交渉（SALTⅠ）に調印
	1977	党の指導的役割を規定する新憲法の制定
82	1979	アフガニスタンへ侵攻し親ソ政権樹立＝第2次冷戦へ
	1982	アンドロポフ書記長就任　1984　チェルネンコ書記長就任
85		☆ペレストロイカ（建て直し）と呼ばれる体制内改革
ゴルバチョフ	1986	チョルノービリ（チェルノブイリ）原発事故がおこる
	1987	米ソが中距離核戦力（INF）全廃条約に調印
	1988	ソ連軍がアフガニスタンから撤退を開始（～89）
	1989	ゴルバチョフが訪中し中ソ関係が正常化
		米ソ首脳がマルタ会談で冷戦の終結を宣言（●P.274・276）
	1990	バルト3国が独立を宣言（承認は91年）
		大統領制を導入（ゴルバチョフ，大統領就任）
	1991	ロシア共和国でエリツィンが大統領に就任
		反ゴルバチョフクーデタが失敗（→共産党の解散）（●P.274）
91		11共和国が独立国家共同体（CIS）を創設（＝ソ連消滅）
ロシア エリツィン	1993	米ロが戦略兵器削減条約（STARTⅡ）に調印
	1994	チェチェン紛争に本格介入
プーチン	2000	プーチンが大統領に就任
	2002	チェチェン兵士のモスクワ劇場占拠事件
メドヴェージェフ	2008	メドヴェージェフが大統領に就任　ジョージア（グルジア）へ侵攻
プーチン	2012	プーチンが大統領に再選
	2014	ウクライナからクリミア半島を併合（●P.327史料）
	2022	ウクライナへ侵攻

4 戦後の東ヨーロッパ諸国の歩み 〈P.261◀以前〉

	旧東ドイツ		ポーランド		旧チェコスロヴァキア		ハンガリー
45	連合国軍による占領	45	ソ連軍による解放	45	米ソ両軍による解放	45	ソ連軍による解放
48	ベルリン封鎖（～49）	52	人民共和国成立	48	クーデタによる共産化	49	人民共和国成立
49	ドイツ民主共和国成立	56	ポズナニで反ソ暴動	68	自由化「プラハの春」	56	反ソ暴動→ソ連の軍
53	東ベルリン暴動		ゴムウカの改革（～70）		ソ連の軍事介入で挫		事介入でナジ首相処
61	「ベルリンの壁」建設	80	ワレサが自主管理労		折＝チェコ事件		刑＝ハンガリー事件
71	ホネカー政権（～89）		組「連帯」結成	77	人権擁護運動「憲章77」		カーダール政権（～89）
72	東西ドイツ基本条約	89	ヤルゼルスキ大統領	89	ビロード革命でハヴェル		下で経済改革推進
89	「ベルリンの壁」開放		下で「連帯」政権誕生		が大統領に就任（～03）		
90	ドイツ連邦共和国に編	90	ワレサ大統領（～95）	93	チェコとスロヴァキアに分離	89	民主化の進行
	入（東西ドイツ統一）	99	NATOに加盟	99	チェコがNATO加盟	99	NATOに加盟
		2004	EUに加盟	2004	EUに同時加盟	2004	EUに加盟

P.261◀以前

❓探究 「プラハの春」について説明しなさい。
〔120字程度〕　類題：中央大学

東欧諸国

	☆人民民主主義の名のもとに共産主義政権が成立
	☆ユーゴ，独自の社会主義
1948	チェコスロヴァキアに共産党クーデタがおこる
1949	東ドイツが成立
1953	東ベルリンで反ソ暴動がおこる
1956	ポーランド（ポズナニ）で反ソ暴動がおこる
	ハンガリー（ブダペスト）で反ソ暴動がおこる→ソ連軍がナジ首相処刑
1961	「ベルリンの壁」建設（～89） ベオグラードで第1回非同盟諸国首脳会議 アルバニアがソ連と断交 ☆ルーマニアの独自路線
1968	チェコスロヴァキアの自由化「プラハの春」がソ連軍に弾圧される
1972	東西ドイツ基本条約調印（翌年，国連同時加盟）
1980	ポーランドで自主管理労組「連帯」が結成
1989	東欧民主化による共産党支配の終焉（東欧革命） ベルリンの壁開放・撤去 ルーマニアでチャウシェスク大統領が処刑される
1990	東西ドイツ統一
1991	ワルシャワ条約機構解消 ユーゴ連邦解体，内戦の勃発
1993	チェコとスロヴァキアが分離
1999	ポーランド，チェコ，ハンガリーがNATO加盟 コソヴォ紛争

3 戦後の東ヨーロッパ

●ハンガリー

→8 ハンガリー事件（1956年10月）「スターリン批判」により，東欧の社会主義体制は動揺し，自由化の要求がわきあがった。ハンガリーでは，改革派の要求が一党独裁の廃止やワルシャワ条約機構からの脱退などに至ったため，ソ連が軍事介入し，**ナジ首相**も処刑された。写真は，侵攻するソ連軍の戦車。

●チェコスロヴァキア

探究のヒント

→9 ドプチェク（任1968～69）　1968年にチェコスロヴァキア共産党第一書記に就任し，「人間の顔をした社会主義」をスローガンに**「プラハの春」**（◀P.322史料）と呼ばれる自由化を推進した。ソ連の軍事介入により失脚したが，89年の東欧革命で復活した。

→10 ハヴェル（1936～2011）　チェコスロヴァキアの劇作家で，「プラハの春」に参加。その後，数度の逮捕・投獄を経験したが，1989年の**ビロード革命**（非暴力的革命を誇った自身の命名）で指導的役割を果たし，同年12月同国の大統領に就任した（93～2003年はチェコ大統領）。

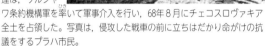

→11 チェコ事件（1968年）　言論・報道の自由に象徴される「プラハの春」がほかの東欧諸国にも波及することをおそれたソ連は，ワルシャワ条約機構を率いて軍事介入を行い，68年8月にチェコスロヴァキア全土を占領した。写真は，侵攻した戦車の前に立ちはだかり命がけの抗議をするプラハ市民。

●ルーマニア

↑12 倒されたレーニン像（1990年，ルーマニア）　チャウシェスクの独裁が続いていたルーマニアでも1989年に革命がおこり，社会主義体制は崩壊した。

●ポーランド

→13 ワレサ（1943～）　ポーランドで**自主管理労組「連帯」**の議長を務め，自身の逮捕や「連帯」の非合法化の中で地下活動を指導した。社会主義体制崩壊後に大統領に就任（任1990～95）。83年には**ノーベル平和賞**を受賞している。

●東欧革命

1970年代（体制の存続）

諸国共通の問題点
・慢性化する経済危機に対する国民の不安
・非民主的な一党独裁に対する国民の不満

↓

1980年代（体制の動揺）

問題の表面化
・ポーランドで「連帯」発足
・ソ連でペレストロイカ進行
→諸国で「体制転換」を望む声が高まる

↓

1989年（体制の崩壊）

一党独裁の限界
→複数政党制の導入または独裁政権の打倒
→自由選挙
→非共産党政権の成立
→経済の自由化，市場化
ソ連のゴルバチョフ政権はこれにいっさい干渉せず

●ユーゴスラヴィア

Key Person　ティトー（1892～1980）

第二次世界大戦時に対ナチス抵抗運動を指導し（◀P.260），戦後ユーゴスラヴィアの元首，大統領（任1953～80）となった。同国がコミンフォルムから除名されると（◀P.268），自主管理社会主義をめざし，外交面では非同盟主義を推進した（◀P.272）。複数の民族・宗教が混在する「モザイク国家」をよくまとめたが，その死後，経済危機を背景に激しい紛争が勃発した（◀P.巻頭6左頁・274）。

5 東欧諸国と「ベルリンの壁」開放

→14 チェコから西側へ流出する東ドイツ国民（下地図の矢印参照）　1989年5月，ハンガリー政府がオーストリアとの国境の鉄条網を撤去したのを機に，西側への市民の流出が加速化し，東ドイツは体制維持の歯止めを失った。これが同年11月の「ベルリンの壁」開放（◀P.271）へとつながり，東ドイツの社会主義体制はまさに音をたてて崩壊した。その1年後の1990年10月，東西ドイツは統一された（◀P.279）。

ルーマニア		ブルガリア		旧ユーゴスラヴィア		アルバニア	
45	ソ連軍による解放	45	ソ連軍による解放	45	**ティトー**指導のレジスタンス勢力による解放	45	ユーゴスラヴィア援助のレジスタンス勢力による解放
47	人民共和国成立	46	人民共和国成立	48	**コミンフォルム除名** 独自の社会主義路線＝「自主管理路線」	46	人民共和国成立 ホッジャ政権（～85）
62	**ソ連と対立　独自路線**	54	ジフコフ政権（～89） 親ソ路線による工業化	61	非同盟諸国首脳会議	61	ソ連，東欧諸国と断交
65	**チャウシェスク政権**（～89），西側諸国との関係強化，しだいに独裁化			80	**ティトー**死去により民族問題が表面化	78	同盟国中国とも断交 鎖国政策へ
89	**ルーマニア革命**によりチャウシェスク処刑	89	トルコ系住民のトルコへの大量移民 民主化要求の中ジフコフ体制崩壊	91	**連邦解体，内戦**（～99）	90	体制批判を受け改革
96	非共産党政権の成立	91	非共産党政権の成立	99	NATO軍，セルビア空爆	92	非共産党政権の成立
2007	EUに加盟	2007	EUに加盟				

地図凡例：
—ドイツ統一以前の東西国境
—チェコとスロヴァキアの分離境界（1993）
「ベルリンの壁」開放直前の東ドイツ国民の脱出ルート

1989「連帯」政権が誕生
1989「ベルリンの壁」開放
1990 ドイツ統一
1989 ビロード革命
1989 ルーマニア革命
1991 ユーゴ内戦

（地図の国名：ラトヴィア，リトアニア，ロシア，ベラルーシ，デンマーク，旧東ドイツ（ドイツ民主共和国），旧西ドイツ（ドイツ連邦共和国），ポーランド，ウクライナ，ドイツ，チェコ，スロヴァキア，オーストリア，ハンガリー，スイス，スロヴェニア，クロアティア，ボスニア・ヘルツェゴヴィナ，セルビア，ルーマニア，ベルリン，ポツダム，ポズナニ，フランクフルト，ニュルンベルク，ミュンヘン，ウィーン，プラハ，ブラチスラバ，ブダペスト，ベオグラード，ブカレスト，フランス，北海，バルト海）

ヨーロッパ

★植民地時代の影を引きずる形で，今なお紛争や貧困に悩む国々が多い。

1 戦後のアフリカの歩み

1951 .12	**リビアが独立**
1952 .7	ナギブのエジプト革命（●P.284）
1954 .11	**アルジェリア民族解放戦線（FLN）が蜂起**
1956 .1	**スーダンが独立** .3 モロッコ・チュニジアが独立
.7	エジプトのナセル大統領がスエズ運河国有化宣言
→.10	第2次中東戦争（〜57）
1957 .3	**ガーナがエンクルマ（ンクルマ）の指導のもと独立**
1958 .10	ギニア（旧仏領ギニア）がセク＝トゥーレの指導で独立
1960	**「アフリカの年」**（ナイジェリア，カメルーン，コンゴなど17か国が相次いで独立）
1960 .7	コンゴ動乱が始まる（〜65）
1961 .1	コンゴ初代首相のルムンバが殺害される
.5	南アフリカ連邦が英連邦を脱退，**南アフリカ共和国成立**
1962 .3	**エヴィアン協定でアルジェリア独立戦争停戦決定**
.7	**アルジェリアが仏から独立**（●P.278・279）
1963 .5	**アフリカ統一機構（OAU）が創設**（●P.269）
1963 .12	ケニアが独立
1966 .2	ガーナでエンクルマが失脚
1967 .7	ナイジェリアで**ナイジェリア内戦（ビアフラ戦争）**（〜70）
1967 .10	発展途上国77か国閣僚会議がアルジェで開催され**アルジェ憲章が採択される**
1969 .9	リビアでカダフィーが権力掌握
1974 .9	エチオピア革命で帝政打倒
1975 .6	モザンビークが独立 .11 アンゴラが独立
1979 .3	エジプト＝イスラエル平和条約（●P.285）
1986 .4	アメリカがリビアを爆撃
1990 .3	ナミビアが独立
.10	ルワンダで内戦が勃発する（〜94.7）
1991 .6	**南アフリカがアパルトヘイト終結宣言**
1992 .12	国連が米軍中心の多国籍軍をソマリアへ派遣（〜95）
2002	**アフリカ連合（AU）が発足**（OAUの改組）（●P.275）
2011 .7	南スーダンがスーダンより分離独立

2 アフリカ諸国の独立

- □ 第二次世界大戦前の独立国
- ▨ 1946〜59年の独立国
- ▨ 1960年（アフリカの年）の独立国
- □ 1961年以降の独立国
- 数字 独立年と独立前
- （国名） の宗主国

*独立時は南アフリカ連邦（〜61）
**独立時はスワジランド（〜2018）

Key Person **エンクルマ（ンクルマ）**（1909〜72）

アメリカとイギリスに留学して社会科学を学んだのち，1947年にガーナに帰国して反英民族運動を展開し，パン＝アフリカニズムの指導者として黒人の独立運動に大きな影響を与えた。57年ガーナの独立とともに初代首相，60年共和政移行とともに初代大統領となった。社会主義を基盤にしたアフリカ統一を唱え，アフリカ統一機構（OAU）の設立に尽力したが，国内では一党独裁体制のもとで終身大統領になるなどして，反発を招いた。66年のクーデタで失脚，72年ルーマニアで客死した。

3 独立後の問題点

①植民地時代の人為的な国境線を引き継いだことによる**民族紛争・部族紛争**
②国民教育や民主主義の歴史が浅いことが一因となっている**独裁政治の存続**
③旧宗主国・白人資本による経済支配
④**モノカルチャー経済**（植民地時代からの単一商品作物に依存する経済）から脱却できないための貧弱な経済体質，慢性化する国民の貧困

▼1 逮捕されたルムンバ首相

●コンゴ動乱

ベルギー領コンゴ ⇨ 1960年独立

```
        中央集権派  ─vs─  カタンガ州
ソ連・    ルムンバ首相      *鉱物資源豊富  旧
東欧      │              分離をめざす  宗
          vs  地方分権派   チョンベ指導  主
          │  カサブブ大統領  の反乱      国
          │  モブツ大佐              ・
  *ルムンバ逮捕              *反ルムンバでは一致 ベ
   処刑    └→ 両派の合流 ←──────    ル
          │                        ギ
          ▼                        │
        挙国一致内閣（61.8）  ─vs─
        アドゥラ首相      *63.1カタンガ州の分離を断念
          │
          ▼
        国連
```

（注）これは第1次内戦の構図。

◀解説▶ 多民族国家として独立したコンゴでは，中央集権派と地方分権派の対立に，鉱物資源が豊かなカタンガ州の独立問題がからんで内戦がおこり，中央集権派のルムンバ首相は反対派にとらえられ，殺害された。この後，1964〜65年には第2次内戦がおこり，反乱をおこした**ルムンバ派**と米・ベルギーの支援を受けたチョンベが戦い，チョンベ側が勝利した。宗主国であるベルギーが十分な準備をしないまま独立を決めたことが混乱の原因であり，欧米諸国の干渉や支援がその混乱を増大させた。

●ナイジェリア内戦（ビアフラ戦争）

↑2ビアフラ戦争の兵士たち
ナイジェリアからのビアフラの分離独立をめぐるこの戦争では，敗北したビアフラ側に200万人ともいわれる戦死者・餓死者を生んだ。ビアフラ側を仏が，政府側を英・ソ連が支援した。内戦が国際紛争の性格を帯びていた点は，アフリカの内戦一般に共通している。

➡3戦争による飢餓に苦しむ子ども

4 アパルトヘイト政策とその撤廃（南アフリカ）

●南アフリカの歩み

1899	イギリスが**南アフリカ戦争（ブール戦争）**開始（〜1902） →ブール人（ボーア人）（アフリカーナー）の白人貧困層化
1910	イギリス帝国の自治領として**南アフリカ連邦**成立
1913	原住民土地法で黒人を13%のホームランドに隔離 →以後，**アパルトヘイト（人種隔離）**政策が展開
1920年代	イギリス人がブール人を労働者として優先的に雇用
1949	結婚禁止法で白人と非白人の結婚を禁止（〜85）
1960	国連安保理が人種差別廃止要求決議
1961	南アフリカがイギリス連邦を脱退し**南アフリカ共和国**に
1976	ソウェト蜂起（学生らの1万人のデモに警察が無差別発砲）
1985	非常事態宣言発令と反政府運動の弾圧強化 →国際社会の南アフリカに対する経済制裁強化
1988	国連総会で日本の対南ア貿易を非難する決議
1991	**デクラーク大統領がアパルトヘイト諸法の撤廃宣言**
1993	デクラーク大統領が核爆弾を廃棄したことを発表
1994	総選挙で初の黒人大統領マンデラが誕生

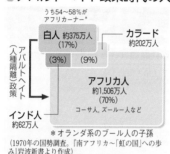

●アパルトヘイト政策時代の人種構成

うち54〜58%がアフリカーナー*

白人 約375万人（17%）
カラード 約202万人
（3%）（9%）
アフリカ人 約1,506万人（70%）
コーサ人，ズールー人など
インド人 約62万人

*オランダ系のブール人の子孫
（1970年の国勢調査。『南アフリカ〜「虹の国」への歩み』岩波新書より作成）

（ **解説** ）南アフリカの社会は，少数の白人が黒人を支配する階層社会であった。両者の間には「二級市民」である混血のカラードとインド人がおり，白人から差別されながらも黒人に優越する位置におかれていた。

↑5 アパルトヘイト政策では，レストラン，ホテル，電車，公園から公衆トイレに至るまで，すべて白人用と非白人用に区別されていた。写真は，区別されていたトイレ。

↑4 **南ア最大の黒人居住区ソウェトの全景** 南アフリカでは黒人居住区に黒人の家をつくらせるとき，まずは自分の墓と便所をつくらせた，という。政府支給のわずかなブリキ板とれんがを使用して，黒人たちは便所と便所のあいだの区画に自分の家を建てた。（『南ア・アパルトヘイト共和国』大月書店）

Key Person **マンデラ**（1918〜2013）

東ケープ州テンブ人（コーサ語）出身で，複数の大学で法学を学び，ヨハネスブルグで黒人初の弁護士事務所を開設した。1944年にアフリカ民族会議（ANC）に参加し，反アパルトヘイト運動の指導者となった。62年に禁固刑，64年に終身刑に処されたが，27年以上に及ぶ獄中生活に耐え，90年に釈放，白人のデクラーク大統領と協力してアパルトヘイト政策の撤廃を実現させた。これに伴い，孤立していた南アフリカの国際社会への仲間入りが認められ，2人は93年にノーベル平和賞を授与された。94年の選挙で大統領に就任（〜99）したマンデラは，基本的人権を保障した新憲法を制定し，「新生・南アフリカ」の基礎づくりに尽力した（ P.325史料）。2013年，95歳で死去。

アフリカ

世界史の交差点

映画「遠い夜明け」

1970年代半ばの南アフリカにおける反アパルトヘイト運動の黒人指導者と，彼に共感するようになる白人新聞記者の生き方を感動的に描いた作品。映画では，ソウェト蜂起を機に逮捕された黒人指導者が獄中で不可解な死を遂げるが，そうした「拷問死」は当時の南アでは頻発していた。

（1987年，アメリカ作品）

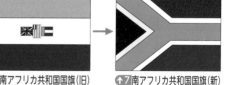

↑6 南アフリカ共和国国旗（旧） → ↑7 南アフリカ共和国国旗（新）

（ **解説** ）1994年に制定された新国旗のYの字が横になった形は，国内のさまざまな人種や民族が，協調・統合されて前進することを示す。赤は独立のために流された血の犠牲，黒と白は黒人と白人の平等，緑と黄と青はそれぞれ農業・鉱業・漁業の豊かさを表している。なお，旧国旗の中央にある三つの旗はそれぞれユニオン＝ジャック，オレンジ自由国，トランスバール共和国の旗である。

↑8 **異人種間による結婚**

（1987年）

5 現代アフリカの諸問題〜貧困と砂漠化

●世界の「後発開発途上国」分布（2022年）

後発開発途上国

アフガニスタン
ネパール
ブータン
ミャンマー
バングラデシュ
ラオス
カンボジア
東ティモール
イエメン
ソロモン諸島
キリバス
ツバル
ハイチ

（国連ホームページによる）
0 2000km

アンゴラ，ベナン，ブルキナファソ，ブルンジ，中央アフリカ，チャド，コモロ，コンゴ民主共和国，ジブチ，エリトリア，エチオピア，ガンビア，ギニア，ギニアビサウ，レソト，リベリア，マダガスカル，マラウイ，マリ，モーリタニア，モザンビーク，ニジェール，ルワンダ，サントメ＝プリンシペ，シエラレオネ，ソマリア，スーダン，南スーダン，トーゴ，ウガンダ，タンザニア，ザンビア，セネガル

← 9 **飢餓に苦しむ子ども**（スーダン） 1日2.15ドル未満で暮らす**「極度の貧困層」**は，6億5,900万人（世界人口の8.51%）に上る。貧困層は，アフリカのサハラ砂漠以南や東南アジアに集中している。（2019年，世界銀行による）

↓ 10 **砂漠化が進むアフリカ** 1960年代の後半から1980年代まで続いた長期的な干ばつによって，サハラ砂漠南縁部のサヘル地方で，砂漠化が顕著になった。

（ **解説** ）一人あたりGNI1,018ドル以下などを基準に国連が認定した「**後発開発途上国**」（Least Developed Countries）は，2022年現在46か国に及び，その多くがアフリカに集中している。

（チャド）

ルーツ 「アパルトヘイト」：アフリカーンス語で「分離」という意味。

探究 第2次中東戦争（スエズ戦争）の主要原因について説明しなさい。[150字程度]　類題：中央大学

★戦後，中東で繰り返されてきた戦争・紛争のほとんどが，今もまだ解決していない。

縦書き：パレスチナ問題，中東戦争

1 戦後の西アジアの歩み

1945	**アラブ連盟**結成（エジプト・イラク・サウジアラビア・トランスヨルダン・シリア・レバノン・イエメン）
1946	ヨルダン，シリアが独立 （◀P.269）
1947	国連総会でパレスチナ分割案が採択される
1948	**イスラエル国の建国宣言** →**第1次中東戦争（パレスチナ戦争）**
1951	イランのモサッデグが石油国有化宣言 →53年にモサッデグ失脚，国有化とりやめ
1952	**エジプト革命**（自由将校団のナギブが指導）
1955	中東条約機構（バグダード条約機構，METO）結成 （イラク・トルコ・イラン・パキスタンなど）
1956	エジプト大統領ナセルが**スエズ運河国有化宣言** →**第2次中東戦争（スエズ戦争）**
1958	レバノン内戦始まる **イラク革命**（王政廃止）→METO脱退
1959	METOを**中央条約機構（CENTO）**と改称 （◀P.269）
1960	**石油輸出国機構（OPEC）**結成
1963	イランのパフレヴィー国王が白色革命開始
1964	**パレスチナ解放機構（PLO）**結成
1967	**第3次中東戦争**
1968	アラブ石油輸出国機構（OAPEC）結成
1969	**アラファト**がPLO議長に就任 リビアでカダフィー大佐が権力を握る
1973	**第4次中東戦争** OAPECが石油戦略発動→**オイル＝ショック**
1976	レバノン内戦激化
1978	キャンプ＝デーヴィッド合意
1979	**イラン＝イスラーム革命**（指導者ホメイニ） →イラン＝イスラーム共和国成立 **エジプト＝イスラエル平和条約**
1980	イラン＝イラク戦争始まる（～88）
1982	イスラエルがレバノンに侵攻
1990	イラクがクウェートに侵攻
1991	**湾岸戦争**
1993	**パレスチナ暫定自治協定（オスロ合意）**
2001	イスラエルに**シャロン政権**成立 →パレスチナとの対立激化
2003	米・英などがイラクを攻撃（イラク戦争）
2004	アラファト死去
2005	アッバスがPLO議長に就任
2011	チュニジア，エジプトで民主化革命がおこる ☆シリアの内戦が激化
2014	イラクの内戦が激化 シリア・イラクでISIL*が勢力を拡大

縦書き：＊「イスラーム国」を名乗る過激派組織

2 中東問題 ●パレスチナ問題（◀P.264）の構造

（『パレスチナ問題とは何か』未来社をもとに作成）

19世紀まで
パレスチナ（アラブ人というアイデンティティ）
ユダヤ教徒／ムスリムなど
（縦書き）世界のユダヤ人

20世紀前半
パレスチナ
（縦書き）シオニズム
欧米からのユダヤ人／ユダヤ教徒／ムスリムなど

20世紀半ば
パレスチナにおけるイスラエルの建国
（縦書き）西側諸国の支援
東洋系ユダヤ人／欧米系ユダヤ人→難民化

解説 欧米のユダヤ教徒差別・迫害を，欧米内部の改革ではなく，ユダヤ教徒の「移住」という形で解決しようとしたのが**シオニズム**であった。その圧迫を受けた非ユダヤ教徒の難民たちは，20世紀以前の共存状態の回復を「パレスチナ人」の旗印のもとに構想する。

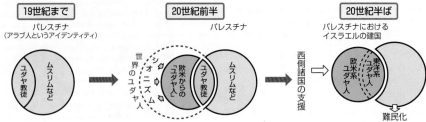

→1 イスラエルの建国宣言 1948年5月14日のテルアヴィヴにおける建国宣言の光景。うしろの肖像画は，シオニズム運動の提唱者**ヘルツル**。国内に多数のユダヤ教徒を抱えるアメリカは建国を支援した。

ヘルツル

A 第1次中東戦争（パレスチナ戦争）(1948～49年)

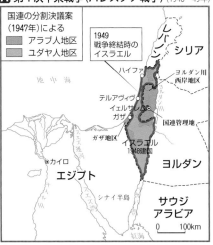

国連の分割決議案（1947年）による
■ アラブ人地区
■ ユダヤ人地区
1949 戦争終結時のイスラエル

シリア／レバノン／地中海／ハイファ／ヨルダン川西岸地区／テルアヴィヴ／イェルサレム／ガザ／国連管理地／ガザ地区／イスラエル 1948建国／カイロ／エジプト／ヨルダン／サウジアラビア／シナイ半島／0 100km

B 第3次中東戦争（6日戦争）(1967年)

□ イスラエル占領地

シリア／レバノン／地中海／ハイファ／ゴラン高原／テルアヴィヴ／イェルサレム／ガザ地区／ヨルダン川西岸地区／イスラエル／カイロ／エジプト／ヨルダン／サウジアラビア／シナイ半島／0 100km

解説 国連で決議された**パレスチナ分割案**（アラブ諸国は反対）は，当時パレスチナの全人口の35％にすぎないユダヤ人に58％の土地を与える不公平なものだった。1948年にイスラエル建国が宣言されると，国連パレスチナ分割案反対のアラブ連合軍が侵攻し，第1次中東戦争となった。その結果，イスラエルは分割案の1.5倍の領土を獲得し，土地を失った約80万人のパレスチナ人が難民となった。

解説 イスラエルの圧倒的勝利に終わった第3次中東戦争の結果，イスラエルの国土は2倍以上に大幅に拡大した。

● 対立の激化

↑2 第3次中東戦争 1967年6月，イスラエルがエジプト・シリアに奇襲し，わずか6日間で勝利した（**6日戦争**）。イスラエルは，**ヨルダン川西岸・シナイ半島・ゴラン高原**などを占領したが，新たに約40万人のパレスチナ難民が発生し，計100万人以上の難民が不自由なキャンプ生活を余儀なくされた。

←3 キャンプ生活をする難民

↓4 レバノン内戦 パレスチナの北に隣接するレバノンでは，宗教・宗派間の対立を背景に1958年以降内戦が続いた。写真は武装兵に暴力をやめるよう訴えている女性。首都ベイルートには**PLO**の本部がおかれていたが，82年にイスラエルが侵攻し，本部はチュニスへ移された。

Key Person ナセル(1918～70) ～アラブ民族主義の旗手

1955
エジプトがMETOへの参加を拒否

1956
英・米がアスワン＝ハイダムの建設費援助を打ち切る

エジプトがスエズ運河の国有化を宣言

スエズ戦争

縦書き：探究のヒント

1956年にエジプトの大統領に就任したナセルは，アラブ民族主義に基づく経済的自立をめざし，スエズ運河の国有化を断行した。同運河の国際管理を主張していたイギリスとフランスは，イスラエルとともにスエズ地区に出兵し，**第2次中東戦争（スエズ戦争）**（◀P.279）となった。出兵に批判的な国際世論を味方につけて，三国を撤兵に追い込んだナセルの名声は，この政治的勝利によりいっそう高まった。

3 中東和平と新たな戦争

サダト大統領　カーター大統領　ベギン首相

←5 **キャンプ＝デーヴィッド合意**(1978年)　米のカーター大統領の仲介でイスラエルとエジプトの和平が実現し，翌79年，**エジプト＝イスラエル平和条約**が結ばれた(シナイ半島はエジプトに返還)。しかし，和平に対する批判も双方に根強く，平和条約調印を進めたサダトはのちに暗殺された。

↓6 **パレスチナ暫定自治協定(オスロ合意)**　最初に仲介をはたらきかけたのがノルウェー(首都オスロ)であった。イスラエルとPLOが双方を承認するという歴史的な協定となった。しかし，イスラエルでは**ラビン首相**がのちに暗殺され，和平への道のりに影を落とした。

ラビン首相　クリントン大統領　アラファト議長

C オスロ合意(1993年)以降(←P.巻頭6右頁)

- PLOの暫定自治が合意された地域
*ヨルダン川西岸地区は，イスラエル占領地やユダヤ人入植地が混在している。

1993 オスロ合意で先行自治決定

シリア／レバノン／ゴラン高原／ハイファ／地中海／テルアヴィヴ／イェルサレム／イェリコ／ガザ／ヨルダン川西岸地区／ヘブロン／**ガザ地区**／**イスラエル**／ヨルダン／カイロ／**エジプト**／スエズ運河／シナイ半島／紅海／**サウジアラビア**
0　100km

【解説】ガザとイェリコの先行自治実現の後，イスラエルのシャロン政権の誕生とパレスチナ過激派の台頭で，対立が再び激化している。

世界史の交差点
パレスチナ憎悪の連鎖(←P.巻頭6右頁)

　2001年にイスラエル首相に就任したシャロンは，過去にPLOせん滅の軍事作戦を指揮していた人物である。その彼が首相になったことが示すように，イスラエル国内にはパレスチナ過激派に対して武力制圧を望む市民も少なくない。一方パレスチナ側は，武力攻撃を続けるイスラエルこそ悪であり，インティファーダ(民衆蜂起)やテロは，それに対するやむなき抵抗だという考えが根強い。テロと武力攻撃の応酬によって家族を失った市民が双方に数多く存在する状況で，その「憎悪の連鎖」を断ち切ることは決して容易ではない。

↑9 **シャロン首相** (1928～2014)

● 1960年代～1970年代末

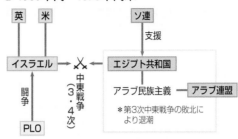
英／米／ソ連
イスラエル ← エジプト共和国(支援)
アラブ民族主義 ― アラブ連盟
闘争
PLO
中東戦争(3・4次)
*第3次中東戦争の敗北により退潮

● 1970年代末～1980年代

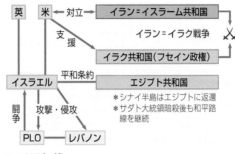
英／米 ―対立→ **イラン＝イスラーム共和国**
イラン＝イラク戦争
支援
イラク共和国(フセイン政権)
イスラエル ―平和条約― **エジプト共和国**
闘争／攻撃・侵攻
PLO ― レバノン
*シナイ半島はエジプトに返還
*サダト大統領暗殺後も和平路線を継続

● 1990年代

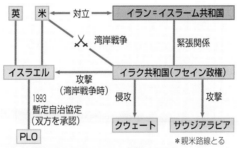
英／米 ―対立→ **イラン＝イスラーム共和国**
湾岸戦争
緊張関係
イスラエル
攻撃(湾岸戦争時)
イラク共和国(フセイン政権)
侵攻
攻撃
1993 暫定自治協定(双方を承認)
PLO
クウェート／**サウジアラビア**
*親米路線とる

↑7 **イラン＝イラク戦争**　イランの革命が国内に波及することをおそれたイラクの侵攻により開戦。この戦争中にアメリカなど西側諸国から支援を受けて軍事大国化したイラクは，のちにフセイン政権下でクウェートに侵攻し**湾岸戦争**となった。

↑8 **湾岸戦争**

4 イラン＝イスラーム革命

1951　モサッデグ首相がアングロ＝イラニアン石油会社の国有化宣言
↓
1953　国王派のクーデタによりモサッデグ失脚
パフレヴィー2世が王権強化
→白色革命　1963～
・西欧化政策による近代化
・ホメイニの追放
国力は向上，貧富の差は拡大

支持　米国

1979　イラン＝イスラーム革命　対立
イラン＝イスラーム共和国
・原理主義　・イラン民族主義　・反帝国主義
↓
イラン＝イラク戦争

公示価格(原油1バーレル当たりドル)
35／34／32／30／29／28／26／25／24／23.5／20／18／11.65／5.17
第1次石油危機／第2次石油危機／原油価格が一気に4倍になる
1971／1975／1980／年
(『ビジュアル版世界の歴史20』講談社)

【解説】**石油危機(オイル＝ショック)**　第4次中東戦争やイラン＝イスラーム革命に伴い原油の輸出や産出が制限され，その価格は急騰した。

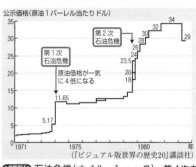

←10 **ホメイニ**(1902～89)　人権抑圧が続いていたパフレヴィー朝のイランでは，1978年にデモや暴動が激化し，ついに79年1月に国王が亡命した。2月，パリから帰国した**ホメイニ**が革命政府の樹立を宣言し，3月にイラン＝イスラーム共和国が成立した。

探究のヒント

世界史の交差点
イスラーム原理主義とは何か

　1970年代以降，アラブ民族主義の退潮を背景に，イスラームの教えに立ち返って国家や社会を再生しようとする政治運動(イスラーム復興運動)がさかんになった。イランのホメイニ政権はその代表例で，貧困層を中心に熱烈に支持された。20世紀末にアメリカの圧倒的国力を背景にグローバル化が進むと，これに対する強い反発がイスラーム世界全体に広まり，今や世界史的な潮流になりつつある。欧米ではこれを「原理主義」と呼び，頻発するイスラーム過激派のテロと結びつけて考えられているが，本来はテロを目的・手段とする思想や運動ではない。

ルーツ 「インティファーダ」：1980年代以降頻発したパレスチナ民衆のイスラエルに対する蜂起を指す。

★独立後も新たな対立・干渉・内戦に揺れ動いた南アジア・東南アジアの諸地域。

?探究 ヒンドゥー教とイスラーム教の宗教の差異が，イギリスのインド支配からの独立にどのような影響を与えたかについて説明しなさい。[230字程度]類題：島根県立大学

探究のヒント

1 戦後の南アジア　〈P.253◀以前〉

青字：パキスタン，緑字：スリランカ

1946	英首相**アトリー**がインド独立を承認
	全インド＝ムスリム連盟（ジンナー指導）がイスラーム国家樹立を決議
1947	**インド・パキスタンが英連邦内の自治領として分離独立**し大量の難民と死傷者が発生

ネルー（任1947〜64）

カシミール問題で**第1次印パ戦争**が勃発
☆ネルーが議会制民主主義・社会主義的政策を推進

1948	**ガンディー**がヒンドゥー教徒に暗殺される
	セイロンが英連邦内自治領として独立
1950	**主権共和国としてインドが成立**
1954	ネルーが周恩来と**平和五原則**を発表
1955	**アジア＝アフリカ(AA)会議**開催
1959	チベット反乱で**ダライ＝ラマ14世**がインド亡命
	中印国境紛争がおこる（〜62，印側の敗北）
	☆ネルーが米ソ両国に急速に接近
1965	**第2次印パ戦争**が始まる

インディラ＝ガンディー（任1966〜77，80〜84）

1971	**バングラデシュ**がパキスタンから独立
	第3次印パ戦争でインドはバングラデシュ承認
1972	セイロンがスリランカに改称し完全独立
	多数派シンハラ人・少数派タミル人の対立激化
1984	政府軍がシク教の黄金寺院を攻撃，制圧
	I.ガンディーがシク教徒に暗殺される
1991	**ラジブ＝ガンディー**がタミル人に暗殺される
	経済自由化推進
1993	ブット人民党内閣が成立
1998	ヒンドゥー教徒原理主義に立つ人民党内閣成立
	インド・パキスタンが地下核実験を強行
1999	軍事クーデタにより**ムシャラフ政権**成立（08崩壊）
2004	シン首相就任
2014	モディ首相就任

2 戦後の東南アジア　〈P.253◀以前〉

1945	**スカルノがインドネシア独立宣言**，オランダに対する独立戦争を開始（〜49）
1946	フィリピンがアメリカから独立
	インドシナ戦争が始まる（〜54）
1948	ビルマがイギリスから独立
1949	スカルノの指導でインドネシアが独立達成
1951	米比相互防衛条約締結
1953	ラオス，カンボジアがフランスから完全独立
1954	インドシナ戦争の**ジュネーヴ休戦協定**締結
	東南アジア条約機構(SEATO)が結成される（◀P.269）
1955	**アジア＝アフリカ(AA)会議**がバンドンで開催
1957	**マラヤ連邦**が英連邦内で独立する
1962	ビルマで**ネ＝ウィン**の軍事クーデタがおこり，社会主義路線が取られる
1963	マラヤ連邦が**シンガポール**，北ボルネオを加えて**マレーシア**を成立させる
1965	**ベトナム戦争**が始まる（〜73）
	シンガポールがマレーシアから分離独立
	インドネシアで**九・三〇事件**がおこる
1967	インドネシアでスカルノが退陣し**スハルト**登場
	東南アジア諸国連合(ASEAN)が結成される
1976	**ベトナム社会主義共和国**が成立
1984	**ブルネイ**がイギリスから独立
1986	**フィリピン革命**でマルコスが亡命，アキノ大統領が就任
1989	**ビルマがミャンマー**と改称
1997	タイから**アジア通貨危機**が始まり，インドネシアのスハルト政権が倒壊する
2002	**東ティモール**がインドネシアから独立
2021	ミャンマーで軍が国政を掌握
	アウン＝サン＝スー＝チー氏を拘束し，市民の反対デモを弾圧

↑1 インドとパキスタンの分離独立 イギリスのインド支配の中で煽られた宗教対立の結果，戦後の分離独立と両国の対立がもたらされた。写真は分離独立を表明する最後の総督マウントバッテン（ヴィクトリア女王の曽孫）とネルー，ジンナー。

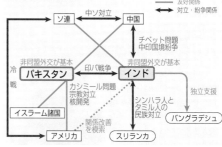

↑2 ガンディーの葬儀 分離独立の過程で半年のうちに難民1,500万人，死者20〜50万人が発生した。1948年，ガンディーがヒンドゥー教徒の一人に暗殺された。ムスリムとの融和を説いた彼の死は分離独立の悲劇の象徴であった。（◀P.253）

3 印パ対立と国際関係

←3 インディラ＝ガンディー（1917〜84）　ネルーの娘として国民会議派の指導者となり，長く首相を務めた。バングラデシュ独立を支援して**第3次印パ戦争**に勝利したが，国内では反対派を厳しく処断し，抑圧したシク教徒に暗殺された。

友好関係 ／ 対立・紛争関係 ↔

（関係図：ソ連—中ソ対立—中国，ソ連→パキスタン，中国→インド，パキスタン—印パ戦争—インド，チベット問題・中印国境紛争，非同盟外交が基本，カシミール問題・宗教対立・核開発，独立支援，シンハラ人とタミル人の民族対立，イスラーム諸国，アメリカ—関係改善を模索—スリランカ，バングラデシュ，冷戦）

4 スリランカ内戦

←4 スリランカのタミル人ゲリラ兵士 スリランカでは，仏教徒の多いシンハラ人（人口の約75%）とヒンドゥー教徒の多いタミル人（約20%）の民族対立が激化した。後者の分離独立運動の背後にはインド政府の存在があり，両国の関係も緊張状態にあったが，内戦は2009年に終結した。

❶解説 イギリスの植民地統治時代に煽られた宗教対立が，戦後の印パ対立に帰結し，ここに米ソ冷戦の論理やチベット問題をめぐるインドと中国の対立が複雑にからみ合った。

5 東南アジア諸国連合(ASEAN)　〈◀P.275〉

49TH ASEAN FOREIGN MINISTERS' MEETING (PLENARY SESSION) 24 July 2016, Vientiane, Laos

←5 東南アジア諸国連合(ASEAN) 1967年にタイ・フィリピン・マレーシア・シンガポール・インドネシアの5か国により結成された。当初は反共的色彩が濃かったが，その後経済共同体をめざすようになり，80年代にブルネイ，90年代にベトナム・ミャンマー・ラオス・カンボジアが加盟して，2020年現在加盟10か国。その総人口は6.6億を超え，ヨーロッパ連合(EU)や米国・メキシコ・カナダ協定(USMCA)を上回る。写真は2016年にラオスで開かれた首脳会議。

（地図：パキスタン，インド，東パキスタン，スリランカ。東パキスタンが分離独立してバングラデシュとなった（1971年））

6 インドシナ戦争とベトナム戦争

1940	日本が北部仏領インドシナへ進駐
1941	ホー＝チ＝ミンがベトナム独立同盟会（ベトミン）結成
1945	ベトナム民主共和国が独立宣言（首都：ハノイ）

インドシナ戦争（1946〜54）◀ P.269・280

1946	フランスが侵攻しインドシナ戦争が始まる
1949	南部にフランスが支援する**ベトナム国**成立（**元首バオダイ**）
1954	**ディエンビエンフーの戦い**でフランスが敗北　**ジュネーヴ休戦協定**に調印し、**北緯17度線**が南北の境界に
1955	南部にアメリカが支援する**ベトナム共和国**成立
1960	**南ベトナム解放民族戦線**（米側呼称ベトコン）が結成される
1964	**トンキン湾事件**（のちにアメリカの謀略と判明）

ベトナム戦争（1965〜73）

1965	**米ジョンソン大統領**が大規模な**北爆**を開始
1968	ベトコンの**テト（旧正月）攻勢**がサイゴンに迫る　**ベトナム和平会談**が始まり、**北爆が停止**される
1969	ホー＝チ＝ミンが死去
1972	米大統領**ニクソン**が北爆を再開しハノイなどに**大規模爆撃**
1973	**ベトナム和平協定**が調印され米軍が撤退
1975	**サイゴンが陥落**しベトナムの南北統一達成
1976	**ベトナム社会主義共和国**成立（首都：ハノイ）
1986	**「ドイモイ」（刷新）政策**（市場経済導入）が始まる
1995	ベトナム・アメリカの国交が正常化する

Ａ インドシナ戦争（1946〜54）

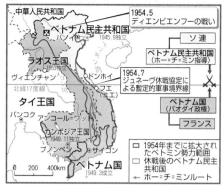

Ｂ ベトナム戦争（1965〜73）

◀ P.269・280

Key Person　ホー＝チ＝ミン（1890〜1969）

ホー＝チ＝ミンはパリ在住時にフランス共産党の結成に加わり、コミンテルンの活動家として活躍。1941年に帰国してベトナム独立同盟会を組織し、45年のベトナム民主共和国独立を導いた。同国大統領（任1945〜69）としてインドシナ戦争、ベトナム戦争を指導し、祖国の統一を見る前に死去したが、ベトナム建国の父とされ、都市（旧サイゴン）にその名を残している。

←6 枯葉剤をまく米軍　密林を拠点に抵抗を続けるベトナム側に対し、米軍は毒性の強い枯葉剤2万5,000tを散布した。戦後のベトナムでは奇形児の出生が増加し、枯葉剤との因果関係が疑われている。

↓7 枯れ果てたマングローブ林

南部のカマウ岬。1976年中村梧郎氏撮影

←8 沢田教一撮影「安全への逃避」（1965年、南ベトナム中部にて）　ベトナム戦争では多くのカメラマンが最前線に入って、戦場の光景を世界に発信し、世界の反戦運動に大きな影響を与えた。このため、以後のアメリカは戦場の報道について厳しい統制をしくようになり、写真や映像が意図的に削除されたり、それらが捏造された事例まで告発されている。これはピュリッツァー賞を受賞した有名な報道写真。沢田氏はその後、取材中に命を失った。

7 その他の東南アジア諸国

●インドネシア

→9 スカルノ（1901〜70）　1945年にインドネシア独立を宣言して初代大統領となり、対オランダ独立戦争を指導して49年に独立を達成した。議院内閣制を実現させたがやがて行き詰まり、陸軍と共産党の二大勢力のうえに立って自らの権力強化に向かった。65年の九・三〇事件（陸軍による共産党弾圧のクーデタ）を機に**スハルト**に権力を奪われて失脚した。

●フィリピン

（解説） 1965年から20年にわたってマルコス大統領の独裁が続いていたが、ベニグノ＝アキノの暗殺を機に未亡人の**コラソン＝アキノ**が中心となり反マルコス運動が高まった。86年マルコスは追放され、コラソン＝アキノが大統領に就任した。

↑10 マルコス（1917〜89）

↑11 コラソン＝アキノ（1933〜2009）

●ミャンマー（ビルマ）

←12 アウン＝サン＝スー＝チー（1945〜　）　第二次世界大戦中にビルマの独立をめざしてイギリスの支配や日本の軍政に抵抗したアウン＝サン将軍（1915〜47）を父にもち、イギリスや日本への留学経験もあわせて、市民の知的指導者として人気が高い。ビルマではウー＝ヌ政権下の1962年にネ＝ウイン将軍によるクーデタがおこされ、以後軍事独裁政権が2016年まで続いたが（89年にミャンマーと国名を変更）、彼女は88年から民主化運動の中心的存在となり、近年まで自宅に軟禁されていた。91年**ノーベル平和賞**を受賞。

●カンボジア

1949	カンボジアがフランスから独立
1970	親米派の**ロン＝ノル**がクーデタによりシハヌーク国王を追放
1975	**赤色クメール**が政権を握る
1976	**ポル＝ポト**が民主カンプチアに改称、反対派の大虐殺を開始
1979	ベトナムの侵攻→**ヘン＝サムリン政権**の発足
1982	反ベトナムの三派連合が発足、ベトナム派との内戦激化
1991	パリ和平協定成立
1993	総選挙によりカンボジア王国成立

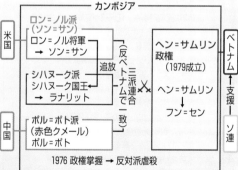

（解説） 独立後、**シハヌーク国王**のもとで国家建設が進められたが、インドシナ情勢の悪化を背景に1970年にクーデタがおこり、以後22年間に及ぶ内戦が続いた。79年ベトナム軍がプノンペンに侵攻しヘン＝サムリン政権が成立したが、三派連合との内戦はやまず、国際的にも承認されなかった。91年にパリで和平協定が成立、その後憲法の制定・王制の復活がなった。

←13 ↑14 1976年に政権を握ったポル＝ポト派は、中国の文化大革命にならった極端な共産主義政策を行い、100万人以上の反対派を虐殺した。

ポル＝ポト

ルーツ　「インドシナ」：インドとシナ（中国）の間にあることからヨーロッパ人が命名。インドシナ三国とはベトナム、ラオス、カンボジアをさす。

戦後の東アジア　中国

探究　文化大革命の一因は指導者間の政策をめぐる対立であるが，どのような対立であったか説明しなさい。[80字程度]　類題：聖心女子大学

★多くの対立・混乱を伴いながら，共産党支配のもとで大国への道を突き進む中国。

1 戦後の中国の歩み

〈P.262 以前　青字：台湾関連

最高指導者	次位指導者		
毛沢東（国家主席）	周恩来（首相）	1946	日本の降伏後，**国共内戦**が本格化（P.228）
		1949	共産党の**毛沢東**が**中華人民共和国の成立**を宣言
			（毛沢東が国家主席，周恩来が首相）（首都：北京）
			国民党は台湾に逃れ，中華民国政府を成立
		1950	**中ソ友好同盟相互援助条約**を結ぶ（～80）
		1953	**第1次五カ年計画**を開始
		1954	周恩来・ネルーが**平和五原則**を発表
			「大躍進」運動の試みと大混乱
		1958	第2次五カ年計画，「**大躍進**」運動で**人民公社**を組織
			☆経済のバランス崩壊と自然災害で餓死者2,000万人
		1959	**チベット反乱**でダライ＝ラマ14世がインドに亡命
		1960	ソ連のスターリン批判に反発して**中ソ対立**始まる
劉少奇（国家主席）	鄧小平（党総書記）		☆**劉少奇**（59から国家主席）・**鄧小平**の調整政策
		1962	**中印国境紛争**がおこる
		1964	フランスが中国を承認
			原爆の開発に成功
			プロレタリア文化大革命と大混乱
		1966	**毛沢東**による**プロレタリア文化大革命**開始
毛沢東		1967	水爆実験に成功
		1969	**珍宝島**（ダマンスキー島）で**中ソ国境紛争**が発生
		1971	林彪がクーデタを図って失敗し，逃亡途中墜落死
			国連総会が中華人民共和国の代表権承認（台湾脱退）
		1972	**米ニクソンが訪中**，田中首相訪中で**日中国交正常化**
		1975	蔣介石総統が死去，後継者には蔣経国が就任
		1976	周恩来が死去，**第1次天安門事件**，鄧小平失脚
			毛沢東が死去，江青ら「**四人組**」が逮捕される
鄧小平（中央軍事委員会主席など）	華国鋒（首相）胡耀邦（党総書記）趙紫陽（首相など）	1977	鄧小平が復活
		1978	「**四つ**（農業・工業・国防・科学技術）**の現代化**」
			4都市を経済特区に指定して改革開放路線を推進
		1979	米中国交正常化，中越戦争がおこる
		1985	**人民公社の解体**が終了
		1987	民主化運動に理解を示した胡耀邦党総書記辞任
		1988	蔣経国が死去，後継者李登輝は民主化を推進
		1989	胡耀邦の死去を契機に「**民主愛国運動**」が高揚
	江沢民（党総書記）		**ゴルバチョフが訪中**し，中ソ関係が正常化
			第2次天安門事件，**江沢民**が党総書記に就任
		1993	江沢民が国家主席に就任
			三峡ダム（世界最大の水力発電ダム）着工（2009完成）
江沢民（党総書記）	朱鎔基（首相）	1997	鄧小平が死去し，江沢民が最高実力者となる
			イギリスから**香港が返還**され，一国二制度となる
		1999	ポルトガルから**マカオが返還**される
			G20に発足時から加盟
		2000	陳水扁が総統に就任（国民党が野党に）
胡錦濤（国家主席）	温家宝（首相）	2008	四川大地震（死者9万人近く）
			北京オリンピック開催
			馬英九が総統に就任（国民党が政権奪還）
		2012	尖閣国有化に伴い日中関係悪化
		2013	**習近平**が国家主席に就任
		2016	蔡英文が総統に就任（20再選，国民党は野党に）
習近平（国家主席）	李克強（首相）	2019～	**米国との貿易戦争**激化
		2020	**香港国家安全維持法**施行

↑ダライ＝ラマ14世

←2**習近平**（任2013～）　国内では腐敗一掃を進めながら権力の強化を図り，陸軍を縮小する一方で海軍・空軍を増強して，アメリカに匹敵しうる大国化をめざしている。

2 毛沢東時代の激動

●中華人民共和国の成立

日中戦争（中国では抗日戦争）が本格化（1937～）
↓
第2次国共合作
↓
抗日戦争の終結（1945）
↓
国共内戦が再燃
↓
共産党が勝利（1949）

＊敗れた国民党は台湾へ逃れる

←3**中華人民共和国の成立**を宣言する毛沢東（1949年10月）

MEMO
毛沢東は中国共産党創建時からのメンバーで，長征の途上で党の実権を握った（P.255）。国民の圧倒的多数が居住する農村の工作を重視する革命戦略を取った。

●ソ連との蜜月と対立

中ソ友好同盟相互援助条約（1950）
↓
ソ連の援助のもと第1次5カ年計画始まる（1953～）
↓
フルシチョフによるスターリン批判（1956）をきっかけに両国の関係が悪化（P.280）
↓
中ソ対立始まる（1960～）ソ連の援助も打ち切られる
↓
中ソ国境紛争（1969）珍宝島（ダマンスキー島）事件

↑4**珍宝島**（ダマンスキー島）**事件**（1969年）　ウスリー川（黒竜江の支流）の中州を形成する島の領有をめぐって両国が衝突し，双方に犠牲者が出た。同島は1991年に中国領とすることで同意した。

●チベット反乱の余波

周恩来とネルーが平和五原則を発表（1954）
↓
チベット反乱（1959）ダライ＝ラマ14世がインドへ亡命これを機にインドとの関係が悪化
↓
中印国境紛争（1962）

＊国境は現在も未画定。ダライ＝ラマも亡命中

●プロレタリア文化大革命

↑5←6**プロレタリア文化大革命**　「**大躍進**」運動の失敗後，劉少奇・鄧小平ら修正主義者による調整政策が進んでいた中国で，**毛沢東**が権力奪回をはかって展開したのが**プロレタリア文化大革命**である。修正主義者を「**実権派**」「**走資派**（資本主義に走る者）」と呼んで徹底批判し，「**造反有理**（反抗するのは理由があるからだ）」のスローガンのもとに学生らを動員して**紅衛兵**を組織し（上写真），党の幹部や知識人を失脚・追放させた。左写真は紅衛兵に糾弾される「実権派」で，各地でこのような糾弾や毛沢東への極端な個人崇拝が行われて，中国は大混乱に陥った。

●国際社会からの承認

←7**ニクソン米大統領の中国訪問**（1972年2月）　1971年の中国の国連代表権の獲得によって外交政策の転換を余儀なくされたアメリカは，ソ連への対抗上台湾との国交を断ち，中国との国交樹立を急いだ。写真は，万里の長城を訪れたニクソン大統領夫妻。

世界史の交差点

毛沢東の「評価」

天安門に掲げられているその肖像画が示すように，現在でも中国においては公然と批判することがタブーとされている偉大な指導者である。世界的にみても，20世紀の歴史を動かした有数の指導者であることは間違いないが，「大躍進」運動の失敗やプロレタリア文化大革命によって犠牲となった人民の数は数千万ともいわれ，その数はヒトラーやスターリンのそれを上回るとされる。

3 開放と抑圧

↑**9** 第2次天安門事件　1989年6月4日，民主化を求めて天安門広場に集まった学生・市民に人民解放軍が発砲し，多数の犠牲者が出た。軍が戦車を出動させて市民を抑圧する模様が外国メディアによって世界に報道され大きな衝撃を与えたが，当時の中国共産党はその映像を捏造であるとして事件そのものを否定し，現在でもこの事件を単なる「暴動」だとしている。

←**8** 最大の経済特区・深圳（シェンチェン）の中心部　1978年から始められた改革開放政策の一環として設けられたのが経済特区であり，輸出入関税を免除するなど外国企業の進出を促進し，企業の経営自主権を保障するなど経済体制の改革が実施されてきた。深圳のほか珠海・汕頭・厦門・海南省がこれに指定され（以上5大経済特区），そのいずれもが沿岸部に存在する。

Key Person 鄧小平（1904〜97）

鄧小平はプロレタリア文化大革命で劉少奇に次ぐ実権派として批判され失脚したが，毛沢東の死と「四人組」の逮捕後1977年に復活し，事実上の最高指導者となった。「白くても黒くてもネズミを捕る猫は良い猫だ」というたとえ（→P.323史料）で市場形態を問わない経済発展をめざし，改革開放政策を展開した。しかし，民主化の要求には断固として否定的な態度を取り続け，天安門広場の100万人規模の集会に対し「中国では100万は少数派だ」と発言した。1997年死去。その後最高実力者の地位は江沢民，さらには胡錦濤，習近平へと引き継がれている。

→**10** 北京の人民大会堂で握手する江沢民と胡錦濤

4 大国化の光と影

●主要国の実質GDP成長率の推移

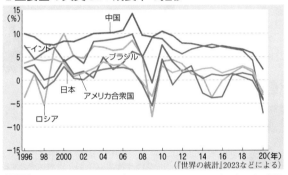

『世界の統計』2023などによる

（解説）アメリカや日本の成長が頭打ちになる中，中国は高い成長率を維持している。

＊2020年には香港国家安全維持法が施行され，中国の影響力がより強まった。

↑**11** 都市の大気汚染（上海）　急速な工業化はその一方でさまざまな弊害をもたらしている。都市部の大気汚染はその一例に過ぎず，拡大し続ける**都市と農村の経済格差**はもはや放置できない国内問題となっている。

↑**12** 香港のデモ（2019年）　返還後50年は「一国二制度」が約束されていた香港だが，市民が民主的な選挙を求めて声をあげていることが示すように，国家や共産党による締めつけが強まっている。

5 近隣諸国との摩擦

世界史の交差点

台湾の歩み

↑**13** 李登輝（任1988〜2000）

国共内戦に敗れた蔣介石は台湾に逃れて中華民国政府を維持し，中国の代表権を主張して国連でもこれを認められた。しかし，1971年に一転して中華人民共和国の代表権が承認されると国連を脱退し，正式な外交を樹立していた国々（アメリカや日本など）からも「断交」された。「台湾は中国の領土，中国は一つ」という立場を取り続ける中華人民共和国を前に，身動きの取れない状況が続く台湾だが，蔣親子の独裁後に初の台湾出身の総統となった李登輝のもとで，順調な民主化と経済発展をとげ，国際的にもその存在を認識されるようになってきている。しかし，中国とは依然として緊張関係にあることに変わりはない。2016年には中国と距離をおく姿勢の蔡英文（民進党）が総統に就任し，中国はさっそくこれを牽制，自国民の台湾への旅行を控えさせるなどして圧力を加えている。

●中国「領有権」問題

□ 領有権が争われている諸島・群島
■ 諸島・群島をめぐり，中国と対立している国・地域

中国
東シナ海
日本
尖閣諸島
台湾
西沙群島
中沙群島
南沙群島
フィリピン
ベトナム
南シナ海
マレーシア

（解説）東シナ海の**尖閣諸島**をめぐって日本と対立している中国だが（両国のほかに台湾も領有権を主張），**南シナ海**の南沙（スプラトリー）群島・中沙群島・西沙（パラセル）群島においても台湾・フィリピン・ベトナム・マレーシアなどと対立を先鋭化させている。いずれも小さな島々だが，石油やガスなどの**海底資源**が豊富に存在し，**排他的経済水域**も関わってくるため，当事国としては容易に妥協できない問題である。

●日中関係（世論）の推移

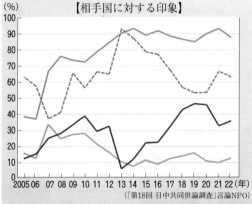

【相手国に対する印象】

『第18回 日中共同世論調査』言論NPO

── 日本世論：良い印象をもっている／どちらかといえば良い印象をもっている
- - 日本世論：良くない印象をもっている／どちらかといえば良くない印象をもっている
── 中国世論：良い印象をもっている／どちらかといえば良い印象をもっている
- - 中国世論：良くない印象をもっている／どちらかといえば良くない印象をもっている

（解説）江沢民政権のもとで強化された反日教育の影響や，小泉首相の靖国神社への参拝，そして日本国政府による尖閣諸島の国有化などを背景として，日中関係と両国民の感情は戦後最悪になったといわれるが，ここ数年のデータをよく見ると，わずかながら改善の兆しも見られるようになってきている。

東アジア

戦後の極東

★朝鮮戦争後も極東３か国(北朝鮮と韓国・日本)の緊張は続いている。

1 戦後の韓国・日本の歩み

P.262◀以前

日韓関係

大韓民国	
1945	米ソが北緯38度線で分割占領
1948	大韓民国(李承晩大統領)成立
	(朝)朝鮮民主主義人民共和国(金日成首相)成立
1950	北朝鮮が38度線を越え侵攻，朝鮮戦争開始
	→国連安保理は北朝鮮への軍事制裁を決議，米軍を中心とする国連軍出動
	→中国人民義勇軍が北朝鮮を支援して参戦
1953	板門店で休戦協定成立
1960	李承晩が失脚(四月革命／学生革命)
1961	軍事クーデタがおこる
1963	朴正熙が大統領に就任
1965	ベトナム戦争に参戦
	日韓基本条約
1973	金大中拉致事件
1979	朴大統領暗殺事件
1980	光州事件
	全斗煥が大統領に就任
1981	金大中に死刑判決(のち減刑)
1987	(朝)大韓航空機爆破事件
1988	盧泰愚が大統領に就任
	ソウルオリンピック開催
1990	韓ソの国交が正常化
1991	南北朝鮮が国連に同時加盟
1993	金泳三が大統領に就任
1994	(朝)金日成死去→金正日が指導者に
1998	金大中が大統領に就任
2000	初の南北首脳会談
	金大中にノーベル平和賞
2002	サッカーW杯日韓共同開催
2003	盧武鉉が大統領に就任
	六カ国(日韓朝中米ロ)協議
2006	(朝)核実験強行
2008	李明博が大統領に就任
2011	(朝)金正日死去→金正恩が指導者に
2013	朴槿恵が大統領に就任
2017	文在寅が大統領に就任
2018	(朝)米朝首脳会談
2022	尹錫悦が大統領に就任

↓1 朴正熙

日　本	
1945	ＧＨＱの占領政策で農地改革・財閥解体・民主化推進
1946	天皇の人間宣言
	極東国際軍事裁判開始
	日本国憲法公布
1950	警察予備隊発足
	朝鮮戦争特需で経済復興
1951	サンフランシスコ平和条約(◀P.266)
	→日本の独立承認(中国・朝鮮は招かれず，ソ連は調印拒否)
	日米安全保障条約(◀P.269)
1954	第五福竜丸が被爆
	自衛隊発足
1955	原水爆禁止世界大会
	自由民主党結成(55年体制成立)
1956	日ソ共同宣言
	→日本の国連加盟実現
1959	在日朝鮮人の北への帰還事業開始
1960	日米新安全保障条約
	→60年安保闘争
1964	東京オリンピック開催
1965	日韓基本条約
1968	小笠原諸島日本復帰
1970	大阪で万国博覧会開催
1972	沖縄が日本復帰
	田中角栄首相が訪中，日中国交正常化
1976	ロッキード事件発覚
1982	中曽根康弘首相就任
	☆バブル経済
1989	昭和天皇崩御，平成に
	☆バブル経済崩壊
1995	阪神･淡路大震災　地下鉄サリン事件
2001	小泉純一郎首相就任
2002	サッカーW杯日韓共同開催
	初の日朝首脳会談
2003	六カ国(日韓朝中米ロ)協議
2011	東日本大震災　東京電力福島第一原発事故
2012	安倍晋三首相就任
2019	今上天皇即位，令和に
2020	菅義偉首相就任
2021	東京オリンピック開催
	岸田文雄首相就任

↑2 **昭和天皇とマッカーサー**　1945年9月27日，**昭和天皇**が**マッカーサー**を訪問したときの写真。GHQは日本の共産化阻止と占領政策の円滑な実施のためにも天皇制を維持する方針であった。

↓3 **朝鮮戦争特需**　朝鮮戦争に介入した米軍は，占領下にあった日本を軍需物資の供給地にした。写真は日本の企業が米軍車両の修理をしているところ。「**朝鮮戦争特需**」によって日本は復興を果たした。

→4 **60年安保闘争**　日米新安保条約に反対する大規模なデモが国会を取り巻き，死傷者も発生した。条約は発効したが**岸信介内閣**は退陣した。戦後最大の国民運動である。

2 北朝鮮と韓国・日本

←5 **金日成**(1912～94)　日本の植民地時代に満洲で抗日パルチザン部隊を率いて転戦するが，途中でソ連領に逃亡。帰国後，ソ連占領下で活躍し，1948年の朝鮮民主主義人民共和国の成立とともに内閣首相に就任した。武力による朝鮮統一(朝鮮戦争)に失敗後，「主体(チュチェ)思想」を土台に極端な個人崇拝を特色とする独裁体制を築いた。

→6 **初の南北首脳会談を行う金大中と金正日**(2000年6月)　北との対話路線である「太陽政策」を掲げる金大中は，韓国の首脳として初めて分断後のピョンヤンを訪れた。同年10月，金大中は**ノーベル平和賞**を受賞した。しかし北朝鮮の核開発問題など，両国の間に横たわる問題は多く，統一までの道のりは遠い。

←7 **初の日朝首脳会談**　2002年9月，小泉純一郎首相がピョンヤンを訪れ，国交正常化に向けての第一歩となった。しかし同時に，北朝鮮による**日本人拉致問題**が明るみに出て，北朝鮮に対する日本国民の感情は悪化した。

●新たな緊張

→9 **打ち上げられたテポドン**(1998年8月)

←8 **六カ国協議のエネルギー部会**(2007年10月，板門店)

解説 2006年10月，北朝鮮が**核実験**を行ったという声明を発表し，世界に衝撃を与えた。実験の規模や成否については見解がわかれるが，かねてから核開発の疑惑をもたれていた同国が新たな段階に入ったことは間違いない。かりに長距離ミサイル**テポドン**(右上写真)を使用した核攻撃を想定した場合，米国の一部もその射程圏に入るため，最悪のシナリオとして両国の核戦争まで危惧される状況となった。これを受け，2007年以降，両国と日本・韓国・中国・ロシアによる**六カ国協議**が開催されているが，北朝鮮は協議からの離脱を含めた強硬姿勢を取りながら食糧支援を要請するなど「**瀬戸際外交**」を繰り返し，かつての盟友である中国ですらその扱いに困惑している状況にある。なお，日本と北朝鮮の間には**拉致問題**があるが，核問題が最優先される六カ国協議においてはほとんど討議されていない。

←10 **金正恩**　2011年末，北朝鮮の**金正日**総書記が病死し，三男の**金正恩**が最高指導者の地位を引き継いだ。韓国ならびにアメリカを敵視し，核実験やミサイル発射を繰り返して国際社会での孤立をさらに深め，今や中国との関係も微妙なものになってきている。

1 北朝鮮と韓国の軍事境界線

軍事境界線近景

↑1 緊張が続く38度線 朝鮮戦争はあくまでも「休戦」であり，「終戦」ではない。現在も軍事境界線である北緯38度線には鉄条網が張りめぐらされ，24時間体制で両国の武装兵士が睨みあっている。1953年の休戦後もたびたび銃撃戦があり，緊張が続いている。

●南北分断の停戦ライン

（『韓国歴史地図』平凡社による）

◀解説▶ 韓国と北朝鮮を分断する停戦ライン（軍事境界線）には南北それぞれ2km幅の非武装地帯が設けられ事実上の国境をなしている。現在も幅4kmのこの帯状地帯には，地雷や鉄条網，高圧線が走り双方の侵入を防いでいる。

3 広がる南北の格差

朝鮮民主主義人民共和国

人口（2022年）	
北朝鮮	2,602万人
韓国	5,183万人

面積12.1万km²

軍事力
防衛費（2021年予算） ＊2006年の数値。
北朝鮮 23億ドル＊
韓国 467億ドル

兵力（2021年）	
北朝鮮	陸 110万人 海 6万人 空 11万人
韓国	陸 42.0万人 海 7.0万人 空 6.5万人

1人当たりGNI（2020年）	
北朝鮮	624ドル
韓国	32,193ドル

面積10.0万km²

大韓民国

（『世界国勢図会』2022/23などによる）

2 朝鮮戦争の展開 （◀P.269）

A 1950年9月14日 **B** 1950年11月26日 **C** 1951年7月27日 ＊韓国では東海と呼ぶ

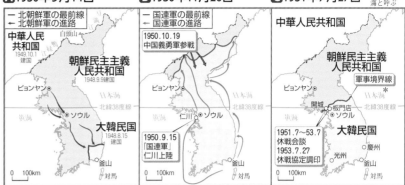

◀解説▶ 1950年，突然，北朝鮮軍が38度線を越えて韓国のほとんどを占領し，釜山に迫る勢いとなった。

◀解説▶ 米軍を主体とした「国連軍」の参戦で，北朝鮮軍は鴨緑江付近にまで一気に押し戻された。

◀解説▶ 中国義勇軍の参戦で戦線は北緯38度線付近に戻され，米大統領トルーマンは一時原爆の使用も考えた。

世界史 の 交差点

板門店ツアー

南北分断の象徴の板門店には韓国から定期ツアーが出ている。パスポート持参や撮影，行動，服装などの制限があり，「何がおきてもかまわない」という誓約書にもサインさせられる。国連警備兵に護衛されバスで移動する。下車できるのは自由の家，展望台，会議場と限定されている。軍事停戦委員会会議場の中は真ん中で韓国側と北朝鮮側に分かれているが，写真撮影も移動も比較的自由にでき，緊張感はない。

↑2 2000年公開の韓国映画 JSAは非武装地帯が舞台。

『JSA』監督パク・チャヌク 提供シネカノン ©myungfilm2000

●板門店共同警備区域

ツアーのルート
（『大韓旅行社ツアーパンフレット』による）

◀解説▶ 板門店はソウルの北80kmの停戦ラインである非武装地帯に存在する。ここには停戦協定に基づく軍事停戦委員会がおかれ，周囲は南北の共同警備区域（JSA）とされている。

板門閣
軍事停戦委員会会議場
北朝鮮側
軍事停戦ライン
韓国側

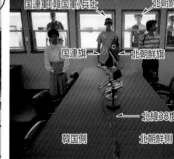

国連軍（韓国軍）兵士
北朝鮮軍兵士
国連旗
北朝鮮旗
北緯38度線
韓国側
北朝鮮側

↑3 ↗4 軍事停戦委員会の会議場（左）とその内部（右） 板門店におかれた軍事停戦委員会は南北の唯一の接点でもある。この委員会は1953年に結ばれた**停戦協定**を監視することが目的で設置され，1970年代以来何度も**南北会談**が行われている。本会議場の内部には会議机がおかれ，マイクケーブルも南北双方を分けるように設置されている。

↓5 ピョンヤン 柳京ホテル 大同江

↓6 ソウル

20世紀の文化

★科学技術の発達を背景としながら，新たな展開や多様性を示す人類の文化。

1 20世紀の文化

（「科学技術の発達」は◀P.巻頭5左頁）

特色	①科学技術の驚異的な発展　②人類の可能性の拡大と，一方で生じてきた新たな人間の苦悩を直視				
文学	ロマン＝ロラン	仏	1866～1944	フランス人民戦線支持『ジャン＝クリストフ』	
	プルースト	仏	1871～1922	20世紀文学の出発点を築く『失われた時を求めて』	
	マルタン＝デュ＝ガール	仏	1881～1958	大河小説の傑作『チボー家の人々』	
	マルロー	仏	1901～1976	行動主義文学の代表『人間の条件』『希望』	
	カミュ	仏	1913～1960	実存主義文学の代表『異邦人』『ペスト』	
	トーマス＝マン	独	1875～1955	反ナチス→米に亡命『ブッテンブローク家の人々』『魔の山』	
	ヘルマン＝ヘッセ	独	1877～1962	求道的文学活動『車輪の下』『シッダールタ』	
	ブレヒト	独	1898～1956	反ファシズムの劇作家『三文オペラ』	
	レマルク	独	1898～1970	反戦小説の代表『西部戦線異状なし』	
	カフカ	チェコスロヴァキア	1883～1924	実存主義文学の先駆『変身』『審判』『城』	
	バーナード＝ショー	英	1856～1950	劇作家，フェビアン協会設立に貢献『人と超人』	
	ウェルズ	英	1866～1946	SF小説創始『タイム＝マシン』など	
	D.H.ローレンス	英	1885～1930	性の主題を大胆に追求『チャタレー夫人の恋人』	
	オーウェル	英	1903～1950	『カタロニア讃歌』（スペイン内戦の記録），『動物農場』（ソ連批判）	
	ジョイス	アイルランド	1882～1941	20世紀屈指の実験小説『ユリシーズ』	
	ヘミングウェー	米	1899～1961	『武器よさらば』『誰がために鐘は鳴る』『老人と海』	
	スタインベック	米	1902～1968	『怒りの葡萄』『エデンの東』	
	ゴーリキー	ソ	1868～1936	社会主義リアリズム創始『どん底』『母』	
	ショーロホフ	ソ	1905～1984	社会主義リアリズム『静かなるドン』『開かれた処女地』	
	ソルジェニーツィン	ソ	1918～2008	反体制作家『収容所群島』（スターリン批判）	
	シェンキェヴィチ	ポーランド	1846～1916	『クオ＝ヴァディス』（ネロ帝のキリスト教迫害）	
	タゴール	インド	1861～1941	ヒューマニズム精神『ギーターンジャリ』（詩集）	
	魯迅	中国	1881～1936	白話運動による文学革命『狂人日記』『阿Q正伝』	
	老舎	中国	1899～1966	プロレタリア文化大革命で迫害される『駱駝祥子』	
哲学	生の哲学 ディルタイ	独	1833～1911	生の哲学提唱，精神科学の方法論樹立	
	ベルグソン	仏	1859～1941	生の不断の創造的進化を説く『創造的進化』	
	実存哲学 ヤスパース	独	1883～1969	プロテスタンティズムに基づく実存の解明『哲学』	
	ハイデッガー	独	1889～1976	実存の解釈学樹立，ナチス政権支持『存在と時間』	
	サルトル	仏	1905～1980	無神論的実存主義，世界平和運動推進『存在と無』	
	神学 バルト	スイス	1886～1968	弁証法神学（危機神学）提唱，告白教会を指導	
	シュヴァイツァー	仏	1875～1965	神学者・医師，仏領コンゴで医療・伝道活動に尽力	
	プラグマティズム ジェームズ	米	1842～1910	アメリカ心理学の基礎確立『プラグマティズム』	
	デューイ	米	1859～1952	プラグマティズム大成『民主主義と教育』	
	その他 シュペングラー	独	1880～1936	文化哲学者『西洋の没落』（西洋文明終末論）	
	フッサール	独	1859～1938	現象学を確立，ハイデガー・サルトルに影響大	
	ラッセル	英	1872～1970	数学者・哲学者・歴史家として活躍，パグウォッシュ会議	
	フーコー	仏	1926～1984	構造主義の旗手，近代的思考の批判的分析『監獄の誕生』	
	サイード	米	1935～2003	『オリエンタリズム』パレスチナ問題に関する率直な発言で注目	
人文・社会科学	心理学 フロイト	墺	1856～1939	精神分析学創始『夢判断』『精神分析学入門』	
	ユング	スイス	1875～1961	精神病理学者，人間の性格を内向型・外向型に分類	
	経済学 レーニン	ソ	1870～1924	マルクス主義理論と戦術を大成『帝国主義論』	
	ケインズ	英	1883～1946	近代経済学の祖『雇用・利子および貨幣の一般理論』	
	歴史学 マイネッケ	独	1862～1954	政治史と精神史の結合『歴史主義の成立』	
	ピレンヌ	ベルギー	1862～1935	西欧中世史家『ヨーロッパ世界の誕生』	
	トインビー	英	1889～1975	文明の視点からの世界史を提唱『歴史の研究』	
	ブロック	仏	1886～1944	アナール派の創始者。社会史を開拓『封建社会』	
	ブローデル	仏	1902～1985	アナール派の全体史の代表的著作『地中海』	
	社会学 マックス＝ヴェーバー	独	1864～1920	『プロテスタンティズムの倫理と資本主義の精神』	
	マンハイム	独	1893～1947	知識社会学を確立『イデオロギーとユートピア』	
	文化人類学 マリノフスキー	英	1884～1942	未開人社会の現地踏査『文化の科学的理論』	
	レヴィ＝ストロース	仏	1908～2009	構造人類学提唱『悲しき熱帯』『神話学研究』『野性の思考』	
音楽	R.シュトラウス	独	1864～1949	後期ロマン派『ツァラトゥストラ』	
	シベリウス	フィンランド	1865～1957	国民楽派『フィンランディア』	
	シェーンベルク	墺	1874～1951	後期ロマン派，12音階技法創始	
	ラヴェル	仏	1875～1937	印象派の代表『ダフニスとクロエ』『ボレロ』	
	ストラヴィンスキー	ソ	1882～1971	現代革新音楽の旗頭，アメリカに帰化『火の鳥』『春の祭典』	

←**1**フロイト　オーストリアの精神医学者。心の奥底には本人も気が付かない無意識の領域があるとし，そこに閉じ込められた性的な衝動（リビドー）が，人間の精神活動や行動に決定的な影響を与えると主張した。科学としての心理学を樹立するとともに，夢や神経症の仕組みも解き明かそうとし，精神分析学の創始者に位置付けられるが，その影響は広く人文・社会科学に及んだ。

→**2**サルトル　フランスを代表する実存主義哲学者であるとともに，『嘔吐』などの文学作品の創作や行動的知識人としての多様な政治・社会活動で知られる。1968年の五月革命（◀P.279）では反体制運動を展開する学生たちを強く擁護し，自らが世の動向に敏感に反応することによって世論にも大きな影響を与え続けた。女流作家ボーヴォワールとの互いを束縛しない関係も有名。

←**3**ケインズ　イギリスの経済学者。ケンブリッジ大学で経済学を講じたのち大蔵省に入り，第一次世界大戦後のパリ講和会議（◀P.246）に同省の主席代表として出席，ドイツへの過大な賠償金に反対して辞任した。1936年に著した『雇用・利子および貨幣の一般理論』で失業克服のための国家の役割を強調し，アダム＝スミス以来の自由放任主義（◀P.181）に代わる修正資本主義の経済理論を確立した。

→**4**トーマス＝マン　ドイツの作家。リューベックの富裕な商人の家に生まれたが，第一次世界大戦の経験からヒューマニズムに目覚め，以後その擁護に徹して存在感を示し続けた。代表作に『ブッテンブローク家の人々』（1901）や，結核療養所に生きる人々を描いた哲学的小説『魔の山』（1924）がある。1929年にノーベル文学賞受賞。ナチス政権に反対してアメリカに亡命したが，第二次世界大戦後はスイスに移った。

世界史 の 交差点

ロックと若者文化

　20世紀の文化でもっとも大きな変化が見られたのは音楽分野かもしれない。第一次世界大戦後のジャズ（◀P.251）や第二次世界大戦後のポップスなど「大衆音楽」の流行はすでに見られたが，1950年代以降現在に至るまで世界の若者たちの心を揺るがせ続けているロックの登場は，音楽の世界にもたらされた革命的な変革だった。中でも，1960年代に結成された4人組のロックバンド「ビートルズ」（写真）は，愛や平和を求める純粋な心情やそれゆえの孤独をエレキギターの演奏にのせてストレートに歌いあげ，世界の若者たちから圧倒的に支持された。若者たちの行動にも大きな影響を与え，ベトナム反戦運動（◀P.276）などにもつながった。

↓**5**日本公演でのビートルズ（1966年）

2 20世紀の美術　●おもな画家と作品

フォーヴィスム 野獣派	マティス	仏	1869〜1954	「生きる喜び」	◀P.259
キュビズム 立体派	ピカソ	西*	1881〜1973	「アヴィニョンの娘たち」「ゲルニカ」	
	ブラック	仏	1882〜1963	「レスタック風景」「アトリエ」	
シュルレアリスム 超現実派	シャガール	ソ*	1887〜1985	「わたしと村」「サーカス」	
	エルンスト	独	1891〜1976	「博物誌」「百頭の女」	
	ダリ	西	1904〜1989	「記憶の固執」「内乱の予感」	
表現派	クレー	スイス	1879〜1940	「ドゥルカマラ島」	
壁画運動	シケイロス	メキシコ	1896〜1974	「人類の行進」	

＊いずれも仏へ亡命

●超現実主義（シュルレアリスム）
人間の心理や精神に内在する夢や潜在意識を探求・描写する。

↑8 ダリ「茹でた隠元豆のある柔らかい構造（内乱の予感）」(1936年、油彩、100×99cm、フィラデルフィア美術館蔵)　©Salvador Dalí,Fundació Gala-Salvador Dalí, JASPAR Tokyo,2018 G1363

3 20世紀の彫刻・建築

↓9 サグラダ＝ファミリア聖堂（バルセロナ）　スペインの建築家ガウディ(1852〜1926)が、31歳の時から生涯をかけてその完成に心血を注いだ教会堂である。以来１世紀を経た今日なお未完成で、彼の構想に基づいて建築工事が続けられている。

🏛 世界遺産

●野獣派（フォーヴィスム）
フォルムを単純化し、激しい色彩で描写する。サロン出展の彼らの絵が「野獣のよう」と評されたのが由来。

↑6 マティス「生きる喜び」(1905〜06年、油彩、174×238cm、アメリカ、バーンズ財団蔵)

●立体派（キュビズム）
色彩を重視せず、形体を強調して立体的に描写する。

➡7 ピカソ「アヴィニョンの娘たち」
(1907年、油彩、244×234cm、ニューヨーク近代美術館蔵)
©2021 - Succession Pablo Picasso - BCF (JAPAN)

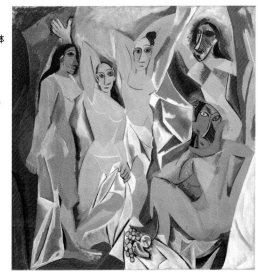

←10 ジャコメッティ「指さす男」
第二次世界大戦後は肉をそいだ棒のような人物像を彫り続け、サルトルに「実存主義的不安」と評された。
(1947年、176.5cm、テートギャラリー蔵)

4 映画

↓11 「スターウォーズ」(1977年、アメリカ作品)

◀解説 映画は文学・演劇・美術・音楽などさまざまな分野の創造性をスクリーンに凝縮した「20世紀の総合芸術」と評される。チャップリン(◀P.258)らの成功によって映画の地位と人気は揺るぎないものとなったが、20世紀後半には莫大な制作費をかけてつくられた超大作が世界各地で上映されるようになり、大規模な宣伝を伴ったそのグローバルなスケールはほかの創作・芸術を圧倒している。コンピュータの発展によりさまざまな特殊撮影や画像処理も可能となり、アニメーションの技術も向上して、その作品性の高さとともに注目されている。

↑12 「千と千尋の神隠し」(2001年)宮崎駿監督(アカデミー賞受賞)　©2001Nibariki・GNDDTM

1 21世紀の歩み

2001	アメリカで9.11同時多発テロ事件
2002	EU12か国でユーロ流通開始
2003	イラク戦争（◀P.275）
2004	インドネシア，スマトラ島沖地震・津波
2006	北朝鮮が核実験
2008	世界金融危機（リーマン・ショック）
2009	オバマが黒人初のアメリカ大統領に就任
2010	ギリシア危機（15にはデフォルトに） 中国がGDPで世界2位の経済大国に
2011	東日本大震災 アラブ諸国で民主化革命（「アラブの春」）→チュニジア，エジプト，リビアで長期独裁政権が打倒される シリアで内戦が勃発・激化
2012	プーチンがロシア大統領に再就任
2013	習近平が中国国家主席に就任
2014	シリア，イラクでISILが勢力を拡大 ロシアがクリミア半島を併合
2015	アメリカとキューバが国交回復 パリ同時多発テロ　2020年にEU離脱
2016	イギリス国民投票でEU離脱派が勝利
2017	トランプがアメリカ大統領に就任 アメリカがパリ協定（◀P.巻頭7左頁）離脱表明
2018	米朝首脳会談　2021年に復帰
2019〜	米中貿易戦争が激化
2020	新型コロナウイルス感染症が世界に拡大
2021	バイデンがアメリカ大統領に就任
2022	ロシア軍がウクライナに侵攻

2 中東情勢と世界

●「アラブの春」とその後の混迷

2010〜	チュニジアでベン＝アリー政権（23年間）が打倒される（ジャスミン革命）
2011	エジプトでムバラク政権（約30年間）が打倒される リビアでカダフィー政権（40年以上）が打倒される

（解説）「アラブの春」とは，2010年末以降アラブ諸国で相次いだ長期独裁政権の崩壊と，その要因となった民主化を求める民衆の動きをいう。

しかし，チュニジアのジャスミン革命（ジャスミンが同国を代表する花であることからこういう）はさておき，エジプトやリビアではその後も政治・経済の混迷・停滞が続き，「アラブの春」への希望は失望から絶望に変わりつつあるという指摘もある。

↑6 **シリア内戦** シリアでは，長期独裁のアサド政権（父の代から約40年間）への反発が内戦へと拡大し，政府軍（ロシアなどが支援）と反政府勢力（アメリカなどが支援）の間で激しい攻防戦が続けられ，およそ50万人が死亡，530万人以上が国外に避難し，それを上回る数の難民が国内に発生している（2023年3月現在）。
破壊されたアレッポの街

●9.11テロ〜イラク戦争

↑1 **9.11同時多発テロ事件**（◀P.275）
2001年9月11日，ニューヨークの世界貿易センターの二つのビルにテロリストに乗っ取られた旅客機があいついで衝突し，ビルは倒壊した。同じ時刻に別の旅客機が国防総省（ペンタゴン）に突入し，もう1機はピッツバーグ近郊に墜落した。計2,973名（日本人24名）が犠牲となる史上最悪のテロにより，21世紀は幕を開けた。テロの首謀者とされる国際テロ組織アル＝カーイダの指導者オサマ＝ビン＝ラーディンは，長らく消息不明だったが，2011年5月，パキスタン国内において米軍の攻撃を受け死亡した。

↑2 **オサマ＝ビン＝ラーディン**（1957〜2011）

↑3 **米軍によるイラク攻撃**（2003年3月）
9.11テロを受けてアメリカのブッシュ大統領はオサマ＝ビン＝ラーディンをテロの首謀者と断定，その潜伏先とみたアフガニスタンを攻撃し（2001年10月）（◀P.275），ターリバーン政権を打倒した。さらに，ビン＝ラーディンとの関係や大量破壊兵器の保有を理由に，ロシア・フランス・ドイツなどの反対や国際社会の自制を求める声をよそにイラクへの攻撃を強行し，フセイン政権を打倒した（フセインは2006年12月に処刑された）。このイラク戦争後に，フセインがビン＝ラーディンとは直接関係をもたなかったことや，イラクには大量破壊兵器が存在しなかったことなどが次々と判明し，国連の承認を得ないまま単独行動主義（ユニラテラリズム）をとったブッシュ政権は，内外の支持と信頼を一気に失った。

↑4 **ブッシュ（子）**（任2001〜09）

↓5 **フセイン**（1937〜2006）

●続発するテロ〜巻き添えとなる一般市民

*イラク・シリアなどの中東紛争地域は除く。 □□は日本人も含まれる。

年	場所	内容	犯行
2001	アメリカ，ニューヨークほか	旅客機を乗っ取りビルに突入　2,973人死亡	アル＝カーイダ
2002	ロシア，モスクワ	劇場を襲撃・占拠　人質129人死亡	チェチェン武装勢力
	インドネシア，バリ島	繁華街で自動車爆弾を爆発　202人死亡	ジェマ＝イスラミア
2004	スペイン，マドリード	列車を爆破　191人死亡	アル＝カーイダ
	ロシア，北オセチア	学校を襲撃・占拠　人質334人死亡	チェチェン独立派
2005	イギリス，ロンドン	地下鉄・バスを爆破　56人死亡	アル＝カーイダ
	インドネシア，バリ島	飲食店を爆破　23人死亡	ジェマ＝イスラミア
2008	インド，ムンバイ	ホテル・駅を爆破　174人以上死亡	イスラーム過激派？
2010	ロシア，モスクワ	地下鉄を爆破　39人死亡	イスラーム独立派？
2013	アルジェリア，イケメネス	国際ガスプラントを襲撃　48人死亡	イスラーム聖戦士血盟団
	アメリカ，ボストン	マラソン大会会場で爆弾を爆発　3人死亡	不明点が多い
	ケニア，ナイロビ	ショッピングモールを襲撃　61人死亡	アル＝シャバブ
2014	パキスタン，ペシャワール	学校を襲撃・占拠　人質141人死亡	ターリバーン
2015	フランス，パリ	雑誌社を襲撃　12人死亡	アルジェリア系フランス人
	チュニジア，チュニス	博物館を襲撃　22人死亡	ISIL戦闘員？
	フランス，パリ	劇場・飲食店などを銃撃　130人死亡	ISIL戦闘員
2016	ベルギー，ブリュッセル	空港を爆破　32人死亡	ISIL戦闘員
	アメリカ，フロリダ	ナイトクラブを銃撃　49人死亡	ISILに忠誠？
	トルコ，イスタンブル	空港を襲撃　45人死亡	ISIL戦闘員
	バングラデシュ，ダッカ	レストランを襲撃・占拠　人質20人死亡	ISILに共鳴？
	フランス，ニース	花火大会会場に大型車両で突入　84人死亡	ISILに共鳴？
	ドイツ，ベルリン	市場に大型車両で突入　12人死亡	チュニジア人
2017	イギリス，マンチェスター	コンサート会場を爆破　22人死亡	ISILが犯行声明
	スペイン，バルセロナ	メインストリートに車両で乱入　13人死亡	ISILが犯行声明
2019	ニュージーランド，クライストチャーチ	複数のモスクで銃を乱射　50人死亡	白人至上主義者
	スリランカ，コロンボ	教会・ホテルなどを爆破　258人死亡	イスラーム過激派？

ISIL（「イスラーム国」を名乗る過激派組織）の脅威 イラク戦争やシリア内戦の混乱を背景として，イラク北部からシリア北部にまたがる地域を一方的に支配し（2019年3月までにほぼ掃討される），イスラームの教義とはまったくかけ離れた狂信と暴力によって人々を蹂躙しているのがISILである。これを国家として承認している国は一つもないが，インターネットなどを巧みに駆使したプロパガンダによって過激思想をまき散らし，世界各地でさまざまなテロを誘発しているのも事実である。

3 新たな対立・緊張

●アメリカ覇権のかげりと「新冷戦」

【解説】 黒人初のアメリカ大統領(第44代,民主党)として注目された**オバマ**は,核廃絶への決意を表明した演説によりノーベル平和賞を受賞した(2009年)ほか,**キューバとの国交回復**(2015年)や広島訪問(2016年)など外交では一定の成果をあげたが,世界金融危機(リーマン=ショック)からの経済の回復に手間取り,国内では格差社会と国民の分断が一層進んだ。その一方で,「帝国化」するロシア・中国の煽りを受けて,国際社会におけるアメリカの指導力にもかげりが見られるようになった。

こうした中,「アメリカを再び偉大な国にする」と豪語して同国大統領に当選した**トランプ**(第45代,共和党)だったが,内外の情勢をいたずらに混乱させた感が大きく,これにかわった**バイデン**(第46代,民主党)も,**新型コロナウイルスの感染拡大**により混沌とする世界にあって決め手を欠いている感を否めない。「冷戦終結後最悪」とまでいわれるほど悪化してきている米ロ・米中関係だが,対立と緊張が国内生産を上昇させた時代はもはや過去のことであり,3大国の疲弊は間違いなく世界の劣化につながっていくことだろう。

●米ロ・米中関係はいかに?

ロシア

↑9 プーチン(任2000~08,12~)

シリア内戦…アサド政権を支持するロシアに対し,反政府勢力を支援してきた米国。内戦は長期化し,話し合いもつかず。
制裁強化…クリミア併合(2014年)を強行したロシアに対して制裁を続けるなか,ウクライナ侵攻となり,制裁をさらに強化。
NATO…ウクライナ侵攻に及んだロシアに対し,加盟国をさらに増やして圧力を強化。
サイバー攻撃…米大統領選への介入など手段を選ばないロシアに対し,米政権もレッドカードを辞さず。

中国

↑10 習近平(任2013~)

貿易戦争…中国を「敵国」とみなしていたトランプ政権の姿勢を,バイデン政権も継承。
南シナ海…その大半の領有を主張する中国の軍事的圧力に対し,米国は強い警戒感。
一帯一路…ユーラシア大陸をつらねる中国の巨大な経済圏構想は,ロシアを飲み込み,米国を孤立させる?
人権問題…ウイグル・チベットなどへの抑圧を続ける習近平政権に対し,米国は嫌悪感。
台湾問題…中国の武力による併合だけは米国も許さぬ構え。

↑7 オバマ(任2009~17)

↑8 トランプ(任2017~21)

米 国 インド
↑11 バイデン(任2021~)
↑12 モディ(任2014~) 米ロ,米中の対立を見越して,したたかな外交を展開するインド。今後さらに存在感を増していくことだろう。

←13 **中国が香港に設置した国家安全維持公署** 2020年,香港国家安全維持法の施行を受け,設置された治安機関。中国は,返還後50年間の「一国二制度」の約束を破って香港の統治を強化している。国際社会の批判にも耳を傾けないその強硬な姿勢に,「新冷戦」を通り越して,世界は不安と不満を感じ始めている。

●ウクライナ侵攻の衝撃

【解説】 2022年2月,**ロシア軍がウクライナに侵攻**し,世界に衝撃が走った。ロシアが侵攻に踏み切ったその理由(以下プーチン大統領の主張)は,次のとおりである。「ウクライナ東部に存在する**親ロシア派**の住民をウクライナ政府とその軍は容赦なく弾圧してきた。親ロシア派勢力が成し遂げた東部地域の解放と実効支配を認めようとせずに,この件に関するロシアとの協議にも応じてこなかった。そればかりかウクライナは,ロシアを敵視する**NATO**(北大西洋条約機構)への加盟を検討しており,ロシアの安全保障上,重大な脅威となっている」。…しかし,言うまでもなくウクライナは主権と領土をあわせもつ独立国家であり,それを武力によって侵害したロシアの行為は国際社会が容認しうるものでは到底ない。米・独・仏・英をはじめとする旧西側諸国はウクライナへの**軍事・資金援助**とともにロシアへの**経済制裁**をただちに発令し(日本もこれに参加),これまで中立路線をとってきたフィンランド・スウェーデンも急遽NATOへの加盟を申請(フィンランドは2023年に正式加盟)するなど,反ロシア色が一気に強まった。しかしその一方で,**中国・インド**などは制裁に参加せず,プーチン大統領も強気な姿勢を崩すことなく,経済制裁を科した国々に**報復措置**をとっている(2023年7月現在)。これにより,世界有数の穀物生産国である両国の輸出が滞り,アフリカ諸国など多くの人びとが食糧危機に見舞われるおそれがでてきている(ロシアのエネルギーにも依存してきたEU諸国では,燃料費をはじめとしてあらゆる物価が高騰している)。

←14 **破壊された住宅(手前)とアゾフスターリ製鉄所(奥)**(ウクライナ東南部のマリウポリ) 国連によると,2023年4月までの時点でウクライナでは約8,500人の民間人が死亡したとされ,その数はその後も増え続けている。

4 地球環境と食糧の危機

1994年

2006年

↑15 **スイスの氷河の減少** CO₂の排出増などを原因とした地球的規模の**温暖化**現象は21世紀に入ってさらに顕著になってきており,氷山や氷河が溶けたことに伴う**海面の上昇**により,ツバルなどの太平洋上の島国は水没の危機に直面している。かりに極地の氷がすべて溶けだすと海面は60m以上上昇し,世界の大半の都市が水没する。

←16 **穀物生産のため伐採が進むアマゾン川流域** CO₂の排出量が増えないことから石油燃料の代替物として注目されているのが**バイオ燃料**である。バイオ燃料とは,生物体のもつエネルギーを利用したアルコール燃料や合成ガスのことだが,その産出にはサトウキビ,小麦,トウモロコシなどの穀物が大量に使われる。すでに,人間の食用ではなく家畜の飼料として生産・消費される穀物が多い中,バイオ燃料のために新たに穀物が必要とされれば,その価格は倍数的に高騰し,穀物自給率の低い国や低所得の人々をたちまち「食糧危機」におとしいれるおそれがある。

世界史の交差点

なくならない疫病(感染症)の恐怖

中国・武漢に始まった**新型コロナウイルス感染症**は,2020年世界中へと拡大し,多くの犠牲者を出したばかりでなく,深刻な経済的打撃を及ぼし続けている(東京オリンピックも延期)。それは1世紀前の第一次世界大戦末期に大流行した新型インフルエンザ(通称スペイン風邪)の悪夢(大戦を上回る数千万人が犠牲になったとされる)を彷彿させ,14世紀半ばにヨーロッパで猖獗を極めた黒死病(◀P.31・148)を例にとるまでもなく,疫病(感染症)というものが引き続き現代の人類にとっても恐れるべき厄介な難題であることを示している。とくに毒性の強い「鳥インフルエンザ」が感染者の中で変異しながらパンデミック(世界的大流行)を引き起こした場合,驚くほど多くの人命が失われるという予測もある。

→17 **防毒マスクをつけての鳥の処分**(イギリス)

ヨーロッパ / 西アジア / 南・東南アジア / 東アジア / アメリカほか

赤字：重要事項
□：戦争・戦乱・軍事

地質年代	考古年代	ヨーロッパ	アフリカ・オリエント
更新世	旧石器時代	前100万〜前50万年頃　ハイデルベルク人（原人） 前20万年頃　ネアンデルタール人（旧人） ＊埋葬の習慣 前3万年頃　クロマニョン人（新人） 　　　　　　グリマルディ人（新人） ＊洞穴絵画，女性裸像	前700万年頃　サヘラントロプス（トゥーマイ猿人） 前440万年頃　ラミダス猿人 前400万年頃　アウストラロピテクス（猿人） ＊オルドヴァイ文化（礫石器）
完新世	中石器時代 新石器時代	＊細石器・骨角器の使用	＊初期農耕の開始

	イタリア等	エーゲ海・ギリシア	小アジア	エジプト	シリア・パレスチナ
前3000	前3000頃　西ヨーロッパ巨石文化（ドルメン・メンヒル・ストーンサークルの建造） 前1700頃　青銅器時代が始まる 前1200頃　イタリア人の南下	前3000〜前2500頃　ギリシア・エーゲ海で青銅器の使用開始 前2000頃　ギリシア人の祖先が南下 ＊クレタ島でクノッソスの大宮殿建設 前1800頃　クレタ，エーゲ海を支配し，全盛へ 前1600頃　ギリシア本土でミケーネ文明勃興 前1400頃　クレタ文明滅亡 前1250頃　ギリシア連合軍がトロイアを滅ぼす 前1200頃　東地中海一帯で「海の民」の侵入ドーリア人が鉄器をもって南下 前1100頃　この頃，ミケーネ文明が崩壊し，暗黒時代（初期鉄器時代）へ突入	**ヒッタイト** （前1680頃〜前1200頃） ＊オリエントで最初に鉄器を使用 前1595頃　バビロン第1王朝（古バビロニア王国）滅ぼす 前1380　ヒッタイト全盛へ 前1284　ヒッタイトとエジプト，平和条約を締結 前1200頃　「海の民」の攻撃で滅亡	前3000頃　メネス王，上下エジプト統一ヒエログリフの使用始まる ＊「死者の書」・ミイラ 前2650頃　古王国時代 前2580頃　クフ王，ギザに大ピラミッド 前2020頃　中王国時代 前1720頃　ヒクソスが流入，支配（〜前1567頃） 前1567　新王国時代 トトメス3世（位前1504〜前1450） ＊エジプトの領土最大 アメンヘテプ4世（アクエンアテン，位前1379〜前1362） ＊宗教改革，アマルナ美術 ツタンカーメン（位前1361頃〜前1352頃） ラメス2世（位前1304頃〜前1237頃）	前13世紀　モーセの出エジプト 前1200頃　アラム人（セム系），ダマスクスを中心に陸上貿易に従事 ＊アラム語・アラム文字 前1200頃　フェニキア人（セム系），シドン・ティルスを中心に地中海上貿易に従事 ＊フェニキア文字の発明 **ヘブライ王国** （前1020頃〜前922頃）
前1000	前1000頃　イタリア，鉄器時代に入る 前779頃　ヨーロッパで鉄器時代が始まる（ハルシュタット文化・ケルト人） 前753　伝承では，ローマが建国される ＊エトルリア諸都市の興隆と文化の開花 ＊ヨーロッパでラ＝テーヌ文化（ケルト人が担い手）	前776　伝承では第1回オリンピア競技会開催 前750頃　ポリス形成 前750〜前550頃　黒海・地中海沿岸にギリシア人の植民活動 前750頃　ギリシア語アルファベットの成立 前730頃　ホメロス『イリアス』・『オデュッセイア』 前722頃　重装歩兵が成立 前700頃　ヘシオドス『労働と日々』・『神統記』 前700頃　リュクルゴスの改革（スパルタ） 前683頃　アテネで9人のアルコン（執政官） 前660頃　スパルタ，メッセニア征服 前621頃　アテネでドラコンの立法 前594　アテネでソロンの改革（財産政治） ＊叙情詩人サッフォー，ピンダロスや自然哲学（イオニア学派）のタレス，ピタゴラス，ヘラクレイトスらの活躍 前561頃　アテネでペイシストラトスが僭主となる	**リディア** （前7C〜前546） ＊世界最古の金属貨幣を鋳造 前546　ペルシアに滅ぼされる	前747　エチオピア人（クシュ王国）の支配始まる（〜前656） 前680　アッシリア，エジプトに侵入 **オリエント世界の統一** 前671　アッシリア，エジプト征服 **アッシリアの領土，最大** （アッシュルバニパル王の治世）	ダヴィデ（位前1000頃〜前960頃） ソロモン（位前960〜前922頃） **イスラエル王国**（〜前722）｜**ユダ王国**（〜前586） 前814　フェニキア人，カルタゴ市建設 前722　イスラエル，アッシリアに滅ぼされる 前667　アッシリア，シドン破壊 前586　ユダ，新バビロニアに滅ぼされる
前500	**共和政ローマ（前509〜前27）** 前509　伝承では，王政が倒され，共和政開始 前494　聖山事件（貴族と平民の対立が背景，平民がローマ退去） 前471頃　護民官，平民会の設置 前450頃　十二表法の制定 前445　カヌレイウス法の制定 前396　ウェイイ（エトルリア人の都市）を占領 前390　ケルト人，ローマを掠奪 前367　リキニウス・セクスティウス法制定（コンスルの1名を平民より選出）	前510　アテネで僭主ヒッピアス追放 前508　アテネでクレイステネスの改革（オストラキスモス，民主政治） 前478頃　デロス同盟の成立 前443〜前429　ペリクレス時代 前432　パルテノン神殿の完成（フェイディアス） **前431〜前404　ペロポネソス戦争** ＊悲劇作家　アイスキュロス・ソフォクレス・エウリピデス ＊喜劇作家　アリストファネス ＊歴史家　ヘロドトス・トゥキュディデス 前399　ソクラテス刑死　　＊プラトン 前395〜前386　コリントス戦争　『国家論』 **前371　レウクトラの戦い**	前546　ペルシアに滅ぼされる	前525　ペルシアに滅ぼされる **前525　アケメネス朝ペルシアによるオリエント世界の統一** **アケメネス朝ペルシア** 前500　イオニア植民市でペルシアに対する反乱勃発（〜前494） **前500〜前449　ペルシア戦争** **前492　第1回ギリシア遠征開始（トラキア・マケドニア方面）** **前490　第2回ギリシア遠征開始（マラトンの戦いでギリシア側が勝利）** **前480　第3回ギリシア遠征開始（テルモピレーの戦い，サラミスの海戦）** **前479　プラタイアの戦い，ミカレ岬の海戦** **前449　カリアスの和約（ペルシア戦争終結）**	

ヒッタイトの鉄 ◀P.49

あなたが私に書いてきた良質の鉄(中略)鉄を生産するには悪い時期なのです。彼らは良質の鉄を製造中です。いまのところ作業は終わっていません。
(鉄が)できあがりましたら，私はあなたに送りましょう。今日のところは私はあなたに一振りの鉄剣を送ります。

（大村幸弘『アナトリア発掘記』NHKブックス）

解説 ヒッタイトの首都，ボアズキョイで発見された粘土板に刻まれていた文書で，鉄を求めてきた他国に対し，在庫が無いことを理由にその要求を断っている。前1500年頃，ヒッタイトは製鉄の技術を会得しその生産を独占していた。そして鉄の独占がヒッタイトの発展に大きく貢献した。

死者の書 ◀P.50

「私は人びとに対し不正を犯したことはありません。人びとを虐待したことはありません。正義の場で罪を犯したことはありません。知るべきでないことを知ろうとしたことはありません。(中略)神を冒瀆したことはありません。貧しい者の財産を削ったことはありません。神々の忌み嫌うことをしたことはありません。主人の前で奴隷の悪口をいったことはありません。苦しめたことはありません。飢えさせたことはありません。泣かせたことはありません。殺したことはありません。殺せと命じたこともありません。」

（屋形禎亮ほか『生活の世界歴史(1) 古代オリエントの生活』河出書房新社）

解説 新王国時代以降，死者はパピルスに書かれた「死者の書」とともに墓に葬られた。古代エジプト人の死後の世界における案内書で，冥界の王，オシリス神の前での裁判に勝ち，来世での幸福を得るために必要な呪文が記されている。

緑字：重要治政者に関する事項　青字：文化に関する事項
　：条約・会議・会談　　：国際的に関連する事項　＊：その頃

オリエント	アジア		アメリカ
	（ジャワ島） 前50万年頃　ジャワ原人 （直立原人） 前5000頃　インド，ガンジス川 流域に稲作農耕文化	前170万年頃（一説に前70万年頃） 元謀原人　　　前100万年頃　藍田原人　　　前50万年頃　北京原人 前6万～前5万年頃　周口店上洞人 前5000～前3000頃　長江流域に稲作農耕文化（河姆渡文化） 前5000～前3000頃　黄河中流域に仰韶文化（彩陶文化）	前30000頃 人類がベーリ ング陸橋を通 り，アメリカ大 陸に至る 前5000頃 トウモロコシ， カボチャ栽培
前6800頃　ジャルモ文化			

メソポタミア	イラン	南アジア・中央アジア	中国・日本	アメリカ	
前3500頃　メソポタミア（ティグリス・ユーフラテス流域）で 　　　　都市国家成立（楔形文字・六十進法） 前2900頃　シュメール初期王朝（～前2317）の成立 前2500頃　（シュメール）ウル第1王朝の成立 前2316　サルゴン，アッカド王国（セム系，～前2125）を建国 前2112　（シュメール）ウル第3王朝の成立（～前2006） 　＊ウル＝ナンム法典（世界最古の法典）		前2600頃　インダス文明の形成 　　　　ハラッパー，モエンジョ＝ダーロ 前1800頃　インダス文明の衰退	前3500頃 前3千年紀，黄河流域に竜山文化　　　縄文文化前期 （黒陶文化）　　　　　　　　三内丸山遺跡 　　　　　　　　　　　　　　　（青森県） 前1900頃　二里頭文化（黄河中流域）		前3000
ミタンニ王国 （前1600頃～前1270頃）	バビロン第1王朝（古バビロニ ア王国，前1894頃～前1595頃， セム系アムル人）		殷（商，前16C頃～前11C頃） 　＊都市国家（邑）の連合体として成立 　＊殷墟・甲骨文字		
前1550　アッシリアを 　　　　服属させる	前1500頃 アーリヤ人 の進入 前1350頃 エラム王国 の繁栄	ハンムラビ（前1792～前1750） ＊ハンムラビ法典編纂 前1595頃　ヒッタイト人侵入	前1500頃　アーリヤ人の進入	前11C頃　牧野の戦い（殷の紂王が周の武王 　　　　に敗れ，殷滅亡）	
アッシリア王国 （前1365～前612） 前1365　ミタンニより 　　　　自立	前1595　バビロンにカッシー ト王国成立（～前1155）		前1200頃　『リグ＝ヴェーダ』がつくられる 　＊バラモン教の成立	周（西周，前11C頃～前770） 前11C　武王が鎬京を都に建国 　＊封建制度の確立	
前796頃　ティグリス川以東へ進出 前722　サルゴン2世，イスラエルを滅ぼす 前680　オリエント世界の統一 アッシュルバニパル王（位前668～前627） ＊アッシリアの領土拡大 ＊首都ニネヴェに大図 書館建設	前7C頃 ゾロアスター 教の成立	前1000頃　アーリヤ人，ガンジス川上流 域に進出，ヴァルナ制の確立 前900頃　鉄器の使用が始まる 前7C頃　中央アジアにスキタイ文化の 影響拡大 前650頃　ガンジス川中流域に都市が興る 前600頃　ウパニシャッド哲学の成立	前1000～前300頃 縄文文化晩期 亀ヶ岡遺跡 （青森県） 前770　犬戎侵入，幽王敗死，周滅ぶ	前9C頃～前1C 頃 アンデス地方 でチャビン文 化栄える	前1000
新バビロニア（カルデア） （前625～前538） ネブカドネザル2世 （位前604～前562） ＊都バビロンの繁栄 前612　新バビロニア， メディア連合軍 に滅ぼされる 前586　イェルサレムを破壊， ユダを滅ぼす（バビロ ン捕囚）	メディア		東周（春秋戦国時代，前770～前221） 前770　平王，洛邑に遷都（周の東遷） 前722　『春秋』の記述が始まる 　＊春秋の五覇　斉の桓公 　　　　　　　晋の文公　（呉の闔閭，秦の 　　　　　　　楚の荘王　穆公，宋の襄公な 　　　　　　　越の勾践　どの異説あり） 　　　　　　　呉の夫差	前8C頃～前3C 頃 メキシコでオ ルメカ文明栄 える	
アケメネス朝ペルシア （前550～前330）		＊仏教の成立（ガウタマ＝シッダール タ，前563頃～前483頃） ＊ジャイナ教の成立（ヴァルダマーナ， 前549頃～前477頃）			
前538　ペルシアに滅ぼされる	前550 キュロス2世 （位前559～前530） メディアを滅 ぼす 前546 キュロス2世， リディアを滅 ぼす	前521　ペルシアのダレイオス1世，パ ンジャーブ・シンド地方征服 前518　ダレイオス1世，ガンダーラ地方征服	＊諸子百家　学術・思想の発達 孔子（儒家，前551頃～前479）		
アケメネス朝ペルシアの領土拡大 前538　キュロス2世，ユダヤ人をバビロン捕囚より解放 カンビュセス2世（位前530～前522）			老子（道家，生没年不詳） 墨子（墨家，前480頃～前390頃） 孫子（兵家，生没年不詳） 孟子（儒家）（前372頃～前289頃） 荘子（道家）（前4C頃） 荀子（儒家）（前298頃～前235頃） 韓非子（法家）（？～前233）		前500
ダレイオス1世（位前522～前486） ＊ベヒストゥーン碑文 ＊サトラップ制に基づく中央集権の確立 ＊スサ～サルデス間の王の道を建設			＊呉王・越王の抗争（臥薪嘗胆の由来） ＊鉄器の使用が徐々に広がる		
			前403　晋の分裂（韓・魏・趙氏が独立して，周王 　　　　より諸侯と認められる） 前403～前221　戦国時代 　＊戦国の七雄（秦・楚・斉・燕・韓・魏・趙）		
		前386頃　第2回仏典結集 前364頃　マガダ国にナンダ朝隆盛	前359　秦の商鞅（法家）の政治改革始まる		

女の平和（◀P.64）

　リュシストラテ　それから，あなたたちが往来で「この国には人物がいない」と言った
り，ほかの人が「いや，まったくいないよ」というのをはっきり聞いたとき，それからす
ぐさまわたしども女が集まって，ギリシアを救うことを，きめました。ためらうことが
どこにあります？　それですから，わたしどもがしていたように，こんどはあなた方が
わたしどもが見事に演説するのを聞いて，黙っている番にまわったら，あなた方の過
ちをうまく直してあげられるでしょう。

『世界古典文学全集12　アリストパネス　女の平和』筑摩書房）

（◀解説）前411年に発表された，アテネの喜劇作家アリストファネスの作品。ペロポネソ
ス戦争をやめない男たちに対して，セックス＝ストライキを行って戦争をやめさせる内
容になっている。ほかの彼の作品として『女の議会』『雲』などが現存している。

商鞅の変法（◀P.84）

　（前略）その内容は，民に十戸，五戸の隣保組を編制し互いに監視し，犯罪には連座
させる。犯罪を通報しない者は腰斬の刑とし，犯罪を通報した者は敵の首をとったのと同
じ賞を与え，犯罪者をかくまう者は敵に降服したのと同等に罰する。（中略）大人も子
供も力を合わせて耕作，機織を本業とし，穀物や絹織物を納めることの多い者は夫役を
免除し，商工業に従事したり，または怠けて貧しかったりする者は糾明して官の奴隷と
する。

『新釈漢文大系　史記8〔列伝2〕商君列伝第八』明治書院）

（◀解説）衛で生まれた商鞅は，秦の孝公に仕えて大規模な改革を行い，秦を強国に育て上
げた。この改革を商鞅の変法と呼ぶ。その内容は，法の厳重なる執行，農業・軍功に対す
る徹底した成果主義，什五の制の実施などからなる。しかし孝公の死後，商鞅は反対派の
貴族によって捕らえられて処刑されてしまった。

史料

地中海世界 ／ 西アジア・北アフリカ

	地中海世界			西アジア・北アフリカ
	カルタゴ	共和政ローマ	ギリシア	アケメネス朝ペルシア

前350

カルタゴ（前814頃～前146）
*前4Cまでに西地中海の制海権を握る

共和政ローマ

前343～前290 サムニウム戦争（サムニウム諸都市を支配）

前340～前338 ラティニ戦争（ラティウム諸都市を支配）

*ポリス間の抗争が続く

マケドニア
フィリッポス2世（位前359～前336）

ペルシア朝 前386 大王の和約（アンタルキダスの和約）

ポリス2世 フィリッ 前338 カイロネイアの戦い
前337 コリントス同盟の結成

前333 イッソスの戦い

アレクサンドロス3世（大王, 位前336～前323）
前332 エジプト征服 前331 アレクサンドリア建設

前300

前312 アッピア街道建設

前335 アリストテレス, リュケイオン学園を開く
前334 東方遠征開始 前323 大王, バビロンで病死 前330 ペルシア帝国を滅ぼす

前331 アルベラ（ガウガメラ）の戦い

前330 滅亡

前287 ホルテンシウス法

前272 タレントゥム占領（イタリア半島征服終了）

*ディアドコイ戦争（アレクサンドロスの死後, 部下の将軍間で後継者争い）前301 イプソスの戦い（アレクサンドロス帝国の分割）

ギリシア
前280 アカイア同盟の再建
*エピクロス（エピクロス派）
*ゼノン（ストア派）

アンティゴノス朝マケドニア（前276～前168）

トラキア・リシマコス朝（前306～前281）

プトレマイオス朝エジプト（前304～前30）

セレウコス朝シリア（前312～前64）

前264～前241 第1回ポエニ戦争（ローマの勝利, シチリア・サルデーニャ初の属州に）

前237 カルタゴ＝ノウァ建設

*都アレクサンドリアの隆盛

前218～前201 第2回ポエニ戦争（ハンニバル戦争）
前216 カンネー（カンナエ）の戦い（ハンニバル大勝利）
前202 ザマの戦い（大スキピオ, ハンニバルを破る）

前215～前205 第1次マケドニア戦争

ペルガモン王国（前241～前133）

前200

前200～前197 第2次マケドニア戦争

*ムセイオンを中心にヘレニズム文化栄える
エウクレイデス
アルキメデス
アリスタルコス
エラトステネス

前171～前168 第3次マケドニア戦争

前168 ピュドナの戦い

前168～前142 マカベア戦争（ユダヤ人の独立戦争）

前166 ハスモン朝（ユダヤ系）（～前63）

前149～前146 第3回ポエニ戦争

前148 マケドニア, ローマの属州化

前146 滅亡

前146 ローマ, コリントを破壊
ギリシア, ローマの属州となる
*歴史家ポリビオス

*中小農民の没落が進む
前133 スペイン領有
前133～前121 グラックス兄弟の改革（失敗）

前133 ローマの属州化

前111～前105 ユグルタ戦争（ローマとヌミディア王ユグルタとの戦い）
前107 マリウスの兵制改革

前100

前91～前88 同盟市戦争（同盟市がローマ市民権を要求）
前88 マリウス（平民派）とスラ（閥族派）の抗争

前64 ポンペイウスに滅ぼされる

前73～前71 スパルタクスの反乱（剣闘士の大反乱, クラッススが鎮圧）
前60～前53 第1回三頭政治（ポンペイウス・クラッスス・カエサル）
前58～前51 カエサルのガリア遠征（前55～前54年にはブリタニア遠征も行う）

前88～前63 ミトリダテス戦争
前64～前63 ポンペイウス, 西アジアを征服し, ローマの属州とする

前53 カルラエの戦い（パルティア大勝,

前48 ファルサロスの戦い（ポンペイウス, カエサルに敗れる）
前46～前44 カエサルの独裁
前44 カエサル暗殺（ブルートゥスら元老院共和派による）
前43 第2回三頭政治（オクタウィアヌス・アントニウス・レピドゥス）

前51 カエサル『ガリア戦記』
*キケロ『国家論』
前45 カエサル, ユリウス暦を採用

クレオパトラ（位前51～前30）

前31 アクティウムの海戦（オクタウィアヌスがアントニウス・クレオパトラ連合軍を破る）
前30 オクタウィアヌスのエジプト征服により, ローマ, 地中海世界の統一完成
前27 オクタウィアヌスが元老院からアウグストゥスの称号を受ける（元首政開始）

前30 クレオパトラ自殺し, プトレマイオス朝滅亡

ローマ帝国（前27～後395）

B.C.
A.D.

アウグストゥス（位前27～後14）
*ローマで大土木工事が行われる

*ラテン文学の黄金時代 ウェルギリウス『アエネイス』・ホラティウス・オウィディウス
前4頃 イエス誕生

9 トイトブルクの戦い（ゲルマン人にローマ軍惨敗）

*ストラボン『地理誌』 リウィウス『ローマ建国史』

43 ブリタニアを併合・属州化
46 トラキアを併合・属州化

28頃 イエス伝道開始
30頃 イエス刑死
44～64頃 使徒パウロの伝道

40頃 『エリュトゥラー海案内記』, アレクサンドリアで刊行

ネロ（位54～68）

64 ローマ市大火 ネロによるキリスト教徒迫害（ペテロ殉教）
79 ウェスウィウス火山大爆発（ポンペイ埋没, 『博物誌』の著者大プリニウス殉職）

65 セネカ, ネロに死を命じられる

66～70 第1次ユダヤ戦争
73 マサダの要塞陥落（全員自害）

80 コロッセウム完成

アリストテレスの奴隷制擁護論 （◀P.60）

奴隷は生きた財産である。(中略)奴隷にとっては統治されるのが良いことである。(中略)奴隷と家畜の用途には大差がない。なぜなら両方とも肉体によって人生の必要に奉仕するものだから。自然は自由人と奴隷の肉体を区別することを欲し, 一方を不可欠な用途に適した頑強なものに作り, 他方を, 直立し, この種の仕事には向かぬが, 戦時や平時の政治的生活に役立つように作っている。(中略)あるものが生まれながらにして自由人であり, あるものが奴隷であるとすれば奴隷であることも正義にかなったことであることは明白である。

(太田秀通訳『西洋史料集成』平凡社)

◀解説▶ 『政治学』の中でアリストテレスが述べている奴隷制擁護の一節である。古代ギリシアのポリス社会においては, 奴隷制の存在なくして成年男性市民による民主政治や文化の創造はありえなかった。

グラックス兄弟の改革 （◀P.66）

彼はいった。イタリアの野に草を食む野獣でさえ, 洞穴を持ち, それぞれ自分の寝ぐらとし, また隠処としているのに, イタリアのために戦い, そして斃れる人たちには, 空気と光のほか何も与えられず, 彼らは, 家もなく落着く先もなく, 妻や子供を連れてさまよっている。(中略)彼らは, 他人の贅沢と富のために戦って斃れ, 世界の支配者と謳われながら, 自分自身のものとしては土塊だに持っていないのだ, と述べたのである。

(『世界古典文学全集23』プルタルコス「ティベリウス・グラックスとガイウス・グラックス」筑摩書房)

◀解説▶ ティベリウス（兄）とガイウス（弟）の兄弟は護民官に就任し, 没落していた中小自作農の救済を行うため大土地所有を制限しようとしたが, 保守派の反対によって二人とも失敗した。この文章は没落農民の悲惨な状況を, ティベリウスが語った演説の一部である。

西・中央アジア		南アジア・東南アジア	北アジア	中国	朝鮮半島	日本	
アケメネス朝ペルシア		＊『マハーバーラタ』・『ラーマーヤナ』の原形ができる 前327～前325　アレクサンドロス大王のインド遠征 前317頃　ナンダ朝，滅亡		**東周（春秋・戦国時代）**		縄文・弥生	前350
				戦国時代		稲作と金属器を伴う弥生文化成立	
				前338　商鞅刑死 ＊青銅貨幣の流通 前333　蘇秦（縦横家），合従策を説く 前328　張儀（縦横家），秦の宰相となり連衡策を説く			
セレウコス朝シリア （前312～前64）		**マウリヤ朝（前317頃～前180頃）** 前317頃　チャンドラグプタ王（位前317～前296頃），パータリプトラを都にマウリヤ朝成立					
		（ベトナム） 前3C～前1C頃 ドンソン文化		前256　周，秦に滅ぼされる　＊屈原『楚辞』 前247　秦王政，即位			前300
パルティア （前248～後224）	**バクトリア** （前255頃～前145頃）	**アショーカ王（位前268頃～前232頃）** 前261　カリンガ征服 前244　第3回仏典結集	**匈奴**	**秦（前221～前206）** 前221　秦王政，中国統一，始皇帝と称す 始皇帝（位前221～前210） 前221　度量衡の統一・郡県制の施行			
前248頃　アルサケス，セレウコス朝より独立	前255頃　セレウコス朝より独立	＊上座部仏教の南伝（伝承では，王子マヒンダがスリランカに布教） ＊磨崖碑・石柱碑の設置		前215　秦の将軍蒙恬，匈奴に遠征 前214　南越を征服し，南海3郡を設置 前213～前212　焚書・坑儒　＊万里の長城 前209　陳勝・呉広の乱　項羽，劉邦の挙兵			
		（ベトナム）前214　南越滅ぼされ，南海3郡が置かれる	**冒頓単于** （前209～前174） ＊月氏を天山方面に圧迫	前206　秦滅亡 前202　垓下の戦い（劉邦，項羽を破る）			前200
	前175頃　西北インド侵入 メナンドロス （位前166～前150） 前145頃　大月氏に滅ぼされる	**シュンガ朝** （前180頃～前68頃） 前180頃　マウリヤ朝を滅ぼして成立 北インドを支配		**前漢（前202～後8）** **高祖（劉邦，位前202～前195）** ＊郡国制の施行 前200　白登山の戦い（冒頓単于，高祖を破る） 前154　呉楚七国の乱	**衛氏朝鮮** 前190頃～衛氏朝鮮の成立 （～前108）		
前142　バビロニア占領 ＊パルティア全盛	**大月氏** 前140頃　大月氏興る			**武帝（位前141～前87）** 前139　張騫を西域に派遣（～前126） 前136　五経博士の設置（董仲舒の献策） 前123～前121　衛青，霍去病，匈奴を大いに破る 前118　五銖銭の鋳造 ＊均輸・平準　＊塩・鉄・酒の専売 前111　南越国を征服し，9郡を設置 前108　衛氏朝鮮を滅ぼし，楽浪以下4郡を設置 前104～前102　李広利，フェルガナ（大宛）遠征 前97　司馬遷『史記』完成			前100
（クラッスス戦死）		**サータヴァーハナ朝** （前1C～3C） 前1C　デカン高原西部に成立	＊ノインウラ文化時代				
	前70頃　アム川南に進出		前1C半ば　匈奴，東西に分裂	前60　西域都護の設置			
		前28頃　サータヴァーハナ朝，デカン高原一帯を統一 ＊季節風を利用したローマとの貿易で繁栄		前7　哀帝，限田法を発布（実施できず） 前2　仏教伝来（一説に後67頃）	楽浪郡など朝鮮4郡		B.C. A.D.
				新（8～23） 後8　王莽，前漢を滅ぼし，皇帝を称す 18　赤眉の乱（～27） 23　王莽戦争で死ぬ，新滅亡 **後漢（25～220）** 25　劉秀（光武帝，位25～57）都：洛陽			
クシャーナ朝 （1C～3C） 45頃　クジュラ＝カドフィセスが建国 1C中頃　ガンダーラ美術が生まれる		40　ベトナムの徴姉妹，漢に対して反乱を起こす（～43）		57　倭の奴国王，後漢に朝貢し，光武帝より印綬を授かる 73　班超，西域を討つ（～90） 81　班固『漢書』完成 91　班超，西域都護に任じられる 94　班超，西域50余国を漢に服属させる 97　班超，甘英を大秦に派遣する			

アショーカ王碑文（◀P.76）

　灌頂13年（即位13年目）に，法大官が私によって任命された。かれらは，ヨーナ（ギリシア人居住地）・カンボージャ・ガンダーラ（中略）・ピティニカ（中部インド，デカン高原）のあいだにおいて，あるいは他の西方の隣邦人〔が住むところ〕において，法の確立と法の増進のために，法に専心するものの利益と安楽のために，すべての宗派に関して従事している。かれらは，法に専心するものの利益と安楽のために，貪著（欲張り執着すること）を離れしめるために，従僕と主人，婆羅門（バラモン）と毘舎（過去七仏），寄る辺なき人，老人に関して従事している。

（塚本啓祥訳『アショーカ王碑文』第三文明社）

◀解説 前3世紀，アショーカ王は悲惨なカリンガ征服を契機に仏教に帰依し，ダルマ（法）を新たな統治理念に掲げ，その理念を磨崖碑・石柱碑に刻ませた。

始皇帝（◀P.86）

　『〔（前略）臣たちは謹んで教学官の博士と論議し，次のごとく案を立てまして，『むかし天皇があり，地皇があり，泰皇がありましたが，泰皇が最も尊貴でございます。臣らは，敢て死を冒して尊号をたてまつり，王を泰皇と称し，王命を制と称し，王令を詔と称し，天子は朕と自称されますように』と，なされたいということになりました』と。王はいった，「泰を取り去って皇を著し，上古の帝位の号をとって「皇帝」と号することにする。その他は，おまえたちの議定の通りにしよう」と。

（『新釈漢文体系　史記1〔本紀〕秦始皇本紀第六』明治書院）

◀解説 始皇帝はそれまで君主の称号として使われてきた王に代わって，皇帝の称号を使用した。また皇帝の自称として朕の使用を始めた。また始皇帝は郡県制の全国実施や，度量衡の統一など中央集権体制の確立を進めていった。

史料

赤字：重要事項
□：戦争・戦乱・軍事

		西ヨーロッパ・南ヨーロッパ	東ヨーロッパ	西アジア
		ローマ帝国		

100	元首政	五賢帝時代(96〜180) ネルウァ(位96〜98)(元老院の推挙) トラヤヌス(位98〜117) ＊帝国の領土最大 101〜106 ダキア遠征(106 ローマの属州となる) ハドリアヌス(位117〜138) 122頃 ブリタニアにハドリアヌスの長城建設 アントニヌス＝ピウス(位138〜161) マルクス＝アウレリウス＝アントニヌス(位161〜180) 180 マルクス＝アウレリウス＝アントニヌス没 ＊『自省録』 ＊帝国の衰退が始まる 193 セプティミウス＝セウェルス，軍隊に擁立され皇帝に即位	98 タキトゥス『ゲルマニア』刊 ＊プルタルコス『対比列伝』 ＊エピクテトス『語録』 150頃 ゴート人，南下を開始し，黒海沿岸に定住 ＊プトレマイオスの活躍 (数学・天文学・地理学) ＊医学 ガレノス	＊『新約聖書』成る 114〜117 パルティア遠征(114 メソポタミア， ローマの属州となる) 132〜135 第2次ユダヤ戦争(ユダヤ人， イェルサレムより追放)
200	軍人皇帝時代	カラカラ(位198〜217) (軍人皇帝の出現) 212 アントニヌス勅令(ローマ市民権を帝国内の全自由民に付与) 216 カラカラ浴場の完成 220以後，ゲルマン人，イタリア・ガリアに侵入 235〜284 軍人皇帝時代(狭義の軍人皇帝時代。この間，26人 の皇帝が軍隊に廃立される) 249 キリスト教徒への大迫害 260 皇帝ウァレリアヌス，ササン朝ペルシアのシャープール 1世に敗れ，捕虜となる		
	専制君主政	ディオクレティアヌス(位284〜305) ＊ドミナトゥス(専制君主政)の開始 293 帝国の四帝分治		＊シリアにパルミラ王国繁栄
300		303 最後のキリスト教徒大迫害 コンスタンティヌス(位306〜337) 313 ミラノ勅令(キリスト教を公認) 324 コンスタンティヌスの単独統治(帝国の再統一) 325 ニケーア公会議(アタナシウス派を正統，アリウス派を異端とする) 330 ビザンティウムへ遷都し，コンスタンティノープルと改名 332 コロヌス土地緊縛令(コロヌスの移動を禁止) ユリアヌス(背教者，位361〜363) ＊ギリシアの神々の復活を企図し，キリスト教徒を迫害 378 アドリアノープルの戦い(皇帝ウァレンス(ワレンス)，敗死) テオドシウス(位379〜395) 392 キリスト教の国教化(異教の禁止) 395 テオドシウス死，ローマ帝国の東西分裂	375 西ゴート人，フン人に圧迫され南下(ゲルマン人の大移動開始) 376 西ゴート人，ドナウ川を渡る 394 最後のオリンピア競技会	

400		西ローマ帝国(395〜476)			ビザンツ帝国(東ローマ帝国)(395〜1453)
		ホノリウス(位395〜423) 406 ヴァンダル・スエヴィ・アラン諸人，スペイン方面に移動開始 410 西ゴート王アラリック，ローマに侵入		ローマ教会	ヴァンダル王国 (429〜534)	テオドシウス朝(395〜518)

ホノリウス(位395〜423) 406 ヴァンダル・スエヴィ・アラン諸人，スペイン方面に移動開始
410 西ゴート王アラリック，ローマに侵入
433 アッティラ，フン人の王に即位(位〜453)，勢力を拡大
443 ブルグンド人，ローヌ川上流に王国建設

西ゴート王国 (418〜711)	アングロ＝サクソン	カタラウヌムの戦い(西ローマ・フランク・ 西ゴート連合軍がアッティラを破る)

413頃 アウグスティヌス『神の国』
429 ガイセリック，カルタゴの故地に王国建設
431 エフェソス公会議(ネストリウス派を異端とする)

418 南ガリアに王国建設
450頃 アングル・サクソン・ジュート人，ブリタニアに侵入
451 カタラウヌムの戦い(西ローマ・フランク・西ゴート連合軍がアッティラを破る)
453 アッティラ死，フン帝国瓦解
476 西ローマ帝国の滅亡

452 教皇レオ1世(位440〜461)，アッティラを退ける
455 ローマに侵入・掠奪
451 カルケドン公会議(キリスト単性論を異端とする)

フランク王国
メロヴィング朝(481〜751)
クローヴィス(位481〜511)
486 ソワソンの戦い
496 クローヴィス，アタナシウス派に改宗
508 フランク最古のサリカ法典成立
534 ブルグンド王国併合

オドアケルの王国
(476〜493)
東ゴート王国(493〜555)
テオドリック(位473頃〜526)

499 ブルガール人の侵入

| 500 | 507 クローヴィスに破れる(のち，イベリア半島に移動) |

ユスティニアヌス朝(518〜610)
534 ビザンツ帝国に滅ぼされる
ユスティニアヌス(位527〜565)
534 ヴァンダル王国を滅ぼす

529 ベネディクトゥス(480頃〜550頃)，モンテ＝カシノ修道院創設(ベネディクト修道院の始まり)

555 ビザンツ帝国に滅ぼされる
ランゴバルド王国(568〜774)
568 北イタリアに建国

533 トリボニアヌス『ローマ法大全』完成
537 ハギア＝ソフィア聖堂(ビザンツ様式)の完成
540〜562 ササン朝ペルシアのホスロー1世と戦う
547 サン＝ヴィターレ聖堂(ラヴェンナ)完成
555 東ゴート王国を滅ぼす ＊モザイク工芸が盛ん
＊スラヴ族，バルカン半島を南下・移住

『ガリア戦記』 (◀ P.72)

　スエービー族はゲルマーニー人全部の中で最も大きくて好戦的である。(中略)スエービー族の間では個別の私有地がなく，居住の目的で一箇所に一年以上とどまることも許されない。穀物を余りとらず，主として乳と家畜で生活し，多く狩猟にたずさわっている。(中略)最も寒い地方でも獣皮以外の衣類は身につけず，獣皮も余りないので体の大部分は裸であり，河で水浴する風習があった。

(カエサル，近山金次訳『ガリア戦記』岩波文庫)

◀解説▶カエサルは前58〜前51年までガリア遠征を行った。この遠征をカエサル自らの手で記録したのが『ガリア戦記』である。その中には前1世紀のゲルマン人のようすが描写されていて，タキトゥスの『ゲルマニア』と並んで，古ゲルマン社会の貴重な史料とされている。

ミラノ勅令 (◀ P.68)

　即ち，キリスト者に対しても万人に対しても，各人が欲した宗教に従う自由な権能を与えることである。そのことにより，天におわします神格が何れであれ(中略)，我等および我等の権威の下に配された万人に対し慈悲深く恩恵的であり得んがためである。それゆえ我等は健全にと思われるならば，その者たちはそれらの場所を，金銭の受領も如何なる賠償要求もなしに，一切のためらいや曖昧さを捨てて，キリスト者たちに返還すること。

(後藤篤子訳『西洋古代史料集』東大出版会)

◀解説▶313年2月，コンスタンティヌス帝がミラノで発したキリスト教公認の勅令。帝国内における信教の自由が認められる中で，キリスト教徒にもその信教の自由と，没収された教会財産の返還が許された。

西・中央アジア		南アジア・東南アジア	北アジア	中国	朝鮮半島	日本
パルティア	クシャーナ朝	サータヴァーハナ朝	北匈奴	後漢	楽浪郡	

	106頃　仏像の製作	(カンボジア)	＊北匈奴, キルギス方面に移動	100　許慎『説文解字』完成				＊『漢書』地理志に「倭人百余国に分かれる」と記述
	カニシカ王 (位130頃～170頃)	101頃　メコン川下流域に扶南(ベトナム)	**鮮卑**	105　蔡倫, 製紙法の改良				
	＊西北インドに領域拡大		156　鮮卑, モンゴル高原を統一	107　倭の国王, 帥升らが後漢に奴隷を献上				
	150頃　第4回仏典結集	105頃　『マヌ法典』		125　宦官勢力の拡大　＊訓詁学 馬融・鄭玄				
		199頃　チャム人, チャンパー建国		166～169　党錮の禁				
		＊ナーガールジュナ(竜樹), 大乗仏教の理論を確立		166　大秦王安敦(ローマ皇帝マルクス=アウレリウス=アントニヌス)の使者が日南郡(ベトナム中部)に至る				
				184　黄巾の乱(太平道の張角指導)				
				192　曹操挙兵				
			鮮卑, 隆盛	208　赤壁の戦い		204頃　帯方郡設置		
224　滅亡				220　後漢滅亡				
ササン朝ペルシア (224～651)				**魏**(220～265)	**蜀**(221～263)	**呉**(222～280)	＊朝鮮半島南部, 三韓時代(馬韓・辰韓・弁韓)	239　邪馬台国女王卑弥呼の使者, 魏に至る
224　アルダシール1世建国 (都クテシフォン)				曹丕(文帝, 位220～26)	劉備(昭列帝, 位221～23)	孫権(大帝, 位222～252)		
				220　九品中正の実施 (門閥貴族の形成)	234　諸葛亮死す			
シャープール1世 (位241頃～272頃)		＊サータヴァーハナ朝滅亡		＊屯田制				
240　シャープール1世, クシャーナ朝攻撃				263　蜀を滅ぼす				266　邪馬台国女王壱与の使者, 晋に至る
260　ローマ皇帝ウァレリアヌス捕える				＊清談の流行(竹林の七賢)				
276頃　マニ処刑				**西晋**(265～316)				＊古墳文化
				265　司馬炎, 魏を滅ぼし晋を建国				
				司馬炎(武帝, 位265～290)				
＊ゾロアスター教国教化				280　呉を滅ぼし, 中国統一				
				280　占田・課田法				
				＊陳寿『三国志』				
		＊インド, 分裂状態		290　八王の乱(～306)				
				311　永嘉の乱(～316)		313　高句麗, 楽浪郡を滅ます		
				316　西晋滅亡				
				＊五胡(匈奴, 鮮卑, 羯, 氐, 羌)の華北移住		**三国時代** (高句麗・百済・新羅)		＊ヤマト政権の成立
	グプタ朝(320頃～550頃)		**柔然**	**五胡十六国**(316～439)	**東晋**(317～420)		4世紀半ば	
	チャンドラグプタ1世 (位320～335頃)			＊仏図澄の活躍	317　司馬睿, 建康を都に東晋を建国		百済興る 新羅興る	
	320頃　パータリプトラを都にグプタ朝建国			366　敦煌, 莫高窟の造営が始まる	364　土断法の施行		372　高句麗に仏教伝わる	
	チャンドラグプタ2世 (超日王)(位376頃～414頃)			376　前秦の苻堅, 華北を一時的に統一	＊王羲之『蘭亭序』		391　倭と百済・新羅が戦う	
	＊グプタ朝の最盛期			383　淝水の戦い(前秦の苻堅, 東晋に大敗)			391～412　高句麗, 広開土王	
	＊サンスクリット文学の最盛期			386　鮮卑の拓跋珪, 自立して北魏を建国	＊顧愷之『女史箴図』			
	＊『マハーバーラタ』,『ラーマーヤナ』の二大叙事詩成る			398　北魏, 平城に遷都	399～412　法顕, インド旅行(『仏国記』)			
	397頃　カーリダーサ『シャクンタラー』		402　社崙が可汗と称す	401　鳩摩羅什, 長安に至る	＊詩 陶淵明 謝霊運			
			＊柔然, モンゴル高原を支配	439　北魏, 華北を統一	420　東晋滅亡		404　倭国, 高句麗と戦う	
	＊ナーランダー僧院建立			**北朝**(439～581)	**南朝**(420～589)		414　高句麗, 広開土王碑建立	
	＊グプタ美術			**太武帝**(位423～452)	420　劉裕, 宋を建国			
	＊数学 ゼロの概念			＊寇謙之, 新天師道を樹立(道教の成立)				
エフタル	＊ヒンドゥー教の成立		449　柔然, 北魏に討たれ, 衰退	446　仏教の弾圧				
450　エフタル, 中央アジアで勢力拡大				460　雲崗石窟造営開始				
				孝文帝(位471～499)	479　宋滅び, 斉建国			478　倭王武(倭の五王の一人), 宋に遣使
469頃　エフタルに敗れる				485　均田制				
				486　三長制				
	＊エフタル, グプタ朝を攻撃			494　洛陽遷都・漢化政策				
				494　竜門石窟造営開始				
		(南インド)	552　柔然分裂	502　斉滅び, 梁建国				
ホスロー1世(位531～579)		538頃　チャールキヤ朝成立		＊酈道元『水経注』			513　百済, 倭に五経博士を送る	
＊ササン朝ペルシアの最盛期		(タイ)	**突厥**	＊賈思勰『斉民要術』	＊昭明太子『文選』			527～528 磐井の乱
540～562　ビザンツ帝国と戦う		＊ドヴァーラヴァティー王国の発展	552　突厥建国	534　北魏, 東魏(534)と西魏(535)に分裂	＊四六駢儷体の流行			
		550　グプタ朝滅ぶ	555　突厥, 柔然を滅ぼす	550　東魏滅び, 北斉興る				
559　ホスロー1世, 突厥と結び, エフタルを滅ぼす		(カンボジア)	559　ササン朝と結びエフタルを滅ぼす	550　西魏で府兵制開始		538　百済より倭に仏教伝来 (一説に552)		
		552頃　メコン川中流域にカンボジア(真臘)興る		556　西魏滅び, 北周興る	557　梁滅び, 陳興る			
				577　北周, 北斉を滅ぼし華北統一		562　新羅, 加耶(加羅)を滅ぼす		

『仏国記』　◀P.17

　ここに住って、冬3月, 法顕ら3人は, 南方の小雪山を訪れた。雪山は冬夏とも積雪があり, 山北陰中, 寒風がにわかに起り, 人, 皆噤戦(口をつぐんで寒さと戦うさま)した。慧景1人, 復た進むのに堪えず, 口から白沫を出し, 法顕に語って云った。「私はふたたび活きれない。便ち, 時に去るであろう。俱に死んではなりませんぞ」と。ここにおいて, 遂に死んだ。法顕は, かれを撫でて悲号したが, 命を果たさないわけにはいかないことは辛いことであった。〔法顕は〕また自立て前み, 〔南〕嶺をこえて, 南方の羅夷国(インダス川西, 現在のラックト)に到達した。

(法顕, 小宮進訳『仏国記』・『世界史資料』東京法令出版)

❶解説　東晋の僧, 法顕は5世紀初頭, 仏典収集のため, 西域経由でインドに赴いた。法顕が訪れた当時, 北インドではグプタ朝が最盛期を迎えていた。法顕はインドに6年間滞在したのち, 海路で帰国した。『仏国記』は, その足掛け15年に及ぶ旅行の記録である。

匈奴　◀P.12・98

　(匈奴は)北方の未開地域に住み, 家畜を放牧しつつ転々と移動した。その家畜は, 数の多いものでは, 馬・牛・羊があり, めずらしいものでは, 橐駝(駱駝)・驢(ろば)・驘(らば)・駃騠(馬の一種)・騊駼(野生の馬)・驒騱(野生の馬)があった。水と草を追って移動し, 城郭とか定まった住居はなく, 耕作に従事することもなかった。(中略)

　かれらの習性は, 平和な時代には, 家畜について移動し, そのついでに鳥や獣をとって生活のかてとした。危機が訪れると, 人々は武器をとり侵入と略奪に出るのがふつうであった。(中略)形勢有利とあれば進撃し, 不利と見れば退却し, 平気で逃走した。個人的利益だけに関心をもち, 礼儀とか道義とかを知らなかった。

(司馬遷, 小川環樹・今鷹真・福島吉彦訳『史記列伝(四)』岩波文庫)

❶解説　中国史を学ぶうえで, 北方の遊牧騎馬民族と南の定住農耕民族との対立・抗争は, 重要な視点となる。ここでの記述は司馬遷が描いた匈奴の姿であるが, 遊牧民とは生活形態を全く異にする中国農耕民側からの描写であることに留意したい。

	西ヨーロッパ		中央ヨーロッパ		北・東ヨーロッパ	イベリア半島・北アフリカ
	アングロ=サクソン	フランク王国	ランゴバルド王国	ローマ教会	ビザンツ帝国	西ゴート王国

年	アングロ=サクソン／イングランド	フランク王国	ランゴバルド王国	ローマ教会	ビザンツ帝国	西ゴート王国／イベリア・北アフリカ
	597 キリスト教伝来 七王国 6C末 七王国（ヘプターキー）時代（～829） 601 カンタベリ大司教座の設置	613 宮宰職の設置	604 ランゴバルド法典編纂	グレゴリウス1世（位590～604） ＊教皇権確立 590 大陸伝道 597 アングロ=サクソンへの布教	ビザンツ帝国（東ローマ帝国） ヘラクレイオス朝（610～717） ヘラクレイオス1世（位610～641） 616 ササン朝にペルシアを奪われる 622 テマ制（軍管区制）の開始 622～27 西アジア遠征	585 スエヴィ王国の併合
600						西ゴート王国
					674 ウマイヤ朝軍がコンスタンティノープル包囲 ビザンツ側が「ギリシア火」で撃退	
700		714 宮宰カール=マルテル（～741） 732 トゥール・ポワティエ間の戦い（カール=マルテル，ウマイヤ朝撃破） カロリング朝（751～987） 小ピピン（ピピン3世，位751～768） 756 ピピンの寄進（ランゴバルド人を討ち，ラヴェンナ地方を教皇に寄進・教皇領の始まり，フランク王国とローマ教会の提携成立）	739 リウトプランド王，ローマ包囲	726 聖像禁止令ののち，東西教会の対立深まる	イサウリア朝（717～867） レオン3世（位717～741） 717～718 コンスタンティノープルを包囲するウマイヤ朝軍を撃破 726 聖像禁止令 ＊皇帝教皇主義の確立 751 ランゴバルド人にラヴェンナ地方を奪われる	711 ウマイヤ朝に滅ぼされる 718 アストゥリアス王国の建国レコンキスタ（国土回復運動）の開始 後ウマイヤ朝（756～1031） 756 アブド=アッラフマーンがコルドバを都に建国
800	793 デーン人，初めてイングランド侵入	774 カール，ランゴバルド王国を滅ぼす 796 カール，アヴァール王国を滅ぼす 800 カール，皇帝戴冠を受ける（西ローマ帝国の復興） この頃より，ノルマン人，ヨーロッパ各地に侵入・掠奪（9～11世紀） ＊イングランドより学僧アルクインを招く（カロリング=ルネサンス） ルートヴィヒ1世（位814～840）	774 カール，ランゴバルド王国を滅ぼす 774 滅亡	＊東西両教会の分離進む	843 コンスタンティノープル公会議，聖像崇拝復活	789 イドリース朝成立（～926）（モロッコ） 800 アグラブ朝成立（～909）（チュニジア）

年	イングランド	西フランク／フランス	東フランク／神聖ローマ	ローマ教会	ビザンツ／ロシア	イベリア・北アフリカ
	イングランド王国 829 ウェセックス王エグバートが七王国統一 850頃 デーン人定住 アルフレッド大王（位871～899）	843 ヴェルダン条約 西フランク王国（843～987） シャルル2世（位843～877） ロタール王国（843～875）／ロタール1世（位840～855） 870 メルセン条約（ロタール王国を東西フランクで分割） 875 カロリング家断絶 910 クリュニー修道院設立 911 ノルマン人首長ロロがノルマンディー公に封じられる 987 カロリング家断絶 フランス王国（987～1792，1815～48） カペー朝（987～1328） 987 ユーグ=カペー（位987～996）即位	東フランク王国（843～911） ルートヴィヒ2世（位843～876） 896頃 マジャール人，ハンガリーに移動 911 カロリング家断絶 919 ザクセン朝成立 オットー1世（位936～973） 955 レヒフェルトの戦い（マジャール人を破る） 神聖ローマ帝国（962～1806） ザクセン朝（962～1024）		マケドニア朝（867～1056） 862 リューリク，ノヴゴロド国建国（ロシア） 882 オレーグ，キエフ公国建国（ノルウェー） 9C末 ノルウェー王国成立（ポーランド） ＊ビザンツ文化全盛 960 ピアスト朝成立 966 カトリックを受容（ロシア） バシレイオス2世（位976～1025） 988頃 ウラディミル1世（位980頃～1015），ギリシア正教改宗 ＊マケドニア朝の最盛期	829 アブド=アッラフマーン3世がカリフの称号を用いる（西カリフ国） ＊コルドバ繁栄 ＊キリスト教徒のレコンキスタ（国土回復運動）が盛んとなる （エジプト） 868 トゥールーン朝成立（～905） ファーティマ朝（909～1171） 909 チュニジアに建国 910 カリフを称す（東カリフ国） 969 エジプト征服，カイロ建設 975 アズハル学院設立
1000	1016 デンマーク王子クヌート，イングランド王となる 1066 ヘースティングズの戦い（ノルマンの征服） ノルマン朝（1066～1154） ウィリアム1世（位1066～87） 1085～86 ドゥームズデイ・ブック（土地台帳）の作成		962 オットー1世，教皇ヨハネス12世より戴冠 1000 ハンガリーのイシュトヴァーン1世，教皇より王号を許される ザリエル朝（1024～1125） 1041 ベーメン服属 1044 ハンガリー服属 ハインリヒ4世（位1056～1106） 1076 聖職叙任権闘争（～1122） 1077 カノッサの屈辱（皇帝謝罪し，破門赦免） ＊ボローニャ大学（法学）創立 1096～99 第1回十字軍（十字軍国家の建設） 1099頃『ローランの歌』成立	1063 ピサ大聖堂（ロマネスク様式）建立 グレゴリウス7世（位1073～85） 1054 東西教会分裂（ギリシア正教会） ウルバヌス2世（位1088～99） 1095 クレルモン宗教会議（十字軍提唱）	1018 ブルガリア征服 1042 セルビア自立 1054 東西教会分裂（ギリシア正教会） 1071 マンジケルトの戦い（ビザンツ帝国，セルジューク朝に敗れる） コムネノス朝（1081～1185） 1082 ヴェネツィア，商業特権獲得 1095 アレクシオス1世，十字軍派遣要請	1031 後ウマイヤ朝滅亡 1035 カスティリャ王国，アラゴン王国の成立 ムラービト朝（1056～1147） 1056 ムラービト朝成立（都：マラケシュ） 1076/77 ガーナ王国を攻撃

グレゴリウス改革　◀P.141

3. （前略）公然と妾を導き入れたり，導き入れた女性と別れない司祭，助祭，副助祭には，だれであろうと，（中略）以下のことを命じ禁ずる。神の許しによってわれわれから判決が下されるまでは，彼はミサをあげたり，ミサで福音書や書簡を読んだりしてはならず，また前述の規定に服する者たちとともに教会で聖務を行なってはならず，教会から分け前を受けてもならない。

9. だれも，異端である聖職売買によって，いかなる教会の職務にも叙任あるいは昇任されることがあってはならない。

（岡崎敦訳『西欧中世史料集』東大出版会）

◀解説▶ グレゴリウス改革とは，11～12世紀の一大教会改革の総称である。この改革では聖職者の妻帯禁止などとともに，皇帝や王による聖職者の任命禁止が主張され，叙任権闘争を引きおこすに至った。この史料は1059年のローマ教会会議の決定である。

荘園に関する所領明細帳　◀P.140

コロヌスにして所領管理人であるテウタルドゥスとその妻ヒルデシンディスはサン・ジェルマン・デ・プレ修道院に所属し，（中略）。彼は，耕地10ボニエと1ジュルナル，葡萄畑0.5アルパン，採草地5アルパンからなる自由民マンス（自由民の農民保有地）1つを保有している。（中略）毎週賦役を2頭の動物とともに，あらゆる穀畑で行なう。オルレアン，またはル・マンへの運搬賦役を行なう。農作業を2日，そして賦役を行なわないときは3日行なう。

（丹下栄訳『西洋中世史料集』東大出版会）

◀解説▶ 9世紀初め，パリのサン=ジェルマン=デ=プレ修道院で作成された所領明細帳の一部。農民保有地に居住する農民の賦役労働によって，領主直営地が耕作されるという古典荘園の形態を知ることができる。

西・中央アジア

サササン朝ペルシア / ヴァルダナ朝（南アジア）

西・中央アジア（サササン朝ペルシア）
- 610頃　ムハンマド(570頃～632)に神の啓示が下り，預言者を自覚(イスラームの成立)
- **イスラーム教団国家**
- 622　ヒジュラ(聖遷)
- 630　メッカを奪回
- 632～661　正統カリフ時代
- 642　ニハーヴァンドの戦い
- 650頃　『コーラン』成立
- 651　サササン朝ペルシア滅亡
- 661　アリー暗殺され，正統カリフ時代終わる
- **ウマイヤ朝(661～750)**
- ムアーウィヤ(位661～680)
- ＊カリフの世襲制確立
- 711　西ゴート王国を滅ぼす
- ＊イスラーム，中央アジアに広がる
- 732　トゥール・ポワティエ間の戦い
- 750　アブー＝アルアッバース，ウマイヤ朝を滅ばす
- **アッバース朝(750～1258)**
- 751　タラス河畔の戦い(製紙法が西方に伝わる)
- 762　新都バグダードの建設(766完成)
- ハールーン＝アッラシード(位786～809)
- ＊アッバース朝の黄金時代
- 821　ターヒル朝成立(～872頃)
- ＊「知恵の館」でギリシア文化研究進む
- 827～878　イスラーム教徒，シチリア島征服
- ＊代数学　フワーリズミー
- 867　イランにサッファール朝成立(～903)
- **サーマーン朝(875～999)**
- ＊東イラン～中央アジア支配
- ＊イラン文化復興
- 940頃　カラハン朝興る
- 999　サーマーン朝滅亡
- イブン＝シーナー『医学典範』
- **ブワイフ朝(932～1062)**
- 946　バグダード入城
- ＊イクター制開始
- **セルジューク朝(1038～1194)**
- 1038　トゥグリル＝ベク(位1038～1063)
- セルジューク朝建国
- 1055　バグダード入城，スルタンの称号得る
- 1071　マンジケルトの戦い
- マリク＝シャー(位1072～92)
- ＊セルジューク朝全盛
- 宰相　ニザーム＝アルムルク
- 1077　ホラズム＝シャー朝興る

南アジア（ヴァルダナ朝）
- **ヴァルダナ朝(606～647)**
- ハルシャ王(位606～47)が北インド支配
- 647　ハルシャ王の死，北インド諸勢力分立(ラージプート時代)
- 730頃　プラティーハーラ朝興る
- 750頃　ベンガルにパーラ朝興る
- 754頃　南インドでチャールキヤ朝滅び，ラーシュトラクータ朝興る
- 897　南インドにチョーラ朝再興
- **ガズナ朝(962～1186)**
- 962　ガズナ朝建国
- 1001　ガズナ朝のマフムード，インドに侵入

東南アジア（東南アジア諸国）
- (スマトラ島) 7世紀後半，シュリーヴィジャヤ王国成立
- (ベトナム) 679　唐，安南都護府を設置
- (カンボジア) 702頃　真臘が水真臘と陸真臘に分裂
- (雲南地方) 738　南詔建国
- (ジャワ島) 8世紀中葉　シャイレンドラ朝成立
- ＊ボロブドゥール建設
- (カンボジア) 802　アンコール朝成立(～1431頃)
- (ジャワ島) 929　クディリ朝成立(～1222)
- (雲南地方) 937　大理自立(～1254)
- (ベトナム) 1009　李朝興る(～1225)
- (ビルマ) 1044　パガン朝成立(～1299)

北アジア（突厥）
- 583　突厥，東西に分裂
- (チベット) 吐蕃　ソンツェン＝ガンポ(位629～649)の支配
- 630　東突厥，唐に敗れ一時滅亡
- 7C末　西突厥滅亡
- 682　東突厥復活
- **渤海(698～926)**
- 698　大祚栄，震国建国，のち渤海と改称
- 727　日本に遣使
- **ウイグル(744～840)**
- 745　東突厥を滅ぼし，モンゴル高原占む
- 763　安史の乱に際し唐を援助
- ＊ウイグル文字
- 840　ウイグル，キルギスに敗れる
- **キタイ(契丹・遼)(916～1125)**
- 916　耶律阿保機，キタイ建国(のち遼)
- 926　キタイに滅ぼされる
- ＊二重統治体制
- ＊契丹文字作成
- 936　燕雲十六州を得る
- 946　後晋を滅ぼす
- 1004　澶淵の盟(宋・キタイ間に和議成立)
- **西夏(1038～1227)**
- 1038　李元昊が建国
- 1044　慶暦の和約(宋・西夏間の和議)
- ＊西夏文字

中国（隋）
- **隋(581～618)**
- 581　北周の外戚，楊堅が隋を建国，都は大興城
- 文帝(楊堅)(位581～604)
- ＊府兵制・均田制・科挙の施行
- 煬帝(位604～618)
- ＊大運河建設・高句麗遠征(失敗)
- 618　煬帝殺され，隋滅亡
- **唐(618～907)**
- 高祖(李淵)(位618～626)
- 624　均田制・租庸調制の施行
- 太宗(李世民)(位626～649)　貞観の治
- 629　玄奘，インドに出発(～645，『大唐西域記』)
- ＊書家　欧陽詢・褚遂良
- ＊孔穎達『五経正義』
- 高宗(位649～683)
- 660　唐・新羅連合軍，百済を滅ぼす
- ＊都護府の設置
- ＊イスラーム・マニ教流入
- 663　白村江の戦い(唐・新羅連合軍に日本軍敗れる)
- 668　唐，高句麗を滅ぼす
- 671～695　義浄，インド旅行『南海寄帰内法伝』
- 690～705　則天武后実権を掌握し国号は周
- 710　韋后が政権を掌握，初めて節度使を設置
- 玄宗(位712～756)　開元の治
- 722　募兵制の開始
- 745　玄宗，楊玉環を貴妃に
- 751　タラス河畔の戦い(高仙芝大敗)
- 755～763　安史の乱
- ＊均田制・租庸調制の崩壊進行
- ＊西域文化流入
- ＊唐三彩・白磁
- ＊唐詩の全盛　李白・杜甫・王維・孟浩然
- ＊書家　顔真卿
- ＊画家　呉道玄
- 徳宗(位779～805)
- 780　楊炎の建議により，両税法施行
- 781　「大秦景教流行中国碑」
- ＊唐詩　白居易(白楽天)　古文　韓愈・柳宗元
- 821　唐と吐蕃が同盟(823 唐蕃会盟碑の建立)
- ＊節度使の勢力強大になる
- 845　会昌の廃仏(武宗の仏教弾圧)
- ＊宦官の横暴極まる
- 875～884　黄巣の乱
- ＊唐帝室の権威衰え，藩鎮割拠
- 907　節度使朱全忠，唐を滅ぼす
- **五代十国(907～960)**
- ＜後梁＞907～923　朱全忠建国
- ＜後唐＞923～936
- ＜後晋＞936～946　燕雲十六州をキタイに割譲
- ＜後漢＞947～950
- ＜後周＞951～960　世宗の廃仏
- **宋(北宋)(960～1127)**
- 太祖(趙匡胤)(位960～976)
- ＊文治主義　殿試の開始
- 979　北漢を滅ぼし，中国統一(2代太宗の時)
- ＊羅針盤・火薬の発明，木版印刷の普及
- ＊宋学　周敦頤『太極図説』・程顥・程頤
- ＊文人　欧陽脩『新唐書』　蘇洵・蘇軾・蘇轍
- 神宗(位1067～85)
- 1069　王安石の新法始まる(69青苗・均輸)(70保甲，募役，72市易・保馬)
- 1084　司馬光『資治通鑑』
- 1085　司馬光，宰相となり新法を廃止
- ＊新法党と旧法党の抗争

朝鮮半島（三国時代）
- 676　新羅，朝鮮半島統一
- **(統一)新羅(676～935)**
- **高麗(918～1392)**
- 918　王建が建国
- 936　朝鮮半島統一
- ＊キタイの侵入
- ＊両班の形成
- 『高麗版大蔵経』

日本
- 587　蘇我氏，物部氏を滅ぼす
- 593　聖徳太子，摂政となる
- 604　憲法十七条
- 607　小野妹子を隋に遣わす
- 630　第1回遣唐使派遣
- 7世紀半ば　大化改新
- 672　壬申の乱
- 天武天皇(位673～686)
- 701　大宝律令
- 710　平城京遷都
- 聖武天皇(位724～749)
- 727　渤海の使者来る
- 752　東大寺大仏開眼供養
- 753　鑑真来日
- 桓武天皇(位781～806)
- 794　平安京遷都
- 805　最澄，天台宗開く
- 806　空海，真言宗開く
- 838　遣唐使に同行
- 858　藤原良房，事実上の摂政に
- 884　藤原基経，事実上の関白に
- 894　遣唐使停止
- 905　『古今和歌集』
- 939～941　天慶の乱
- ＊国風文化
- ＊地方に武士おこる
- 藤原氏全盛時代　藤原道長
- ＊紫式部『源氏物語』
- 1019　刀伊の入寇
- 1051～62　前九年合戦
- 1083～87　後三年合戦
- 1086　院政開始(白河上皇)

（右欄年代目盛：600／700／800／1000）

『コーラン（クルアーン）』（◀P.126）

(1)　開扉　メッカ啓示

慈悲ふかく慈愛あまねきアッラーの御名において
讃えあれ，アッラー，万世の主，慈悲ふかく慈愛あまねき御神，
審きの日(最後の審判の日)の主宰者。
汝をこそ我らはあがめまつる，汝にこそ救いを求めまつる。
願わくば我らを導いて正しき道を辿らしめ給え，
汝の御怒りを蒙る人々や，踏みまよう人々の道ではなく，
汝の嘉し給う人々の道を歩ましめ給え。

(井筒俊彦訳『コーラン(上)』岩波文庫)

解説 イスラームの聖典。『コーラン』とは「音読されるもの」の意で，3代カリフ，ウスマーンの時代に現在の形にまとめられた。『コーラン』は天使ガブリエルを通して，預言者ムハンマドに伝えられた神アッラーの言葉を忠実に記録したものとされる。

隋の文帝の運河開通への辞（◀P.92）

朕がこの国土に君臨しているのは，利をおこし，害を除き，公私のつかれには，なさけをかけて，これをあわれむことにある。この故に東のかた淮水を発して西のかた渭水まで，人力によって漕渠(運河)(広通渠)を開通させることを考えた。(中略)一たび〔運河が〕開鑿されたならば万代，毀されることはないであろう。〔そこでは〕官も家家(民間人)も方舟や巨船(巨船)をつらね，昼夜の別なく漕運して，航行の絶えることはない。〔今日の，僅か〕旬日の労働が，〔後の〕億万〔日の労働〕を省くことになる。〔朕は〕この炎暑の下の労働がみないたいていでないことはよく知っている。しかしながら，しばしの労をいとして，どうして永逸(永久の安楽)を致しましょうか。宜しく人民に朕の意を知らしむべし。

(長孫無忌撰，小宮進訳『隋書－食貨志14』・『世界史資料』東京法令出版)

解説 584年，都の大興城と黄河を結ぶ運河，広通渠が完成したときの文帝の詔勅である。運河の開削工事は次の煬帝にも引き継がれ，政治の中心の華北と経済の中心の江南を結ぶ大運河が完成した。しかし，民衆の疲弊は激しく，隋滅亡の一因ともなった。

史料

	西ヨーロッパ		中央ヨーロッパ			北・東ヨーロッパ		
イベリア半島	イングランド王国	フランス王国	神聖ローマ帝国・スイス	ローマ教会	イタリア諸邦	北・東欧諸国	ロシア	ビザンツ帝国

1100

イベリア半島	イングランド王国	フランス王国	神聖ローマ帝国・スイス	ローマ教会	イタリア諸邦	北・東欧諸国	ロシア	ビザンツ帝国
ムワッヒド朝 (1130〜1269)		*スコラ学 アベラール	1122 ヴォルムス協約	1113 聖ヨハネ騎士団成立 1119 テンプル騎士団成立	1130 ルッジェーロ2世, 両シチリア王国(ノルマン系)建国		*プロノイア制の導入	
1130 ムワッヒド朝成立(都：マラケシュ) 1143 ポルトガル王国成立 1147 ムワッヒド朝, ムラービト朝を滅ぼし, スペイン南部を支配	プランタジネット朝 (1154〜1399) 1154 アンジュー伯アンリ, ヘンリ2世(位1154〜89)として即位 1169頃 オクスフォード大学(神学)成立	シュタウフェン朝(1138〜1254) *シャンパーニュ地方の定期市繁栄 1163 ノートルダム大聖堂(ゴシック式)起工	フリードリヒ1世(バルバロッサ)(位1152〜90) 1156 オーストリア, 公国となる 1176 レニャーノの戦い		*教皇党と皇帝党の抗争 1167 ロンバルディア同盟結成	(ブルガリア) 1187 第2次ブルガリア帝国成立(〜1393)	キエフ公国	
*哲学 イブン＝ルシュド	リチャード1世(獅子心王)(位1189〜99) 1189〜92 第3回十字軍(英王・仏王・独帝参加)	フィリップ2世(尊厳王)(位1180〜1223)						1204 第4回十字軍, コンスタンティノープル占領, ラテン帝国を樹立(〜61)

1200

イベリア半島	イングランド王国	フランス王国	神聖ローマ帝国・スイス	ローマ教会	イタリア諸邦	北・東欧諸国	ロシア	ビザンツ帝国
	ジョン(欠地王)(位1199〜1216) 1209 ジョン, 破門される	1200 パリ大学 1202〜04 第4回十字軍 1209 アルビジョワ十字軍(〜29) 1212 少年十字軍 1214 ブーヴィーヌの戦い(仏王, 英・独連合軍を破る)	1190 ドイツ騎士団成立 1200 『ニーベルンゲンの歌』	インノケンティウス3世(位1198〜1216) 1209 フランチェスコ修道会創立 1215 ドミニコ修道会創立		1236〜42 バトゥ率いるモンゴル軍のロシア・東欧遠征 1241 ワールシュタットの戦い(モンゴル軍がドイツ・ポーランド連合軍を破る)	1240 モンゴル軍キエフ占領 キプチャク＝ハン国(1243〜1502) 1243 バトゥ, サライを都にキプチャク＝ハン国建国	*ビザンツの残存勢力, ニケーア帝国を建てる パラエオロゴス朝 1261 ビザンツ帝国の復興
1230 カスティリャ王国, レオン王国を併合 1232 ナスル朝成立(〜1492) 1269 ムワッヒド朝滅亡	1215 大憲章(マグナ＝カルタ)制定 ヘンリ3世(位1216〜72) 1258〜65 貴族の反乱 1265 シモン＝ド＝モンフォールの議会 エドワード1世(位1272〜1307) 1284 ウェールズ併合 *ロジャー＝ベーコン 1295 模範議会開催	ルイ9世(聖王)(位1226〜70) 1248〜54 第6回十字軍 1270 第7回十字軍	1226 ドイツ騎士団, プロイセン征服開始 1228〜29 第5回十字軍 1241 ハンザ同盟成立 1241 ワールシュタットの戦い 1248 ケルン大聖堂(ゴシック式)起工 1256〜73 大空位時代 1273 ルドルフ1世(ハプスブルク家)即位 1291 スイス3州独立	1245 プラノ＝カルピニ, モンゴルに派遣 1271 マルコ＝ポーロ, 東方旅行に出発(〜95) 1282 シチリアの晩鐘 1282 アラゴン家のシチリア支配 1289 モンテ＝コルヴィノ, モンゴルに派遣 1298 マルコ＝ポーロ『世界の記述』公刊			

1300

イベリア半島	イングランド王国	フランス王国	神聖ローマ帝国・スイス	ローマ教会	イタリア諸邦	北・東欧諸国	ロシア	ビザンツ帝国
	エドワード3世(位1327〜77) *フランドル地方をめぐり英仏の対立深まる	フィリップ4世(端麗王)(位1285〜1314) 1302 全国三部会招集 1303 アナーニ事件 1309 教皇のバビロン捕囚 ヴァロワ朝(1328〜1589) フィリップ6世(位1328〜50)	1315 モルガルテンの戦い ルクセンブルク朝(1346〜1437) カール4世(位1347〜78)	ボニファティウス8世(位1294〜1303) 1303 アナーニ事件 1309〜77 教皇のバビロン捕囚(教皇庁がアヴィニョン移転)	*イタリア＝ルネサンスの開始 *ダンテ『神曲』 *ペトラルカ『叙情詩集』 *画家 ジョット 1353 ボッカチオ『デカメロン』完成	(セルビア) ステファン＝ドゥシャン(位1331〜55)のもとで最盛期 (ポーランド) カジミェシュ3世(位1333〜70)のもとで最盛期 1364 クラクフ大学創立 1370 ピアスト朝断絶 1386 ポーランドとリトアニアが合同ヤゲウォ朝の成立(〜1572)	1313〜40 ウズベク＝ハンのもとで最盛期 1328 イヴァン1世, モスクワ大公となる 1380 クリコヴォの戦い(モスクワ大公国, キプチャク＝ハン国を破る)	*プレトンらビザンツ＝ルネサンスの最盛期 1361 オスマン軍, アドリアノープルを占領
	1339 英仏百年戦争(〜1453) 1346 クレシーの戦い(英軍, 仏軍に大勝) 1346〜50 全ヨーロッパにペスト流行(人口の3分の1を失う) 1356 ポワティエの戦い(英軍, 仏軍に大勝) 1360 ブレティニー＝カレー条約 1378 ウィクリフ, 教会を批判 1381 ワット＝タイラーの乱 1387頃 チョーサー『カンタベリ物語』	1348 プラハ大学設立 1356 金印勅書(七選帝侯が皇帝選出権を得る) 1358 ジャックリーの乱 1365 ウィーン大学設立 1386 ゼンパッハの戦い 1390頃 ウィクリフ説, ベーメンに広がる		1378 教会大分裂(大シスマ)(〜1417) ローマ・アヴィニョンに教皇並立	1378 フィレンツェでチオンピの乱 1381 ヴェネツィア, 東方貿易の主導権を握る 1395 ヴィスコンティ家, ミラノ公となる		1395 ティムール, サライを攻略	

1400

イベリア半島	イングランド王国	フランス王国	神聖ローマ帝国・スイス	ローマ教会	イタリア諸邦	北・東欧諸国	ロシア	ビザンツ帝国
(ポルトガル) 1415 エンリケ航海王子(1394〜1460)の探検開始, セウタ攻略 1442頃 ポルトガル人奴隷貿易開始 1444 ポルトガル人ヴェルデ岬到達	ランカスター朝(1399〜1461) 1415 アザンクールの戦い 1420 トロワ条約	*フランドル画派 ファン＝アイク兄弟 シャルル7世(位1422〜61) 1429 オルレアンの戦い(ジャンヌ＝ダルク活躍) ハプスブルク朝(1438〜1740)	1410 タンネンベルクの戦い(ドイツ騎士団大敗) ジギスムント(位1411〜37) 1415 フス火刑に処される 1419〜36 フス戦争	1414〜18 コンスタンツ公会議	*ルネサンス展開 彫刻家 ギベルティドナテルロ 建築家 ブルネレスキ 画家 マサッチョ 1434 コジモ＝デ＝メディチのフィレンツェ支配(〜64) 1442 アラゴン王家, シチリア王兼併	1397 カルマル同盟成立(デンマークのマルグレーテ主導のもと, 北欧三国合同) (ポーランド) 1410 タンネンベルクの戦い	1430頃 クリミア＝ハン国の独立 1445 カザン＝ハン国の独立	

IV.選定侯一般に関して

2. 第二に, その後, たまたま神聖なる帝国に空位をきたすようなことがあるときはそのたびに, それ以後マインツの大司教は, (中略)(属する)選挙団を, 文書をもつて上記の選挙に召集すべき権限を有するものである。(中略)マインツの大司教のみが, 下記のような順序でつぎつぎに, 彼の同僚たる選定侯らの票を質すべきであつて, (中略)第一に, [マインツの大司教は]トリエルの大司教に尋ねるべく, (中略)第二には, (中略)ケルンの大司教に, 第三には, (中略)ベーメン国王に, 第四にはライン宮廷伯に, 第五にはザクセンの大公に, 第六にはブランデンブルク辺境伯に尋ねるべきである。さらに, (中略)マインツの大司教は, 上に述べた順序に従つて, これらすべての投票を厳正に求めなければならない。

(北村忠夫訳『西洋史料集成』平凡社)

❶解説 神聖ローマ皇帝カール4世が発した勅書で, 皇帝の選出に聖俗七人の選帝侯が当たる事が定められた。また領邦君主の主権を認めたため, ドイツの分裂はいっそう進んでいった。

〔I〕 まず第一に, 朕は, イングランド教会は自由であつて, その権利を完全に, その自由を侵されることなく有すべきことを, 神に許容し, この勅許状により, 朕および朕の継嗣らのため永遠に確認した。(後略)
〔XII〕軍役代納金または御用金は, 朕の王国の全般的諮問によるのでなければ, 朕の王国においてこれを課することはない。(後略)
〔XXXIX〕いかなる自由人も, その同身分者の合法的裁判により, または国法によるのほか, 逮捕され, または監禁され, (中略)またはいかなる方法によつても侵害されることなく, (中略)また彼に対して軍を遣わすこともない。

(中村英勝訳『西洋史料集成』平凡社)

❶解説 ジョン王と対立した貴族たちによって作成され, 王に認めさせた文書。内容は貴族・教会・都市の従来の特権を再確認するものだが, のちに法が王権に優越することの根拠とされた。

西アジア			中央・北アジア			中国	南アジア	東南アジア	朝鮮半島	日本	
セルジューク朝	イスラーム諸王朝		西トルキスタン	西夏	キタイ	宋（北宋）		東南アジア諸国	高麗	平安～室町	
					金		ガズナ朝				1100
＊詩人 ウマル ＝ハイヤーム『ルバイヤート』	（エジプト）アイユーブ朝（1169～1250）	（イラン・メソポタミア）1157 ホラズム ＝シャー朝隆盛に	カラキタイ（西遼）（1132～1211） 1132 耶律大石が建国		1115 完顔阿骨打が建国 1119 女真文字	＊微宗（位1100～25）＊院政の発達 1118 金に遣使，キタイの挟撃図る	（アフガニスタン）ゴール朝（1148頃～1215）	（カンボジア）1125 アンコール＝ワット建設開始（スールヤヴァルマン2世）	1126 金に服属	1124 奥州平泉中尊寺金色堂完成	
1157 イラン東部の支配終わる	サラーフ＝アッディーン（位1169～93）アイユーブ朝建国 1187 イェルサレムを十字軍から奪還			1125 滅亡	1126～27 靖康の変（微宗，欽宗ら金に連行され，北宋滅） 南宋（1127～1276） 高宗（位1127～62） 1138 臨安遷都 1141 秦檜（和平派），岳飛（主戦派）を殺す		1186 ゴール朝，ガズナ朝を滅ぼす		＊武人政権時代	平安時代 1156 保元の乱 1159 平治の乱 1167 平清盛，太政大臣となる 1185 平氏滅亡	
1194 滅亡					1142 紹興の和議（南宋と金の和議，淮水と大散関を結ぶ線が国境になる）		1193 ゴール朝北インド支配			1185 源頼朝，守護・地頭を設置 1192 源頼朝，征夷大将軍となる	
	（アフリカ）マリ王国 1240～1473		1211 滅亡		1153 燕京に遷都 1167 王重陽，全真教を創始	＊宋学の完成 朱熹 ＊陸九淵 ＊院体画 馬遠・夏珪 ＊文人画 牧谿・米芾	奴隷王朝（1206～90）	（ジャワ島）1222 クディリ朝を滅ぼしシンガサリ朝興る（～92）	1231 モンゴルの侵入開始	1219 源実朝暗殺され源氏滅亡，北条氏の執権政治	1200
			モンゴル帝国（1206～1271） チンギス＝カン チンギス＝カンの大征服（位1206～27）				1206 アイバク（位～10），ゴール朝より独立			1221 承久の乱	
		1231 滅亡	1219～25 チンギス＝カンの大征服 1227 滅亡		1234 滅亡		1225 陳朝建国される（～1400）		1236～51『大蔵経』復刻	1227 道元（曹洞宗開祖），宋より帰国	
	（エジプト）マムルーク朝（1250～1517）	（イラン）イル＝ハン国（1258～1353）		オゴタイ（位1229～41）			1254 モンゴル，大理を滅ぼす		1259 モンゴルに服属	1232 御成敗式目制定	
		1258 フレグ，アッバース朝，滅ぼす	チャガタイ＝ハン国（1227～14C後半）	1235 カラコルム（和林）の建設 1236 交鈔の発行 1246 プラノ＝カルピニ，カラコルム着 モンケ（位1251～59） 1254 ルブルック，カラコルム着			（タイ）1257 スコータイ朝成立（～15C）			1253 日蓮，日蓮宗（法華宗）を開く	
1260 バイバルス，モンゴル軍破る		1295 ガザン＝ハン，イスラームに改宗 宰相ラシード＝アッディーン『集史』	1236～42 バトゥのヨーロッパ遠征	クビライ（位1260～94） 1264 大都に遷都 元（1271～1368）			1257 モンゴル，ベトナムに侵入				
1291 十字軍最後の拠点，アッコン陥落	（アフリカ）＊マリ王国 マンサ＝ムーサ（位1312～37）のもとで最盛期		1266～1301 ハイドゥの乱	1271 国号を元と定める ＊パクパ文字（1269作成）・モンゴル文字 1275 マルコ＝ポーロ，大都に至る	1276 滅亡		（ビルマ）1287 パガン朝，元に侵入される			1274 文永の役（元・高麗軍の日本遠征） 1281 弘安の役（元の日本再遠征，失敗に終わる）	
オスマン帝国（1300頃～1922） オスマン1世（位1299～1326）			1301 ハイドゥ，元を攻め敗死	1279 崖山の戦い（南宋残存勢力全滅） 1280 授時暦（郭守敬）を施行 1294 モンテ＝コルヴィノ，大都に至る 1313 元朝治下で初めて科挙を行う ＊元末四大画家 黄公望・呉鎮・倪瓚・王蒙 ＊元曲『漢宮秋』（馬致遠）・『西廂記』（王実甫）『琵琶記』（高則誠）		ハルジー朝（1290～1320）	（ジャワ島）1293 マジャパヒト王国成立（～1527頃） 1299 パガン朝滅亡		1297 永仁の徳政令 後醍醐天皇（位1318～39） 1333 鎌倉幕府滅亡	1300
ムラト1世（位1362～89） 1389 コソヴォの戦い		1353 イル＝ハン国事実上，解体		1346 イブン＝バットゥータ，大都に至る					1350 倭寇の高麗侵入が激化	1334 建武の新政 1338 足利尊氏，室町幕府を開く	
バヤジット1世（位1389～1402） 1396 ニコポリスの戦い	1325 イブン＝バットゥータ，タンジール出発	ティムール朝（1370～1507）		1351～66 紅巾（白蓮教徒）の乱おこる 北元 明（1368～1644） 1368 朱元璋，南京で即位（太祖洪武帝～98） ＊明律・明令の制定 〔魚鱗図冊〕 1380 中書省廃止・六部は皇帝直轄に 1381 里甲制・賦役黄冊制定 1397 六諭発布	トゥグルク朝（1320～1414） （南インド）1336 ヴィジャヤナガル王国成立（～1649）	（タイ）1351 アユタヤ朝成立（～1767）	朝鮮（李朝）（1392～1910）	1342 幕府，元に天龍寺船を派遣 足利義満（位1368～94） 1392 南北朝合体 1398 金閣建立	
1402 アンカラの戦い		ティムール（位1370～1405） 1393 イランを支配 1395 キプチャク＝ハン国を攻略 ＊イブン＝ハルドゥーン『世界史序説』				1398 ティムールがデリーを占領 14C末 マラッカ王国の成立（～1511）		1392 李成桂が建国	1404 明との勘合貿易（明の冊封体制のもとで行われた貿易）	1400
メフメト2世（位1444～46，1451～81）		1405 ティムール病死（明への遠征途上） シャー＝ルフ（1409～47）	（チベット）1409 ツォンカパがチベットに仏教の黄帽派を創始	建文帝（恵帝）（位1398～1402） 1399～1402 靖難の役 成祖（永楽帝）（位1402～24） 1405 鄭和の南海諸国遠征（～33） 1407 ベトナムを支配（～27） 〔『五経大全』『四書大全』『永楽大典』〕			1403 銅活字の鋳造 1419 応永の外寇 ＊儒教（朱子学）の国教化 1446 訓民正音発布	1419 応永の外寇 1428 正長の徳政一揆 1429 中山王，琉球統一	
		ウルグ＝ベク（位1447～49）	（オイラト）1439 エセン即位（～54） 1449 土木の変（エセン，英宗を捕える）	1410 永楽帝の北征（～24） 1421 北京に遷都 〔『性理大全』〕 英宗（正統帝）（位1435～49） 1448 鄧茂七の乱		サイイド朝（1414～51）	（ベトナム）1428 黎朝成立（～1527，1532～1789）			

マリ王国　◀P.134

　彼らの美徳とすべき行為として，［まず第一に，］不正行為が少ない点がある。つまりスーダーン人（黒人）は，［世のすべての］人々のなかで最も不正行為から隔てられた人たちであって，彼らのスルタンは，誰一人として，不正行為を犯すことを許さない。次には，彼らの地方で安全の保障が行き届いている点であり，従って，その地方を旅行する者は何の心配事もなく，［長く］滞在する者でも強盗や追剥ぎに遭うことがない。さらにまた，彼らの美徳とすべき行為としては，彼らの国で死んだ白人たちの財産に対して，たとえその財産がキンタール（貴金属を計る単位）単位の莫大な量になったとしても，彼らは決してその［財産を渡す］ことを妨げることがない点である。

（イブン＝バットゥータ，家島彦一訳『大旅行記（三大陸周遊記）』8）東洋文庫

解説　大旅行家として名を残すイブン＝バットゥータが14世紀半ば，豊富な金の産出を誇ったマリ王国を訪れたときの記録である。黒人の長所・短所の両方を記述するなど，公正な視点で描かれている。

グユク＝ハンの教皇への手紙　◀P.106・108

長生の天の力によりて
大なるすべての民の海の
ハンの勅。（中略）
　神の力によりて，日の昇るところより，日の沈むところまで，すべての領土は朕に与えられたり。神の命令によらずして，何びとかいかでこれをなすをえんや。今やなんじ，真心こめてこれを言え，「われらは臣なり，われらはわれらの力を捧げん」と。なんじみずから，すべてこぞりて，諸王の先に立ち，きたりて朕に仕えて臣となれ。しかるときには，朕はなんじの臣従を認めん。しかして，もし，なんじ，神の命令に従わず，朕の命令に背かんか，なんじは朕の敵たるべし。

（佐口透編『東西文明の交流4・モンゴル帝国と西洋』平凡社）

解説　ローマ教皇インノケンティウス4世の使者として，プラノ＝カルピニはモンゴル帝国の首都カラコルムを訪れた。そして教皇の親書の返書として受け取ったのがこの手紙であり，教皇に対して臣従することを求めている。

史料

	西ヨーロッパ			中央ヨーロッパ	
アメリカ	スペイン・ポルトガル	イングランド	フランス・スイス	神聖ローマ帝国・オランダ	イタリア諸邦・ローマ教会

1450

アメリカ	スペイン・ポルトガル	イングランド	フランス・スイス	神聖ローマ帝国・オランダ	イタリア諸邦・ローマ教会
	1469 カスティリャ女王イサベルとアラゴン王子フェルナンドの結婚 1474 カスティリャ女王イサベル即位	1453 百年戦争終結(1339〜) 1455 バラ戦争(〜85) ヨーク朝成立(1461〜85)	1477 ナンシーの戦い(ブルゴーニュ公敗死, フランスはブルゴーニュ併合。ハプスブルク家がネーデルラント相続)	1448 グーテンベルク, 活版印刷術発明 1457 ドイツ騎士団, 本拠地をケーニヒスベルクに移す	*ルネサンスの最盛期 1469 ロレンツォ=デ=メディチによるフィレンツェ支配(〜92) 1474 トスカネリ, 地球球体説に基づき, 世界地図作成
	スペイン王国成立(1479〜)(カスティリャとアラゴンの合同) フェルナンド(位1479〜1516) イサベル(位1474〜1504)の共同統治 (ポルトガル) ジョアン2世(位1481〜95)	1485 ボズワースの戦いバラ戦争の終結 テューダー朝成立(1485〜1603) ヘンリ7世(位1485〜1509)		*エルベ川の東では, ユンカーの農民支配が再強化される(グーツヘルシャフトの成立)	1478頃 ボッティチェリ「春」
*大航海時代始まる 1492 コロンブス米大陸(サンサルバドル島)到達	1488 バルトロメウ=ディアス喜望峰到達 1492 グラナダ陥落(ナスル朝の滅亡), レコンキスタ完了 1493 教皇子午線の決定	1487 星室庁の設置	1494 シャルル8世, イタリア侵入		1494 メディチ家失脚 1498頃 レオナルド=ダ=ヴィンチ「最後の晩餐」 1498 サヴォナローラ火刑
	1494 トルデシリャス条約締結(スペイン・ポルトガルの分界線変更)	*第1次囲い込み運動盛んになる	1494 フランス・ドイツ間のイタリア戦争(〜1559)		*チェザレ=ボルジア, 教皇領拡大

1500

アメリカ	スペイン・ポルトガル	イングランド	フランス・スイス	神聖ローマ帝国・オランダ	イタリア諸邦・ローマ教会
1497 カボット, 北米到達	1497頃 アメリゴ=ヴェスプッチの航海 1498 ヴァスコ=ダ=ガマ, カリカット到着(インド航路開拓)		1499 スイス, ハプスブルク家より事実上の独立		
1500 カブラル, ブラジル漂着 1501 アメリゴ=ヴェスプッチの南米探検(〜02) 1513 バルボア太平洋岸到達	1510 ポルトガル, ゴア建設 1511 ポルトガル, マラッカ占領	ヘンリ8世(位1509〜47) 1515 囲い込み制限令 1516 トマス=モア『ユートピア』	フランソワ1世(位1515〜47)	1509 エラスムス『愚神礼賛』 1514 贖宥状販売 1517 マルティン=ルター, 九十五カ条の論題を発表(宗教改革の始まり)	1501〜04 ミケランジェロ「ダヴィデ像」 1503〜06頃 レオナルド=ダ=ヴィンチ「モナ=リザ」 1506 サン=ピエトロ大聖堂新築(〜1626)ブラマンテ, ラファエロ, ミケランジェロら参加
	ハプスブルク朝成立(1516〜1700) カルロス1世(位1516〜56)(神聖ローマ皇帝カール5世)		カール5世(位1519〜56)(スペイン王カルロス1世)	1519 ライプツィヒ論争(ルターvsエック)	1509〜10 ラファエロ「アテネの学堂」 教皇レオ10世(位1513〜21)
1519 マゼラン一行, 世界周航(〜22)出発(マゼランは1521年, フィリピンで戦死)		1521 ヘンリ8世, 教皇レオ10世より信仰擁護者の称号を受ける	1521 神聖ローマ皇帝カール5世と対立(イタリア戦争激化)	1521 ヴォルムス帝国議会(ルター破門) 1522 騎士戦争(〜23) 1524 ドイツ農民戦争(〜25, ミュンツァー)	1513 マキァヴェリ『君主論』
1521 コルテス, メキシコ征服(アステカ王国滅亡) *マヤ文明, スペイン人の征服により消滅	1522 ポルトガル, モルッカ(マルク)諸島(香辛料の主産地)到達 *絶対主義の確立期(官僚・常備軍を支柱とする)	1533 ヘンリ8世, アン=ブーリンと結婚しカザリンと離婚	1523 ツヴィングリ, スイスのチューリヒで宗教改革を始める	1526 モハーチの戦い	
1533 ピサロ, インカ帝国を滅ぼす		1534 国王至上法(首長法)発布(イギリス国教会の成立)	1536 カルヴァン『キリスト教綱要』	1526 第1回シュパイアー帝国議会(諸侯に信仰自由選択権を認める) 1526 デューラー「四使徒」 1529 オスマン帝国, 第1次ウィーン包囲戦 1529 第2回シュパイアー帝国議会(ルター派禁止に新教諸侯は抗議)	1534 イエズス会設立(イグナティウス=ロヨラ, フランシスコ=ザビエル)
1545 スペイン人によるポトシ銀山の開発	1529 サラゴサ条約(アジアにおけるスペイン・ポルトガルの勢力範囲定まる) *新大陸より銀の流入増大 1543 ポルトガル人, 種子島漂着	エドワード6世(位1547〜53) 1549 一般祈祷書制定	1541 カルヴァン, スイスのジュネーヴで宗教改革開始	1530 新教諸侯がシュマルカルデン同盟結成	1535〜41 ミケランジェロ「最後の審判」

1550

アメリカ	スペイン・ポルトガル	イングランド	フランス・スイス	神聖ローマ帝国・オランダ	イタリア諸邦・ローマ教会
		メアリ1世(位1553〜58)	1559 カトー=カンブレジ条約(イタリア戦争の講和条約)	1546 シュマルカルデン戦争(〜47)	1545 トリエント公会議(〜63, カトリック改革開始)
*ポルトガル人, ブラジルに進出	1554 スペイン皇太子フェリペと英女王メアリ1世の結婚 1556 ハプスブルク家の分立(スペイン系とオーストリア系に)	1554 メアリ1世, カトリック復活		1555 アウクスブルクの和議	
1572 イエズス会によるアメリカ布教	フェリペ2世(位1556〜98) 1557 ポルトガル, マカオに居住権を得る 1559 カトー=カンブレジ条約	エリザベス1世(位1558〜1603) 1559 統一法発布 1560 グレシャムの通貨改革 1566 グレシャム, ロンドン取引所設置	シャルル9世(位1560〜74) 1562 ユグノー戦争(〜98) 1572 サンバルテルミの虐殺	1556 ハプスブルクの分立(スペイン系とオーストリア系に)	1569 フィレンツェ, トスカーナ大公国となる
	1568 オランダ独立戦争(〜1609)	1568 スコットランド女王メアリ=ステュアート, イングランドに逃げ, 幽閉される	1576 ボーダン『国家論』(王権神授説)	スペイン領ネーデルラント(1556〜1713) 1567 ネーデルラント統領アルバ公, プロテスタントを弾圧	1571 レパントの海戦(スペイン・教皇・ヴェネツィア連合軍がオスマン帝国を破る)
	1571 レパントの海戦(スペイン・教皇・ヴェネツィア連合軍がオスマン帝国を破る)	1577〜80 ドレークの世界周航 *マニュファクチュアが発展(おもに毛織物工業)	1580 モンテーニュ『エセー』 1589 アンリ3世が暗殺される	1568 オランダ独立戦争(〜1609, オラニエ公ウィレム指導) 1579 北部7州ユトレヒト同盟結成	1582 グレゴリウス暦制定 1583 ガリレイ, 振子の定律の法則発見
1584 ウォルター=ローリー(英)のヴァージニア植民地建設(失敗) 1585 ドレーク, 西インド諸島への航海	1580 スペイン, ポルトガルを併合(〜1640) 1584 日本の少年使節, フェリペ2世に謁見 1587 ドレーク, スペインのカディス港を襲撃・掠奪 1588 アルマダ海戦(スペイン無敵艦隊がイングランド海軍に大敗)	1587 メアリ=ステュアート処刑	ブルボン朝成立(1589〜1792, 1814〜30) アンリ4世(位1589〜1610) 1593 アンリ4世, カトリックに改宗 1598 ナントの王令(ユグノー戦争終結)	ネーデルラント連邦共和国(1581〜1795) 1581 独立宣言 1584 オラニエ公ウィレム暗殺 1585 スペイン軍, アントウェルペンを占領・破壊	1589 ガリレイ, 物体落下の法則発見 1600 ジョルダーノ=ブルーノ火刑
		1600 東インド会社設立			

1600

ルター「九十五カ条の論題」(◉P.162)

1. われらの主であり, 教師であり給うイエス=キリストが, 「汝ら悔い改めをおこなえ」などといい給うたとき, それは信者の全生涯が悔い改めであることを欲していり給うのである。

28. 貨幣が賽銭箱の中で響を立てても, 金銭の利得と貪欲とが増大することは確実であるが, 教会の執成の功果はただ神の意志のうちにのみある。

95. 平安の保障を確信するよりも, むしろ多くの艱難を通じて天国に入ることを確信すべきである。

(松田智雄訳『西洋史料集成』平凡社)

◆解説 1517年, 教皇レオ10世のドイツ国内における贖宥状販売を批判して, マルティン=ルターがヴィッテンベルク大学の教会の門扉に掲示した。宗教改革の発端となった文書である。

ラス=カサス『インディアスの破壊についての簡潔な報告』(◉P.167)

(前略)キリスト教徒たちによれば, インディオたちを分配したのは, 彼らにカトリックの信仰を教え, 愚かで残酷な, 欲深くて悪習に染った彼らの魂を救うというのが口実であった。ところが, キリスト教徒たちがインディオたちに行なった救済, あるいは, 彼らに示した関心とは, 男たちを鉱山へ送って耐え難い金採掘の労働に従事させることと, 女たちを彼らが所有する農場に閉じ込め, (中略)土地の開墾や畑の耕作などに使役することであった。(中略)苛酷な労働と飢えのために夫は鉱山で, 妻は農場でそれぞれ死んでしまい, こうして, 島に暮していたインディオたちの大半が死にたえた。(後略)

(ラス=カサス, 染田秀藤訳『インディアスの破壊についての簡潔な報告』岩波文庫)

◆解説 ドミニコ会修道士のラス=カサスは16世紀前半, スペインによる先住民(インディオ)の虐殺・エンコミエンダ制を厳しく糾弾した。この史料は, 国王カルロス1世へ直訴したものである。

北ヨーロッパ	東ヨーロッパ			西アジア	南アジア	東南アジア	北アジア	中国	朝鮮半島	日本	
北欧諸国	キプチャク＝ハン国	ビザンツ帝国	オスマン帝国	ティムール朝	インド	東南アジア諸国		明	朝鮮(李朝)	室町～安土桃山	

	(キプチャク＝ハン国)＊内部対立により弱体化	1453 メフメト2世によりコンスタンティノープル陥落(ビザンツ帝国の滅亡)		＊内乱が続く	ロディー朝(1451～1526)　1451 ロディー朝(アフガン系)成立	(ベトナム)　1471 チャンパー，黎朝の攻撃を受け，衰亡	1454 オイラトのエセン＝ハン暗殺される		1454『高麗史』刊		**1450**
	モスクワ大公国(1328～1598)　イヴァン3世(位1462～1505)　＊ツァーリと称す	＊コンスタンティノープルを首都とする(イスタンブル)　＊バルカン半島の大部分領有					＊ダヤン＝ハンのもと，タタールが勢力を伸張し，たびたび明に侵入	＊北宗画 仇英 南宗画 沈周		1467～77 応仁の乱　＊戦国時代　1489 足利義政，銀閣建立	
	1480 モスクワ大公国独立			1500 ウズベク族，サマルカンドを占領(1507，ヘラート占領でティムール朝滅亡)	1498 ヴァスコ＝ダ＝ガマ(ポルトガル)，ヴィジャヤナガル王国治下のカリカットに到着						
1523 スウェーデン，デンマークより独立(カルマル同盟解体)	1502 キプチャク＝ハン国滅亡　イヴァン4世(雷帝)(位1533～84)	セリム1世(位1512～20)　1517 マムルーク朝を滅ぼし，エジプトを領有　メッカ・メディナの保護権獲得	サファヴィー朝(1501～1736)　1501 サファヴィー朝成立(イスマーイール1世が建国)　(中央アジア)＊ブハラ＝ハン国(1505～1920)，ヒヴァ＝ハン国(1512～1920)の建国	1509 ディウ沖の海戦		(スマトラ島)＊アチェ王国(15C末～20C初)　(ジャワ島)＊バンテン王国(16C前半～19C初頭)		1517 ポルトガル人，広州に至る　＊陽明学 王陽明		1543 ポルトガル人，種子島漂着(鉄砲伝来)	**1500**
＊北欧三国，ルター派採用 (ポーランド)　1543 コペルニクス，地動説を唱える		スレイマン1世(大帝)(位1520～66)　1526 モハーチの戦い　1529 第1次ウィーン包囲戦　1538 プレヴェザの海戦(オスマン帝国海軍がスペイン・教皇・ヴェネツィア海軍を破り，地中海を制す)		1510 ポルトガル，ゴアを建設　＊ナーナク，シク教創始　1519 バーブル，パンジャーブ地方に侵入　1526 パーニーパットの戦い　ムガル帝国(1526～1858)　バーブル(位1526～30)　1526 バーブル，ムガル帝国(～1858)を建てる　1542 ザビエル，ゴアに到着		1511 ポルトガル，マラッカを占領　1521 マゼラン，フィリピンで殺される　(ビルマ)　1531 タウングー朝の建国(～1752)	＊アルタン＝ハーンのもとでタタール最盛期，たびたび明に侵入　＊北虜南倭(この頃，タタールと倭寇の侵入増加)			1549 フランシスコ＝ザビエル，鹿児島上陸	
	1547 正式にツァーリと称す				アクバル(大帝)(位1556～1605)	＊チベット仏教がモンゴルに広まる	1550 庚戌の変(アルタン＝ハーンの北京包囲)		1560 桶狭間の戦い	**1550**	
1569 ルブリンの合同	1552 カザン＝ハン国征服　1556 アストラ＝ハン国征服　1565～72 恐怖政治(オプリチニナ体制の強化)	1569 フランスにカピチュレーションを与える　1571 レパントの海戦			1564 アクバル，ジズヤ(人頭税)を廃止	(フィリピン)　1565 スペインによるフィリピン支配開始　1571 スペイン，マニラを占領		1555 倭寇，全羅道を侵す	1557 ポルトガル人，マカオ居住を認められる　＊メキシコ銀・日本銀の流入	1573 室町幕府滅亡　安土・桃山　1575 長篠の戦い	
(ポーランド)　1572 ヤゲウォ朝が断絶，選挙王政へ		アッバース1世(位1587～1629)				(ジャワ島)　1580年代末頃 マタラム王国建国(～1755)	女真　1583 ヌルハチ自立　1593 ヌルハチ女真諸部統一　1599 満洲文字作成	万暦帝(神宗)(位1572～1620)　1572 張居正の改革(～82)　1581 一条鞭法，全国的に施行　1583 マテオ＝リッチ中国に上陸　1592 朝鮮に援軍　1596 李時珍『本草綱目』刊行	1575 両班の党争激化	1582 大村・有馬氏ら，ローマ教皇に少年使節派遣　1582 本能寺の変　1587 秀吉，バテレン追放令　1590 秀吉，天下統一	
(デンマーク)　＊ティコ＝ブラーエ，天文学上の諸発見	1581 イェルマークのシベリア遠征	1580 イギリスにカピチュレーションを与える			1582 神聖宗教(ディーネ＝イラーヒー)の公布					1592～93 壬辰倭乱　＊水軍の李舜臣の活躍　1597～98 丁酉倭乱	
	1598 リューリク朝の断絶			1598 イスファハーンに遷都	1600 イギリス，東インド会社設立					1600 関ヶ原の戦い	**1600**

コンスタンティノープル陥落す　（◀P.130・144）

　(前略)〔29日〕午前1時半ごろ，スルタン〔メフメット2世〕は，万事準備が完了したと判断すると，攻撃命令を下した。………
〔日の出の直前のころ〕，スルタンは，壕ごしに，敵軍の周章狼狽ぶりに気づいた。かれは，「この都市はわれわれのものだ」と叫んで，イェニチェリ兵に突撃の再開を命じ，ハサンという名の大男のひきいる一隊に合図した。(中略)突然，誰かが見上げて，トルコ国旗がケルコポルタ上方の塔たかくひるがえっているのを見つけた。叫び声が湧きおこった。「都市は占領された！」

(ランシマン，護雅夫訳『コンスタンティノープル陥落す』みすず書房・『世界史資料』東京法令出版)

解説 1453年，オスマン帝国のメフメト2世は10万の大軍を率いて，ビザンツ帝国の首都コンスタンティノープルを包囲した。2か月に及ぶ攻撃によってコンスタンティノープルは陥落し，メフメト2世はイスタンブルと名を変えたこの地に首都を移した。

倭寇　（◀P.112）

(1) 倭人の性は悪がしこく，時にその地の特産物や武器などを載せ，中国の海浜に出没する。よい機会をとらえると，武器を活用してほしいまゝに侵掠をおこない，もし適当な機会がなければ，その地の特産物を運んできて朝貢と称した。(中略)嘉靖32年3月，王直は倭人の諸隊と呼応し，大挙して入寇した。侵入して来た船は数百隻で海をおおう程であった。(中略)大抵，真の倭人は10分の3で，倭人に従う者が10分の7であった。(後略)

(吉田寅訳『明史』巻322「日本伝」・『世界史資料』東京法令出版)

解説 倭寇は，北方のモンゴル高原の遊牧民とともに，「北虜南倭」と呼ばれ恐れられた存在だった。しかし史料にもあるように，後期になると日本人は少なくなり，中国人が大半を占めるようになった。

史料

赤字：重要事項　　□：戦争・戦乱・軍事

	アメリカ	西ヨーロッパ				中央ヨーロッパ	イタリア諸邦ローマ教会
		スペイン王国（ハプスブルク朝）	イングランド王国	オランダ	フランス王国（ブルボン朝）	神聖ローマ帝国・プロイセン（ハプスブルク朝）	
1600	1603 セント＝ローレンス川探検（仏） 1607 ヴァージニア植民地建設（英） 1608 ケベック市建設（仏） 1619 ヴァージニアでアメリカ初の議会 1620 ピルグリム＝ファーザーズ，メイフラワー号でプリマスに移住 1624 ニューネーデルラント植民地建設（蘭） 1625 ニューアムステルダム市建設（蘭）	＊エル＝グレコ「受胎告知」 1605 セルバンテス『ドン＝キホーテ』 1609 オランダと休戦 ＊オリバーレスの政治	1600 東インド会社設立 1601 エリザベス1世，救貧法制定 **ステュアート朝（1603〜49）** **ジェームズ1世（位1603〜25）** 王権神授説を主張し，専制政治を行う 1620 フランシス＝ベーコン『新オルガヌム』 **チャールズ1世（位1625〜49）** 1628 権利の請願 1628 ハーヴェイ『血液循環の原理』 1629 チャールズ1世，議会を解散	1602 東インド会社設立 1609 スペインと休戦 1609 グロティウス『海洋自由論』 ルーベンス ファン＝ダイク 1619 ジャワ島にバタヴィア市建設 1621 西インド会社設立 1623 アンボイナ事件 1625 グロティウス『戦争と平和の法』	1603 シャンプラン，セント＝ローレンス川を探検 1604 東インド会社設立 **ルイ13世（位1610〜43）** 1614 全国三部会の招集（1615年以後，1789年まで全国三部会招集停止） 1624〜42 宰相リシュリュー主導の政治	1608 新教徒同盟の結成（ファルツ公中心） 1609 旧教徒同盟の結成（バイエルン公中心） 1609 ケプラー『新天文学』刊 1618 ブランデンブルク選帝侯国とプロイセン公国（ドイツ騎士団領が前身）が同君連合となる（ブランデンブルク＝プロイセンの成立） **1618〜48 三十年戦争** 1618 ベーメンで新教徒が反乱 Ⅰ. 1618〜23 ベーメン＝ファルツ戦争 Ⅱ. 1625〜29 デンマーク戦争（デンマーク王クリスチャン4世が介入） 1632 ヴァレンシュタイン，皇帝側総司令官として登場，デンマーク軍を破る	1600 ジョルダーノ＝ブルーノ火刑 1623 カンパネラ，『太陽の国』刊
1630	1630 マサチューセッツ植民地建設（英） 1636 ハーヴァード大学創設 1642 モントリオール市建設（仏）	（ポルトガル） 1640 ポルトガル，スペインより独立を回復 ＊ベラスケス活躍	1639 スコットランドの反乱 1640 短期議会・長期議会 **1640〜60 ピューリタン革命** 1641 議会の大諫奏 1645 ネーズビーの戦い（議会派が王党派を破る） 1649 チャールズ1世処刑，共和政に移行 **共和政（1649〜60）**	1642〜43 タスマン，タスマニア島，ニュージーランドに到達 1642 レンブラント「夜警」	1635 リシュリュー，三十年戦争中に介入 1635 アカデミー＝フランセーズ創設 1637 デカルト『方法序（叙）説』 1642 マザラン，宰相になる **ルイ14世（太陽王）（位1643〜1715）** ＊絶対王政の最盛期 ボシュエ，王権神授説を説く **1648〜53 フロンドの乱**	Ⅲ. 1630〜35 スウェーデン戦争（スウェーデン王グスタフ＝アドルフの介入） 1632 リュッツェンの戦い（グスタフ戦死） Ⅳ. 1635〜48 フランス＝スウェーデン戦争 **ブランデンブルク＝プロイセン同君連合**	1632 ガリレイ『天文対話』刊 1633 ガリレイ，宗教裁判を受け，地動説放棄
	＊北米で黒人奴隷を使役したプランテーション（砂糖・コーヒー・タバコなど）が発達		1649 クロムウェル主導の政治（長老派・水平派の弾圧） 1649 アイルランド侵略 1651 ホッブズ『リヴァイアサン』 1651 航海法発布 **1652〜54 第1次イギリス＝オランダ戦争** 1653 クロムウェル，護国卿に就任（〜58） 1658 リチャード，護国卿に就任（〜59）	1652 アフリカ南端にケープ植民地建設 ＊哲学 スピノザ	**1648 ウェストファリア条約締結（カルヴァン派公認，スイス・オランダの独立承認，フランス・スウェーデンの領土拡大，神聖ローマ帝国の有名無実化）**	**オーストリア**	
						フリードリヒ＝ヴィルヘルム大選帝侯（位1640〜88） ＊ポーランドより主権を回復し，国力を高めていく	
1660	1664 蘭領ニューアムステルダム，英に奪われたのち，ニューヨークと改称		**1660 王政復古（ステュアート朝）** **チャールズ2世（位1660〜85）** **1665〜67 第2次イギリス＝オランダ戦争** 1667 ミルトン『失楽園』		1661 ルイ14世，親政開始 1664 東インド会社の再建 1665 財務総監コルベール **1667〜68 南ネーデルラント継承戦争**		
			1668 アーヘンの和約（ルイ14世，スペイン・オランダ・イギリス・スウェーデンと和す。占領地の多くを返還）				
			1670 ドーヴァーの密約（フランス王ルイ14世とイギリス王チャールズ2世の密約） **1672〜74 第3次イギリス＝オランダ戦争** 1673 審査法成立	1670 パスカル『パンセ』	**1672〜78 オランダ侵略戦争（ルイ14世）**		
			1678 ナイメーヘン和約（ルイ14世，スペイン・オランダと和す。占領地の多くを返還）				
	1681 英人ウィリアム＝ペン，ペンシルヴェニア植民地建設 1682 仏人ラサール，ミシシッピ川流域を仏領と宣言し，ルイジアナと命名		1679 人身保護法成立 ＊トーリ党・ホイッグ党 1684 バンヤン『天路歴程』 **ジェームズ2世（位1685〜88）** 1687 ニュートン『プリンキピア』	1678 ホイヘンス 光の波動説	＊古典主義文学 悲劇作家コルネイユ ラシーヌ 喜劇作家モリエール 1682 ルイ14世，ヴェルサイユへ宮廷を移転 1685 ナントの王令廃止（多くのユグノーが亡命）	1683 オスマン帝国の第2次ウィーン包囲戦（失敗）	1669 ヴェネツィア，クレタ島を失う
			1688 名誉革命（オランダからウィレム3世・メアリ夫妻を招く。ジェームズ2世フランスに亡命） メアリ2世（1689〜94）とウィリアム3世（1689〜1702）の共治				
1690	**1689〜97 ウィリアム王戦争（英仏植民地戦争・第2次英仏百年戦争の開始）**	1700 ハプスブルク家断絶 ブルボン家のフェリペ5世（位1700〜24，24〜46）即位	1689 権利の章典 1690 ロック『市民政府二論』 1694 イングランド銀行創設		**1688〜97 ファルツ継承戦争**		
			1697 ライスワイク条約締結（フランス，イギリス・オランダ・スペイン・神聖ローマ帝国と和す）			**1699 カルロヴィッツ条約（オーストリアがオスマン帝国よりハンガリーを獲得）**	

ウェストファリア条約 （◀P.175）

　第七条【改革派の地位】（前略）カトリック派教徒ならびにアウグスブルク信仰告白派教徒である諸身分および臣民に付与された権利および恩典と同一の権利および恩典が改革派[Reformati]とそれらの者の間で称されている者たちにも認められるべきことが，（中略）承認された。（後略）

　第八条【諸々の権利の確認】（前略）1　（前略）とくに，自らと自らの保護および安全のため，各々の諸身分がそれらの者自身の間でおよび他国との間で同盟条約を締結する権利は，永遠に自由とされる。（後略）
（『国際条約集』有斐閣）

（解説） 三十年戦争の結果，ウェストファリア条約が締結された。この条約によってハプスブルク家と戦ったフランス，スウェーデンなどは多くの領土を獲得した。一方，ドイツ諸侯には同盟や条約を締結するなど外交権が認められ，これによって領邦はほぼ完全な主権を獲得した。

「権利の章典」 （◀P.173）

(1) 国王は，王権により国会の承認なしに法律〔の効力〕を停止し，または法律の執行を停止し得る権限があると称しているが，そのようなことは違法である。

(4) 大権に名を借り，国会の承認なしに，〔国会が〕みとめ，もしくはみとむべき期間よりも長い期間，または〔国会が〕みとめ，またはみとむべき態様と異なった態様で，王の使用に供するために金銭を徴収することは，違法である。

(5) 国王に請願することは臣民の権利であり，このような請願をしたことを理由とする収監，または訴追は，違法である。
（田中秀夫訳，高木八尺ら編『人権宣言集』岩波文庫）

（解説） 1688年の名誉革命の結果，王位についたウィリアム3世とメアリ2世は，議会が起草・提出した「権利の宣言」を承認した。それを修正し，1689年に発布したものが「権利の章典」である。ここで列挙された人権の保障は後世に大きな影響を与えた。

緑字：重要治政者に関する事項　青字：文化に関する事項
□：条約・会議・会談　□：国際的に関連する事項　＊：その頃

北ヨーロッパ	東ヨーロッパ	西アジア	南アジア	東南アジア	中国		朝鮮	日本	
北欧諸国	ロマノフ朝	オスマン帝国	ムガル帝国	東南アジア諸国	明	女真	李朝	江戸	1600
(スウェーデン)グスタフ＝アドルフ(位1611～32)	1613　ミハイル＝ロマノフがゼムスキー＝ソボールでツァーリに選ばれる(ロマノフ朝の創始)　ミハイル＝ロマノフ(位1613～45)	1612　オランダにカピチュレーションを与える	1600　イギリス東インド会社設立　1602　オランダ東インド会社設立　1604　フランス東インド会社設立　＊ミニアチュールの影響を受け、ムガル絵画・ラージプート絵画が発達　シャー＝ジャハーン(位1628～58)	1619　オランダ、ジャワ島のバタヴィアに商館を設立　1623　アンボイナ事件(オランダがイギリスを駆逐)	1602　マテオ＝リッチ『坤輿万国全図』刊　1610　『金瓶梅』刊　1611　東林派・非東林派の党争激化　1619　サルフの戦い(ヌルハチ、明に大勝)　(台湾)1624　オランダ、台湾を占領(～61)　崇禎帝(毅宗)(位1627～44)	1601　ヌルハチ、八旗制度を創設　1616　後金成立　ヌルハチ(太祖)(位1616～26)　ホンタイジ(太宗)(位1626～43)	1607　朝鮮通信使来日　1609　対馬、朝鮮と通商条約締結	1600　関ヶ原の戦い　1603　徳川家康、江戸幕府を開く　1609　蘭、平戸に商館建設　島津氏、琉球征服　1613　伊達氏、支倉常長をヨーロッパに派遣　1615　大坂夏の陣　1615　武家諸法度制定	1630
＊スウェーデンの最盛期(バルト海沿岸の支配＝バルト帝国)	1638　太平洋岸到達	1645～69　ヴェネツィアとの戦争	1631　李自成の乱 1632　タージ＝マハル廟建築開始(～53)　1639　イギリス、マドラスに商館建設　＊インド・イスラーム文化の隆盛　1648　アグラよりデリーに遷都　1649　(南インド)ヴィジャヤナガル王国(1336～1649)滅亡　1658　オランダ、セイロン島(スリランカ)をポルトガルより奪う	1641　オランダ、ポルトガルよりマラッカを奪う	1631　李自成の乱　1634　徐光啓・アダム＝シャール『崇禎暦書』完成　1637　宋応星『天工開物』　1639　徐光啓『農政全書』　1644　李自成軍、北京占領。崇禎帝自殺、明滅亡　1644　清、中国支配の開始　1644　辮髪令の発布(～45)　＊考証学：黄宗羲・顧炎武　＊山西商人・新安商人の活躍(明～清)　＊会館・公所の発達(明～清)	1635　モンゴルのチャハル部制圧　1636　国号を清と改める　1637　清軍、朝鮮に侵入　1638　理藩院設置　順治帝(世祖)(位1643～61)	1637　朝鮮降伏 1643　キリスト教伝来	1634　長崎に出島を築く　1635～　参勤交代　1637～38　島原の乱　1639　ポルトガル船の来航禁止　1641　オランダ商館を出島に移す　鎖国の完成　＊オランダ風説書　1646　鄭成功の救援要請を断る	1660
	1667　ポーランドからウクライナを奪う　1670　ステンカ＝ラージンの乱(～71)　ピョートル1世(大帝)(位1682～1725)　1689　ネルチンスク条約を清と締結(スタノヴォイ山脈とアルグン川が両国の国境となる)	1669　ヴェネツィアよりクレタ島を獲得　1683　第2次ウィーン包囲戦の失敗	アウラングゼーブ(位1658～1707)　1661　イギリス、ボンベイをポルトガルより獲得　1664　フランス東インド会社再建　1674　フランス、ポンディシェリとシャンデルナゴルを獲得　1674　シヴァージーがマラーター王国を建設　1679　非ムスリムに対する人頭税(ジズヤ)復活　＊ラージプート族、マラーター族(ともにヒンドゥー教徒)の抵抗		康熙帝(聖祖)(位1661～1722)　(台湾)1661　鄭成功、台湾をオランダより奪い、反清復明運動の根拠地に　1673～81　三藩の乱(雲南の呉三桂らの反乱)　＊反清思想の弾圧(文字の獄・禁書)　(台湾)1683　鄭氏が降伏、台湾が清の直轄地となる　1689　ネルチンスク条約			徳川綱吉(位1680～1709)　1685～　生類憐みの令	1690
(スウェーデン)カール12世(位1697～1718)　1700～21　北方戦争　1700　ナルヴァの戦い	1697　カムチャツカ半島に進出　1697～98　ピョートル1世の西欧視察旅行　1699　ピョートル1世改革開始	1699　カルロヴィッツ条約	1690　イギリス、カルカッタに商館建設		1697　ジュンガル部のガルダン＝ハンを敗死させる				

第2次ウィーン包囲戦の失敗 (◀P.128)

　9月12日。早朝報告到着——敵軍20万ドナウ河岸の丘陵に押し迫り、ディヤルベキル＝ベイレルベイの陣地ではすでに戦闘開始。(中略)ポーランド王旗下の敵軍、オスマン帝国軍中央をめざしトルコ軍中央に突入、トルコ軍左右両翼後退。中央：大宰相。(中略)敵軍、砲とライフル銃で猛攻撃。大宰相旗下のトルコ軍敗歩に転ず。大宰相、軍旗を擁してウィーン城下の本営まで後退。敵軍トルコ軍本営に侵入。日没1時間半前、大宰相軍旗を擁してラーブに向かって退却。
(小山皓一郎「17世紀オスマン朝史料"Vekayi-i Beç"について」・『世界史資料』東京法令出版)

●解説● オスマン帝国の軍隊は、1683年に再びハプスブルク家の根拠地であるウィーンを包囲した。しかしポーランド王率いる救援軍との戦いに敗れ、オスマン帝国軍は退却した。この敗北は、ヨーロッパにおけるオスマン帝国の衰退を示すものになった。

辮髪(べんぱつ)令 (◀P.111)

　現在、この布告が出されてから後は、(中略)すべて薙髪(髪をそる)して辮髪にさせよ。この布告に従う者は我が国の国民であるが、疑ったりためらったりする者は、政府の命に逆らう賊徒と同じであるので、重刑にさだめる。(中略)各地方の文武官僚は、きびしく検察をおこない、もしまたこの布告に反対の章奏(家臣より君主に上申する文書)をみだりに上進し、朕が已に定めた地方の人民をして、依然として明の制度を存続せしめ、清の制度にしたがおうとしない者があれば、死刑にさだめ赦してはならない。
(吉田寅訳『大清世祖皇帝実録』巻17・『世界史資料』東京法令出版)

●解説● 清朝は1644年の北京入城直後から、漢民族に対し服従の証拠として強制した。この辮髪の強制は、「髪を留めるものは頭を留めず、頭を留めるものは髪を留めず」の言葉どおり、苛酷を極めた。

史料

赤字：重要事項　□：戦争・戦乱・軍事

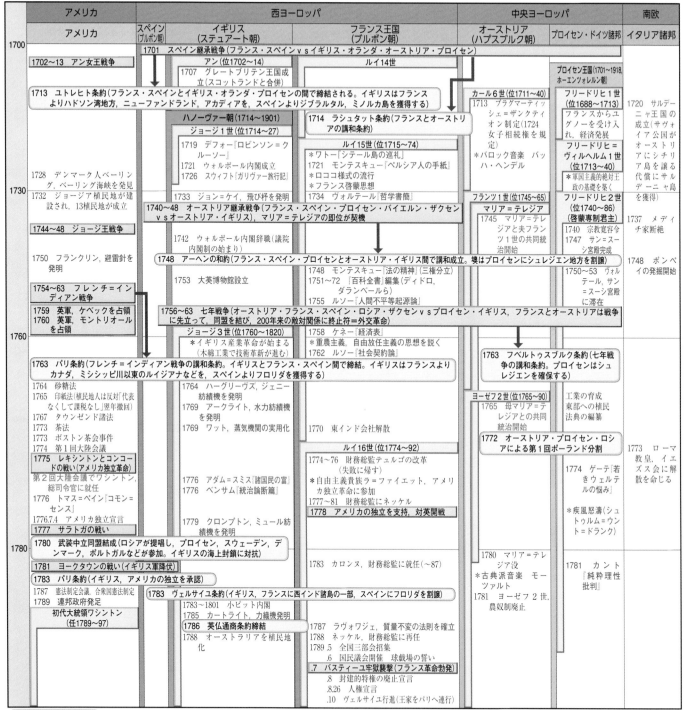

	アメリカ	西ヨーロッパ			中央ヨーロッパ		南欧
	アメリカ	スペイン（ブルボン朝）	イギリス（ステュアート朝）	フランス王国（ブルボン朝）	オーストリア（ハプスブルク朝）	プロイセン・ドイツ諸邦	イタリア諸邦

1700

1701 スペイン継承戦争（フランス・スペインvsイギリス・オランダ・オーストリア・プロイセン）

1702〜13 アン女王戦争

アン（位1702〜14）　ルイ14世

1707 グレートブリテン王国成立（スコットランドと合併）

プロイセン王国（1701〜1918、ホーエンツォレルン朝）

1713 ユトレヒト条約（フランス・スペインとイギリス・オランダ・プロイセンの間で締結される。イギリスはフランスよりハドソン湾地方、ニューファンドランド、アカディアを、スペインよりジブラルタル、ミノルカ島を獲得する）

カール6世（位1711〜40）
1713 プラグマーティッシェ＝ザンクティオン制定（1724 女子相続権を規定）
＊バロック音楽　バッハ・ヘンデル

フリードリヒ1世（位1688〜1713）
フランスからユグノーを受け入れ、経済発展

ハノーヴァー朝（1714〜1901）
ジョージ1世（位1714〜27）

1714 ラシュタット条約（フランスとオーストリアの講和条約）

ルイ15世（位1715〜74）

1719 デフォー『ロビンソン＝クルーソー』
1721 ウォルポール内閣成立
1726 スウィフト『ガリヴァー旅行記』

＊ワトー「シテール島の巡礼」
1721 モンテスキュー『ペルシア人の手紙』
＊ロココ様式の流行
＊フランス啓蒙思想

フリードリヒ＝ヴィルヘルム1世（位1713〜40）
＊軍国主義的絶対王政の基礎を築く

1720 サルデーニャ王国の成立（サヴォイア公国がオーストリアにシチリア島を譲る代償にサルデーニャ島を獲得）

1730

1728 デンマーク人ベーリング、ベーリング海峡を発見
1732 ジョージア植民地が建設され、13植民地が成立

1733 ジョン＝ケイ、飛び杼を発明

1734 ヴォルテール『哲学書簡』

フランツ1世（位1745〜65）
マリア＝テレジア

フリードリヒ2世（位1740〜86）（啓蒙専制君主）

1737 メディチ家断絶

1740〜48 オーストリア継承戦争（フランス・スペイン・プロイセン・バイエルン・ザクセンvsオーストリア・イギリス）、マリア＝テレジアの即位が契機

1744〜48 ジョージ王戦争

1742 ウォルポール内閣辞職（議院内閣制の始まり）

1745 マリア＝テレジアと夫フランツ1世の共同統治開始
1740 宗教寛容令
1747 サン＝スーシ宮殿完成

1750 フランクリン、避雷針を発明

1748 アーヘンの和約（フランス・スペイン・プロイセンとオーストリア・イギリス間で講和成立。墺はプロイセンにシュレジエン地方を割譲）

1748 モンテスキュー『法の精神』（三権分立）
1751〜72 『百科全書』編集（ディドロ、ダランベールら）
1755 ルソー『人間不平等起源論』

1750〜53 ヴォルテール、サン＝スーシ宮殿に滞在

1748 ポンペイの発掘開始

1753 大英博物館設立

1754〜63 フレンチ＝インディアン戦争

1756〜63 七年戦争（オーストリア・フランス・スペイン・ロシア・ザクセンvsプロイセン・イギリス、フランスとオーストリアは戦争に先立って、同盟を結び、200年来の敵対関係に終止符＝外交革命）

1759 英軍、ケベックを占領
1760 英軍、モントリオールを占領

1760

ジョージ3世（位1760〜1820）
＊イギリス産業革命が始まる（木綿工業で技術革新が進む）

1758 ケネー『経済表』
＊重農主義、自由放任主義の思想を説く
1762 ルソー『社会契約論』

1763 フベルトゥスブルク条約（七年戦争の講和条約。プロイセンはシュレジエンを確保する）

1763 パリ条約（フレンチ＝インディアン戦争の講和条約。イギリスとフランス・スペイン間で締結。イギリスはフランスよりカナダ、ミシシッピ川以東のルイジアナなどを、スペインよりフロリダを獲得する）

1764 砂糖法
1765 印紙法（植民地人は反対「代表なくして課税なし」翌年撤回）
1767 タウンゼンド諸法
1773 茶法
1773 ボストン茶会事件
1774 第1回大陸会議

1764 ハーグリーヴズ、ジェニー紡績機を発明
1769 アークライト、水力紡績機を発明
1769 ワット、蒸気機関の実用化

ヨーゼフ2世（位1765〜90）
1765 母マリア＝テレジアとの共同統治開始

工業の育成東部への植民法典の編纂

1770 東インド会社解散

1772 オーストリア・プロイセン・ロシアによる第1回ポーランド分割

1774 ゲーテ『若きウェルテルの悩み』

1773 ローマ教皇、イエズス会に解散を命じる

ルイ16世（位1774〜92）

1775 レキシントンとコンコードの戦い（アメリカ独立革命）
第2回大陸会議でワシントン、総司令官に就任
1776 トマス＝ペイン『コモン＝センス』
1776.7.4 アメリカ独立宣言

1774〜76 財務総監テュルゴの改革（失敗に帰す）
＊自由主義貴族ラ＝ファイエット、アメリカ独立革命に参加
1777〜81 財務総監にネッケル
1778 アメリカの独立を支持、対英開戦

1776 アダム＝スミス『諸国民の富』
1776 ベンサム『統治論断篇』

1779 クロンプトン、ミュール紡績機を発明

＊疾風怒濤（シュトゥルム＝ウント＝ドランク）

1777 サラトガの戦い

1780

1780 武装中立同盟結成（ロシアが提唱し、プロイセン、スウェーデン、デンマーク、ポルトガルなどが参加。イギリスの海上封鎖に対抗）

1781 ヨークタウンの戦い（イギリス軍降伏）
1783 パリ条約（イギリス、アメリカの独立を承認）

1780 マリア＝テレジア没
＊古典派音楽　モーツァルト
1781 ヨーゼフ2世、農奴制廃止

1781 カント『純粋理性批判』

1787 憲法制定会議、合衆国憲法制定
1789 連邦政府発足

1783 カロンヌ、財務総監に就任（〜87）

初代大統領ワシントン（任1789〜97）

1783 ヴェルサイユ条約（イギリス、フランスに西インド諸島の一部、スペインにフロリダを割譲）

1783〜1801 小ピット内閣
1785 カートライト、力織機発明
1786 英仏通商条約締結
1788 オーストラリアを植民地化

1787 ラヴォワジェ、質量不変の法則を確立
1788 ネッケル、財務総監に再任
1789.5 全国三部会招集
.6 国民議会開催　球戯場の誓い
.7 バスティーユ牢獄襲撃（フランス革命勃発）
.8 封建的特権の廃止宣言
.8.26 人権宣言
.10 ヴェルサイユ行進（王家をパリへ連行）

アメリカ合衆国憲法（◀P.189）

第一条　第一節　〔立法権、二院制〕
　この憲法によって付与される立法権は、すべて合衆国議会に属する。合衆国議会は上院及び下院でこれを構成する。
第二条　第一節　〔執行権、大統領及び副大統領〕
　①執行権は、アメリカ大統領に属する。大統領の任期は四年とし、同一の任期で選出される副大統領と共に、次の方法により選挙される。
第三条　第一節　〔司法権、最高裁判所及び下級裁判所〕
　合衆国の司法権は、一つの最高裁判所及び合衆国議会が随時に定め設置する下級裁判所に属する。（後略）

（高橋和之編『〔新版〕世界憲法集　第2版』岩波文庫）

◀解説 アメリカ合衆国憲法は、1787年のフィラデルフィア憲法制定会議で作成され、翌年に発効した。この憲法の特徴は、三権分立、人民主権、連邦主義である。また1789年以降の憲法修正条項によって、憲法改正が行われている。奴隷制度の廃止は修正第13条によって1865年に制定された。

シェイエス『第三身分とは何か』（◀P.190）

　この著作の主題はすこぶる簡明である。われわれは次の三つのテーマを考察する。
　一　第三身分とは何か。すべてである。
　二　第三身分は、今日まで、政治秩序のなかで何であったか。無である。
　三　第三身分は何を要求するのか。そこで、それ相当のものになること。

（シェイエス、谷川稔訳『第三身分とは何か』・河野健二編『資料フランス革命』岩波書店）

◀解説 1789年1月、シェイエスが著した政治的パンフレットである。旧体制下の特権身分を攻撃し、市民（第三身分）の権利を主張して、フランス革命に多大な影響を与えた。

北ヨーロッパ	東ヨーロッパ	西アジア	南アジア	東南アジア	中国	日本	
北欧諸国	ロシア帝国(ロマノフ朝)	オスマン帝国	ムガル帝国	東南アジア諸国	清	江戸	1700

	ピョートル1世				康熙帝	1702　赤穂事件	
	1703　ペテルブルク建設	＊チューリップ時代	1708　マラーター同盟結成		＊典礼問題がおこる		
	1709　ポルタヴァの戦い	(西欧文物の導入が盛んとなる)	1710～16　シク教徒の反乱		1706　典礼否認派の宣教師の布教活動禁止	1715　長崎貿易を制限	
	1712　モスクワからペテルブルクに遷都	1718　パッサロヴィッツ条約	＊ムガル帝国の動揺		1713　盛世滋生人丁制の実施	1716　徳川吉宗の享保の改革始まる(～45)	
	1721　ニスタット条約(北方戦争終結)				1715　カスティリオーネ来朝		
	1721　戦勝記念祭で「ロシア帝国」の成立が宣言される				1716　広東省に地丁銀制始まる		
	1727　キャフタ条約(ロシア・清間で締結、モンゴル・シベリアの国境を定める)				1716　『康熙字典』成る	1721　目安箱の設置	
	1728　ベーリング海峡発見				1719　ブーヴェ、レジス『皇輿全覧図』		
					1720　広州に公行成立		
					雍正帝(世宗)(位1722～35)		
					1724　キリスト教布教禁止		
					1724　清、青海を平定		
					1726　『古今図書集成』		1730
(スウェーデン)		(イラン)	1737　マラーター同盟、デリー攻略		1727　キャフタ条約		
1737　リンネ『自然分類』刊	1741　ベーリング、アラスカに到達	1736　アフシャール朝成立(～96)			1729　軍機処の設置		
		1736　サファヴィー朝滅亡(1501～)	1742　デュプレクス、ポンディシェリ総督に就任		**乾隆帝(高宗)(位1735～95)**	1742　公事方御定書	
		(アラビア半島)		(ビルマ)	＊呉敬梓『儒林外史』		
		1744頃　ワッハーブ王国(第1次サウード朝)の成立	1744～63　カーナティック戦争　プラッシーの戦い(1757)(英勢力は仏勢力をインドより駆逐し、覇権を確立)	1752　モン人により、タウングー朝滅亡(1531～)	＊チベットを藩部として支配		
		(アフガニスタン)		1752　コンバウン(アラウンパヤー)朝成立(～1885)	＊曹雪斤『紅楼夢』		
	1756　スウェーデン・ポーランド・ロシアが対プロイセンの立場で七年戦争に参戦	1747　ドゥッラーニー朝成立			1757　外国貿易を広州一港に限定(公行の独占)		
		(イラン)			1758　ジュンガルを滅ぼす		
		1751　ザンド朝成立(～94)			1759　回部を平定し、ジュンガルとともに新疆と命名、藩部として統治		1760
	ピョートル3世(位1761～62)				＊考証学　戴震	1767～86　田沼時代	
	1762　プロイセンと単独講和						
	エカチェリーナ2世(位1762～96)			(タイ)		1772　田沼意次、老中となる	
	1767　訓令の布告	1765　英東インド会社、ベンガル・ビハール・オリッサの徴税権を獲得	1767　アユタヤ朝、コンバウン朝に滅ぼされる			1774　杉田玄白ら『解体新書』	
		1767～69　第1次マイソール戦争	(ベトナム)				
	1773～75　プガチョフの農民反乱		1771～1802　西山の乱				
	1774　キュチュク=カイナルジ条約		1775　フランス人宣教師ピニョー、コーチシナに来る				
		1775～82　第1次マラーター戦争(英、デカン高原のマラーター同盟を破る)	(タイ)				1780
	1780　アメリカ独立戦争に際し武装中立同盟を結成		1782　ラタナコーシン朝(チャクリ朝、バンコク朝)成立	1782　『四庫全書』成る		1782～87　天明の飢饉	
	1783　クリミア=ハン国併合	1780～84　第2次マイソール戦争	(マレー半島)				
			1786　イギリス、ペナン島を獲得			1787　松平定信、老中になる	
			(ベトナム)			1787～93　寛政の改革	
			1789　黎朝、西山朝によって滅ぼされる			1790　寛政異学の禁	

ピョートル1世治下のロシア(フォッケロート) (◀P.177)

　ピョートル1世みずから統治上最も困難なのは商業であると再三述懐した。(中略)その最初のオランダ旅行中すでに、彼は各種職業にわたるばく大な数の工匠や職人を雇傭した。留針工・針金工・紙職人・銃匠・羅紗織工など。さらにそのうちで、みずからすすんでロシアに赴き、そこで工場開設の希望をもつものを大いに奨励した。(中略)
　かくして、ピョートル1世はその在世中に各種の工場を発達させたので、ロシアが必要とするだけ十分な商品を、たとえば留針・兵器・各種麻織物、とくに帆は海軍に供給するだけでなく外国人にも掛売りできるほどにつくり出すことを得させた。(後略)
(相田重夫訳『西洋史料集成』平凡社)

解説 ピョートル1世は西欧を模範とする、ロシアの近代化を積極的に推進した。その結果、北方戦争で勝利を収めるなど、後進国にすぎなかったロシアを東欧の大国とすることに成功した。

典礼問題 (◀P.111)

　教皇クレメント11世はここに永遠にわたり世悉く知るべきことを伝ふ。(中略)
一、西洋地方にては天地万物の主を称呼するに「斗斯」(Deus)の2字を用ふ。(中略)爾今以後総て「天」の字を用ふることを禁じ、また「上帝」の字眼を用ふることを許さず。只だ、天地万物の主とのみ称呼すべし。(中略)
一、春秋2季に於いて孔子を祭り、並に祖宗を祭るの大礼は、凡て教に入るの人には、主祭としても助祭としても之をなすことを許さず。これ異端と相同じきが為なり。
(佐伯好郎『支那基督教の研究[3]』春秋社・『世界史資料』東京法令出版)

解説 中国で布教活動をしていたイエズス会の宣教師は、孔子の崇拝、祖先への祭祀といった中国伝統の儀礼(典礼)を容認していた。しかしほかの会派の宣教師は、神に対する冒瀆だとして教皇に訴えた。教皇は訴えを認め信者の典礼参加を禁じた。これに対し康熙帝はイエズス会以外の布教活動を禁止した。

赤字：重要事項
□：戦争・戦乱・軍事

年	アメリカ アメリカ合衆国 ラテンアメリカ諸国	イギリス (ハノーヴァー朝)	フランス・オランダ・ベルギー	スペイン イタリア諸邦 ギリシア	オーストリア ドイツ諸邦	プロイセン (ホーエンツォレルン朝)
1790	ワシントン 1791 憲法10カ条を修正 1793 ホイットニー，綿繰り機を発明 1793 対フランス中立宣言	立憲君主制 ジョージ3世	1791.4 ミラボー急死 .6 ヴァレンヌ逃亡事件 .9 1791年憲法制定 1791.10 立法議会（～92.9） 1792.4 ジロンド派内閣オーストリアに宣戦，革命戦争始まる .8 8月10日事件 .9 王政廃止 **第一共和政（1792～1804）** 1792.9 国民公会（～95） 1793.1 ルイ16世処刑 .7 恐怖政治の開始		1791.8 オーストリア・プロイセン両君主によるピルニッツ宣言 1792.4 フランスに宣戦 .9 ヴァルミーの戦い（プロイセン・オーストリア連合軍敗退）	1793 プロイセン・ 1795 オーストリア・プロイセン
		1793 第1回対仏大同盟（～97，英首相小ピット提唱） 1796 ジェンナー，種痘法 ＊第2次囲い込み運動盛ん 1798 マルサス『人口論』	.7 封建的貢租の無償廃止 .8 1793年憲法制定 .8 メートル法採用 .10 革命暦採用 1794.7 テルミドールの反動（ロベスピエール処刑） 1795.8 1795年憲法制定 .10 総裁政府 1796～97 ナポレオンのイタリア遠征 1796 バブーフの陰謀失敗			
		1798 アイルランド反乱	**1797 カンポ＝フォルミオの和約（墺屈服，第1回対仏大同盟崩壊）** 1798～99 ナポレオンのエジプト遠征，ロゼッタ＝ス			
1800	1800 ワシントン，首都になる	**1799 第2回対仏大同盟（～1802）**	トーンの発見 1799.11 ブリュメール18日のクーデタ .12 統領体制（統領政府）の成立（～1804，ナポレオン，第一統領になる） 1800 フランス銀行設立	1799 ヴォルタ（伊），乾電池を発明 1800 西，ルイジアナを仏に返還		
	ジェファソン（任1801～09） 1803 仏（ナポレオン）からミシシッピ以西ルイジアナを購入 1804 トゥサン＝ルーヴェルチュール指導の独立闘争ののち，初の黒人共和国として独立（ハイチ） 1807 ポルトガル王室，ブラジルに亡命 1807 フルトン，蒸気船を発明 1808 奴隷貿易の廃止	1801 グレートブリテン＝アイルランド連合王国の成立 **1802 アミアンの和約（英仏和解，第2次対仏大同盟崩壊）** 1804～06 第2次小ピット内閣 ＊古典派経済学 リカード ＊功利主義 ベンサム **1805 第3回対仏大同盟** **1805 トラファルガーの海戦（英提督ネルソン戦死）**	**1800 ナポレオンの第2次イタリア遠征** **1801 リュネヴィルの和約（オーストリア屈服，ライン左岸が仏領に）** 1801 宗教協約（コンコルダート）（教皇ピウス7世と和解） 1802 ナポレオン，終身統領となる 1804 ナポレオン法典 ナポレオン，皇帝となる **第一帝政（1804～14）** **ナポレオン1世（位1804～14）**		1804 シラー『ヴィルヘルム＝テル』 オーストリア帝国 (1804～67)	
1810	マディソン（任1809～17） ＊1810以降，中南米のスペイン植民地の独立運動（シモン＝ボリバルらの活躍） 1811 パラグアイ独立 1816 アルゼンチン独立	**1812～14 アメリカ＝イギリス戦争** 1807 奴隷貿易の廃止 1808 英軍，イベリア半島上陸 1810 スコット『湖上の美人』 1811 ラダイト運動 **1813 第4回対仏大同盟** 1813 東インド会社，対インド貿易独占権廃止 1814 スティーブンソン，蒸気機関車を発明	1806 ナポレオン，兄ジョゼフをナポリ王，弟ルイをオランダ王とする 1808 ジョゼフ，スペイン王となる 1809 ナポレオン，教皇領を併合 1810 ナポレオン，オーストリア皇女マリ＝ルイーズと結婚 1812 ナポレオン，オランダを併合 **1812 ナポレオン，ロシア遠征（大失敗に終わる）** 1814.3 連合軍，パリ入城 1814.5 ナポレオン，エルバ島に配流 **ブルボン朝（1814～30）** **ルイ18世（位1814～24）**	**1805 アウステルリッツの戦い（三帝会戦）** **1806 ライン同盟成立，神聖ローマ帝国（962～）滅亡** **1806 イエナ・アウエルシュタットの戦い** 1806 大陸封鎖令（ベルリン勅令） **1807 ティルジット条約（プロイセン降伏・領土半減，ワルシャワ大公国成立）** **1808～14 スペイン反乱 （半島戦争）** ＊スペイン，反仏ゲリラ運動盛ん 1813 **ライプツィヒの戦い（諸国民戦争）** 1814 スペイン解放	1807 ヘーゲル 『精神現象学』 1810 ベルリン大学創立 1813 ライン同盟解体	1807 シュタイン，ハルデンベルクの改革（～22） 1807 フィヒテ『ドイツ国民に告ぐ』
1820	モンロー（任1817～25） 1818 チリ独立 1819 スペインよりフロリダ買収 1819 大コロンビア共和国独立 （シモン＝ボリバル主導） 1819 サヴァンナ号，米英間大西洋初航海 1820 ミズーリ協定 1821 メキシコ・ペルー独立 1822 ブラジル帝国成立 1823 モンロー宣言 1823 中央アメリカ連邦成立 1825 ボリビア独立 1825 ウルグアイ独立 1828 ウェブスター『英語辞典』	1814 ケープ植民地・スリランカ・マルタ島領有 **1815.6 ワーテルローの戦い** 1815 穀物法制定 1817 人身保護法廃止 1819 ピータールー事件 1822～27 外相カニング（ギリシア・中南米諸国の独立運動支援） 1824 バイロン，ギリシア独立戦争に参加し，戦病死 1825 ストックトン・ダーリントン間に鉄道開通 1828 審査法廃止 1829 カトリック教徒解放法 1830 リヴァプール・マンチェスター間に営業鉄道開通	**1814.9～1815.6 ウィーン会議（フランス革命・ナポレオン戦争後のヨーロッパの国際秩序を構築，ウィーン体制の成立）** 1814 オランダ立憲王国の成立 1815.3～.6 ナポレオンの百日天下 .10 ナポレオン，セントヘレナ島に配流 **1818 アーヘン列国会議（フランス，四国同盟に参加し，五国同盟に）** 1822 ヴェローナ会議（スペイン・ギリシア問題討議） 1822 シャンポリオン，神聖文字の解読成功 1824 仏軍，スペイン立憲革命圧殺 **シャルル10世（位1824～30）** 1825 亡命貴族の没収財産に国庫補償 1829 ポリニャック内閣 1830 アルジェリア出兵 **1830 七月革命（ブルボン朝崩壊）**	**1815 神聖同盟成立** 1820～23 スペイン立憲革命 1820 ナポリでカルボナリの蜂起 1821 ピエモンテでカルボナリの蜂起 **1821 ギリシア独立戦争開始（～29）**	1815 ドイツ連邦の成立 1815 ブルシェンシャフト結成 1817 ブルシェンシャフト，ヴァルトブルクで宗教改革300周年式典（自由主義運動の高まり） 1819 カールスバートの決議 1821 メッテルニヒ，宰相兼外相となる	**1815 四国同盟の成立（英・墺・普・露参加）** 1827 オームの法則 1828 プロイセン関税同盟の発展
1830	ジャクソン（任1829～37） 1830 ベネズエラ・エクアドル，大コロンビア共和国から分離独立 ＊ジャクソニアン＝デモクラシー 1830 先住民強制移住法 1833 アメリカ奴隷制反対協会設立	1831 ファラデー，電磁誘導の法則発見 1832 第1回選挙法改正 1833 工場法制定 1833 英領内奴隷制廃止	**オルレアン朝（1830～48）（七月王政）** **ルイ＝フィリップ（位1830～48）** 1830 ベルギー王国独立 ＊フランス産業革命の進展 ＊大ブルジョワの支配，極端な制限選挙 1830～42 コント『実証哲学講義』	1831 中部イタリアでカルボナリの蜂起 1831 マッツィーニ，青年イタリア結成	1830 ドイツ蜂起 1831 ゲーテ『ファウスト』完成	1834 ドイツ関税同盟結成

フィヒテ「ドイツ国民に告ぐ」 （◀P.214）

　（前略）この言語（注．ドイツ語）が途切れることなく話され続けているということ，ひとえにそのことだけが重要なのです。というのも，言語が人間によって作られるよりも，人間が言語によって作られる度合いの方が，はるかに大きいからです。（中略）
　この民族の言語がいま現にある姿となっているのは必然的なことであって，そもそもこの民族が自己の認識を口にしているのではなく，この民族の認識それ自体が，この民族の口をつうじて自らを語っているのだ，と。

（J.G.フィヒテ，細見和之・上野成利訳『ドイツ国民に告ぐ』・鵜飼哲ほか編『国民とは何か』インスクリプト）

◀解説▶ 1807～08年，哲学者フィヒテがナポレオン占領下のベルリンで行った14回に及ぶ連続講演。ドイツ人のアイデンティティをドイツ語に求めた上で，ドイツの国民意識を高揚させた。

モンロー宣言 （◀P.195・208）

7　（前略）合衆国政府は，（中略）両アメリカ大陸は，（中略）今後いかなるヨーロッパ諸国からも将来の植民の対象としてみなされるべきでないということを（中略）主張する（後略）。

48　（前略）すでに独立を宣言し，（中略）またわれわれがその独立を（中略）承認した諸政府に関して，これらを抑圧する目的あるいはその他の方法によりこれらの運命を左右せんとする（中略）いかなるヨーロッパ諸国の干渉も，われわれは合衆国に対する非友誼的態度の表明としかみることができない。

（飯本稔訳『西洋史料集成』平凡社）

◀解説▶ 1823年，中南米諸国の独立運動へのメッテルニヒらの干渉を牽制（けんせい）するため，第5代大統領モンローが年次教書の中で表明した。アメリカ・ヨーロッパの相互不干渉がおもな内容で，その後，孤立主義（中立主義）外交は長らくアメリカ外交の基本方針となった。

北・東ヨーロッパ	西アジア・北アフリカ	南アジア	東南アジア	中 国	朝鮮半島	日 本	太平洋
ロシア帝国（ロマノフ朝）	オスマン帝国ペルシア等	ムガル帝国	東南アジア諸国	清	朝鮮（李朝）	江戸幕府	

北・東ヨーロッパ	西アジア・北アフリカ	南アジア	東南アジア	中 国	朝鮮半島	日 本	太平洋	
		1790〜92 第3次マイソール戦争		乾隆帝	1791 洋学の禁止	1790 寛政異学の禁		1790
（ポーランド） 1791 ポーランド新憲法 1791 大黒屋光太夫に会う				1793 イギリス使節マカートニー，北京に至る（通商要求は許可されず）		1792 ロシア使節ラクスマン，根室に来航，通商を要求		
ロシアの第2回ポーランド分割	（イラン） 1794 アーガー＝ムハンマド，ザンド朝を滅ぼす	1793 イギリス，ベンガルにザミンダーリー制を導入	1795 イギリス東インド会社，マラッカを占領	仁宗（嘉慶帝）（位1796〜1820） 1796 アヘンの輸入禁止			1793 イギリスからオーストラリアへ初めての自由移民が到着	
1794 コシューシコの抵抗 ・ロシア第3回ポーランド分割	1796 ガージャール朝成立（〜1925）	1796 イギリス，オランダよりスリランカを奪う		1796〜1804 白蓮教徒の乱		1798 本居宣長『古事記伝』完成		
	1798 ナポレオン，エジプト占領（〜1801）	1799 第4次マイソール戦争	1799 オランダ東インド会社解散			1798 近藤重蔵，択捉島探検		
								1800
アレクサンドル1世（位1801〜25）		1803〜05 第2次マラーター戦争	（ベトナム） 1802 阮福暎，西山朝を滅ぼし，阮朝成立（〜1945）	*中国・インド・イギリスの三角貿易盛ん（インド産アヘンの中国流入）	1801 キリスト教大弾圧			
1804〜13 ロシア＝ペルシア戦争								
（ポーランド） 1807〜14 ワルシャワ大公国（ナポレオン勢力下）	（アラビア半島） 1805 ワッハーブ王国（第1次サウード朝），メディナを占領	1803 イギリス，デリー占領				1804 ロシア使節レザノフ，長崎に来航	1803 イギリス，タスマニアに植民開始	
	（エジプト） 1805 ムハンマド＝アリー，総督に就任，以後，近代化政策を推進 ムハンマド＝アリー朝の成立							
						1808 フェートン号事件 1808 間宮林蔵，樺太を探検		
				1808 イギリス，マカオ攻撃				
								1810
1812 ナポレオン，ロシアに侵入モスクワ大火	1811 ムハンマド＝アリーの下，エジプト，事実上の独立	1813 イギリス東インド会社，茶以外のインド貿易の独占権廃止	1811〜16 イギリス，ジャワ島を占領	1811 ヨーロッパ人の布教と居住を厳禁	1811〜12 洪景来の乱	1812 高田屋嘉兵衛，ロシア船に捕らえられる		
1812 ブカレスト条約（ロシア，ベッサラビア獲得）				1813 アヘンの販売を禁止				
1815 ロシア皇帝，ポーランド王を兼任	1814 ギリシア独立運動の秘密結社「フィリキ＝エテリア」結成	1814〜16 ネパール征服		1813 天理教徒の乱 1815 アヘンの輸入を禁止		1815 杉田玄白『蘭学事始』	1814 イギリス，ニュージーランドを占領	
	（アラビア半島） 1818 ムハンマド＝アリー，第1次サウード朝（ワッハーブ王国）を滅ぼす	1817〜18 第3次マラーター戦争	1819 英人ラッフルズ，シンガポールを建設	1816 イギリス使節アマースト来訪（三跪九叩頭の礼を拒否し，帰国を命じられる）		1817〜22 イギリス船，しばしば浦賀に来航		
1821〜29 ギリシア独立戦争								
1821 アラスカ領有	1822 ギリシア独立宣言			宣宗（道光帝）（位1820〜50）		1821 伊能忠敬『大日本沿海輿地全図』		1820
1824 アメリカとロシアの国境画定	（アラビア半島） 1823 ワッハーブ王国（第2次サウード朝）成立（〜89）		1824〜26 第1回ビルマ戦争	1820〜28 イスラーム教徒の乱		1823 シーボルト（独），長崎に来る		
ニコライ1世（位1825〜55）	1826 オスマン帝国，イェニチェリ軍団を廃止		1824 イギリス，マラッカ領有			1825 異国船打払令		
1825 デカブリスト＜十二月党員＞の反乱			1826 イギリス，海峡植民地を成立させる					
1827 ナヴァリノの海戦			（ジャワ島）			1828 シーボルト事件		
1828 トルコマンチャーイ条約（ロシア・ガージャール朝間）				1833 イギリス東インド会社，中国貿易独占権廃止				
1829 アドリアノープル条約（オスマン帝国・ロシア間，オスマン帝国，ギリシアの独立を承認）				1834 イギリス使節ネーピア来訪				1830
1830〜31 ポーランド蜂起	1830 ロンドン議定書（列国，ギリシアの独立承認）	1830 総督ファン＝デン＝ボス，オランダ領ジャワ島に強制栽培制度を導入	1830 総督ファン＝デン＝ボス，オランダ領ジャワ島に強制栽培制度を導入			1833〜39 天保の飢饉		
1832 ポーランド，ロシアの属州化すすむ	1833 イギリス東インド会社の商業活動停止			1834 イギリス船のアヘン密売厳禁		1834 水野忠邦，老中となる		
1833 ウンキャル＝スケレッシ条約	1831〜33 第1回エジプト＝トルコ戦争							

ナポレオンの敗退 ◀ P.193

「おい，誰だ？ 入りたまえ，さあ！ 何か変ったことか？」と元帥は彼らに声をかけた。（中略）
「さあ，もっと近くへ寄って。どんな知らせをもってきたのかな？ あ？ ナポレオンがモスクワを出たのか？ それはほんとうか？ あ？」
　ボルホヴィチノフはまず命じられてきたことをすっかり詳細に報告した。（中略）
「主よ，われらの神よ！ よくぞわれらの祈りを聞きとどけてくださりました……」と彼は合掌し，ふるえる声で言った。「ロシアは救われました。感謝いたしますぞ，主よ！」そして彼は泣きだした。
（『新潮世界文学18トルストイ「戦争と平和」』新潮社）

◑解説 トルストイの『戦争と平和』は，1805〜12年のロシアを舞台とした大河小説である。1812年，ナポレオンは大軍を率いてロシア遠征を行いモスクワを占領したが，冬が訪れたため退却せざるを得なくなった。史料は，ロシアのクトゥーゾフ司令官がナポレオンの退却の報告を受けた場面である。

マカートニーの中国観 ◀ P.111

　中華帝国は有能で油断のない運転士がつづいたおかげで過去150年間どうやら無事に浮かんできて，大きな図体と外観だけにものを言わせ，近隣諸国をなんとか畏怖させてきた，古びてボロボロに傷んだ戦闘艦に等しい。しかし，ひとたび無能な人間が甲板に立って指揮をとることになれば，必ずや艦の規律は緩み，安全は失われる。艦はすぐには沈没しないで，しばらくは難破船として漂流するかもしれない。しかし，やがて岸にぶつけて粉微塵に砕けるであろう。この船をもとの船底の上に再び造り直すことは絶対に不可能である。
（マカートニー，坂野正高訳『中国訪問使節日記』平凡社）

◑解説 貿易の拡大を求めてイギリスから中国に派遣されたマカートニーだったが，その目的は達成されなかった。彼は8か月にも渡る滞在中，中国の社会・政治を冷静に観察し，繁栄をしているように見える清朝が数々の問題を抱えていること，無能な指導者が出現すると一挙に問題点が顕在化する可能性が少なくないことを述べている。

赤字：重要事項
□：戦争・戦乱・軍事

	アメリカ	西ヨーロッパ		中央ヨーロッパ		南ヨーロッパ
	アメリカ合衆国ラテンアメリカ諸国	イギリス（ハノーヴァー朝）	フランス（オルレアン朝）	プロイセン・ドイツ諸邦（ホーエンツォレルン朝）	オーストリア（ハプスブルク朝）	イタリア諸邦スペイン
1835	1837 モース，有線電信機を発明 1839 中央アメリカ連邦解体 1842 アメリカ合衆国・カナダ間の国境画定（北緯49°） 1844 モース，電信機実用化 1845 テキサス併合 オレゴン併合 1846～48 アメリカ＝メキシコ戦争 1848 グァダルーペ＝イダルゴ条約（アメリカがメキシコよりカリフォルニアなどを獲得） 1848 カリフォルニアで金鉱発見 1849 カリフォルニアでゴールドラッシュ始まる	ヴィクトリア女王（位1837～1901） 1837 人民憲章起草 1837 チャーティスト運動（～50年代） 1839 反穀物法同盟結成 1840～42 アヘン戦争 1841 五国海峡協定（英・仏・露・墺・普がオスマン帝国と締結） 1841～46 ピール内閣 1845～49 アイルランド大飢饉（ジャガイモ飢饉） 1846 穀物法廃止 1848 チャーティスト運動の高揚 1849 航海法廃止	1836 ティエール内閣 1839 ベルギーが永世中立国として国際的な承認を得る 1840 ロンドン会議（ロンドン四国条約，英・露・普・墺がオスマン帝国を支援。エジプト太守ムハンマド＝アリー，エジプト統治の世襲権を与えられる。 1840～48 ギゾー内閣 ＊選挙法改正運動 1848 二月革命 第二共和政（1848～52） 1848 国立作業場設置，四月普通選挙 六月蜂起 1848.12 ルイ＝ナポレオン大統領選挙で当選（任1848～52） 1851 ルイ＝ナポレオンのクーデタ	1837 ハノーヴァー王国，イギリスより分離 1841 リスト『国民経済学大系』 1846 デンマーク，シュレスヴィヒ・ホルシュタイン両公国を併合 1848 マルクス・エンゲルス『共産党宣言』 1848 三月革命 1848～49 フランクフルト国民議会 1849 プロイセン王，ドイツ皇帝に推挙されるが，これを拒絶。武力で議会を解散させる	1848 三月革命（ウィーン暴動）（メッテルニヒ亡命） 1848 ハンガリー民族運動ベーメン民族運動 フランツ＝ヨーゼフ1世（位1848～1916） 1848 農奴解放 1849 三月革命を鎮圧	1848～49 サルデーニャ王国オーストリアと戦い，敗北 1849 青年イタリア（マッツィーニ），ローマ共和国樹立（フランスの介入により失敗） 1849 サルデーニャ王ヴィットーリオ＝エマヌエーレ2世即位
1850	1850 「妥協」（カリフォルニア，自由州として連邦に加入） 1852 ストウ『アンクル＝トムの小屋』 1854 カンザス・ネブラスカ法（ミズーリ協定の廃止） 1854 共和党結成 1855 ホイットマン『草の葉』	1851 ロンドン万国博覧会 1852 ニュージーランド自治法案可決 1854 クリミア戦争に英仏両国参戦（～56） 1855～58 パーマストン内閣① 1856 パリ条約（黒海の中立化・オスマン帝国の領土保全・ドナウ川の自由通行権。ロシアの南下政策失敗）	第二帝政（1852～70） ナポレオン3世（位1852～70） 1855 パリ万国博覧会	1849 プロイセン王，ドイツ皇帝に推挙されるが，これを拒絶。武力で議会を解散させる		1852 カヴール，サルデーニャ王国の首相就任（～61） 1855 サルデーニャ，クリミア戦争に参戦
	1859 ペンシルヴァニアで油田発見	1856～60 第2次アヘン戦争（アロー戦争） 1858 東インド会社解散 1859 ダーウィン『種の起源』 1859～65 パーマストン内閣②	1858～62 仏越戦争（インドシナ出兵） 1859 ヴィラフランカの講和			1858 プロンビエール密約 1859 イタリア統一戦争（フランスの支援を受けたサルデーニャがオーストリアと戦う） 1859 サルデーニャ，ロンバルディアを獲得
1860	リンカン（共，任1861～65） 1861～67 メキシコ遠征（イギリス・フランス・スペイン） 1861 南部11州，アメリカ連合国結成 1861 南北戦争勃発（～65） 1862 ホームステッド法 1863 奴隷解放宣言 1863 ゲティスバーグの戦い 1865 リンカン，暗殺される 1866 大西洋横断海底電線敷設 1867 ロシアよりアラスカ買収 1867 再建法成立 1869 大陸横断鉄道開通（シカゴ・サンフランシスコ間）	1860 英仏通商条約 1863 ロンドンで地下鉄開通 1864 第1インターナショナル 1867 カナダ連邦（自治領）成立 1867 第2回選挙法改正 1868～74 グラッドストン内閣（自由党）	1860 サヴォイアとニースをサルデーニャより獲得 1861～67 メキシコ遠征 1862 ユゴー『レ＝ミゼラブル』 ＊オスマンによるパリ大改造 ＊写実主義絵画 クールベ	ヴィルヘルム1世（位1861～88） 1862 ビスマルクが首相に 1863 ラサール，全ドイツ労働者協会結成 1864 デンマーク戦争（プロイセン・オーストリアがシュレスヴィヒ・ホルシュタインを獲得） 1866 プロイセン＝オーストリア戦争（プロイセンの勝利） 1866 プロイセン憲法紛争終わる 1867 北ドイツ連邦の結成 1867 マルクス『資本論』第一巻 1869 アイゼナハで社会民主主義労働者党成立 1870 エムス電報事件	1861 憲法発布 1864 国際赤十字社発足 1865 メンデルの法則 1867 アウスグライヒ（妥協）により，オーストリア＝ハンガリー帝国の成立 オーストリア＝ハンガリー帝国（1867～1918）	1860 ガリバルディ，シチリア・ナポリ占領の後，サルデーニャこれを併合中部イタリア諸国の併合 イタリア王国（1861～1946） 1861 イタリア王国成立（都：トリノ） ヴィットーリオ＝エマヌエーレ2世（位1861～78） 1865 フィレンツェ遷都 1866 プロイセン＝オーストリア戦争に参戦，ヴェネツィア併合
1870	1870 ロックフェラー，スタンダード石油設立 ＊南部でシェア＝クロッパー制度が拡大	1870 初等教育法制定アイルランド土地法制定 1871 労働組合法制定 1874～80 ディズレーリ内閣 1875 スエズ運河会社の株式買収 1877 インド帝国成立（ヴィクトリア女王，インド皇帝を兼ねる）	1870～71 ドイツ＝フランス戦争（ナポレオン3世，スダンで降伏） 第三共和政（1870～1940） 1871 臨時政府（首班ティエール） 1871 パリ＝コミューン 1871 フランクフルト条約（仏，独にアルザス・ロレーヌ割譲） 1875 第三共和国憲法制定	ドイツ帝国（1871～1918） 1871 ドイツ帝国の成立 ヴィルヘルム1世（位1871～88） 宰相ビスマルク（任1871～90） 1871 文化闘争（～80） 1873 三帝同盟成立（ドイツ・オーストリア・ロシア） 1875 ドイツ社会主義労働者党結成（ゴータ綱領） 1878 社会主義者鎮圧法	1873 ウィーンで万博	1870 ドイツ＝フランス戦争に参戦し，教皇領併合，イタリアの統一完成（「未回収のイタリア」は残る） 1871 ローマ，首都となる
	1876 ベル，電話の発明エディソン，蓄音機発明 1878 エディソン，白熱電球発明	1878 ベルリン会議（英，キプロス島獲得。墺，ボスニア・ヘルツェゴヴィナの行政管理権掌握。ルーマニア・セルビア・モンテネグロの独立承認） 1879 ラ＝マルセイエーズが国歌に	1879 保護関税法	1879 独墺同盟成立		

合衆国憲法修正第13条（◀P.208）

修正第13条 第1節 奴隷および不任意の労役は，犯罪に対する刑罰として適法に宣告をうけた場合をのぞいては，合衆国内またはその管轄に属するいずれの地にもあってはならない。
第2節 略

（斎藤真訳『人権宣言集』岩波文庫）

◀解説▶ リンカン大統領の奴隷解放宣言を，南北戦争後の1865年に法制化したのがこの条文である。しかし南部諸州では，黒人を差別する州法を制定することによって，黒人の権利を制限する状態が継続した。

アヘン戦争の時のグラッドストン演説（◀P.224）

……その原因がかくも不正な戦争，かくも永続的に不名誉となる戦争を，私はかつて知らないし，読んだこともない。いま私と意見を異にする紳士が，広東において栄光に満ちてひるがえった英国旗について言及された。だが，その旗こそは，悪名高い禁制品の密輸を保護するためにひるがえったのである。現在中国沿岸に掲揚されているようにしか，その旗がひるがえらないとすれば，われわれはまさにそれを見ただけで恐怖をおぼえ，戦慄せざるをえないであろう。

（陳舜臣『実録アヘン戦争』中公新書）

◀解説▶ イギリスによるインド産のアヘンの密輸に対し，宣宗（道光帝）の命令を受けた林則徐は，広州で外国商人からアヘンを没収し廃棄処分とした。この事件を口実にイギリスはアヘン戦争を仕掛けるのだが，出兵に対する反対演説を若き日のグラッドストンが議会で行った。

緑字：重要治政者に関する事項　青字：文化に関する事項
（ ）：条約・会議・会談　　：国際的に関連する事項　＊：その頃

北・東ヨーロッパ ロシア帝国 北・東欧諸国(ロマノフ朝)	西アジア・北アフリカ オスマン帝国等 アフリカ諸国	南アジア・東南アジア ムガル帝国・東南アジア諸国	中国 清	朝鮮半島 朝鮮(李朝)	日本 江戸～明治	太平洋	年
	(オスマン帝国) 1839 タンジマート開始 1839～40 第2回エジプト=トルコ戦争	1838～42 第1次アフガン戦争	宣宗(道光帝) 1839 欽差大臣の林則徐を広州に派遣 1839 林則徐、アヘン2万箱没収。イギリス船、広州入港禁止	1839 キリスト教大迫害	1837 モリソン号事件 1837 大塩の乱 1839 蛮社の獄	1840 イギリス、ニュージーランドに植民地建設	1835
ウンキャル=スケレッシ条約の破棄。ロシアの南下政策失敗) (ポーランド) *ロマン派音楽 ショパン 1847 ムラヴィヨフ、東シベリア総督となる	1841 ムハンマド=アリー、シリアを放棄 1843頃 リヴィングストン(英)のアフリカ探検始まる 1847 リベリア共和国独立 (ガージャール朝) 1848～50 バーブ教徒の乱	1843 シンド地方、東インド会社の支配下に入る 1845～46 第1次シク戦争(英軍勝利) 1848～49 第2次シク戦争(英軍勝利) 1849 イギリス、パンジャーブ地方を併合	1840～42 アヘン戦争 1841 平英団事件 1842 南京条約(香港の割譲、5港開港・公行の廃止) 1842 魏源『海国図志』 1843 五港通商章程 1843 虎門寨追加条約 1844 望厦条約(米)・黄埔条約(仏)		1841～43 天保の改革(水野忠邦) 1844 オランダ国王、開国を勧告 1846 アメリカ使節ビッドル、浦賀来航	1842 フランス、タヒチ占領	
1851 モスクワ・ペテルブルク間に鉄道開通 1853～56 クリミア戦争 1855 セヴァストーポリ要塞陥落 アレクサンドル2世(位1855～81) 1858 アイグン(愛琿)条約(黒竜江を清との国境とする)	1854 オレンジ自由国(ブール人)成立 1856 トランスヴァール共和国(ブール人)成立	(ビルマ) 1852～53 第2回ビルマ戦争(英、ビルマ南部を併合) (タイ) 1855 イギリスとボーリング条約 1857～58 シパーヒー(セポイ)の反乱(インド大反乱) 1858 イギリス東インド会社解散 1858 ムガル帝国滅亡。イギリスのインド直接統治始まる (ベトナム) 1858～62 仏越戦争	1851～64 太平天国 1851 洪秀全、広西省で挙兵 1853 太平天国軍、南京陥落。首都とし天京と称す 天朝田畝制度の発表 1853 曽国藩、湘軍(湘勇)組織 1856 仏人宣教師殺害事件 アロー号事件 1856～60 第2次アヘン戦争(アロー戦争) 1858 アイグン(愛琿)条約 1858 天津条約(英・仏・米・露) 1860 英・仏連合軍、北京占領。円明園破壊される		1853 アメリカ使節ペリー、浦賀来航 1853 ロシア使節プチャーチン、長崎来航 1854 日米和親条約 1858 日米修好通商条約 1858～59 安政の大獄	1851 オーストラリアで金鉱発見 1853 オーストラリア、囚人植民地制廃止	1850
1860 北京条約(ロシア、沿海州領有) 1860 ウラジヴォストーク建設開始 1861 農奴解放令発布 1862 ツルゲーネフ『父と子』 1863～64 ポーランドの反乱 1863～69 トルストイ『戦争と平和』 1867 アラスカをアメリカへ売却(スウェーデン) 1867 ノーベル、ダイナマイト発明 1868 ブハラ=ハン国を保護国化	1860 フランス、セネガル占領 1867 オレンジ自由国でダイヤモンド鉱発見 1869 スエズ運河開通(レセップス) (オスマン帝国)	1862 サイゴン条約(仏、コーチシナ東部占領) (カンボジア) 1863 フランス、カンボジアを保護国化 1867 イギリス、海峡植民地を直轄化 (ベトナム) 1867 フランス、コーチシナ西部を獲得 (タイ) 1868 ラーマ5世(チュラロンコン)(位～1910)	1860 北京条約(英・仏・露) 1860 ウォード(米)、義勇軍結成(1862年、常勝軍と改称) 1860 洋務運動始まる 1861 総理各国事務衙門設置 穆宗(同治帝)(位1861～75) *同治中興 1861 李鴻章、淮軍(淮勇)を組織 1863 ゴードン(英)、常勝軍を指揮 1864 太平天国滅亡 1865 捻軍、山東で活動 1868 捻軍鎮圧 1869 上海に共同租界成立	1860 崔済愚、東学を創始 高宗(李太王)(位1863～1907) 1863～73 大院君摂政 1866 キリスト教大弾圧 仏艦隊、江華島を攻撃	1860 桜田門外の変 1862 生麦事件 1863 薩英戦争 1864 四国連合艦隊、下関を砲撃 徳川慶喜(位1866～67) 1867 大政奉還 1867 王政復古の大号令 明治天皇(位1867～1912) 1868 明治維新 1869 版籍奉還	1860 ニュージーランドでマオリ戦争始まる(～72)	1860
1873 ヒヴァ=ハン国を保護国化 1873 三帝同盟(独・墺・露)成立 1874 ナロードニキ運動盛ん 1875 樺太・千島交換条約 1876 コーカンド=ハン国併合 1877～78 ロシア=トルコ戦争 1878 ベルリン条約(南下政策の挫折) (ノルウェー) 1879 イプセン『人形の家』	1871 シュリーマン(独)、トロイア遺跡発見 1871 ミドハト=パシャの改革運動開始 1871 スタンリー、リヴィングストンと会見 1874～77 スタンリー、アフリカ探検 1876 オスマン帝国憲法 1878 サン=ステファノ条約	(スマトラ島) 1873～1912 アチェ戦争 インド帝国(1877～1947) 1877 英ヴィクトリア女王を皇帝にインド帝国成立 (アフガニスタン) 1878～80 第2次アフガン戦争	1871 ロシア、イリ地方を占領 1874 日本の台湾出兵 1874 日清互換条款(日清間、台湾問題) 徳宗(光緒帝)(位1875～1908) 1875 西太后、摂政(～89) 1877 左宗棠、新疆のイスラーム教徒の乱鎮圧	1871 米艦隊、江華島攻撃 1873 閔氏、実権掌握 1875 江華島事件 1876 日朝修好条規(江華条約)	1871 廃藩置県 1872 学制公布。太陽暦採用。新橋・横浜間鉄道開通 1873 徴兵令。地租改正 1875 樺太・千島交換条約 1877 西南戦争	1874 イギリス、フィジー諸島占領	1870

南京条約（◀P.225）

第2条　清国皇帝陛下は英国臣民がその家族および従者を携えて、広州、厦門、福州、寧波および上海の市町において商事に従事するため、迫害または拘束を蒙ることなく居住し得べきことを約する。

第4条　清国皇帝陛下は1839年3月、英国臣民が(中略)広東に於て引渡したる阿片の償金として洋銀600万弗を支払うことを約する。

第5条　清国政府は広東に於て通商に従事せる英国商人をして(中略)清国政府より免許を得たる「行」商人とのみ取引することを強制せしが、(中略)将来右の慣行を廃し、任意何人とも通商取引に従事することを許すことを約する。(後略)

『支那関係条約集』・『世界史資料』東京法令出版)

解説 アヘン戦争で勝利を収めたイギリスは、1842年に南京条約を締結した。この条約で上海・広州など5港が開港され、香港はイギリスに割譲された。翌年には虎門寨追加条約が調印されたが、これはイギリスの治外法権や最恵国待遇を認め、関税自主権を喪失する不平等条約だった。

スタンリーが見たアフリカ（◀P.215）

長期間のさまざまな経験から、私は蛮人たちが畏敬するのは、ただ、力、断乎とした処置だけであることを知ることであった。(中略)おだやかに、しんぼうづよく、静かにかまえているのは、道理のわからない未発達な蛮人の心には、柔弱さの証拠と映るにすぎない。(中略)だから、私としては、ブンビレ島の首長や島民に、彼らのはじめて目にした白人が、怒らせれば強い力を発揮するけれど、あとでは寛大であることを見せて、永続的な良い効果を彼らの心に残すべきだと思った。

(H.スタンレー、宮西豊逸訳『世界教養全集(23)―暗黒大陸』平凡社、『世界史資料』東京法令出版)

解説 ナイル川上流の探検に向かったリヴィングストンが行方不明になると、ニューヨーク・タイムズの特派員であったスタンリーが捜索に派遣され、見事に目的を達成することができた。スタンリーはその後アフリカ探検を繰り返したが、その活動はヨーロッパ列強によるアフリカ進出を助ける結果となった。

史料

	国際問題	アメリカ	西ヨーロッパ		中央ヨーロッパ	オーストリア＝ハンガリー帝国	南ヨーロッパ
		アメリカ合衆国 ラテンアメリカ諸国	イギリス王国(ハノーヴァー朝) (ヴィクトリア女王 位1901まで)	フランス共和国(第三共和政) ベネルクス3国	ドイツ帝国 (ホーエンツォレルン朝)		イタリア・スペイン・ポルトガル

1880

国際問題	アメリカ合衆国／ラテンアメリカ諸国	イギリス王国	フランス共和国	ドイツ帝国	オーストリア	イタリア・スペイン・ポルトガル
1882 三国同盟成立(独・墺・伊)	1881 レセップス，パナマ運河起工(失敗)	1880～85 グラッドストン内閣②	1881 チュニジアを保護国化	1882 コッホ，結核菌発見		
1884 ベルリン＝コンゴ会議(アフリカ分割)	1882 ロックフェラーの石油トラスト設立	1881 アイルランド土地法	1883 モーパッサン『女の一生』		1882 三国同盟成立(独・墺・伊)	
		1882 エジプト占領	1884～85 清仏戦争	1883 疾病保険法(ビスマルクの社会保険政策の一環)	ヴィルヘルム1世 フランツ＝ヨーゼフ1世	
		1884 フェビアン協会結成		1884 南西アフリカ保護国化		
	1886 アメリカ労働総同盟(AFL)設立	1884 第3回選挙法改正	1887～89 ブーランジェ事件	*哲学者 ニーチェの活躍		1885 英伊協商
		1885 英伊協商		1887 再保障条約(独・露，～90)		
	1889 第1回パン＝アメリカ会議(ワシントン)	1886 アイルランド自治法案否決	1889 パリ万国博覧会			1889 イタリア，ソマリランド占領
1889 第2インターナショナル	(ブラジル)	1887 自治植民地会議発足	1889 エッフェル塔建設	フリードリヒ3世(位1888)		
	1889 帝政倒れ，共和国となる	1890 ローズ，ケープ植民地の首相に就任(～96，3C政策の推進)	1889 第2インターナショナル，パリで結成	ヴィルヘルム2世(位1888～1918)		
1890 第1回メーデー	1890 シャーマン反トラスト法		1891 露仏同盟締結	1890 ビスマルク，宰相罷免されヴィルヘルム2世親政開始(新航路政策)		1892 イタリア社会党成立
	1890 ウーンデッド＝ニーで先住民大量虐殺	1893 アイルランド自治法案，上院で否決される	1894 露仏同盟，正式に発足	1890 社会主義者鎮圧法廃止，ドイツ社会民主党結成(エルフルト綱領)		1895 マルコーニ(伊)無線電信を発明
1896 第1回国際オリンピック大会(アテネ)	1890 フロンティア消滅宣言	1893 ケア＝ハーディ，独立労働党結成	1894 ドレフュス事件(～99)	1895 キール運河開通		
	1893 ハワイでクーデタ 王政廃止，共和国となる	1894 8時間労働法	1898 キュリー夫妻，ラジウム発見	1895 レントゲン，X線を発見	1897 バデーニの言語令	1896 イタリア，エチオピアに侵入，アドワの戦いで大敗
1897 第1回シオニスト大会(スイス・バーゼル)	1895 キューバで独立戦争	1895 ジョゼフ＝チェンバレン，植民地相に就任(～1902)	1898 ゾラ「私は告発する」	1897 ディーゼル，ディーゼルエンジン発明	1898 皇后エリザベート暗殺される	1898 南イタリアで暴動
	マッキンリー(共，任1897～1901)			1898 艦隊法制定(ティルピッツ，建艦政策を推進)		1898 スペイン，アメリカ＝スペイン戦争に敗北
	1898 アメリカ＝スペイン戦争(キューバ独立，米，フィリピン・グアム島・プエルトリコを領有)	1898 ファショダ事件	1898 ファショダ事件	1898 膠州湾租借		
1899 第1回万国平和会議(ハーグ)	1898 威海衛・九竜半島(新界)を租借			1899 海洋諸島占領		
	1899 門戸開放宣言	1899～1902 南ア戦争		1899 ベルンシュタイン，修正主義発表		
	(国務長官ジョン＝ヘイ)	1900 労働代表委員会成立	1899 広州湾を租借			
	1901 プラット条項(対キューバ)	1901 英領オーストラリア連邦成立		1900 プランク，量子論		1902 仏伊協商
	セオドア＝ローズヴェルト(共，任1901～09)	1902 日英同盟	1902 仏伊協商	1900 ツェッペリン，飛行船発明		
		1904 英仏協商		1902 バグダード鉄道敷設権獲得		
	1903 ライト兄弟飛行機発明	1905 シン＝フェイン党結成(アイルランド)	1905 フランス社会党結成	1905 ヴェーバー『プロテスタンティズムの倫理と資本主義の精神』		
	1903 パナマ独立	1906 労働党成立	1905 第1次モロッコ事件(タンジール事件)	1905 アインシュタイン，特殊相対性理論を発表		
	1903 第2回パン＝アメリカ会議	1906 ラザフォード，ガンマ線発見				
1907 第2回万国平和会議(ハーグ)	1904 パナマ運河起工(03アメリカ，パナマ運河地帯の永久租借権獲得)	1907 英露協商	1906 アルヘシラス国際会議	1906 パン＝ゲルマン会議		
1907 三国協商成立(英・仏・露)		1907 英領ニュージーランド成立	1907 日仏協約			
		1907 大英帝国会議の始まり	1909 アンドレ＝ジイド『狭き門』		1908 ボスニア・ヘルツェゴヴィナ併合	
	1909 ピアリ，北極点到達	1910 英領南アフリカ連邦成立				1910 ポルトガル，共和国となる
	(メキシコ)	1911 議会法制定(下院優位)	1911 第2次モロッコ事件(アガディール事件)	1912 帝国議会総選挙で社会民主党，第1党となる		1911～12 イタリア＝トルコ戦争
1912.10～1913.5 第1次バルカン戦争	1910～17 メキシコ革命(マデロ，ディアス独裁政権打倒)	1912 スコット，南極到達	1912 モロッコ保護国化		1914.6 サライェヴォ事件	1912 ローザンヌ条約(伊，トリポリ・キレナイカ領有)
1913.6～.8 第2次バルカン戦争	ウィルソン(民，任1913～21)	1912 タイタニック号，沈没			1914.7 セルビアに宣戦	
1914.7～1918.11 第一次世界大戦	1913 カリフォルニア州で排日土地法成立	1913 アイルランドで独立要求の大ストライキ	1914 社会党党首のジョレス，暗殺される			
1915 フセイン・マクマホン協定	1914 ヨーロッパ大戦に中立宣言				1914.7～1918.11 第一次世界大戦	
1916 サイクス・ピコ協定	1914 パナマ運河開通	1914.8 ドイツに宣戦	1914.8 ドイツ，ベルギーの中立侵犯を行い，フランスに侵攻		1916 フランツ＝ヨーゼフ1世没	1915 イタリア，イギリスとの秘密外交の結果(ロンドン条約)，三国同盟を脱退し，オーストリアに宣戦
1917 ロシア革命	1915 ルシタニア号事件(米国民の対独感情悪化)	.9 アイルランド自治法	1914.8 タンネンベルクの戦い			
1917.11 石井・ランシング協定		.12 エジプトを保護国化	1914.9 マルヌの戦い(フランス，ドイツの侵攻を阻止)			
		1916.4 アイルランドでイースター蜂起(シン＝フェイン党)	1915 アインシュタイン，一般相対性理論を発表		1916 フロイト，『精神分析学入門』	
	1917.4 ドイツに宣戦	1916.5～.6 ユトランド沖海戦	1916.2～.12 ヴェルダン要塞戦			
	1917.11 石井・ランシング協定	1916～22 ロイド＝ジョージ挙国一致内閣	1916.6～.11 ソンムの戦い		1918 降伏 皇帝退位	1916 オーストリアに宣戦
1918 ウィルソン，十四カ条発表	1918 ウィルソン，十四カ条発表	ウィンザー朝(ハノーヴァー朝を改称)(1917～)	1917 無制限潜水艦作戦の開始			
			1917～20 クレマンソー内閣	1918 ドイツ革命，皇帝退位し，オランダへ亡命，ドイツ降伏		
1919 パリ講和会議			1918.11 第 一 次 世 界 大 戦 終 わ る			
1919 コミンテルン結成			1919.1～.6 パリ講和会議	1919.1 スパルタクス団の蜂起	オーストリア共和国(1918～38)	1919 ムッソリーニ，戦闘者ファッショ成立
1919 ヴェルサイユ条約調印		1919 シン＝フェイン党，アイルランド独立宣言	1919.6 ヴェルサイユ条約調印	1919.8 ヴァイマル憲法制定	1919.9 サン＝ジェルマン条約	1919 ダンヌンツィオ，フィウメを占領
	1919 禁酒法制定(～33)	1919 インド統治法制定		ドイツ共和国(1919～49) 大統領エーベルト(任1919～25)		

ローズの帝国意識 (◀ P.232)

Ⅳ. (前略)私の抱負は社会問題の解決である。イギリス帝国の4000万の人民を血なまぐさい内乱からまもるためには，われわれ植民政治家は，過剰人口を収容するために新領土を開拓し，また彼らが工場や鉱山で生産する商品のために新しい販路を作らなければならない。決定的な問題は，私が常にいうことだが，胃の腑の問題である。彼らが内乱を欲しないならば，彼らは帝国主義者とならなければならない。

(板垣雄三訳『西洋史料集成』平凡社)

【解説】南アフリカで帝国主義政策を推進したイギリスの政治家の演説の一部である。ローズはイギリスの経済的覇権を維持するために，また，国内的には社会問題の解決のために帝国主義の必要性を主張したが，いうまでもなくそれは自国民中心主義の最たるものであった。

ヴァイマル憲法 (◀ P.248)

48. (前略)もしドイツ国において公共の安全と秩序がいちじるしく乱されたときには，大統領は公共の安全と秩序を回復するに必要な処置をとることができ，必要な際には武力による干渉をおこなうことができる。この目的のためには大統領は一時，(中略)基本的権利の全部または一部を廃止することができる。(後略)

159. 労働条件と経済条件の維持と改善とを目指す団結の自由は，あらゆる人びととあらゆる職業に対して保障される。この自由を制限し，または妨げようと試みるあらゆる協定と処置とは違法である。

(村瀬興雄訳『西洋史料集成』平凡社)

【解説】1919年8月，ドイツ共和国の憲法として公布された。男女普通選挙権・労働者の諸権利・社会権を認めるなど，当時，もっとも民主的といわれた。一方で，大統領の緊急命令権(48条)がのちのナチ党台頭の一要因となるなど，問題点も含んでいた。

緑字：重要治政者に関する事項　青字：文化に関する事項
□：条約・会議・会談　□：国際的に関連する事項　＊：その頃

北・東ヨーロッパ		西アジア・アフリカ	南アジア・東南アジア	中国	朝鮮半島	日本	太平洋
ロシア帝国(ロマノフ朝)北欧諸国	バルカン諸国	オスマン帝国等アフリカ諸国	インド帝国東南アジア諸国	清	朝鮮(李朝)	明治～大正	

北・東ヨーロッパ ロシア帝国	バルカン諸国	西アジア・アフリカ	南アジア・東南アジア	中国 清	朝鮮	日本	太平洋
		1881 仏，チュニジアを保護国化	1880 露，アフガニスタンを保護国化	1880 李鴻章，海軍創設	1882 米・英・独と修好条約	1880 国会開設の勅諭	1880
1881 イリ条約	1881 ルーマニア王国成立	(エジプト)		1881 イリ条約		1882 日本銀行設立	
1881 アレクサンドル2世暗殺	1882 セルビア王国成立	1881～82 ウラービー運動	1883 フエ条約		1882 壬午軍乱(漢城の日本公使館焼打)		
アレクサンドル3世(位1881～94)		(スーダン)	1884～85 清仏戦争		1884 甲申政変(開化派・金玉均)	1883 鹿鳴館開館	1884 ニューギニア東部，英独で分割
＊ユダヤ人に対する迫害(ポグロム)が激化		1881～98 マフディー運動	1885 天津条約(清，仏の阮朝保護国化承認)			1885 内閣制度発足	1885 独，マーシャル諸島占領
1885 露，アフガニスタンに進出し，英と対立		1882 英のエジプト支配開始	1885～86 第3回ビルマ戦争	1885 天津条約(日清間，朝鮮問題)		1885 枢密院設置	
1887～90 独露再保障条約		1884～85 ベルリン=コンゴ会議			1888 北洋海軍成立	1889 大日本帝国憲法発布	
1887 英・露両国，アフガニスタンの境界を定める			1885 インド国民会議成立	徳宗(光緒帝)	1889 光緒帝の親政開始		
		1885 コンゴ自由国(ベルギー)	1886 英，ビルマを併合		1894 金玉均，暗殺	1890 第1回帝国議会	1890
1891 露仏同盟締結		(オスマン帝国)	1887 仏領インドシナ連邦成立	1894 孫文，ハワイで興中会結成	1894 甲午農民戦争	1893 陸奥宗光，条約改正交渉開始	1893 ニュージーランドで世界初の女性参政権
1891 シベリア鉄道起工		1889 統一と進歩団結成	1892 ホセ=リサール，フィリピン民族同盟結成	1895 康有為ら変法(自強)運動を請願	1894～95 日清戦争		
＊ロシアの産業革命本格化	(ギリシア)	(ガージャール朝)	1893 仏，ラオスを保護国化	1898 戊戌の変法	1895 下関条約	1897 金本位制施行	1898 米，フィリピン・グアム・ハワイを併合
ニコライ2世(位1894～1917)	1896 第1回国際オリンピック大会(アテネ)	1889 伊，ソマリランド領有	1895 英領マレー連合州成立	1898 膠州湾が独の，旅順・大連が露の，威海衛・九竜半島(新界)が英の租借地となる	1895 閔妃殺害事件		
1894 露仏同盟発足		1891 タバコ=ボイコット運動			1896 義兵闘争	1899 治外法権撤廃	
1895 独・仏とともに日本に対し三国干渉			1898 アギナルド，フィリピン独立宣言		1897 国号を大韓帝国と改称	1901 八幡製鉄所開業	1899 独，南洋諸島占領
1896 東清鉄道敷設権を獲得		(エチオピア)		1898 戊戌の政変	大韓帝国		
1898 旅順・大連を租借	1897 ギリシア=トルコ戦争	1896 伊をアドワの戦いで破る		1899 米，門戸開放宣言			
1898 プレハーノフ，レーニンらロシア社会民主労働党結成		1896 仏，マダガスカル領有		仏，広州湾を租借			
				1900～01 義和団戦争(北清事変)			1900
1901 エスエル結成	(ギリシア)	1898 ファショダ事件	1898 アメリカ=スペイン戦争の結果，フィリピン，米領となる	1900 8カ国連合軍北京入城，義和団鎮圧		1902 日英同盟	1901 オーストラリア，自治領となる
1903 社会民主労働党，ボリシェヴィキとメンシェヴィキに分裂	1900～07 エヴァンズ，クノッソス遺跡発掘	1899～1902 南アフリカ戦争		1901 北京議定書(辛丑和約)		1904～05 日露戦争	
		1902 独，バグダード鉄道敷設権獲得(3B政策)	1904 オランダ領東インド成立(ベトナム)	1904 黄興ら，華興会結成	1904 日韓議定書・第1次日韓協約		
1904～05 日露戦争		(ガージャール朝)		1905 孫文，華興会結成			
1905 血の日曜日事件1905年革命		1905 イラン立憲革命	1904 ファン=ボイ=チャウが維新会を結成	1905 科挙制度の廃止	1905 第2次日韓協約，韓国統監府設置	1905 ポーツマス条約	
1905 ポーツマス条約		1905 第1次モロッコ事件		1908 憲法大綱発表・国会開設公約		1906 南満洲鉄道株式会社設立	
1905 立憲民主党結成		1906 アルヘシラス会議	1905 ベンガル分割令	1908 光緒帝，西太后死	1907 ハーグ密使事件		
1905 ノルウェー，スウェーデンより分離独立	1908 ブルガリア独立	(オスマン帝国)	1906 インド国民会議カルカッタ大会(四大綱領)	宣統帝(溥儀)(位1908～12)	1907 第3次日韓協約	1907 日仏協約	1907 ニュージーランド，自治領となる
1906 国会(ドゥーマ)開設		1908 青年トルコ革命			1909 伊藤博文，暗殺される	1907 日露協約	
1906～11 ストルイピンの改革	1912.10～1913.5 第1次バルカン戦争	1908 コンゴ自由国，ベルギー植民地になる	1906 全インド=ムスリム連盟結成	1910 幣制改革(銀本位制)四国借款団(英米独仏)成立		1910 大逆事件	1910
1907 英露協商・日露協約(ノルウェー)	1912 アルバニア独立宣言	1910 英領南アフリカ連邦成立		1911.5 鉄道国有化令	1910 韓国併合，朝鮮総督府設置		
1911 アムンゼン，南極到達	1913.6～.8 第2次バルカン戦争	1911 第2次モロッコ事件	1911 ベンガル分割令取消し	.9 四川暴動 .10 武昌挙兵(辛亥革命)		1911 関税自主権の回復	
	1914.6 サライェヴォ事件	(オスマン帝国)	1912 ジャワでイスラーム同盟(サレカット=イスラム)結成	中華民国(1912～1949)	大正天皇(位1912～1926)		
(三国協商中心の連合国 ｖｓ. 三国同盟中心の同盟国)		1911～12 イタリア=トルコ戦争		1912.1 中華民国成立，臨時大総統に孫文就任		1913 憲政擁護運動おこる	
1914 タンネンベルクの戦い(ロシア軍，独に惨敗)		1912 仏，モロッコを保護国化	1914 国民会議派，戦争協力を発表	.2 宣統帝溥儀退位，清朝滅亡		1914.1 シーメンス事件 .8 ドイツに宣戦 .11 膠州湾占領	
		1914 英，エジプトを保護国化		臨時大総統に袁世凱就任			
		1914 オスマン帝国，同盟国側に参戦	1916 国民会議派，自治を要求	1913 第二革命失敗，孫文日本へ亡命			
1917.3 ロシア二月革命(ロマノフ朝滅亡)，臨時政府成立	1915 フセイン・マクマホン協定		1919 ローラット法	1915.1 日本，中国に二十一カ条の要求(.5 袁世凱受諾)			
1917.4 四月テーゼ(レーニン) .7 ボリシェヴィキの蜂起失敗ケレンスキー内閣成立	1916 サイクス・ピコ協定	1917 ポーランド，ハンガリー，チェコスロヴァキア，バルト3国の独立	1919 非暴力・非協力運動始まる	1915 袁の帝制計画		1917 石井・ランシング協定	
.11 十月革命(レーニン，ソヴィエト政府樹立)		1917 バルフォア宣言(エジプト)	(アフガニスタン)	1915 第三革命		1918 シベリア出兵(～22)・米騒動	
1918 ブレスト=リトフスク条約，モスクワ遷都	1919～ ギリシア=トルコ戦争	1918 ワフド党結成	1919 第3次アフガン戦争	1917 文学革命(白話運動)(胡適，陳独秀ら)		1919.3 三・一独立運動(朝鮮の対日独立運動)	
1918～22 対ソ干渉戦争	(ブルガリア)	1919 反英独立運動の高揚(1919年革命)	1919 アムリットサール事件	1917 独・オーストリアに宣戦			
1919 コミンテルン結成(～43)	1919 ヌイイ条約		1919 インド統治法	1917 孫文，広東軍政府樹立 1918～28 軍閥抗争 1918 魯迅『狂人日記』 1919 五・四運動(排日運動)，反帝国主義・反封建主義)始まる 1919 中華革命党(1914～)，中国国民党と改称			

レーニンの「帝国主義」 (◀P.234)

　もし帝国主義についてできるだけ簡潔な定義をあたえる必要があるならば，帝国主義とは資本主義の独占段階である，というべきであろう。(中略)一方では，金融資本とは，産業家の独占団体の資本と融合した独占的な少数の巨大銀行の銀行資本のことであり，他方では，世界の分割とは，まだどの資本主義的強国にも占取されていない領域へなんの妨げもなく拡張された植民政策から，完全に分割されおわった地球上の領土の独占的領有という植民政策への移行だからである。

　　　(レーニン，大崎平八郎訳『帝国主義論』角川書店・『世界史資料』東京法令出版)

解説 貴族階級出身のレーニンは，兄が皇帝暗殺未遂事件に関わって処刑されたことがきっかけとなって，革命運動に参加することになる。ロシア社会民主労働党を結成し，分裂後はボリシェヴィキの指導者となった。第一次世界大戦中に亡命先で執筆したのが『帝国主義論』である。

韓国併合条約 (◀P.229)

第1条 韓国皇帝陛下ハ韓国全部ニ関スル一切ノ統治権ヲ完全且永久ニ日本国皇帝陛下ニ譲与ス

第2条 日本国皇帝陛下ハ前条ニ掲ゲタル譲与ヲ受諾シ且全然韓国ヲ日本帝国ニ併合スルコトヲ承諾ス

　　　(朴慶植『日本帝国主義の朝鮮支配(上)』青木書店)

解説 1910年，日本が大韓帝国を植民地にするために結んだ条約。日露戦争を契機に日本は3次にわたる日韓協約を通じて，徐々に韓国への実質的支配を強めてきたが，1910年のこの条約により韓国は完全に日本の植民地となり，1945年までその状態は続いた。

史料

国際問題	アメリカ 合衆国／ラテンアメリカ諸国	西ヨーロッパ イギリス王国（ウィンザー朝）	西ヨーロッパ フランス共和国（第三共和政）	中央ヨーロッパ ドイツ（ドイツ共和国）	南ヨーロッパ イタリア・スペイン・ポルトガル
1920					
1920.1 国際連盟成立（米, 不参加）	1920 上院ヴェルサイユ条約批准否決／1920 サッコ=ヴァンゼッティ事件／1920 女性参政権獲得／1920 最初のラジオ放送／ハーディング（共, 任1921～23）		1921～22 ブリアン内閣	エーベルト 1920 ドイツ労働者党, 国民社会主義ドイツ労働者党（ナチ党）と改称／1920 カップ一揆／1921 賠償金, 1320億金マルクに同意	1921 ファシスト党結成
1921.11～1922.2 ワシントン会議（ワシントン体制の確立）					
1921.12 四カ国条約（日・英・米・仏, 太平洋地域の領土保全, 日英同盟廃棄）					1922 ムッソリーニ, ローマ進軍（ファシスト党内閣成立）
1922.2 九カ国条約（日・英・米・仏・伊・中・蘭・ベルギー・ポルトガル, 中国問題に関して）			1922～24 ポワンカレ内閣	1922 ラパロ条約（対ソ連）	（スペイン）
.2 ワシントン海軍軍備制限条約（英・米・日・仏・伊の主力艦トン数保有比を規定）		1922.2 エジプト独立／.11 カーター, エジプトでツタンカーメン王墓発見／.12 アイルランド自由国成立	1923 フランス・ベルギー, ルール占領（～25）（住民は消極的抵抗）	1923 シュトレーゼマン内閣／大インフレーション／レンテンマルク発行	1923 プリモ=デ=リベラ軍事独裁政権成立
1922.2 ハーグ（蘭）に国際司法裁判所設置／1924 ドーズ案成立	1923 KKKの活動激化／クーリッジ（共, 任1923～29）／1924 排日移民法（出身国別割当法）成立	1924.1～.8 マクドナルド労働党内閣①　.2 ソ連を承認	1924～25 エリオ左翼連合内閣／1924 ソ連承認／1925 ルール撤兵開始	ミュンヘン一揆（ヒトラー）／1924 ドーズ案成立	1924 イタリア, フィウメ併合
1925 ロカルノ条約	1925 金本位制復帰	1925 ロカルノ条約（英・仏・独・伊・ベルギー間の安全保障条約, ロカルノ体制の確立）		大統領ヒンデンブルク（任1925～34）	1925 ムッソリーニの独裁権確立
1926 ドイツ, 国際連盟加盟	1927 リンドバーグ, 大西洋横断飛行成功	1926 イギリス帝国会議／1927 対ソ断交	1926～29 ポワンカレ挙国一致内閣	1925 ヒトラー『我が闘争』／1926 国際連盟に加入	1927 アルバニアを保護国化
1927 ジュネーヴ軍縮会議（英・米・日, 失敗に終わる）	1928 初のテレビ放送開始	1928 第5回選挙法改正	1927 独仏通商協定	1927 ハイデッガー『存在と時間』	1928 ファシスト党一党独裁体制の確立
1928 不戦条約（ケロッグ・ブリアン協定, 15カ国署名, のち63カ国加盟）					
1929 ヤング案発表	フーヴァー（共, 任1929～33）	1929～31 マクドナルド内閣②		1929 ツェッペリン飛行船, 世界一周に成功	1929 ラテラノ（ラテラン）条約（教皇庁と和解, ヴァチカン市国成立）
1929.10.24 ウォール街（ニューヨーク株式市場）の株価大暴落　世界恐慌始まる					
1930		1930 第1回英印円卓会議		1930 ヤング案成立	
1930 ロンドン軍縮会議（英・米・日の補助艦トン数保有比決定）				1930 総選挙でナチ党大幅議席増	（スペイン）
1931 満洲事変勃発	1931 フーヴァー=モラトリアム発表	1931～35 マクドナルド挙国一致内閣	1932 仏ソ不可侵条約	1930 金融恐慌／1932.7 総選挙でナチ党, 第1党となる	1931 スペイン革命（ブルボン朝滅亡）
1932.6～.7 ローザンヌ会議（独の賠償金を30億金マルクに減額）	1931 ニューヨークにエンパイア=ステート=ビル完成	1931.9 金本位制停止／.12 ウェストミンスター憲章（イギリス連邦成立）		1933.1 ヒトラー内閣成立／.2 国会議事堂放火事件／.3 全権委任法成立／.10 国際連盟脱退	（ポルトガル） 1932 サラザール, 首相就任
1932 ロマン=ロランら国際反戦会議開催	フランクリン=ローズヴェルト（民, 任1933～45）／*ニューディール政策推進	1932.7～.8 オタワ連邦会議（ブロック経済の形成）		1934 ヒンデンブルク死	1935～36 エチオピア侵攻
1933.3 日本, 国際連盟脱退を通告／.10 ドイツ, 国際連盟脱退	1933.5 農業調整法／.5 TVA法／.6 全国産業復興法／.11 ソ連承認	1935.4 ストレーザ会議（ドイツに対する英・仏・伊の提携）／.6 英独海軍協定	1935.5 仏ソ相互援助条約／.7 人民戦線結成	総統ヒトラー（任1934～45）／1935.1 ザール地方復帰／.3 再軍備宣言／.6 英独海軍協定／.9 ニュルンベルク法／1936.3 ラインラント進駐（ロカルノ条約破棄）	1936 エチオピア併合
1934 ソ連, 国際連盟加盟	1934 メキシコでカルデナス政権発足		1936.6 ブルム人民戦線内閣成立		（スペイン） 1936.2 人民戦線政府成立／.7 スペイン内戦（～39）
1935～36 エチオピア侵攻	1935.5 全国産業復興法に違憲判決	1937～40 ネヴィル=チェンバレン内閣	1937.6 ブルム人民戦線内閣崩壊	1936.10 ベルリン=ローマ枢軸の結成	（スペイン） 1937 ゲルニカ爆撃
1936.7 スペイン内戦始まる／.11 日独防共協定	1935.5 ワグナー法成立／.8 中立法制定	1937 アイルランド, エール共和国と改称	*サルトル, 実存主義	1936.11 日独防共協定／1937.11 日独伊三国防共協定成立	1937.12 伊, 国際連盟脱退
1937 日独伊三国防共協定	1937 ブラジルでヴァルガスが新国家体制樹立			1938.3 ドイツ, オーストリアを併合	
1938.9 ミュンヘン会談	1938 産業別組合会議（CIO）成立	1938.9 ミュンヘン会談（N.チェンバレン, ダラディエ, ヒトラー, ムッソリーニ, ズデーテン問題協議・対独宥和政策の頂点）			
1939～45 第二次世界大戦	1939.7 日米通商航海条約廃棄	1939.9 英仏両国, 対ポーランド相互援助条約	1939.3 チェコスロヴァキア解体／.8 独ソ不可侵条約	1939 アルバニア併合	
1940					
		1939.9.3 イギリス・フランス, ドイツに宣戦（第二次世界大戦が始まる）／.9 ドイツ軍, ポーランド侵入			1939 スペイン内戦終結
1940.9 日独伊三国同盟		1940.5～45 チャーチル戦時連立内閣		1940.4 デンマーク・ノルウェー侵入	1940.6 イタリア参戦
1941 大西洋憲章	1941 武器貸与法成立	1940.5～.6 ダンケルク撤退／1941.5 ロンドン大空襲／.7 英ソ軍事同盟	1940.5 ドイツ軍, マジノ線突破オランダ・ベルギー侵入／.6 ドイツに降伏	1940.9 日独伊三国同盟締結（枢軸陣営の強化）	
1941～45 太平洋戦争	1941.12.8 日本軍パールハーバー奇襲　アメリカ・イギリス, 対日宣戦		1940.6 ド=ゴール, ロンドンに自由フランス政府樹立／.7 南部にヴィシー政府成立（国家主席ペタン）	1941.6 ドイツ・イタリア, 対ソ宣戦／.12 ドイツ・イタリア, 対米宣戦	ナチス独裁
1943.11 カイロ会談（米・英・中）／テヘラン会談（米・英・ソ）	1942.2 日系人に強制退去命令／.6 ミッドウェー海戦勝利／.8 原爆開発（マンハッタン計画）開始	1942.2 シンガポール陥落／1942.3 英空軍のドイツ空襲始まる		1941.12 ユダヤ人の大量虐殺を決定／1942.1～.7 ドイツ・イタリア軍, 北アフリカで反撃／1942.8 ドイツ軍, スターリングラード攻撃／1943.2 スターリングラードのドイツ軍降伏／1944.1 東部戦線の敗北／1944 ドイツ軍部によるヒトラー暗殺計画（失敗）	1943.7 連合軍, シチリア上陸／1943.9 イタリア無条件降伏（バドリオ政権）／1944.6 ローマ解放
1944.7 ブレトン=ウッズ会議／.8 ダンバートン=オークス会議	1943.1 カサブランカ会談（ローズヴェルト・チャーチル）／1944.6 連合軍, ノルマンディーに上陸	1944.8 パリ解放	1943.6 仏解放委員会, アルジェに成立	第三帝国	

『我が闘争』 ◀P.257

われわれが今日, 人類文化について, つまり芸術, 科学および技術の成果について目の前に見出すものは, ほとんど, もっぱらアーリア人種の創造的所産である。（中略）アーリア人種は, その輝く額からは, いかなる時代にもつねに天才の神的なひらめきがとび出し, そしてまた認識として, 沈黙する神秘の夜に灯をともし, 人間にこの地上の他の生物の支配者となる道を登らせたところのあの火をつねに新たに燃え立たせた人類のプロメテウスである。

（ヒトラー, 平野一郎・将積茂訳『わが闘争』角川文庫）

⦿解説 ミュンヘン一揆に失敗し, 刑務所に収監されたヒトラーが口述筆記したのが『我が闘争』である。そこには反ユダヤ主義・反共産主義・ゲルマン民族の優秀性・大衆宣伝の方法など, ヒトラーの基本的な考えが述べられている。

『恐怖のアウシュヴィッツ』 ◀P.260

列車は, ビルケナウの収容所の門をくぐって, しばらくして停車します。人びとは追いたてられるようにして列車から降ろされ, 行列をさせられます。（中略）お年寄りや子どもたちは「右」へ行かされました。「左」に行かされたのは, 労働力として役立つか, 専門知識をもっている人たちです。（中略）「右」へ行くよう指示された人たちは,（中略）シャワーだ, ということでまず脱衣を命じられ, つづいて「浴室」に押しこめられます。（中略）そして天井の小さな穴から毒ガスが投入されます。狭いところに多くの人が入っているほうが, 毒ガスの効果は早いわけで, ふつう3分から15分もすると, 人びとは動かなくなってしまいます。

（タデウス=シマンスキ, 永井清彦編『恐怖のアウシュヴィッツ—生き証人は語る』岩波ブックレット）

⦿解説 ナチス=ドイツは政権獲得後, 反ユダヤ政策を推進した。特に1942年以降は絶滅収容所でユダヤ人, ポーランド人, ロマ（ジプシー）などの大量殺戮が行われ, ユダヤ人の犠牲者は600万人に及ぶ。

北・東ヨーロッパ	西アジア・アフリカ	南アジア・東南アジア	中国	日本	
ソヴィエト連邦・北欧・東欧諸国	トルコ・イラン等	インド帝国・東南アジア諸国	中華民国	大正～昭和	
（ハンガリー）			1920 安直戦争（軍閥の抗争）	1920 ニコライエフスク（尼港）事件	1920
1919 クン=ベラの共産革命（失敗）	1920 ムスタファ=ケマル，アンカラでトルコ大国民議会開催	1920 インドネシア共産党結成	1921 中国共産党結成（陳独秀ら）	（尼港）事件	
1920 ホルティの独裁始まる		1921 ローラット法反対運動	1921 外モンゴル，中国からの独立宣言	1921～22 ワシントン会議参加（四カ国条約・ワシントン海軍軍備制限条約・九カ国条約調印，日英同盟終了）	
1920～21 ポーランド=ソヴィエト戦争	1920 セーヴル条約	1922 モエンジョ=ダーロが発見される	1921～22 ワシントン会議（九カ国条約）		
1920 トリアノン条約	1921 ムスタファ=ケマルのトルコ民軍，ギリシア軍を破る	1923 ネルーらスワラージ党結成	1921 魯迅『阿Q正伝』		
1921 新経済政策（NEP）実施	（イラン）	（イラン）		1922 日本共産党結成	
1922 ラパロ条約	1921 レザー=ハーンのクーデタ	1923 ネパール王国独立		1922 シベリア撤兵	
ソヴィエト社会主義共和国連邦（USSR）（1922～1991）	1922 トルコ，スルタン制の廃止（オスマン帝国滅亡，1299～）	1926 ジャワ島でバタヴィア暴動	1923 孫文ら，広東軍政府再建	1923 第1次加藤高明内閣成立（政党内閣制始まる）	大正時代
1922.12 ソヴィエト社会主義共和国連邦成立	1922 エジプト，英より独立	1927 スカルノ，インドネシア国民同盟結成（1928 インドネシア国民党と改称）	1924 第1次国共合作（～27）		
1924 ギリシア，共和制宣言	1923 ローザンヌ条約		1924 モンゴル人民共和国成立	1925.1 ソ連承認	
1924 レーニン死	1923 トルコ共和国成立大統領ムスタファ=ケマル（任1923～1938）		1925.3 孫文死去	.3 ラジオ放送開始	
1925 トロツキー失脚，スターリン権力掌握			.5 五・三〇運動	治安維持法，普通選挙法成立	
（ノルウェー）	1924 カリフ制廃止	1928 ネルー，チャンドラ=ボースらインド独立連盟結成	1926～28 国民革命軍（蔣介石）の北伐	昭和天皇（位1926～1989）	
1925 アムンゼン，飛行機で北極探検	（イラン）		1927.1 武漢政府成立（汪兆銘）		
（ポーランド）	1925 パフレヴィー朝成立（国王レザー=ハーン，位～1941）	1929 国民会議派ラホール大会開催（完全独立を決議）	1927.3 国民革命軍，上海・南京占領	1927 金融恐慌起こる	
1926 ピウスツキ，クーデタで独裁権獲得			.4 蔣介石の上海クーデタ（南京国民政府成立）		
1927 農業集団化の決定			1927.5 日本の第1次山東出兵		
1928 第1次五カ年計画（～32）	1928 トルコ，文字改革（アラビア文字を廃し，ローマ字採用）		1927.7 国共分裂		
1929 トロツキー，国外追放	1929 トルコ，関税自主権回復		.10 毛沢東，井崗山に革命根拠地樹立		
1929 セルビア=クロアティア=スロヴェニア王国，ユーゴスラヴィアと改称			1928.5 日本の第2次山東出兵（済南事件）		
			1928.6 北伐完成	1928.6 張作霖爆殺事件（奉天事件）	
1929 スターリンの独裁始まる			1928 蔣介石，国民政府主席就任（～31）	1930 ロンドン軍縮会議	1930
1930 スターリン，富農の追放開始	1930.2 メッカの豪族，サウード家がサウジアラビア王国成立	1930.2 ホー=チ=ミン，ベトナム共産党結成（.10 インドシナ共産党と改称）	1931.9 柳条湖事件（満洲事変）		
1931 ドニエプル大発電所完成	1932 フセイン（ハーシム家）の子，ファイサルを国王に，イラク王国成立	1930～34 非暴力・非協力運動	1931.11 毛沢東，江西省瑞金に中華ソヴィエト共和国臨時政府樹立		
1932 仏ソ不可侵条約		1930～32 英印円卓会議（3回）	1932.1 上海事変おこる		
1933 第2次五カ年計画（～37）	1935 ペルシア，国号をイランと改称	1932 タイで立憲革命	1932.2 リットン調査団来る	1932.5 五・一五事件	
1934 バルカン友好同盟条約	（エチオピア）	1934 フィリピン独立法案，米議会通過	1932.3 「満洲国」建国宣言（執政に溥儀）	1932.10 リットン報告書	
1934.9 ソ連，国際連盟加入	1935 イタリア，エチオピア侵攻	1934 ネルー，国民会議派の指導者となる	1933.2～.3 日本軍，熱河占領	1933.3 国際連盟脱退を通告	昭和時代
.12 スターリンの粛清	1936 イタリア，エチオピア併合		1934～36 中国共産党の長征（大西遷）（瑞金→延安）	1934.12 日本，ワシントン海軍軍縮条約の廃棄通告	
1935 ポーランド新憲法	（エジプト）	1935 1935年（新）インド統治法	1935.1 遵義会議（毛沢東，党内指導権を掌握）	1935 湯川秀樹，中間子理論	
1935.5 仏ソ相互援助条約	1936 イギリス=エジプト同盟条約（英はスエズ運河地帯を除き撤兵）		.8 中国共産党，八・一宣言	1936.2 二・二六事件	
1935.7～.8 コミンテルン第7回大会			1936.12 西安事件（張学良ら，蔣介石を一時，監禁）	.11 日独防共協定	
1936.12 新憲法（スターリン憲法）制定	1937 イラン・アフガニスタン・トルコ・イラク不可侵条約				
1937 オパーリン『生命の起源』		1937 ビルマ，インドより分離	1937.7 盧溝橋事件（日中戦争始まる）	1937.11 日独伊三国防共協定	
1937.12 ティトー，ユーゴスラヴィア共産党書記長に就任		1938 ビルマでアウン=サンらによる反英独立運動	.9 第2次国共合作	1938 国家総動員法発令	
1938 第3次五カ年計画（～42）		1939 シャム，タイと改称	.11 国民政府，重慶へ遷都	1939.5 ノモンハン事件	
1938.9 ミュンヘン会談			.12 南京陥落	.7 米，日米通商航海条約の廃棄通告	
1939.3 チェコスロヴァキア解体			1938.10 日本軍，広州・武漢占領	.9 朝鮮人の動員開始	
1939.8 独ソ不可侵条約	1939 第二次世界大戦始まる（～45）		.12 汪兆銘，重慶脱出	1940.2 朝鮮人の創氏改名始まる	
.9 ドイツ・ソ連，ポーランド侵攻			1940 日本軍，北部仏印進駐	.9 日独伊三国同盟	1940
1939.11～1940 ソ連=フィンランド戦争（冬戦争）		1940 日本軍，北部仏印進駐	1940.3 汪兆銘，南京政府を樹立	.10 大政翼賛会発足	
1939 ソ連，国際連盟を除名される	1941.6 トルコ，ドイツと友好条約	1940 全インド=ムスリム連盟がパキスタン独立構想を決議		1941.4 日ソ中立条約	
1940.6 ベッサラビア占領	.9 イラン中立宣言	1941.5 ベトナム独立同盟会（ベトミン）結成		日米交渉開始	
.7 バルト3国併合	.9 シリア独立宣言	.7 日本軍南部仏印進駐		.10 東条英機内閣成立（～44）	
1941.3 ブルガリア，日独伊三国同盟加盟	（イラン）				
1941.4 日ソ中立条約	1941 パフレヴィー2世即位（～79）	1941 パフレヴィー2世即位	1940.3 汪兆銘，南京政府を樹立		
.5 スターリン，首相に就任（～53）		1941.12.8 太平洋戦争始まる（日本軍，パールハーバー奇襲，米英に宣戦）			
.6 独ソ開戦	1942.1 イラン，英・ソと軍事同盟締結	1942.1 日本軍，マニラ占領	1941.12 米英と同盟し，日本に宣戦	1942.2 シンガポール占領	
.7 英ソ軍事同盟		1943 日本軍，フィリピン・ビルマの独立を宣言		.6 ミッドウェー海戦で敗北	
＊ティトー，対独レジスタンス開始		1943 チャンドラ=ボース，シンガポールで自由インド仮政府樹立		1943.2 ガダルカナル島撤退	
1942.8 スターリングラードの戦い	1943 レバノン共和国独立		1943 蔣介石，国民政府主席就任（～48）	1943.3 インパール作戦開始	
.5 コミンテルン解散				.7 米軍，サイパン占領	
1942.10 ソ連のパルチザン蜂起				.10 レイテ沖海戦	
1944.1 ソ連軍，ポーランド国境を突破			.11 蔣介石，カイロ会議に出席	.11 サイパンからの本土空襲激化	1940

八・一宣言 （◀P.254）

そこで，いま国と民族を亡ぼす大きな禍が目前に迫っている時，共産党とソヴィエト政府はあらためて全同胞に訴える——各党・各派の間に過去現在を通じて政見や利害の上でいかなる違いがあるにせよ，（中略）すべてのものが「兄弟は内輪もめをやっても，外の侮りは一緒にふせぐ」あの真剣な覚悟をもたなければならない。まずみんなが内戦をやめ，それによってすべての国力（人力・物力・財力など）を集中し，神聖な救国事業のために戦いを有利にしなければならない。

（野原四郎訳『東洋史料集成』平凡社）

◆解説▶ 1935年8月1日，長征のさなかに中国共産党がコミンテルンと共同で発表した。内戦の停止・抗日民族統一戦線の結成を呼びかけたこの宣言は，1936年の西安事件の伏線となり，1937年には第2次国共合作が成立した。

スルタン制の廃止 （◀P.252）

（前略）そのとき，ケマルは立ち上ってほぼこう説いた。「主権=スルタン位は，学問的討議によって誰からか誰かに与えられるというものではない。それらは，暴力・威力・強制によって獲得される。まさに強制によって，オスマンの子孫たちはトルコ国民の主権=スルタン位を奪い，それを6世紀にわたって横領し続けてきたのである。いまやトルコ国民は叛乱をおこし，主権=スルタン位を実質上わが手に奪った。これは既成の現実である。（中略）こうして，スルタン・カリフ両制の分離，スルタン制の廃止，オスマン朝の成員からの新カリフの選出——これらに関する法律が通過した（後略）

（護雅夫『岩波講座世界歴史（25）』・『世界史資料』東京法令出版）

◆解説▶ 第一次世界大戦でトルコが降伏するとセーヴル条約を押しつけられ，ギリシア軍がイズミルを占領した。ムスタファ=ケマルはアンカラにトルコ大国民議会を開催し，ギリシア軍を追い払うことに成功した。そしてスルタン制を廃止してオスマン帝国を滅ぼし，改めてローザンヌ条約を締結した。

	国際問題	アメリカ		西ヨーロッパ		中央ヨーロッパ	南ヨーロッパ
		アメリカ合衆国 ラテンアメリカ諸国	イギリス（ウィンザー朝）	フランス		ドイツ	イタリア・スペイン・ポルトガル
1945	1945.2 ヤルタ会談(米：F＝ローズヴェルト，英：チャーチル，ソ：スターリン)					1945.4 ヒトラー自殺 1945.5 ベルリン陥落	(イタリア) 1945.4 ムッソリーニ処刑
	.6 国際連合憲章調印	トルーマン(民，任1945.4～53)					
		1945.5.7 ドイツ，無条件降伏し，ヨーロッパ戦線終わる				1945.6 ドイツ，東西に分裂 西側…米英仏占領，東側…ソ連占領	1946 イタリア，王政廃止。共和国宣言
	.7 ポツダム会談(米：トルーマン，英：チャーチル・アトリー，ソ：スターリン)						(スペイン)
	.10 世界労連(WFTU)結成	1945.7 初の原爆実験成功	1945.7 労働党，総選挙で勝利			1946.10 ニュルンベルク国際軍事裁判終わる	1947.3 フランコ，終身国家主席となる
	.10 国際連合発足	.8 広島，長崎に原爆投下 太平洋戦争終結	アトリー内閣(労，任1945～51)				(イタリア)
	.11 ユネスコ憲章調印	1946.7 フィリピン独立	1946 重要産業国有化	第四共和政(1946～58)			1947.12 新憲法制定，イタリア共和国成立
	1946.1 第1回国連総会，安全保障理事会発足	1947.3 トルーマン＝ドクトリン(封じ込め政策)	1946.3 チャーチル，「鉄のカーテン」演説	1946.10 第四共和国憲法制定			
	.7～.10 パリ講和会議			1946～54 インドシナ戦争			
	.12 国際労働機関発足	.6 マーシャル＝プラン(ヨーロッパ経済復興援助計画)提唱					
	1947.2 パリ講和条約	.6 タフト＝ハートレー法	1947.7 ヨーロッパ経済復興会議(パリ)				
	.3～.4 モスクワ外相会議(米ソ対立表面化)	1947.9 リオ協定(米州相互援助条約)	.8 インド独立				
	.9 コミンフォルム結成	1948.4 対外援助法成立 ボゴタ憲章(米州機構の成立)	1948.3 西ヨーロッパ連合条約(ブリュッセル条約)				
	.10 関税と貿易に関する一般協定(GATT)調印	1949.1 フェア＝ディール政策	.4 ヨーロッパ経済協力機構(OEEC)結成(16カ国，マーシャル＝プラン受け入れ決定)				
	1948.6 ベルリン封鎖		.7 社会保障制度実施	1949.3 仏・ベトナム協定		1948.6 西側占領地域で通貨改革 .6～1949.5 ソ連，ベルリン封鎖	1949 イタリア，NATO加盟
	.12 世界人権宣言	.4 北大西洋条約機構(NATO)調印					
1950		1950.2 マッカーシズム(赤狩り)始まる	1949.4 アイルランド共和国成立(エール，英連邦離脱)	1950.5 シューマン＝プラン提唱	ドイツ連邦共和国(1949～)	ドイツ民主共和国(1949～1990)	
	1950.6 朝鮮戦争勃発(～53)		1950.1 中華人民共和国承認		1949.5 ボン基本法 .9 ドイツ連邦共和国成立	1949.10 ドイツ民主共和国成立	
	.7 国連軍，出動	1951.4 マッカーサー解任					1951 旧イタリア領リビア独立
	1951.9 サンフランシスコ講和会議	.9 太平洋安全保障条約(ANZUS)	チャーチル内閣②(保，任1951～55)	1951.4 ヨーロッパ石炭鉄鋼共同体(ECSC)条約調印	アデナウアー内閣(キ民，任1949～63)	1950 ポーランド国境，オーデル・ナイセ線で合意	
		1952.11 マーシャル諸島で水爆実験	エリザベス2世(位1952～2022)			1953 ベルリンで反ソ暴動(オーストリア)	
	1954.7 ジュネーヴ会議(インドシナ休戦協定)	アイゼンハワー(共，任1953～61)	1952 原爆保有を発表	1954 アルジェリア，民族解放闘争始まる			
	1955 ラッセル・アインシュタイン宣言	1953.1 ダレス国務長官，「巻き返し政策」発表					
	1955.4 アジア＝アフリカ会議	1954.10 西側9カ国会議(パリ協定調印，西ドイツの主権回復・NATO加盟を決定)					
	1955.7 ジュネーヴ4巨頭会談(米英仏ソ，ジュネーヴ精神)	1955.12 AFL，CIOと合併	イーデン内閣(保，任1955～57)	1955 ベトナムから完全撤退	1955 主権回復，NATO加盟	1955 オーストリア国家条約調印(永世中立国宣言)	(スペイン)
	1956.10 スエズ戦争(第2次中東戦争)(～57.3)	.12 キング牧師ら，バス＝ボイコット運動	1956.7 エジプト，スエズ運河国有化宣言	1956 モロッコ，チュニジア独立			1956 スペイン・モロッコ共同宣言
	.10 ハンガリー事件	1957.9 公民権法(黒人の投票権を保障)	.10 スエズ戦争(第2次中東戦争)(英・仏軍エジプト出兵)				
	1957.7 パグウォッシュ会議(科学者たちの核実験中止要求声明)	1958.1 人工衛星エクスプローラー1号打ち上げ成功	マクミラン内閣(保，任1957～63)	1957 ヨーロッパ経済共同体(EEC)，ヨーロッパ原子力共同体(EURATOM)結成に調印			
			1957.12 NATO首脳会談	1958.1 ヨーロッパ経済共同体(EEC)発足			
				1958.5 アルジェリア危機			
	1959.5～.8 ジュネーヴ4国(米英仏ソ)外相会議	1959.1 キューバ革命(カストロ革命政府樹立)		第五共和政(1958～)			
	.11 児童権利宣言	.9 フルシチョフ訪米，キャンプ＝デーヴィッド会談	1959.11 ヨーロッパ自由貿易連合(EFTA)調印	1958.10 第五共和国憲法制定(フランス共同体の発足)			
	.12 南極条約調印			大統領ド＝ゴール(任1959～69)			
1960		1959.12 アメリカ・イギリス・フランス・西ドイツ4国首脳会談					
	1960.5 U2型機事件 パリ東西首脳会談決裂	1960.10 対キューバ禁輸措置	1960 キプロス，ナイジェリア独立	1960.1 アルジェリアでコロン(仏人入植者)の暴動			
			1960.5 EFTA正式発足	1960.2 サハラで核実験			
		1960.12 OEEC改組，アメリカ，カナダを加えて経済協力開発機構(OECD)調印					
		1961.1 米，キューバと断交	1961.5 南アフリカ連邦，英連邦を離脱	1962.3 エヴィアン協定(アルジェリア停戦)	1961 東ドイツ，東西ベルリンの境界に「ベルリンの壁」構築(西ベルリンへの交通遮断)		
	1961.9 第1回非同盟諸国首脳会議(ベオグラード会議)(25カ国)	ケネディ(民，任1961～63)	1963.1 フランスの反対でEEC加盟失敗	.7 アルジェリア独立			1963 キプロス紛争始まる
	1963.8 米英ソ3国，部分的核実験禁止条約調印	1961.5 キューバ社会主義共和国成立	1964.10 労働党，総選挙で勝利。13年ぶりに政権獲得	1963.1 フランス・西ドイツ協力条約			1964 マルタ独立
		1962.10 キューバ危機		1964.1 中国を承認			
	1964.3～.6 第1回国連貿易開発会議(UNCTAD)(ジュネーヴ)	1963.8 黒人差別撤廃を求めるワシントン大行進	ウィルソン内閣①(労，任1964～70)				
		.11 ケネディ，ダラスで暗殺					
		ジョンソン(民，任1963～69)					
		1964.7 公民権法成立					
		.12 黒人指導者キング牧師，ノーベル平和賞受賞					
		.3 国連軍，キプロスに派遣					

「鉄のカーテン」演説（◀P.268）

バルティックのステッティンからアドリアティックのトリエステまで，欧州大陸を横切る鉄のカーテンが下された。この線の背後に中欧並に東欧の，古い国々の首府すべてが存在する。ワルソオ・ベルリン・プラーグ・ウィンナ・ブタペスト・ベルグラード・ブカレスト・ソフィア──かかる有名な都会全部と，それらを中心とする人口は，私がソ連の勢力圏と呼ばねばならぬものの中にあり，全部が何らかの形でソ連の影響ばかりか，非常に高度に，また多くの場合増大する，モスクワからの支配に左右される，英米両国民は協力して共産主義の進出を阻止すべきである，(後略)

（石川欣一「チャーチル」日本書房・『世界史資料』東京法令出版）

（解説）アメリカを訪問したイギリスの前首相チャーチルは，ミズーリ州フルトンのウェストミンスター大学でこの演説を行った。「鉄のカーテン」という言葉は冷戦の緊張状態を示すものとして，よく取り上げられた。

公民権運動（◀P.276）

今から100年前に，私たちがこうしてその像の下に立っている一人の偉大なアメリカ人が，奴隷解放宣言に署名しました。(中略)100年たった今も，黒人の生活は分離という手錠と差別という鎖のため，悲しくも無力にされているのです。(中略)
私には夢があるのです。いつの日か私の幼い4人の子供たちが，皮膚の色によってではなく，どんな内容の人間かということによって評価される国に住むようになる夢が。(中略)
私には夢があるのです。(中略)幼い黒人の少年少女たちが，幼い白人の少年少女たちと手を結び合い，姉妹兄弟として一緒に仕事ができるようになる夢が。

（猿谷要『キング牧師とその時代』NHKブックス）

（解説）奴隷解放宣言が出されたあとも，黒人の参政権には制限が加えられたり，日常生活の中で人種隔離政策を行う州も多かった。公民権運動はこのような人種差別を撤廃しようとする運動である。1963年，ワシントン大行進の聴衆の前でキング牧師が行った演説。

ソヴィエト連邦・東ヨーロッパ	西アジア・アフリカ	南アジア・東南アジア	中国	朝鮮半島	日本	
ソヴィエト連邦・東欧諸国	西アジア諸国・アフリカ諸国	インド帝国・東南アジア諸国	中華民国	昭和	昭和	
1945.2 ヤルタ会談 .5 ベルリン占領 .8.8 日本に宣戦，満洲・朝鮮に侵攻 1945 ユーゴ，王政廃止。連邦人民共和国になる 1945～48 東欧諸国，相次いで共産主義政権が成立する 1946.2 第4次五カ年計画（～50） 1947 モスクワ外相会議 1947.5 ハンガリー政変 .9 コミンフォルム結成（～56） 1948.2 チェコスロヴァキア＝クーデタ(共産党のクーデタ) .6 コミンフォルム，ユーゴを除名 1949.1 経済相互援助会議(コメコン)設立 1950 中ソ友好同盟相互援助条約 (ユーゴスラヴィア) 1953 ティトー，大統領就任 1953.3 スターリン死 フルシチョフ第一書記(任1953～64) 1953.3～55 首相マレンコフ 1953.8 水爆保有宣言 1954 原子力発電所運転開始 1955.5 ワルシャワ条約機構(ソ連・東欧8カ国友好協力相互援助条約)設立 1955.9 西ドイツと国交回復 1956.2 ソ連共産党第20回大会(スターリン批判，平和共存政策) .4 コミンフォルム解散 (ポーランド) 1956.6 ポズナニで反ソ暴動 1956.10 ゴムウカ，反ソ暴動を弾圧して政権復帰 (ハンガリー) 1956.10～.11 反ソ暴動 1957.10 人工衛星スプートニク1号打ち上げ成功 1959.9 フルシチョフ訪米 1960.5 U2型機事件 1960.11～.12 モスクワ会議(81カ国共産党共同宣言) 1961 有人宇宙船ヴォストーク1号成功 1962.10 キューバ危機 1963 中ソ論争本格化 1964.10 フルシチョフ解任 ブレジネフ第一書記(任1964～82)	1945.3 アラブ連盟結成 1946 トランスヨルダン王国，シリア以東独立 1947 国連，パレスチナ分割・ユダヤ民族独立案可決 1948.5 イスラエル建国 .5 第1次中東戦争(～49.3) (南アフリカ) 1949 人種間結婚禁止法(アパルトヘイト強化) 1950 アラブ集団安全保障条約 1951 イラン，石油国有化法公布 1951 リビア独立 1952 トルコ，NATO加盟 1952 エジプト革命 1953 エジプト共和国宣言(大統領ナギブ) (イラン) 1953 国王派のクーデタ 1954.11 アルジェリア独立戦争 1954.11 エジプト第2次革命 (ナセル，実権を掌握) 1955.2 バグダード条約調印 .11 中東条約機構(METO)結成 1955.4 アジア＝アフリカ会議(バンドン会議)(29カ国。平和十原則の発表) 1956 スーダン，モロッコ，チュニジア独立 1956.10 第2次中東戦争(スエズ戦争)(～57.3) 1957 ガーナ独立(大統領エンクルマ) 1958.2 アラブ連合共和国成立 1958.7 イラク革命 1959 中東条約機構を中央条約機構(CENTO)に改称 1960 アフリカ諸国，相次いで独立(アフリカの年) 1960.6 ベルギー領コンゴ独立 .7 コンゴ動乱 1960.9 石油輸出国機構(OPEC)結成 1961 南アフリカ共和国成立 1961.6 クウェート独立 .9 エジプト・シリア，連合解消 1961.9 非同盟諸国首脳会議 1962 アルジェリア独立 (イラン) 1963.1 白色革命開始 1963 アフリカ31カ国首脳会議(アジスアベバ)，アフリカ統一機構(OAU)結成 1964 パレスチナ解放機構(PLO)結成	1945.8 太平洋戦争終結 .8 インドネシア共和国独立宣言 .9 ベトナム民主共和国独立宣言 1946.7 フィリピン独立 .12 インドシナ戦争(～54) 1947.7 オランダ＝インドネシア戦争 1947.8 インド連邦・パキスタン，英自治領として独立 1948 ビルマ連邦共和国成立 1948.1 ガンディー暗殺される .2 セイロン，自治領として独立 1949 仏，ベトナム国樹立(主席バオダイ) 1949 インドネシア連邦共和国成立 インド共和国(1950～) 1950 インド共和国成立(首相ネルー) 1951 米比相互防衛条約 1952 日印平和条約 1954 コロンボ会議 (ベトナム) 1954.5 ディエンビエンフー陥落 1954.6 ネルー・周恩来会談 1954.7 ジュネーヴ休戦協定(インドシナ戦争終結) .9 東南アジア条約機構(SEATO)調印 1955 ベトナム共和国(南)成立 (大統領ゴ＝ディン＝ジエム) 1956 パキスタン＝イスラーム共和国成立 1957 マラヤ連邦成立 1958 ビルマ，タイでクーデタ 1959 シンガポール自治権獲得 1960 南ベトナム解放民族戦線結成 1961 ラオス停戦会議(ジュネーヴ) 1961 インド軍，ポルトガル領ゴアを武力接収 1962 ラオス連合政府成立 ビルマでネ＝ウィンが軍事クーデタ 1962.10 中印国境紛争で武力衝突 1963.9 マレーシア連邦発足 .11 南ベトナムでクーデタ(ゴ政権崩壊) 1964 ラオス内戦激化 (ベトナム) 1964.8 トンキン湾事件 .11 南ベトナムで反政府デモ	1945.8 ソ連軍，満洲侵攻 1945.8.15 日本，無条件降伏し，太平洋戦争終わる 1945.10 国共の双十協定 .11 国共内戦始まる 1946.1 政治協商会議 .2 外モンゴル完全独立 .5 国民政府，南京遷都 .7 国共内戦再開 1947.1 新憲法発布 1948.12 共産党軍，北京入城 1949.4 共産党軍，南京入城 中華人民共和国(1949～) 1949.10 中華人民共和国成立 主席毛沢東・首相周恩来 1949.12 台湾に移る 台湾 総統 蔣介石 1950 中ソ友好同盟相互援助条約 1953 第1次五カ年計画 1954.6 ネルー・周恩来会談(平和五原則発表) .9 中華人民共和国憲法採択 1954 米華相互防衛条約 1956.5 毛沢東，百花斉放，百家争鳴演説 1958.1 第2次五カ年計画(大躍進運動) .8 人民公社開始 .8 中国，金門島を砲撃 1959 中国軍，チベット占領 主席劉少奇(任1959～68) 1960 中ソ論争始まる 1962.10 中印国境紛争 .12 中国・モンゴル国境条約 1963.2 第3次五カ年計画 .12 全人代で自力更正を強調 1964.1 フランスと国交樹立 .7 中ソ対立深刻化 .10 初の原爆実験	1945.8 南北に分割占領される(北緯38度線) 1948.8 大韓民国成立(大統領李承晩) 1948.9 朝鮮民主主義人民共和国成立(首相金日成) 1950.6 朝鮮戦争始まる .9 国連軍，朝鮮に出動 .10 中国人民義勇軍，北朝鮮に加わる 1951.7 休戦会談始まる 1953.7 朝鮮休戦協定成立 .10 米韓相互防衛条約調印 (韓国) 1960 四月革命(李承晩退陣) 1961 韓国軍部クーデタ(朴正熙の軍事政権成立) 1963.12 朴正熙，大統領に就任(任～79)	1945.3 東京大空襲 .4 米軍，沖縄本島上陸 .8 広島，長崎に原爆投下される ソ連，対日宣戦 1945.9 降伏文書調印 .10 GHQ改革指令 1946.1 天皇，神格否定の詔書 .11 日本国憲法公布 1947.4 6・3・3・4制新教育実施 .4 独占禁止法 1948.11 極東国際軍事裁判終わる 1949.2 吉田茂内閣(第3次)成立 .8 シャウプ勧告 .11 湯川秀樹ノーベル物理学賞受賞 1950 官公庁のレッド＝パージ 警察予備隊の創設 1951 サンフランシスコ平和条約・日米安全保障条約調印 1953 奄美群島返還 1954.3 ビキニ水爆実験の第五福竜丸事件 .7 自衛隊発足 1955.8 第1回原水爆禁止世界大会(広島) .9 GATT加盟 .11 保守合同(自由民主党結成により55年体制発足) 1956.10 日ソ共同宣言(ソ連との国交回復) .12 国連加盟 1957.2 岸信介内閣成立 1958 インドネシアと国交樹立 1960.1 日米新安全保障条約調印 .5 安保闘争 1964.4 OECDに正式加盟 .10 東海道新幹線開通 .10 東京オリンピック	1945 1950 1960

左欄外に縦書き：スターリン／フルシチョフ（ソ連側）、毛沢東／劉少奇（中国側）、昭和（日本側）、史料（右下）

「フルシチョフのスターリン批判」 (◀P.280)

　スターリンは「人民の敵」という概念を作りました。(中略)この概念のおかげで，どんな問題であれスターリンと意見が合わない人とか，敵対的行動を起こす意図があると疑われたり，悪評のたっている人に対して，革命的法秩序のいっさいの規範を無視した最も過酷な弾圧手段を用いることができるようになったのです。(中略)罪の主要な証拠，いや実際には唯一の証拠は，告訴されている犯罪を犯したという被告自身の「自白」でした。(中略)このような「自白」は被告に対して肉体的拷問という方法を用いて得られたものなのです。

(志水速雄訳『フルシチョフ秘密報告「スターリン批判」』講談社学術文庫)

◀解説▶ 1956年，ソ連共産党第20回大会において，フルシチョフが秘密報告の形で行い，スターリンの行った粛清，個人独裁などを批判した。公表されると各国共産党などに大きな衝撃を与え，ポーランドや東ドイツでは暴動も発生した。

「ラッセル・アインシュタイン宣言」 (◀P.巻頭5左頁)

　将来の世界戦争においては核兵器の使用は必至であり，しかも核兵器は人類の存続に脅威を与えている。このような事実にかんがみ，ここにわれわれは，世界の政府が戦争によってその目的を達成することが不可能であることを公けに確認し，すべての紛争の解決に平和的手段を発見することを切に要請する。

(C・ゼーリッヒ『アインシュタインの生涯』東京図書)

◀解説▶ 哲学者ラッセルと物理学者アインシュタインが呼びかけ，湯川秀樹ら9人のノーベル賞受賞者の賛同を得て発表された。軍備削減・核兵器廃絶を主張するこの宣言は，科学者による核兵器廃止運動の中心となる，パグウォッシュ会議開催のきっかけとなった。

史料

	国際問題	アメリカ アメリカ合衆国 ラテンアメリカ諸国	西ヨーロッパ イギリス（ウィンザー朝）	フランス（第五共和政）	西ドイツ・スイス	南・北ヨーロッパ 南欧・北欧諸国	東ヨーロッパ 東欧諸国
1965	1965.1 インドネシア，国連脱退を通告	1965.2 米軍の北ベトナム爆撃（北爆）開始	1965.1 チャーチル死	1966.7 NATO軍事機構より脱退	1965.5 イスラエルと国交樹立	1965.12 ローマ教皇，ギリシア正教大主教，東西教会対立解消の共同声明	
	.2～73 ベトナム戦争	.2 投票権法成立（アルゼンチン）	.9 北海油田発見		キージンガー内閣（連立，任1966～69）		
	.9 安保理，印パ停戦決議	1966.6 アルゼンチンでクーデタ（中南米）	1966.4 労働党，総選挙で圧勝	南太平洋ムルロワ環礁で核実験			1967 東ドイツ・ポーランド・チェコ相互援助条約（チェコスロヴァキア）
	.11 国連，ローデシア独立を不承認	1967.2 中南米非武装条約調印	1967.11 ポンド切り下げ		1967.7 EEC・EURATOM・ECSCの3執行機関統合。新しくEC（ヨーロッパ共同体）発足		1968.1 自由化始まる（プラハの春）
	1966.9 インドネシア，国連復帰	.6 米ソ首脳会談	1968.1 スエズ以東より撤兵	1968.5 五月危機（学生デモ，ゼネスト）	1967 ルーマニアと国交樹立	1967 ギリシアで軍事クーデタ（ポルトガル）	.8 ワルシャワ条約機構軍の侵攻
	1967.5 ケネディ＝ラウンド（関税一括引下げ交渉）妥結	.7 デトロイト黒人暴動	.3 新移民法成立		ブラント内閣（社民，任1969～74）	1968 サラザール首相辞任	.9 アルバニア，ワルシャワ条約機構脱退（チェコスロヴァキア）
	.6 第3次中東戦争	1968.4 黒人指導者キング牧師殺される	1968.8 北アイルランドで宗教暴動	1969.4 ド＝ゴール辞任			1969 ドプチェク第一書記解任，フサーク政権成立（チェコスロヴァキア）
	1968.5 パリ和平会談始まる	.6 R.ケネディ上院議員暗殺される		大統領ポンピドゥー（任1969～74）			
	.6 核拡散防止条約調印	.11 北爆停止					
		ニクソン（共，任1969～74）					
1970	1969.7 アポロ11号，月面着陸成功		ヒース内閣（保，任1970～74）		1970.3 東西ドイツ首脳会談初開催	1970 サラザール死	（東ドイツ）1970 東西ドイツ首脳会談初開催（ポーランド）
	1970.3 核拡散防止条約発効（調印97カ国）	1970.2 ニクソン＝ドクトリン			.8 ソ連＝西ドイツ武力不行使条約（スイス）		
	1971.10 中華人民共和国，国連加盟	.4 米軍，カンボジア侵攻			1971 女性参政権法成立		1970 西独・ポーランド条約（国境オーデル＝ナイセ線画定）（ポーランド）
	中華民国，国連脱退	.4 米ソ戦略兵器制限交渉（SALT）開始			1972.6 西英仏ソ，ベルリン協定調印		1972 西ドイツと国交樹立（東ドイツ）
	.12 スミソニアン体制発足	1970 アジェンデ社会主義政権成立（チリ）		1972.1 EC加盟条約調印	.9 西ドイツ・ポーランド国交樹立		
	1972.4 生物兵器禁止条約調印	1970 ニクソン，ドル防衛措置発表（ドル＝ショック）		.3 北アイルランド直接統治開始	.12 東西ドイツ基本条約調印		1973.2 イギリス，フランスと国交樹立
	.6 国連人間環境会議（ストックホルム）	1972.2 ニクソン中国訪問					.9 国連加盟（ルーマニア）
		.5 米ソ首脳会談，SALTⅠ調印					
	1973.1 ベトナム和平協定調印	.6 ウォーターゲート事件		1973.1 拡大EC発足（イギリス，アイルランド，デンマークが加盟）			
	.9 東西ドイツ国連加盟	1973.3 米軍，ベトナム撤退	.2 東ドイツと国交樹立	1973 東ドイツと国交樹立	1973.9 国連加盟	1974 無血クーデタ（キプロス）	1974 チャウシェスク体制確立
	.10 第4次中東戦争	.3 上院ウォーターゲート特別調査委員会，公聴会開始（チリ）					
	石油供給不安高まる（第1次オイル＝ショック）	1973 軍部クーデタ，アジェンデ大統領死，ピノチェト政権成立（アルゼンチン）			1974.5 ブラント首相，秘書スパイ事件で辞任	1974 第2次キプロス紛争（ギリシア）	
	1974.4 国連資源特別総会	1973 ペロン，大統領に復帰	ウィルソン内閣②（労，任1974～76）	大統領ジスカールデスタン（任1974～81）	シュミット内閣（社民，任1974～82）	1974 民政移管，共和政確定（スペイン）	
	.8 世界人口会議（ブカレスト）	1974.2 SALTⅡ交渉開始	1974.5 北アイルランドに非常事態宣言				
	.11 世界食料会議（ローマ）	.8 ニクソン大統領辞任，フォード副大統領昇格	1975 保守党党首にサッチャー	1975 先進国首脳会議を開催	1975 ポーランドと戦後処理協定に仮調印	1975 フランコ総統死 王政復古 国王ファン＝カルロス（位1975～） 民主化の進展（ポルトガル）	
	1975.5 国際海洋法会議	フォード（共，任1974～77）		1976 仏共産党，プロレタリア独裁放棄			
	.6 国連国際女性年世界会議	1975.4 ベトナム戦争終結宣言	キャラハン内閣（労，任1976～79）	1977 シラク，パリ市長に当選	1976 新憲法可決（イタリア）		（チェコスロヴァキア）
	.7 欧州安全保障協力会議（35カ国，ヘルシンキ宣言）	1976.7 ヴァイキング1号，火星に軟着陸	1977 IMFより融資				1977 人権運動「憲章77」始まる
	.11 第1回先進国首脳会議（サミット），ランブイエ（仏）で開催	カーター（民，任1977～81）	1979 総選挙で保守党勝利	1978.2 反テロ法	1978 モロ前首相誘拐，暗殺される		
	1978.5 国連軍縮特別総会	1977.9 米・パナマ，新パナマ運河条約調印		.11 西ドイツ交通協定調印	教皇ヨハネ＝パウロ2世（任1978.10～2005.4）		
	.9 米・エジプト・イスラエルの3首脳による中東和平会談（キャンプ＝デーヴィッド合意）		サッチャー内閣（保，任1979～90）	1979 ナチス犯罪の時効を撤廃			
		1979.1 米中国交正常化	1979 マウントバッテン卿，IRAのテロで殺される				
	1979.12 ソ連，アフガニスタンに侵攻	.3 スリーマイル島原発事故			1980 緑の党設立	1980 ティトー死（ユーゴスラヴィア）	
1980	1980.9 イラン＝イラク戦争	.6 米ソ首脳会談（ウィーン），SALTⅡ調印	1980 鉄鋼労働者，10万人無期限スト		1982.10 シュミット内閣不信任案可決	1981.1 EC加盟 .10 左翼政権成立（ギリシア）	1980 ポーランド（ポーランド）
	1981.10 初の南北サミット開催	.7 ニカラグア革命	1981 労働党分裂，社会民主党結成		コール内閣（キ民，任1982～98）	（スペイン）	1980.8 労働者のスト .9 自主管理労組「連帯」結成
	1982.5 国連環境会議「ナイロビ宣言」	1980.1 カーター大統領，ソ連への報復措置発表		大統領ミッテラン（社党，任1981～95）	1982.5 NATO加盟		1981.2 ヤルゼルスキ，最高評議会議長に就任（任～85）
	.6 第2回国連軍縮特別総会	.4 イランと国交断絶			.10 左翼政権成立		.9 ワレサ，「連帯」議長に選出される
	1982.4 フォークランド戦争（アルゼンチン，英領フォークランド諸島占領）	レーガン（共，任1981～89）				1982 ローマ教皇訪英，イギリス国教会と和解	.12 戒厳令施行（～82.7）
		1981.4 スペースシャトル打ち上げ		1983 西欧各地で反核デモ			1982.10 「連帯」非合法化
	1983.9 大韓航空機，サハリン沖でソ連に撃墜される	.6 米ソ，戦略兵器削減交渉	1983.6 総選挙で保守党圧勝	1983.3 緑の党，連邦議会進出		1983 ヴァチカン	1983.12 ワレサ，ノーベル平和賞受賞
	1984 ペルシア湾でタンカー攻撃激化	1983.10 グレナダ侵攻	1984.4 リビアと断交	1984 大統領にヴァイツゼッカー選出（任～94）			
		1984 レーガン大統領，「強いアメリカ」強調	.12 香港返還協定調印				

欧州共同体を設立する条約（抄） ◀ P.278

EC条約

第一条【設立】（前略）締約国は，この条約により，相互間に欧州共同体を設立する。

第三条【政策】（前略）共同体の活動には，（中略）次のことを含む。
- (a) 構成国間の物の輸入及び輸出に関する関税及び数量制限並びにこれらと同等の効果を有する他のすべての措置の禁止
- (c) 構成国間の物，人，役務及び資本の自由移動に対する障害の除去という特徴をもつ域内市場
- (d) 第四編に定める人の参入及び移動に関する措置

（『国際条約集』有斐閣）

解説 ヨーロッパ石炭鉄鋼共同体（ECSC）・ヨーロッパ経済共同体（EEC）・ヨーロッパ原子力共同体（EURATOM）が一体化し，経済だけではなく政治的な統合を視野に入れた組織として1967年に結成された。初め加盟国は6か国だったがやがて加盟国は増大し，欧州連合（EU）の基礎を築いた。

二千語宣言 ◀ P.281

戦後，人々の大きな信頼を享受した共産党は，しだいにこの信頼を捨てて，その代りに役職を手に入れ，ついにすべての役職を手に収めてそれ以外は何物も，もはやもたなくなった。（中略）指導部の誤った路線のために，党は，政党から，またイデオロギーによってつらぬかれた同盟から，権力機構へと変化し，この権力機構は，支配欲の強い利己主義者，嫉妬ぶかい卑怯者，および恥知らずの人々に対して大きな魅力となった。（中略）人間関係は堕落し，労働に対する喜びは失われた。要するに国民の精神的健全さとその性格をおびやかす時代が国民にやってきたのである。

（加藤雅彦訳『ドキュメント現代史(10)』平凡社・『世界史資料』東京法令出版）

解説 チェコのドプチェクが行った自由化政策は，「プラハの春」と呼ばれた。その中で発表されたのが「二千語宣言」である。作家のヴァツリークが起草した宣言には，女子体操のチャフラスカなどが署名した。しかしワルシャワ条約機構軍の軍事介入によって「プラハの春」は終わりを遂げた。

緑字：重要治政者に関する事項　　青字：文化に関する事項
　赤字：条約・会議・会談　　茶字：国際的に関連する事項　　＊：その頃

ソヴィエト連邦	西アジア・アフリカ	南アジア・東南アジア	中国	朝鮮半島	日本	
ソヴィエト連邦	西アジア諸国・アフリカ諸国	インド等・東南アジア諸国	中華人民共和国・台湾	韓国・北朝鮮	昭和	
	1965　ローデシア，一方的に独立宣言	1965.1　インドネシア，国連脱退	劉少奇 1965　チベット自治区成立	1965.2　韓国，南ベトナムに派兵		1965
1966　ルナ9号，月面軟着陸成功	1966　ガーナでクーデタ（エンクルマ失脚）	.2　米軍の北ベトナム爆撃（北爆始まる）	1966　「プロレタリア文化大革命に関する決定」発表，毛沢東が紅衛兵旋風	1965.6　日韓基本条約調印		
1967　イスラエルと断交	1967.6　第3次中東戦争（イスラエル軍，イェルサレム・シナイ半島・ゴラン高原占領）	.8　シンガポール，マレーシアより分離独立	1966　韓国，GATT加盟		1967.12　佐藤首相，非核三原則発表	
1968.3　ガガーリン墜落死	1967　ナイジェリア内戦	.9　インドネシアで九・三〇事件	立，北京に紅衛兵旋風 1967　初の水爆実験		1968.6　小笠原諸島返還	
ソ連・東欧5カ国，チェコ侵攻	1968　アラブ石油輸出国機構（OAPEC）発足	1965　印・パ間でカシミール紛争		1968　劉少奇，中国共産党除名	.10　川端康成，ノーベル文学賞受賞	
1969.3　中ソ国境紛争（ウスリー江，ダマンスキー島（珍宝島））	1969　アラファト，PLO議長に就任	1966　インドネシアの国連復帰 1966　インディラ＝ガンディー首相就任（任～77，80～84）	毛沢東	1969.3　中ソ国境紛争（珍宝島（ダマンスキー島）で衝突）	国民総生産，資本主義世界で第2位になる	
.11　核拡散防止条約批准	1969　リビアでクーデタ（カダフィー大佐，政権掌握，王政廃止）	1967.3　インドネシアでスカルノ大統領退陣，スハルト将軍，実権掌握		.8　9全大会で林彪を毛沢東の後継者に決定	＊各大学で学園紛争	
		1967　東南アジア諸国連合（ASEAN）結成		1969　北朝鮮，米偵察機を撃墜		1970
1970.8　ソ連＝西ドイツ武力不行使条約調印	1970　第3次中東戦争停戦	1968.1　南ベトナム解放戦線のテト攻勢			1970.2　初の国産人工衛星打ち上げ	
.12　ソルジェニーツィン，ノーベル文学賞受賞	1970　ナイジェリア内戦終結	.5　パリ和平会談	1971.9　林彪クーデタ失敗で死		.3　大阪万国博覧会開催	
1971　エジプトと友好協力条約インドと平和友好協力条約	1970　ナセル急死，エジプト臨時大統領にサダト	.10　北爆停止 1970.3　カンボジアのクーデタでシハヌーク失脚	.10　中華人民共和国，国連での代表権を承認される（国民政府の追放決定）		1971　ドル＝ショック	
	1971.9　アラブ共和国連邦（エジプト・シリア・リビア）成立	.4　米軍，カンボジア侵攻			昭 1972.2　浅間山荘事件	
1972　ニクソン大統領訪ソ，米ソ脳会議。戦略兵器制限交渉（SALT I ）調印	1971.10　コンゴ，ザイールと改称	1971.2　米軍，ラオス侵攻 1971.3　バングラデシュ独立宣言	1972.2　ニクソン米大統領中国訪問，共同声明発表	1972　南北朝鮮赤十字会談	.5　沖縄復帰	
	.12　アラブ首長国連邦成立	.12　第3次インド＝パキスタン戦争			.7　田中角栄内閣成立	
	1973.10　第4次中東戦争 アラブ諸国「石油戦略」発動	1972　セイロン，スリランカと改称	.9　田中首相訪中，日中		国交正常化（日中共同声明発表）	
1974　ソルジェニーツィン追放	1974　エチオピア革命（皇帝ハイレ＝セラシエ廃位）	1972　タイで日本製品のボイコット 1973　ベトナム和平協定調印ラオス和平協定調印		1973　金大中事件		
	1974.1　スエズ兵力分離協定	（アフガニスタン）	1973　批林批孔運動盛ん		1973.2　円，変動相場制に移行	
1975　サハロフ博士，ノーベル平和賞受賞	.11　PLO，国連総会で正統なパレスチナの代表と認定（サウジアラビア）	1973　クーデタ，王政廃止 1974　インド，初の核実験	（台湾）		.10　第1次石油危機，狂乱物価を招く	
	1975　ファイサル国王暗殺（エジプト）	1975.4　カンボジア民族統一戦線，プノンペン制圧	1975.4　蔣介石死			
1976　ミグ25事件	1975　スエズ運河，8年ぶりに再開	.4　サイゴン陥落，ベトナム戦争終わる	1976.1　周恩来首相死		1976.2　ロッキード事件おこる	
	1976　レバノン内戦激化	.9　SEATO解散決定	.4　華国鋒，首相就任		.7　田中前首相逮捕	
	1977.3　アラブ・アフリカ首脳会議	.12　ラオス人民民主共和国成立	第1次天安門事件		.9　ミグ25事件	
	.11　エジプトのサダト大統領，イスラエル訪問	1976.1　民主カンプチア成立（ポル＝ポト政権の大虐殺）	.9　毛沢東主席死		1977　領海12カイリ，200カイリ漁業水域設定	
1978　ソ連＝ベトナム友好協力条約調印	1978.3～.6　イスラエル軍，レバノン南部に侵攻	.2　第1回ASEAN首脳会議	和 .10　華国鋒，共産党主席就任 江青ら四人組逮捕			
	1978.9　中東和平会談（エジプト・イスラエル，キャンプ＝デーヴィッド合意）	.7　ベトナム社会主義共和国成立 1977.6　SEATO解散	1977.7　鄧小平復活		.9　赤軍派，ハイジャック事件	
		.11　タイ，無血クーデタ	.8　11全大会でプロレタリア文化大革命終結宣言		1978.5　成田空港開港	
		1979.1　ベトナム軍，カンボジア侵攻	1978.2　「四つの現代化」			
		カンボジアのポル＝ポト政権崩壊，ヘン＝サムリン政権樹立	.8　日中平和友好条約に調印			
1979.6　米ソ首脳会議，第2次戦略兵器制限交渉（SALT II ）調印	1979.1～.2　イラン＝イスラーム革命（国王亡命，ホメイニ帰国）	1979.2　中越戦争（中国軍，ベトナムに侵攻）	1979.1　米中国交正常化（米，台湾と国交断絶）		1979　第2次石油危機第5回サミット（東京）	
.12　ソ連軍，アフガニスタンに侵攻	.3　イラン＝イスラーム共和国成立		1979.4　中ソ友好同盟相互援助条約破棄決定	（韓国）		
	1979.3　エジプト＝イスラエル平和条約調印	（アフガニスタン）		1979.10　朴正熙大統領暗殺される崔圭夏，大統領就任（任～80）		
	.11　イラン米大使館占拠事件	1979　ソ連軍の侵攻	鄧			1980
1980　モスクワ＝オリンピック（米・日・西独・中など不参加）	1980　ジンバブエ独立		1980.2　胡耀邦，党総書記に就任。劉少奇名誉回復	1980.5　光州事件	1982.7　第2次臨調，国鉄・電電・専売公社の分割民営化を答申	
1982.6　米ソ戦略兵器削減交渉（START）開催	1980　イランで戦争勃発（～88）	1982.6　民主カンボジア連合政府成立（反ベトナム3派）	.8　趙紫陽首相就任	.8　全斗煥大統領就任（任～88）		
.11　ブレジネフ書記長死	（エジプト）	（スリランカ） 1983　シンハラ人とタミル人の民族対立激化	1981.1　四人組裁判に判決			
	1981　サダト大統領暗殺，後任にムバラク就任（～2011）		.6　胡耀邦，党主席に就任	1982.7　教科書問題で日本に抗議	.11　中曽根康弘内閣成立	
アンドロポフ就任（任～84）	1982.4　イスラエル，シナイ半島を全面返還	1983　フィリピンで野党指導者ベニグノ＝アキノ暗殺	1982.9　12全大会で鄧小平・胡耀邦・趙紫陽の指導体制強化確定	1983.9　大韓航空機が上空ソ連軍機で撃墜		
1983.9　ソ連軍機，大韓航空機をサハリン沖で撃墜	.6　イスラエル軍，レバノンに侵攻	1984　ブルネイ独立	.12　新憲法採択	.10　ビルマ・ヤンゴン（ラングーン）爆弾テロ事件で閣僚ら爆死	1983.10　ロッキード事件で田中元首相に実刑判決	
1984.2　アンドロポフ書記長死	.9　イスラエル，パレスチナ難民キャンプで大虐殺を行う（インド）	1984.10　インディラ＝ガンディー首相暗殺，後任にラジブ＝ガンディー	1984.12　サッチャー英首相，訪中。香港返還協定に調印			
チェルネンコ就任（任～85）	1983.5　イスラエル＝レバノン撤兵協定			1984.9　全斗煥大統領訪日		

鄧小平　（◀ P.289）

　（前略）62年7月7日に鄧小平は（中略）若者に対して，こう語った。
劉伯承同志はいつも「黄猫であれ，黒猫であれ，ネズミを捉えさえすれば，よい猫だ」という四川のことわざを使う。これは戦闘の話をしたものだ。われわれが蔣介石を破ることができたのは，古いしきたりや，昔のやり方で戦ったからではない。すべては状況次第，勝てばよいという考え方だった。（中略）

　白猫黒猫論として，人々の口コミで広く伝えられた。（中略）鄧小平はズバリ農業生産の上がる方法がよい方法だと喝破したのである。
（矢吹晋『鄧小平』講談社学術文庫）

（解説） 三度の失脚を乗り切った鄧小平は，プロレタリア文化大革命によって混乱した中国経済を立て直すために市場経済を導入した。その時よく引用されたのがこの「白猫黒猫論」である。この発言は生産力を向上させる方法が良い方法だとして，市場経済の導入を正当化させるために使われた。

ベトナム統一宣言　（◀ P.287）

　この日の統一国会全体会議は，首脳部選出に先立ち，およそ次のような決議を採択した。

　①ベトナムは独立・統一・社会主義国家であり，新国名はベトナム社会主義共和国とする▷国旗は金星紅旗とする（民主共和国と同じ）▷（中略）▷首都はハノイとする▷（中略）▷南のサイゴン・ジアディン地域をホーチミン市と名付ける。

　②憲法は新憲法が出来るまでベトナム民主共和国の1959年憲法を使う。
（「朝日新聞」1976年7月3日，『世界史資料』東京法令出版）

（解説） 1973年のパリ協定によってアメリカ軍が撤退しても，南ベトナム政府と南ベトナム解放戦線の戦いは続いていた。1975年に北ベトナム軍と解放戦線が全面攻撃をかけると，南ベトナム軍は崩壊し，首都サイゴンは陥落した。そしてその翌年に南北ベトナムの統一は達成された。

国際問題	アメリカ		西ヨーロッパ			南・北ヨーロッパ	東ヨーロッパ
	アメリカ合衆国 ラテンアメリカ諸国		イギリス （ウィンザー朝）	フランス （第五共和政）	ドイツ・オーストリア	南欧・北欧諸国	東欧諸国

1985

国際問題	アメリカ合衆国／ラテンアメリカ諸国	イギリス	フランス	ドイツ・オーストリア	南欧・北欧諸国	東欧諸国
1985.9 先進5カ国蔵相会議(G5)，ドル高是正協調介入合意(プラザ合意)	（ブラジル） 1985.3 民政移管			1985.5 ヴァイツゼッカー演説	1986.1 スペイン・ポルトガル，EC加盟	（ポーランド） 1985.11 ヤルゼルスキが国家元首となる
1985.11 米ソ首脳会談(ジュネーヴ)	1986.1 スペースシャトル「チャレンジャー」打ち上げ直後，爆発	1986.10 エリザベス女王訪中	1986.3 総選挙で保守連合勝利，シラク内閣成立	（オーストリア） 1986.6 大統領にワルトハイム当選(元ナチ党員疑惑)	（スウェーデン） 1986.2 パルメ首相暗殺	（東ドイツ） 1987.9 ホネカー議長，西ドイツ初訪問
1986.9 GATT閣僚会議，新多角的貿易交渉開始宣言(ウルグアイ＝ラウンド)	.4 米軍，リビア爆撃	1987.6 総選挙で保守党圧勝，第3次サッチャー内閣成立				（ハンガリー） 1989.2 複数政党制を採用
1986.10 米ソ首脳会談(アイスランド，レイキャビク)	1987.10 ウォール街で株価大暴落					（ポーランド） 1989.6 国会選挙で「連帯」圧勝，非共産党政権樹立
1987.10 世界各国で株価が大暴落(ブラック＝マンデー)		1988.3 自由党と社会民主党合同	1988.5 ミッテラン大統領再選(任～95)			（東ドイツ） 1989.11 西側への出国自由化，ベルリンの壁開放
1987.12 米ソ首脳会談(ワシントン)，中距離核戦力(INF)全廃条約調印	ブッシュ(共，任1989～93)(父)	.7 北海油田事故	1989.7 フランス革命200年祭			（ルーマニア） 1989.12 チャウシェスク政権崩壊
1988.4 アフガニスタン和平協定調印						
.8 イラン＝イラク戦争停戦	1989.12 米軍，パナマ侵攻					
1989.11 ベルリンの壁崩壊						
1989.12 米ソ首脳会談(マルタ)，冷戦終結宣言	1990.4 ニカラグアの内戦停戦	1990.3 人頭税反対の暴動		**1990.7 東西ドイツ，経済統合(通貨の統一)**	（イタリア） 1990.3 イタリア共産党解党	（ポーランド） 1990.1 ポーランド統一労働者党(共産党)解散

1990

国際問題	アメリカ合衆国／ラテンアメリカ諸国	イギリス	フランス	ドイツ・オーストリア	南欧・北欧諸国	東欧諸国
1990.8 イラク，クウェート侵攻	（ペルー） 1990.7 日系2世のフジモリ，大統領に就任			.10 西ドイツ，東ドイツを編入，東西ドイツの統一達成		1990.12 ワレサ，大統領就任
.10 東西ドイツの統一		**メージャー内閣** (保，任1990～97)				
.11 全欧安保首脳会議(パリ)，欧州通常戦力削減条約締結						1991.6 クロアティア，スロヴェニア，ユーゴからの独立宣言
1991.1～.4 湾岸戦争	**1991.1 米軍を中心とする多国籍軍，イラクを空爆**			1991.6 ベルリン遷都決定		.6 コメコン解散
	.2 多国籍軍，地上戦に突入，クウェート解放					.7 ワルシャワ条約機構解消
.6 コメコン解散						1992.3 ボスニア・ヘルツェゴヴィナ，ユーゴからの独立宣言。以後，内戦激化
.10 カンボジア和平最終合意文書調印	（エルサルバドル） 1992.1 内戦終結	**1991.10 ECとEFTAが欧州経済領域(EEA)創設で合意**				.4 セルビアとモンテネグロで新ユーゴ結成
1991.7 米ソ戦略兵器削減条約(START I)調印	1992.4 ロサンゼルス黒人暴動	**1991.12 EC首脳会談(オランダ・マーストリヒト)**				1993.1 チェコスロヴァキア，チェコとスロヴァキアに分離独立
.12 ソヴィエト連邦消滅	.12 アメリカ・カナダ・メキシコが北米自由貿易協定(NAFTA)調印	**1992.2 EC加盟国，EC統合の基礎となる欧州連合創設(マーストリヒト)条約調印**	1993.5 ゾーリンゲン事件			
1992.3 国連カンボジア暫定統治機構(UNTAC)発足		**1993.11 マーストリヒト条約発効，ヨーロッパ連合(EU)発足(EC12カ国)**			1993.12 ヴァチカン，イスラエルと国交樹立	
.6 地球環境サミット(リオデジャネイロ)		.12 英・アイルランド両政府，和平共同宣言				
.12 ソマリアに多国籍軍派遣	クリントン(民，任1993～2001)	**1994.1 欧州経済領域(EEA)発足**				1994.4 ボスニアへNATO軍空爆
1993.1 米ロ第2次戦略兵器削減条約(START II)調印		**1994.5 英仏海峡トンネル開通**		1994.9 新ドイツ憲法成立	（イタリア） 1994.3 総選挙で右翼連合の勝利	1995.8 NATO軍，セルビア勢力への空爆実施
.4 国連安保理，新ユーゴ制裁決議	**1994.1 北米自由貿易協定(NAFTA)発効**	.6 IRA，無条件・無期限の停戦合意				
.9 イスラエル・PLO，パレスチナ暫定自治協定に調印			**シラク大統領** (任1995～2007)	**1995.1 オーストリア・スウェーデン・フィンランド，EU加盟**		
.11 アジア・太平洋経済協力会議(APEC)開催	1994.6 北朝鮮核問題で日・米・韓三国協議		1995.9 南太平洋ムルロワ環礁で核実験再開	1995.12 旧ユーゴへの派兵を決定		**1995.12 ボスニア和平協定調印**
1995.1 世界貿易機関(WTO)発足	1995.7 ベトナムと国交樹立	1995.7 メージャー首相，党首再任				
.3 PKO，ソマリア撤退		1996.2 IRA，武力闘争再開	1996.1 核実験終結を宣言			
.5 核拡散防止条約(NPT)無期限延長	1996.9 イラクにミサイル攻撃	1997.3 総選挙で労働党圧勝	1997.3 移民規制強化法案			
1996.9 国連，包括的核実験禁止条約(CTBT)を採択	（ペルー） 1996.12 左翼ゲリラによる日本大使公邸事件	**ブレア内閣** (労，任1997～2007)				1999.3 ハンガリー・チェコ・ポーランド，NATOに加盟
1997.4 化学兵器禁止条約発効		**1997.6 EU，アムステルダム条約(新ヨーロッパ連合条約)調印**				
.6 対人地雷全面禁止条約採択		.7 香港を中国に返還		**シュレーダー内閣** (社民，任1998～2005)		.3～.6 NATO軍，セルビア空爆
.12 COP 3 京都議定書を採択	1997.12 米議会，京都議定書の批准拒否	**1998.4 北アイルランド和平合意**	1998.10 総選挙で社会民主党勝利，シュレーダー内閣			
1999.1 欧州単一通貨「ユーロ」導入	1999.10 CTBT批准を否決					
.3 対人地雷全面禁止条約発効	.12 パナマ運河返還					

東西ドイツ統合 (◀ P.271・279)

コール西独首相会見

(前略)私は今日，ゴルバチョフ大統領の同意を得て，喜んで次のことを確認できる。
一，ドイツ統一は西ドイツ，東ドイツ，ベルリンを含む。
二，統一が完了したら，戦勝四大国の権利と責任は完全に消滅する。こうして，統一ドイツは統一時には制限を受けない完全主権を獲得する。
四，統一ドイツはソ連との間に，東ドイツからソ連駐留軍は3－4年で撤退するという二国間条約を締結する。(後略)
『ゴルバチョフ演説集』読売新聞社）

●解説 ベルリンの壁の開放から1年後の1990年に，東ドイツが西ドイツに編入する形でドイツの再統一が実現した。しかし旧東ドイツは経済面で停滞していたこともあって失業者が多く，統合後も経済・政治面で不安定な状態が続いている。

ペレストロイカ (◀ P.280)

これらすべてが社会生活の多くの領域の発展に否定的影響を及ぼした。(中略)過去三回の五か年計画で，国民所得の伸びは二倍以上減少した。(中略)製品の大部分の質は現代の要求を満たしておらず，生産におけるアンバランスも尖鋭化している。(中略)
われわれがペレストロイカをどのように考えているか，もう一度いう必要があるだろう。
ペレストロイカは，停滞のプロセスを断固として克服し，ブレーキのメカニズムを打破し，ソビエトの社会，経済加速化の確実で有効なメカニズムを創設することである。
『ゴルバチョフ演説集』読売新聞社）

●解説 急死したチェルネンコにかわりソ連共産党書記長に就任したのが，54歳のゴルバチョフだった。彼は停滞する経済と政治制度の改革に着手した。ペレストロイカ(改革)である。しかし改革はゴルバチョフの思惑を越えて急激に進行したため，ソ連自体が消滅した。

緑字：重要治政者に関する事項　　青字：文化に関する事項
□□：条約・会議・会談　　▭▭：国際的に関連する事項　　＊：その頃

ソヴィエト連邦	西アジア・アフリカ	南アジア・東南アジア	中国	朝鮮半島	日本
ソヴィエト連邦	西アジア諸国・アフリカ諸国	インド等・東南アジア諸国	中華人民共和国・台湾	韓国・北朝鮮	昭和・平成
1985.3　チェルネンコ書記長死，後任にゴルバチョフ	1985.3　イラン＝イラク戦争激化	1985.8　南太平洋フォーラムで南太平洋非核地帯条約採択	1985.6　全国の人民公社解体と郷・鎮政府の樹立完了	1985.9　南北の離散家族，相互訪問	1985.5　男女雇用機会均等法成立
ゴルバチョフ(任1985～91)	.10　イスラエル，PLO本部(チュニス)空爆	1986.2　フィリピン政変，マルコス大統領失脚・亡命，新大統領にコラソン＝アキノ	1986.12　民主化要求デモ，各地でおこる	1987.11　北朝鮮による大韓航空機爆破事件	1986.5　東京サミット開催
.7　外相にシュワルナゼ就任	1986.4　米軍機，リビアを空爆	(ベトナム)	1987.1　胡耀邦総書記辞任(.10　後任に趙紫陽を選出)		1987.4　JR 6社発足
1986.4　チョルノービリ原子力発電所事故	(南アフリカ共和国)	1986　ドイモイ(刷新運動)政策の導入	.4　マカオ返還合意		.11　連合発足
.6　ゴルバチョフ，ペレストロイカ路線を打ち出す	1986.6　全土に非常事態宣言	(スリランカ)	1988.1　台湾の蒋経国総統死，後任に李登輝(任～2000)	(韓国)	.11　竹下登内閣成立
1986.10　米ソ首脳会談(アイスランド・レイキャビク)	1987.12　インティファーダ(イスラエル占領地におけるパレスチナ人の蜂起)開始	1987.4　民族紛争激化	.4　マカオ返還合意	1988.2　盧泰愚，大統領に就任(～93)	1988.4　外貨準備高世界第1位
1987.12　米ソ首脳会談(ワシントン)，中距離核戦力(INF)全廃条約調印	1988.8　イラン＝イラク戦争停戦成立	(アフガニスタン)	1988.3　李鵬首相就任(任～98)	.9　ソウルオリンピック	.11　リクルート事件
1988.5　ソ連軍，アフガニスタン撤退開始(89.2 撤退完了)	.11　PLO，パレスチナ国家の樹立を宣言	1988.5　ソ連軍撤退開始(～89.2)(パキスタン)	1989.5　ゴルバチョフ訪中，中ソ関係正常化	韓国，ハンガリーと国交樹立	1989.1　昭和天皇崩御
1988.5　ソ連軍，アフガニスタン撤退開始(89.2 撤退完了)	.12　アメリカ，PLOを承認	1988.11　総選挙で人民党勝利。ブット，首相就任	.6　第2次天安門事件		天皇即位(位1989～2019)元号は平成
1989.5　ゴルバチョフ訪中，中ソ関係の正常化	(イラン)	1989.6　ビルマ，国名をミャンマーと改称	.6　趙紫陽総書記解任，後任に江沢民指名		.4　消費税実施
1990.3　憲法修正案(共産党の指導制放棄・大統領制)採択，初代大統領にゴルバチョフ	1989.6　ホメイニ死，後継の最高指導者にハメネイ	(ネパール)	(モンゴル)		1990.11　即位の礼
1990.3　リトアニア・エストニア独立宣言	(南アフリカ共和国)	1990.2　民主化要求運動(インド)	1990.2　一党独裁放棄	1990.9　韓国，ソ連と国交樹立	
.5　ラトヴィア独立宣言	1990.2　ANC議長マンデラ，28年ぶりに釈放	1990.5　経済の自由化促進	.4　新疆ウイグル自治区のイスラーム教徒，独立めざし蜂起		1991.4　海上自衛隊の掃海艇，ペルシア湾に派遣される
1991.6　エリツィン，ロシア共和国大統領に就任(～99)	1990.3　アフリカ最後の植民地，ナミビア独立	1991.5　ラジブ＝ガンディー元首相，暗殺される	.8　インドネシアと23年ぶりに国交回復		.11　宮沢喜一内閣成立
.6　コメコン解散	1990.8　イラク軍，クウェートに侵攻し，全土を制圧。併合宣言	1991.6　カンボジア4派，停戦に合意			1992.1　慰安婦問題で宮沢首相，韓国に謝罪
.7　ワルシャワ条約機構解消	1991.1～.4　湾岸戦争	.10　カンボジア和平協定に調印		1991.9　韓国・北朝鮮，国連に同時加盟	.6　PKO協力法成立
.8　保守派によるクーデタ(失敗)。共産党解散	(南アフリカ共和国)	(ミャンマー)			.9　カンボジアへPKO部隊派遣
.12　独立国家共同体(CIS)創設，ソ連消滅	1991.6　デクラーク大統領，アパルトヘイト体制終結宣言	1991.10　民主化運動指導者アウンサン＝スー＝チーにノーベル平和賞決定			この頃バブル経済崩壊
	1991.10　中東和平会議(マドリード)	1991.11　ベトナム・中国関係正常化			1993.8　細川護熙内閣成立
ロシア連邦	(イスラエル)	(カンボジア)			.12　コメの部分開放
1992.6　IMFに加盟，エリツィン大統領訪米	1991.10　ソ連と国交回復	1992.3　UNTAC発足			1994.3　小選挙区比例代表並立制導入
	(イスラエル)	(フィリピン)			
1993.1　第2次戦略兵器削減条約(STARTⅡ)調印	1992.6　総選挙で労働党勝利	1992.12　ソマリアに多国籍軍派遣	1992.3　全人代で改革開放政策を確認		.4　羽田孜内閣成立
.10　エリツィン，最高会議を武力制圧	.7　ラビン内閣発足	1992.5　ラモス大統領就任	1992.8　中国と韓国，国交樹立		.6　村山富市内閣成立
.12　総選挙で自由民主党(党首ジリノフスキー)躍進，ロシア新憲法採択	1992.12　ソマリアに多国籍軍派遣	(カンボジア)	(韓国)		1995.1　阪神・淡路大震災
	1993.9　イスラエル・PLO，パレスチナ暫定自治協定に調印	1993.4～.5　総選挙	1993.5　チベット，ラサで反中国デモ	1993.2　金泳三，大統領に就任(任～98)	.3　オウム真理教による地下鉄サリン事件
	(南アフリカ共和国)	.9　シハヌーク，カンボジア国王に即位	1994.1　フランスとの国交正常化	.10　IAEA，北朝鮮に査察要求	1996.1　橋本龍太郎内閣成立
	1994.5　マンデラ，大統領に就任(任～99)	(パキスタン)	(北朝鮮)		1996.2　自衛隊，ゴラン高原PKO参加
	1994.5　パレスチナ暫定自治始動	1993.10　ブット人民党内閣成立	1995.5　地下核実験	1994.7　金日成死	
1994.12　ロシア軍，チェチェン共和国に侵攻(チェチェン内戦)	.10　ヨルダン・イスラエル平和条約調印	(ベトナム)	.8　地下核実験	.10　米朝，核問題で枠組み合意	1997.5　アイヌ文化振興法成立
	1995.9　イスラエルとPLO，パレスチナ自治拡大合意	1995.7　アメリカとの国交正常化，ASEAN加盟	(台湾)	(北朝鮮)	1998.7　小渕恵三内閣成立
	.11　ラビン首相暗殺	1996.5　総選挙で与党・国民会議派大敗	1996.3　初の総統直接選挙で李登輝当選	1997.10　金正日，党総書記に就任	1999.5　ガイドライン関連法成立
1996.7　大統領選挙でエリツィン再選される	1996.1　パレスチナ自治選挙，自治政府議長にアラファト	1997.7　ラオス・ミャンマー，ASEAN加盟	1997.2　最高実力者，鄧小平死去。江沢民が最高実力者となる	(韓国)	.7　中央省庁等改革関連法成立
	(イスラエル)	(インドネシア)	.7　香港返還，一国二制度となる	1998.2　金大中，大統領に就任	.8　国旗・国歌法成立
	1996.6　ネタニヤフ内閣成立	1998.5　反政府暴動，スハルト大統領辞任		.8　北朝鮮，テポドンミサイル発射	.9　東海村核燃料施設で臨界事故
	(イラン)	(タイ)	1998.3　朱鎔基，首相就任		
	1997.5　ハタミ，大統領当選	1997.7　タイ通貨下落でアジア通貨危機はじまる			
	(ザイール)	1998.5　インド，パキスタン，核実験			
	1997.5　国名をコンゴ民主共和国に改称	1999.4　カンボジア，ASEAN加盟	1999.5　NATO軍のベオグラード中国大使館誤爆事件に対して抗議の反米デモ		
	1998.8　ケニア，タンザニアの米大使館で爆弾テロ。米，テロの報復にスーダンを攻撃	1999.5　インド，パキスタン，カシミールで紛争	.12　マカオ返還		
		(パキスタン)			
1999.12　エリツィン大統領辞任		1999.10　軍事クーデタ			

左欄外（縦書き）：鄧小平 / 江沢民 / 昭和 / 平成 / エリツィン

右欄外：1985 / 1990 / 史料

マンデラ大統領就任演説　1994年5月10日　◀P.283

(過去の)傷をいやす時が来た。
私たちの仲を裂いてきた深い溝に橋を架ける時が来た。
(中略)黒人も白人も，すべての南アフリカ人が，心に恐れを抱くことなく，人間としての尊厳を保つ権利が保障され，胸を張って歩くことができる社会を築くことを誓う。虹（にじ）の国をつくろう。

『朝日新聞』1994年5月11日

解説　1991年，南アフリカのデクラーク大統領は，アパルトヘイト政策の終結を宣言した。1994年には全人種参加の選挙が行われ，勝利したアフリカ民族会議(ANC)の議長だったマンデラが初の黒人大統領に就任した。「虹の国」はすべての人種が共存する新しい南アフリカを示す言葉である。

京都議定書　◀P.巻頭7左頁

第三条【約束】1　締約国は，温室効果ガスの全体の量を2008年から2012年までの約束期間中に1990年の水準より少なくとも5パーセント削減することを目的として，個別に又は共同して，当該温室効果ガスの二酸化炭素に換算した人為的な排出量の合計が，排出の抑制及び削減に関する数量化された割当量を超えないことを確保する。

『国際条約集』有斐閣

解説　大気中の温室効果ガス(二酸化炭素・メタンなど)の増加による気候変動や地球温暖化を防止するため，1997年に京都会議が開催され京都議定書が採択された。議定書では先進国に温室効果ガスの排出規制を定めたが，最大の排出国であるアメリカが2001年に離脱を表明した。しかし2004年にロシアが批准したため，2005年発効が確定した。

赤字：重要事項
□：戦争・戦乱・軍事

	国際問題	アメリカ合衆国 ラテンアメリカ諸国	イギリス（ウィンザー朝）	フランス（第五共和政）	ドイツ・オーストリア	南欧・北欧諸国	東欧諸国
		アメリカ	**西ヨーロッパ**			**南・北ヨーロッパ**	**東ヨーロッパ**
2000	2002.1 欧州単一通貨「ユーロ」流通開始	ブッシュ(共, 任2001～09)(子) 2001.9 9.11同時多発テロ事件発生	2001.6 総選挙で労働党圧勝				
	.8～.9 ヨハネスブルクで環境・開発サミット開催	.10 アフガニスタン攻撃	2004.5 拡大EU発足(東欧諸国加盟で25カ国体制)				
		2003.3 イラク戦争開始			メルケル内閣(キ民, 任2005～21)	2005.4 ローマ教皇ベネディクトゥス16世就任	
		2007.8 サブプライム問題発生, 世界同時株安	2007.1 ブルガリア・ルーマニアがヨーロッパ連合に加盟 EU加盟国は27カ国に				
		2008.2 (キューバ)カストロ議長退任	ブラウン内閣(労, 任2007～10)	サルコジ大統領(任2007～12)			2006.6 セルビア・モンテネグロが分離
	2008.7 北海道洞爺湖サミット開催	オバマ(民, 任2009～17) 2009.10 オバマ大統領, ノーベル平和賞受賞	キャメロン連立内閣(保, 任2010～16)			2009.10 ギリシア経済危機表面化	2008.2 コソヴォ独立を宣言
	.9 アメリカ発の世界金融危機発生	2010.1 ハイチでM7の大地震		オランド大統領(任2012～17)			
	2010.1 ギリシア発のヨーロッパ金融危機発生	.2 チリでM8.8の大地震	2013.7 クロアチアがヨーロッパ連合に加盟 EU加盟国は28カ国に			2013.3 ローマ教皇フランシスコ就任	
	2014.3 クリミア半島併合問題のため, ロシアを主要8カ国首脳会議(G8)の参加を停止	2011.5 アメリカ軍がビン=ラーディンを殺害	2014.9 スコットランド独立を問う住民投票で, 独立を否決	2015.11 パリ同時多発テロ事件			
	2015.12 COP21パリ協定を採択		2016.6 EU離脱の国民投票で離脱派が勝利				
	2016.5 伊勢志摩サミット開催	2015.7 キューバとアメリカが国交を回復	メイ内閣(保, 任2016～19)	マクロン大統領(任2017～現)			
	.11 パリ協定発効	トランプ(共, 任2017～21) 2017.6 トランプ大統領, パリ協定からの離脱を発表	ジョンソン内閣(保, 任2019～22)				
		2018.6 米朝首脳会談					
	2020.3 世界保健機関(WHO)が新型コロナウイルス感染症のパンデミック(世界的大流行)を宣言	2020.7 米国・メキシコ・カナダ協定(USMCA)発効	2020.1 イギリスがヨーロッパ連合離脱 EU加盟国は27カ国に				
	2021.1 核兵器禁止条約発効	バイデン(民, 任2021～現) 2021.2 パリ協定復帰			ショルツ内閣(社民, 任2021～現)		
	2022.2 ロシアのウクライナ侵攻に対し, 西側諸国を中心に経済制裁発動	.8 アフガニスタンから撤退	トラス内閣(保, 任2022)				
	2023.5 広島サミット開催		チャールズ3世(位2022～) スナク内閣(保, 任2022～現)				

悪の枢軸 (◀P.277)

ブッシュ大統領 2002年一般教書演説(2002.1.29)

朝鮮民主主義人民共和国は国民が飢えているのにミサイルと大量破壊兵器を持つ政権だ。(中略)イランはテロを輸出し, 選挙で選ばれていない者が人々の自由を抑圧している。イラクは米国への敵意を誇示し, テロを支援し続けている。(中略)これらの国は『悪の枢軸』だ。世界平和を脅かしテロリストに武器を与える。無関心でいれば破滅的な結果を招く。

『朝日新聞』2002年1月30日

解説 同時多発テロ事件とアフガニスタン攻撃が行われた2001年の翌年, ブッシュ米大統領が連邦議会で行った演説である。「悪の枢軸」と名指しされた3国のうち, イラクに対して大量破壊兵器を保有しているとして, 2003年にイラク戦争をおこした。戦争後アメリカは大量破壊兵器を捜索したが, 発見されなかった。

テロ対策 (◀P.294)

グレンイーグルズ・サミット G8テロ対策声明(2005.7.8)

我々G8首脳は結束して, ロンドンにおけるテロ攻撃を断固として非難する。(中略)我々は, すべてのテロ行為を犯罪として非難し, このような殺戮行為にはいかなる弁解及び弁明もあり得ないことを再確認する。昨日, 我々や同僚の首脳が述べたように, 我々は貧困と闘い, 人命を救い, 生活を改善するために努力している。昨日の攻撃の犯人たちは, 人の命を奪うことを意図していた。我々は, 共同して及び個別にこの地球的規模の挑戦に断固として対処し, テロリストがどこにいようとも裁きにかけるべく取り組む。(後略)

(外務省資料による)

解説 2005年7月7日の朝, ロンドンの地下鉄とバスを狙った自爆テロがあいついで発生した。イスラーム過激派が実行したとされるこの事件で, 56人が死亡, 負傷者は700人を超えた。イギリスのグレンイーグルズ・サミットの最中におきたこの事件に対し, 「G8テロ対策声明」が採択された。

緑字：重要治政者に関する事項　　青字：文化に関する事項
□□□：条約・会議・会談　　□□□：国際的に関連する事項　　＊：その項

ロシア連邦	西アジア・アフリカ	南アジア・東南アジア	中国	朝鮮半島	日本	
ロシア連邦	西アジア諸国・アフリカ諸国	インド等・東南アジア諸国	中華人民共和国・台湾	韓国・北朝鮮	平成・令和	2000
プーチン（任2000〜08）		（アフガニスタン） **2001.10 米軍の攻撃開始**	2000.5 （台湾）民進党の陳水扁が総統に就任	2000.6 初の南北首脳会談	2000.4 森喜朗内閣成立	
2002.10 モスクワ劇場占拠事件	**2003.3 イラク戦争開始**	.11 ターリバーン政権崩壊	2001.12 WTOに加盟	2001.12 （北朝鮮）核拡散防止条約脱退	2001.4 小泉純一郎内閣成立	
	.4 フセイン政権崩壊	2002.5 東ティモールがインドネシアから独立	2003.3 胡錦濤が国家主席に就任		2002.9 初の日朝首脳会談	
	2004.11 PLOアラファト議長死去			.2 盧武鉉が韓国大統領に就任	2004.1 自衛隊イラク派遣開始	
メドヴェージェフ（任2008〜12）	2005.8 （イラン）アフマディネジャド大統領就任	2004.12 スマトラ沖大地震				
2008.8 南オセチアでロシアとジョージア（グルジア）が交戦（南オセチア紛争）	2011.1 （チュニジア）民主化革命でベン＝アリ政権崩壊	2006.9 （タイ）軍事クーデタでタクシン政権崩壊	2008.3 チベット自治区で暴動	2006.10 （北朝鮮）核実験を実施	2006.9 第1次安倍晋三内閣成立	
		2009.5 スリランカ内戦終結	（台湾）国民党の馬英九が総統に就任	2008.2 李明博が韓国大統領に就任	2007.9 福田康夫内閣成立	
	2011.1 シリア内戦勃発	2010.11 （ミャンマー）アウン＝サン＝スー＝チーの自宅軟禁解除	.5 四川大地震		2008.9 麻生太郎内閣成立	
プーチン（任2012〜現）	.2 （エジプト）民主化革命でムバラク政権崩壊		2009.7 新疆ウイグル自治区で民族暴動発生	2011.12 （北朝鮮）金正日死去	2009.9 鳩山由紀夫民主党政権成立	
	.7 南スーダン独立		2012.9 尖閣諸島国有化反対の反日デモが各地で発生	2012.4 （北朝鮮）金正恩が労働党第1書記に就任	2010.6 菅直人内閣成立	
2014.2 （ウクライナ）ヤヌコーヴィチ大統領解任	.8 （リビア）カダフィ政権崩壊		2013.3 習近平が国家主席に就任	2013.2 朴槿恵が韓国大統領に就任	2011.3 東日本大震災，東京電力福島第一原子力発電所事故	
.3 ロシア領だったクリミア半島編入を宣言	2013.8 （イラン）ロウハニ大統領就任	2014.5 （タイ）軍事クーデタでインラック政権崩壊			2011.9 野田佳彦内閣成立	
.5 （ウクライナ）政府側と親露勢力の武力衝突開始	2014.6 （イラク）イラク北部とシリアで活動するイスラム過激派組織ISILが「イスラーム国」樹立を宣言				2012.12 自民党政権復帰，第2次安倍晋三内閣成立	
		2015.4 （ネパール）ネパール地震で死者多数	2015.12 「一人っ子政策」廃止決定		2014.12 第3次安倍晋三内閣成立	
		2016.5 （台湾）民進党の蔡英文が総統に就任			2015.6 公職選挙法改正（満18歳以上に選挙権）	
	2017.5 （イラン）ロウハニ大統領再選		2017.3 朴槿恵大統領罷免		.9 安全保障関連法成立	
			.5 文在寅が韓国大統領に就任		2016.5 オバマ米大統領，広島訪問	
			2018.6 （北朝鮮）米朝首脳会談		2017.6 天皇退位等特例法公布	
		2021.2 （ミャンマー）軍事クーデタでアウン＝サン＝スー＝チー拘束			.10 第4次安倍晋三内閣成立	
		2021.9 （アフガニスタン）ターリバーン政権復活			**今上天皇即位（位2019〜）元号は令和**	
2022.2 ウクライナへ侵攻				2022.5 尹錫悦が韓国大統領に就任	2020.9 菅義偉内閣成立	
			2020.7 香港国家安全維持法施行		2021.7 東京オリンピック	
	2023.2 トルコ・シリア大地震				.10 第1次岸田文雄内閣成立	
	.10 （イスラエル）ハマースのテロを機に，イスラエルがガザ地区に侵攻				.11 第2次岸田文雄内閣成立	
					2022.4 改正民法施行（成年年齢を満18歳以上に引き下げ）	
					.7 安倍元首相が銃撃され，死去	

ロシアによるクリミア半島併合 （◀ P.280・295）

　プーチン大統領が誇らしげに「ロシアに二つの新しい連邦構成主体，クリミア共和国と（クリミア半島の特別市）セバストポリを迎えるための法案を提出する」と宣言すると，（中略）万雷の拍手。演説後，プーチン氏とクリミアの代表が編入条約に署名すると，「ロ，シ，ア！」という連呼が大広間に響いた。

『朝日新聞』2014年3月19日

❶解説　ウクライナでは親欧米派と親露派の対立が続いていたが，2014年からは内戦に発展した。クリミア半島のロシア系住民の要請を受けたことを口実に，ロシア軍を派遣し，クリミア半島を制圧，ロシアへの編入を宣言した。欧米諸国は強く反発し，ロシアは主要国首脳会議（サミット）から除外されてしまった。

マララ＝ユスフザイのノーベル平和賞記念講演　2014年12月10日

　私の声はみんなの声です！　教育の機会を奪われた6600万人の女の子。それが私です。（中略）皆さん，私たちを最後の世代にしてください。子供時代を工場で過ごすことは，最後にしましょう。児童婚，子供が戦争で命を落とすこと，教室を空にしておくこと，学校に通えない子供を，なくしましょう。さあ始めましょう。一緒に終わらせましょう。この場所から直ちに，より良き未来を築きましょう。

『毎日新聞』2014年12月11日

❶解説　パキスタン北部のスワート地区を実効支配したイスラーム武装勢力は，女性の教育と就労を禁止した。これに対してマララは女子教育の必要性や平和を訴える活動を11歳から始めた。武装勢力の支配はやがて終わったが，マララは襲撃を受けて重傷を負う。しかしその後も活動を継続したことが評価され，2014年のノーベル平和賞を史上最年少の17歳で受賞した。

史料

＊人名そばの年号はすべて在位年を表します。

●フランク王国

【カロリング朝】

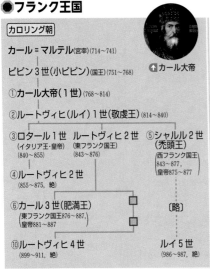

➡カール大帝

カール＝マルテル(宮宰)(714～741)

ピピン3世(小ピピン)(国王751～768)

①カール大帝(1世)(768～814)

②ルートヴィヒ(ルイ)1世(敬虔王)(814～840)

③ロタール1世(イタリア王・皇帝)(840～855)　ルートヴィヒ2世(東フランク国王)(843～876)　⑤シャルル2世(禿頭王)(西フランク国王843～877, 皇帝875～877)

④ルートヴィヒ2世(855～875, 絶)

⑥カール3世(肥満王)(東フランク国王876～887, 皇帝881～887)

⑩ルートヴィヒ4世(899～911, 絶)　ルイ5世(986～987, 絶)

●神聖ローマ帝国(ドイツ王)

【ザクセン朝】

①ハインリヒ1世(919～936)

②オットー1世(大帝)(936～973, 962戴冠)

③オットー2世(973～983)

④オットー3世(983～1002)

【ザリエル朝】

①コンラート2世(1024～39)

②ハインリヒ3世(1039～56)

③ハインリヒ4世(1056～1106)

④ハインリヒ5世(1106～25)　アグネス

【シュタウフェン(ホーエンシュタウフェン)朝】

①コンラート3世(1138～52)　フリードリヒ

②フリードリヒ1世(赤髯王)(1152～90)

④フィリップ(1198～1208)　ハインリヒ6世(1190～97)　ハインリヒ(獅子公)

【ヴェルフ朝】

ベアトリクス＝⑤オットー4世(1209～15)

➡フランツ＝ヨーゼフ1世

⑥フリードリヒ2世(1215～50)

⑦コンラート4世(1250～54)

大空位時代(1256～73)

【ハプスブルク朝】

【ナッサウ朝】

②アドルフ＝フォン＝ナッサウ(1292～98)

①ルドルフ1世(1273～91)

③アルブレヒト1世(1298～1308)

フリードリヒ3世(1314～30)

【ハプスブルク朝】

①アルブレヒト2世(1438～39)

【ルクセンブルク朝】

カール4世(1347～78)

②フリードリヒ3世(1440～93)

③マクシミリアン1世＝マリア(ブルゴーニュ公女)(1493～1519)

フィリップ(オーストリア大公)＝フアナ

⑤フェルディナント1世(1556～64)　イサベル(ポルトガル王女)

⑥マクシミリアン2世(神聖ローマ皇帝)(1564～76)

⑦ルドルフ2世(1576～1612)

⑧マティアス(1612～19)

⑨フェルディナント2世(1619～37)

マリア＝⑩フェルディナント3世(1637～57)

⑪レオポルト1世(1658～1705)

⑫ヨーゼフ1世(1705～11)　⑬カール6世(1711～40)

【ハプスブルク・ロートリンゲン朝】

①フランツ1世(1745～65)＝マリア＝テレジア(1740～80)

②ヨーゼフ2世(1765～90)　③レオポルト2世(1790～92)　マリ＝アントワネット(フランス王ルイ16世妃, 処刑)

④フランツ2世(1792～1806)(オーストリア皇帝としては，①フランツ1世1804～35)

マリ＝ルイーズ(ナポレオン1世妃)　②フェルディナント1世(1835～48)　フランシス

③フランツ＝ヨーゼフ1世(1848～1916)

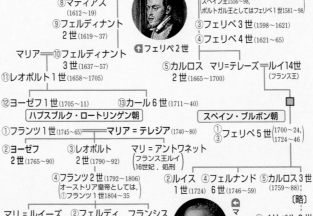

マクシミリアン(メキシコ皇帝)

④カール1世(1916～18, 退位)　フランツ＝フェルディナント(皇位継承者, 1914, 暗殺)

●スペイン王国

(アラゴン王)フェルナンド2世(スペイン王としてはフェルナンド5世)(1479～1516)　(カスティリャ女王)イサベル(1474～1504)

⑥カール5世／①カルロス1世(神聖ローマ皇帝1519～56／スペイン王1516～56)

カザリン＝ヘンリ8世(イギリス王)

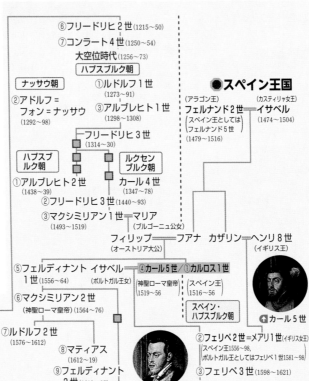

➡カール5世

【スペイン・ハプスブルク朝】

➡フェリペ2世

②フェリペ2世＝メアリ1世(イギリス女王)(スペイン王1556～98, ポルトガル王としてはフェリペ1世1581～98)

③フェリペ3世(1598～1621)

④フェリペ4世(1621～65)

⑤カルロス2世(1665～1700)　マリ＝テレーズ＝ルイ14世(フランス王)

【スペイン・ブルボン朝】

①③フェリペ5世(1700～24, 1724～46)

①ルイス1世(1724)　⑥フェルナンド6世(1746～59)　⑤カルロス3世(1759～88)〔略〕

⑧イサベル2世(1833～68)〔略〕

マリア＝テレジア

⑪フアン＝カルロス1世(1975～2014)

⑫フェリペ6世(2014～)

●プロイセン・ドイツ

【ホーエンツォレルン朝】

フリードリヒ1世(1415～40)

〔略〕

フリードリヒ＝ヴィルヘルム(大選帝侯)(1640～88)

フリードリヒ3世(フリードリヒ1世)(1688～1713, プロイセン王1701～13)

フリードリヒ＝ヴィルヘルム1世(1713～40)

フリードリヒ2世(大王)(1740～86)

フリードリヒ＝ヴィルヘルム2世(1786～97)

フリードリヒ＝ヴィルヘルム3世(1797～1840)

フリードリヒ＝ヴィルヘルム4世(1840～61)

【ドイツ帝国】

①ヴィルヘルム1世(1861～88, ドイツ皇帝1871～88)

②フリードリヒ3世(1888)

③ヴィルヘルム2世(1888～1918, 退位)

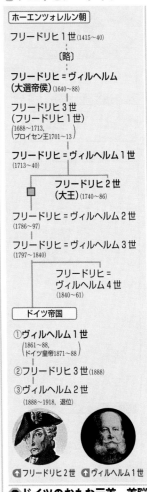

➡フリードリヒ2世　➡ヴィルヘルム1世

●ドイツのおもな元首，首脳

〔ドイツ共和国(ヴァイマル共和国)〕

大統領	1919～25	エーベルト
首相	1923	シュトレーゼマン①②
大統領	1925～34	ヒンデンブルク
	1930～32	ブリューニング
	1932	パーペン
首相	1932～33	シュライヒャー
	1933	ヒトラー

〔第三帝国〕

総統	1934～45	ヒトラー

〔ドイツ連邦共和国〕

	1949～63	アデナウアー
	1963～66	エアハルト
首相	1966～69	キージンガー
	1969～74	ブラント
	1974～82	シュミット
	1982～98	コール
大統領	1984～94	ヴァイツゼッカー

〔ドイツ民主共和国〕

首相	1949～64	グローテヴォール
	1960～73	ウルブリヒト
国家評議会議長	1973～76	シュトフ
	1976～89	ホネカー
	1989～90	クレンツ(ゲルラッハ)

〔統一ドイツ(ドイツ連邦共和国)〕

	1990～98	コール(再)
	1998～2005	シュレーダー
首相	2005～2021	メルケル
	2021～	ショルツ

●ローマ皇帝 (一部省略)

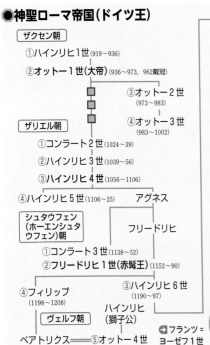

【ローマ皇帝】

元首政(プリンキパトゥス)

前27～後14	アウグストゥス
14～37	ティベリウス
37～41	カリグラ
41～54	クラウディウス
54～68	ネロ
68～69	ガルバ
69～79	ウェスパシアヌス
79～81	ティトゥス
81～96	ドミティアヌス
96～98	ネルウァ
98～117	トラヤヌス
117～138	ハドリアヌス
138～161	アントニヌス＝ピウス
161～180	マルクス＝アウレリウス＝アントニヌス
180～192	コンモドゥス

五賢帝

193～211	セプティミウス＝セウェルス
198～217	カラカラ
235～238	マクシミヌス
253～260	ウァレリアヌス
283～285	カリヌス

軍人皇帝時代(頻繁な皇帝交代)

専制君主政(ドミナトゥス)

284～305	ディオクレティアヌス(東)
286～305	マクシミアヌス(西)
305～306	コンスタンティウス1世(西)
306～312	マクセンティウス
305～311	ガレリウス(東)
308～313	マクシミヌス＝ダイア(東)
308～324	リキニウス(東)
306～337	コンスタンティヌス(西)(324に東西統一)
361～363	ユリアヌス(西)
379～395	テオドシウス(東)

【西ローマ皇帝】

395～423	ホノリウス
475～476	ロムルス＝アウグストゥルス

【東ローマ(ビザンツ)皇帝】

383～408	アルカディウス
527～565	ユスティニアヌス大帝
610～641	ヘラクレイオス1世
717～741	レオン3世
976～1025	バシレイオス2世
1081～1118	アレクシオス1世
1204	アレクシオス5世
1261～82	ミハイル8世
1449～53	コンスタンティノス11世

主要国・王朝系図②（ローマ教皇・フランス元首，首脳・イギリス首相）

●フランス王国

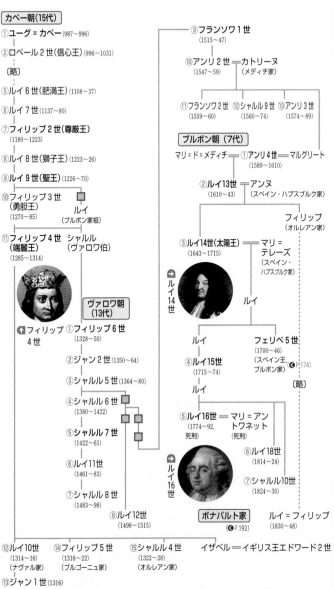

カペー朝（15代）
①ユーグ＝カペー（987〜996）
②ロベール2世（信心王）（996〜1031）
〔略〕
⑤ルイ6世（肥満王）（1108〜37）
⑥ルイ7世（1137〜80）
⑦フィリップ2世（尊厳王）（1180〜1223）
⑧ルイ8世（獅子王）（1223〜26）
⑨ルイ9世（聖王）（1226〜70）
⑩フィリップ3世（勇胆王）（1270〜85）
　ルイ（ブルボン家祖）
⑪フィリップ4世（端麗王）（1285〜1314）
　シャルル（ヴァロワ伯）

ヴァロワ朝（13代）
↑フィリップ4世
①フィリップ6世（1328〜50）
②ジャン2世（1350〜64）
③シャルル5世（1364〜80）
④シャルル6世（1380〜1422）
⑤シャルル7世（1422〜61）
⑥ルイ11世（1461〜83）
⑦シャルル8世（1483〜98）
⑧ルイ12世（1498〜1515）

⑫ルイ10世（1314〜16）（ナヴァル家）
⑬ジャン1世（1316）
⑭フィリップ5世（1316〜22）（ブルゴーニュ家）
⑮シャルル4世（1322〜28）（オルレアン家）
イザベル＝イギリス王エドワード2世

⑨フランソワ1世（1515〜47）
⑩アンリ2世（1547〜59）＝カトリーヌ（メディチ家）
⑪フランソワ2世（1559〜60）　⑫シャルル9世（1560〜74）　⑬アンリ3世（1574〜89）

ブルボン朝（7代）
マリ＝ド＝メディチ＝①アンリ4世（1589〜1610）＝マルグリート
②ルイ13世（1610〜43）＝アンヌ（スペイン・ハプスブルク家）
　　フィリップ（オルレアン家）
③ルイ14世（太陽王）（1643〜1715）＝マリ＝テレーズ（スペイン・ハプスブルク家）
↑ルイ14世
　ルイ
　ルイ　　フェリペ5世（1700〜46）（スペイン王，ブルボン家）←P.174
④ルイ15世（1715〜74）
　ルイ
⑤ルイ16世（1774〜92，死刑）＝マリ＝アントワネット（死刑）
↑ルイ16世
⑥ルイ18世（1814〜24）
⑦シャルル10世（1824〜30）

ボナパルト家　←P.192
ルイ＝フィリップ（1830〜48）

●ロシア

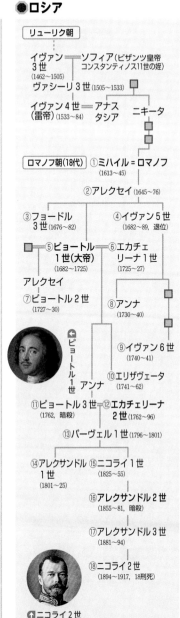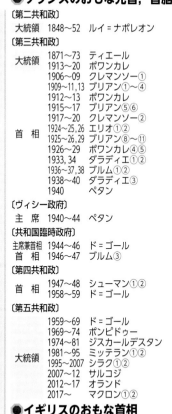

リューリク朝
イヴァン3世（1462〜1505）＝ソフィア（ビザンツ皇帝コンスタンティノス11世の姪）
ヴァシーリ3世（1505〜1533）
イヴァン4世（雷帝）（1533〜84）＝アナスタシア　ニキータ

ロマノフ朝（18代）
①ミハイル＝ロマノフ（1613〜45）
②アレクセイ（1645〜76）
③フョードル3世（1676〜82）　④イヴァン5世（1682〜89，退位）
⑤ピョートル1世（大帝）（1682〜1725）＝エカチェリーナ1世（1725〜27）
アレクセイ
⑦ピョートル2世（1727〜30）
↑ピョートル1世
　アンナ
　⑧アンナ（1730〜40）
　⑨イヴァン6世（1740〜41）
　⑩エリザヴェータ（1741〜62）
⑪ピョートル3世（1762，暗殺）＝⑫エカチェリーナ2世（1762〜96）
⑬パーヴェル1世（1796〜1801）
⑭アレクサンドル1世（1801〜25）　⑮ニコライ1世（1825〜55）
⑯アレクサンドル2世（1855〜81，暗殺）
⑰アレクサンドル3世（1881〜94）
⑱ニコライ2世（1894〜1917，18刑死）
↑ニコライ2世

●フランスのおもな元首，首脳

〔第二共和政〕
大統領　1848〜52　ルイ＝ナポレオン

〔第三共和政〕
大統領	1871〜73	ティエール
	1913〜20	ポワンカレ
	1906〜09	クレマンソー①
	1909〜11,13	ブリアン①〜④
	1912〜13	ポワンカレ
	1915〜17	ブリアン⑤⑥
	1917〜20	クレマンソー②
首相	1924〜25,26	エリオ①②
	1925〜26,29	ブリアン⑦〜⑪
	1926〜29	ポワンカレ④⑤
	1933,34	ダラディエ①②
	1936〜37,38	ブルム①②
	1938〜40	ダラディエ③
	1940	ペタン

〔ヴィシー政府〕
主席　1940〜44　ペタン

〔共和国臨時政府〕
主席兼首相　1944〜46　ド＝ゴール
首相　1946〜47　ブルム③

〔第四共和政〕
首相　1947〜48　シューマン①②
　　　1958〜59　ド＝ゴール

〔第五共和政〕
	1959〜69	ド＝ゴール
	1969〜74	ポンピドゥー
	1974〜81	ジスカールデスタン
大統領	1981〜95	ミッテラン①②
	1995〜2007	シラク①②
	2007〜12	サルコジ
	2012〜17	オランド
	2017〜	マクロン①②

●イギリスのおもな首相

年	首相	党
1721〜42	ウォルポール	ホ
1783〜1801	小ピット①	ト
1804〜06	小ピット②	ト
1827	カニング	ト
1828〜30	ウェリントン	ト
1830〜34	グレー	ホ
1841〜46	ピール②	保
1855〜58	パーマストン	ホ
1866〜68	ダービー③	保
1868	ディズレーリ①	保
1868〜74	グラッドストン①	自
1874〜80	ディズレーリ②	保
1880〜85	グラッドストン②	自
1885〜86	ソールズベリ①	保
1886	グラッドストン③	自
1886〜92	ソールズベリ②	保
1892〜94	グラッドストン④	自
1902〜05	バルフォア	保
1908〜15	アスキス①	自
1915〜16	アスキス②	自保労
1916〜22	ロイド＝ジョージ	自保労
1923〜24	ボールドウィン①	保
1924	マクドナルド①	労
1924〜29	ボールドウィン②	保
1929〜35	マクドナルド②③	労→挙
1935〜37	ボールドウィン③	挙
1937〜40	ネヴィル＝チェンバレン	挙
1940〜45	チャーチル①	保労自
1945〜51	アトリー	労
1951〜55	チャーチル②	保
1955〜57	イーデン	保
1957〜63	マクミラン	保
1964〜70	ウィルソン①	労
1970〜74	ヒース	保
1974〜76	ウィルソン②	労
1979〜90	サッチャー	保
1990〜97	メージャー	保
1997〜2007	ブレア	労
2007〜10	ブラウン	労
2010〜16	キャメロン	保自
2016〜19	メイ	保
2019〜22	ジョンソン	保
2022	トラス	保
2022〜	スナク	保

ホ＝ホイッグ党　ト＝トーリー党　労＝労働党　挙＝挙国連立　保＝保守党　自＝自由党　※保自など複数並記は連立を表す。

●ローマ教皇（◇対立教皇，一部省略）

?	〜64頃	ペテロ
64?〜76?	リヌス	
314〜335	シルウェステル1世	
352〜366	リベリウス	
355〜365	フェリクス2世◇	
384〜399	シリキウス	
440〜461	レオ1世	
468〜483	シンプリキウス	
496〜498	アナスタシウス2世	
590〜604	グレゴリウス1世	
715〜731	グレゴリウス2世	
731〜741	グレゴリウス3世	
741〜752	ザカリアス	
752〜757	ステファヌス3世	
795〜816	レオ3世	
858〜867	ニコラウス1世	
955〜964	ヨハネス12世	

1048〜54	レオ9世＜東西教会分裂＞
1073〜85	グレゴリウス7世
1080・1084〜1100	クレメンス3世◇
1088〜99	ウルバヌス2世
1119〜24	カリクストゥス2世
1198〜1216	インノケンティウス3世
1294〜1303	ボニファティウス8世
1305〜14	クレメンス5世
1316〜34	ヨハネス22世
1370〜78	グレゴリウス11世

教皇のバビロン捕囚

＜教会大分裂（大シスマ）＞（1378〜1417）
◎ローマ系4代（1378〜1415）
・ウルバヌス6世・ボニファティウス9世
・インノケンティウス7世・グレゴリウス12世
◎アヴィニョン系2代（1378〜1423）◇
・クレメンス7世・ベネディクトゥス13世
◎ピサ系2代（1409〜15）◇
・アレクサンデル5世・ヨハネス23世

1417〜31	マルティヌス5世＜統一教皇＞
1492〜1503	アレクサンデル6世
1503〜13	ユリウス2世
1513〜21	レオ10世
1534〜49	パウルス3世
1550〜55	ユリウス3世
1800〜23	ピウス7世
1846〜78	ピウス9世
1878〜1903	レオ13世
1914〜22	ベネディクトゥス15世
1922〜39	ピウス11世
1939〜58	ピウス12世
1958〜63	ヨハネス23世
1978〜2005	ヨハネ＝パウロ2世
2005〜13	ベネディクトゥス16世
2013〜	フランシスコ

●イギリス

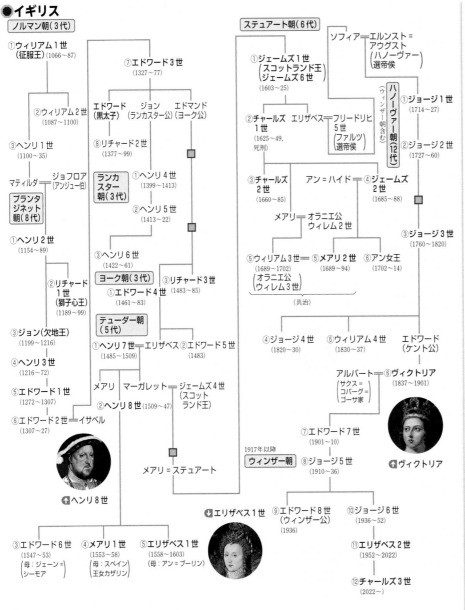

ノルマン朝(3代)

①ウィリアム1世(征服王)(1066〜87)
②ウィリアム2世(1087〜1100)
③ヘンリ1世(1100〜35)
マティルダ＝ジョフロア(アンジュー伯)

⑦エドワード3世(1327〜77)
エドワード(黒太子)　ジョン(ランカスター公)　エドマンド(ヨーク公)
⑧リチャード2世(1377〜99)

ランカスター朝(3代)
①ヘンリ4世(1399〜1413)
②ヘンリ5世(1413〜22)
③ヘンリ6世(1422〜61)

ヨーク朝(3代)
①エドワード4世(1461〜83)　③リチャード3世(1483〜85)
②エドワード5世(1483)

プランタジネット朝(8代)
①ヘンリ2世(1154〜89)
②リチャード1世(獅子心王)(1189〜99)
③ジョン(欠地王)(1199〜1216)
④ヘンリ3世(1216〜72)
⑤エドワード1世(1272〜1307)
⑥エドワード2世(1307〜27)＝イサベル

テューダー朝(5代)
①ヘンリ7世(1485〜1509)　エリザベス
メアリ　マーガレット＝ジェームズ4世(スコットランド王)
②ヘンリ8世(1509〜47)
メアリ＝ステュアート

↩ヘンリ8世

③エドワード6世(1547〜53)[母：ジェーン＝シーモア]
④メアリ1世(1553〜58)[母：スペイン王女カザリン]
⑤エリザベス1世(1558〜1603)[母：アン＝ブーリン]

↩エリザベス1世

ステュアート朝(6代)
①ジェームズ1世(スコットランド王・ジェームズ6世)(1603〜25)
②チャールズ1世(1625〜49,死刑)　エリザベス＝フリードリヒ5世(ファルツ選帝侯)
③チャールズ2世(1660〜85)　アン＝ハイド
メアリ＝オラニエ公ウィレム2世
⑤ウィリアム3世(1689〜1702)＝⑤メアリ2世(1689〜94)[オラニエ公ウィレム3世]
④ジェームズ2世(1685〜88)
⑥アン女王(1702〜14)
(共治)

④ジョージ4世(1820〜30)　⑦ウィリアム4世(1830〜37)　エドワード(ケント公)
アルバート(サクス＝コーバーグ＝ゴーサ家)＝⑥ヴィクトリア(1837〜1901)

↩ヴィクトリア

⑦エドワード7世(1901〜10)

1917年以降 ウィンザー朝
⑧ジョージ5世(1910〜36)
⑨エドワード8世(ウィンザー公)(1936)　⑩ジョージ6世(1936〜52)
⑪エリザベス2世(1952〜2022)
⑫チャールズ3世(2022〜)

ソフィア＝エルンスト＝アウグスト(ハノーヴァー)選帝侯
(ウィンザー朝含む)　**ハノーヴァー朝(12代)**
①ジョージ1世(1714〜27)
②ジョージ2世(1727〜60)
③ジョージ3世(1760〜1820)

●アメリカ大統領

在職期間	大統領名	政党
①1789〜97	ワシントン	フェデラリスト
②1797〜1801	J＝アダムズ	フェデラリスト
③1801〜09	ジェファソン	民主共和党
④1809〜17	マディソン	民主共和党
⑤1817〜25	モンロー	民主共和党
⑥1825〜29	J＝Q＝アダムズ	民主共和党
⑦1829〜37	ジャクソン	民主党
⑧1837〜41	ヴァン＝ビューレン	民主党
⑨1841(病死)	W＝ハリソン	ホイッグ党
⑩1841〜45	タイラー	ホイッグ党
⑪1845〜49	ポーク	民主党
⑫1849〜50(病死)	テーラー	ホイッグ党
⑬1850〜53	フィルモア	ホイッグ党
⑭1853〜57	ピアース	民主党
⑮1857〜61	ブキャナン	民主党
⑯1861〜65(暗殺)	リンカン	共和党
⑰1865〜69	A＝ジョンソン	民主党
⑱1869〜77	グラント	共和党
⑲1877〜81	ヘイズ	共和党
⑳1881(決闘死)	ガーフィールド	共和党
㉑1881〜85	アーサー	共和党
㉒1885〜89	クリーヴランド	民主党
㉓1889〜93	B＝ハリソン	共和党
㉔1893〜97	クリーヴランド(再任)	民主党
㉕1897〜1901(暗殺)	マッキンリー	共和党
㉖1901〜09	T＝ローズヴェルト	共和党
㉗1909〜13	タフト	共和党
㉘1913〜21	ウィルソン	民主党
㉙1921〜23(病死)	ハーディング	共和党
㉚1923〜29	クーリッジ	共和党
㉛1929〜33	フーヴァー	共和党
㉜1933〜45(病死)	F＝ローズヴェルト	民主党
㉝1945〜53	トルーマン	民主党
㉞1953〜61	アイゼンハワー	共和党
㉟1961〜63(暗殺)	ケネディ	民主党
㊱1963〜69	L＝ジョンソン	民主党
㊲1969〜74(辞職)	ニクソン	共和党
㊳1974〜77	フォード	共和党
㊴1977〜81	カーター	民主党
㊵1981〜89	レーガン	共和党
㊶1989〜93	G＝H＝W＝ブッシュ	共和党
㊷1993〜2001	クリントン	民主党
㊸2001〜09	G＝W＝ブッシュ	共和党
㊹2009〜17	オバマ	民主党
㊺2017〜21	トランプ	共和党
㊻2021〜	バイデン	民主党

●イスラーム帝国

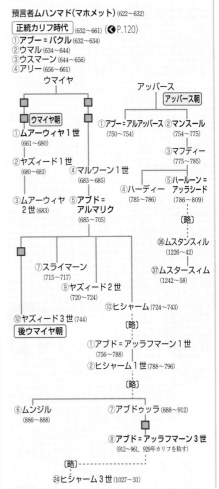

預言者ムハンマド(マホメット)(622〜632)

正統カリフ時代(632〜661) ◀P.120
①アブー＝バクル(632〜634)
②ウマル(634〜644)
③ウスマーン(644〜656)
④アリー(656〜661)
ウマイヤ　アッバース

アッバース朝
①アブー＝アルアッバース(750〜754)
②マンスール(754〜775)
③マフディー(775〜785)
④ハーディー(785〜786)
⑤ハールーン＝アッラシード(786〜809)
〔略〕
㊱ムスタンスィル(1226〜42)
㊲ムスタースィム(1242〜58)

ウマイヤ朝
①ムアーウィヤ1世(661〜680)
②ヤズィード1世(680〜683)
③ムアーウィヤ2世(683)
④マルワーン1世(683〜685)
⑤アブド＝アルマリク(685〜705)
⑦スライマーン(715〜717)
⑨ヤズィード2世(720〜724)
⑩ヒシャーム(724〜743)
⑫ヤズィード3世(744)

後ウマイヤ朝
①アブド＝アッラフマーン1世(756〜788)
②ヒシャーム1世(788〜796)
〔略〕
⑥ムンジル(886〜888)　⑦アブドゥッラー(888〜912)
⑧アブド＝アッラフマーン3世(912〜961,929年カリフを称す)
〔略〕
㉔ヒシャーム3世(1027〜31)

●オスマン帝国

①オスマン1世(1299〜1326)
②オルハン(1326〜62)
③ムラト1世(1362〜89)
④バヤジット1世(1389〜1402)(1402〜1413…空位)
⑤メフメト1世(1413〜21)
⑥ムラト2世(1421〜44)(1446〜51)
⑦メフメト2世(1444〜46)(1451〜81)
⑧バヤジット2世(1481〜1512)
⑨セリム1世(1512〜20)
⑩スレイマン1世(1520〜66)
⑪セリム2世(1566〜74)
⑫ムラト3世(1574〜95)
⑬メフメト3世(1595〜1603)

↩スレイマン1世

〔略〕
㉑アフメト2世(1691〜95)
㉓アフメト3世(1703〜30)
㉗アブデュルハミト1世(1774〜89)
㉚マフムト2世(1808〜39)
㉛アブデュルメジト1世(1839〜61)　㉜アブデュルアジズ1世(1861〜76)
㉝ムラト5世(1876)
㉞アブデュルハミト2世(1876〜1909)　㉟メフメト5世(1909〜18)
㊱メフメト6世(1918〜22)

●中国①

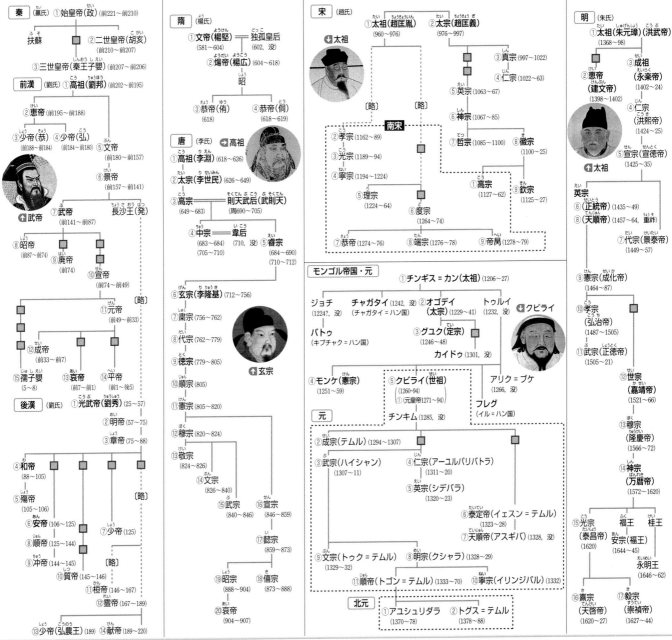

秦（嬴氏）
①始皇帝（政）（前221～前210）
扶蘇
②二世皇帝（胡亥）（前210～前207）
③三世皇帝（秦王子嬰）（前207～前206）

前漢（劉氏）①高祖（劉邦）（前202～前195）
②恵帝（前195～前188）
③少帝（恭）（前188～前184）
④少帝（弘）（前184～前180）
⑤文帝（前180～前157）
⑥景帝（前157～前141）
⑦武帝（前141～前87）
長沙王（発）
⑧昭帝（前87～前74）
⑨廃帝（前74）
⑩宣帝（前74～前49）
⑪元帝（前49～前33）
⑫成帝（前33～前7）
⑮孺子嬰（5～8）
⑬哀帝（前7～前1）
⑭平帝（前1～後5）

後漢（劉氏）①光武帝（劉秀）（25～57）
②明帝（57～75）
③章帝（75～88）
④和帝（88～105）
⑤殤帝（105～106）
⑥安帝（106～125）
⑦少帝（125）
⑧順帝（125～144）
⑨冲帝（144～145）
⑩質帝（145～146）
⑪桓帝（146～167）
⑫霊帝（167～189）
⑬少帝（弘農王）（189）
⑭献帝（189～220）

隋（楊氏）
①文帝（楊堅）（581～604）＝独孤皇后（602, 没）
②煬帝（楊広）（604～618）
昭
③恭帝（侑）（618）
恭帝（侗）（618～619）

唐（李氏）高祖
①高祖（李淵）（618～626）
②太宗（李世民）（626～649）
③高宗（649～683）＝則天武后（武則天）（周690～705）
④中宗（683～684）（705～710）＝韋后（710, 没）
⑤睿宗（684～690）（710～712）
⑥玄宗（李隆基）（712～756）
⑦粛宗（756～762）
⑧代宗（762～779）
⑨徳宗（779～805）
⑩順宗（805）
⑪憲宗（805～820）
⑫穆宗（820～824）
⑬敬宗（824～826）
⑭文宗（826～840）
⑮武宗（840～846）
⑯宣宗（846～859）
⑰懿宗（859～873）
⑱僖宗（873～888）
⑲昭宗（888～904）
⑳哀帝（904～907）

宋（趙氏）太祖
①太祖（趙匡胤）（960～976）
②太宗（趙匡義）（976～997）
③真宗（997～1022）
④仁宗（1022～63）
英宗（1063～67）
神宗（1067～85）
⑦哲宗（1085～1100）
⑧徽宗（1100～25）
①高宗（1127～62）
欽宗（1125～27）

南宋
②孝宗（1162～89）
③光宗（1189～94）
④寧宗（1194～1224）
⑤理宗（1224～64）
度宗（1264～74）
⑦恭帝（1274～76）
⑧端宗（1276～78）
⑨帝昺（1278～79）

モンゴル帝国・元
①チンギス＝カン（太祖）（1206～27）
ジョチ（1227, 没）
チャガタイ（チャガタイ＝ハン国）
②オゴデイ（太宗）（1229～41）
トゥルイ（1232, 没）
バトゥ（キプチャク＝ハン国）
③グユク（定宗）（1246～48）
カイドゥ（1301, 没）
④モンケ（憲宗）（1251～59）
⑤クビライ（世祖）（1260-94）①元皇帝1271～94）
アリク＝ブケ（1266, 没）
フレグ（イル＝ハン国）

元
チンキム（1285, 没）
②成宗（テムル）（1294～1307）
③武宗（ハイシャン）（1307～11）
④仁宗（アーユルバリバトラ）（1311～20）
⑤英宗（シデバラ）（1320～23）
⑥泰定帝（イェスン＝テムル）（1323～28）
⑦天順帝（アスギバ）（1328, 没）
⑨文宗（トゥク＝テムル）（1329～32）
⑩明宗（クシャラ）（1328～29）
⑪順帝（トゴン＝テムル）（1333～70）
寧宗（イリンジバル）（1332）

北元
①アユシュリダラ（1370～78）
②トグス＝テムル（1378～88）

明（朱氏）
①太祖（朱元璋）（洪武帝）（1368～98）
②恵帝（建文帝）（1398～1402）
③成祖（永楽帝）（1402～24）太祖
④仁宗（洪熙帝）（1424～25）
⑤宣宗（宣徳帝）（1425～35）
英宗
⑥（正統帝）（1435～49）
⑧（天順帝）（1457～64, 重祚）
⑦代宗（景泰帝）（1449～57）
⑨憲宗（成化帝）（1464～87）
⑩孝宗（弘治帝）（1487～1505）
⑪武宗（正徳帝）（1505～21）
⑫世宗（嘉靖帝）（1521～66）
⑬穆宗（隆慶帝）（1566～72）
⑭神宗（万暦帝）（1572～1620）
⑮光宗（泰昌帝）（1620）
福王　安宗（福王）（1644～45）
桂王　永明王（1646～62）
⑯熹宗（天啓帝）（1620～27）
⑰毅宗（崇禎帝）（1627～44）

●主要人名対照表①

英語	ドイツ語	フランス語	その他
アレクサンダー	アレクサンダー	アレクサンドル	（ギ）アレクサンドロス／（露）アレクサンドル
ウィリアム	ヴィルヘルム	ギョーム	（蘭）ウィレム
オーガスト	アウグスト	オーギュスト	（ラ）アウグストゥス
キャサリン	カタリーナ	カトリーヌ	（露）エカチェリーナ／（慣）カザリン
シーザー	カイザー, ツェーザル	セザール	（ラ）カエサル
ジェームズ（ジェーコブ）	ヤーコプ	ジャック（ジャコブ）	（ラ）ヤコブス
ジョーゼフ	ヨーゼフ	ジョゼフ	（西）ホセ
ジョン	ハンス, ヨーハン, ヨハネス	ジャン	（ラ）ヨハネス／（ポ）ジョアン／（露）イヴァン
チャールズ	カール	シャルル	（西）カルロス
テリーザ	テレジア, テレーゼ	テレーズ	（慣）テレサ

●主要地名対照表①

地名	各国語
アテネ	（英）アセンズ,（ギ）アテナイ
アルザス	（独）エルザス,（英）アルサス
ヴェネツィア	（英）ヴェニス
オランダ	（蘭）ネーデルラント,（英）ネザランズ
カフカース	（英）コーカサス
ギリシア	（英）グリース,（ラ）グラエキア
サヴォイア	（仏）サヴォワ
ザクセン	（英）サクソニア
シチリア	（英）シシリ
ストラスブール	（独）シュトラスブルク
スペイン	（慣）ヒスパニア
ダンツィヒ	（ポーランド）グダンスク
ドナウ	（英）ダニューブ

略号　（慣）＝慣用　（ポ）＝ポルトガル　（露）＝ロシア　（西）＝スペイン　（ラ）＝ラテン　（ギ）＝ギリシア　（蘭）＝オランダ

●中国②

清 (愛新覚羅氏)

①太祖(ヌルハチ)
(1616～26)

②太宗(ホンタイジ)
(1626～43)

睿親王(ドルゴン)

③世祖(順治帝)
(1643～61)

④聖祖(康熙帝)
(1661～1722)

↑康熙帝

⑤世宗(雍正帝)
(1722～35)

⑥高宗(乾隆帝)
(1735～95)

↑乾隆帝

⑦仁宗(嘉慶帝)
(1796～1820)

⑧宣宗(道光帝)
(1820～50)

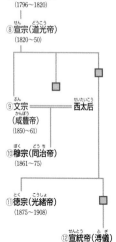

⑨文宗(咸豊帝)
(1850～61)

西太后

⑩穆宗(同治帝)
(1861～75)

⑪徳宗(光緒帝)
(1875～1908)

⑫宣統帝(溥儀)
(1908～12)

●中華人民共和国の元首，首脳

〔国家主席〕

1949～59	毛沢東
1959～68	劉少奇
1970年代初頭～75	董必武(代理)
1983～88	李先念
1988～93	楊尚昆
1993～2003	江沢民
2003～13	胡錦濤
2013～	習近平

〔国務院総理(首相)〕

1949～76	周恩来
1976～80	華国鋒
	(1976年2～4月は代理)
1980～87	趙紫陽
1987～98	李鵬
1998～2003	朱鎔基
2003～13	温家宝
2013～23	李克強
2023～	李強

〔中国共産党中央委員会主席〕

1945～76	毛沢東
1976～81	華国鋒
1981～82	胡耀邦

〔中国共産党中央委員会総書記〕

1956～66	鄧小平
1980～87	胡耀邦
1987～89	趙紫陽
	(1987年1～10月は代理)
1989～2003	江沢民
2003～12	胡錦濤
2013～	習近平

●朝鮮

朝鮮王朝 (李氏)

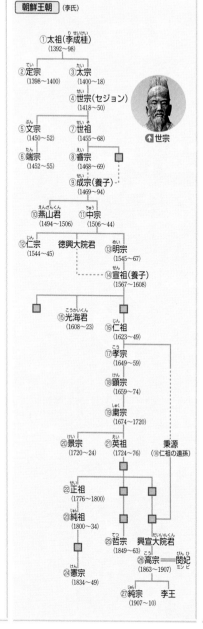

①太祖(李成桂)
(1392～98)

②定宗
(1398～1400)

③太宗
(1400～18)

④世宗(セジョン)
(1418～50)

↑世宗

⑤文宗
(1450～52)

⑦世祖
(1455～68)

⑥端宗
(1452～55)

⑧睿宗
(1468～69)

⑨成宗(養子)
(1469～94)

⑩燕山君
(1494～1506)

⑪中宗
(1506～44)

⑫仁宗
(1544～45)

徳興大院君

⑬明宗
(1545～67)

⑭宣祖(養子)
(1567～1608)

⑮光海君
(1608～23)

⑯仁祖
(1623～49)

⑰孝宗
(1649～59)

⑱顕宗
(1659～74)

⑲粛宗
(1674～1720)

⑳景宗
(1720～24)

㉑英祖
(1724～76)

乗源
(⑯仁祖の遠孫)

㉒正祖
(1776～1800)

㉓純祖
(1800～34)

㉕哲宗
(1849～63)

興宣大院君

㉔憲宗
(1834～49)

㉖高宗
(1863～1907)

閔妃(ミンビ)

㉗純宗
(1907～10)

李王

●イラン

アケメネス朝

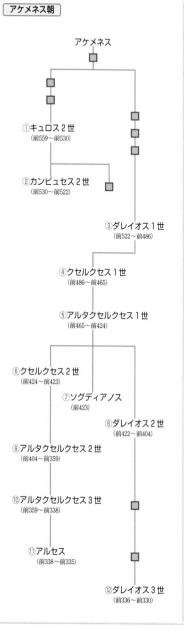

アケメネス

①キュロス2世
(前559～前530)

②カンビュセス2世
(前530～前522)

③ダレイオス1世
(前522～前486)

④クセルクセス1世
(前486～前465)

⑤アルタクセルクセス1世
(前465～前424)

⑥クセルクセス2世
(前424～前423)

⑦ソグディアノス
(前423)

⑧ダレイオス2世
(前422～前404)

⑨アルタクセルクセス2世
(前404～前359)

⑩アルタクセルクセス3世
(前359～前338)

⑪アルセス
(前338～前335)

⑫ダレイオス3世
(前336～前330)

●主要人名対照表②

英語	ドイツ語	フランス語	その他
バーソロミュー	バルトロメーウス	バルテルミ, バルトロメ	(ポ)バルトロメウ
ピーター	ペーター	ピェール	(露)ピョートル
			(慣)ペテロ
フィリップ	フィーリプ	フィリップ	(西)フェリペ
			(ギ)フィリッポス
ヘンリ	ハインリヒ	アンリ	(西)エンリケ
			(ポ)エンリケ
ポール	パウル	ポール	(ラ)パウルス
			(慣)パウロ
マイケル	ミヒャエル	ミシェル	(露)ミハエル
メアリ	マリア	マリ	(ラ)マリア
			(伊)マリーア
リチャード	リヒャルト	リシャール	(西)リカルド
ル(ー)イス	ルートヴィヒ	ルイ	(西)ルイス

●主要地名対照表②

地名	各国語
トロヤ	(ギ)トロイア, (英)トロイ
ナポリ	(ギ・ラ)ネアポリス
バイエルン	(英)ババリア
フィレンツェ	(英)フローレンス
プラハ	(英)プラーグ
フランドル	(英)フランダース
ブリテン	(ラ)ブリタニア
ブルゴーニュ	(独)ブルグント
プロイセン	(慣)プロシア
ベーメン	(慣)ボヘミア
ポンメルン	(英)ポメラニア
メーレン	(英)モラヴィア
ロレーヌ	(独)ロートリンゲン, (英)ロレーン
ワルシャワ	(英)ワルソー

略号 (慣)=慣用 (ポ)=ポルトガル (露)=ロシア (西)=スペイン (ラ)=ラテン (伊)=イタリア (ギ)=ギリシア

1　世界の暦

	太陰暦	太陽暦	太陰太陽暦
原理	月の満ち欠けの1周期をひと月とする暦。	地球から見た太陽の動きの1周期を1年とする暦。	太陰暦に閏月を加え，実際の季節に合わせた暦。
特徴	ひと月が29日または30日になり，1年が354日になるため，実際の季節とずれが生じる。農耕社会では不便。	太陰暦に比べ，季節を正確に把握でき，閏年の設置などの改良を経て，今日最も実用性に富む暦として世界的に用いられている。	太陰暦を農耕社会に対応するように改めたものだが，閏月の加算方法は複雑で，各月の日数はばらつく。
歴史	古代メソポタミアで発明され，7世紀にイスラーム暦がこの方法で作成された。	古代エジプトで発明され，古代ローマのユリウス暦を経て，16世紀に現在の西暦（グレゴリウス暦）となった。	古代メソポタミア・インド・中国・日本（旧暦）など世界で広く使用されてきた。

●暦の歩み

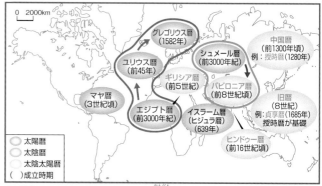

◀解説　現在の世界の多くの地域では，簡便で，季節と対応する太陽暦が使用されている。しかし，歴史的にはユーラシア大陸の多くで太陰太陽暦が使用されてきた。

2　太陽暦の変遷

↓1　**古代エジプトの暦**　エジプトでは，ナイル川の増水の規則性とシリウス星の出現を目印にしながら暦を作成した。その起源は，現在から6000年以上も前にさかのぼる。（写真は新王国時代の暦。ルーヴル美術館蔵）

←2　**ユリウス＝カエサル**　彼はアレクサンドリアの天文学者の知見から4年ごとに閏年をもうける**ユリウス暦**を制定し，太陽暦を正確にさせた。（ナポリ考古学博物館蔵）

世界史の交差点

イエスの生誕はなぜ紀元前？

16世紀につくられた現在の西暦（グレゴリウス暦）は，キリスト教の始祖イエス（◀P.69）が生誕した年を紀元1年とした太陽暦である。しかし，その後の史料発見や研究などにより，イエスの生誕が4年または7年さかのぼることがわかった。とはいえ，すでに広い範囲で定着していた西暦を変更するわけにもいかず，その暦に合わせてイエスの生誕年を紀元前4年または7年としているのである。

3　イスラーム暦（ヒジュラ暦）

◀解説　イスラーム暦は太陰暦で，ムハンマドの**メディナへの聖遷**（西暦622年）を元年としている。しかし，太陰暦は毎年の季節とずれるため，西暦（太陽暦）と併用される場合が多い。写真はモロッコのカレンダーで，上の段がイスラーム暦，下の段が西暦である。また，休日が金曜日であり，写真のカレンダーも右端が月曜日で，左に向かって進み，金曜日が赤色になっている。

1月（ムハッラム）	30日	8月（シャーバーン）	29日
2月（サファル）	29日	9月（ラマダーン）	30日
3月（ラビー＝アルアッワル）	30日	10月（シャッワール）	29日
4月（ラビー＝アッサーニ）	29日	11月（ズー＝アルカーダ）	30日
5月（ジュマーダー＝アルウーラー）	30日	12月（ズー＝アルヒッジャ）	29日
6月（ジュマーダー＝アルアーヒラ）	29日		354日
7月（ラジャブ）	30日		『大百科事典』平凡社

◀解説　イスラーム暦の9月（ラマダーン）は断食月で，信者は日中の飲食を禁止される。

4　十干十二支

五行	木		火		土		金		水	
陰陽	兄	弟	兄	弟	兄	弟	兄	弟	兄	弟
十干	甲	乙	丙	丁	戊	己	庚	辛	壬	癸
十二支	子	丑	寅	卯	辰	巳	午	未	申	酉 戌 亥

（十干と十二支は二つずつずれる。60年で一巡する。）

●十干十二支で表すおもなできごと

日本	・壬申の乱（672） ・戊辰戦争（1868〜69） ・甲子園球場設立（1924）
朝鮮	・壬辰・丁酉倭乱（1592・1597） ・甲申政変（1884）（◀P.229） ・甲午農民戦争（1894）（◀P.229）
中国	・戊戌の政変（1898）（◀P.226） ・辛亥革命（1911〜12）（◀P.227）

◀解説　中国では，漢の時代に十干と十二支を組み合わせて年を表す方法が成立し，その後，朝鮮や日本にも伝わった。十干十二支は60年周期で繰り返し（還暦），生まれてから再びその年を迎えることは昔からめでたいことだった。

↑3　**グレゴリウス暦の制定**　1582年，教皇**グレゴリウス13世**が制定した**グレゴリウス暦**は，100で割り切れるが400で割り切れない年は，閏年の順番でも平年どおりにすることで精度をより高めた。しかし，プロテスタント諸国家はこれに反発し18世紀までユリウス暦を使用したし，ロシアは20世紀初頭までユリウス暦を使用した。（シエナ国立古文書館蔵）

●六十進法の干支
（西暦）

		西暦
甲 コウ	子 シ	1984
乙 オツ	丑 チュウ	1985
丙 ヘイ	寅 イン	1986
丁 テイ	卯 ボウ	1987
戊 ボ	辰 シン	1988
己 キ	巳 シ	1989
庚 コウ	午 ゴ	1990
辛 シン	未 ビ	1991
壬 ジン	申 シン	1992
癸 キ	酉 ユウ	1993
甲 コウ	戌 ジュツ	1994
乙 オツ	亥 ガイ	1995
丙 ヘイ	子 シ	1996
丁 テイ	丑 チュウ	1997
戊 ボ	寅 イン	1998
己 キ	卯 ボウ	1999
庚 コウ	辰 シン	2000
辛 シン	巳 シ	2001
壬 ジン	午 ゴ	2002
癸 キ	未 ビ	2003
甲 コウ	申 シン	2004
乙 オツ	酉 ユウ	2005
丙 ヘイ	戌 ジュツ	2006
丁 テイ	亥 ガイ	2007
戊 ボ	子 シ	2008
己 キ	丑 チュウ	2009
庚 コウ	寅 イン	2010
辛 シン	卯 ボウ	2011
壬 ジン	辰 シン	2012
癸 キ	巳 シ	2013
甲 コウ	午 ゴ	2014
乙 オツ	未 ビ	2015
丙 ヘイ	申 シン	2016
丁 テイ	酉 ユウ	2017
戊 ボ	戌 ジュツ	2018
己 キ	亥 ガイ	2019
庚 コウ	子 シ	2020
辛 シン	丑 チュウ	2021
壬 ジン	寅 イン	2022
癸 キ	卯 ボウ	2023
甲 コウ	辰 シン	2024
乙 オツ	巳 シ	2025
丙 ヘイ	午 ゴ	2026
丁 テイ	未 ビ	2027
戊 ボ	申 シン	2028
己 キ	酉 ユウ	2029
庚 コウ	戌 ジュツ	2030
辛 シン	亥 ガイ	2031
壬 ジン	子 シ	2032
癸 キ	丑 チュウ	2033
甲 コウ	寅 イン	2034
乙 オツ	卯 ボウ	2035
丙 ヘイ	辰 シン	2036
丁 テイ	巳 シ	2037
戊 ボ	午 ゴ	2038
己 キ	未 ビ	2039
庚 コウ	申 シン	2040
辛 シン	酉 ユウ	2041
壬 ジン	戌 ジュツ	2042
癸 キ	亥 ガイ	2043

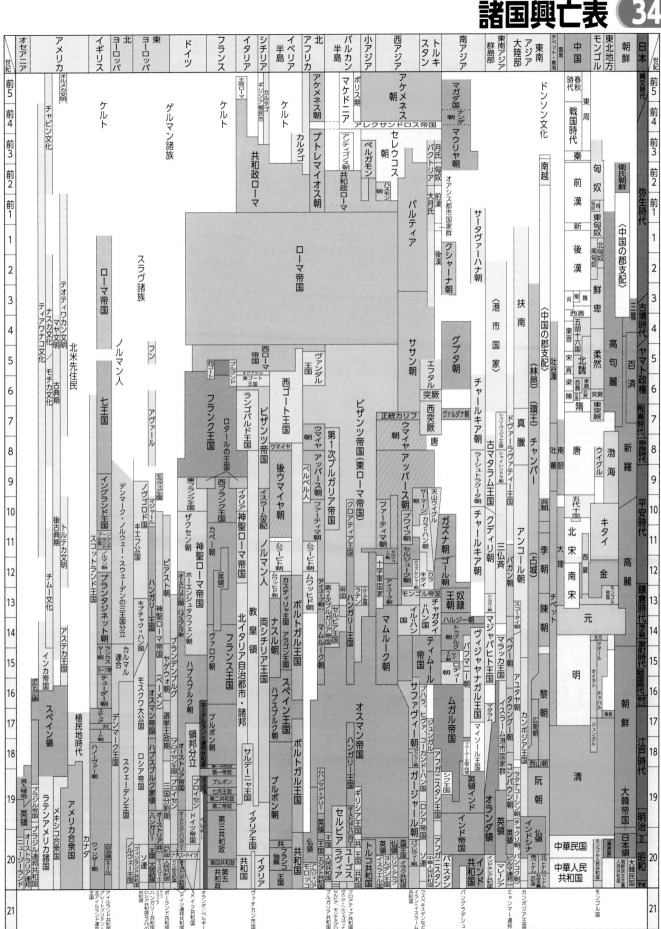

*出身国略号 仏=フランス 英=イギリス 独=ドイツ 伊=イタリア 西=スペイン
蘭=オランダ 露=ロシア 米=アメリカ 中=中国 印=インド

	ギリシア文化(前8世紀〜)	ヘレニズム文化(前4世紀〜)	ローマ文化(前6世紀〜)	中世ヨーロッパ文化(8世紀〜)	ルネサンス(14世紀〜)
特徴	**"人間は万物の尺度"** 人間的・合理的文化 〔契機〕ポリス社会の形成 〔特徴〕自然科学, 弁論術 〔中心地〕イオニア地方, ギリシア(アテネのアカデメイアなど)	**"ヘレニズム = ギリシア風"** ギリシア文化とオリエント文化の融合 〔契機〕アレクサンドロス大王の遠征 〔特徴〕コスモポリタニズム, コイネー(ギリシア語)の広がり 〔中心地〕アレクサンドリアのムセイオン	**"征服されたギリシアは猛きローマを征服した"** ギリシア文化の模倣, 実用文化 ラテン語の普及とキリスト教の成立 〔契機〕ローマ帝国の拡大 〔中心地〕ローマと各地のローマ風都市	**"哲学は神学の婢"** キリスト教神学が中心, ラテン語の受容 〔契機〕イスラーム勢力の拡大 「ムハンマドなくしてシャルルマーニュなし」(ピレンヌ) 〔中心地〕アーヘンや各地の修道院	**"万能の天才"** 人文主義(ヒューマニズム) ギリシア・ローマ文化の復活 〔契機〕イタリア諸都市の発展 イスラーム世界との接触 ビザンツ帝国の滅亡 〔中心地〕イタリア諸都市 商業革命以後は大西洋へ
影響	*ヨーロッパ文化の基調の1つ 〔文化継承ルート:ローマ⇒ビザンツ⇒イスラーム⇒ヨーロッパ〕	*ガンダーラ美術の契機 ヘレニズム文化はインドへ伝播し, 仏像の製作に影響	*ヨーロッパ文化の基調の1つ 〔文化継承ルート:ビザンツ⇒イスラーム⇒ヨーロッパ〕	*固定化されたキリスト教的文化の形成, またその反動から人間中心のルネサンスを醸成	*技術と科学的精神の発展と近世ヨーロッパ文化の醸成へ
文学・歴史・法学	**ギリシア神話** オリンポス12神:主神ゼウス **叙事詩** ホメロス 『イリアス』『オデュッセイア』 ヘシオドス 『神統記』『労働と日々』 **叙情詩** サッフォー 女性叙情詩人 アナクレオン 酒や愛をテーマにした ピンダロス 『オリンピアを賛える』 〔三大悲劇詩人〕 アイスキュロス 『アガメムノン』 ソフォクレス 『オイディプス王』 エウリピデス 『メデイア』 **喜劇作家** アリストファネス 『女の平和』 …ペロポネソス戦争を風刺 **歴史** ヘロドトス 『歴史』 …ペルシア戦争の物語的記述 トゥキディデス 『歴史』 …ペロポネソス戦争の批判的記述		**ラテン文学** *古典ラテン語で書かれた文学 ウェルギリウス 詩人, 『アエネイス』 ホラティウス 詩人, 『叙情詩集』 オウィディウス 詩人, 『転身譜』 キケロ 散文家, 『国家論』 セネカ ストア派哲学者, 『幸福論』 **歴史** ポリビオス 『歴史』, 政体循環史観 リウィウス 『ローマ建国史』 カエサル 『ガリア戦記』 タキトゥス 『ゲルマニア』 プルタルコス 『対比列伝』『英雄伝』 **地理学** ストラボン 『地理誌』 **法学** *市民法から万民法へ 十二表法 リキニウス・セクスティウス法 ホルテンシウス法 トリボニアヌス 『ローマ法大全』 (ユスティニアヌス大帝の命により編纂)	**英雄叙事詩** 『ニーベルンゲンの歌』 **騎士道物語** *吟遊詩人が歌う武勲と愛 『ローランの歌』 『アーサー王物語』 **吟遊詩人** トゥルバドゥール(仏) ミンネジンガー(独) **大学の発展** 3学部〔神・法・医〕 自由7科 ボローニャ大学 [法学] サレルノ大学 [医学] パリ大学 [神学] オクスフォード大学 [神学] ケンブリッジ大学 [神学]	**イタリア = ルネサンス** *フィレンツェのメディチ家らによる保護 ダンテ 『神曲』 ペトラルカ 『叙情詩集』 ボッカチオ 『デカメロン』 マキァヴェリ 『君主論』 **諸国のルネサンス** *ヒューマニストの登場 ロイヒリン(独) 旧約聖書研究 エラスムス(ネーデルラント) 『愚神礼賛』 メランヒトン(独) 新約聖書研究 ラブレー(仏) 『ガルガンチュアとパンタグリュエルの物語』 モンテーニュ(仏) 『エセー(随想録)』 セルバンテス(西) 『ドン=キホーテ』 チョーサー(英) 『カンタベリ物語』 トマス=モア(英) 『ユートピア』 シェークスピア(英) 『ヴェニスの商人』『ハムレット』
自然科学	**自然哲学(イオニア地方中心)** *万物の根源(アルケー)の考察 タレス:水「イオニア学派の祖」 ピタゴラス:数「ピタゴラスの定理」 ヘラクレイトス:火「万物は流転する」 デモクリトス:原子 ヒッポクラテス 「西洋医学の祖」	**自然科学(アレクサンドリア中心)** エウクレイデス 平面幾何学 アリスタルコス 太陽中心説 アルキメデス 浮力の原理 エラトステネス(ムセイオン館長) 地球の円周を測定 ヒッパルコス 古代天文学完成	**自然科学** プリニウス 『博物誌』 プトレマイオス 天動説の体系化 **医学** ガレノス(マルクス=アウレリウス=アントニヌス帝の侍医) **暦** ユリウス暦 カエサルが制定 →グレゴリウス暦(現代の西暦)	**自然科学** 12世紀ルネサンス *イスラーム文化の流入 シチリア島・トレド(西) ロジャー=ベーコン(英) 経験を重視し, 近代自然科学の方法論への道を開く	**ルネサンスの三大発明** 火器(火薬)・羅針盤 活版印刷術 …グーテンベルク(独) **自然科学** トスカネリ(伊) 地球球体説 コペルニクス(ポーランド) 地動説 ジョルダーノ=ブルーノ(伊) 地動説 ガリレイ(伊) 地動説 ケプラー(独) 遊星運行の法則
おもな建築物	↑1 パルテノン神殿	↑2 ペルガモンの大祭壇(復元)	↑3 パンテオン(万神殿)	↑4 ノートルダム大聖堂	↑5 サン=ピエトロ大聖堂
建築・美術	**建築様式** [ドーリア式] …装飾のない荘重な柱 アテネのパルテノン神殿 [イオニア式] …柱頭に渦巻き装飾 アテネのニケ神殿 [コリント式] …装飾の複雑化 オリンピアのゼウス神殿 **彫刻** フェイディアス 「アテナ女神像」「ゼウス像」	**彫刻** *動きや激情, 官能を大胆に表現 「ミロのヴィーナス」 「瀕死のガリア人」 「サモトラケのニケ」 「ラオコーン」	*実用的建築技術, 優れたアーチ構造 ガール水道橋 コロッセウム(円形闘技場) パンテオン(万神殿) 凱旋門(戦勝記念門) アッピア街道(軍用道路) …すべての道はローマに通ず カラカラ浴場(公共浴場)	**建築様式** [ビザンツ様式] …円屋根とモザイク壁画 ハギア=ソフィア聖堂 [ロマネスク様式] …半円形アーチ, 重厚・荘重 ピサ大聖堂 ヴォルムス大聖堂 [ゴシック様式] …尖頭アーチとステンドグラス ノートルダム大聖堂 アミアン大聖堂 ケルン大聖堂 シャルトル大聖堂	**イタリア=ルネサンス** ジョット 「聖フランチェスコの生涯」 ブルネレスキ サンタ=マリア大聖堂 ボッティチェリ 「春」「ヴィーナスの誕生」 ブラマンテ サン=ピエトロ大聖堂 レオナルド=ダ=ヴィンチ 「最後の晩餐」「モナ=リザ」 ミケランジェロ 「天地創造」「ダヴィデ像」「最後の審判」 ラファエロ 聖母子像 **諸国のルネサンス** ファン=アイク兄弟(ネーデルラント) 油絵 デューラー(独) 「四人の使徒」 ホルバイン(独) 「エラスムス像」 ブリューゲル(ネーデルラント) 「農民の踊り」

	17～18世紀のヨーロッパ文化	19世紀のヨーロッパ・アメリカ文化	20世紀の文化
特徴	"人間は考える葦である" ・近代的・合理的思考 ・主権国家体制の成立・絶対王政→華やかな宮廷文化 ・啓蒙思想の開化(自然法思想・国際法思想) ・政治思想の深化(王権神授説・社会契約説) ・科学革命(観察と実験・帰納法と演繹法)	"ヨーロッパに幽霊が出る。共産主義という幽霊が……" ・フランス革命・ナポレオン戦争 → 自由主義・ナショナリズムの高揚 ・ウィーン体制の形成と崩壊と市民社会の成熟 ・産業革命波及と資本主義社会の形成・社会主義思想の広がり	"西洋の没落/鉄のカーテン" ・二つの大戦と国際的平和機関の模索 ・ヨーロッパ中心主義への批判 ・東西冷戦と軍事ブロックの形成 ・地域統合の動き(ＥＵの形成) ・科学技術の発達と実用化
影響	＊絶対王政の確立と、それを否定する市民革命の進行、自然科学の発展と産業革命の開始	＊市民社会の成熟とナショナリズムの高揚、そこで形成された国民国家、巨大化する国家群と成長した個人の葛藤が深まる	＊東西冷戦のはじまりと冷戦の終結。民族紛争とテロ多発の中、多様な価値観との共生への模索が続く

文学・歴史学・経済思想・その他

17～18世紀

ピューリタン文学(英)
＊ピューリタンの信仰や生き方・心情を主張
ミルトン 『失楽園』 バンヤン 『天路歴程』

風刺文学(英)
デフォー 『ロビンソン=クルーソー』
スウィフト 『ガリヴァー旅行記』

古典主義文学(仏)
＊ギリシア・ローマ時代をモデルに合理性・形式美を重視
コルネイユ 『ル=シッド』
ラシーヌ 『アンドロマック』
モリエール 『人間嫌い』『タルチュフ』

生活革命
カフェ、サロン(仏)、コーヒーハウス(英)
シノワズリ(中国趣味)

経済学思想

重商主義(絶対王政の経済基盤)
＊商業を重視し、国富を増やす経済思想
重金主義／貿易差額主義

重農主義(→自由主義経済)
＊富の源泉は農業生産にあるとする経済思想
「なすに任せよ(レッセ=フェール)」
ケネー(仏) 『経済表』
テュルゴ(仏) 『百科全書』

自由放任経済(古典派経済学)
アダム=スミス(英) 『諸国民の富』
「見えざる手に導かれて」

19世紀

古典主義 古代文化を理想に → ロマン主義 個性や感情を重視 → 写実主義 (現実を)ありのままに表現
自然主義 より人間的に → 象徴主義 新鮮なリズムを追求 → 耽美主義 美に最高の価値

古典主義
ゲーテ(独) 『若きウェルテルの悩み』『ファウスト』
シラー(独) 『群盗』

ロマン主義
ノヴァーリス(独) 『青い花』
グリム兄弟(独) 『グリム童話集』
ハイネ(独) 『歌の本』
ヴィクトル=ユゴー(仏) 『レ=ミゼラブル』
ワーズワース(英) 『叙情歌謡集』
スコット(英) 『アイヴァンホー』
バイロン(英) 『チャイルド=ハロルドの遍歴』
エマーソン(米) 『自然論』
ホーソン(米) 『緋文字』
ホイットマン(米) 『草の葉』
プーシキン(露) 『大尉の娘』

写実主義
スタンダール(仏) 『赤と黒』
バルザック(仏) 『人間喜劇』
フロベール(仏) 『ボヴァリー夫人』
サッカレー(英) 『虚栄の市』
ディケンズ(英) 『二都物語』
ゴーゴリ(露) 『死せる魂』
トゥルゲーネフ(露) 『父と子』
ドストエフスキー(露) 『罪と罰』
トルストイ(露) 『戦争と平和』
チェーホフ(露) 『桜の園』
イプセン(ノルウェー) 『人形の家』

自然主義
ゾラ(仏) 『居酒屋』
モーパッサン(仏) 『女の一生』
ストリンドベリ(スウェーデン) 『父』

象徴主義・耽美主義
ボードレール(仏) 『悪の華』 ワイルド(英) 『サロメ』

歴史学
歴史法学 サヴィニー(独)
近代歴史学 ランケ(独) 『世界史』

経済学
古典派経済学 マルサス(英) 『人口論』 リカード(英) 『経済学および課税の原理』
歴史学派経済学 リスト(独) ドイツ関税同盟を提唱
マルクス経済学 マルクス(独) 『資本論』

20世紀

ロマン=ロラン(仏) 『ジャン=クリストフ』
プルースト(仏) 『失われた時を求めて』
カミュ(仏) 『異邦人』
トーマス=マン(独) 『魔の山』
ジョイス(アイルランド) 『ユリシーズ』
D.H.ローレンス(英) 『チャタレー夫人の恋人』
ヘミングウェー(米) 『誰がために鐘は鳴る』
カフカ(チェコスロヴァキア) 『変身』
レマルク(独) 『西部戦線異状なし』
バーナード=ショー(英) 『人と超人』
スタインベック(米) 『怒りの葡萄』

20世紀の歴史家
シュペングラー(独) 『西洋の没落』
トインビー(英) 『歴史の研究』
E.H.カー(英) 『歴史とは何か』
ピレンヌ(ベルギー) 『ヨーロッパ世界の誕生』
ホイジンガ(蘭) 『中世の秋』
マルク=ブロック(仏) 『封建社会』

社会学
マックス=ヴェーバー(独) 『プロテスタンティズムの倫理と資本主義の精神』

マルクス経済学 レーニン(ソ連) 『帝国主義論』
近代経済学 ケインズ(英) 修正資本主義主張

音楽

17～18世紀
バロック音楽(豪華・華麗)
バッハ(独) 音楽の父、「マタイ受難曲」
ヘンデル(独) 「水上の音楽」
古典派音楽(形式美を重んじる)
ハイドン(オーストリア) 交響楽の父、「天地創造」
モーツァルト(オーストリア) 「魔笛」

19世紀
古典派音楽(均整のとれた器楽曲) ベートーヴェン(独)「運命」
ロマン主義音楽(個性・意志・感情を表現)
シューベルト(オーストリア) 「未完成交響曲」 シューマン(独) 「流浪の民」
リスト(ハンガリー) ピアノの魔術師 ショパン(ポーランド) 「革命」
チャイコフスキー(露) 「白鳥の湖」 スメタナ(チェコスロヴァキア) 「わが祖国」
印象派音楽(情感豊かに表現) ドビュッシー(仏)

20世紀
R.シュトラウス(独) 「ツァラトゥストラ」
シベリウス(フィンランド) 「フィンランディア」
シェーンベルク(オーストリア) 12音階技法創始
ラヴェル(仏) 「ボレロ」
大衆音楽
ロック、ジャズ

自然科学

17～18世紀
科学アカデミー(各国の研究機関)
イギリス王立協会 フランス科学アカデミー
ベルリン科学アカデミー
自然科学
ボイル(英) 近代化学の父、「ボイルの法則」
ホイヘンス(蘭) 振り子時計の発明、土星の環を発見
ニュートン(英) 万有引力の法則『プリンキピア』
ラヴォワジェ(仏) 燃焼理論
ラプラース(仏) 宇宙進化論
ハーヴェー(英) 血液循環論
リンネ(スウェーデン) 植物分類学
ジェンナー(英) 種痘法

19世紀（科学と技術・探検）
ファラデー(英) 電磁気学
マイヤー(独) エネルギー保存の法則を発見
ヘルムホルツ(独) エネルギー保存の法則を体系化
レントゲン(独) X線発見
キュリー夫妻(仏) ラジウム発見
リービヒ(独) 有機化学研究
ダーウィン(英) 進化論、『種の起源』
メンデル(オーストリア) 遺伝の法則発見
パストゥール(仏) 狂犬病予防
コッホ(独) 細菌学
ノーベル(スウェーデン) ダイナマイト発明
モース(モールス)(米) 電信機発明
ベル(米) 電話発明
マルコーニ(伊) 無線電信発明
エディソン(米) 電灯発明
ライト兄弟(米) 動力飛行機(初飛行)
ディーゼル(独) ディーゼル=エンジン
ダイムラー(独) ガソリン自動車
探検
タスマン(蘭) オーストラリア探検
クック(英) 太平洋探検
ヘディン(スウェーデン) 楼蘭遺跡発見
リヴィングストン(英) 南アフリカ調査
スタンリー(米) アフリカ大陸横断
ピアリ(米) 北極点到達
アムンゼン(ノルウェー) 南極点到達
スコット(英) 南極点探検

20世紀
アインシュタイン(独) 相対性理論
ハイゼンベルク(独) 原子核理論
フェルミ(伊) 原子炉発明、原子爆弾製造計画
オッペンハイマー(米) 原子爆弾製造(マンハッタン計画)
サハロフ(ソ連) ソ連水爆の父
フォード(米) 自動車大量生産システム

建築・美術

17～18世紀
バロック様式
ヴェルサイユ宮殿(仏)
ルーベンス(フランドル) 「マリー=ド=メディシスの生涯」
ファン=ダイク(フランドル) 「チャールズ1世」
レンブラント(蘭) 「夜警」
フェルメール(蘭) 「地理学者」
エル=グレコ(西) 「受胎告知」
ベラスケス(西) 「女官たち」
ムリリョ(西) 「さいころ遊び」
ロココ様式
サンスーシ宮殿(プロイセン) シェーンブルン宮殿(オーストリア)
ワトー(仏) 「シテール島への巡礼」

19世紀
古典主義
ダヴィド(仏) 「ナポレオンの戴冠式」
ロマン主義
ドラクロワ(仏) 「民衆を導く自由の女神」「キオス島の虐殺」
自然主義
ミレー(仏) 「落穂拾い」
ゴヤ(西) 「1808年5月3日」
写実主義
クールベ(仏) 「石割り」
印象派
マネ(仏) 「草の上の昼食」
モネ(仏) 「睡蓮」「印象・日の出」
ルノワール(仏) 「ムーラン=ド=ラ=ギャレット」
ポスト印象派
セザンヌ(仏) 「サント=ヴィクトワール山」
ゴーガン(仏) 「タヒチの女たち」
ゴッホ(蘭) 「ひまわり」
ロダン(仏) 「考える人」
アール=ヌーボー
エミール=ガレ(仏)

20世紀
表現主義
カンデンスキー(ソ連)
ムンク(ノルウェー) 「叫び」
野獣派(フォーヴィズム)
マティス(仏) 「生きる喜び」
ルオー(仏) 「道化師」
立体派(キュビズム)
ピカソ(西) 「ゲルニカ」
ブラック(仏)
超現実主義(シュルレアリスム)
シャガール(ソ連) 「サーカス」
ダリ(西) 「記憶の固執」

*思想家の出身国略号　仏=フランス　英=イギリス　伊=イタリア　ポ=ポーランド　独=ドイツ　蘭=オランダ
デ=デンマーク　米=アメリカ　中=中国　印=インド　ソ=ソヴィエト

1 ギリシア哲学

自然哲学 ＊イオニア地方が中心，万物の根源（アルケー）の追求

（背景）オリエント文化の影響から，神話的解釈ではなく，合理的に自然現象を探求

タレス（前624頃〜前546頃）**アルケー：「水」**
アナクシマンドロス（前610頃〜前546頃）**アルケー：「無限」**
ピタゴラス（前6世紀）**アルケー：「数」**
ヘラクレイトス（前544頃〜？）**アルケー：「火」「万物は流転する」**
デモクリトス（前460頃〜前370頃）**アルケー：「原子」**

↑1 タレス

（背景）民主政の発達

三大哲学者

＊絶対的真理の存在を提唱

ソクラテス（前469頃〜前399）「無知の知」「知徳合一・知行合一」を提唱

プラトン（前429頃〜前347）「イデア（絶対的真理）論」を主張
『国家論』アカデメイア〔学園〕を設立

アリストテレス（前384〜前322）万学の祖，アレクサンドロス大王の教育係
『政治学』リュケイオン〔学園〕を設立

批判→

ソフィスト ＊弁論術を教える職業教師

プロタゴラス（前480頃〜前410頃）
相対論を主張し普遍的真理を否定，「万物の尺度は人間」

ユダヤ教　バビロン捕囚（前586〜前538）期に成立

キリスト教　**イエス**（前7頃／前4頃〜後30頃）
使徒：**ペテロ**（？〜64頃）・**パウロ**（？〜60以後）
→ネロ帝の迫害で殉教

（背景）世界市民主義（コスモポリタニズム）と個人主義の広がり

（背景）キリスト教神学の理論化に，ギリシア哲学を使用

ストア派 ＊禁欲による精神の平安を求める

ゼノン（前335〜前263）

セネカ（前4頃〜後65）ネロ帝の師
マルクス＝アウレリウス＝アントニヌス（121〜180）
五賢帝の一人，『自省録』

エピクロス派 ＊精神的快楽を重視

エピクロス（前342頃〜前271頃）

新プラトン主義

プロティノス（205？〜270）

↓2 アウグスティヌス

教父哲学 ＊正統のキリスト教教義を理論化

エウセビオス（260頃〜339）『教会史』
アウグスティヌス（354〜430）青年期にマニ教を信仰
『神の国』『告白録』

2 中世〜近世の神学

アルクイン（英735頃〜804）
カロリング＝ルネサンス

スコラ学（スコラ哲学）
「哲学は神学の婢」
スコラ：教会・修道院の付属学校

実在論	唯名論
普遍概念は事物に先立って存在する	個々の事物だけが実在で，普遍概念は名目

←普遍論争→

アンセルムス（英1033〜1109）

アベラール（仏1079〜1142）

（背景）東方貿易・十字軍の遠征により，西欧にイスラーム文化が流入

イスラーム教徒によるアリストテレス哲学研究

イブン＝シーナー〔アヴィケンナ〕（980〜1037）
イブン＝ルシュド〔アヴェロエス〕（1126〜98）

トマス＝アクィナス（伊1225頃〜74）
スコラ学を大成。実在論と唯名論を調和させ，普遍論争を終息させる
『神学大全』

←3 トマス＝アクィナス

ロジャー＝ベーコン（英1214頃〜94）
中世最大の自然科学者

ウィリアム＝オブ＝オッカム（英1290頃〜1349頃）
信仰と理性を分離し唯名論を主張

←4 ウィリアム＝オブ＝オッカム

イスラーム教　**ムハンマド**（570頃〜632）

近代科学

コペルニクス（ポ1473〜1543）
地動説を主張
ガリレイ（伊1564〜1642）
地動説，物体落下の法則

ルネサンス〔人文主義〕

マキァヴェリ（伊1469〜1527）近代政治学の祖『君主論』
エラスムス（蘭1469頃〜1536）16世紀最大のヒューマニスト『愚神礼賛』
モンテーニュ（仏1533〜92）『エセー（随想録）』

宗教改革

マルティン＝ルター（独1483〜1546）
「九十五カ条の論題」
カルヴァン（仏1509〜64）
予定説『キリスト教綱要』

大陸合理論

イギリス経験論

古代

中世〜近世

3 17〜18世紀の哲学

背景 三十年戦争の惨禍

大陸合理論
＊認識の根拠を先天的な理性とする演繹法を重視
デカルト (仏 1596〜1650)
　「われ思う，ゆえにわれあり」『方法序(叙)説』
パスカル (仏 1623〜62)
　「人間は考える葦である」『パンセ(瞑想録)』
スピノザ (蘭 1632〜77)
　汎神論(神と宇宙を同一とする)『エチカ(倫理学)』
ライプニッツ (独 1646〜1716)
　『単子(モナド)論』　微分・積分学の確立

イギリス経験論
＊後天的な経験を認識の基礎に置く帰納法を重視
フランシス＝ベーコン (英 1561〜1626)『新オルガヌム』
↓
ホッブズ (英 1588〜1679)『リヴァイアサン』
　自然状態を「万人の万人に対する闘い」とする
　社会契約説：国家への服従を主張
↓
ロック (英 1632〜1704)『人間悟性論』,『市民政府二論』, タブラ＝ラサ(白紙)
　社会契約説：革命権を主張
↓
ヒューム (英 1711〜76) 懐疑論

国際法
グロティウス (蘭 1583〜1645)
『戦争と平和の法』

影響 アメリカ独立宣言
・フランス革命に影響

背景 絶対王政の成立

王権神授説
絶対王政を正当化
ボーダン (仏 1530〜96)
ボシュエ (仏 1627〜1704) ルイ14世に仕える
フィルマー (英 1588頃〜1653)

啓蒙思想
モンテスキュー (仏 1689〜1755)『法の精神』三権分立を主張
↓
ヴォルテール (仏 1694〜1778)『哲学書簡』
↓
ルソー (仏 1712〜78)『社会契約論』『人間不平等起源論』「自然に帰れ」
〔百科全書派〕『百科全書』を編纂
ディドロ (仏 1713〜84), **ダランベール** (仏 1717〜83)

↑5 カント

4 19世紀の哲学

ドイツ観念論
カント (独 1724〜1804) 批判哲学を創始
　合理論と経験論を批判的に統合。『純粋理性批判』
↓
フィヒテ (独 1762〜1814)
　「ドイツ国民に告ぐ」

背景 ナショナリズムの高揚

↓
ヘーゲル (独 1770〜1831) 弁証法哲学
フォイエルバッハ (独 1804〜72) 唯物論哲学

功利主義
＊人生の目的を幸福に置く
ベンサム (英 1748〜1832)「最大多数の最大幸福」
ジョン＝ステュアート＝ミル (英 1806〜73)
　幸福の質を重視

↑6 ベンサム

背景 イギリス自由主義改革の影響

実証主義
＊実証された事実のみを研究
コント (仏 1798〜1857)
　社会学の祖

進化論　**ダーウィン** (英 1809〜82)

社会進化論　**スペンサー** (英 1820〜1903)
　社会学に進化論を応用

厭世哲学
ショーペンハウエル (独 1788〜1860)
　「世界の本質は盲目的な生への意志である」
↓
キェルケゴール (デ 1813〜55)
　実存哲学の先駆者　『死に至る病』

ニーチェ (独 1844〜1900)
　超人思想　「神は死んだ」

背景 産業革命の発生による，資本家と労働者の対立

空想的社会主義
サン＝シモン (仏 1760〜1825)　**フーリエ** (仏 1772〜1837)
オーウェン (英 1771〜1858) 工場法制定に尽力
ルイ＝ブラン (仏 1811〜82) 二月革命の臨時政府に参加

科学的社会主義
＊史的唯物論〔唯物史観〕を提唱
マルクス (独 1818〜83)
エンゲルス (独 1820〜95)
　『共産党宣言』『資本論』
↓
レーニン (ソ 1870〜1924)
　『帝国主義論』
毛沢東 (中 1893〜1976)
　『矛盾論・実践論』

背景 社会主義国家の成立

【修正主義】
＊合法的な活動により社会主義の実現を目指す
ベルンシュタイン (独 1850〜1932)

プラグマティズム
＊実用的価値のある物を真理とする
ジェームズ (米 1842〜1910)
デューイ (米 1859〜1952)
　『民主主義と教育』

5 20世紀の哲学

実存主義
＊主体的な存在〔実存〕としての人間のあり方を追求
ヤスパース (独 1883〜1969)
ハイデッガー (独 1889〜1976)
サルトル (仏 1905〜80)
　『存在と無』『嘔吐』

→7 サルトル

構造主義
＊社会的・文化的な構造を重視
レヴィ＝ストロース (仏 1908〜2009)
フーコー (仏 1926〜84)

ヒューマニズム
シュヴァイツアー (仏 1875〜1965)
ガンディー (印 1869〜1948) 非暴力・非協力運動
ラッセル (英 1872〜1970)「ラッセル＝アインシュタイン宣言」

近世　近代〜現代

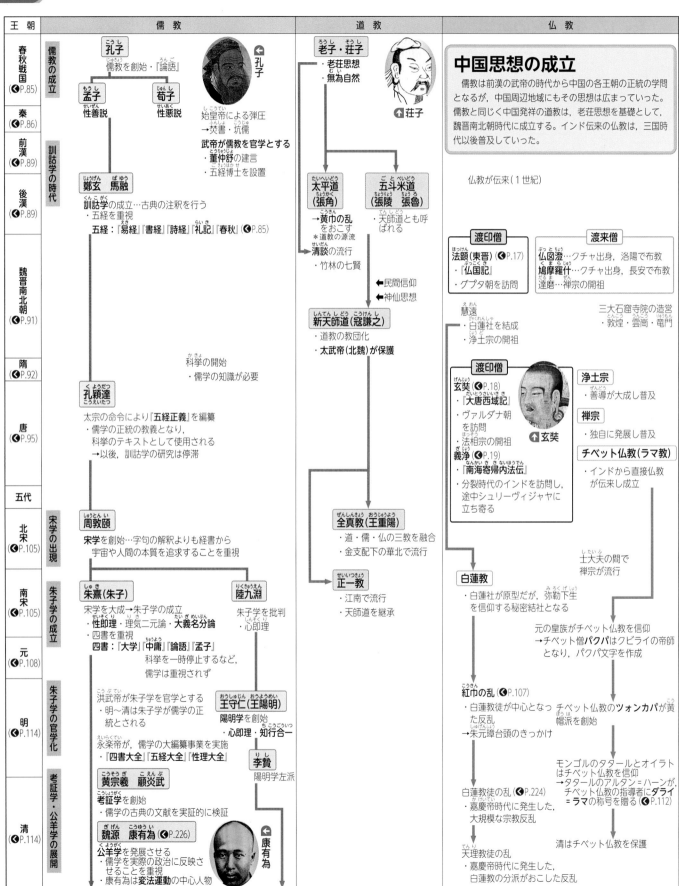

王朝		儒教	道教	仏教
春秋戦国（◀P.85）	儒教の成立	**孔子** 儒教を創始・『論語』　↑孔子	**老子・荘子** ・老荘思想 ・無為自然　↑荘子	**中国思想の成立** 儒教は前漢の武帝の時代から中国の各王朝の正統の学問となるが，中国周辺地域にもその思想は広まっていった。儒教と同じく中国発祥の道教は，老荘思想を基礎として，魏晋南北朝時代に成立する。インド伝来の仏教は，三国時代以後普及していった。
秦（◀P.86）		**孟子** 性善説　**荀子** 性悪説 始皇帝による弾圧 →焚書・坑儒		
前漢（◀P.89）	訓詁学の時代	武帝が儒教を官学とする ・董仲舒の建言 ・五経博士を設置		仏教が伝来（1世紀）
後漢（◀P.89）		**鄭玄 馬融** 訓詁学の成立…古典の注釈を行う ・五経を重視 五経：『易経』『書経』『詩経』『礼記』『春秋』（◀P.85）	**太平道（張角）** →黄巾の乱をおこす ＊道教の源流　**五斗米道（張陵 張魯）** ・天師道とも呼ばれる	
魏晋南北朝（◀P.91）			→清談の流行 ・竹林の七賢 ←民間信仰 ←神仙思想	**渡印僧** 法顕(東晋)（◀P.17） ・『仏国記』 ・グプタ朝を訪問　**渡来僧** 仏図澄…クチャ出身，洛陽で布教 鳩摩羅什…クチャ出身，長安で布教 達磨…禅宗の開祖
			新天師道(寇謙之) ・道教の教団化 ・太武帝(北魏)が保護	**慧遠** ・白蓮社を結成 ・浄土宗の開祖　三大石窟寺院の造営 ・敦煌・雲崗・竜門
隋（◀P.92）		科挙の開始 ・儒学の知識が必要		**渡印僧** 玄奘（◀P.18） ・『大唐西域記』 ・ヴァルダナ朝を訪問 ・法相宗の開祖　↑玄奘 **浄土宗** ・善導が大成し普及
唐（◀P.95）		**孔穎達** 太宗の命令により『五経正義』を編纂 ・儒学の正統の教義となり，科挙のテキストとして使用される →以後，訓詁学の研究は停滞		義浄（◀P.19） ・『南海寄帰内法伝』 ・分裂時代のインドを訪問し，途中シュリーヴィジャヤに立ち寄る　**禅宗** ・独自に発展し普及
五代				**チベット仏教(ラマ教)** ・インドから直接仏教が伝来し成立
北宋（◀P.105）	宋学の出現	**周敦頤** 宋学を創始…字句の解釈よりも経書から宇宙や人間の本質を追求することを重視	**全真教(王重陽)** ・道・儒・仏の三教を融合 ・金支配下の華北で流行	
南宋（◀P.105）	朱子学の成立	**朱熹(朱子)** 宋学を大成→朱子学の成立 ・性即理・理気二元論・大義名分論 ・四書を重視 四書：『大学』『中庸』『論語』『孟子』 科挙を一時停止するなど，儒学は重視されず　**陸九淵** 朱子学を批判 ・心即理	**正一教** ・江南で流行 ・天師道を継承	士大夫の間で禅宗が流行　**白蓮教** ・白蓮社が原型だが，弥勒下生を信仰する秘密結社となる
元（◀P.108）	朱子学の官学化	洪武帝が朱子学を官学とする ・明〜清は朱子学が儒学の正統とされる　**王守仁(王陽明)** 陽明学を創始 ・心即理・知行合一		元の皇族がチベット仏教を信仰 →チベット僧パクパはクビライの帝師となり，パクパ文字を作成
明（◀P.114）		永楽帝が，儒学の大編纂事業を実施 ・『四書大全』『五経大全』『性理大全』　**李贄** 陽明学左派		紅巾の乱（◀P.107） ・白蓮教徒が中心となった反乱 →朱元璋台頭のきっかけ　チベット仏教のツォンカパが黄帽派を創始
清（◀P.114）	考証学・公羊学の展開	**黄宗羲 顧炎武** 考証学を創始 ・儒学の古典の文献を実証的に検証 **魏源 康有為**（◀P.226） 公羊学を発展させる ・儒学を実際の政治に反映させることを重視 ・康有為は変法運動の中心人物　←康有為		白蓮教徒の乱（◀P.224） ・嘉慶帝時代に発生した，大規模な宗教反乱 天理教徒の乱 ・嘉慶帝時代に発生した，白蓮教の分派がおこした反乱　モンゴルのタタールとオイラトはチベット仏教を信仰 →タタールのアルタン＝ハーンが，チベット仏教の指導者にダライ＝ラマの称号を贈る（◀P.112） 清はチベット仏教を保護

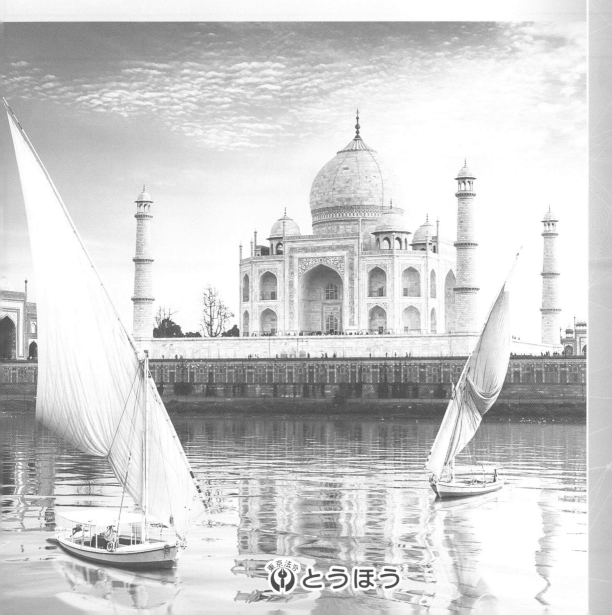

世界史のミュージアム　完全対応

白地図ワーク
／「探究」記述例

Museum of World History

とうほう

本冊子の使い方

1. 『世界史のミュージアム』に登載の地図を参照しながら作業を行ってください。参照するページは各地図に記載してあります。

2. 作業には，「語句の記入」と「着色」の2種類があります。「語句の記入」については，以下のとおりに作業を行ってください。
   ① 地図中の記号に対応する語句を地図外の空欄に記入
   ② 記号は4種類。種類に応じて語句を記入
   - 記号〈A〉〈B〉〈C〉…国名（王朝名）を示しています
   - 記号 あ　い　う …自然地名・地域名などを示しています
   - 記号（a）（b）（c）…都市名などを示しています
   - 記号［Ⅰ］［Ⅱ］［Ⅲ］…重要用語などを示しています

3. 『世界史のミュージアム』に登載の「探究」の記述例を巻末にまとめて記載しています。記述の参考にしてください。また，裏表紙ウラは原稿用紙になっています。コピーしてお使いください。

> ※P.25～34までの「○○世紀の世界」は，学習をひととおり終えた段階で，振り返りながら，各世紀の同時代史を捉えられるよう，まとめて掲載しています。

目　次

◆ 世界の地勢 (本誌表紙ウラ・折込オモテ**1**, **2**参照)

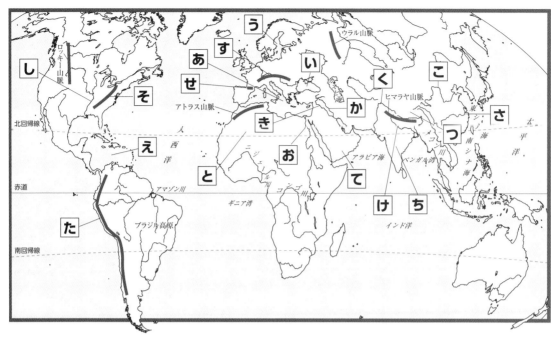

自然地名

あ	海	い	海	う	海
え	海	お	川 (世界最長)	か	川
き	川	く	川	け	川
こ		さ	川	し	川
す	山脈	せ	山脈	そ	山脈
た	山脈	ち	高原	つ	高原
て	半島	と	砂漠 (世界最大)		

◆ 先史時代 (本誌P.45**1**参照)

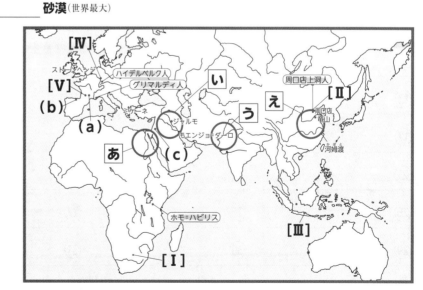

化石人類

[Ⅰ 　　　　　　　　　　]
　　　　　　　　　 ＝アフリカヌス (猿人)

[Ⅱ 　　　] 原人
[Ⅲ 　　　] 原人
[Ⅳ 　　　　　] 人 (旧人)
[Ⅴ 　　　　　] 人 (新人)

先史の遺跡

(a 　　　　　　) (洞穴絵画で有名。南フランス)
(b 　　　　　　) (洞穴絵画で有名。北スペイン)
(c 　　　　　　) (世界最古の農村集落。ヨルダン)

四大文明

あ	文明	い	文明
う	文明	え	文明

◆ 日本中心の世界地図 (本誌表紙ウラ・折込オモテ参照)

※東南アジア諸国については，P.8で扱っています。

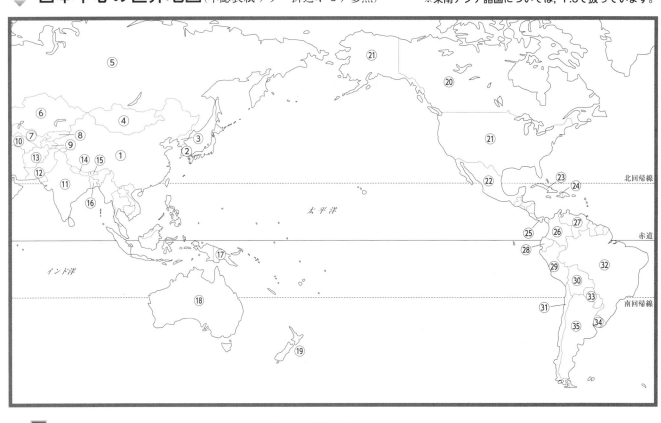

作業 **1** 地図上の①～㉟にあてはまる国名をそれぞれ解答欄に記入しよう。

① _____	② _____	③ _____	④ _____
⑤ _____	⑥ _____	⑦ _____	⑧ _____
⑨ _____	⑩ _____	⑪ _____	⑫ _____
⑬ _____	⑭ _____	⑮ _____	⑯ _____
⑰ _____	⑱ _____	⑲ _____	⑳ _____
㉑ _____	㉒ _____	㉓ _____	㉔ _____
㉕ _____	㉖ _____	㉗ _____	㉘ _____
㉙ _____	㉚ _____	㉛ _____	㉜ _____
㉝ _____	㉞ _____	㉟ _____	

◆ ヨーロッパ中心の世界地図(本誌折込オモテ参照)

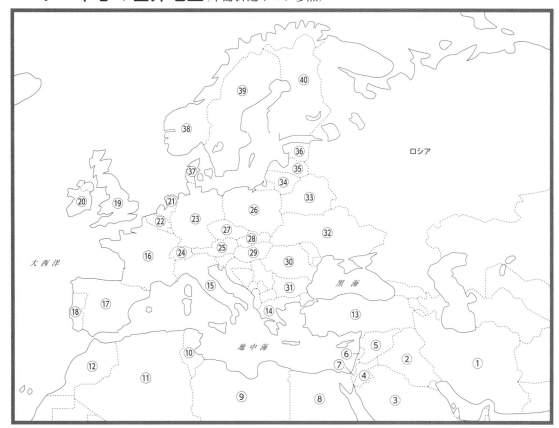

作業 1 地図上の①〜㊵にあてはまる国名をそれぞれ解答欄に記入しよう。

① _____	② _____	③ _____	④ _____
⑤ _____	⑥ _____	⑦ _____	⑧ _____
⑨ _____	⑩ _____	⑪ _____	⑫ _____
⑬ _____	⑭ _____	⑮ _____	⑯ _____
⑰ _____	⑱ _____	⑲ _____	⑳ _____
㉑ _____	㉒ _____	㉓ _____	㉔ _____
㉕ _____	㉖ _____	㉗ _____	㉘ _____
㉙ _____	㉚ _____	㉛ _____	㉜ _____
㉝ _____	㉞ _____	㉟ _____	㊱ _____
㊲ _____	㊳ _____	㊴ _____	㊵ _____

◆ 古代オリエント世界 (本誌P.48**2**参照)

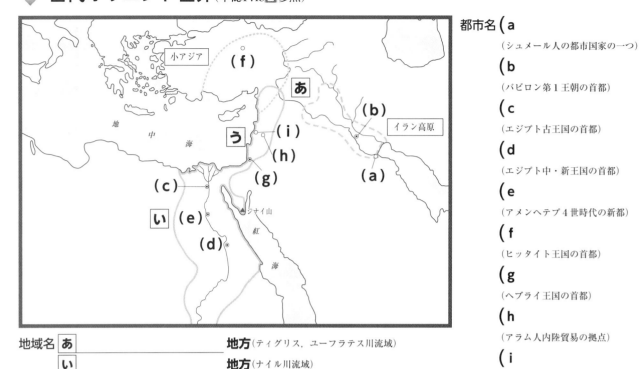

都市名 (a   )
　　　　(シュメール人の都市国家の一つ)

(b   )
　　　　(バビロン第1王朝の首都)

(c   )
　　　　(エジプト古王国の首都)

(d   )
　　　　(エジプト中・新王国の首都)

(e   )
　　　　(アメンヘテプ4世時代の新都)

(f   )
　　　　(ヒッタイト王国の首都)

(g   )
　　　　(ヘブライ王国の首都)

(h   )
　　　　(アラム人内陸貿易の拠点)

(i   )
　　　　(フェニキア人の都市, ティルスの北)

地域名 **あ** ＿＿＿＿＿＿＿ **地方** (ティグリス, ユーフラテス川流域)

い ＿＿＿＿＿＿＿ **地方** (ナイル川流域)

う ＿＿＿＿＿＿＿ **部** (レヴァントと呼称される地域)

作業 1 次の領域を色でたどってみよう。

　　バビロン第1王朝の範囲(― ― ― ―)　　　エジプト(新王国)の範囲(――――)

　　ヒッタイト王国(16世紀頃)の範囲(‥‥‥‥)

◆ 古代オリエントの統一 (本誌P.54**2 3**, 55**1**参照)

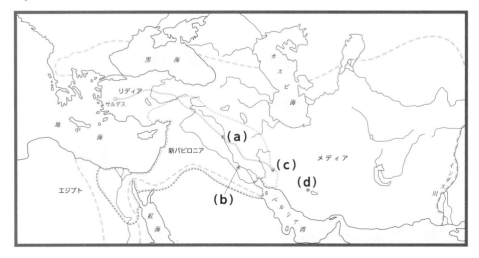

都市名 (a   )
　　　　(アッシリアの首都)

(b   )
　　　　(新バビロニア王国の首都)

(c   )
　　　　(アケメネス朝ペルシアの行政府)

(d   )
　　　　(アケメネス朝の新年の儀式の都)

作業 1 次の領域や経路を色でたどってみよう。

　　アッシリア王国の統一領域(‥‥‥‥)　　　アケメネス朝ペルシアの最大領域(― ― ― ―)　　　王の道のルート(――――)

◆ ギリシア本土とその周辺 (本誌P.56**1**参照)

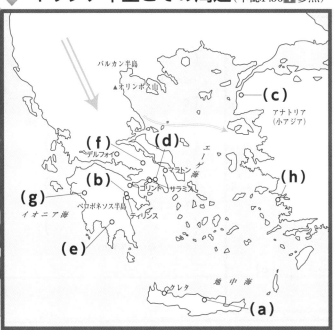

都市名（a　　　　　　）
（クレタ文明の中心地。クノッソス宮殿の所在地）

（b　　　　　　）
（ティリンスとともにミケーネ文明の中心）

（c　　　　　　）
（トロイア戦争でミケーネにより攻略される）

（d　　　　　　）
（イオニア系ポリスの代表。古代民主政発展の中心地）

（e　　　　　　）
（ドーリア系ポリスの代表。軍国的社会）

（f　　　　　　）
（アイオリス系ポリス。レウクトラの戦いで覇権入手）

（g　　　　　　）
（ゼウスの神域で古代オリンピア祭典の開催地）

（h　　　　　　）
（イオニア植民市の中心都市。反ペルシア反乱が発生）

作業**1** ギリシア人の南下・拡散ルート（———→）を色でたどってみよう。

◆ ヘレニズム世界 (本誌P.63**1**参照)

重要用語 [Ⅰ　　　　　　　] の戦い
（前333年，ダレイオス3世と会戦）

[Ⅱ　　　　　　　] の戦い
（前331年，対ペルシア決定的勝利）

国名〈A　　　　　　〉朝
（ヘレニズム3国の一つ）

〈B　　　　　　〉朝
（ヘレニズム3国の一つ）

〈C　　　　　　〉朝
（ヘレニズム3国の一つ）

都市名（a　　　　　　　　　　　）
（ギリシア植民市が起源。現イスタンブル）

（b　　　　　　　　　　　）
（アレクサンドロス大王が建設，プトレマイオス朝の首都）

（c　　　　　　　　　　　）
（セレウコス朝の首都）

（d　　　　　　　　　　　）
（東方遠征で征服した中央アジアの拠点）

作業**1** アレクサンドロス大王の帝国の領域（———）を色でたどってみよう。

作業**2** 次の領域を着色してみよう。
　　　プトレマイオス朝エジプト（▧▧▧▧）　　　パルティア（▭▭▭）

6 ローマ世界とイラン

◆ ローマ帝国の広がり（本誌P.67 **3**, 68 **1**, 69 **2**参照）

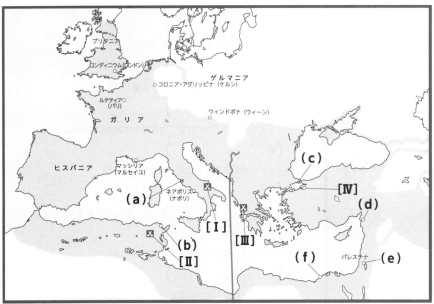

都市名

(a⎵⎵⎵⎵⎵⎵⎵⎵⎵⎵⎵⎵⎵⎵)
（ローマ帝国の出発点）

(b⎵⎵⎵⎵⎵⎵⎵⎵⎵⎵⎵⎵⎵⎵)
（ポエニ戦争により滅亡）

(c⎵⎵⎵⎵⎵⎵⎵⎵⎵⎵⎵⎵⎵⎵)
（330年，コンスタンティヌス帝により遷都）

(d⎵⎵⎵⎵⎵⎵⎵⎵⎵⎵⎵⎵⎵⎵)
（キリスト教会の五本山の一つ）

(e⎵⎵⎵⎵⎵⎵⎵⎵⎵⎵⎵⎵⎵⎵)
（キリスト教会の五本山の一つ）

(f⎵⎵⎵⎵⎵⎵⎵⎵⎵⎵⎵⎵⎵⎵)
（キリスト教会の五本山の一つ）

重要用語 [Ⅰ⎵⎵⎵⎵⎵⎵⎵⎵]**の戦い**（前216年，ハンニバル率いるカルタゴ軍がローマに大勝）

[Ⅱ⎵⎵⎵⎵⎵⎵⎵⎵]**の戦い**（前202年，ローマの将軍大スキピオがカルタゴ軍撃破）

[Ⅲ⎵⎵⎵⎵⎵⎵⎵⎵]**の海戦**（前31年，プトレマイオス朝滅亡，地中海統一完成）

[Ⅳ⎵⎵⎵⎵⎵⎵⎵⎵]**公会議**（325年，三位一体説が正統教義に）

作業 1 次の範囲を色でたどってみよう。

ハドリアヌス帝の長城（‥‥‥‥）　　395年，東西帝国分裂時の境界線（―――）

◆ パルティアとササン朝ペルシア（本誌P.73 **2**参照）

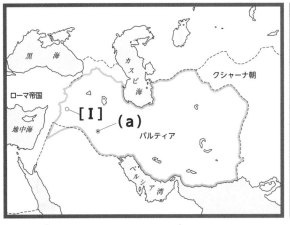
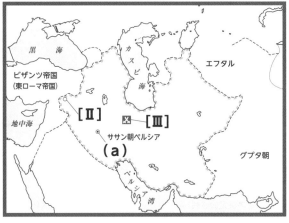

都市名 (a⎵⎵⎵⎵⎵⎵⎵⎵⎵⎵⎵⎵⎵⎵)（パルティアおよびササン朝の首都）

重要用語 [Ⅰ⎵⎵⎵⎵⎵⎵]**敗死**（前53年，カルラエの戦い）

[Ⅱ⎵⎵⎵⎵⎵⎵]**捕虜**（260年，エデッサの戦い）

[Ⅲ⎵⎵⎵⎵⎵⎵]**の戦い**（642年，ササン朝がイスラームに敗北→　651年，滅亡）

作業 1 次の領域を色でたどってみよう。

パルティア（ミトラダテス2世時代）の領域（―――）

ササン朝ペルシアの領域（‥‥‥‥）

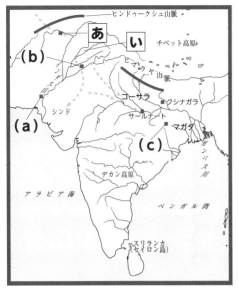

◆ インダス文明（本誌P.74 **1**参照）

遺跡名

（a　　　　　　　　　　　　）

（b　　　　　　　　　　　　）

（インダス川下流域及び中流域にあるインダス文明の遺跡）

（c　　　　　　　　　　　　）

（釈迦が悟りをひらいたとされる所）

自然地名・地域名

| あ | | 峠 |

（アーリヤ人はここを越えインドへ進入）

| い | | 地方 |

（アーリヤ人の最初の定住地）

作業 1 アーリヤ人の進入経路
（- - - -→）を色でたどってみよう。

◆ 古代インドの王朝〜前3世紀（本誌P.76 **A**参照）

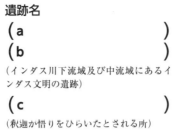

▲ 磨崖，その他
□ 石柱

国　名

〈A　　　　　　　　　　〉朝

（アショーカ王の時代が最盛期）

都市名

（a　　　　　　　　）

（マウリヤ朝の首都。現パトナ）

（b　　　　　　　　）

（ストゥーパ＝仏塔で有名）

地域名

| あ | | 地方 |

（アショーカ王が最後に征服）

作業 1 マウリヤ朝の領域
（- - - -）を色でたどってみよう。

◆ 古代インドの王朝〜 後2世紀（本誌P.76 **B**参照）

国　名

〈A　　　　　　　　　　〉朝

（カニシカ王の時代が最盛期）

〈B　　　　　　　　　　〉朝

（ローマと季節風貿易）

都市名

（a　　　　　　　　）

（クシャーナ朝の首都。現ペシャワル）

地域名

| あ | | 地方 |

（ギリシア風の仏教美術が開花）

作業 1 クシャーナ朝の領域
（- - - -）を色でたどってみよう。

◆ 古代インドの王朝〜5，7世紀（本誌P.77 **C**，**D**参照）

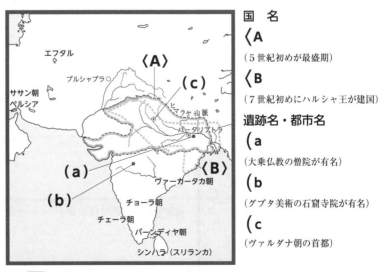

国　名

〈A　　　　　　　　　　〉朝

（5世紀初めが最盛期）

〈B　　　　　　　　　　〉朝

（7世紀初めにハルシャ王が建国）

遺跡名・都市名

（a　　　　　　　　）

（大乗仏教の僧院が有名）

（b　　　　　　　　）

（グプタ美術の石窟寺院が有名）

（c　　　　　　　　）

（ヴァルダナ朝の首都）

作業 1 グプタ朝（———）とヴァルダナ朝（………）の領域を異なる色でたどってみよう。

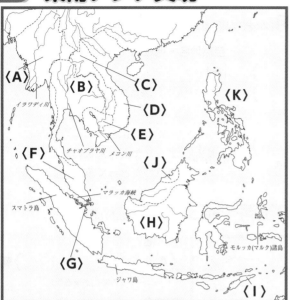

現在の東南アジア諸国(本誌表紙ウラ・折込オモテ参照)

国　名〈A　　　　　　　　　　　〉(旧ビルマ)
　　　〈B　　　　　　　　　　　〉(20世紀前半までシャム)
　　　〈C　　　　　　　　　　　〉
　　　〈D　　　　　　　　　　　〉(インドシナ3国)
　　　〈E　　　　　　　　　　　〉
　　　〈F　　　　　　　　　　　〉
　　　〈G　　　　　　　　　　　〉
　　　〈H　　　　　　　　　　　〉(大小1万3000余の島からなる多民族国家)
　　　〈I　　　　　　　　　　　〉(2002年にインドネシアから正式独立)
　　　〈J　　　　　　　　　　　〉
　　　〈K　　　　　　　　　　　〉

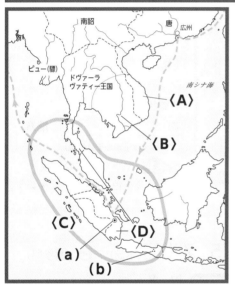

8世紀(本誌P.81 A 参照)

国　名〈A　　　　　　　　　　　〉(チャム人の国。中国名では林邑, 環王)
　　　〈B　　　　　　　　　　　〉(クメール人の国。ヒンドゥー教の影響強い)
　　　〈C　　　　　　　　　　王国(マラッカ海峡を支配して繁栄。大乗仏教信仰。中国名では室利仏逝)
　　　〈D　　　　　　　　　　　朝(8世紀にジャワに成立)
都　市(a　　　　　　　　　　　)(シュリーヴィジャヤ王国の首都)
遺跡名(b　　　　　　　　　　　)(ジャワ中部の大乗仏教寺院)

作業 1 義浄の行路(----→)を色でたどってみよう。

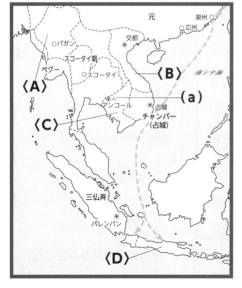

13世紀(本誌P.81 B 参照)

国　名〈A　　　　　　　　　　　朝(元軍の侵攻により衰退)
　　　〈B　　　　　　　　　　　朝(大越国)
　　　〈C　　　　　　　　　　　朝(真臘)
　　　〈D　　　　　　　　　　　朝(13世紀に勢力を拡大)
遺跡名(a　　　　　　　　　　　)(12世紀に建造されたヒンドゥー寺院。14世紀以降仏教寺院に)

作業 1 元軍の侵攻路(----→)を色でたどってみよう。

◆ 中国の地形 (本誌P.82**1**, 86**1**参照)

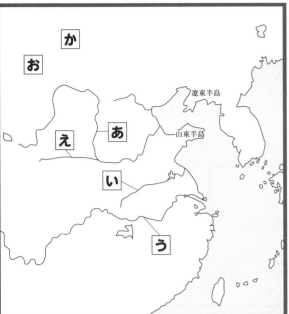

自然地名

あ		(河川)
い		(河川)
う		(河川)
え		(河川)
お		**砂漠**
か		**高原**

◆ 黄河文明・殷・周 (本誌P.82**1**, 83**1**参照)

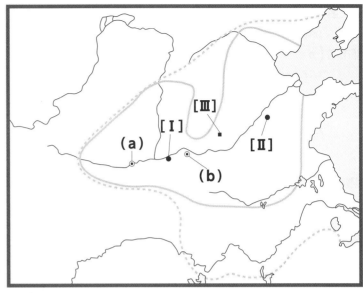

都市名 (a 　　　　　) (西周の都)
　　　　(b 　　　　　) (東周の都)
重要用語 [Ⅰ 　　　　] **遺跡** (仰韶(彩陶)文化の遺跡)
　　　　[Ⅱ 　　　　] **遺跡** (竜山(黒陶)文化の遺跡)
　　　　[Ⅲ 　　　　] (殷後期の都城)

作業**1**　次の範囲を色でたどってみよう。

　　殷の勢力範囲(―――)　　　西周の勢力範囲(………)

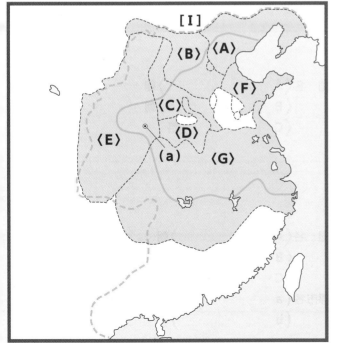

◆ 春秋戦国時代・秦の統一 (本誌P.84**1** **2**, 86**1**参照)

都市名 (a 　　　　　) (秦の都)
重要用語 [Ⅰ 　　　　] (遊牧騎馬民族)

作業**1**　戦国の七雄の名称〈A〉〜〈G〉を記入してみよう。

　〈A　　　　〉〈B　　　　〉〈C　　　　〉
　〈D　　　　〉〈E　　　　〉〈F　　　　〉
　〈G　　　　〉

作業**2**　次の範囲を色でたどってみよう。

　　春秋時代の中国の領域(―――)

　　秦の最大領域(― ― ―)

10 イスラーム世界

◆ イスラーム世界の発展 (本誌P.122 1 参照)

国　名〈A　　　　　　　　　〉朝
　　（西ゴート王国を滅ぼし，イベリア半島を支配）

都市名 (a　　　　　　　　)
　　（ムハンマドの生地。630年に無血征服）

　　　　(b　　　　　　　　)
　　（ムハンマドが622年に聖遷＝ヒジュラ）

　　　　(c　　　　　　　　)
　　（ウマイヤ朝の首都）

重要用語［Ⅰ　　　　　　　　　　　　　　］の戦い（642年ササン朝を撃破）

　　　　［Ⅱ　　　　　　　　　　　　　　］の戦い（732年フランク王国に敗れる）

　　　　［Ⅲ　　　　　　　　　　　　　　］の戦い（751年，唐に大勝。製紙法が西伝）

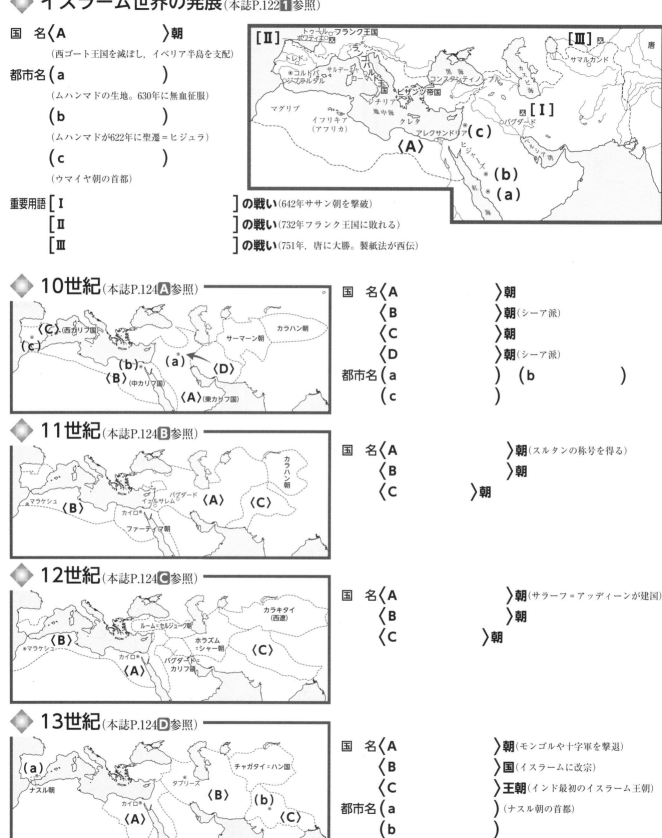

◆ 10世紀 (本誌P.124 A 参照)

国　名〈A　　　　　　　　　〉朝
　　　　〈B　　　　　　　　　〉朝（シーア派）
　　　　〈C　　　　　　　　　〉朝
　　　　〈D　　　　　　　　　〉朝（シーア派）

都市名 (a　　　　　　　)　(b　　　　　　　)
　　　　(c　　　　　　　)

◆ 11世紀 (本誌P.124 B 参照)

国　名〈A　　　　　　　　　〉朝（スルタンの称号を得る）
　　　　〈B　　　　　　　　　〉朝
　　　　〈C　　　　　　　　〉朝

◆ 12世紀 (本誌P.124 C 参照)

国　名〈A　　　　　　　　　〉朝（サラーフ＝アッディーンが建国）
　　　　〈B　　　　　　　　　〉朝
　　　　〈C　　　　　　　　〉朝

◆ 13世紀 (本誌P.124 D 参照)

国　名〈A　　　　　　　　　〉朝（モンゴルや十字軍を撃退）
　　　　〈B　　　　　　　　　〉国（イスラームに改宗）
　　　　〈C　　　　　　　　　〉王朝（インド最初のイスラーム王朝）

都市名 (a　　　　　　　)（ナスル朝の首都）
　　　　(b　　　　　　　)

◆ ヨーロッパの地形 (本誌P.136 1 参照)

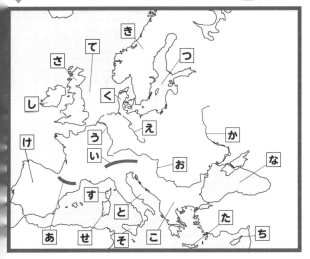

自然地名

あ	_____山脈	い	_____山脈
う	_____川	え	_____川
お	_____川	か	_____川
き	_____半島		
く	_____半島	け	_____半島
こ	_____半島	さ	_____島
し	_____島	す	_____島
せ	_____島	そ	_____島
た	_____島	ち	_____島
つ	_____海	て	_____海
と	_____海	な	_____海

◆ 5世紀のヨーロッパ (本誌P.137 1 参照)

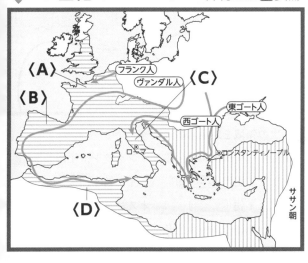

国 名

〈A _____ 〉王国 (カール大帝時代, 西欧統一)
〈B _____ 〉王国 (711年, ウマイヤ朝により滅亡)
〈C _____ 〉王国 (テオドリック王が建国)
〈D _____ 〉王国 (534年, ビザンツ帝国により滅亡)

作業 1 次の領域を着色してみよう。
西ローマ帝国(▨)　　ビザンツ帝国(▨)

作業 2 ゲルマン諸部族の移動経路(——→)を色でたどってみよう。

◆ 10~11世紀のヨーロッパ (本誌P.139 1, 146 3 参照)

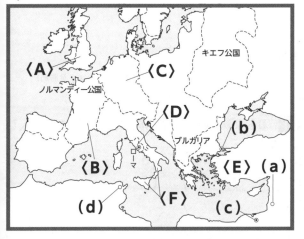

国 名

〈A _____ 〉朝 (ノルマンディー公ウィリアム建国)
〈B _____ 〉王国 (カペー朝支配するも弱体)
〈C _____ 〉王国 (962年, 神聖ローマ帝国と改称)
〈D _____ 〉 (ピピンの寄進が起源)
〈E _____ 〉帝国 (11世紀末にセルジューク朝と対立)
〈F _____ 〉王国 (ルッジェーロ2世建国)

都市名 (十字軍関係)

(a _____) (b _____)
(c _____) (d _____)

◆ 中世末期のヨーロッパ（本誌P.147 1, 150 3, 151 1, 3 参照）

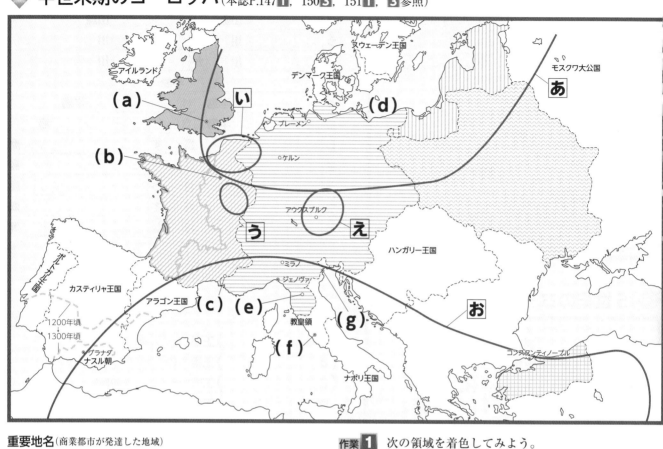

重要地名（商業都市が発達した地域）

あ	商業圏	い	地方
う	地方	え	地方
お	商業圏		

都市名（主な商業都市）

（a　　　　　）（b　　　　　）（c　　　　　）
（d　　　　　）（e　　　　　）（f　　　　　）
（g　　　　　　　　）

作業 1 次の領域を着色してみよう。

神聖ローマ帝国（▭）　　イングランド王国（▭）

フランス王国（▭）　　ドイツ騎士団領（▭）

ヤゲウォ朝（▭）　　オスマン帝国（▭）

作業 2 次の範囲やルートを色でたどってみよう。

プランタジネット朝成立時（1154年）の，フランス国内
のイギリス領（───）

レコンキスタの進行（1200年頃→1300年頃）（─ ─ ─ ─）

◆ 中世ヨーロッパの宗教分布（本誌P.141 1 参照）

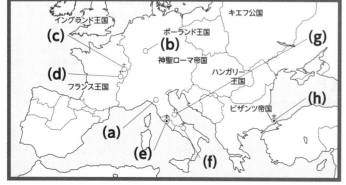

重要都市

（a　　　　　　　　　）（1077年，教皇グレゴリウス7世勝利）
（b　　　　　　　　　）（1122年，叙任権闘争に終止符）

作業 1 おもな教会の修道院・修道会の所在地名を記入し
よう。

（c　　　　　　　　）　（d　　　　　　　　）
（e　　　　　　　　）　（f　　　　　　　　）
（g　　　　　　　　）
（h　　　　　　　　）

◆ 大航海時代の世界（本誌P.165■，166■参照）

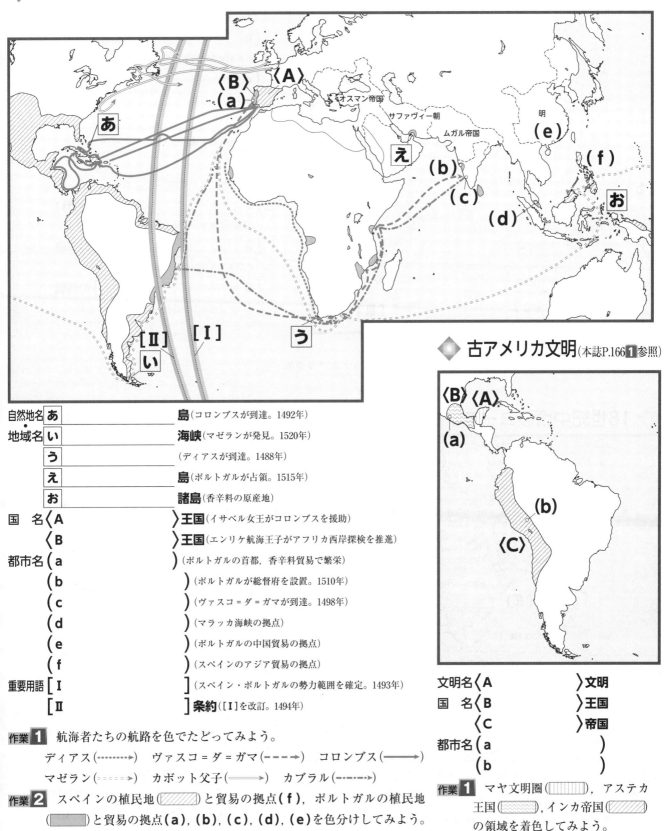

◆ 古アメリカ文明（本誌P.166■参照）

自然地名	**あ**		**島**（コロンブスが到達。1492年）
地域名	**い**		**海峡**（マゼランが発見。1520年）
	う		（ディアスが到達。1488年）
	え		**島**（ポルトガルが占領。1515年）
	お		**諸島**（香辛料の原産地）

国　名	〈**A**	〉**王国**（イサベル女王がコロンブスを援助）
	〈**B**	〉**王国**（エンリケ航海王子がアフリカ西岸探検を推進）

都市名	（**a**	）（ポルトガルの首都，香辛料貿易で繁栄）
	（**b**	）（ポルトガルが総督府を設置。1510年）
	（**c**	）（ヴァスコ＝ダ＝ガマが到達。1498年）
	（**d**	）（マラッカ海峡の拠点）
	（**e**	）（ポルトガルの中国貿易の拠点）
	（**f**	）（スペインのアジア貿易の拠点）

重要用語	［**I**	］（スペイン・ポルトガルの勢力範囲を確定。1493年）
	［**II**	］**条約**（［**I**］を改訂。1494年）

作業 **1** 航海者たちの航路を色でたどってみよう。

ディアス（‥‥‥‥▶）　　ヴァスコ＝ダ＝ガマ（━━━▶）　　コロンブス（━━━▶）

マゼラン（═══▶）　　カボット父子（⟹）　　カブラル（‑‑‑‑▶）

作業 **2** スペインの植民地（▨▨▨）と貿易の拠点（**f**），ポルトガルの植民地（▦）と貿易の拠点（**a**），（**b**），（**c**），（**d**），（**e**）を色分けしてみよう。

文明名	〈**A**	〉**文明**
国　名	〈**B**	〉**王国**
	〈**C**	〉**帝国**
都市名	（**a**	）
	（**b**	）

作業 **1** マヤ文明圏（▥▥▥），アステカ王国（〰〰），インカ帝国（▨▨）の領域を着色してみよう。

◆ 16世紀中頃のヨーロッパ (本誌P.170 **1** 参照)

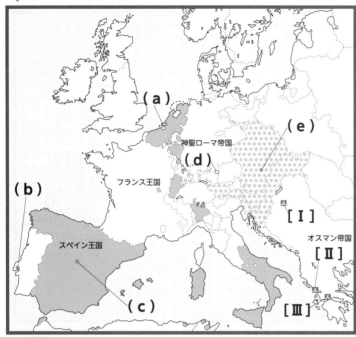

都市名（a　　　　　　　　　）
（ネーデルラントの港湾都市）

（b　　　　　　　　　）
（ポルトガルの首都）

（c　　　　　　　　　）
（スペインの首都）

（d　　　　　　　　　）
（1555年宗教和議締結）

（e　　　　　　　　　）
（1529年オスマン帝国によって包囲）

重要用語 [I　　　　　　　　　] の戦い
（1526年オスマン帝国が勝利）

[II　　　　　　　　　] の海戦
（1538年オスマン帝国が勝利）

[III　　　　　　　　　] の海戦
（1571年スペインが勝利）

作業 1 次のハプスブルク家の領域を着色してみよう。
スペイン＝ハプスブルク家（▨▨▨）　　ドイツ＝ハプスブルク家（⠿⠿⠿）

◆ 18世紀中頃のヨーロッパ (本誌P.176 **1** 参照)

国　名〈A　　　　　　　　　〉王国
（イングランド・スコットランドと合併し，1707年に成立）

〈B　　　　　　　　　〉王国
（ロシアと北方戦争を戦う）

〈C　　　　　　　　　〉王国
（1701年に公国から王国に昇格）

〈D　　　　　　　　　〉王国
（1795年に消滅）

地域名 **あ**　　　　　　　　　地方
（鉱物資源の豊富な地。墺領→普領に）

自然地名 **い**　　　　　　　　　島
（ユトレヒト条約の結果，西領→英領）

都市名（a　　　　　　　　　）
（ユトレヒト条約の結果，西領→英領）

（b　　　　　　　　　）（オランダの首都）
（c　　　　　　　　　）（ロシア帝国の新都）

重要用語 [I　　　　　　　　　] 条約
（スペイン継承戦争の講和。1713年締結）

[II　　　　　　　　　] の和約
（オーストリア継承戦争の講和。1748年締結）

作業 1 神聖ローマ帝国の領域（———）を色でたどってみよう。

作業 2 次の領域を着色してみよう。
オランダ（▤▤▤）　　プロイセン（▥▥▥）

◆ 17世紀の初期重商主義(重金主義)時代の銀の流れ(本誌P.36参照)

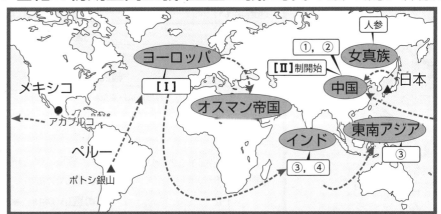

作業 **1**　銀の流れ(----▶)を色でたどってみよう。

作業 **2**　①〜④にあてはまる銀で購入された商品を，それぞれ解答欄に記入しよう。

① _____　② _____　③ _____　④ _____

重要用語 [I _____]
　　　　 [II _____] 制開始 〕(銀の流入で引きおこされたできごと)

◆ 18世紀中頃の世界(大西洋とアジア)(本誌P.巻頭1 **1** 参照)

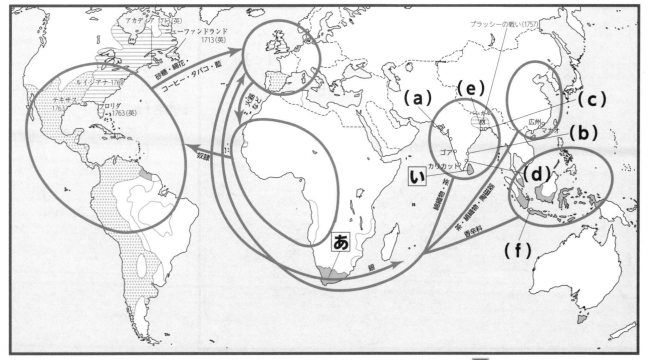

都市名 (a _____)(イギリス領)　(d _____)(フランス領)
　　　 (b _____)(イギリス領)　(e _____)(フランス領)
　　　 (c _____)(イギリス領)　(f _____)(オランダ領)

地域名 **あ** _____ 植民地(オランダ領)
　　　 い _____ (オランダ領)

作業 **1**　次の範囲を着色してみよう。
イギリス領(▭)
オランダ領(▭)
スペイン領(▭)

◆ アメリカ独立革命 (本誌P.189**3**参照)

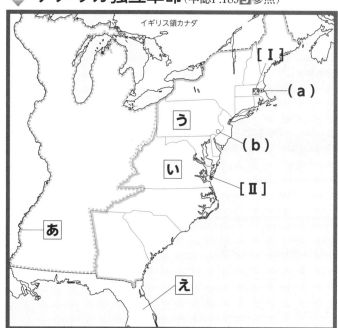

自然地名 **あ**［　　　　　　　　　　　］ 川

地域名 **い**［　　　　　　　　　　　］ 植民地 (英の新大陸最初の植民地)

う［　　　　　　　　　　　］ 植民地

(1681年ウィリアム＝ペンが建設した植民地)

え［　　　　　　　　］ 植民地

(1763年のパリ条約で西領→英領)

都市名 (**a**［　　　　　　　　　　　　］) (1773年茶会事件が生じた場所)

(**b**［　　　　　　　　　　　］)

(大陸会議・独立宣言などが行われた場所。1790～1800年首都)

重要用語 [**I**　　　　　　　　　　　] の戦い(1775年)

[**II**　　　　　　　　　　] の戦い(1781年, 独立軍側の勝利)▶

作業**1** 次の領域を色でたどってみよう。

1776年に独立を宣言した13州(———)

1783年パリ条約でイギリスから獲得した地域(‥‥‥)

◆ ナポレオン時代のヨーロッパ(1812年頃) (本誌P.193**4**参照)

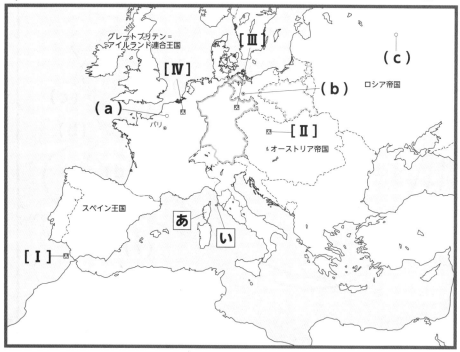

自然地名 **あ**［　　　　　　　　　　］ 島

(ナポレオンの出身地)

い［　　　　　　　　　　　］ 島

(1814年ナポレオンが配流された地)

都市名 (**a**［　　　　　　　　　］)

(1802年ナポレオンがイギリスと講和)

(**b**［　　　　　　　　　］)

(1806年大陸封鎖令発令)

(**c**［　　　　　　　　　］)

(1812年ロシア遠征の失敗)

重要用語 [**I**　　　　　　　　　　] の海戦(1805年イギリスに敗北)

[**II**　　　　　　　　　　] の戦い(三帝会戦)(1805年墺・露を破る)

[**III**　　　　　　　　　　] の戦い(1813年諸国民戦争)

[**IV**　　　　　　　　　　] の戦い(1815年ナポレオン完敗)

作業**1** 次の範囲を色でたどってみよう。　　ライン同盟(———)　　ワルシャワ大公国(‥‥‥)

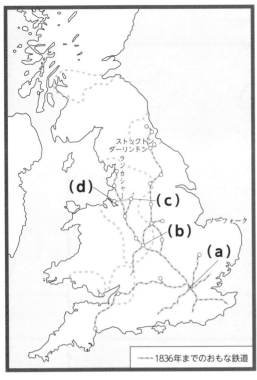

——— 1836年までのおもな鉄道

◆ 産業革命期のイギリス（本誌P.185 5 参照）

都市名（a　　　　　　　　　　）（イギリスの首都）
　　　　（b　　　　　　　　　　）（製鉄業・機械工業の中心）
　　　　（c　　　　　　　　　　）
　　　　（ランカシャー地方最大の木綿工業都市）
　　　　（d　　　　　　　　　　）
　　　　（マンチェスターの外港となった港湾都市）

作業 1 　次の範囲やルートを色でたどってみよう。

● 蒸気機関車の初走行となったストックトン・
　ダーリントン間（試験），マンチェスター・リ
　ヴァプール間（営業）の路線（———）

● 産業革命で勃興した地域（……）

◆ 19世紀前半の世界
（イギリスの世界貿易による覇権）（本誌P.巻頭1 1 参照）

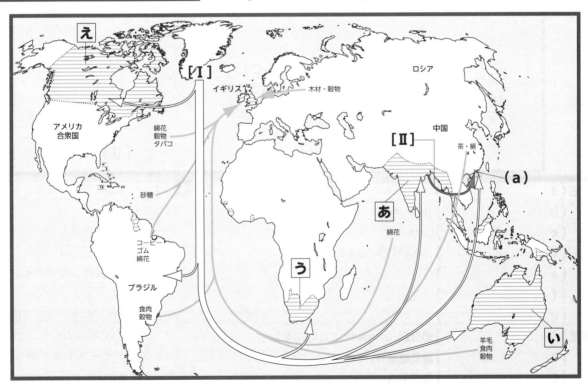

地域名 あ [　　　　　] い [　　　　　] う [　　　　　] え [　　　　　]

都市名（a　　　　　　　　）（アヘン戦争後獲得）

貿易品 [I 　　　　　　　　　　] （イギリスの主要輸出品目）　[II 　　　　　　　　　　] （インドから中国へ流入する商品）

作業 1 　イギリス本国とその植民地（▤）を着色してみよう。

作業 2 　世界各地からイギリスへ流入する商品の流れ（———）を色でたどってみよう。

◆ ウィーン体制下のヨーロッパ(1815年) (本誌P.197❹参照)

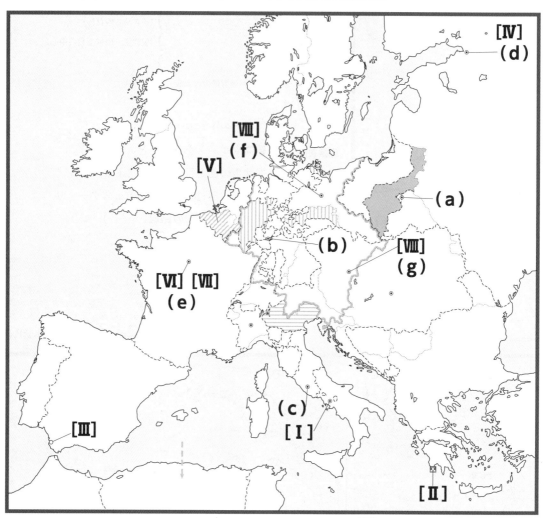

都市名 (a   ) (1830～31年ポーランド蜂起)
      (b   ) (1848～49年国民議会開催)
      (c   ) (1849年マッツィーニらが共和国樹立)
      (d   ) (1825年ロシアの改革を求める)
      (e   )
      (f   )
      (g   )

重要用語 [I   ] の蜂起 (1820年秘密結社による革命運動)
        [II   ] 独立戦争 (1821～29年)
        [III   ] 立憲革命 (1820～23年)
        [IV   ] の反乱 (1825年)
        [V   ] の独立 (1830年オランダから独立)
        [VI   ] 革命 (1830年)
        [VII   ] 革命 (1848年)
        [VIII   ] 革命 (1848年)

作業❶ ウィーン議定書による領土変更の地を着色してみよう。

オーストリアが獲得したロンバルディア・ヴェネツィア(▭)

プロイセンが獲得したザクセン北部・ラインラント(▥)

ロシアが獲得したポーランド(▨)
(ツァーリが国王に就任したポーランド王国)

オランダがオーストリアから獲得した南ネーデルラント(▨)

作業❷ ドイツ連邦の領域(——)を色でたどってみよう。

作業❸ 1830年のフランスによるアルジェリア出兵(----→)を色でたどってみよう。

◆ イタリア・ドイツの統一, 1878年のバルカン半島 (本誌P.197**4**, 204**1**, 206**2**, 207**4**, 211**5**参照)

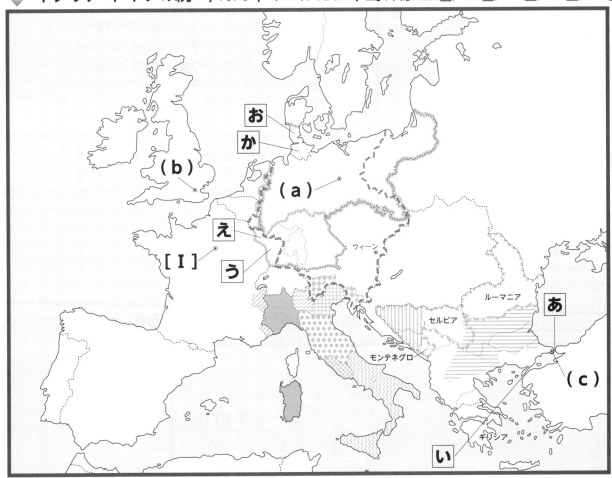

ウィーン

ルーマニア

セルビア

モンテネグロ

ギリシア

自然地名・地域名

あ		海峡
い		海峡
う		地方
え		地方
お		地方
か		地方

(う〜かはいずれも独領となる)

都市名

(a 　　　　　)
(ドイツ帝国の首都)

(b 　　　　　)

(c 　　　　　)
(オスマン帝国の首都)

重要用語

[I 　　　　　]
(1871年史上初の労働者自治政府の成立)

作業**1**　次のドイツの領域を色でたどってみよう。

1815年成立のドイツ連邦の領域(－－－－)

1867年成立の北ドイツ連邦の領域(‥‥‥‥)

1871年成立のドイツ帝国の領域(――――)

作業**2**　次のイタリアの領域を着色してみよう。

1815年当時のサルデーニャ王国の領域(▒▒▒)

イタリア統一戦争でサルデーニャが征服したロンバルディア(▨▨▨)

サルデーニャに合流した中部イタリア諸国(⦙⦙⦙)

フランスに割譲したニースとサヴォイア(▨▨)

ガリバルディが征服した両シチリア王国(▨▨)

プロイセン＝オーストリア戦争でイタリアが獲得したヴェネツィア(▤▤)

ドイツ＝フランス戦争でイタリアが獲得したローマ教皇領(▥▥)

「未回収のイタリア」と呼ばれる南チロルとトリエステ(▦▦)

作業**3**　東方問題における国境を色でたどったり, 領域に着色をしてみよう。

1815年のオスマン帝国の国境(‥‥‥)　　　1878年のオスマン帝国の国境(－‥－)

1878年のサン＝ステファノ条約におけるブルガリアの領域(▤▤)

ボスニア・ヘルツェゴヴィナ(▥▥)

🔷 19世紀のラテンアメリカ（本誌P.195 **1** 参照）

国　名〈A　　　　　　　　　　　〉（1804年初の黒人共和国成立）

　　　〈B　　　　　　　　　　　〉（シモン＝ボリバルの出身地）

　　　〈C　　　　　　　　　〉**共和国**（イダルゴが活躍）

　　　〈D　　　　　　　　　　　〉（シモン＝ボリバルの名にちなむ国名）

　　　〈E　　　　　　　　　　　〉（サン＝マルティンの出身地）

作業 **1**　次の領域を着色してみよう。

　　　旧スペイン領（▭）

　　　旧ポルトガル領（▭）

作業 **2**　大コロンビア共和国の領域（――――）を色でたどってみよう。

🔷 19世紀のアメリカ合衆国（本誌P.208 **1**, 209 **3** 参照）

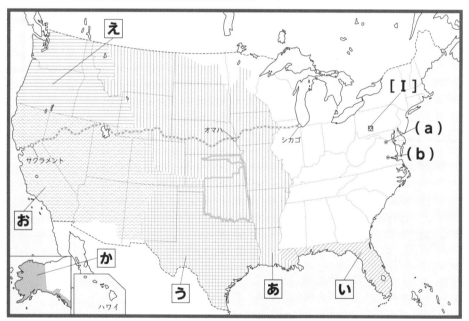

州　名 **あ**　　　　　　　　　　（1803年フランスよりミシシッピ以西の地域を買収）　　　 **い**　　　　　　　　　　　（1819年スペインより買収）

　　　 う　　　　　　　　　　（1845年併合）　　　　　　　　　　　　　　　　 **え**　　　　　　　　　　　（1846年イギリスとの協定により領有）

　　　 お　　　　　　　　　　（1848年アメリカ＝メキシコ戦争の結果獲得）　　　 **か**　　　　　　　　　　　（1867年ロシアより買収）

都市名（ **a**　　　　　　　　）（1800年以来の首都）　　　　　（ **b**　　　　　　　　　）（アメリカ連合国の首都）

重要用語 ［ **I**　　　　　　　　］ の戦い（1863年南北戦争中の激戦地）

作業 **1**　アメリカが獲得した6つの地域を色分けしてみよう。

作業 **2**　次の範囲を色でたどってみよう。

　　　「インディアン＝テリトリー」の領域（――――）　　　　最初の大陸横断鉄道（‑‑‑‑‑‑‑）

帝国主義時代の列強(本誌P.40〜41，232**1**参照)

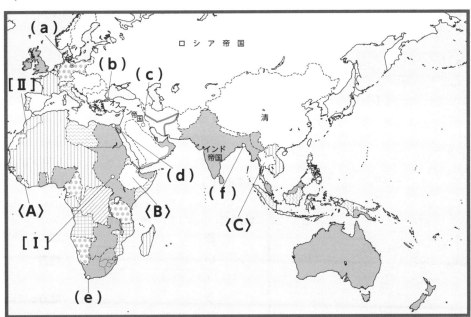

都市名
（a〜cは３B政策関連の都市）

(a　　　　　　　　　　)
(b　　　　　　　　　　)
(c　　　　　　　　　　)

（d〜fは３C政策関連の都市）

(d　　　　　　　　　　)
(e　　　　　　　　　　)
(f　　　　　　　　　　)

重要用語

[Ⅰ　　　　　　　　]事件

（イギリスとフランスが対立）

[Ⅱ　　　　　　　　]事件

（ドイツとフランスが対立）

作業1　ドイツの３B政策に関連した都市
（a）〜（c）を線で結んでみよう。

作業2　イギリスの３C政策に関連した都市
（d）〜（f）を線で結んでみよう。

作業3　1900年の時点における，列強の植民
地・勢力範囲を着色しよう。

イギリス（▨）　フランス（▥）　ドイツ（⊡）
イタリア（▤）　ベルギー（▨）　オランダ（▦）
アメリカ（▤）　ポルトガル（▥）

作業4　アジア・アフリカで独立を維持した
〈A〉〜〈C〉の国名を記入しよう。

〈A　　　　　　　　 〉（アメリカの奴隷が移住して建国）
〈B　　　　　　　　 〉

（イタリア軍を撃退して独立を維持　1896年）

〈C　　　　　　　　 〉（ラーマ５世による近代化改革）

作業5　英露協商によって決められた，イラン
における英露の勢力境界線（━━）を色
でたどってみよう。

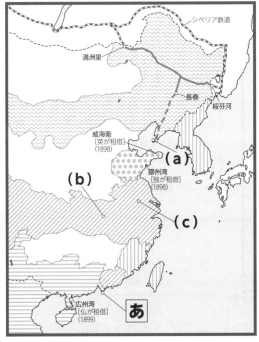

列強の中国進出(本誌P.226**1**参照)

自然地名 **あ**　　　　　　　　 **半島**（新界）（英が租借　1898年）

都市名 (a　　　・　　　)（露[→日]が租借　1898年）
　　　　(b　　　　　　)（辛亥革命勃発　1911年）
　　　　(c　　　　　　)（中華民国建国　1912年）

作業1　列強の勢力範囲を着色しよう。

ロシア（▨）　　　　ドイツ（⊡）
イギリス（▨）　　　フランス（▥）
日本（▥）

作業2　ロシアが建設した東清鉄道（━━）と，日本がロシアから獲得し
た南満洲鉄道（----）を色でたどってみよう。

◆ ヴェルサイユ体制下のヨーロッパ (本誌P.243 **4** , 247 **5** 参照)

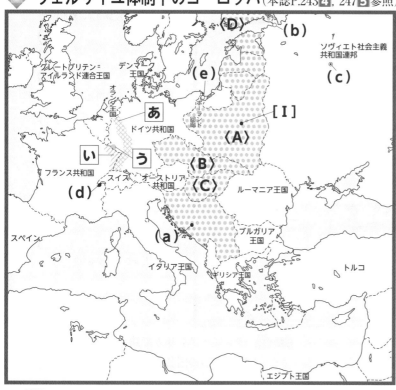

作業 **1** 　第一次世界大戦後に誕生した独立国 (⬚⬚⬚) を着色してみよう。

都市名 (a 　　　　　　　　)

(第一次世界大戦勃発のきっかけ 1914年)

(b 　　　　　　　　)

(ロシア革命勃発 1917年)

(c 　　　　　　　　)

(ソ連の首都 1918年〜)

(d 　　　　　　　　)

(国際連盟の本部が存在)

(e 　　　　　　　　) (国際管理都市)

重要用語 [I 　　　　　　　] 条約

(ロシア・ドイツが講和条約を締結 1918年)

地域名 (あ〜うはヴェルサイユ条約によって決定)

あ 　　　　　　　　　 (非武装地帯)

い 　　　　　　　　 地方

(フランスが獲得)

う 　　　　　　　　 地方

(国際管理地域)

国　名 (A〜Dは第一次世界大戦後に独立)

〈A 　　　　　〉共和国

〈B 　　　　　　　〉共和国

〈C 　　　　　〉王国

〈D 　　　　　〉共和国

◆ 第一次世界大戦後の西アジア (本誌P.252 **2** , **3** 参照)

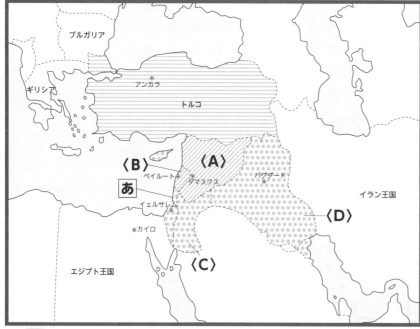

作業 **1** 　トルコ共和国の領域 (1923年時) (▤) を着色してみよう。

作業 **2** 　第一次世界大戦後の委任統治領の領域を着色してみよう。　イギリス (⬚⬚⬚)　　フランス (▨)

地域名

あ 　　　　　　　　　 地方

(イギリスの委任統治領, 1948年イスラエル建国)

国　名

〈A 　　　　　　　〉

(フランスの委任統治領, 1946年独立)

〈B 　　　　　　　〉

(フランスの委任統治領, 1943年独立)

〈C 　　　　　　　〉

(イギリスの委任統治領, 1946年独立)

〈D 　　　　　　　〉

(イギリスの委任統治領, 1932年独立)

◆ ヨーロッパ戦線（本誌P.258 **1**, 260 **2**, 261 **6** 参照）

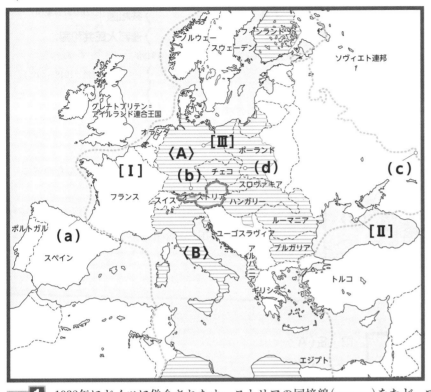

国　名〈A　　　　　　　　　〉
　　　〈B　　　　　　　　　〉｝（枢軸国）

都市名（a　　　　　　　）
　　（スペイン内戦でヒトラーによる無差別爆撃
　　　1937年）

　　　（b　　　　　　　）
　　（ズデーテン地方併合について独伊英仏首脳
　　　が会談　1938年）

　　　（c　　　　　　　）
　　（ドイツ軍がソ連軍に敗北　1943年）

　　　（d　　　　　　　）
　　（ユダヤ人絶滅収容所が存在）

重要用語［I　　　　　　　　］上陸作戦
　　（連合軍が上陸　1944年）

　　　［II　　　　　　　　］会談
　　（ドイツの戦後処理，ソ連の対日参戦を協議
　　　1945年）

　　　［III　　　　　　　　］会談
　　（日本に無条件降伏を勧告　1945年）

作業 **1** 1938年にドイツに併合されたオーストリアの国境線（───）をたどってみよう。

作業 **2** 枢軸国の最大進出線（┈┈┈）を色でたどってみよう。

作業 **3** 枢軸国（▨▨▨）を着色してみよう。

◆ アジア太平洋戦線（本誌P.255 **3**, 262 **1**, 263 **5** 参照）

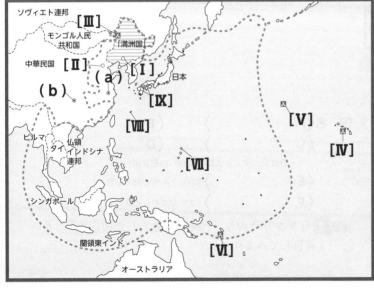

都市名
（a　　　　　　　　）（南京事件発生　1937年）
（b　　　　　　　　）（国民政府の臨時首都）

重要用語
［I　　　　　　　］事件（満洲事変勃発　1931年）
［II　　　　　　　］事件（日中戦争勃発　1937年）
［III　　　　　　　］事件
（日本軍，ソ連軍に敗北　1939年）

［IV　　　　　　　］奇襲（太平洋戦争勃発　1941年）
［V　　　　　　　］海戦（日本海軍敗北　1942年）
［VI　　　　　　　］島撤退（日本陸軍敗北　1943年）
［VII　　　　　　　］島陥落
（以後日本本土空襲が本格化　1944年）

［VIII　　　　　　　］占領（1945年6月占領）
［IX　　　・　　　　　］に原爆投下（1945年）

作業 **1** 日本軍の最大進攻線（┈┈┈）を色でたどってみよう。

作業 **2** 「満洲国」の領域（▨▨▨）を着色してみよう。

◆ 戦後のヨーロッパ (本誌P.268①参照)

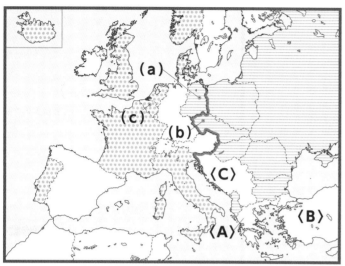

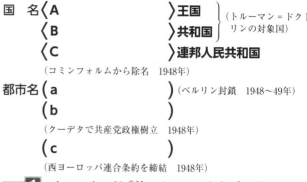

国　名〈A　　　　　〉王国　｝（トルーマン＝ドクトリンの対象国）
　　　〈B　　　　　〉共和国
　　　〈C　　　　　〉連邦人民共和国
（コミンフォルムから除名　1948年）
都市名（a　　　　　）（ベルリン封鎖　1948〜49年）
　　　（b　　　　　）
（クーデタで共産党政権樹立　1948年）
　　　（c　　　　　）
（西ヨーロッパ連合条約を締結　1948年）

作業1 チャーチルが「鉄のカーテン」と呼んだライン（———）をたどってみよう。

作業2 ＮＡＴＯ原加盟国　1949年（∷∷∷）とワルシャワ条約機構加盟国1955年（▭▭▭）を着色してみよう。

◆ 戦後のアジア (本誌P.269③参照)

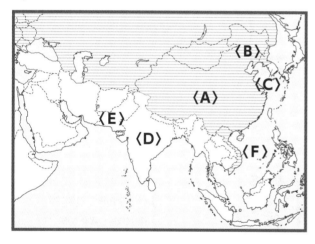

国　名〈A　　　　　〉（国共内戦に勝利して建国　1949年）
　　　〈B　　　　　〉
　　　　　　　　　　　｝（朝鮮戦争　1950〜53年）
　　　〈C　　　　　〉
　　　〈D　　　　　〉
　　　　　　　　　　　｝（3度の印パ戦争を戦う）
　　　〈E　　　　　〉
　　　〈F　　　　　〉（ベトナム戦争により南北統一　1975年）

作業1 共産主義国家（▭▭▭）を着色してみよう。

◆ アフリカ諸国の独立 (本誌P.282②参照)

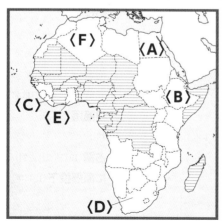

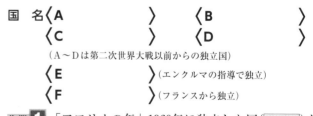

国　名〈A　　　　　〉　　〈B　　　　　〉
　　　〈C　　　　　〉　　〈D　　　　　〉
（A〜Dは第二次世界大戦以前からの独立国）
　　　〈E　　　　　〉（エンクルマの指導で独立）
　　　〈F　　　　　〉（フランスから独立）

作業1 「アフリカの年」1960年に独立した国（▭▭▭）を着色してみよう。

◆ 前２世紀の世界（本誌P.12〜13参照）

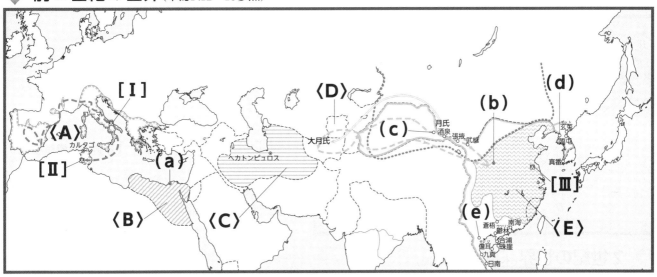

国　名〈A　　　　　　　　　　　〉（ポエニ戦争で大勝利，シチリア属州化）

　　　〈B　　　　　　　　　　　〉朝（ヘレニズム三国最後の王朝）

　　　〈C　　　　　　　　　　　〉王国（中国では安息と表記）

　　　〈D　　　　　　　　　　　〉（汗血馬の産地。別名フェルガナ）

　　　〈E　　　　　　　　　　　〉（武帝の時代に全盛期を迎える）

都市名（a　　　　　　　　　　　）（プトレマイオス朝の都）

　　　（b　　　　　　　　　　　）（前漢の都）

　　　（c　　　　　　　　　　　）（河西４郡の１つ，西域への重要な門戸）

　　　（d　　　　　　　　　　　）（朝鮮４郡の１つ，４郡の中心的地位）

　　　（e　　　　　　　　　　　）（南海９郡の１つ，現在のハノイ付近）

重要用語［I　　　　　　　　　　］の戦い（前216年ハンニバルがローマ軍を撃破）

　　　　［II　　　　　　　　　　］の戦い（前202年ローマ軍が圧勝）

　　　　［III　　　　　　　　　　］の戦い（前202年劉邦が項羽を滅ぼす）

作業 **1** 次の領域を着色してみよう。

プトレマイオス朝（▨▨▨）

パルティア王国（▤▤▤）

前漢（▦▦▦）

作業 **2** 次の範囲やルートを色でたどってみよう。

ハンニバルの進路（‑‑‑‑→）

匈奴支配領域（‑‑‑‑‑‑‑‑）

ローマの領域（‑‑‑‑‑‑‑‑）

月氏の移動（　　→）

前漢の最大領域（―――）

張騫の西域行路（‑‑‑‑‑）

◆ 前１世紀の世界（本誌P.12参照）

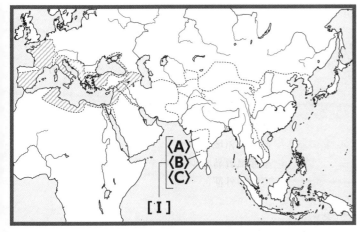

国　名〈A　　　　　　　　　　　　　　〉朝

（デカン高原を中心としたドラヴィダ系王朝）

　　　〈B　　　　　　　　　　　　　　〉朝

（ドラヴィダ系タミル人の王朝）

　　　〈C　　　　　　　　　　　　　　〉朝

（交易で繁栄したインド南端の王朝）

重要用語［I　　　　　　　　　　　　　］で繁栄

（ヒッパロスの風と呼ばれた季節風を利用した貿易）

作業 **1** 次の領域を着色してみよう。

共和政ローマ（▨▨▨）

1世紀～2世紀の世界

◆ 1世紀の世界 (本誌P.12参照)

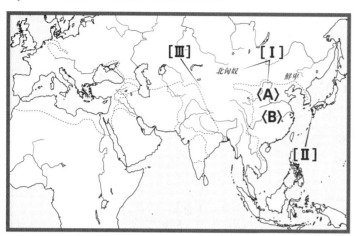

国　名〈A　　　　　　　　　　　〉

(後漢に服属し，のちに五胡の1つとなる)

〈B　　　　　　　　　　　〉

(新の滅亡後，光武帝(劉秀)が再興)

重要用語 [I 　　　　　　　　　]

(48年に南北に分裂)

[II 　　　　　　　　　]が金印を授かる

(57年金印)

[III 　　　　　　　　　]を制圧

(97年後漢の班超が行う)

◆ 2世紀の世界 (本誌P.14～15参照)

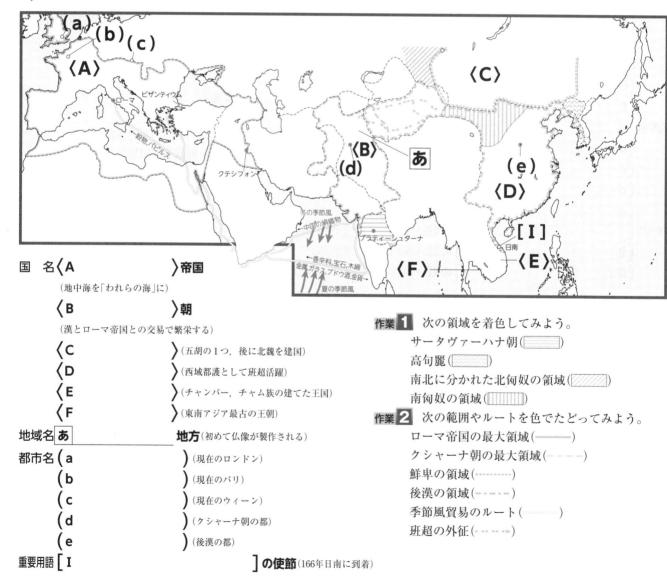

国　名〈A　　　　　　　　〉帝国

(地中海を「われらの海」に)

〈B　　　　　　　　〉朝

(漢とローマ帝国との交易で繁栄する)

〈C　　　　　　　　〉(五胡の1つ，後に北魏を建国)

〈D　　　　　　　　〉(西域都護として班超活躍)

〈E　　　　　　　　〉(チャンパー，チャム族の建てた王国)

〈F　　　　　　　　〉(東南アジア最古の王朝)

地域名 あ 　　　　　　　 地方 (初めて仏像が製作される)

都市名 (a 　　　　　　) (現在のロンドン)

(b 　　　　　　) (現在のパリ)

(c 　　　　　　) (現在のウィーン)

(d 　　　　　　) (クシャーナ朝の都)

(e 　　　　　　) (後漢の都)

重要用語 [I 　　　　　　　　　]の使節 (166年日南に到着)

作業 **1** 次の領域を着色してみよう。

サータヴァーハナ朝(▭)

高句麗(▭)

南北に分かれた北匈奴の領域(▨)

南匈奴の領域(▥)

作業 **2** 次の範囲やルートを色でたどってみよう。

ローマ帝国の最大領域(───)

クシャーナ朝の最大領域(── ──)

鮮卑の領域(‥‥‥‥)

後漢の領域(─ ─ ─)

季節風貿易のルート(───)

班超の外征(‥‥▶)

◆ 5世紀の世界 (本誌P.16～17参照)

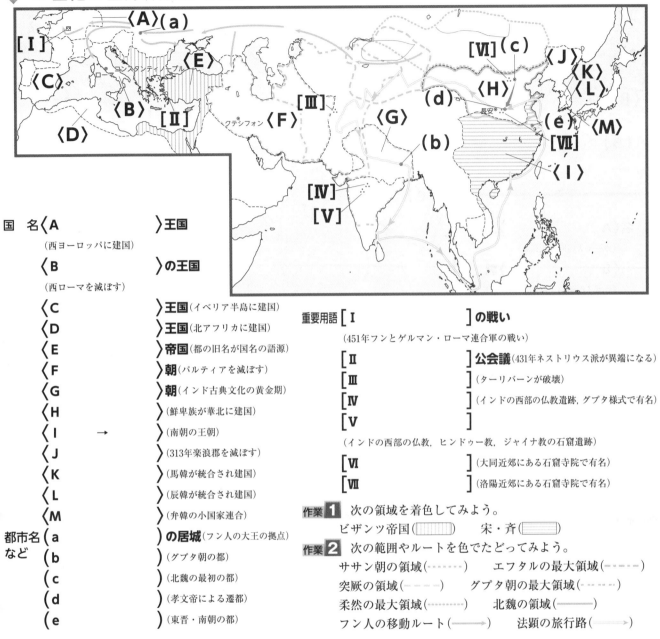

国　名〈A　　　　　　　　〉王国
　　　　　（西ヨーロッパに建国）

　　　〈B　　　　　　　　〉の王国
　　　　　（西ローマを滅ぼす）

　　　〈C　　　　　　　　〉王国（イベリア半島に建国）

　　　〈D　　　　　　　　〉王国（北アフリカに建国）

　　　〈E　　　　　　　　〉帝国（都の旧名が国名の語源）

　　　〈F　　　　　　　　〉朝（パルティアを滅ぼす）

　　　〈G　　　　　　　　〉朝（インド古典文化の黄金期）

　　　〈H　　　　　　　　〉（鮮卑族が華北に建国）

　　　〈I　　　→　　　　〉（南朝の王朝）

　　　〈J　　　　　　　　〉（313年楽浪郡を滅ぼす）

　　　〈K　　　　　　　　〉（馬韓が統合され建国）

　　　〈L　　　　　　　　〉（辰韓が統合され建国）

　　　〈M　　　　　　　　〉（弁韓の小国家連合）

都市名（a　　　　　　　　）の居城（フン人の大王の拠点）
など（b　　　　　　　　　）（グプタ朝の都）

　　　（c　　　　　　　　）（北魏の最初の都）

　　　（d　　　　　　　　）（孝文帝による遷都）

　　　（e　　　　　　　　）（東晋・南朝の都）

重要用語 [I 　　　　　　]の戦い
　　　　　（451年フンとゲルマン・ローマ連合軍の戦い）

[II 　　　　　　]公会議（431年ネストリウス派が異端になる）

[III 　　　　　　]（ターリバーンが破壊）

[IV 　　　　　　]（インドの西部の仏教遺跡, グプタ様式で有名）

[V 　　　　　　]
　（インドの西部の仏教, ヒンドゥー教, ジャイナ教の石窟遺跡）

[VI 　　　　　　]（大同近郊にある石窟寺院で有名）

[VII 　　　　　　]（洛陽近郊にある石窟寺院で有名）

作業 **1**　次の領域を着色してみよう。
　　　ビザンツ帝国（▨▨）　　宋・斉（▭）

作業 **2**　次の範囲やルートを色でたどってみよう。
　　サTサンT朝の領域（‥‥‥）　　エフタルの最大領域（—‥—）
　　突厥の領域（— — —）　　グプタ朝の最大領域（‥—‥）
　　柔然の最大領域（‥‥‥‥）　　北魏の領域（———）
　　フン人の移動ルート（——▶）　　法顕の旅行路（⇢）

◆ 6世紀の世界 (本誌P.17参照)

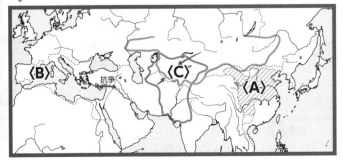

国　名〈A　　　　　　　　〉（589年中国の再統一に成功）

　　　〈B　　　　　　　　〉王国
　　　（ゲルマン人の一派, ガリア西部からイベリア半島にわたる地域に建国）

　　　〈C　　　　　　　　〉
　　　（突厥とササン朝の挟み撃ちにあい, 滅亡）

作業 **1**　次の領域を着色してみよう。
　　　隋（▨）

◆ 8世紀の世界 (本誌P.20～21参照)

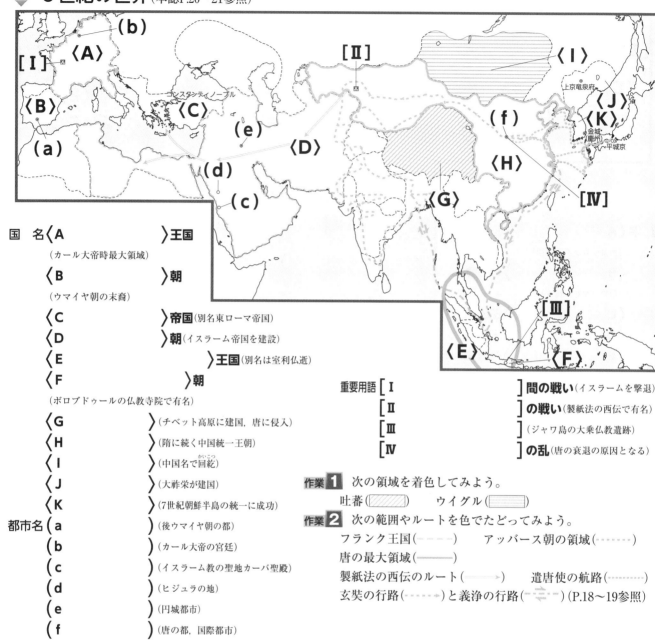

国名 〈A　　　　　　　〉王国
　　　（カール大帝時最大領域）

　　　〈B　　　　　　　〉朝

　　　（ウマイヤ朝の末裔）

　　　〈C　　　　　　　〉帝国 (別名東ローマ帝国)
　　　〈D　　　　　　　〉朝 (イスラーム帝国を建設)
　　　〈E　　　　　　　　　〉王国 (別名は室利仏逝)
　　　〈F　　　　　　　〉朝
　　　（ボロブドゥールの仏教寺院で有名）

　　　〈G　　　　　　〉(チベット高原に建国, 唐に侵入)
　　　〈H　　　　　　〉(隋に続く中国統一王朝)
　　　〈I　　　　　　〉(中国名で回紇)
　　　〈J　　　　　　〉(大祚栄が建国)
　　　〈K　　　　　　〉(7世紀朝鮮半島の統一に成功)

都市名 (a　　　　　　)(後ウマイヤ朝の都)
　　　 (b　　　　　　)(カール大帝の宮廷)
　　　 (c　　　　　　)(イスラーム教の聖地カーバ聖殿)
　　　 (d　　　　　　)(ヒジュラの地)
　　　 (e　　　　　　)(円城都市)
　　　 (f　　　　　　)(唐の都, 国際都市)

重要用語 [I　　　　　　] 間の戦い (イスラームを撃退)
　　　　 [II　　　　　　] の戦い (製紙法の西伝で有名)
　　　　 [III　　　　　　] (ジャワ島の大乗仏教遺跡)
　　　　 [IV　　　　　　] の乱 (唐の衰退の原因となる)

作業 1 次の領域を着色してみよう。
吐蕃(▨▨▨)　　ウイグル(▭▭▭)

作業 2 次の範囲やルートを色でたどってみよう。
フランク王国(------)　　アッバース朝の領域(·······)
唐の最大領域(———)
製紙法の西伝のルート(——→)　　遣唐使の航路(·········)
玄奘の行路(·····→)と義浄の行路(⇄)(P.18～19参照)

◆ 9世紀の世界 (本誌P.21参照)

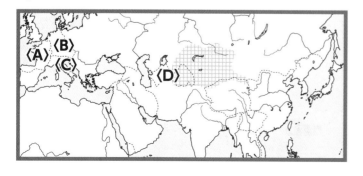

国名 (A～Cはヴェルダン条約, メルセン条約により形成)
　　　〈A　　　　　　　〉王国
　　　〈B　　　　　　　〉王国
　　　〈C　　　　　　　〉王国
　　　〈D　　　　　　　〉朝
　　　（中央アジアで自立したイラン系ムスリム国家）

作業 1 次の領域を着色してみよう。
ウイグル人の移住圏(▥▥▥)

◆ 10世紀の世界 (本誌P.22参照)

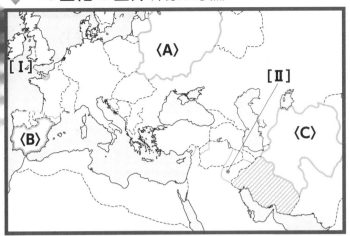

国　名

〈A　　　　　　　　〉公国 (9世紀, ノルマン人による建国)

〈B　　　　　　　　〉朝

(ウマイヤ家の末裔がイベリア半島に建国)

〈C　　　　　　　　〉朝 (イラン系シーア派王朝)

重要用語

[I 　　　　　　　　]建国 (ノルマン人ロロにより建国)

[II 　　　　　　　　]朝のバグダード入城

(946年の出来事　これによりアッバース朝は有名無実化する)

作業 **1** 次の領域を着色してみよう。

ブワイフ朝 (▨)

◆ 11世紀の世界 (本誌P.24～25参照)

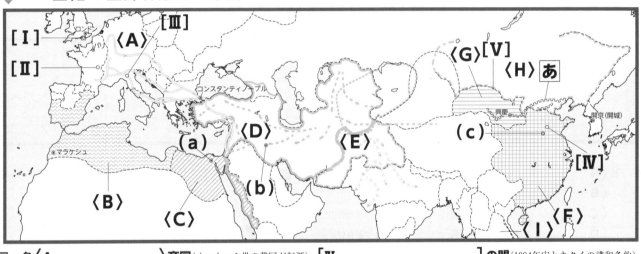

国　名 〈A　　　　　　　〉帝国 (オットー1世の戴冠が起源)

〈B　　　　　　　〉朝 (ベルベル人による建国)

〈C　　　　　　　〉朝 (シーア派による建国)

〈D　　　　　　　〉朝 (トルコ系スンナ派王朝)

〈E　　　　　　　〉朝 (アフガニスタンに建国)

〈F　　　　　　　〉 (趙匡胤による建国)

〈G　　　　　　　〉 (李元昊による建国)

〈H　　　　　　　〉 (耶律阿保機による建国)

〈I　　　　　　　〉 (中国名で真臘)

都市名 (a　　　　　　　) (ファーティマ朝の都)

(b　　　　　　　) (セルジュークが入城)

(c　　　　　　　) (北宋の都)

地域名 **あ** 　　　　　　　 (宋とキタイの争奪の場)

重要用語 [I 　　　　　　　] (1060年ノルマン人によるイギリス征服)

[II 　　　　　　　]宗教会議 (十字軍遠征を決定)

[III 　　　　　　　]の屈辱 (教皇と皇帝の対立)

[IV 　　　　　　　]の盟 (1004年宋とキタイの講和条約)

[V 　　　　　　　]の和約 (1044年宋と西夏の講和条約)

作業 **1** 次の領域を着色してみよう。

ムラービト朝 (▭)　　　ファーティマ朝 (▨)

西夏 (▤)　　　北宋 (▦)

作業 **2** 次の範囲やルートを色でたどってみよう。

セルジューク朝の最大領域 (———)

セルジューク族の進出 (····→)

カラハン朝の領域 (·········)

ガズナ朝のインド侵入 (←━━→)

ガズナ朝の領域 (－－－－)

キタイの領域 (－·－·－)

第1回十字軍のルート (═══▶)

◆ 12世紀の世界（本誌P.26〜27参照）

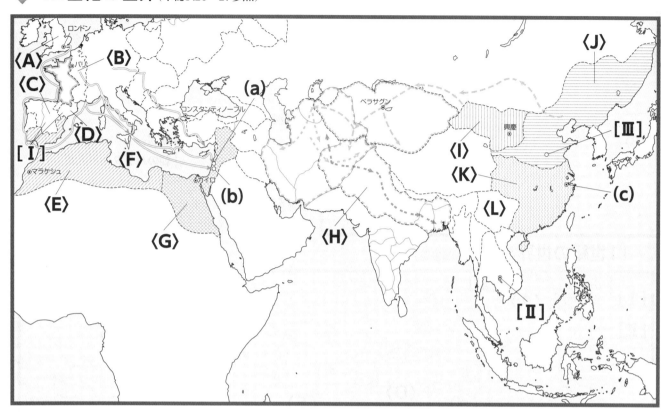

国 名〈A 〉**王国**（プランタジネット朝による支配）
　　　〈B 〉**王国**（カペー朝による支配）
　　　〈C 〉**王国**（11世紀建国，国土回復運動の中心）
　　　〈D 〉**王国**（のちにカスティリャと合併）
　　　〈E 〉**朝**（ムラービト朝を滅ぼし建国）
　　　〈F 〉**王国**（ルッジェーロ2世による建国）
　　　〈G 〉**朝**（サラーフ＝アッディーンによる建国）
　　　〈H 〉**朝**（ガズナ朝を滅ぼし建国）
　　　〈I 〉（李元昊により建国）
　　　〈J 〉（完顔阿骨打により建国）
　　　〈K 〉（靖康の変の後，江南に再建された）
　　　〈L 〉（雲南省にあったタイ族の国家）
都市名（a 〉（十字軍最後の拠点）
　　　（b 〉（サラーフ＝アッディーンが十字軍から奪回）
　　　（c 〉（南宋の都）
重要用語［I 　　］（国土回復運動）
　　　［II 　　］（アンコール朝の王都・都城）
　　　［III 　　］の変
　　（金による開封占領。北宋滅亡）

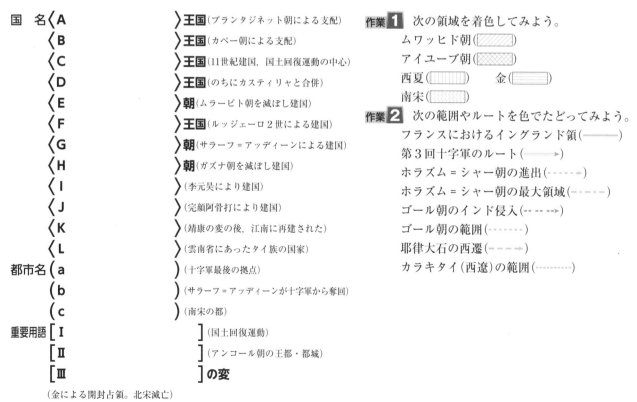

作業**1** 次の領域を着色してみよう。
　ムワッヒド朝（▨▨）
　アイユーブ朝（▨▨）
　西夏（▥）　　　金（▭）
　南宋（▨）

作業**2** 次の範囲やルートを色でたどってみよう。
　フランスにおけるイングランド領（───）
　第3回十字軍のルート（⇒）
　ホラズム＝シャー朝の進出（┈┈➤）
　ホラズム＝シャー朝の最大領域（─・─・─）
　ゴール朝のインド侵入（┈┈➤）
　ゴール朝の範囲（┈┈┈）
　耶律大石の西遷（─────➤）
　カラキタイ（西遼）の範囲（┈┈┈┈）

◆ 13世紀の世界 (本誌P.28〜29参照)

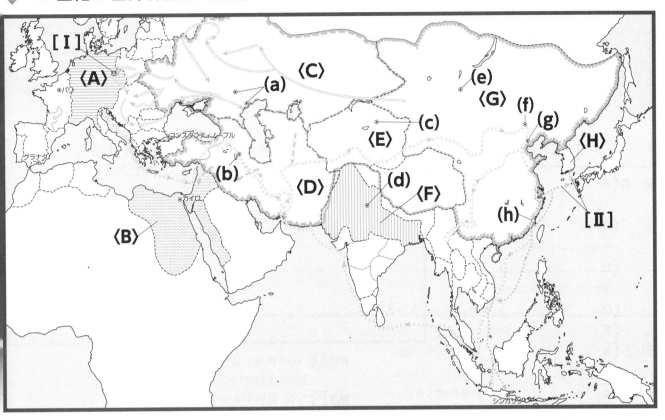

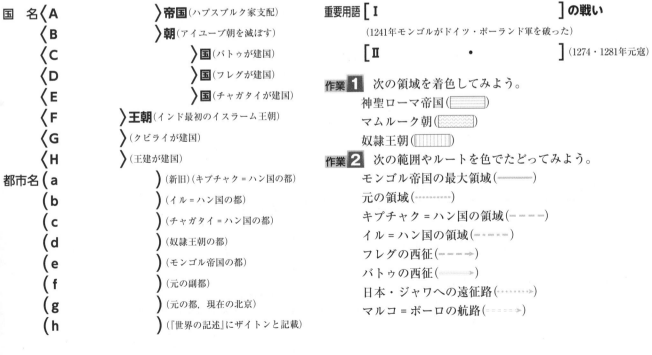

国　名〈A　　　　　〉帝国 (ハプスブルク家支配)
　　　〈B　　　　　〉朝 (アイユーブ朝を滅ぼす)
　　　〈C　　　　　〉国 (バトゥが建国)
　　　〈D　　　　　〉国 (フレグが建国)
　　　〈E　　　　　〉国 (チャガタイが建国)
　　　〈F　　　　　〉王朝 (インド最初のイスラーム王朝)
　　　〈G　　　　　〉(クビライが建国)
　　　〈H　　　　　〉(王建が建国)

都市名 (a　　　　　) (新旧) (キプチャク＝ハン国の都)
　　　 (b　　　　　) (イル＝ハン国の都)
　　　 (c　　　　　) (チャガタイ＝ハン国の都)
　　　 (d　　　　　) (奴隷王朝の都)
　　　 (e　　　　　) (モンゴル帝国の都)
　　　 (f　　　　　) (元の副都)
　　　 (g　　　　　) (元の都, 現在の北京)
　　　 (h　　　　　) (『世界の記述』にザイトンと記載)

重要用語 [I 　　　　　　　　　　　　　] の戦い
(1241年モンゴルがドイツ・ポーランド軍を破った)

[II 　　　　　　・　　　　　　] (1274・1281年元寇)

作業 1 次の領域を着色してみよう。
神聖ローマ帝国 (▭)
マムルーク朝 (▨)
奴隷王朝 (▥)

作業 2 次の範囲やルートを色でたどってみよう。
モンゴル帝国の最大領域 (──)
元の領域 (……)
キプチャク＝ハン国の領域 (- - - -)
イル＝ハン国の領域 (-・-・-)
フレグの西征 (- - - →)
バトゥの西征 (──→)
日本・ジャワへの遠征路 (……→)
マルコ＝ポーロの航路 (- - - →)

◆ 15世紀の世界 (本誌P.32〜33参照)

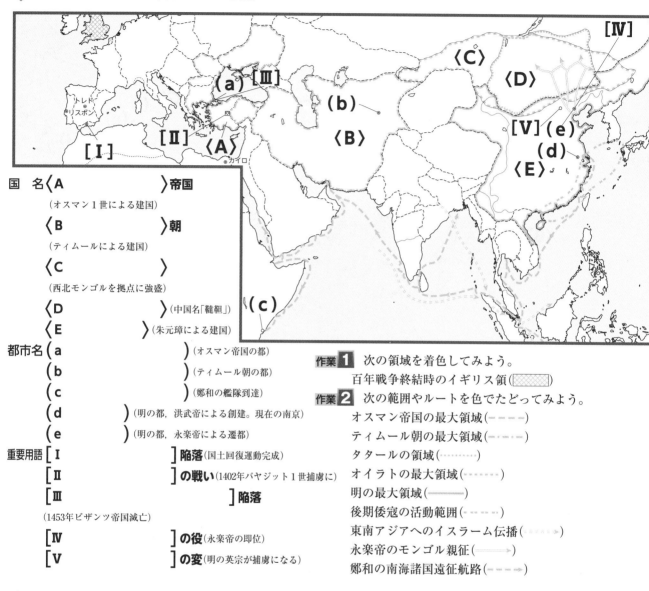

国　名〈A　　　　　　　〉帝国
　　　（オスマン1世による建国）

　　　〈B　　　　　　　〉朝
　　　（ティムールによる建国）

　　　〈C　　　　　　　〉
　　　（西北モンゴルを拠点に強盛）

　　　〈D　　　　　　　〉（中国名「韃靼」）

　　　〈E　　　　　　　〉（朱元璋による建国）

都市名（a　　　　　　　）（オスマン帝国の都）

　　　（b　　　　　　　）（ティムール朝の都）

　　　（c　　　　　　　）（鄭和の艦隊到達）

　　　（d　　　　　　　）（明の都，洪武帝による創建。現在の南京）

　　　（e　　　　　　　）（明の都，永楽帝による遷都）

重要用語［I　　　　　　　］陥落（国土回復運動完成）

　　　［II　　　　　　　］の戦い（1402年バヤジット1世捕虜に）

　　　［III　　　　　　　　］陥落
　　　（1453年ビザンツ帝国滅亡）

　　　［IV　　　　　　　］の役（永楽帝の即位）

　　　［V　　　　　　　］の変（明の英宗が捕虜になる）

作業1 次の領域を着色してみよう。
　　百年戦争終結時のイギリス領（▨▨▨▨）

作業2 次の範囲やルートを色でたどってみよう。
　　オスマン帝国の最大領域（－‐－‐－）
　　ティムール朝の最大領域（－‐－‐－）
　　タタールの領域（‥‥‥‥‥）
　　オイラトの最大領域（‐‐‐‐‐‐）
　　明の最大領域（――――）
　　後期倭寇の活動範囲（‐ ‐ ‐ ‐）
　　東南アジアへのイスラーム伝播（⇠⇠⇢）
　　永楽帝のモンゴル親征（――→）
　　鄭和の南海諸国遠征航路（－‐－‐→）

◆ 16世紀の世界 (本誌P.34〜35参照)

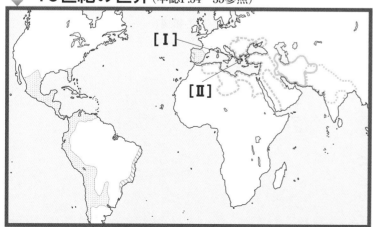

重要用語［I　　　　　　　　］の海戦
　（1538年オスマン艦隊がスペイン等の連合艦隊に勝利した戦い）

　　　［II　　　　　　　　　］の海戦
　（1571年オスマン艦隊がスペイン等の連合艦隊に敗れた戦い）

作業1 次の領域を着色してみよう。
　　スペイン領（▨▨▨▨）
　　ポルトガル領（▨▨▨▨）
　　オスマン帝国の領域（－‐－‐－）
　　サファヴィー朝の最大領域（――――）
　　ムガル帝国の領域（‥‥‥‥‥）

◆ 17世紀の世界（本誌P.36〜37参照）

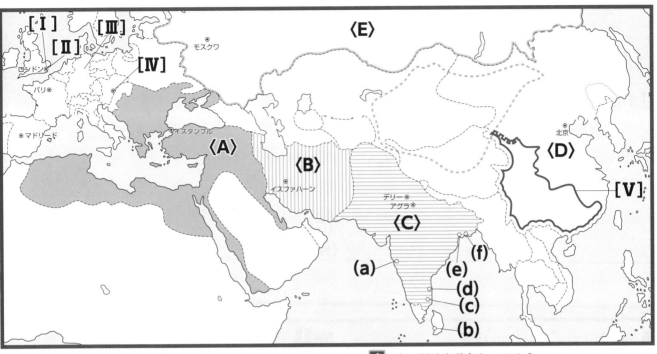

国　名〈A　　　　　　　〉帝国（帝国が最大領域に）
　　　〈B　　　　　　　〉朝（アッバース1世時の全盛期）
　　　〈C　　　　　　　〉帝国
　　　（インド最大のイスラーム国家）
　　　〈D　　　　　　　〉（ホンタイジが後金を改称）
　　　〈E　　　　　　　〉帝国（東方進出＝シベリア開拓へ）
都市名（a　　　　　　　）
　　　（1661年ポルトガルより譲り受ける）
　　　（b　　　　　　　）（1656年オランダが占領）
　　　（c　　　　　　　）（1674年フランスが商館建設）
　　　（d　　　　　　　）
　　　（1640年イギリス東インド会社が要塞を築く）
　　　（e　　　　　　　）（1674年フランスが植民地化）
　　　（f　　　　　　　）
　　　（1690年イギリス東インド会社が商館設立）
重要用語［I　　　　　　　］革命（指導者クロムウェル）
　　　　［II　　　　　　　］革命（権利の章典発布）
　　　　［III　　　　　　　］戦争
　　　（1618〜48年ドイツの最大の宗教戦争）
　　　　［IV　　　　　　　］
　　　（1683年第2回のオスマン帝国による包囲戦）
　　　　［V　　　　　　　］
　　　（清初におきた漢人武将による反乱）

作業1　次の領域を着色してみよう。
　　オスマン帝国（　　　）　　サファヴィー朝（　　　）
　　ムガル帝国（　　　）
作業2　次の範囲やルートを色でたどってみよう。
　　ロシア帝国の領域（――――）
　　ジュンガルの最大領域（………）
　　ネルチンスク条約による国境線（― ― ―）

◆ 17世紀の南北アメリカ（本誌P.36参照）

作業1　次の領域を着色してみよう。
イギリス領（　　　）
フランス領（　　　）
スペイン領（　　　）
ポルトガル領（　　　）

18世紀の世界（本誌P.38〜39参照）

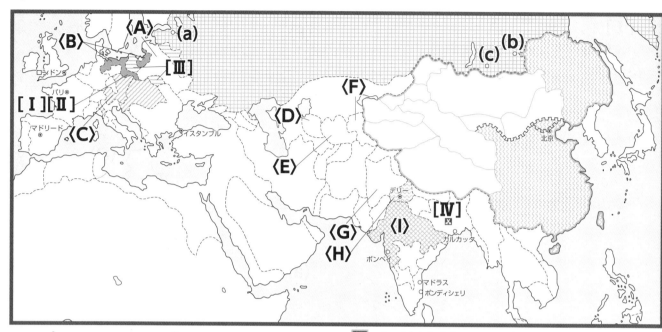

国　名〈A　　　　　　　　　　〉王国
　　　（王国が他国に分割される）
　　　〈B　　　　　　　　　　〉王国
　　　（ホーエンツォレルン家）
　　　〈C　　　　　　　　　　〉帝国（オーストリアが拠点）
　　　〈D　　　　　　　　　〉国（ウズベク族の国家）
　　　〈E　　　　　　　　　〉国（ウズベク族の国家）
　　　〈F　　　　　　　　　〉国（ウズベク族の国家）
　　　〈G　　　　　　　　　〉王国（シク教徒が創建）
　　　〈H　　　　　　　　　〉帝国
　　　（アウラングゼーブの死後領土縮小, 衰退へ）
　　　〈I　　　　　　　　　〉同盟
　　　（マラーター諸侯の連合体）

都市名（a　　　　　　　　　）（ロシア帝国の首都）
　　　（b　　　　　　　　　）
　　　（1689年清と露との国境画定条約締結地）
　　　（c　　　　　　　　　）
　　　（1727年清と露との国境・通商条約締結地）

重要用語［I　　　　　　　　　］戦争
　　　（オーストリア領の継承に外国が介入）
　　　［II　　　　　　　　　］戦争
　　　（シュレジエンをめぐる戦争）
　　　［III　　　　　　　　　］（露・普・墺による分割）
　　　［IV　　　　　　　　　］の戦い
　　　（七年戦争中のインドで英仏激突）

作業 **1** 次の領域を着色してみよう。
　　プロイセン王国（￭￭￭￭）　　ロシア帝国（▭▭▭）
　　ハプスブルク帝国（▨▨▨）
　　第1回ポーランド分割で他国に割譲された地域（▭）
　　ムガル帝国（▨▨）　　マラーター同盟（▨▨）
　　清の直轄地（▭）

作業 **2** 次の範囲を色でたどってみよう。
　　清の最大領域（———）　　キャフタ条約の国境（----------）

18世紀の南北アメリカ
（本誌P.38参照）

重要用語
［I　　　　　　　　　］宣言
（1776年発表されたイギリス13植民地の宣言）

作業 **3** 次の領域を着色してみよう。
　　イギリス領（▭▭▭）
　　スペイン領（▨▨）
　　ポルトガル領（▦▦）

P.1 世界の地勢
あ地中 **い**黒 **う**バルト **え**カリブ **お**ナイル **か**ティグリス **き**ユーフラテス **く**インダス **け**ガンジス **こ**黄河 **さ**長江 **し**ミシシッピ **す**アルプス **せ**ピレネー **そ**アパラチア **た**アンデス **ち**デカン **つ**チベット **て**アラビア **と**サハラ

先史時代
Ⅰアウストラロピテクス **Ⅱ**北京 **Ⅲ**ジャワ **Ⅳ**ネアンデルタール **Ⅴ**クロマニョン **a**ラスコー **b**アルタミラ **c**イェリコ **あ**エジプト **い**メソポタミア **う**インダス **え**中国

P.2 日本中心の世界地図
①中華人民共和国 ②大韓民国 ③朝鮮民主主義人民共和国 ④モンゴル ⑤ロシア連邦 ⑥カザフスタン ⑦ウズベキスタン ⑧キルギス ⑨タジキスタン ⑩トルクメニスタン ⑪インド ⑫パキスタン ⑬アフガニスタン ⑭ネパール ⑮ブータン ⑯バングラデシュ ⑰パプアニューギニア ⑱オーストラリア ⑲ニュージーランド ⑳カナダ ㉑アメリカ ㉒メキシコ ㉓キューバ ㉔ハイチ ㉕パナマ ㉖コロンビア ㉗ベネズエラ ㉘エクアドル ㉙ペルー ㉚ボリビア ㉛チリ ㉜ブラジル ㉝パラグアイ ㉞ウルグアイ ㉟アルゼンチン

P.3 ヨーロッパ中心の世界地図
①イラン ②イラク ③サウジアラビア ④ヨルダン ⑤シリア ⑥レバノン ⑦イスラエル ⑧エジプト ⑨リビア ⑩チュニジア ⑪アルジェリア ⑫モロッコ ⑬トルコ ⑭ギリシア ⑮イタリア ⑯フランス ⑰スペイン ⑱ポルトガル ⑲イギリス ⑳アイルランド ㉑オランダ ㉒ベルギー ㉓ドイツ ㉔スイス ㉕オーストリア ㉖ポーランド ㉗チェコ ㉘スロバ(ヴァ)キア ㉙ハンガリー ㉚ルーマニア ㉛ブルガリア ㉜ウクライナ ㉝ベラルーシ ㉞リトアニア ㉟ラトビ(ヴィ)ア ㊱エストニア ㊲デンマーク ㊳ノルウェー ㊴スウェーデン ㊵フィンランド

P.4 古代オリエント世界
あメソポタミア **い**エジプト **う**地中海東岸 **a**ウル **b**バビロン **c**メンフィス **d**テーベ **e**テル＝エル＝アマルナ **f**ボアズキョイ **g**イェルサレム **h**ダマスクス **i**シドン

古代オリエントの統一
aニネヴェ **b**バビロン **c**スサ **d**ペルセポリス

P.5 ギリシア本土とその周辺
aクノッソス **b**ミケーネ **c**トロイア **d**アテネ **e**スパルタ **f**テーベ **g**オリンピア **h**ミレトス

ヘレニズム世界
Ⅰイッソス **Ⅱ**アルベラ **A**アンティゴノス **B**プトレマイオス **C**セレウコス **a**ビザンティオン **b**アレクサンドリア **c**アンティオキア **d**サマルカンド

P.6 ローマ帝国の広がり
aローマ **b**カルタゴ **c**ビザンティウム **d**アンティオキア **e**ヒエロソリマ(イェルサレム) **f**アレクサンドリア **Ⅰ**カンネー(カンナエ) **Ⅱ**ザマ **Ⅲ**アクティウム **Ⅳ**ニケーア

パルティアとササン朝ペルシア
aクテシフォン **Ⅰ**クラッスス **Ⅱ**ヴァレリアヌス **Ⅲ**ニハーヴァンド

P.7 インダス文明
aモエンジョ＝ダーロ **b**ハラッパー **c**ブッダガヤ **あ**カイバル **い**パンジャーブ

古代インドの王朝～前3世紀
Aマウリヤ **a**パータリプトラ **b**サーンチー **あ**カリンガ

古代インドの王朝～後2世紀
Aクシャーナ **B**サータヴァーハナ **a**プルシャプラ **あ**ガンダーラ

古代インドの王朝～5,7世紀
Aグプタ **B**ヴァルダナ **a**ナーランダー **b**アジャンター **c**カナウジ

P.8 現在の東南アジア諸国
Aミャンマー **B**タイ **C**ラオス **D**ベトナム **E**カンボジア **F**マレーシア **G**シンガポール **H**インドネシア **I**東ティモール **J**ブルネイ **K**フィリピン

8世紀
Aチャンパー **B**真臘(カンボジア) **C**シュリーヴィジャヤ **D**シャイレンドラ **a**パレンバン **b**ボロブドゥール

13世紀
Aパガン **B**陳 **C**アンコール **D**シンガサリ **a**アンコール＝ワット

P.9 中国の地形
あ黄河 **い**淮河 **う**長江 **え**渭水 **お**ゴビ **か**モンゴル

黄河文明・殷・周
a鎬京 **b**洛邑 **Ⅰ**仰韶 **Ⅱ**城子崖 **Ⅲ**殷墟

春秋戦国時代・秦の統一
a咸陽 **Ⅰ**匈奴 **A**燕 **B**趙 **C**魏 **D**韓 **E**秦 **F**斉 **G**楚

P.10 イスラーム世界の発展
Aウマイヤ **a**メッカ **b**メディナ **c**ダマスクス **Ⅰ**ニハーヴァンド **Ⅱ**トゥール・ポワティエ間 **Ⅲ**タラス河畔

10世紀
Aアッバース **B**ファーティマ **C**後ウマイヤ **D**ブワイフ **a**バグダード **b**カイロ **c**コルドバ

11世紀
Aセルジューク **B**ムラービト **C**ガズナ

12世紀
Aアイユーブ **B**ムワッヒド **C**ゴール

13世紀
Aマムルーク **B**イル＝ハン **C**奴隷 **a**グラナダ **b**デリー

P.11 ヨーロッパの地形
あピレネー **い**アルプス **う**ライン **え**エルベ **お**ドナウ **か**ドニプロ **き**スカンディナヴィア **く**ユトランド **け**イベリア **こ**バルカン **さ**グレートブリテン **し**アイルランド **す**コルシカ **せ**サルデーニャ **そ**シチリア **た**クレタ **ち**キプロス **つ**バルト **て**北 **と**アドリア **な**黒

5世紀のヨーロッパ
Aフランク **B**西ゴート **C**東ゴート **D**ヴァンダル

10～11世紀のヨーロッパ
Aノルマン **B**西フランク **C**東フランク **D**教皇領 **E**ビザンツ **F**両シチリア **a**イェルサレム **b**コンスタンティノープル **c**カイロ **d**チュニス

P.12 中世末期のヨーロッパ
あ北ヨーロッパ **い**フランドル **う**シャンパーニュ **え**南ドイツ **お**地中海 **a**ロンドン **b**パリ **c**アヴィニョン **d**ハンブルク **e**フィレンツェ **f**ローマ **g**ヴェネツィア

中世ヨーロッパの宗教分布
aカノッサ **b**ヴォルムス **c**シトー **d**クリュニー **e**ローマ **f**モンテ＝カシノ **g**アッシジ **h**コンスタンティノープル

P.13 大航海時代の世界
あサンサルバドル **い**マゼラン **う**喜望峰 **え**ホルムズ **お**モルッカ **A**スペイン **B**ポルトガル **a**リスボン **b**ゴア **c**カリカット **d**マラッカ **e**マカオ **f**マニラ **Ⅰ**教皇子午線 **Ⅱ**トルデシリャス

古アメリカ文明
Aマヤ **B**アステカ **C**インカ **a**テノチティトラン **b**クスコ

P.14 16世紀中頃のヨーロッパ
aアントウェルペン **b**リスボン **c**マドリード **d**アウクスブルク **e**ウィーン **Ⅰ**モハーチ **Ⅱ**プレヴェザ **Ⅲ**レパント

18世紀中頃のヨーロッパ
Aグレートブリテン **B**スウェーデン **C**プロイセン **D**ポーランド **あ**シュレジエン **い**ミノルカ **a**ジブラルタル **b**アムステルダム **c**ペテルブルク **Ⅰ**ユトレヒト **Ⅱ**アーヘン

P.15 17世紀の初期重商主義(重金主義)時代の銀の流れ
①絹織物 ②陶磁器 ③香辛料 ④綿織物 **Ⅰ**価格革命 **Ⅱ**銀納税

18世紀中頃の植民地と貿易
aボンベイ **b**マドラス **c**カルカッタ **d**ポンディシェリ **e**シャンデルナゴル **f**バタヴィア **あ**ケープ **い**スリランカ

P.16 アメリカ独立革命
あミシシッピ **い**ヴァージニア **う**ペンシルヴェニア **え**フロリダ **a**ボ

ストン **b**フィラデルフィア **I**レキシントン **II**ヨークタウン

ナポレオン時代のヨーロッパ(1812年頃)

あコルシカ **い**エルバ **a**アミアン **b**ベルリン **c**モスクワ **I**トラファルガー **II**アウステルリッツ **III**ライプツィヒ **IV**ワーテルロー

P.17 産業革命期のイギリス

aロンドン **b**バーミンガム **c**マンチェスター **d**リヴァプール

イギリスの覇権

あインド **い**オーストラリア **う**ケープ植民地 **え**カナダ **a**香港 **I**綿織物など工業製品 **II**アヘン

P.18 ウィーン体制下のヨーロッパ(1815年)

aワルシャワ **b**フランクフルト **c**ローマ **d**ペテルブルク **e**パリ **f**ベルリン **g**ウィーン **I**カルボナリ **II**ギリシア **III**スペイン **IV**デカブリスト(十二月党員) **V**ベルギー **VI**七月 **VII**二月 **VIII**三月

P.19 イタリア・ドイツの統一、1878年のバルカン半島

あボスフォラス **い**ダーダネルス **う**アルザス **え**ロレーヌ **お**シュレスヴィヒ **か**ホルシュタイン **a**ベルリン **b**ロンドン **c**イスタンブル **I**パリ=コミューン

P.20 19世紀のラテンアメリカ

Aハイチ **B**ベネズエラ **C**メキシコ **D**ボリビア **E**アルゼンチン

19世紀のアメリカ合衆国

あルイジアナ **い**フロリダ **う**テキサス **え**オレゴン **お**カリフォルニア **か**アラスカ **a**ワシントン **b**リッチモンド **I**ゲティスバーグ

P.21 帝国主義時代の列強

aベルリン **b**イスタンブル **c**バグダード **d**カイロ **e**ケープタウン **f**カルカッタ **I**ファショダ **II**モロッコ **A**リベリア **B**エチオピア **C**タイ

列強の中国進出

あ九竜 **a**旅順・大連(順不同) **b**武昌 **c**南京

P.22 ヴェルサイユ体制下のヨーロッパ

aサライェヴォ **b**ペトログラード **c**モスクワ **d**ジュネーヴ **e**ダンツィヒ **I**ブレスト=リトフスク **あ**ラインラント **い**アルザス・ロレーヌ **う**ザール **A**ポーランド **B**チェコスロヴァキア **C**ハンガリー **D**フィンランド

第一次世界大戦後の西アジア

あパレスチナ **A**シリア **B**レバノン **C**トランスヨルダン **D**イラク

P.23 ヨーロッパ戦線

Aドイツ **B**イタリア **a**ゲルニカ **b**ミュンヘン **c**スターリングラード **d**アウシュヴィッツ **I**ノルマンディー **II**ヤルタ **III**ポツダム

アジア太平洋戦線

a南京 **b**重慶 **I**柳条湖 **II**盧溝橋 **III**ノモンハン **IV**パールハーバー **V**ミッドウェー **VI**ガダルカナル **VII**サイパン **VIII**沖縄 **IX**広島・長崎

P.24 戦後のヨーロッパ

Aギリシア **B**トルコ **C**ユーゴスラヴィア **a**ベルリン **b**プラハ **c**ブリュッセル

戦後のアジア

A中華人民共和国 **B**朝鮮民主主義人民共和国 **C**大韓民国 **D**インド **E**パキスタン **F**ベトナム社会主義共和国

アフリカ諸国の独立

Aエジプト **B**エチオピア **C**リベリア **D**南アフリカ共和国 **E**ガーナ **F**アルジェリア

P.25 前2世紀の世界

A共和政ローマ **B**プトレマイオス **C**パルティア **D**大宛 **E**前漢 **a**アレクサンドリア **b**長安 **c**敦煌 **d**楽浪 **e**交趾 **I**カンネー(カンナエ) **II**ザマ **III**垓下

前1世紀の世界

Aサータヴァーハナ **B**チョーラ **C**パーンディヤ **I**季節風貿易

P.26 1世紀の世界

A南匈奴 **I**匈奴 **II**倭の奴国王 **III**タリム盆地

2世紀の世界

Aローマ **B**クシャーナ **C**鮮卑 **D**後漢 **E**林邑 **F**扶南 **あ**ガンダーラ **a**ロンディニウム **b**ルテティア **c**ウィンドボナ **d**プルシャプラ

e洛陽 **I**大秦王安敦

P.27 5世紀の世界

Aフランク **B**オドアケル **C**西ゴート **D**ヴァンダル **E**ビザンツ **F**ササン **G**グプタ **H**北魏 **I**宋→斉 **J**高句麗 **K**百済 **L**新羅 **M**加耶(加羅) **a**アッティラ **b**パータリプトラ **c**平城 **d**洛陽 **e**建康 **I**カタラウヌム **II**エフェソス **III**バーミヤン **IV**アジャンター **V**エローラ **VI**雲崗 **VII**竜門

6世紀の世界

A隋 **B**西ゴート **C**エフタル

P.28 8世紀の世界

Aフランク **B**後ウマイヤ **C**ビザンツ **D**アッバース **E**シュリーヴィジャヤ **F**シャイレンドラ **G**吐蕃 **H**唐 **I**ウイグル **J**渤海 **K**新羅 **a**コルドバ **b**アーヘン **c**メッカ **d**メディナ **e**バグダード **f**長安 **I**トゥール・ポワティエ **II**タラス河畔 **III**ボロブドゥール **IV**安史

9世紀の世界

A西フランク **B**東フランク **C**イタリア **D**サーマーン

P.29 10世紀の世界

Aキエフ **B**後ウマイヤ **C**サーマーン **I**ノルマンディー公国 **II**ブワイフ

11世紀の世界

A神聖ローマ **B**ムラービト **C**ファーティマ **D**セルジューク **E**ガズナ **F**宋(北宋) **G**西夏 **H**キタイ(契丹・遼) **I**カンボジア **a**カイロ **b**バグダード **c**東京開封府 **あ**燕雲十六州 **I**ノルマン=コンクェスト **II**クレルモン **III**カノッサ **IV**澶淵 **V**慶暦

P.30 12世紀の世界

Aイングランド **B**フランス **C**カスティリャ **D**アラゴン **E**ムワッヒド **F**両シチリア **G**アイユーブ **H**ゴール **I**西夏 **J**金 **K**南宋 **L**大理 **a**アッコン **b**イェルサレム **c**臨安 **I**レコンキスタ **II**アンコール=トム **III**靖康

P.31 13世紀の世界

A神聖ローマ **B**マムルーク **C**キプチャク=ハン **D**イル=ハン **E**チャガタイ=ハン **F**奴隷 **G**元 **H**高麗 **a**サライ **b**タブリーズ **c**アルマリク **d**デリー **e**カラコルム **f**上都 **g**大都 **h**泉州 **I**ワールシュタット **II**文永の役・弘安の役

P.32 15世紀の世界

Aオスマン **B**ティムール **C**オイラト(瓦剌) **D**タタール **E**明 **a**イスタンブル **b**サマルカンド **c**マリンディ **d**金陵 **e**北京 **I**グラナダ **II**アンカラ **III**コンスタンティノープル **IV**靖難 **V**土木

16世紀の世界

Iプレヴェザ **II**レパント

P.33 17世紀の世界

Aオスマン **B**サファヴィー **C**ムガル **D**清 **E**ロシア **a**ボンベイ **b**コロンボ **c**ポンディシェリ **d**マドラス **e**シャンデルナゴル **f**カルカッタ **I**ピューリタン **II**名誉 **III**三十年 **IV**ウィーン包囲戦 **V**三藩の乱

P.34 18世紀の世界

Aポーランド **B**プロイセン **C**ハプスブルク **D**ヒヴァ=ハン **E**ブハラ=ハン **F**コーカンド=ハン **G**シク **H**ムガル **I**マラーター **a**ペテルブルク **b**ネルチンスク **c**キャフタ **I**オーストリア継承 **II**七年 **III**第1回ポーランド分割 **IV**プラッシー

18世紀の南北アメリカ

Iアメリカ独立

本誌ページ	記 述 例（太字：記述すべき重要用語）
45	定住化が促進され，人口が増加し**集落**が作られた。余剰生産物が社会化され，それを管理するスペシャリストが生まれ，交換による商業・交易が行われるようになり，国家の体制が整えられた。〔87字〕
49	現存する最古の体系的法典で，「目には目を，歯には歯を」の**同害復讐**の原則をもつが，身分の違いによって刑罰に差がある**身分法**であった。〔64字〕
50	都を**テル＝エル＝アマルナ**に遷したことで政治の刷新が行われ，古い伝統にとらわれない写実的な美術が生まれた。〔52字〕
51	どちらも国際商業語として広がったが，**アラム語**は西アジア世界で共通語になり，アラム文字はヘブライ文字，アラビア文字などの母体となった。**フェニキア文字**は地中海世界に広がり，**アルファベット**の成立に寄与した。〔100字〕
55	全土を**約20**あまりの州に分け，**サトラップ**を任命して徴税や治安維持を担わせた。また「王の目」「王の耳」と呼ばれる**監察官**を派遣して，サトラップを監視させた。さらに「**王の道**」と呼ばれる国道を整備し，**駅伝制**を設けた。被支配民族に対して貢納と軍役を課したが，彼らの法や宗教には干渉せず寛容な政策をとり，商業活動を保護した。〔155字〕
57	自らを**ヘレネス**，異民族を**バルバロイ**と呼び，共通して**デルフォイ**の神託に基づく政治を行っていたことや，アポロン神殿の管理を中部ギリシアの**隣保同盟**が担うこと，**オリンピア**では定期的に祭典が行われていたこと。〔99字〕
60	アテネは**イオニア系**の**集住**型ポリス。重装歩兵市民の活躍を背景に**古代民主政**が成長し，学芸が発達した。スパルタは**ドーリア系**の征服型ポリス。征服者であるスパルタ市民が軍事力を背景に，先住民だった**ヘイロータイ**を隷属的に支配した。〔109字〕
61	**無産市民**が軍艦の漕ぎ手として活躍しアテネを勝利に導いたことから，戦後は無産市民も国政に発言力をもつようになり，**ペリクレス**時代にアテネの民主政治が完成した。その後，アテネを盟主に**デロス同盟**が結成されペルシアの再攻に備えたが，実質的にはアテネが他のポリスを支配するアテネ海上帝国を築いた。〔142字〕
63	アケメネス朝ペルシアの統治方法や**オリエント**的な専制君主政を継承しつつ，征服地全土に**ギリシア風都市**を建設。ギリシア人の入植を進めると同時にギリシア人兵士とペルシア人女性の婚姻を勧め，**混血**を奨励した。また，共通ギリシア語の**コイネー**を公用語とした。〔121字〕
65	**アレクサンドロス大王**の東方遠征以降成立した，**オリエント**とギリシアが融合した文化。〔40字〕
66	ローマは個々の都市と**個別の同盟**を結び，都市の権利や義務に差をつけた。これにより都市間の団結とローマへの反乱が防がれた。〔59字〕
67	中小農民が没落して無産市民となり，都市に流入して，**重装歩兵**が解体した。傭兵が主流となるなど，ローマの危機を生み出した。〔59字〕
68	**ラティフンディア**の広がりとそこから集められる農産物の流通，**アッピア街道**など整備された交通網の下で商業が発展し，属州やアジアとの通商や貿易も拡大した。こうした経済的繁栄が強大な軍事力と政治的安定を支え，平和と繁栄を持続させた。〔112字〕
69	ローマ市民権をもつ**パウロ**が，キリストの教えを異邦人伝道によって各地に広めた。その結果，キリスト教はパレスチナのユダヤ教の一改革派から独自の世界宗教に転じ，拡大した。〔82字〕
72	私法が中心の**市民法**だったが，ローマの支配の拡大に伴い，民族を超えた普遍的な法理をもつ**万民法**の特徴をもつようになった。〔58字〕
73	この世界は善神**アフラ＝マズダ**と悪神アーリマンの闘争の場であると説き，善神の恩恵にすがり正しく生きた者のみが「**最後の審判**」により楽園に導かれるとした。この教えは，のちのユダヤ教やキリスト教に影響を与えた。〔101字〕
74	祭式に精通した司祭**バラモン**を最上位とし，以下，武人階層である**クシャトリヤ**，一般庶民である**ヴァイシャ**，隷属民からなる**シュードラ**を最下層におく，バラモンの世界観に基づく身分制度。〔87字〕
76	修行による自らの救済のみを目的とする従来の仏教を批判し，すべての人々を救済する**衆生救済**の必要を説き，救済の担い手とされる菩薩が信仰の主要な対象となった。〔76字〕
83	大邑が周辺の村落を従え，小国家を形成するという**邑制国家**であった。殷はこれら邑制国家の連合体の中心として存在し，殷王は祭政一致の**神権政治**を行い，殷王の主宰する祭祀は，国家間の結合を支えるものであった。〔99字〕
84	**鉄製農具**と**牛耕**の普及によって農業生産が高まり，自作農による小規模経営が普及した。農産物や商品の流通に伴い**青銅貨幣**が流通し，大商人，大都市が出現した。身分にとらわれない人材登用が広がり，個人の能力が重視されるようになった。〔110字〕
86	**法家**思想を採用し，**焚書・坑儒**により医薬，卜筮，農業技術書以外の書物を焼き，儒者を生き埋めにし，思想弾圧を行った。〔55字〕
87	秦は役人を直接派遣して統治する**郡県制**の採用によって中央集権体制を築こうとしたが，急激な変革が反発を生んだことから，郡県制と並んで一部諸侯王を封建する封建制も取り入れた**郡国制**を採用した。〔92字〕
88	**張騫**を派遣後，西域に進出し**敦煌郡**など河西4郡をおいた。また衛氏朝鮮を滅ぼして**楽浪郡**など4郡をおき，南越を滅ぼして南海郡など9郡をおいた。〔68字〕
89	後漢時代に**蔡倫**によって改良された製紙技術は，751年，唐とアッバース朝との間で行われた**タラス河畔の戦い**で，その捕虜となった唐の兵士がイスラーム世界に伝えたとされる。〔81字〕
90	江南に栄えた，呉・東晋・宋・斉・梁・陳の六王朝の文化の総称。優美で華麗な**貴族文化**を特徴とする。〔47字〕
93	**中書省**で起草された詔勅が**門下省**で審議され，拒否されなければ尚書省に送られて，その管轄下の六部が役割を分担して実施した。〔59字〕
94	土地の私有を認め，家単位で**現住地**で財産に応じ夏と秋の2回課税した。銭納を原則とした。〔42字〕

本誌ページ	記　述　例（太字：記述すべき重要用語）
100	**文治主義**をとる宋では，科挙の最終試験として皇帝自らが行う**殿試**が新たに設けられ，文人官僚を多数採用した。彼らの出身の多くは**形勢戸**という新興地主層であり，官僚を出した家は官戸として特権を享受した。また，彼らは儒教的教養を身につけた**士大夫**として支配階層を形成した。〔129字〕
102	小農民や中小商工業者の経済活動を支援して生産力向上と税収安定を図り，経費削減に努めて財政を再建するとともに，弱体化した防衛力を強化する**富国強兵策**が実施された。〔79字〕
103	低湿地に囲田が造成され，日照りに強い早稲種の占城稲が導入されたことにより，蘇州・湖州を中心とした**長江下流域**が穀倉地帯となった。〔63字〕
107	モンゴル人は，**自民族を優遇**すると同時に，色目人をはじめ実務に精通した人々を民族の枠を越えて役人や軍人として重用した。ただし儒学の教養を問う科挙を重視せず，伝統的な**中国文化は軽視**した。〔91字〕
109	モンゴル帝国は，初期の時代から交通路の整備や国際商人の保護を推進し，陸上では**ジャムチ**という駅伝制をしいて，交通・通信のネットワークを形成した。海上では，インド洋を渡ってきた**ムスリム商人**が，江南の海港都市から大運河を使う交易活動に従事したため，商業が発展した。〔128字〕
110	中書省とその長官である丞相を廃止し，**六部を皇帝直轄**とした。これによりすでに実質を失っていた門下省・尚書省とともに三省は廃止され，君主独裁体制が強化された。〔77字〕
111	大規模な**編纂事業**を行い，学者・知識人たちを優遇する一方，**文字の獄**，禁書を徹底し，反満・反清思想を摘発し，著者を処罰したり，書物の発行を禁止した。〔72字〕
112	中国本土，満洲，台湾は直轄領とされ，モンゴル，青海，チベット，新疆は藩部として**理藩院**により統轄され，間接統治を行った。さらに冊封・朝貢関係も維持し，朝鮮・ベトナムなどの周辺国は属国とされた。〔95字〕
113	商品経済が進展するなか，中国に大量のメキシコ銀が流入した結果，土地税や人丁の労役などを一括して銀で納める**一条鞭法**が実施された。清代にさらに簡素化され，人頭税が土地税に組み込まれる**地丁銀制**の実施により人頭税が消滅した。〔108字〕
114	朱子学を批判し，「**心即理**」「**致良知**」といった人間本来の心の動きを重視した。〔37字〕
122	アッバース朝では，ウマイヤ朝でみられたアラブ人優位の実態が改められるとともに，**非アラブ人ムスリムのジズヤが廃止**されるなど信者の平等が実現し，「**イスラーム帝国**」と呼ばれる支配体制が築かれた。〔94字〕
126	固有の学問は『**コーラン**』を基礎とする法学，神学，歴史学，アラビア語の文法学などで，外来の学問は**ギリシア**やインドから導入された哲学，医学，数学などである。〔76字〕
132	厳格なスンナ派である**アウラングゼーブ帝**は，非イスラーム教徒に対する弾圧を行い，アクバル帝が廃止していた**ジズヤ**を復活した。〔60字〕
137	寒冷化と人口増加による耕地不足を背景に，**フン人のヨーロッパ侵攻**と**東ゴート人・西ゴート人への圧迫**が大移動をおこした。〔57字〕
138	西ヨーロッパのイスラーム化を阻止してキリスト教世界を守るとともに，カロリング家とローマ教皇の関係が深まり**カロリング朝への道**を拓いた。〔67字〕
139	侵攻による混乱のなか，**商業や都市，貨幣経済**は衰退して農業や農村，**自然経済**を単位とする荘園制が生まれた。また，外部勢力から身を守るための**主従関係**が生まれ，**封建社会**の形成を促進した。〔90字〕
140	**不輸不入権**により，領主は上級権力から独立した**領主裁判権**をもち，農奴を法的に支配した。また，領主直営地で賦役，農民保有地で貢納を課し，経済的に支配した。〔75字〕
141	**フランチェスコ修道会，ドミニコ修道会**。ともに托鉢修道会で財産所有を否定し，民衆の施しを受けながら**都市**で説教活動を行った。〔60字〕
145	**ギリシア語**が公用語で，**ギリシア正教**の強い影響下にあり教会建築は正十字の平面プランとモザイク壁画を特徴とする**ビザンツ様式**であった。〔65字〕
146	十字軍の失敗により，**教皇の権威**は低下し，諸侯や騎士が没落する一方で，**王権**は伸張した。経済的には，**東方貿易**が活発化し**イタリア諸都市**が繁栄するとともに，ヨーロッパ内部での**遠隔地商業**も発展した。貨幣経済の復活とともに，これらは**荘園制**を解体させ，中世**封建制**の崩壊につながった。〔133字〕
148	荘園での労働力を確保するために，**農奴解放**に向けて農民の身分的束縛はますます緩められ，荘園制の解体を促した。〔53字〕
150	ジョンはフランス王**フィリップ2世**と戦って敗れ，大陸領の大半を失った。そこで戦費調達のため貴族に課税したが，貴族の反抗にあい，**大憲章**を承認させられた。〔74字〕
151	この勅書により，神聖ローマ皇帝の選出には**聖俗7人の選帝侯**があたることと領邦君主の主権を認めたため，ドイツの分裂は一層進んだ。〔62字〕
152	都市の発達と**12世紀ルネサンス**の影響下，教師と学生の自治的な**ギルド**として生まれた。教会・修道院の付属学校で行われていた**自由7科**と神学・法学・医学部の専門3学部これに一般教養として**人文学部**がおもな大学におかれていた。〔107字〕
157	活版印刷術は，印刷物の価格を**安価**にして聖書の普及を促すとともに，ルターの説を早く正確に広めることで**宗教改革運動**を活発化させた。〔60字〕
162	「人は信仰によってのみ義とされる」，すなわち魂の救済は信仰に基づくものであるとして，贖宥状の悪弊を主張した。〔54字〕
163	**ヘンリ8世**は王妃との離婚を教皇に反対されたため，**首長法**で国王がイギリス国内の教会の首長であるとするイギリス国教会を成立させ，教皇と絶縁した。修道院を解散させて土地・財産を没収するなど，国家統一も進めた。〔101字〕
167	新航路の開拓や**アメリカ大陸**への到達により，商業交易が地球規模に拡大し，**国際商業の中心が地中海から大西洋側**の都市に移った。〔60字〕
173	1689年に議会が可決した「権利の宣言」は，ウィリアム3世とメアリ2世が承認し「**権利の章典**」として発布された。章典には，議会が制定する法により王権を制限する**議会主権**論が説かれており，**立憲王政**の基礎となった。〔101字〕

本誌ページ	記述例（太字：記述すべき重要用語）
175	フランスがアルザスなどを獲得し，スイスとオランダの独立が承認され，**ドイツ諸侯は完全な主権**が認められた。宗教上では，アウクスブルクの和議の再確認が行われ，**カルヴァン派**も公認された。〔89字〕
177	**スウェーデンと北方戦争**を戦い，**バルト海**へ進出して新首都**ペテルブルク**を建設し，「ヨーロッパの窓」とした。〔51字〕
180	人民の自然権を守るという契約を一部委譲された政府がそれを破った場合，人民には**革命権**があるという思想。〔50字〕
182	オランダは，ジャワのバタヴィアを拠点に香辛料貿易の優位性を確立した。イギリスは，インドネシアから撤退し，**インドに拠点を移す**契機となった。〔68字〕
184	商工業の発達が豊かな**国内市場**と**資本の蓄積**を準備し，同時にオランダ，フランスとの抗争を経て広大な**海外市場**を確保した。市場向け生産をめざす大地主が**第2次囲い込み**により大規模な農地をつくり，**ノーフォーク農法**などの進んだ技術をもった**農業資本家**に貸し出して経営させる**農業革命**が進行し，同時に土地を失った農民が**農業労働者**や**都市労働者**になった。〔165字〕
193	1806年にナポレオンが実施した，**大陸諸国とイギリスの通商を禁ずる政策**。イギリスへの経済的打撃とフランスによる大陸市場の支配をねらうものであったが，かえって大陸諸国の不満が高まり，密貿易が横行し**失敗**した。〔100字〕
196	オーストリアの外相メッテルニヒの主宰する**ウィーン会議**で形成された国際秩序で，**ウィーン体制**と呼ばれた。フランス革命以前の状態を正統とする**正統主義**に基づき，参加各国の**勢力均衡**による国際秩序が唱えられた。また，それを補完する意味で，キリスト教の友愛精神に基づく神聖同盟も結ばれた。〔137字〕
197	1848年のフランス二月革命の影響でベルリンで**三月革命**がおこった。ドイツ統一のために**フランクフルト国民議会**が開かれたが，統一をめぐる大ドイツ主義と小ドイツ主義の対立で紛糾した。最終的にプロイセン王を皇帝に選出したが拒否され，国民議会は解散を余儀なくされ統一は失敗に終わった。一方ウィーンでも**三月革命**がおこり，メッテルニヒは失脚した。最終的に各地の動乱は鎮圧されたが，**ウィーン体制は崩壊**した。〔195字〕
203	**ドイツ＝フランス戦争**の敗北に際して，対独講和に反対する**パリの民衆が蜂起し樹立した自治政府**をいう。72日間存続したが，ドイツ軍とその支援を受けたフランス臨時政府の弾圧により**崩壊**した。〔89字〕
208	1803年にはフランスから**ルイジアナ**を，1819年にはスペインから**フロリダ**を買収した。領土膨張を正当化する「**明白なる運命**」のもと，1845年にはメキシコから独立した**テキサス**を併合し，翌年には交渉を通じてイギリスから**オレゴン**を獲得した。1848年には**アメリカ＝メキシコ戦争**に勝利してカリフォルニアなどを獲得した。〔147字〕
209	背景には，綿花プランテーションを中心産業とし，**自由貿易**と**奴隷制存続**を主張する**南部**と，商工業が発展しつつあり，**保護貿易**と**奴隷制廃止**を主張する**北部**との対立があった。西部開拓が進むにつれ新たに編入される州の扱いをめぐり，両者の対立は激化した。1860年，奴隷制廃止を主張する共和党のリンカンが大統領に当選した翌年，南部の諸州が**アメリカ連合国**をつくり，戦争に発展した。〔178字〕

本誌ページ	記述例（太字：記述すべき重要用語）
210	アレクサンドル2世の出したこの法令は，農奴の人格的自由と有償での土地取得を認め，ミールを農地に関する窓口とした。農民の多くは小作人生活を送ったが，ごく一部は都市に出て工場労働者となったことで，**ロシア資本主義発展の端緒**となった。〔113字〕
216	ムスリムと非ムスリムを平等に扱う法治国家をめざし，司法・行政・財政・軍事の近代化と**西欧化**を進める上からの改革。〔55字〕
218	イギリス東インド会社は，マドラス，ボンベイ，カルカッタを拠点に商業活動に従事していたが，プラッシーの戦いで勝利したのち，ベンガルなどの徴税権を獲得したことを契機に，本来の貿易会社から**地税を徴収する統治機関**に変容していった。産業革命後，自由貿易を主張する産業資本家の要求により東インド会社の**インド貿易独占権**が廃止され，その後，**商業活動そのものが停止**されたことによって，インドの統治機関へと変容するに至った。〔202字〕
225	滅満興漢をスローガンに，男女平等に土地を分配する**天朝田畝制度**を打ち出し，纏足やアヘンの吸飲など悪習を廃止，また辮髪を禁止した。〔63字〕
226	康有為を中心に光緒帝のもとで，日本の明治維新を模範とする立憲君主政をめざす**変法運動**が進められたが，西太后を中心とする保守派は，戊戌の政変をおこして光緒帝を幽閉したため，改革は失敗に終わった。〔95字〕
227	1911年，清朝の鉄道国有化に反対して四川暴動がおこると，同年10月に武昌で新軍が蜂起して辛亥革命が始まった。翌年1月，南京を都に**中華民国**が成立し，2月に清朝は滅亡した。〔82字〕
228	**アヘン戦争**後の1842年，南京条約により香港島がイギリスに割譲され，**第2次アヘン戦争**後の1860年，北京条約により対岸の**九竜半島南部**が割譲された。その後，列強の中国分割が進むと，イギリスは1898年に新界を99年間の期限で**租借**した。〔110字〕
229	教祖崔済愚が西学に対抗して創設した**東学**を母体に，1894年に**全琫準**がおこした組織的農民反乱が朝鮮全土に広がると，日清両国が軍事介入したことがきっかけとなり，日清戦争が発生した。〔86字〕
232	イギリスの**アフリカ縦断政策**は，ローズによる**ケープ植民地**と，保護下においていたエジプトを連結するものであった。そのためフランスが推進する**横断政策**と激しく対立したが，ドイツの動きに警戒した両国は，1898年ファショダ事件をきっかけに妥協。イギリスはここに，スーダン・エジプトの支配を固め，**南アフリカ戦争**を遂行し，**ブール人**の国家の領有権を確保した。〔169字〕
243	多数の国が参戦し，前線への機関銃などの投入により塹壕戦となったことで，戦争が長期化・泥沼化した。事態打開のために戦車や毒ガスなどの**新兵器**が投入され大量殺戮が可能になり，必要な物資の量も死傷者数も膨大になった。このため国内産業は全て軍需産業に振り向けられ，労働力不足を補うため**女性も動員**，また植民地の人々やその産業も宗主国の戦時体制を維持するために動員されることになった。〔185字〕
246	モンロー宣言以来の伝統的孤立主義外交から，上院が反対し，ヴェルサイユ条約を批准できなかったため。〔48字〕

本誌ページ	記　述　例（太字：記述すべき重要用語）
247	アルザス・ロレーヌをフランスに，ポーランド回廊をポーランドに割譲し，軍備の制限，**ラインラントの非武装化**，オーストリアとの合併禁止等が課され，ザール地方は**国際連盟**の管理下に置かれた。〔90字〕
248	ドイツの経済危機をきっかけに提案され採択された，**賠償金の支払い方法と期限の緩和策**。アメリカ資本を導入することや，年ごとの支払い額の減額が決められた。〔74字〕
252	文字改革でトルコ語の表記をアラビア文字からローマ字に改め，**カリフ制を廃止して政教分離を促進**，イスラーム暦に替わり太陽暦を採用した。また女性のベールを女性蔑視の象徴として禁止し，**女性参政権**を導入した。〔99字〕
253	1929年，国民会議派のラホール大会で「イギリスからの完全独立」が目標とされ，それを受けたガンディーが，**塩の専売に抗議し「塩の行進」**を行った。この反英独立運動の高まりから，イギリスは円卓会議を開催，1935年には**新インド統治法**が制定されるが，**部分的な自治が認められる**にとどまった。〔136字〕
256	農業不況や労働者賃金の抑制により，労働者や農民の購買力が低下していたこと，工業の過剰生産のため需給のバランスが崩れたこと，大量の資金が株や土地への投機に向かったことなどがあげられる。このため**株価が大暴落**し，それが引き金となった。〔114字〕
264	第1次産業革命は，綿紡績業などの**軽工業**を中心とし，動力としては石炭火力による蒸気機関を用いていたのに対し，第2次産業革命は，**重化学工業**を中心とし，**電力・石油**を動力源とした点に違いがある。〔93字〕
266	国際平和の安全と維持のために，主要な責任を負う国連の最重要機関で，経済・軍事制裁を決定する権限をもつ。15か国で構成されるが，5**常任理事国は拒否権**を保有する。〔77字〕
269	イギリスの元首相**チャーチル**がアメリカのフルトンで行った演説で，ソ連が東ヨーロッパを統制下におき，西側陣営と敵対していると批判したもの。〔67字〕
277	1959年，**キューバ革命**によって親米政権を打倒したカストロは，アメリカとの対抗上，ソ連との連携を図り，社会主義化を宣言した。フルシチョフはキューバにミサイル基地建設を計画。それを察知したアメリカは1963年，海上封鎖を行ったため，米ソ両国が**全面核戦争**寸前の緊張状態になった。〔133字〕
280	ソ連の指導者**ゴルバチョフ**が行った，ロシア語で「建て直し」を意味する経済の自由化，民主化政策。1986年以降進められ，**情報公開**，政治改革，外交政策の転換などの諸改革が行われた。結果としてソ連の崩壊につながった。〔102字〕
281	1968年に始められた**チェコスロヴァキアの民主化運動**。改革派のドプチェクが書記長に就任し，「人間の顔をした社会主義」をスローガンに連邦制の導入や経済の自由化を内容とする改革がスタートした。**ワルシャワ条約機構**軍が改革に介入し，失敗に終わった。〔118字〕

本誌ページ	記　述　例（太字：記述すべき重要用語）
284	エジプトの**ナセル**大統領はナイル川の**アスワン＝ハイダム**建設をめざしたが，アメリカやイギリスはナセルの外交姿勢に反発して資金援助を拒否した。ナセルがこれに対抗して財源確保のため**スエズ運河の国有化**を宣言すると，これに反発した**イギリス，フランス，イスラエル**がエジプトに侵攻して戦争が開始された。〔143字〕
285	1979年，パフレヴィー朝の人権抑圧に反発した民衆がデモや暴動を激化させ，王朝を打倒したイスラーム革命。シーア派の指導者ホメイニを最高指導者として，臨時政府が樹立された。〔83字〕
286	多数のヒンドゥー教徒と少数のイスラーム教徒が混在するインドでは，民族運動を展開する際に，この宗教対立の解決が大きな課題となっていた。**国民会議派がヒンドゥー教徒を中心とした民族運動の組織**であったのに対して，**全インド＝ムスリム連盟はイスラーム教徒を中心とした民族運動の団体**であり，1947年に出された**インド独立法**では，**イスラーム教徒の多い地域は，パキスタンとして分離・独立**することが定められ，**インドはヒンドゥー教徒が多数を占める国家として独立**することになった。〔226字〕
288	社会主義に資本主義的な要素を導入し，**改革開放**を進める**劉少奇**を中心とするグループと，あくまでも社会主義を堅持しようとする**毛沢東**を中心とするグループの対立であった。〔80字〕

P.　　　　探究

年	組	番	
年	組	番	
年	組	番	

A1XP